江苏精品年鉴

WUXI YEARBOOK

2020

无锡市人民政府　主办

无锡市档案史志馆　编

图书在版编目（CIP）数据

无锡年鉴.2020/ 无锡市档案史志馆编.-- 北京：
方志出版社，2020.9
ISBN 978-7-5144-4537-4

Ⅰ.①无… Ⅱ.①无… Ⅲ.①无锡 -2020- 年鉴
Ⅳ.① Z525.33

中国版本图书馆 CIP 数据核字 (2020) 第 202024 号

无锡年鉴（2020）

编　　者：无锡市档案史志馆
责任编辑：陈 菁

出 版 者：方志出版社
地址　北京市朝阳区潘家园东里 9 号（国家方志馆 4 层）
邮编　100021
网址　http://www.zgfzcb.cn
发　　行：方志出版社图书经销中心
电话（010）67110500
经　　销：各地新华书店
印　　刷：无锡市长江商务印刷有限公司

开　　本：889×1194　1/16
印　　张：35.25
字　　数：1248 千
版　　次：2020 年 9 月第 1 版　2020 年 9 月第 1 次印刷
印　　数：0001～1500 册

ISBN 978-7-5144-4537-4　定价：210.00 元

2019 年度获得的主要荣誉

消费者满意度测评第一

全国公共服务质量监测总体满意度第一

内地宜居城市第一名

全国居家和社区养老服务改革优秀试点地区

中国 500 强榜单无锡企业省内第一

全国营商环境十佳城市

智慧城市建设连续八年获奖

2019 中国年度最佳引才城市

中国快递示范城市

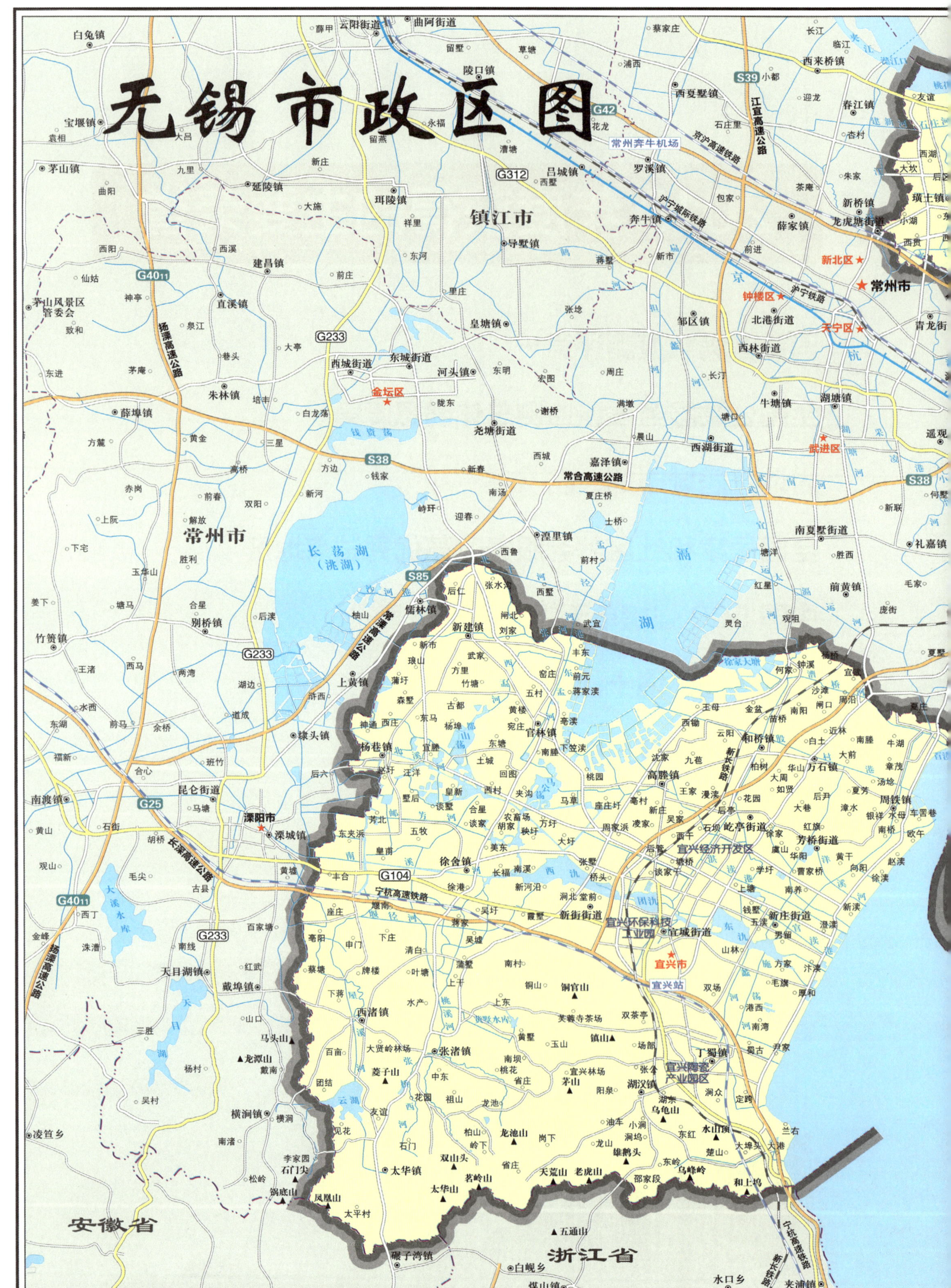

无锡市测绘院有限责任公司

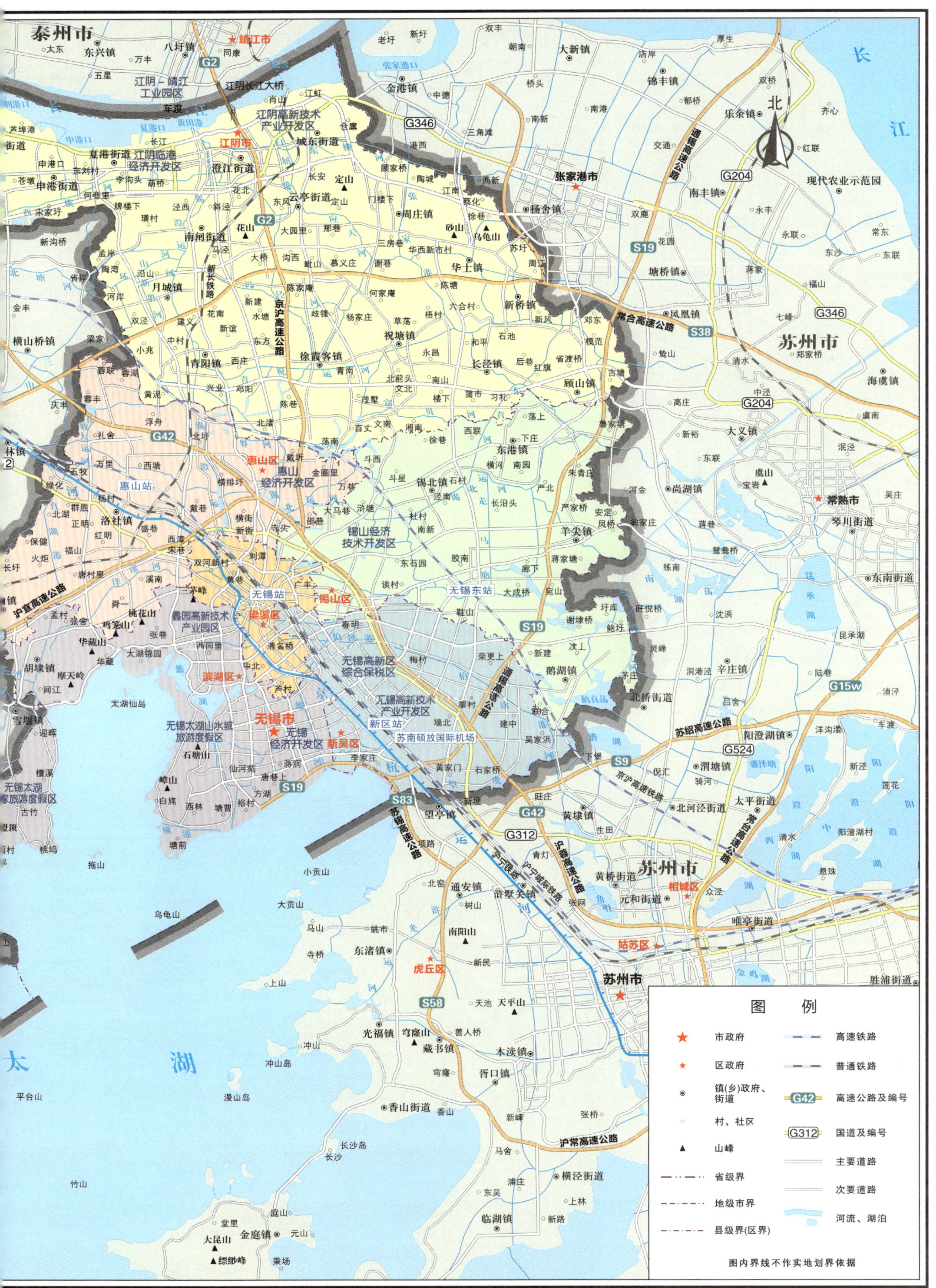

020）07号
2020年8月

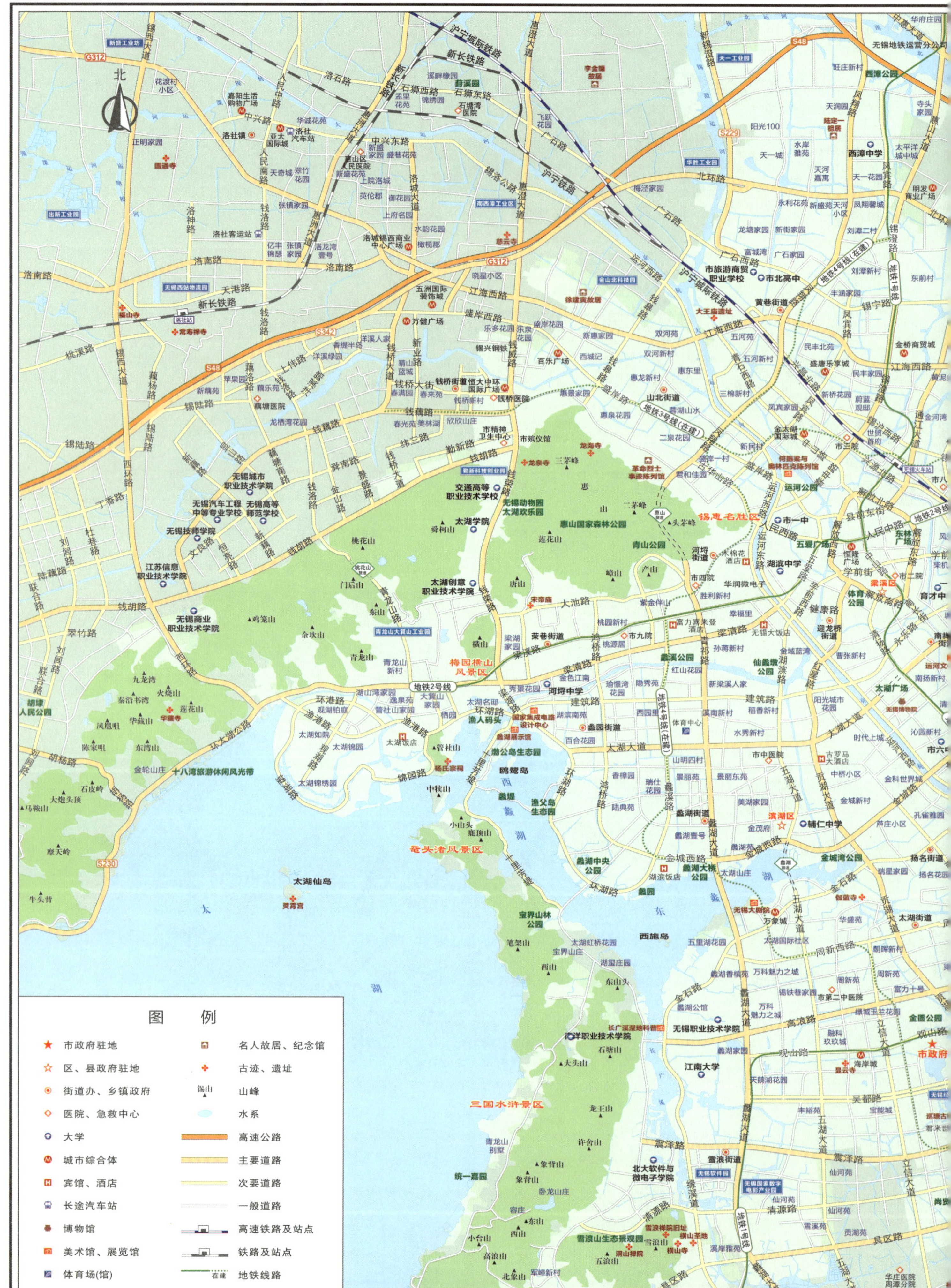

无锡市测绘院有限责任公司
地图审图号

无锡市城区图

无锡市城区图
锡山区
新吴区
梁溪区
锡东大道
锡虞路
锡沪路
锡山大道
金城东路
泰伯大道
锡梅路
锡甘路
锡协路
长江东路
鸿山路
太湖
地铁2号线
地铁3号线（在建）
沪宁铁路
沪宁城际铁路
吼山森林公园
九里河湿地公园
新城中央公园
映月湖中央公园
梅村中学
东南大学（无锡分校）
鸿山泰伯景区
无锡现代农业博览园
无锡站
锡东中学
天一中学
市二中

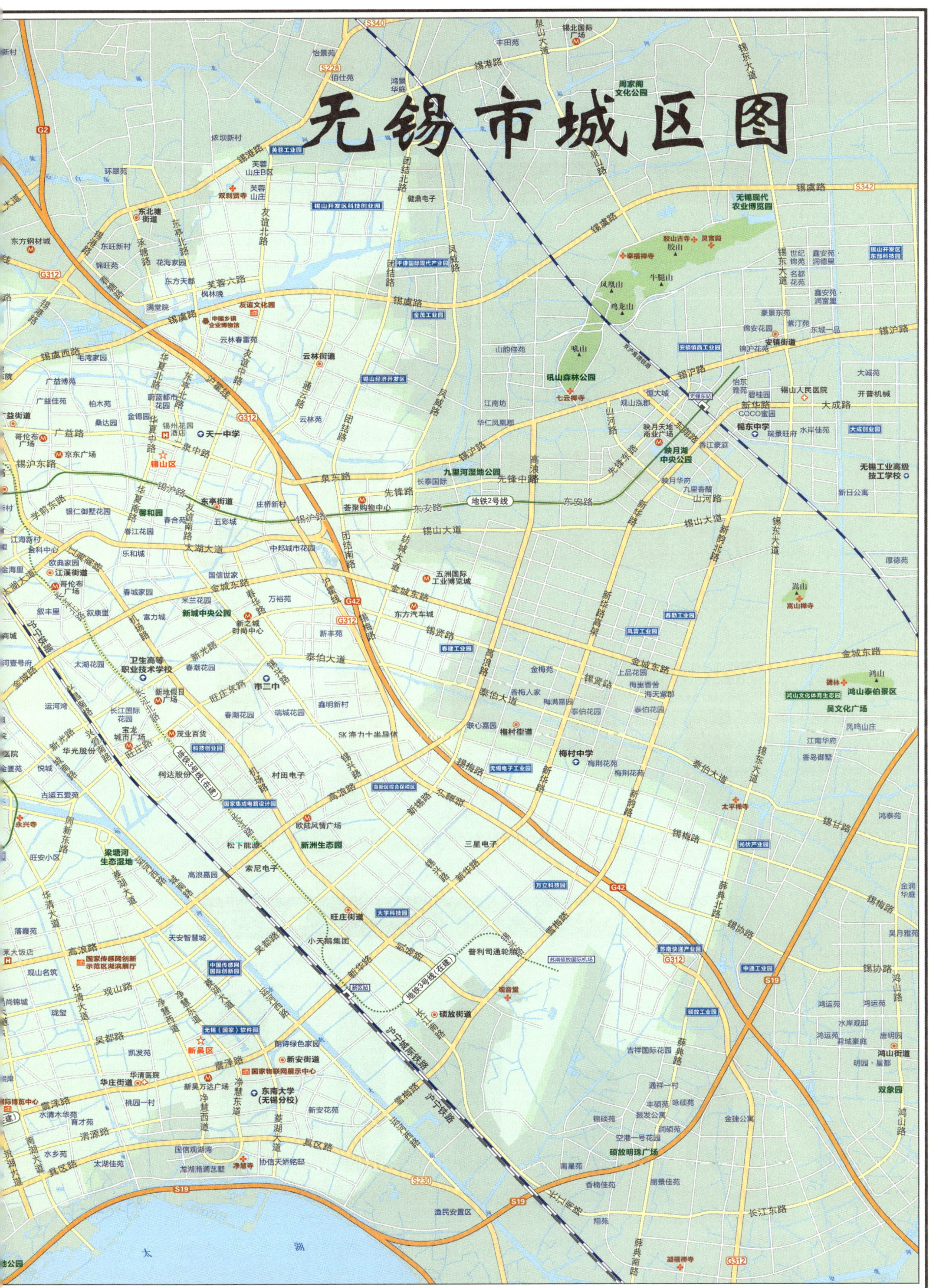

地区生产总值构成

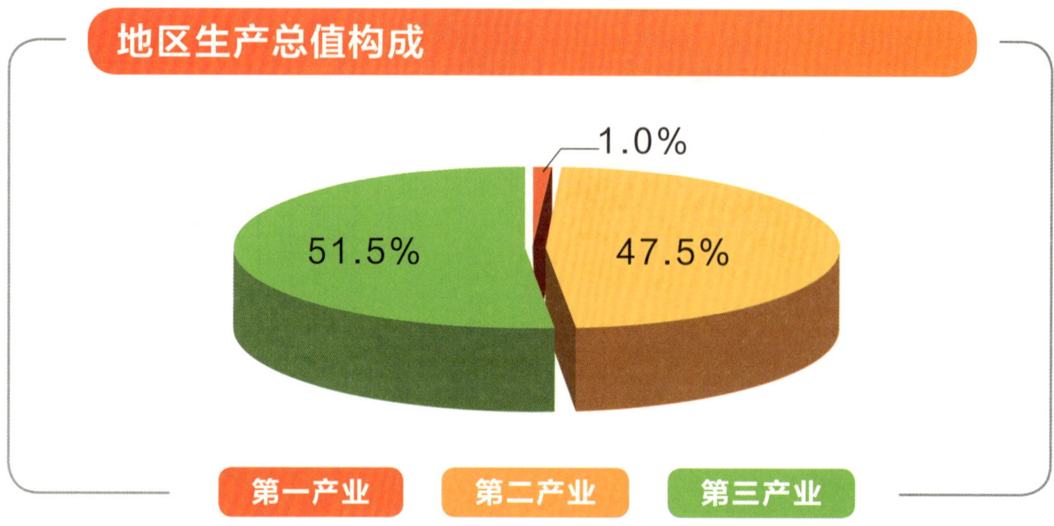

地区生产总值　单位：亿元

人均地区生产总值　单位：元

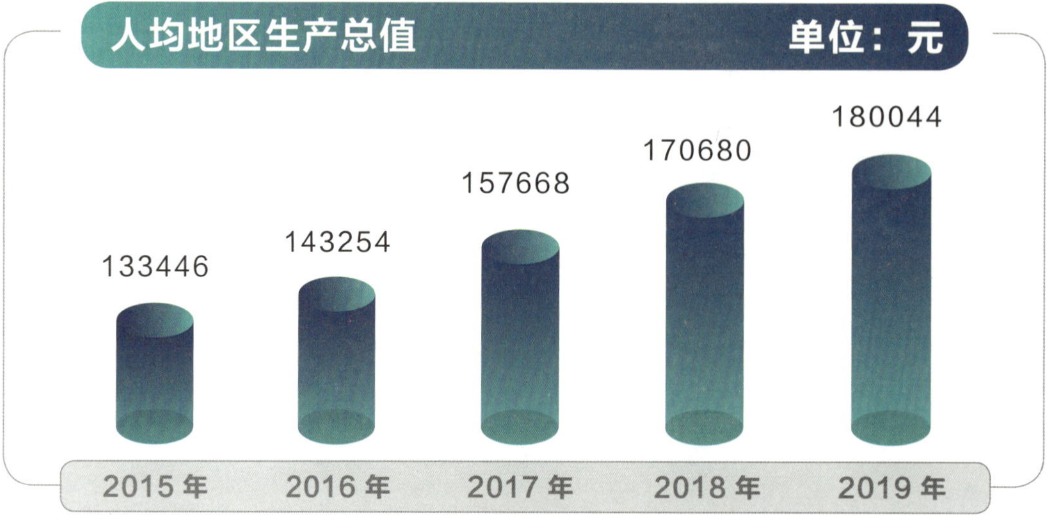

一般公共预算收入
单位：亿元
830.00
875.00
930.00
1012.28
1036.33
2015年
2016年
2017年
2018年
2019年

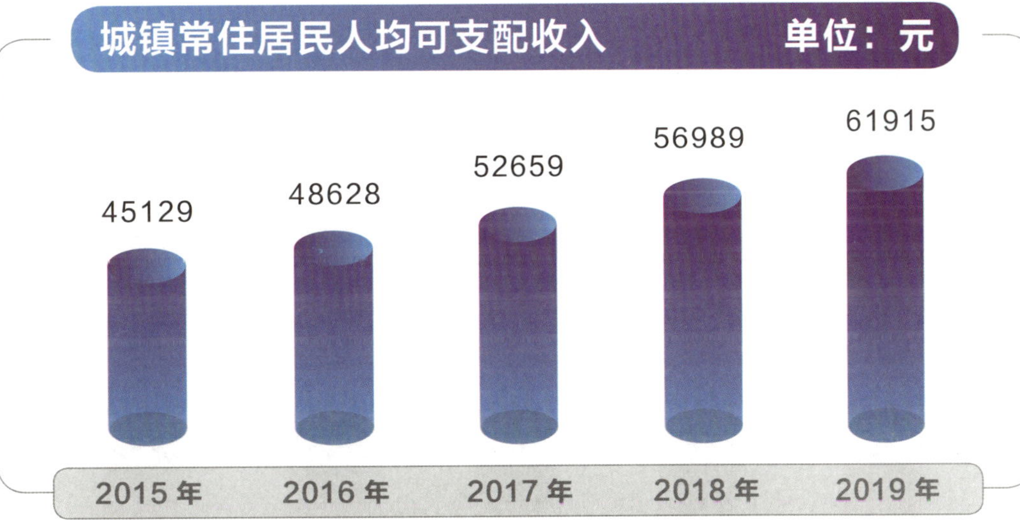
城镇常住居民人均可支配收入
单位：元
45129
48628
52659
56989
61915
2015年
2016年
2017年
2018年
2019年

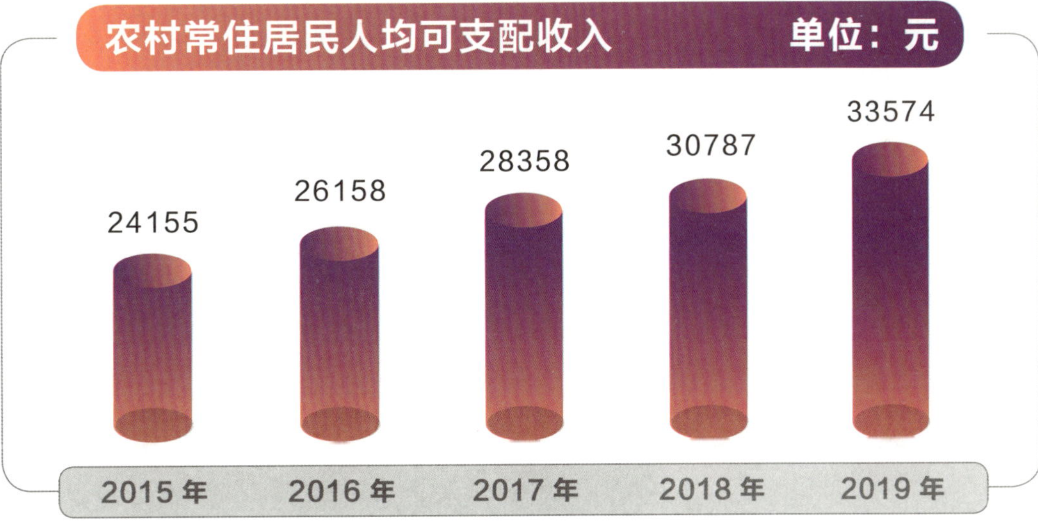
农村常住居民人均可支配收入
单位：元
24155
26158
28358
30787
33574
2015年
2016年
2017年
2018年
2019年

固定资产投资
单位：亿元
4901.19
4795.25
4967.51
3434.71
3595.94
2015 年
2016 年
2017 年
2018 年
2019 年

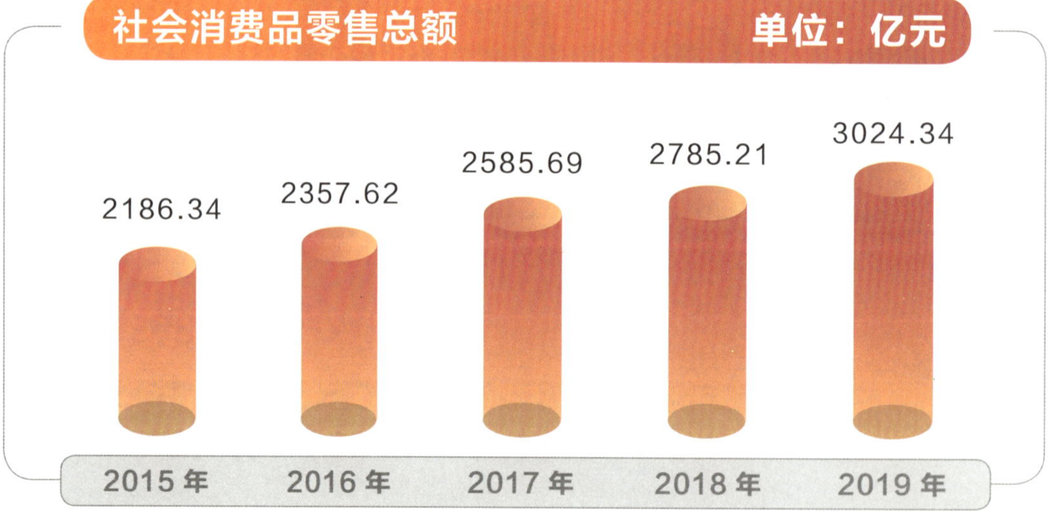
社会消费品零售总额
单位：亿元
2186.34
2357.62
2585.69
2785.21
3024.34
2015 年
2016 年
2017 年
2018 年
2019 年

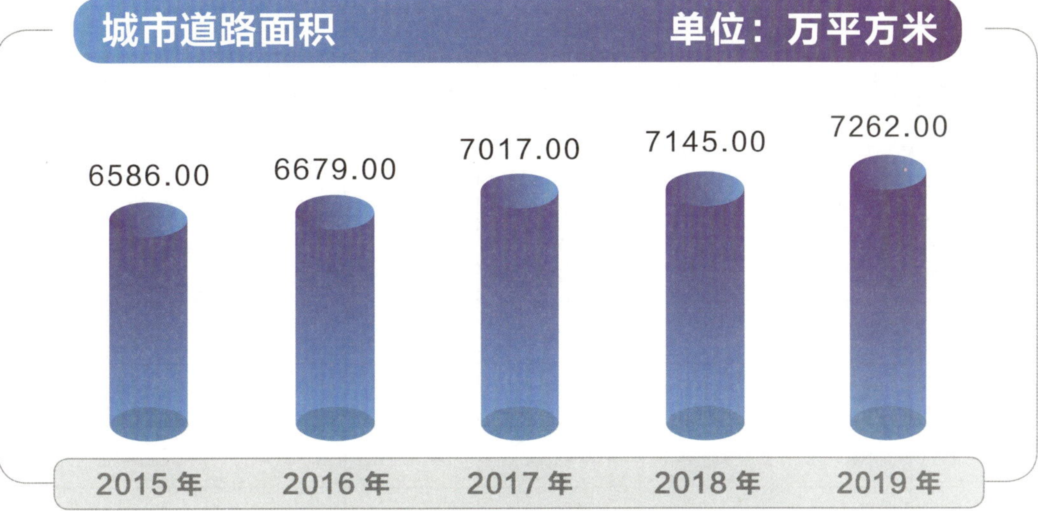
城市道路面积
单位：万平方米
6586.00
6679.00
7017.00
7145.00
7262.00
2015 年
2016 年
2017 年
2018 年
2019 年

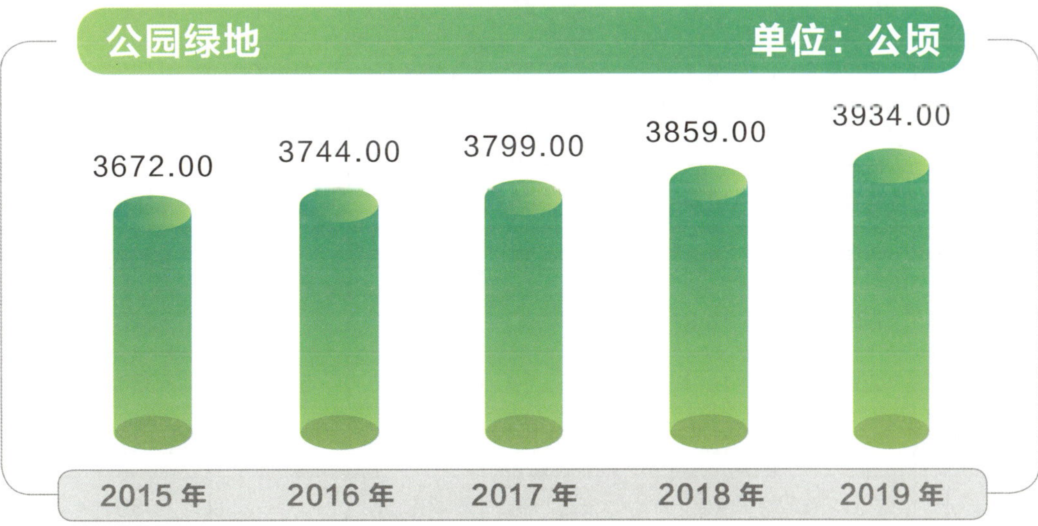
公园绿地
单位：公顷
3672.00
3744.00
3799.00
3859.00
3934.00
2015 年
2016 年
2017 年
2018 年
2019 年

2019年长江三角洲城市群27个城市国民经济主要指标

城市名称	地区生产总值（亿元）	第三产业增加值（亿元）	固定资产投资增速（%）	社会消费品零售总额（亿元）	一般公共预算收入（亿元）	出口总值（亿美元）	城镇居民人均可支配收入（元）	农村居民人均可支配收入（元）
上海市	38155.32	27752.28	5.1	13497.21	7165.10	1988.97	73615	33195
南京市	14030.15	8699.47	8.0	6135.74	1580.03	435.33	64372	27636
无锡市	11852.32	6101.94	6.1	3024.34	1036.33	554.60	61915	33574
常州市	7400.86	3714.69	5.6	2815.71	590.03	252.41	58345	30491
苏州市	19235.80	9908.92	8.3	6088.84	2221.80	1920.40	68629	35152
南通市	9383.39	4352.49	6.6	3260.19	619.26	248.90	50217	24303
盐城市	5702.26	2710.77	4.9	1920.15	383.00	64.12	38816	22258
扬州市	5850.08	2779.07	6.1	1655.90	328.80	83.65	45550	23333
镇江市	4127.32	1982.33	2.0	1433.72	306.85	78.67	52713	26785
泰州市	5133.36	2314.88	6.0	1348.94	365.67	95.32	47216	23116
杭州市	15373.05	10172.00	11.6	6215.45	1966.00	–	66068	36255
宁波市	11985.12	5879.90	8.1	4473.72	1468.50	866.00	64886	36632
温州市	6606.11	3642.46	10.3	3655.87	579.00	–	60957	30211
嘉兴市	5370.32	2356.90	11.3	2102.54	565.70	305.58	61940	37413
湖州市	3122.43	1393.20	11.4	1429.27	316.10	–	59028	34803
绍兴市	5780.74	2801.56	10.2	2207.40	528.40	–	63935	36120
金华市	4559.91	2581.06	10.3	2425.59	411.30	584.84	59348	28511
舟山市	1371.60	749.70	8.6	580.62	154.90	–	61479	36784
台州市	5134.05	2512.07	10.7	2562.58	438.50	–	60351	30221
合肥市	9409.40	5702.22	9.0	3234.50	745.99	–	45404	22462
芜湖市	3618.26	1714.86	9.6	1149.61	321.80	45.20	42064	22745
马鞍山市	2111.00	983.60	5.9	658.90	158.35	52.08	49010	23473
铜陵市	960.20	462.70	–16.1	393.50	77.60	8.00	39256	15791
安庆市	2380.50	1094.80	11.0	900.10	137.01	12.41	34041	14347
滁州市	2909.10	1232.10	14.7	720.10	214.60	22.50	34091	14487
池州市	831.73	380.48	10.7	283.00	63.59	2.06	33747	16099
宣城市	1561.30	673.20	10.3	575.10	165.10	17.40	39975	17542

01 无锡解放并建市，翻开发展全新一页

1949年4月23日，无锡解放。经中央决定，无锡单独建市，直属苏南区，并作为中共苏南区委员会和苏南行政公署机关驻地。1949年4月25日，无锡市军事管制委员会、中共苏南区无锡市委、无锡市人民政府等人民政权机构的公开办公，标志着无锡的历史从此翻开全新的一页。1956年，无锡市基本完成资本主义工商业改造、农业合作化、手工业合作化三大改造，社会主义制度在无锡建立。

无锡人民欢庆解放（市档案史志馆　供）

中共苏南区委书记陈丕显（左五）、苏南行署主任管文蔚（左一）、苏南军区司令员刘先胜（左三）、苏南行署副主任刘季平（左四）等在无锡合影（市档案史志馆　供）

解放初期，中共无锡市委办公旧址（原复兴路119号）（市档案史志馆　供）

解放初期，无锡市人民政府公开办公旧址（原县前街82号）（市档案史志馆　供）

02 设计制造新中国第一台重型机床，“无锡制造”展示风采

1951 年 5 月 1 日，无锡开源机床厂试制成功的 2 米立式车床，也是新中国自己制造的第一台重型车床

（市档案史志馆　供）

1951 年，开源机床厂设计制造 2 米立式车床，这是中国人自己设计制造的第一台重型机床，并先后在印度孟买、东德莱比锡展出。此后，第一台国产风冷式柴油机、第一台国产差频转播电视发射机、第一台国产大口径农用轴流泵、第一台国产高压风冷压缩机……勤劳智慧的无锡人民创造出一个又一个的“共和国之最”。

1955 年试制成功的第一台国产 M1075 型无心磨床

（市档案史志馆　供）

1956 年试制成功的第一台国产 M8810 型半自动沟槽磨床

（市档案史志馆　供）

03 乡镇企业异军突起，成为“苏南模式”重要发源地

1956年我国最早集体性质的社队工业之一——春雷船厂在无锡东亭诞生。此后社队工业在全市萌芽发展，铸就了改革开放后乡镇企业的异军突起。1983年，无锡县堰桥乡“一包三改”经验在全国推广。江苏省第一个亿元村、第一个亿元乡、第一个亿元镇均诞生在无锡，在中国首批9个亿元乡镇中，无锡占据5个。无锡将农村改革的经验引入乡镇经济，与兄弟城市一起开创了“三为主一共同”的“苏南模式”，成为中国乡镇企业的重要发源地。乡镇企业的异军突起，被邓小平誉为“中国农民的伟大创造”，是中国农村继家庭联产承包责任制以后的第二次重大变革。

1985年，江阴县召开村办工业创千万产值、百万利润座谈会
（江阴市档案史志馆　供）

中国最早的社队企业之一春雷造船厂
（锡山区档案史志馆　供）

1987年，无锡县前洲乡工业总公司与上海市针织进出口公司组建联营西达毛纺厂
（陈永年　摄）

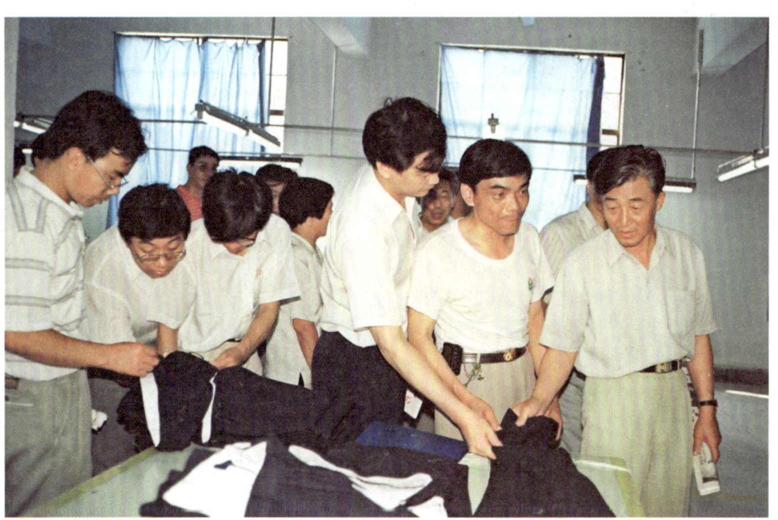
1996年，全国大中型乡镇企业会议代表参观无锡乡镇企业
（陈永年　摄）

04 组织开展“三美”教育，成为全国“五讲四美三热爱”活动源头

1980年起，无锡市第三十四中学在全校开展思想、仪表、语言的“三美”教育活动，得到中央领导充分肯定，并要求在全国推广。1981年，共青团中央在“三美”教育基础上提出在全国开展“五讲四美”活动的要求。1983年，中共中央和国务院提出开展“全民文明礼貌月”活动，在“五讲四美”的基础上增加“三热爱”。从此，“五讲四美三热爱”活动在全国展开。上世纪80年代这一具有首创性的群众性活动，成为社会主义精神文明建设的一项具有先导意义的重要实践。

人民日报

试用经济管理办法广开科研经费

围绕四化这个中心加强学生的思想教育

1980年7月2日，《人民日报》刊文介绍无锡市第三十四中学“三美”教育　（市教育局　供）

文汇报

WEN HUI BAO

本市百余菜场开展场际竞赛

依靠各方力量建设青少年活动阵地

1980年6月14日，《文汇报》刊文介绍无锡市第三十四中学“三美”教育　（市教育局　供）

20世纪80年代，无锡中小学生参与学雷锋活动　（市教育局　供）

无锡市第三十四中学举行“五讲四美三热爱”合唱比赛　（市教育局　供）

05 江苏首家中外合资企业江海木业在锡成立，开放型经济走在前列

江海木业有限公司生产车间
（顾祚维　摄）

1981 年，中国江海木业有限公司举行开业典礼　（无锡日报报业集团　供）

1981 年 4 月 15 日，江苏省第一家中外合资企业——中国江海木业有限公司在无锡成立，拉开了江苏发展外向型经济的序幕。1986 年，无锡市饮食服务公司在荷兰阿姆斯特丹合资创办太湖酒楼，开创无锡企业境外投资的先河。截至到 2018 年底，全市累计批准外商及港澳台商投资企业 1.4 万余个，全球财富 500 强企业中有 101 家外资企业在无锡投资兴办 197 家企业，与 200 多个国家和地区建立经贸合作关系。

位于无锡的博世汽车柴油系统股份有限公司　（市商务局　供）

06 实施多轮区划调整，形成“大无锡”发展格局

1983 年，无锡市实行市管县领导体制，江阴县、无锡县、宜兴县划归无锡市管辖。1987 年至 1995 年，江阴县、宜兴县、无锡县先后撤县设市。2000 年，撤销县级锡山市、马山区，设立锡山区、惠山区、滨湖区。2016 年，崇安、南长、北塘三个区合并为梁溪区，组建成立新吴区。2019 年，组建无锡经济开发区。多轮区划调整，为无锡优化空间布局、集聚发展动能、厚植发展优势奠定了坚实基础。

宜兴报

YIXING DAO

揭开了宜兴历史发展的新的一页

宜兴撤县設市大会昨日隆重举行

省政府副秘书长许京安到会祝贺并讲了话，无锡市领导、省市有关部门负责同志等参加了大会

宜兴撤县设市新闻发布会前日举行

代化开放式的文明富庶的城市

在新的起点上奋起 把宜兴建设成为现代化开放式城市

——姜启才同志在宜兴撤县设市大会上的讲话（摘要）

社论

立足新起点 追求新目标

——热烈祝贺宜兴撤县设市

1988 年 3 月 6 日，《宜兴报》关于宜兴撤县建市的报道

（宜兴市档案史志馆　供）

1987 年 8 月 1 日，江阴市成立大会在江阴长江影剧院举行

（江阴市档案史志馆　供）

1995 年 8 月 18 日，锡山市举行揭牌仪式和成立大会

（陈永年　摄）

2001 年，滨湖区举行区委、区人大、区政府、区政协、区纪委揭牌仪式

（滨湖区委宣传部　供）

2016年2月20日，无锡市梁溪区成立大会召开　（梁溪区委宣传部　供）

2016年2月20日，无锡市新吴区成立大会召开　（潘晓鸣　摄）

07 建设国家南方微电子工业基地中心，集成电路产业规模位居江苏第一

1983 年，国家南方微电子工业基地中心落户无锡。1986 年，中国第一块 64K 超大规模集成电路在无锡微电子公司试制成功。1990 年，国家微电子 908 工程在华晶电子集团公司实施。2005 年，海力士集成电路制造项目在无锡高新区开工建设。2017 年，总投资 86 亿美元的海力士二工厂正式签约落户，海力士在无锡总投资超过 120 亿美元，成为江苏最大的外资项目。2017 年，总投资超 100 亿美元的华虹集团集成电路研发和制造基地项目落户无锡高新区，成为无锡单体投资最大的重大产业项目；总投资 30 亿美元的中环领先大硅片项目落户宜兴，形成无锡集成电路完整产业链。2018 年，无锡集成电路产业产值达 1112 亿元，位居江苏第一、全国第二。

2009 年 6 月 5 日，华润微电子有限公司 8 英寸模拟晶圆生产线投产

（市档案史志馆　供）

2017年，海力士二工厂签约落户无锡　　（无锡日报报业集团　供）

2017年8月2日，华虹无锡集成电路研发和制造基地项目签约仪式在无锡市新吴区举行　　（新吴区委宣传部　供）

国家集成电路（无锡）设计中心
（滨湖区档案史志馆　供）

08 基本公共服务体系日臻完善，不断满足人民对美好生活需要

1985年，无锡市在全国率先实行以市为单位统筹退离休职工养老保险费用的改革，使养老保险由企业保障转向社会保障，得到国家体改委、劳动人事部肯定并向全国推广。2010年，无锡在全国率先探索建立城乡一体的居民养老保险制度，被评为“全国农村养老保险工作先进城市”。2012年，市校共建江南大学无锡医学院，填补了无锡医学院的空白。经过多年发展，无锡肺移植技术位列世界顶尖行列，肺移植总量全国第一；手外科技术水平达国内领先、国际先进。2017年，无锡基本公共服务体系建设效果满意度总指数83.9分，位居全省第一。2018年，召开全市卫生健康大会，调整优化市属医疗卫生资源布局，大力推进办名院、建名科、增名医“新三名”战略，居民主要健康指标达到发达国家和国内先进城市水平。

南禅寺街道家乐花园社区帮助困难家庭增加收入　　（张立伟　摄）

灵活就业人员办理窗口 （江阴市档案史志馆 供）

国家体改委
劳动人事部 文件

体改分字〔1986〕1号

转发无锡市实行退离休职工养老保险统筹制度的通知

各省、自治区、直辖市人民政府，计划单列城市人民政府：

目前，城镇企业退离休职工养老保险费用负担畸重畸轻的现象十分突出，已成为急待解决的社会问题和经济问题。无锡市自一九八五年初以来，实行了以市为单位统筹退离休职工养老保险费用的改革。该市的这一改革，方向正确，办法稳妥，是成功的。受到国务院领导同志的赞许。现将该市《实行退离休职工养老保险统筹制度》的总结转发给你们，请于近两年内在有条件的城市参考无锡市的经验，结合具体情况，研究实行职工退离休养老保险费用社会统筹的改革。中央单位也按当地的规定参加统筹。

中华人民共和国国家经济体制改革委员会
中华人民共和国劳动人事部
一九八六年一月八日

218

1986年1月8日，国家体改委、劳动人事部转发《无锡市实行退离休职工养老保险统筹制度》的通知（体改分字〔1986〕1号）

央地农民喜领社会保障卡 （江阴市档案史志馆 供）

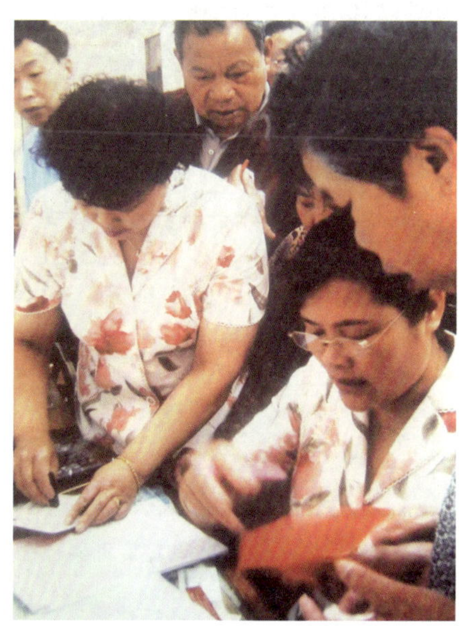

工作人员在发放低保保障金领取证 （市档案史志馆 供）

09 率先试点实行企业承包经营责任制，做强做优做大国有企业

20 世纪 80 年代，无锡合成化工厂举行经济承包合同签字仪式　（市发展改革委　供）

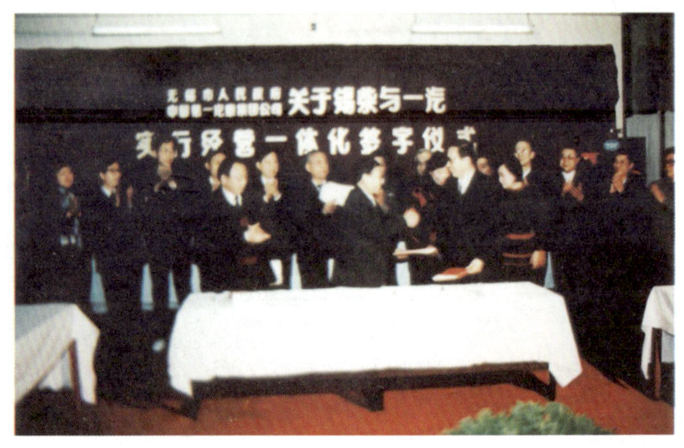

1992 年 12 月 18 日，无锡市政府与一汽集团签订一汽锡柴资产经营一体化协议　（一汽锡柴　供）

1992 年，无锡油泵油嘴集团举行全员劳动合同制签约仪式（顾祚维　摄）

1986 年，无锡市被国家体改委确定为全国 6 个企业承包经营责任制试点城市之一。1987 年，被国务院列为全国企业经营责任制试点城市，由此拉开了城市经济体制改革的序幕。从 2001 年起，无锡市全面实施以产权制度为核心的国有企业改革，涌现出以威孚高科、国棉一厂、一汽锡柴等为代表的行业领军企业。2017 年，市委、市政府以做强做优做大国有企业为重点，制定《关于全面深化国有企业改革的实施意见》，确立新一轮国有企业改革的任务书、时间表、路线图。2018 年，产业发展集团入围中国企业 500 强，国联集团、交通产业集团、市政公用产业集团入围中国服务业企业 500 强。

2017 年 12 月 19 日，无锡市委、市政府召开全市全面深化国有企业改革工作会议　　（市国资委　供）

2018 年 2 月 9 日，无锡市国资委召开全市国有资产监督管理工作会议　　（市国资委　供）

10 率先在省内实施“科教兴市”战略，着力提升核心竞争力

1989 年，无锡市委、市政府率先在全省实施“科教兴市”战略，深化科技和教育体制改革。1993 年，无锡成为全国率先普及义务教育的地区。2001 年，经教育部批准，无锡轻工大学、江南学院、无锡教育学院合并组建江南大学，跻身国家“211 工程”重点建设高校行列。2013 年，在全省率先建成“学前教育改革发展示范区”。2018 年，南京信息工程大学滨江学院无锡校区建成招生，南京理工大学江阴校区开工建设，东南大学国家示范性微电子学院签约落户无锡。2018 年，全市科技进步贡献率、企业研发费用占销售收入比重均位居全省第一，全社会研发投入占地区生产总值比重位居全省第二。

2018 年，东南大学国家示范性微电子学院签约落户无锡

（市教育局　供）

1995 年，全国重点大学科技成果发布会在无锡举行

（陈永年　摄）

2018 年，南京理工大学江阴校区开工建设

（市教育局　供）

2018 年，南京信息工程大学滨江学院无锡校区建成招生　　（市教育局　供）

2018 年 12 月，召开全市教育大会　　（市教育局　供）

11 “华夏第一县”、“神州第一郊”、百强县第一名闻名遐迩，县域经济发展领跑全国

1992年，无锡县在首届中国农村综合实力百强县评比中名列第一，以后又连续两届位居榜首，1995年被国家统计局、中国农村评价中心授予“华夏第一县”称号。1992年，无锡市郊区被中国城郊经济研究会誉为“神州第一郊”。2003年起，在全国县域经济与县域综合发展评比中，江阴市连续十六年获得百强县第一名，宜兴市连续十六年入围百强县前十名。2017年，江阴市被确定为全省唯一一个县级集成改革试点县（市）。

宜兴市貌　　（裴顺平　摄）

江苏省锡山市

华夏第一县

连续三届获中国综合实力百强县市第一名

中华人民共和国国家统计局

中国农村评价中心

一九九五年

1995年，锡山市（原无锡县）被国家统计局、中国农村评价中心授予“华夏第一县”称号

（锡山区档案史志馆　供）

江阴市貌

惠山区貌　（李怀大　摄）

锡山区貌　（锡山区档案史志馆　供）

（严汉文　摄）

12 民营经济发展势头强劲，占经济总量比重超六成

1992 年起，无锡通过两次乡镇企业改制，民营经济蓬勃发展。1998 年，市委提出“六放”方针，大力发展民营经济。2015 年起，市委市政府连续四年出台促进实体经济高质量发展的文件，造就了海澜集团、红豆集团、阳光集团、远东集团等一批具有广泛知名度、较强竞争力的大型民营企业集团。2017 年，海澜集团、药明生物分别实现营业收入和市值超千亿元。2018 年，无锡民营经济实现增加值 7526.21 亿元，占全市经济总量的 65.8%，为无锡经济社会发展作出重要贡献。2019 年，无锡有 20 家民营企业入围中国民营企业 500 强，入围企业数位居全省第二。

20 世纪 90 年代初无锡市支持发展个体、私营经济新闻发布会

（市档案史志馆　供）

2003 年 3 月 31 日，12 家商业银行授信 189 亿元助私企发展

（顾祚维　摄）

2007 年无锡市非公企业经营管理者培训班

（市委组织部　供）

江苏阳光集团厂区 （阳光集团　供）

海澜之家连锁店 （海澜集团　供）

13 国家级、省级开发区相继成立，产业集聚高地隆起

1992 年至 1993 年，无锡国家高新技术产业开发区、宜兴环保科技工业园、无锡太湖国家旅游度假区、无锡新加坡工业园相继成立。截至 2017 年，全市有国家级开发区 6 家、省级开发区 8 家。各级各类开发区以占全市不到 1/5 的面积，贡献了全市 4/5 的进出口总额、9/10 的实际使用外资和重大项目、3/4 的规模以上工业总产值、1/2 的一般公共预算收入，成为无锡先进生产力和生产要素的集聚地、对外开放的主窗口、利用外资的主阵地。

宜兴环保科技工业园区
（宜兴市委宣传部　供）

无锡国家高新技术产业开发区　（顾祚维　摄）

无锡太湖国家旅游度假区　　（毛伟东　摄）

无锡新加坡工业园　　（新吴区委宣传部　供）

14 太极实业成为江苏省第一家上市公司，“无锡板块”领跑国内

1993 年 7 月 28 日，江苏省第一家上市公司——无锡市太极实业股份有限公司在上海证券交易所上市，无锡资本市场由此逐步发展壮大。截止到 2019 年，全市上市公司累计 141 家，上市公司数量位居全省第二，在全国地级市中名列前茅，被业内称为“无锡板块”，成为国内最受资本关注的十大城市之一。

2017 年 4 月 12 日，太极公司员工合影 （市档案史志馆 供）

2007 年江苏法尔胜股份有限公司生产场景

（吕 枫 摄）

2018 年 5 月 8 日，药明康德在上海证券交易所上市

（景致陶 摄）

无锡市太极实业股份有限公司
（市档案史志馆　供）

2017年6月20日，交通集团参投的中设股份在深圳证券交易所中小板首发上市
（市国资委　供）

创业板“无锡第一股”宝通带业厂景
（新吴区委宣传部　供）

别墅成群的华西村　（顾祚维　摄）

15 江阴华西村被誉为“天下第一村”，“共同富裕”铸就辉煌

“天下第一村”带头人吴仁宝
（江阴市华西村　供）

2001 年，在中组部、中宣部等部门联合主办的“肩负人民的希望”大型图片展上，江阴华西村被誉为“天下第一村”。2005 年，华西村原党委书记吴仁宝被中宣部、中央先进性教育活动办公室列为全国第三批先进性教育活动重大典型。2009 年、2018 年、2019 年，吴仁宝分别被授予新中国成立以来感动中国人物、改革先锋、最美奋斗者荣誉称号。党的十八大以来，华西村贯彻新发展理念，以转型升级、改革创新培育发展新动能，努力构筑效益优良的“百年企业”和富裕幸福的“百年村庄”的“华西梦”。

“天下第一村”华西村　　（江阴市华西村　供）

中国吴文化博物馆、鸿山遗址博物馆　　（市档案史志馆　供）

16 晋级国家历史文化名城，文化建设硕果累累

2007年，经国务院批准，无锡晋级国家历史文化名城。2012年，无锡惠山祠堂群被列入“中国申报世界文化遗产预备名单”，无锡国家数字电影产业园被授予国家级文化和科技融合示范基地称号。2014年，大运河无锡段参与申遗成功。2016年起，无锡连续三年被中国社科院评为内地宜居城市第一名。2016年底，无锡成功创建国家公共文化服务体系示范区。2017年，被国家旅游局评为首批十大“中国旅游休闲示范城市”。2018年，无锡成为江苏省唯一入选国家文化出口基地的城市。2018年，成功举办首届江南文脉论坛，在江南文化研究上达成无锡共识，扩大了无锡对外影响。

清名桥历史文化街区　　（陈　平　摄）

2018年12月，首届江南文脉论坛在无锡召开
（市委宣传部　供）

无锡阖闾城遗址博物馆　　（陈　平　摄）

惠山古镇　　（潘晓鸣　摄）

17 红豆集团建成西哈努克港经济特区，成为“一带一路”国际合作共赢的样板

2008年2月23日，由红豆集团主导建设的中国首批、江苏省首个境外经贸合作区江苏太湖国际经贸合作区——西哈努克港经济特区在柬埔寨奠基。经过10年的建设，西哈努克港经济特区投产企业已达161家，成为无锡抢抓“走出去”发展战略的标志性项目。习近平总书记高度评价“蓬勃发展的西哈努克港经济特区是中柬务实合作的样板”。

2017年6月25日，江苏省领导和柬埔寨西哈努克省领导共同启动“无锡—西哈努克港”航线首航仪式　（市商务局　供）

西哈努克港经济特区部分工厂区

西哈努克港经济特区办公大楼

（红豆集团　供）

建设中的西哈努克港经济特区

（红豆集团　供）

（市商务局　供）

18 建设国家传感网创新示范区，世界物联网版图烙上“无锡印记”

2009 年，国务院批准同意无锡市建设国家传感网创新示范区。2015 年起，先后启动建设鸿山、雪浪、慧海湾等物联网特色小镇。2016 年起，连续举办四届世界物联网博览会。十年来无锡全力推进物联网建设，为经济发展注入了新动能，在世界物联网版图烙上了“无锡印记”。智能传感系统产业集群被认定为全国首批、江苏唯一的创新型产业集群，无锡成为全国第一个物联网连接超千万规模的地级市、全国首个车联网先导区。截止到 2018 年，全市物联网企业超过 2000 家，产值 2638.7 亿元，占全省的 1/2、全国的 1/4。

2018 年 9 月 15 日，省委书记娄勤俭等参观世界物联网博览会展台
（市委宣传部　供）

中国传感网国际创新园　（钱伯荣　摄）

2018 年 9 月 14 日，无锡国家传感网创新示范区部际建设协调领导小组第五次会议召开　（市委宣传部　供）

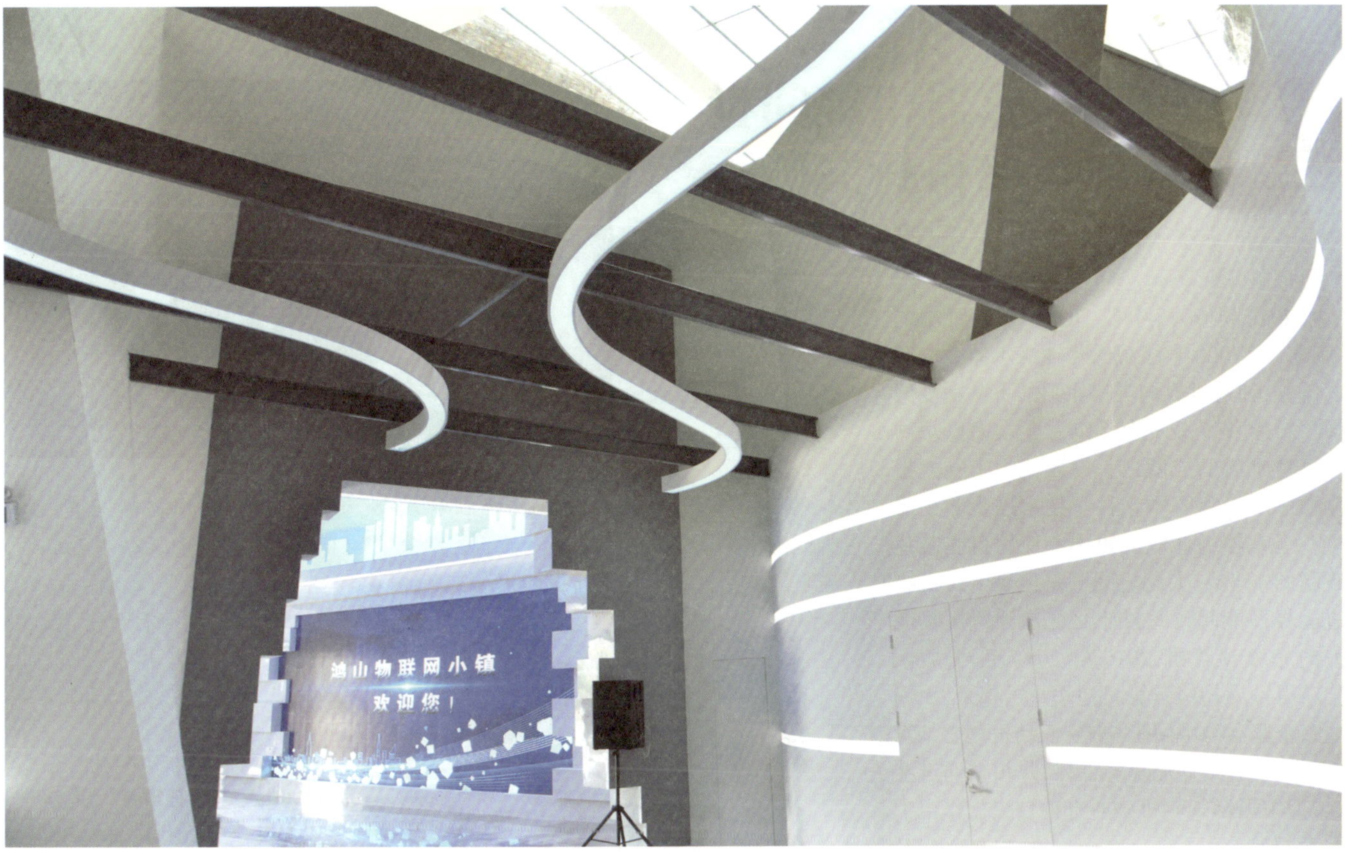

鸿山物联网小镇展示厅　　（市委宣传部　供）

2018年世界物联网博览会无锡峰会开幕式　　（市委宣传部　供）

19 一批大国重器相继问世，科技创新取得新突破

2016 年，“神威·太湖之光”获世界 top500 冠军
（国家超级计算机无锡中心 供）

2012 年 6 月，中船 702 所牵头研制的“蛟龙号”7000 米级载人作业潜水器完成海试任务，创造世界同类潜水器的下潜深度纪录。2017 年，“蛟龙号”作为十八大以来国家科技发展的成就之一写入党的十九大报告;2018 年，获得国家科学技术进步奖一等奖。国家超级计算无锡中心使用自主芯片研制的“神威·太湖之光”，是世界上首台峰值运算性能超过每秒十亿亿次浮点运算能力的超级计算机，2016 年、2017 年，先后四次获得世界超级计算机冠军。近年来，无锡多家企业参与了国家“航空发动机和燃气轮机”多项重大里程碑式工程，并相继通过鉴定，为中国燃气轮机核心部件自主化作出了重大贡献。

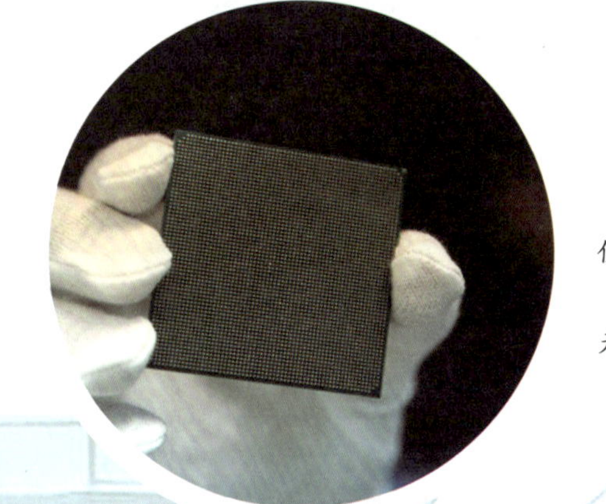

“神威·太湖之光”使用的国产芯片特写
（国家超级计算机无锡中心 供）

“神威·太湖之光”超级计算机机柜组
（国家超级计算机无锡中心 供）

2016 年，“神威·太湖之光”获戈登贝尔奖　　（国家超级计算机无锡中心　供）

“蛟龙”破浪　　（七〇二所　供）

2017 年 11 月 30 日，央视新闻直播间报道“深海勇士”号载人潜水器结束验收　　（七〇二所　供）

2009 年，无锡市委召开红豆集团党委和水秀社区党委先进事迹报告会 （市委组织部　供）

2015 年，学习红豆党建经验实施“雁阵计划”启动仪式举行

（市委宣传部　供）

20 以党建强促发展强，基层党建经验向全国推广

无锡市委牢固树立“抓好党建是最大政绩”理念，坚持做好抓基层打基础工作，创新实施基层党建“三项工程”。涌现出华西新市村、水秀社区、红豆集团等全国先进基层党组织，2012 年中组部向全国推广红豆集团党建经验，2019 年红豆集团作为唯一民企入选中组部“不忘初心、牢记使命”主题教育学习丛书案例；培育了山泉村、白塔村、美湖社区、地铁城际党建联盟等一批新时代新典型，各领域基层党建形成整体提升、全面加强的良好态势，为无锡经济社会发展提供了坚强有力的组织保障。

红豆工业城 （市工业和信息化局　供）

2018 年 10 月 19 日，无锡市委、市政府召开三季度全市重大项目现场推进暨经济形势分析会

（张立伟　摄）

无锡市工业稳增长和转型升级成效明显受到国务院通报激励新闻发布会

（市工业和信息化局　供）

21 鲜明确立产业强市主导战略，加快转型升级步伐

2018 年 3 月 2 日，2018 年无锡市首批重大项目集中开工仪式暨华虹无锡集成电路研发和制造基地项目开工仪式举行

（无锡日报报业集团　供）

2015 年 8 月，无锡市委十二届九次全会召开，明确坚定不移走产业强市的道路，大力实施创新驱动核心战略和产业强市主导战略，审议通过《关于以智能化、绿色化、服务化、高端化为引领，全力打造现代产业发展新高地的意见》，提出加快构建以战略性新兴产业为先导、先进制造业为主体、现代服务业为支撑的现代产业体系和以企业为主体、市场为导向、产学研深度融合为支撑的产业科技创新体系，在新的起点上重振无锡产业雄风。经过四年多努力，无锡经济呈现出“止跌、企稳、回升、向好”的良好态势。2017 年、2018 年被国务院分别评为“促进工业稳增长和转型升级成效明显市”、“培育发展战略性新兴产业成效明显市”。2019 年，无锡有 14 家企业入围中国企业 500 强、30 家企业入围中国制造业企业 500 强、15 家企业入围中国服务业企业 500 强，均居全省第一，入围企业总数位居全国各大城市前列，现代产业新高地建设实现新的突破。

22 率先实施人才创业支持计划，以产才融合引领高质量发展

上世纪70年代以来，大力引进“星期天工程师”，催生了全国闻名的“苏南模式”。本世纪初，在全国率先实施海外领军人才归国创业专项计划，成为国家专项引才计划的策源地。2016年开始，无锡制定实施“太湖人才计划”及其升级版。2017年起，每年举办高层次人才创新创业无锡交流大会。16位诺奖得主、36位外国院士与无锡市企业合作，形成了“诺奖无锡板块”；建立了42个产业应用研究院、48个产业联盟。药明康德、远景能源、朗新科技等一批领军人才创业企业处于行业领先地位。

2017年8月26日，省长吴政隆等参观2017高层次人才创新创业无锡交流大会专家技术成果展

（市工业和信息化局　供）

2012年8月，创新推动中国经济转型发展太湖（无锡）峰会主题论坛会场　（张立伟　摄）

1994年，无锡县人才市场开业　（陈永年　摄）

2017 年 8 月 26 日，2017 年高层次人才创新创业无锡交流大会召开　　（市发展改革委　供）

2006 无锡市毕业生双选交流大会暨人才招聘大会　　（市人力资源和社会保障局　供）

沪宁高速公路、锡澄高速公路在锡山区东北塘钱巷交汇

（锡山区档案史志馆　供）

沪宁城际高铁无锡段

（潘晓鸣　摄）

无锡城市快速内环

高铁无锡东站　　（市档案史志馆　供）

23 着力构建“大交通”格局，建设全国性综合交通枢纽

（陈　平　摄）

1996年，沪宁高速公路无锡段竣工通车。1999年，江阴长江公路大桥建成通车。2008年以来，无锡城市快速内环、机场路高架等一批城市快速路相继建成。2004年，无锡机场开通民用航班。2018年，机场旅客吞吐量突破700万人次，洲际货运航班频次全省第一。2010年、2011年，沪宁城际铁路、京沪高速铁路竣工通车，无锡进入“高铁时代”。2014年，无锡地铁1、2号线分别开通试运营，无锡步入“地铁时代”。2017年，启动建设苏锡常南部高速公路，这是江苏省高速公路建设史上一次性单体投资最大的项目，也是无锡市迄今为止单体投资规模最大的公路基础设施项目。2017年，无锡被列为全国性综合交通枢纽，城市区位优势显著提升。

波涌翠叠的金城湾生态休闲公园　　（市市政和园林局　供）

24 铁腕治污科学治太，成为全国首个建成生态城市群的地级市

2007年太湖水危机之后，无锡坚持铁腕治污、科学治太，打好污染防治攻坚战，生态文明建设成效显著，城乡人居环境不断提升。截至到2013年，无锡市、江阴市、宜兴市均被环保部授予国家生态市称号，成为全国首个建成生态城市群的地级市。2014年、2017年，无锡市分别被评为全国首批创建生态文明典范城市、首批国家生态文明建设示范市。2017年，锡东电厂复工点火成功，成为三年来全国同类项目中原址复工投运的唯一成功范例，复工联合工作组入选第九届全国“人民满意的公务员集体”。

2017年1月22日，全市生态文明建设暨“两减六治三提升”专题行动动员大会召开　　（市生态环境局　供）

整洁干净的锡东电厂　　（锡山区委宣传部　供）

西蠡湖生态修复之水生植物养殖　　（顾祚维　摄）

2017 年 3 月，惠山区开展学雷锋快闪活动 （市委宣传部　供）

25 率先创成首个全国文明城市群，共创共享文明幸福成果

2015 年 2 月 28 日，无锡市历时 19 年创建，成功跻身全国文明城市行列。2017 年，无锡市蝉联全国文明城市，江阴市、宜兴市入选全国文明城市，率先创成首个全国文明城市群。

2017 年 11 月，无锡率先创成首个全国文明城市群
（市委宣传部　供）

无锡交警“铁骑勤务” （陈 寒 摄）

2017年9月，无锡市获全国社会治安综合治理最高荣誉“长安杯” （赵小勇 摄）

26 荣获全国社会综治领域最高奖“长安杯”，“平安无锡”建设向纵深发展

无锡市公安局大数据指挥服务中心 （夏震宇 摄）

27 在更高起点实施乡村振兴战略，推进农业农村高质量发展

改革开放以来，无锡率先在全省开启农村现代化试点，扎实推进“三大合作”“三个集中”“两置换一转化”和“城乡六个一体化”等改革创新实践，农业现代化发展水平、农村居民收入水平和村级集体经济实力位居全省前列，城乡协调发展成为无锡一大特色优势。2018年，市委、市政府召开全市乡村振兴大会，组织实施“十大工程”，全力推动农业农村高质量发展走在全省全国前列，努力探索具有时代特征、中国特色、江南特质、无锡特点的乡村振兴新路子。

新吴区鸿山都市农业生态园　　（市档案史志馆　供）

宜兴市张渚镇善卷村　　（宜兴市档案史志馆　供）

2018年5月15日，无锡市委、市政府召开全市乡村振兴大会 （市委宣传部　供）

群众性文体活动在惠山区阳山桃花岛举行 （陈　平　摄）

生态宜居的锡山区山联村 （陈　平　摄）

28 跻身万亿 GDP 城市，城市能级和综合实力显著提升

2017 年，无锡市实现地区生产总值 10511.80 亿元，跻身全国万亿 GDP 城市，标志着无锡经济发展实现历史性跨越，城市能级和综合实力跨上新台阶，开启了新时代中国特色社会主义无锡实践的新征程。2018 年，全市实现地区生产总值 11438.62 亿元，人均 GDP 达到 17.43 万元，在万亿 GDP 城市中位居全省第一、全国第二。

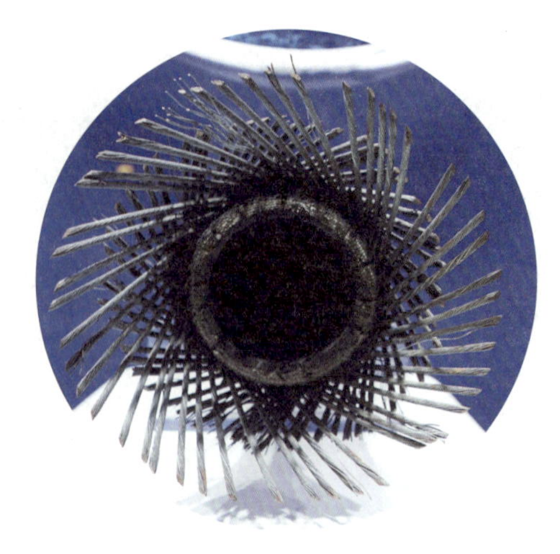

中国 500 强企业法尔胜泓昇公司生产的钢缆

（市档案史志馆　供）

双良集团连续多年名列中国企业 500 强、中国制造企业百强、中国民营企业百强

（市档案史志馆　供）

亚洲品牌 500 强，中国企业 500 强，中国民营企业 500 强远东控股集团有限公司工厂遍布全国（市档案史志馆　供）

2018 中国 500 强企业高峰论坛　（市工业和信息化局　供）

编辑说明

一、《无锡年鉴》创刊于1991年，是由无锡市人民政府主办、无锡市档案史志馆编辑出版的年度资料性文献。本卷为第30卷。

二、《无锡年鉴（2020）》以马克思列宁主义、毛泽东思想、邓小平理论、“三个代表”重要思想、科学发展观、习近平新时代中国特色社会主义思想为指导，坚持辩证唯物主义和历史唯物主义的立场、观点和方法，全面、系统地记载2019年度无锡市政治、经济、文化、社会各方面的基本面貌和发展情况，旨在为各级领导决策和管理提供参考依据，为社会各界了解无锡、建设无锡提供最新信息，也为续修地方志书积累资料。

三、《无锡年鉴》按照分类编辑法，设类目、分目、条目3个层次，部分分目下设子分目，条目为记述的基本形式。

四、与《无锡年鉴（2019）》相比，《无锡年鉴（2020）》新设了专文，将原新兴产业部分内容与信息业合并，设立数字经济类目，进一步突出地方经济特色；新设中介服务业、公共安全类目，进一步突出时代特色；将部分分目进行调整后，将原开放型经济改为对外及港澳台经贸，交通运输改为基础设施，城乡建设改为城乡发展。全卷共设特载、专文、大事记、无锡概貌、中共无锡市委员会、无锡市人民代表大会、无锡市人民政府、政协无锡市委员会、无锡市纪委监委、民主党派·工商联、群众团体、法治、军事、经济管理、数字经济、农业、制造业、商贸服务业、中介服务业、金融业、旅游业、房地产业、参与“一带一路”建设、对外及港澳台经贸、开发区、基础设施、城乡发展、生态环境、科技、教育、文化、大众传播、医疗卫生、体育、人民生活、公共安全、市（县）区发展、人物

38 个类目。书后设附录。

五、《无锡年鉴（2020）》记述起讫时间原则上为 2019 年 1 月 1 日至 2019 年 12 月 31 日。为突出年鉴的时效性，卷首专题图片中的部分图片、附录中的“政府工作报告”和特载中的有关内容选用了 2019 年度以外资料。

六、按 2019 年行政区划，年鉴中的“无锡市”“全市”，范围包括江阴、宜兴 2 个市 (县)，梁溪、锡山、惠山、滨湖、新吴 5 个区。年鉴中的“市区”，范围仅指上述 5 个区。

七、年鉴中的条目，由市属各部门和各市(县)、区专人撰写，并经各自单位领导审阅。撰稿人姓名加括号列在每个条目后面，审稿人名单列于卷首。

八、本年鉴的检索方法有目录和索引两种。目录在卷首，编排至条目；英文要目编排至分目。索引在卷末，采用主题分析法编制。

九、读者可以通过手机扫描封底二维码，查阅《无锡年鉴（2020）》所有内容。

无锡市地方志编纂委员会

《无锡年鉴（2020）》

各撰稿单位主审人员

（按姓氏笔画为序）

丁　寅　丁如意　于伟治　于建军　马卫明　马正红
马学英　马建民　王　兵　王　晋　王　捷　王卫兵
王云泓　王友宽　王荣明　王敏军　尤力人　毛晓刚
毛勤勇　方　涛　方枫云　邓小伟　卢　益　叶　辉
史成飞　乐小松　邢　盈　吕益华　朱一军　朱阳春
朱国富　朱隽昉　任　未　任小龙　任克奇　任金富
任晓恩　庄勤松　刘　红　刘一青　刘仲凡　刘葱葱
刘韶岭　刘燕萍　江　涛　汤忠元　安锡友　许　宁
许伟英　许朝春　孙　伟　孙志元　孙海东　李　斌
李志宏　李明新　杨建荣　杨晓妮　肖剑峰　吴　鸣
吴　涛　吴一骁　吴正国　吴立群　吴永东　吴红星
吴振亚　吴振国　吴象忠　吴智跃　吴燕敏　余一帆
沈　旦　沈　源　沈晓冬　宋立勤　宋晋生　张　健
张　铭　张　康　张小民　张中云　张永罡　张佐宇
张京东　张建平　张海涛　张淇铭　张磊波　张曙峰
张耀斌　陆　炜　陆　洪　陆　融　陈　勇　陈秀峰
陈建东　陈莺歌　陈晓华　陈锡云　陈靖宇　邵　辉
武云超　苟小军　林锋古　郁　明　金元兴　金宏源
周　山　周乙新　周卫平　周立军　周伟东　周茂庆
周俊清　周海平　郑　逸　郑立平　宗继芳　赵晨光
胡才鸿　胡小坚　俞勇军　娄子丹　洪绍荣　贺遵冬
秦顺达　秦聪慧　袁开坤　耿海华　夏晓东　顾厚文
钱　军　钱　烽　钱希为　徐　叶　徐　剑　徐岳明
徐柯柯　徐真柱　殷　超　殷兰青　高　俭　高　慧
郭庆文　席永清　黄达民　黄华晟　曹　雨　曹泳敏
龚智杰　盛卫中　崔时松　符菊成　章　伟　章　雷
蒋　波　蒋　俊　蒋晓鸣　蒋勤芳　韩家武　程　松
路　斌　詹　熠　解令运　蔡文煜　缪根宝　潘渔冬
潘福林　薛海萍　魏燕英

目 录

特 载

专 文

大事记

无锡概貌

中共无锡市委员会

重要会议

巡察

组织

宣传思想文化

无锡市人民政府

政协无锡市委员会

无锡市纪委监委

民主党派·工商联

群众团体

法 治

金融业

房地产业

参与“一带一路”建设

对外及港澳台经贸

开发区

城乡规划

市政建设

公用事业

城乡绿化

美丽乡村建设

科 技

教 育

医疗卫生

综述

疾病预防与控制

基层卫生与妇幼保健

健康促进

中医中药

医政管理

卫生执法与监督

医学科研与教育

体　育

综述

体育设施

群众体育

社会保险

社会救助

社会福利

住房保障

优抚安置

社会事务

民政事务

老龄事务

民族事务

宗教事务

社区建设

公共安全

人　物

附 录

索 引

Contents

Special Records

Special Articles

Record of Major Events

Survey of Wuxi

Wuxi Municipal CPC Committee

Wuxi Municipal People's Congress

Wuxi Municipal People's Government

Wuxi Municipal Committee of CPPCC

Wuxi Municipal Commission for Discipline Inspection of the Communist Party of China & Wuxi Municipal Committee of Supervision

Democratic Parties • Federation of Industry and Commerce

Mass Organizations

Government by Law

Military Affairs

Economic Management

Digital Economy

Agriculture

Manufacturing Industry

Commerce and Trade Service Industry

Intermediary Services

Financial Industry

Tourism Industry

Real Estate Industry

Participation in the Construction of "the Belt & Road"

Trade with Foreign Countries and Hong Kong, Macao and Taiwan

Development Zones

Infrastructure

Urban and Rural Development

Ecological Environment

Science and Technology

Education

Culture

Mass Communication

Health Care

Sports

People's Lives

Public Security

Development of County-level Cities and Districts

Figures

Appendix

Index

(Translated by: Qing Yu & Wu Gang)

在庆祝新中国成立70周年招待会上的讲话（摘要）

（2019年9月27日）

无锡市委书记 李小敏

70年前的10月1日，国家主席毛泽东向全世界庄严宣告：中华人民共和国成立了！从那时起，历经100多年艰苦斗争的中国人民，在中国共产党的团结带领下，终于迎来了中华民族浴火重生的光明曙光，迈上了实现国家富强、民族振兴、人民幸福的伟大征程。70年风云激荡，70年步履铿锵，中国人民创造了波澜壮阔、惊天动地的辉煌历史，谱写了不畏艰难、自强不息的壮丽史诗，一个充满生机和希望的中国巍然屹立在世界东方。

在中华民族从站起来、富起来到强起来的伟大飞跃中，无锡始终与祖国同行、与时代同进。70年来，无锡人民拼搏奋斗，不断推进社会主义建设和改革开放伟大实践，取得了令人瞩目的巨大成就，实现了翻天覆地的深刻变化，成为新中国70年辉煌发展的生动缩影。

70年春风化雨、70年春华秋实，历史的镜头一帧一帧记录着无锡的历史性跨越、一幅一幅记载着无锡的历史性飞跃，从中可以看到无锡70年的沧桑巨变。

透过历史的镜头看无锡城市建设，吴地古城、一隅县城，已褪去岁月斑驳、陈年旧颜，展现出现代都市的发展新貌，一座现代化国际化区域中心城市在太湖之畔、长江之滨焕发出时代光彩。70年来，无锡的城市格局舒展筋骨、破茧而出，市区建成区突破“乌龟壳”，面积从解放初的11平方千米扩大到343平方千米，呈现出城市现代气息与农村田园风光交相辉映的独特魅力。无锡的城乡交通“跨河越湖、穿山入地”，城区道路总长度增加1300倍，高速公路密度达到世界发达地区水平，高铁地铁、空港江港等重要枢纽设施日趋完善，全面构建起“公铁水空”立体化交通体系，全国性综合交通枢纽城市地位日益凸显。无锡的对外开放从无到有、纵深拓展，城市国际化程度、资源全球化配置能力显著增强，走在了对外开放的最前沿。无锡的生态环境消减透支、稳步向好，成为全国首批生态文明建设示范市，一幅山清水秀、绿树成荫、蓝天白云、繁星闪烁的诗意江南画卷正在无锡徐徐展开。

透过历史的镜头看无锡经济发展，中国民族工商业、乡镇企业的发祥地，已实现脱胎换骨、凤凰涅槃，产业强市之路越走越宽广，国内一流、具有国际影响的现代产业新高地在百年工商土壤中拔地而起。70年来，无锡的经济总量翻了12番，跨上万亿元新台阶，2018年达11438.62亿元，人均GDP在全国16个超万亿城市中位居第二，如今无锡一天创造的财富是1949年全年的11.4倍。无锡产业结构从解放初的纺织、食品等轻工业为主，加快向以战略性新兴产业为先导、先进制造业为主体、现代服务业为支撑的现代产业体系转变，产业层次不断向中高端攀升。无锡企业的实力、竞争力日益增强，一大批无锡企业成为行业标杆、区域龙头，入围2019中国企业500强、制造业企业500强、服务业企业500强的企业数量均位居全省第一，在全国各大城市中也位居前列。无锡科技创新能力与日俱增，产业科技创新体系加快构建，国家传感网创新示范区、苏南国家自主创新示范区建设成效显著，国家物联网创新促进中心、高性能计算技术创新中心、先进技术研究院等平台加速搭建，神威·太湖之光超级计算机、蛟龙号、中国“天眼”、港珠澳大桥等大国工程中都有“无锡元素”在闪光，无锡正快步向一流的科技创新和人才发展高地迈进。

透过历史的镜头看无锡百姓生活，生长在江南水乡、运河弄堂的无锡人，已摆脱贫穷贫困、温饱不足，正迈向高水平全面小康，获得感幸福感安全感节节攀升，人民对美好生活的憧憬正一步一步变为现实。70年来，越来越多的无锡人实现富裕富足，城乡居民人均收入分别从1951年的99元和1957年的47.7元增加到2018年的56989元和30787元。

2019 年 9 月 29 日晚，“祖国颂·太湖美”2019 紫金文化艺术节无锡广场群众文艺活动，在无锡市二泉广场举行 （市委宣传部 供）

越来越多的无锡人从危旧房、棚户区搬进花园式小区，城镇居民人均住房建筑面积、农村居民人均住房面积分别增加到 46.35 平方米和 57.21 平方米。越来越多的无锡人享受到优质的教育、医疗、文化、体育、养老等公共服务，全市就业人口从 1949 年的 101.2 万人增加到 2018 年的 388.2 万人，城乡基本社会保险覆盖面稳定在 98% 以上。越来越多的无锡人感受到公平、正义，无锡公众安全感连续三年、法治建设满意度连续两年全省第一，获得全国社会治安综合治理最高荣誉“长安杯”，创成首个全国文明城市群。

回望激情燃烧的岁月，我们深切感到，无锡 70 年之所以能够发生巨大变化、取得巨大成就，根本在于中国共产党的正确领导，在于党引领我们走上了改革开放的中国特色社会主义的康庄大道。特别是中共十八大以来，在习近平新时代中国特色社会主义思想的科学指引下，我们牢记习近平总书记的谆谆嘱托，全面贯彻新发展理念，坚定推进高质量发展，加快建设高水平全面小康社会和“强富美高”新无锡，全力打造现代产业新高地、创造全面小康新生活、建造美丽城乡新家园、营造社会文明新气象，开辟了无锡经济社会发展和党的建设新境界。由此，更加坚定了我们坚持以习近平新时代中国特色社会主义思想为指引、沿着中国特色社会主义道路奋勇前进的信心和决心。

70 年风雨兼程，历经无数艰难困苦，饱含无数心血汗水。70 年无锡一路走来，之所以能够踏平坎坷、阔步向前，归功于一代代无锡人民的艰辛探索、艰苦创业，归功于各界朋友对无锡发展的倾心付出、热情奉献，归功于历届领导班子和广大干部的履职尽责、担当作为。

无锡 70 年走过的路，生动诠释了中国共产党为中国人民谋幸福、为中华民族谋复兴的初心和使命，充分彰显了中国特色社会主义制度的无比优越性和强大生命力，全面展示了习近平新时代中国特色社会主义思想蕴藏的强大真理力量、信仰力量、奋进力量。展望未来，我们坚信，中共十九大擘画的“两个一百年”宏伟蓝图必将在无锡率先落地铺展，到 2020 年，我们将高水平全面建成小康社会，高起点开启基本现代化新征程；到 2035 年，我们将率先基本实现现代化，走在全国现代化建设的前列；到本世纪中叶，我们将率先建成社会主义现代化强市，“强富美高”新无锡将全面展现出令人自豪、让人向往的美好景象。

奋进新征途、书写新篇章，我们要自觉践行引领时代的新思想，坚持以习近平新时代中国特色社会主义思想为指引，进一步增强“四个意识”、坚定“四个自信”、做到“两个维护”，坚决贯彻中央的决策部署，推动无锡各项事业始终沿着正确的方向前进。我们要矢志追求发展建设的高质量，围绕当好全省高质量发展领跑者的目标定位，深入贯彻新发展理念，积极抢抓新发展机遇，加快构建自主可控的现代产业体系和产业科技创新体系，加快构建城乡一体、区域联动的协同发展体系，加快构建资源节约、环境友好的绿色发展体系，不断创造高质量发展的新业绩。我们要持续激发改革创新的源动力，深入推进思想解放，坚定推进改革开放，大力弘扬敢闯、敢试、敢为人先的改革创新精神，大力破除一切不合时宜的思想观念束缚、体制机制弊端、陈旧路径依赖，为发展注入不竭的澎湃动力，更好地彰显无锡发展的探索性、创新性、引领性，更好地彰显无锡发展的世界格局和现代形态。我们要尽心扎好人民满意的幸福结，忠诚践行以人民为中心的发展思想，始终把人民群众对美好生活的向往作为我们的奋斗目标，多办富民好事、惠民实事、安民要事，多解老百姓的操心事、烦心事、揪心事，与无锡人民携手创造幼有善育、学有优教、劳有应得、病有良医、住有安居、老有颐养、弱有强扶的幸福美好新生活。我们要奋力吹响团结拼搏的集结号，团结一切可以团结的力量，调动一切可以调动的积极因素，推动全体党员守初心担使命、走在前干在先，激励广大企业家弘扬新时代锡商精神、勇攀事业发展高峰，引导全体劳动者把个人理想融入国家发展伟业和无锡发展大局、在本职岗位上发光发热，加强与各民主党派的亲密合作、凝聚起各方面的智慧和力量，为谱写中华民族伟大复兴中国梦的无锡篇章而团结奋斗。

无锡市机构改革

根据《中共中央关于深化党和国家机构改革的决定》《深化党和国家机构改革方案》《关于地方机构改革有关问题的指导意见》《江苏省机构改革方案》和《中共江苏省委关于市县机构改革的总体意见》精神，无锡市精心组织，统筹安排，缜密实施机构改革，按时全面完成市县两级机构组建、职责划转、班子配备、人员转隶、挂牌运行、"三定"印发等工作。改革后，共设置市级党政机构52个。党委机构14个，其中，市委设置纪检监察机关1个，计入机构限额的工作机关13个。政府设置工作部门38个。

一、科学制定市级机构改革方案

无锡市把制定形成符合中央要求、符合无锡实际的改革方案，作为做好机构改革工作的首要任务和基础前提，在方案制定过程中，准确领会中央改革要求，深入研究中央、省委改革文件，吃透精神，把握方向；紧密结合无锡实际，对原有62个党政机构的职能运行情况作了认真梳理，全面听取市委常委、市政府副市长和市人大常委会、市政协主要领导以及各市（县）区、市各部门主要负责人的意见建议，坚持问题导向，从实际出发；积极争取省委编办指导支持，对照中央、省委有关改革精神和政策口径，向省机构改革领导小组办公室市县组进行多轮汇报沟通争取。在深入调研基础上，根据中央和省委明确的机构限额，2018年11月初形成《无锡市机构改革方案》（以下简称"方案"）初稿，并按照市深化机构改革领导小组的意见进行多次修改完善。12月21日，"方案"经市委常委会审议通过后报省委、省政府审批。

二、调整优化市级党政机构和职能

（一）对应中央和省级机构改革，调整优化相应机构和职能

1. 建立健全和优化市委对重大工作的领导体制机制

（1）组建市监察委员会。将市监察局的职责，市人民检察院查处贪污贿赂、失职渎职以及预防职务犯罪等反腐败相关职责整合，组建市监察委员会，同市纪律检查委员会合署办公，履行纪检、监察两项职责，实行一套工作机构、两个机关名称。

不再保留市监察局。

（2）组建市委财经委员会，作为市委议事协调机构。市委财经委员会办公室设在市委研究室。

（3）组建市委审计委员会，作为市委议事协调机构。市委审计委员会办公室设在市审计局。

（4）将市委全面深化改革领导小组改为市委全面深化改革委员会，作为市委议事协调机构。市委全面深化改革委员会办公室设在市委研究室。

（5）将市依法治市领导小组改为市委全面依法治市委员会，作为市委议事协调机构。市委全面依法治市委员会办公室设在市司法局。

（6）将市国家安全领导小组改为市委国家安全委员会，作为市委议事协调机构。市委国家安全委员会办公室设在市委办公室。

（7）将市委网络安全和信息化领导小组改为市委网络安全和信息化委员会，作为市委议事协调机构。市委网络安全和信息化委员会的办事机构为市委网络安全和信息化委员会办公室，作为市委工作机关。

将市委宣传部的网络新闻管理相关职责，市经济和信息化委员会的网络安全统筹协调职责划入市委网络安全和信息化委员会办公室。

（8）将市委外事工作领导小组改为市委外事工作委员会，作为市委议事协调机构。市委外事工作委员会的办事机构为市委外事工作委员会办公室，设在市政府外事办公室。

（9）组建市委教育工作领导小组，作为市委议事协调机构。市委教育工作领导小组日常工作由市委教育工作委员会承担。市委教育工作委员会与市教育局合署办公，实行一套工作机构、两个机关名称。

（10）组建市委农村工作领导小组，作为市委议事协调机构。市委农村工作领导小组办公室设在市农业农村局。

2. 加强市委职能部门的统一归口协调管理职能

（1）市委组织部统一管理市委机构编制委员会办公室。调整优化市委机构编制委员会领导体制。市委机构编制委员会办公室作为市委机构编制委员会的办事机构，承担市委机构编制委员会日常工作，作为市委工作机关，归口市委组织部管理。

（2）市委组织部统一管理公务员工作。将市人力资源和社会保障局的公务员考试录用、职位管理、考核奖惩以及培训和工资福利等公务员管理职责划入市委组织部，对外加挂市公务员局牌子。

市考核工作委员会办公室设在市委组织部。

（3）市委宣传部统一管理新闻出版和电影工作。将市文化广电新闻出版局（市版权局）的新闻出版、电影管理等职责划入市委宣传部，对外加挂市新闻出版局（市版权局）牌子。

市委宣传部不再保留市委对外宣传办公室牌子，相关职责由市委宣传部承担。

（4）市委统一战线工作部统一领导民族宗教工作。市民族宗教事务局归口市委统一战线工作部领导，仍作为市政府工作部门。

（5）市委统一战线工作部统一管理侨务工作。将市政府侨务办公室并入市委统一战线工作部，对外保留市政府侨务办公室牌子。

将市政府侨务办公室的海外华人华侨社团联谊等职责划归市侨联行使。

不再保留单设的市政府侨务办公室。

3. 新组建和优化职责的机构

（1）组建市自然资源和规划局。将市国土资源局和市规划局的职责，市发展和改革委员会的组织编制主体功能区规划职责，市农业委员会（市林业局）的林业管理职责，市水利局的水资源调查和确权登记管理职责，市环境保护局、市市政和园林局的自然保护区、风景名胜区、森林公园、绿化统筹等相关管理职责，以及相关市辖区的相应职责等整合，组建市自然资源和规划局，作为市政府工作部门，对外保留市林业局牌子。

设立市自然资源和规划局相关市辖区分局，作为市自然资源和规划局的派出机构。

不再保留市国土资源局、市规划局。

（2）组建市生态环境局。将市环境保护局和市太湖水污染防治办公室的职责，市发展和改革委员会的应对气候变化相关职责，市经济和信息化委员会的减排相关职责，市国土资源局的监督防止地下水污染职责，市水利局的编制水功能区划、排污口设置管理和流域水环境保护职责，市农业委员会的监督指导农业面源污染治理职责，以及市辖市（县）区的相应职责等整合，组建市生态环境局，作为市政府工作部门，对外加挂市太湖水污染防治办公室牌子。环保垂管体制改革具体工作按中央有关改革部署实施。

不再保留市环境保护局。不再保留单设的市太湖水污染防治办公室。

（3）组建市农业农村局。将市委农村工作办公室和市农业委员会的职责，以及市发展和改革委员会的农业投资项目、市国土资源局的农田整治项目、市水利局的农田水利建设项目管理职责等整合，组建市农业农村局，作为市政府工作部门。市农业农村局对外加挂市政府扶贫工作办公室牌子。

不再保留市委农村工作办公室、市农业委员会。

（4）组建市文化广电和旅游局。将市文化广电新闻出版局（市文化遗产局）和市旅游局的职责整合，组建市文化广电和旅游局，作为市政府工作部门，对外加挂市文物局牌子。

不再保留市文化广电新闻出版局（市文化遗产局）、市旅游局。

（5）组建市卫生健康委员会。将市卫生和计划生育委员会的职责，以及市民政局承担的市老龄工作委员会办公室职责，市安全生产监督管理局的职业安全健康监督管理职责等整合，组建市卫生健康委员会，作为市政府工作部门。市卫生健康委员会对外加挂市中医药管理局牌子。保留市老龄工作委员会，日常工作由市卫生健康委员会承担。

不再保留市卫生和计划生育委员会。

（6）组建市退役军人事务局。将市民政局的退役军人优抚安置职责，市人力资源和社会保障局的军官转业安置职责等整合，组建市退役军人事务局，作为市政府工作部门。按中央有关改革部署实施。

（7）组建市应急管理局。将市安全生产监督管理局的职责，市政府办公室的应急管理职责，市公安局的消防管理相关职责，市民政局的救灾职责，市国土资源局的地质灾害防治相关职责，市水利局的水旱灾害防治相关职责，市农业委员会的森林防火相关职责，市住房和城乡建设局的震灾应急救援职责，以及市防汛防旱、抗震救灾、护林防火等指挥部（委员会）职责等整合，组建市应急管理局，作为市政府工作部门。按中央有关改革部署实施。

不再保留市安全生产监督管理局。

（8）组建市市场监督管理局。将市工商行政管理局、市质量技术监督局和市食品药品监督管理局（市食品安全委员会办公室）职责，以及市科学技术局（市知识产权局）的知识产权保护协调和专利管理职责，市物价局的价格监督检查相关职责，市商务局的打击侵犯知识产权和假冒伪劣商品、参与开展反垄断调查相关职责等整合，组建市市场监督管理局，作为市政府工作部门，对外保留市知识产权局牌子。保留市食品安全委员会，日常工作由市市场监督管理局承担。

不再保留市工商行政管理局、市质量技术监督局、市食品药品监督管理局（市食品安全委员会办公室）。

（9）组建市医疗保障局。将市人力资源和社会保障局的城镇职工和城镇居民基本医疗保险、生育保险职责，市卫生和计划生育委员会的新型农村合作医疗综合管理、药品和医用耗材集中采购监督管理相关职责，市民政局的医疗救助职责，市物价局的药品和医疗服务价格管理职责，以及相关市辖区的相应职责等整合，组建市医疗保障局，作为市政府工作部门。市医疗保障局向相关市辖区派驻医疗保障机构。

（10）重新组建市司法局。将市司法局、市政府法制办公室的职责整合，重新组建市司法局，作为市政府工作部门。

不再保留市政府法制办公室。

（11）优化市审计局职责。将市发展和改革委员会的重大项目稽察职责，市财政局的市级预算执行和其他财政收支情况的监督检查职责，市政府国有资产监督管理委员会的市级国有企业领导干部经济责任审计以及市属国有企业监事会职责等划入市审计局。

4. 其他不再设立的机构

不再设立市社会治安综合治理委员会及其办公室、市维护稳定工作领导小组及其办公室，有关职责交由市委政法委员会承担。

（二）与中央和省级机关基本对应的其他机构和因地制宜设置的机构

1. 与中央和省级机关基本对应的其他机构

市委办公室、市委市级机关工作委员会、市委巡察工作办公室、市委老干部局作为市委工作机关；市政府办公室、市发展和改革委员会、市工业和信息化局、市教育局、市科学技术局、市公安局、市民政局、市财政局、市人力资源和社会保障局、市住房和城乡建设局、市交通运输局、市水利局、市商务局、市政府国有资产监督管理委员会、市体育局、市统计局、市信访局、市粮食和物资储备局、市人民防空办公室、市地方金融监督管理局、市机关事务管理局作为市政府工作部门。其中：

（1）优化市委办公室职责。将市档案局（市档案馆）的行政职能划归市委办公室，对外加挂市档案局牌子。将市档案馆与市史志办公室、市城市建设档案馆整合，组建市档案史志馆，作为市委直属事业单位。

市委办公室不再保留市接待办公室牌子，相关工作由市委办公室承担。

（2）调整市委老干部局管理体制。市委老干部局由市委组织部管理的机关调整为市委工作机关，归口市委组织部管理，对外保留市委离退休干部工作委员会牌子。

（3）优化市发展和改革委员会职责。将市经济和信息化委员会的社会信用体系建设、经济运行调节和电力、煤炭等相关管理职责，市物价局的定价管理等职责划入市发展和改革委员会。

不再保留市物价局。

（4）组建市工业和信息化局。在市经济和信息化委员会基础上组建市工业和信息化局，作为市政府工作部门。市工业和信息化局对外保留市物联网发展办公室牌子。不再保留市经济和信息化委员会（市中小企业局）。

（5）优化市教育局职责。市政府教育督导室由单独设置调整为设在市教育局。

不再保留单独设置的市政府教育督导室。

（6）优化市科学技术局职责。将市人力资源和社会保障局的引进国外智力和外国专家管理职责划入市科学技术局。

（7）优化市交通运输局职责。市交通运输局对外加挂市地方铁路建设办公室牌子，承担地方铁路建设项目协调管理等职责。

（8）调整市信访局管理体制。市信访局由市委办公室、市政府办公室的部门管理机构调整为市政府工作部门。市委信访局与市信访局合署办公，实行一套工作机构，两个机关名称。

（9）组建市粮食和物资储备局。将市粮食局的职责，市发展和改革委员会的组织实施国家战略物资储备，管理粮食、食用植物油等重要商品的市级储备等职责，市民政局的市级生活类救灾物资储备职责，市商务局的重要消费品（肉类、禽蛋等）储备管理职责，市经济和信息化委员会的紧急状态下重要物资的调度和协调、管理市级药品储备、组织实施发生重大灾情、疫情等特殊情况下的药械调度职责等整合，组建市粮食和物资储备局，作为市政府工作部门。

不再保留市粮食局。

（10）将市人民防空办公室由在市民防局挂牌改为单独设置，作为市政府工作部门。不再保留市民防局，相关职责由市人民防空办公室承担。

（11）组建市地方金融监督管理局。将市政府金融工作办公室的职责，市委农村工作办公室的信用互助农民专业合作社管理职责，市经济和信息化委员会的融资担保公司监管职责，市商务局的典当行、融资租赁公司、商业保理公司监管职责等整合，组建市地方金融监督管理局，对外保留市政府金融工作办公室牌子。

不再保留单设的市政府金融工作办公室。

2. 因地制宜设置的机构

市委台湾工作办公室、市委机要保密局作为市委工作机关；市行政审批局、市市政和园林局、市城市管理局、市大数据管理局作为市政府工作部门。其中：

（1）组建市委机要保密局。将市委保密委员会办公室（市国家保密工作局）和市委机要局（市国家密码管理局）职责整合，组建市委机要保密局，作为市委工作机关，对外挂市国家保密局、市国家密码管理局牌子，归口市委办公室管理。

不再保留市委保密委员会办公室（市国家保密工作局）、市委机要局。

（2）优化市城市管理局职责。市城市管理局对外加挂市城市管理综合行政执法局牌子，不再保留市城市管理行政执法局牌子。

（3）组建市大数据管理局。将市相关部门涉及大数据管理的政策制定、产业发展指导、政务信息共享、数据应用服务、安全监督管理职责等整合，组建市大数据管理局，作为市政府工作部门。

三、统筹推进相关领域改革

（一）深化市人大、政协机构改革和群团组织改革

1. 深化市人大机构改革

健全人大组织制度和工作制度，完善市人大专门委员会设置，更好发挥其职能作用。组建市人大社会建设委员会、市人大监察和司法委员会，作为市人大专门委员会。

2. 深化市政协机构改革

推进人民政协履职能力建设，加强人民政协民主监督，不断优化政协专门委员会设置，更好发挥其作为专门协商机构的作用。将市政协经济科技委员会改为经济科技和农业农村委员会。

3. 深化群团组织改革

认真贯彻落实中央和省委关于群团组织改革的决策部署，健全党委统一领导群团工作的制度，紧紧围绕保持和增强政治性、先进性、群众性这条主线，强化问题意识，以更大力度、更实举措推进改革，着力解决“机关化、行政化、贵族化、娱乐化”等问题，把群团组织建设得更加充满活力、更加坚强有力。

牢牢把握改革正确方向，始终坚持党对群团组织的领导，群团组织设立的党委（党组），接受批准其成立的党委统一领导，定期汇报工作，确保党的方针政策和决策部署得到贯彻落实。坚持眼睛向下、面向基层，将

力量配备、服务资源向基层倾斜，更好适应基层和群众需要。

群团组织改革与机构改革相结合，改革机关设置、优化管理模式、创新运行机制，促进党政机构同群团组织功能有机衔接，支持和鼓励群团组织承接适合其承担的公共服务职能，增强群团组织团结教育、维护权益、服务群众功能，充分发挥党和政府联系人民群众的桥梁纽带作用。

抓好市总工会、团市委、市妇联、市文联等群团机关改革方案落实。根据中央和省委要求，研究出台其他群团组织改革方案，协同推进市及所辖市（县）区群团组织改革。

（二）深化市级党委政府直属事业单位改革和承担行政职能的事业单位改革

按照精干高效原则设置市委市政府直属事业单位。将承担行政职能事业单位改革纳入党政机构改革，统筹推进、同步实施。在巩固承担行政职能事业单位改革试点成果的基础上，推进市辖区承担行政职能事业单位改革，全面清理事业单位承担的行政职能，按照能转职能的不转机构、确需转机构的实行综合设置的原则，区分情况推进改革，理顺政事关系，实现政事分开。改革后保留的事业单位，名称不再称“委、办、局”。除行政执法机构按照中央部署推进改革外，不再保留或新设承担行政职能的事业单位。

（三）深化综合行政执法体制改革

贯彻落实中央和省深化综合行政执法改革部署要求，按照减少层次、整合队伍、提高效率的原则，深化行政执法体制改革，统筹配置行政处罚职责和执法资源，实现“一支队伍管执法、一套清单管权责、一个中心管指挥、一个网格管治理、一个平台管信用、一套机制管检查”，构建权责统一、权威高效的行政执法体制。

大力推进科学执法。全面梳理和精简行政处罚、行政强制事项，最大限度减少行政执法事项，实行清单化管理，建立动态调整机制。改变行政执法人海战术，更多应用科技手段，推行非现场执法。整合信息资源，推进网格管理，建立指挥平台，建立健全依据权责清单追责、“双随机、一公开”、鼓励举报、市场主体信用承诺联合惩戒、重大风险监测防控、绩效评估等6项机制。

大幅减少执法队伍。在市域范围内整合组建市场监管、生态环境保护、文化市场、交通运输、农业等5~7个领域综合执法队伍。加大整合力度，将商务执法、盐业执法等整合划入市场监管综合执法，实行更大范围的综合执法。统筹城市综合执法，继续推进城市管理等其他跨领域跨部门综合执法。分类推进市辖市（县）区综合行政执法。

彻底解决多层重复执法。减少执法层级，下沉执法力量，市和市辖区原则上只设一个执法层级。强化市及所辖市（县）区行政执法职责，一般实行“局队合一”体制，避免重复执法。结合开展镇（街道）行政管理体制综合改革，推进综合行政执法向镇（街道）等基层延伸，县级以上派驻执法队伍要加强与乡镇（街道）的协作配合，逐步实现一支队伍管执法。

加强执法队伍建设。锁定人员队伍编制底数，暂保持现状不变，待中央统一明确政策后逐步规范。探索建立体现综合行政执法特点的编制和人员管理办法。全面清理规范临时人员和编外聘用人员，严禁使用辅助人员执法。严把人员入口关，突出德才兼备。综合行政执法改革涉及的机构编制事项按有关规定办理。

严格规范执法行为。完善执法程序，建立完善行政执法可追溯、可问责机制，不作为、乱作为退出机制，严格执法责任，加强执法监督，做到严格规范公正文明执法。

（四）深入推进审批服务便民化改革

严格贯彻落实中央和省委要求，以深化“不见面审批服务”改革为抓手，围绕“宽放、善管、优服”目标，聚焦与人民群众生产生活关系最紧密和人民群众反映最强烈、最渴望解决、最难办的领域和事项，深入推进简政放权、放管结合、优化服务改革，推进审批服务便民化，最大限度减少政府对市场资源的直接配置，最大限度减少政府对市场活动的直接干预，提高资源配置效率和公平性，激发各类市场主体活力，打造良好营商环境。

大力推进简政放权，清理和规范各类行政许可、资质资格、中介服务等管理事项，大幅精简各类证照，压缩办理时间，清理取消经营服务性收费和行业协会商会收费，切实降低制度性交易成本。

强化事中事后监管，全面推行“双随机、一公开”监管和“互联网+监管”，加快实现政府监管信息共享，强化信用监管，发挥行业和社会监督作用，让守法者畅通无阻，让违法者处处受限。

全面推行以“网上办、集中批、联合审、区域评、代办制、不见面”为主要内容的“不见面审批服务”改革。深入推进相对集中行政许可权改革，努力实现审批（服务）事项向一个部门集中，部门内审批（服务）事项向一个处（科）室集中。加快推进“不见面审批服务”标准化、规范化建设，全面实现“3550”改革目标。

打破“信息孤岛”，统一明确各部门信息共享的种类、标准、范围、流程，加快推进部门政务信息联通共用，各部门审批服务系统尽快向各级政务服务机构和镇（街道）便民服务机构开放端口、权限和共享数据。

（五）深化市（县）区机构改革和基层政权建设

按照中央和省委的要求，市（县）区机构改革与市级机构改革同步部署，压茬推进。市（县）区党政机构与市级党政机构相衔接统筹设置，允许“一对多”和“多对一”，确保上下贯通、执行有力，着力构建运行顺畅、充满活力、令行禁止的工作体系。市政府部门职能划入市委机构的，市（县）区要相应划转；涉及应急管理、退役军人事务、医疗保障等重点领域新组建机构，要上下一致抓好落实。加大机构职能整合归并力度，对职能相近的党政机关合并设立或合署办公，加强党的集中统一领导。市（县）区机构设置和职能配置要更加突出民生，强化社会管理和公共服务职能。

深入推进基层政权建设。全面加强基层党建，强化乡镇（街道）党（工）委领导核心作用，加强党（工）委对乡镇（街道）各项工作的全面领导。基层政权机构设置和人力资源调配必须面向人民群众、符合基层事务特点。下放经济社会管理事项，推动治理重心下移，尽可能把资源、服务、管理放到基层。乡镇（街道）相关改革要与市（县）区机构改革统筹谋划、同步推进，使各类机构、组织在服务保障群众需求上有更大作为。应由县级承担的职责任务不得层层下放、转嫁基层。

借鉴经济发达镇行政管理体制改革做法，推广徐霞客镇"1+4"改革经验，按照中央部署，构建简约便民、阳光高效的基层管理体制。推进乡镇（街道）改革，整合基层审批、服务、执法等方面的力量和职能，统筹机构编制资源，综合设置镇街机构，实行扁平化和网格化管理，构建"集中高效审批、强化监管服务、综合行政执法"的治理结构。统筹设置综合性全要素网格，实现基层治理"多网合一"。建立一体化的综合指挥平台，建立健全发现问题、流转交办、协调联动、研判预警、督查考核等综合指挥工作机制。完善基层综合便民服务平台功能，实现线上线下多功能服务，将办件量大、与群众密切相关的服务下放到乡镇（街道）、延伸到城乡社区，普遍建立网上服务站点，加快完善乡村便民服务体系。推进供水、供电、供气等同人民群众经常打交道的公共事业部门的便民化改革。

（六）强化机构编制管理刚性约束

强化市委对机构编制工作的统一领导，推进各类编制资源统筹使用，加大部门间、行政区间编制统筹调配力度，严格执行机构编制管理法律法规和党内法规制度，严格机构编制管理权限和程序，严禁越权审批。

加强和规范机构编制管理。坚持总量控制和限额管理，严格执行中央和省委规定的机构限额，无锡市市级党政机构不超过 52 个，江阴市、宜兴市、梁溪区、滨湖区党政机构不超过 37 个，锡山区、惠山区党政机构不超过 35 个，无锡高新区（新吴区）党政机构不超过 30 个，不突破市县党政机构编制总量。严格限定市及所辖市（县）区党政机关最小规模，市级原则上不设 20 名行政编制以下机构，市（县）区原则上不设 10 名行政编制以下机构。按照严控总量、盘活存量、优化结构、增减平衡的要求，实行"瘦身"与"强身"相结合，统筹使用编制资源。清理不规范设置的机构和配备的职数，全面清理限额外设置的行政机构，规范管理合署办公机构，精简整合规范开发区管委会、驻外办事机构等各类派出机关（机构），杜绝挂牌机构实体化、根除"事业局"。清理规范议事协调机构，职能相近的予以整合，临时性、阶段性的任务完成后及时撤销，严控新设议事协调机构。议事协调机构一般不单设办事机构，具体工作由有关部门承担，部门承担联席会议日常工作的内设机构不加挂牌子、不刻制印章。

认真做好部门"三定"工作。重新制定或修订市委工作机关、市政府工作部门"三定"规定，坚持优化协同高效，科学配置机构职能编制，强化部门内部职责和业务整合，推动组织架构重建和流程再造，切实把加强党的全面领导和职能转变要求落实到位，规范履职行为，确保权责一致。统一规范内设机构规格和名称，加大内设机构综合设置力度，综合性内设机构不超过内设机构总数的三分之一。整合归并的党政机构，综合性内设机构合并为一套，业务机构要根据工作的内在联系进行重新设计和整合，该精简的精简，该加强的加强。原则上不设 3 人以下内设机构。

坚决查处各类机构编制违纪违法行为。严禁超编进人、超限额设置机构、超职数配备领导干部。严格管理编外聘用人员。及时公开机构编制有关信息，接受各方监督。坚决整治市级部门通过项目资金分配、考核督查、评比表彰等方式干预下级机构设置、职能配置和编制配备的行为。完善机构编制部门同纪检监察机关和组织人事、巡察、审计等部门的协作联动机制，形成监督检查合力。

四、稳妥有序抓好改革组织实施

2019 年 1 月 5 日，省委办公厅、省政府办公厅印发经省委、省政府批准的"方案"，市委、市政府一着不让、认真有序推进"方案"的组织实施。

抓紧抓实动员部署。1 月 9 日，召开全市机构改革工作动员部署会议，省委常委、市委书记李小敏作了动员讲话，要求全市各级各部门深刻认识机构改革的重大意义，认真落实推进改革的责任和要求，切实增强"四个意识"、坚决做到"两个维护"，从讲政治的高度，按照改革时间表、路线图、任务书，不打折扣、不讲条件、不搞变通，按时按要求完成好各项改革任务。

抓紧抓实转隶组建。全市机构改革动员部署会议后，市委及时明确新组建和调整部门的领导班子。这次机构改革，涉及 44 个部门（单位）的领导班子，市委通盘考虑事业发展需要和领导班子建设实际，按照好干部标准，对 53 名市管正职干部的职务进行了调整，其中新提任 8 名、交流任职 11 名、留原单位或新组建单位但职务有所调整的 32 名、转任非领导职务的 2 名。1 月 20 日，召开市级机构改革转隶组建工作推进会，市委常委、组织部部长冯军代表市委就转隶组建工作提出明确要求。会后，新组建和调整部门迅速行动，认真落实各项任务要求。按照"编随事转、人随事走"的原则，主动与涉及部门进行沟通对接，协商确定划转人员名单，1 月底前完成 155 名机关工作人员转隶。对市场监管、档案史志等重点整合机构和网信、医保、退役军人、大数据等新组建部门，专门制定相关工作方案，确保工作平稳有序。组织、人社、财政、机关事务、档案等部门认真做好转隶组建涉及的人员工资发放、经费资产处置、办公用房调整、人事关系和党员组织关系接转、档案交接等工作。2月11日，市委、市政府举行市级党政机构组建成立大会，为改革后的党政机构集中授牌，新的机构职能体系正式开始运行。

抓紧抓实“三定”制定。2月12日，召开市级机构“三定”工作布置会，明确“三定”的工作原则、工作流程和时限要求。按照“精简高效、编随事转、加强基层、统筹优化”的原则，区分市级52个党政机构不同情况，经过反复调研沟通，市委编委研究确定部门编制核定方案，充分体现加强党的全面领导、配强党委工作机关编制力量，同时着重加强重点产业部门以及应急管理、生态环境等重点监管部门编制力量的要求。行政编制不足20名的机构减少到3个，切实保障履职需求。认真贯彻确保改革后市级党政机构部门领导职数总量与改革前相比有所减少的要求，核定市级部门领导职数297名。市委编办成立3个审核小组，分工负责对接部门“三定”工作，认真抓好部门起草、初审复审、会议审议、上报审批等环节，严格落实审核责任，确保工作质量。各部门“三定”规定经市委编办审核后，报市深化机构改革领导小组副组长、组长审签，3月底前，分别以市委办或市委办、市政府办名义完成印发。

（市委编办）

编辑　罗秋云

附件1

中共无锡市委机构设置表

- 纪律检查委员会监察委员会机关
- 办公室
- 组织部
- 宣传部
- 统一战线工作部
- 政法委员会
- 研究室
- 全面深化改革委员会办公室（设在市委研究室）
- 全面依法治市委员会办公室（设在司法局）
- 国家安全委员会办公室（设在市委办公室）
- 网络安全和信息化委员会办公室
- 财经委员会办公室（设在市委研究室）
- 外事工作委员会办公室（设在市政府外事办公室）
- 机构编制委员会办公室
- 军民融合发展委员会办公室（设在市发展和改革委员会）
- 审计委员会办公室（设在市审计局）
- 农村工作领导小组办公室（设在市农业农村局）
- 台湾工作办公室
- 市级机关工作委员会
- 巡察工作办公室
- 老干部局
- 机要保密局

说明：

无锡市委设置纪检监察机关1个，计入机构限额的工作机关13个（设在相关部门的市委议事协调机构的办事机构不计入机构限额）。其中，纪律检查委员会与监察委员会合署办公，实行一套工作机构、两个机关名称；市委办公室挂市档案局牌子；组织部挂非公有制企业和社会组织工作委员会、党建工作领导小组办公室、市公务员局牌子；宣传部挂市精神文明建设指导委员会办公室、市政府新闻办公室、市新闻出版局（市版权局）牌子；统一战线工作部挂市政府侨务办公室牌子；网络安全和信息化委员会办公室挂市互联网信息办公室牌子；机构编制委员会办公室挂市事业单位登记管理局牌子；台湾工作办公室挂市政府台湾事务办公室牌子；老干部局挂离退休干部工作委员会牌子；机要保密局挂市国家保密局、市国家密码管理局牌子。教育工作委员会与市教育局合署办公，不计入机构限额；市委信访局与市信访局合署办公，不计入机构限额。

附件 2

无锡市人民政府机构设置表

办公室
发展和改革委员会
教育局
科学技术局
工业和信息化局
民族宗教事务局
公安局
民政局
司法局
财政局
人力资源和社会保障局
自然资源和规划局
生态环境局
住房和城乡建设局
市政和园林局
城市管理局
交通运输局
水利局
农业农村局
商务局
文化广电和旅游局
卫生健康委员会
退役军人事务局
应急管理局
审计局
外事办公室
国有资产监督管理委员会
行政审批局
市场监督管理局
体育局
大数据管理局
统计局
医疗保障局
信访局
粮食和物资储备局
人民防空办公室
地方金融监督管理局
机关事务管理局

说明:

无锡市人民政府设置工作部门 38 个。其中,市政府办公室挂市政府研究室牌子;工业和信息化局挂物联网发展办公室牌子;自然资源和规划局挂林业局牌子;生态环境局挂太湖水污染防治办公室牌子;住房和城乡建设局挂地震局牌子;城市管理局挂城市管理综合行政执法局牌子;交通运输局挂地方铁路建设办公室牌子;农业农村局挂市政府扶贫工作办公室牌子;商务局挂口岸办公室牌子;文化广电和旅游局挂文物局牌子;卫生健康委员会挂中医药管理局牌子;市政府外事办公室挂市政府港澳事务办公室牌子;行政审批局挂政务服务管理办公室牌子;市场监督管理局挂知识产权局牌子;地方金融监督管理局挂市政府金融工作办公室牌子。

(市委编办)

2019 年 2 月 11 日,市委、市政府举行市级党政机构组建成立大会 (张立伟 摄)

《长江三角洲区域一体化发展规划纲要》无锡行动方案(摘要)

长江三角洲(以下简称“长三角”)区域一体化发展,是以习近平为核心的党中央作出的重大决策部署,是习近平总书记亲自谋划、亲自部署、亲自推动的重大国家战略。为全面落实中共中央、国务院《长江三角洲区域一体化发展规划纲要》和中共江苏省委、江苏省人民政府《〈长江三角洲区域一体化发展规划纲要〉江苏实施方案》文件精神,结合无锡实际,特制定本行动方案。

一、总体要求

(一)战略意义

深入贯彻落实习近平总书记关于实现长三角地区更高质量一体化发展的重要指示精神,服务和促进长三角一体化发展大局,是无锡的重大政治责任。立足全域一体对接上海龙头、促进城市互动,形成和放大集聚效应,是无锡的重大发展机遇。在竞争与合作中提升城市能级、实现更好发展,是对无锡的重大现实考验。全市上下要增强“四个意识”,坚定“四个自信”,做到“两个维护”,切实把思想和行动统一到习近平总书记重要指示批示和中央决策部署上来,积极行动、抢抓机遇、扬己所长,全面融入长三角一体化发展格局,着力推动“一极三区一高地”建设,在落实国家战略中担当重要职责、发挥独特作用、作出无锡贡献。

(二)指导思想

以习近平新时代中国特色社会主义思想为指导,深入贯彻中共十九大和十九届二中、三中、四中全会精神,全面落实国家“规划纲要”和省“实施方案”要求,践行新发展理念,紧扣“一体化”和“高质量”两个关键,以拓展更广阔的发展空间、集聚更丰富的发展资源、赢得更有利的发展条件、实现更高质量的发展为目标,把对接上海龙头作为重点,坚持全市域全方位推进,做强市域一体化,服务全省一体化,深度融入长三角一体化,把握“各扬所长”原则要求,突出建设长三角先进制造核心区、技术创新先导区、绿色生态标杆区、综合交通枢纽区,开启改革新探索、建设开放新高地、推动文化新发展、创造美好新生活,提升无锡作为长三角区域中心城市的地位和能级,加快建设世界格局中的无锡、现代化形态中的无锡,在长三角更高质量一体化新征程中走在前列。

(三)发展目标

到2025年,全市域全方位融入长三角区域一体化发展格局基本形成,城市综合实力、区域资源整合能力、国际竞争力和影响力提升,市域一体化、城乡一体化水平迈上新台阶,城乡人均可支配收入差距缩小,人均GDP排名保持全国主要城市前列。以先进制造业为主体的现代产业体系基本形成。打造产值规模超1000亿元的先进制造业集群10个以上,战略性新兴产业产值年均增速达7%,现代服务业占服务业比重达53%。科创产业融合发展体系基本建立。区域协同创新体系基本形成,成为全国重要创新策源地。科技进步贡献率达68.5%,研发经费支出占GDP比重提高到3.1%,高新技术产业产值占规模以上工业总产值比重达47%。绿色美丽无锡建设取得显著成效。太湖、长江联保共治机制更加健全,安全可控的水网工程体系基本建成,重要江河骨干堤防全面达标。水环境质量、空气质量根本好转,优质生态产品供给能力不断提升。综合交通枢纽区建设取得重要进展。区域一体化、市域一体化重大交通基础设施加快推进,苏南硕放国际机场枢纽功能明显提升,多层次轨道交通、公路网络、水运网络更加完善,新一代信息基础设施布局成网。优质公共服务供给能力显著提高。城乡居民收入保持与经济同步增长,公共服务合作领域和深度不断拓展,教育、医疗、养老等基本公共服务均等化水平提升,社会保障体系更加健全,民生共建共享格局基本形成。

到2035年,全市域全方位融入长三角区域一体化发展达到较高水平,长三角区域中心城市作用彰显,世界格局中的无锡地位巩固,现代化形态中的无锡基本实现。

二、主要路径

发挥无锡“一点居中”“两带联动”“十字交叉”的独特区位优势,坚持全市域谋划全方位推进。以对接服务上海龙头为重点,深度融入上海大都市圈建设;以区域城市群共建为关键,全面服务省域一体化;以锡澄锡宜联动为基础，加快推进市域一体化，夯实区域中心城市地位，合力打造长三角世界级城市群。

（一）全面融入以上海为龙头的长三角区域一体化

1. 全面融入上海大都市圈建设。主动服务对接上海"五个中心"和"四大品牌"建设，以产业科技、金融服务、对外开放、文化交流以及公共服务等领域合作为重点，承接上海辐射效应，借力提升无锡城市能级。加强产业链配套共建。对接上海全球卓越制造基地建设，围绕两地重点发展的产业领域，共构物联网、集成电路、生物医药、高端装备等产业链。加强科技与产业融合创新。主动融入以上海为龙头的长三角科技创新体系，聚焦关键共性技术、前沿引领技术和应用型技术，开展跨领域协作攻关。打造上海文旅康养"后花园"。以江南文化为纽带，加强创意设计、艺术表演、会展广告等文化领域合作。承接上海服务"溢出效应"。主动对接上海国际金融中心建设，引导无锡中小企业、科创企业加强与上海资本有效对接，推动无锡优质企业到上海证交所主板和科创板上市融资。加强公共服务共建、共享。全面对接上海优质教育、医疗等公共服务资源，引进上海高校院所到无锡建办分校或研究院，主动吸引上海高层次医疗机构到无锡开设分支机构。

2. 对接宁杭生态经济带建设。以生态绿色发展为重点，对接南京、杭州都市圈建设，与宁杭沿线城市共同建设长三角重要的生态屏障和绿色发展前沿阵地。联合推进生态治理。开展生态环境跨界交流合作，合力构建宁杭绿色生态发展廊道。链接宁杭创新资源。支持南京高校院所在无锡建设分院和研究所，联合开展技术创新和成果转移转化应用。在以数字经济为核心的新经济领域加强与杭州的互动合作，增强无锡经济发展新动能。拓展南向发展空间。支持宜兴与溧阳、长兴、安吉、郎溪、广德以及上海白茅岭农场联合打造长三角产业合作示范区。

（二）深入推进苏锡常都市圈建设服务省域一体化

3. 共推苏锡常都市圈建设。加大与苏州、常州两市合作力度，加快区域交通基础设施建设，促进产业创新分工协作，完善生态文明协同机制，支持邻界地区协同发展，加大资源共建共享和有效整合力度，探索协同治理新模式，携手打造具有国际影响力和强大产业辐射力的城市群。加快重大交通基础设施建设。加快苏锡常都市圈轨道交通规划建设，以提升苏南硕放国际机场枢纽服务功能为核心，逐步放大京沪高铁无锡东站区域客运功能，加快构建高铁、城际铁路、市域铁路、城市地铁相融合的复合化交通网络。促进产业创新高地建设。依托优势企业、重点项目和关键技术，推进各类产业园区、科技园区合作交流，形成城市间联动协作、城市内部节点支撑的集聚发展模式。

4. 引领锡常泰跨江联动发展。利用长江经济带建设契机，联合常州，加大与泰州的跨江协同发展力度，打通扬子江城市群南北中轴，扩大协同发展范围。增强过江通道能力。重点推进江阴第二、第三过江通道建设，提高跨江效率，提升江阴、靖江两地同城化水平。提升南北共建园区建设水平。鼓励江阴与靖江等开展全面交流合作，打造船舶海工、医药健康、特色冶金、港口物流等跨江特色优势产业，建设江阴—靖江高质量跨江融合发展示范区。

（三）着力做强市域一体化

5. 加快锡澄锡宜一体化发展。坚持"一体两翼两区"总体空间布局，形成锡澄锡宜之间空间共构、功能共生、产业共谋、设施共建、环境共治的良好格局，实现市域同城发展，把江阴打造成为长江下游以高端制造为特质的新兴中心城市、跨江联动发展的重要节点城市，把宜兴打造成为宁杭生态经济带新兴中心城市。推动江阴高新技术产业开发区青阳园区与惠山转型集聚区合作开发建设，加强与无锡市区产业协同，共同融入长三角区域高端装备、集成电路、智慧能源、新材料等高新技术产业体系。支持宜兴与无锡市区合作，共同发展节能环保、集成电路材料、新能源、智能装备制造等重点产业。

6. 强化中心城区功能。聚焦中心城区功能提升，增强产业创新聚合功能、文商旅服务功能、枢纽辐射功能，持续提升集聚辐射能级。增强产业创新聚合功能。以无锡国家高新技术产业开发区、锡山经济技术开发区、惠山经济开发区、无锡国家工业设计园等为重点，提升在国际国内产业分工协作体系中的地位和层级。增强文商旅服务功能。依托丰富的历史文化和自然山水资源，整合环城运河沿线文化旅游资源，高质量共同推进大运河文化带建设，高标准规划建设蠡湖新城。加快中心城区智慧商圈建设，打造商贸流通创新发展示范区，支持无锡经济开发区发展数字经济、总部经济、金融商务、会展服务，加快形成中心城区"双核"联动发展新格局。增强枢纽辐射功能。聚焦枢纽设施功能提升，建立枢纽经济产业体系。以苏南硕放国际机场为重点，完善机场及周边地区的航空口岸功能，打造区域性航空集散枢纽、苏南临空产业集聚高地。建设高铁枢纽经济区，发挥锡东新城商务区门户作用，打造对接上海、融入长三角的"桥头堡"。建设海港枢纽经济区，加快港产城融合发展，推进无锡（江阴）港转型升级，打造长江经济带江海联运枢纽、临港先进制造业集聚区。

三、重点任务

（一）建设先进制造核心区，构建自主可控现代产业体系

7. 重点发展先进制造业。培育先进制造业产业集群。深度参与长三角产业链分工协作，重点打造物联网、集成电路、高端装备、新能源、高端纺织服装等具有国际影响力的产业集群，高端软件、节能环保、汽车及零部件、新材料、特钢等国内领先的产业集群，第五代移动通信技术（5G）、高性能计算和

人工智能、生物医药、“两机”(航空发动机及燃气轮机)、高技术船舶和海工装备等高成长性的产业集群。做大做强物联网产业,推进鸿山物联网小镇、慧海湾小镇、雪浪小镇建设,按照有关规定持续申报、举办世界物联网博览会,发挥无锡物联网创新促进中心的战略引擎作用,培育国家物联网产业创新中心。做强集成电路全产业链优势,推动华虹无锡集成电路研发和制造基地等重点项目建设。培育高端装备产业,拓展航空航天产业发展空间,完善“两机”供应链和产业链。发展生物医药产业,加强与上海张江、苏州工业园区等开展创新药研发、生物制药和智能医疗设备科研成果产业化合作,打造无锡国际生命科学创新园。

8. 提升发展现代服务业。加快发展生产性服务业。依托先进制造业,加快发展金融服务、科技服务、物流服务、信息服务、会展服务等生产性服务业。优化发展生活性服务业。依托自然禀赋和区位优势,重点发展文创服务、休闲服务、商贸服务等生活性服务业。推动旅游资源整合,加快推进旅游业与文化创意、农业、休闲、健康等产业融合发展,加快建设拈花湾禅意小镇、东港镇红豆杉康养小镇、阳山镇蜜桃小镇等特色小镇。建立覆盖全产业链的健康养老产业体系,依托无锡山水、医疗、康养资源,打造长三角健康养老服务基地。

9. 促进制造与服务深度融合。鼓励运用新一代信息技术改造提升传统产业,加速发展体验经济、平台经济、共享经济等新领域、新业态、新模式。加快推动制造业服务化。鼓励和引导龙头骨干制造业企业从提供产品设备向提供全生命周期管理和系统解决方案延伸扩展,推动远景能源、双良集团等行业领军企业加快制造业服务化步伐。发展数字经济。推进浪潮大数据产业园、华为无锡软件开发云创新中心等重点载体建设,完善无锡城市大数据中心功能,打造“智慧名城”。发展总部经济。完善总部经济发展环境、政策框架和服务体系,引导跨国公司和国内著名企业集团到无锡设立综合性、区域性和功能性总部。

(二)建设技术创新先导区,构建长三角科技创新共同体

10. 开展重大科技联合攻关。走产业创新融合道路,深化“产学研”合作,建设协同创新体系。激发企业创新活力。鼓励龙头骨干企业联合产业链企业,参与长三角协同创新,集中突破物联网、集成电路、生物医药、人工智能、工业互联网、新材料、新能源等领域一批“卡脖子”技术。促进产学研深度融合。发挥无锡科研院所众多、创新实力雄厚的优势,精准实施“一所一策”,推动科技创新成果在无锡产业化,共同建设苏南国家科技成果转移转化区。加强区域创新协同。共同推动沿沪宁G42产业创新带、环太湖科技创新走廊以及南沿江县域经济科创走廊建设,联合争取国家重大技术创新平台、重大科技基础设施、重大科技专项落户长三角区域。

11. 建设高水平科创服务平台。对接长三角地区高等院校、知名院所,深入推进名校、名院、名所、名企“四名”工程,搭建各类新型科创平台和研发机构,重点促进创新要素落地转化。培育重大科技创新中心。依托苏南国家自主创新示范区建设,调整优化“一区三核多特”空间布局,加强与长三角范围其他国家自主创新示范区的合作互动。建设重大科技创新平台。加快建设无锡物联网创新促进中心、国家高性能计算技术创新中心、无锡先进技术研究院等重大平台,筹建深海极地装备技术江苏实验室(太湖实验室)、清华大学太湖计算机学院等重点创新平台。共建“名校、名院、名所、名企”。

12. 优化创新生态环境。融入区域创新联盟,参与完善科技载体孵化育成体系和科技金融服务体系,加强知识产权协同保护,营造良好的协同创新环境。提升孵化载体服务水平。深化众创空间、孵化器、科技产业园等创新孵化平台建设,重点引进长三角先进地区运营商,探索合作共建模式,打造长三角地区创新资源集聚地。完善科技金融服务体系,支持高成长创新企业到科创板上市融资。落实知识产权保护协同机制。参与建立严格的知识产权保护制度体系,加大侵权违法行为联合惩治力度,共同开展执法监管。到2025年万人发明专利拥有量达50件。

13. 集聚高端创新创业人才。把握长三角区域一体化发展契机,围绕产业发展重点领域,集聚国际顶尖人才、产业领军人才、社会事业人才和本土杰出人才,推动产业、人才与城市融合发展。优化人才政策体系。突出“高精尖缺”引才导向,引育一批带动能力强、示范效应好的顶尖人才团队、创业领军团队以及本土乡土人才。畅通人才交流渠道。参与G42沪宁沿线人才创新走廊建设,高质量举办高层次人才创新创业无锡交流大会。联合开展“走进大院大所”活动,与长三角专家联谊会、留学服务等机构紧密合作。

(三)建设绿色生态标杆区,促进区域生态环境联保共治

14. 共建区域生态文明制度体系。联合执行最严格的生态环境保护制度,参与建立资源高效利用制度,协同健全生态保护和修复制度。加强生态治理联动协同。落实长三角区域秋冬季大气污染综合治理攻坚行动方案,实行区域应急联动。实施固废、危废源头追溯机制,跨区域非法倾倒快速响应处置机制。全面落实生态补偿机制。深化实施太湖流域横向生态补偿制度,优化补偿范围和补偿标准。实行区域环保合作机制。探索绿色GDP核算、生态产品交易、生态信用奖惩、绿色金融产品创新等绿色价值实现机制。

15. 加快生态绿色经济发展。依托优越的自然生态环境,以创建国家全域旅游示范区为契机,将生态资源优势转化为经济发展优势,共同打造绿色美丽长三角。推动环太湖生态旅游资源合作。重点抓好大拈花湾等生态项目建设,促进生态治理和文

化旅游融合发展，共同打响太湖文旅品牌。协同完善区域旅游市场合作机制，探索联合推出“畅游长三角”“惠民一卡通”等产品。构建绿色低碳循环发展体系。加快建立绿色低碳循环发展的经济体系，构建以市场为导向的绿色技术创新体系。到2025年，绿色发展指数位居长三角前列。

16. 推动生态环境保护修复合作。加强各类生态资源保护，划定生态红线区域，提高自然保护区、风景名胜区、重要水源地、森林公园、重要湿地等生态空间保护水平。推进太湖生态保护圈建设。持续推进太湖治理，深入开展湖岸地区生态保护与修复。加强江阴长江生态安全示范区建设。加快沿江生态绿色廊道建设，强化长江岸线管理，优化沿江产业布局，提升重要水体周边防护林体系建设水平。推动宜兴生态保护引领区建设。建立低碳循环的绿色产业体系，实行生态优先的差异化考核机制。实施河湖综合治理。开展太湖生态清淤试点，实施望虞河拓浚、白屈港综合整治、锡澄片骨干河网畅流活水等流域性区域性工程，深入推进河道综合整治，推进长江堤防能力提升工程、太湖大堤剩余工程、京杭运河堤防加高加固工程。

17. 加强环境污染协同防治。持续强化污染防治攻坚，联合打造良好生态环境。推动大气污染联动治理。依法淘汰落后产能，推动沿江、环太湖区域钢铁、化工行业有序升级转移。减少污染物排放总量，落实区域高耗能、高排放行业标准，打造绿色化、循环化产业体系。推动水污染区域治理。加大太湖治理力度，深入推进河道综合整治，持续巩固黑臭水体治理成效。开展长江、太湖、京杭大运河等重点水体联保专项治理，加大船舶污染物接收、转运及处置力度，落实联防、联控、联治机制。推进废水循环利用和污染物集中处理工程，参与建设流域水质监测预警系统。加强固废、危废污染联防联治。执行区域统一的固废、危废防治标准，提高无害化处置和综合利用水平。

18. 加快美丽乡村建设。深入实施乡村振兴战略，建立完善城乡融合发展体制机制，推动无锡农业农村发展走在长三角区域前列。加强农村美丽新家园建设。以特色镇村建设为引领，加强规划统筹，加快农房更新改造，深化农村人居环境综合整治。加快构建现代农业产业体系。实施现代农业高质量发展行动，推动特色高效农业发展，强化农产品质量安全监管，推进追溯体系建设，打造区域公用品牌、企业品牌、产品品牌，建设区域一体化的农产品展销展示平台。推动农村一、二、三产业深度融合，培育休闲农业与乡村旅游、农产品精深加工、农产品电子商务等农业新产业新业态。推动城乡公共服务一体化。实施城乡教育、医疗、养老、社会保障等重点领域全面融合行动，稳步实现公共服务制度、标准、内容同城化、均等化和便利化，让全市居民共享发展成果。

（四）建设综合交通枢纽区，促进区域基础设施互联互通

19. 全力打造长三角区域性枢纽机场。做大做强苏南硕放国际机场，力争到2025年，旅客吞吐量达1500万人次，货邮吞吐量达30万吨。编制完善空港规划体系。完成《苏南硕放机场总体规划修编》等规划编制工作，制定苏南硕放国际机场及空港地区的发展蓝图和详细计划。发挥空港枢纽经济作用。以无锡空港枢纽经济区为核心，推动港产城一体化发展，争创国家级临空经济示范区。做强航空口岸功能，高标准建设药品进口口岸平台，推动冰鲜水产品指定监管场地实质性运作，促进国际邮件互换局更好发挥功能。协同建设区域机场群。响应由民航局和三省一市共同建立的“1+4”工作机制，加强长三角机场群协同发展，加大航班备降、应急救援、信息共享等方面的合作力度。加快发展通用航空产业。建成投运宜兴丁蜀通用机场，打造无锡（宜兴）通用航空产业园。

20. 建设轨道交通体系。打造全国性铁路枢纽，构建高速铁路骨干网，推动区域城际轨道建设，提升铁路货运能力，共建轨道上的长三角，到2025年实现无锡至长三角主要城市2小时可达。加快高速铁路网络建设。推进南沿江城际铁路建设，推动盐泰锡常宜铁路规划建设。加强铁路枢纽场站建设。高标准打造高铁枢纽站，完善车站地区配套服务体系，实现公铁客运联程运输零距离换乘。推进城际（市域）轨道建设。加快建设苏锡常快线，锡澄轨道线、锡宜轨道线力争建成通车，力争启动锡张轨道线、锡虞轨道线前期工作。提升货运铁路运输能力。调整优化货运铁路布局，依托江阴第三过江通道，打通新长铁路过江瓶颈。启动中心城区铁路货场搬迁研究工作，降低铁路货场对城区交通影响。

21. 加快区域骨干公路建设。建成苏锡常南部高速公路、常（州）宜（兴）高速公路、宜（兴）长（兴）高速公路，推进锡宜高速公路扩建、沿江高速公路扩建、锡太高速公路新建工程，构建环太湖高速公路环线，形成“三纵五横三联”高速公路网络。畅通对外连接通道，联合实施“断头路”打通和“瓶颈路”拓宽等公路畅通工程，推进跨市域毗邻地区一体化公路网建设。

22. 培育建设区域特色港口群。做大做强无锡（江阴）港，加快发展内河运输体系，推动区域水运枢纽建设。强化无锡（江阴）港综合功能。承担上海国际航运中心喂给港功能，支持上海国际航运中心组合枢纽建设，到2025年无锡（江阴）港货运吞吐量达2.5亿吨，集装箱吞吐量力争达100万标箱。加强长江岸线资源整合，支持申夏港区深水码头、长山港区建设，把无锡（江阴）港打造成综合改革试验港、江海联动先导港、水陆联运枢纽港、对外开放示范港。完善内河港口航道网络。加快建设锡澄运河新航道东移工程，完善区域“三横四纵”内河高等级干线航道网。突出规模化作业区千吨级码头建设，

提高集装箱水水中转比例。

23. 建设智慧交通管理系统。依托车联网、大数据、云计算等先进技术，建设精细化、系统化、智慧化城市交通管理平台，完成城市交通规划、建设、管理数据模型及决策系统建设。融入长三角地区联网售票一网通、公共交通一卡通，促进长三角综合交通运输信息资源互通共享。全面运行危险废物转移电子联单，实现市域内全过程监管、区域内实时数据交换。联合开展区域公路违法超限信息共享和执法行动。

24. 完善支撑性基础设施建设。推进城乡区域信息、能源等基础设施提档升级，实现一体化规划建设。加强信息基础设施建设。利用国家新型智慧城市试点契机，加大5G、互联网协议第六版(IPv6)等新一代信息基础设施建设力度，建设高速泛在信息网络，合力打造数字长三角。优化信息通信基础设施空间布局，配合开展长三角数据中心布局规划研究，同步研究实施数据中心计算资源部署和区域信息枢纽港建设，参与长三角区域信息基础设施共建共享。优化能源设施建设布局。融入长三角区域油气等能源基础设施互联互通工程，支持远景能源等新能源龙头企业跨区域开展风能、太阳能、生物质能等新兴领域投资建设。

(五)开展协同开放新探索，促进区域开放合作互利共赢

25. 激发对外开放动能。持续扩大开放领域。全面贯彻《中华人民共和国外商投资法》，开展地方相关法规、规章及规范性文件的研究制定，落实外商投资准入前国民待遇加负面清单管理制度。鼓励跨国公司到无锡设立区域性总部和功能性机构。促进外贸提质增效。提高市场多元化水平，合作开发欧美、日韩等重点国家地区细分市场，共同拓展"一带一路"沿线新兴市场。主动承接中国国际进口博览会辐射带动和溢出效应，加大先进技术、关键设备和零部件进口。争创国家进口贸易促进创新示范区，为长三角区域市场提供一体化服务。培育外贸发展亮点。加快无锡国家文化出口基地建设，培育服务外包新增长点。高水平建设国家跨境电子商务综合试验区。

26. 提高载体建设水平。加快提升开放载体建设水平，增强协同发展能级。推动开发区创新发展。聚焦产业、科技的中高端领域，鼓励和支持省级开发区向现代产业园区转型。争取惠山经济开发区、江阴临港经济开发区升级为国家级经济技术开发区。鼓励开发区与驻沪、驻宁外国商会、经贸代表处对接，开展国际合作，提升国际化水平。加强国际合作园区建设。参与"一带一路"建设，以高水平建设中柬(埔寨)西哈努克港经济特区为重点，引导长三角区域内企业融入国际产业链分工体系，合力将西港特区打造成为长三角企业"走出去"集聚地。

27. 优化对外开放环境。完善对外政策措施，营造一流的国际营商环境。深度对接自贸区建设。复制推广长三角区域内各自由贸易试验区在投资管理、贸易监管、金融开放、人才流动、运输管理、风险管控等方面的改革试点经验，协同促进跨境贸易便利化和管理体制高效化。融入区域大通关一体化。推动实现物流和监管等信息全流程采集，共同建立进出口商品全流程质量安全溯源管理机制，实现通关环节提效降费。融入区域市场一体化。协同建立健全外商企业投诉工作机制，保障外国投资者和外商投资企业合法权益。优化国际人才引进政策。争取开展外国人永久居留、外国人到华工作许可、出入境便利服务、留学生就业等政策试点，加强国际社区、国际学校、国际医院等配套服务设施建设，提高国际人才综合服务水平。

(六)共谋江南文化新发展，促进区域文旅体育互融共进

28. 推动文化体育交流合作。践行社会主义核心价值观，联合弘扬优秀传统文化，传承江南文明。共同打造大运河文化带。深入挖掘环城古运河文化旅游资源，实施大运河文化带保护传承利用重点项目，高质量规划建设大运河国家文化公园无锡文化展示区。深化长三角区域文化遗产保护、"非遗"传承合作，支持惠山古镇参与江南水乡古镇联合申遗。加强文化会展节庆交流合作。参与长三角国际文化产业博览会，按照有关规定申报、举办中国(无锡)国际文化艺术产业博览交易会、大运河文旅博览会、江南文脉论坛，持续办好上海国际艺术节无锡分会场系列文化活动。加强体育领域互动合作。实施体育旅游精品示范工程，建设完善健身康养、运动休闲基地。

29. 促进文化旅游产业高质量发展。突出"水韵、工商、影视"等特色文化标识，打造一批区域闻名的江南古镇古村、历史文化街区、影视创意园区，扩大无锡文化区域影响力，促进文化与经济良性互动、共同发展。优化文化产业发展环境。落实文化产业发展政策意见，推动各类要素向优势领域、优秀企业、优质项目集聚，形成一批具有较强竞争力和影响力的规模文化企业。夯实文化产业发展基础。优化产业布局，着力扶持无锡国家数字电影产业园、新吴创新创意产业园等重点园区发展，打造文化创业孵化基地和众创空间。举办无锡文化创意设计大赛、太湖影视文化产业投资峰会等赛事展会，放大平台联动效应。

(七)创造民生幸福新生活，促进区域公共服务共建共享

30. 推进教育发展交流。开展跨区域教育合作。鼓励优质中小学资源异地布局，深化校长和教师交流合作机制，缩小区域、城乡之间教育差异，提高基本公共教育服务均等化水平。鼓励高等院校合作共建。开展跨区域共建教学、培训等分支机构以及各类教育实践基地，加快建设南京理工大学江阴校区，启动建设东南大学无锡国际校区，支持南京信息工程大学滨江学院转设成为公办本科高校。加强职业教育合作交流。深化校企合作机制，培育一批跨区域职业教育集团，争创国家产教融合试点城市，培养高技能人才。

31. 共享高品质医疗卫生服务。优化医疗卫生资源配置。鼓励支持无锡市医疗机构与上海、南京等地高端优质医疗资源合作，建立专科医疗联盟，建设区域性专科医疗中心，在无锡开展重点医疗项目合作，推进上海瑞金医院无锡分院深化合作。推动高层次医疗人才交流合作。支持医生跨地区多点执业，引进优秀医疗卫生专家人才，提高城市医疗服务水平。加强基本公共卫生服务合作。实行住院费用异地直接结算，开展异地就医门诊、急诊医疗费用直接结算试点。共同建立慢病防控多地合作机制，依托各地全民健康信息平台，共享居民健康信息，实施应对突发公共卫生事件联防联控机制、应急物资跨地区调配机制和重大灾害事件紧急医疗救援联动机制。

32. 共建区域养老服务体系。落实区域内社会保障制度衔接。完善无锡市城乡居民基本养老保险待遇确定和基础养老金正常调整机制，提高城乡居民基本养老保障水平，缩小区域差异、城乡差距。落实区域养老服务协作协商机制。开展异地居住退休人员养老保险信息交换以及居民生存状态比对工作，精简社会保险待遇资格认证流程，争取授权开展长期护理保险异地结算和养老服务补贴异地结算试点。加强养老服务机构统一管理。推进区域养老服务机构设施、服务标准和照护需求评估标准互认，对违反有关规定的机构共同实施行业区域准入限制，共同促进养老产业健康有序发展。合力开发养老服务人力资源。参与建立地区护理员水平评价制度，实行护理员从业资格互认。

33. 增强人力资源合作力度。共同完善公共就业服务体系。参与制定相对统一的就业创业政策，帮助高校毕业生、农民工、退役军人等重点群体就业创业。开展职业技能培训，提高劳动者就业创业能力。开展各类就业洽谈会和专场招聘会，促进人力资源有效流动与配置。促进区域内信息互联协动。加强区域内人力资源协作，协同落实就业岗位信息共享和政策服务有机衔接。加强劳动保障监察协作，共同建立拖欠农民工工资“黑名单”共享和联动惩戒机制。推动劳动人事争议协同处理，共同建立和落实跨区域案件协调联动、业务交流、信息资源共享机制。实施区域户籍协同管理。根据国家和省统一要求，适时全面放开落户限制。完善户口不迁、关系不转、身份不变、双向选择、能出能进的人才柔性流动机制，促进人才、资本、技术等要素双向流动。开展民生档案跨区域查档服务。

34. 协同推进社会治理。共同推进地区立法执法。参与开展跨区域立法研究，联合制定实施行为准则。推进社会共治，合力提升社会化、法治化、智能化、专业化水平，促进社会治理区域协同，参与共同建立长三角立法、执法协作机制，协同建设平安长三角、法治长三角。协同完善公共安全体系。建立城市公共安全风险防控标准体系和规划体系，参与健全区域性重大灾害事故联防联控机制，实行防灾减灾一体化建设。深入开展化工企业和化工园区专项整治，有效防范坚决遏制较大及以上和有社会影响的安全生产事故发生。共建区域社会治理网络。共同健全公共安全体系，扎实推进立体化、信息化社会治安防控体系建设。

（八）激发体制机制新活力，促进区域改革发展互促互动

35. 协同优化营商环境。融入长三角区域一体化规则制度体系，加大区域内部协商协调力度。推动营商环境制度协同。参与建立区域优化营商环境交流互动机制，复制推广江阴县级集成改革等区域内营商环境改革试点经验。深化以“不见面审批”“一网通办”等为重点的“放管服”改革，推动长三角政务数据资源共享共用。推行统一的市场准入制度。重点围绕企业登记、土地管理、环境保护、投融资、保护知识产权、鼓励创新创业、财税分享、人力资源管理、公共服务、信用体系等领域，参与制定区域统一的政策体系。实行区域一体化标准体系。加入区域标准化联合组织，在农产品冷链物流、环境联防联治、生态补偿、基本公共服务、信息体系等领域，争取授权开展统一标准试点。

36. 协同推动要素市场建设。开展金融、土地、产权等资源要素领域合作，共同建立一体化合作机制。加大金融市场协作力度。依法合规发行各类债券，参与建立统一的抵押质押制度，推进区域异地存储、信用担保等业务同城化。参与联合设立长三角一体化发展投资专项资金，为涉及无锡的区域重大工程项目建设提供更强资金支持。实施区域土地市场合作。建立健全城镇低效用地再开发激励约束机制和存量建设用地退出机制争取授权开展土地整治机制政策创新试点。培育完善各类产权交易平台，参建长三角产权交易共同市场。建立完善利益分享机制。探索建立与产业转移承接地之间利益分享机制，针对产业转移重大项目研究制定土地、能耗、融资等方面的支持政策。

37. 协同建设区域信用体系。依托诚信长三角建设，加快区域信用信息共享应用，协同推进区域信用制度建设，共同构建一体化信用监管机制。发挥信用示范城市引领作用，打造诚信无锡品牌。参与建设长三角公共信用信息共享平台，支持信用服务机构跨地区合作，共同打造大数据资源池。加快培育一批专业化、特色化信用服务机构，推动与国际领先的信用评级机构合作。协同推进区域信用制度建设。参与制定三省一市互认的红黑名单认定和退出标准及办法，探索共建区域统一的评价标准体系。共建一体化信用监管机制。参与构建长三角地区信用奖惩联动机制，建立严重失信名单信息公示、动态发布机制，在政务、环保、安全生产、食品药品、产品质量等重点领域开展失信专项治理联合行动。

（市发改委）

编辑　罗秋云

1月

1日　无锡市长期护理险制度实施。

△为期4个月的第四次全国经济普查入户登记工作全面展开。

2日　江海西路、蠡湖大道快速化改造工程等8个重点道桥项目建成通车，宜马快速通道工程（S341省道无锡马山至宜兴周铁段）等8个项目集中开工。

△民政部发布《关于公布优秀社区工作法遴选结果的通知》，无锡市滨湖区水秀社区工作法入选全国100个优秀社区工作法名单。

3日　无锡与中国船舶重工集团公司第七〇二研究所举行签约仪式。双方在建设深远海装备国家实验室、打造深海装备研发基地、发展海洋科技新兴产业、集聚行业高端人才和建设中国最美研究所5个方面开展全方位合作。

4日　江苏无锡经济开发区揭牌暨重大项目集中签约。

5日　“忠诚的力量”2018无锡公安工作报告会举行。无锡市公安局刑警支队民警夏斌、江阴市公安局刑警大队民警朱敏华、宜兴市公安局徐舍派出所所长郑小峰等10名民警当选第三届“无锡最美警察”。

△代市长黄钦主持召开市政府第43次常务会议，审议并原则通过《关于做好当前和今后一个时期促进就业工作的实施意见》《无锡市户外广告和店招标牌设施设置管理办法（草案）》，讨论2019年《政府工作报告（常务会议讨论稿）》《关于无锡市2018年国民经济和社会发展计划执行情况与2019年国民经济和社会发展计划草案的报告》《关于无锡市2018年预算执行情况和2019年市本级预算草案的报告》《无锡市人民政府2019年度立法工作计划（草案）》。

8日　在京召开的2018年度国家科学技术奖励大会上，无锡市获得技术发明奖二等奖1个，进步奖二等奖5个。

10日　东南大学无锡分校举办庆祝办学30周年纪念大会暨共建无锡国际校区协议签约、国家示范性微电子学院揭牌仪式。

12日　中国对外经济贸易统计学会发布2018年中国对外贸易500强企业名单。无锡市有17家企业位列其中，上榜总数比上年增加2家，居全省第二。

15日　梁溪区与上海现代服务业联合会促进中心签订全方位战略合作协议。

18日　无锡市试行生态环境损害赔偿制度。

19日　省委常委、市委书记李小敏主持召开市委常委会第97次会议。会议传达学习习近平总书记在十九届中央纪委三次全会上的重要讲话精神，传达学习省“两会”精神。听取全国全省退役军人事务局局长会议精神及无锡市贯彻落实意见的汇报，研究部署“大棚房”问题清理整治、排查整治违规建设殡葬设施工作。专题听取市人大常委会、市政府、市政协、市法院、市检察院党组2018年工作情况的汇报，讨论拟提交市“两会”审议讨论的相关报告。

20日　代市长黄钦主持召开市政府第44次常务会议，传达学习省“两会”精神。审议《无锡市扫黑除恶专项斗争举报奖励资金使用办法（试行）》《关于加强宅基地审批管理的实施意见（试行）》《关于推进农村宅基地自愿退出工作的实施意见》《关于推进“厕所革命”实施城市公共厕所提标便民工程行动计划的实施意见》，听取关于对2018世界物联网博览会作出突出贡献的集体和个人记功奖励及通报表扬的情况汇报。

21～24日　政协无锡市十四届三次会议召开。省委常委、市委书记李小敏发表讲话，市政协主席周敏炜代表市十四届政协常委会作工作报告，市政协副主席叶勤良作市政协十四届二次会议以来提案工作情况报告。

22～25日　无锡市十六届人大三次会议召开。代市长黄钦作政府工作报告，市人大常委会主任徐一平作市人大常委会工作报告，市中级人民法院、市人民检察院先后作工作报告。会议选举黄钦为市人民政府市长，朱民阳为人大常委会副主任，王传军等5人为人大常委会委员。

23日　市政协“太湖英才”助学金设立。省委常委、市委书记李小敏向捐赠者颁发捐赠荣誉证书。

27日　无锡市政府与中国信息通信研究院签署战略合作协议。

29日　省委常委、市委书记李

小敏主持召开市委常委会第99次会议。会议传达学习十九届中央纪委三次全会和十三届省纪委四次全会精神、全国安全生产电视电话会议精神、全省组织部部长会议和全省老干部局局长会议精神、全省宣传部部长会议精神等，研究部署纪检监察、组织、宣传、安全生产等方面工作，审议通过《无锡市新时代文明实践中心建设试点工作实施方案》。

30日　俄罗斯卫生部副部长叶夫根尼·卡姆金、埃琳娜·博伊科，以及斯科尔科沃基金会创新高级副总裁克里尔·凯姆一行到无锡，考察阿斯利康中国商业创新中心，加强两国在医疗卫生领域的交流合作。

31日　无锡市第十三届纪律检查委员会第四次全体会议举行，学习贯彻习近平总书记在十九届中央纪委三次全会上的重要讲话精神，结合贯彻落实中央纪委三次全会、省纪委四次全会要求，总结工作，分析形势，部署2019年全市党风廉政建设和反腐败任务。

△省文明委发布2018年江苏社会文明程度测评指数，无锡市得分冠居全省。至此，无锡市已3次位列全省第一。

2月

2日　市长黄钦主持召开市政府第45次常务会议，听取2019年国民经济和社会发展综合计划分解下达情况汇报，审议通过《2019年为民办实事目标任务书》。听取关于《无锡经济开发区赋权清单》有关情况的汇报。

11日　市委、市政府举行市级党政机构组建成立大会。会议贯彻落实中央和省委关于深化机构改革的部署要求，宣布新调整任命的部门主要负责人，为改革后的市级党政机构集中授牌。此举标志着无锡市新的市级机构职能体系开始运行。

12日　2019年全省重大交通项目集中开工仪式无锡市开工现场在苏南硕放机场机坪举行。无锡集中开工的2个重要工程为停机坪扩建和341省道无锡马山至宜兴周铁段。

13日　省委常委、市委书记李小敏主持召开市委常委会第101次会议。会议审议通过《习近平总书记江苏考察回访调研报告》反馈问题及建议整改落实责任清单。听取中央和全省农村工作会议、中央和全省政法工作会议精神以及2018年市委、市政府重点工作完成情况的汇报，审议通过2019年市委、市政府重点工作和《2019年全市农业农村工作要点》。

△市长黄钦主持召开市政府第46次常务会议，审议并原则通过《关于进一步鼓励和支持企业上市(挂牌)的若干意见》，讨论《关于大力发展工业互联网深入推进智能制造的政策意见》，审议《关于推进无锡市劳模创新工作室科技成果经济收益共享机制建设的若干措施》。

19日　无锡市举行2019年全市首批重大项目集中开工暨无锡LG化学汽车动力电池正极材料项目开工仪式。

21日　副省长马秋林到江阴华西村调研工业经济运行情况，并召开座谈会，深入了解企业生产经营状况及转型升级举措，听取江阴工业经济发展情况的汇报。

△锡山区2019年文体设施及景观提升工程集中开工，13个项目总投资额约5亿元。

25日　省委常委、市委书记李小敏，市长黄钦赴京，拜访考察中国电子科技集团、中国电子信息产业集团，深入沟通交流，深化战略合作。

26日　中国消费者协会在京发布《2018年70个城市消费者满意度测评报告》。无锡市消费者满意度得分75.82分，连续两年排名第一。

△国家发改委、民政部、国家卫健委三个部门联合发布《城企联动普惠养老专项行动实施方案》，宜兴市被列为首批试点城市。

△在京举行的中华全国总工会表彰大会上，无锡姑娘李玲被授予“全国五一巾帼奖章”。

27日　奥斯卡金像奖获得者、世界著名电影特效大师理查德·泰勒带领其创办的特效公司——新西兰维塔工作室的成员访问无锡，考察无锡国家数字电影产业园并洽谈合作事宜。

28日　市长黄钦主持召开市政府第47次常务会议，审议并原则通过《无锡市2019年市级政府投资项目计划》，讨论《关于开展“一推三治五化”专项行动大力推进农村人居环境整治提升的实施意见》，听取关于2018年无锡市本级审计发现问题及整改情况、2018年度无锡市市长质量奖和市质量管理优秀奖评选情况、对2018年度无锡开放型经济高质量发展作出突出贡献的集体记功奖励情况的汇报。

△无锡智能医疗产业园签约仪式在高新技术产业开发区举行。

3月

1日　《无锡市奖励和保护见义勇为人员条例》实施。

△省委常委、市委书记李小敏主持召开市委常委会第102次会议。会议研究部署发展工业互联网推进智能制造、农村人居环境整治提升以及信访、统战等工作，审议通过《关于大力发展工业互联网深入推进智能制造的政策意见》《关于开展“一推三治五化”专项行动大力推进农村人居环境整治提升的实施方案》。听取关于全国信访局局长会议、全省信访工作会议精神及无锡市贯彻落实意见的汇报。听取关于全省统战部部长会议精神及无锡市贯彻落实意见的汇报。

2日　华虹无锡项目开工一周年。省委常委、市委书记李小敏，市长黄钦会见到无锡考察的上海华虹集团党委书记、董事长张素心一行，双方就加快项目建设、深化战略合作进行深入交流。

7日 无锡市农村人居环境整治集中行动在锡山区厚桥街道启动。

△意大利驻沪总领事陈琪到无锡访问。市长黄钦会见陈琪一行，双方就拓展友好交流与合作进行深入洽谈。

7～10日 2019无锡（太湖）国际智能工业装备产业博览会开幕。

8日 省委常委、市委书记李小敏会见到无锡考察的德国博世集团负责亚太区的董事会成员皮特·泰瑞来一行，双方就深化战略合作进行交流。

△省委常委、市委书记李小敏主持召开市委常委会第103次会议。会议听取中央巡视反馈意见整改等工作情况汇报，研究部署相关工作。审议通过《关于中央第七巡视组巡视反馈意见整改落实情况的报告》。

9日 2019年全国举重U19锦标赛在无锡市举行。

△第六届长三角医院管理与学科建设发展大会暨无锡市中医医院与上海交通大学国家健康产业研究院学科联合共建启动仪式举行。

11日 省委常委、市委书记李小敏实地考察江阴经济社会发展特别是产业发展情况，并与企业家座谈交流。

△2019无锡经济开发区产业合作推进会暨首届"数字制造、智能未来"产业峰会在京举行，6家高科技领域标杆企业现场签约落户无锡经济开发区。

12～13日 省委常委、市委书记李小敏到宜兴调研。

13日 市长黄钦会见到无锡考察的德国柏丽集团首席执行官拉尔斯·博夫一行，双方就推动合作进行深入洽谈。

14日 无锡市开展2019年无锡"3·15"国际消费者权益日主题活动。活动围绕"聚焦高质量发展，聚力高水平监管"主题，发布《2018年无锡消费环境建设白皮书》，颁布2018年度无锡市"市长质量奖"等奖项，推出《无锡市智能制造水平评价规范》等无锡首批地方标准。

△市长黄钦主持召开市政府第48次常务会议，审议并原则通过《关于保障无锡市轨道交通安全运行的实施意见》《关于加快推进全市技术转移体系建设的实施意见》，审议《无锡市区环境卫生专业规划修编（2015～2030）"生活垃圾处理设施规划"章节调整报告书》。听取关于持续开展信访矛盾化解攻坚战的情况汇报、关于无锡市公共自行车申请财政补贴的情况汇报。

15日 2019年全市教育重点建设项目集中开工，太湖新城初中等136个教育设施项目启动建设，总投资额187.3亿元。

19日 国务院发展研究中心党组书记马建堂一行到无锡，开展"长江三角洲一体化发展战略研究"专题调研。

△省委常委、市委书记李小敏主持召开市委常委会第104次会议。会议集中观看《长江经济带生态环境警示片》，研究部署推动长江经济带高质量发展、加强市级机关党的建设相关工作，讨论通过第二届江苏发展大会（无锡）暨第四届全球锡商大会活动方案。

20日 无锡高新技术产业开发区与韩国SK海力士签署合作协议，合力打造SK海力士学校。

△省委常委、市委书记李小敏主持召开市委常委会第105次会议。会议听取2018年度市（县）区、省级以上开发区、市级机关单位综合考核结果汇报，审议通过2018年度考核结果。

21日 无锡地铁自主新建的下甸桥堆土码头竣工投用，成为无锡市试点的首个生态转运码头。

22日 市长黄钦会见到无锡访问的荷兰半导体行业协会会长巴瑞·皮特一行，双方就增进友谊、推动合作进行深入洽谈。

24日 省委常委、市委书记李小敏主持召开市委常委会第106次会议。会议传达学习习近平总书记、国务院总理李克强对响水"3·21"爆炸事故的重要指示、批示精神，以及省委常委会、省政府常务会议精神，听取全市安全生产情况汇报，研究部署开展全市安全隐患大排查大整治工作。

25日 市长黄钦主持召开市政府第49次常务会议，听取全市安全生产工作情况的汇报，深入学习贯彻中央领导对响水"3·21"特大爆炸事故的重要指示批示精神，落实省委、省政府和市委有关部署要求，对下阶段安全生产工作进行再强调再部署。会议审议通过《〈江苏省长三角地区一体化发展三年行动计划（2018～2020）任务分解表〉涉及无锡事项表》，讨论《关于进一步深化现代产业发展政策的意见》，审议《省政府2019年挂牌督办项目无锡工作方案》。

25～27日 省委常委、市委书记李小敏分别赴新吴区、锡山区、惠山区调研，主持召开座谈会，了解经济社会发展情况。

26日 2019无锡国际赏樱周暨中日樱花友谊林建设32周年纪念活动开幕。

27日 "产业强市创新高地·开放合作共赢未来"2019无锡开放合作恳谈会在博鳌亚洲论坛国际会议中心举行。无锡市是博鳌亚洲论坛首次向地级市开放推介活动举办权后，首个在论坛举办推介活动的地级市。美国、英国等15个国家和地区的160位嘉宾参加活动。

29日 省委常委、市委书记李小敏会见到无锡考察的韩国SK集团副会长朴星昱一行，双方就深化全面战略合作进行交流。

29～30日 中央统战部副部长、全国工商联党组书记徐乐江到无锡调研。

29～4月2日 世界跆拳道联

盟常务执行委员会议、世界跆拳道联盟总部全员会议在无锡市举行。

30日　阿斯利康首届肺癌诊疗一体化领袖峰会暨肺癌诊疗一体化中心与区域肺癌诊疗中心全国启动大会在无锡市举行。

△宁杭生态经济带建设论坛在南京举行。无锡市、南京市等宁杭沿线六市围绕“加快建设宁杭生态经济带，助力长三角高质量一体化”主题，进行深入探讨，共同签署《共建宁杭生态经济带行动倡议》。

30～31日　省委常委、市委书记李小敏分别赴滨湖区、梁溪区调研。

4月

1日　省委书记娄勤俭到无锡专题调研科技创新工作。

△无锡市集中开展安全隐患大排查大整治专项行动。

1～2日　省长吴政隆带队到江阴检查安全生产工作。省委常委、市委书记李小敏参加检查，并汇报无锡安全生产工作有关情况。

2日　无锡市太湖学院与英国国家创新创业教育中心签约，合作共建“中英创新创业学院”。

△省委常委、市委书记李小敏主持召开市委常委会第107次会议。会议传达学习省长吴政隆在江阴调研安全生产时的讲话精神，研究优化调整现代产业发展政策、人才交流会筹备、关心下一代等相关工作，审议通过《关于进一步深化现代产业发展政策的意见》《2019高层次人才创新创业（无锡）交流大会建议方案》。

△在京召开的第14次全国民政会议上，无锡市民政局获评“全国民政系统先进集体”称号。

4日　市长黄钦主持召开市政府第50次常务会议，传达贯彻省长吴政隆在无锡检查指导安全生产工作时的讲话精神，审议通过《关于进一步激发民间有效投资活力促进经济持续健康发展的实施意见》，听取关于2019世界物联网博览会筹备情况、全省医疗保障工作会议情况的汇报，讨论《关于推动开放型经济高质量发展的实施意见》《关于促进民营经济高质量发展的实施意见》。

5日　无锡市与海航集团签署战略合作框架协议。

9日　省委常委、市委书记李小敏主持召开市委常委会第108次会议。会议听取关于开展习近平总书记对江苏工作重要指示批示贯彻落实情况“回头看”工作的情况报告，对无锡市“回头看”工作进行再部署，审议通过十三届省委第五轮巡视和市委巡察发现的共性问题整改落实工作方案、2019世界物联网博览会方案。

△“神经内镜微创手术关键技术的创新与推广应用”项目获得2018年度江苏省科学技术奖一等奖。该项目由无锡市神经外科首席医师、无锡市第二人民医院神经外科学科带头人鲁晓杰领衔完成，是无锡卫生界首次获得该奖项。

10日　2018年度江苏省科学技术奖揭晓。无锡市有38家企业和单位获省科学技术奖29项，其中一等奖7项，为历史最高水平。

11日　国家市场监督管理总局办公厅通报2018年全国公共服务质量结果，无锡以84.26分的高分在137个测评城市中获得公共服务质量总体满意度第一名，高出第二名福州0.27分，比上海、南京分别高出1.7分、2分。

12日　“太湖（马山）生命与健康论坛——第四届全球医药供应链峰会暨中国（无锡）国际医疗器械与医药供应链展览会”在无锡市开幕。

15日　省委常委、市委书记李小敏主持召开市委常委会第109次会议。会议研究部署习近平总书记江苏考察回访调研报告反馈问题及建议整改落实、管党治党、庆祝新中国成立70周年有关活动安排、太湖安全度夏应急防控等工作，审议通过《习近平总书记江苏考察回访调研报告反馈问题及建议整改落实工作方案》《中共无锡市委关于落实全面从严治党党委主体责任、纪委监督责任的意见》。

16日　无锡市召开大中专院校和中学国防教育工作推进会，表彰获全国国防教育示范学校和全国国防教育特色学校称号的33个单位。

△全球首款面向大众的量子计算教学机在无锡量子感知研究所宣告问世。

16～17日　省委书记娄勤俭在省委常委、市委书记李小敏，省委常委、常务副省长、省委秘书长樊金龙陪同下，就做好经济工作在无锡市调研。

17日　市长黄钦主持召开市政府第51次常务会议，听取一季度全市经济运行情况汇报，审议通过《2019年无锡市质量提升行动计划》《关于开展无锡市宜居住区建设的指导意见》。听取关于确保太湖安全度夏的情况汇报，关于“太湖人才计划”产业升级创新领军人才等5项人才项目申报评审工作及拟推荐人选的情况汇报。

18日　韩国SK海力士半导体（中国）有限公司无锡二工厂竣工投产。

△2019年全国大学生智能机器人挑战赛（江苏赛区）在无锡太湖学院举行。

18～19日　省委常委、市委书记李小敏率市领导和各市（县）区、市各有关部门主要负责人，赴全市各个重大项目建设现场，对4年来重大项目建设成效进行集中检查。

19日　TDK-Lambda中国总部项目战略合作签约仪式在无锡市举行。

△江苏省首届智力运动会在泰州落幕。无锡选手获奖牌36枚，其中金牌14枚、银牌11枚和铜牌11枚，金牌数位列全省第二。

20日　“峥嵘岁月红色遗存——庆祝无锡解放70周年实物资料展”开幕。展会由市档案史志馆、民盟无锡市委、市收藏家协会共同举办。

江苏省高质量发展先进县(市、区)——宜兴市 (吴艳 供)

21日 全国“2019最美职工”发布仪式在京举行。无锡微研股份有限公司加工中心副班长陈亮入选。

22日 省委、省政府召开全省2018年度高质量发展总结表彰大会。无锡市在全省设区市2018年度综合考核中被评为第一等次,市长黄钦代表无锡领取奖牌。江阴市、宜兴市被评为全省2018年度推进高质量发展“先进县(市、区)”,陈金虎、沈建被评为全省推进高质量发展优秀县(市、区)委书记。

△无锡市召开纪念无锡解放70周年座谈会暨《中国共产党江苏省无锡历史(第一卷)》首发式。

23日 无锡市在市民中心南广场举行升国旗仪式,庆祝无锡解放70周年。

23～28日 省委常委、市委书记李小敏率无锡市经贸代表团到台湾考察,推动无锡与台湾增进友谊,深化两地在经贸、文化、旅游等方面的合作。

24日 汤加王国公主图伊塔率太平洋—中国友好协会及太平洋岛国发展论坛代表团一行专程到无锡,参观访问尚德太阳能电力有限公司,探讨开展两地能源合作事宜。

26日 市长黄钦会见到无锡访问的印度驻沪总领事瑞峰一行,双方就拓展多领域合作进行深入洽谈。

27～28日 市长黄钦会见到无锡访问的菲律宾总统反腐败委员会主席丹地、执行主任布林格斯。

30日 市长黄钦主持召开市政府第52次常务会议,传达贯彻省太湖水污染防治委员会第十二届全体(扩大)暨太湖安全度夏应急防控工作会议精神,审议通过《无锡市打击非设关地走私专项行动方案》,讨论《无锡市贯彻落实中央环境保护督察“回头看”及大气污染问题专项督察反馈意见整改方案》《无锡市高质量推进“一带一路”交汇点建设实施意见》,听取关于无锡至江阴城际轨道交通工程PPP项目两评报告编制情况的汇报、关于药品招标采购制度改革试点工作有关事项的情况汇报。

5月

4日 全国首个高速公路匝道智能管控系统在沪蓉高速公路无锡北投入使用。

6日 2019高层次人才创新创业无锡交流大会暨“领跑新征程·追梦新时代”主题峰会开幕。大会邀请600余名国内外高层次人才参会,除主题峰会外,还举办“人才引领高质量发展”创新创业成果展洽会、产学研合作科技成果洽谈会、“产才共融”高峰论坛等系列活动。开幕式上,包括马里奥·莫利纳诺奖工程技术转化研究院、江南大数据无锡产业研究院、优谷稻米油生物技术创新研究中心、无锡先进复合材料协同创新中心、同济大学(无锡)新能源汽车创新研究院、国科(苏南)未来科技创新中心、海创(无锡)工业互联智慧谷、PNP(无锡)全球创新中心、欧洲创新中心无锡分中心9个创新平台揭牌。

△2019无锡市产学研合作科技成果洽谈会举行。省委常委、市委书记李小敏出席会议,为“无锡市创新创业示范基地创建单位”揭牌,见证合作项目签约。

6～8日 市长黄钦率无锡市经贸代表团到新加坡考察,推动交流合作、对接具体产业项目。

7日 国务院办公厅制发通报,对2018年落实有关重大政策措施真抓实干成效明显地方予以督查激励,无锡市作为大力培育发展战略性新兴产业、产业特色优势明显、技术创新能力较强、产业基础雄厚的地方,被予以督查激励。此次全国共有12个市(直辖市辖区)入围,无锡系江苏省唯一入选城市。

8日 省委常委、市委书记李小敏主持召开市委常委会第111次会议。会议专题部署解决形式主义突出问题、落实“基层减负年”相关工作。传达学习省委书记娄勤俭对太湖治理的批示、省长吴政隆在无锡调研太湖安全度夏应急防控和防汛工作时的讲话以及省太湖水污染防治委员会第十二次全体（扩大）会议暨太湖安全度夏应急防控工作会议精神，研究部署推进长江大保护、环保督察反馈问题整改和宗教等工作，审议通过《关于解决形式主义突出问题落实“基层减负年”的工作措施》《无锡市贯彻落实中央环境保护督察“回头看”及大气污染问题专项督察反馈意见整改方案》。

8～10日　全国政协副主席卢展工带领部分全国政协委员、专家学者和有关部委人员到无锡，围绕加强青少年学校体育教育、增强青少年体质开展调研。

9～10日　2019雪浪大会在无锡市召开，省委常委、市委书记李小敏在主论坛作主旨讲话。

9～11日　市长黄钦率无锡市经贸代表团到印度考察，与知名科技企业、政府机构商谈在产业科技创新领域的深度合作。

12～14日　市长黄钦率无锡市经贸代表团在阿联酋考察，推动城市间的友好交流，拓展多层次的互联互通，稳步推进两地多领域的务实合作。

14日　省委常委、市委书记李小敏专程赴梁溪区、新吴区，督导扫黑除恶专项斗争工作。

15日　省委常委、市委书记李小敏主持召开市委常委会第112次会议。会议传达学习习近平总书记在中央政治局会议上关于一季度经济形势的重要讲话精神。部署安排扫黑除恶、迎接全国人大常委会水污染防治法执法检查、江苏发展大会暨全球锡商大会等工作，审议通过《关于配合中央扫黑除恶督导工作的实施方案》《专项工作组主要职责和人员组成》。

16日　无锡市政府与华彬集团签署深化战略合作框架协议，在总部经济、绿色饮品、通用航空、文化旅游、康乐养生等领域开展深化合作。

△无锡市首单工程质量潜在缺陷保险试点项目签约。试点首单应用于万科某住宅项目，由太保产险主承保，大地财险和中华保险联合承保。这是无锡市采用市场化的手段，解决工程质量问题的一次创新性的尝试。

△苏南硕放机场室内无线网络完成5G改造，成为省内首个采用5G室内分布技术覆盖的国际机场。

17日　锡山经济技术开发区举行集中签约仪式。百度（无锡）创新中心、鑫精合3D金属模具等31个项目签约落户，总投资额110余亿元。

△无锡市乡村发展振兴投资基金在全省率先组建成立并进入实质运行。母基金规模5亿元。

21日　第二届江苏发展大会无锡行暨第四届全球锡商大会举行。

△国家制造强国建设战略咨询委员会主任、中国工程院院士周济一行到无锡，调研落实制造强国建设战略和推进智能制造发展有关情况。

22日　市长黄钦会见到无锡考察的美国科技公司WiTricity首席执行官亚历克斯·格鲁琛、大中华区总经理曹元荪和光控海银基金团队一行，就推动无线充电项目合作进行深入洽谈。

△无锡市与中国科学院上海技术物理研究所签署战略合作协议，共同建设中科无锡光电材料与器件研究院及成果转化公司。

△工信部批复支持创建江苏（无锡）车联网先导区。无锡市成为全国首个获批国家级车联网先导区的城市。

23日　省委常委、市委书记李小敏主持召开市委常委会第113次会议。会议研究部署高质量推进“一带一路”交会点建设、促进民营经济和开放型经济高质量发展、干部教育培训、加强和改进市属企业领导人员管理等工作。审议通过《无锡市高质量推进“一带一路”交汇点建设实施意见》《关于促进民营经济高质量发展的实施意见》《关于推动开放型经济高质量发展的实施意见》《2019～2022年无锡市干部教育培训规划》《关于加强和改进市属企业领导人员管理工作的实施意见》。

△市长黄钦主持召开市政府第53次常务会议，听取关于贯彻落实习近平总书记对民政工作重要指示等相关精神的情况汇报，听取安全生产工作汇报，审议并原则通过《无锡市长江、太湖入河排污口排查整治专项行动工作方案》，听取关于2018年度无锡市“太湖人才计划”领军型团队申报评审情况、“太湖人才计划”新兴产业创业领军人才及“东方硅谷”领军型团队分年度拨款考核情况和2018年无锡市企业院士工作站申报评审情况的汇报，关于下放市辖区人民政府定价管理权限的情况汇报；讨论《无锡市化工产业安全环保整治提升实施方案》；审议《无锡市加快推进一体化在线政务服务平台建设的实施方案》《无锡市电子营业执照“一城通用”实施方案》《无锡市公共安全视频图像信息系统管理办法（草案）》。

24日　省委常委、市委书记李小敏专程赴宜兴，督导扫黑除恶专项斗争工作。

△无锡高新技术产业开发区—美国赛仕生物医药数字化产业基地战略合作签约。

25日　第15届中国（无锡）国际设计博览会在无锡市举行。

29日　省委常委、市委书记李小敏主持召开市委常委会第114次会议。会议传达学习习近平总书记对民政工作的重要指示精神，研究部署下阶段民政、化工产业安全环保整治提升等工作。审议通过《无锡市化工产业安全环保整治提升实施方案》。

30～31日　2019中国·江苏太湖影视文化产业投资峰会在无锡市举行。

6月

2～5日　中央扫黑除恶第17督导组组长盛茂林率队在无锡开展下沉督导。省委常委、市委书记李小敏陪同督导，并在中央督导组督导无锡工作汇报会上汇报无锡市开展扫黑除恶专项斗争的工作情况。

4日　市长黄钦主持召开市政府第54次常务会议，听取全市1～4月经济运行情况汇报，审议通过《关于支持无锡物联网创新中心发展的若干政策措施》，讨论《无锡市旅游市场条例(草案)》。

5日　省委常委、市委书记李小敏主持召开市委常委会第115次会议。会议学习贯彻习近平总书记在“不忘初心、牢记使命”主题教育工作会议上的重要讲话精神和全省“不忘初心、牢记使命”主题教育动员会议精神，通报中央扫黑除恶第17督导组督导无锡市情况，对深化扫黑除恶专项斗争作进一步部署安排。

6日　无锡—中关村上市公司协会产业合作恳谈会暨无锡经济开发区重点项目签约仪式举行。

11日　省委常委、市委书记李小敏主持召开市委常委会第116次会议。会议研究经济工作，传达中央扫黑除恶第17督导组督导江苏省第一次边督边改对接会精神，审议通过《无锡市公务员职务与职级并行制度实施方案》。

13日　市长黄钦带队赴江阴调研长江岸线整治及河长制工作。

△市长黄钦会见到无锡考察的费森尤斯卡比集团总裁、首席执行官马驰·汉力克松一行，双方就加快推动项目落地进行深入洽谈。

14～17日　2019中国(无锡)国际瑜伽节在禅意小镇拈花湾举办。

17日　市长黄钦主持召开市政府第55次常务会议，听取全市主要经济指标“双过半”预测情况以及1—5月政府投资项目进展情况汇报。审议通过《无锡市长江保护修复攻坚战行动计划工作方案》，听取关于市“十四五”规划前期工作情况汇报、关于建立无锡市区代建绿地接管机制的情况汇报、关于对无锡市在省第19届运动会中作出突出贡献的集体和个人记功奖励及其奖励经费安排的情况汇报，审议《无锡市城镇小区配套幼儿园治理工作方案》《关于贯彻落实降低社会保险费率的实施意见》，讨论《2018年度行政事业性国有资产(含文化资产)的专项报告》《2018年度国有资产综合报告》。

18日　省委常委、市委书记李小敏主持召开市委常委会第117次会议。会议传达学习中共中央政治局常委、全国人大常委会委员长栗战书到江苏开展水污染防治法执法检查有关讲话精神，听取全国人大执法检查暗访发现问题整改情况的汇报，研究部署全市防汛工作。审议通过无锡市优秀共产党员、优秀党务工作者、先进基层党组织推荐评选名单。

20日　“紫砂九隽”作品展在中国美术馆开展。展览集中呈现“紫砂九隽”的作品108件(套)，涵盖宜兴紫砂光素器、方器、筋囊器、雕塑、杂件等现代陶艺多个品种类型，展示陶刻、浮雕、描金(银)等多种装饰工艺与紫砂陶器结合而生的创造之美。“九隽”包括范建军、顾美群等9名省级大师陶艺家。

24日　省委常委、市委书记李小敏主持召开市委常委会第118次会议。会议听取关于解决形式主义突出问题、为基层减负工作推进情况的汇报，对相关工作进行再部署。听取全国、全省公安工作会议精神及无锡市贯彻落实意见的汇报，审议通过《关于认真学习贯彻中国共产党重大事项请示报告条例的通知》。

△2019斯诺克世界杯小组赛在无锡市开赛。

△中国社会科学院和经济日报社在京共同发布《中国城市竞争力报告No.17：住房，关系国与家》。无锡市连续三年位列内地宜居城市第一名，也是无锡市第五次获此殊荣。

25日　在全国工商联举办的民营企业党建工作现场会上，红豆集团获全国工商联“全国非公有制经济人士理想信念教育基地”授牌，成为全国工商联授牌的首家民营企业。

25～27日　陕西省延安市党政代表团一行到无锡，考察并对接扶贫协作工作。

27日　十三届市委第八轮巡察工作动员部署会召开。启动对12家单位为期2个月的全面巡察，首次试点对被巡察单位进行政治生态监测评价。

28日　市长黄钦主持召开市政府第56次常务会议，听取关于贯彻落实全国深化“放管服”改革优化营商环境电视电话会议精神和省长吴政隆讲话精神的情况汇报，讨论《关于推动无锡市文化产业高质量发展的若干政策》《无锡市文化产业高质量发展三年行动计划(2019～2021年)》《关

6月29日，总投资额超400亿元的融创文旅城开业　(朱劲涛　供)

于〈无锡市禁止燃放烟花爆竹条例〉等地方性法规的修正案(草案)》,审议《无锡市固体废弃物处置设施建设三年计划(2019 ~ 2021)》《关于完善残疾儿童康复救助制度的实施办法》,听取关于2019年度无锡市"荣誉市民"推荐评选工作的情况汇报。

△德国德禄工业4.0亚太总部项目合作协议签约落户无锡高新技术产业开发区。该项目是德国柏丽、德国德禄联合投资建设的高端衣柜及移门生产研发基地。德国柏丽是欧洲第一大专业橱柜生厂商,德国德禄是欧洲市场高端衣帽间及系统柜领域品牌商。

29日　无锡融创文旅城投入运营。融创文旅城占地面积220万平方米,总投资额400余亿元,集度假、文化、旅游、商业、高科技于一体,汇聚主题乐园、融创茂、太湖秀场、星级酒店群等主题,致力打造一站式文化旅游度假目的地。

30日　江苏省第五届青少年体操节在无锡市开幕。

7月

1日　无锡市政府与华为公司签署战略合作协议,加深在物联网、云计算、大数据、工业互联网、人工智能、车联网、智慧城市等领域的战略合作。

7日　省委常委、市委书记李小敏赴新吴区实地调研外经贸工作。

9日　市委、市政府召开全市对外开放大会。

△无锡市5G产业联盟成立大会举行。无锡移动、无锡日报报业集团、江苏银行签署5G战略合作协议,瀚云科技、观为监测、明珠钢球签署5G工业化联网合作协议。

11日　省委常委、市委书记李小敏主持召开市委常委会第119次会议。会议研究部署文化产业高质量发展、公办学校食堂治理改革、违建别墅问题清查整治等相关工作,审议通过《无锡市文化产业高质量发展三年行动计划(2019 ~ 2021年)》《关于推动无锡市文化产业高质量发展的若干政策》《无锡市关于公办幼儿园和义务教育学校食堂治理改革的实施意见》《无锡市违建别墅问题清查整治专项行动实施方案》。

16日　市长黄钦会见到无锡考察的意大利EGM集团首席商务官沃尔特·维尼安德尔和中国香港金拓集团大陆总经理金冠华一行,就深化合作、加快推动高性能铜合金项目落户进行深入交流。

17日　省委常委、市委书记李小敏主持召开市委常委会第120次会议。会议听取2019年上半年全市安全生产工作、意识形态领域情况汇报,对相关工作进行部署。

△民政部和财政部公布第三批中央财政支持开展居家和社区养老服务改革试点地区成果验收结果,无锡市被评为"优秀试点地区",获奖励资金100万元。

18日　无锡宏义高分子材料科技有限公司揭牌开业,并由台湾宏仁集团与无锡高新技术产业开发区、东吴证券三方签约启动上市计划。

23日　市长黄钦会见到无锡考察的中信医疗健康产业集团有限公司党委书记兼总经理韩光聚一行。

△梅里遗址考古学术研讨成果发布会在无锡举行。来自中国社会科学院考古研究所、江苏省考古研究所、上海博物馆、南京大学等单位的文物专家们一致认为,从底层堆积和遗物看,遗址的时代跨度为商代至春秋时期,文化因素兼具马桥文化和湖熟文化,其中还有部分中原文化因素。这一时期和类型的遗址在梅里古镇区域尚属首次发现,与历史记载的"泰伯奔吴""泰伯居梅里"等有一定的关联性,为研究"泰伯奔吴"提供了前所未有的实物线索。

24日　市长黄钦主持召开市政府第58次常务会议,审议并原则通过《关于深化产教融合助力产业强市的实施意见》。

25日　省委常委、市委书记李小敏主持召开市委常委会第122次会议。会议研究部署2019年度综合考核工作,审议通过无锡市2019年度综合考核相关文件,并听取市委十三届八次全会有关事项汇报。

26 ~ 27日　中共无锡市委十三届八次全会举行。省委常委、市委书记李小敏总结上半年工作、明确下半年任务,对深入推进产业强市、高水平全面建成小康社会、融入长三角一体化发展、全面从严治党等工作作出部署。市委副书记、市长黄钦对下半年工作作出安排。会议审议通过全会决议。

28日　文化和旅游部公布第一批全国乡村旅游重点村名单。无锡市宜兴市湖㳇镇洑西村、无锡市锡山区东港镇山联村入选(江苏共13个村入选)。

8月

6日　省委副书记任振鹤到无锡调研乡村振兴工作。

8日　市长黄钦会见到无锡考察的德国欧司朗光电半导体新任首席执行官迪特·梅一行,双方就深化合作进行深入交流。

△无锡市发改委与上海市黄浦区发改委签署加强信用联动推动长三角信用一体化战略合作备忘录。

10日　1909号台风"利奇马"穿过太湖并于11日1时前后进入无锡境内,而后偏北移动逐渐远离无锡市。9 ~ 11日,无锡市普降大到暴雨,局部特大暴雨,并普遍出现大风。期间,全市严密防范、加强联动,做好防汛防台工作,未发生险情灾情。

13日　市委书记李小敏主持召开市委常委会第125次会议。会议传达学习中央纪委《关于贯彻习近平总书记重要批示精神深入落实中央八项规定精神的工作意见》,听取全省信访工作“三化解一规范”专项行动部署会主要精神、无锡市预防接种综合服务管理信息系统建设情况等汇报，研究部署相关工作。审议通过《无锡市全面实施预算绩效管理实施办法》和第二届江南文脉论坛方案。

△无锡等10个设区市入选国家城市医联体建设试点。

15日　民建中央副主席张少琴到无锡就民建地方组织建设进行调研。

16日　无锡市政府与中国进出口银行江苏省分行签署战略合作协议。中国进出口银行江苏省分行向无锡市30余家企业负责人介绍相关的政策性金融产品，并与红豆集团、长电科技、远景集团签订合作协议。

18日　第二届全国青年运动会在山西省落幕。无锡运动员取得25金、14银、21铜的成绩。

19日　市委书记李小敏主持召开市委常委会第126次会议。会议听取关于2019世界物联网博览会筹备情况、无锡市政府性债务管理情况的汇报，审议通过《无锡市推进城市安全发展实施方案》。

22日　第七届“创业江苏”科技创业大赛暨第八届中国创新创业大赛江苏赛区互联网行业赛在锡山区开幕。

23日　市委书记李小敏主持召开市委常委会第127次会议。会议听取2019年度江苏省对无锡市综合考核半年评估指标自查情况的汇报，通报无锡市对市（县）区、市级机关单位、省级以上开发区的半年考核评估情况。

24日　首届太湖大众跆拳道公开赛暨2019年无锡市跆拳道俱乐部公开赛开幕。

27日　市委书记李小敏主持召开市委常委会第128次会议。会议传达学习中央、省委巡视巡察有关会议精神，研究部署无锡市贯彻落实措施。

28日　德国博世集团高层到无锡考察。市委书记李小敏会见博世集团董事会成员、汽车与智能交通技术业务总裁罗夫·布兰德博士，博世集团董事会成员、能源与建筑技术业务总裁斯蒂芬·哈通博士一行，就推动双方开展全面深入战略合作进行交流。

8月10日，超强台风“利奇马”正面侵袭无锡，广大民警严阵以待、逆风前行，守护百姓平安　（耿永军　供）

31日　市委、市人大、市政府、市政协举行“全民动员，机关先行”——贯彻《无锡市生活垃圾分类管理条例》启动仪式。

9月

1日　由中国企业联合会、中国企业家协会发布的2019中国企业500强、中国制造企业500强、中国服务业企业500强名单揭晓。无锡有14家企业入围中国企业500强，比上年增加1家，远景能源（江苏）有限公司首次跻身其中，无锡入围企业总数占江苏入围数（49家）的28.6%，列全省第一；30家企业入围中国制造业企业500强，比上年增加5家，占江苏入围数（56家）的53.6%，居全省首位；15家企业入围中国服务业企业500强，比上年增加4家，占江苏入围数（44家）的34.1%，首次与苏州并列全省第一。

△吉姆西半导体科技（无锡）有限公司12英寸集成电路先进制程技术及装备研发制造项目签约落户锡山区。项目总投资额15.3亿元。

2日　市委书记、市委财经委员会主任李小敏主持召开市委常委会第129次会议暨市委财经委员会第一次会议。会议传达学习中央财经委员会、省委财经委员会相关会议精神，研究无锡高水平全面建成小康社会有关工作，对做好经济工作提出要求。会议审议通过市委财经委员会工作规则和市委财经委员会办公室工作细则。

△在京召开的中国红十字会第11次全国会员代表大会上，惠山区红十字会常务副会长花茂波被评为全国10名先进工作者之一，也是全省唯一、无锡首位获此荣誉的人。

3日　“华为无锡软件开发云创新中心暨工业互联网创新中心”上线仪式在锡山区举行。

4日　市长黄钦主持召开市政府第61次常务会议，研究部署经济工作，要求政府系统认真贯彻落实市委常委会第129次会议暨市委财经委员会第一次会议要求。

4～6日　2015第十届中国智能交通年会在无锡召开。

5日　市委书记李小敏主持召

开市委常委会第 131 次会议。会议传达学习江苏省长江大保护(南通)现场推进会议精神,听取新中国成立 70 周年大庆无锡安保工作情况汇报,研究省委巡视移交问题立行立改工作。

6 日　2019 世界物联网博览会"慧海湾"物联网产业生态高峰论坛举行。物联网业界精英、专家、学者及社会各界相关人士 300 余人参与论坛。其间,举行无锡国家传感网创新示范区建设十周年高新技术产业开发区物联网"潜力"企业和优秀"首创"项目颁奖仪式。中科光电、英臻科技等 9 家"慧海湾"小镇企业被评为高新技术产业开发区物联网"潜力"企业,曲速教育科技、凯乐士科技等 9 家企业被评为高新技术产业开发区物联网优秀"首创"项目。一批合作项目签约。

7 ~ 10 日　2019 世界物联网博览会在无锡市举行。博览会主题是"融合创新,万物智联"。活动包括世界物联网无锡峰会 1 场、物联网应用和产品展览展示会 1 场、新技术新产品新应用成果发布会 1 场、高峰论坛 10 场和系列活动 14 场。参展企业 542 家,其中世界 500 强企业 37 家。

8 日　2019 工业互联网发展高峰论坛在无锡举行。江苏红豆工业互联网有限公司与无锡智慧城市建设发展有限公司,锡山区人民政府与中国电子信息产业发展研究院,朗新科技股份有限公司与韩国湖西大学 3 个合作项目成功签约。

10 日　海尔(无锡)物联生态网示范基地奠基。项目包括 COSMOPlat 物联生态网基地、海尔衣联网产业应用基地、海尔智家社区建设、5G 通信产业研究院以及科创基地,总投资额 50 亿元。

△中共中央总书记、国家主席、中央军委主席习近平会见全国教育系统先进集体和先进个人代表。江苏省南菁高级中学杨培明、无锡市实验幼儿园叶岚、无锡市市北高级中学李树民、无锡商业职业技术学院杨建新、江南大学纪志成 5 位国家级教学成果一等奖获奖者,和来自全国各地的受表彰代表一起受到习近平总书记的接见。

11 日　大运河文化带建设研究院无锡分院暨无锡大运河文化带建设研究院揭牌成立。

12 日　市委书记李小敏主持召开市委常委会第 132 次会议。会议传达学习中央和省委"不忘初心、牢记使命"主题教育第一批总结暨第二批部署会议精神,研究部署无锡市开展"不忘初心、牢记使命"主题教育相关工作。

15 日　东林书院首次恢复古代释奠礼,完整展现中华传统礼乐的教化作用。

17 日　华虹无锡集成电路研发和制造基地(一期)生产线建成投片,首批 12 英寸硅片进入工艺机台,开始 55 纳米芯片产品制造,标志着项目由前期工程建设期迈入生产运营期。

18 日　中国航天科工集团高层到无锡考察。市委书记李小敏会见中国航天科工集团总经理刘石泉一行,双方就深化战略合作进行交流。

19 日　中国中车集团高层到无锡考察。市委书记李小敏会见中国中车集团总经理孙永才一行,双方就深化工程合作、产业合作、技术合作进行交流。

△中华见义勇为基金会常务副理事长李顺桃、省见义勇为基金会理事长弘强一行专程到无锡慰问见义勇为人员陈传香。

△市长黄钦主持召开市政府第 62 次常务会议,针对"停车难"问题审议并原则通过《无锡市公共停车泊位建设三年(2019 ~ 2021)行动计划》,加快推进无锡市公共停车设施建设,改善城市出行环境。

20 ~ 23 日　第 14 届无锡现代农业博览会举行。

21 日　全国人大常委会副委员长张春贤率全国人大调研组到无锡调研养老服务业发展情况。

23 日　2019 年中国农民丰收节江苏主会场华西"高举旗帜庆丰收"活动在江阴华西村举行。

△惠山区重大产业项目签约仪式举行。上福新材料科技项目、新案数字智能出行装备项目签约落户,投资额均超 10 亿元。

27 日　市委、市政府举行国庆招待会,庆祝中华人民共和国成立 70 周年。

28 日　上午 7 时许,G25 长深高速(宜兴段)2154 千米处发生一起特别重大交通事故。一辆由南向北

9 月 7 日,无锡公安做好 2019 世界物联网博览会各项安保工作

(耿永军　供)

行驶的车牌号为豫A5072V的大客车(核载69人,实载69人)在行至该路段时,冲破道路中央隔离带驶入对向车道,与一辆由北向南行驶的车牌号为苏CF3658的半挂货车(货车上有3人)相撞。经搜救,至16时许,事故造成大客车及货车上36人死亡、36人受伤,其中9人重伤、26人轻伤、1人已出院。经初步勘察,事故系大客车左前轮爆胎所致。

△地铁1号线南延线开通运营。这是无锡轨道交通第二轮建设首条完工的线路,运营时间比原计划提前3个月。

30日　市委书记李小敏主持召开市委常委会第133次会议。会议深入学习贯彻习近平总书记关于做好安全防范工作的重要指示精神,认真落实省委常委会和省安委会全体成员(扩大)会议部署要求,听取G25长深高速宜兴段"9·28"特大交通事故救援处置情况,对全市安全稳定工作进行再强调、再部署、再落实。

10月

8日　市长黄钦主持召开市政府第63次常务会议,审议并原则通过《关于推进全市政务服务体系一体运行提升建设水平的方案》《无锡市创建全民运动健身模范市发展规划》《无锡市创建全民运动健身模范市实施方案》以及《无锡市中小微企业信用保证基金管理办法》。

△市委书记李小敏主持召开市委常委会第134次会议。会议听取关于2019年度江苏省对无锡市综合考核半年评估反馈情况的汇报,研究部署下阶段相关工作。审议通过《关于加强新时代全市公安工作的实施意见》《关于做好当前财政收支预算管理支持落实减税降费政策的通知》。

10日　市长黄钦会见到无锡考察的平安养老保险股份有限公司党委书记、董事长兼CEO甘为民一行,双方就深化合作进行深入交流。

13日　上午11时许,锡山区鹅湖镇新杨路一小吃店发生燃气爆炸。事发地属于联排商铺,上下共有3层。周边店铺受到爆炸波及,墙体、玻璃、窗框以及空调外机等均有不同程度的损坏。经搜救清理,截至17时,事故造成9人死亡、10人受伤。

14日　市委书记李小敏主持召开市委常委会第135次会议。会议认真学习贯彻习近平总书记关于安全生产的重要论述,贯彻落实省委、省政府主要领导批示精神,听取近期相关事故处置情况的汇报,研究部署安全生产工作。

17日　无锡至江阴城际轨道交通工程开工。城际轨道交通锡澄线起自无锡地铁1号线堰桥站,向北沿徐霞客大道跨江阴站,沿虹桥路北上至江阴外滩,线路全长30.4千米,设徐霞客站、青阳站、江阴南站、南闸站、江阴高铁站、汽车客运站、南门站、中山公园站、江阴外滩站9座车站,共享无锡地铁线网控制中心。

18日　第十届中国宜兴陶瓷文化艺术节暨2019中国陶都金秋经贸洽谈会开幕。集中签约项目43个,总投资额496.54亿元。

18～20日　陕西省委常委、延安市委书记徐新荣,市长薛占海率延安市党政代表团到无锡考察,就深化协作进行对接交流,并与无锡签署加强扶贫协作深化交流合作备忘录。

19～20日　"全国百所高校院所江苏行"系列活动举行,来自上海财经大学、中科院理化技术研究所、北京邮电大学、华中科技大学等12所"双一流"高校和重点科研院所的16位代表到无锡考察交流。

22日　市长黄钦主持召开市政府第64次常务会议,集中学习贯彻新修订的《中华人民共和国公务员法》。

23日　市委书记李小敏主持召开市委常委会第136次会议。会议研究优化营商环境工作,审议通过《无锡市进一步优化营商环境的实施方案》。

27日　2019太湖文化艺术季暨第21届中国上海国际艺术节无锡分会场活动在无锡大剧院开幕。

30日　在第二届江南文脉论坛"尚德江南·道德发展与城市文明"分论坛暨长三角全国文明城市(区)文化交流研讨会上,《上海市、江苏省、浙江省、安徽省创建长三角全国文明城市群无锡倡议》发布。

31日　利纳马动力系统无锡新工厂举行开业仪式。市长黄钦向利纳马集团首席执行官琳达·哈森弗拉茨授予跨国公司地区总部认证牌匾。

11月

1日　第29届中国新闻奖在京揭晓。无锡报业凭着《"全病种"医疗救助开出第一单》系列报道作品再次摘得中国新闻奖。

2日　首届中国医师公益大会在无锡市举行。全国人大常委会副委员长、农工党中央主席、中国红十字会会长陈竺出席会议并作主旨演讲。

△全国工商联发布《2019年万家民营企业评价营商环境报告》。从城市看,企业对杭州、深圳、宁波、南京、绍兴、苏州、广州、厦门、无锡、长沙等城市营商环境满意度最高。

4日　市委书记李小敏主持召开市委常委会第139次会议。会议传达学习党的十九届四中全会精神。研究部署决胜高水平全面建成小康社会补短板强弱项、推进现代农业高质量发展、清理规范面向基层创建示范活动及村(社区)办公场所"牌子乱象"和军转安置相关工作。审议通过《关于决胜高水平全面建成小康社会补短板强弱项的工作方案》《无锡市现代农业高质量发展行动计划》《关于清理规范村(社区)办公场所"牌子乱象"的实施方案》。

5日　市长黄钦主持召开市政府第66次常务会议,审议并原则通过

《关于加快政务服务“一窗受理、集成服务”改革一体循环的工作方案》和《关于进一步加快推进第五代移动通信网络建设发展的若干意见》。

7日 第11届中国(无锡)国际新能源大会开幕。展会以“变革创新突破”为主题,举办全球新能源产业峰会、“一带一路”新能源国际合作论坛、新能源汽车论坛、分布式光伏及储能大会、氢能发展研讨会、颁奖典礼等20余场活动。全球30多个国家和地区的海外专家和代表、国内50多个政府代表团、10多个行业商协会机构,以及新能源领域行业代表和企业代表出席开幕式。

9日 “相约一带一路”2019中国无锡国际文创艺术节在无锡市启幕。

10～11日 青海省海东市党政代表团到无锡,就贯彻落实习近平总书记关于对口支援和扶贫协作工作的系列重要指示精神、深化开展扶贫协作和对口帮扶各项工作、着力推动两地协同合作进行考察交流,市委书记李小敏,市长黄钦陪同考察。

11～12日 青海省委书记、省人大常委会主任王建军,省长刘宁率领青海省党政代表团一行到无锡考察。

13日 农业农村部公布2019年中国美丽休闲乡村名单,无锡市宜兴市张渚镇善卷村入选(江苏9个村入选)。

14日 市委书记、市委全面深化改革委员会主任李小敏主持召开市委常委会第140次会议暨市委深改委第8次会议。会议传达学习中央深改委第9次、第10次会议精神和省委深改委第8次、第9次会议精神。审议通过《关于无锡市国发资本运营有限公司重组整合无锡市金融投资有限责任公司的实施方案》等国企改革方案、《关于深化无锡市纪委监委派驻机构改革的实施意见》“1+3”改革文件和《无锡市贯彻〈民主党派代表人士队伍建设规划(2018～2027年)〉实施方案》《关于促进工商联所属商会改革和发展的实施方案》《无锡市贸促会深化改革方案》。

△无锡苏州联合河长制启动仪式在苏州常熟市举行,标志着两地协同治水进入新阶段。

15日 “新时代·新起点”第三届中俄网络媒体论坛暨中俄建交70周年新媒体交流活动在无锡市举行。

16日 生态环境部授牌命名第三批国家生态文明建设示范市县和“绿水青山就是金山银山”实践创新基地,无锡市锡山区入选。

17日 市委书记李小敏主持召开市委常委会第142次会议。会议听取城市安全集中整治检查督办和第一轮安全生产巡查、第一次督查评估情况汇报,部署安排下阶段工作任务。会议审议通过《中共无锡市委关于新时代加强和改进人民政协工作的实施意见》。

19日 市委书记、市委主题教育领导小组组长李小敏赴宜兴市,实地调研农村基层党组织主题教育开展情况和基层党建工作情况。

20日 市长黄钦主持召开市政府第67次常务会议,审议并原则通过《无锡市政府投资管理办法》《无锡市市级政府投资项目概算管理办法》《无锡市市级政府投资项目资金管理办法》。

22日 市委书记李小敏会见大连连城数控机器股份有限公司董事长李春安、总经理黎志欣一行,并出席项目签约仪式。

23～26日 第二届全国医院物联网大会暨中国国际医院物联网产品展览会在无锡市召开。

24日 新疆克孜勒苏柯尔克孜自治州党政代表团到无锡考察对口支援工作。

25日 市长黄钦主持召开市政府第68次常务会议,听取关于确保完成年度水环境质量改善约束性指标有关情况的汇报,审议并原则通过《无锡市完善城乡居民大病保险制度的实施意见》。

28日 市委书记李小敏主持召开市委常委会第144次会议。会议审议通过《中共无锡市委关于废止、宣布失效和修改部分党内规范性文件的决定》《关于加强和改进生活无着的流浪乞讨人员救助管理工作的实施办法》,听取市“两会”筹备工作情况汇报。

28～29日 “2019智慧中国年会”在北京召开,发布智慧城市、数字政府、营商环境等年度评估报告与研究成果。无锡市获2019中国营商环境特色评选50强、2019中国智慧城市20强两个奖项,并获智慧城市建设创新环境奖,这是无锡连续8年在这一评比中获奖。

29日 中国年度最佳雇主颁奖盛典在广州市举办,“2019中国年度最佳引才城市”榜单揭晓,无锡市与成都市、宁波市、青岛市上榜。海澜集团获得“年度最佳雇主全国百强”奖,江南大学入选“最佳高校”奖,先导智能、哈工智能获“最具智造精神雇主”奖,远东控股获“最具发展潜力雇主”奖。

30日 国家邮政局授予无锡市“中国快递示范城市”称号。

12月

2日 市长黄钦会见到无锡考察的深圳航空公司总裁陈志勇、党委书记周治伟一行,双方就深化合作进行深入交流。

3日 2019智慧产业高峰论坛暨第六届中国智慧城市工程前沿技术研究院士论坛在无锡开幕。

△市长黄钦主持召开市政府第69次常务会议,学习贯彻中共中央政治局第19次集体学习精神及《中华人民共和国安全生产法》、江苏省打好防范化解重大金融风险攻坚战指挥部第一次全体(扩大)会议精神。

5日 第九届中国无锡国际文化艺术产业博览交易会开幕。

6日 无锡市召开市公安局领导干部会议,宣布省委决定:提名刘必权为无锡市副市长人选,任市公安局局长;谢晓军不再担任无锡市副市长、市公安局局长职务。

9日 市委书记李小敏主持召开市委常委会第148次会议。会议研究部署无锡市落实长三角区域一体化战略有关事宜，审议通过《〈长江三角洲区域一体化发展规划纲要〉无锡行动方案》、《无锡市全面深入开展安全生产专项整治行动工作方案》和《无锡市卫生健康“三名”战略实施意见》“1+5”文件。

12日 美国哈佛医学院院长大卫·罗伯茨一行到无锡考察，并与滨湖区政府、药明康德公司签署合作意向协议。

13日 市长黄钦主持召开市政府第70次常务会议，审议并原则通过《无锡市历史建筑确定与保护利用工作方案》《无锡市市场监管领域全面推行部门联合“双随机、一公开”监管实施办法》等。

16日 市委书记李小敏主持召开市委常委会第150次会议。会议研究部署推进新经济发展相关工作，审议通过《关于加快推进数字经济高质量发展的实施意见》《关于加快推进总部经济高质量发展的实施意见》《关于加快推进枢纽经济高质量发展的实施意见》《无锡市新一轮市对区财政体制优化调整实施方案》，听取无锡市产业强市贡献奖、科技创新贡献奖评审情况和城市安全集中整治督查考核第二阶段工作情况汇报。

18日 “奋进新时代”2019无锡公安工作报告会举行。江阴市公安局巡特警大队一中队中队长段强、宜兴市公安局网安大队民警谈波、梁溪公安分局金匮派出所民警王宗超等10名民警当选第四届“无锡最美警察”。

19日 2019年城市重点道桥工程通车暨2020年城市重点道桥工程举行开工现场会。运河东路大修工程、缘溪道改拓建工程等7个重点道桥项目建成通车，高浪路快速化改造一期工程等4个项目集中开工。

12月18日晚，“奋进新时代”2019无锡公安工作报告会在无锡大剧院举行，第四届“无锡最美警察”揭晓 （耿永军 供）

20日 无锡欧美同学会（无锡留学人员联谊会）举行成立大会。中国工程院院士、江南大学副校长陈卫当选为首任会长。首届无锡欧美同学会会员510人，其中理事130人。

21日 日本福冈县议会代表团到无锡考察。市委书记李小敏会见福冈县议会议长栗原涉一行，双方就深化合作交流、增进互信友谊进行探讨。

22日 2019环太湖旅游产业合作论坛举行。

25～26日 2019年全国新建本科院校联席会议暨第19次高层峰会在无锡市举行。

26日 市委书记李小敏主持召开市委常委会第154次会议。会议传达学习省委十三届七次全会精神，研究市委十三届九次全会有关事项和文件。

27日 市长黄钦主持召开市政府第71次常务会议，研究部署无锡市食品安全、基本医疗保险和生育保险市级统筹等重点工作，审议并原则通过《无锡市2020年市级政府投资项目计划》等。

30日 无锡市召开全市领导干部会议，宣布省委有关决定：黄钦任无锡市委书记，李小敏不再担任无锡市委书记、常委、委员职务；杜小刚任无锡市委委员、常委、副书记，提名为无锡市市长候选人。

△市委书记黄钦主持召开市委常委会第155次会议，研究部署有关工作。

31日 中共无锡市委十三届九次全会举行。市委书记黄钦代表市委常委会讲话，并就《中共无锡市委关于贯彻落实党的十九届四中全会精神、推动市域治理体系和治理能力现代化建设走在前列的实施意见（草案）》向全会作说明。市委副书记、代市长杜小刚对新一年经济工作作具体安排。会议审议通过《中共无锡市委关于贯彻落实党的十九届四中全会精神、推动市域治理体系和治理能力现代化建设走在前列的实施意见（草案）》和全会决议。

编辑 江 生

自然地理

【位置面积】 无锡市，别名梁溪，简称锡，位于北纬31° 07′ ~ 32° 02′，东经119° 33′ ~ 120° 38′，长江三角洲江湖间走廊部分，江苏省的东南部。东邻苏州，距上海128千米；南濒太湖，与浙江省交界；西接常州，距南京183千米；北临长江，与泰州市所辖的靖江市隔江相望。无锡市为江苏省省辖市，全市总面积为4627.47平方千米（市区面积为1643.88平方千米，其中建成区面积为231.3平方千米），其中山区和丘陵面积为782平方千米，占总面积的16.90%；水面面积为1342平方千米，占总面积的29.0%。

（易　文）

【地形地貌】 无锡市境内以平原为主，星散分布着低山、残丘。南部为水网平原；北部为高沙平原；中部为低地辟成的水网圩田；西南部地势较高，为宜兴的低山和丘陵地区。无锡市地貌雏形，形成于中生代印支期（距今约1.8亿年）的华夏系构造，它使无锡地区褶皱成陆。燕山运动（距今约1.5亿～7000万年）因强烈的火山活动和新块褶皱构造的形成，使原来比较稳定的基底又生新复活升高。距今约2500万年的喜马拉雅运动，以差异性升降运动为主，在老构造的基础上，又加强了东西间褶皱和断裂，使江阴、宜兴一线以东形成了以现代太湖为中心的坳陷盆地，即太湖盆地。宜兴地区山体均作东西向延伸，绝对高度500米以上，最高峰为黄塔顶，海拔611.5米。江阴和无锡市区的山丘总体上呈北东、北东东走向，其高度由西南往东北逐级下降。最高峰为惠山三茅峰，海拔328.98米。

（易　文）

【气候】 2019年度无锡市气候特点：

全年　全市气温偏高，降水总量正常但分布不均，日照偏少。冬季降水异常偏多，降雪频繁为历年同期少见；春季和夏季多雷暴、大风、短时强降水、冰雹等强对流天气；春、秋两季旱情较为严重，特别是3月上旬到5月下旬、9月中旬到12月中旬，降水异常偏少。年内灾害性天气主要有寒潮、暴雪、大风、暴雨洪涝、台风、高温、干旱、雾霾、连阴雨等。因暴雨洪涝、台风、强对流、干旱等造成的人民生命财产、农业经济损失和直接经济损失较重。主要农作物、旅游及交通行业气候年景较好，水资源及水环境气候年景则较差。

年平均气温16.5℃（宜兴）～17.4℃（无锡市区），年极端最高气温38.7℃（江阴）～38.8℃（无锡市区、宜兴），年极端最低气温-3.3℃（无锡市区、江阴）～-4.5℃（宜兴）。年高温日数（日最高气温≥35℃）17天（宜兴）～22天（无锡市区、江阴），高温最早出现在5月下旬，集中出现在7月下旬到8月上旬。本年度未出现日平均气温＜0℃或最低气温≤-5℃的低温日。

年降水量1030.5毫米（无锡市区）～1229.9毫米（宜兴），年雨日116天（江阴）～129天（宜兴）；无锡市区、江阴和宜兴的一日最大降水量分别为101.4毫米、90.0毫米和137.1毫米，均出现在8月10日，年暴雨日数（日降水量≥50毫米）3天（无锡市区、江阴）～4天（宜兴）。

年日照时数1613.2小时（江阴）～1695.5小时（宜兴），无锡市区、江阴和宜兴分别比常年同期偏少310.0小时、341.0小时和138.0小时（2019年5月1日起，日照启用自动观测）。

冬季（2018年12月～2019年2月）：气温正常、降水异常偏多、

表1　2019年无锡市气象要素初终日期表

月／日

要素名称	上年度			本年度
	初日	终日	初终间日数	初日
霜	12/8	3/13	96	11/19
雪	12/7	2/15	71	/
积雪	12/31	2/9	41	/
结冰	12/8	3/8	91	12/3
当年无霜期天数	250			

（市气象局）

日照偏少。季平均气温 4.8℃(宜兴)~5.7℃(无锡市区),2018 年 12 月 6 日入冬(常年为 11 月 20 日)。降水量 283.0 毫米(江阴)~381.3 毫米(宜兴),雨日 46 天(江阴)~52 天(宜兴),雨量雨日均达常年同期的 2 倍左右,雨量均创历史新多。日照时数 182.9 小时(宜兴)~238.9 小时(江阴),比常年同期偏少 4~5 成,均为历史最少。

春季 (3~5 月):气温显著偏高、降水偏少、日照正常。平均气温 16.2℃(宜兴)~16.8℃(江阴);春季极端最低气温 -1.2℃,3 月 8 日出现在宜兴;极端最高气温 35.6℃,5 月 24 日出现在无锡市区、江阴。3 月 9 日入春,比常年早 19 天;5 月 29 日入夏,比常年早 10 天。降水量 153.7 毫米(江阴)~192.9 毫米(宜兴),比常年同期偏少 4 成左右;雨日 26 天(江阴)~32 天(宜兴)。日照时数 468.9 小时(宜兴)~476.6 小时(江阴)。

夏季 (6~8 月):气温正常、降水正常、日照偏少。平均气温 26.7℃(宜兴)~27.4℃(无锡市区);夏季极端最高气温 38.8℃,7 月 29 日出现在无锡市区、宜兴;极端最低气温 14.8℃,6 月 11 日出现在宜兴。降水量 441.1 毫米(无锡市区)~565.3 毫米(宜兴),与常年同期相比基本正常;一日最大降水量 137.1 毫米,8 月 10 日出现在宜兴。雨日 31 天(无锡市区、江阴)~33 天(宜兴)。日照时数 425.0 小时(江阴)~510.4 小时(宜兴)。

秋季 (9~11 月):气温偏高、降水前多后少、日照正常。平均气温 18.0℃(宜兴)~19.4℃(无锡市区),10 月 1 日进入气象意义上的秋季,比常年晚 10 天。降水量 154.1 毫米(江阴)~186.6 毫米(宜兴),总量上比常年同期偏少 1~2 成,但 7 成的季降水主要集中在 9 月 1~6 日的 6 天中,9 月中旬~11 月降水持续偏少,80 多天中降水量仅 50 毫米左右,比常年同期偏少 7 成。雨日 19 天(江阴、宜兴)~20 天(无锡市区)。日照时数 418.5 小时(江阴)~460.8 小时(宜兴)。

(夏 健)

【水文】 2019 年,无锡市有水位站 13 处(其中潮水位站 1 处),雨量站 21 处,流量站 11 处,13 个测流断面,蒸发站 1 处,浅层地下水位站 13 处,地表水温站 1 处,地下水温站 1 处。全市年平均降雨量比常年偏少,最大年降雨量站点出现在深溪岕站,年降雨量 1452.0 毫米。汛期(5~9 月)降雨量 658.8 毫米,占年降雨总量的 63.8%。全年日降雨量≥0.1 毫米的雨日 120 天,比常年少 5 天。水面年蒸发量 801.8 毫米,最大日水面蒸发量 6.9 毫米(5 月 12 日)。

2019 年,无锡市梅雨期呈现入梅正常、出梅较晚、梅雨期长、梅雨量分布不均的特点。6 月 18 日入梅,较常年晚 2 天;7 月 21 日出梅,较常年晚 10 天;梅雨期 33 天,较常年多 8 天。全市平均梅雨量 225.4 毫米,比常年梅雨量少 6.74%。梅雨期内,降水分布不均,无锡市区、江阴和宜兴的梅雨量分别为 205.9 毫米、210.1 毫米和 249.0 毫米。

2019 年汛期全市最大单日面雨量为 70.2 毫米(8 月 10 日),强降雨主要集中在 8 月 8~11 日。

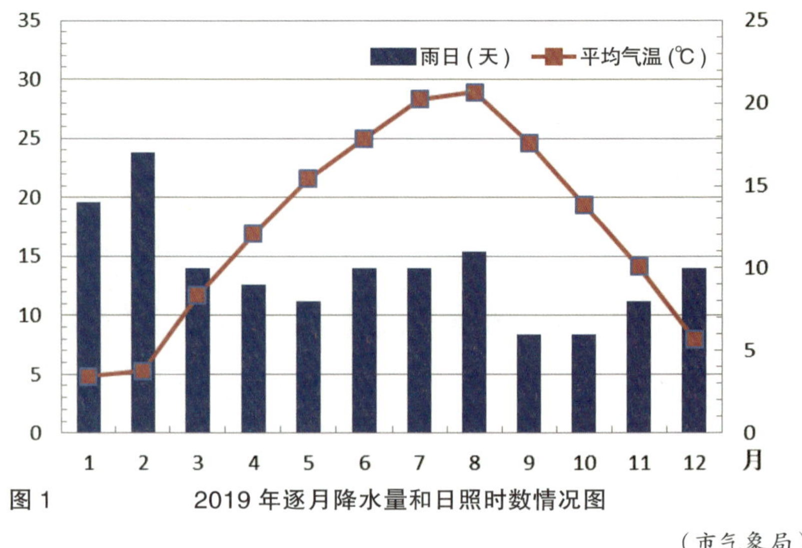

图 1　　2019 年逐月降水量和日照时数情况图

(市气象局)

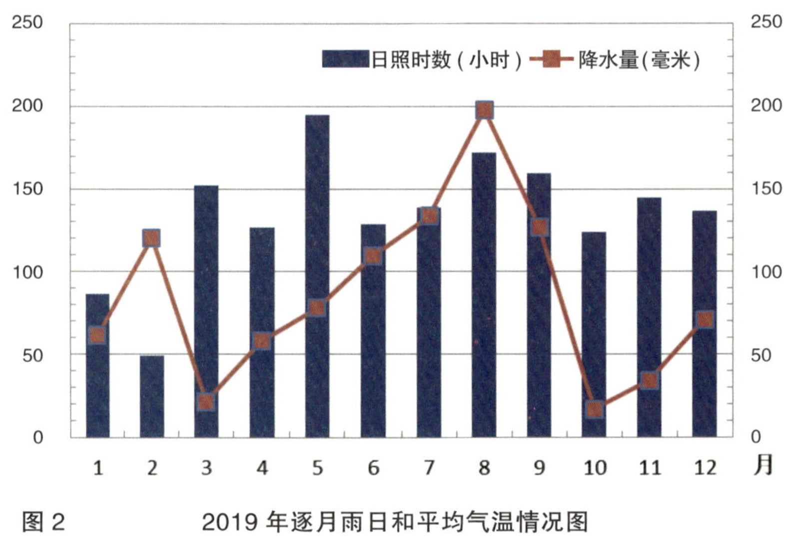

图 2　　2019 年逐月雨日和平均气温情况图

(市气象局)

表 2　　2019 年无锡市主要水位站水位特征值统计表

河名	站名	年最高水位（米）	出现日期（月.日）	年最低水位（米）	出现日期（月.日）	年平均水位（米）
大运河	洛社	4.42	8.11	3.29	12.9	3.59
大运河	无锡	4.46	8.11	3.27	12.9	3.58
太湖	犊山闸	3.86	9.7	2.53	11.24	3.30
太湖	大浦口	3.88	9.8	2.82	4.9	3.35
锡澄运河	青阳	4.52	8.11	3.36	12.9	3.68
望虞河	甘露	4.08	8.11	3.13	3.22	3.43
西氿	宜兴	4.12	8.11	3.07	12.17	2.40
横山水库	横山水库	34.79	9.8	29.87	12.31	32.81
长江	江阴	5.90	8.4	1.30	12.7	–

说明：表内水位为吴淞基面以上米数。

（市水文局）

表 3　　2019 年无锡市主要雨量站降水量特征值统计表

地区	站名	年降水量（毫米）	年降水日数	年最大日降水量（毫米）	出现日期（月.日）
南长区	无锡	977.4	120	70.2	8.10
滨湖区	直湖港闸	997.2	119	89.2	8.10
惠山区	洛社	1083.6	116	112.8	8.10
锡山区	甘露	951.3	123	71.4	8.10
江阴市	江阴	1075.5	115	107.0	8.10
江阴市	青阳	966.3	116	93.0	8.10
宜兴市	横山水库	1182.2	128	92.6	8.10
宜兴市	宜兴	1086.0	117	114.5	8.10
宜兴市	大浦口	1034.5	121	87.0	8.10

（市水文局）

河道水情　1～4 月，河道水位变幅受降雨影响比较大，受 2 月中下旬持续降雨影响，各内河在 2 月 22 日前后出现汛前最高水位。

入汛后，河道水位整体趋于平稳，受台风"利奇马"影响，8 月 8～11 日暴雨期间，全市各地水位上涨迅猛，内河普遍在 8 月 11 日出现最高水位。

5 月，锡澄地区河道水位变幅主要受沿江引排水影响，河道水位整体呈现平稳，宜兴地区水位变幅主要受区域降水及太湖水位影响，各内河在 5 月 26 日左右出现月最高水位，月最低水位出现在月初。

6 月，月内降雨对锡澄地区河道水位影响不明显，河道水位变幅主要受沿江闸站调度影响。宜兴地区水位变幅主要受区域降水影响，入梅后，宜兴地区降雨较多，宜兴地区水位持续上涨，月最高水位出现在月底。

7 月，上半月锡澄地区河道水位因降水影响整体呈现明显上涨，月最高水位出现在 13 日左右，下半月降水较少，水情较平稳。

8 月，9 日开始骨干河道水位因超强台风"利奇马"带来的强降水影响，水位快速上涨，无锡地区主要河道站水位全面超警，月最高水位普遍出现在 11 日，13 日水位回落到警戒水位以下，下半月降水较少，水情较平稳。

9 月，受上旬连续降雨影响，无锡地区河道水位普涨，并在 2 日前后出现月最高水位，后续降雨稀少，河道水位缓慢回落。

全站区内河各站在 8 月 11 日出现年最高水位，在 12 月 9 日前后相继出现年最低水位。全年，大运河无锡站（警戒水位 3.90 米）最高水位 4.46 米，最低水位 3.27 米；大运河洛社站（警戒水位 4.00 米）最高水位 4.42 米，最低水位 3.29 米；锡澄运河青阳站（警戒水位 4.00 米）最高水位 4.52 米，最低水位 3.36 米；西氿宜兴站（警戒水位 4.20 米）最高水位 4.12 米，最低水位 3.07 米；望虞河甘露站（警戒水位 3.80 米）最高水位 4.08 米，最低水位 3.13 米。

太湖水情　全年，太湖平均水位 3.31 米，比上年同期高 0.04 米，比多年同期高 0.10 米；最高水位 3.84 米（9 月 6 日），最低水位 3.00 米（5 月 20 日）。大浦口站平均水位 3.35 米，最高水位 3.88 米（9 月 8 日），最低水位 2. 82 米（4 月 9 日）。犊山闸站平均水位 3.30 米，最高水位 3.86 米（9 月 7 日），最低水位 2.53 米（11 月 24 日）。

长江水情　全年，长江江阴站（警戒潮水位 5.90 米）8 月 4 日（农历七月四日）出现年最高潮水位 5.90 米，12 月 7 日（农历十一月十二日）出现最低潮水位 1.30 米。

横山水库水情　年最高水位 34.79 米（9 月 8 日），最大蓄水量 5853 万立方米，最低水位 29.87 米（12 月 31 日），最小蓄水量 2552 万立方米。

（朱　玲）

【资源】 气候资源　无锡市属北亚热带湿润季风气候区，四季分明，热量充足，降水丰沛，雨热同季，灾害频繁。夏季受来自海洋的夏季季风控制，盛行东南风，天气炎热多雨；冬季受大陆盛行的冬季季风控制，大多吹偏北风；春、秋季是冬、夏季风交替时期，春季天气多变，秋季秋高气爽。常年（1981～2010 年

30年统计资料）平均气温16.2℃，降水量1121.7毫米，雨日123天，日照时数1924.3小时，日照百分率43%。一年中最热是7月，最冷为1月。常见的气象灾害有台风、暴雨、连阴雨、干旱、寒潮、冰雹和大风等。由于受太湖水体和宜南丘陵山区复杂地形等的影响，局部地区小气候条件多种多样，具有南北农业皆宜的特点，作物种类繁多。

水资源 无锡地表水较丰富，外来水源补给充足。全市共有大小河道3100多条，总长2480千米。市区河道总长150千米，平水期水体容积800万立方米。太湖为江南水网中心，面积2338.1平方千米，总蓄水量为44.28亿立方米，年平均吞吐量约52亿立方米。地下水资源据不完全测算，市区储量为6349万立方米，年补给量为6453万立方米。

矿产资源 无锡市具有开采价值的矿产资源，以黏土矿、石灰石、大理石、玻璃用石英砂岩、建筑石等非金属矿为主，其次为煤、泥炭等可燃性矿产及矿泉水。黏土矿以陶土为主，已探明工业储量5000余万吨。石灰石估算储量17亿吨。大理石估算储量5000万立方米。煤探明工业储量4000余万吨。

生物资源 植物资源方面，无锡市除栽培植物外，拥有自然分布于地区内以及外来归化的野生维管束植物共141科、497属、950种、75变种，占全国的比例分别为植物科数39.94%、属数15.61%、种数3.5%。植物种类中，草本植物有744种，占总数的78.32%；木本植物（包括竹类）有206种，占总数的21.68%。主要用材林有竹、松、杉，优良用材的树种有杉木、檫树、樟树、紫楠、红楠、麻栎、锥栗、榆树等。药用植物400多种。动物资源方面，鸟类有170多种；鱼类为90多种，太湖中的银鱼，长江中的刀鱼、鲥鱼、河豚是名贵鱼类；兽类有30多种，主要有华南兔、穿山甲、豹猫、黄鼬等。

（易　文）

历史人文

【建置沿革】 无锡是江南文明发源地之一，有文字记载的历史可追溯到3000多年前的商朝末年。公元前十一世纪末，周太王长子泰伯为让王位于三弟季历，偕二弟仲雍，从现属陕西的岐山东奔江南，定居梅里（今无锡梅村），筑城立国，自号“勾吴”。周灭商后，因泰伯无子，周武王封仲雍五世孙周章为吴君，建吴国。周元王三年（前473），越灭吴，无锡属越国。周显王三十五年（前334），楚灭越，无锡属楚国。秦王政二十四年（前223），秦灭楚，置会稽郡，无锡属之。汉高祖五年（前202）始置无锡县，属会稽郡。王莽时（9）改名为有锡县，东汉建武元年（25）复置无锡县。三国时，分无锡县以西为屯田，置毗陵典农校尉。西晋太康元年（280）复置无锡县，属毗陵郡。隋、唐、宋相沿。元元贞元年（1295）升无锡为州，属浙江行中书省常州路。明洪武元年（1368）又降州为县，属中书省常州府。清雍正二年（1724），分无锡为无锡、金匮两县，同城而治，均属常州府。宣统三年（1911）9月16日，无锡光复，锡金军政分府成立于原金匮县署，辖原无锡、金匮两县；民国元年（1912）1月，无锡、金匮两县合并成为无锡县。同年5月，撤销锡金军政分府，以无锡县民政署为县最高行政机关，无锡县属苏常道。民国十六年（1927），无锡县直属江苏省。民国二十三年至二十六年（1934～1937），为无锡行政督察区专员公署驻地。抗日战争期间，无锡四乡先后建立中共领导的锡北、锡东、太湖、武南、澄西等抗日民主政权。

1949年4月23日无锡解放，分无锡为无锡市、无锡县，市、县同城，无锡市属苏南人民行政公署。1953年建江苏省，无锡市为省辖市；无锡县属先后多次变化，曾经属常州专区、无锡市、苏州专区管辖。无锡市区于1958年6月基本形成了四区格局，即崇安、南长、北塘三区和一个郊区。1983年3月，实行市管县体制，原属苏州地区的无锡县、江阴县与原属镇江地区的宜兴县划为无锡市管辖。1988年，在马山镇（含马圩地区）设立马山区。1987年4月、1988年3月、1995年6月，江阴县、宜兴县、无锡县先后撤县设市，设立江阴市、宜兴市、锡山市。1995年3月，无锡市市区和无锡县行政区划进行部分调整，组建无锡新区。郊区旺庄乡，无锡县硕放镇和坊前、新安、梅村3镇的19个行政村，连同无锡国家高新技术产业开发区、无锡新加坡工业园，由无锡新区管理。2000年12月，撤销锡山市，设立锡山区和惠山区；撤销马山区，将马山区的行政区域和锡山市的部分镇（9个）并入无锡市郊区，并将郊区更名为滨湖区。2001年12月，滨湖区广益镇划归崇安区，扬名镇划归南长区，黄巷镇、山北镇划归北塘区。2015年10月，撤销崇安区、南长区、北塘区，合并设立梁溪区；析锡山区的鸿山街道和滨湖区的江溪、旺庄、硕放、梅村、新安5个街道，设立新吴区。

（市民政局）

【行政区划】 2019年，无锡市辖梁溪、锡山、惠山、滨湖、新吴5个区，及江阴、宜兴2个县级市。全市有30个镇、53个街道，下设522个村委会、608个社区居委会，115个村（居）委会（合一）。

（韩科峰）

【人口】 2019年年末，无锡市户籍总人口502.83万人，比上年增加5.63万人，增长1.1%。其中，市区268.45万人，比上年增加5.33万人，增长2.0%；江阴市126.41万人，比上年增加0.46万人，增长0.4%；宜兴市107.97万人，比上年减少0.16万人，增长-0.2%。

在全市户籍总人口中，男性247.17万人，女性255.66万人，性别比（以女性为100）96.0。2019年，全市户籍总人口中出生37981人，出生率7.6‰；死亡32074人，死亡率6.41‰；

人口自然增长率1.19‰。年内,全市户籍总人口中迁入5.67万人,其中省外迁入2.65万人,占迁入人口46.7%;迁出人口1.94万人,其中迁往省外0.93万人,占迁出人口47.9%。全市户籍出生人口政策符合率99.94%,户籍出生人口性别比107.86。免费孕前优生健康检查覆盖率97.68%,流动人口服务管理率95%。

全市户籍老年人口1334252人,占全市户籍总人口的26.49%。其中80周岁以上高龄老人192160人,占老年人口总数的14.40%,百岁以上寿星584人。

(徐一枫　蒯　薇　陈建忠　张兴堂)

【民族】 2019年,全市有汉族、蒙古族、回族、藏族、维吾尔族、苗族、彝族、壮族、布依族、朝鲜族、满族、侗族、瑶族、白族、土家族、哈尼族、哈萨克族、傣族、黎族、傈僳族、佤族、畲族、高山族、拉祜族、水族、东乡族、纳西族、景颇族、柯尔克孜族、土族、达斡尔族、仫佬族、羌族、布朗族、撒拉族、毛南族、仡佬族、锡伯族、阿昌族、

表4　2019年无锡市行政区划一览表

区域名称	所辖街道、乡镇名称
梁溪区	街道：崇安寺、通江、广瑞路、上马墩、江海、广益、迎龙桥、南禅寺、清名桥、金星、金匮、扬名、北大街、惠山、山北、黄巷、五河
锡山区	街道：东亭、安镇、东北塘、云林、厚桥
	镇：羊尖、鹅湖、锡北、东港
惠山区	街道：堰桥、长安、钱桥、前洲、玉祁
	镇：洛社、阳山
滨湖区	街道：河埒、荣巷、蠡湖、蠡园、华庄、太湖、雪浪、马山
	镇：胡埭
新吴区	街道：新安、旺庄、硕放、江溪、梅村、鸿山
江阴市	街道：澄江、南闸、云亭、城东、夏港、申港、利港
	镇：璜土、月城、青阳、徐霞客、华士、周庄、新桥、长泾、顾山、祝塘
宜兴市	街道：新庄、宜城、屺亭、新街、芳桥
	镇：张渚、西渚、太华、徐舍、官林、杨巷、新建、和桥、高塍、万石、周铁、丁蜀、湖㳇

(市民政局)

表5　2019年无锡市行政区划统计表

区域名称	市(县)(个)	市辖区(个)	镇(个)	街道(个)	村委会(个)	居委会(个)	村居合一(个)	面积(平方千米)	户籍人口(人)
梁溪区		1		17		157		71.5	790881
锡山区		1	4	5	75	49		399.11	472905
惠山区		1	2	5	29	60	26	325.12	500673
滨湖区		1	1	8		109	7	628.15	539140
新吴区		1		6	9	81	35	220.01	378771
小　计		5	7	41	113	456	68	1643.88	2682370
江阴市	1		10	7	197	55	46	986.98	1264120
宜兴市	1		13	5	212	97	1	1996.61	1079665
小　计	2		23	12	409	152	47	2983.59	2343785
合　计	2	5	30	53	522	608	115	4627.47	5026155

(市民政局)

普米族、塔吉克族、怒族、俄罗斯族、鄂温克族、德昂族、保安族、裕固族、京族、塔塔尔族、独龙族、鄂伦春族、赫哲族、门巴族、基诺族等54个民族。汉族户籍人口占99.4%，少数民族户籍人口占0.6%（常住人口14万，户籍人口3万）。

（市民宗局）

【宗教】 无锡是江苏省宗教工作重点市之一，佛教、道教、伊斯兰教、天主教、基督教五大宗教齐全。2019年，全市经登记并赋码换证的宗教活动场所278个，省民宗委授权托管的宗教院校1所，宗教教职人员614人，信教群众25.3万人，约占全市总人口的3.84%。其中佛教寺庙182座，教职人员384人，信教群众12.7万人；道教场所23处，教职人员74人，信教群众1万人；伊斯兰教清真寺1座，阿訇2人，信教群众0.4万人；天主教活动场所14处，教职人员27人，信教群众5.9万人；基督教活动场所58处，教职人员127人，信教群众5.3万人。

（市民宗局）

经济和社会发展

【概况】 2019年，无锡市经济发展稳步推进，实现地区生产总值11852.32亿元，按可比价格计算，比上年增长6.7%。按常住人口计算人均生产总值达到18万元。

全市第一产业实现增加值122.51亿元，比上年下降2.4%；第二产业实现增加值5627.88亿元，比上年增长7.6%；第三产业实现增加值6101.93亿元，比上年增长6.0%；三次产业比例调整为1.0 : 47.5 : 51.5。

全年城镇新增就业15.42万人，其中：各类城镇下岗失业人员实现就业再就业9.37万人，援助就业困难人员再就业3.46万人。全市城镇登记失业率为1.75%。

全年民营经济实现增加值

表6　2019年无锡市国民经济和社会发展主要指标表

指标	单位	2019年	增长（%）
年末总人口（户籍）	万人	502.83	1.1
年末总人口（常住）	万人	659.15	0.3
常住人口城镇化率	%	77.1	(+0.8)
从业人员	万人	387.00	−0.3
第一产业	万人	14.90	−5.7
第二产业	万人	213.10	−0.2
第三产业	万人	159.00	0.1
地区生产总值	亿元	11852.32	6.7
人均地区生产总值	元	180044	6.4
农业			
农林牧渔业总产值	亿元	201.52	−2.4
粮食产量	万吨	54.75	−3.6
油料产量	万吨	0.68	43.5
水产品产量	万吨	11.98	−2.0
工业			
规模以上工业增加值	亿元	3753.19	7.8
规模以上工业总产值	亿元	17194.19	8.2
规模以上工业销售产值	亿元	17284.45	7.9
规模以上工业营业收入	亿元	17954.79	5.4
规模以上工业利润总额	亿元	1214.15	1.9
服务业			
规模以上服务业营业收入	亿元	1181.27	13.3
交通运输、邮电通信、供电			
邮电业务总量	亿元	419.66	39.8
货运量	万吨	20601.31	5
客运量	万人次	8546.94	2.1
全社会用电量	亿千瓦时	750.82	2.5
#工业用电	亿千瓦时	563.31	2.1
城乡居民生活用电	亿千瓦时	73.83	0.1

续表 6

指标	单位	2019 年	增长（%）
固定资产投资			
固定资产投资	亿元	3595.94	6.1
#工业投入	亿元	1531.76	10.4
房地产投资	亿元	1358.29	3.3
国内贸易			
社会消费品零售总额	亿元	3024.34	8.6
开放型经济			
进出口总值	亿美元	924.30	−1.1
#出口总值	亿美元	554.60	−2.3
到位注册外资	亿美元	36.20	−2.6
旅 游			
旅游总收入	亿元	2062.90	5.7
接待国内游客人数	万人次	10236.93	4.3
接待入境旅游人数	万人次	60.96	4.0
市场物价			
居民消费价格总指数		102.9	(+0.6)
商品零售价格总指数		102.1	(−0.2)
财政金融			
一般公共预算收入	亿元	1036.33	2.4
一般公共预算支出	亿元	1117.52	5.8
金融机构人民币存款余额	亿元	17165.33	10.3
#住户存款	亿元	6226.51	13.0
金融机构人民币贷款余额	亿元	13387.19	11.8
教育卫生			
高等院校在校学生数	人	119976	5.4
普通中学在校学生数	人	245926	5.6
卫生机构床位数	张	50478	7.5
卫生技术人员数	人	59303	8.3

7810.68 亿元，比上年增长 6.8%，占经济总量的比重为 65.9%，比上年提高 0.1 个百分点。民营工业实现产值 10391.89 亿元，比上年增长 10.2%。

至年底，市场监管部门登记在册的全市各类企业达 33.19 万户，其中国有及集体控股企业 2.69 万户，外商投资企业 0.67 万户，私营企业 29.83 万户，当年新登记各类企业 4.92 万户。年末个体户 44.84 万户，当年新增 8.17 万户。

全年市区居民消费价格指数（CPI）为 102.9，比上年提高 0.6 个百分点。其中服务项目价格指数为 102.1，消费品价格指数为 103.5。

（市统计局）

【固定资产投资】 2019 年，全市固定资产投资完成 3595.94 亿元，比上年增长 6.1%。其中：第一产业投资完成 12.28 亿元，比上年增长 105.9%；第二产业投资完成 1531.85 亿元，比上年增长 10.2%；第三产业投资完成 2051.81 亿元，比上年增长 0.3%。

全年房地产业实现增加值 814.42 亿元，比上年增长 5.9%。房地产开发投资完成 1358.29 亿元，比上年增长 3.3%。商品房施工面积为 6353.18 万平方米，比上年增长 6.0%；竣工面积 1326.27 万平方米，比上年增长 74.1%。全年商品房销售面积 1380.42 万平方米，比上年增长 0.4%；商品房销售额 1929.41 亿元，比上年增长 21.9%。

（市统计局）

【财政和金融业】 2019 年，全市一般公共预算收入达到 1036.33 亿元，比上年增长 2.4%。财政支出结构继续调整，一般公共预算支出 1117.52 亿元，比上年增长 5.8%。

至年底，金融机构各项本外币存款余额达 17605.46 亿元，比上年增长 9.6%；各项本外币贷款余额 13556.67 亿元，比上年增长 12.0%。存款中，非金融企业存款余额 7567.43 亿元，比上年增长 7.4%；住户存款余额 6316.12 亿元，比上年增长 12.8%。贷款中，非金融企业及机关团体贷款 10195.21 亿元，比上

续表 6

指标	单位	2019 年	增长（%）
城市建设			
城市道路长度	千米	3930	1.0
城市道路面积	万平方米	7262	1.6
科技			
专利申请受理量	件	67133	7.1
专利申请授权量	件	38355	8.7
人民生活			
城镇常住居民人均可支配收入	元	61915	8.6
农村常住居民人均可支配收入	元	33574	9.1

（市统计局）

表 7　　2019 年无锡市地区生产总值统计表

指标	单位	2019 年	增长（%）
地区生产总值	亿元	11852.32	6.7
1. 按产业分			
第一产业	亿元	122.51	-2.4
第二产业	亿元	5627.88	7.6
第三产业	亿元	6101.93	6.0
2. 按行业分			
农林牧渔业	亿元	140.70	-2.5
工业	亿元	5034.41	7.7
建筑业	亿元	594.09	5.4
批发和零售业	亿元	1733.16	2.6
交通运输、仓储及邮政业	亿元	252.52	7.0
住宿和餐饮业	亿元	178.84	4.3
金融业	亿元	972.12	9.9
房地产业	亿元	814.42	5.9

年增长 9.0%；住户贷款 3356.93 亿元，比上年增长 22.5%。全年现金净投放 192.21 亿元。

全年实现保费收入 431.23 亿元，比上年增长 15.2%。其中财产险收入 102.45 亿元，比上年增长 6.5%；人寿险收入 328.78 亿元，比上年增长 18.2%。保险赔款支出 68.86 亿元，比上年增长 1.0%。保险给付支出 31.85 亿元，比上年下降 2.4%。

全年证券市场完成交易额 3.27 万亿元，比上年增长 37.0%。本年新增境内外上市公司 8 家，累计 146 家。全市证券交易开户总数 159.05 万户，托管市值 2358.37 亿元，增长 20.4%。年末全市共有证券公司 2 家，证券营业部 157 家。全年新三板企业挂牌 5 家，累计挂牌 273 家。

（市统计局）

【文化、卫生和体育】 至 2019 年年底，无锡市有艺术表演团体 72 个，文化馆 8 个，公共图书馆 8 个，文化站 82 个，博物（纪念）馆 58 个。全市人民广播电台节目 8 套，电视台节目 9 套，无锡有线电视总用户已达 152.6 万户。电视人口总覆盖率和广播人口覆盖率均达 100%。全市档案馆 8 个，已向社会开放档案 26.65 万卷（件、册）。

全市拥有卫生医疗机构 2770 个，其中综合医院 78 家，社区卫生服务中心（卫生院）111 家，社区卫生服务站（村卫生室）712 家，护理院 46 家，疗养院 6 家。年末全市共有卫生技术人员 5.93 万人，其中执业（助理）医师 2.32 万人。拥有医疗床位 5.05 万张，其中医院、社区卫生服务中心（卫生院）4.94 万张。全市各级医疗机构全年完成诊疗 5920.30 万人次，比上年增长 5.96%。

年末全市人均公共体育设施面积 1.7 平方米，每万人拥有社会体育指导员 35 人，国民体质合格率达 95.6%。省内首批创建全国全民运动健身模范市，成功举办无锡马拉松、斯诺克世界杯、环太湖国际公路自行车赛等一批国际赛事。获得中国体育旅游精品项目 7 个，城市智

续表 7

指标	单位	2019 年	增长（%）
其他服务业	亿元	2132.06	7.5
营利性服务业	亿元	1030.64	11.5
非营利性服务业	亿元	1101.42	3.8
地区生产总值构成	%	100.0	
第一产业	%	1.0	(−0.1)
第二产业	%	47.5	(+0.1)
第三产业	%	51.5	平

（市统计局）

慧体育综合服务平台上线体育场馆 253 家。全年无锡籍运动员在全国以上各级各类比赛中共取得 65 个冠军。全市体育彩票销售达到 33.4 亿元。

（市统计局）

【社会保障】 至 2019 年年底，全市企业职工基本养老保险人数（含退休人数）达到 370.49 万人，净增缴费人数 12.47 万人。全市参加城镇职工基本医疗保险人数达到 374.78 万人，扩面 15.90 万人。全市参加失业保险职工人数为 231.16 万人，参加工伤保险人数 233.16 万人。全市参加生育保险人数 236.52 万人，扩面 12.66 万人。市区月低保标准提高至 960 元。年末在领失业保险金人数为 2.8 万人。

城乡居民最低生活保障 14744 人，全年共发放低保金 1.31 亿元。实施城乡医疗救助 24.06 万人次，支付救助金 7840.32 万元；实施临时救助 15082 人次，发放救助金 1675.33 万元。全市享受国家抚恤补助的重点优抚对象 17222 人。保障性安居工程建设有序推进，全市新开工保障性住房 26567 套，基本建成 4797 套。

全年累计抽检监测各类食品 4.65 万批次，每千人抽检率达 7.08 批次，食品监测合格率为 98.15%。

（市统计局）

【资源和环境】 2019 年，全市国有建设用地供应总量 3053.41 公顷，比上年减少 6.6%，其中，工矿仓储用地 673.73 公顷，房地产用地 661.05 公顷，基础设施等其他用地 1718.63 公顷。

全年全社会用电量 750.82 亿千瓦时，比上年增长 2.5%。其中工业用电量 563.31 亿千瓦时，增长 2.1%；城乡居民生活用电 73.83 亿千瓦时，增长 0.1%。

全市水资源总量 21.13 亿立方米，比上年减少 24.0%。全年总用水量 27.20 亿立方米，比上年增长 0.3%，其中生活用水增长 2.2%，工业用水（开式火电用水以耗水计）减少 0.3%，农业用水增长 0.002%，生态补水增长 0.3%。

全市 $PM_{2.5}$ 年均浓度较上年下降 4.9%，环境空气质量优良天数比例为 72.1%，集中式饮用水源地水质达标率 100%，全市功能区昼间和夜间噪声达标率分别为 91.4% 和 73.4%。

年内，市区新增绿地面积 222 公顷，人均公园绿地面积 14.93 平方米，建成区绿化覆盖率达到 43.23%。

说明：

1. 以上数据中地区生产总值和各产业增加值绝对值按现行价格计算，增长速度按可比价格计算。
2. 部分数据因四舍五入的原因，存在着与分项合计不等的情况。

（市统计局）

年度荣誉

【消费者满意度测评第一】 2 月 26 日，中国消费者协会在北京发布《2018 年 70 个城市消费者满意度测评报告》。测评结果显示，2018 年全国 70 个被调查城市的消费者满意度平均得分为 73.68 分，总体处于良好水平。无锡市、南通市和上海市的消费者满意度得分相对较高，且连续两年位居全国前三。其中，无锡市消费者满意度得分 75.82 分，连续两年排名第一。

（陆　毅）

【全国公共服务质量监测总体满意度第一】 4 月 11 日，国家市场监督管理总局办公厅通报 2018 年全国公共服务质量结果，无锡以 84.26 分的高分在 137 个测评城市中获得总体满意度第一名。此次全国公共服务质量监测由国家市场监管总局委托第三方机构开展，聚焦居住环境、公共交通、基础设施、医疗服务、公共安全、公共文化体育、义务教育、养老服务、就业服务、社会保障、政务服务 11 个重点公共服务领域。无锡在 2013 年获得全国首批质量强市示范城市的基础上再获此殊荣。

（陆　毅）

【培育发展战略性新兴产业受到国务院通报激励】5 月 7 日，国务院办公厅制发通报，对 2018 年落实有关重大政策措施真抓实干成效明显地方予以督查激励，无锡市作为大力培育发展战略性新兴产业、产业特色优势明显、技术创新能力较强、产业基础雄厚的地方，被予以督查激励。全国共有 12 个市（直辖市辖区）入围，无锡系江苏省唯一入选城市。年初，国家发改委办公厅印发《关于对战略性新兴产业集群发展工作真抓实干成效明显地方加大激励支持力度的实施办法（试行）》，明确重点从建设规划、产业生态、创新能力、投融资环境、人力资源等方面，客观评价各战略性新兴产业集群工作的有关情况。

2018年无锡战略性新兴产业总体呈现较快发展的良好态势，规模以上战略性新兴产业（制造业）增加值增长13.9%。规模以上工业增加值增幅20年来首次跃居全省第一。

（陆 毅）

【内地宜居城市第一名】 6月24日，中国社会科学院和经济日报社共同发布《中国城市竞争力报告No.17》。2018年宜居竞争力指数十强依次是：香港、无锡、杭州、南通、广州、南京、澳门、深圳、宁波和镇江。这是无锡连续三年获得内地宜居城市第一名，也是无锡市第五次获此殊荣。报告对2018年中国293个城市的综合经济竞争力和288个城市的宜居竞争力、可持续竞争力、宜商竞争力进行了研究，并分别排名。其中，活跃的经济环境、优质的教育环境以及健康的医疗环境是城市宜居竞争力的重要指标。

（陆 毅）

【全国居家和社区养老服务改革优秀试点地区】 7月17日，民政部办公厅、财政部办公厅公布第三批中央财政支持开展居家和社区养老服务改革试点地区成果验收结果，无锡市获评全国居家和社区养老服务改革优秀试点地区。至年底，无锡市共有养老机构165家，老年人日间照料中心90个，区域性助餐中心65个，居家养老服务机构1100余家，实现城乡社区养老服务机构全覆盖。无锡市牵头编制国内首个智慧养老省级标准《智慧养老建设规范》，全市智慧养老服务机构超过150家。在省政府对2019年落实有关重大政策措施真抓实干成效明显地方予以督查激励的通报中，无锡市作为养老服务体系建设和健康养老服务产业发展成效明显的地区受到重点表扬。

（陆 毅）

【中国500强榜单无锡企业省内第一】 9月1日，2019中国500强企业高峰论坛举行，中国企业500强、中国制造企业500强、中国服务业企业500强三份榜单同时发布，无锡企业入围三份榜单的企业数量在全省均居首位。中国企业500强榜单由中国企业联合会、中国企业家协会发布，被视为检验大中型企业发展成色的“试金石”。此次，无锡有14家企业入围中国企业500强，比上年增加1家，远景能源（江苏）有限公司首次跻身其中，无锡入围企业总数占江苏入围数（49家）的28.6%，列全省第一；30家企业入围中国制造业企业500强，比上年增加5家，占江苏入围数（56家）的53.6%，居全省首位；15家企业入围中国服务业企业500强，比上年增加4家，占江苏入围数（44家）的34.1%，首次与苏州并列全省第一。

（陆 毅）

【跻身全国营商环境十佳城市】 11月2日，全国工商联发布《2019年万家民营企业评价营商环境报告》。报告主要围绕要素、法治、政务、市场、创新5个维度开展调查，通过科学的数据处理方法，重点突出企业家对营商环境的主观感受。从城市上看，企业对杭州、深圳、宁波、南京、绍兴、苏州、广州、厦门、无锡、长沙等城市营商环境满意度最高。总体上看，全国营商环境整体持续向好，企业对上海、浙江、北京、江苏、广东等地的营商环境满意度最高。

（陆 毅）

【智慧城市建设连续八年获奖】 11月28～29日，“2019智慧中国年会”在北京召开，发布智慧城市、数字政府、营商环境等年度评估报告与研究成果，无锡揽获2019中国营商环境特色评选50强、2019中国智慧城市20强两个奖项，并获智慧城市建设创新环境奖，这是无锡连续八年获奖。该次评估工作共选取全国108个样本城市。评估指标更加突出以数据体系建设和治理为基础，以数据应用及服务为导向，围绕“数据资源资产化、城市运行智能化、公共服务便捷化、产业导入互联网化、社会环境创新化”五大策略为愿景构建指标体系，其中一级指标涵盖智慧基础、智慧治理、智慧民生、数字经济、创新环境5个范畴。

（陆 毅）

【年度最佳引才城市】 11月29日，中国年度最佳雇主颁奖盛典在广州举办，“2019中国年度最佳引才城市”榜单揭晓，无锡市与成都市、宁波市、青岛市荣耀上榜。同时，海澜集团获得“年度最佳雇主全国百强”奖，江南大学入选“最佳高校”奖，先导智能、哈工智能获“最具智造精神雇主”奖，远东控股获“最具发展潜力雇主”奖。“中国年度最佳雇主”评选是国内人力资源领域最具权威性和公信力的品牌榜单。评比始于2005年，由智联招聘联合北京大学社会调查研究中心、哈佛商业评论、中国劳动经济学会等共同发起，旨在为求职者提供“好雇主”“好工作”的参考有效标准，实现雇主与雇员的“双赢”发展。该次新设立的“最佳引才城市”榜单从人才吸引力、人才保留率、人才活力三个维度综合评审，全国仅4个城市、两个市辖区入围，无锡是唯一入围的非副省级城市。

（陆 毅）

【中国快递示范城市】 12月30日，国家邮政局正式授予无锡市“中国快递示范城市”称号。“中国快递示范城市”成功申报，有利于进一步发挥无锡快递集聚发展示范引领作用和快递业在加速流通、扩大内需、调整结构、吸纳就业、普惠民生等方面的积极作用，提升无锡快递业核心竞争力，更好服务“强富美高”新无锡建设。

（郑 彤）

编辑 邵文凯

中共无锡市委员会

综　述

【概况】 2019年，中共无锡市委总揽全局、协调各方，团结和带领全市上下坚持以习近平新时代中国特色社会主义思想为指导，以开展“不忘初心、牢记使命”主题教育为动力，以庆祝新中国成立70周年为契机，贯彻中共十九大和十九届二中、三中、四中全会精神，落实省委各项决策部署，围绕当好全省高质量发展领跑者的目标定位，按照打好高水平全面建成小康社会决定性基础、夺取“强富美高”新无锡建设关键性胜利的工作要求，统筹推进“五位一体”总体布局，协调推进“四个全面”战略布局，坚持稳中求进工作总基调，坚持新发展理念，坚持推动高质量发展，坚持以供给侧结构性改革为主线，坚持深化市场化改革、扩大高水平开放，坚定实施六大发展战略，坚定打好三大攻坚战，坚定推进全面从严治党，守初心、担使命，攻难关求突破，推动无锡经济社会发展和党的建设取得新进展、新成效。

（陆　毅）

【机构设置】 2019年，根据《中共中央关于深化党和国家机构改革的决定》《深化党和国家机构改革方案》《关于地方机构改革有关问题的指导意见》《江苏省机构改革方案》《中共江苏省委关于市县机构改革的总体意见》和《无锡市机构改革方案》精神，结合实际，对中共无锡市委的机构和职能进行调整，共形成1个纪检监察机关、13个党委工作机关。具体情况见特载无锡市机构改革。

（陆　毅）

【“不忘初心、牢记使命”主题教育】 2019年，无锡把开展“不忘初心、牢记使命”主题教育作为重大政治任务，及时传达中央主题教育工作会议和全省主题教育动员会议精神，并在市委十三届八次全会上作出先行部署，扎实开展“先学先查先改”工作，为主题教育高标准起步做好充分的思想准备、组织准备和工作准备。第二批主题教育启动后，对标中央明确的主题教育总要求、目标任务、方法步骤，市委常委会及时研究制定《实施方案》，召开全市动员会议进行部署，推动全市主题教育有力有序开展。全市94家参学单位、1563名县处级以上领导干部、1.9万个基层党组织和39.55万名党员全覆盖参加主题教育，共发放学习书籍44万余套、举办各类学习活动10万场次，县处级以上领导班子查摆梳理出问题2719个、制定整改落实措施3364条。市委常委坚持以上率下、示范表率，按照“八个一”工作安排，带头围绕“永葆初心本色、强化使命担当”等8个专题开展集中学习研讨，带头采取“四不两直”方式进行调查研究，带头讲好专题党课，带头对照党章党规检视分析差距，带头开展批评和自我批评，并针对查摆出的问题列出清单、认真整改，共形成调研报告10篇，征求到各方面对常委会的意见建议105条。

部署开展“先学先查先改”工

2019年9月16日，全市“不忘初心、牢记使命”主题教育动员部署会议召开

（市委组织部　供）

作，集中学习《习近平新时代中国特色社会主义思想学习纲要》等必读书目和篇目，推动先行整改一批突出问题。紧扣学习贯彻习近平新时代中国特色社会主义思想主线，推动规定内容"上表"、学习计划"上墙"、重要知识"上线"，组织32万余人次参观主题展览，上门送学11.34万人次。全市党员领导干部广泛开展点题式、走访式、体验式、蹲点式"四式"调研，收集各类意见建议1.46万条，制定专项整治"1+8"工作方案，项目化推动问题整改。市县联动召开3场媒体通气会，让群众知晓和评判整改成效。实施"双百"提能计划，对全市1.6万余名党支部书记实现全员轮训。发放纪念华西村原书记吴仁宝《信仰》一书，用好红豆集团党建经验，选树10位"身边的榜样"，让广大党员学有标杆。经过共同努力，全市主题教育取得重要阶段性成果，广大党员干部守初心、担使命的自觉性、坚定性增强，受到中央第3巡回督导组和省委主题教育办的充分肯定。

（陆　毅　师国晓）

【中共十九届四中全会精神学习】 中共十九届四中全会召开之后，无锡市迅速组织传达学习、开展集中交流研讨，及时制定下发深入学习宣传中共十九届四中全会精神通知，要求全市上下把学习宣传贯彻四中全会精神作为当前和今后一个时期的重大政治任务，全面准确领会把握四中全会精神实质，把思想和行动统一到全会部署要求上来。专门成立市委宣讲团开展四中全会精神宣讲活动，市委常委带头深入各地各部门和在无锡高校、企事业单位、基层等进行宣讲，共举办集中宣讲130场、直接受众3万余人。精心组织学习培训，研究制定市管干部深入学习中共十九届四中全会精神轮训方案，先后举办基层党务工作者、非公企业党组织负责人学习四中全会精神培训班，推动各地各部门通过理论中心组、"三会一课"、主题党日等形式广泛开展各具特色的学习活动，营造学习贯彻四中全会的浓厚氛围。在开展调研座谈、广泛征求意见、建议的基础上，研究制定贯彻落实中共十九届四中全会精神、推动市域治理体系和治理能力现代化建设走在前列的实施意见，明确总体要求、主要目标和具体举措，确保中央和省委部署在无锡不折不扣落实。

（陆　毅）

10月9日，市文广旅游局名人故居党支部组织党员参观"不忘初心 牢记使命"主题展览，重温入党誓词　（高　兵　摄）

【全面从严治党】 2019年，无锡市全面贯彻落实新时代党的建设总要求，坚决扛起全面从严治党政治责任，着力把每条战线、每个领域、每个环节的党建工作都抓深入、抓具体，不断提高全市党的建设质量。坚持把党的政治建设摆在首位，认真落实《中共中央关于加强党的政治建设的意见》，严明政治纪律和政治规矩，严肃党内政治生活，扎实推进政治生态监测评估工作，推动广大党员干部增强"四个意识"、坚定"四个自信"、做到"两个维护"。坚决贯彻落实习近平总书记重要指示批示精神和党中央决策部署，扎实做好《习近平总书记江苏考察回访调研报告》涉及无锡反馈问题的整改落实，开展违建别墅问题清查整治专项行动和"大棚房"问题专项清理整治。持续抓好中央巡视反馈意见整改落实，积极配合完成省委巡视无锡工作。集中整治形式主义、官僚主义，建立市委常委全过程、常态化督查指导的集中整治联系点制度。加强党对各领域工作的全面领导，成立市委全面深化改革委员会、市委财经委员会、市委审计委员会等议事协调机构。认真贯彻新时期好干部标准，实施"三强提质"行动，努力打造忠诚、干净、担当高素质干部队伍，锡东电厂复工联合工作组获评"全国人民满意的公务员集体"。抓好市级机构改革干部人事工作，顺利完成职级套转。加大年轻干部选拔培养力度，制定"1+8"综合考核文件体系，出台专项整治干部不担当不作为问题的实施方案，营造优者上、庸者下、劣者汰的鲜明导向。认真贯彻省"五聚焦五落实"基层党建三年行动计划，扎实开展"五力提升"行动，召开基层党建"三项工程"推进会，全面提升基层党建工作水平。深入推进党风廉政建设和反腐败斗争，强化监督检查中央八项规定及其实施细则精神执行情况，坚决查纠违规吃喝、公款旅游等"四风"突出问题，修订《关于规范领导干部办理婚丧喜庆事宜的规定》。认真落实"基层减负年"工作要求，制定出台为基层减负21条措施。强化日常监督长效监督，率先探索建设地方政府隐性债务综合监管系统，在全省推广并得到国家监委关注，率先在全省建成预防接种综合服务管理系统并在全省推广；扩围升级“阳光扶贫”监管系统，实现扶贫和涉农资金监管全覆盖。坚持重遏制、强高压、长震慑，坚决查处领导干部违纪违法案件，巩固发展反腐败斗争压倒性胜利，追逃追赃工作得到中央纪委肯定。认真抓好党管武装工作，深化国防动员和后备力量建设，认真开展党管武装工作述职。全力推动双拥高质量发展，全面落实优待抚恤政策，不断提升军转接收安置质量，构建覆盖至村(社区)的四级退役军人服务网络，争创全国双拥模范城“八连冠”取得积极进展。

(陆　毅)

【深化改革】 2019年，无锡召开全市机构改革部署动员会、市级党政机构组建成立大会，完成52个市级党政机构、244个市(县)区党政机构部门的组建、职责划转、班子配备、人员转隶、挂牌运行、“三定”审核和实施工作，调整市本级110家事业单位的隶属关系，规范市级群团机关机构设置和编制使用，推进法、检内设机构改革有关工作。改革分别精简市、区两级党政机构10个和47个，基本构建系统完备、科学规范、运行高效的党政机构职能体系。召开3次市委深改委会议，部署推进并顺利完成9个方面173项年度改革任务，累计承接国家级改革试点10项、省级改革试点22项，江阴县级集成改革试点取得阶段性成效并在全省推广。深化供给侧结构性改革，制定实施化工钢铁煤电行业转型升级三年行动计划，不良贷款余额和不良贷款率保持“双下降”；深化“放管服”改革，深入推进省第二批经济发达镇改革，全面推开“互联网+监管”试点，企业设立登记在2个工作日内完成，工程建设项目审批时限压缩至100个工作日内，政务服务“一窗受理、集成服务”改革试点经验在全省推广；深化国资国企改革，推动市属金融国企重组整合、国发资本和国联集团一体化运营，完成46个混合所有制项目；深化财税金融改革，实施新一轮市对区财政体制调整。召开全市开放大会，制定出台《关于推动开放型经济高质量发展的实施意见》等“1+3”政策意见，全年实际使用外资36.2亿美元，战略性新兴产业实际使用外资占全市比重65%以上，位居全省第一，复制推广自贸区改革试点经验88项，国际邮件互换局、冰鲜水产品进口口岸获批建设，全球检测维修业务在省内率先突破，新增省级特色园区3家、总数全省第一。

(陆　毅)

【区域城乡统筹发展】 制定出台长三角区域一体化发展规划纲要《无锡行动方案》，做好“东向接轨融入、北向引领辐射、南向协同联动、西向湖湾一体”四篇文章，加快建设长三角先进制造核心区、技术创新先导区、绿色生态标杆区、综合交通枢纽区。苏锡常南部高速太湖隧道主体工程工作量过半，常宜、宜长高速建设推进顺利，宜马快速通道、南沿江铁路无锡段、锡澄城际轨道S1线开工建设，地铁1号线南延线正式投运，3号线、4号线一期工程进展顺利，苏南硕放国际机场停机坪扩建工程竣工，宜兴丁蜀机场完成基础工程，蠡湖大道、江海西路等重点道桥改造项目建成通车。围绕推进市域一体化，加快国土空间总体规划编制，完成锡澄协同发展区、锡宜协同发展区规划编制，大拈花湾项目、赫连智能制造科创园等协同发展项目奠基或签约，异地就医政策、长期护理保险制度首次实现大市统一。深入推进城市精细化管理和优美环境合格区创建，积极推进旧住宅整治改造提标扩面和宜居住区建设。完成全市新一轮镇村布局规划修编，全面启动107个农村住房更新改造试点，在全省率先实施“一推三治五化”农村人居环境整治行动，70个村成为全省首批农村人居环境整治示范村。率先设立市级乡村发展振兴投资基金，率先打造农村集体“三资”信息化监管体系。

(陆　毅)

【生态文明建设】 2019年，无锡市连续4年将生态环境保护会议作为全年第一个全局性会议，认真做好中央环保督察“回头看”等各项督察、检查反馈问题的整治，坚决打赢污染防治攻坚战。深入推进480个治水重点项目，市区41条黑臭水体整治任务提前一年完成，161条河道环境综合整治项目完成率98.4%，国省考断面优Ⅲ比例比上年上升17个百分点，13条主要入湖河流和3条主要入江支流水质首次全部达到Ⅲ类及以上，太湖无锡水域水质总体符合Ⅳ类水平、连续12年实现安全度夏和“两个确保”目标。推进1324个治气重点项目，$PM_{2.5}$平均浓度比上年下降4.9%。江阴秦望山等固危废处置项目建成投运，锡东、惠联垃圾焚烧电厂等提标扩容项目启动建设。全年关停取缔“散乱污”企业(作坊)2485家，单位GDP能耗下降4.06%、超省定目标，节约集约综合考核得分连续三年全省第一。

(陆　毅)

【民生改善】 2019年，无锡市全面完成10件55项为民办实事项目，城镇、农村居民人均可支配收入分别增长8.6%和9.1%。城镇新增就业15.42万人，累计新增就业人数提前一年半完成“十三五”规划目标，城镇登记失业率连续7年降低，就业满意度全省第一。净增社保缴费人数连续四年每年超10万人规模，城乡基本养老保险覆盖率、城乡基本医疗保险参保率分别为98.55%和98.57%，企业退休人员养老金实现“15连增”，临时救助标准、孤儿养育标准位列全省第一，开工建设新市儿童福利院。加快社会事业发展，在全国公共服务质量监测中获得总体满意度第一。集中开工总投资187.3亿元的136个教育重点项目，义务教育学校标准化建设达标率全省领先，东南大学国家示范性微电子学院揭牌、国际校区完成工程立项，南京信息工程大学滨江学院建成招生，南京理工大学江阴校区和江南大学江阴校区、宜兴研究生院加快建设；研究制定名院名科名医“三名”战略等“1+5”政策意见，加快推进江南大学附属医院、市精神卫生中心二期、儿童医院、妇幼保健院等项目建设；成功举办第二届江南文脉论坛，融创文旅城建成运营，小娄巷历史文化街区开街；成功举办无锡马拉松等一批重大国际赛事，开展全国首批全民运动健身模范市创建；全面深化养老服务“双试”改革，发布国内首个省级《智慧养老建设规范》，获评全国居家和社区养老服务改革优秀试点地区。

（陆　毅）

【社会安全稳定】 2019年，无锡市成立市委国安委、国安办并实体化运作，公众安全感保持全省领先。纵深推进扫黑除恶专项斗争，受到中央第17督导组充分肯定。深化平安无锡建设，加快推进网格化社会治理“七项提升行动”，持续推进信访标准化、法治化、信息化建设，打造“枫桥式”基层政法综治信访单位集群，推进“雪亮工程”二期建设，未发生危害国家安全和社会稳定的政治事件，未发生大规模群体性事件和暴力恐怖事件，未发生有重大影响的严重刑事犯罪案件。深入推进食品安全示范创建，基层食安办规范化建设达标率100%。统筹抓好城市公共安全和企业生产安全工作。在省内率先出台《无锡市安全生产巡查工作实施方案》《推进城市安全发展实施方案》，组织开展首轮安全生产巡查。认真吸取“10·10”“10·13”两起较大事故教训，坚决贯彻习近平总书记重要指示批示要求，多次召开市委常委会会议研究安全工作，召开全市领导干部会议部署开展安全隐患集中排查整治，按照“排查见底、整治彻底”和“四严四实”要求，在企业生产安全和交通运输、城镇燃气等9个领域开展专项整治。完善安全生产组织体系，推动市和市（县）区安委办实体化运行，完善全覆盖的安委会“1+X”工作体系。压实企业主体责任，推进双重预防机制和标准化建设。认真贯彻国务院江苏安全生产专项整治督导工作动员会精神，积极配合国务院督导组工作，制定实施无锡市《全面深入开展安全生产专项整治行动工作方案》，在32个行业领域部署开展为期一年的专项整治。

（陆　毅）

重要会议

【市委中心组学习会】 1月29日，省委常委、市委书记李小敏主持召开市委中心组学习会，传达学习习近平总书记在省部级主要领导干部坚持底线思维，着力防范化解重大风险专题研讨班开班式上的重要讲话精神。会议强调，丧失忧患意识，是最大的忧患；被动面对风险，是最大的风险。要打好防范化解重大风险的有准备之战，强化忧患意识，深入排查各地区、各领域、各条线的风险隐患，并针对性地制定预案，做到从最坏处着想、做最充分准备、朝最好的方向努力。强化能力建设，着力提高各级领导干部的战略思维、历史思维、辩证思维、创新思维、法治思维、底线思维能力，建立健全风险研判、决策风险评估、风险防控协同、风险防控责任等风险防控机制，切实增强防范化解重大风险的前瞻性、预见性和洞察力、鉴别力。

4月2日，省委常委、市委书记李小敏主持召开市委中心组学习会，会议学习习近平总书记在省部级主要领导干部坚持底线思维着力防范化解重大风险专题研讨班开班式上的重要讲话精神，通过相互交流的形式，把握总书记重要讲话的思想内涵、核心要义和根本要求，推动做好防范化解重大风险各项工作，为保持经济持续健康发展和社会大局和谐稳定提供坚强保障。会上，李小敏、黄钦、陈金虎、谢晓军联系各自工作，作了交流发言。会议强调，防范化解重大风险，关键在于抓落实、在于强责任。

4月9日，省委常委、市委书记李小敏主持召开市委中心组学习会，集中学习习近平总书记关于开展扫黑除恶专项斗争的重要指示、批示精神。会上，李小敏、王唤春、谢晓军、袁飞等结合各自工作，就学习贯彻习近平总书记关于开展扫黑除恶专项斗争的重要指示批示精神，谈了认识和体会。

7月25日，省委常委、市委书记李小敏主持召开市委中心组学习会，集中学习习近平总书记在深化党和国家机构改革总结会议、中央和国家机关党的建设工作会议上的重要讲话精神，传达学习省委十三届六次全会精神。会议指出，全市各级各部门要深刻学习领会、坚决贯彻落实习近平总书记在深化党和国家机构改革总结会议上所作的重要讲话精神，以坚持和加强党的全面领导为统领，以推进机构职能优化、协同高效为着力点，以提高机构履职尽责能力为努力方向，切实抓好机构改革后续工作。

8月1日，市委书记李小敏率市委理论学习中心组成员，赴无锡日报报业集团融媒体中心举行专题学习会，学习贯彻习近平总书记关于媒体融合发展的系列重要论述，研究分析无锡市媒体融合发展情况，明确方向、理清思路，推动无锡主流媒体的理念创新和实践创新，在加快媒体融合发展中不断壮大全市主流舆论阵地。会上，市长黄钦传达习近平总书记关于媒体融合发展的系列重要讲话精神，与会人员进行认真学习讨论，市领导陈金虎、袁飞分别从地方党委、主管部门的角度作重点交流发言。

8月19日，市委书记李小敏主持召开市委理论中心组学习会，集中学习《习近平新时代中国特色社会主义思想学习纲要》,交流学习认识和体会。市领导黄钦、徐一平、周敏炜、徐劼等参加学习会。会上,市领导李小敏、徐劼、陈德荣、柳江南、冯军分别结合各自工作,交流学习《习近平新时代中国特色社会主义思想学习纲要》的体会和感悟。

10月8日,市委书记李小敏主持召开市委理论中心组学习会,集中学习习近平总书记在庆祝中华人民共和国成立70周年大会、中央政协工作会议暨庆祝中国人民政治协商会议成立70周年大会上的重要讲话精神。会议强调,全市各级政协组织要坚持围绕中心、服务大局,聚焦产业强市、科技创新、改革开放、环境保护、民生改善等重点领域,切实履行好政治协商、民主监督、参政议政职能,推动人民政协工作与党委政府中心工作同频共振、同向发力。要把加强思想政治引领、广泛凝聚各方共识作为履职的中心环节,协助党委和政府做好解疑释惑、宣传政策、理顺情绪、化解矛盾等工作,为无锡改革发展稳定减阻力、添助力、聚合力。要加强政协委员队伍建设、政协系统党的建设和政协机关干部的培养选拔使用,为人民政协事业发展提供坚强保障。

10月23日,市委书记李小敏主持召开市委理论中心组学习会,学习贯彻《中国共产党宣传工作条例》。省委第一巡视组负责人参加会议。

11月4日,市委书记李小敏主持召开市委理论中心组学习会,集中学习《中国共产党农村工作条例》,传达学习省委政协工作会议精神,研究无锡市贯彻意见。

11月17日,市委书记李小敏主持召开市委理论中心组学习会,围绕学习领会党的十九届四中全会精神进行交流研讨。省委第一巡回指导组副组长方未艾到会指导。会上,市领导李小敏、黄钦、徐劼、谢晓军、袁飞分别交流学习体会。

11月28日,市委书记李小敏主持召开市委理论中心组学习会,学习贯彻《中国共产党党校(行政学院)工作条例》,和《中国共产党党内法规制定条例》《中国共产党党内法规和规范性文件备案审查规定》《中国共产党党内法规执行责任制规定(试行)》。

12月16日,市委书记李小敏主持召开市委理论中心组学习会,传达学习中央经济工作会议精神。

(沈斐旻 陆 毅)

【市级党政机构组建成立大会】 2月11日,市委、市政府举行市级党政机构组建成立大会,贯彻落实中央和省委关于深化机构改革的部署要求,宣布新调整任命的部门主要负责人,为改革后的市级党政机构集中授牌。省委常委、市委书记李小敏到会讲话。市委副书记、市长黄钦主持会议,市人大常委会主任徐一平、市政协主席周敏炜、市委副书记徐劼出席会议。

(沈斐旻)

【"生态环境高质量"专题民主协商会】 2月15日,省委常委、市委书记李小敏主持召开民主协商会,围绕"生态环境高质量"主题,专题听取各民主党派、工商联和无党派知识分子联谊会的意见建议。市政协主席周敏炜,市委常委、统战部部长陈德荣,市委常委、组织部部长冯军,副市长朱爱勋出席会议。

(沈斐旻)

【全市生态环境保护大会】 2月18日,无锡市召开全市生态环境保护大会。会议认真落实全国、全省生态环境保护大会精神,对打好污染防治攻坚战、加强生态环境保护、抓好中央和省环保督察问题整改进行再动员、再部署、再推进。省委常委、市委书记李小敏到会讲话,会议强调要深入贯彻习近平生态文明思想,奋力攻坚、合力作为,坚决打赢污染防治攻坚战,加快构建生态文明体系,奋力夺取生态文明建设新胜利。省生态环境厅厅长王天琦、市长黄钦分别讲话。会上,市委、市政府与各市(县)区、无锡经济开发区分别签订2019年污染防治攻坚战重点工作目标任务书。市人大常委会主任徐一平、市政协主席周敏炜、市委副书记徐劼出席会议。副市长朱爱勋主持会议。

(沈斐旻)

【全市政法工作会议】 2月21日,市委召开全市政法工作会议,研判分析当前形势,研究部署下阶段工作。省委常委、市委书记李小敏到会并讲话。市委常委、政法委书记、副市长谢晓军作具体部署,市人大常委会副主任赵志新,市政协副主席刘玲,市人民检察院检察长俞波涛出席会议。

(沈斐旻)

【全市公安工作会议】 2月21日,无锡市召开全市公安工作会议,总结2018年工作,分析当前形势任务,研究部署2019年公安工作。会议对2018年度先进集体代表和先进个

2月18日,无锡市召开全市生态环境保护会议 (张立伟 摄)

人代表进行集中授奖，为从警30周年的民警代表颁发纪念章，并签订《2019年度党风廉政建设责任书》。省委常委、市委书记李小敏，副省长、公安厅长刘旸，市长黄钦分别批示。市委常委、政法委书记、副市长谢晓军出席会议。

7月19日，全市公安工作会议召开，学习贯彻习近平总书记关于公安工作的重要论述，认真落实全国、全省公安工作会议精神，总结工作、分析形势，对做好新时代全市公安工作作出部署。省委常委、市委书记李小敏出席会议并讲话。市委常委、政法委书记、副市长、公安局长谢晓军主持会议并作具体部署。市领导陈金虎、朱民阳、朱爱勋、王进健、刘玲等出席会议。各市（县）区党委书记、无锡经开区党工委书记，武警无锡支队主要负责人，市各有关部门主要负责人，市委政法委、市公安局班子全体成员和各机关部门负责人，市纪委监委相关派驻组组长，各市（县）区委政法委书记，各市（县）区公安（分）局班子全体成员，市区各派出所所长等参加会议。

（沈斐旻　陆　毅）

【全市信访工作会议】 3月4日，无锡市召开全市信访工作会议，传达学习习近平总书记关于加强和改进人民信访工作的重要思想和近期重要指示，贯彻落实全省信访工作会议精神，总结2018年工作，部署2019年任务。省委常委、市委书记李小敏对信访工作作出批示。市委常委、政法委书记、副市长谢晓军出席会议并讲话。

（沈斐旻）

【全市宣传思想文化工作会议】 3月6日，无锡市召开全市宣传思想文化工作会议，深入学习习近平新时代中国特色社会主义思想，认真贯彻全国全省宣传思想工作会议和宣传部部长会议精神，总结近年来工作，部署下阶段任务，并对全市文化建设工作作出专题部署。省委常委、市委书记李小敏到会并讲话。市委副书记、市长黄钦主持会议。市政协主席周敏炜、市委副书记徐劼出席会议。市委常委、宣传部部长袁飞作具体工作部署。

（沈斐旻）

【市委深改委会议】 3月8日，省委常委、市委书记、市委全面深化改革委员会主任李小敏主持召开市委深改委第六次会议，传达学习中央深改委第六次会议、省委深改委第五次会议精神，审议通过市委深改委《2018年工作总结》和《2019年工作要点》。

6月24日，省委常委、市委书记、市委全面深化改革委员会主任李小敏主持召开市委全面深化改革委员会第七次会议，传达学习中央深改委、省委深改委有关会议精神，审议通过《关于人大预算审查监督重点向支出预算和政策拓展的实施意见》《关于地方性法规制定过程中涉及的重大利益关系调整论证咨询的工作规范》《关于地方性法规制定过程中争议较大的重要立法事项引入第三方评估的工作规范》和《新时代无锡产业工人队伍建设改革实施方案》。

11月14日，市委书记、市委全面深化改革委员会主任李小敏主持召开市委常委会第140次会议暨市委深改委第八次会议，传达学习中央深改委第九次、第十次会议精神和省委深改委第八次、第九次会议精神。会议审议通过《关于无锡市国发资本运营有限公司重组整合无锡市金融投资有限责任公司的实施方案》等国企改革方案、《关于深化无锡市纪委监委派驻机构改革的实施意见》“1+3”改革文件和《无锡市贯彻〈民主党派代表人士队伍建设规划（2018~2027年）〉实施方案》《关于促进工商联所属商会改革和发展的实施方案》《无锡市贸促会深化改革方案》。

（沈斐旻　陆　毅）

【党的建设工作领导小组会议】 3月15日，市委召开党的建设工作领导小组会议，深入学习贯彻习近平新时代中国特色社会主义思想和中共十九大精神，认真贯彻落实省委十三届五次全会、市委十三届七次全会部署要求，进一步明确2019年党建工作目标任务。省委常委、市委书记、市委党建工作领导小组组长李小敏主持会议并讲话。市领导徐劼、王唤春、冯军、袁飞参加会议。

（沈斐旻）

【全市发展和改革工作会议】 3月18日，全市发展和改革工作会议召开。省委常委、市委书记李小敏作出批示。会议希望发展改革部门以习近平新时代中国特色社会主义思想为指导，全面落实中央经济工作会议和省、市委全会部署要求，坚持稳中求进工作总基调，坚持新发展理念，以机构改革为契机，以职能优化为支撑，强化系统思维谋全局谋大事，强化问题导向抓协调抓落实，推动重大项目、重点工程、重要改革落地落细、见功见效，为打好高水平全面建成小康社会决定性基础、夺取“强富美高”新无锡建设关键性胜利、当好全省高质量发展领跑者作出新贡献。

（沈斐旻）

【领导干部会议】 3月19日，无锡市召开领导干部会议，传达学习全国两会精神。省委常委、市委书记李小敏强调，全市各级要认真学习贯彻习近平总书记在全国两会上的重要讲话精神，结合无锡实际把全国“两会”精神贯彻好落实好，全力保持经济平稳健康发展，坚决打好三大攻坚战，凝心聚力夺取高水平全面建成小康社会关键之年新胜利。全国人大代表、市人大常委会主任徐一平，全国政协委员、副市长高亚光分别传达十三届全国人大二次会议精神和全国政协十三届二次会议精神。

11月24日，无锡市召开领导干部会议，传达学习全国安全生产电视电话会议和全省响水“3·21”特别重大爆炸事故警示教育大会精神，市委书记李小敏讲话，市长黄钦对做好当前安全生产工作作具体部署。市人大常委会主任徐一平、市政协主席周敏炜、市委副书记徐劼出席会议。市委常委、政法委书记、副市长谢晓军主持会议。市委常委、副市长，市

5月5日，无锡市召开2018年度高质量发展考核总结大会，图为颁奖环节　（张立伟　摄）

中级人民法院、市人民检察院主要负责人，各地区党政主要负责人、分管负责人和相关部门主要负责人，市各部委办局、人民团体、直属单位主要负责人参加会议。

12月30日，无锡市召开全市领导干部会议，宣布省委有关决定：黄钦任无锡市委书记，李小敏不再担任无锡市委书记、常委、委员职务；杜小刚任无锡市委委员、常委、副书记，提名为无锡市市长候选人。省委常委、组织部部长郭文奇代表省委讲话，省人大常委会副主任李小敏主持会议并讲话，省委组织部副部长、省委"两新"工委书记周为号宣读省委决定，市委书记黄钦、市委副书记杜小刚分别作表态发言。

市委、市人大常委会、市政府、市政协全体领导，正市级老领导，市中级人民法院院长、市人民检察院检察长，市委、市人大常委会、市政府、市政协秘书长，市纪委副书记，各市（县）区党政主要负责人，市各部委办局、人民团体、直属单位党政主要负责人，其他市委委员、候补委员，部分驻无锡高校、科研院所及其他企事业单位主要负责人参加会议。

（沈斐旻　陆　毅）

【市委审计委员会会议】 4月9日，省委常委、市委书记、市委审计委员会主任李小敏主持召开市委审计委员会第一次会议。会议审议通过市委审计委员会工作规则、市委审计委员会办公室工作细则、2019年度审计项目计划草案。会议强调，全市各级审计机关要认真履行工作职责，不断提高审计工作的精准性实效性，在聚焦主责主业中开创审计工作新局面。

8月27日，市委书记、市委审计委员会主任李小敏主持召开市委审计委员会第二次会议，传达学习省委审计委员会第二次会议精神，听取2019年上半年审计工作情况和贯彻落实经济责任审计规定情况的汇报，审议2018年市本级预算执行和其他财政收支审计工作报告。

（沈斐旻　陆　毅）

【经济运行分析会】 4月19日，市委、市政府召开一季度经济运行分析会，传达学习省委书记娄勤俭在无锡调研时的讲话精神，回顾总结近年来全市重大项目推进情况，分析当前经济形势，对做好下阶段经济社会重点工作进行部署。会议强调，各级各部门要继续抓牢重大项目这个"牛鼻子"，着力提升项目建设成效。市长黄钦主持会议，市政协主席周敏炜、市委副书记徐劼出席会议。

10月25日，无锡市召开三季度重大项目观摩暨经济运行分析会，总结分析当前情况，部署安排下阶段任务。市委书记李小敏到会并讲话。市长黄钦主持会议，市人大常委会主任徐一平、市政协主席周敏炜、市委副书记徐劼出席会议。会上，各板块分别交流2019年以来的经济工作和重大项目建设情况，市发展改革委、科技局、工信局、商务局书面通报前三季度经济运行情况。

市委常委、副市长，市人大常委会、市政协分管领导，市有关部门、市属国有企业主要负责人，各市（县）区党委政府主要负责人、分管负责人以及有关部门主要负责人，省级以上开发区主要负责人参加会议。

（沈斐旻　陆　毅）

【2018年度高质量发展考核总结大会】 5月5日，无锡市召开2018年度高质量发展考核总结大会。会议强调，开展综合考核，核心在于引导和促进各级切实把思想和行动统一到贯彻新发展理念上来，把智慧和力量汇聚到推动高质量发展上来。市委副书记、市长黄钦主持会议，市人大常委会主任徐一平、市政协主席周敏炜、市委副书记徐劼出席会议。市委常委、组织部部长、考核办主任冯军宣读2018年度综合考核结果。

（沈斐旻）

【市委退役军人事务工作领导小组第一次会议】 5月8日，省委常委、市委书记、市委退役军人事务工作领导小组组长李小敏主持召开市委退役军人事务工作领导小组第一次会议，深入学习贯彻习近平总书记关于做好退役军人工作的一系列重要论述，研究部署当前和今后一个时期全市退役军人工作。会议审议通过《中共无锡市委退役军人事务工作领导小组工作规则》《中共无锡市委退役军人事务工作领导小组办公室工作细则》，以及领导小组2019年工作要点。

（沈斐旻）

【市委网络安全和信息化委员会第一次(扩大)会议】 5月15日,省委常委、市委书记、市委网络安全和信息化委员会主任李小敏主持召开市委网络安全和信息化委员会第一次(扩大)会议。会议审议通过《市委网络安全和信息化委员会工作规则》《市委网络安全和信息化委员会办公室工作细则》《党委(党组)网络安全工作责任制实施细则》,以及2019年网信工作要点。

(沈斐旻)

【市委机构编制委员会会议】 6月1日,省委常委、市委书记、市委机构编制委员会主任李小敏主持召开市委机构编制委员会第二次会议,传达学习习近平总书记在中央机构编制委员会第一次会议上的重要讲话精神,并研究审议相关机构编制事宜。会议要求严格执行《中国共产党机构编制工作条例》等党内法规和法律法规,严肃机构编制工作纪律,做到坚持原则、依法办事、守住底线、不出问题。坚决维护"三定"规定的权威性和严肃性,严肃查处擅自增设机构、超编进人、超配干部等问题,特别是要加强对机构改革后"三定"规定落实情况的监督检查。市长黄钦,市委常委、组织部部长冯军参加会议。

11月26日,市委书记、市委主题教育领导小组组长李小敏主持召开市委主题教育领导小组第三次会议,传达学习中央和省委关于开好"不忘初心、牢记使命"专题民主生活会的相关要求,研究部署主题教育下阶段工作。市领导周敏炜、徐劼、陈德荣、陈金虎、王唤春、谢晓军、冯军等出席会议。市委各巡回指导组全程参与所联系指导单位的专题民主生活会,严格审核把关会议方案、领导班子和班子成员检视剖析材料,列席指导会议并作点评,并把专题民主生活会召开情况作为主题教育评价评估的重要内容。

(沈斐旻)

【全市对外开放大会】 7月9日,市委、市政府召开全市对外开放大会,学习贯彻习近平总书记关于新时代扩大开放的重要论述,总结工作,分析形势,明确今后一个时期扩大对外开放的目标任务。会议强调,全市上下要以习近平新时代扩大开放重要论述为指引,增强信心、保持定力,全面融入国家和省开放大局,坚定推进全方位高水平开放,加快构建世界格局中的无锡,奋力争当新时代全省对外开放领跑者。

市长黄钦主持会议,市人大常委会主任徐一平、市政协主席周敏炜、市委副书记徐劼出席会议。

会上,江阴市、新吴区、市发展改革委、市商务局、宜兴经济开发区分别作了交流发言。会前,与会人员观看全市外向型经济发展情况介绍展板。

(陆 毅)

【市委全面依法治市委员会第一次会议】 7月11日,省委常委、市委书记、市委全面依法治市委员会主任李小敏主持召开市委全面依法治市委员会第一次会议,传达学习习近平总书记在中央全面依法治国委员会第一次、第二次会议上的重要讲话精神和省委书记娄勤俭在省委全面依法治省委员会第一次、第二次会议上的讲话精神,讨论审议有关文件,研究部署全面依法治市各项工作。

根据中央和省委部署要求,为加强对全面依法治市工作的组织领导,市委决定成立市委全面依法治市委员会。会议审议通过《中共无锡市委全面依法治市委员会工作规则》《中共无锡市委全面依法治市委员会办公室工作细则》《中共无锡市委全面依法治市委员会协调小组工作规则》以及2019年工作要点,要求修改完善后印发实施。

(陆 毅)

【市委常委议军会】 7月17日,省委常委、市委书记、军分区党委第一书记李小敏主持召开市委常委议军会,学习贯彻习近平新时代强军思想,听取市(县)区人武部党委第一书记党管武装工作述职,研究完善拥军政策、增强军人荣誉感以及争创全国双拥模范城"八连冠"等有关事项。

会议听取宜兴市、梁溪区、新吴区人武部党委第一书记党管武装工作述职,审阅江阴市、锡山区、惠山区、滨湖区人武部党委第一书记的书面述职报告。原则同意关于推动军人荣誉体系建设和武装工作建设、争创全国双拥模范城"八连冠"等工作措施和方案,要求修改完善后抓好推进落实。

(陆 毅)

【市双拥工作领导小组全体会议】 7月18日,无锡市召开市双拥工作领导小组全体会议,传达学习市委常委议军会精神,总结近年来无锡双拥工作取得的成绩,研究当前工作主要任务,动员各级各部门和社会各方面力量,咬定目标、坚定信心,全力争创全国双拥模范城"八连冠"。市委副书记、市双拥工作领导小组组长徐劼,市委常委、军分区政委、市双拥工作领导小组副组长柳江南,副市长、市双拥工作领导小组副组长陆志坚出席会议。

(陆 毅)

【中共无锡市委十三届八次全会】 7月26~27日,中共无锡市委十三届八次全会举行。会议深入学习贯彻习近平新时代中国特色社会主义思想和中共十九大精神,认真落实省委十三届六次全会部署,总结上半年工作、安排下半年任务,深入推进产业强市、高水平全面建成小康社会和全面从严治党,对全面融入长三角一体化发展作出部署,动员全市各级党组织和广大党员干部不忘初心、牢记使命,担当负责、奋发作为,以高质量发展的优异成绩迎接新中国成立70周年。市委常委会主持会议。省委常委、市委书记李小敏总结上半年工作、明确下半年任务,对深入推进产业强市、高水平全面建成小康社会、融入长三角一体化发展、全面从严治党作出部署。市委副书记、市长黄钦对下半年工作作出安排。会议审议通过全会决议。

会议对下半年工作作出安排。

会议要求做好下半年及今后一个时期的工作，既要立足当前又要着眼长远，既要立足自身又要着眼大局，在历史交接演进中守初心、担使命，在风险交织考验中经洗礼、增本领，在机遇交汇叠加中勇争先、善作为。

会议就深入推进产业强市作出部署。会议指出当前产业发展进入关键时期，唯有坚定不移推动产业强市向实处做、向深处走、向高处攀，加快构建自主可控的现代产业体系和产业科技创新体系，加快打造产业强链、科技强企、市场强品，才能推动无锡产业驶向更广的蓝海、迈上更高的山峰。

会议就开展“不忘初心、牢记使命”主题教育作出部署。无锡作为第二批主题教育单位，要按照谋划要早、标准要高、推进要实的要求开展主题教育，突出问题导向，坚持刀刃向内，既扎扎实实抓好学习教育，又实实在在解决突出问题，把主题教育激发出的工作热情和进取精神转化为当好全省高质量发展领跑者的实际行动、实际成果。

会议就全面从严治党作出部署。会议强调要坚持全面从严治党，把严的标准、严的要求、严的措施落实到管党治党全过程、各方面，提高党的建设质量，为无锡各项事业发展提供坚强保证。会议期间，部分与会人员集中考察观摩梁溪区、锡山区、惠山区、滨湖区、新吴区和无锡经济开发区重大项目建设进展情况。出席会议的市委委员48名，候补委员8名。市纪委委员、有关方面负责人、在无锡的中共十九大代表、部分市第十三次党代会代表列席会议。

（陆　毅）

【市政协重点提案督办暨专题协商会】 8月16日，无锡市召开市政协重点提案督办暨专题协商会，围绕“优化营商环境、促进民营经济发展”主题，专题听取市政协重点提案办理情况，向来自企业一线的政协委员征询相关意见建议。市委书记李小敏出席并讲话，市政协主席周敏炜主持，市领导朱爱勋、叶勤良、张丽霞、吴仲林、丁旭初、高慧参加会议。

会上，市发展改革委、市工信局作为主办单位和协办单位代表分别汇报提案办理有关情况，对提案涉及的相关问题作详细答复，反映提案办理的阶段性成效。

（陆　毅）

【市委财经委员会第一次会议】 9月2日，市委书记、市委财经委员会主任李小敏主持召开市委常委会第129次会议暨市委财经委员会第一次会议，传达学习中央财经委员会、省委财经委员会相关会议精神，研究无锡市高水平全面建成小康社会有关工作，对做好当前经济工作提出要求。会议审议通过市委财经委员会工作规则和市委财经委员会办公室工作细则。会议听取全市高水平全面建成小康社会工作进展情况及统计监测情况的汇报。会议对做好当前经济工作提出要求。

（陆　毅）

【创建全国双拥模范城(县)动员部署会议】 9月2日，全市召开创建全国双拥模范城(县)动员部署会议，总结近年来双拥工作情况，动员全市各级各部门和社会各方面力量，以坚定决心、攻坚勇气和必胜信心，确保实现争创全国双拥模范城“八连冠”目标。市委书记李小敏、市长黄钦分别作出批示。市委副书记徐劼出席并讲话，市委常委、军分区政委柳江南参加会议，副市长陆志坚主持会议。

（陆　毅）

【市委外事工作委员会第一次全体会议】 9月5日，市委书记、市委外事工作委员会主任李小敏主持召开市委外事工作委员会第一次全体会议，深入贯彻习近平总书记在中央外事工作会议上的重要讲话精神，认真落实省委外事工作委员会第一次全体会议精神，听取无锡市外事工作情况汇报，审议通过《市委外事工作委员会工作规则》《市委外事工作委员会办公室工作细则》，研究部署全市外事重点工作。

（陆　毅）

【市委“不忘初心、牢记使命”主题教育领导小组会议】 9月12日，市委书记、市委主题教育领导小组组长李小敏主持召开市委“不忘初心、牢记使命”主题教育领导小组第一次会议，研究部署无锡市主题教育有关事项和近期需要抓紧落实的重点工作。会议审议并原则通过《市委“不忘初心、牢记使命”主题教育领导小组工作规则》《市委“不忘初心、牢记使命”主题教育巡回指导组人员及分组建议方案》《无锡市“不忘初心、牢记使命”主题教育重点工作任务清单》《市

10月24日，无锡公安某特警支队参观“不忘初心，牢记使命”主题展览前，集体观看无锡党史教育基地分布图　（高　兵　摄）

委“不忘初心、牢记使命”主题教育领导小组办公室人员建议方案》四个文件。市委主题教育领导小组副组长黄钦、徐劼、王唤春、冯军、袁飞出席会议,市委主题教育领导小组成员参加会议。

10月21日,市委书记、市委主题教育领导小组组长李小敏主持召开市委主题教育领导小组第二次会议,传达学习中央第二批主题教育推进会、省委主题教育领导小组会议和全省设区市主题教育推进会精神,听取全市主题教育开展情况汇报,研究部署下一阶段工作。市领导黄钦、徐劼、王唤春、冯军、袁飞、魏多、丁旭初、刘玲,市政府秘书长张明康出席会议。

（陆 毅）

【全市“不忘初心、牢记使命”主题教育动员部署会议】 9月16日,全市“不忘初心、牢记使命”主题教育动员部署会议举行。市委书记、市委主题教育领导小组组长李小敏作动员部署。省委第一巡回指导组组长张九汉出席会议并讲话。市委副书记、市长黄钦主持会议,省委第一巡回指导组副组长方未艾、倪春青,市领导徐一平、周敏炜、徐劼等出席会议。

会议以电视电话会议形式召开,各市(县)区设立分会场。市委常委,市人大常委会、市政府、市政协党员领导,市中级人民法院、市人民检察院主要负责人,市委主题教育领导小组成员及办公室负责人,市各部委办局、人民团体、直属单位党组(党委)主要负责人,市委主题教育巡回指导组负责人等在主会场参加会议。各市(县)区委常委,人大常委会、政府、政协党员领导,所辖镇(街道)党政主要负责人、组织委员在分会场参加会议。

（陆 毅）

【“不忘初心、牢记使命”主题教育集中学习研讨会】 9月22~26日,市委常委会集中利用5天时间,分专题进行深入学习研讨,加强理论修养、坚定理想信念、筑牢初心使命、强化责任担当。市委书记、市委主题教育领导小组组长李小敏全程主持学习研讨会并作总结讲话。省委第一巡回指导组组长张九汉26日下午到会指导并进行点评。市委、市人大常委会、市政府、市政协全体领导参加集中学习研讨。

（陆 毅）

【中国共产党无锡军分区第七次代表大会】 10月15日,中国共产党无锡军分区举行第七次代表大会。大会坚持以习近平新时代中国特色社会主义思想为指导,深入贯彻中共十九大和中央军委党的建设会议精神,回顾工作、总结经验,明确要求、部署任务。市委书记、军分区党委第一书记李小敏到会讲话。市委常委、军分区政委柳江南作工作报告,军分区司令员王作才主持会议,军分区党委常委沈守胜、陈海峰、江涛出席会议。

大会听取和审议通过军分区政委柳江南代表军分区第六届党委作的工作报告,审议通过军分区纪律检查委员会的工作报告,选举产生军分区第七届党委和新一届纪委。

（陆 毅）

【市委常委会对照党章党规找差距专题会议】 10月21日,根据中央和省委“不忘初心、牢记使命”主题教育工作安排,市委书记李小敏主持召开市委常委会对照党章党规找差距专题会议。省委第一巡回指导组到会指导。会前,常委通过集中学习和个人自学等形式,认真学习党章和《关于新形势下党内政治生活的若干准则》《中国共产党纪律处分条例》等党内法规,深入开展问题查摆和自我剖析,撰写个人发言提纲。会上,市领导李小敏首先作个人对照检查,随后市领导黄钦、徐劼、陈金虎、王唤春、谢晓军、冯军、袁飞分别作了对照检查发言。

（陆 毅）

【主题教育专题调研成果交流会】 10月26日,根据市委常委会“不忘初心、牢记使命”主题教育安排,市委常委会召开主题教育专题调研成果交流会。市委书记、市委主题教育领导小组组长李小敏主持会议并讲话。省委第一巡回指导组组长张九汉、副组长方未艾到会指导。

交流会上,市领导李小敏、黄钦、徐劼、陈德荣、陈金虎、王唤春、谢晓军、冯军、袁飞等,对照初心使命、结合自身工作,围绕构建自主可控的现代产业体系、优化营商环境、整治形式主义突出问题、推动农业高质量发展走在前列、深化新时代产业工人队伍建设改革、建好江阴长江生态安全示范区、推进公办幼儿园和义务教育学校食堂治理改革、推动公安工作高质量发展、锻造新时代高素质村党组织书记队伍、推进文化产业高质量发展等主题,逐一交流调研成果,摆出调研过程中发现的各类问题,提出改进完善工作的思路举措。

（陆 毅）

【主题教育学党史、新中国史专题报告会】 11月13日,市委举行主题教育学党史、新中国史专题报告会,推动各级党组织和广大党员从党史、新中国史中汲取强大精神力量,增强守初心、担使命的思想自觉和行动自觉。市委书记李小敏,市长黄钦、市人大常委会主任徐一平、市政协主席周敏炜、市委副书记徐劼等,与相关方面党委(党组)主要负责人参加报告会。市委常委、组织部部长冯军主持报告会。

省委党史工作办公室原副主任吴雪晴,围绕“不忘初心、奋勇前行”主题,以时间为主轴,用翔实的历史资料和大量的研究成果,紧密联系江苏革命、建设和改革发展实践,以鲜明的观点、精辟的语言,讲述党领导人民探索革命道路、社会主义建设道路和改革开放道路的伟大历史,把中国共产党98年、新中国70年的奋斗历程,清晰地呈现在大家面前,令人受益匪浅、回味无穷。

（陆 毅）

【市委政协工作会议】 11月26日,市委召开政协工作会议。会议以习近平新时代中国特色社会主义思想为指导,学习贯彻中共十九届四中全会精神和习近平总书记在中央政协工作会议暨庆祝中国人民政治协商会议成立70周年大会上的重要讲话精神，认真贯彻中央和省委政协工作会议精神，对新时代无锡市加强和改进人民政协工作作出部署。市委书记李小敏到会讲话，市人大常委会主任徐一平、市政协主席周敏炜出席，市委副书记徐劼主持。

会上，宜兴市委、梁溪区委、市发改委党组、市委教育工委、市公安局党委、市卫生健康委党委围绕重视和支持政协事业发展，交流经验做法。

市委常委，市政府、市政协全体领导，市中级人民法院、人民检察院主要负责人，各市（县）区党委主要负责人，市各部委办局、人民团体、直属单位党委（党组）主要负责人，市各民主党派、工商联和无党派知识分子联谊会负责人，在无锡高校党委主要负责人出席会议。

（陆　毅）

【中共十九届四中全会精神宣讲报告会】 11月29日，省委宣讲团到无锡宣讲中共十九届四中全会精神。省委宣讲团成员、省委副秘书长、省委党建办主任尹卫东作宣讲报告。市委书记李小敏主持报告会并讲话，市委、市人大常委会、市政府、市政协全体领导与广大机关干部一起听取宣讲报告。

（陆　毅）

【市委常委会“不忘初心、牢记使命”主题教育专题民主生活会】 12月4日，市委常委会召开主题教育专题民主生活会，学习贯彻习近平新时代中国特色社会主义思想，聚焦“不忘初心、牢记使命”主题，突出力戒形式主义、官僚主义重要内容，围绕“理论学习有收获、思想政治受洗礼、干事创业敢担当、为民服务解难题、清正廉洁作表率”的目标，按照“四个对照”“四个找一找”的要求，联系班子和个人实际，深刻检视剖析，严肃认真开展批评和自我批评，明确整改措施和努力方向，加强常委班子自身建设。市委书记李小敏主持会议并作总结讲话。省委第一巡回指导组组长张九汉到会指导，副组长方末艾、倪春青出席。

（陆　毅）

【市委机构编制委员会第三次会议】 12月4日，市委书记、市委机构编制委员会主任李小敏主持召开市委机构编制委员会第三次会议，认真学习贯彻《中国共产党机构编制工作条例》。市委副书记、市长、市委机构编制委员会副主任黄钦，市委常委、组织部部长、市委机构编制委员会副主任冯军参加会议。会议审议通过《市委机构编制委员会工作规则》《市委机构编制委员会办公室工作细则》和《关于完善义务教育教职工编制保障的若干意见》，研究有关机构编制事项。

（陆　毅）

【市委常委会“典型案例剖析”专题民主生活会】 12月16日，市委常委会召开“典型案例剖析”专题民主生活会，结合2019年以来全市查办案件的情况，联系思想和工作实际，联系履行党风廉政建设“一岗双责”情况，进行对照检查和党性分析，剖析案件发生的根源和危害，强化政治担当、提升政治能力，夯实筑牢廉洁自律防线，切实履行管党治党责任，不断把全面从严治党引向深入。市委书记李小敏主持并讲话。

（陆　毅）

【中共无锡市委十三届九次全会】 12月31日，中共无锡市委十三届九次全会举行。市委常委会主持会议。出席会议的市委委员43名，候补委员9名。市纪委委员、有关方面负责人、在无锡的中共十九大代表、部分市第十三次党代会代表列席会议。会议以习近平新时代中国特色社会主义思想为指导，深入贯彻中共十九大和十九届二中、三中、四中全会精神，认真落实中央经济工作会议和省委十三届七次全会要求，总结“强富美高”新无锡建设成效，确定2020年重点目标任务，部署推进市域治理体系和治理能力现代化建设，动员全市上下坚定信心、保持定力，再接再厉、拼搏奋进，高水平全面建成小康社会，开创全市改革发展和党的建设各项事业新局面。市委书记黄钦代表市委常委会讲话。市委副书记、代市长杜小刚对2020年经济工作作具体安排。会议审议通过《中共无锡市委关于贯彻落实党的十九届四中全会精神、推动市域治理体系和治理能力现代化建设走在前列的实施意见（草案）》和全会决议。

全会审议《2019年市委常委会工作报告》，听取讨论黄钦代表市委

12月31日，中共无锡市委十三届九次全会举行

（市委办　供）

12月19日，市委书记李小敏(左二)调研全市公办幼儿园和义务教育学校食堂治理改革落实情况 (张仁伟 供)

常委会所作的报告和杜小刚关于经济工作的报告。全会审议《中共无锡市委关于贯彻落实党的十九届四中全会精神、推动市域治理体系和治理能力现代化建设走在前列的实施意见(草案)》。会议充分肯定"强富美高"新无锡建设五年实践取得的重大阶段性成果。全会强调，要深入贯彻新时代党的建设总要求，强化落实管党治党政治责任，把全面从严治党不断引向深入。全会号召，全市各级党组织和广大党员干部要更加紧密地团结在以习近平总书记为核心的党中央周围，高举习近平新时代中国特色社会主义思想伟大旗帜，开拓创新、锐意进取，团结拼搏、攻坚克难，高水平全面建成小康社会，实现"十三五"规划圆满收官，以高质量发展的过硬成果书写新时代"强富美高"新无锡建设的崭新篇章。

(陆 毅)

巡 察

【高标准配合省委巡视】 2019年8月8日至11月7日，省委第一巡视组对无锡市进行了巡视，省委巡视无锡期间，高标准做好联络服务保障，提供资料143份，组织开展调研15次，处理交办事务10项。抽调20名巡察干部配合省委巡视组，对江阴高新技术产业开发区、宜兴经济技术开发区开展联动巡察。针对省委巡视组指出的巡察整改机制不够完善等四个问题，市委、市纪委分别召开常委会专题研究、立行立改，制定13条具体整改措施。健全完善巡察整改责任落实、成效评估和分类处置、成果综合运用等工作机制，巡视期间对30家单位开展为期一个月的巡察整改专项督查，整改完成率96.1%；加快巡察移交问题线索办理，办结率从59.3%提升至92.5%。

(张仁伟)

【政治巡察】 市委全年召开八次常委会，学习贯彻中央和省委关于巡视巡察工作的最新部署要求，研究部署全市巡察工作。把"六围绕一加强"(围绕党的政治建设、思想建设、组织建设、作风建设、纪律建设和夺取反腐败斗争压倒性胜利，加强对巡视整改情况的监督检查)和习近平总书记关于"五个持续"(政治巡视巡察持续深化、巡视巡察监督体系持续完善、全覆盖质量持续提高、成果运用持续强化、监督合力持续增强)的重要要求，作为深化政治巡察的重要内容，对17家单位开展常规巡察，发现问题190个，形成政治生态报告14份。对不配合甚至干扰阻挠巡察的江阴利港实验小学副校长何某伟、市行政审批局组织人事处处长沈某阳立案审查调查。常规巡察直插最基层，对九个镇(街道)开展提级巡察、交叉巡察，并对下辖68个村(社区)开展延伸巡察或提级巡察"回头看"，巡察威慑力充分彰显。提级巡察滨湖区胡埭镇时，动员会结束，一名镇干部主动到巡察组投案自首。

(张仁伟)

【学校食堂专项巡察】 2019年3~4月，无锡集中市、县两级132名巡察干部，上下一体、市县联动，对全市所有568所公办中小学、幼儿园的671个食堂进行全面"把脉问诊"。创造无锡巡察四个"最"：最强力量，集中市县两级132名巡察干部，组成21个巡察小组，做到在年龄结构上"老中青"相结合，职级履历上"高中低"相结合，知识结构上"专兼广"相结合，抽调21名财务审计专业人员、84名巡察经验丰富的专职巡察干部充实到巡察小组，协调教育、审计、行政执法机关等专业力量按需保障，确保巡察专业性；最全覆盖，涵盖全市568所学校及幼儿园的671个食堂，不放过任何一所学校，不放过任何一个食堂，不放过任何一个疑点，不遗漏任何一个问题；最多案件，发现贪污、挪用、克扣、挤占学生伙食费等群众身边腐败和作风问题，共立案183人，留置12人，给予党纪政务处分108人，并向江阴市政府、宜兴市政府和市教育局提出监察建议；最美赞扬，共收到群众赞扬来信、来电、留言137件次，微信公众号点击量高达18.9万次。

(张仁伟)

【巡视巡察反馈问题整改】 督促中央巡视反馈意见整改，全年推动106项整改措施落细落实。对照省委第五轮巡视期间巡察专项检查发现共性问题，制定20项整改任务、54项整改措施。针对市委巡察发现共性问题，向市委提交专题报告17份，推动制定整改措施335条、完善制度103项。制作巡察专题警示教育片《政治“体检”验忠诚》，累计播放210多场，接受教育1.2万人次。

（张仁伟）

组 织

【概况】 2019年，在中共无锡市委的坚强领导下，全市组织系统坚持以习近平新时代中国特色社会主义思想为指导，深入贯彻新时代党的建设总要求和党的组织路线，认真落实省委、市委全会精神，基层党建、干部、人才等各项工作取得新成效。“不忘初心、牢记使命”主题教育扎实开展，基层党建“三项工程”不断深化，各领域基层党建统筹推进，出台社区工作者“星级+薪级”职业制度，推进村书记“县乡共管”工作，开展“两新”组织“百日攻坚”、医院党建“引领四融合”、互联网企业党建“e路领航”、党建带群建“五强五提升”等行动，实施助推民营企业发展“三项行动计划”10项措施，推动形成“一领域一特色”格局。党员联户“1+10+N”制度和无锡地铁党建联盟经验获评“全国城市基层党建创新案例”。把政治标准摆在首位，全面推行干部任前“政治体检”，探索建立干部考察员制度，制定实施新一轮干部教育培训五年规划和“353”行动方案，不断健全管理监督链条，公务员考录培训、工资福利、考核奖惩等工作扎实开展，锡东电厂复工联合工作组被评为全国“人民满意的公务员集体”。坚持党管人才，不断完善“太湖人才计划”政策体系，建立健全省、市重点人才工程目标责任机制，积极融入长三角一体化发展战略，举办2019高层次人才创新创业无锡交流大会，开展2019“全国百所高校院所江苏行”无锡活动，赴德国、捷克等地开展“双招双引海外行”，有序推进无锡人才金融港和高层次人才“一站式”服务平台建设，不断提升服务品质、优化人才生态，无锡获评“中国年度最佳引才城市”。此外，庆祝新中国成立70周年走访慰问活动扎实开展，对新中国成立前参加革命工作的10类对象共4227人进行全覆盖走访，受到省委领导肯定；扫黑除恶专项斗争深入推进，完成村（社区）“两委”人员排查清理、薄弱后进村（社区）党组织整顿提升、组织发动党员群众参与专项斗争等三项重点任务；57名师团职军转干部安置工作高质量完成，11个结对县（区）中的贫困地区全部实现脱贫摘帽，“智慧党建”信息化系统正式上线，市委组织部获评全国组织系统2019年度信息报送先进单位。

至2019年年底，全市党员总数420703名，比上年减少1623名。全年发展新党员5628名，其中，35岁及以下的3986名。全市党员中，女党员132020名，占31.38%。35岁及以下的95528名，占22.71%；36岁至45岁的77668名，占18.46%；46岁至55岁的71538名，占17.00%；56岁至60岁的30255名，占7.19%；61岁及以上的145714名，占34.64%。研究生学历的24091名，占5.73%；大学本科学历的128409名，占30.52%；大专学历的79288名，占18.85%。

全市共有基层党组织20157个，其中，党委724个，总支部1694个，支部17739个。全市城市社区建立党委112个，总支部386个，支部44个，建制镇党委30个，村建立党委54个，总支部491个，支部26个。全市公有经济控制的企业法人单位建立党委88个，总支部80个，支部520个；非公有经济控制的企业法人单位建立党委156个，总支部189个，支部4560个。事业法人单位建立党委95个，总支部130个，支部1396个。机关法人单位建立党委85个，总支部137个，支部270个。

（师国晓）

【村（社区）带头人队伍建设】 2019年，无锡市深入实施村（社区）党组织带头人队伍建设工程，在试点的基础上，制定出台全市村书记县乡共同管理实施方案，稳步推进村党组织书记、主任“一肩挑”工作，村书记、主任“一肩挑”比例达41.16%；举办4期村书记“乡村振兴大学堂”，培训村党组织书记422名，两年内实现全市村党组织书记轮训全覆盖。深入实施村（社区）书记激励保障实施细则，在全市普遍建立村（社区）书记企业年金制度，有66名村（社区）书记提拔任用或转事业身份。培育“五强”型村（社区）书记441名，占比达37%，7名村书记被评为全省首批“百名示范”村书记，10名村（社区）书记被选树为示范带头人，8名村（社区）书记获评市“优秀共产党员”和“优秀党务工作者”。

（师国晓）

【用好用活“三项机制”】 2019年，无锡市制定以《无锡市2019年度综合考核实施办法》为主体的“1+8”综合考核文件体系，组织开展半年评估、三季度监测及结果反馈，下发“表扬”“鼓励”“提醒”“督促”四种函，督促各地各部门固强固优、补短补弱。根据2018年度综合考核结果，形成“可提拔或进一步使用干部”“优秀中青年干部”“需提醒谈话或组织调整干部”三类名单，新提拔使用市管领导干部中有71%在前两类名单，年度获评“推进高质量发展先进镇（街道）”的党政主要领导和“优秀基层党政干部”中，有23%的干部提拔任用。精心组织开展公务员职务职级并行工作，研究制定套转、晋升、审批等9个操作指导口径，完成1.24万名公务员职级套转，在职级晋升中综合考量人选素质能力，不简单论资排辈，树立起鲜明导向。加强“三项机制”运用案例的收集与发布，刊发典型案例26个，为基层贯彻落实提供鲜活事例。

（师国晓）

【年轻干部培养选拔】 2019年，无锡市全面落实中央和省、市委关于年轻干部工作的新要求、新部署，制定2019年度发现培养选拔优秀年轻干部的工作计划，统筹谋划、科学施策，持续推进年轻干部选拔培养工作。通过专项选配、常态化配备，全市新增“80后”县处级干部20人、“90后”乡科级干部39人，增幅分别达95.2%和186%，市(县)区党政领导班子年轻干部占比从8.4%增长到12.9%，市级党政工作部门领导班子配备年轻干部的班子占比达52%。创新实施公开选调海内外优秀青年人才“321”行动计划，首批选调40人赴国有企事业单位工作。建立选调生基层培养锻炼优秀导师制度，选聘56名优秀村(社区)书记与选调生结对指导。

(师国晓)

【“太湖人才计划”政策效应】 2019年，无锡市出台“太湖人才计划”升级版2.0实施细则，指导各市(县)区制定配套实施办法，形成“1+8”人才政策体系，对各类人才实现立体化、全方位覆盖。建立重点人才工程目标责任体系，按4大类12层级开展人才分类认定，兑现人才发展跟奖跟补资金2000万元。举办2019高层次人才创新创业无锡交流大会，吸引包含诺贝尔奖得主、中外院士等在内的600余名高层次人才参与主题峰会，300多件全球前沿科技成果抵达无锡展示交易，183个高层次人才项目现场签约，促成中国工程院院士邬江兴等顶尖人才到无锡合作，推动欧洲创新中心无锡分中心、国科(苏南)未来科技创新中心等重大载体落地。推动与深圳证券交易所、江苏省高科技产业投资有限公司开展全面战略合作，构建平台、基地、联盟、基金、队伍五位一体人才金融发展体系，“人才投”路演41期，助推61个项目获得融资13.05亿元，“人才贷”放贷227笔，助推125家人才企业获贷5.19亿元，助力2家人才企业成功登陆科创板。

(师国晓)

【全市离休干部概况】 至2019年年底，全市有离休干部1225人(含江阴市120人、宜兴市166人)，平均年龄90.9岁。按参加革命工作时期分，抗战前期47人，抗战后期164人，解放战争时期1014人；按享受待遇分，享受副省级医疗待遇1人，享受地市级待遇134人，享受县处级待遇526人，享受科级及其他待遇564人；按机构性质分，机关313人，事业343人，企业569人；按年龄分，80～84岁11人，85～89岁429人，90岁以上785人。另有在无锡的部省属单位离休干部261人，外省市安置在无锡的离休干部80人。

(姜正伟)

【老干部待遇落实】 根据江苏省委老干部局《关于加强退(离)休干部管理服务工作的通知》中关于落实退(离)休干部政治待遇相关要求，通过召开市委工作情况通报会、举办国际国内形势报告会、组织实地参观考察、举办理论学习培训班、编发理论学习读书、组织谈心谈话等方式，结合庆祝新中国成立70周年，举办“我和我的祖国”——无锡市离退休干部庆祝新中国成立70周年文艺演出、“庆祝新中国成立70周年——全市离退休干部书画暨主题摄影展览”，组织“我和我的祖国”主题征文活动，开展“我看新中国成立70周年新成就”专题调研、“红色记忆”访谈等系列活动，引导老干部唱响“我和我的祖国”主旋律，全面细致落实老干部相关政治待遇。

年内，无锡市推进离休干部看病就医“三有一落实”(离休干部看病就医有绿色通道、有家庭签约医生、有医疗特困帮扶机制，落实好离休干部享受医疗待遇政策)工程，优化“三有一落实”服务内涵。优化离休干部医疗困难补助办法，门槛降低、补助提高。优化家庭医生服务，为离休干部家庭医生兑现1200元/年的服务费，为签约离休干部赠送智能血压计。在全市6家民营养老机构试点离休干部医养结合工作，满足离休干部长期住院的需求。对87名离休干部实施困难医疗补助101万元。全面落实离休干部提租补贴调整和增发护工费政策。

(姜正伟)

【“银发生辉”工程】 2019年，无锡市举办全市离退休干部“银发生辉”工程启动仪式，制定下发《离退休干部“银发生辉”工程实施方案》，开展“六千六助”志愿服务行动(千名老党员助力新时代党的建设、千名银发人才助力产业强市、千名离退休干部助力年轻干部建功立业、千名“五老”助力青少年健康成长、千名法治工作者助力法治社会建设、千名文体骨干助力社区文化建设)。制定下发《关于开展“围绕双聚，深化双千”活动的通知》，组织离退休干部聚力产业强市、聚焦高质量发展，深化推进“千名银发人才服务千家企业”活动，升

2019年5月6日，2019高层次人才创新创业无锡交流大会开幕

(市委组织部　供)

11月21日，举行全市离退休干部"银发生辉"工程启动仪式

（市委老干部局　供）

级完善"银发人才智库"和"项目对接平台"。全市涌现全国离退休干部先进个人王冠英和全省离退休干部先进集体六个、先进个人10名。

（姜正伟）

宣传思想文化

【**概况**】2019年，无锡市宣传思想文化战线以习近平新时代中国特色社会主义思想为指导，以增强"四力"教育实践工作为契机，积极推进"文化建设高质量"建设，获评"全省宣传思想文化工作创新奖"，为推进"强富美高"新无锡建设提供坚强有力的思想保证和精神支撑。深化思想理论武装，扎实推进新思想"七进"工作，组织中共十九届四中全会精神宣讲活动130场次集中宣讲，市委中心组获评"全省县级以上党委（党组）理论学习中心组示范点"，"学习强国"学习平台推广使用多项指标位于全省前列。严格落实意识形态工作责任制，办好省"庆祝新中国成立70周年成就展·无锡展区"和无锡市主题展，举办"我和我的祖国"大型歌会等系列活动，精心策划"壮丽70年，奋斗新时代"等系列报道，江阴、宜兴高质量完成江苏省首批县级融媒体中心建设任务。推动文化高质量发展，出台文化产业高质量发展三年行动计划及若干政策，全市规模以上文化企业净增44家。成功举办第二届江南文脉论坛，10部作品获省"五个一工程"奖，数量居全省首位。加强核心价值引领，在全省率先成立地市级新时代文明实践指导中心，宜兴、江阴分别完成全国、全省新时代文明实践中心试点建设任务，国家超算无锡中心获评"全国爱国主义教育示范基地"。陈亮入选"全国最美人物"，严三媛入选"全国自强模范"，周海江入选"江苏时代楷模"，叶聪当选全国道德模范提名奖，101人入选中国好人、江苏好人、无锡好人。

（锡　轩）

【**庆祝新中国成立70周年系列活动**】2019年，无锡市举办"4·23"无锡解放70周年升旗仪式。策划举办主题庆祝活动。举办无锡市庆祝新中国成立70周年综合成就展，在为期三个多月的展期内，超40万人观看展览，成为全市各级党委开展主题教育活动的重要内容。举办太湖文化艺术季暨第二十一届上海国际艺术节无锡分会场活动，举办包括精品舞台剧目演出、展览博览、梦想艺术汇等在内的各类文化活动78场，形成遍地开花、共享文化发展成果的艺术节庆格局，营造浓厚的节日文化氛围。开展"无锡70年最具影响力事件"评选活动，经层层推荐、网络投票、专家评审，最终评选出28件"无锡70年最具影响力事件"。为全市优抚对象和军队离休干部及参战一等功臣发放纪念章慰问金等系列活动，推出"壮丽70年·奋斗新时代"等系列报道，举办"万众E心、礼赞时代、耀动无锡"百场快闪等网络宣传活动和"太湖明珠·江南胜地"短视频大赛，充分展现70年来在中国共产党的领导下无锡各项事业取得的巨大成就，激发全市干部群众的爱国热情。举办"我和我的祖国"大型歌会，共有20多个方队、4000多人参加演出，用深情旋律致敬伟大祖国。

围绕"礼赞新中国，奋进新时代"主题，采取丰富多彩的宣教形式，大力宣扬新中国成立70年来，党领导无锡人民在各条战线，取得的巨大成就和宝贵经验。筹办省"庆祝新中国成立70周年成就展·无锡展区"，赢得省委宣传部领导高度肯定。

（陈　毅　李跃光　彭　伟）

【**理论学习宣传**】2019年，无锡市坚持以学习宣传习近平新时代中国特色社会主义思想为首要政治任务，着力推动广大党员干部坚定理想信念、提升理论修养，精心抓好党委（党组）理论学习中心组学习，制定全市县以上党委中心组专题学习计划，区分12个专题进行集体学习研讨；先后邀请中国作协副主席何建明、中国工程院院士王陇德、青年长江学者张志安、中国音协管乐学会主席于海等专家、学者，围绕"绿水青山就是金山银山"发展理念、媒体融合发展、庆祝新中国成立70周年等专题举办13场"梁溪大讲堂"；利用党委中心组网上管理平台，动态掌握学习情况并每月进行通报；举办为期五天的全市县以上党委（党组）理论学习中心组学习秘书培训班；编印《参考文选》等辅导资料十期，编发《2018年梁溪大讲堂讲座实录》。

加强宣传阐释。精心组织中共十九届四中全会精神宣讲，成立市委宣讲团，开展130场次集中宣讲；广泛开展“共话祖国好，奋进新时代”基层主题宣讲、“百姓名嘴”风采展示、微视频作品征集展示等活动；建好用好“学习强国”学习平台，使学习平台成为党员干部群众学习科学理论、推动解放思想的新阵地；充分发挥“思想云”理论学习平台作用，每天发送最新理论动态、理论成果、理论信息；利用“手机微学堂”平台，向各级领导干部每周至少发送一条学习短信。

注重理论研究。10月底，举办以“文脉传承与长三角一体化发展”为主题的第二届江南文脉论坛，400余位来自国内外相关研究领域的专家、学者，通过五场高端对话、十场分论坛和一场长三角江南文化研究学术共同体建设工作圆桌会，对江南文化的深厚底蕴和当代价值进行研究，形成一大批高质量学术成果；在全市县以上领导干部中开展“思想再解放、发展高质量”专题读书调研活动，提高学思用水平；围绕中共十九大报告提出的新思想、新观点、新论断，突出市委、市政府中心工作和无锡市改革、发展、稳定中遇到的现实问题，遴选13个课题予以立项研究，形成一批前瞻性、指导性、实用性强的研究成果。

（韩亚辉）

【爱国主义教育】认真贯彻落实省《关于加强革命历史类纪念设施、遗址和爱国主义教育基地工作的实施意见》，加大对爱国主义教育基地建设管理力度。利用传统节庆、重要节日、纪念日等，开展形式多样的群众性爱国主义教育实践活动，不断激发爱国热情、振奋民族精神、凝聚人民力量。举办爱国主义教育基地负责人专题培训班，加强业务指导、推动实际工作。国家超级计算无锡中心获“全国爱国主义教育示范基地”称号。深入挖掘一批无锡解放70年来涌现出的事迹感人、社会公认、最具影响力的事件，通过讲好他们的追梦故事，全面展示“无锡经验”“无锡实践”。精心选拔人员组队参加“省红色故事宣讲大赛”，无锡市选手脱颖而出，两人获得金牌，一人获得优秀奖，徐丽华代表江苏省参加第二届全国红色故事讲解员大赛，并以第三名的成绩获得金牌讲解员荣誉。

（彭　伟）

9月28日，中宣部宣教局局长常勃到国家超级计算无锡中心实地调研

（市委宣传部　供）

【新闻舆论】2019年，市委宣传部服务中心大局，舆论引导扎实有力。抓好系列主题宣传报道。围绕新中国成立70周年，专门制定宣传报道方案，全市各媒体同步开设“壮丽70年·奋斗新时代”专栏，推出系列重点报道；组织全市和驻无锡媒体开展行进式采访活动，全方位宣传无锡发展的辉煌成就；“江阴创新精神激发改革发展活力”“宜兴唱响新苏南乡村田园牧歌”和“无锡全力打造物联网信息技术产业高地”被中宣部和省委宣传部列为重点调研采访项目；做好“新时代新作为新篇章”专题报道，聚焦中心大局，以各条线工作、重点项目为重点，持续宣传无锡市奋力当好全省高质量发展领跑者的风采；推进“不忘初心、牢记使命”主题教育宣传，抓好产业强市、世界格局中的无锡、锡澄宜一体化工作等主题宣传报道。抓好新闻发布及舆论引导。一方面，完善制度、用好平台，实现常态发布，将信息发布工作纳入年度意识形态工作责任制考核，形成例行和专题新闻发布会结合、“无锡发布+政务新媒体矩阵+新闻媒体”联动的常态化发布格局；另一方面，领导带头、各级联动，实现权威发声，省委常委、市委书记李小敏接受新华社专访，推介无锡市产业强市、基层治理举措；市长黄钦就物联网产业发展等主题接受《人民日报》、中央电视台专访；市委各常委，市政府各副市长和各地区、部门主要负责人也就相关领域工作出席发布会、接受采访，取得良好效果。抓好媒体融合发展及县级融媒体中心建设。两市（县）五区相继成立融媒体中心，市级媒体主动下沉，向县区派驻全媒体采编团队，形成上下贯通、全域覆盖、一体运行的融媒体中心无锡矩阵；同时，报业集团组建无锡观察融媒中心，建成报业融媒体中心一期工程，再造全媒体策采编发流程，广电集团推进新闻中心改革，集成分属各频道的非时政类新闻栏目，重构广电新闻生产发布机制。抓好记协及三项学教工作。组织中央、省驻无锡媒体和市级媒体开展“践行‘四力’·扶贫攻坚看海东”融媒体采访活动，抵进扶贫一线采

访，在新华社客户端、“学习强国”首页和国务院扶贫办微信公众号等国家级平台发稿15篇，中国记协、省记协、三教办简报对此作了专题介绍；无锡市一篇作品获中国新闻奖三等奖，三篇作品获江苏新闻奖，五篇作品获省新闻媒体“走转改”优秀新闻作品三等奖；全市两名记者在省第六届“好记者讲好故事”选拔赛中分获“最佳选手”“优秀选手”称号；举办“第八届无锡新闻奖”评选活动，共有20件作品获奖。

（戈 铮）

【文艺精品创作】 2019年，在江苏省第十一届精神文明建设“五个一工程”奖评选中，无锡市报送的电影《四个春天》等10部作品获奖，数量位居全省首位，其中电影实现奖项全包揽，市委宣传部获组织工作奖。艺术作品亮点频现。舞剧《天山魂》、锡剧《惠山泥人》、跨界剧《远望海天》等一批舞台作品先后首演；电影《中国机长》票房收入超28亿元；入选第十三届全国美展、第十二届全国书展及第二十七届全国摄影展作品数量创历史最好水平。文艺作品社会经济效益兼顾。无锡市山禾合唱团、江南大学合唱团分获第四届紫金合唱节金奖和银奖，江苏省锡山高级中学合唱团获优秀奖，无锡再次获优秀组织奖；市歌舞剧院舞剧《天山魂》获紫金文化艺术节优秀剧目奖，演员白宇豪获优秀表演奖。精品创作制度化建设再上新台阶。制定出台《无锡市文化艺术项目扶持奖励办法(试行)》，规范文艺精品创作的扶持、奖励，对2019年获得省级以上各类文艺作品共99件给予奖励；启动2019~2020年度无锡市“优秀剧本孵化计划”。

（李跃光）

【文化惠民】 2019年元旦、春节期间，无锡市组织各市(县)区和市直各文化单位派出10多支文艺小分队深入乡镇、街道、社区、农村举办各类文艺活动1000余场。扎实推进“到人民中去”无锡文艺家志愿者文化惠民演出活动。组织市歌舞剧院参加“我们的中国梦——文艺进万家”中央广播电视总台文艺走基层走进江苏演出活动。

启动“非遗”大师带徒传承带徒扶持计划，持续推进“锡剧周周演”“锡剧进校园”活动。无锡市羊尖实验小学参加2019年新年戏曲晚会并演出少儿锡剧唱段《推呀拉呀转又转》。组织开展策划纪念王彬彬百年诞辰活动。推动锡剧《江南雨》入选中国锡剧梅花奖数字电影工程拍摄项目。举办“雏凤清声”名家传戏、锡剧优秀青年人才精品展演活动。

办好为民办实事项目 -- 无锡星期广播音乐会，全年共完成13场活动。举办“祖国颂 太湖美”2019紫金文化艺术节无锡广场群众文艺活动，获紫金文化艺术节优秀组织奖。举办“五四”百年纪念活动，与市教育局、共青团无锡市委共同主办“青春放歌，祝福祖国”无锡市纪念五四运动100周年青春歌会。

（李跃光）

根据《冰山上的来客》改编创作的民族舞剧《天山魂》成功首演并入选江苏省艺术基金2019年度资助项目

（市委宣传部 供）

【文化交流活动】 2019年，国际版舞剧《寻》入选中宣部2019年全国文艺院团海外巡演项目并赴美国、加拿大巡演。赴中国香港举办“江苏戏曲文化进香港系列活动”开幕式暨锡剧首演活动。赴徐州举办2019无锡徐州对口交流文化项目“尽说江南好—无锡画家画无锡作品展”。圆满完成无锡长沙文化交流活动—大型交响合唱《通道转兵之歌》到无锡演出活动。举办“宝塔魂，太湖情”延安精神主题文艺演出暨无锡延安对口文化交流活动。举办首届江苏文艺大奖·曲艺奖决赛。

（李跃光）

【对外宣传】 讲好无锡故事，对外宣传不断深化。大力展示无锡新形象。以“太湖明珠，江南盛地”为主题，推出多版本中英文城市形象宣传片，传播人次达23.61亿，增长51%，人均收看次数为7.2次，增长29%；依托“两会”、博鳌亚洲论坛无锡恳谈会、才交会、雪浪大会、第二届江苏发展大会无锡行暨第四届锡商大会、第四届物博会、第二届江南文脉论坛等重要活动，抓好城市形象宣传；第四届物博会创下“天量”传播，92家海内外媒体211名记者推出千余件高质量报道和新媒体产品，总传播量达11.28亿次，增长18%，其中网络新媒体传播量达7.98亿，增长25%。积极策划文化“走出去”。在柬埔寨金边、西哈努克和泰国曼谷等地举行舞剧《南国红豆》巡演、“感知中柬文化魅力”赠书活动、无锡城市吉祥物赠送等活动。不断强化国际传播力。面向全球英文受众讲好无锡故事。2019年，中国无锡英文新闻网发布原创稿件499篇，图片800余张，无锡“脸书”、推特发布贴文1109条、视频94个，中国无锡国际瑜伽节期间的贴文被印度总理莫迪及其他政要转发、点赞。

（戈　铮）

【文化产业】 2019年，无锡市制定出台《关于推动无锡市文化产业高质量发展的若干政策》《无锡市文化产业高质量发展三年行动计划（2019~2021年）》等系列文件。组织申报“紫金文化创意人才”，全市共有四名人才入选“紫金文化创意英才”，13名人才入选“紫金文化创意优秀青年”。

培育重点特色产业。影视传媒、文化旅游、数字文化等形成较为明显的发展优势。无锡国家数字电影产业园实现年度产值65亿元、税收6.39亿元，承接影片立项115部。园区出产的五部影片获江苏省“五个一”工程奖，成功获批“江苏省电影产业创新实验区”和“江苏省影视游戏版权贸易（无锡）基地”。文化旅游业持续增长，灵山文化旅游集团上市计划稳步推进，总投资额400亿元的无锡融创文旅城建成运营，小娄巷历史文化街区开街迎客。数字产业势头喜人，涌现出艾德思奇、易视腾、CNTV、天脉聚源等一批骨干企业。

推进国家文化出口基地建设。明确国家文化出口基地发展定位和工作思路，积极推进文化贸易做大做强，无锡倍视文化、旭阳动画等四家企业入选2019~2020年度国家文化出口重点企业。加强宣传推介，在北京成功举办无锡文化贸易发展推介会，完成中宣部和商务部在无锡联合召开的国家文化出口基地建设推进会。组织一批园区和企业参加香港影视展、2019南京融交会、澳门文博会和长三角文博会。

加强国有文化资产管理。开展国有文化企业银行账户清理，对子企业投融资活动摸底排查，制定《无锡市市属国有文化企业工资总额管理暂行办法》。严格执行双效相统一的绩效考核制度，促进国有文化企业保值增值。

（谢记科）

【大运河文化带建设】 2019年，召开全市大运河文化带建设工作领导小组全体成员会议，重点做好“四个一”，即编制一个规划、设立一个专项基金、办好一个研究院、实施一批重点项目。编制一个规划。市委宣传部会同市发展改革委牵头负责大运河规划和大运河国家文化公园规划的“两规合一”编制工作。12月，市政府常务会议审议通过《无锡市大运河文化保护传承利用实施规划》。设立一个专项基金。由国联投资有限公司、市文旅集团、市文发集团、省大运河母基金共同发起设立七亿元的无锡市大运河文旅融合发展基金，推动大运河沿线重点文旅项目建设发展。办好一个研究院。9月，成立无锡大运河文化带建设研究院（大运河文化带建设研究院无锡分院），下设大运河遗产保护与文化传播研究中心、大运河江南文化与运河文化融合研发中心等十个研究中心，全年开展12项课题研究。江苏省大运河文化带建设研究院2019年招标的35项课题中，无锡市有4项课题入选，位居全省前列。实施一批重点项目。实施小娄巷历史文化街区、古运河环城步道、惠山古镇二期等重大运河文化旅游项目。举办无锡运河记忆、大运河文化高层论坛、江南古运河风情夜游节等运河主题活动。组建“运河文化教育联盟”，打造大运河文化教育体系。

（谢记科）

【第二届江南文脉论坛】 10月28~31日，第二届江南文脉论坛在无锡举行。全国政协副主席、民革中央常务副主席郑建邦出席开幕式并讲话，省委常委、宣传部部长王燕文主持会议，市委书记李小敏致欢迎辞。光明日报社副总编辑张碧涌，中国社会科学院原常务副院长、学部委员汝信，省文史研究馆馆长、南京大学荣誉资深教授、江苏文脉整理与研究工程专家指导委员会主任周勋初，著名经济学家、东南大学资深教授华生，莫斯科国立大学教授、俄罗斯哲学学会第一副主席丘马科夫分别致辞或发来祝贺视频。第十三届全国政协委员、文化文史和学习委员会副主任叶小文，中央对外宣传办公室、国务

2019年12月，徐丽华参加第二届全国红色故事讲解员大赛，被评为“金牌讲解员”

（市委宣传部　供）

院新闻办公室原副主任王国庆，东南大学原党委书记、中国特色社会主义发展研究院院长郭广银，省政协副秘书长、民革江苏省委副主委薛国安，省委宣传部常务副部长焦建俊出席开幕式。

论坛以“文脉传承与长三角一体化发展”为主题，对江南文化的深厚底蕴和当代价值进行研讨。其间，举办一场主论坛、五场高端对话、十场分论坛和一场长三角江南文化研究学术共同体建设工作圆桌会，190多位专家学者作专题演讲和发言，围绕主题开展跨国度、跨领域、跨学科的深度交流对话，就江南文脉的传承发展提出许多真知灼见。集中发布江苏文脉整理和研究工程《江苏文库》第二批成果182册图书，《江苏文库》成果数字化并正式上线。

论坛共收到参会论文300多篇，汇编七本论文集，形成一批高质量学术成果。论坛还就长三角区域一体化中的文明城市群建设、江南文化研究学术共同体建设等交流做法、凝聚共识，发布《创建长三角全国文明城市群无锡倡议》，围绕落实《长三角三省一市江南文化研究学术共同体建设合作框架协议》进行探讨和谋划，形成对推动工作具有重要意义的实践性成果。

（陆 毅）

【志愿服务】 2019年，连续四年开展崇德乐善“一月一主题”公益活动，累计开展活动13000余场次，参与志愿者30万余人次，受益群众超百万人。连续六年组织开展“情暖回乡路”关爱农民工志愿服务活动，参与志愿者近5000人，受益群众超10万人。连续七年开展每月一次的南禅寺学雷锋志愿服务广场活动，参与志愿者八万余人次、受益市民超百万人次。连续七次牵头发起两省四市环太湖生态文明志愿服务大行动之“绿水青山我守护”环保联盟公益行活动，发出“绿水青山我守护”环保倡议，启动“点亮母亲湖”网上公益传递。连续五年举办社区网络春晚文艺演出，孵化出优秀团队近100支。连续17次举办爱心送考活动，服务考生近万名。

组织开展志愿服务“一月一典型”见面会，邀请身边好人代表走上交流台，以现场访谈的形式，讲述自己的心路历程和感人故事。每场活动均以会前、会中、会后为节点，线上线下融合传播，活动开始前用制作专题宣传片、发布正版宣传海报等方式，进行预热宣传；活动进行中采用视频直播、微博图文等方式进行在线传播；活动结束后，推出微信图文，介绍活动情况，挖掘嘉宾故事。全年推出12场视频直播，制作音、视频新闻300多条，制作微信、微博图文400多篇，实现有效覆盖120万人次。

全市5800余名志愿者为锡马、才交会、江苏发展大会、物博会、文脉论坛五场大型赛会累计服务时长超17万小时，服务嘉宾百万人次，新华网、人民网、新华社客户端等20余家媒体跟进报道，发稿百余篇。新华社客户端拍摄的“物博会十二时辰”志愿服务专题微视频点击量超70万次。

（顾志坚）

【选树先进典型】 2019年，中国文明网发布由中央宣传部、中央文明办、共青团中央等13部委联合主办的2018年学雷锋志愿服务“四个100”先进典型名单，无锡市新吴区长江社区“YOU&ME”中外志愿者团志愿者吴艳恒被评为“最美志愿者”，宜兴市义工联合会欢乐义工站被评为“最佳志愿服务组织”。叶聪获“第七届全国道德模范提名奖”，李全兴、吴美华当选“第七届江苏省道德模范”，吴小波、苏大伟、郭宇被评为“第七届江苏省道德模范提名奖”。华西村原书记吴仁宝、702所载人深潜英雄集体入选全国“最美奋斗者”，陈亮入选“全国最美人物”，周海江入选江苏“时代楷模”，四人入选“江苏最美人物”，位居全省第一；全年还评选出“无锡最美人物”共48人。采取“最美人物走基层”主题巡演、红色故事宣讲“七进”等形式，把全市优秀红色故事、最美人物感人事迹传播到基层一线。

江苏省道德模范与身边好人现场交流活动在宜兴保利大剧院举行。以中国好人海澜卫士爱心志愿服务队、沈福才为原型创作的微电影在中国文明网展播，以中国好人俞斌为原型创作的现代锡剧《好人俞亦斌》在江苏大剧院参加“庆祝新中国成立70周年—江苏省基层院团优秀节目展演”。设计汇编《无锡道德名人传》连环画册，将近年来无锡涌现的道德

7月16日，江苏“时代楷模”周海江先进事迹发布仪式在南京举行

（市委宣传部 供）

名人事迹编辑成册，创新形式讲好模范故事。11月24日，江苏“时代楷模”华西村党支部书记吴协恩、红豆集团董事长周海江，与全国“时代楷模”卓嘎、央宗姐妹结对共建，为促进民族团结、增强民族情感，发挥典型示范作用，被誉为雪域高原“格桑花”在“茉莉乡”绽放。

（顾志坚　彭　伟）

【新时代文明实践中心建设】 2019年，成立由省委常委、市委书记李小敏任组长的无锡市新时代文明实践中心建设试点工作领导小组，依托无锡开放大学成立市新时代文明实践指导中心，组织江阴市、宜兴市新时代文明实践中心与江南大学马克思主义学院举行结对共建，协调江南大学成立全省首个新时代文明实践研究院。市（县）区一级成立由市（县）区委主要负责人任中心主任、党政主要负责人任志愿服务总队长的“1+2”领导机制，高位统筹推进全市新时代文明实践中心（所、站、点）建设。制定实施《无锡市新时代文明实践中心建设试点工作实施方案》，选定锡山区、惠山区全域，梁溪区、滨湖区、新吴区和经济开发区的八个街道（乡镇）、八个社区（村）作为新时代文明实践市级试点，以市委、市政府为民办实事的形式高标准建设200个新时代文明实践中心（所、站），全面完成第一批全国、全省、全市新时代文明实践中心建设试点工作任务，构建起全市文明实践网络，形成可复制、可推广的文明实践“无锡特色”。

（顾志坚）

【《无锡市文明行为促进条例》实施】 3月5日，组织开展《无锡市文明行为促进条例》正式实施暨第十七届学雷锋志愿服务活动月启动仪式。组织开展《无锡市文明行为促进条例》宣传月系列活动，市级主要媒体共计刊播报道超100余篇，推出20条宣传短视频进行全域播放和推送，《无锡日报》《江南晚报》刊登13个整版公益广告宣传画，策划举办两次大型全媒体问政直播节目《作风面对面〈条例〉宣传专场》与观众面对面进行现场答疑解惑，超4.5万余人收看。《无锡首部精神文明法规施行，正面激励负面治理双管齐下促社会文明》获省委网信办全省推送，省内外城市到无锡学习调研文明立法工作10余次。

（顾志坚）

【诚信建设】 2019年，无锡市通过《无锡市文明行为促进条例》明确单位和个人应当自觉践行诚实守信、勤勉敬业等文明行为。坚持问题导向，依托“智慧创建”体系、来信来访、“12345”热线等渠道汇总突出问题，并建立多部门联动机制，共同对失信被执行人予以信用帮扶。持续推进信用积分“诚信阿福分”，将各级身边好人、优秀志愿者、道德模范等先进典型数据汇总至市公共信用信息服务平台，计入个人阿福分。用好新时代文明实践中心（所、站、点）、市民学校、公益文化驿站等阵地，通过开展道德讲堂、经典诵读、论坛讲座、展览展示等形式，让诚信文化根植人心。

（顾志坚）

【文明城市创建】 1月31日，江苏省文明委发布2018年社会文明程度测评指数，无锡以89.23分夺取全省第一；宜兴、江阴两市测评指数分列全省63个县（市、区）第三位和第五位。3月7日，无锡市召开全市深化文明城市创建工作推进会，省委常委、市委书记李小敏作出批示，市委常委、宣传部部长袁飞出席会议并讲话，市领导朱爱勋、刘霞出席会议。群众性精神文明创建活动扎实推进。9月11日，江苏省文明委发布2016~2018年度省级文明家庭名单，无锡市八个家庭入选。12月7日，江苏省文明委公布2016~2018年度江苏省文明村镇、文明行业、文明单位、文明校园的决定，无锡市486个单位（村镇、社区、校园）受到表彰，数量位居全省前列。

（马新国　沈斐旻）

【未成年人思想道德建设】 2019年，围绕庆祝新中国成立70周年，部署开展“在国旗下成长”青少年征文大赛，无锡市三名学生获省级一等奖，无锡市获优秀组织奖。开展“你是我的英雄”网上讲故事征集展示活动，全市52所学校报送精品短视频500余个，《渡江第一船》等五个作品入围全国70个优秀短视频，数量居全省第二位。举办历时七个月的“做新时代好少年 与祖国共成长”无锡市第九届少儿文化艺术节，开展才艺比拼、非遗传承、征文演讲、书画展览、才艺表演等20余项艺术实践活动，吸引全市521所中小学校近20万名学生参与，充分展示无锡市青少年向上、向善、向美的精神风貌，为青少年健康成长赋能。在中国文明网主办的“童画新时代，手绘价值观”主题儿童画网上征集展示活动中，无锡市获优秀组织奖、一等奖（全省唯一）。中央文明办《未成年人思想道德建设简报》（2019年第3期）、《江苏精神文明建设》（2019年第7期）对无锡市开展“缤纷的冬日”寒假主题教育的经验作法给予刊登推介。

（邬永江）

【基层理论宣讲】 2019年，市委讲师团坚持政治引领，广泛开展宣讲活动。根据省市委统一部署，做好中共十九届四中全会精神省委宣讲团和市委宣讲团宣讲的组织协调工作。围绕新中国成立70周年等专题内容开展理论宣讲，全年共宣讲百余场次。在梁溪区开展“公益宣讲基层行”活动。在全市组织开展“共话祖国好，奋进新时代”微视频作品征集展示活动。举办全市基层理论宣讲骨干研讨班。在全市组织开展“百姓名嘴”风采展示活动，举办全市电视决赛，并选派两名选手参加全省总决赛，获二等奖，无锡市委讲师团获优秀组织奖。江南大学唐忠宝获“2019年全国基层理论宣讲先进个人”称号。

加强课题研究，着力提升宣讲高度。完成省社科基金专项课题《支持江苏现代农业高质量发展的财政政策研究》、市社科重点课题《无锡乡村振兴战略实现路径研究》、市党建基地课题《关于抓党建促乡村振兴的实践路径研究》、全市宣传思想文化战线调研课题《切实增强“四力”,打造过硬宣讲队伍》和《开展分众化、大众化理论宣讲,推动党的创新理论“飞入寻常百姓家”》。《对无锡首个乡村振兴讲习所的调研》获市第十届社科学术大会三等奖,《以“四力”建设为抓手锻造高素质宣讲队伍》获全市宣传思想文化工作创新项目优胜奖。

突出务实创新,积极拓展宣讲阵地。利用无锡宣讲网、无锡宣讲微博和微信公众号,拓展宣讲工作平台。负责思想云工作,全年发送信息1000多条。负责手机微学堂,全年编发30多期,累计发送短信5万多条。做好“学习强国”平台的建设管理工作。加强讲坛建设备案管理,全年市级讲坛共备案215场。

(肖复新)

统一战线

【概况】 2019年,全市统战工作坚持以习近平新时代中国特色社会主义思想为指导,全面贯彻中共十九届三中、四中全会精神,学习习近平总书记关于加强和改进统一战线工作的重要思想,牢牢把握大团结、大联合主题,坚持围绕中心、服务大局,注重凝聚共识、汇聚力量,开展“五提升、五拓展”活动,在建设“强富美高”新无锡、当好全省高质量发展领跑者征程中,彰显统战优势,发挥积极作用。年内,市民族宗教局被国务院表彰为“全国民族团结进步模范集体”,惠南社区党总支书记胡晓春被表彰为“全国民族团结进步模范个人”。

(姚静芳)

【巩固多党合作思想政治基础】 2019年,市委统战部在全市统一战线广大成员中持续开展特色鲜明的学习教育活动,全面加强对党外代表人士的政治引领。举行庆祝新中国成立70周年暨多党合作制度确立70周年座谈会,授予70个集体和个人“同舟之星”称号,在畅谈伟大成就中增强坚定走中国特色社会主义道路的政治自觉。推动民主党派、无党派人士开展“不忘合作初心,继续携手前进”主题教育活动,扎实开展“五大行动”,组织党派结对共建活动,在回顾统一战线团结合作光辉历程中增强坚持中国共产党领导的政治自觉。举办县处级党外领导干部“守初心、担使命”暑期专题学习班、新时代参政党建设理论研修班、民主党派新成员培训班等,帮助他们提高政治站位,在认清新时代历史使命中增强落实“两个维护”的政治自觉。

(姚静芳)

【参政议政、民主监督】 协助市委制定《2019年度政党协商计划》,围绕“保持经济平稳健康发展”和“加快发展现代服务业”两个专题,组织各民主党派、工商联、无党派知联会开展专题调研。协助市委召开专题民主协商会,广泛听取党外代表人士的意见建议。市委主要领导和有关市领导评价调研报告“情况掌握比较实,问题把握比较准,分析客观中肯,意见积极可行”。围绕年度中心工作做好民主监督调研,形成两期民主监督专报送市主要领导参阅。召开党风廉政建设工作通报会等会议,落实重大事项向党外人士通报制度。

(姚静芳)

【党外代表人士队伍建设】 制定出台《无锡市贯彻〈民主党派代表人士队伍建设规划(2018~2027)〉实施方案》,明确民主党派代表人士队伍建设总体要求、工作目标和具体举措。大力实施党外干部队伍建设“321人才计划”,全面加强党外干部队伍教育培训,着力提升党外代表人士“五种能力”。着眼2021年民主党派换届和2022年人大、政府、政协换届,全面分析梳理党外干部队伍建设中存在的不足,有针对性地做好人才储备工作。加大党外干部培养选拔力度,先后提任正处职两人、副处职四人、交流副处职两人。

(姚静芳)

【“民族团结进步强化年”活动开展】 2019年,市委统战部在全市深化民族团结进步教育,利用庆祝新中国成立70周年契机,宣传中共民族政策,举办民族文化艺术节,创排舞剧《天山魂》,承办全省民族健身操比赛,代表江苏省组队参加全国少数民族传统体育运动会,巩固全市53个民族团结奋进的良好局面,铸牢“中

10月14日,无锡市统战系统干部核心能力提升班参观广东改革开放40周年展览

(市委统战部 供)

华民族命运共同体意识”。

（姚静芳）

【宗教事务管理】 2019年，无锡市坚持宗教中国化方向，抓好中央和省宗教工作督查反馈意见整改，围绕督查提出的“6+4”10个方面问题，制定整改工作方案，提出40条整改措施，年内全部整改到位。扎实开展宗教活动场所安全工作专项整治行动，排查隐患621处，整改问题616个。指导市佛协配合相关部门做好佛教场所文物的维护修缮，指导道协承办江苏省第四届道教艺术节暨第二届太湖论道活动。指导宗教团体全面加强自身建设，圆满完成市伊协、市天主教爱国会、市基督教“两会”换届工作。在长三角三省一市学习贯彻习近平总书记关于加强和改进统一战线工作的重要思想研讨会上，就《坚持引导与管理并重，着力提高宗教工作水平》为题作了大会交流发言。成立市普明慈善基金会，持续打造“惠源慈善基金会”等宗教慈善公益品牌，积极参与扶贫开发工作，累计向社会捐款捐物价值4000多万元，无锡市宗教慈善工作持续走在全省前列。

（姚静芳）

【非公有制经济促进】 2019年，市委统战部协助制定无锡市《关于促进民营经济高质量发展的实施意见》，26家民企入围“2019江苏民营企业百强”，29家民企入围“2019江苏民营企业制造业百强”，入围企业数双双位列全省第一。举办第二届江苏发展大会无锡行暨第四届全球锡商大会，签约投资项目18个，总投资额412.93亿元，大会首次设立“无锡市十大杰出乡贤奖”。举办“改革再出发、领跑新时代”提升五个能力培训班、“守初心、担使命、争当领跑先锋”主题培训班、无锡市青年企业家基业长青“创二代”培训班，引导非公经济人士健康成长。红豆集团被全国工商联授予“全国非公有制经济人士理想信念教育基地”称号，周建平等两人获“全国第五届非公有制经济人士优秀中国特色社会主义事业建设者”称号。创建“1+N”服务新机制，打造共建共享的“锡商e家”智慧政企服务直通车云平台，并在第四届全球锡商大会上正式启动上线。组织参与“百企帮百村”精准扶贫行动，筹集30万元扶贫连云港两个贫困村，帮扶结对的20个村全部脱贫。对接东西部扶贫协作，组织民营企业参加“青洽会”“西洽会”，超额完成扶贫目标任务。持续推进感恩社会光彩公益“百千万工程”，民营企业参与光彩事业项目35个，产业扶贫、实业扶贫、教育扶贫、消费扶贫累计1亿元。制定印发《关于促进工商联所属商会改革和发展的实施方案》。推进非公党建“雁阵计划”和“商会党建联盟”，打造商会“党员之家”新品牌。推动成立“无锡市法联商会商事调解中心”，建立法企联系协作联席会议制度，形成多元化解商事纠纷的新机制。

（姚静芳）

【党外知识分子工作】 2019年，市委统战部在党外知识分子中组织开展“弘扬爱国奋斗精神、建功立业新时代”十项行动，组织全市无党派人士开展“不忘合作初心，继续携手前进”主题教育活动，赴贵州遵义进行革命传统教育，到内蒙古自治区兴安盟开展医务人员业务培训、幼教扶持等活动，引导广大无党派人士增强爱国奋斗、建功立业意识。组织全市新阶层人士拍摄快闪《我和我的祖国》，并登上学习强国，有效扩大无锡市新阶层人士工作的影响。组织无党派知联会围绕“为实体经济企业提供良好营商环境”和“打造休闲服务品牌，促进体育产业发展”开展专题调研，形成高质量调研报告。围绕“推动科创资源共享，助力长三角更高质量一体化发展”参加长三角三省一市党外知识分子主题论坛，为无锡市主动融入长三角一体化发展大局贡献智慧力量。

（姚静芳）

【新的社会阶层人士统战】 2019年，市委统战部按照“五有八平台”标准，精心打造“无锡新英汇”新阶层人士实践创新基地工作品牌。“香山书屋”和“桃缘新联盟”被中央统战部确定为2019年新阶层人士统战工作实践创新基地重点项目，同时建成4个省级、19个市级、36个县级新阶层人士实践创新基地。省委统战部在无锡市专门召开新阶层人士实践创新基地建设推进会，中央统战部六局局长等专程到无锡调研创新基地建设工作，中央统战部《统战工作》以《无锡强化实践创新基地建设，筑牢新的社会阶层人士统战工作》为题，介绍无锡市的经验做法。实施新阶层人士“十百千”培训工程，组织市新联会理事赴陕西开展“无锡新英汇”新阶层代表人士培训班，指导市新联会各专委会、县区新联会搞好学习培训活动，累计培训300余人次。召开网络人士统战工作座谈会，加强网络代表人士队伍建设，引导他们积极传播“正能量”。

（姚静芳）

【大统战格局构建】 2019年，市委常委会全年研究统战工作六次，市委统一战线工作领导小组、市民族宗教工作领导小组召开专题工作会议三次，党对统战工作的集中统一领导制度得到有效加强。制定印发《关于建立完善市委统战部同党外知识分子、非公有制经济人士谈心交流制度的实施意见》，健全落实市级中共党员领导干部与党外代表人士联谊交友制度，全年开展联谊交友活动20余次。扎实开展“不忘初心、牢记使命”主题教育，牢牢把握“守初心、担使命、找差距、抓落实”总要求，聚焦“不忘初心、牢记使命”主题，做到“规定动作做到位、统战特色有体现”。把统战工作纳入全市党的建设年度综合考核，纳入各市（县）区委领导班子和领导干部述职内容，其中量化指标占比达70%以上，推动各级党委履行主体责任，确保统战工作落到基层、落到实处。扎实推进统战理论和实践创新工作，立项并完成25个统战理论研究和创新招标课题，其中《“一带一路”沿线国家新侨社团发展现状研究》作为省委统战部联合调研论文，获全国统战理论政策研究创新成果一等奖。精心组织参加省委统战部“深入学习研究和贯彻落实习近平总书记关于加强和改进统一战线工作的重要思想”主题征文活动，获一、二、三等奖各一篇。开展“壮丽70年、奋进新时代”庆祝新中国成立70周年征文活动。信息工作连续六年在全省统战系统名列第一。

（姚静芳）

侨务及港澳事务

【概况】 2019年，市侨办认真贯彻侨务工作法律法规和中共侨务方针政策，依法维护归侨侨眷、华侨华人、港澳同胞合法权益，深化与华侨华人、港澳同胞的联络联谊，推动涉侨涉港澳经济、科技、文化和教育等合作交流。年内，宜兴经济技术开发区、惠山留学归国人员创业园、江南大学、江阴市澄江街道文定社区、梁溪区金星街道朗诗社区被省委统战部评为“全省基层侨务工作优秀单位”。

（毕　杰）

【侨胞与港澳同胞合法权益维护】 2019年，市侨办加强侨法宣传普及，开展“12·4”广场法律宣传，推进“侨法宣传角”基层阵地建设，营造依法护侨的良好社会氛围。帮扶困难归侨侨眷，发放各类补助款26.67万元。推进“放管服”改革，落实下放涉侨行政权力事项，为四名“三侨生”（归侨学生、归侨子女和华侨在国内的子女）办理身份认定。办结来信来访36人（件）次，维护侨界人士的合法权益。扎实推进侨务工作进“三区”（园区、校区、社区），从思想引领、生活服务、事业帮扶等方面健全双向服务机制。开展侨资及港澳资企业走访活动，宣传中央和省、市对安全生产的工作要求，贯彻落实《江苏省保护和促进华侨投资条例》，组织召开侨胞及港澳同胞创新创业座谈会，做好排忧解难工作。

（毕　杰）

【海外文化交流】 年内，市侨办加强与海外华文媒体合作，刊载无锡宣传专版五期，分别为美国《侨报》“高质量发展锡商竞风流”专版、法国《欧洲时报》“‘一带一路’中的无锡作为”专版、澳大利亚《大洋日报》“无锡经济开发区凭何成为人才创新走廊建设的重要平台”专版、日本《中文导报》“合力开创江南盛地无锡的灿烂明天”专版、巴西《南美侨报》“太湖佳绝处最美在滨湖”专版，对外传播无锡城市形象。参加由省委统战部、省教育厅等主办的第二届“华文创想曲”海外华裔青少年创意作文大赛，20余篇作品获奖，无锡波士顿国际学校获组织奖。推荐优秀摄影作品参加由省委统战部、省摄影家协会主办的2019年度“水韵江苏”摄影图片展作品征集活动，57幅作品获奖。选派连元街小学、宜兴丁山实验小学两位教师赴美国旧金山参加为期半个月的华文教师交流团。发挥惠山古镇等“省中华文化海外交流基地”作用，加大对中华优秀传统文化的宣传推广，牵线惠山古镇与马来西亚马六甲历史街区鸡场街签约为友好街区。

（毕　杰）

12月27日，首届“无锡侨界慈善之星”授荣典礼举行，图为颁奖环节现场

（市委统战部　供）

【侨界联谊交流合作】 2019年，市侨办围绕“两新两重”（新华侨华人、华裔新生代和重点人士、重点社团），加强海外联络联谊，邀请和接待加拿大中华青年企业家协会商务交流团、美国加利福尼亚州圣贝纳迪诺市长访问团、澳中经贸促进会等到无锡参观考察。邀请组织专业性强的高层次人才团队，以分批次、小规模的形式，到有关园区开展洽谈合作，推动园区与海外专业社团建立长期合作机制。欧美精英创业家协会高层次人才江苏行（江阴）洽谈会在中国国际人才市场江阴市场举行，30名欧美高层次人才与海内外知名创投代表，江阴市相关企业和院校代表100余人参会，就创新创业及企业转型升级开展交流洽谈。

（毕　杰）

【首届“无锡侨界慈善之星”授荣典礼】2019年12月27日，由市委统战部、市侨办、市侨联主办的首届“无锡侨界慈善之星”授荣典礼暨侨界迎新联谊会举行。该活动旨在褒扬与宣传侨界热心公益、造福桑梓的义举，加强侨界联谊交流，做好华侨华人、归侨侨眷和港澳同胞的团结引领工作。唐英年，荣智健，荣鸿庆、荣智权、荣康信祖孙，丁午寿、丁天立父子，华季平，谢菊宝，戚浩明，费玉樑，姚微明十二位爱心人士被授予“无锡侨界慈善之星”人物奖；荣毅仁教育基金、江南大学君远学院、陈氏满珍林、唐翔千卓越工程师奖、唐鹤千卓越青年文化创意人才奖五个慈善项目被授予“无锡侨界慈善之星”项目奖。授荣典礼上，无锡市荣誉市民、香港金轮集团董事局主席王钦贤捐赠200万元，用于梁溪区黄巷街道社区卫生服务中心中医馆建设。

（毕 杰）

【无锡市欧美同学会成立】 2019年12月20日，无锡市欧美同学会（无锡市归国留学人员联谊会）成立。中国工程院院士、江南大学副校长陈卫当选为首任会长。副会长为曹洪海、夏加增、陈敬华、东为富、宋政平、张宇蔚、吕国忠、曹克波、谢乾、沈于蓝、虞晓枫、尹晓明、陈博、周千翔、孙天涯。首届无锡市欧美同学会会员510名，其中理事130名，主要来自英国、美国、澳大利亚、加拿大、德国、日本、法国、新加坡等25个国家的留学归国人员。理事构成呈现“学历高、年龄小、领域广”的特点，硕士以上学位占94.6%，青年（45岁以内）占76%，涉及高校、科研院所、智能制造、生物医药、新能源、新材料、金融投资、教育、卫生和服务等各个领域。

（毕 杰）

调查研究

【概况】 2019年，市委研究室紧扣服务全市高质量发展大局目标任务，聚焦市委中心工作，切实履行职能职责，着力加强前瞻研究、系统思考，为市委把握大势、驾驭大局、谋划大事提供科学依据。全年共编发《决策参考》17期、《情况与建议》七期、《改革动态》28期，组稿《无锡导刊·改革进行时》12期，制作播出《改革进行时》新闻专栏18期，多篇材料在省委《江苏通讯》《调查与研究》《江苏改革简报》等内参平台刊发，许多重大课题和研究成果在全市产生积极影响。

服务市委决策。市委研究室持续聚焦中心谋服务，先后起草市委主要领导在市委深改委会议、市委财经委会议、市委常委会集中学习会、省委常委会调研成果交流会上的讲话，以及中央统战部主要领导到无锡考察的汇报材料等一批重要文稿，努力以高质量文稿体现高质量服务。根据市委工作安排，牵头制定文化产业高质量发展若干政策、三年行动计划（2019~2021）等一批重要政策文件，牵头开展市委“十四五”规划建议起草相关准备工作，承担省委巡视整改落实工作方案、庆祝新中国成立70周年成就展相关文字材料等重大专项任务，推动市委重大决策部署落地落实，有力服务全市高质量发展大局。

以调研促综合协调。市委研究室探索以调查研究切实服务市委对改革、财经工作领导的体制机制创新，全面推进落实中央和省、市委关于党管改革、党管财经的决策部署，努力为无锡高质量发展提供服务保障。制定市委深改委2019年《工作要点》，配套出台《细化实施方案》，明确九个方面25条173项年度改革任务；制定《2019年重点改革任务专项调研计划》，组织完成五个重点改革专项调研课题，得到市委、市政府主要领导批示肯定五次，市委分管领导批示五次，部分成果直接转化为市委、市政府决策；推动各专项小组完成重点改革专项调研课题13个。切实发挥财经工作职能，建立健全财经工作机制，加快推进市委财经办的组建和运转，制定市委财经领导机构和工作机构制度规范，在全省率先出台财经办成员单位联络员工作制度，健全成员内部沟通联络机制，定期召开市委财经办联络员会议，有效推动市委财经办各项工作步入正轨。

（黄 沛）

【重点课题调研】 2019年，市委研究室把调查研究作为强化以文辅政、当好参谋助手的重要手段，把握经济社会发展阶段性任务，紧紧围绕市委年度重点工作开展重点调研，研究提出一批科学合理、务实可行的对策建议，有力推动调研成果转化为工作实绩。聚焦谋划全市发展大局，形成《关于加快推动无锡市融入长三角区域更高质量一体化发展的调研报告》等战略调研报告；着眼高质量发展新实践，形成《关于推进无锡市工业企业资源利用绩效评价工作的调研和思考》《从“化工之乡”到“国家生态镇”—宜兴市周铁镇转型发展的探索与实践》《关于推动胡埭工业园高质量发展的调研思考》等实践调研报告；紧扣新经济新业态发展趋势，形成《无锡：致力打造数字影视产业新标杆》《强化资本赋能，共建创新生态—关于无锡市创业投资发展情况的调研报告》等专题调研报告。多篇调研报告得到市委、市政府主要领导批示肯定，既为市委决策及时提供思路参考，又推动全市相关领域工作的开展。

（黄 沛）

涉台事务

【概况】 2019年，无锡市涉台事务战线学习贯彻习近平总书记关于对台工作的重要论述，落实上级决策部署，围绕全市经济社会发展大局，拓展深化以经贸合作为重点的无锡台湾各领域交流合作，各项工作取得良好成效。年内，无锡市委台办被评为“省台办系统先进集体”。

全年新批台资项目45个，新增协议注册台资5.88亿美元，实际到位台资2.32亿美元。全市台资企业增资项目18个，协议增加注册台资1.02亿美元。全市因公赴台团组266批、919人次，其中，经贸团组35批、222人次，交流团组55批、340人次，商务团组176批、357人次。

年内，无锡市举办《告台湾同胞书》发表40周年纪念座谈会。编印《改革开放以来无锡对台工作》白皮书；编印《最是橙黄橘绿叶——四十年·四十个锡台故事》书籍。与电视台、报社等媒体合作，以摆事实、讲历史的方式积极宣传对台工作政策与成效，讲好海峡两岸命运共同体故事。

（戚建伟）

【首家台资银行落户无锡】 年内，上海商业储蓄银行无锡分行获国家银保监会批准设立，落户新吴区，这是首家台资银行落户无锡。

（戚建伟）

【一批台企（商）获政府性表彰】 2019年，围绕无锡创新驱动核心战略和产业强市主导战略，全市对台工作系统紧扣高质量发展要求，加强无锡台湾产业界沟通对接，优势互补，推动两地产业融合发展，无锡台企经营持续稳定向好。年内，夏普电子、瀚宇博德、健鼎电子、荣成环科位列无锡纳税百强企业；见龙投资、三能器具、台宜陶瓷获第二届江苏省政府"紫峰奖"；健鼎电子、吉兴汽车部件分别获"产业强市贡献奖""科技创新型贡献奖"称号。台商焦佑伦获无锡市首届"十大杰出乡贤"称号。

（戚建伟）

【文化交流活动】 2019年，共邀请台湾新北市里长联谊总会、新北市基层社区、北台湾青年交流协会、宜兰县妇女团等团组32批1130人次到无锡交流。先后组织开展"女书缘两岸情"无锡台湾妇女交流活动、无锡台湾现代社区建设交流会、第二届"百灵之声—无锡台湾青少年合唱音乐会""笛声飞扬 乐融两岸—无锡台湾音乐会"、第九届"太湖风两岸情"青少年棒球交流活动、"台湾学子看无锡""环太湖文化周"等活动，促进两地感情认知、文化认同，深化无锡台湾两地文化、教育、体育、社区等领域的交流合作。特别是"江南盛地·大湖美—无锡文化旅游交流演出暨锡韵流芳—无锡非遗文化交流展"在台湾佛陀纪念馆的献演，是继2018年在佛光山举办"江南锡韵—无锡非物质文化遗产展览"后第二次入岛展出，为台湾民众了解中华文化的博大精深和无锡城市的文化底蕴及吴地文化提供良好契机，其中，"百灵之声—锡台青少年合唱音乐会"、"环太湖文化周"被列为国台办重点交流项目，先后完成八个国省级台办重点交流项目。

（戚建伟）

【台胞服务】《台胞在锡工作生活百事通》集政策性、实用性于一体，通过问答的形式，对台胞出入境、在无锡学习生活、就业社保、购房租房、交通出行、消费购物、海峡两岸婚姻家庭七个方面190个问题进行简明扼要、通俗易懂的说明，呼应在无锡台胞日常实际需求，也为基层台办提供业务工作参考，打通服务台商"最后一公里"，在助力无锡优化营商环境方面发挥积极作用。拍摄落实"66条实施意见"政协话题宣传片，拍摄和采编"台湾美食在无锡""台湾青年创业在路上""党建联盟在无锡"专题片和专版，凝聚台胞力量，形成维护和平发展、推进祖国统一的良好氛围。

（戚建伟）

2019年6月，"笛声飞扬 乐融两岸"第二届"百灵之声"锡台青少年合唱专场音乐会在市少年宫举办（刘国锋　摄）

保　密

【概况】 2019年，全市保密系统贯彻落实中共十九大和十九届四中全会精神，持续推进保密事业"十三五"规划在无锡的落实发展。按照市委办公室、市政府办公室《关于进一步加强保密工作的通知》要求，推动各项保密工作任务的开展。通过组织开展保密宣传月、举办全市保密干部培训班、保密业务工作培训班、保密知识讲座和保密法治广场宣传日等活动，提升全市保密干部的能力素质。通过规范涉密人员管理、计算机信息系统管理、国家秘密事项的管理等，为形成"基本防控力"打下基础。通过为重要会议重大活动提供保密技术服务保障、为企业发展提供业务咨询与辅导、为党政机关提供涉密载体回收销毁服务等，为保障全市发展大局作出贡献。

（陈爱强）

【保密宣教】 2019年，无锡以"保密伴我行，护航新时代"为主题，在全市范围内部署开展"举办一次集中学习、组织一次保密展览、进行一次保密宣传教育作品征集评比、开展一次媒体宣传、组织一次保密知识竞赛”的保密宣传月活动，先后举办两期全市保密干部培训班和一期全市保密业务工作培训班，为市管领导干部轮训班、军转干部培训班、初任公务员培训班和市委市级机关工委、市公安局、江南大学、国联集团以及乡镇、街道和军工企业、涉密印刷资质单位等机关单位开展保密讲座30多场次，450多家机关单位1.9万多人接受保密教育。在全国保密作品征集活动中，无锡市“密而不宣”微视频获三等奖。

（陈爱强）

【保密监管服务】 2019年，无锡市保密局为全市两会、市委常委会议等涉密会议和活动提供保密技术服务保障近70场次，出动设备250多台次。规范涉密载体回收销毁工作，提升服务质量，全年为各机关单位回收销毁各类保密废纸900多吨，各类计算机、打印机、传真机、复印机、扫描仪一万多件，硬盘7000余个，硒鼓、光盘2300多公斤。秉持“服务为先”理念，贯彻“服务基层，服务企业，服务中心工作”的宗旨，做好企事业单位申请军工保密资格、涉密集成资质、涉密印刷资质的指导服务工作。全年为各机关提供保密业务咨询服务900余人次，为近40家机关部门和60家企业提供相关政策和保密业务咨询，为35家保密资格（资质）申请单位提供50多次、130余人次的上门辅导服务，帮助全市30家单位通过省认定委的保密资格现场审查，取得武器装备生产科研单位保密资格，两家单位分别取得涉密信息系统集成甲级和乙级资质。

（陈爱强）

【保密检查】 年内，无锡市保密局组织开展机关单位保密自查自评专项督查、重要军事设施周边环境安全与隐患整改情况的跟踪督促，以及中高考、司法、卫生专业技术、医师资格等国家统一考试前的保密检查，做好资格（资质）单位复查和回头看检查。依托相关监管平台对全市党政机关、涉密单位的涉密计算机进行实时动态监控，对150多个重点党政机关和涉密单位网站发布的信息进行针对性保密检查。

（陈爱强）

机构编制管理

【概况】 2019年，全市机构编制部门围绕市委、市政府决策部署，落实归口管理工作要求，服务全市中心工作和高质量发展，完成以机构改革为重点的各项工作任务，整合基层审批服务执法力量改革稳步推进，事业单位改革取得新进展，重点领域改革不断深化，机构编制管理规范加强，较好履行机构编制部门工作职责。年内，江阴市徐霞客镇“1+4”改革经验入选中央组织部组织编写的《贯彻落实习近平新时代中国特色社会主义思想在改革发展稳定中攻坚克难案例》丛书，成为全党“不忘初心、牢记使命”主题教育和全国领导干部教育培训的教学案例。

（鲁 超）

【新一轮党政机构改革完成】 1月5日，《无锡市机构改革方案》经省委、省政府审核批准后以省“两办”名义印发实施。1月9日，全市机构改革工作动员部署会议召开，无锡市作为区域内起辐射带动作用的中心城市，共设置52个党政机构，人员转隶、机构组建等改革工作稳妥有序推进。2月11日，市委、市政府举行市级党政机构组建成立大会，为改革后的党政机构集中授牌，新的机构职能体系开始运行。3月底前，市级部门“三定”规定印发实施。压茬推进市（县）区机构改革。5月上旬，市县两级机构改革通过省机构改革领导小组办公室评估验收。结合深化党政机构改革，优化群团机关管理，除工青妇机关明确使用行政编制外，其他群团机关一律使用事业编制，市法学会、欧美同学会纳入群团机关管理，宗教团体不再作为群团机关管理。调整110家事业单位的隶属关系。完成社保中心、医保中心分设工作。

（曾照英）

【3个市级相关部门派出机构设置】 2019年，按照机构改革部署要求，市委编办做好市自然资源和规划局、市生态环境局、市医疗保障局派出机构设置工作。制定、印发《无锡市自然资源和规划局派出机构设置方案》，调整优化派出分局设置。根据环保垂管体制改革部署要求，统一上收原各市（县）区环保系统相关机构编制，制定、印发《无锡市生态环境局派出机构设置方案》。结合无锡市实际，设立市医疗保障局市区分局，作为市医疗保障局派出机构。

（孙 森）

【《关于完善义务教育教职工编制保障的若干意见》出台】 2019年，市委编办针对编制区域分布不平衡、结构性缺编、编制使用效益不高等问题，会同市教育、财政、人力资源社会保障部门研究制定《关于完善义务教育教职工编制保障的若干意见》。12月10日，意见经市委编委第三次会议研究通过后印发实施。意见在全省率先实行义务教育学校教职工编制标准核定、单列管理，构建“以县为主、市域调剂、动态调整”的编制管理新机制。

（李 颂）

【“一局四中心”改革完成】 2019年，为顺应深化党政机构改革、推进转变政府职能的新形势新要求，根据市委、市政府专题会议及领导指示精神，市委编办组织研究、制定为企业服务相关事业单位（市招商局、市外商投资企业服务中心、市企业金融服务中心、市企业科技创新服务中心、市中小企业发展服务中心）整合优化实施方案。经6月1日市委编委会议审核通过后以市委编委名义印发实施。

（李 颂）

【行政权力事项清单调整】 2019年，市委编办根据省委编办《关于对江苏省行政权力清单进行动态调整的通知》要求,结合无锡市党政机构改革部门职责调整实际,对市政府各部门权力清单进行动态调整,经全面梳理、集中审核、征求意见、合法性审查等环节,形成2019年版“无锡市政府各部门行政权力事项清单”和“无锡市市设权力事项清单”,共载列行政权力事项7328项,其中省标准化权力事项6996项,依据无锡市地方性法规设立的市设权力事项332项,并以市委编办名义印发实施。

(高道峰)

【审批服务便民化推进】 2019年,无锡市督促指导、推动落实《关于进一步深化“放管服”改革加快推进审批服务便民化的实施意见》。市委编办组织做好2018年度全省高质量发展营商环境评价工作,以审改办名义印发《优化营商环境十大行动方案》。深化相对集中行政许可权改革,指导宜兴市、锡山区、惠山区、滨湖区等地成立行政审批局,实现市、县两级行政审批局全覆盖。加快推动锡山经济技术开发区等有条件的省级以上开发区组建行政审批局。按照省部署要求,推动梁溪区、新吴区等地规范集中事项、配齐配强人员力量。江阴市、梁溪区等地行政审批局完成第二批相对集中行政许可权事项集中工作。

(茜 坤)

【无锡经济开发区赋权】 2019年,市委编办按照市委、市政府优化调整太湖新城管理体制决策部署,以“行政许可为主体的政务服务事项和城市管理、市场监管、公路运输等方面的监管执法事项全部由无锡经济开发区承接,其余事项由市级相关部门覆盖”为赋权原则,会同市各有关部门做好无锡经济开发区赋权工作。2月,无锡经济开发区赋权事项清单经市政府第45次常务会议审议通过后,以市政府名义报请省政府审批。为保障无锡经济开发区正常履职需要,在省批复前,采取委托形式赋予无锡经济开发区行使相关权力。

(茜 坤)

【清理规范事业单位法人】 2019年,市委编办根据江苏省事业单位登记管理局印发的《关于开展登记状态为“已冻结”“已废止”事业单位法人清理规范工作的通知》精神,对无锡登记状态为“已冻结”“已废止”事业单位法人开展集中清理规范活动,涉及全市相关事业单位204家(含市本级97家)。年内,完成188家“已冻结”“已废止”事业单位清理工作,完成率92.16%。

(高天颖)

【无锡市第一家省属科研类事业单位】 2019年,根据江苏省事业单位登记管理局(以下简称省登记局)《关于从全省科技小巨人企业中遴选一批“小巨人+院士”科研单位登记为省属科研事业单位的通知精神》,经市委编办对符合条件的意向企业进行筛选和省登记局初审,无锡中科光电技术有限公司申报的“江苏中科大气生态环境技术研究院”成功入选“候选名单”。12月19日,江苏中科大气生态环境技术研究院获省事业单位登记管理局颁发的“事业单位法人证书”,成为无锡市第一家省属科研类事业单位。

(徐晨立)

机关党建

【概况】 2019年,市级机关各级党组织坚持以习近平新时代中国特色社会主义思想为指导,认真贯彻新时代党的建设总要求,落实习近平总书记在中央和国家机关党的建设工作会议上的重要讲话精神,以政治建设为统领,以服务高质量发展为导向,以“争当领跑先锋”行动为抓手,推动机关党建质量实现新提升。至2019年年底,市级机关共有直属党组织88个,下辖党的基层组织1113个,其中,党委67个,党总支69个,党支部977个,党员16794人。

(李 娟)

【政治建设】 2019年,无锡市委深入贯彻《中共中央关于加强党的政治建设的意见》,把旗帜鲜明讲政治的要求贯穿始终。市级机关工委严格党内政治生活,加强党内政治文化建设,倡导党员过“政治生日”等政治仪式,党员领导干部参加双重组织生活率达到95%以上。完善党建责任体系,制定党组(党委)落实机关党建领导责任清单,健全党

2019年6月26日,市级机关举办尚贤读书会活动(市级机关工委 供)

组(党委)领导机关党建、机关党组织负责机关党建、党支部落实机关党建三级责任体系。落实"三级联述联评联考"[部门结合实际,制定党组(党委)领导机关党建、机关党组织负责机关党建、党支部落实机关党建的"三级责任清单",落实基层党支部向上级党组织述职、机关直属党组织负责人向党组(党委)和市委市级机关工委述职制度]机制,层层传导履行党建责任的压力。开展"不忘初心、牢记使命"主题教育。把扎实开展主题教育作为提升市级机关党建质量的基础工程,着力提升基层党组织的组织力、突出政治功能,做到理论学习深入系统,调查研究针对病症、问题检视深刻到位、整改措施有效落实。

(李　娟)

【思想学习】 2019年,市级机关工委编发系列专题学习资料,及时跟进学习习近平总书记最新重要讲话精神,开展学习中共十九届四中全会精神宣讲活动。利用"尚贤读书会"等平台阵地,总结交流学习经验,促进学习成果转化。全面推广"学习强国"平台,市级机关学员占党员总数比、参与度均列全市第一。落实意识形态工作责任制,将意识形态工作纳入机关党建年度目标任务、党组(党委)中心组学习、党员干部教育培训和机关党组织述职评议内容。组织市级机关74家单位821名市管干部观看学习警示教育片。开展由73家部门单位6683名党员干部参与的思想状况调查,提出加强机关思想政治教育对策建议。加强核心价值观引领。学习党史、新中国史、改革开放史、社会主义发展史和红色经典,会同市委宣传部开展庆祝新中国成立70周年歌会等系列活动。市级机关工委"七个一"[即一刊(无锡机关党建杂志)、一网(无锡机关先锋网)、一微(无锡机关党建微信公众号)、一角(市民中心读书角)、一会(市级机关尚贤读书会)、一节(机关文化节)、一册(机关党组织学习参考资料)]阵地建设获评全市宣传思想文化创新工作奖。组织学雷锋、服务物博会等志愿活动。指导办好摄影、歌唱等10个俱乐部和特色班,推动机关文化健康发展。

(李　娟)

【"争当领跑先锋"行动】 2019年,市级机关工委坚持目标引领、载体推动。着重在学习贯彻新思想、推动发展进位、提高服务效能、深化改革创新、推进强基固本和作风纪律建设六个方面,引导市级机关党组织和全体党员争当领跑先锋,创设"想干事、善谋事、会做事、能成事"讨论等六大活动载体推进落实。坚持思想引航、以知促行。把学习新思想作为激发思想解放的动力。围绕无锡当好全省高质量发展领跑者目标,组织机关党员干部对标新发展理念,对标国内先进地区和同行业先进标杆,查找差距和不足,落实工作赶超目标。坚持典型引导、争创特色。开展"争当先锋、岗位领跑"主题党日和"党员亮身份、支部创品牌"等活动,选树50个"先锋党支部"、100名"领跑先锋"典型。举办"服务高质量发展、争当领跑先锋"图片展,召开新闻发布会,集中宣传一批优秀党员、优秀党务工作者和先进基层党组织,营造创先争优浓厚氛围。"争当领跑先锋"行动被省委省级机关工委作为党建服务中心工作创新案例。

(李　娟)

【基层组织建设】 2019年,市级机关工委推动党支部标准化、规范化建设,通过典型推介、互学互查、载体创新等方式推动党支部建设"活起来"。积极探索支部建在窗口、站所、处室,在工作一线构筑战斗堡垒。加强日常调研督导,规范"三会一课",推动35个机关基层党组织如期换届。把好入口关,全年发展党员125名。加强党员教育管理,完善党内帮扶关爱机制。推进党务干部专业化建设。分级举办六期900多名党务干部参加的专题培训班,开展机关党务知识竞赛。推动机关党员人数50人以上的部门党总支设置专职副书记,全面落实基层党支部书记由处室主要负责人兼任机制。配合机构改革抓好党建工作。对涉改的机关部门,指导做好党组织的调整、优化和新建等工作,按计划全面建立机关党建组织体系、工作体系、制度体系和责任体系。完善党建工作划片管理机制,指导开展"党建示范带"建设。坚持党群共建,指导群团组织开展"建功新时代"系列活动,加强对困难职工关爱,发放慰问金、慰问品折合人民币78.65万元。

(李　娟)

【作风纪律建设】 2019年,无锡市加大正风肃纪力度,积极开展"5·10"崇德倡廉主题教育月活动。完善审理派驻组移送案件程序,市级机关纪监工委审理违纪违法案件10件。对中央和省市委巡视巡察反馈意见中涉及机关党建的共性问题,积极调查分析,推进整改。加强机关满意度评价。督促70余家市级机关单位对2018年度高质量发展社会评议中群众反馈意见进行整改。完善2019年综合考核社会满意度评价方案,评价机制更科学,评价成效更明显。推进形式主义、官僚主义集中整治。按照为基层减负要求,重点解决党建工作中重"痕"不重"绩"、留"迹"不留心等问题,在市级机关集中清理App、微信工作群1697个。深入联系群众,扎实做好"阳光扶贫"入户走访工作。

(李　娟)

党　校

【概况】 至2019年年底,中共无锡市委党校(无锡市行政学院)有教职工87人,专职教师20人,其中副教授以上职称11人,同时聘请一批国内专家、学者、企业家和市有关方面领导担任兼职教授。市委党校挂有无锡市社会主义学院、无锡市国防教育学院、中央党校无锡科研基地、中央社会主义学院主体班教学基地、江苏省高层次创新创业人才培训基地、江苏省社会科学院无锡分院、苏南发展研究院等牌子。设有基本理论教研室等5个教研业务机构和教务处等11个管理机构。同时设有中共无锡市委党校（无锡市行政学院）梁溪区分校（分院）、滨湖区分校（分院）、新吴区分校（分院）。学校图书馆藏书近7万册，常年订阅报刊350种。学校实际占地6.14公顷，建筑面积2.39万平方米，能同时容纳近千人学习培训。年内，被评为“无锡市‘十三五’公共机构能源资源节约规划中期评估考核先进单位”。

（刘周一叶）

【干部培训和理论宣讲】 2019年，市委党校共举办市管干部“深入学习贯彻习近平新时代中国特色社会主义思想和中共十九大精神”研修班、公务员任职培训班、中青年干部培训班等主体班40期，培训学员3462人。教学以习近平新时代中国特色社会主义思想为中心内容和首要任务，党的理论教育和党性教育比重均超70%，党性教育占比达总课时的20%。举办委托培训班116个，培训学员7352人。推进“用学术讲政治”教学改革，建立外聘师资库，邀请市领导、先进模范和上级党校、高校专家、学者到校授课。完成全省干部教育培训基地精品课程开发项目二项，申报“学习贯彻习近平新时代中国特色社会主义思想全国好课程”二项。全年围绕主题教育、十九届四中全会等重大活动重大会议，走进基层单位开展宣讲辅导100余场。

（刘周一叶）

【科研咨政】 2019年，市委党校获准立项课题48项，其中全国党校系统重点调研课题二项、省社会科学院书记省长圈定课题一项，全省党校（行政学院）系统调研课题六项，环太湖发展研究中心课题八项，市社科招标课题六项（重点课题三项）。公开发表论文86篇，其中核心期刊12篇。入选各类学术研讨会论文57篇，其中全国党校系统庆祝新中国成立70周年理论研讨会一篇，第八届江苏省党的建设高层论坛二篇，全省党校系统庆祝新中国成立70周年理论研讨会三篇。蝉联全省党校系统优秀科研组织奖。科研成果获省、市奖项共14项，其中全省党校系统优秀科研成果奖四项、优秀决策咨询成果奖三项，江苏省社科应用研究精品工程奖一项。推进无锡市情和高质量发展研究，12篇咨政报告获市领导批示。出版《无锡研究2018》。

（刘周一叶）

史 志

【概况】 2019年1月，根据省委、省政府批复同意的《无锡市机构改革方案》，无锡市档案馆、无锡市史志办公室、无锡市城市建设档案馆组建为无锡市档案史志馆（以下简称市档案史志馆）。市档案史志馆紧抓机构改革契机，提高业务工作融合水平，在党史编撰、方志编修、年鉴编纂、史志宣传、资政研究、平台建设等方面取得良好成绩。年内，在第六届江苏省优秀年鉴评选活动中，《无锡年鉴（2018）》获地方综合年鉴二等奖。

（徐西平）

【“不忘初心、牢记使命”主题展览】 2019年，市档案史志馆充分挖掘馆藏资源，举办“不忘初心、牢记使命”主题展览，展览全面回顾无锡第一个党组织的创建历程，展示无锡革命先烈在战争年代绽放的崇高革命精神，展现无锡人民在党的领导下投身革命、建设和改革开放中取得的辉煌成就。9月22日，无锡市委常委集体参观展览，开展主题教育现场学习。9月23日，无锡市委主题教育办公室专门下发文件，要求全市各级党组织参观展览。各市（县）区、各部委办局、各直属单位党委（党组）积极组织参观展览。至年底，全市1020个党组织、22522名党员代表参观，基本做到市级机关党组织参观展览全覆盖，成为无锡各级党组织开展主题教育活动的重要学习载体。

（徐西平）

【庆祝无锡解放70周年系列活动】 2019年，市档案史志馆联合民盟无锡市委、无锡市收藏家协会举办“峥嵘岁月 红色遗存——庆祝无锡解放70周年实物资料展”。联合无锡市委老干部局、无锡博物院、市新四军历史研究会举办“迎接黎明—庆祝无锡解放70周年主题展”。组

10月9日，无锡国资系统组织支部书记培训班参观“不忘初心，牢记使命”主题展览

（高 兵 摄）

11 月 26 日，无锡市党史教育基地大联盟成立　（市档案史志馆　供）

织召开纪念无锡解放 70 周年座谈会，邀请亲历无锡解放以及为社会主义革命、社会主义建设和改革开放社会主义现代化建设作出贡献的老领导、老同志进行座谈。

（徐西平）

【党史编著】 2019 年，市档案史志馆修订再版《中国共产党江苏省无锡历史第一卷(1925~1949)》。该书记述 1925 年 1 月无锡地区第一个中共支部建立直至无锡解放期间，无锡人民在中国共产党领导下开展的波澜壮阔的革命斗争历史，是一部学习和研究无锡地方党史的权威范本。组织征编《中国共产党江苏省无锡市历史第三卷》(1978~2002)，形成无锡党史三卷本纲目(送审稿)上报市委批复同意。编撰出版《坚实的步履——无锡改革开放 40 周年 40 件大事》，全书 10 万字，收录照片 300 幅，图文并茂地展现改革开放以来无锡市委领导无锡人民创造性地推进经济建设、政治建设、文化建设、社会建设、生态文明建设以及党的建设的伟大实践。联合无锡市商务局基本完成《江苏省国家级开发区》无锡部分初稿。联合无锡老区开发促进会完成《无锡革命老区发展史丛书》编撰工作。

（徐西平）

【全市党史教育基地大联盟成立】 2019 年，市档案史志馆联合无锡市委组织部，整合全市 40 处党史教育基地，组建全市党史教育基地大联盟。11 月 26 日，召开全市党史教育基地大联盟成立大会。江苏省委党史工办主任邢光龙、无锡市委副书记徐劼出席会议并讲话。会议审议通过《无锡市党史教育基地大联盟章程》，标志着全市 40 处党史教育基地率先在全省实现资源整合、开放共享。同步举办“红色之旅—无锡市党史教育基地巡礼”图片展，图文并茂地介绍 40 处无锡市党史教育基地建设发展情况。

（徐西平）

【志书编修】 2019 年，市档案史志馆稳步推进名镇名村志编纂工作，《祝陵村志》完成定稿，《严家桥村志》完成验收稿，《鹅湖镇志》完成复审。集中力量做好旧志整理工作，印刷出版《〔清〕光绪无锡金匮县志》《〔明〕弘治无锡县志》。指导区志、基层志编纂工作，《惠山区志》完成验收，《钱桥街道志》完成审稿，做好《丁蜀镇志》《屺亭街道志》《无锡卫校志》《无锡律师志》《无锡消防志》等编纂指导。完成《江苏援藏援疆建设志》(无锡部分)、《江苏百项重大建设工程图志》(无锡地区项目)相关文字和图照报送。

（徐西平）

【“掌上年鉴”上线】 2019 年，无锡市在实现七个区域板块综合年鉴全覆盖，成为江苏省年度完成这一目标地级市的基础上，“掌上无锡年鉴”微信小程序正式上线，这是市档案史志馆首次基于微信小程序平台开发的数字化年鉴，是一个集载录历史、传承文化、查询使用等功能于一体的“服务平台”。该程序具备“目录检索”“全文检索”“模糊搜索”“放大缩小”“复制粘贴”等功能，使用者可以随时随地通过手机微信，关注“无锡史志”公众号，点击“无锡年鉴”，根据需求进行使用。

（徐西平）

【档案史志文化阅读角】 4 月 22 日，由市档案史志馆参与主办的无锡市第十二届太湖读书月暨无锡故事分享会在无锡音乐厅举行。启动仪式上，市档案史志馆首次设立 8 个“无锡市档案史志文化阅读角”，分别是东林书院、阅亨文化中心、观泓读书会、玫瑰园阅读点、游礼驿站阅读点、惠山区区级机关阅读点、尚善书苑阅读点、袋鼠妈妈阅读点。市档案史志馆把无锡乡土文化、地方志图书与全民阅读有机融合，推动档案史志文化走向社会、服务大众。

（徐西平）

【“乡音记忆·魅力童谣”征集诵读大赛】 10 月，由市档案史志馆参与主办，无锡市方志馆参与承办的无锡市第二届“乡音记忆·魅力童谣”征集诵读大赛历时五个月，圆满收官。全市 200 余所学校近万组家庭报名海选，3000 余组家庭进入复赛。大赛共完成 19 场复赛，四场半决赛和二场决赛。大赛中创作的优秀乡音童谣被收入 2019 版“乡音记忆·魅力童谣”音频库，并制作成 CD 永久入藏市档案史志馆。无锡童谣音频库同时在“智慧无锡”和“喜马拉雅”新媒体平台上线发布。

（徐西平）

档 案

【概况】 2019年1月，根据《无锡市机构改革方案》，原无锡市档案局（馆）的行政职能并入市委办公室，同时将无锡市档案馆、无锡市史志办公室、无锡市城市建设档案馆组建为无锡市档案史志馆，为市委直属事业单位。年内，查档接待7079人次，调卷14188卷(件)，其中，网上查档473人次，复印有效材料11358页，查实率约80%，并首次向利用者开具异地查档出证材料。接收42家单位档案共计26445卷又236215件，其中市政府、市发改委、市统计局等单位文书档案470卷又137053件，城建档案10743卷，市质监局业务档案2692卷又37771件，开放大学学籍档案1011卷，无锡市妇幼保健医院、无锡市第四人民医院等六家医院的出生证明档案129卷又61391件，梁溪公证处公证档案10240卷，锡山档案馆土地证档案1160卷。至2019年年底，无锡市档案史志馆馆藏总计1381454卷又615579件。

年内，无锡市数字档案馆建设工程（二期）项目通过验收。该项目在立项和实施过程中，得到无锡市委、市政府及相关部门的大力支持，三年累计投资1507.5万元。部署、运行馆藏档案资源管理系统，馆藏应扫档案实现数字化率100%。

（於 红 江剑萍）

【市民生档案查询平台开放】 2019年6月，无锡市民生档案查询平台开通，包括100多万条目录，包含二市（县）五区和经济开发区八个板块的婚姻档案。同时，为助力长三角一体化发展，无锡市档案史志馆参与长三角地区民生档案异地查档合作服务，市民可凭居民身份证在市档案史志馆及无锡二市（县）五区档案史志馆的服务窗口，申请查询无锡本地以及“苏浙沪皖”地区共300多家国家综合档案馆的相关民生档案，年内完成跨地查询37人次。

（於 红 张知常）

【“国际档案日”系列活动举办】 2019年6月6日，“新中国的记忆——档案见证无锡辉煌70年巨变”展览启动仪式暨2019年纪念国际档案日广场宣传活动在南禅寺广场正式启动。现场60块展板的档案史料生动再现无锡解放70年来取得的伟大成就，公安、卫健、人社等10多家涉及民生部门现场为市民提供档案利用咨询服务。同时，市档案史志馆与市文明办、教育局、团市委共同开展档案宣传进校园活动，征集寄存2000份“梦想档案”，传播档案知识，点燃人生梦想。通过广场展览、基层巡展、主题征文、档案馆开放日等丰富多彩的形式，在全市掀起第12个国际档案日宣传热潮。

（於 红）

【两大民国档案文献遗产发掘利用】 2019年6月5日，被国家档案局列为“十三五”国家重点档案保护与开发项目的《近代工商业史缩影—民国无锡同业公会档案选编》《民国无锡教育档案资料选编（第一辑）》首发。

2017年，无锡市档案馆组织力量，成立由馆领导、外聘专家、业务骨干及后备人才组成的课题组，对馆藏同业公会档案、民国教育档案进行全面、系统的梳理与鉴定，汇集出版二套丛书：《近代工商业史缩影—民国无锡同业公会档案选编》一套七本、《民国无锡教育档案资料选编》一套三本，填补国内同业公会、民国教育研究史料的空白。

《近代工商业史缩影—民国无锡同业公会档案选编》从档案的角度真实再现近百年无锡民族工商业的辉煌，为近代民族工商业发展史和商会、同业公会史研究提供第一手实证资料。《民国无锡教育档案资料选编（第一辑）的出版发行，意味着无锡近代教育档案的收集、保护工作上了一个台阶，同时，收录的资料对地方教育史的研究起到一定的促进作用。

（於 红）

【《视觉档案—江南老桥影像文献展》】 2019年10月18日，由无锡市档案史志馆与上海市档案馆联合举办的“视觉档案—江南老桥影像文献

10月18日，视觉档案——江南老桥影像文献展在上海档案馆外滩馆举行

（市档案史志馆 供）

表 8　　2019 年无锡市档案事业基本情况统计表

指标	全市	市区	江阴市	宜兴市
档案馆机构数（个）	8	6	1	1
档案员工数（人）	199	118	34	47
馆藏档案数（卷）	2766203	1960634	311516	494053
馆藏档案数（件）	3321773	2084980	656694	580099
当年接受档案数（卷）	308942	284724	4690	19528
当年接受档案数（件）	335487	292139	38758	4590
利用档案人次（人次）	48165	20255	12570	15340
档案馆库面积(平方米）	55466	37766	12538	5162
档案网站点击数（次）	151887	143105	4935	3847
档案文件机读目录(条）	30495100	19238100	5697000	5560000

（无锡市档案史志馆）

展”在上海市档案馆外滩新馆开幕。展览精心挑选近 40 座自宋代至民国时期建造的无锡老桥，为人们留下关于老桥的视觉档案和城市记忆。展览在上海持续展出一个月，为无锡与上海档案部门首次联手举办活动。

（於　红）

【“时间·版图”影像无锡档案文献展】 2019 年 8 月底，由无锡市档案史志馆、无锡市自然资源和规划局联合举办的“‘时间·版图’影像无锡档案文献展”在市档案史志馆一楼西侧展厅展出。该展览作为新中国成立 70 周年的献礼之作，为无锡地区首次向全社会公众展出测绘类专业档案。展出的影像及文献客观反映无锡城市格局、地形地貌的沧桑变迁及建国以来无锡城市建设的丰硕成果。

（於　红）

【《倾听蠡湖—蠡湖整治档案实录》获奖】 2019 年 12 月，由无锡市档案史志馆摄制报送的微视频作品《倾听蠡湖—蠡湖整治档案实录》获国家档案局 2019 年建设项目档案微视频征集活动一等奖。该微视频作品以无锡蠡湖水环境综合整治与生态修复项目为表现对象，站在档案视角对蠡湖整治的起因、过程及成果一一进行历史的再现与现实的陈述，阐明档案对于城市建设的重要作用。

（於　红）

编辑　罗秋云

综　述

【概况】 2019年，无锡市人大常委会坚持以习近平新时代中国特色社会主义思想为指导，认真落实习近平总书记关于坚持和完善人民代表大会制度的重要思想，学习贯彻中共十九大和十九届二中、三中、四中全会精神，坚持党的领导、人民当家作主、依法治国有机统一，立足“两个机关”（习近平总书记在中共十九大报告中强调指出，各级人大及其常委会成为全面担负起宪法法律赋予的各项职责的工作机关、成为同人民群众保持密切联系的代表机关）职能定位，在中共无锡市委的坚强领导下，充分发挥根本政治制度优势，圆满完成市十六届人大三次会议确定的各项任务。全年共召开常委会会议10次、主任会议14次，开展执法检查、专题询问和专项视察12项，听取并审议专项工作报告38项，形成执法检查报告、调研报告和审议意见、视察意见40件；制定和修改地方性法规10部，调研论证五部；作出决议决定10项，依法任免地方国家机关工作人员85人次，授予五位国内外友好人士“无锡市荣誉市民”称号；督办代表议案建议336件。

年内，市人大常委会始终做到旗帜鲜明讲政治，突出加强党的政治建设，增强“四个意识”、坚定“四个自信”、做到“两个维护”，确保人大工作正确的政治方向。始终与市委同频共振、同向发力，充分发挥法定职能优势和职权集成效应，力推中央和省、市委重大决策部署落地见效。始终坚持以人民为中心的发展思想，努力推动解决人民群众的操心事、烦心事、揪心事，切实让改革发展成果公平惠及全体人民，满足人民群众美好生活需要。不断健全完善代表工作机制，创新代表活动形式，激发代表履职活力；广大代表根植群众、热心为民、履职尽责，代表主体作用得到良好发挥。

（蒋　健　朱　煜）

【市人大常委会自身建设】 2019年，市人大常委会紧扣“守初心、担使命，找差距、抓落实”的总要求，在先学、先查、先改基础上，推动学习教育入脑入心、调查研究走深走实、检视问题对标对表、整改落实动真碰硬。深化作风效能建设，大兴调查研究之风，采取“四不两直”（不发通知、不打招呼、不听汇报、不用陪同接待，直奔基层、直插现场）方式，深入一线开展调研，常委会机关共形成调研报告30篇，召开调研成果交流会和理论研究成果研讨会，抓好成果运用，促进工作改进。严格执行中央八项规定及其实施细则精神，坚持不懈反“四风”，力戒形式主义、官僚主义，全年精简会议和文件40%以上；扩大履职公开，向社会公开征集年度立法项目、公布法规草案，邀请市民参加立法座谈论证、旁听常委会会议。加强对基层人大工作指导，注重工作联动，鼓励基层人大开展民生实事项目代表票决制等创新探索，支持推动市（县）区人大机关解决“一人委”问题。加强宣传工作，开展“聚焦人大代表”全媒体采访活动。配合全国人大组织《人民日报》、新华社等20家中央主流媒体到无锡开展中华环保世纪行采访活动，展示生态文明建设成效。注重电视专题、报纸专版、人大专刊和网站、微信等宣传阵地的融合运用，切实增强人大工作影响力。加强与国际友城、“一带一路”沿线国家的互访交流，密切两岸交往，宣传无锡发展成就，宣传人民代表大会制度。

（蒋　健　朱　煜）

重要会议

【无锡市第十六届人民代表大会第三次会议】 会议于2019年1月22～25日举行，出席会议代表437名，市政协委员、居住在无锡的全国、省人大代表等列席大会。部分荣誉市民和长期在无锡工作生活的台湾同胞代表应邀列席大会，20名市民代表应邀旁听大会。会议听取和审议《政府工作报告》《无锡市人大常委会工作报告》《无锡市中级人民法院工作报告》《无锡市人民检察院工作报告》，审查《无锡市2018年国民经济和社会发展计划执行情况与2019年国民经济和社会发展计划草案的报告》《无锡市2018年预算执行情况与2019年市本级预算草案的报告》，决定批准上述报告，并通过相关决议；听取并通过议案审查委员会所作的议案审查报告，通过关于全面改善农村人居环境高水平推进美丽乡村建设议案的决议。大会表决通过市十六届人大社会建设委员会、监察和司法委员会主任委员、副主任委员、委员名单，大会选举黄钦为无锡市人民政府市长；补选朱民阳为无锡市第十六届人民代表大会常务委员会副主任；选举王传军、吴涛、张广鑫、俞政业、蒋群联为无锡市第十六届人民代表大会常务委员会委员。大会组织新当选人员进行宪法宣誓。

（蒋　健　朱　煜）

【无锡市第十六届人大常委会第十六次会议至第二十六次会议】 1月7日，市十六届人大常委会举行第十六次会议，补选黄钦为江苏省第十三届人民代表大会代表；讨论市十六届人大三次会议日程安排、各类建议名单及有关筹备事项；审议并通过关于无锡市第十六届人大代表的代表资格的审查报告；决定有关人事任免。

1月25日，市十六届人大常委会举行第十七次会议，决定有关人事任免，并举行宪法宣誓。

2月27日，市十六届人大常委会举行第十八次会议，二审通过《无锡市生态补偿条例（草案）》；审议并通过《无锡市第十六届人大常委会2019年工作要点》《无锡市人民代表大会常务委员会关于调整代表资格审查委员会副主任委员、委员的决定》。

4月24~25日，市十六届人大常委会举行第十九次会议，听取和审议《市政府贯彻实施“关于加快发展以物联网为龙头的新一代信息技术产业的决议”情况的报告》《“关于全面改善农村人居环境，高水平推进美丽乡村建设的议案决议”实施方案的报告》《关于2018年度法治政府建设情况的报告》《关于2018年度环境状况和环境保护目标完成及突出环境问题整改落实情况的报告》；审议并通过《关于市十六届人大三次会议主席团交市人大常委会审议的议案处理意见的报告》；二审通过《无锡市生活垃圾分类管理条例》；决定有关人事任免，并举行宪法宣誓。

6月26~27日，市十六届人大常委会举行第二十次会议，听取和审议《市政府关于2018年行政事业性资产（含文化资产）管理情况的专项报告》《关于市十六届人大三次会议主席团交市人大常委会审议的议案办理方案的报告》《关于锡澄片骨干河网畅流活水规划编制及实施情况的报告》《关于市属医疗卫生机构布局调整优化实施情况的报告》《关于〈无锡市养老机构条例〉执法检查报告及审议意见研究处理情况的报告》；听取并审议《市人民检察院关于开展公益诉讼工作情况的报告》；听取并审议《市人大常委会执法检查组关于〈中华人民共和国中小企业促进法〉及地方相关条例执法检查情况的报告》；一审《无锡市旅游市场条例（草案）》。

8月28~29日，市十六届人大常委会举行第二十一次会议，听取和审议《市政府关于2019年上半年国民经济和社会发展计划执行情况的报告》；审议《市政府关于2019年上半年预算执行情况的报告》；听取和审议《市政府关于2018年度本级预算执行和其他财政收支的审计工作报告》，审查和批准2018年本级财政预算；听取和审议《关于〈中华人民共和国水污染防治法〉执法检查情况的报告》；审议并通过《无锡市人民代表大会常务委员会关于修改〈无锡市禁止燃放烟花爆竹条例〉等五件地方性法规的决定》；听取和审议《市政府关于提请授予哈特穆特·米歇尔等5人“无锡市荣誉市民”称号的议案》，审议并通过《无锡市人民代表大会常务委员会关于授予哈特穆特·米歇尔等5人“无锡市荣誉市民”称号的决定》；听取和审议《市政府部分工作部门履职情况的报告》，并开展评议；决定有关人事任免，并举行宪法宣誓。

9月23日，市十六届人大常委会举行第二十二次会议，审议并通过《关于个别代表的代表资格的报告》，决定有关人事任免，并举行宪法宣誓，审议并通过《无锡市人民代表大会常务委员会关于接受时永才辞去江苏省第十三届人民代表大会代表职务请求的决定》《无锡市人民代表大会常务委员会关于接受时永才辞去无锡市中级人民法院院长职务请

2019年6月11日，市人大常委会实地开展中小企业促进法及地方相关条例执法检查

（市人大办公室　供）

求的决定》《无锡市人民代表大会常务委员会关于钱斌代理无锡市中级人民法院院长职务的决定》。

10月29~30日，市十六届人大常委会举行第二十三次会议，听取和审议《市政府关于“市人大常委会关于加快发展以物联网为龙头的新一代信息技术产业的决议”贯彻实施情况报告审议意见落实情况的反馈报告》，并开展满意度测评；听取和审议《市政府关于“市人大常委会关于加快推进锡澄锡宜重大交通基础设施一体化建设的决定”贯彻落实情况的报告》；听取和审议《市中级人民法院关于民事执行工作情况的报告》；听取和审议《市政府关于2019年市本级预算调整方案（草案）的报告》，审议并通过《无锡市人民代表大会常务委员会关于批准无锡市2019年市本级预算调整方案的决议》；一审《无锡市献血条例（草案）》；二审《无锡市旅游市场条例（草案）》；审议并通过《无锡市人大常委会2020年度立法计划》《无锡市人民代表大会常务委员会关于市人大常委会内务司法工作委员会更名的决定》和《关于个别代表的代表资格的报告》；决定有关人事任免。

12月5~6日，市十六届人大常委会举行第二十四次会议，听取和审议《市政府关于进一步加强机动车停车管理的议案办理情况的报告》，并开展联组询问；听取和审议《市政府“关于全面改善农村人居环境，高水平推进美丽乡村建设的议案决议”实施方案执行情况的报告》《关于市十六届人大三次会议代表议案建议办理情况的报告》；听取和审议《法制工委关于备案审查工作情况的报告》；审议并通过《无锡市人民代表大会常务委员会关于召开无锡市第十六届人民代表大会第四次会议的决定》；决定有关人事任免，并举行宪法宣誓。

2019年12月31日，市人大常委会组织新任命干部进行宪法宣誓

（市人大办公室　供）

2019年12月30日，市十六届人大常委会举行第二十五次会议，听取和审议《市政府关于2018年本级预算执行和其他财政收支审计发现问题整改情况的报告》《关于2019年市本级预算调整方案（草案）的报告》《关于〈中华人民共和国中小企业促进法〉及地方相关条例执法检查报告及审议意见研究处理情况的报告》，审议并通过《无锡市人民代表大会常务委员会关于批准无锡市2019年市本级预算调整方案的决议》；一审《无锡市建设工程质量管理条例（草案）》；讨论市人大常委会工作报告（征求意见稿）。

12月31日，市十六届人大常委会举行第二十六次会议，讨论市十六届人大四次会议日程安排、各类建议名单及有关筹备事项；审议并通过《关于个别代表的代表资格的报告》；补选江苏省第十三届人民代表大会代表；审议并通过《无锡市人民代表大会常务委员会关于接受黄钦辞去无锡市市长职务请求的决定》《无锡市人民代表大会常务委员会关于杜小刚代理无锡市市长职务的决定》《无锡市人民代表大会常务委员会关于接受王中苏辞去市人大常委会委员职务请求的决定》；决定有关人事任免，并举行宪法宣誓。

（蒋　健　朱　煜）

地方立法

【概况】 2019年，无锡市人大常委会坚持以习近平新时代中国特色社会主义思想为指引，学习贯彻中共十九届四中全会精神，全面认识和准确把握地方立法工作面临的新形势、新任务、新要求，积极推动高质量立法，全年共制定完成《无锡市生活垃圾分类管理条例》《无锡市生态补偿条例》《无锡市旅游市场条例》三件法规，扎实推进《无锡市献血条例（草案）》《无锡市建设工程质量管理条例》的制定工作，集中修改《无锡市禁止燃放烟花爆竹条例》《无锡市市容和环境卫生管理条例》《无锡市城市绿化管理条例》《无锡市水资源节约利用条例》《无锡市河道管理条例》，审查市政府报备的规范性文件六件，为加快建设“强富美高”新无锡提供有力的法治保障。

（蒋　健　朱　煜）

【生态环境保护领域立法】 2019年，市人大常委会贯彻落实生态文明建设要求，高标准做好生态环保领域地方立法工作。接续上年度制定《无锡市生活垃圾分类管理条例》《无锡市生态补偿条例》，促进生态文明建设和经济社会可持续发展。按照全国人大常委会和省人大常委会关于生态文明、环境保护、大气污染防治地方性法规清理工作要求，集中修改《无锡市禁止燃放烟花爆竹条例》《无锡市水资源节约利用条例》《无锡市河道管理条例》《无锡市城市绿化管理条例》《无锡市市容和环境卫生管理条例》五件法规。同时，按照省人大常委会工作部署，对无锡市有关水污染防治方面的八件地方性法规进行梳理。

（蒋 健 朱 煜）

【经济转型升级领域立法】 2019年，市人大常委会促进无锡市经济社会发展，适应旅游经济快速增长趋势，结合无锡市实施《江苏省旅游管理条例》办法立法后评估以及各方面的建议，制定旅游市场条例，建立旅游综合监督管理工作机制及旅游投诉统一受理机制，细化景区流量控制制度，规范“一日游”活动，加强在线旅游产品监督管理，规范旅游市场秩序，以促进全市旅游业高质量发展。

（蒋 健 朱 煜）

【民生领域立法】 2019年，市人大常委会坚持以人民为中心的发展理念，制定献血条例，10月，常委会会议初次审议《无锡市献血条例(草案)》。条例倡导健康适龄公民自愿多次无偿献血的新观念，明确政府及相关部门在无偿献血工作中的监管职责，规范采血、供血行为及临床用血管理，完善有关奖励与处罚措施，确保全市医疗临床用血需求和血液安全。

（蒋 健 朱 煜）

【社会治理领域立法】 2019年，市人大常委会坚持以问题为导向，针对无锡市建设工程质量监督管理中存在的突出问题、人民群众反映强烈的建设工程质量问题，制定建设工程质量管理条例，12月，常委会会议初次审议《无锡市建设工程质量管理条例(草案)》。条例健全完善建设工程质量监督管理工作机制，细化明确建设工程有关单位和人员质量责任，并着重从前期阶段、材料进场、工程施工、竣工验收、保修使用五个方面明确各环节质量管理责任，形成质量管理闭环，以加强建设工程质量管理，保障人民群众人身和财产安全。

（蒋 健 朱 煜）

【立法后评估】 2019年，市人大常委会选择与人民群众切身利益密切相关的轨道交通条例作为年度立法后评估项目，从5月开始至10月结束，采取公众参与评估、部门评估、综合评估等方式全面评价条例的实施效果和主要制度。加强组织领导。科学编制立法后评估工作方案，明确评估工作的目的、原则、组织领导、方法步骤等内容，成立评估工作组，并召开工作部署会议，推动评估工作开展。广泛征求意见。先后召开四次座谈会，广泛听取市政府有关部门以及开发商、设计单位、施工单位、管线公司、市民等方面的意见、建议；科学设计调查问卷，向轨道交通管理部门、从业人员以及乘客等发放调查问卷430份，就条例的立法质量、实施效果及存在的问题等进行社会调查。深入调研考察。到三阳广场站、梅园站、无锡东站等人流量密集车站实地考察条例实施效果，组织市人大常委员法制专业组代表实地考察地铁1号线南延线运营情况，调研无锡市地铁建设运营总体情况以及轨道S1线建设准备进展情况，赴外地调研考察，学习外地城市地铁建设、运营管理、安全保障等方面的先进经验。全面汇总分析。全面分析梳理立法后评估工作情况及形成的研究成果，充分消化吸收有关部门以及座谈会各方的意见建议，对条例进行分析研究，形成评估报告，为下一步抓好条例修改完善，切实增强条例的适应性、前瞻性和可操作性，促进全市轨道交通事业发展，提供重要依据。

（蒋 健 朱 煜）

【科学民主立法机制完善】 市人大常委会认真落实中央和省、市委关于立法工作机制改革要求，推动科学立法、民主立法、依法立法工作机制创新，结合无锡市实际，对国家和省有关工作规范进行细化、补充，组织起草关于地方性法规制定过程中涉及的重大利益调整论证咨询的工作规范、关于地方性法规制定过程中争议较大的重要立法事项引入第三方评估的工作规范草案，经市人大常委会党组讨论、修改、完善，6月，市委深改委审议通过，由市人大常委会办公室印发有关方面。

两个工作规范对重大利益调整论证咨询和第三方评估的含义、适用事项、责任主体、组织实施、成果运用等内容作出规范，并分别对论证咨询的具体形式以及第三方的条件、选择方法作出具体规定，为发挥社会力量在立法工作中的积极作用，推进科学立法、民主立法、依法立法提供制度保障。

（蒋 健 朱 煜）

【备案审查】 2019年，市人大常委会积极适应规范性文件备案审查工作新形势、新任务、新要求，认真执行审查制度规定，扎实开展相关调查研究，深入推进备案审查工作。扎实开展主动审查。依据规范性文件备案审查的规范要求，对市政府报备的《无锡市户外广告和店招标牌设施设置管理办法》《无锡市公共安全视频图像信息系统管理办法》《无锡市市区城乡居民基本养老保险办法》《无锡市市区住宅专项维修基金管理办法》《关于修改和废止部分政府规章规范性文件的决定》《无锡市大型群众性活动安全管理办法》六件规范性文件，在认真学习研究上位法的基础上，对其合法性、合理性进行研究，并书面征求市人大常委会40名立法咨询专家的意见。系统总结备案审查工作情况。全面总结回顾无锡市备案审查工作开展情况，特别是中共十八大以来备案审查工作开展情况，并认真思考筹划下一步工作打算。

12月，常委会会议审议市人大常委会法制工委关于备案审查工作情况的报告。启动备案审查规定修订调研工作。研究国家和省对规范性文件备案审查工作的最新要求，总结无锡市开展备案审查工作的经验做法，为适时开展《无锡市人民代表大会常务委员会规范性文件备案审查规定》修订工作做好准备。按照省人大常委会的要求，认真做好省市县三级人大备案审查平台试用及信息反馈工作。

（蒋 健 朱 煜）

【2020年度立法计划编制】 根据《无锡市制定地方性法规条例》及其实施意见、《无锡市人民代表大会常务委员会关于推进民主立法工作的规定》，紧紧围绕市委重大决策部署、经济社会发展重点、人民群众关心热点，7月，认真做好2020年度立法计划的编制工作。向“一府一委两院”（市人民政府，市监委，市中级人民法院、市人民检察院）、市人大各专门委员会、常委会各工作机构征集立法建议项目；通过《无锡日报》、无锡人大网站向社会公开征集立法项目意见建议，共收到立法建议项目13件。对市政府、常委会相关工作机构等方面提出的立法建议项目进行汇总、梳理和研究，多次召开座谈会进行协调论证，起草2020年度立法计划初稿。立法计划初稿经征求有关方面意见后，论证修改，形成立法计划征求意见稿，再次征求“一府一委两院”的意见和建议，发法制委员会全体成员研究讨论，并积极与省人大常委会法制工作委员会进行沟通协调。经反复论证、综合平衡后，提出《无锡市人大常委会2020年度立法计划（草案）》，10月，经常委会会议审议通过。

2020年度立法计划共安排湿地保护条例一件制定项目，促进中小企业转型发展条例、养老机构条例、轨道交通条例、水环境保护条例四件修改项目，以及水文条例等八件调研项目。

此外，按照省人大常委会的要求，组织市司法局等有关部门就近年来全市依法行政工作开展情况进行调研，并按时上报有关情况；对市人大代表提出的《关于研究制定地方性法规建议稿规范行政约谈的建议》，进行认真研究处理；对市民提出的《无锡市禁止燃放烟花爆竹条例》修改建议，及时组织人员认真研究，并按照规定予以答复；先后对《中华人民共和国森林法（修订草案）》《中华人民共和国社区矫正法（草案）》等20余件法律草案、法规草案及政府规章征求意见稿、送审稿进行认真研究，并及时反馈修改意见建议；认真做好全国人大、省人大以及其他设区市人大10余批次关于婚姻家庭、燃气管理、文明行为促进、生活垃圾分类管理等立法调研相关工作。

（蒋 健 朱 煜）

人大监督

【概况】 2019年，市人大常委会推进预算审查监督改革，推动审查监督重点向支出预算和政策拓展；在审查2020年预算编制中，从预算管理、民生投入、支出绩效等方面提出98条建议，督促财政部门提高预算编制精准性；市人大预算联网监督系统正式投用，开启预算支出全过程在线查询、实时监督的新阶段。对信息化专项资金使用绩效开展调研，同时引入专业力量全面评估工业发展扶持、重点技术改造奖补、科技发展促进等专项资金使用绩效，就完善相关政策、加强过程监管等提出47条建议；督促审计发现问题、整改销号242个；调研政府性债务管理，推动加快建立现代财政制度。贯彻国资国企监管体制改革部署，首次审议国有资产管理情况报告，推动国企改革加快步伐、促进国有资产保值增值。推进人大机构改革，新设立的监察和司法委员会、社会建设委员会有序运行，社会委坚持边探索边履职的经验做法得到全国人大常委会副委员长批示肯定。突出重点难点问题的推动解决，创新监督方式，综合运用立法、监督、事项议决等各项职权，采取“评议＋询问”“视察＋询问”“执法检查＋询问”等多种形式，形成“1+1＞2”的履职集成效应。对六个政府部门开展工作评议。

2019年8月23日，市人大常委会专题调研无锡市长期护理保险工作推进情况

（市人大办公室 供）

年内，市人大常委会用好法定职权，助力“六稳”工作，推动高质量发展。突出优化营商环境，持续推进常委会关于加快打造高质量发展环境决议的落实，开展《中华人民共和国中小企业促进法》及地方相关条例执法检查。在执法检查中，通过走进企业实地走访、进行千企调查问卷等，对照法律法规51项重点条款逐条检查落实情况，梳理企业诉求，形成有关融资成本、减税降费、公共服务等14个方面重点问题，并通过“视察+询问”，对所涉及的10个政府部门工作进行监督，提出关于促进转型升级、支持科技创新等15条意见建议。无锡市发布优化营商环境80项政策措施，《无锡市促进中小企业转型发展条例》启动修改。推动新兴产业发展，持续跟踪人大常委会关于加快发展以物联网为龙头的新一代信息技术产业决议的落实，听取审议专项报告，调研物联网小镇建设和物联网金融创新情况，首次对政府落实相关审议意见情况开展满意度测评；就促进大数据应用进行立法调研，委托第三方开展重点课题研究，力促数字经济加快发展。加强年度发展计划和预算执行情况监督，调研重大产业项目建设、文旅融合发展、惠台政策措施落实等情况。

（蒋　健　朱　煜）

【长三角区域一体化调研】 2019年，市人大常委会组织开展调查研究，就加快融入长三角区域一体化、推进苏南国家自主创新示范区建设等课题，形成调研报告15篇，提出意见建议110条。着眼打造长三角先进制造核心区，专题调研工业互联网、智能制造发展情况。着眼打造长三角技术创新先导区，视察科技创新载体建设发展情况，形成视察意见，并跟踪落实情况，督促加快融入长三角科技创新圈。着眼打造长三角综合交通枢纽区，对常委会关于加快推进锡澄、锡宜重大交通基础设施一体化建设决定的执行情况，开展视察和听取审议专项报告，推动各方强化紧迫意识、抓紧实施重点工程，锡澄S1线和宜马快速通道正式开工；调研苏南硕放区域性枢纽机场建设情况，以互联互通提升交通枢纽地位。

（蒋　健　朱　煜）

【社会治理创新调研】 2019年，市人大常委会高度关注安全生产领域改革发展，听取专项汇报，督促政府依法强化安全生产保障措施。把督办“关于加强老旧电梯安全监管的议案”摆上重要位置，调研掌握全市老旧电梯底数和运行状况，督促政府修改电梯安全监督管理办法、加快建设高水平电梯智慧监管平台、加快实施老旧电梯安全监控设备安装工程。跟踪问效“关于加强机动车停车管理的议案”办理，听取审议政府专项报告并开展联组询问，聚焦群众关切的11个问题现场问答，形成审议意见，推动解决停车难、停车乱问题。对轨道交通条例开展立法后评估，督促规范轨道交通建设和安全运营管理。听取审议法治政府建设专项报告，视察“七五”普法决议实施，推动政府努力实现2020年基本建成法治政府目标。就依法保障残疾人权益、妇女儿童事业发展，以及城市民族工作、侨务工作、提高社工待遇等事项开展调研，促进社会治理创新提升。

（蒋　健　朱　煜）

【生态保护调研督察】 2019年，市人大常委会听取审议年度环境状况和环境保护目标完成情况报告，紧盯30个突出环境问题清单不放，推动限时整改、对标销号；推动加大《无锡市生态补偿条例》宣传贯彻力度，全年共拨付生态补偿资金3.35亿元，同时开展湿地保护立法调研，力推生态补偿和湿地保护走在全省前列。把水污染防治作为年度生态环境整治监督的重点，开展水污染防治法执法检查，通过动员五级人大代表广泛参与、全市三级人大上下联动，鼓励群众提供问题线索，加大暗访、抽查密度，进行法律知识考试等，实现检查多层次、举措多样化、地域全覆盖。检查发现的问题梳理归纳成八类42项，形成清单向政府反馈，督促加大整改力度、加强系统治理，年内完成整改34项；在锡澄运河流域，发动市和市（县）区、镇三级人大代表，探索运用“河长制”App参与河道治理监督，人大代表巡河发现并一键反馈河长59个水环境问题，及时跟踪全部落实解决；听取审议锡澄片区河网畅流活水规划编制及实施情况报告，视察防汛抗旱和安全度夏工作，调研化肥农药减量使用情况等，督促加大投入、沟通水系、源头治理。

（蒋　健　朱　煜）

【改善民生调研】 2019年，市人大常委会回应群众对高水平医疗服务的期待，听取审议市属医疗卫生机构布局调整优化情况的报告，调研卫生健康“三名”战略实施情况，推动加快构建布局合理、功能完善、便捷高效的现代医疗卫生服务体系。持续跟踪养老机构条例执法检查报告及审议意见落实情况，专题调研养老保险费征缴管理、长期护理保险制度实施情况，推动养老服务事业发展。高度关注教育改革发展，调研基础教育、职业教育和高等教育发展情况，促进太湖学院创新发展，持续跟踪常委会关于引进滨江学院的决定实施。重视大运河文化带建设，调研惠山古镇申遗、文化遗产保护等，推动文化事业繁荣发展。调研国有粮食仓储能力建设、苏南农副产品物流中心建设，增强人民群众幸福感。加强人大工作联动，合力推动扫黑除恶专项斗争。听取审议市中级人民法院民事执行工作情况报告，推动早日实现“切实解决执行难”目标。听取审议市人民检察院公益诉讼工作情况报告，督促和支持检察机关积极探索公益诉讼向社会治理、城市管理、集体资产保护等领域拓展。高度重视信访工作，全年共办理群众来信471件、接待群众来访223人次，加强跟踪督办，推动群众合法合理诉求得到妥善解决。

（蒋　健　朱　煜）

【议案决议】 2019年，市人大常委会按照“调研发现问题、代表提出议案、大会作出决议、政府出台办法、督促抓好办理”的履职流程，以跟踪督办142名代表联名提出的“关于全面改善农村人居环境，高水平推进美丽乡村建设的议案决议”落实为抓手，聚焦农房改造和村庄环境整治重点难点问题，采取专题调研、集中视察、听取审议专项报告等多种形式，紧盯方案促实施，按照时序抓推进。政府高度重视议案决议的实施和常委会审议意见的落实，深化“一推三治五化”(持续推进农村住房和美丽乡村建设，全面治理农村垃圾、污水、河塘，加快实施厕所净化、道路优化、路灯亮化、村庄绿化、管理长效化)环境整治专项行动，全面启动农房建设试点，议案办理取得阶段性成效。调研“百企建百园”工程推进情况，促进资本、技术、人才、管理等先进要素流向农村、注入农业，提升现代农业发展水平；调研村级经济发展情况，激发乡村振兴内生动力。

(蒋 健 朱 煜)

【人事任免】 2019年，市人大常委会坚持党管干部原则与人大依法任免有机统一，严格落实法律知识考试、任前承诺发言和宪法宣誓等制度，依法任免地方国家机关工作人员85人次。继续深化对政府工作部门的工作评议，在对六个政府部门的工作评议中，做到既“评”又“问”，聚焦部门职责使命，评出工作干劲，问出责任担当；探索制定对法官、检察官履职评议办法，加强任后监督，促进依法履职、公正司法。

(蒋 健 朱 煜)

2019年6月19日，市人大常委会专题视察防汛防旱和安全度夏工作

(市人大办公室 供)

代表工作

【代表履职服务】 2019年，市人大常委会把加强学习培训作为做好代表工作的基础工程，着眼全员培训目标，先后组织四期320多名代表参加履职能力提升培训班。把拓宽履职途径作为发挥代表作用的有效办法，邀请代表参与常委会履职活动，全年共有1800多人次代表列席常委会会议和参加常委会视察调研、执法检查、专题询问、工作评议等活动。把强化监督激励作为保障代表履职的重要举措，完善代表履职登记制度，全年代表履职登记报备2508人次，回原选举单位报告履职情况89人次；开展代表调研报告、代表建议“双十佳”(十佳调研报告、十佳代表建议)评选活动，激励先进，激发热情。

(蒋 健 朱 煜)

【代表联系群众】 2019年，市人大常委会贯彻市委关于完善各级人大代表联系人民群众制度的实施意见，广泛开展“履职为民、连心富民”主题实践活动，常委会组成人员走访联系基层人大代表270多人次，代表在接待选民、专题调研、持证视察等活动中广泛联系群众，收集群众意见建议2120条。广大代表进村庄入社区，用心用情为百姓办实事、解难事、做好事，关于农贸市场改造、公交微循环、环古运河建设健身步道等得到有效解决。健全代表小组活动机制，实行调研课题申领制度，30个代表小组、专业组主动围绕优化营商环境、集成电路产业发展、农村集体产权制度改革等34个课题开展专题调研；组织开展“奋进新时代、履职建新功”活动，广大代表结合专题调研成果开展集中交流。

(蒋 健 朱 煜)

【代表议案建议督办】 2019年，市人大常委会总结以往督办经验，制定人大代表建议、批评和意见重点处理工作办法，完善代表建议分类交办、重点督办、跟踪督查和实效评估等工作机制，明确278件代表建议办理目录，将19件重点督办建议、56件上年度计划解决建议和17件连续三年“反复提”建议列出三项清单。对照“一个目录、三项清单”，采取人大常委会领导牵头督办、政府领导领衔办理、督办月跟踪督办等做法，着力提高议案建议的办成率。市政府高度重视，其中儿童福利院异地新建项目正式奠基，两年内福利院儿童将搬入新家园；宜居住区建设全面启动，实现老旧小区存量改造、新建住宅增量提标

表 9　　无锡市十六届人大三次会议重点督办代表建议一览表

序号	建议编号	代表姓名	建议标题	意向主办单位	市人大牵头督办领导	市人大督办部门
1	70	吴惠明	关于进一步优化营商环境激发无锡市民营经济发展活力的建议	市工业和信息化局	魏　多	经济工委
2	76	丁谦华	关于文化＋旅游融合创新带动旅游经济发展的建议	市文广旅游局	华博雅	教科文卫工委
3	73	张华林	关于加快无锡市智能制造发展的建议	市工业和信息化局	魏　多	经济工委
4	6	陈福良	关于全面开展入江入湖入河排污口排查的建议	市市政和园林局	吴峰枫	环资城建工委
5	90	朱龙喜等	关于加强太湖蓝藻综合治理研究的建议	市水利局	吴峰枫	农经工委
6	177	曹　荣等	关于太湖清淤治藻的建议	市水利局	吴峰枫	农经工委
7	170、253	沈建伟等	关于垃圾分类的建议两件	市城管局	吴峰枫	环资城建工委
8	187	范凯洲等	关于尽快进行内环线南段拓宽和加快建设中环线的建议	市自然资源规划局	吴峰枫	环资城建工委
9	26、59、99、179、256	王　颖等	关于养犬管理的建议五件	市公安局	朱民阳	监司工委
10	52	何云彪等	关于进一步加强住宅违建治理工作的议案	市城管局	吴峰枫	环资城建工委
11	72	秦党亲	关于提高城市居民委员会社工收入的建议	市民政局	朱民阳 王传军	社会委
12	158	余汉清等	关于在全域范围内有效推进化肥农药减量工作的建议	市农业农村局	吴峰枫	农经工委
13	98	戴文君	关于尽快出台无锡市中小学课后延时服务制度的建议	市教育局	华博雅	教科文卫工委
14	44	徐佳倩	关于出台全面禁止燃放烟花爆竹相关规定的建议	市公安局	朱民阳	监司工委

（市人大办公室）

共同推进；加强太湖蓝藻综合治理研究列入财政预算；关于加大对民营企业和小微企业发展支持力度等一批事关发展和民生的重要建议落地见效。创新代表建议办理的评价反馈机制，首次用代表履职信息平台进行满意度测评，年内建议办成率达到69.4%，代表满意和基本满意率达到98.6%。

（蒋　健　朱　煜）

编辑　罗秋云

综　述

【概况】 2019年，无锡市人民政府（以下简称市政府）坚持以习近平新时代中国特色社会主义思想为指导，认真落实中共十九大、十九届二中、三中、四中全会精神和习近平总书记对江苏工作的重要指示要求，在中共无锡市委的坚强领导下，在市人大常委会、市政协的监督和支持下，紧紧依靠全市广大人民，按照当好全省高质量发展领跑者的目标定位，坚持稳中求进工作总基调，自觉践行新发展理念，坚定实施六大发展战略，经济运行稳中有进，转型升级成效明显，改革开放亮点纷呈，城乡区域协调发展，生态环境稳定向好，民生福祉日益增进，较好完成市十六届人大三次会议确定的目标任务，为实现“十三五”规划圆满收官、高水平全面建成小康社会打下坚实基础。

（赵　祺）

【机构改革】 2019年，根据《中共中央关于深化党和国家机构改革的决定》《深化党和国家机构改革方案》《关于地方机构改革有关问题的指导意见》《江苏省机构改革方案》《中共江苏省委关于市县机构改革的总体意见》和《无锡市机构改革方案》精神，结合实际，对无锡市人民政府的机构和职能进行调整，共形成38个工作部门，具体情况见特载无锡市机构改革。

（郑　栋）

【政府自身建设】 2019年，市政府深入学习贯彻习近平新时代中国特色社会主义思想和中共十九大、十九届二中、三中、四中全会精神，认真落实新时代党的建设总要求，深入推进责任政府、法治政府、廉洁政府和服务型政府建设，把开展“不忘初行、牢记使命”主题教育激发出来的奋斗精神转化为强大动力，有效确保中央大政方针和省、市委决策部署落地见效。提请市人大常委会审议地方性法规草案四件，制定政府规章5件，修改废止规章、规范性文件12件。全面推行行政执法三项制度和政府部门法律顾问制度。首次邀请市民代表列席市政府常务会议。大力压减督查检查总量和频次，清理整合创建示范活动，抓好“文山会海”“牌子乱象”等清理规范工作。认真履行党风廉政建设“一岗双责”。加大对重大政策措施落实情况和重点领域、重大项目的审计监督力度。市本级一般性支出和“三公”经费继续下降。政府自身建设取得新进展新成效，驾驭经济社会发展全局的能力和水平持续提升。

（赵　祺）

【政府信息公开】 2019年，无锡市政府着力提升政务公开能力和水平，扎实推进“决策、执行、管理、服务、结果”五公开，全年主动公开市政府及市政府办公室文件53份，受理、办理、答复政府信息公开申请77件。继续完善依申请公开程序，市民申请的渠道更加通畅便捷，做到网上、邮寄、当面递送均可及时受理。丰富公开形式，积极运用新闻发布会、组织媒体专访、政策进社区、“指尖政务”等多种形式，就全市优化营商环境、落实企业减税降费、支持实体经济健康发展、加强人才引进等政策措施进行权威、精准、深度解读，确保市委、市政府出台政策内涵透明、信号清晰，全年组织召开各类新闻发布会50次、组织媒体专访11次，在市政府门户网站发布政府信息53条、发布“图解政策”31期，为广大企业和群众提供便捷、高效、精准的政务信息服务。

（赵　祺）

【议案、提案办理】 2019年，无锡市高度重视市十六届人大三次会议代表议案建议和市政协十四届三次会议提案办理工作，切实提升办理质量和水平，推动一批事关全市经济社会发展大局的重大问题和人民群众普遍关心关注的热点、难点问题得到有效解决。全年收办人大代表建议278件，代表对办理结果总满意率98.6%；收办政协委员提案403件，委员对办理结果总满意率100%。

（赵　祺）

【市长信箱办理】 2019年，无锡市“12345”政府公共服务热线共受理各类网上来源诉求30672件，其中，市长信箱8677件，办结率99.99%。网上工单处理量位居前五的成员单位为梁溪区（3100件）、市公安局（2454件）、新吴区（2376件）、市住房公积金管理中心（2058件）、锡山区（1917件），主要涉及房屋管理、城乡规划建设、车辆管理和教育政策等领域。

（赵　祺）

【政务督查】 2019年，无锡市加强对重点工作的督促检查，充分发挥政务督查职能作用，有力推动各项决策部署的全面落实。积极配合做好国务院异地就医情况暗访督查、国务院“互联网+督查”平台留言办理、全省深化“放管服”改革等政策措施落实情况督查、全省安全生产明察暗访交办问题隐患整改等相关工作，推动国家和省各项政策措施和工作要求在无锡市落地落实。配合市委制定下发《无锡市委市政府2019年重点工作》及细化实施方案，组织开展对各板块重点工作任务完成情况的督查调研。做好市委、市政府主要领导在市(县)区调研期间板块反映意见建议的落实情况督查、国务院督查发现问题整改落实工作督查、支持民营企业发展政策落实情况督查、安全生产明察暗访、省政府2019年挂牌督办项目无锡工作方案的制定等一批关键领域和社会关注热点问题的落实工作，全面掌握推进落实情况，加强节点控制，促进市委、市政府决策部署高效落实；深入开展基层减负专题调研，为市委、市政府出台减负政策提供决策参考。加强对市委、市政府领导特别是主要领导批示件办理的督促检查，全年跟踪办理市政府主要领导批示22件，编发《督查专报》25期，确保件件有着落、事事有回音。

（赵　祺）

重要会议

【市政府全体会议】 2019年，市政府召开1次全体会议。

10月28日，市政府召开第四次全体(扩大)会议，根据中央和省、市委关于开展“不忘初心、牢记使命”主体教育部署安排，总结前三季度全市经济运行情况，部署下阶段重点工作，动员全市政府系统以履职尽责实际行动守初心、担使命，全力完成2019年经济社会发展目标任务。会议认为，习近平新时代中国特色社会主义思想是新时代中国共产党的思想旗帜，是全党全国人民为实现中华民族伟大复兴而奋斗的行动指南。组织开展好“不忘初心、牢记使命”主题教育，必须深刻理解把握深入学习贯彻习近平新时代中国特色社会主义思想这一根本任务和“理论学习有收获”这一首要目标，深刻理解把握“八个明确”和“十四个坚持”的科学内涵，深刻理解把握总书记关于“不忘初心、牢记使命”重要论述的精神要义，全面系统学、深入思考学、联系实际学，切实把学习成效转化为做好本职工作、推动事业发展的生动实践，以履职尽责的实际行动守好初心、担好使命。会议指出，当前，世界经济正处在国际金融危机以来形势最错综复杂、干扰因素最多的时期，不确定、不稳定因素明显增多，可以预料和难以预料的风险挑战更多更大。各地各部门要正确认识无锡发展所处的历史方位，辩证看待当前面临的机遇和挑战，在“时”与“势”的辩证认识中坚定信心，在“稳”与“进”的科学把握中积极作为，在“新”与“旧”的动能转换中保持定力，在“破”与“立”的协同推进中攻坚克难，全面提升创新驱动力、产业硬实力、城市软实力、区域承载力和社会凝聚力，为实现“两个一百年”奋斗目标和中华民族伟大复兴中国梦作出无锡新的更大的贡献。会议强调，全市政府系统要咬定目标抓落实，抓好三个“三年行动计划”年度实施方案、创新型企业倍增计划、“太湖人才计划”升级版2.0等政策举措的落地见效，办好10件55项民生实事；聚焦问题补短板，抓好全省高质量发展考核等指标提升工作，推动形成干在实处、走在前列的良好氛围；突出重点强攻坚，确保一批重大基础设施项目如期开工建设，打好污染防治攻坚战；改进作风优服务，当好服务企业、服务基层的“舟桥旅”，设身处地帮助基层和企业排忧解难；强化担当保稳定，抓好“1+9”城市安全集中整治方案的组织实施；着眼长远早谋划，认真研究明年工作，汇聚各方智慧把事关全局的重大问题研究透彻，为高质量编制“十四五”规划打下坚实基础。

（郑　栋）

【市政府常务会议】 2019年，市政府召开29次常务会议，讨论和审议会议议题197项。

1月5日，市政府召开第四十三次常务会议。讨论2019年《政府工作报告》《关于无锡市2018年国民经济和社会发展计划执行情况与2019年国民经济和社会发展计划草案的报告》《关于无锡市2018年预算执行情况和2019年市本级预算草案的报告》《无锡市人民政府2019年度立法工作计划(草案)》，审议《无锡市户外广告和店招标牌设施设置管理办法(草案)》《关于做好当前和今后一个时期促进就业工作的实施意见》。

1月20日，市政府召开第四十四次常务会议。传达省“两会”及省长吴政隆参加无锡代表团审议时讲话精神和全国安全生产电视电话会议、国务院农民工工作领导小组会议暨保障农民工工资支付工作电视电话会议精神并部署当前工作。审议《无锡市扫黑除恶专项斗争举报奖励资金使用办法(试行)》《关于加强宅基地审批管理的实施意见(试行)》《关于推进农村宅基地自愿退出工作的实施意见》《关于推进“厕所革命”实施城市公共厕所提标便民工程行动计划的实施意见》，听取关于切实做好“大棚房”问题专项清理整治工作情况、切实做好殡葬改革工作排查整治违规建设殡葬设施情况、对2018世界物联网博览会作出突出贡献的集体和个人记功奖励及通报表扬情况的汇报。

2月2日，市政府召开第四十五次常务会议。听取2019年国民经济和社会发展综合计划与为民办实事项目目标任务分解下达情况、2019年市政府拟向市人大常委会报告的重大事项和市政协民主监督性提案情况、无锡经济开发区赋权清单有关情况的汇报。

2月13日，市政府召开第四十六次常务会议。讨论《关于大力发展工业互联网深入推进智能制造的政策意见》，审议《关于进一步鼓励和支持企业上市（挂牌）的若干意见》《关于推进无锡市劳模创新工作室科技成果经济收益共享机制建设的若干措施》，听取关于申请江南大学附属医院南院区新增烧创伤楼项目代建延用原单位情况的汇报。

2月28日，市政府召开第四十七次常务会议。听取关于2018年无锡市本级审计发现问题及整改情况、2018年度无锡市市长质量奖和市质量管理优秀奖评选情况、对2018年度无锡开放型经济高质量发展作出突出贡献的集体记功奖励情况的汇报，审议《无锡市2019年市级政府投资项目计划》，讨论《关于开展“一推三治五化”专项行动大力推进农村人居环境整治提升的实施意见》。

3月14日，市政府召开第四十八次常务会议。审议《关于加快推进全市技术转移体系建设的实施意见》《无锡市区环境卫生专业规划修编（2015~2030）“生活垃圾处理设施规划”章节调整报告书》《关于保障无锡市轨道交通安全运行的实施意见》，听取关于持续开展信访矛盾化解攻坚战、无锡市公共自行车申请财政补贴的情况汇报。

3月25日，市政府召开第四十九次常务会议。听取关于当前全市安全生产工作情况的汇报并部署下阶段工作，审议《江苏省长三角地区一体化发展三年行动计划（2018~2020）任务分解表涉及无锡事项表》《无锡市储气设施建设实施方案》《省政府2019年挂牌督办项目无锡工作方案》，讨论《关于进一步深化现代产业发展政策的意见》。

4月4日，市政府召开第五十次常务会议。传达贯彻省长吴政隆在江阴检查安全生产工作时的讲话精神并部署安全生产工作，审议《关于进一步激发民间有效投资活力促进经济持续健康发展的实施意见》，讨论《关于推动开放型经济高质量发展的实施意见》《关于促进民营经济高质量发展的实施意见》，听取关于2019世界物联网博览会筹备情况、全省医疗保障工作会议情况的汇报。

4月17日，市政府召开第五十一次常务会议。听取关于2019年一季度全市经济运行情况、做好全市蓝藻水草打捞处置工作确保太湖安全度夏情况、“太湖人才计划”产业升级创新领军人才等5项人才项目申报评审工作及拟推荐人选情况的汇报，审议《2019年无锡市质量提升行动计划》《关于开展无锡市宜居住区建设的指导意见》。

4月30日，市政府召开第五十二次常务会议。传达贯彻省太湖水污染防治委员会第十二届全体（扩大）暨太湖安全度夏应急防控工作会议精神，讨论《无锡市贯彻落实中央环境保护督察“回头看”及大气污染问题专项督察反馈意见整改方案》《无锡市高质量推进“一带一路”交汇点建设实施意见》，审议《无锡市打击非设关地走私专项行动方案》《关于规范校外培训机构发展的实施方案》，听取关于全市扫黑除恶专项斗争工作情况、国省考断面优Ⅲ比例有关情况、无锡至江阴城际轨道交通工程PPP项目两评报告编制情况、药品招标采购制度改革试点工作有关事项情况的汇报。

5月23日，市政府召开第五十三次常务会议。听取关于贯彻落实习近平总书记对民政工作重要指示等相关精神、当前安全生产工作情况、下放市辖区人民政府定价管理权限情况、调整无锡市区居民用天然气价格情况以及2018年度无锡市“太湖人才计划”领军型团队申报评审情况、“太湖人才计划”新兴产业创业领军人才及“东方硅谷”领军型团队分年度拨款考核情况和2018年无锡市企业院士工作站申报评审情况的汇报，审议《无锡市加快推进一体化在线政务服务平台建设的实施方案》《无锡市电子营业执照“一城通用”实施方案》《无锡市公共安全视频图像信息系统管理办法（草案）》《无锡市长江、太湖入河排污口排查整治专项行动工作方案》，讨论《无锡市化工产业安全环保整治提升实施方案》《无锡市建立和完善房地产市场平稳健康发展长效机制工作方案》。

6月4日，市政府召开第五十四次常务会议。听取关于全市1~4月经济运行情况、《无锡市重污染天气应急预案》修改情况的汇报，审议《无锡市市区住宅专项维修资金管理办法（草案）》《关于支持无锡物联网创新中心发展的若干政策措施》，讨论《无锡市旅游市场条例（草案）》。

6月17日，市政府召第五十五次常务会议。听取关于全市主要经济指标“双过半”预测情况、“十四五”规划编制前期工作情况、1~5月政府投资项目进展情况、全市防汛防旱工作情况、建立无锡市区代建绿地接管机制情况、生活垃圾处置PPP项目一案两评报告编制情况、对无锡市在江苏省第十九届运动会中作出突出贡献的集体和个人记功奖励及其奖励经费安排情况的汇报，审议《无锡市长江保护修复攻坚战行动计划工作方案》《无锡市城镇小区配套幼儿园治理工作方案》《关于贯彻落实降低社会保险费率的实施意见》，讨论《2018年度行政事业性国有资产（含文化资产）的专项报告》和《2018年

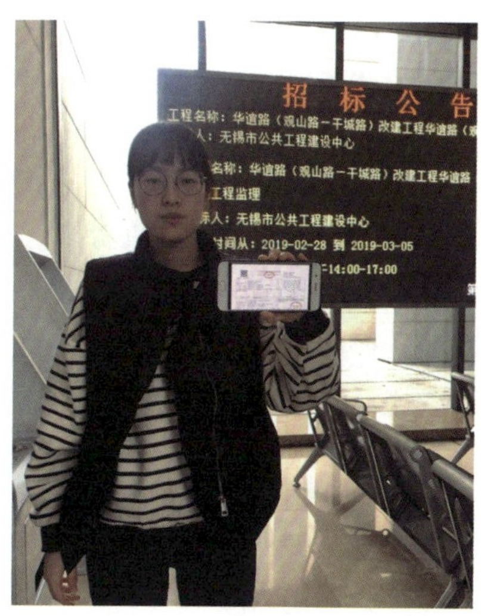

3月1日，无锡市首张建设工程招投标交易服务费电子发票正式“诞生”

（市行政审批局 供）

度国有资产综合报告》。

6月28日，市政府召开第五十六次常务会议。听取关于贯彻落实全国、全省违建别墅清查整治专项行动电视电话会议精神情况的汇报并讨论《无锡市违建别墅问题清查整治专项行动实施方案》，听取关于贯彻落实全国深化“放管服”改革优化营商环境电视电话会议精神和省长吴政隆讲话精神情况、全市对口帮扶、对口支援、对口合作工作情况、2019年度无锡市“荣誉市民”推荐评选工作情况和调整2019年度市区低保、特困、孤儿保障标准情况的汇报，讨论《关于推动无锡市文化产业高质量发展的若干政策》《无锡市文化产业高质量发展三年行动计划（2019~2021）》《关于〈无锡市禁止燃放烟花爆竹条例〉等地方性法规的修正案（草案）》，审议《无锡市固体废弃物处置设施建设三年计划（2019~2021）》《关于完善残疾儿童康复救助制度的实施办法》。

7月10日，市政府召开第五十七次常务会议。听取上半年法治政府建设情况汇报并审议无锡市2019年法治政府建设工作要点及任务分解表，听取关于2019年上半年全市安全生产工作情况、全市上半年信访工作情况和下半年工作打算、进一步规范政府非税收入减免行为情况、调整市区居民基本养老保险有关政策情况的汇报，审议《无锡市计划生育特殊家庭住院护工服务保险实施办法》，讨论《无锡市推进城市安全发展实施方案》《关于深化公办幼儿园和义务教育学校食堂治理的实施意见》。

7月24日，市政府召开第五十八次常务会议。审议《关于深化产教融合助力产业强市的实施意见》《无锡市市区城乡居民基本养老保险办法》，听取关于无锡市政府性债务管理情况、调整无锡市大病保险筹资和待遇政策情况以及调整市区科研设计用地、商业用地出让政策情况的汇报。

8月7日，市政府召开第五十九次常务会议。讨论《无锡市全面实施预算绩效管理实施办法》，听取关于调整无锡市区非居民用天然气价格情况、无锡市预防接种综合服务管理信息系统建设情况、2018年度市（县）区人才工作绩效评估情况、无锡市“雪亮工程”二期项目情况、2019年“无锡市荣誉市民”评选情况的汇报。

9月19日，市长黄钦主持召开市政府第62次常务会议

（市政府办　供）

8月29日，市政府召开第六十次常务会议。听取关于2020年市本级预算编制政策情况和2018年度无锡市“太湖人才计划”新兴产业创业领军人才确认及资金支持建议情况、人防系统专项治理工作情况的汇报，审议《无锡市全面推行行政执法公示制度执法全过程记录制度重大执法决定法制审核制度实施方案》《关于修改和废止部分政府规章规范性文件的决定（草案）》《无锡市知识产权运营服务体系建设实施方案（2019~2021年）》《无锡市工程建设项目审批制度改革实施方案》《关于进一步规范和改进无锡市公积金政策的意见》。

9月4日，市政府召开第六十一次常务会议。听取关于新中国成立70周年大庆无锡安保工作情况、贯彻落实市委常委会关于当前经济工作有关部署情况、贯彻落实市委国资国企工作情况汇报会精神情况、贯彻落实市委主要领导调研城市精细化管理工作指示精神情况、2018年度无锡市“集成电路产业杰出人才”评选工作情况的汇报，审议《关于进一步加强城市户外广告设施规范管理的实施意见》《关于贯彻〈无锡市生活垃圾分类管理条例〉稳步推进生活垃圾分类的实施方案》《无锡市推进运输结构调整实施意见》。

9月19日，市政府召开第六十二次常务会议。学习《中华人民共和国外商投资法》，听取关于第二届中国国际进口博览会无锡交易分团筹备工作情况、第十一届中国（无锡）国际新能源大会暨展览会筹备工作情况、做好当前财政收支预算管理支持落实减税降费政策情况的汇报，审议《无锡市森林防灭火指挥部规则》《无锡市大型群众性活动安全管理办法（草案）》《无锡市公共停车泊位建设三年行动计划（2019~2021）》《无锡市市（县）区政府耕地保护责任目标考核办法》。

10月8日，市政府召开第六十三次常务会议。听取关于全市生猪保供稳价情况的汇报并审议《关于稳定生猪生产保障市场供应的实施意见》，听取关于省以上对无锡市一般公共预算专项转移支付有关情况、申请加入世界城市和地方政府联合组织情况、无锡市安全生产责任保险工作情况的汇报，讨论《无锡市献血条例(草案)》，审议《关于推进全市政务服务体系一体运行提升建设水平的方案》《无锡市电子证照应用管理暂行办法》《无锡市创建全民运动健身模范市发展规划》《无锡市创建全民运动健身模范市实施方案》。

10 月 22 日，市政府召开第六十四次常务会议。学习《中华人民共和国公务员法》，听取关于 2019 年市级政府投资计划中期调整情况、2019 年市本级预算调整情况的汇报，讨论《关于促进工商联所属商会改革和发展的实施方案》《无锡市进一步优化营商环境的实施方案》《关于决胜高水平全面建成小康社会补短板强弱项的工作方案》《无锡市现代农业高质量发展行动计划》。

10 月 28 日，市政府召开第六十五次常务会议。听取关于全市城市安全集中整治情况，全省扫黑除恶专项斗争推进会精神及无锡市贯彻意见情况和 2019 年无锡市军转干部、退役士兵及随调随军家属接收安置工作情况的汇报。

11 月 5 日，市政府召开第六十六次常务会议。听取关于全市第一轮安全生产巡查情况、2019 年度“太湖人才计划”人才确认及资金支持建议情况、2019 年度无锡市院士工作站项目申报评审情况、增加市级统筹资金帮助海东市设立村级扶贫车间建设引导资金情况的汇报，审议《关于加快政务服务“一窗受理、集成服务”改革的工作方案》《关于进一步加快推进第五代移动通信网络建设发展的若干意见》。

11 月 20 日，市政府召开第六十七次常务会议。审议《无锡市政府投资管理办法》《无锡市市级政府投资项目概算管理办法》《无锡市市级政府投资项目资金管理办法》，听取关于“全面改善农村人居环境，高水平推进美丽乡村建设的议案决议”实施方案执行情况、市卫健委 2019 年度无锡市“太湖人才计划”人才确认及资金支持建议情况的汇报。

11 月 25 日，市政府召开第六十八次常务会议。听取关于 2020 年市本级全口径预算“一上”编审有关情况、清理拖欠民营企业中小企业账款工作情况、确保完成年度水环境质量改善约束性指标情况、做好解决部分退役士兵社会保险问题工作情况、2019 年无锡市企业引进高级经营管理人才评选成果情况、第十届无锡市优秀软件产品“飞凤奖”评奖情况和 2019 年度“太湖人才计划”乡土人才、先进制造领军人才项目申报评审工作情况的汇报，讨论《无锡市新一轮市对区财政体制优化调整实施方案》和《关于在全市卫生健康领域实施“新三名”战略的意见》及 5 个配套文件，审议《无锡市完善城乡居民大病保险制度的实施意见》。

12 月 3 日，市政府召开第六十九次常务会议。传达学习中共中央政治局第十九次集体学习应急管理体系和能力建设相关精神及《中华人民共和国安全生产法》、江苏省打好防范化解重大金融风险攻坚战指挥部第一次全体(扩大)会议精神，讨论《无锡市全面深入开展安全生产专项整治行动工作方案》《〈长江三角洲区域一体化发展规划纲要〉无锡行动方案》《无锡市建设工程质量管理条例(草案)》，审议《关于进一步解放思想、创新思路，强化新形势下地方财源建设的实施意见》《无锡市城镇污水处理提质增效三年行动实施方案(2019~2021 年)》，听取关于市十六届人大三次会议代表建议和市政协十四届三次会议提案办理情况、“关于加强老旧电梯安全监管议案”办理情况、第十一届专利奖评选情况、适时调整完善学校生均公用经费定额标准体系情况的汇报。

12 月 13 日，市政府召开第七十次常务会议。讨论《关于加快总部经济高质量发展的实施意见》《关于加快推进枢纽经济高质量发展的意见》《关于深入推进数字经济发展的实施意见》，审议《无锡市历史建筑确定与保护利用工作方案》《无锡市市场监管领域全面推行部门联合“双随机、一公开”监管实施办法》《关于进一步加强职业病防治工作的意见》《关于落实国家基本药物制度的实施意见》，听取关于进一步优化机制推动无锡职教园及锡西片区高质量发展有关建议情况、无锡市产业强市贡献奖和科技创新贡献奖评审情况的汇报。

12 月 27 日，市政府召开第七十一次常务会议。学习《中华人民共和国动物防疫法》，听取关于 2019 年为民办实事项目执行情况和 2020 年为民办实事项目安排情况的汇报，讨论 2020 年《政府工作报告》《关于无锡市 2019 年国民经济和社会发展计划执行情况与 2020 年国民经济和社会发展计划草案的报告》《关于无锡市 2019 年预算执行情况和 2020 年市本级预算草案的报告》《无锡市大运河文化保护传承利用实施规划》，审议《无锡市 2020 年市级政府投资项目计划》《关于实施基本医疗保险和生育保险市级统筹的意见》，听取关于贯彻落实《中共中央 国务院关于深化改革加强食品安全工作的意见》《地方党政领导干部食品安全责任制规定》情况和 2019 年全市食品安全工作情况、市儿童福利院易地新建项目情况、无锡市设定禁止燃放烟花爆竹区域情况的汇报。

(郑　栋)

民生实事项目

【概况】 2019 年，市委、市政府确定为民办实事项目共十大类 55 项，由市本级 43 个部门(单位)和八个地区负责实施。主要涉及污染防治、帮扶济困、重点道桥、公共交通、宜居住区、食品安全、智慧城市、文化建设、卫生事业、教育事业等领域。至年底，全面完成各项目年度目标任务。

(姜海龙)

【污染防治项目】 年内，无锡市区41条黑臭水体完成工程建设，感官上均消除黑臭现象，建成区黑臭水体治理任务提前一年完成。锡澄片骨干河网畅流活水工程开工建设，虹桥浜驳岸整治和驴桥浜清淤工程完工。市区建成七个机动车排放固定式遥感监测点。惠联餐厨废弃物处理厂项目建成投运。

（姜海龙）

【帮扶济困项目】 年内，全面完成经济薄弱村脱困转化。实施长期护理保险制度，全年评估1.14万人。完成市区500户特定困难老年人家庭住宅生活设施适老化改造。市区中低收入居民疾病医疗自费支出救助责任保险累计救助7133人960万元。市区居家养老援助上门服务扩大至17类对象、最高16工时。为505名易走失人员发放定位手环，累计培训初级救护员1.08万名，普及培训人员9.07万名，为五所红十字示范校配置了七台AED。

（姜海龙）

【重点道桥项目】 年内，运河东路大修工程、丁村管巷周边道路建设完工通车。宜马快速通道、高浪路快速化改造、新锡澄路北延、华谊路、稻香路（湖滨路—锡星苑）、新北桥拆危建新工程及太湖大道体育中心南大门人行过街天桥工程开工建设。

（姜海龙）

【公共交通项目】 年内，无锡地铁1号线南延线工程正式通车试运营。锡澄城际轨道S1线工程开工建设。新辟优化调整公交线路26条，新增和更新新能源公交车260辆。

（姜海龙）

【宜居住区项目】 年内，完成88万平方米宜居住区建设、132.2万平方米棚户区（危旧房）改造，完成全部技防设施建设。完成城区环卫公厕30座改建。市区新增各类机动车停车泊位7.78万个、绿地面积222.1万平方米。完成55个小区二次供水改造、57千米自来水老旧管网改造，新增天然气用户6.15万户。

（姜海龙）

【食品安全项目】 年内，无锡市食品安全检验检测中心建成试运行。全市餐饮服务单位建成“互联网＋明厨亮灶”1.2万家。市区规模型农贸市场远程智慧监管平台接入63家规模型农贸市场、30家其他农贸市场视频监控。完成学前街、小木桥、泰康等10家农贸市场改造。

（姜海龙）

【智慧城市项目】 年内，光纤网络户均带宽达到每秒125.04兆比特，新建5G基站1196个。建成智慧旅游综合管理服务平台一期，全市AAAA级以上景区全部实现智能导览。智慧城管综合性平台完成初步搭建，共接入361个视频点位，实现部分热点公共区域的智能监管。无锡地铁码上行实现“一码通”业务，覆盖全市公交线路、地铁1号线和2号线；机场实现国内航班无纸化登机。市级机动车停车管理系统平台具备初步运用水平，接入319个停车场、3.9万个泊位信息。车联网城市级示范应用项目用户数近11万户。“文化云”平台汇聚文化单位服务平台100家。全年在防火重点区域安装NB智慧烟感装置1500余台。完成20套智能信报箱设施安装，服务用户2万户。建成办税、缴费“网上办、一次办、就近办”服务体系，各办税服务厅（点）、社会化委托代征站等均运行良好。

（姜海龙）

【文化建设项目】 年内，建成200个高水平的新时代文明实践中心（所、站）。举办15场无锡星期广播音乐会。完成91个便民服务宣传屏、一处城市标志性大型钢结构景观雕塑设置。完成无锡市“12345”热线、禧宝文惠卡等功能入驻“无锡观察”客户端。完成155场各类文艺志愿活动。发放免费体育消费券200万元。完成古运河健身步道、西蠡湖和贡湖湾健身路径建设。无锡美术馆启动建设。

（姜海龙）

【卫生事业项目】 年内，江南大学附属医院南院区完成工程建设。市精神卫生中心二期、妇幼保健院迁址扩建、儿童医院和急救中心异地新建项目启动建设。全市106个一般预防接种单位为一周岁和四周岁儿童免费接种水痘疫苗19.4万人次，免费为65~85岁户籍老年人接种肺炎疫苗10.4万人次。

（姜海龙）

【教育事业项目】 年内，市区各小学全面实施课后延时服务。开工义务教育学校基建项目28个、幼儿园基建项目13个。南京信息工程大学滨江学院二期工程建成投用。东南大学国际校区和国家示范性微电子学院（含微纳大楼与平台）改扩建项目启动建设。

（姜海龙）

对口支援·帮扶合作

【援疆】 2019年，无锡市深入贯彻以习近平同志为核心的党中央治疆方略和第七次全国对口支援新疆工作会议精神，围绕新疆地区社会稳定和长治久安总目标，以助力脱贫攻坚和改善民生为主要抓手，扎实推进各项工作落实。

对口支援阿合奇县 年内，共实施援建项目19个，总投资9193.64万元，其中援疆资金6189.64万元。组织阿合奇县8批291人次基层党政干部和医生、教师等到无锡学习培训，帮助阿合奇县柔性引才17人次。引进总投资5000万元的中科沙棘项目，有效带动当地50多名农牧民就业增收。无锡市教育局组织“情系阿合奇，书香筑梦行”爱心捐书活动，社会各界捐赠爱心书籍13万册。驻阿合奇县前方工作组先后获得“新疆维吾尔族自治区援疆工作先进集体”“开发建设克州奖”称号。

对口支援霍城县 年内，实施新建续建项目33个，投入援疆资金1.7242亿元。成功引进投资3500万元的霍鸣电子智能电器产品项目和投

2019 年为民办实事项目无锡星期广播音乐会　（市委宣传部　供）

资 2000 万元的卓联服饰服装加工项目。实施人才培训项目 34 个，培训各类干部人才 3000 多人次，柔性引才帮助霍城县引进各类专家人才 39 人次。驻霍城县前方工作组 8 人被评为自治区优秀干部人才，工作组连续三年获“省援伊前指先进工作组”称号。

（韦　锋）

【东西部扶贫协作】 2019 年，无锡市按照中共十九届四中全会提出的“坚决打赢脱贫攻坚战，巩固脱贫攻坚成果”和“四个不摘”总要求，助力延安市、海东市先后实现整体脱贫。年内，无锡市对口帮扶海东市消费扶贫入选全国消费扶贫典型案例，排名第九位。

对口帮扶延安市　年内，到位江苏省统筹帮扶资金 1576 万元，无锡市计划外筹措各级财政帮扶资金 1449.1 万元，到位社会帮扶款物折计 1514.07 万元，实施帮扶项目 20 个，带动当地 2207 名贫困人口增收受益。选派 8 名挂职干部和 77 名专业技术人才赴延安市一线开展助医、助教、助农工作，帮助延安市开展贫困村创业致富带头人培训 155 人次。帮助引进总投资 1.72 亿元的南通供销产业发展有限公司果业物流中心项目。帮助完成向江苏地区转移就业 128 人，帮助贫困人口就近就地就业 162 人。两地“携手奔小康”行动实现村村结对 50 对，企村结对 25 对，乡镇结对 24 对，学校结对共建 35 对，医院结对共建 8 对。

对口帮扶海东市　年内，到位江苏省统筹帮扶资金 2.35 亿元，无锡市、县（区）计划外拨付财政帮扶资金 2500 万元，无锡市社会各界向海东市捐助款物折计 1526 万元，共实施帮扶项目 84 个，直接或间接受益农村贫困人口 3.5 万余人，其中带动贫困残疾人 841 人。向海东市选派党政挂职干部 14 人、专业技术人才 111 人，联合开展贫困村创业致富带头人培训 849 人次。开展消费扶贫帮助海东市销售各类农产品 4864 万元，增加旅游收入 1000 多万元，增加拉面产业劳务收入 7.5 亿元。帮助 252 名海东籍建档立卡贫困群众到无锡或江苏城市就业，帮助 2320 人在青海省内实现就地就近就业。实施“携手奔小康”行动实现无锡市 31 个街道（乡镇）帮扶海东市 39 个乡镇、26 个村帮扶海东市 27 个贫困村、12 家企业帮扶海东市 13 个贫困村、12 家社会组织帮扶海东市 11 个乡镇或村。无锡市 39 所学校对口帮扶海东市 45 所学校，12 家医院对口帮扶海东市 8 家医院。

（韦　锋）

【南北共建园区】 2019 年，无锡市贯彻落实省《关于推动南北共建园区高质量发展的若干政策意见》，积极推动共建园区高质量发展、特色化发展。年内，7 家南北共建园区实现业务总收入 1381.3 亿元，规模以上工业增加值 333.2 亿元，地方公共预算收入 31.2 亿元，期末基础设施投入 305.2 亿元。规模以上工业增加值增长 4.63%，全区期末基础设施投入增长 14.9%。开展产业招商，举办各类招商活动 10 场，实施点对点招商 700 余次，完成新签约合同 63 个，引资额 371 亿元，其中亿元以上项目 53 个。在上年度省共建园区考评中，7 家园区建设总体水平位居全省前列，共获省财政奖补资金 6000 万元。实施精准扶贫，共落实帮扶资金 3000 多万元，帮助贫困地区完成村级帮扶项目建设 32 个，吸纳当地劳动力就业 450 余人，惠及困难农户 4000 余户。

（韦　锋）

【与盘锦市对口合作】 2019 年，无锡市充分发挥产业和品牌优势，邀请盘锦市部门和企业到无锡参加世界物联网大会、现代农业博览会、旅游产业博览会等会展活动，深化两地合作交流。

推动产业合作　年内，无锡海特圣大光电材料科技有限公司 2000 吨 / 年 UV 光固化剂项目和江苏迭代生态科技有限公司智能移动厕所装备制造基地项目在盘锦市签约注册。

推动文化交流　年内，协助盘锦市在江南大学、无锡市职业技术学院建立人才引进工作联络站，推动人才资源共享。联合举办“盘锦·无锡·故宫文化遗产创意产品展销暨盘锦市第三届文化消费节”活动，无锡文创产品走进盘锦。

实施“盘锦大米进无锡”行动　年内，邀请 4 家盘锦大米联盟成员企业参加无锡现代农业博览会，盘锦大米全年在无锡销量超过 2 万吨。江南大学与盘锦和田食品有限公司合作的 1000 吨 / 年大米蛋白肽项目成功签约落地。

（韦　锋）

【对口支援云阳县】 2019年，无锡市无偿援助318万元用于支援云阳县传染病医院建设。投入资金20万元，为云阳县举办一期45人乡镇（街道）基层组织委员党建专题培训班。协调市卫健委及锡山区、惠山区、滨湖区中医医院负责人到云阳县开展交流合作，推动云阳县中药成品进入无锡市、县两级中医医院。云阳县三峡云海药业、旭达药业、万力医药等中医药产品在无锡年度销售额超过3000万元。

（韦　锋）

【江苏省无锡市、青海省海东市东西部扶贫协作工作联席会议】 11月11日，江苏省无锡市、青海省海东市两地召开东西部扶贫协作工作联席会议，无锡市委书记李小敏主持会议并讲话，青海省人大常委会副主任、海东市委书记乌成云讲话；海东市委常委、常务副市长李青川，无锡市领导黄钦、王进健、蒋敏，惠山区、梁溪区、市相关部门主要负责人和海东市在无锡挂职干部人才代表出席会议。

（陆　毅）

政务服务

【概况】 2019年，无锡市行政审批局坚持把创新作为"放管服"改革最本质的要求，频频出招，持续发力，不断提升服务标准、服务质量和服务水平，打造更具有吸引力、影响力、竞争力的营商环境。"多规合一"改革试点成效被住房和城乡建设部书面表扬，电子营业执照在省内率先实现"一城通用"并获评全市法治惠民项目优质奖。建成四级政务服务和"一窗受理"体系、"一窗受理、集成服务"改革试点经验在全省复制推广。工程建设项目"不见面"开标、政府采购全流程电子化交易取得创新突破。"12345"大数据政情民意分析"一网通享"获评"2019营商环境创新力奖"。

（程　骏）

【行政许可权改革】 2019年，无锡市实现"一枚公章管审批"市、市（县）区两级全覆盖，行政审批局在市场准入、投资建设两大领域的改革牵头优势得到充分发挥。审批体系更加完善。市、市（县）区行政审批局全面投入运行，并将"放管服"改革牵头职能全部调整至行政审批局；坚持依法高效审批，严格落实法律主体、权责边界、证据固定、程序衔接等工作规程，《江苏法制报》头版宣传无锡市破解相对集中行政许可权改革法治难题的做法；积极争创行政执法"三项制度"示范单位，依法处置行政复议7起、参与行政诉讼9起，持续做到诉讼无败诉、复议无改变。市场准入更加便利。实施电子营业执照"一城通用"改革，电子营业执照在205个涉企事项办理中实现"一次验证、全网通用"，并在跨省运用上实现新突破。加快企业名称自主申报，实现申报主体类型、省以下行政区划名称自主申报全覆盖；加快"证照分离"改革，对106项涉企事项分类管理，惠及企业11.5万家；加快简易注销改革，办理简易注销登记7573户，为企业节省注销公告费用227.19万元；加快开业、注销"一网通办"，开通"全链条"服务平台，企业设立登记时间压缩至2个工作日内。《3个小时完成营业执照变更，助力凤凰画材企业股改上市》案例被推荐为全省亲清政商关系优秀案例。投资建设更加高效。对投资在线监管平台运行的619项审批事项统一规范，平台项目报送数全省第一。推出宅基地规划建设用地许可"联办一张表、联批一张证"，实现从建房申请到开工建设一次申报、一次领证。开展重大项目服务"成全行动"，蓝藻藻泥处置项目从开工到投产用时仅五个半月，融创文旅城集中验收、有效克服单体多种类多验收多等难题、提速近50%，先后为18个重大项目提供保障，解决审批难题260个。"互联网＋监管"更加精准。全市共认领监管事项6215项，编制行政检查实施清单5897个，市、市（县）区两级行政检查清单事项认领率和编制率100%。建立市监管数据中心，汇聚并向省推送2018年以来的全市监管数据信息6.49万条。加快"互联网＋监管"系统开发，完成与无锡市地方海事局非现场监管等系统的对接。

（程　骏）

【工程建设项目审批制度改革】 9月25日，市政府办公室印发实施《全市工程建设项目审批制度改革实施方案》，明确全市工程建设项目审批时限压缩至100个工作日内。统筹谋划，制度框架基本建立。对工程建设项目审批制度实施项目、流程、事项"三个全覆盖"改革，按照社会投资一般项目和重要项目、政府投资小型项目和大中型项目分类设置审批流程，压缩审批时间。建立工程建设项目审批制度框架体系，在一份总体方案下，公布审批事项、承诺事项、申报材料清单3张，并编制分阶段并联审批管理办法等配套措施16项。刀刃向内，审批流程能优则优。严格清单管理，明确未列入清单的事项不得实施。对梳理出的119项市级审批服务事项，按照"减、放、并、转、调"的要求，取消13项，下放2项，将39个事项合并成11项，转变管理方式3项，调整审批时序2项，实施告知承诺8项，保留审批事项76项。按照交叉并行的方式设置技术审查环节3个和综合审批环节3个，流程环节缩减率75%。试点先行，示范引领提升效能。开展全国工程建设项目"多规合一"业务协同改革试点，依托全国"多规合一"业务协同平台加速项目策划生成和选址，办理时间提速50%。推进水、电、气外线工程"一门通审"，在政务大厅设立办水、办电、办气窗口，在已出台优化电力供应营商环境实施办法的基础上，制定供水供气外线工程"一门通审"实施细则，上线并联审批系统，电力、用水用气外线工程审批时限分别压缩至 7 和 10 个工作日内。

（程 骏）

【线上线下"一窗受理、集成服务"改革】 2019 年，无锡市建成覆盖全市的"分类 + 专业"一窗受理体系，全市 90.8% 的政务服务事项实现一窗分类受理。升级"实体一窗"，做到受理一个口。对政务服务事项实行标准化梳理、颗粒化拆分，逐项编制一本通办事指南，平均减少重复申报材料 3.7 份。在市政务大厅设置市场准入、投资建设、社会民生 3 个分类受理窗口，纳入 13 个部门、131 个政务服务事项，配置"公安、人社、税务"等专业受理窗口 25 个，实行事项归并、一口受理。整合"线上一窗"，做到办理一网通。以对接全国一体化在线政务服务平台为契机，将江苏政务服务网无锡分厅与政府门户前端整合，构建统一的用户体系、服务门户、事项清单、电子证照、运行平台等线上政务服务系统；年内，全市政务服务事项网上可办率 95.8%，月平均活跃用户 5 万人次。升级无锡综合服务旗舰店，开通市场准入、不动产登记、工程建设等 8 大联办受理功能区，公开 36 项联办事项指南。建成 APP 无锡站服务集群，向企业群众提供 119 个"查缴办"热门应用服务。开通长三角"一网通办"线上专栏和线下专窗，在长三角办理"无感漫游"事项 51 个。延伸"全科一窗"，做到"一站式"服务。以关注度高、办理量大的高频事项为标准，公布全市首批通办事项 123 项、首批 74 项镇（街）为民服务中心进驻事项参考清单、首批 120 项村（社区）便民服务中心进驻事项参考清单，重构办事流程，最大限度精简基层办理环节和证明材料。开展标准化服务培训，使镇（街）、村（社区）工作人员熟练掌握一类审批业务。

（程 骏）

6 月 30 日，全城湾召开"推开我的窗、成全你的事"广场咨询服务活动

（市行政审批局 供）

【政务服务体系建设】 2019 年，在全省政务服务"好差评"综合测评中，无锡市"好评"点赞数位居全省第一。行政审批服务持续规范。全市建成集行政审批和公共服务于一体的四级政务服务体系。统一各级政务大厅名称、标识，政务服务事项进驻同级政务大厅基本实现"应进必进"。向社会公布利企便民服务举措 40 项和第一批 50 项"一件事"事项办理清单、62 项行政审批中介服务事项清单。在省内首家出台《无锡市电子证照应用管理暂行办法》，为全市电子证照使用提供法制保障。全年全市政务服务系统共办理各类事项 395.47 万件，按时办结率 100%，承诺件提速率 56.3%，提交材料平均减少 51.4%。公共资源交易服务持续优化。推动简政便民，实现市、市（县）区实施政府集中采购全覆盖。简化办事流程，政府采购供应商库启用"不见面"注册，工程交易服务启用"不见面"收费，招投标保证金实现网上代收代退。深化"互联网 + 公共资源交易"，工程建设项目"不见面开标"覆盖全市，政府采购实现全流程电子化交易。加强信用监管，对建设工程项目招投标全面使用信用考核，提高信用分值比重，强化诚信履约意识。全年全市公共资源交易总量 1.67 万宗，总交易额 1568.58 亿元，比上年增长 20.74%，节约资金 65.89 亿元。"12345"政府热线服务持续升级。当好耐心倾听的"接线员"，推出"好差评""企业通""安全隐患举报"专项键，"企业通"专项键日均解答诉求 100 余件，"安全隐患举报"提供 24 小时不间断服务。当好为民解忧的"服务员"，严格工单退回提级审核制，全市 3 次以上退单率环比下降 50%；建立《作风面对面》节目合作播报机制，先后完成 49 次电台直播、10 次电视直播，推动《作风面对面》社区工作站向全市铺开，并对国务院"互联网 + 督查"平台和省《政风热线》、市《作风面对面》节目反馈问题形成的 1281 张工单抓好跟踪督办。当好决策支撑的"参谋员"，运用大数据政情民意分析协调处置"韦博英语教育机构停业退费"等 32 起突发性事件，提交"为民办实事项目分析报告"等建议报告 3 篇，提供"扫黑除恶专项斗争"等信息线索 95 条。年内，"12345"政府热线日均呼入量 1556 件，比上年增长 43.9%；微信受理诉求 2.6 万件，比上年增长 176.4%；前台直接答复率 48.73%，派发电子工单 24 万余件，诉求处置结果满意率达 98.74%。

（程 骏）

外 事

【概况】 2019年，无锡市贯彻落实省、市委外事工作委员会会议精神和市委、市政府决策部署，在加强外事统筹管理，巩固和拓展国际友好渠道，搭建交流合作平台，扩大对外开放，推动"一带一路"建设，促进各领域对外交流合作，提升无锡国际知名度，美誉度等方面作出贡献。全年共接待外宾123批1272人次，其中，美国等国驻沪总领馆代表团16批97人次。共批准因公出访团组621批1928人次，其中党政干部因公出访337批813人次。

巩固并拓展国际友城交流交往。年内新结国际友好交流城市——摩洛哥艾特梅洛市；签约各类务实合作协议六份；组织赴友城短期免费研修三批14人次，举办各类推介洽谈活动27场；邀请友城文艺团体到无锡举办专场文艺演出一场，赴友城举办各类图片、特色艺术品展览展示及文艺演出活动11场，开展青少年文体交流13次。

服务并推进经贸文化合作。主动服务大局，切实践行"一带一路"倡议，布局"一带一路"友城设点，深入了解沿线企业发展诉求，巩固优化沿线国家交流合作成效明显。用好国际资源，对接内外市场，充分利用国际友城、驻华使领馆、国际及港澳同胞等渠道资源，搭建政企交流双向平台，促进技术与产业交流合作，助力对外经贸合作和高新技术产业发展取得实效。支持服务各领域、各层级全方位对外开放，支持推动文化、教育、体育、医疗等各类社会事业国际交流合作成果显著。

优化并完善外事统筹管理服务。完善外事工作领导体制和机制，成立市委外事工作委员会，并召开第一次全体会议，审议通过《市委外事工作委员会工作规则》《市委外事工作委员会办公室工作细则》。服务管理并重，充分发挥归口统筹作用。严格规范因公出国(境)管理，全流程做好重点、经贸团组出访服务，优化营商环境。持续优化涉外管理服务，提升外事保障、领事保护等服务能力水平。

(薛建新)

【重要外事活动】 2月18~20日，"感知中国·江苏文化周"在柬埔寨西哈努克省举办。江苏省(无锡市)向柬埔寨西哈努克省(西哈努克市)赠送城市吉祥物"阿福阿喜"，并设置"江苏(无锡)窗口"，举办"遇见无锡"图片展和无锡非物质文化遗产展演。同期在西哈努克经济特区举办第二届"友城绘"江苏省国际青少年绘画展颁奖活动，19名获奖选手到现场领奖。

3月26~4月1日，由无锡市人民对外友好协会主办的"2019无锡国际赏樱周暨中日樱花友谊林建设32周年纪念活动"在无锡举行。日本日中共同建设樱友谊林保存协会、日本樱花会，日本、美国、爱尔兰等六国驻上海总领事、三国领事、三家驻华机构代表，韩国友城、中国香港同胞代表，上海外国语大学、江南大学代表1061名中外嘉宾应邀出席活动，其中30多个国家和地区391名外国友人和香港特别行政区客人参与活动。大会共签约经贸合作、友好学校、友好医院、友好往来等五大类36个项目。其间，举办意大利企业经贸洽谈会、国际会展恳谈会、国际旅游教育展和纪念植树、夜赏樱花、水上赏樱、国际文艺表演、日本文化展示、中美历史交往图片展等各类经贸、文化活动。

5月15日，以"未来城市：更智能、更宜居"为主题的第四届江苏·维多利亚州市长对话会在南京举行。澳大利亚维多利亚州的墨尔本市、白马市、马瑞巴农市及巴拉瑞特市4座城市的市长及代表到南京参加活动，副省长郭元强会见由墨尔本市长莎莉·凯普率领的维州市长代表团一行。无锡应邀参加此次市长对话会，副市长陆志坚参加会议并作交流发言。

9月6日，"Connecting Wuxi·联系无锡"国际商务联谊会在无锡举办，德国勒沃库森市、意大利佩鲁贾市、拉脱维亚经济部投资发展署、美国圣贝纳迪诺郡的代表团以及"一带一路"绿色产业发展与合作研修班成员共16个国家代表计70余人参加活动。

9月6~9日，2019世界物联网博览会以及中欧物联网(无锡)峰会在无锡举办。柬埔寨西哈努克省邮政和电信厅副厅长一行6人，拉脱维亚经济部投资发展署驻华特派员尹晓骁一行2人，德国勒沃库森市教授曼弗雷德·赫博斯海姆一行2人，意大利佩鲁贾市副市长玛格丽特·斯科奇娅率领政府代表团一行6人到无锡参会。

9月20日，无锡市举办"二泉月·二胡韵·无锡情"——无锡对外友好文艺晚会，25个国家的165名外国友人出席并观看文艺晚会。

11月2~3日，荷兰斯海尔托亨博斯市长杰克·米克尔斯随团参加江苏省和荷兰北布拉邦省结好25周年系列庆祝活动。其间，米克尔斯市长率该市代表团一行18人访问无锡，考察无锡商业职业技术学院和华云数据集团，推进两市在职业教育、数据科学和农业食品等领域的友好交流和互利合作。副市长陆志坚会见代表团一行。

12月31日晚，无锡市友协在梅园景区组织在无锡的外国友人参与开原寺"迎新年、听钟声"活动，共有10余国250余名国际友人参加。

(薛建新)

【国际交流合作】 1月4~11日，由市人大常委会副主任魏多率领的无锡市友好访问团一行6人赴美国圣贝纳迪诺郡、日本由利本庄访问交流。

1月22日，毛里求斯庞普勒穆斯大区议会主席顾问、毛里求斯中国文化艺术委员会主席林海岩一行2人访问无锡，转达该大区希望与无锡结好的意愿，并与市外办、市贸促会、市侨办和相关企业座谈交流，推进合作。

1月22~23日，无锡市友好城市韩国蔚山市蔚山大学代表团访问无锡。

表 10　　重要外宾访问无锡一览表

到访日期	内容
1 月 24 日	土耳其总理总理府顾问哈伊里·恰武什奥卢访问无锡，市长黄钦会见客人一行
2 月 17~20 日	联合国禁止化学武器组织核查组一行三人抵达无锡对宜兴中正化工有限公司进行现场核查，副市长高亚光会见核查组全体人员
2 月 27 日	新西兰维塔电影工作室创始人理查德·泰勒一行访问无锡，市长黄钦会见客人一行
3 月 7 日	意大利驻上海总领事陈琪一行 4 人访问无锡，市长黄钦会见总领事一行，市政府秘书长张明康参加会见
3 月 8 日	博世集团董事局成员皮特·泰瑞来一行访问无锡，省委常委、市委书记李小敏会见客人一行
3 月 13 日	柏丽集团首席执行官拉尔斯·博夫一行到无锡考察，市长黄钦会见客人一行
3 月 22 日	荷兰半导体行业协会会长巴瑞·皮特一行访问无锡，市长黄钦会见代表团一行
3 月 27~28 日	日本驻上海总领事矶俣秋男、美国驻上海总领事谭森、爱尔兰驻沪总领事何莉、比利时驻沪总领事兰波、以色列驻沪总领事普若璞、丹麦驻沪总领事林朗访问无锡并出席 2019 无锡国际赏樱周暨中日樱花友谊林建设 31 周年纪念活动。省委常委、市委书记李小敏、市长黄钦会见中外嘉宾代表
3 月 30~31 日	柬埔寨税务总局副局长肯·桑巴斯一行 8 人访问无锡
3 月 30 日	世界跆拳道联盟主席赵正源一行到无锡考察 2021 年世界跆拳道锦标赛筹备工作，市长黄钦会见客人一行
3 月 31~4 月 3 日	柬埔寨教育、青年和体育部副部长桑·瓦萨那一行 6 人访问无锡
4 月 24 日	太平洋 —— 中国友好协会荣誉主席、汤加王国公主皮洛莱乌·图伊塔殿下率太平洋 —— 中国友好协会及太平洋岛国发展论坛代表团一行 13 人访问无锡。副市长蒋敏会见并宴请图伊塔公主一行
4 月 26 日	印度驻上海总领事瑞峰一行 9 人访问无锡，市长黄钦会见总领事一行，市政府秘书长张明康参加会见
4 月 27 日	菲律宾反腐委员会主席但丁一行访问无锡，市纪委书记王唤春会见客人一行
4 月 30 日	默沙东生产部执行总裁萨纳特·恰德巴塔依一行到无锡访问，市长黄钦会见客人一行
5 月 22 日	美国 WITRICITY 公司首席执行官亚历克斯·格鲁琛、大中华区总经理曹元荪和光控海银基金团队一行访问无锡，市长黄钦会见代表团一行
6 月 13 日	费森尤斯卡比全球总裁马驰·汉利克松一行到无锡考察，市长黄钦会见客人一行
6 月 14~15 日	印度驻沪总领事瑞峰一行 4 人访问无锡，参加 2019 中国国际瑜伽节，市长黄钦会见总领事一行，副市长陆志坚参加会见
6 月 19 日	德国 STS 总裁坎普克一行抵达无锡，市长黄钦会见客人一行
7 月 5 日	比利时布鲁塞尔国际葡萄酒大奖赛现任主席卜杜安一行访问无锡，市长黄钦会见客人一行
7 月 9 日	意大利罗马第二大学代表团一行访问无锡，市长黄钦会见代表团一行
7 月 27 日	埃塞俄比亚驻上海总领事一行 2 人访问江阴

续表 10

到访日期	内容
8月1日	国际手球联合会主席哈桑·穆斯塔法一行4人访问无锡，副市长刘霞会见客人一行
8月19日	由商务部和国家发改委邀请到华访问的津巴布韦代表团和博茨瓦纳代表团一行访问无锡，参观考察无锡市政务服务中心、阳光集团、红豆集团和健鼎电子，了解无锡市的经济社会发展情况
8月21日	澳大利亚维多利亚州下议院议长科林·布鲁克斯一行4人访问无锡
8月24日	世界跆拳道联盟主席赵正源一行访问无锡，市长黄钦接待客人一行
9月11日	阿斯利康全球董事会主席雷夫·约翰森、全球首席执行官苏博科一行访问无锡，市委书记李小敏会见代表团一行
10月17日	意大利驻上海总领事陈琪率领馆官员和意大利企业代表团一行23人访问无锡，参加2019第一届无锡市政府与在无锡的意大利企业座谈会
10月18日	日本驻上海总领事矶俣秋男一行11人访问无锡
10月30~31日	加拿大驻华大使鲍达民一行3人访问无锡
10月31日	匈牙利国会议员欧拉·劳优什一行3人访问无锡，考察紫砂陶制壶行业情况
11月3~5日	波黑驻华大使安东·里尔和埃塞俄比亚驻上海总领事魏澜访问无锡，参加2019中国（无锡）国际新能源大会
11月15日	波兰驻上海总领事马莱克·切谢尔楚克一行2人访问无锡，副市长朱爱勋会见总领事一行
11月29日	德国博世动力总成解决方案事业部执行总裁乌伕·伽赫史塔特博士一行访问无锡，市委书记李小敏会见客人一行
12月12日	美国哈佛医学院院长大卫·罗伯茨一行访问无锡，市长黄钦会见客人一行
12月20日	世界跆拳道联盟主席赵正源一行访问无锡，市长黄钦接待代表团一行
12月21~22日	日本福冈县议会栗原涉议长率代表团一行17人访问无锡。市委书记李小敏会见代表团一行
12月26日	印度驻上海总领事瑞峰一行3人访问无锡

（薛建新）

1月24日，江南大学机械学院和物联网学院师生一行86人访问日本明石市，拜会明石市政府，参观川崎重工工厂。

2月10日，无锡歌舞剧院代表团赴加拿大参加由多伦多华星艺术团主办、中国驻多伦多总领馆支持的2019“四海同春·华星闪耀”新春晚会演出。中国驻多伦多总领馆领事杨葆华、列治文山市市长等出席晚会。

2月12日，韩国友城金海市行政自治局局长洪成玉率政府代表团一行3人访问无锡。

2月13~23日，无锡市城市管理研修生一行4人赴日本友城明石市交流学习。

2月19~20日，拉脱维亚经济部投资贸易发展署驻华特派员尹晓骁一行2人访问无锡，与市外办、市商务局、市贸促会等部门进行座谈，并参观无锡市第一中学国际部。

3月1~9月2日，江南大学附属医院（无锡市第四人民医院）2位医生赴柬埔寨西港特区支援医疗救治，并在当地开展保健科普等各类活动。

3月10~13日，美国圣安东尼奥市美洲国际学校23名师生访问无锡。

3月11~15日，韩国蔚山广域市城市建设研修团一行6人访问无锡。

3月13~21日，市政协副主席叶勤良率市经贸代表团一行6人访问摩洛哥和肯尼亚，开展经贸洽谈及友城交流活动。

3月26~27日，日本明石市副市长和田满率明石市友好访问团一行5人、日中共同建设樱花友谊林保存协会第32次访华团一行10人，日本东方文化艺术团一行10人，日中未来创想会代表团一行13人，日本樱花会女王委员会委员，第四代日本樱花女王工藤园子和第二十七代日本樱花公主三好果音一行2人，熊本市驻上海事务所所长中村正昭一行分别访问无锡，参加“2019无锡国际赏樱周暨中日樱花友谊林建设32周年纪念活动”。

3月30~4月2日，勒沃库森医院院长、博士宗贝一行2人访问无锡，与市卫健委、市人民医院和市卫校座谈交流。

4月10~12日，以丹麦拜瑟克伦城市联合体秘书长、伊代尔市秘书长魏腊思为团长的丹麦拜瑟克伦城市联合体代表团一行9人访问无锡，先后与市卫计委、市体育局座谈，达成糖尿病防治合作和青少年体操、羽毛球交流意向。

4月12~13日，以鲁汶大学工程科技学院教授马涵肯为团长的师生代表团一行30人访问无锡，了解无锡自动驾驶领域的发展情况并探讨合作可能。

4月14~21日，市人大常委会主任徐一平率无锡友好交流团一行6人访问以色列太巴列市和拉脱维亚利耶帕亚市，推进友好及经贸合作。

4月25日，意大利佩鲁贾市长顾问列昂纳多·奥里奥利一行2人访问无锡，向无锡市转交意大利佩鲁贾市市长的亲笔信，表达发展友好关系意愿。

4月29日，新西兰达尼丁市政府经济发展局局长约翰·克里斯蒂一行5人访问无锡。

5月16日，美国夏洛特市区域商务联盟代表访问无锡，召开夏洛特市投资环境推介会。

5月22~29日，市政协主席周敏炜率市友好交流团一行6人访问爱尔兰科克市和以色列太巴列市，参加第五届亚洲事务商业峰会暨中国爱尔兰技术创新峰会并作主题发言，出席全国友协与峰会主办方爱尔兰“亚洲事务”智库的合作签约仪式和中爱建交40周年纪念晚宴，并与科克郡副郡长和科克市副市长进行会谈交流。

3月26日，市友协举办无锡国际赏樱周活动，图为外国友人赏夜樱

（市外办 供）

5月24日，爱尔兰科克市经济发展主管谢默斯·科格伦一行2人访问无锡，考察了解无锡生物医药、新能源、智能制造、物联网等新兴产业的发展情况。

5月30日，意大利生命集团总裁瓦雷拉·加布里埃一行2人访问无锡，出席该集团与无锡市口腔医学会、口腔医院共建“无锡国际口腔医疗培训基地”和“无锡—意大利LIFE口腔医疗中心”签约仪式。

5月31日，加拿大青年企业家协会会长郑桂廉一行9人访问无锡，与无锡青年企业家座谈。

6月2日，缅甸大学校长代表团一行13人访问无锡，与江南大学座谈交流。

6月2日，苏格兰圣安德鲁斯大学副校长布雷德·麦凯一行12人访问无锡，副市长高亚光会见客人一行。

6月3日，华光电站工程总承包建设的西港热电工程在柬埔寨西哈努克经济特区正式启动。

6月4日，拉脱维亚驻华商务参赞艾思洁访问无锡，推动利耶帕亚市与无锡市友好交流进程。

6月11日，韩国金海产业振兴&生物医疗财团院长尹正远一行3人抵达无锡访问。

6月12日，日本北海道日本友协访华团一行15人访问无锡，与市友协进行交流。

6月14~22日，市委常委、组织部部长冯军率科技代表团一行6人访问捷克和德国。

7月5~6日，日本日中友好樱友之会访华团一行11人访问无锡，与市友协、市残联、市社会福利院等单位进行交流。

7月7~13日，江南大学环境与土木工程学院一行8人赴韩国金海仁济大学交流。

7月12日，江南大学机械工程学院师生一行49人访问日本友城明石市。

7月15~21日，江南大学化工与材料工程学院交流团一行17人访问韩国蔚山大学。

7月20~22日，美国加州圣贝纳迪诺市市长约翰·瓦尔迪维亚率圣市议员、商会及相关企业代表一行8人访问无锡。

7月22~8月4日，无锡金桥双语实验学校一行35名师生赴美国友城圣安东尼奥市，与CAST TECH、美洲国际学校学生交流，参加马刺篮球训练营及“食物银行”志愿者服务。

7月29日，比利时、卢森堡、冈比亚商会主席托马斯·德·比勒一行2人访问无锡，拜访市外办，探讨、推动经贸合作和友城交流。

7月29~8月4日，无锡市应邀派7名青少年参加韩国利川市首届“全球青少年音乐节”。

8月14日，无锡市觉茶道文化艺术传播中心一行14人赴英国埃塞克斯郡及切姆斯福德市开展中英茶文化交流。

8月15日，塞尔维亚克拉古耶瓦茨市政府代表德扬·佩舒特一行2人访问无锡，介绍其招商引资政策并推动两地友城结好。

8月1~23日，市政协领导蔡捷敏率友好代表团一行5人赴美国圣贝纳迪诺郡、华盛顿州贝尔维尤市以及日本相模原市交流。

8月23~25日，韩国蔚山市游泳协会代表团携该市日本友城萩市游泳协会代表团一行25人共同访问无锡。

9月4日，“一带一路”绿色产业研修班一行29人访问无锡。

9月7~14日，市人大常委会副主任华博雅率市友好交流团一行5人访问匈牙利和波兰，参加匈牙利萨瓦市第22届李子节和友城论坛、2019波兰绿山葡萄酒节暨第24届绿山友城论坛。

9月9~10日，由柬埔寨国会主席顾问罗斯萨林率领的青年政治精英代表团一行20人访问无锡。

9月17日，鲁汶大学代表团一行抵达无锡访问，副市长刘霞会见代表团一行。

9月17日，丹麦拜瑟克伦城市联合体政府代表苏珊娜·拉芬访问无锡，拜访市外办、市卫健委和市体育局。

10月9~14日，无锡觉茶道文化艺术传播中心11人一行前往韩国友城金海市进行茶文化交流。

10月11日，柬埔寨中国商会在西哈努克港经济特区内成立。

10月15~11月15日，由无锡市卫健委选派的19名全科医生赴英国埃塞克斯郡进行业务培训。

10月18日，新西兰达尼丁市泰伊里学校校长戴夫·亨特率师生一行17人访问无锡。

10月21日，无锡市歌舞剧院赴多伦多演出舞剧《寻》。

10月25日，英国埃塞克斯郡政府国际部主任彼得·马宁一行6人访问无锡，代表该郡与市卫健委签署两地间卫生健康领域交流合作谅解备忘录。

10月28日，墨西哥蒂华纳市经济发展局局长阿图罗·佩雷斯一行2人抵达无锡访问。

10月29日，德国勒沃库森市冯施泰因男爵文理中学师生代表团一行22人访问无锡市河埒中学。

10月31日，香港吴坚一行5人访问无锡，与市友协进行交流。

10月31~11月1日，无锡市友好访问团一行4人赴日本友城明石市友好访问，出席明石市举办的建市100周年纪念庆祝大会。

11月1日，美领馆外联处一行2人访问无锡，与市友协进行交流。

11月1~4日，市文广旅游局、市外办一行5人赴美国友城圣安东尼奥市、韩国利川市进行友好交流。

11月3~6日，美国查特努加市RISE乐队一行8人访问无锡，参加2019太湖文化艺术季暨第二十一届中国上海国际艺术节无锡分会场活动。

11月4~8日，出席江苏乡镇国际交流会的法国客人一行3人到访无锡，与市友协交流并与宜兴市、无锡市职业高中、无锡市湖滨中学签署教育合作协议。

11月8日，巴基斯坦能源发展与产业政策研修班访问无锡，参加第十一届无锡国际新能源大会暨展览会。

11月8~9日，由日本相模原市日中交流协会会长川合贞义率领的访华团一行12人到达无锡开展交流。

11月14~17日，俄罗斯数字发展、通讯与大众传媒部副部长沃林·阿列克谢·康斯坦丁诺维奇一行21人访问无锡，参加“新时代·新起点——第三届中俄网络媒体论坛暨中俄建交70周年新媒体交流活动”。

11月15~22日，无锡市教育代表团赴柬埔寨西哈努克省、印尼泗水市访问。

11月21日，比利时鲁汶市“and&”全球创新大会负责人皮特·戈里斯一行3人访问无锡，邀请无锡市参加“and&”全球创新大会。

12月6日，菲律宾公主港市市长卢赛洛·巴隆致信无锡市长黄钦，表示愿意重启友城关系，邀请无锡市派员参加2020公主港市国际友城大会。

12月9~13日，市工业和信息化局组织赴韩研修团6人在蔚山市进行为期5天的研修。

12月12~16日，无锡市体育运动学校男子足球代表团一行21人赴日本明石市进行友好访问。

12月16~22日，韩国友城金海市公务员研修团一行3人抵达无锡交流。

12月21日，由栗原涉议长率领的福冈县议会代表团一行14人访问无锡。

12月25日，贝卡尔特集团全球特殊产品业务部兼中国区首席执行官廖骏一行4人访问无锡，表示希望深化与无锡相关部门和企业的合作，特别是挖掘该公司新型材料支持无锡轨道交通建设的可能性。市长黄钦会见客人一行。

12月27日，毛里求斯庞普勒穆斯大区议会主席顾问、毛里求斯中国文化艺术委员会主席林海岩访问无锡，与市外办就友好交流和经贸合作等事宜进行商讨。

（薛建新）

信　访

【概况】 2019年，全市各级信访部门贯彻落实习近平总书记关于加强和改进人民信访工作的重要思想，按照中央、省、市委决策部署要求，持续推动信访矛盾化解攻坚，扎实推进信访法治化、标准化、信息化建设，用信访工作高质量服务保障全市发展高质量。市和市（县）区两级信访部门全年受理信访总量3.3万件人次，比上年下降4.2%，群众进省上访比上年下降37%，保持总量趋稳、结构向好、秩序规范的良好态势。完成新中国成立70周年大庆、“一带一路”高峰论坛、第二届进口博览会、第二届江苏发展大会、世界物联网博览会等重大活动的信访服务保障工作。年内，无锡市被省信访工作联席会议评为“信访工作先进单位”。

智能化信访服务。无锡市在全省率先开发“智能化信访服务与管理系统”，与“阳光信访信息系统”深度融合，整合完善矛盾排查、积案攻坚、领导走访、应急调处等模块，探索信访网格化治理机制，依托各地综治网格，强化源头排查和信息预警，及时掌握预测形势变化，助力基层风险源头防范，实现被动受理向主动预防转变。

信访服务效能提升。在推进“争创人民满意信访部门、争当人民满意信访干部”创建活动中，市和市（县）区两级人民来访接待中心实现省级“人民满意窗口”全覆盖。全面推动信访事项简易程序办理，强化初信初访办理质效，切实减少群众“访累”，简易程序办理按期办结率100%，“阳光信访信息系统”录入信访事项群众满意度99.4%。加大网上信访、手机信访使用宣传力度，提高网上信访知晓率，全年网上信访比上年上升89.8%，逐渐成为信访主渠道。

信访工作标准化建设。无锡市制定出台《信访业务工作流程标准化建设实施方案》，形成信、访、网和督查督办业务规范汇编，全面指导具体业务。切实推进法治化建设，加大信访信用管理宣传力度，召开新闻发布会，开展专题培训，引导群众依法有序表达合理诉求，切实维护信访秩序。

（陈　颖）

【信访联席会议机制】 2019年，无锡市建立健全市、市（县）区、镇（街道）三级信访工作联席会议机制，畅通信访渠道，牵头会办重点信访矛盾，打破区域壁垒，强化工作协同，落实工作责任，实现矛盾化解在基层、问题解决在当地。建立信访稳定专项协调机制，对应层面性问题设置6个专项协调小组，由市政府相关副秘书长担任组长，建立风险研判、风险防控、协调处置、专项保障、督查问责等7项工作机制，实现牵头有机构、落实有抓手、问题有人管、责任有人扛。

（陈　颖）

【突出信访问题化解】 2019年，无锡市坚持“党委政府主导、部门合力攻坚、逐案跟踪推进、综合施策化解”，深入开展信访矛盾化解攻坚战和“三化解一规范”（化解矛盾、化解心结、化解困难，依法规范信访秩序）专项行动，分类分层精准施策，信访稳定专项协调小组研究调处层面性问题，部门联动处置领域性问题，专家会办、律师参与推动化解疑难复杂个案，国家、省、市、市（县）区四级排查案件化解率92%，国家和省交办件全部化解。强化领导接访下访和包案化解信访问题，全市两级党政领导146名接待群众1550批2989人次，接访率名列全省前茅。运用信访网格系统视频督查领导接待下访的创新举措被省信访工作联席会议办公室通报表扬。

（陈　颖）

机关事务管理

【概况】 2019年，无锡市机关事务管理局（以下简称管理局）深化改革创新、加强法治建设，着力提升保障和管理效能，推进节约型机关建设。年内，复评通过“江苏省文明单位”，获“江苏省节能示范单位”“江苏省宣传信息工作先进单位”称号。市公务用车平台建设走在全国前列。RFID电子标签固定资产管理系统、办公用房信息化管理做法在全国会议上作经验交流。公共机构节能工

5月28日，全市首个《作风面对面》社区工作站在新吴区新安街道净湖社区揭牌

（市行政审批局　供）

作先后获国家发改委、国家机关事务管理局、全国节水办高度评价。

（金剑锋）

【办公用房管理】 2019年，管理局做好党政机关办公用房权属统一管理，对市级党政机关部分办公用房进行"确权更名"。完成办公用房管理系统"全市一张网"系统建设，二市五区基础数据全部核对制作完成并与市级机关平台实现全域数据共享，全市办公用房平台上管理的工作人员45700人，办公用房面积212万平方米。完成无锡市党政机关办公用房专项整治。4月，受邀在2019年中央行政事业单位国有资产管理工作会议上介绍资产管理电子标签技术应用，获与会代表一致好评。9月，作为唯一地级市机关事务管理局受邀参加全国党政机关办公用房管理暨信息系统建设现场会，运用信息化手段加强办公用房管理做法受到与会代表充分肯定。

（金剑锋）

5月17日，无锡市召开地方公务用车平台建设现场会

（市机关事务管理局 供）

【公务用车管理】 2019年，管理局完成新一轮"三定点"服务商和车辆社会化租赁定点单位确认。做好事业单位保留业务用车、工作用车的570套北斗定位系统安装。印发《无锡市公务车辆用油管理暂行办法》，完善公务用车管理制度。加强公务用车资产信息化管理，形成车辆资产全链条闭合管理模式，有效防止车辆资产流失。对公务用车改革以来的重要资料整理归档，形成21类2286份文档资料，全面保护全市车改重要文献。加强无锡市公车管理平台建设，重点优化八大模块、十大功能。运用信息化管理平台功能，做好党政机关和事业单位公务用车的监督管理。配合市纪委、监委做好公车私用、私车公养等问题的调查处理。4月，在全省公务用车平台评比中，获评第一。5月，中央车改办在无锡召开地方公务用车平台建设现场会，"无锡做法"获中央车改办表扬。12月，受中央军委机关事务管理总局邀请赴北京介绍无锡市公车改革和管理经验。

（金剑锋）

【公共机构节能管理】 2019年，管理局推进公共机构垃圾分类七大率先行动，制定垃圾分类考核清单，推动党政机关等公共机构在年底前全部实行垃圾分类。全市公共机构合同能源管理节能改造项目45项，合同金额2亿余元。全市公共机构人均用电比上年下降3.17%，人均用水比上年下降2.63%，单位建筑面积能耗比上年下降2.14%，超额完成"十三五"规划公共机构节能时序进度目标任务。成功创建7家"江苏省公共机构节能示范单位"，5家"江苏省公共机构能效领跑者"，5家"全国节约型公共机构示范单位"，14家通过复核再次获评"江苏省公共机构节能示范单位"。4月，国家机关事务管理局副局长陈建明到无锡调研并出席全市公共机构节能大会，省委常委、市委书记李小敏和市长黄钦作出批示，肯定全市公共机构节能工作。11月，长三角公共机构节能交流会在无锡召开，国家机关事务管理局公共机构节能管理司领导对无锡公共机构节能工作进行现场表扬推广。

（金剑锋）

【智慧后勤】 年内，管理局先后召开专家论证会3次、例会协调会50次、推进会3次、联动测试3次，完成数据中心建设、平台软件研发、市民中心安防升级改造等重点项目建设。按照"一个中心、三大平台及12个应用子系统"建设规划，项目在12月中旬全面完工。实现"智慧安防""智慧后勤""智慧管理"与"智慧服务"四大重点领域的物联网应用覆盖，为市民中心整体运营、科学化决策和机关高效安全运转提供支撑。持续推动办公系统（OA）研发建设，实现机关事务工作掌上办公。

（金剑锋）

编辑 罗秋云

综　述

【概况】 2019年，无锡市政协学习贯彻习近平新时代中国特色社会主义思想和中共十九大精神，认真落实中共中央和省、市委重要决策部署，切实加强自身建设、注重发挥独特优势、积极履行三大职能，团结带领广大政协委员和各界人士，聚焦助推高质量发展，增进共识聚合力、围绕中心献良策、履职担当惠民生，为全市经济社会持续健康发展积极建言献策。

全年召开常委会议四次、主席会议12次。形成两篇建议案和14篇调研报告；共收到提案446件，经审查立案403件，分送92个单位和部门办结；举办三期政协大讲堂；开展重点视察和专题视察共27次。开展“不忘初心、牢记使命”主题教育，发放征求意见函471份、组织调研座谈19次，广泛征集意见建议，认真抓好整改落实。组织召开全市政协系统党的建设工作会议，制定《关于加强新时代市政协党的建设工作的实施意见》，建立党组成员联系界别、党员委员联系党外委员工作机制。组织召开庆祝人民政协成立70周年理论研讨会和专题报告会，举办庆祝新中国和人民政协成立70周年历史图片和书画作品展，评选70年70名无锡市政协委员风采人物。

开展“立足本职促发展、当好委员献良策”主题活动，开展“委员导师”进校园、“法制进校园、进社区”以及宗教界人士讲经论道等活动。开展密切联系委员、联系基层、联系群众的活动，市政协领导全年共走访130余名委员及其联系的界别群众1200余名。有序推进史料征集编纂工作，基本完成《无锡工业企业发展变迁》和《无锡品牌史料》组稿。弘扬慈善公益文化，引导广大委员积极参与扶贫帮困、志愿服务活动，全年共开展各类活动50余次，捐资捐物近千万元。加强宣传报道工作，扩大政协对外影响，全年共拍摄《政协话题》24期，编发《无锡政协》六期，在省级以上媒体刊发通讯稿20篇，市政协融媒体影响力排名在全国政协系统位居前列。全年共收集社情民意信息1300余件，被省级以上录用37篇，编发《社情民意》115期。

（金璐怡）

【提案督办】 2019年，无锡市政协收到提案446件，经审查立案403件，分送92个单位和部门办结。提升提案工作规范化水平，修订《市政协提案工作条例》。优化提案质量评价工作，成立专门工作组对2019年403件立案提案逐件量化打分并进行综合分析；对市工业和信息化局、市场监督管理局等部门提案办理工作进行民主评议，推动提案办理从“答复了多少”向“落实了多少”转变。重视发挥提案的监督作用，建立完善监督性提案的协商确立、督办推进机制。确立12件重点提案和105件重要提案，首次由市委、市政府主要领导分别领办一号提案《关于优化营商环境、促进民营经济发展的建议》、二号提案《关于市区农贸市场改造提升工作的建议》，召开提案督办协商会议，有序推进提案和提案办理公开，接受社会和群众监督，增强提案转化成效。

（金璐怡）

重要会议

【政协无锡市第十四届委员会第三次会议】 会议于2019年1月21~24日举行。434名市政协委员参加此次大会，占全体委员的97%。市委、市人大常委会、市政府全体领导和市中级人民法院、市人民检察院领导参加大会开幕式。居住在无锡的全国、省政协委员以及14位市民代表列席开幕式和闭幕式。

会议学习贯彻习近平新时代中国特色社会主义思想和中共十九大精神，按照中共无锡市委十三届七次全会精神部署，学习和讨论省委常委、市委书记李小敏的重要讲话，回顾总结市政协十四届二次会议以来的工作，围绕市委确定的目标任务，讨论确定市政协2019年主要工作，列席市十六届人大三次会议，听取和讨论市政府工作报告、其他报告，听取和审议市政协“两个报告”（常委会工作报告、提案工作报告），听取提案初步审查情况报告，审议通过十四届政协三次会议决议。通过大会选举，会议增补朱晓峰、周国祥、夏晓春、商波涛为市十四届政协常务委员。会议表彰“立足本职促发展，当好委员献良策”主题活动中表现突出的先进集体、先进个人和优秀提案、优秀社情民意、优秀调研成果。会议期间，来自各民主党派、人民团体和有关界别的13位委员进行大会发言。共收到提案429件，其中，集体提案87件，委员及委员联名提案342件，经审查后移交有关单位承办。

（金璐怡）

【市十四届政协常委会】 1月4日，市十四届政协召开第十次常委会议，通报2018年市政协“立足本职促发展，当好委员献良策”主题活动情况，协商通过市政协常委会工作报告、提案工作报告，讨论通过同意马剑等24人辞去市政协常委、委员职务的决定，免去王党民、吴涛、赵明兼任的有关专委会副主任职务，增补弓建明等28人为政协无锡市第十四届委员会委员，增补朱晓峰等4人为市十四届政协常委的有关人事事项。

3月20日，市十四届政协举行第11次常委会议，传达贯彻全国政协十三届二次会议精神，动员部署深入开展“立足本职促发展，当好委员献良策”主题活动，协商通过市政协2019年工作要点、市政协专门委员会通则，讨论通过将市政协经济科技委员会调整更名为市政协经济科技和农业农村委员会。讨论通过吴建亮任市政协副秘书长（正处级）、吕琴任市政协办公室副主任，免去惠莲和王海宝兼任的市政协副秘书长职务的有关人事事项。

6月20日，市十四届政协举行第12次常委会议，听取市政府通报无锡市2019年上半年经济运行情况，专题协商议政“加强无锡市人才引育工作”，协商通过《打造永不落幕的全民马拉松—关于放大体育赛事效应提升城市品牌形象的建议案》《推进无锡市高新技术企业发展的建议案》、市政协常委会关于加强自身建设的意见、市政协提案工作条例等。讨论通过许建樟任市政协调研员，免去其市政协副秘书长职务的有关人事事项。

9月20日，市十四届政协举行第13次常委会议，听取市政府通报2019年提案办理情况，民主评议市工业和信息化局、市场监督管理局提案办理工作，围绕“促进快递业健康发展”进行专题协商议政等。协商讨论市政协《聚焦文旅融合发展，打造“江南运河样板区”—推进无锡大运河文旅产业高质量发展的建议》《发挥工会组织作用，提升产业工人队伍技能素质》《因地制宜科学引导，推动乡村特色旅游》《关于加强无锡市机动车排放污染防治工作的建议》《着力构建现代农业产业体系，全面推动现代农业高质量发展》《加强指导服务，优化政策环境，努力打造国际产能合作示范城市—关于助推企业走出去参与“一带一路”建设的建议》重点调研报告，讨论通过市政协专门委员会调整名单，增补盛卫中、周国祥任市政协社会法制委员会兼职副主任，增补陈明辉、毛加弘任市政协港澳台侨外事、民族宗教委员会兼职副主任的有关人事事项。

（金璐怡）

11月6日，市政协视察农村住房建设工作

（市政协　供）

参政议政·民主监督

【协商议政】 2019年，市政协加强政协协商民主与党委政府工作的有效衔接，与市委办公室、市政府办公室共同制定实施《市政协年度协商计划》，共同推动计划落实、成果转化。市十四届政协三次会议期间，委员们围绕推动经济高质量发展、打造文明宜居城市、完善公共服务体系、促进社会和谐稳定等专题，与党政领导、职能部门讨论交流；聚焦高质量发展未来产业、科技人才队伍建设、乡村社会治理体系建设等方面进行大会发言、积极协商议政。制定《关于进一步提高协商议政质量的意见》，着力构建全方位参与、全环节覆盖、全过程控制的协商体系。围绕年度协商课题和任务，就加强人才引育工作、促进快递业健康发展组织常委会专题议政；聚焦民营经济发展和城市精细化管理开展专题协商；围绕国际贸易摩擦应对策略、企业走出去参与“一带一路”建设等组织对口协商、界别协商；结合重点提案和重要提案督办，组织有关各方开展提案办理协商；发挥市政协法律事务咨询组的作用，就《无锡市公共安全视频图像信息系统管理办法》《无锡市献血条例》组织立法协商，健全常态化、多层次、各方有序参与的协商议政格局。市委办公室印发推动政协协商与基层协商有效衔接的实施意见，市委主要领导专门作出批示。积极推进政协协商与基层协商的深度融合，搭建“有事好商量”协商议事室平台，全市“有事好商量”协商议事室实现镇（街道）全覆盖，223个村（社区）建成，共开展协商活动300余次，受到基层群众的广泛好评和省政协的高度肯定。

（金璐怡）

【民主监督】 2019年，无锡市政协深化民主监督员工作，由144名政协委员组成16个民主监督员小组，实现对市政府工作部门监督的全覆盖，全年累计开展活动80余次，就安置房小区管理、婴幼儿托育、养老事业等提交一批有分量的民主监督建议书。继续开展黑臭水体治理和城市精细化管理专项民主监督，18个委员联系小组定期到市区38条河道和47个街道开展明察暗访，及时反映情况、推动解决问题。就长三角区域污染防治协作机制落实情况、打好精准脱贫攻坚战开展区域联动民主监督，对安全生产工作、学校食堂治理改革情况等组织监督性调研视察，切实助推党政工作和民生工程。

（金璐怡）

表11　无锡市政协2019年度重点提案及督办分工一览表

序号	提案号	案　由	提案者	党政领办领导	市政协督办领导	主办单位
1	143002	关于进一步优化营商环境促进民营经济发展的建议	市政协经济科技和农业、农村委员会	李小敏、朱爱勋	主席会议全体成员	市发改委
2	143001	关于市区农贸市场改造提升工作的建议（民主监督性提案）	市政协提案委员会	黄钦、陆志坚	主席会议全体成员	市商务局
3	143027	关于完善无锡市公共托幼服务的建议	民盟无锡市委	刘霞	叶勤良	市卫健委
4	143014	关于加强农村社会组织与乡村社会治理体系建设的建议	民革无锡市委	陆志坚	张丽霞	市民政局
5	143259	加强锡澄宜大数据一体化建设的建议	刘建军 耿靖	高亚光	吴仲林	市大数据管理局
6	143004	关于切实加强“城郊”结合部建设管理工作的建议	市政协人口资源环境和城乡建设委员会	朱爱勋	丁旭初	市发改委
7	143010	关于贯彻落实《无锡市物业管理条例》 促进百姓居住品质高质量发展的建议	市政协社会法制委员会	朱爱勋	刘玲	市住建局
8	143043	关于加快构建农产品溯源体系确保食品安全的建议	民进无锡市委	蒋敏	金元兴	市农业农村局
9	143060	完善高新技术企业培育环境，推进区域经济高质量发展	致公党无锡市委	高亚光	高慧	市科技局
10	143050	关于加快无锡市中医药传承与发展的建议	农工党无锡市委	刘霞	韩晓枫	市卫健委
11	143067	关于加强农村社区集体经济“三资”运行管理效益的提议	九三学社无锡市委	蒋敏	蔡捷敏	市农业农村局
12	143398	关于优化无锡市民办教育政策环境 支持高水平应用型高校发展的建议	金成、李崎、王晓刚、匡华、华斌、许雪芬、吴正国、沈萍、陈江辉、陈承红、陈婕平、季玲莉、秦梅芳、梁国忠、解晓南、毛照红	刘霞	孙志亮	市教育局

（市政协办公室）

调研视察

【概况】 2019年,无锡市政协围绕事关全市高质量发展的重要方面深入开展调查研究,形成两份建议案和14份调研报告,及时报送市委、市政府作决策参考。全年组织六次重点视察和21次专题视察,深入实际、认真建言。市委、市政府领导对政协调研视察成果高度重视并多次批示,有关部门认真办理答复,许多对策建议已转化为具体的政策举措。

(金璐怡)

11月7日,市政协赴梁溪区,视察"有事好商量"协商议事室建设情况

(市政协 供)

【重点视察】 2019年,无锡市政协就融入长三角区域一体化、推进高新技术企业发展、构建现代农业产业体系、小城镇建设、机动车排放污染防治、乡村特色旅游、大运河文旅产业发展、放大体育赛事效应、加强特殊人群服务管理、发挥港澳人士作用等重点课题,深入开展调查研究、广泛汇集智慧力量,形成《关于接轨上海、融入长三角区域一体化推动无锡高质量可持续发展的调查与建议》《关于推进无锡市高新技术企业发展的建议案》两份建议案和《着力构建现代农业产业体系,全面推动现代农业高质量发展》《关于积极助推无锡市小城镇建设工作的建议》《关于加强无锡市机动车排放污染防治工作的建议》等14份高质量的重点调研报告。

(金璐怡)

【专题视察】 2019年,无锡市政协就基层法庭建设、对外贸易和口岸开放、医疗资源布局调整、农村住房建设管理等方面组织六次专题视察。主席会议专题听取大数据应用、大气污染防治、惠台措施落实、文旅融合发展等九个方面的情况通报,组织市中级人民法院、市人民检察院和市公安局工作情况通报会。密切关注省优质幼儿园创建、消防安全、未成年人保护、轨道交通建设等工作,组织专题视察21次,积极建言献策、助推发展。

(金璐怡)

委员工作

【概况】 2019年,无锡市政协举办"委员活动日",组织全体委员视察融创文旅城建设运营情况;组织居住在无锡的全国政协、省政协委员视察大运河文化带和苏锡常南部高速公路建设情况,积极为委员知情明政搭建平台。全市政协系统共建立118个委员活动之家,有效发挥履职平台、桥梁纽带和联系服务功能。

(金璐怡)

【委员履职】 2019年,市政协继续开展"立足本职促发展、当好委员献良策"主题活动,广大委员积极关注高质量发展新动态、新问题,就做强集成电路产业、民宿业健康发展、民营企业减负等专题提出建言献策。举办"科创板上市"企业家主题沙龙,委员倡议设立市政协"太湖英才"奖学金并进行首批发放,组织市政协法律事务咨询组成员与176家商会协会结对,为广大中小企业提供法律援助,开展"委员导师"进校园、"法制进校园、进社区"以及宗教界人士讲经论道等活动。成立市政协专家咨询委员会,切实发挥政协参政议政人才库作用。召开港澳委员座谈会,走访在无锡港资澳资企业。开展密切联系委员、联系基层、联系群众的"三联系"活动,市政协领导全年共走访130余名委员及其联系的界别群众1200余名,各委员联系小组定期赴挂钩社区开展走访,协商解决蓉湖南路汛期积水等问题,让基层群众切实感受到人民政协就在身边。

(金璐怡)

【委员队伍建设】 2019年,无锡市政协强化政协常委会自身建设。4月,组织市政协常委赴湖南大学开展"提升能力素质"主题教育培训;对全体市政协委员学习进行全覆盖,11月,组织市政协委员赴浙江大学开展培训;举办"贸易战及其中外经济背景""学习习近平总书记关于加强和改进人民政协工作重要思想""人民政协的历史贡献和时代使命"三期政协大讲堂;开展常委提交履职报告和党员常委履职建言点评工作,推动常委会成员自觉树标杆、作示范;建立委员分批次列席常委会议制度,制定委员履职考核办法,健全委员履职档案,引导广大委员强化责任担当。

(金璐怡)

编辑 罗秋云

综　述

【概况】 2019年，市纪委、市监委坚持以习近平新时代中国特色社会主义思想为指导，全面贯彻落实中央纪委三次全会、省纪委四次全会和市委部署要求，忠实履行党章和宪法赋予的职责，着力推动全市纪检监察工作高质量发展，全面从严治党取得新的成果，反腐败斗争压倒性胜利巩固发展，全市政治生态向善向好。一年来，查处新发生违反中央八项规定精神问题数占比从2018年的9.83%下降到2019年的6.37%；查处群众身边腐败和作风问题数占比从2018年的19.77%下降到2019年的7.2%；查处新发生违纪违法案件占比从2018年的18.34%下降到2019年的8.14%；全市纪检监察机关接收信访件和省纪委监委下转件比上年分别下降51%和37.3%。全年共处置问题线索5093条，立案1892件，其中县处级29人、乡科级142人，给予党纪政务处分1381人。以每月查处一名县处级领导干部的节奏，形成强大震慑，全年共有35名党员干部和公职人员自动投案。以查办留置案件为突破口，采取留置措施117人，位居全省第一，移送检察机关审查起诉109人，位居全省第二。

（张仁伟）

【警示教育】 11月29日，市委召开全市领导干部警示教育大会，深刻剖析反面典型案例，以案明纪、以案明法，引导广大党员干部以身边人身边事为鉴，在深受触动、深受警醒中知敬畏、明底线，在引以为戒、追根溯源中守初心、担使命，不断锤炼忠诚、干净、担当的政治品格。市委书记李小敏到会讲话，市领导徐一平、周敏炜、徐劼出席会议。与会人员集体观看市纪委监委制作的专题警示教育片《永葆初心担使命——2019锡城反腐警示录》。专题教育片以初心、使命为主线，对无锡市近年来查处的党员干部违纪违法典型案例进行深入剖析。会议采用电视电话会议形式，各市（县）区设分会场，全市县处级以上领导干部、各市（县）区领导干部接受警示教育。

（陆　毅　张仁伟）

【纪委监委派驻机构改革】 2019年，无锡市纪委监委协助市委制定《关于深化无锡市纪委监委派驻机构改革的实施意见》《关于市属国有企业纪检监察机构设置有关事项的意见》，制定市属重点基础设施建设投资企业、市属国有企业、市属公立医院纪检监察体制改革三个实施方案，一体推进市属国有企事业单位纪检监察体制改革，配齐配强企事业单位纪检监察机构主要负责人。通过综合派驻和纪委+监察专员办公室两种模式，实现监察全覆盖。持续深化公立医院纪检监察体制改革，制定《市属公立医院纪委书记绩效考核暂行办法》，形成鲜明的聚焦主责主业导向。八家市属公立医院纪检监察机构共开展监督检查82次，督促完善制度50个，发现问题79个，立案12件，处理12人。

（张仁伟）

【聘请市监委首届特约监察员】 2019年，无锡市纪委监委贯彻落实中央纪委、省纪委关于特约监察员工作决策部署，扎实有效开展各项工作。6月，召开市监委第一届特约监察员聘任会议，选聘十名特约监察员。12月，下辖七个市（县）区全部完成人员选聘工作，江阴、宜兴、锡山、惠山、滨湖、新吴于年底前召开聘任会议。市县两级监委共选聘73名特约监察员，相继出台工作办法，印发工作要点，制定工作方案，组织开展活动。全年邀请特约监察员列席市纪委全会、市纪委常委会，组织特约监察员参与接访、开展实地调研、旁听案件庭审，采纳特约监察员就推进全面从严治党等工作提出的意见建议，发挥特约监察员作用。

（张仁伟）

重要会议

【市第十三届纪律检查委员会第四次全体会议】 1月31日，中共无锡市第十三届纪律检查委员会举行第四次全体会议。会议总结工作，分析形势，部署2019年全市党风廉政建设和反腐败任务。省委常委、市委书记李小敏出席会议并讲话。省纪委常委、市委常委、市纪委书记、市监委主任王唤春主持会议并作题为《坚持稳中求进，强化使命担当，推动无锡纪检监察工作高质量发展》的工作报告。报告指出，2018年，稳步推进监察体制改革，不断深化巡视巡察工作，巩固拓展作风建设成果，切实履行监督第一职责，保持惩治腐败高压震慑，坚决整治群众身边腐败和作风问题，扎实开展源头治理，着力加强自身建设，党风廉政建设和反腐败工作取得新成效。2019年，将以习近平新时代中国特色社会主义思想为指导，忠诚履行党章和宪法赋予的职责，坚持问题导向，深化改革创新，以党的政治建设为统领，协助党委全面从严治党，一体推进不敢腐、不能腐、不想腐，巩固发展反腐败斗争压倒性胜利，建设忠诚、干净、担当的纪检监察铁军，努力实现新时代纪检监察工作高质量发展，为高水平全面建成小康社会、建设“强富美高”新无锡提供坚强保障。会上，市委与各地、各部门、各单位党委（党组）主要负责人签订年度党风廉政建设责任书。市领导黄钦、徐一平、周敏炜、徐劼等出席会议。

（沈斐旻　张仁伟）

【全市审查调查工作座谈会】 2月27日，市纪委监委召开全市审查调查工作座谈会，学习贯彻中央纪委和省、市纪委全会精神，交流审查调查工作情况，分析研判当前面临的新形势、新任务，部署下一阶段工作任务。省纪委常委、市委常委、市纪委书记、市监委主任王唤春出席会议并讲话，各市区纪委书记和分管领导、市纪委有关部门、各派驻纪检监察组和巡察组负责人参加会议。会议强调，审查调查工作要在提高质效上深化，案件类型要突破，案件质量要提升；要以系统思维通过一个案件解决一批问题治理一个领域，善于举一反三、真正把办案效果转化为治理效能，尤其在学校食堂、医药购销、农村集体“三资”监管户户通平台建设等民生问题上加大力度。

（张仁伟）

【全市扫黑除恶专项斗争工作推进会】 5月13日，召开全市扫黑除恶专项斗争工作推进会，对纵深推进全市扫黑除恶专项斗争进行再部署、再动员。会前，省委常委、市委书记李小敏召开专题会议，听取相关情况汇报，研究扫黑除恶工作，并对全市扫黑除恶专项斗争工作推进会作出批示。省纪委常委、市委常委、市纪委书记、市监委主任王唤春，市委常委、政法委书记、副市长谢晓军出席会议并讲话。谢晓军对纵深推进全市扫黑除恶专项斗争作出具体部署。

（张仁伟）

10月30日，省纪委常委、市委常委、纪委书记、监委主任王唤春为纪检监察干部上主题教育专题党课　（张仁伟　供）

【“学习先进典型、争创模范机关”工作会议】 11月15日，市纪委监委机关召开“学习先进典型、争创模范机关”工作会议，贯彻落实习近平总书记对纪检监察机关提出的殷切期望，对推进“五型”模范机关建设进行再部署，以此作为主题教育的重要内容。省纪委常委、市委常委、纪委书记、监委主任王唤春参加会议并就市纪委监委争创模范机关提出要求。受中央纪委表彰的靳佳高和全国“人民满意的公务员”罗功新两名纪检监察干部围绕初心使命、结合自身工作经历作了交流发言。

（张仁伟）

纪检监察

【城市安全集中整治监督检查】 2019年，无锡市纪委监委认真贯彻习近平总书记关于安全生产工作的重要论述和重要指示批示精神，制定工作方案，举全系统之力加强对安全生产大排查、城市安全集中整治情况的监督检查，部署开展安全生产整治行动专项监督。联合市委组织部成立督查考核组，分三个阶段开展城市安全集中整治督查考核，对八个市（县）区、13个市级机关及其党政主要领导、分管领导履责情况作出定性评价。严肃查处312国道锡港路上跨桥桥面侧翻较大事故、锡山区鹅湖双乐小吃店液化石油气爆炸较大事故等背后的失职渎职问题和腐败问题，共问责42人，其中党纪政务处分37人。

（张仁伟）

【地方政府隐性债务综合监管系统建设】 2019年，无锡市率先探索建设地方政府隐性债务综合监管系统，真正做到“债务家底清、数据可验证、风险可预警、责任可追溯”。该系统在全省推广，国家监委特约监察员抵达无锡专题调研并高度肯定。依托系统，强化监督的再监督，向政府债务率较高的惠山区、滨湖区发出监察建议；开展融资平台银行账户专项清查，清查银行账户1.46万个，督促撤销账户3781个、盘活存量资金100亿元；查办滨湖区金源产业投资公司赵某涛、惠山区洛社镇惠鑫汇公司许某琛严重违纪违法案件。

（张仁伟）

【预防接种综合服务管理系统建设】 2019年，无锡市着眼疫苗安全，推进建设预防接种综合服务管理系统并在全省推广，实现工作流程标准化、风险防控全程化、预防接种透明化。抓住疫苗接种“最后一米”这一关键环节，在接种终端增设显示屏和语音告知系统，现场显示并播报接种对象姓名、疫苗品种、批号、生产厂家、有效期等信息，由家长指纹验证确认并自动拍照留档，确保万无一失。

（张仁伟）

【农村集体“三资”监管平台建设】 2019年，无锡市聚焦集体“三资”管理问题，率先建设农村集体“三资”监管平台，构建“户户通”民主监督、财务监管中心流程监督、“E银通”技术监督和监察员办公室专责监督的四张“监督网”。针对农村集体资产资源租赁价格明显过低、期限明显过长、程序不规范等问题，共追缴集体应收账款2.8亿元。开展尊老金违规超发问题专项治理，立案288件，查处323人，给予党纪政务处分92人。

（张仁伟）

【全市公办幼儿园和义务教育学校食堂治理改革】 2019年，无锡市聚焦学校食堂管理问题，市委、市政府专题研究，制定《关于公办幼儿园和义务教育学校食堂治理改革的实施意见》，专门成立国有全资配送公司——无锡市苏南学校食材配送有限公司（以下简称苏南公司），建立统一采购、统一加工、统一配送、统一价格、统一质量标准、统一服务规范的“六统一”配送体系，自9月2日起对全市623个公办幼儿园和义务教育学校食堂集中配送食材。市纪委监委立足职能，紧扣食材采购、安全监管、学校管理等环节，加强监督。在食材采购环节，督促引入市场竞争，对蔬菜、粮、油、冷鲜猪肉等10类食材主材，从318家报名供应商中招标优选27家行业龙头规模优质供应商；对点心、调味品等六类食材辅材，直接对接厂家、大型超市和市场，开展竞争性谈判，在市场肉类涨价50%、禽类涨价12%的情况下，保证食材品种不减、标准不降。在安全监管环节，督促市场监管部门和苏南公司在四个基地全部建立快速检测实验室，对每批食材认真检测，确保100%安全。在学校管理环节，面向全社会公开招聘45名特别监督员，加强对学校食堂运行情况的监督，结果直接向市纪委监委反馈。改革取得明显成效，赢得社会、学生、家长、老师广泛好评，《光明日报》《中国青年报》《中国纪检监察报》等纷纷报道。民意调查显示，95.6%认为饭菜质量明显提高，98.8%认为食品安全有保障，98.9%认为营养搭配合理。

（张仁伟）

1月13日，成功将潜逃菲律宾10个月的谢某杰追捕归案

（张仁伟 供）

【药品和高值耗材招标采购体制改革】 2019年，无锡市聚焦医药购销问题。作为省试点，推进药品和高值耗材招标采购体制改革，建设招采服务与监管信息系统，实现与全市38家二级以上公立医疗机构、主要药品配送企业数据直联，近4000家药企在平台注册。探索实行阳光采购、集中采购、带量采购，解决价格虚高问题，督促40家公立医院组建医用耗材采购联盟，对全市用量较多的四个品种82个规格的高值医用耗材进行带量采购谈判，平均降幅54%，有望每年为患者节约4000万元。中央电视台播出专题片《国家监察》，专门介绍无锡通过查办典型案件，推动医药购销领域改革的案例。

（张仁伟）

【外逃职务犯罪嫌疑人谢某杰缉捕归案】 2019年，无锡市纪委监委组建专案组，通过反腐败国际执法协作，成功将潜逃菲律宾10个月的江苏汇鸿国际集团莱茵达有限公司总经理助理谢某杰缉捕归案。为中共十九届中央纪委三次全会后通过反腐败国际执法协作成功抓捕的第一个外逃职务犯罪嫌疑人，是国家监察体制改革将制度优势转化为治理效能的生动实践，是中国和菲律宾加强反腐败国际合作的成功范例。中央纪委副书记、国家监委副主任李书磊赴菲律宾出席移送谢某杰交接仪式，并对无锡工作给予充分肯定。以谢某杰追逃为主要案例制作的《海外追逃，依法依规》专题片在《焦点访谈》栏目播出。坚持追逃与审查同步，发现并推动查处汇鸿集团多名高管严重违纪违法案件；坚持治标与治本同步，推动汇鸿集团完善企业管理体制和内控机制、决策机制、运行机制。

（张仁伟）

【扫黑除恶监督执纪问责】 2019年，无锡市纪委监委全力推进扫黑除恶专项斗争，共查处涉黑涉恶腐败33人，“保护伞”22人，针对推动工作不力问责109人、28个单位，通报曝光典型案件五起，形成强大震慑。对中央督导组交

6月11日，无锡市监察委员会首届特约监察员接受聘请正式上岗

（张仁伟　供）

办和重点督办的六批29件问题线索优先核查、全部办结。深化“套路贷”等非法金融活动专项治理，督促职能部门取缔、关停非法小贷公司800余家，综合运用非法金融活动信息监测平台开展监督，推动制定《无锡市严禁党员干部和国家公职人员参与非法集资等非法金融活动的规定》等管理制度。市纪委监委工作得到中央督导组肯定。

（张仁伟）

【银行账户规范管理】 2019年，无锡市巩固银行账户专项清理成效，延伸至各县区、重点事业单位及非预算单位，全年通过专项清理，清理出市级机关3108个银行账户，立案八人；督促财政部门升级改造一体化管理系统，落实完善《无锡市市级行政事业单位银行账户管理办法》，切实管好“钱袋子”、筑牢“防火墙”。

（张仁伟）

【公务加油卡专项清理】 2019年，无锡市纪委监委全面登记、清理、核查683家单位2.36万张公务加油卡，发现问题线索235个，立案32人，督促市机关事务管理局和市财政局建立健全公车管理长效机制，制定《无锡市市级公务车辆用油管理暂行办法》。

（张仁伟）

【挂证取酬专项治理】 2019年，无锡市纪委监委针对案件中暴露出的公职人员个人执业资格证书出借取酬情况，部署推进专项清理，严查公职人员将职称、职业资格证书违规挂靠企业、社会中介机构并取酬的行为，市级机关共排查出借、挂靠证书64人，立案11人。

（张仁伟）

【名贵特产管理规范】 2019年，无锡市纪委监委坚持日常监督和专项治理相结合，严肃查处领导干部利用名贵特产、特殊资源谋取私利问题，发现问题16个、处理12人，市委制定《关于规范党政机关购买、赠送紫砂制品的规定》，严禁使用公款购买紫砂制品用于公务接待，商务接待、外事活动明确标准。

（张仁伟）

【领导干部办理婚丧喜庆事宜规范】 2019年，无锡市纪委监委通过明察暗访等方式对党员领导干部申报、审批和办理婚丧喜庆事宜情况开展针对性监督检查，对“披隐身衣”“穿马甲”等企图规避组织监督行为从严查处；协助市委修订《关于规范领导干部办理婚丧喜庆事宜的规定》，建立办理婚丧喜庆事宜谈话制度，压紧压实党委（党组）主体责任。

（张仁伟）

【形式主义、官僚主义集中整治】 2019年，无锡市纪委监委协助市委制定工作方案，同步制定督查方案，把整治形式主义、官僚主义纳入市委巡察、监督检查、审查调查工作重点，作为“不忘初心、牢记使命”主题教育的重要内容。查处形式主义、官僚主义问题110起148人，给予党纪政务处分47人，形成专题巡察报告三份。对锡山区教育局脱离实际乱发文加重基层负担、梁溪区部分人员履责不到位造成两条河道排污、水果摊占道经营投诉扯皮推诿等问题及时查处、严肃问责。

（张仁伟）

编辑　罗秋云

综 述

【主题教育活动】2019年，无锡市各民主党派、工商联、无党派知识分子联谊会学习贯彻习近平新时代中国特色社会主义思想，通过召开座谈研讨、专题讲座、参观考察、开设网上理论专栏等方式，加强理论学习，坚持学深悟透，筑牢共同思想政治基础。结合庆祝新中国成立70周年和多党合作制度确立70周年，开展征文活动、书画展、图片展、短视频大赛、慈善表彰等形式多样、内容丰富

表12　　2019年无锡市各民主党派、工商联、无党派知识分子联谊会组织各类特色活动一览表

名称	特色活动
民革	召开“不忘合作初心，继续携手前进”主题教育活动交流会，举办“中山博爱讲堂”，组织《新中国成立70周年的辉煌成就与历史经验》主题宣讲，开展“不忘合作初心，继续携手前进”主题演讲比赛、征文、座谈交流、联谊联欢等活动，100余名党员参与拍摄“我和我的祖国”祝福新中国成立70周年微视频
民盟	开展“我和我的祖国”快闪拍摄展播，进行“典型就在身边”先进典型评选推荐
民建	举办“不忘合作初心，重温光荣使命”知识竞赛，开展征集“70年70个印迹”活动，组织骨干会员参观荣毅仁纪念馆，举办“我的初心故事”—民建无锡市委主题教育活动座谈会
民进	参观会史基地，开展交流座谈；举办苏锡常湖嘉主题教育交流探讨；走出去与各地民进交流主题教育开展情况；举行主题教育书画展
农工党	开展“新中国成立70周年·我和我的祖国”主题征文活动，“学习传薪火，感悟凝共识——纪念中国人民政治协商会议成立70周年”理论征文活动，“凝心聚力新时代，携手前进新征程”学习教育活动，开展“不忘合作初心，重走先辈道路”专题教育活动，制作“凝固的历史”农工党中央党史教育基地专题片，开展“创建示范支部，争当优秀党员”主题活动
致公党	举办新中国成立70周年、中国人民政治协商会议成立70周年、中国共产党领导的多党合作和政治协商制度确立70周年和致公党无锡市地方组织成立35周年庆祝大会，“最美致公党员”评选，致公党党史讲座，无锡优秀传统文化赏析，赴广东省、云南省开展“重走致公路”系列活动
九三学社	开展“不忘合作初心，携手继续前进”主题教育班走进遵义，举行“庆祝九三学社成立74周年大会暨科普报告会”，拍摄《我和我的祖国》视频庆祝新中国成立70周年，举行“歌唱祖国，喜迎70华诞”文艺联欢会，组织骨干社员赴宁参观省政协发展历程展，社市委履职智库成员赴陕西省汉中市开展科技咨询服务活动
工商联	组织“改革再出发、领跑新时代”提升五个能力培训班、“守初心、担使命、争当领跑先锋”主题培训班，开展“壮丽70年，奋斗新时代”主题征文活动，参与无锡市人民政协70周年图片展、无锡市70年大事件主题发布等活动
无党派	开展学习、调研、考察、主题活动等30余场次，把主题教育与开展“弘扬爱国奋斗精神，建功立业新时代”活动结合起来；分别召开无党派人士学习大会、专题学习座谈会、学习心得分享会、“我的初心故事”学习交流会等；组织无党派人士参加统一战线庆祝新中国成立70周年文艺会演、“唱响新时代”大合唱和“同心”书画展等活动；汇编《我的“合作初心”》文集

（市委统战部）

表 13　　2019 年无锡市各民主党派、工商联、无党派知识分子联谊会参政议政统计表

单位:份(条)

名称	完成专题调研报告	被刊用专题调研文章	被采纳社情民意	两会提出议案、提案	被有关部门采纳意见、建议
民革	34	8	76	11	95
民盟	50	8	162	10	2
民建	44	1	158	63	50
民进	33	8	235	52	15
农工党	5	4	150	8	60
致公党	18	12	119	16	2
九三学社	31	3	80	6	6
工商联	7	5	6	7	13
无党派	4	2	20	28	35
合计	226	51	1006	201	278

(市委统战部)

表 14　　2019 年 无锡市各民主党派组织及成员统计表

单位:个、人

名称	组织情况						成员情况		
	市委会	(市)县委会	基层委员会	总支部	单一支部	综合支部	女成员	新成员	成员总数
民革	1	0	4	1	5	2	248	31	597
民盟	1	2	7	2	18	9	807	101	1956
民建	1	1	7	3	12	9	641	94	1853
民进	1	2	6	0	26	53	725	84	1603
农工党	1	1	7	3	43	41	805	81	1646
致公党	1	0	4	2	37	0	220	35	607
九三学社	1	1	12	0	15	0	586	72	1456
合计	7	7	47	11	156	114	4032	498	9718

(市委统战部)

的庆祝活动,表达爱党爱国情怀。举行庆祝新中国成立 70 周年暨多党合作制度确立 70 周年座谈会,70 个集体和个人被授予“同舟之星”荣誉称号。开展“不忘合作初心,继续携手前进”主题教育活动,市各民主党派开展结对共建活动,在回顾统一战线团结合作的光辉历程中增强坚持中国共产党领导的政治自觉。

(姚静芳)

【参政议政】 年内,无锡市各民主党派、工商联、无党派知识分子联谊会根据中共无锡市委《2019 年度政党协商计划》,围绕“保持经济平稳健康发展”“加快发展现代服务业”两个专题,开展调查研究,形成一批高质量调研成果,为中共市委、市政府科学决策提供参考。围绕年度中心工作,形成民主监督专报两期,报送市主要领导参阅。围绕经济社会热点难点问题,建言献策,全年报送各

表 15　　2019 年无锡市各民主党派、工商联、无党派知识分子联谊会社会服务一览表

名称	社会服务品牌项目	社会服务主要内容	参与公益慈善活动（场次）	结对助学（对）	捐款（万元）
民革	博爱志愿服务、贵州省纳雍县扶贫	关爱儿童、贵州省纳雍县扶贫	9	13	10.60
民盟	凉山支教行、六一慈善捐赠	助学、助残、社区服务	6	10	21.50
民建	“思源工程”生育关怀行动、蠡湖文明之友、“心悟之春”志愿者服务团队	失独困难家庭帮扶、黑臭河道巡查、心理咨询	100	70	60.00
民进	“服务与我同行”、“蓝星妈妈”关爱行动、书画拥军、贵州省毕节市金沙县沙土镇支教、“春联万家”活动	公益活动、书画服务、支教送教	197	59	67.87
农工党	源泉奖学金、同心助医、农工党健康服务行	义诊、科普讲座、助学、捐款捐药	86	202	90.68
致公党	同心致善、致德扶智	扶贫、助学、助教、助困、义诊、科普讲座	22	10	30.97
九三学社	专家工作站等 5 个项目	科技下乡、专题讲座、义诊咨询、科普宣传等	20	14	5.10
工商联	感恩社会光彩公益“百千万工程”、“百企帮百村”精准扶贫行动	扶贫、助学、助困、救灾	87	3150	1384.71
无党派	区域卫生医疗发展精准扶贫项目实施工程	赴内蒙古自治区兴安盟开展项目对接、医务人员业务培训、幼教扶持等	8	9	6.20

（市委统战部）

类意见、建议 3000 余条，为经济社会发展发挥重要作用。

（姚静芳）

【组织建设】 年内，无锡市各民主党派贯彻《关于加强基层组织建设的纪要（试行）》精神，推进全市民主党派基层创建示范支部工作，全市 400 余个民主党派支部中，有半数以上建立“党派之家”，部分县区的部分民主党派做到“党派之家”全覆盖，位居全省前列。召开全市民主党派基层组织建设推进会，交流市各民主党派基层组织建设经验，加强基层组织示范建设工作。贯彻落实《各民主党派中央关于新时代组织发展工作座谈会纪要》，增强组织建设水平，优化组织人才结构，严格规范新成员发展程序，提升组织凝聚力和影响力。全年发展新成员 498 人，比上年增长 5.3%。至年底，全市民主党派成员总数 9718 人。市无党派知识分子联谊会加强组织团队能力建设，至年底，有会员 198 人。组织实施全国“五好”（领导班子好、会员发展好、商会建设好、作用发挥好、工作保障好）县级工商联、全国“四好”（班子建设好、团结教育好、服务发展好、自律规范好）商会认定工作，开展“一商会一特色、一支部一亮点、一党员一示范”创建活动，培育商会党建示范点 60 个，创新开展“联支部强引领、联商会强服务、联企业强发展”的“三联三强”行动，提升商协会党的组织和党的工作“两个覆盖”的质量。至年底，全市有市（县）、区工商联 7 个，乡镇商会 30 个、街道商会 48 个、园区商会 7 个、楼宇商会 5 个、其他类型商会 54 个，在无锡市级异地商会 31 个、海内外无锡商会 25 个，市级行业协会商会 145 个，拥有各类会员 34588 个。其中，企业会员 26639 个、团体会员 507 个、个人会员 7442 个。

（姚静芳）

【社会服务】 年内，市各民主党派、工商联、无党派知识分子联谊会发挥各自资源特色和界别优势，开展社会服务活动。5 月，集中开展社会服务月活动，开展医疗义诊、法律咨询、科普宣传、社保咨询、书法馈赠、心理咨询、金融安全咨询、便民服务等各类贴近群众实际需求、为群众解疑释难的服务项目，扩大组织影响力。开展形式多样的结对帮扶、东西部挂钩协作、精准扶贫等社会服务活动，形成各自特色品牌，树立良好社会形象。市各民主党派专程赴对口帮扶地区青海省海东市开展精准扶贫活动，看望慰问在海东市开展东西扶贫协作的无锡市统一战线干部和民主党派专业技术人员，捐赠帮扶资金 13 万元。

（姚静芳）

中国国民党革命委员会无锡市委员会

【概况】 2019年,民革无锡市委贯彻民革中央《关于加强思想政治建设的意见》《“不忘合作初心,继续携手前进”主题教育活动实施方案》,制定下发无锡市《“不忘合作初心,继续携手前进”主题教育活动实施方案》,结合庆祝新中国成立70周年、人民政协成立70周年、中国共产党领导的多党合作和政治协商制度确立70周年,组织开展并参加省、市有关系列活动。民革无锡市委宣传思想、社会服务、定点扶贫、促进祖国统一等各项工作均取得成绩,被民革省委评为先进集体。《团结报》征订工作获得二等奖,受到团结报社表彰。

(温　明)

【组织发展】 年内,民革无锡市委发展新党员31人,转入1人,转出3人。至年底,党员总数597人。新党员平均年龄37岁,本科以上学历占92%,其中博士2人,硕士5人,具有中级以上职称或在单位担任中层以上职务占95%。其中符合民革省委提出的市级高层次人才标准5人,占年度新发展党员总数的16%。完成滨湖区基层委员会换届调整,在原直属机关支部的基础上新成立太湖新城基层委员会,调整9个基层组织的领导班子,优化完善基层领导班子和各级后备干部队伍。至年底,有基层委员会4个,总支部1个,支部35个,小组2个。参加和开展中央、省、市三级“示范支部”创建、优秀“中山博爱之家”评选活动,民革无锡市太湖新城基层委员会一支部被民革中央评为全国“示范支部”,锡山区总支部一支部、梁溪区基层委员会六支部和九支部、滨湖区基层委员会四支部4个支部被评为省级“示范支部”。6个支部被评为市级“示范支部”。民革无锡市委位于惠山古镇寄畅传统文化活动中心的中山博爱之家被民革中央评为“全国优秀党员之家”,锡山区总支部和滨湖区基层委员会中山博爱之家被评为省级优秀“中山博爱之家”。至年底,市委会基层组织“中山博爱之家”覆盖率70%。

(温　明)

【参政议政】 年内,民革无锡市委完成民主协商课题《持续推进制造业智能化改造,保持无锡经济平稳健康发展》,调研报告得到市委书记李小敏的批示;重点围绕“加快发展现代服务业”主题开展调研,完成调研报告《多措并举,推进“体育旅游”高质量发展》。开展关于社区教育发展的民主监督,形成调研报告《关于统筹推进无锡市社区教育发展的建议》。在民革省委中山议政会上,唐鹏作《完善法制建设,优化营商环境》专题交流。保海燕、孙明分别完成省委交办调研报告《“江苏制造”向“江苏创造”转型的实践与思考》《推进农村社会组织发展,促进农村社会治理体系建设》。各区基层组织均完成专题民主协商的建言。各专委会、基层组织和党员开展调查研究,完成市委会参政议政调研申报立项课题26件。在市政协十四届三次全体会议上,民革无锡市委提交集体提案9件,副主委徐雯在会上作《大力培育农村社会组织,完善乡村社会治理体系》的发言,杜文康作《实施城市双修,提升老城宜居品质》大组发言。《关于建立健全计划生育失独家庭养老保障制度的建议》被评为优秀集体提案,《关于进一步推进我省大型科学仪器资源共享的建议》《关于整治中山路和火车站南广场周边机动车乱停乱放问题的建议》被评为优秀社情民意,《做优特色小镇,助推产业升级》获优秀调研成果三等奖。集体提案《关于加强农村社会组织参与乡村社会治理体系建设的建议》被列为主席督办重点提案。承担《做优社会组织,助力社会治理》政协话题拍摄;参与开展城市黑臭水体治理、城市精细化管理的民主监督;与政协民宗委联合开展课题调研,完成调研报告《促进转型升级,拓展合作领域,进一步发挥台资助推产业强市作用》《企业走出去参与“一带一路”建设》。全年报送各类信息、社情民意120余条,各级各类录用76条次。被省民革录用16条,其中李卫家反映的《关于取消海外工程承包风险处置备用金的建议》被全国政协《每日社情》采用,《创新签证模式,便利企业参与“一带一路”建设》等两条被民革中央采用,《企业反映参与“一带一路”建设遇到困难》被中共江苏省委采用并得到省政府副省长郭元强批示,俞知明反映的《建议完善我国“一带一路”口岸发展》被中共江苏省委采用。被无锡市委统战部录用22条,其中王涛反映的《建议科创板施行T+0以及裸卖空制度》被中央统战部信息直报录用,王晋反映的《建议推进涉台法律服务》得到无锡市委副书记徐劼批示,黄展宏反映的《建议借鉴苏湖等地规划锡宜公交线路研究》得到副市长朱爱勋批示,姚琦反映的《基层呼吁“大棚房”整治亟待处理好休闲设施农业用地问题》和范军反映的《关于加快发展无锡市农产品电子商务的建议》均得到市领导批示,另有6条被省委办公厅、省委统战部录用。市政协录用社情民意15件、民主监督建议书4件。

(温　明)

【社会服务】 年内,民革无锡市委按照民革江苏省委结对帮扶工作方案,制定《结对帮扶纳雍县猪场乡乐咪营村工作方案》,全年赴贵州省纳雍县猪场乡4次,进行调研座谈,捐赠温暖工程物资,对贫困适龄儿童建档立卡并购买意外伤害保险,捐赠村小学物品,走访贫困户、医疗义诊等。全年捐款捐物计32万元。关爱儿童服务团坚持每月为市儿童福利院的孤残儿童服务;法律服务团坚持做好涉台法律服务,多次开展公益法律讲座,为在无锡台胞编写《百事通—台胞在无锡工作生活指南》,为民革党员开展法律咨询近10件;医疗服务团会同基层组织走进社区、敬老院、学校等地开展服务,特别是为贵州市纳雍县乐咪营村提供多方位的医疗服务。书画服务团党员华斌义卖书画作品10幅，款项全部捐给青海省循化撒拉族自治县红旗小学留守儿童；水上搜救服务团坚持常年分散自主训练与定期集中训练、不定期拓展体能训练相结合，坚持为青海省循化撒拉族自治县红旗小学留守儿童提供服务，9月，为青海省循化撒拉族自治县积石小学组织开展以校园足球普及、辅导和培训为内容的一系列活动。关爱抗战老兵服务团对口服务15名抗战老兵，坚持逢年过节上门慰问、生病住院前往探望、生日祝寿送上祝福，全年走访慰问抗战老兵40余人次。

（温 明）

【促进祖国统一工作】 年内，民革无锡市委加强学习培训，开展座谈交流。组织成员学习习近平总书记在《告台湾同胞书》发表40周年纪念会上的讲话，组织有关成员参加民革省委、市台办、市政协举办的台情报告会，及时了解两岸关系形势和对台工作大政方针。发挥民革党员中台眷的作用，加强与台湾民间的交流；坚持定期走访重要的台胞眷属；坚持参加在无锡台胞台属联谊活动，增进沟通交流。全年报送涉台信息10余条，其中《建议推进涉台法律服务》得到市领导批示，《张丽霞副主席对贯彻66条实施意见提出建议》被市委特供信息录用，《深化两岸交流须进一步深化惠台措施力度》被无锡市委统战部录用，《关于促进和引导台资企业转型发展和扩大对台合作的建议》通过无锡电视台《政协话题》栏目提出建言。会同市政协专委会开展涉台课题调研，完成调研报告1件。

（温 明）

中国民主同盟无锡市委员会

【思想建设】 2019年，民盟无锡市委贯彻民盟中央关于“不忘合作初心，继续携手前进”主题教育活动的精神，围绕新思想、盟史教育、领导讲话3项重点学习内容，带领9个基层支部的30余位盟员代表参加民盟中央主席丁仲礼在常州的宣讲活动；通过班子成员、机关干部、基层组织“三个渠道”听意见，在13次调研活动、座谈会中均设置征求意见环节，共收集意见建议5类、62项，制定整改措施36条；解决代表性人士发展乏力、基层组织工作经费不足等11个问题。加强盟员之家教育平台的建设、运行指导，总结推广梁溪区同舟民盟之家、宜兴7支部盟员之家的经验做法，全年新建盟员之家9个，总数40个。陈承红获民盟中央“学习习近平新时代中国特色社会主义思想，建设高素质中国特色社会主义参政党”征文活动一等奖，朱小红撰写的《闵刚侯的一生及贡献》获民盟中央理论研究课题二等奖。参加民盟中央“同唱一首歌，共祝祖国好——庆祝新中国成立70周年”视频展播评比，民盟江阴和宜兴市委、梁溪区和机关基层委员会、锡山区总支、江阴文艺支部拍摄制作的6部“我和我的祖国”快闪视频被民盟中央公众号采用，录用率位居全国市级民盟组织第一；召开庆祝新中国成立70周年座谈会，民盟无锡市委40余名代表畅谈无锡高质量发展和党派建设成就；组织参加省、市专题征文活动，上报高质量征文19篇。全年推送掌上媒体消息、更新网页新闻各600余条，出版集微信精编、重要文件和大事索引为一体的《无锡民盟2018》，编发《无锡民盟》杂志。在国家级、省级报纸杂志发稿69篇，在民盟中央等国家级网站发稿98篇，在民盟中央微信公众号发稿6篇，在民盟省委微信公众号发稿12篇，居全省前列，被民盟省委评为2018～2019年度新媒体建设先进集体、宣传工作先进集体二等奖。

（张 波）

【组织建设】 年内，民盟无锡市委落实《民主党派组织发展工作座谈会纪要》精神，激发组织发展工作活力。细致做好考察工作，全年发展新盟员101人，平均年龄39.1岁，博士占2.9%，硕士占25.2%，盟员年龄和专业结构得到优化。开展基层测评工作，促进组织建设科学化、规范化和制度化。全市达标基层占比100%，特色基层占比48.4%，优秀基层占比40.3%。代表性人士发展有重大突破，年内发展正高级职称盟员2人；组织11名盟员参加无锡市委统战部新时代参政党建设理论研修，10名盟员参加无锡市“321人才计划”党外干部培训，61名盟员参加基层组织负责人培训班，67名盟员参加新盟员培训班。围绕学习盟章、遵守章程等情况，对滨湖区、惠山区基层委员会等4个基层组织开展专项监督活动，采取走访调研、实地监督和多方了解等方式，重点对基层组织凝聚共识、履职尽责、岗位建功等三个方面开展调研，形成专项监督检查报告；对主题教育活动进行深入检查督导，听取意见、帮助整改，促进各级组织抓实学习教育。开展走访慰问，教师节看望盟员教师，弘扬尊师重教社会风尚，节假日慰问退休老盟员，体现组织关怀；参加市民主党派庆祝新中国成立70周年暨多党合作制度确立70周年座谈会，金征宇等10人被评为“同舟之星”，滨湖区基层委员会美湖支部被评为“同舟之星”基层组织。民盟市委被民盟省委评为2018～2019年度活力基层组织建设先进集体。

（张 波）

【参政议政】 年内，民盟无锡市委贯彻落实民盟省委《关于大兴调查研究之风的意见》要求，动员班子成员、常委人人带头形成调研成果，代表、委员个个提交社情民意，全年完成立项课题50个。围绕重点课题，整合盟内专家资源组建5个专题调研组，走访市级部门6个，调研高技术企业4家，考察苏浙沪5个主要城市，形成的调研报告被转化为市委上下半年民主协商会发言稿、市政协十四届三次全会大会发言稿。第三届物联网博览会期间，邀请民盟中央及全国13个省市近30位民盟组织负责人和专家代表到无锡，召开长三角科技创新走廊课题研讨会、议政座谈会、信息座谈会，共同为推动无锡高质量发展建言献策，形成跨省市"大调研"格局。参与民盟中央2018年度重点调研"完善重点生态功能区生态补偿机制"，成果被民盟中央采纳，相关建议获国务院总理李克强批示；承担民盟中央"长三角科技创新一体化建设""关于中小微企业发展问题"及"太湖水治理问题"课题，形成的调研成果被民盟省委转化并提交民盟中央；调研报告《关于破解民营中小微企业降本政策落地难题的建议》被民盟省委采纳，并转化为省政协十二届八次常委会议上的讲话。杨中浩《关于全省开展工业绩效评价的建议》系列论文获得省委宣传部、省社科联"2019年度江苏省智库研究与决策咨询优秀成果"二等奖。承办第七届江苏城镇化建设研讨会，参加第六届江苏生态文明建设研讨会，提交的论文《对标找差，奋力领跑，聚力城乡公共服务标准化高质量发展》《河长助推湖长，河湖聚焦同治，高质量打好打赢太湖治理攻坚战》获民盟省委两个特等奖；参加第十届江苏教育发展论坛、第二届江苏文化发展研讨会，陈承红撰写的调研文章《深化"名校集团化"办学体制机制改革，促进我省基础教育全域优质均衡发展》获一等奖。全年上报各类社情民意信息456篇，其中160篇（次）分别被中央、省、市级有关部门采用。推荐潘逸刚、陆骏两位民盟员为民盟江苏省委反映社情民意信息专家库成员；民盟市委秦健《台胞对习近平总书记〈告台湾同胞书〉发表40周年讲话反响热烈》被中办采用，《建议深化产学研融合推进新型研发机构建设》被全国政协采用，城市职业技术学院支部陆骏《建议重视并有效解决女职工求职就业新问题》被中办采用；科技总支钱洁关于"咪蒙"网上舆论、共享经济管理顶层设计、儿童阅读文化3篇信息，以及民盟江阴市委沈拳关于提升安全生产监管"软实力"的信息被民盟中央采用。

（张　波）

【社会服务】 年内，民盟无锡市委贯彻落实精准扶贫政策，突出教育扶贫、文化扶贫，动员各方力量加大投入。组织梁溪区基层委员会企业家支部盟员赴青海省海东市扶贫，捐款2万元；组织惠山区基层委员会慰问惠山区特殊教育学校，周胜剑捐赠爱心礼物价值5000元；组织梁溪区基层委员会第八次开展"凉山支教行"活动，向家庭贫困应届大学生捐款5万元。民盟江阴市委承办"民盟中央贫困地区校长培训班"，为44位校长进行培训；滨湖区基层委员会会同文联支部、城市职业技术学院支部，赴云南省文山州麻栗坡县开展助学助教，为丁晓兵希望小学援建标准图书室1个；新吴区基层委员会持续开展"盟动成长，爱系全椒"助学行活动，捐赠善款3万余元，结对帮带27个困难家庭。八一建军节前，盟员书画家赴江苏省军区无锡第二干休所慰问离休老军人，赠送书画作品30余幅。民盟市委开展"我和我的祖国"文艺进社区系列活动，在梁溪区谈渡桥社区举办文艺演出两场；会同滨湖区美湖社区举办文艺演出暨民盟书画家慈善捐赠活动，书画作品义卖所得10万元善款捐赠社区困难群体，受到中共市委常委、统战部部长陈德荣现场点赞。民盟市委被民盟省委评为2018～2019年度农村教育烛光行动先进集体、服务发展先进集体。

（张　波）

中国民主建国会无锡市委员会

【宣传教育】 2019年，民建无锡市委结合庆祝新中国成立70周年、多党合作制度确立70周年等重大活动，举办丰富多彩的纪念及庆祝活动。根据民建省委要求，制定下发《开展"不忘合作初心，继续携手前进"主题教育活动实施方案》，完成"不忘合作初心，重温光荣历史"知识竞赛，"我的初心故事"座谈会，"庆祝新中国成立70周年"征文，"70年70个印迹"征集，会史会章专题讲座活动等。在无锡市各民主党派庆祝中华人民共和国成立70周年暨多党合作制度确立70周年座谈会上，王兴国等9名会员，医药总支部、滨湖区三支部被评为无锡市"同舟之星"。依托市委网站、《无锡民讯》、微信公众号，拓宽宣传渠道，报送各类意见、建议，展现履职风貌。在中央级媒体刊登173篇次，省级32篇次，市级121篇次。理论研究工作委员会围绕"认真总结70年来在中国共产党领导下民建发挥的历史作用和取得的宝贵经验"主题，参与民建中央办公厅关于庆祝人民政协成立70周年理论研讨会征稿。形成理论成果6篇，4篇上报民建江苏省委，其中《关于思想引领非公有制经济人士政治自觉的思考》获民建中央2019年重点理论研究课题优秀成果二等奖，《弘扬民主精神传承，与时俱进推进协商民主建设》获民建省委2019年度理论研究优秀成果。在无锡市委统战部2019年统战理论研究与创新招标课题工作中，上报课题3个，其中《发挥民建界别优势，加强对非公有制经济人士思想政治引领》中标并结题。

（王　凡）

【参政议政】 年内，民建无锡市委围绕中共市委确定的民主协商课题方向，分别作《多维度激发内生动力，推进开发区质量变革》《打造招才引智新磁场，汇聚产业强市新动能》民主协商，获中共市委主要领导肯定。赴市自然资源和规划局、市审计局进行多次民主监督员小组活动，完成监督建议书10篇。青年工作委员会围绕《中共无锡市委无锡市人民政府关于加快推进职业教育现代化的实施意见》等落实情况开展监督调研，形成民主监督报告《创新探索产教融合发展新路径，助推无锡地方经济转型和产业升级》。市委会组织各级人大代表、政协委员参加两会，建言献策。两会期间，市级人大代表、政协委员提交人大建议案14件、政协提案49件；区级人大代表、政协委员提交人大建议案16件、政协提案134件。8人被评为优秀市政协委员，2人被评为优秀民主监督员，第12民主监督员小组被评为优秀民主监督员小组。获评优秀集体提案2篇，优秀个人提案2篇，优秀社情民意5篇，市政协2019年度优秀调研成果1篇。全年完成调研报告40余篇，其中4篇参加“长三角民营经济发展论坛”研讨。全年向上级信息部门报送社情民意413篇，其中被民建省委采用94篇，被江苏省委统战部、省政协、民建中央采用33篇，被全国政协单篇采用1篇，综合采用1篇，转送1篇，被全国政协每日社情采用7篇，国家级简报录用1篇，被江苏省委统战部报送省委17篇，被中共市委主要领导批示3篇。另有40余篇信息被市人民建议征集办公室采纳为人民建议，分获多个奖项，多篇被《无锡日报》刊载。在民建江苏省九届四次全委会上，市委会获全省民建工作绩效测评先进单位第一名，组织管理信息系统工作优秀奖，参政议政工作先进单位，社情民意信息工作特等奖。

（王　凡）

【组织建设】 年内，民建无锡市委落实《关于“人才强会”的实施意见》，坚持把政治标准放在首位，注重发展综合素质好的新会员。全年发展新会员94人，平均年龄38岁，其中本科及以上学历88人，中高级职称人数48人，担任企业高级管理人员40人。会员净增率4.1%。至年末，全市会员总数1853人，平均年龄53.9岁，在职会员比例70.5%，经济界人士占78.6%，各类人才更趋丰富，会员结构优化。推荐34人次参加民建中央、民建省委、市社会主义学院等各类培训，组织200余人次参加市委会各条线培训。至年末，辖县级市委1个，基层委员会7个，总支3个（医药、商业、产业），基层支部82个（其中市区64个，江阴10个，宜兴8个），建成“会员之家”12个。8月，民建中央副主席张少琴到无锡就民建地方组织建设进行调研，肯定民建无锡市委自身建设各项工作成绩。江阴经济支部等3个支部被评为民建江苏省委特色基层组织。

（王　凡）

【社会服务】 年内，民建无锡市委持续推进“思源工程——生育关怀行动”，帮扶在校计划生育困难学生80人。响应省民建号召，在“腾讯99”公益周期间，为生育关怀行动项目筹得捐款4.7万元。“蠡湖文明之友”志愿者服务团队创新活动机制，开展城市黑臭水体治理专项巡查，走进校园开展“关爱环境——河道巡查进校园”活动。推进“助力少儿健康”民建社区公益行社会服务，根据会员自身专业，提供合理用药、中医保健、口腔疾病、心血管健康等活动菜单12项，累计受益群众近1000人。依托“心悟之春”志愿者服务队，整合会内资源，开展社区心理咨询服务，在南禅寺街道新江南花园社区建立心理疏导工作站，会同无锡市机关幼儿园举行“送文化进校园”专题活动签约仪式。参与无锡市委统战部举行的社会服务月活动，发挥会员特长服务群众，扩大民建社会影响力。根据东西协作相关扶贫政策和精神，市委会组织会员企业家赴对口帮扶地区青海省民和县开展教育扶贫和消费扶贫，捐助15万元。主动参与对接民建省委定点帮扶村宿迁市王官集镇花园村建设美丽乡村，助力乡村振兴。“香山书屋”推广全民阅读活动，扩大社会影响力；坚持每年向宜兴市周铁镇政府捐资设立“银燕园丁奖”25万元；成立江苏、青海两地民建循化联系点，建设“循商”人才队伍，设立“循商”扶智专项资金10万元，同心助成长资金5万元；关注结对帮扶儿童精神生活和心理健康，组织参观锡东电厂、东港镇山联村等各类活动，关爱儿童成长。搭建学术产业协同服务平台，成立江南大学——安博克斯中小企业金融研究中心；搭建创新发展平台，建立健全与高等院校产学研合作机制，与无锡科技职业学院共同建立产学研合作基地。搭建成长提高平台，推荐企业家会员参加民建中央举办的“中国风险投资论坛”“中国非公有制经济发展论坛”，民建省委举办的企业家会员培训班；推荐会员加入省乡村振兴委员会。在民建中央脱贫攻坚表彰大会上，市委会被评为“民建脱贫攻坚奖先进集体”，陈卫宏被评为“民建脱贫攻坚奖先进个人”。

（王　凡）

中国民主促进会无锡市委员会

【思想建设】 2019年，民进无锡市委学习贯彻习近平新时代中国特色社会主义思想和中共十九大精神，围绕“不忘合作初心，继续携手前进”主题教育活动，举办专题学习会、在线学习、专题培训班，组织学习习近平总书记重要讲话及各类重要会议精神；组织会员赴冰心吴文藻纪念馆、上海中共一大会址和浙江省嘉兴市南湖革命纪念馆等地进行现场教学；下发《主题教育活动工作方案》，面向各级统战部门、民进地方和基层组织、基层会员、机关干部广泛征求意见、建议，共征集到9个方面、61条意见、建议，召开市委领导班子民主生活会，深刻开展自我检视，制定整改方案。加强无锡民进刊物、网站和微信公众号等自有平台建设，推动在主流媒体、新媒体上发声。全年无锡民进网站发送文章350余篇，微信公众号推送图文信息67篇，订阅数652人次，21篇报道被《团结报》《人民政协报》《中国统一战线》《民主》等国家级报纸杂志采用。成立无锡叶圣陶研究会并开展研讨，参与民进中央、民进省委、无锡市委统战部理论研究，3篇论文入选市政协交流材料汇编。

（华佳佳）

【组织建设】 年内，民进无锡市委落实“人才强会”战略，加强新形势下组织发展和人才队伍建设，优化、充实、锻炼各类队伍。全年发展会员84人。至年底，全市会员总数1603人，其中教育、文化、出版、传媒主界别会员占65%。分批举办各类培训班，推荐会员参加各类学习培训140余人次。一批优秀骨干得到表彰和认可，其中吴国平、盛玉红受邀参加庆祝新中国成立70周年大会，田耀旗获国务院科学技术进步奖三等奖。突出“基层组织建设年”主题，加强基层组织建设，密切联系基层，各基层组织与中共党组织联系全覆盖；推动江阴领导班子届中调整、“虚拟机关”顺利换届，指导滨湖创立“虚拟机关”；推进第三批“示范支部”创建和“民进会员之家”建设，全市25个基层组织成功创建“示范支部”。江阴市委会被评为民进全国组织建设先进地方组织，梁溪区、滨湖区、新吴区、江阴临港支部4个基层组织和崔其峰、陈富满、袁翔、宋映红4人被评为民进全国先进基层组织和先进个人。发起建立苏州市、无锡市、常州市、湖州市、嘉兴市5个城市的民进组织交流合作机制，创新设立青年支部和80后青年企业家联谊组织，举办首届“青春力量·1214无锡民进青年节”。重视意识形态和会内监督工作，制定实施《民进无锡市委机关意识形态工作责任制实施办法》，加强会内监督机制建设，民进监督委员会列席市委重要会议和活动。全面梳理、修订和完善机关廉政建设制度、工作管理制度和绩效考核机制，开展机关“学习日”活动，开展各类慰问走访，指导、服务基层。在省委2019年度对各设区市委、县级市（区）委机关目标考评中，市委机关获设区市委组一等奖，江阴民进、宜兴民进分别获得县级市（区）委组一等奖、三等奖，市委会被评为2019年度民进江苏省委信息工作先进单位、组织建设先进组织。

（华佳佳）

【参政议政】 年内，民进无锡市委围绕中共市委、市政府中心工作，做实做细调查研究，提交专题民主协商课题报告《实现创新活力，加强转型动力，积极培育多种类型消费新业态》《重点培育，以点带面，加快无锡会展产业深度融合》和年度民主监督调研报告《深化改革、规范管理，推进学前教育优质普惠发展》。在政协无锡市十四届三次全会上，提交大会发言1篇、专题讨论发言3篇、集体提案9篇、个人提案44篇，一批参政议政成果和会员受表彰，市政协民进、总工会、共青团小组帮助协调解决社区“积水”老大难问题，被《人民政协报》、学习强国平台等主流媒体报道并被评为先进委员联系小组。开展年度招标课题工作，申报提交调研报告30篇。参与民进中央、省委会和市政协专题调研，提交民进省委重点关注课题报告《义务教育阶段“择校热”反思与政策治理》；发挥参政议政智库、专委会、骨干会员作用，协助省委举办民进华东六省一市第21次工作研讨会，为民进中央、民进省委和各地民进到无锡调研提供服务保障。全年报送信息409条，各级录用234条次，其中民进中央采用18条，国家简报采用2条，市主要领导批示2条；跟踪督导8个集体提案办理情况。

（华佳佳）

【社会服务】 年内，民进无锡市委投入“同心·彩虹行动”，赴贵州省金沙县沙土镇签约、捐赠、送教，加强同甘肃省酒泉市民进组织合作交流，安排两地教师到无锡培训。做好传统品牌项目，开展“春联万家”活动、送书画进军营活动，建立开明书画院活动基地，选送作品参加各级书画展，挂牌成立民进中央开明画院直属艺术院——民进宜兴紫砂艺术院，举办4期开明大讲堂讲座，开展“蓝星妈妈”关爱行动项目，启动2019“携手共建绿色快递城市”活动，举办城市生活垃圾分类公益宣传明信片发行活动，参与无锡市委统战部社会服务月活动并捐助2万元。各地方组织、基层组织建设“微公益”社会服务工作品牌，如江阴民进益家人、研因学堂、再读“小桔灯”、“梁溪民进在行动”2.0版等。全年组织开展社会服务活动197场次，受益人数7万余人次。

（华佳佳）

中国农工民主党无锡市委员会

【思想建设】 2019年，农工党无锡市委深入学习贯彻习近平新时代中国特色社会主义思想，突出政治引领，强化理论学习，宣传工作成果丰硕。在“3个70周年”庆祝活动中，4篇主题征文获无锡市委统战部评比优秀，1人在农工党江苏省委举办的“我和我的祖国”演讲比赛中获二等奖，20篇书画作品入选中央、省、市各级组织举办的庆祝新中国成立70周年系列书画摄影展。市委和农工党中央书画院共同主办“庆祝新中国成立70周年——王季鹤先生存墨展暨作品集首发式”。制作《凝固的历史，农工党党史教育基地纪录片》，获农工党中央“不忘合作初心，继续携手前进”主题微视频大赛特等奖。开展“不忘合作初心，重走先辈道路”专题教育活动，组织党员赴苏州市、南京市、上海市、武汉市等农工党中央党史教育基地学习。举办“学习中共十九届四中全会精神”骨干培训班，与农工党苏州市委联合举办“不忘合作初心，继续携手前进”骨干培训班，举办年度宣传信息骨干培训班，组织党员参加全省微信知识竞赛，参与人数和满分人数均列全省第一。年内，无锡农工微信、网站发稿592篇次，各类宣传报道在《无锡日报》《无锡统战》《无锡政协》等市级刊物和新媒体发表宣传报道126篇次，在《新华日报》、《苏讯》、省委网站、微信等省级刊物和新媒体发表宣传报道167篇次，在《人民政协报》《团结报》《前进论坛》等全国性报纸杂志和新媒体发表宣传报道61篇次，4篇次获省优秀"理论研究成果奖"和"新闻宣传成果奖"。被农工党江苏省委评为社会宣传工作二等奖，订阅党刊《前进论坛》先进单位。

（程　华）

【参政议政】 年内，农工党无锡市委围绕中共市委、市政府中心工作、社会热点问题，开展调查研究，建言献策。围绕"保持经济平衡健康发展"，完成题为《推进产城融合发展，提升经济增长后劲》的调研报告。围绕"加快发展现代服务业"，助推无锡市高质量发展问题开展调研活动，在中共无锡市委召开的专题民主协商会上作发言。《推动中医药事业传承发展的政策建议》等5个课题被中共江苏省委立项。在农工党江苏省委2019年农工论坛——"人口均衡发展对策与建议"征文活动中，锡山区基层委员会《关于进一步提高居家养老服务水平的建议》获二等奖，梁溪区基层委员会《养老产业创新发展制度研究》获三等奖，何光琴《加强长期照护体系建设，完善长期护理保险制度》和江阴市委《开启医养结合新模式，共享健康江阴新成果》获优秀奖，涂家钦和张亚菁应邀参加农工党中央召开的第二届人口发展战略研讨会。在无锡市政协十四届三次会议上，提交《关于推进我市新一轮农房建设改造的建议》等集体提案6件，副主委唐家梁代表市委会作题为《加快农村住房改造更新，夯实美丽乡村建设基础》的大会发言。副主委张琦就恢复古运河、太湖航线，再造无锡旅游黄金水线，在大组讨论中作交流发言。全年农工党员通过各种渠道反映社情民意信息（统战信息）352件，向有关信息渠道报送信息275件，其中市特供信息采纳15件，市党政信息采纳95件，市政协信息专报7件，农工党江苏省委采纳251件，江苏省政协采纳8件，中共江苏省委采纳7件，农工党中央采纳17件。对江苏省的高校科技优势进行调研和收集信息，形成《建议政府积极"引航"促进高校专利成果转化》并获中共江苏省委专报采纳，获得中共省委书记娄勤俭的重要批示；紧扣江苏教育大会主题，反映的《建议高标准办学定位进一步提升我省师范教育水平》被中共江苏省委专报采纳；针对近年来血液制品使用、采集等安全问题，血站支部钱惠忠、农工党江阴市委薛艳芳、文化支部杨震3人联合提出的《建议加强过程管控确保血液制品使用安全》和《建议建立全国统一平台共享献、存血信息》两件信息获全国政协采纳；围绕疫苗研发、使用等问题，新吴区基层委员会杨骏宇提出的《基层反映执行〈人间传染的病原微生物名录〉新问题浮现》等3件社情民意信息分别被中央统战部《零讯专报》和江苏省政协采纳。针对保健品治理、野生动物保护、行政审批改革、乡村振兴战略等专题提出的意见建议被全国政协、中共江苏省委、中共无锡市委采纳。在2019年农工党全省党务工作会议上，17件社情民意信息获评参政议政突出成果，血站支部钱惠忠、锡山区基层委员会万颖岚和高福安、文化支部杨震4名党员被评为农工党全省参政议政先进个人。反映社情民意信息工作连续8年获农工党江苏省委考核第一名，连续7年获无锡市委统战部信息考核第一名。

（程　华）

【组织建设】 年内，农工党无锡市委立足人才强党战略，持续推进人才吸收、培养和使用，激发基层组织活力，重视加强机关队伍建设，努力增强组织发展新活力。稳步推进党员队伍发展，全年发展新成员81人，平均年龄38.8岁，其中医药卫生界35人，新主界别人口资源环境领域6人，中层职务73人，江阴市人大代表1人。至年底，全市党员担任各级人大代表、政协委员171人。持续抓好党员培训教育，全年输送12名党员参加无锡市新时代参政党建设理论研修班，15名党员参加农工党江苏省经济界骨干培训班，6名党员参加第一期党外干部"321人才计划"青年干部轮训班，2名党员参加第五期市管干部培训班。配合无锡市委统战部举办民主党派新成员培训班，组织80名新党员参加培训。基层成员获得各级各类荣誉90项，其中市（厅）级以上荣誉77项。创建"农工之家"，市委会响应农工党江苏省委号召，继续深入推进"农工之家"建设。至年底，全市94个基层组织中，建成"农工之家"60个。加强基层组织建设，继续在全市基层组织中开展为期3年的"创建示范支部，争当优秀党员"活动。优化组织架构和班子成员组成，梁溪区、惠山区和宜兴市基层委员进行届中调整，至年底，市委有县级市委1个，基层组织94个，其中基层委员会7个，总支部3个。

（程　华）

【社会服务】 年内，农工党无锡市委继续发挥农工党特色和资源优势，动员全市各级组织和党员参与社会服务。圆满完成与农工党酒泉市委联合开展的5年区域合作帮扶活动，累计发放"源泉助学金"30万元，资助甘肃省玉门市10余所乡村学校贫困学生近300人，安排25名酒泉乡村医生到无锡免费进修学习。12月，农工党酒泉市委领导专程到无锡洽商，与市委会初步确定下一个"2+3"五年合作帮扶计划，源泉助学金和同心助医两个项目在甘肃省玉门市乡村学校和酒泉市乡镇卫生院中形成知名度。市委会主委韩晓枫随农工党省委领导赴贵州省大方县开展帮扶活动，祥生医学影像公司捐赠价值30万元的多功能全数字彩色B超机。副主委汤忠元赴青海省海东市扶贫考察，捐赠扶贫款2万元。梁溪区基层委员会赴青海省循化撒拉族自治县开展对口扶贫活动，捐赠款物30万元。组织医卫专家参加市各民主党派社会服务月活动，在惠山古镇开展医疗义诊。会同民建市委举行“庆祝新中国成立70周年大型便民服务”活动，为芦西社区近300名居民提供医疗咨询和义诊服务。参与“麦田守望”行动计划，捐资助学金5万元。发挥前进书画院阵地作用，赴宜兴市丁蜀镇开展采风交流活动，服务文化事业和社会群众。江阴市委、各基层组织发挥各自优势，江阴市委的“农工励志奖学金”、宜兴的“春风五月行”、锡山区的“健康同行”、新吴区的“共聚共建共享”等工作亮点纷呈。

（程　华）

中国致公党无锡市委员会

【思想建设】 2019年，致公党无锡市委开展主题教育活动，重点加强各级组织领导班子的中心组理论学习、骨干党员专题学习培训和对新党员的党史教育，通过线上线下相结合的形式，结合主委会议、市委全会精神开展学习和专题研讨，开展民主生活会，组织致公党内的人大代表、政协委员和机关干部参加“政协大讲堂”“梁溪大讲堂”和中共党课学习。举办2019“凝心聚力”生态环保徒步行，开展“重走致公路”系列活动。各基层组织举办“不忘初心，砥砺前行”红色经典读书分享会，参观宜兴爱国主义革命教育基地，参观上海进出口博览会国家综合馆延展、新中国成立70周年成就展、青浦革命纪念馆，与结对社区共同举办“不忘初心，牢记使命”“建功新时代，续写新篇章”献礼新中国成立70周年文艺活动。市委会紧扣中华人民共和国成立70周年、中国人民政治协商会议成立70周年、中国共产党领导的多党合作和政治协商制度确立70周年和致公党无锡市地方组织成立35周年关键时间节点，举办庆祝大会、“最美致公党员”评选、致公党党史讲座、无锡优秀传统文化赏析等系列活动。全年上报各类宣传稿件235篇次，中央媒体网站公众号录用167篇次；全年推送公众号48期、172篇，主委高慧撰写的《在追梦的路上遇到了理想的模样》被《统战新语》《中国政协》等中央媒体刊登。

（吴　洁）

【参政议政】 年内，致公党无锡市委收集各基层组织提供的调研报告30篇，共有7项调研列致公党江苏省委2019年立项重点调研课题。《探索田园综合体模式带动乡村振兴的利与弊》《关于推进生产性服务业向产业链高端提升的建议》《深入推进社会信用体系建设的调研》《以三变改革推进乡村振兴》转化形成江苏省政协十二届二次会议提案、大会书面发言。在无锡市政协十四届三次会议上，市委会提交集体提案7件，被列为市政协2019年度重要提案，《厚植“两化融合”，激发智能制造发展动力》转化为大会发言，6篇参政议政成果获奖。在致公党江苏省委举办的“汇智论坛2019”上，《关于健全乡村振兴惠农资金监管体系的研究》获一等奖，《引进青年海外人才须重视的问题和对策》获三等奖。市委会形成《对我市跨境电商产业发展的建议》《对接“长三角一体化”，加快培育产业新金融》调研报告两篇，民主监督调研报告《建议无锡加快推进文化艺术类教育发展》《建议尽快出台无锡物联网安全产业发展政策》获市长批示。向致公党江苏省委、无锡市政协及无锡市委统战部上报信息数量200余条，数量比上年增长近40%，全国政协、中央统战部、致公党中央采用9条，江苏省委统战部《每日汇报》录用3条，致公党江苏省委、中共无锡市委、无锡市政协录用100余条。

（吴　洁）

【组织建设】 年内，致公党无锡市委发展新党员35人。组织党员参加党史党章讲座、多党合作理论研修班、新成员培训班、无锡市党外干部“321人才计划”青年干部轮训班等各级各类培训班200人次。至年底，有党员607人，其中博士31人，硕士115人。有各级人大代表、政协委员74人次，各级特约监督员11人。成立锡山区支部，对市级机关总支升格、更名，成立太湖新城基层委员会，组织基层组织负责人参加省委第二、第三批基层支部主任培训班。加强与盐城、泰州总支的合作共建，邀请盐城、泰州总支基层组织负责人到无锡参加地方组织成立35周年系列活动和参政议政工作推进会。

（吴　洁）

【联谊活动】 年内，致公党无锡市委以“致公凤巢”为依托，通过“泽一青年城市发展沙龙”“企业家学堂”“凤巢书院”3个工作基地，提升党员、尤其是海归党员的综合素质。3月，邀请专家举办“德国工业4.0”“美国工业互联网经济”“境外投资中的涉税政策”“民营企业应收账款管理与催收”“区块链技术和应用前景”等主题讲座，举办多次读书会，向党员配发《区块链—领导干部读本》《神学与哲学和科学的对话》《无锡精神》等书籍。开展走访慰问归侨活动，加强文化交流。举办“亲情中华·相约无锡”献礼新中国成立70周年第五届国际华人(海归)歌唱家音乐会和李恩忠传统音乐剧演唱会，党员金湉参加在法国巴黎玛德莲教堂为庆祝中法建交55周年举办的中法友谊之夜音乐会，做好和平共融的“连心人”。市委会接待中南美洲友好人士代表团、韩国利川友好人士代表团和到无锡出席第二届江苏发展大会无锡行暨第四届全球锡商大会的部分海外侨领。主委高慧会见国务院侨办海外专家咨询委员余安东一行，会见美国MLB亚洲技术总监Dell Rick。

（吴　洁）

【社会服务】 年内，致公党无锡市委持续开展“致德扶智”社会服务品牌工程，侧重对西部地区进行智力帮扶。组织专家及党内企业家赴贵州省松桃县、重庆市酉阳县进行调研和对口帮扶;参加致公党中央主办的“2019年致公青少年足球夏令营”,为来自重庆市酉阳县、贵州省毕节市七星关区、云南省红河县、四川省凉山彝族自治州布拖县、四川省泸州市古蔺县等地的109名师生学员教授足球技巧,开展心理辅导,主委高慧给师生开设《我有一个梦想》思想政治课,向夏令营师生爱心捐赠价值近5万元的足球、运动服和运动毛巾;党员胡晶晶受邀专赴青海省循化撒拉族自治县进行现场教学指导,主委高慧代表市委向后所乡岩里村贫困村民捐赠冬季衣物10箱、200件,向木里藏族自治县中学、瓦厂镇中心小学捐赠助学助教金5.25万元,资助中学教师30人、高中生30人以及小学教师20人、小学生25人。市委会号召全体党员购买致公党中央扶贫电商平台“西好货”产品,购买金额数千元。

举办“致美施善”第四届致公党·施尔美夏季送清凉公益活动,关爱环卫工人;滨湖区基层委员会持续组织党员到水秀社区、龙山社区开展义诊、医疗培训等活动;机关总支、滨湖基层委员会会同市地方金融监管局中共党支部、华夏银行无锡分行,开展“普惠金融进社区”宣传活动;新吴区基层委员会组织党员在六一儿童节开展关爱特殊儿童的公益活动,赴耘林生命公寓关爱老人;太湖新城基层委员会走访慰问无锡地铁4-4项目施工一线劳动者;党员曹洪海每年向市委会定向捐赠10万元开展社会服务工作;党员包冬子为广丰新村社区家境困难老人发放爱心午餐年卡,给家境困难归侨家庭安装涉老防摔设施。

(吴　洁)

九三学社无锡市委员会

【主题教育】 8～12月,九三学社无锡市委全面开展“不忘合作初心,继续携手前进”主题教育活动。成立主题教育活动领导小组及领导小组办公室,制定主题教育活动工作方案和主要工作安排表。两次进行动员部署和推进。两次邀请专家作专题报告,3次组织领导班子、基层负责人、机关干部聆听专题党课;10余次发动广大社员通过网络课堂学习;观看省政协发展历程展、庆祝新中国成立70周年成就展;10余次赴红色教育基地及九三学社全国传统思想教育基地学习。制定个人思想问题清单、基层社务工作问题清单、谈心谈话记录表。召开领导班子、机关干部民主生活会5次。领导班子和老领导、基层负责人、监督委员会成员、社员代表集体、个别谈话谈心200余次;20余次深入基层召开座谈会和调研社务工作。社市委通过查摆,梳理出问题5类、11项,并针对问题进行整改。

(曾志洪)

【思想宣传】 年内,九三学社无锡市委被社省委授予“思想宣传先进集体”荣誉称号。组织市委委员及基层骨干社员32人在贵州省遵义市举办“不忘合作初心,继续携手前进”主题教育班;9月29日,举办“歌唱祖国——喜迎新中国成立70周年文艺联欢”活动;10月1日,社市委常委、机关干部和部分社员代表集中收看庆祝新中国成立70周年大会、阅兵式和群众游行电视直播,并交流学习体会和心得;拍摄《我和我的祖国》微视频,点击量破万次。在全社范围内开展“弘扬爱国奋斗精神,建功立业新时代”等6个主题征文活动,收到相关征文30篇,5篇文章入选社中央相关文集,1篇征文被无锡市政协“庆祝人民政协成立70周年理论研讨会”采用;3篇征文入围无锡市委统战部“壮丽70年,奋进新时代”优秀主题征文活动。对《无锡九三》杂志和社市委网站、微信公众号进行升级改版。依托上级社组织的网络学堂,10余次发动社员收看有关讲座和影视片。编撰《无锡九三》4期,更新网站内容100余篇,推送“无锡九三”微信公众号50期、110余条。被《团结报》《无锡日报》采用稿件20余篇,被无锡市委统战部网站、杂志、微信公众号采用稿件90余篇。

(曾志洪)

【参政议政】 年内,在中共无锡市委专题民主协商会上,市委会主委程红作两次发言,得到中共无锡市委主要领导肯定,建议被政府有关部门采纳。市两会期间,1篇建议被主席团交由市人大常委会审议和推动,1篇建议被列为主任督办建议案,主委程红的建议被评为2019年市人大十佳代表建议之一。向市政协提交集体提案6件,李崎在大会上发言,任克奇、陈凤军、徐新宇等在政协全会大组上发言。列入市政协重点督办提案1件,获市政协优秀集体提案2件,个人优秀提案2件,优秀社情民意1篇。李崎等6名社员被市政协评为“70年70名无锡市政协委员风采人物”。开展调研课题招投标工作,确定中标课题17个,重点课题5个。参加社省委课题招标工作,中标3篇,其中重点课题1篇。向第十二届“江苏九三论坛”上报论文9篇,入选8篇。全年收到各类信息250余篇,上报200余篇,其中被全国政协录用1篇,被社中央录用13篇,被社省委、市政协、无锡市委统战部录用120余篇。开展各类民主监督工作100余次。

(曾志洪)

【社会服务】 年内,制定《九三学社无锡市委“履职智库”章程》。社市委领导班子、履职智库召集人和机关干部赴江阴市顾山镇,到由社江阴市委结对的“同心实践基地”红豆村调研,履职智库专家为当地群众现场开展咨询服务。市委会主委程红带领“九三履职智库”专家,会同社南通市委赴陕西省汉中市镇巴县开展健康扶贫、议政咨询等系列医疗服务和项目扶贫工作。社市委成立“九三学社尚贤文化交流基地”“九三学社尚贤体育活动基地”等社会服务新平台。组织12名智库专家和全体机关干部参加无锡市委统战部举行的“市各民主党派社会服务月启动仪式”，并现场开展医疗咨询、环保宣传和书画服务；主委程红参加市各民主党派赴青海省海东市精准扶贫活动。做好接待和其他服务工作，对70岁、80岁、90岁的整岁社员祝寿和80周岁以上社员进行慰问。妇女节之际，组织104名女社员观看影片《廉政风云》。完成20余家各级社组织到无锡考察交流的接待任务，协助近20家基层组织开展外出考察调研学习活动。完成外地社组织到无锡参观学习两个“九三学社全国传统思想教育基地”联络工作，累计接待50余批次、1500余人。

（曾志洪）

【组织建设】 年内，九三学社无锡市委被社中央授予“九三学社组织工作先进集体”荣誉称号。年初，主委程红带领机关干部赴江阴等7个市（县）区开展新春走基层活动，登门拜访各市（县）区统战部；通过座谈会等形式听取基层组织和基层社员的意见、建议。规范主委约谈日和常委联系基层制度，通过“请上来”和“走下去”等形式，领导班子全年约谈社员1000余人次。全年发展社员72人，其中男性39人，女性33人，博士9人，硕士21人，高级职称29人，中级职称27人，平均年龄37.67岁。科技界22人，教育界13人，医卫界8人，行政机关事业单位（不含教育、医卫）15人，其他（含新阶层人士）14人。调出社员6人，调入社员3人。至年底，全市有社员1456人。对社江阴市委和梁溪、惠山、锡山、滨湖委员会进行届中调整；将梁溪六支社拆分重组；对社会事业综合支社进行提前换届；教育二支社、血防所支社、二院支社顺利到期换届；原尚贤支社升格为基层委员会。至年底，社市委下辖县级市委会1个，基层委员会12个，支社15个、个别联系小组1个。主委程红参加九三学社中央第一期市级组织主委培训班并就社市委的主要工作情况、工作经验作交流发言；100余位社员参加上级社组织和统战部门的各类培训。社市委制定《九三学社无锡市委创建示范基层组织考核细则（试行）》，评选出梁溪、锡山、惠山、新吴和社江阴市委经贸支社5个示范基层组织。

（曾志洪）

无锡市工商业联合会

【非公有制经济人士理想信念教育实践活动】 2019年，市工商联开展“守法诚信经营，坚定发展信心”理想信念教育实践活动。召开学习贯彻习近平总书记“11·1”讲话一周年座谈会。组织参加省纪委亲清政商关系座谈会、省委统战部“促进非公经济人士健康成长”调研座谈会。协同省委统战部、省工商联，在江南大学成功举办江苏省民营企业进高校“三个一”（一场创业创新分享会、一场企业人才招聘会、一场校企产学研对接会）活动，邀请江苏金卫星集团董事长唐冠玉、极课大数据CEO李可佳、华云数据技术服务有限公司董事长许广彬为300余名在校大学生分享创业创新故事。结合市总商会“党员之家”建设，查阅大量史料，研究锡商百年发展历程，在无锡商会大厦展示百年锡商艰苦奋斗、创业创新、回报社会的发展历程，搭建深化非公经济人士理想信念新的教育点。结合纪念新中国成立70周年，组织开展“壮丽70年·奋斗新时代”主题征文活动。参与无锡市人民政协70周年图片展、无锡市70年大事件主题发布等活动，教育引导民营企业和民营企业家坚定理想信念、坚定发展信心。推荐周海江参与国家勋章、国家荣誉称号评选，推荐周建平为中国特色社会主义优秀建设者，推荐张君君、戴敏君获评全省优秀女民营企业家，推荐刘海涛、严奇等企业家参加省委组织部、省委宣传部开展的“身边的榜样——江苏知识分子群像塑像”活动等，激励全市民营企业和民营企业家争做诚实守信新锡商。

（顾卫卫）

【组织建设】 年内，市工商联加强商协会建设，新成立异地商会3家（兴化、扬州、黄山商会），行业协会4家（代记账、机动车检验检测、电梯、石油业流通行业协会），海外无锡商会2家（英国无锡商会、新西兰无锡商会）。指导无锡市山东商会、无锡市贵州商会、无锡市泰州商会完成民政登记，指导无锡市总商会新华商智商会、无锡市青年企业家协会和无锡市总商会台州商会顺利换届。3月26～29日，组织全市和市（县）区工商联工作人员、商会协会党组织负责人102人，在江阴市华西村华西干部学院举办无锡市工商联系统“改革再出发、领跑新时代”提升五个能力培训班。至年底，全市有市（县）、区工商联7个，乡镇商会30个，街道商会48个，园区商会7个，楼宇商会5个，其他类型商会54个，在无锡市级异地商会31个，海内外无锡商会25个，市级行业协会商会145个，拥有各类会员34588个。其中，企业会员26639个，团体会员507个，个人会员7442个。全市工商联会员中，有中共十九大代表1人、全国人大代表1人、省人大代表8人、省政协委员9人、市人大代表80人、市政协委员85人。

（顾卫卫）

【参政议政】 年内，市工商联围绕市委、市政府中心工作和民营经济发展的热点难点问题开展调研，建言献策。开展“联企业、联会员、联支部，创特色、创品牌、创成效”的“三联三创”实践活动。在市政协十四届四次大会上，作题为《加大政策落实力度，助推民企高质量发展政策落地落实》的大会发言。参与省工商联《关于促进民营经济高质量发展的意见》等政策落实情况的调研评估。协助参加全国工商联关于关键领域民营企业核心技术创新情况、民营企业运行情况调研。完成《我市工业物联网发展情况分析和思考》调研，引导企业深挖国内需求潜力、拓宽发展空间。聚焦防范化解风险，将《无锡市民营企业资金周转压力情况分析和思考》调研成果转化为《融资难》建议，被市委信息刊物录用并报省委特刊。聚焦服务“一带一路”建设，向市委领导专题报送《助力“一带一路”建设、加快无锡企业“走出去”调研建议》。组织参加“推进高水平开放、服务高质量发展”专题座谈会，及时反映民营企业家诉求，推动解决民营企业面临的困难问题。《无锡市民营企业“创二代”培养对策与思考》和《对无锡民营企业“走出去”的几点思考》两篇调研成果，被省工商联分别评为一等奖、二等奖。《发挥工商联职能作用，促进民营经济高质量发展》一文，获市第十届社科学术大会优秀论文三等奖。全年报送市党政信息、统战信息500余条，向市政协提交集体提案和社情民意40余件。其中《关于优化民企营商环境，提振民企发展信心的建议》和《关于加强对中小科技企业自主研发扶持的建议》被评为市政协优秀提案。

（顾卫卫）

表16　“2019中国民营企业500强”无锡市入围企业一览表

序	企业名称	所属行业	营业收入（万元）	全国排名
1	海澜集团有限公司	纺织服装、服饰业	12005866	39
2	江阴澄星实业集团有限公司	化学原料和化学制品制造业	8634081	69
3	三房巷集团有限公司	化学纤维制造业	6755443	99
4	红豆集团有限公司	纺织服装、服饰业	6632940	103
5	江苏新长江实业集团有限公司	黑色金属冶炼和压延加工业	4824146	151
6	江苏扬子江船业集团	铁路、船舶、航空航天和其他运输设备制造业	4729628	154
7	江苏华宏实业集团有限公司	化学纤维制造业	3894478	207
8	双良集团有限公司	金属制品、机械和设备修理业	3891124	208
9	江苏阳光集团有限公司	纺织服装、服饰业	3816803	210
10	法尔胜泓昇集团有限公司	金属制品业	3810691	212
11	远东控股集团有限公司	综合	3721756	221
12	江苏大明金属制品有限公司	金属制品业	3219395	259
13	江苏三木集团有限公司	化学原料和化学制品制造业	2429559	350
14	江苏新潮科技集团有限公司	计算机、通信和其他电子设备制造业	2402508	355
15	远景能源（江苏）有限公司	其他制造业	2288954	377
16	江苏西城三联控股集团有限公司	黑色金属冶炼和压延加工业	2287860	378
17	雅迪科技集团有限公司	其他制造业	2026169	449
18	江阴长三角钢铁集团有限公司	批发业	2011878	455
19	无锡市不锈钢电子交易中心有限公司	零售业	1992334	461
20	江南集团有限公司	金属制品业	1899622	486

（市工商联）

【服务非公有制经济发展】 年内，市工商联举办第二届江苏发展大会无锡行暨第四届全球锡商大会，汇聚500余位嘉宾，围绕“聚焦高质量发展、聚力新无锡建设”主题，叙亲情、谋发展，签订18个投资项目，项目总投资413亿元，发布第二届无锡市百名杰出锡商人物、2019年无锡市百强民营企业、第七届唐翔千卓越工程师奖和唐鹤千卓越青年创意人才奖。开展海内外商会新春嘉年华活动，表彰无锡市非公经济人士“好榜样”30人、无锡市工商联“好商会”30家、无锡民营企业“好新闻”10篇。在杭州、宁波举办无锡市青年企业家基业长青“创二代”培训班。开展“助推高质量发展、建功新无锡建设”经济形势报告会。组织参加中欧EMBA新知课堂论坛、出口型民营企业负责人座谈会。开展上规模民企调研和中国民企500强申报，全市入围民营企业20家，入围门槛的营业收入超过185亿元。全市进入2019年江苏民营企业百强26家，进入2019年江苏制造业百强29家。推荐银环集团、隆达集团参加中国先进技术转化应用大赛，分别获金奖、优胜奖。6月底，以“优化营商环境、助力民企发展”为主题召开“全市法企联系协作联席会议”，签署协同推进商会商事调解工作框架协议，揭牌成立“无锡市法联商会商事调解中心”，印发“工作意见”。建设并上线运行“锡商e家”智慧政企服务新平台，形成警企、税企、法企、检企、银企等“1+N”政企服务新机制。会同市税务局召开无锡市民营企业减税降费税企服务推进会，共同开展各类宣传辅导、需求征集、征纳沟通活动347场次，覆盖10.9万余纳税人，全市民营企业减免税额127.84亿元，占全市企业减税总额的75%以上。会同市政协开展“法律助企进商会”活动，设立活动点20个。会同市司法局启动“百所帮千企”专项法律服务活动。会同市中级人民法院依法依规维护银环集团、确成硅化学2家企业的权益诉求。用好警企联系协作机制，为无锡经济开发区300余家企业解决货车通行“最后一公里”问题。协助无锡知名企业加强警企打假协作，共同签署《警企打假协作备忘录》，为服务和保障无锡经济社会高质量发展营造良好营商环境。

（顾卫卫）

【行业协会商会归口管理】 年内，无锡市新成立扬州商会、民营口腔医疗机构等商会协会9家，办理通信、为农服务合作、农产品经纪人3家商协会归口管理。至年底，市工商联归口管理的行业协会商会145家。制定《关于促进工商联所属商会改革和发展的实施方案》。组织实施全国“五好”县级工商联、全国“四好”商会认定工作。制定《无锡市工商联2019～2020年“四好”商会建设工作实施方案》。开展商会协会银行账户专项治理行动，制定《关于加强无锡市工商联所属商会经费管理的指导意见》，强调规范收费行为、严格票据使用。配合做好规范退休领导干部在行业协会商会兼职管理工作，受理11名退休领导干部在7个行业协会的兼职申请。组织行业协会参加社会组织评估，至年底，全市行业协会商会获社会组织评估AAAA级16家、AAA级22家。

（顾卫卫）

【光彩公益事业】 年内，无锡市光彩事业促进会实施光彩公益项目35个，产业扶贫、实业扶贫、教育扶贫、消费扶贫累计1亿元。组织参与“百企帮百村”精准扶贫行动，与省光彩事业促进会、红豆集团联系对接，筹集30万元用于连云港两个贫困村的扶贫项目。对接东西部扶贫协作，组织民营企业参加“青洽会”（中国青海结构调整暨投资贸易洽谈会）、“西洽会”（中国西部国际投资贸易洽谈会），落实向陕西省延安市捐赠额414.82万元，向青海省海东市捐赠额603.4万元，双双超额完成目标任务。推进感恩社会光彩公益“百千万工程”，市电子仪表工业公司和十一科技有限公司向光彩事业促进会捐赠120万元，成立市政协太湖英才助学金。

（顾卫卫）

【商会党建】 年内，市总商会党委推进工商联（商会）组织和非公有制企业党建工作，新成立兴化商会、扬州商会、中小企业服务机构协会、淮安商会、新沂商会和黄山商会6个党支部，指导如东商会、盐城商会、河北商会、湖南商会、金银珠宝玉石行业协会、四川商会、溧阳商会7个党支部换届。至年底，市总商会党委下辖的商协会党支部31个，发展新党员10人，在册党员224人。组织实施“一商会一特色、一支部一亮点、一党员一示范”创建活动，培育打造60个“十百千”商会党建示范点。开展“联支部强引领、联商会强服务、联企业强发展”的“三联三强”行动。指导商协会党支部开展“不忘初心、牢记使命”主题教育，举办“牢记初心使命、勇于担当作为”培训班。在商会大厦25楼建立总商会党委“党员之家”，在红豆集团召开全国工商联民营企业党建工作现场会。安徽商会、物业管理协会、建材行业协会等党支部赴上海中共一大会址和浙江嘉兴南湖开展“党日活动”。湖北、泰州、淮安等商会党支部围绕“不忘初心、牢记使命”主题，开展专题民主生活。

（顾卫卫）

编辑　李汉洪

无锡市总工会

【概况】 2019年，全市各级工会落实党的全心全意依靠工人阶级的指导方针，履行团结教育、维护权益、服务职工等各项职能，推动职工素质建设、职工能力建设、职工权益建设、职工服务建设、工会组织建设、工会党的建设等六项建设高质量发展。发出倡议推进成立环太湖城市工会工作联盟，助力长三角一体化发展国家战略。江苏无锡经济开发区建立总工会。市总工会在全市启动全市百人以上企业工会组建专项行动回头看工作。推进货车司机、商场信息员、现代农业等“八大群体”从业者和农民工入会工作。各市（县）区已成立以“八大群体”为主体的工会联合会9个，入会会员1.2万余名。市总工会指导基层工会严格落实《工会基层组织选举工作条例》和《基层工会会员代表大会条例》，完善会员（代表）大会、职工代表大会、会员评家等制度。全市10家单位被推荐为省模范职工之家，5家单位被推荐为全省党建带工建成效显著的模范职工之家。至年底，全市有基层工会14328个、涵盖单位66312个、有工会会员266.7万人。市总工会被市委、市政府评为2019年度综合考核优秀单位。

（丁　一）

【产业工人队伍建设改革】 7月，市委、市政府印发市总工会起草的《新时代无锡产业工人队伍建设改革实施方案》。无锡成为全省第一个出台产业工人队伍建设改革实施方案的省辖市。抓好产业工人队伍建设改革试点工作，遴选省级试点单位4个、市级试点单位14个；推动各市（县）区制定出台产业工人队伍建设改革实施方案。全省纺织行业、非公企业产业工人队伍建设改革试点工作两个现场推进会在无锡召开，中华全国总工会副主席张工一行到无锡专题调研产业工人队伍建设改革工作，《新华日报》对新时代产业工人队伍建设改革“无锡样本”予以专题报道。

（丁　一）

【职工思想引领】 2019年，市总工会联合八家单位成立“无锡市职工思想引领新探索联盟”，启动“新时代新思想新宣讲”活动，以“理论+文艺”全新模式，进基层和企业开展宣讲51场，《工人日报》头版报道，《中工网》配发专题评论。推荐7个新时代职工思想教育优秀案例，获评全省百家“职工思想政治工作优秀案例”，构建立体化网络化全方位宣讲资源体系。紧扣“中国梦·劳动美·幸福路”主题，围绕“伟大梦想”汇聚爱国情，组织“庆祝中华人民共和国成立70周年”系列宣传教育活动，以职工文艺调演、摄影展、演讲比赛等形式，凝聚职工爱国之情。

（丁　一）

【弘扬劳模精神】 2019年，全市工会围绕“劳动最美”激励“奋斗志”，开展全国、省、市五一劳动奖和工人先锋号推荐评选，走访慰问劳模先进，组织“建功必须有我”百场公益巡讲；各级工会展开特色工作，滨湖区推开“工匠小家”建设，弘扬劳模精神、劳动精神、工匠精神。围绕“幸福之路”展示职工美，深入推进“四德”（社会公德、职业道德、家庭美德、个人品德）建设，做好省、市“最美职工”“文明职工”等推荐评选工作，微研公司的陈亮当选2019年全国、省“最美职工”；中国航发动控所李玲荣获“全国五一巾帼标兵”称号和全省唯一的“全国五一巾帼奖章”。

（丁　一）

【职工文化建设】 2019年，全市工会持续推进职工文化建设。创新开展“第十届无锡市职工读书月”系列活动，推出示范领读活动24场，打造“文化客”地铁职工阅读空间。市总工会连续七次分别获得全国和江苏省读书活动优秀组织奖。承办第六届全国职工围棋大赛，牵头举办首届泛太湖青年职工歌手大赛，扩大跨区域职工文体活动影响力。举办“礼赞劳动美，逐梦再出发”无锡职工徒步活动，增强跨条线职工文体活动的聚合力。关注基层职工文化需求，开展“送关爱·送法律·送文化”活动，邀请职工“看大片”，“职工生活大讲堂”培训8200余人次，增强职工文化服务力。

（丁　一）

【职工教育培训】 2019年，全市工会加强职工培训工作。办好职工学历教育，“工会励志奖学金项目”帮助603名劳模先进提升学历，“农民工求学圆梦行动”为1000名农民工提供助学金。新建工会职工教育基地114家，其中69家组建“企业网上大学”。用好工会会员教育普惠项目，新增课程视频200部，注册企业1.6万家，登录学习职工105.5万人次，被评为“全国互联网+工会普惠服务创新性平台”。

（丁　一）

【开展劳动竞赛】 2019年，全市工会开展“当好主人翁、建功新时代”主题劳动和技能竞赛，在市重点工程（项目）、重点行业和重点企业，开展的示范性主题劳动竞赛，吸引全市上万家企业、上百万名职工参与。市总工会举办第十二届无锡市职工职业技能大赛，在全市教育、卫生、交通、居民服务等领域开展27项34个工种比赛，逾10万名职工参加各类竞赛。各级工会举办技能培训1600多期。

（丁　一）

【职工创新激发创造潜能】 2019年，全市工会开展职工科技创新和群众性“五小”活动，组织各类创新竞赛400多场次，职工科技创新项目1万余项，提出合理化建议6.1万条，创造（节约）效益超2.4亿元。市总工会开展第十届无锡市职工十大科技创新成果、十大先进操作法、十大发明专利和十佳金点子（合理化建议）选树活动，40项一线职工创新成果脱颖而出。在2019年度国家科学技术奖励大会上，国网无锡供电公司职工何光华荣获国家科学技术进步二等奖。推进劳模创新工作室“双创双提升”行动，吕国忠、顾健劳模创新工作室获评江苏省示范性劳模创新工作室。市政府转发市总工会等6部门《关于推动无锡市劳模创新工作室科技成果经济收益共享机制建设的若干措施》，引领职工创新活力迸发。

（丁　一）

【工会法律服务】 2019年，全市工会开展“五一劳动法律宣传服务月”和农民工专项法律服务活动，推出工会法律工作特色小视频和优秀项目，市总工会《监督普法两相宜，服务宣传职企赞》项目获评全省工会十佳法治宣传服务项目。完善职工法律援助网络，市和各市（县）区总工会均在政府人力资源和社会保障部门设立工会法律援助服务站。建立市第七届职工法律援助律师团，推进职工法律顾问制度，加强工会法律援助服务工作力量。

（丁　一）

【劳动法律监督】 2019年，全市工会推进劳动法律监督工作规范化，全市各级工会深入1376家企业开展监督，向用人单位发出《工会劳动法律监督意见书》277份，提出整改意见850多条，督促企业补订劳动合同537份、补发工资356万元、补缴社会保险费75.5万元，发布“白皮书”扩大工会劳动法律监督工作影响力和实效性。市总工会和江阴市、锡山区总工会获评“江苏省工会劳动法律监督工作示范单位”。

（丁　一）

2019年，市总工会开展“普法、懂法、守法”法律援助进工地活动

（丁　一　供）

【维护职工合法权益】 2019年，全市工会依法维护职工民主权益，探索施行企业职代会审议、评议、提案、监督建议、闭会履职五项制度，开展“助力企业高质量发展”民主管理主题活动。企业工资集体协商覆盖企业39629家，建制率98.5%。新吴区推进工资集体协商“三化”工程。各级工会推出《职工（劳模）技术创新专项集体合同》，进一步推动《江苏省女职工劳动保护特别规定》落实。

（丁　一）

【加强劳动保护】 2019年，全市工会深入开展“安康杯”竞赛活动。市总工会获评2019年度全国“安康杯”竞赛安全文化宣传工作先进示范单位。举办市第二届工会劳动保护技能大赛、第五届全市职工“安全隐患随手拍”活动，组织百家企业安全知识巡回教育、千名工会劳动保护监督检查员培训、万名班组长安全技能培训，编发《安全事故案例汇编》1万册，源头维护职工安康权益。开展夏季安康送清凉、送安全、送法律“三送”活动，全市工会筹集1600多万元，慰问职工40余万人次。

（丁　一）

【构建和谐劳动关系】 2019年，全市工会加强劳动争议调解，调处劳动争议5802件，成功率92%以上，为劳动者挽回经济损失4758万元。市总工会加强企业家和企业工会沟通联系，召开座谈会推动具体工作落实。各级工会规范落实职工信访接待、劳动隐患排查、预警信息报送等制度。加强社会组织联系引导，全市工会已联系劳动关系领域社会组织20余家。

（丁　一）

【职工服务平台建设】 2019年,全市工会建成90个职工服务三级综合平台。制定《全市工会职工服务三级综合平台运行管理评价规范(试行)》,推进建立布局合理、功能互补的职工服务阵地体系。选树“无锡市十大魅力职工服务中心”、十佳“爱心母婴休息室”、十佳“安康·爱心驿站”。

(丁　一)

【困难职工帮扶】 2019年,全市工会开展全国(省)级困难职工调查摸底工作,在精准识别基础上精准帮扶。全市共筹集“两节(五一劳动节、春节)”送温暖资金1876.7万元,走访慰问困难职工1.63万户,向市特困职工发放“两节送温暖”慰问金85.8万元。对1000名困难女职工、女农民工、女环卫职工免费提供“两癌”筛查和妇科普查。“关爱·圆梦”工程被列入市委市政府为民办实事项目并全面完成。惠山区实施“关爱·圆梦”之“双走进”项目,将帮扶与引才相结合。2018年建档市特困职工脱困率58%,超额完成全总确定的目标,市总工会获评“全省工会困难职工解困脱困工作优秀单位”。

(丁　一)

【拓宽就业创业服务渠道】 2019年,全市各级工会加强职工就业创业服务。市总工会聚焦“稳就业”,举行“春风行动”和就业创业服务月活动,组织专场招聘会30场次,为2.7万名对象提供免费就业服务,助力企业破解“用工荒”。针对大龄人员就业难,推出“4050专列”,提供1080个就业专项岗位。实施“职工众创行动”,助力职工实现创业愿望,全市各级工会推荐42个创业项目和标兵参加“创响无锡”全民创业大赛,市总工会荣获第一届“创响无锡”全民创业大赛优秀组织奖。

(丁　一)

【工会会员特色服务】 2019年,全市工会推进工会会员普惠服务。市总工会无锡工会会员服务卡已发卡15万张,开展普惠“节节高”活动,为会员送上节日福利。举办无锡市单身职工相亲活动。组织643名劳模疗休养和健康体检、181名一线职工参加疗休养。江阴职工之家微信公众号获评“全国互联网+工会普惠服务最具影响力平台”。宜兴市总工会建设一批高质量职工疗休养基地;梁溪区总工会推出“关爱关心”工程。推进全市职工互助保障,覆盖职工29.37万人次。

5月23日,“无锡市职工思想引领新探索联盟”成立　　(丁　一　供)

(丁　一)

【工会干部队伍建设】 2019年,市总工会推进《无锡市社会化工会工作者管理暂行办法》实施,探索施行非公企业兼职工会主席履职补贴制度,江阴市总工会已发放补贴91万元,滨湖区总工会已发放补贴37.8万元。选优配强基层工会领导班子,规范工会兼挂职干部管理。编发《基层工会干部实用手册》,指导基层工会提升干部队伍业务能力和规范化水平。制定《无锡市总工会工作顾问管理暂行办法》,起草《工会代表大会代表、无锡市总工会全委会委员提案办理办法(试行)》。

(丁　一)

共青团无锡市委员会

【概况】 2019年,团市委扎实推进“青年身边的共青团”建设,制定《全市团的基层建设“固本强基”三年行动计划实施方案》。团市委获评全省共青团工作“先进单位”。年内,无锡市入选全国优秀共青团员1名,全国五四红旗团委(团支部)2个;入选江苏省优秀共青团员10名,江苏省优秀共青团干部7名,江苏省五四红旗团委15个,江苏省五四红旗团支部(总支)12个,2人获江苏青年五四奖章,1人获江苏青年五四奖章提名奖,数量和质量均位居全省前列。评选无锡青年五四奖章10人,无锡青年五四奖章提名奖10人。推报4个项目入围2019年度全省共青团“10100”创新创优工程。推报“青年之家”项目1个入选全国重点,“青年之家”项目1个入选全省重点。

开展团情大调研工作,面向全市82个镇(街道)和1127个村(社区)团干部进行全样本调研,摸清组织底数。截至年底,团无锡市委共有下级组织16907个,其中团委512个,团工委72个,团总支888个,团支部10801个,镇(街道)含(开发区园区和街道合署办公)团委82个,全市团员317115人,高校(含高职)团员为59580人,中学团员为54636人,中职(技工)团员为26207人,全年团员发展标编号录入率达99.9%。

(蔡　琳　严　杰　顾　茜)

【团干部队伍建设】 2019年,团市委加强团干部配备,至年底,无锡市有团的领导机关团干部99人，基层团干部34153人，团市委班子配备率100%，干部配备率100%，团市（县）区委班子配备率100%，干部配备率95.6%。落实党建带团建三年行动计划，推动基层团干部履职尽责，镇（街道）、村（社区）等基层组织团干部配备实现100%，基层团干部覆盖率达到100%。

（顾　茜）

【重点领域团建覆盖】 2019年，团市委紧抓重点领域团建覆盖。推动建立快递行业团工委，达成与金融团工委、无锡移动公司团委等多项合作，设立“小蜜蜂驿站”，利用中农工建交等7家银行和移动公司营业厅，为快递小哥提供餐饮加热、饮水、休息等服务。在巡塘古镇、红豆万花城、地铁地下商圈等14个市级重点和一批市（县）区推出团建覆盖行动和公益阵地建设，配套定制和按月发布“小微服务项目”。推动开发区（园区）和“两新”团建，全市新增规范建立团组织的非公企业数量达到1000家以上，辖区内中国民营企业500强企业基本全部建立团组织。完成“智慧团建”各项任务，做好“学社衔接”等各项工作，要求所有2019年应届毕业生团支部在毕业离校前集中开展一次以毕业生教育为主题的团日活动，完成团员意识教育、团费收缴、组织关系转接三项任务，实现学校毕业学生团员组织关系转接率不低于50%。10月，在共青团中央“智慧团建”基层团组织规范化建设评估中，无锡共青团位列全国地市团委第8位。江阴市、锡山区、惠山区、滨湖区、宜兴市也因基层团组织规范化建设的突出表现入选全国排名前50的县（市、区）团委，占据全国10%的席位。

（顾　茜）

【“青年之家”建设】 2019年，团市委围绕“打造青年身边共青团”目标，制定并实施无锡“青年之家”激活计划。注重“用青年思维做青年事”，继续针对城市综合体、特色商业街区、剧场、大型专业超市、体育场馆、城市楼宇等无锡青年闲暇时间乐于聚集、活动、交流的空间的不同场地属性进行专门的共青团文化的渲染和包装，在惠山古镇、巡塘古镇、田园东方、无锡体育公园等地建立了一批具有代表性的“无锡青年休闲集聚地”。

（顾　茜）

【纪念五四运动100周年座谈会】 5月4日，无锡市纪念五四运动100周年座谈会召开，省委常委、市委书记李小敏，市长黄钦等市四套班子领导出席会议，李小敏寄语全市青年“让五四之光照亮青春以青春之我点亮梦想”。

（顾　茜）

【青年思想引领】 2019年，团市委建成各类学习社368家，打造示范型青年学习社20家，累计开展学习社活动2500余场，参与青年8万余人次，开发10条青年大学习精品路线，组织团员青年走红色路、听先烈事。组建市级青年讲师团，全年开展宣讲课程43场次，参与青年5200余人。动员全市团员青年参与“青年大学习”网上主题团课，累计39课次，累计参与人数超过130万人次。4～5月，在各级团组织中集中开展“青春心向党建功新时代”纪念五四运动100周年特别主题团日活动，共举办262场，参与人数超过10万人次。9～10月，集中开展“我与祖国共奋进——国旗下的演讲”特别主题团日活动，共开展215场，参与人数8万人次。评选“无锡五四青年奖章”，联合市公安局评选“无锡公安青春榜样”，联合市司法局评选“十佳青年律师”等，推进2019“我们身边的好青年”大型网络推荐活动，累计推报各类青年典型700余人次。举办纪念五四运动100周年理论研讨会，集中发布了《五四精神对“新青年”价值观培育的启示》等多篇学术报告，开展在无锡高校学生思想状况专题调研活动。

（范滢皓）

【青年文化建设】 2019年，团市委持续推动青年文化建设，重燃青年自我展示活力。举办“青春放歌祝福祖国”无锡市纪念五四运动100周年青春歌会，开展全市青少年“诵读学传”主题诵读大赛。开展无锡青年微故事征集活动，面向社会征集1919年“五四”运动以来，无锡青年在革命、建设和改革发展进程中青春正能量故事，收到投稿200余篇。组织各级团组织开展“歌唱祖国”快闪及音乐微视频展播活动、“在国旗下成长”主题征文活动、参与“带着团徽绘江苏”等短视频征集活动，形成一批原创视频和文章，借助“学习强国”“抖音”等平台传播。

（范滢皓）

【宣传和新媒体推广】 2019年，团市委在全国级主流媒体上发布无锡共青团和青年工作5篇，省级18篇，市级113篇。结合“五四”运动100周年等重要节点，联合报纸、电视、电台等传统媒体做好专题宣传，推出平面广告、预热快闪、主题短片等宣传产品，在地铁、楼宇等媒体以及抖音、微信、微博等平台进行集中展播。做好“团聚无锡”微信公众号、抖音官方号的运维，全年累计发布微刊621条、抖音短视频120条。推进“苏青U+”等平台使用，全年新增入驻团组织2000余个，发布活动4.5万余个，参与青年200万余人次。举办2019年全市共青团新媒体骨干培训班。无锡团市委荣获首届江苏青少年新媒体工作新媒体建设先进单位。

（范滢皓）

【青少年权益保护】 2019年，团市委举办市未成年人保护委员会成员单位联络员会议、专题会议。9月，召开全市未成年人保护大会，将市委网信办、市医疗保障局等新设部门纳入市未成年人保护委员会成员单位，组成单位由18家扩容至22家，梁溪区广益街道广丰社区、北大街街道古运河社区、南禅寺街道谈渡桥社区、上马墩街道塔影苑社区创建全国第二期“双零社区”试点单位。完成《无锡市未成年人心理健康服务状况调研报告》，全省首个《关于加强全市未成年人心理健康服务的实施意见》下发。引入权益保护类的社会组织开展个案介入与跟踪帮教，形成

5月4日，无锡市举办“青春放歌 祝福祖国”纪念五四运动100周年青春歌会 （团市委 供）

一批典型个案，全市个案共开展21例。开展2019年度青少年禁毒宣传教育“双百计划”，在全市征集12项禁毒宣传教育项目。常态化开展“青春红绿灯”高校法治教育宣讲团进校园活动，全年开展20余场，涵盖校园欺凌、防性侵、校园贷等热门主题。参与出台《2019年无锡市学校及周边治安综合治理工作要点》。围绕未成年人心理健康专题，提出《关于制定＜无锡市未成年人心理卫生条例＞的立法建议》。常态化推进“青年之声·12355中高考减压热线”服务活动，解答考生和家长电话咨询、网络在线咨询300人次。广泛发动全市33所中等职业学校（中等专业学校、技工学校、职业高中）在校生，以学校为单位参赛，“全市中等职业学校在校生模拟法庭大赛”入选2019年度法治惠民实事工程项目。

（焦 朏）

【希望工程助学】 2019年，团市委组织开展“希望之星”“优秀受助生”“慈善助学金”助学项目评选活动，累计资助贫困学生91名，发放助学金36.929万元，全年累计帮扶困境青少年583名。开展第20届“希望之家状元奖”评选活动，为“双一流”高校受助生进行项目资助。连续4年举办“爱心午餐”公益助学活动，联合中国人民银行无锡分行等为37名贫困学生提供餐费补助。

（范滢皓）

【扶持青年人才】 2019年，团市委聚焦无锡创新驱动核心战略和产业强市主导战略，对标“太湖人才计划”升级版2.0，紧靠“引”“育”两条主线，创新开展多项活动，即2019高层次人才创新创业无锡交流大会子活动——“智造梦想·锡引未来”创新创业青春秀场暨“青春留苏”计划无锡行活动、“万名学子无锡行聚智领跑新征程”大学生到无锡实践活动、全国知名高校无锡籍优秀大学生暖冬座谈会以及青年交友活动。联合市国联集团发布“无锡青年创新创业基金”，联合市委组织部、市人力资源社会保障局与复旦大学、中国人民大学、南京大学、中国科学技术大学、西安交通大学、武汉大学、哈尔滨工业大学、华中科技大学和东南大学9所高校共同成立“无锡市优秀青年人才选拔基地”。

（华晓蕾）

【结对帮扶】 2019年，团市委助力精准脱贫，赴产业帮扶行动结对地开展无锡—阿合奇两地青少年“民族团结一家亲”结对帮扶暨“青力扶贫联创梦想”青联委员、青商会员走基层服务月活动。指导微天使公益服务社在阿合奇县开设双向“文明公益超市”。在市青联委员所在企业中动员募集266个大学生优质实习和就业岗位。依托江南大学帮助10名新疆籍少数民族大学毕业生在江苏实现就业。了解52名新疆籍务工青年在无锡工作、生活情况和需求，指导其所在公司团委开展语言培训和师徒结对、“一帮一”等活动。开展希望工程圆梦行动，帮助改善阿合奇县地区教育硬件设施。推动青年交流，在无锡开展2019年无锡—阿合奇两地青少年手拉手民族团结融情夏令营活动。承办香港大学生到无锡实习活动。组团参加“筑梦长三角奋进新时代”长三角青年人才融合发展会议。开展2019年江苏省新兴青年“匠人匠心”无锡展暨“我和我的祖国”无锡市新兴青年庆祝新中国成立70周年活动。举办无锡市青年文创论坛。接收6名民族地区优秀年轻干部到无锡挂职一年。

（华晓蕾）

【青年志愿者工作】 2019年，团市委围绕新时代文明实践中心建设要求，建设市、镇、村三级青年志愿服务队和青年服务站。按照明确阵地、明确人员、明确标识、明确制度的“四明确”要求，围绕青少年维权、文明素质养成、扶贫帮困、为老服务、生态环保等五方面内容，重点实施优秀项目领航计划、团队骨干引航计划和小微组织护航计划，加快志愿服务骨干人才培养，推进志愿服务后备梯队建设。深入实施“同心计划”，广泛开展各项志愿服务，先后组织青年志愿者2000余名，提供服务时长18000余小时。无锡市青年志愿者协会成功申请成为中国青年志愿者协会会员。

（华晓蕾）

【助推青年创业就业】 2019年，团市委承办苏南片区苏青C空间座谈会，筛选21家苏青C空间入库，建立常态化联系渠道。举办“创青春”无锡青年创新创业赛，优选25个项目参加2019“创青春”江苏青年创新创业大赛，开办2期“筑梦青春创享未来”青创训练营，无锡代表团获得一等奖1个、二等奖2个和三等奖7

个，无锡团市委获得优秀组织奖，江南大学国家大学科技园被评为“苏青优店”，王泉、邹明松、储平荣、陆培华4人被评为江苏省“青年双创英才”。推进团省委“百校万岗”大学生暑期就业实习与就业帮扶行动，联合市人才办、市人社局举办“职场微体验暑期莫宅家”2019年度全市大学生就业见习活动，协调团属资源开发就业见习岗位3000多个，募集“名企优岗”900多个。优选10家市级青年就业见习基地，打造“名企优岗职场嘉年华”小程序岗位发布平台，开办3期“职场微体验·暑期莫宅家”之“职场嘉年华”青年职场能力提升培训课程，吸引近200人参与，提升团组织服务青年就业的能力。

（张琳华）

【服务青年成长成才】 2019年，团市委召开无锡市青年商会第四届一次会员大会，完成市青商会换届工作，正式启动无锡青商产业助力服务平台，发布“青春共创计划”。与市外办联合打造“HiWuxi”无锡青年国际交流项目，全年开展青商专场国际交流活动4场次。制定“新农菁英”人才培育“五大工程”方案，为乡村振兴战略提供人才支撑。围绕《无锡市乡村振兴战略实施方案》成立乡村振兴青年突击队，围绕产业发展、创新驱动、绿色引领开展青春建功行动。联合市农业农村局举办无锡农村青年创业创新大赛，发动47个优质涉农项目参赛角逐。开展2019年度无锡市“最美新型青年农民”寻访活动，发掘10名“最美新型青年农民”，亮相无锡市第十四届农博会。举办2019年度无锡市“最美新型青年农民”发布会暨第二届“菁话未来”青农人才发展论坛活动。推荐朱虹获评“全国农村青年致富带头人标兵”，推荐无锡优秀青农9人成为江苏省农村青年创业协会会员，推选195位农村青年人才进入团省委“新农精英”人才库。推动成立全市首批10家“青农学习社”。深入实施“新农菁英”培育发展计划，联合推出“新农菁英贷”金融服务，推动农村青年能创业、创成业，缓解融资难、融资贵问题，帮助4位青年农民解决创业资金问题，共计530万元。

（张琳华）

【“青字号”品牌工作】 2019年，团市委组织2018年度无锡市青年文明号争创集体汇报创建成果，赴公安、城管系统考核市级联创青年文明号，启动2019年度无锡市青年文明号创建申报工作，开办第二十六期青年文明号创建集体培训班，进行创建实务培训。举办“七十华诞共奋进 百号集结建新功”主题活动，推进全市100家青年文明号集体围绕争先、助业、优岗、扶贫、生态、民生等领域开展六大建功行动，献礼新中国成立70周年。制定“菁工巧匠”三年行动计划，围绕技能人才培养和待遇提升课题，开展青年技能人才工作基层大调研。开展2019年度无锡市青年岗位能手推报工作，举办第四届无锡市“最美(优秀)青年工匠”风采展示活动。组织青年技工参加2019年全省青年职业技能大赛，获得普通车工类职工组第一名、学生组第一名；与市人社局、市商务局、市农业农村局联合举办各类技能竞赛。在全市部署“百岗百号走百企”活动，以号岗手联动、百日大练兵、集体誓师、集中宣讲、互学互访等活动，指导各生产单位开展青年安全生产示范岗创建，提升青年职工安全生产技能，确保重点领域全覆盖，助力城市安全集中整治攻坚战。推选出新一批市级青年安全生产示范岗单位。

（张琳华）

【学校共青团、少先队工作】 2019年，团市委推动实施学校共青团、少先队改革“五专五到位”特别行动，制定规范中小学少先队代表大会召开、少先队工作委员会建设、少先队活动教研工作指引，推动中小学规范召开学校团、学、少代会，开展学校共青团、少先队标志标识规范使用自查自纠。在中学、中职学校同步推行“双积双评”积分入团，严把团员发展“质量关”，推出《无锡市“双积双评”积分入团工作操作指南》《无锡市初中学校“双积双评”积分入团积分细则与评价办法(试行)》。常态开展少先队活动月观摩、中学共青团工作季度观摩活动。优化调整市少先队活动教研员队伍，成立少先队工作讲师团，开展基层巡讲活动。举办“青马工程”大学生菁英培训班，选聘新一届市学联驻会主席。开展少先队骨干辅导员、中学中职团委书记培训，举办第四届无锡市少先队辅导员风采展示活动、“微团课”展示活动，举行新任大队辅导员任职资格考核，获得江苏省少先队活动辅导技能展示团体金奖。选树一批优秀少先队员、优秀少先队辅导员、优秀少先队集体。持续开展“星级团(队)室”“动感(魅力)中队”“英雄中队”风采展评活动。持续开展大中专学生“三下乡”社会实践、“红领巾梦工场”研学实践夏令营等活动，举办“领航·开学第一课”示范观摩、“红领巾寻访新中国伟大足迹”“你的梦想，我来见证”——青春梦想档案寄存、“红领巾心向党，争做新时代好队员”主题教育活动。举行第二届无锡市中小学生“诵读学传”主题诵读大赛、“你好新时代，我讲习爷爷的故事”全媒体校园小主播大赛。举行未成年人14岁青春仪式暨中学生离队入团仪式示范活动。开展“我为高质量献一计”红领巾“创未来”科学建议征集活动，承办省少科院小院士评聘活动，10项科学建议获评省一等奖，14名队员被聘为省少科院院士。承办全国“牵手未来·骨干引领者”辅导员培训班、江苏省中学少先队专委会年会、江苏省少先队组织建设专委会年会。

（吴 燕）

无锡市妇女联合会

【概况】 2019年，全市各级妇联践行“在你身边”妇联建设理念，围绕“服务发展高质量巾帼建功新时代”主题，履行引领服务联系职能。全国妇联思想政治引领工作交流现场会落地无锡宜兴。立足实际，创新理论宣讲，建立省、市级巾帼党性教育基地27个，推出巾帼党性教育参观线路3条。成立市新时代文明实践巾帼宣讲队，举办“十百千巾帼大宣讲”1088场次。接力传承“三八红旗手”精神，寻访1043名老典型，市公安局出入境管理接待窗口获“全国三八红旗集体”荣誉。无锡市经济开发区妇联成立，平安财险无锡分公司、无锡开放大学、无锡尚善志愿服务团等“四新”领域妇联组织先后成立。市妇联获评“江苏省妇女儿童工作先进集体”。常态化开展“邻里守望、姐妹互助”巾帼志愿服务，155支队伍近6000名巾帼志愿者“与爱同行益起来”，进社区送服务。至年底，全市有各级妇女组织5766个，“妇女儿童之家”“妇女微家”基层服务阵地1623个。

（唐科红）

【妇女创业创新】 2019年，市妇联聚焦产业强市，发布“无锡市女企业家发展协同服务平台”，开设市巾帼双百法律助航行动暨女企业家讲坛，举办“无锡鼓励电商发展政策解读”“减税降费专题政策讲解”等讲座。服务家庭家政需求，召开江苏省“好苏嫂”家政服务联盟信用平台无锡上线仪式暨全市巾帼家庭服务联盟成立大会，104家家政服务公司入驻平台、加入联盟。浓厚“她创”氛围，举办“她说@所有的追梦人——女性助推无锡高质量发展分享会”，组织女企业家赴华为、华西、红豆等企业参观学习。举办市巾帼电商培训班2期，培训电商100名。通报省、市巾帼创业示范园区（街区）、巾帼示范基地等58个。加强对高层次女性人才的服务和凝聚，发布无锡女性人才地图，补充20个界别252人。建立高知女性联络平台，举办无锡市第五期优秀女性人才培训班。推荐全国巾帼文明岗7个、省级巾帼文明岗15个，获评全国巾帼建功先进集体1个、全国巾帼建功标兵3位、省巾帼建功标兵5位。

（唐科红）

【家庭文明建设】 2019年，市妇联落细落实家家幸福安康工程。拓展寻找“最美家庭”活动，广泛宣传最美家庭事迹，推荐胡士勇、郑法娣和王健3户全国“最美家庭”。培育家教家风基地，江阴市吴仁宝老书记原居屋、滨湖区吴成革命传统教育基地被命名为首批“江苏省新时代家教家风实践基地”，惠山区依托胡雨人故居建成全市首个家风教育馆。家风家教宣传月活动期间，征集“给妈妈的一封信”，举办“超级妈妈”短视频大赛，收到抖音短视频200余条，点击播放量近300万次。落实《江苏省家庭教育促进条例》，召开宣传推进会，启动“为爱嘉课”网上家长大学，举办“新时代智慧父母课堂”等公益讲座。在全市家长学校开展“少年家风说·我对妈妈说”主题班会，密切亲子关系。在惠山区妇女儿童活动中心落成首个由中国儿基会捐赠的亲子阅读馆。完成市妇女理论与家庭教育研究会换届。

（唐科红）

【妇女儿童权益保障】 2019年，市妇联促使妇儿保障网络更趋完善。召开全市妇女儿童工作会议，对表达标，进一步压实责任，全市2018年实施妇女儿童发展“两纲两规”主要目标监测综合评价位列全省第一。在全省率先实现市、市（县）区政策法规性别平等咨询评估机制全覆盖。扩展普法宣传覆盖面，举办“三八”维权周活动，在“无锡女性”公众号推出“以案说法”栏目32期，制定34项“点单式”普法主题讲座送基层。举办妇儿维权实务培训班，80余名基层妇联干部参训，提升维权能力。建立常态化妇女议事机制，推评省级优秀妇女议事会5家、省最美妇女议事人6人、省妇女优秀议事案例8件。联合市卫健委、市公安局出台《关于建立侵害未成年人权益案件受害人验伤绿色通道的通知》。全年，市妇联接待处理日常信访949件次。市法院被评为全国维护妇女儿童权益先进集体，施玉萍等3人被评为全国维护妇女儿童权益先进个人，惠山法院“杨某某犯虐待罪”一案入选省维护妇女儿童合法权益十大典型案例。

（唐科红）

【困境妇女儿童关爱】 2019年，无锡市承接省级妇女儿童项目13个，完善“妇工＋社工＋志工”模式。农村妇女“两癌”免费检查工作基本实现全覆盖。推进女性安康保险，累计参保人数68.06万人，1574名患病妇女获得理赔，理赔金额1614万元。精准帮扶建档立卡的3016名困境儿童。实

10月9日，市妇联在惠山古镇推出全省首条巾帼党性教育景观线路

（唐科红　供）

建机制，搭平台，建队伍，与爱同行“益”起来，锡城竞开巾帼文明实践之花

（唐科红　供）

施“蓝星妈妈”关爱行动计划，关爱救助自闭症儿童。启动全国首站“明亮守护行动”，举办公益讲座20多场，为50名有视力障碍的青少年提供爱眼护眼公益服务。中国移动无锡分公司妇联连续12年开展社会妈妈献爱心活动，累计帮扶困境儿童1200名。

（唐科红）

【妇女微家建设】 2019年，市妇联实施“在你身边”妇女微家建设，构建“上面千条线、下面一张网、身边一个家”的基层组织建设新格局。制定《关于在全市大力推进“在你身边·妇女微家”建设工作的实施意见》，加强指导并统筹推进全市妇女微家建设。各级妇联因地制宜，创新开展了各具特色的妇女微家建设。至年底，全市共建各类妇女微家361家，开展活动和服务近1400次，受益2.2万余人次，收集意见建议260余条，帮助解决问题400余件，入选省首批“示范妇女微家”和“四新妇联组织”数量居全省首位。

（唐科红）

【婚姻家庭教育】 2019年，市妇联以新吴区为试点开展婚姻家庭教育工作，专项投入146.5万元。自主研发教学基础课程，组织编写《幸福锦囊——婚姻家庭指导手册》，开发课程实施信息化管理软件，至年底，开设公益课程425场次，惠及32061人次。提供一对一“新婚谈话—婚姻辅导—危机干预”服务，设立市、区2个婚姻家庭指导服务中心，招募婚姻导师4名、家庭教育导师5名、“子衿”人才20名，开展婚姻辅导，进行危机干预，累计开展个案辅导330余件。举办婚姻家庭教育师资班，发展培养学员200余名，制作无锡市婚姻家庭指导咨询地图，推动婚姻家庭教育咨询行业发展。实施“风鸣太湖”婚姻家庭纠纷预防化解项目，1167名婚姻家庭纠纷人民调解员、745个婚姻家庭纠纷调解机构入驻“Women+”云平台，常态化开展婚姻家庭矛盾纠纷排查，就近就地为有需要的妇女和家庭提供服务。

（唐科红）

【巾帼家政服务】 2019年，市妇联贯彻落实省“家政服务”民生实事项目，上线江苏省“好苏嫂”家政服务联盟信用平台，成立全市巾帼家庭服务联盟，104家家政服务公司入驻信用平台、加入联盟。市妇联通过开展各类培训、举办技能大赛、帮助申报项目等，加强对无锡家政企业的有效管理和精准服务，推动锡城家庭服务业诚信化、标准化发展。

（唐科红）

【“云上妇联”建设】 2019年，市妇联顺应新媒体快速发展新态势，强化“互联网＋妇联”工作格局，探索“云上妇联”建设。应用好、宣传好“Women+”云平台，无锡市“Women+”活力指数位于全省前列。微视频《向阳花织女》主创获江苏女性融媒体大赛风云人物奖，在全省首批10个“云上妇联”示范点中，无锡市占据4席。改版升级“无锡女性”微信公众号，开设“维权关爱”“婚姻加油站”“新时代文明实践”等栏目，突出在线服务功能。构建妇联系统新媒体矩阵，聚合妇联新媒体平台，播报精彩工作，共享资源、融合竞争，引导妇女群众广泛参与网络文化活动。

（唐科红）

【筹集公益资源服务妇女儿童】 2019年，市妇联探索公益资源筹集机制，服务需要特殊关爱的妇女儿童。在腾讯99公益日，依托省妇女儿童福利基金会平台，推出“童她益起来”、“蓝星妈妈”关爱和“家庭心理教育行动”等项目，开展网络公益募资，吸引社会多方力量参与妇女儿童公益事业。“童她益起来”项目得到154个团队、30多家企业和协会支持，累计参与8.4万人次，募集善款180余万元，为妇女儿童量身打造关爱项目39个。关爱自闭症儿童母亲的“蓝星妈妈”关爱行动吸引1623人次参与，募资善款6.8万元。致力于推广婚姻家庭教育的“家庭心理教育行动”项目，吸引1701人次参与，募集善款4.3万元。

（唐科红）

无锡市科学技术协会

【概况】 2019年，市科协充分发挥科技智库的作用，引导、支持市级学会、高校院所和调查站点等智力资源，围绕无锡集成电路发展等重点产业发展建言献策。以高质量发展为主线，征集软科学研究课题270余项，产生重点立项课题160项。完成2018年立项结题73项，评选出40项优秀课题。参加中科院学部咨询评议项目选题指南研讨会，由市科协和市工信局联合推荐的《新一代物联网发展战略研究》等二个项目选题建议被纳入2020年度中国科学院学部咨询重点选题项目，进一步提升了无锡科技创新和产业发展在国家战略中的地位。年内，市科协发挥以"三长一家"（医院院长、中小学校长、农技站站长、高新技术企业家）为代表的基层一线科技者的重要作用，夯实基层科协组织由街道（镇）全覆盖向社区（村）延伸。对现有"四大平台"（高端学术交流平台、科普公共服务平台、科技信息情报平台、海智云科技创新智库平台）进行优化调整，增强信息节点，融合信息内容，加强信息分享，年底通过大数据局评审，启动了项目的实施准备工作。建设"海智云"平台并上线，突出"集聚专家智慧，集中海外项目，集成社会资源，集散科技情报"四大特色，提供海外资讯情报，服务无锡市并辐射周边省市。

年内，市科协被评为2019年全国科普日活动优秀组织单位、2019年全国科技活动周暨江苏省第31届科普宣传周优秀组织单位。全市8个单位被省科协认定为省级科普基地，在全省海智基地评估中名列前茅。全市公民具备基本科学素质比例提高到14.5%。至年底，市级学会有133家，有高校科协9家。

（办公室　学会部）

【市科协第十一次代表大会召开】 6月25～27日，无锡市科学技术协会第十一次代表大会在无锡市人民大会堂召开。江苏省委常委、无锡市委书记李小敏在开幕式上致辞，中国工程院院士、中国工程院副院长、中国科协副主席陈左宁，省科协党组书记、副主席孙春雷等出席开幕式。全市科协系统、各级学会（协会、研究会）、企业、科研院所、高校科协和各有关单位的450名代表参会。大会期间，与会代表认真听取并讨论了省委常委、市委书记李小敏和省科协党组书记孙春雷的重要讲话；审议通过了第十届委员会的工作报告；表彰了无锡市科协系统先进集体和先进工作者。经过民主选举，产生了新一届市科协130名委员、37名常务委员和12名专兼副主席，陈晓华当选为无锡市科学技术协会主席。

（办公室）

【学术品牌活动】 2019年，市科协精心组织"中国（无锡）创新驱动发展、助力产业强市"科技论坛，邀请中央政治局集体学习主讲人、中国计算机学会理事长高文，围绕人工智能发展历程、趋势和前景作主题报告，并就推动人工智能与实体经济深度融合发展提出意见与建议。对接中国电子学会、中国生物医学工程协会等16个国家级学会、9家省级学会到无锡开展学术交流、科技服务，举办20多场学术活动。协同市级学会、高校科协创建重点学术交流活动品牌，市医学会举办"江南医学论坛——风湿免疫第八届学术研讨会"、市医院协会举办"涉及人的临床医学研究伦理审查委员会建设标准研讨会"、市机械工程学会举办"工业机器人的发展与应用技术交流报告会"、市水利学会举办"第六届无锡水利青年学术论坛"等35场学术交流活动。

（学会部）

【中国大数据创新发展高峰论坛】 2019年，市科协争取中国科协作为"世界物联网博览会"的支持单位，促进国家级学会创新资源向无锡集聚，推动中国电子学会连续两年在无锡举办"中国大数据创新发展高峰论坛"，中国电子学会在论坛上发布《2019中国工业大数据创新指数报告》。

（学会部）

【国际无人机发展峰会】 2019年，市科协首次与中国航空学会合作，以人工智能等新一代信息技术与民用无人机产业融合发展为主题，联合梁溪区政府、市体育局等单位主办2019国际无人机发展峰会暨无人机大赛，促成国际无人机竞速联盟正式落户无锡。

（学会部）

【"全国科技工作者日"系列活动】 5月30日是"全国科技工作者日"，市科协开展了"弘扬爱国奋斗精神、建功立业新时代"专项行动。联合市委组织部、宣传部共同承办吉林大学原创话剧《黄大年》在无锡演出。在《无锡日报》头版刊登《肩负起打造科技创新高地的责任与使命》时评文章，对全市科技工作者提出倡议，

6月25日，无锡市科学技术协会第十一次代表大会开幕　（沈生华　摄）

弘扬“爱国、创新、求实、奉献、协同、育人”的中国科学家精神，营造崇尚科学、尊重人才的社会氛围。

（学会部）

【全民科学素质行动计划】 2019年，市科协履行市全民科学素质工作领导小组办公室职责，强化重点工作协同联动，会同应急管理局、市场监督管理局等相关部门，开展安全生产、食品安全、农村科普等专题科普宣传行动。组织大型广场科普咨询活动，发放食品安全、防灾救灾、燃气、用电安全等科普书籍5万余册，推送科普微博、微信3000余条。在科普志愿者活动月中开展科技下乡、科技馆巡展、志愿者招募等八个方面活动，走进基层服务百姓。发挥科普画廊传统宣传功能，组织应急安全、食品安全、智能制造、5G通信集中科普展示，在市区新建科普画廊5个。开展全国防灾减灾日集中宣传活动，精心组织宣传团队，现场发放防灾减灾科普宣传资料及《现场急救手册》2000余份。举办“产业科普”专线游，近200名市民代表通过网上平台报名参加体验。组织参加省公民科学素质线上大赛，7万余人参加；组织2支队伍参加省公民科学素质线下大赛，分别获得二等奖和优秀奖。推动国家超算无锡中心、中船702所、江南大学等驻无锡科研院所开放实验室、展示室，免费提供参观、实践服务。全年新命名29个单位为新一批无锡市科普教育基地，扩充无锡科普教育基地阵容。出资20万元援建宜兴堂前人家环保科普馆和惠山藕塘幼儿科普馆，新命名45个无锡市科普示范社区和108个科普示范家庭。

（科普部）

【全国科技活动周活动】 5月18日，全国科技活动周暨无锡市第三十一届科普宣传周活动在太湖广场正式开始。开幕式上，对新一批命名的市科普教育基地和无锡市参加省第二届全民科学素养大赛优秀组织单位进行授牌；围绕科技创新创业、应急安全、食品药品安全、生态环境保护、节约资源能源等公众关注的社会热点问题开展宣传；同时有企业科技科普专题成果展示、公共应急安全科普宣传、食品药品安全科普宣传、青少年机器人嘉年华、相关部门专题科普宣传、中小学科技创新成果展、学会专家科普咨询服务、大型医学义诊咨询、体质监测科普体验、科学实验展示、急救技能演示等15项主题活动。科普周期间，160多项重点科普活动遍及城乡，引导各类人群参与科普实践和科学体验，促进市民科学素质水平提高。

（科普部）

2月20日，副市长高亚光为无锡市第二届青少年科技创新市长奖获得者颁奖

（科普部 供）

【全国科普日系列活动】 9月18日，2019年无锡市“全国科普日”启动暨科普公交专线首发仪式在惠山区阳山镇桃文化广场举行。市科协在“全国科普日”前后一周组织开展了一系列科普活动，包括百名科技专家进学校、社区、农村、无锡科普公交专线首发，无锡市市级机关领导干部和公务员科学素质竞答活动，编印2019新版科普地图等162项重点科普活动，80万人参与，在全市营造浓厚科普氛围。

（科普部）

【青少年科技竞赛活动】 2019年，市科协联合市教育局、市少年宫和市教育电视台等单位，共同举办无锡市青少年机器人竞赛暨物联网传感创意设计大赛、无锡市幼儿机器人竞赛、科技模型大赛、青少年机器人嘉年华、青少年高校科学营等科技创新教育竞技活动，150多所学校、8万人次参加。举办无锡青少年科技创新教育峰会，围绕“青少年科技创新人才培养”，邀请科技和教育界专家进行了主题分享和探讨交流，原中国科技馆馆长李象益作了题为《世界转型与青少年科学教育创新》主旨报告。举办第七届无锡市中小学生金钥匙科技竞赛。

（科普部）

【第二届青少年科技创新市长奖颁奖活动】 2月20日，无锡市第二届青少年科技创新市长奖颁奖活动在市民中心会见厅举行。市长奖及提名奖获奖学生、创新教育摇篮奖学校领导、科技辅导奖老师等受到表彰。无锡市副市长高亚光代表市政府向获奖师生及学校表示祝贺，并给予鼓励。无锡市青少年科技创新市长奖通过有效组织和扩大影响，越来越具有导向性、示范性和群众性，推动广大青少年投身于科技创新和科学实践，在全社会营造关注科技关心创新的氛围。

（科普部）

【海智系列活动】 2019年，市科协持续加强海智工作，联合市（县）区和相关单位，举办无锡人力资源发展公益大会、QPDA 论坛质量峰会，为无锡企业提供与人力资源领域人员交流切磋的机会。举办美国东部海智专家团项目路演及参观考察活动，汽车、医疗、食品等多个领域的创新技术和项目吸引无锡本土科技创新企业、金融机构及科研机构近 200 人参与。举办第二届“太湖(马山)生命与健康论坛”分论坛——“2019 无锡(马山)中欧生命健康国际研讨会”，欧盟、美国等多位专家进行现场演讲，为中欧在生命健康领域的合作增添新平台。举办中国科协海外人才创新创业项目大赛，27 个决赛项目参加 2019 江苏无锡(滨湖)海外创新创业项目跨境峰会暨“创投无锡”太湖人才科技金融项目路演，创新低温灭菌技术等 3 个项目与企业签订意向性协议。举办无锡(新吴)KIT 创新创业论坛，部分国外专家开展区块链、医疗机器人、人机协作等领域的技术交流，推动德国卡尔斯鲁厄理工学院(KIT)与太湖学院交流对接。在中国科协 2019 年海智计划联席会暨基地工作会议上，无锡市科协作为省内唯一海智计划工作基地代表进行交流发言。

（国际部）

【服务企业工作模式创新】 2019 年，市科协通过组织无锡市企业科协秘书长培训班，探索开展“企业提质增效创新发展”培训活动，增强服务企业创新和长远发展能力。通过依托“海智云”无锡市科技智库及信息情报平台资源，发挥科协专家智力优势，助力企业转型升级。牵头组建无锡市“企业义诊”专家联盟，由中国工程院院士、江南大学校长陈坚领衔组成科技专家团队服务企业，尤其受到成长型企业的欢迎。

（国际部）

【服务科技工作者创新创业】 2019 年，市科协会同市工业和信息化局、市卫生健康委员会、市科技局、市教育局等 9 家单位，共同主办无锡市第四届青年科技工作者创新创业大赛，激励、引领科技工作者勇于创新。大赛评选出 12 个获奖项目，推荐 65 个项目参加省级比赛。全面推进“企会协作协同创新计划”，开展优秀农业科技(科普)基地项目评选。实施“金桥工程”，推动科企融合产学互促，全年完成项目 73 个，实现利税 3.3 亿元，节约资金 2.8 亿元。下发《关于做好 2019 年无锡市“讲理想、比贡献”活动优秀项目评估工作的通知》，完成立项 70 个。建立项目立项考核机制，强化项目运行实绩考评，增强科技工作者的资助创新能力，助力企业创新发展。

（办公室　学会部　咨询中心）

【优秀科技人才选树】 2019 年，科协系统和院士团队共同推荐的江南大学教授陈卫成功入选中国工程院院士。市人民医院平锋锋、新吴区银邦金属复合材料有限公司张晓军入选江苏省科协青年科技人才托举工程。

（办公室）

无锡市文学艺术界联合会

【概况】 2019 年，无锡市文联围绕服务高质量发展大局，加强文艺界团结引导，强化文艺精品创作，突破发展瓶颈。统筹做好文艺家思想政治建设和职业道德提升，承办全国中青年作家培训班等多个大型培训教育活动，成立“文联文艺工作者职业道德建设委员会”。举办“拓境前行展呈时代”——庆祝新中国成立 70 周年美术、书法、摄影作品汇报展，“大美运河”主题美术、书法、摄影优秀作品展，新中国成立 70 周年诗词书法作品展，第 16 届无锡市摄影艺术展等主题文艺活动。开展文化惠民志愿服务，成立“无锡市文联文艺志愿服务中心”，携手市教育局开设无锡市中小学“艺术名家课堂”，组织“文艺进万家”活动 160 多场次，推动文艺进校园、进社区、进军营。24 件美术作品入选第十三届全国美展，11 件作品入选第十二届全国书法展，4 幅作品入选第 27 届全国摄影展。

年内，第二期“全国中青年作家深入学习贯彻习近平新时代中国特色社会主义思想和中共十九大精神专题培训班”在无锡举办。无锡市书法家协会第八次会员代表大会、无锡市曲艺家协会第六次会员代表大会、无锡市音乐家协会第八次会员代表大会、无锡市音乐家协会第八次会员代表大会、无锡市舞蹈家协会第六次会员代表大会、无锡市摄影家协会第七次会员代表大会、无锡市戏剧家协会第八次会员代表大会先后召开。

（孙必勇）

【多彩意象—2019 无锡首届水彩(粉画)展】 3 月 22 日，由无锡市文联主办的“多彩意象——2019 无锡首届水彩(粉画)展”在无锡市文化馆西水当代艺术中心开幕，无锡市人大常委会副主任吴峰枫，中国美术家协会理事、中国美协水彩艺委会副主任、江苏省美协副主席陆庆龙，无锡市文联主席卢敏，市文联副主席、市美协主席梁元共同启动展览。该展览是无锡首届水彩(粉)画的专业展览，共展出作品 100 幅，无锡老中青几代艺术家们的水彩水粉作品集中展示。展览结束后举行了研讨会，省美协副主席陆庆龙到会指导。

（孙必勇）

【市第二届朗读朗诵大赛】 5 月 12 日，由市委宣传部、市文联等单位主办、市朗诵艺术学会承办的“无锡市第二届朗读朗诵大赛”收官。活动自 2018 年 10 月启动，有 1200 多名选手参与角逐，其中年龄最大的 76 岁，最小的 4 岁。活动期间，智慧无锡 APP 进行全程网络直播，无锡广播中心、电视中心、广电新媒体中心等新闻媒体，对决赛过程进行了全程报道。

（孙必勇）

【文化惠民演出活动】 6 月 17 日，“到人民中去——2019 江苏省文联、无锡市文联文艺志愿者走进锡北镇暨无锡市文联文化惠民演出活动启

6月17日，无锡市文联文化惠民演出活动启动 （孙必勇 供）

动仪式”在锡北镇泉山文化公园举行，近千名观众到场观看演出。晚会安排了市文化惠民演出掠影、无锡市文联文化惠民演出活动启动仪式、文艺演出三个环节。市文联主席卢敏宣布开幕，省文联副主席、省舞蹈家协会主席刘仲宝，省文联文艺志愿服务中心副主任、省文化交流中心副主任翁大鹏，锡山区副区长陈奕等与会嘉宾按下了2019文化惠民演出启动大屏手印，300多名演职人员为现场观众带来了精彩的演出。

（孙必勇）

【“光影运河”大型摄影图片展】 6月28日，“光影运河”大型摄影图片展在无锡市图书馆开幕。市委常委、宣传部部长袁飞、市人大常委会副主任魏多，市政协副主席蔡捷敏，市委宣传部常务副部长、市文联党组书记陆惠玲，市文联主席卢敏，市文化广电和旅游局副局长高燕，省摄影家协会主席许益民以及300多名获奖作者代表、摄影爱好者参加开幕式。展览共收到省内外335名作者选送的2224件参赛作品，其中年龄最大的87岁，最小的还不到20岁。经省、市专家评审，40幅新创照片获优秀奖，80幅获入选奖。

（孙必勇）

【“共绘新吴”中国画作品展】 10月19日，“共绘新吴”中国画作品展启幕。无锡市委常委、宣传部部长袁飞，副市长、高新区党工委书记、新吴区委书记王进健，省文联原党组书记、副主席王慧芬，市文联主席卢敏，高新区党工委委员、新吴区委常委、宣传部部长刘霞等出席开幕式。该活动由中共无锡市委宣传部、无锡高新区党工委（新吴区委）、无锡市文联联合主办，是2019太湖文化艺术季暨第21届中国上海国际艺术节无锡分会场活动。

（孙必勇）

【第二届“太湖梅花奖”锡剧青年演员大赛】 11月3日，第21届上海国际艺术节无锡分会场活动，为期一个月的无锡市第二届“太湖梅花奖”锡剧青年演员大赛，在无锡市人民大会堂举办决赛。经过紧张激烈的角逐、筛选，无锡市锡剧院、江阴市锡剧团、宜兴市锡剧团的19位优秀青年演员在决赛中，获得1金2银3铜和13个优秀表演奖。

（孙必勇）

【丹青百年——无锡近现代书画名家精品展】 11月9～15日，“丹青百年——无锡近现代书画名家精品展”在祥云美术馆开展。市委常委、宣传部部长袁飞，市人大常委会副主任吴峰枫，市政协副主席叶勤良，市人大常委会原副主任王立人，市文联主席卢敏和书画家代表一起出席开幕式。展览展出了吴观岱、丁宝书、贺天健、钱松喦、诸健秋、秦古柳、周怀民、董欣宾等乡贤画家的作品，既有传统的山水、花鸟、人物画作品，又有扇面、册页等小品，体现了无锡画家群体的渊源传承和无锡近代书画的艺术成就。

（孙必勇）

【开设“艺术名家课堂”】 11月27日，由市教育局、市文联联合举办的“同心书写华章 共筑艺术梦想”——无锡市中小学“艺术名家课堂”系列活动启动仪式在湖滨中学举行。中国书法家协会主席、全国政协原常委苏士澍，无锡市委常委、宣传部部长袁飞，副市长刘霞，市委宣传部常务副部长、市文联党组书记陆惠玲，市委教育工委书记、市教育局局长唐加俊，市文联主席卢敏等出席仪式。市教育局、市文联签订了无锡市中小学“艺术名家课堂”系列活动战略合作协议。首批聘请国家级工艺美术大师王南仙等艺术名家作为辅导员。活动以名家讲座、技艺传授、优秀作品展览和鉴赏等方式，向全市中小学提供文学、书法、美术、舞蹈、音乐、民间艺术等多个艺术门类的辅导。活动将以湖滨中学为试点，逐步向全市中小学铺开，增强青少年的文化艺术综合素养。

（孙必勇）

【无锡市优秀摄影作品展暨第16届摄影艺术展览】 12月23日，“无锡市优秀摄影作品展暨第16届无锡市摄影艺术展览”在市图书馆开幕。市人大常委会副主任魏多，市政协党组成员、秘书长王鸿涌，市文联主席卢敏等参加开幕式。该届展览汇集了第27届全国影展、第23届省影展和第16届市影展中的160幅获奖作品。

（孙必勇）

【“大美运河·诗意墨韵——无锡书法家运河采风创作作品展】 9月22日，“大美运河·诗意墨韵——无锡书法家运河采风创作作品展”在无锡文化馆开幕。市文联主席卢敏、市书协主席王建源等参加活动。该次展览汇集了全市老中青三代书法家和创作骨干的作品107件，其中特邀作品30件，入展作品77件。展出的作品篆、隶、正、行、草诸体兼备，书法家们以笔墨讴歌祖国，礼赞家乡，展示了无锡丰富的运河故事和深厚的运河文化。

（孙必勇）

【“太湖对话”艺术讲堂进校园】 4月26日，市文联2019“太湖对话”艺术讲堂进校园活动在江南影视艺术职业学院启动，市文艺评论家协会、会员、江南影视艺术职业学院师生及相关艺术团体成员200多人到场聆听讲座。江苏省文联副主席、省音乐家协会主席、知名二胡演奏家朱昌耀主讲“二胡艺术的传承与发展与江苏江南历史文化”。讲座过程中，主办方还邀请两位艺术专业的学生上台演奏，由朱昌耀对她们的演奏技法进行点评指导。

（孙必勇）

【文化惠民演出】 11月8日，由无锡市委宣传部、市文联、锡山区委宣传部主办的“到人民中去——2019无锡市文联文艺家志愿者走进锡北镇”在东房桥村举行。该次文化惠民演出持续3天，是市文联文艺工作者深入基层、深入群众，深化“不忘初心、牢记使命”主题教育成果的一次展示。

（孙必勇）

【海东市文艺人才培训班开班】 10月22～26日，“东西部扶贫协作”项目之一，青海省海东市文艺人才培训班在滨湖区委党校举办。根据计划，该项目由无锡市帮助海东市培训宣传文化思想系统干部、文艺人才，组织学员200余人，开设文学、美术、舞蹈等6个科目，分3年时间实施。此次首期培训班，开设书法、摄影、音乐3个科目，邀请了江苏省内的艺术专家、高校的专业教授执教。

（孙必勇）

【文艺家读书班开班】 12月18～20日，“2019年无锡市文艺家读书班”在宜兴举办。各文艺家协会主席团成员、各县（市）文联、各行（产）业文联负责人、部分文艺社团的代表120人参加培训，邀请中国文联文艺研修院常务副院长傅亦轩，江苏省作协党组成员、书记处书记、副主席汪政，上海歌舞团团长陈飞华等授课。期间，揭牌成立“无锡市文联文艺工作者职业道德建设委员会”，引导全市文艺工作者坚持社会效益，加强文艺界行风建设。

（孙必勇）

【文艺志愿服务中心揭牌】 12月12日，“到人民中去”——2019无锡市文艺家志愿者文化惠民演出闭幕演出暨“无锡市文艺志愿服务中心”成立揭牌仪式在滨湖区少年宫举行。市委宣传部常务副部长、市文联党组书记陆惠玲，市文联主席卢敏等参加了活动。

（孙必勇）

【首个市属国企文联成立】 10月22日，无锡地铁文学艺术界联合会成立大会在地铁大厦召开，这是首个市属国有企业文联组织。成立大会审议并通过《无锡地铁文学艺术界联合会章程（草案）》，选举产生由12名成员组成的无锡地铁文联第一届理事会，张军当选主席，朱丽莎当选副主席。

（孙必勇）

无锡市哲学社会科学界联合会

【概况】 2019年，无锡市社科联组织召开第七次代表大会，全市200多名社科界代表参加会议，市委书记李小敏出席会议并讲话。推动无锡科技职业学院、无锡开放大学成立校社科联。举办市第十六届社科普及宣传周活动，市社科联被省社科联授予科普知识竞答“优秀组织奖”。社科普及示范基地建设进一步加强，全市11家省级基地均通过省社科联复评，新增5家市级基地进入省基地行列，3家基地被认定为2019年度省级社科普及复评优秀基地。深化社科普及宣讲进基层，40多位社科普及师资库专家活跃在基层一线，全市开展各类社科讲座活动近200场。与市委党校合作完成《无锡智库工作现状及对策研究》课题研究。实施省智库研究与交流中心资助项目，组织举办无锡市社科智库建设理论研讨会。完善社科智库成果评价机制，拟订《无锡市社科智库成果评价办法》，对无锡市社科成果评奖办法提出修改意见。分青年、社会、文史、经济4个专场，举办专题社科学术大会，其中文学与历史学专场学术大会由省社科联与市社科联联合举办，省市联办模式开省内先河。年内，在内蒙古巴彦淖尔召开的全国大中城市社科联第30次工作会议上，无锡市社科联第12次获得“全国社科组织先进单位”称号，无锡市生态湿地保护建设研究会被评为“全国社科组织先进单位”，王广艳、吴仁山获得“全国社科工作先进个人”称号。至年底，无锡市社科联有社科类学会（协会、研究会）110家。

（卞雨江）

【纪念五四运动100周年理论研讨会召开】 6月18日，“无锡市纪念五四运动100周年理论研讨会暨无锡市第Ｉ届社科学术大会青年学者专场”召开，大会由无锡市团市委、市社科联、市档案史志馆联合举办。三家单位相关人员、论文作者代表、青年学者学习社成员和在无锡高校团委书记等团干部代表等50余人参加会议。

（卞雨江）

【纪念江抗东进80周年系列活动】 9月5～6日，市社科联与市委宣传部、市档案史志馆、梅村街道等联合举办纪念江抗东进80周年系列活动，活动包括报告会、祭奠仪式、主题宣讲、书画展、研讨座谈会等。市委常委、宣传部部长袁飞出席开幕式并致辞。北京、上海、南京、常州等地的50多名新四军后代和专家学者专程出席了纪念活动。

（卞雨江）

【纪念杨荫浏120周年诞辰系列活动】 10月25日，市社科联组织召开纪念杨荫浏120周年诞辰系列活动开幕式暨“杨荫浏的音乐学成就及其现实意义”研讨座谈会。除研讨会之外，系列纪念活动有无锡市图书馆举办的“杨荫浏的音乐人生”公益讲座，在云薖园开展的“高山仰止”——杨荫浏挖掘整理作品音乐雅集等。

（卞雨江）

【无锡科技职业学院哲学社会科学联合会成立】 11月8日，无锡科技职业学院哲学社会科学联合会成立大会召开，该学院为无锡市第五家成立社科联的高校。市社科联党组书记、主席许麟秋出席会议并讲话。同时，召开无锡市第十届社科学术大会社会学专场，全市相关领域的专家学者及科院师生代表80余人参加会议。

（卞雨江）

【第十届学术大会“文学与历史学”专场举行】 11月12日，江苏省哲学社会科学界第十三届学术大会暨无锡市哲学社会科学界第十届学术大会“文学与历史学”专场在江南大学举行，250多名专家学者以“江南文化的历史传承与当代价值”为主题展开学术研讨。江苏省社科联党组书记、常务副主席刘德海出席大会并讲话。

（卞雨江）

【两项成果获省智库峰会通报表扬】 在第四届江苏智库峰会上，省委宣传部、省社科联对50项2019年度江苏省智库研究与决策咨询优秀成果进行通报表扬，无锡的两项成果获得二等奖，分别是江南大学谢玉梅报送的《深度贫困地区高质量脱贫面临突出问题需要有效应对》和无锡市医疗保障局杨中浩报送的《关于全省开展工业企业资源集约利用综合评价工作的建议》。

（卞雨江）

【再创5家省级社科普及示范基地】 在江苏省社科联组织的社科普及示范基地复评、申报工作中，无锡市11家省级基地全部通过复评（其中无锡市图书馆、无锡博物馆、无锡百草园书店被评为优秀省级社科普及示范基地），此外，冯其庸学术馆、江阴市香山书屋、无锡地方特色文化遗产馆藏群、无锡市新时代文明实践指导中心、无锡中国民族工商业博物馆5家市级基地首次获评省级基地。

（卞雨江）

【13项活动获省社科联社科普及专项资助】 在2019年江苏省社科普及专项资助申报工作中，无锡市申报的“无锡市社科界庆祝新中国成立70周年系列活动”“传承工商基因，弘扬锡商精神——工商文化系列普及活动”被列为重点资助项目，另有11项活动被列为一般资助项目。

（卞雨江）

无锡市归国华侨联合会

【概况】 2019年，无锡市归国华侨联合会以增强政治性、先进性、群众性为目标，深化侨联改革，凝聚侨智侨力为夺取“强富美高”新无锡建设关键性胜利，奋力当好全省高质量发展领跑者作出侨界贡献。至年底，全市有归侨183人，侨眷10多万人。

（许竹敏）

【思想引领】 1月，市委批准建立侨联党组，配齐党组班子，出台议事规则。开展“不忘初心、牢记使命”主题教育系列活动，举办以“建设新中国，奋进新时代”主题的侨界故事分享会。开展《亲情中华·侨与祖国》主题征文活动。在纪念五四运动100周年之际，无锡市侨联和无锡市交通广播联合制作《中国梦，无锡情》专题节目“侨青心向党，建功新时代”。国庆节前夕，举办纪念新中国成立70周年暨市侨联成立40周年庆祝大会，表扬一批新侨创业菁英、优秀侨企和先进侨务工作单位及个人。在参加江苏省侨联举办的“时代新人说·侨与共和国”主题演讲比赛中，讲述杰出海外乡贤邵品刿家国情怀的《开在家乡人心头的千年海棠》获得一等奖。

（许竹敏）

【创新创业系列活动】 11月，市侨联与江南大学侨联联合举办“创业中华·智汇江苏”——新侨菁英创享无锡活动，邀请中国侨联、省侨联、海内外侨界相关人士参会，中国侨联新侨创新创业联盟理事作主旨演讲，同时为中国侨联侨创联盟理事、省侨创联盟理事与无锡产业对接搭建平台，洽谈合作，征集海归高层次人才到无锡项目路演。在无锡物联网创新促进中心创建“新侨菁英创业孵化基地”，承担海外新侨回国创业的项目孵化。市侨联与新吴区侨联、江大侨联共同打造“海创江南”双创基地联盟平台，共同致力于开拓人才招引渠道，推动高校与园区的产学研合作，服务归国留学人员的科技创新创业。通过高校、职业院校侨界智囊团、人才库，成立高校侨联联盟，与侨企共建实验室，与园区共建研究院、产学研基地、联合研究中心。依托7个园区、1所高校的“江苏省创新创业基地”，成立侨创基地无锡联盟，推动高校与园区企业的产学研合作，服务归国留学人员的科技创新创业。每个季度与园区、高校举办一次“创业中华”新侨创新创业活动。锡山经济技术开发区、扬名创智园被省侨联授予“江苏省侨联新侨创新创业基地”称号。市侨联、新吴区侨联合力协调，引进上海万木春生物工程有限公司到无锡鸿山工业园区投资，注册资金2000万元。促成德国江苏总会总商会在无锡新吴区（无锡高新区）设立“德国江苏总会总商会无锡创业基地”。

（许竹敏）

【加深侨胞联谊】 2019年，市侨联举办无锡籍海外侨社侨领新春团拜会、中秋茶话会、圣诞联谊会等多项活动，加强与回国探亲侨胞的联系与互动。春节之前向海外友好侨社及重点联系侨胞分别寄发电子贺卡。全年接待美国、英国、泰国、澳大利亚、荷兰、加拿大、马来西亚、新西兰、罗马尼亚、巴西、德国等国家的华人华侨46批387人。参与第二届江苏发展大会无锡行暨第四届全球锡商大会的嘉宾邀请和服务保障工作。接待参加江苏发展大会的全美中国和平统一促进会秘书长吴惠秋、美国科罗拉多大学教授翟志强、新西兰中国和平统一促进会会长严隽人等侨领及全球各地共20位嘉宾。随省侨联出访肯尼亚、韩国、日本。组团出访巴西、智利，与多家侨社团签订友好合作协议。7月，在江阴天华艺校举办两期2019年海外华裔青少年“中国寻根之旅”夏令营江苏无锡营活动，该次夏令营接待美国、加拿大、德国、西班牙、澳大利亚、科威特等14个国家的320名华裔青少年学生，接待华裔青少年营员人数在全省最多。通过汉语和国学教育，增加书法、民乐、武术等中国传统民间艺术的体验与品鉴，弘扬中华民族优秀文化，帮助海外华裔青少年加深对祖籍国语言文化的了解和体验，增进中华情愫及桑梓情怀，做中国与住在国人民的友好使者、连结中国梦与世界梦的桥梁与纽带。10月，留法无锡籍女高音金湉，与巴黎之春艺术团、巴黎塞纳之春合唱团等近百名歌唱家、演奏家、音乐团体举行了“亲情中华·音爱同行”——中法友谊之夜音乐会，用歌声共同庆祝中法建交55周年；10月6~26日，中国无锡歌舞剧院创作演出的“亲情中华·魅力无锡”中加合作原创舞剧《寻》赴北美巡演，展示无锡的人文沉淀与魅力。10月，与致公党无锡市委、市文联、锡山区侨联等单位联合举办“亲情中华·相约无锡”第五届国际华人（海归）歌唱家音乐会献礼新中国成立70周年。

（许竹敏）

【维权关爱行动】 2019年，市侨联做好关爱老归侨工作，走访慰问高龄、鳏寡、困难归侨及吊唁去世老归侨家庭183户，发放困难补助和慰问品合计12.81万元。做好贫困归侨登记帮扶工作，做到精准帮扶。坚持开展侨法宣传，5月，开展第二届“法律宣传月”活动，分别和梁溪区侨联、新吴区侨联联合举办法律讲座，在全市侨联组织和侨界群众中开展对“外商投资法”的解读。举办侨法宣传广场志愿者服务活动，制作宣传资料向广大群众发放，并提供法律咨询。全年共协调处理涉及归侨侨眷、海外侨胞的48件（次）实际问题，包括海外华人子女入境签证、来华中文学习、房屋拆迁、祖屋产权纠纷、劳务纠纷、人身伤害、保障房申请等。

（许竹敏）

【组织改革】 年初，市侨联召开九届四次全委（扩大）会议，选举毛加弘为第九届委员会新任主席。1月，原侨办海外联谊等职能划归到侨联组织。探索“地方侨联+大学侨联+校友会”新机制，在无锡高校、高职院校成立侨联，先后成立7家高职院校侨联，建立无锡高校侨联联盟，探索高校侨联的创新发展。市级机关侨联成立，市侨青会换届，原市侨办主管的侨商协会明确为市侨联主管后，顺利按期换届并更名为无锡市侨商联合会。

（许竹敏）

无锡市台湾同胞联谊会

【概况】 2019年，无锡市台湾同胞联谊会认真落实中央对台方针政策，秉持“两岸一家亲”理念，团结乡亲，增进乡情，促进两岸同胞心灵契合，精心组织各类台胞活动，扎实做好服务台胞工作。全年，接待和服务定居台胞、常住台胞、岛内客人及台生120多人次，协助办理公务赴台12批94人次。组织台联专干、台籍人大代表和政协委员、台籍中共党员、中青年台胞等参加各类培训学习、交流、调研等近10场活动。加强宣传和信息上报工作，全年在省台联刊发信息45条、稿件17篇，单位通讯投稿获省台联三等奖。至年底，无锡市定居台胞172人（新增两岸婚生子女40名）。

（王志好）

【台胞学习】 2019年，市台联通过理事会认真学习贯彻党的对台方针政策，传达省台联工作会议精神，探讨创新台联工作思路，加强意识形态教育，强化党对群团工作的领导。

5月7日，无锡市8家省侨联创新创业基地成立侨创联盟

（许竹敏 供）

先后组织和参加全省台胞学习“习近平在《告台湾同胞书》发表40周年纪念会上的讲话”的座谈会、传达学习全国“两会”精神报告会。5月，组织2名定居无锡的省台联青委会委员赴福建学习交流。9月，参加全省台联系统专干“守初心担使命”红旗渠精神培训班学习，进一步接受革命精神洗礼，坚定信仰。10月，组织台胞赴镇江参观新四军江南指挥部和赵亚夫事迹馆，学习“亚夫精神”，培养担当意识和奉献精神。12月，组织台胞赴常熟“两岸书院”，邀请省台联原秘书长王银宝作台情报告和举办台胞学习会，并与两岸书院人员进行座谈。

（王志好）

【服务台胞】 2019年，市台联坚持走基层、送温暖、解难题，关心台胞的学习、工作和生活状况，维护台胞合法权益，解决台胞实际困难。全年走访慰问台胞家庭和去世老台胞家属及家庭90余户，转发上级对老台胞和生活困难台胞生活补助款7万余元。坚持端午节、中秋节和春节走访慰问。在高温季节走访慰问高龄老台胞和老台胞遗孀。市台联发放国庆70周年对老台胞、老台胞遗孀和身患重症台胞特别生活补助，让定居台胞感受到党和政府对台胞的关怀。协调多地派出所，为3位台籍小朋友进行台湾省户籍身份认定。为台商子女更改籍贯并办理高考加分提供帮助。为台胞提供各类政策咨询20余人次。市台联还开展形式多样的联谊活动，促进两岸同胞心灵契合。3月，承办全省“两岸姊妹情”女台胞活动，活动的2天时间里，两岸女同胞们增进了了解，加深了友谊。全年先后组织妇女台胞赴常州参加常锡通镇四市“两岸台胞情”活动、全省老台胞踏青活动、老台胞重阳节活动。组织台胞赴镇江、常熟与兄弟市台联座谈交流，中秋、春节台胞茶话会等活动。组织台胞参加省台联“迎中秋庆国庆”文艺演出，送演独舞《爱莲说》。

（王志好）

【海峡两岸交流】 2019年，市台联继续贯彻落实习近平总书记“两岸一家亲”的理念，发挥市台联民间交流优势，密切无锡台湾两地民间交流和联系。6月，组织无锡海峡两岸婚姻家庭9人参加首届全国海峡两岸婚姻家庭联谊活动。11月，协助全国台联在宜兴举办“海峡两岸一家亲”陶艺制壶技艺交流研讨会，近20位海峡两岸陶艺界大师齐聚一堂，共话中华传统制陶技艺，共谋制陶文化传承。

（王志好）

【参政议政】 2019年，市台联重视台籍人大代表、政协委员的参政议政工作，参与和关注台籍人大代表、政协委员参加各类考察、学习和培训活动，倡导台籍人大代表、政协委员履职履责，关注社情民意，为建设“强富美高”新无锡积极献言献策。组织台籍政协委员参加各项调研及考察，做好建议、提案的撰写工作。与相关单位领导共商集体提案办理落实情况，推动有关建议的落实。会长薛海萍“关于解决无锡市人力资源市场停车难问题的建议”提案，被市政府列为重点督办提案。密切关注两岸关系发展态势，台籍政协委员撰写的信息“当前争取台湾民心应着重讲清三个问题”被上级部门录用。6月，市政协常委、台籍政协委员薛海萍“一场主题教育的预热，一次‘初心’源头的探寻”一文被登载在无锡市政协公众号上。市台联牵头市政协农村农业局和粮食物资储备局民主监督员小组工作，组织协调监督员小组多次座谈调研和实地考察活动，参加“无锡好米”评比活动，考察秋粮收购储备工作，召开多次相关单位座谈，促进相关工作高质量落实。

（王志好）

10月30日，无锡市台联组织台胞参观水西村　（王志好　供）

无锡市残疾人联合会

【概况】 2019年，无锡市残联突出党建引领，把党建工作与中心工作相结合，把落实省市重点目标任务与满足残疾人服务需求相结合，把推动残疾人事业高质量发展与残疾群众对美好生活的向往相结合，探索具有无锡特色的残疾人事业高质量发展新路。《党建引领残疾人事业高质量发展的“无锡样板”》案例经验在中国残联微信公众号发表，市盲协主席严三媛、市残疾人托养中心分别获得“全国自强模范”和“全国优秀残疾人之家”荣誉称号，受到总书记习近平亲切接见。向全市推出12家党建助残基地，为各级党政机关、人大政协、社会群团、企事业单位的党组织和广大党员提供扶残助残、落实组织生活、进行党性锤炼的平台场所。市残联《不忘初心、牢记使命——无锡市残联党建助残阳光行动》MV登上学习强国平台。至年底，全市有残疾人近30万，其中持证残疾人95058人。

（李　洋）

【服务残疾人教育就业】 2019年，市残联举办残疾大学生就业训练营和辅助性就业产品展能大赛，成立无锡开放大学残疾人教育学院，将市残疾人就业管理中心和市残疾人综合服务中心合并为市残疾人就业服务中心，更加突出残疾人就业服务指导职能。在第六届全国残疾人职业技能大赛上，无锡选手获得1金1银1铜，省政府残工委秘书处向市委、市政府发来专题贺信。中国残联副主席、副理事长程凯到无锡调研残疾人就业工作。中国残疾人事业发展研究会残疾人劳动就业专业委员会年会暨残疾人高质量就业服务实践研讨会在无锡召开。

（李　洋）

【康复救助】 2019年，市政府出台了《关于完善残疾儿童康复救助制度的实施办法》，残疾儿童康复救助标准全面提高。以“青少年脊柱侧凸的残疾预防和康复干预”等作为残疾预防重点项目，带动残疾预防试点城市工作取得突破性进展。市特殊需要儿童早期干预中心顺利拿到教育资质，并建立康复教育联盟，构建校际教研共同体。全年有超过100人次的特殊需要儿童接受了融合教育，其中超过90%的孩子走进了普通幼儿园、小学。

（李　洋）

【残疾健儿勇夺奖牌】 2019年，在第十届全国残疾人运动会上，无锡市运动员夺得19块金牌、8块银牌、4块铜牌。由市残联承担训练、比赛和保障任务的江苏省残疾人坐式排球队荣获女子团体银牌、男子团体第四名。市残联被中国残疾人联合会、国家体育总局表彰为2015～2018年全国残疾人体育先进单位。

（李　洋）

【结对帮扶】 2019年，在第九届中国（无锡）国际文化艺术产业博览交易会上，无锡市残联与青海省海东市残联一起举办“让无锡看见海东之美”两市残疾人文创作品联展。全年为海东残联200余名残疾人、残疾人工作者及扶贫干部举办10期培训班。向海东市（县、区）捐赠扶贫资金和物资近100万元。结对帮扶的宜兴市芳桥街道后村村成功脱贫。

（李　洋）

【残疾人合法权益保障】 2019年，市残联会同市人社局等部门组织对残疾人就业情况进行劳动监察，实地抽查全市用人单位70余家，保障残疾职工的合法权益。为满足残疾人多样化需求，组织实施25个公益创投项目，服务残疾人数达1943人，其中江阴市“生命的力量”宣讲志愿服务项目在省委宣传部组织的“文明实践志愿同行”第四届江苏志愿服务展示交流会上喜获银奖。对344户低收入残疾人家庭无障碍改造。组织残疾人代步车置换（更新）工作，全市残疾人代步车置换工作累计完成购车上牌980辆。市残联进一步完善残疾人意外伤害保险制度，将残疾人保险项目拓展到门诊、住院、大病、各类意外、住院津贴等范畴。配合民政部门做好残疾人两项补贴工作和生活困难、靠家庭供养且无法单独立户的成年无业重度残疾人单独纳入低保政策的落实。年内，有5851名残疾人享受低保，有27430名残疾人享受困难残疾人生活补贴，有31137名重度残疾人享受护理补贴。市政府投资约2.8亿元的无锡市残疾人综合服务基地开工，建成后将满足600名0~6岁、200名7~17岁少年儿童康复教育的硬件需求，同时成为残疾人文体活动的场地。年内，受理残疾人网上、来信、来访681批（件）次，信访件办结率100%，涉法涉诉件办结率100%。

（李　洋）

【助残日活动】 2019年，在第29个全国助残日到来之际，市残联组织举办“自强当歌、携手共舞”庆祝活动，同时对“扶残同行的领跑员”“身残志坚的追梦人”和“助残脱贫的践行者”三类优秀典型进行了表彰。在12月3日“国际残疾人日”，《无锡日报》刊发《我们身边的残疾人》身残志坚的追梦人典型事迹专版。

（李　洋）

5月15日，市残联在市工人文化宫举办“自强当歌 携手共舞”——无锡市庆祝第29次全国助残日活动　（无锡市残疾人联合会　供）

12月5~9日，无锡市残联特邀青海省海东市残联在第九届中国（无锡）国际文化艺术产业博览交易会上共同举办两市残疾人文创作品联展

（无锡市残疾人联合会　供）

无锡市红十字会

【概况】 2019年，市红十字会为助力健康无锡建设和推动文明城市创建发挥作用。全年全市募集资金2181.59万元；开展应急救护培训初级救护员10839名和普及培训90672名，分别完成省年度目标的155%和159.07%；完成造血干细胞捐献新增采样入库1385人份，比上年增长24%，实现捐献造血干细胞13例，比上年增长160%，造血干细胞捐献服务被省红十字会评为一等奖；器官捐献14例，比上年增长127.3%。

12月18日，江苏省红十字会第十次会员代表大会在南京召开，市红十字会会长曹锡荣，党组书记、常务副会长殷兰青，惠山区钱桥街道晴山蓝城社区书记邓超当选为省红十字会第十届理事会理事。无锡市红十字会被表彰为全省红十字系统先进集体，无锡市红十字会华锡明、宜兴市红十字会张晓红被表彰为全省红十字系统先进工作者。

9月2～3日，中国红十字会第十一次全国会员代表大会在北京召开，江阴市红十字会副会长檀春节、惠山区钱桥街道晴山蓝城社区党总支书记邓超作为无锡市正式代表出席大会；惠山区红十字会常务副会长花茂波被评为全国红十字会系统先进工作者。

（刘　森）

【交流学习】 4月22～28日，无锡市红十字工作考察团一行10人赴台湾学习考察，先后考察红十字会台湾省分会、新北市分会、台中县分会、南投县分会、高雄市分会以及慈济骨髓干细胞中心，与六地红十字会会长、总干事、主任分别交流工作经验和工作心得，参观台北市中正老人服务暨日间照顾中心、南投备灾整备中心和慈济骨髓干细胞中心。

（刘　森）

【爱心募捐】 2019年，《无锡市红十字会互联网募捐工作管理办法》制定印发，举行“无锡市红十字捐献（捐赠）者事迹分享会暨2019年红十字人道万人捐启动仪式”，推进网上荣誉墙和在线颁发电子捐赠证书，推动公益捐赠纳入个人信用积分档案，向捐赠单位（个人）寄发感谢信、倡议书456份。“衣旧是爱”公益项目募集爱心衣物2.7万余件。宜兴市红十字会启动实施“玖爱壹心”基金项目，9个冠名基金项目总额1000万元。惠山区7个乡镇（街道）均设立“惠爱”红十字助困帮扶基金，深度覆盖全区特殊困难人群。

（刘　森）

【人道帮扶】 2019年，市红十字会依托“博爱送万家”“红十字爱心桥”“红十字心理援助”“红丝带关爱”等公益救助品牌建设，实施精准救助。全年累计发放救助款801.46万元，受益群众16029名，其中，对上争取天使基金51万元，惠及18个家庭。8月22～24日，省红十字会党组书记、常务副会长齐敦品率队赴青海省考察对口支援工作，无锡市红十字会党组书记、常务副会长殷兰青携无锡市第二人民医院医疗专家团队随行考察交流，期间为200余例患者免费诊疗，无锡市红十字会向海东市红十字会捐赠款物65.031万元。全年全市红十字会系统对口援助延安、海东、新疆和徐州四地计164.309万元款物，超额完成省下达100万元目标。与中国红基会合作开展“伙伴+计划”，推动“帮你回家”定位手环项目上线腾讯99公益平台。滨湖区红十字会与第九人民医院合作开展“民和‘博爱光明行’项目”，为青海省民和县108名贫困白内障患者实施复明手术。

（刘　森）

【创新建立“AED”地图】 2019年，市红十字会在红十字示范校、景区救护站等配置AED，率先在全省红十字会系统出台《无锡市红十字会关于公共场所配置自动体外除颤仪管理办法》，拓展微信订阅号线上服务功能，首创无锡市124台AED腾讯地图，打造“互联网+急救”平台，一键导航服务群众。

（刘　森）

【打造“帮你回家”定位手环项目】 2019年，市红十字会与市公安局创新建立“帮你回家”易走失人员定位手环公益项目，建立同110指挥中心联网智能平台，为全市患阿尔茨海默病等易走失人员提供定位监护服务，变被动寻找为主动看护。全年向700名易走失特殊困难人员免费配发定位手环，该项目被列入2019年无锡市新型智慧城市百优案例。

（刘　森）

【志愿服务】 2019年，市红十字会策划申报中国红十字总会青少年社会实践和省红十字会人道项目14个，比上年增长136.4%，江南大学“医+益”青少年青春健康关爱计划获省“博爱青春”暑期志愿服务项目一等奖。3支市属红十字志愿队被评为省优秀红十字志愿服务组织，162名志愿者被评为星级志愿者。开展养老照护知识普及4324人，志愿服务3925户家庭。推动10所院校创建成第六批省红十字示范校，累计建成62所红十字示范校，列全省第二。在14所高职院校培养3600名学生同伴教育主持人，普及防艾知识近4万人。开展清明祭奠人体器官（遗体）志愿者活动。优化工作流程，实现捐献造血干细胞创历史新高、列全省第二，惠山区红十字会捐献造血干细胞工作被省红十字会通报表扬。

（刘　森）

【拓宽公益传播渠道】 2019年，“无锡市红十字会微信订阅号”升级改版，新增核心业务信息、爱心救助资源、实时便民业务等线上服务功能。市红十字会与无锡市梁溪之声广播电台合作创办《红十字之声》栏目，与报社合作开设“红十字爱心桥”专栏，举办首届无锡市红十字好新闻评选。市红十字会获2019年度《中国红十字报》报刊宣传先进集体特等奖。

（刘　森）

无锡市关心下一代工作委员会

【概况】 2019年，市关心下一代工作委员会（以下简称“关工委”）组织开展“传承爱国精神、争做‘三有’新人”主题教育活动，加强青少年爱国主义教育。各级关工委组织2870名“五老”（老干部、老战士、老教师、老专家、老模范）编写宣讲材料2290篇，作宣讲报告4194场次，听讲青少年135.9万余人次；参加征文演讲、社会实践等活动的青少年158.9万余人次。推进预防和减少青少年违法犯罪工作，全市组织2769名法治教育报告员作普法宣讲报告3244场次，听讲青少年94万余人次。组织5735名“五老”结对帮教帮扶4024名失足、后进青少年。组织1314名“五老”对网吧、电子游戏室进行义务监督。发动社会力量资助贫困学生1.2万余人次。至年底，全市97%以上的社区（村）没有未成年人犯罪。加强校外教育辅导站建设，全市有各类辅导站（点）3760个，社区（村）中心辅导站电子阅览室858个，配置电脑5930台；参加辅导站工作的“五老”10800名，在职教师8599名，大学生村干部1000名，其他志愿者5207名，全年辅导学生109.1万余人次，到电子阅览室活动的学生32.7万余人次。深化民营企业关工委工作，坚持党建带动民营企业关工委建设，落实“以块为主、条块结合”的领导体制和工作机制。至年底，全市有民营企业关工委4257个。

（华治平）

【非建制性功能型党支部成立】 8月16日，市委离退休干部工委批复同意市关工委成立非建制性功能型党支部，由7名驻会退休党员干部组成，市关工委主任缪根宝任党支部书记，副主任戴锡生任组织委员，副主任须俭任宣传委员。党支部成立后，组织支部党员开展学习教育活动，加强市关工委政治建设和驻会退休党员干部自身建设。

（华治平）

【加强组织建设和“五老”队伍建设】 8月13日，市委组织部、市委老干部局、市关工委联合下发《关于进一步加强基层关工委组织建设和“五老”队伍建设的意见》，从健全完善组织网络、配齐配强领导班子、发展提升“五老”队伍、加强工作团（组）建设、充实办公室工作力量、推进“五有五好”建设等六个方面入手，通过强化组织领导、落实经费保障、积极开展活动等措施，推进基层关工委组织建设和“五老”队伍建设，提升基层关工委工作水平。至年底，全市有各级关工委组织6108个，热心关心下一代工作的“五老”5万余人。

（华治平）

【关爱助学金设立】 6月，市关工委、市教育局联合设立关爱助学金，资助在无锡公办高校、市区公办中小学校品学兼优的贫困学生。年内，经审核确定资助对象180名，发放助学金29万元。

（华治平）

【“关爱下一代”专栏开设】 自3月起，市关工委在《无锡日报》教育周刊开设“关爱下一代”专栏，集中宣传报道基层关工委工作动态、创新实践、典型经验和“五老”先进事迹，营造全社会共同支持参与关心下一代工作的良好氛围。年内，专栏刊出12期，其中7～8月每月两期，其余每月一期。

（华治平）

编辑　邵文凯

依法治市

【概况】2019年是无锡市委全面依法治市委员会成立的元年，全市贯彻落实习近平总书记全面依法治国新理念新思想新战略，构建依法治市新格局。3月15日，成立市委全面依法治市委员会，办公室设在市司法局，设立立法、执法、司法、守法普法4个协调小组。7月11日，召开市委全面依法治市委员会第一次会议，审议通过《市委全面依法治市委员会工作规则》《市委全面依法治市委员会办公室工作细则》《市委全面依法治市委员会协调小组工作规则》《市委全面依法治市委员会2019年工作要点》《市委全面依法治市委员会办公室组成人员名单》《市委全面依法治市委员会办公室协调小组组成人员名单》，制定下发委员会2019年工作要点，推动7个市(县)区全部建立党委法治议事协调机构，形成上下贯通、协同高效的依法治市组织架构。年内，市委将依法治市工作纳入无锡市发展总体规划和年度工作计划，将依法治市工作纳入全市年度综合考核指标。组织开展领导干部述法考评，全市5173名机关干部对700名市管领导干部的年度述法情况进行民主测评打分，好评率95.7%。组织开展重点领域法治督察，完成对全市食品药品监管执法司法、营造法治化营商环境保护民营企业发展、推动党政主要负责人履行推进法治建设第一责任人职责等工作的督察。建立法治建设监测评价体系，制定下发《2019年度法治无锡建设工作监测评价实施方案》，对各地、各部门进行法治建设年度监测评价。开展法治建设满意度测评，委托国家统计局无锡调查队在全市82个镇街道开展人民群众对当地法治建设满意度的调查测评。组织开展法治政府建设示范创建活动，江阴市、宜兴市入选全省首批法治政府建设示范县(市、区)。委托中国政法大学法治政府研究院制定无锡市法治政府评估指标体系，出具年度法治政府评估报告，为法治无锡建设提供明确的目标和方向。

(陆　斎)

【法治队伍建设】年内，市委全面依法治市委员会及办公室、协调小组人员落实到位，组织由72个市级机关部门和7个市(县)区法治骨干组成的法治建设联络员队伍，成立由20余名省、市新闻媒体记者组成的法治无锡新闻报道员队伍，举办全市学习习近平总书记全面依法治国新理念、新思想、新战略专题培训班。

(陆　斎)

【法治制度建设】年内，市委制定下发全面依法治市委员会工作规则、协调小组工作规则、办公室工作细则。建立法治督察制度，建立完善全面依法治市工作信息旬报工作制度、法治无锡建设新闻发布会制度、法治无锡建设实事工程制度，编发信息旬报34期，召开法治无锡建设新闻发布会5次，实施市级法治惠民实事工程13件。

(陆　斎)

地方立法

参见第73页“地方立法”内容

政法委及综治

【概况】2019年，无锡市把新中国成立70周年大庆安保工作贯穿全年，创新建立国家安全工作联动机制、社会稳定工作协调机制，开展“防风险、除隐患、保大庆”活动，攻坚化解重大社会矛盾和信访突出问题，确保政治安全和社会稳定。市、市(县)区两级党政领导接访率位居全省第一。无锡市和宜兴市、惠山区、新吴区、锡山区被评为2019年度全省信访工作先进单位，锡山区被国家信访局评为2019年度信访工作“三无”(无进京上访、无到省非访和集体访、无到市非访和重复集体访)县(市、区)。

(赵小勇)

【扫黑除恶】　年内，无锡市加强依法严惩、源头治理、综合整治，建立健全线索核查三项机制、案件侦办五项机制，同步开展“打伞破网”、“打财断血”、净化基层等工作，严肃整治对黄赌毒和黑恶势力听之任之、失职失责甚至充当“保护伞”问题。在全省率先围剿“套路贷”违法犯罪，率先建立“套路贷”黑恶犯罪治理机制，率先应用非法金融活动信息监测平台。针对中央扫黑除恶第17督导组督导反馈意见，制定4个方面20条

表 17　　2019 年无锡市政法系统获省级以上荣誉一览表

单位、个人名称	荣誉名称	授奖部门
市中级人民法院研究室	全国法院调研工作先进集体	最高人民法院
市中级人民法院	全国法院学术讨论会“30 年组织工作突出贡献奖银奖”	
	全国法院系统 2019 年度优秀案例分析评选活动先进组织单位奖	
	全国维护妇女儿童权益先进集体	全国妇联
市中级人民法院刑事审判第一庭	全国法院刑事审判工作先进集体	最高人民法院
市中级人民法院，江阴市、宜兴市人民法院	全国“优秀直播法院”	中国法院国际互联网站
宜兴市、梁溪区、高新区（新吴区）人民法院	2019 年度司法宣传工作表现突出的人民法院	最高人民法院政治部、最高人民法院新闻局、人民法院新闻传媒总社
宜兴市人民法院	全国法院“基本解决执行难”工作先进单位	最高人民法院、人力资源与社会保障部
梁溪区人民法院	2016 ~ 2018 年全国“青少年维权岗”	全国创建青少年维权岗活动领导小组办公室
新吴区人民检察院未成年人检察工作科	全国巾帼文明岗	全国妇联
江阴市、宜兴市、梁溪区、锡山区、惠山区、滨湖区、新吴区人民检察院	全国青少年维权岗	共青团中央、最高人民检察院
市人民检察院，江阴市、宜兴市、梁溪区、锡山区、惠山区、滨湖区、新吴区人民检察院	2019 年度全国检察宣传先进单位	最高人民检察院 检察日报社
市公安局出入境管理接待窗口	全国三八红旗集体	全国妇联
市公安局国保支队	全国公安机关 70 周年大庆安保工作成绩突出集体	公安部
江阴市公安局禁毒大队	全国“禁毒 2018 两打两控”专项行动成绩突出集体	国家禁毒委
市司法局	全国安保工作先进集体	司法部
江阴市	全国普法办“七五”普法中期先进县（市、区）	司法部、全国普法办
市司法局	全国普法办“七五”普法中期先进集体	
	全国司法行政机关 2019 年国家统一法律职业资格考试工作表现突出单位	司法部
宜兴市司法局张渚司法所、惠山区司法局玉祁司法所	全国模范司法所	
新吴区司法局	第 15 届全国法治动漫微电影作品征集展播活动“微视频类”一等奖	司法部、国家互联网信息办、全国普法办
江阴市人民调解委员会、梁溪区人民调解委员会	坚持发展“枫桥经验”实现矛盾不上交试点工作表现突出集体	司法部

续表 17

单位、个人名称	荣誉名称	授奖部门
江苏神阙律师事务所	全国公共法律服务工作先进集体	司法部
江阴市司法局行政执法协调监督科	全国法治政府建设工作先进单位	
市国家安全局 5 项专项工作	集体二等功	国家安全部
市人民检察院，江阴市、梁溪区、锡山区、滨湖区人民检察院	2016 ~ 2018 年度江苏省文明单位	省精神文明建设指导委员会
市委政法委、市公安局、市公安局大庆安保情报信息工作专班	新中国成立 70 周年大庆全省安保工作先进集体	省委政法委、省人力资源社会保障厅
陆晓燕	全国法院学术讨论会 30 年司法理论研究突出贡献铜奖	全国法院学术讨论组织委员会
蔡萍	全国法院国家赔偿审判与司法救助工作先进个人	最高人民法院
闵仕君	全国法院“基本解决执行难”工作先进个人	最高人民法院、人力资源与社会保障部
陈教智	全国优秀法官	最高人民法院
徐静超、顾建	全国维护妇女儿童权益先进个人	全国妇联
马佳、胡波	全国公安机关第一批援疆工作成绩突出个人	公安部
邱海波	全国公安机关第一批援疆工作个人三等奖	
谈俊杰、陈伟、曹阳	全国公安机关第一批援疆工作个人嘉奖	
郭朝宏	涉港安保工作个人二等功	
余晓刚	全国打击虚开骗税违法工作先进个人	国家税务总局、公安部、海关总署、中国人民银行打击虚开骗税工作领导小组
戴璟晶、方云平	坚持发展“枫桥经验”实现矛盾不上交试点工作表现突出个人	司法部
过夏、蔡伟	全国普法办“七五”普法中期先进个人	全国普法办
施晓红	全国司法行政机关 2019 年国家统一法律职业资格考试工作表现突出个人	司法部
朱富春、胡敏洁	全国模范司法所所长	
顾建	新时代司法为民好榜样	
管茜	全国法律援助先进个人	
储小悦、孙汉才	全省“人民满意的公务员”	省委、省政府
郭朝伟	第七届江苏最美警察	省公安厅
吴晓东、宋可喜、张晖、陆建君（女）、陈锡平、郑小峰、秦健明、钱明干、殷学岭、唐忠源、黄赟、蒋国成、曾新华、雎峰、魏雷云	新中国成立 70 周年大庆全省安保工作先进个人	省委政法委、省人力资源社会保障厅

（市委政法委）

整改措施，市委、市政府主要领导深入一线督导整改，相关市领导分工负责、全程跟踪落实。无锡市扫黑除恶专项斗争绩效位居全省前列，得到中央督导组的高度评价。

（赵小勇）

【平安无锡建设】 年内，无锡市创新打击新型犯罪机制，升级完善社会治安防控体系，加大公共安全隐患排查整治力度，进一步落细落实夯基础、保民安各项措施。全市18个治安重点地区和10个突出治安问题得到有效整治，八类案件、“两抢”警情和火灾事故受伤人数、直接财产损失比上年明显下降，交通事故亡人数“16年连降”；社区矫正对象、在帮刑满释放人员重新违法犯罪率低于省控标准，解除强制隔离戒毒人员后续照管模式全省推广。江阴市、宜兴市群众安全感达99.15%，并列全市第一；梁溪区完成95个老旧小区技防改造工程；全市81个镇（街道）被命名为平安镇（街道）。

（赵小勇）

【法治无锡建设】 年内，无锡市建立健全市委全面依法治市委员会，完善工作规则，加强统筹协调，制定实施法治政府评估指标体系，坚持法治无锡、法治政府、法治社会一体推进。完善地方立法体系，协调立、改地方性法规9件、政府规章13件，废止6件。推进严格执法、公正司法，加强执法司法规范化建设，完善落实常态化监督措施，提升执法司法公信力。做好法治保障发展工作，推出一系列司法护商利企举措，妥善审结一批产权纠纷案、破产案。构建完善公益宣传、精准普法和公共法律服务云体系，建成省市两级法治文化示范点412个，市级机关部门月度普法项目落实率、三级公共法律服务中心（站）省贯标建设达标率均达100%。滨湖区法治建设满意度位居全市第一。

（赵小勇）

【政法领域改革创新】 年内，无锡市推进政法机关机构改革，市、市（县）区两级党委政法委和政法各单位职能定位更加明确、机构设置更趋合理、力量配备不断加强。市法学会机关列入市级群团机关管理。持续深化司法体制改革，司法责任制全面落实，综合配套机制更加完善，公益诉讼案件办理质效位居全省前列。创新网格化社会治理，市级网格化治理大数据中心初步建成，各市（县）区网格化服务管理中心全部落实事业编制、联动处置平台全面上线运行，经济开发区全面配备专职网格员，对8个优秀镇（街道）、106个优秀村（社区）实施以奖代补400万元。建成全国首个地市级图控中心，“雪亮工程”二期立项实施，9万余路视频监控联网共享。政法业务协同系统深化应用，“枫桥式”基层政法综治信访单位建设全面推开。

（赵小勇）

法治政府建设

【概况】 2019年，无锡市贯彻落实中共中央、国务院《法治政府建设实施纲要（2015～2020年）》和省委、省政府《江苏省贯彻落实〈法治政府建设实施纲要（2015～2020年）〉实施方案》，加强法治政府建设。建立健全由政府主要领导牵头的依法行政工作领导协调机制，将推进依法行政、建设法治政府目标任务纳入经济社会发展、全面深化改革总体规划和年度工作计划；市政府常务会议、市全面推进依法行政工作领导小组听取并研究新形势下推进法治政府建设重大问题，全面部署2019年度法治政府建设目标任务；制定下发《2019年度无锡市依法行政工作要点》。抓好推进依法行政、建设法治政府的组织协调、督促指导、调查研究，全面落实对各市（县）、区政府法治政府建设，各市直部门依法行政年度目标任务综合考核。组织开展全市2018年度依法行政、法治政府建设工作考核，及时通报考核结果并反馈存在的问题。抓住领导干部关键少数，落实领导干部学法制度，市政府常务会议全年组织学法4次。加强重点对象学法，全年组织县处职领导干部任前法律知识考试5批、45人，参考率和通过率均达100%，领导干部的法治意识、法治能力提升。完善法律顾问制度，市、市（县）区政府法律顾问聘请率100%。制定无锡市法治政府评估指标体系，推动镇（街道）以上政府部门、村（社区）法律顾问实现全覆盖。年内，市政府依法审核审查政府各类文件、文书、合同140余件，依法办理重大信访复核事项30件，集中修改地方性法规5件、政府规章和规范性文件6件，废止6件。

（陆 裔）

【放管服改革】 年内，无锡市推进集中行政许可权改革。建成行政审批局“1+7”（1个市行政审批局和7个市（县）区行政审批局）服务体系，做到“一枚印章管审批”。加快实施电子营业执照“一城通用”，全市累计发放电子营业执照10余万份。加快企业名称自主申报，加快“证照分离”改革，加快开业、注销“一网通办”。开通“全链通”服务平台，推进简易注销改革，全市累计办理简易注销登记7573户，为企业节省公告费用227.19万元。深化工程建设项目审批制度改革。实施工程建设项目审批清单管理，对梳理出的124项市级审批服务事项，按照“减、放、并、转、调”的要求，取消13项、下放2项、合并10项、转变管理方式2项、调整审批时序3项、实施告知承诺8项、保留83项。开展全国工程建设项目“多规合一”业务协同改革试点，推进水、电、气外线工程“一门通审”。全市工程建设项目审批时限压缩至100个工作日内，提速60.78%，提前完成省定改革目标。完善“互联网+政务服务”运行体系。构建线上政务服务系统，全市政务服务事项网上可办率95.8%，月平均活跃用户近5万人次。依托“一窗受理”体系推动51个事项实现长三角“一网通办”，完成11类、91项数据信息的系统对接,推出自助缴税服务。推广江阴徐霞客镇一窗办理全科政务服务模式,建成15分钟便民办事服务圈。全市已建成"分类+专业""一窗受理"体系,90%以上政务服务事项实现一窗分类受理。促进审批服务提质增效。政务服务事项进驻同级政务服务大厅实现"应进必进",建成集行政审批和公共服务为一体的四级政务服务体系。在省内首家制定《无锡市电子证照应用管理暂行办法》,为全市618种、210万条电子证照使用提供法治保障。全市政务服务系统办理各类事项395.47万件,按时办结率100%,承诺件提速率56.3%,提交材料平均减少51.4%。健全约束和惩戒机制。对重点领域和严重失信行为实施联合惩戒,通过信息共享,推动其他部门和社会组织依法依规对严重失信行为采取联合惩戒措施。市住房城乡建设局、市社会信用体系建设领导小组办公室印发《无锡市市区住房保障诚信管理办法(试行)》,推进无锡市区住房保障诚信体系建设,推动住房保障制度稳定有序运行;市发改委编制无锡市公共信用产品应用清单、失信行为负面清单、联合奖惩措施清单,构建"事前信用承诺、事中信用监管、事后失信惩戒"的新型信用监管模式,促进营商环境优化。

(陆　裔)

【政府规章制定】 年内,无锡市召开立法工作推进会。召集全市有立法任务的单位,重点围绕市委、市政府中心工作,针对解决无锡市经济社会发展的重点难点以及民生等问题,就年度立法项目、调研项目和立法后评估项目的工作内容、标准和进度进行明确和部署。做好政府立法工作。提请市人大常委会审核《无锡市旅游市场条例》《关于〈无锡市禁止燃放烟花爆竹条例〉等地方性法规的修正案》《无锡市献血条例》《无锡市建设工程质量管理条例》等地方性法规,基本完成年度立法计划任务。建立健全政府立法机制。完善政府立法协商机制,就《无锡市旅游市场条例》《无锡市建设工程质量管理条例》等草案制定,以多种形式全过程听取旅游协会、建筑协会、建筑监理协会、建设单位等相关企业和行业协会商会的意见。加强规范性文件清理。对《无锡市电梯安全监督管理办法》《无锡市水文管理办法》《无锡市中小企业转贷应急资金管理办法》等6个政府规章和规范性文件进行集中修改;对《无锡市企业安全生产主体责任暂行规定》《无锡市主要水污染物排放指标有偿使用费征收管理暂行规定》《无锡市主要污染物排污权有偿使用和交易管理暂行办法》等6个政府规章和规范性文件予以废止。做好规范性文件备案工作。及时报送2018年度规章和规范性文件的制定情况,学习报备格式、系统操作等相关新规定;全年全市收到市级部门和市(县)区政府备案规范性文件23件;向国务院、省人大、省政府、市人大报备政府规章4件,向省政府、市人大报备规范性文件2件,备案率、及时率、合格率均达100%。

(陆　裔)

【执法监督】 年内,无锡市推进行政执法体制改革。开展无锡经济技术开发区综合执法改革工作,引领推动经济技术开发区改革发展,有序推进经济发达镇综合执法改革工作。明确生态环境保护行政执法有关事项,列出并公布执法权力清单和责任清单,规范环保行政执法,推进生态环保领域综合执法改革。推行行政执法"三项制度"(行政执法的公示制度,行政执法全过程的记录制度,重大执法决定的法制审核制度)改革。制定推行行政执法"三项制度""1+3"的制度规范体系,组织全市行政执法机关开展推行行政执法"三项制度"专题教育培训;将市公安局、市市场监管局、市行政审批局建设成"三项制度"示范样板点;加强巡察督查,高标准推动"三项制度"落实落地。规范执法管理提升执法质量。开展全市执法主体清理,清理执法主体50个,取消8个,对符合条件的42家行政执法机关依法重新授予行政执法主体资格并向社会公布。组织全市行政执法人员法律知识培训考试,1.2万余名执法人员通过考试,换发执法资格证,持证上岗执法;组织开展经济发达镇执法人员法律知识考试,50余名行政执法人员通过执法资格考试。组织开展《中华人民共和国安全生产法》《无锡市物业管理条例》执法检查,组织开展行政执法案卷抽查,发现执法问题200余条,提出整改意见500余条,督促有关执法机关限期整改。

(陆　裔)

【行政复议】 年内,无锡市丰富办案形式,实行"双人办案"、立案和审理相分离,多元化解行政争议。全年收到行政复议申请273件,受理230件。在办结的217件中,维持159件,驳回18件、撤回终止32件,撤销4件,确认违法2件,综合纠错率占办结案件总数的16.1%。贯彻执行好《市政府行政复议和行政应诉工作》规定,加强与市政府有关部门行政应诉工作方面的支持和合作。组织各市(县)区政府、市直各部委办局共计80余人,参加全市行政复议应诉人员实务培训,建立行政复议案卷的行政诉讼档案管理工作制度。推进行政裁决与行政复议、行政诉讼、民商事仲裁等其他救济方式的有机衔接,坚持调解与仲裁优势互补,将矛盾解决在基层,推行"告知承诺制"试点,当日事项即时办结,全年调解、和解率64.8%。全市1681个人民调解组织,排查社会矛盾纠纷26192次,调处成功矛盾纠纷102343件。优化信访工作流程,引导群众在法治框架内解决矛盾纠纷,至年底,无锡市初信初访信访件中依法分类处理信访诉求270件,组织市各地各部门报送依法分类处理信访诉求典型案例40个。全年全市处理信访事项2.9万余件,受理率和按期办结率近100%,群众满意率提高。

(陆　裔)

【政务公开】 年内，无锡市重大行政决策集体讨论率、合法性审查率均达100%。启动《无锡市重大民生决策事项民意调查制度》《无锡市重大行政决策目录管理办法（暂行）》起草程序并征求意见。5月，召开无锡市区居民用天然气价格调整专题新闻发布会，市政府常务会议首次邀请4名市民代表列席，并参与“2020年为民办实事项目”讨论。全年市人大代表建议、政协提案总量681件，人大代表建议总满意率98.6%，政协委员提案总满意率100%。在市政府门户网站主动发布政府信息53条，组织召开各类新闻发布会50次、组织媒体专访11次，其中市领导参与6人次。制定无锡市政务公开工作要点，推动各地区、各部门政务公开工作落到实处。制定印发《市政府办公室关于机构改革后做好政府信息公开有关工作的通知》《市政府办公室关于进一步规范政府信息依申请公开办理程序有关问题的通知》，明确要求各地各部门依法做好政府信息主动公开等工作。持续提升“12345”政府热线服务多样化。推出“好差评”“企业通”“安全隐患举报”专项键，全市“好评”点赞率在全省排名第一。严格工单退回提级审核制、全市3次以上退单率环比下降近50%。运用大数据政情民意分析协调处置“韦博英语教育机构停业退费”等突发事件32起，提供“扫黑除恶专项斗争”等信息线索91条。全年政府热线日均呼入量1121件，比上年增长37%；微信公众号拥有粉丝3万余人，受理诉求2.3万件；派发电子工单21万余件，诉求处置结果满意率95%。

（陆 裔）

公 安

【概况】 2019年，无锡市各级公安机关实施改革强警和公安大数据“两大战略”，围绕18项年度重点任务，持续开展扫黑除恶专项斗争，提档升级立体化、信息化社会治安防控体系，有序推进防风险、保安全、促发展、优服务、强队伍、提能力等各项工作，确保全市政治安定、社会安全和人民安居。位于无锡经济开发区高浪西路58号的市公安局新警务中心建成投用，省委常委、市委书记李小敏，副省长、省公安厅厅长刘旸，市长黄钦等省市领导考察警务中心并调研全市公安工作。7月19日，无锡市委召开全市公安工作会议，总结中共十八大以来全市公安工作，对奋力开创新时代全市公安工作新局面、努力走在全省公安工作最前列进行研究部署。市委常委会审议通过《中共无锡市委关于加强新时代全市公安工作的实施意见》，推出派出所所长进班子等系列强警措施，解决影响公安工作长远发展的基础性、关键性问题。加强反颠覆防渗透、反恐防暴、维护社会稳定等工作，建设重大风险监测预警平台，开展矛盾纠纷大排查大化解专项工作，落实各项安保措施，圆满完成新中国成立70周年大庆、第二届“一带一路”国际合作高峰论坛、上海国际进口博览会和世界物联网博览会等重大安保任务和31批次警卫任务。围绕严重影响群众安全感的突出问题，开展惩治通信网络诈骗、盗抢骗、黄赌毒、“食药环”（食品药品和环境领域）犯罪等系列专项斗争，严惩重大刑事犯罪，严控民生突出案件，严查治安热点问题，全年破获公安部和省公安厅督办案件49起。落实侦办杀人、抢劫、枪爆等大要案工作机制，命案积案攻坚行动绩效排名全省第一。严格公安安全监管，开展公安安全监管隐患大排查大整治集中攻坚行动，交通事故起数、死亡人数、受伤人数和火灾事故受伤人数、直接财产损失数均比上年下降。围绕以“三网三机制”（技防、巡防、数据“三张防控网”，合成研判、联合指挥、合成打击“三大工作机制”）为核心的社会治安防控体系升级建设目标任务，统筹推进项目建设、机制融合、实战应用，提升治安防控体系科技含量和智能水平。加强执法规范化建设，推进受立案、刑事案件“两统一”执法运行机制改革和执法办案管理中心建设，推广应用智慧法制“1+8”系统，实现对执法核心要素的精准严密管控；举办首届公安机关行政复议诉讼辩论大赛。加强智慧警务一体化建设，制定大数据智能化建设总体规划、“数据赋能”攻坚行动方案、全市智慧警务一体化建设工作意见等，制定“物信融合、赋能警务”三年攻坚行动规划，明确智慧警务“一云”（将所有警务资源上云，数据、应用上云，打造警务一片云）、“两网”（建设智能泛在物联感知网和新一代公安信息网）、“三体系”（在感知网与公安网构建全情报体系，在公安网构建全业务体系，在感知网构建风险防控体系）发展框架。加强公安“放管服”改革，制定“放管服”改革5个方面22项任务，调整机构改革后行政权力清单事项12项。无锡公安“微警务”推出“有线车管所”栏目，升级居住证办理线上服务系统。推广应用公安信用数据归集报送平台。制定《无锡市公安局依法服务保障民营企业健康发展的若干意见》，新推12项便民利企举措，推广12项苏南国家自主创新示范区出入境政策措施。9个警种18个行政审批事项进驻市政务服务中心，全市各地政务服务中心开通公安“一号窗口”，依托户籍派出所、交警大中队、出入境服务网点和机动车登记服务站、警医邮服务网点，打造15分钟便民服务圈。推动“警格”“网格”双网融合，提高社区民警进村（社区）班子兼职率，全市所有户籍派出所均建成“派驻式”人民调解室，专职调解员配备率及持证率100%。开展“枫桥式”派出所创建和“李树干”式派出所民警评选工作。推进“110”减负增效工作，打造新时代具有无锡公安鲜明特色的人民满意“110”品牌。加强群防群治队伍建设，在全市公安机关开展“不忘初心、牢记使命”

主题教育，开展支部建设质量提升、党务干部能力提升、战斗堡垒作用提升“三项攻坚”和“践行忠诚使命、争当领跑先锋”主题系列活动；明确市公安局党委6个方面18项领导全市公安机关党建工作责任清单，建立无锡市公安局政治生态监控评估体系。开展三八“巾帼建功、奉献警营”、清明祭扫先烈、五四“青春勇担当、践行新使命”、庆祝新中国成立70周年公安摄影书画展等系列活动。开展全警大练兵活动，落实常态化实战培训。全局多个集体、多名民警受到市公安局以上表彰。

（耿永军）

【扫黑除恶】 2019年，中共中央、国务院部署开展为期3年扫黑除恶除专项斗争的第二年，全市公安机关坚持“有黑扫黑、有恶除恶、有乱治乱”，紧盯涉黑涉恶重大案件、“保护伞”、“关系网”和黑恶势力经济基础不放，推进扫黑除恶专项斗争，取得阶段性重要成果，得到中央扫黑除恶督导组的肯定。在全省上半年公众安全感测评中，群众对无锡市扫黑除恶专项斗争的知晓率和满意率分别为96.98%、96.26%，均位居全省第二。加强线索核查办理，制定涉黑涉恶“线索摸排核查”“警情分析研判”和“线索核查集体通案”等4个实施办法，“派出所滚动摸排”“日常接受举报”和“线索部门通报”等4项制度规范，严格执行“三长负责”（公安局局长、检察院检察长、法院院长）、集体通案、检法会商和双向移送制度，确保全部线索得到有效甄别处置。围绕“问题线索清零”“黑恶积案清零”目标，加强对“套路贷”（以民间贷款为“幌子”，利用欺骗、胁迫、虚假诉讼等不法手段让受害人“入套”，以达到直接侵害受害人高额财产的目的）犯罪、“黑赌合流”、“两占一暴力”（强占小区物业、霸占市场行业、实施暴力传销）、黑恶势力插手拆迁矛盾、农村黑恶等犯罪案件的侦办，铲除黑恶势力“关系网”、“保护伞”、经济基础和滋生土壤。全市查处涉黑组织9个、176人，恶势力犯罪集团28个、280人。加强对18个市级挂牌治安重点地区和10个突出治安问题的整治力度，铲除黑恶势力滋生地、汇集地。排查行业管理和社会治理中存在的监管漏洞和薄弱环节，牵头组织“套路贷”等非法金融活动专项治理工作，清理取缔、关停不正规小额贷款公司850余家。

（耿永军）

【“110”接处警服务】 2019年，市公安局“110”报警服务台受理各类警情340万余起，报警电话一次呼通率保持在99%以上，未发生一起有责投诉，接处警工作群众满意率始终保持在99%以上，“无锡110”减负增效的经验做法被公安部向全国推广。开展大数据指挥服务体系建设，推进情报指挥实战体系、实战机制、实战手段、实战品牌和实战队伍建设。升级市公安局联合指挥大厅，设置联合指挥、应急联勤和情报研判3个工作区、43个常设工位，建成在全国公安系统领先的巨幅高分辨率大屏，制定《无锡市公安局联合指挥“五化”建设和运行管理规范》，列出《无锡市公安局联合指挥工作事项》工作清单，强化纪律作风、量化目标任务、细化工作内容、优化工作流程、亮化人员标识；建立随长作战机制，固化每日晨会、对班管理、顶岗换班、业务培训等长效管理制度，确保联合指挥一体化、常态化、实战化运作。开展市（县）公安局、城区公安分局大数据指挥服务中心标准化规范化建设，全市多个户籍派出所完成综合指挥室升级建设任务，制定《无锡市公安派出所综合指挥室建设和运行管理规范》，实行视频点调、设警演练、“飞行检查”、定期通报等管理制度，推动市公安局、市（县）公安局（城区公安分局）大数据指挥服务中心和派出所综合指挥室三级指挥服务体系一体化运作。全年指挥处置重要警情2.6万余起，组织实施“关城门”作战190余次，直接抓获各类犯罪嫌疑人110余人。从情报体系、网络、手段、赋能、品牌五个方面推进全警情报工程建设，开展人力情报攻坚行动。实施“数据赋能”情报指挥，建成多维度情报防控网络，在移动端开展情报请求服务。与“滴滴”“顺丰”“哈啰出行”等20余家互联网公司签订警企合作协议或建立协作服务关系，搭建协作服务绿色通道，共建应急响应机制。组建“锡城数鹰”情报指挥数据战队，探索“数据+人脑+模型”数据实战应用机制和模式。建设智慧视频报警平台、互联网报警平台，研发“无锡110”微信小程序和APP平台，通过“视频报警”功能让指挥员、报警人和处警民警三方实时互动，实现对重大警情处置的“可视化、实时化、扁平化”。建立公安与网格化服务管理中心联动工作机制，联通“110”接处警系统与三级网格化服务智能管理平台，实现警情受理、一键推送、实时签收、处置反馈闭环流转，将非警务、非紧急警情实时分流至网格化服务管理中心，日均分流处置非警务、非紧急警情150余起。建立街面警情处置机制，制定《无锡市公安局街面警情指挥处置工作规定》，建设全市警力定位资源交互平台，实现巡防、派出所、交警等街面警力的实时上图展示，按照就近调警原则，交派路面警种力量处置街面警情，年内实现30%以上街面警情由街面警种联动自处，减轻派出所处警负担。建设社会应急（求助）联动平台并接入“110”接处警系统，联动成员单位72家，涉及社会管理、行政执法、民生保障、抢险救灾、生活求助等方面，全年联动处置警情5万余起。开展“恶意骚扰110”专项整治，规范恶意骚扰、谎报、扬言恐吓、疑似醉酒人员或精神病人报警四类警情处置工作，查处恶意骚扰“110”、谎报警情等违法嫌疑人293人。制作《“110”常见警情答疑100问》，通过以（警）情释法（律）的形式解答民警和群众在接处警和报警等方面的问题。建立“110”法律咨询服务机制，与多家律师事务所的50余名律师合作为报警

5 月 27~31 日，巡特警突击队员开展砥砺精兵“魔鬼周”极限训练活动
（耿永军 供）

群众免费提供法律咨询指导服务。建设“易走失人员定位手环专业智能平台”，会同市红十字会建立走失（招领）人员联动处置工作机制，实现易走失人员警情处置的规范化、信息化、效率化和社会化，年内免费向 500 余名易走失人员发放手环。

（耿永军）

【**社会面巡逻防控**】 年内，市公安局加强四级“巡防网”建设，整合警力资源，制定全市社会面巡逻防控布局规范，在 175 个查缉堵控点、335 条重点巡逻路线以及环省、环市、环区域 3 道查缉堵控圈的基础上，重新规划设置 18 处重点核心区域处置控制圈、12 处人员密集场所处置控制圈和 5 处一般区域处置控制圈。把街面动态巡逻防控和快速反应武装处置突发事件工作纳入全市“治安防控识别圈”整体布局中进行建设，PTU 作战单元、巡特警骑警队、警务工作站、卡口查报站构成环省、环市、环区域圈层防控闭环。开展全市街面警务工作站提档升级专项行动，对南禅寺、火车站、经开核心区等 15 个警务工作站统一外观标识、内部设置、勤务模式和力量标准，规范高效开展巡逻盘查工作，提升城市重点部位处置圈防控水平。对堵控效能明显下降的 52 个治安岗亭进行清理和点位调整。加强科技应用，建成巡特警勤务管理系统，整合 12 项 22 类数据资源，为实现精准巡防提供有力支撑。全市街面“两抢”（抢劫、抢夺）、扒窃拎包警情比上年分别下降 32.5%、13.8%，巡防抓获各类违法犯罪嫌疑人 2809 人。

（耿永军）

【**大型活动安全保障**】 年内，市公安局巡特警支队开展大型活动安全检查 240 次，整改各类安全隐患 1156 处，组织协调各类安保力量 9.7 万余人次，圆满完成无锡马拉松赛、江苏发展大会、世界物联网博览会等 235 项、724 场次、423.1 万人次参与的大型活动安全保卫工作。加强大型活动联动监管体系建设，将组织体系、联勤联动、市场运作、风险评估、现场管理和第三方监测等传统优势体现和应用到每项大型活动安全监管之中，固化组织架构模式，完善市场调节运作机制，整合政府部门职能，放大安全监管效能，形成安保工作合力。实行公安机关、主办单位、场所单位、保安公司“四方一体”联勤联动指挥运行。应用大型活动智慧安保平台和大型活动安保 3D 建模智能监管模式，构建视频防范、风险预警、现场管控、核心防护四个“智慧安保圈”，打造风险可视、可洞察的智慧型安保集成体系。制定《无锡市大型群众性活动安全管理办法》，由市政府发布后于 2019 年 12 月 1 日起施行，明确大型活动释义原则、安全责任、安全标准、风险评估、安全许可、安全监管和法律责任等事项，厘清政府部门、公安机关、承办单位、管理场所和社会公众责任边界，做到大型活动安全监管有法可依、有章可循、有据可查、有人负责。

（耿永军）

【**公安科技信息化工作**】 年内，市公安局实施“数据强警”“科技强警”“创新强警”战略，加强科技信息化项目规范化管理，推进大数据智能化建设、“数据赋能”攻坚行动。制定《2019 年智慧警务建设发展重点任务》《无锡公安大数据智能化建设总体规划方案》《无锡公安“数据赋能”攻坚行动工作方案》《全市公安机关智慧警务建设应用技能提升行动实施方案》《无锡市公安局“物信融合，赋能警务”三年攻坚行动规划》，明确警务大数据采聚、整合、应用的“规划书”“路线图”“施工表”和“时间轴”。会同市大数据管理局、市财政局下发《关于加强全市智慧警务一体化建设的工作意见》，在全市新型智慧城市建设总体框架下织密全息泛在的感知一张网，打造集约共享的大数据一中心，构建项目建设和管理上下协同发展生态一盘棋，推进全市公安机关智慧警务一体化发展。落实《无锡市公安局科技信息化项目管理规定》《关于加强全市智慧警务一体化建设的工作意见》，推进“智慧警务”新体系和警务云一体化项目建设，加强项目论证和验收的前置审查，细化操作规范流程，全年组织论证拟建项目 27 个、验收项目 28 个，对 48 个项目实施前置审查。开展 2019 年无锡智慧警务科技成果推广计划（“星火计划”）活动，在世界物联网博览会主场馆布建“物联网 + 公共安全”主题展厅，展示推广智慧警务建设成果。会同市总工会开展“智慧公安我先行”无锡公安基层技术革新专项活动，提高科技创新培育孵化能力，“基于大数据研判技术的高速卡口智能预警防控应用研究”被列为市社会发展科技示范工程项目，“基于5G网络、AR梯次级联与3D-GIS融合的高中低地一体化视频图像联动技术研究与示范应用”获省公安厅重点科学研究计划立项，“视频监控系统利旧智能化升级应用”等4个项目获省公安厅科技强警奖。健全数据赋能体系，加强公安“数据湖”建设应用，调整警务基础数据采集清单和规范，推进大数据汇聚整合，增强数据服务能力，完善数据应用授权机制，拓展大数据实战应用范围。加强大数据综合应用体系建设，建设公安大数据综合服务平台；建成市级“云搜索”平台(二期)，新建地图时空检索、蛛网档案、出租车分析、结果集碰撞、公安知识库等11个功能模块，新增网约车驾驶员、蛛网、WiFi等60余类数据，向基层民警授权赋能；开展“警务数说”信息推送服务平台建设，向一线民警掌上终端“滴灌”式精准推送“今日聚焦”“数据直通车”“警讯快报”等价值数据线索；建设人像比对云平台(一期)，构建人像基础库和在逃、临控、前科等人像专题库，完成治安旅馆住宿登记人证比对照片对接。加强公安“数据赋能”战队建设，市公安局建立以指挥中心、治安、交警、刑警、网安、技侦等实战警种部门为主的专业型“尖刀战队”；以市(县)公安局、公安分局为主，加强多警种合成作战机制，组建综合性战队；以实战任务重、外来人口多、社会治安复杂的派出所为主，建设特色型战队。年内组建69支各类数据战队，开展数据赋能产品的建模输出、精准应用。提高通信保障能力，完善PDT无线数字通信网，无锡市区警用350兆无线数字集群通信系统(一期)项目完成终验，江阴、宜兴市公安局数字集群建设项目完成建设，对接铁路地方信息化共建无线通信覆盖工作完成建设，市公安局与市(县)公安局之间的一级无线指挥调度使用数字集群通信。完善4G移动图像资源联网共享，实现图像与位置信息联网整合应用；对全市4G装备统一规划、统一标准、统一平台，构建互联互通的移动图像传输网络，健全4G移动图像应用管理工作机制。完善公安视频会议系统建设，开展市、县公安机关三级网视频会议系统高清化升级，新建1套三级网高清视频会议系统，形成市、县公安机关会议高清双通道，并与一键点调高清视频指挥系统融合贯通，形成互为补充和备份的视频保障图像通信体系。完善应急通信保障预案，综合运用PDT无线数字集群系统、三级网视频会议系统、高清加密视频会议系统、动中通、高空视频监控、4G移动视频图像、卡口车流量监测、热力图等通信手段，开展5G、AR实景地图等新技术在通信保障中的测试应用，为新中国成立70周年大庆、无锡世界物联网大会、无锡国际马拉松赛等大型活动安保和应急突发事件处置提供通信保障。

(耿永军)

【技术防范管理】 年内，市公安局技术防范管理部门打造智能型“技防网”升级版，推进智慧技防建设，助力智慧城市建设。全市新建改建高清前端13544路、智能前端7327路，汇聚视频图像资源9.2万余路，建成22个智慧技防小区。《无锡市公共安全视频图像信息系统管理办法》经市政府第53次常务会议审议，于2019年8月1日起施行。制定《公共安全视频联网共享技术白皮书》《全市公共安全视频图像系统系统一体化建设方案》《智能泛在感知网建设方案》《多网融合建设方案》等规范性、政策性文件。制定无锡市“智慧技防小区”和“智慧技防校园”建设标准。推进城区“升级版技防城”、宜居住区技防改造、乡村振兴技防建设和智慧技防小区、校园建设，城区“升级版技防城”建设通过初验，完成宜居住区技防改造项目、乡村振兴技防建设任务。按照智能型“防控识别圈”总体布局，在城市出入口和重点区域边界布设智能感知前端，实现数据感知、态势掌控和责任交接，提升环市防线视频图像智能化水平。“雪亮工程”二期建设思路设计方案经市政府常务会讨论通过，计划投资3.3亿元。通过分级授权，视频图像资源实现全警应用；完成与应急、教育、城管等政府部门的资源联网共享，近5万路视频监控在各部门间复用。推进智慧技防与网格化社会治理融合对接，会同各警种部门探索智慧技防叠加应用场景，在物联网博览会、警营开放日展示“智慧技防小区”“5G空中全域巡逻”等应用成果。

(耿永军)

【出入境管理】 年内，全市公安出入境管理部门办理出入境证件54万余件，其中中国公民护照24.7万件、港澳通行证24.5万件、台湾通行证4.8万件，外国人签证(居留许可)1万余件，口岸签证处签发台胞一次通行证689件。建立“大外管”工作机制，形成多警种、全社会齐抓共管的局面，与南京信息工程大学滨江学院签署《关于建立国际学生服务管理“双挂钩”机制的工作方案(试行)》，完善《无锡市公安机关涉外联网宾馆管理制度》《无锡市公安机关涉外联网宾馆境外人员住宿登记管理信息系统运行管理规定》，加强对境外人员的日常管理。完善涉外案事件和重大突发事件应急预案。完成“一带一路”峰会、园艺博览会、海军建军70周年、物联网博览会、新中国成立70周年等重大活动出入境安保工作。开展“靖边”专项行动暨“三非”(非法入境、非法居留、非法就业)外国人专项治理行动，清理非法外教及长期非法居留人员。落实每月境外人员临时住宿登记数据质量公开通报和联网宾馆明察暗访工作点对点通报制度。提升境外行动能力，增强应对网络安全风险、惩治电信诈骗、海外追逃追赃能力。全年登记临时

7月1日，市公安局新出入境接待大厅运行，首日受理各类出入境证件500余份　　（耿永军　供）

入境境外人员41.2万余人次，查处涉外案事件501起。依托网格化社会治理，将境外人员纳入实有人口管理，制定《无锡市公安派出所社区境外人员管理工作办法(试行)》，完善无锡版境外人员智能动态管控系统，启用留学江苏信息化管理平台，应用“外管通”APP。推进“放管服”改革，落实国家移民局中国公民出国(境)证件“全国通办”政策，调整涉港澳台签注办理政策，推动受理审批权限下放。推广12项苏南国家自主创新示范区出入境政策措施，配合实施升级版“太湖人才计划”。受理外国人永久居留申请52份，颁发外国人永久居留身份证40张。市公安局启用出入境智慧服务大厅，梁溪公安分局、新吴公安分局出入境接待大厅完成智慧化改造，应用“出入境智慧管理互动平台”，将网络平台与实体大厅建设相融合，形成“窗口办理＋自助服务”新模式，实现“智慧引导分流、人工机器并进、压缩环节增效、服务引导做强”的目标，让群众“一次办、无纸办、自助办、快捷办”。在全市中心派出所、社区警务室新增19个港澳台签注点。开展“企业直通车”活动，宣传推广出入境便利政策。加强国际警务合作，成立中柬警务合作协调小组，落实“中柬执法合作年”工作措施，举办2019年柬埔寨警察指挥中心技术研修班。

（耿永军）

【惩治刑事犯罪】 年内，全市公安机关破获刑事案件15652起，抓获刑事作案成员18276人。落实侦办杀人、抢劫、枪爆等大要案工作机制，加强调查走访、信息比对、技术侦控和视频查询等传统和现代侦查措施，及时高效惩治严重暴力犯罪，年内发生的宜兴市官林镇杀害2名儿童案、江阴市璜土镇杀人抛尸案、梁溪区紫金广场杀人案等现行命案全部成功破获，连续第九年实现现行命案全破；破获现行抢劫案件46起，连续第三年实现抢劫案件全破。开展命案积案攻坚行动，破获数起命案积案。开展“国门勇士”“利剑3号”等惩治整治枪爆违法犯罪专项行动，侦办公安部目标案件12起，抓获制贩枪支犯罪嫌疑人231人，捣毁生产、储存枪支弹药窝点12个，缴获各类枪支194支，铅弹模具200余套，铅弹1万余发。针对事关群众切身利益的突出侵财犯罪，组织开展“云剑”“利剑”系列和惩治传统“盗抢骗”犯罪专项行动，全年破获侵财案件7130起。发挥市反诈骗中心作用，完善警种实战、合成作战和集中研判机制，破获通信网络诈骗案件848起，抓获犯罪嫌疑人2821人，劝阻案件发生427起、止付资金8.7亿元，避免群众损失1155万余元。

（耿永军）

【刑侦基础建设】 年内，全市公安机关刑事侦查部门加强刑侦基础建设，推进刑事侦查手段、方法和机制的转型创新，整合侦控手段资源，提升惩治犯罪的整体效能。落实市公安局刑侦部门、县区公安(分)局刑侦部门、派出所三级侦查办案责任，市公安局刑侦部门突出实战职能，加强对全市疑难复杂和有广泛社会影响案件侦破的直接组织指挥，统筹调度人员、技术、手段资源实时服务支撑破案工作。推进侦查组织体系建设，落实层报、研判、指令任务，围绕案件、人员、线索开展专业研判、合成侦查，提升惩治系列犯罪、跨区域犯罪和新型犯罪能力。制定《非正常死亡现场处置指引》《疑似被侵害失踪人员警情处置指引》《重特大侵财案件侦查指引》等业务规定，指导规范日常案事件处置，减少工作失误和差错。把刑事技术作为破案攻坚和认定犯罪的重要支柱，紧跟实战，创新手段，确定9个重点攻关项目，年内完成3个，1项成果在公安部首届刑事技术“双十计划”攻关创新大赛中获优秀奖。全部刑事案件现场勘验率98.5%，全市通过指纹系统直接比中案件3014起，DNA系统直接比中案件3100起。加强涉案视频图像库建设，破案1934起。与省公安厅共建警犬基地，加强警犬专业技术建设，参与完成在北京、青岛、连云港等地举行的重大会议和活动的安保任务，搜爆犬“大兵”被授予“功勋警犬”称号。

（耿永军）

【惩治经济犯罪】 年内，全市各级公安经济犯罪侦查部门立案查处各类经济犯罪案件1250起，抓获犯罪嫌疑人1067人，涉及金额28亿余元。

重点惩治关系国计民生、群众利益、市场秩序和社会影响恶劣的重大经济犯罪，成功破获公安部督办的内幕交易案、惩治涉税犯罪"会战十四号"等大案要案。开展防范惩治非法集资犯罪专项行动，全年立案查处非法集资案件60起，涉案金额13.3亿元，实现新发案数、投资金额、投资人数的"三个下降"；完成对5300余家高危注册企业、个体工商户的经济金融风险隐患排查工作，做到对非法集资风险早识别、早发现、早处置；加强防范宣传，揭露非法集资犯罪手法和本质，通过动态预警和以案释法，提高公众及各类市场主体增强防控风险、合法投资经营的意识。开展惩治虚开增值税发票"百城会战"，立案查处涉税案件304起，抓获违法犯罪嫌疑人264人，通过侦查破案为国家挽回税款损失18亿元。开展境外追逃"猎狐2019"专项行动，针对每个境外经济犯罪在逃人员的不同情况，逐一制定抓捕方案，全年从柬埔寨、缅甸、菲律宾等6个国家抓获在逃人员10人。加强违法犯罪资金查控，应用JASS系统（银联司法协助与服务系统）查控嫌疑人员和单位的经济身份、经济状况、经济轨迹和经济风险，协助抓获犯罪嫌疑人60余人。引入违法犯罪资金智能分析工具，发挥大数据分析优势，快速锁定大额可疑交易，节约办案时间成本。

（耿永军）

【经侦执法服务】 年内，全市各级公安经济犯罪侦查部门加强执法规范化建设，把握案件受理、办理和监督三个重要环节，在提高案件办结率、缩短办案周期上抓时效、守规范、下功夫，提升经侦执法公信力。开展经济案件积案清理专项行动，对照新规关于撤销案件时限要求，依法处理一批特定类型的陈年积案。拓展服务触角，前移经侦警务，优化执法服务，为经济运行安全和企业平安经营保驾护航。重点惩治合同诈骗、骗取贷款、侵占挪用、侵犯知识产权、虚开增值税专用发票等危害企业合法权益的涉企经济犯罪活动。坚持惩治与追赃挽损并重，全年为企业挽回直接经济损失2亿元。市公安局经济犯罪侦查支队与全市11家优势企业、4家示范企业、45家驰名商标企业组成警企互动微信群，开通警企联系"直通车"，定期或不定期在群内发布警情、案例、法律解释以及证据收集的方法和技巧，引导企业强化自我保护意识。在重点企业建立经侦服务工作站、经侦警务室，为企业提供接警报案、预警防范、法律咨询、规范经营、受害保护等"一站式"服务。对企业及内部员工开展各类法律咨询、知识讲座、走访调查、困难帮扶、建立党员示范岗、风险防范培训等活动，针对工作中发现的管理漏洞提出防范建议，指导帮助企业做好防范内部职务犯罪、防止遭受不法侵害、防止自身实施经济犯罪。全年开展"警企系列讲座"活动40余场次，为重大合同签订提供法律咨询100余次，发布各类预警信息200余条，避免发生经济案件10余起，规避经济损失4000余万元。

（耿永军）

【创建全国禁毒示范城市】 年内，无锡市推进全国禁毒示范城市创建工作，初步形成惩防结合、专社兼备的"五全"（吸毒人员全数查处、涉毒场所全面管控、制贩毒全力惩治、戒毒康复全程帮扶、无毒创建全民参与）毒品治理体系无锡样板，经第三方机构监测，群众对禁毒工作满意度98%，全民禁毒知晓率98%。2019年，全市禁毒工作被江苏省禁毒委员会考评为优秀等次。市禁毒委员会3次召开全市禁毒工作会议，组织全市各地立足综合治理，着眼长效发展，将示范创建融入到城市治理和发展中一体化推进。按照《无锡市社区戒毒康复条例》和全省《社区戒毒社区康复工作标准》，在全市建立7个网格化管理示范单位和14个社区戒毒社区康复示范工作站，全市吸毒人员100%纳入网格化服务管理，建成江阴市科技化禁毒警务、梁溪区"禁毒社工沙龙"、新吴区社会治理"一网通"平台等一批示范项目。举办"争创禁毒示范城市打赢禁毒'无锡战役'"国际禁毒日集中宣传活动，上线创建"无锡禁毒侠"抖音账号，组建无锡禁毒志愿者"毅跑团"、"禁毒之声"合唱团、"禁毒之翼"舞蹈团、"禁毒种子"话剧团，注册成立无锡禁毒志愿服务队，在全市招募禁毒志愿者500余人。打造新媒体宣传平台，建立"禁毒侠"形象创意等4个工作室，制作"禁毒之役"电子刊物和"禁毒微课堂"系列动画，以"禁毒侠"IP形象命名的公交专线和地铁专列投入使用，"健康人生、绿色无毒"理念深入人心。

（耿永军）

【惩治涉毒违法犯罪】 年内，全市公安禁毒部门实施情报实战"砺刃计划"，开展"禁毒2019两打两控"专项行动，抓获毒品犯罪嫌疑人561人，查获吸毒人员1243人次，缴获各类毒品折合海洛因18.5千克，破获公安部、江苏省公安厅毒品目标案件21起。会同交警、巡特警、交通治安等警种部门，开展吸毒人员驾驶机动车集中治理"藩篱行动"。加强公路、铁路、航路、水路、邮路"五网查缉"工作。依托25个城市毒品检查站，在全市重点道路设立流动查缉点，会同交警部门常态化开展"酒毒同检"联勤工作。成立毛发毒品检测市级筛查室，健全易涉毒人员毛发检测初筛常态工作机制。会同中国药科大学在全市范围内开展基于生活污水的毒品滥用水平评估工作，有效提升毒品查禁工作的针对性，无锡市冰毒消耗量低于省内周边同等城市，摇头丸、K粉、新精神活性物质等滥用水平处于低水平。开展吸毒人员管控会战，依法裁决强制隔离戒毒350人、社区戒毒163人，全市未发生涉毒肇事肇祸案事件。开展易制毒化学品排查管控、新精神活性物质治理专项行动，全市查处易制毒化学品行政案件117起，缴获易制毒化学品52.64吨。

（耿永军）

【社区警务】 年内，市公安局人口管理支队加强社区警务建设，根据民政部门批准新增、更名、归并、撤销的社区（村）名册，在全市开展人口信息管理系统社区（村）核查清理工作，将相关户籍人员纳入实际管辖社区，同步进行街路巷、门牌匹配关系清理工作。10月8日起启用新版人口信息管理系统，并与“一标多实”基础信息采集应用系统对接。“一标多实”系统登记地址135.8万条，实有人口687.1万人，单位15.5万余家，向市大数据局提供全量数据共享，为各地智慧社区建设提供数据支撑。开展“枫桥式”派出所创建和“李树干”式派出所民警评选工作，择优推荐部分派出所、民警参评全省先进典型。推动“警格”“网格”双网融合，1019名社区民警进社区（村）班子兼职；加强社区警务前沿阵地建设，57个警务室完成“提亮补缺”攻坚；授牌命名13个社区民警练兵基地，围绕人口管理、纠纷调处、群防群治、智慧警务、网格警格融合等基础业务开展特色化、小班化、实战化培训教学；发挥126个“派驻式”人民调解室职能作用，配备专职调解员287人、兼职调解员334人、人民疏导员434人，全年化解各类矛盾纠纷16.5万余起。

（耿永军）

【户籍管理】 年内，市公安局深化户籍管理“放管服”改革，全市户籍派出所均受理办理各项户政服务，形成15分钟户政便民服务圈。实行市外户籍准入两级户籍窗口受理自由选择模式，办理市外户口迁入事项的居民可根据路途远近、需求缓急自由选择派出所受理后报各市（县）公安局、公安分局审批或各地行政服务中心公安窗口“一站式”直接办结两种模式。调整市外子女投靠落户适用条件。放宽退休人员回原籍落户政策，本人有合法稳定住所可以在其合法稳定住所落户；无合法稳定住所的，经同意可以在城镇地区直系亲属或兄弟姐妹合法稳定住所家庭户落户，全年办理市外迁入66626人，其中省内一站式办理11220人。推行居民身份证制证相片“满意拍”服务，全市受理点为每名办证群众拍摄不少于3张相片，由申领人选择自己满意的相片用于制证，办理过居民身份证的群众在2年内遗失证件可使用原相片信息办理补领业务。推行身份证工本费移动电子支付服务，全市居民身份证业务实现微信实时支付汇缴。推行居民身份证补领、换领业务全市通办服务举措，无锡市户籍人员居民身份证申领、换领、补领业务及省内户籍人员居民身份证换领、补领业务，凭本人有效身份证件全市通办；外省户籍人员换领、补领居民身份证，凭本人有效身份证件和合法稳定就业、就学、居住的相关证明材料全市通办，全年受理办结8.5万余件。推行无锡市户籍人员临时居民身份证“一站式”办结服务，无锡市户籍人员可在全市任意户籍派出所或区县级公安机关户籍窗口申领临时居民身份证，由受理点民警当场联系申领人户籍地公安机关审核后制发，全年提供服务3.8万余人次。在群众居民身份证有效期满前3个月，通过微信、短信平台等多种方式为5.7万余人提供到期换领提醒服务。

（耿永军）

【流动人口管理】 年内，市公安局人口管理支队在全市开展流动人口和出租房屋清查整治工作，排摸底数基数，掌握房产中介、房产租赁网络平台、出租人等基本情况，对旅馆式租住、多人群租、转租转借等重点出租房屋和治安复杂地区，坚持重点整治与综合治理、集中攻坚与长效管理相结合，开展分层次管理、隐患排查整治、依法惩治等各项工作。加强与政府相关部门联动整治力度，牵头开展联合督查，确保安全隐患整治成效，将日常管理中发现和采集的出租房屋中非公安管辖的隐患信息及时流转至市住建、消防等部门，形成联动联治格局。全年新登记出租房屋14.6万户、流动人口179.6万人，整治各类安全隐患8816处，向相关政府部门流转非公安管辖安全隐患9672处，惩治违规房东（业主）932人，抓获在逃人员110人。根据国务院《居住证暂行条例》，调整政策规定，审核制发“江苏省居住证”，完善人员登记采集、审验审核制证、信息维护流转、证件制发检测等工作流程和规范标准，实现受理、审核、制证、发放规范化运作，全年登记流动人口365万

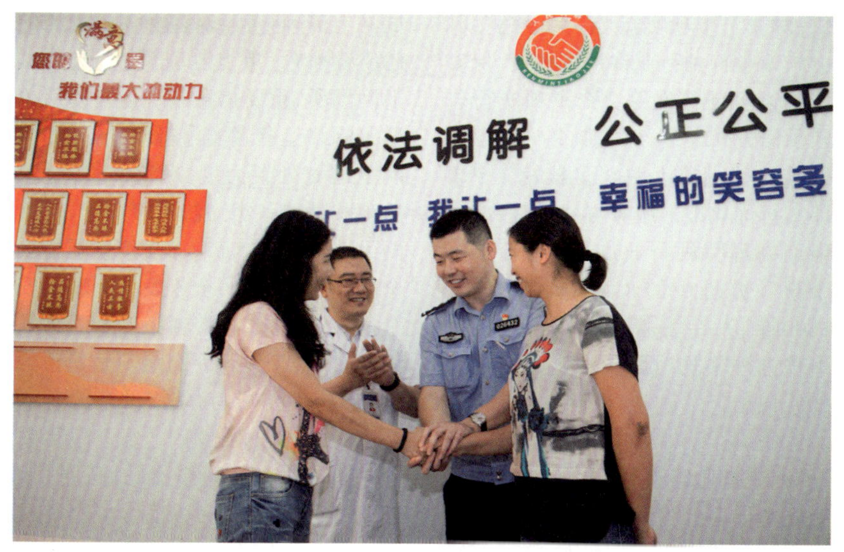

无锡市推进创建“枫桥式”公安派出所活动。8月15日，梁溪公安分局金匮派出所民警在人民医院警务室妥善调解一起医患纠纷　（尹　雪　摄）

人，制发居住证14.7万张。升级居住证办理线上服务系统，开通居住证办理“绿色通道”，对因就业、就学、就医等亟须办证的在系统中增加加急标签功能，实现优先受理、上传和制证，全年加急办理居住证4870张。按照“马上办、就近办、一次办、自助办”的要求，在新吴分局坊前派出所新丰苑警务室、凯利公社和江南大学等地试点运行流动人口登记、居住证发证、签注自助服务一体机，全年登记流动人口信息6.7万余条，发放居住证件535张，办理居住证签注1046人。

（耿永军）

【治安行政管理】 年内，全市公安治安管理部门开展治安基础信息化建设、重要场所行业阵地管控和治安队伍能力素质提升“三大攻坚”行动，立项推进20项年度重点任务，提升治安管理工作质态和打防管控效能。开展娱乐服务场所硬件问题集中整治行动，全年检查娱乐服务场所31443家次，整改问题4523处，依法查处1077家。加强旅馆、印刷、汽车租赁、机动车维修、二手车交易及留宿浴场等特种行业实名登记，全年查处8类965起特种行业违规经营案件。落实寄递渠道安全管理联动机制，全年检查寄递企业及网点1.3万余家次，整改隐患672处，查处寄递企业310家。开展危险物品安全检查，全年抽查危险物品单位1.4万余家次，整改隐患767处，审查危险物品购运许可、备案7.6万份。整治突出治安问题，严惩网络赌博、开设赌场、有组织卖淫等违法犯罪活动，全年办理涉黄涉赌涉娼违法犯罪案件3284起，破获7起公安部和5起省公安厅挂牌督办涉黄涉赌案件。整治涉枪涉爆物品违法犯罪，办理涉枪涉爆违法犯罪案件74起、173人，收缴各类非法枪支131支、子弹1.4万余发、仿真枪42支、管制器具2293件、危险化学品50千克。开展打假“利剑”行动，全年查处制售假冒伪劣商品案件55起、110人，破获省内首个全链条地下卷烟制假案。挂牌整治18个市级治安重点地区和10个突出治安问题。建设“智慧治安”综合管理服务平台，整合市级治安管理信息系统，完成旅馆系统和手机APP升级，全市3024家旅馆经营单位实现人证合验，运用人脸识别和二代身份证验证技术，解决无身份证旅客入住难题，提供无证审核服务60万余人次。在1160家娱乐服务场所安装人脸识别考勤机，对3.8万名从业人员开展动态管控试点。在无锡太湖国家旅游度假区开展民宿业治安管理试点工作，推动建立民宿业安全管理机制。开展“网约房”管理试点，完成备案14家、154间。建立警企打假协作机制、苏南国际机场净空保护区无人机联动处置机制，会同市教育局建立校园危险化学品联合监管机制，与市纪委监委建立惩治涉黄涉赌违法犯罪协作机制。在全市多个派出所设立保安联勤联防点。开展城市养犬集中整治，捕捉流浪犬6823条。修订实施《无锡市禁止燃放烟花爆竹条例》，有序开展禁放工作。推进治安管理“放管服”改革，将Ⅰ、Ⅱ级焰火燃放许可，非营业性爆破作业单位许可证核发，野生动物饲养和保护用猎枪、麻醉枪的民用枪持枪证核发等5个事项委托下放至市（县）公安局、区公安分局许可审批；对4个事项实行“证照分离”，其中旅馆业特种行业许可证核发、保安培训许可证核发等2个事项实行告知承诺方式办理，保安服务许可证核发、爆破作业单位许可证核发2个事项实行优化准入服务方式办理；减免申请办理特种行业许可、备案等10个事项办理中的8大类证明材料、1600余份，治安管理部门行政权力事项办理平均时限较法定时限缩短60%以上。

（耿永军）

【网络安全监管】 年内，全市公安网络安全保卫部门深化改革创新，提升网上实战能力，有力维护全市网络政治安全和社会稳定。开展“净网2019”专项行动，参加公安部组织的4次集群战役，侦破涉网案件2311起，抓获犯罪嫌疑人3314人。成功侦破全国首例“暗网”平台案件，首次跨国全生态惩治黄赌合流犯罪团伙。依据《中华人民共和国网络安全法》查处全国首例制售“翻墙”软件刑事案件。办理网络安全行政案件839起，其中15起被公安部、省公安厅评为精品案例。配合相关警种部门惩治开设赌博网站、利用网络群组开设赌场等赌博违法犯罪活动和网络传播淫秽色情特别是传播儿童淫秽色情信息违法犯罪活动。协助破获公安部挂牌督办的网络贩枪案件，查获涉枪违法犯罪嫌疑人34人，缴获枪支32支、各类铅弹2500余发，捣毁制贩枪支配件窝点1个。惩治网络相约犯罪，预警阻止5起网络相约在无锡市实施抢劫、绑架的案件。提升电子数据勘验取证水平，电子数据取证二级实验室通过公安部验收认定，通过司法部、公安部组织的电子数据取证实验室能力验证测试，全年出具报告450份。成功举办“无锡·护网2019”网络安全攻防竞赛、2019中国网络安全等级保护和关键信息基础设施保护大会。无锡市入选公安部网络空间地理测绘和网络安全综合防控体系试点单位，成为承担国家级试点的唯一地级市。开展网上清理整治，对存在违规行为的IDC云平台、重点互联网企业、公共上网场所、重要信息系统运营使用单位等网络运营者实施行政处罚；加大网上巡查处置力度，净化网络环境，发现和处置各类违法有害信息，惩治网上造谣传谣人员；加强信息网络安全通报预警工作，全年发出互联网安全通报358份，预警通报安全隐患漏洞5920余个。开展网络安全宣传教育，会同市委网信办、市教育局等举办2019共筑网络“同心圆”网络安全知识百场公益讲座活动，开展“阳光网络伴我成长——争做校园好网民”专题讲座活动。加强网络安全监管，印发《无锡市互联网上网服务行业常态化监管实施意见》，提升全市网吧管理水平；加强等级保护工作，会同市委网信办、市保密局、市经信委等部门对全市重要信息系统、国家关键信息基础设施运营使用单位和关系国计民生的行业单位开展网络安全现场检查90余家次，发现各类安全隐患320余个。依托“全国互联网安全管理服务平台”，开展全市自主主机网站实名登记备案和网络安全评估工作，全年办理网站备案662家，安全评估64家，互联网上网服务营业场所信息审核16家。

（耿永军）

【公安监所管理】 2019年，全市公安监所管理部门按照建设“忠诚、平安、法治、文明、智慧、有为”监管目标，将防脱逃、防自杀、压降因病死亡作为工作重心，推进“铁桶工程”“智慧监管”“智慧磐石”建设，开展“挑刺补漏三提升”攻坚行动，落实立体式常态化隐患排查整改机制，确保全市公安监所安全稳定。配合扫黑除恶专项斗争和禁毒“两打两控”等专项行动，发挥监所医疗卫生专业化和病残吸毒人员收治中心作用，对患艾滋病的收押对象、病残人员做到依法应收尽收，减少社会面管控隐患；开展深挖犯罪协助破案工作，全年获取犯罪线索1859条，协助办案单位破获各类案件965起，抓获网上在逃人员17人；发挥拘留所社会矛盾化解，未成年在押人员“雨露学堂”，“危险驾驶（酒驾）警示教育基地”等“特殊学校”“特殊课堂”作用，化解调处各类社会矛盾86起；落实留置审查陪护责任，健全陪护大队、案管室、专案组“三方联动”，陪护民警与特勤队员“捆绑”考核，陪护对象风险评估预警和值班巡查记录“留痕”等机制，确保陪护队伍和陪护对象的绝对安全；围绕“风险人员管控、守牢出入关口、规范监室秩序、安全隐患查治、杜绝执法漏洞、突发疾病救治”等重点人员、重点环节、重点区域，实现制度规定全覆盖、责任落实无盲区、执法规范无空档，提升全市公安监所规范化执法水平和民警职业化执法能力，全市10个监所二级以上等级率90%，在全省13个地级市公安监管条线中综合绩效继续保持领先。

（耿永军）

【惩治食品药品和环境领域犯罪】 年内，市公安局食品药品和环境犯罪侦查支队开展食品药品打假“利剑”行动，惩治环境犯罪“清水蓝天”“两减六治三提升”行动，惩治食品药品环境和知识产权犯罪“昆仑”行动等专项行动和全市食品安全整治联合行动，破获食品药品环境犯罪刑事案件280起，其中公安部督办案件2起、省公安厅督办案件10起，对801人采取刑事强制措施。加强与改革后的行政执法监管部门沟通对接和驻市市场监管局、市环保局等行政部门警务室建设，提升惩治防范管理控制整体合力，开展联合执法检查100余次，召开联席会议50余次，接收案件线索80余条、案件50余起。参与“3·15”国际消费者权益日、“世界环境日”宣传活动，开展2019护航安全消费活动和主题宣传活动，发放各类宣传资料5万余份，现场解答群众咨询1万余人次。坚持“完善检验技术、加快成果转化、发挥技术优势、有效服务基层”工作理念，检验样品1001份，确认3种新型壮阳类非法添加药物，建立相应检验方法，实验室被省发改委确定为江苏省食品药品与环境犯罪检验技术工程实验室。

（耿永军）

【单位内部安全保卫】 2019年，全市各级公安单位内部安全保卫部门加强基层基础建设，持续升级立体化信息化社会治安防控体系，确保全市单位持续安全稳定。围绕重点领域、重点行业和重点群体，加强情报信息工作，落实管控措施，防范政治和安全风险。完善单位内部治安防控网络，指导单位立足行业特点和防范需求，在学校、医院、银行、加油站等开展“民生五项”安防达标升级活动，推进校园及周边整治集中攻坚、银行业金融机构“135”安防工程、博物馆安防建设提升等系列专项行动，全市重点单位新增人防力量250余人、高清视频监控等技防设施1100余套，市管学校、加油（气）站等重点部位新建改建智能前端1500个。加强党政首脑机关、学校医院、水电油气、通信广电、国防军工等治安保卫重点单位、重要目标的各类问题隐患排查整改，全年开展治安检查4500余家次，发现查改治安隐患520余处。加强与市教育考试院、市保密局、市无线电管理局以及市人社局、市司法局等单位的联系沟通，密切与治安、交警、网安等警种和部门的协作配合，完成高考等20余场国家级考试的安保工作。围绕突出治安问题，开展系列专项整治，会同教育部门推进校园及周边秩序整治集中攻坚，落实维护校园安全“五项提升行动”工作措施，严防发生涉校涉生重大案事件。全市1002所中小学、幼儿园公安“护学岗”设置率、校园封闭化管理率、校园保安员配备率、紧急报警装置和视频监控系统建设率、联网率、校门口硬质防冲撞设施安装率和公安自建监控装备覆盖率等均达100%。推进全市三级医院警务室实体化建设，开展严厉惩治涉医违法犯罪专项行动。会同商务、石油、电力企业相关职能部门开展成品油市场和盗窃电力违法犯罪专项整治，取缔非法加油站（点）2个，查扣非法流动加油车115辆、非法加油船6艘，抓获涉案人员125人；查获窃电62户，追补电量44.75万度，为企业挽回经济损失116万余元。会同省教育厅、省人社厅等开展技工中职学校安全风险专项整治，对2所技工学校实行省级挂牌，提升职业教育法治化、规范化管理水平。

（耿永军）

【智慧法制系统建设】 2019年，市公安局针对全市各级公安机关在执法办案中存在的执法要素管控不实时、应用平台系统相互割裂、办案场所功能单一和民警办案流程繁琐等突出问题，应用大数据、云计算、物联网和人工智能等新技术，在全省率先开展“1+8”模式的智慧法制系统建设，围绕无锡公安智慧法制综合管理平台，建设智慧笔录、智慧案卷、智慧办案中心、智慧音视频管理、智慧涉案财物管理、智慧执法指引宝典、智慧行政案件量罚和智慧研判分析预警等8个应用系统，以提升执法监督管理水平。智慧研判分析预警系统对执法数据信息逐个建立监测预警模型，自动碰撞比对，智能筛查疑似问题，定期生成执法状况分析报告，矫正民警不当执法行为和执法习惯。智慧涉案财物管理系统运用RFID电子标签、生物识别、移动支付、编码管理、集中仓储、自动盘点等新技术新手段，实现涉案财物与案件信息的准确定位，对涉案财物流向全流程智能管控。智慧音视频管理系统对执法活动全过程的音视频资料统一存储、分类管理，实现平台一键调看、违规自动报警、全程实时留痕。智慧案卷管理系统实现实体案卷与警综平台、电子卷宗系统自动比对提醒入库，运用RFID电子编码，使用人脸识别、指纹密码等验证方式开启智能储柜，完成案卷的新建入库、查阅、借阅、归还等工作，做到案卷存取有记录、超期有提醒、去向随时查、管理全覆盖。智慧办案中心管理系统运用定位基站、定位手环、移动侦测、智能标签、智能储柜、快递发还、视频智能处理、后台智能分析、预约登记、视频轮巡和手环触发等科技设备和手段，实现对涉案人、物、行为和场所的智慧管控。智慧笔录管理系统实现智能模板辅助、智能身份核查、实时监督提醒、远程视频提审、语音识别转录、审讯策略推送、自动上传电子卷宗系统，给民警审查讯问提供支撑。智慧执法指引宝典系统整合汇聚警情处置、立案标准、证据规格、办案流程、法律依据和典型案例，自动提醒办案民警注意处警办案的重点环节和规范手势。智慧行政案件量罚系统集合法律法规及公安机关行政处罚的量罚标准，智能推送相关量罚要素，自动生成量罚建议结果，对量罚畸轻畸重等进行智能预警，确保领导和民警准确把握裁量尺度、严格规范执法行为。无锡公安智慧法制综合管理平台有效串联警情、案件、人员、财物、场所和卷宗等执法要素，按轻重缓急程度进行工作提醒，并自动推送给责任民警，实现对执法办案精准高效的监督管理。至年底，建成全市统一的执法数据库，形成无锡公安执法大数据，实现公安网、物联网、视频网、政法网和互联网“五网贯通”，对四级用户按岗位职责分级授权应用。智慧法制“1+8”系统获2019年度全市政法创新项目一等奖。

（耿永军）

【鼓励见义勇为行为】 年内，全市各级公安机关和见义勇为基金会加强见义勇为工作体制机制建设。《江苏省奖励和保护见义勇为人员条例》和《无锡市奖励和保护见义勇为人员条例》分别于1月1日和3月1日施行，明确市见义勇为基金会35项事权和市（县）、区见义勇为基金会27项事权，会同市公安局制定见义勇为工作考核评估办法。7月，成立无锡市见义勇为人员奖励和保护工作委员会，明确23家成员单位的职责和重点工作，形成“党委领导、政府负责、部门协同、社会参与”的工作格局。加强表彰奖励，鼓励群众见义勇为，全市各级见义勇为基金会全年表彰见义勇为人员1504人次，颁发奖金193万元。市公安局会同市见义勇为基金会，围绕扫黑除恶专项斗争、新中国成立70周年安保等中心工作表彰奖励见义勇为人员166人次，颁发奖金42.75万元；表彰在协助公安机关惩治防范犯罪、见义勇为表现突出的警务辅助人员664人；对事迹突出的见义勇为人员予以重奖。市见义勇为基金会会同宜兴交通产业集团和无锡日报社、无锡广电集团，开展第一届交通产业杯“无锡见义勇为好司机”评选活动。推选见义勇为人员参加全国、全省先进评选活动，5人入选“中国好人”“江苏好人”，16人入选“无锡好人”，5人获得“江苏见义勇为新市民”等荣誉称号。加强见义勇为宣传，市见义勇为基金会与全国见义勇为先进分子钱劲松生前所在江苏信息职业技术学院共建“劲松林”“劲松纪念广场”，“劲松林”成为市青少年思想道德教育基地；锡山区见义勇为基金会在馨和苑广场建成全市第一个见义勇为主题广场；梁溪区见义勇为基金会在江尖公园、惠山森林公园建成见义勇为主题公园。11月1日，开展见义勇为宣传日活动，举行无锡市见义勇为文艺演出《礼赞见义勇为》。中央和省、市媒体刊播反映全市见义勇为工作的报道560余篇（条），其中省级以上55篇（条），在报纸、电视台刊播见义勇为公益广告7次（条）。市见义勇为基金会与市新闻工作者协会开展第二届“无锡见义勇为好新闻”评选表彰奖励活动；拍摄无锡市见义勇为工作汇报片《正义的力量》，创作的见义勇为主题歌《天地有正气》获得省版权局版权证书。加强见义勇为权益保障工作，市领导新春走访慰问见义勇为人员及家庭形成常态；各级见义勇为基金会对见义勇为人员包括牺牲人员、伤残人员家庭经济情况开展动态调查，实施精准慰问、补助。4月25日，市见义勇为基金会与市司法局联合成立全省首个见义勇为人员法律援助中心，聘请20位知名律师组成法律援助团，为见义勇为人员提供法律服务和支持。开展“暖心助学”活动，全市各级见义勇为组织为64名见义勇为人员就学子女发放助学款17.5万元。市见义勇为基金会为198名获市级以上荣誉的见义勇为人员办理人身意外综合保险，10人次获得赔付。

（耿永军）

【交通事故预防压降】 全市各级交警部门树立“隐患就是事故、排查就是责任、预防就是管理”理念，建立全市道路安全风险隐患排查新机制，提升风险隐患现代化治理水平，确保全市道路交通安全态势平稳，交通事故死亡人数连续第16年下降。会同交通运输、应急管理等部门，加强重点运输企业监管，建立实施隐患企业联合约谈、安全隐患联合督改等工作机制，夯实企业安全管理主体责任。全年抄告重点车辆违法驾驶人889人，联合约谈隐患重点企业256家，联合督改企业安全隐患800余个。开展“两客一危一货一校”（公路客运、旅游客运、危化品运输、货运、校车）等重点车辆、驾驶人源头隐患排查清理，对失驾人员（因交通肇事、危险驾驶等严重违法行为被吊销驾驶资格的人员）和易肇事肇祸精神障碍患者等重点驾驶人，组织开展扫雷Ⅰ号、Ⅱ号和“病驾”清理行动，查获重点失驾人员93人，注销驾驶证99本。针对重点道路风险隐患，组织开展“3311”工程、农村道路和公路隐患等3轮排查，排查整改风险隐患132个。对“两客一危一货”、面包车、“营转非”（旅客运输营运车辆变更为非营运用途使用）大客车等重点车辆和国省干道、农村道路、高速公路等重点道路，加强酒驾、毒驾、“三超一疲劳”（超速、超员、超载和疲劳驾驶）等重点违法行为的整治，全年开展整治行动93次，查处酒驾毒驾7265起、“三超一疲劳”违法行为5.62万余起。围绕新中国成立70周年安全保卫工作，开展“除患”“护城”“守土”“保路”“治乱”“鸣钟”等专项行动，构筑交通安全防线。开展道路交通安全“百日整治”专项行动，组织“堵源除患”“清路治危”“隐患整改”“高架守护”“卡口拦截”“超速治理”和“宣传警示”集中攻坚战，查获酒驾醉驾、“两客一危”、“三超一疲劳”等重点违法8.1万余起，查扣机动车3万辆，吊销驾驶证2950本。改善交通基础设施，整改交通信号灯缺失、路口渠化不匹配等问题，降低交通安全风险，全年抢修完善损坏、缺失的各类交通设施4900余处，漆划标线24.5万平方米，新装、更换隔离护栏1.73万片、标志牌2055块。

（耿永军）

【城市交通文明建设】 全市各级交警部门按照文明城市创建要求，组织开展夜鹰、星火、治微、清路、猎飙、堵源“六大行动”，连续第二年实现文明城市创建交通秩序“零失分”。常态开展不文明交通违法整治，对城区主干道重点整治闯红灯、逆行、不按车道行驶以及不礼让斑马线等显见违法，全年查处非机动车违法72万余起，行人违法13.7万余起，不礼让斑马线17.9万余起；对高架道路闯禁区违法多发情况，开展交通秩序“双月整治”行动，查处各类交通违法行为1.7万余起；对电动自行车逆行违法多发情况，开展“星火治逆”行动，查处逆行违法4.3万起。推进“小飞龙（机动三轮车）”专项整治，在前期开展排查摸底、回收置换、宣传教育等工作基础上，自1月1日起全市整治行动进入路面严查严处阶段，每个区至少组织两支联合执法队伍，实施重管控、重置换、重帮扶、重长效的“四重措施”，查扣“小飞龙”6695辆，拘留违法驾驶人98人。为解决“停车难、停车乱”问题，在全市以违停多发、警情多发、群众反响强烈的城区道路、严管街和示范路为重点组织开展“清路雷霆”行动，查处违法停车2.5万余起，拖车2.1万余辆。实施电动自行车新国标管理政策，完成非标电动自行车备案登记103万辆，新国标电动车上牌4万辆。

（耿永军）

3月15日，无锡交警铁骑警务启动仪式举行　（尹雪 摄）

【改革交通管理工作】 年内，市公安局交警支队改革交通管理指挥机制、勤务机制，创新交通管理科技应用，推动新时期交通管理工作高质量发展。建设大数据交通指挥服务中心，开展基层达标警务指挥室创建工作，提升交通管理三级指挥体系的指挥效能和应急处置能力。成立“金晓冬工作室”，提升交通管理情报信息综合分析研判水准，精确指导一线交通勤务，全年编发《每日交管指挥》365期、《每周交管分析》52期、《每月交管研判》12期，完成各类专题专项情报研判材料19期、重大交通事件预警信息9期；指导全市交警部门查获拘留重点高危驾驶人120余人，抓获网上在逃人员6人。以铁骑警务改革推动机制改革，实行交警铁骑勤务、铁骑“网格化”执勤巡逻，提高执法效率、见警率管事率、道路通行效率和社会满意率，形成具有无锡特色品牌的铁骑勤务模式，全年累计巡逻66.8万千米，救助群众400余人，查处各类交通违法22.3万起，“铁骑勤务”经验被公安部交通管理局和省公安厅交警总队向全国、全省推广。提升交通科技服务应用能力，研发“智慧源头监管系统”，建立网格化、智能化源头管理新模式，对辖区“人车路企”交通违法、事故、异常数据、动态轨迹等全要素实时监控，对运输企业实行“红橙黄绿”四色预警，对全市1.3万余家重点运输企业、8.3万余辆重点车辆、8.2万余名重点驾驶人实现智慧监管、安全隐患清零。

（耿永军）

【车辆驾驶员管理】 年内，市公安局交警支队优化服务环境、拓展服务渠道、提高服务质量，做好车辆驾驶员管理工作。完成“电视交警”666频道二期建设，开发手机客户端，提档升级交通服务质效，频道年访问量100万余人次，获评2019年度江苏省智慧广电示范项目称号。开展无锡公安“微警务”三期建设，推出车辆、驾驶证违法查询、路况查询、预约服务、办牌办证等9大模块18项在线办事功能。应用“人工+智能”24小时客服系统，日均向2000余人次提供政策咨询服务。在江苏省内首创违法处理窗口排队情况微信查询便民举措。在全市28个交通事故理赔处理点安装交通事故在线快处自助终端机，日均提供服务450人次。推广“警保联动”事故理赔快处模式，在无锡市区实现全覆盖。落实“放管服”改革30项措施和服务经济社会发展服务群众企业6项措施，全市332家社会机构代办公安交管业务，方便企业和群众就近便捷办理交通管理业务。在市、区两级政务服务中心设置交通管理服务“一号窗口”和自助服务区，实行“前台统一受理、后台分类审批、统一窗口出件”服务模式。实施《全市车管窗口服务工作规范》，对窗口设置、服务供给和安全管理等方面进行精细化组织，在窗口岗位实行“早点名、晚讲评”，主动亮明身份、公开服务承诺，接受服务对象监督。

（耿永军）

表18　2019年无锡市交通事故统计表

项目 / 地区	事故数（起）	死亡人数（人）	受伤人数（人）	损失数（元）
市区	557	144	353	3113300
江阴市	365	154	247	2355300
宜兴市	730	132	758	2441875
合计	1652	430	1358	7910475

（市公安交通警察支队）

表19　2019年无锡市机动车、驾驶员统计表

项目 / 地区	机动车（辆）				驾驶员（人）
	汽车	摩托车	其他机动车	总计	
市区	1244261	10710	5522	1260493	1443698
江阴市	521435	61395	2778	585608	687915
宜兴市	321896	73796	1161	396853	444264
合计	2087592	145901	9461	2242954	2575877

（市公安交通警察支队）

表20　2019年无锡市非机动车统计表

单位：辆

自行车	三轮车	残疾车	电动自行车	合计
2768134	6867	554	1942607	4718162

（市公安交通警察支队）

【交通事故】 2019年，全市发生交通事故1652起，致430人死亡，1358人受伤，直接经济损失791.05万元。与上年相比，事故数、死亡数、伤人数分别下降0.48%、2.05%、1.31%，经济损失数上升12.80%，发生1起死亡36人的特别重大事故和1起死亡4人的较大交通事故。

时段分析：0～6时事故数、死亡数、伤人数分别占总数13.62%、13.72%、10.82%，6～12时事故数、死亡数、伤人数分别占总数27.36%、35.35%、32.30%，12～18时事故数、死亡数、伤人数分别占总数29.54%、30.93%、30.10%，18～24时事故数、死亡数、伤人数分别占总数29.48%、20.00%、26.78%。死亡事故最突出的时段为7～8时，事故数和死亡人数分别占总数7.14%、13.72%。

路段分析：在高速公路、普通国省道、城市道路和县乡公路村道发生的事故分别占总数1.10%、7.93%、48.43%和42.55%。与上年相比，高速公路死亡人数上升278.57%，普通国省道死亡人数下降42.22%，城市道路死亡人数上升8.70%，县乡公路村道事故死亡数下降16.94%。县乡公路村道伤亡事故多发，事故死

亡数、伤人数分别占总数45.79%、46.65%。发生在路口的事故数、死亡数、伤人数分别占总数36.62%、32.56%、35.32%；发生在路段的事故数、死亡数、伤人数分别占总数63.38%、67.44%、64.68%。非机动车(特别是电动自行车)进入机动车道行驶、逆向行驶，非机动车和行人随意横穿道路等交通违法是导致路段事故多发的主要原因。

原因分析：机动车肇事是伤亡事故多发的主要原因，事故数、死亡数、伤人数分别占总数69.82%、73.49%、66.30%。引发交通事故的10种主要交通违法行为依次分别为：未按规定让行、同车道行驶中不按规定与前车保持必要的安全距离、违法变更车道、违反交通信号、不按规定倒车、违法占道行驶、违法上路行驶、违法停车、逆向行驶和违法超车，其中最突出的有未按规定让行和同车道行驶中不按规定与前车保持必要的安全距离，所引发事故分别占总数13.33%、12.74%。引发死亡事故的10种主要交通违法行为有未按规定让行、超速行驶、违反交通信号、酒后驾驶、在同车道行驶中不按规定与前车保持安全距离、行人不按规定横过机动车道、逆向行驶、无证驾驶、违法变更车道和违法超车。其中最突出的是未按规定让行，事故致人死亡数占总数17.44%。

交通设施的设置情况对道路交通事故有较大影响。无任何硬隔离(物理隔离)的道路交通事故数、死亡数、伤人数分别占总数45.22%、30.23%、47.98%，有道路中心隔离设施的道路事故数、死亡数、伤人数分别占总数19.31%、27.91%、21.71%，有机动车与非机动车隔离的道路事故数、死亡数、伤人数分别占总数11.74%、8.84%、12.21%，有道路中心隔离设施及机动车与非机动车隔离的道路事故数、死亡数、伤人数分别占总数23.73%、33.02%、18.10%。无任何物理隔离的道路(主要集中在农村地区普通国省道、县乡公路村道)，非机动车或行人随意横穿现象更为突出，事故远高于有隔离设施的道路。由于死亡事故多数为机动车与摩托车、非机动车和行人之间的事故，有机动车与非机动车隔离的道路伤亡事故明显较低。

道路照明情况也是影响事故发生的重要因素。夜间无照明事故数、死亡人数和伤亡人数分别占总数的5.02%、6.98%、5.81%。

(市公安交通警察支队)

检 察

【概况】 2019年，全市检察机关紧紧围绕“争当全省检察机关科学发展排头兵、争做中国特色社会主义检察制度示范院”的“双争”目标，各项工作取得发展。全市检察机关35项工作机制和做法被上级检察机关肯定推广，257个典型事例和案件被中央电视台等中央级、省级主流媒体关注报道，9个案件入选全国、全省检察机关典型案例、公告案例，5篇情况反映被《人民日报》、新华社等内参采编录用，公益损害风险防控、检察监督信息化建设、侵害未成年人权益强制报告等探索，在全国形成广泛的示范性引领性效应。市检察院获“江苏省文明单位”称号，并连续第11年被评为市级机关综合考核优秀单位。两级院有57个集体、122名个人受到市级以上表彰，7个课题被省级以上立项，18项研究成果在《法学》等知名期刊上发表。

(张卓越)

【服务高质量发展】 年内，全市检察机关促进产业强市政策落实落地，向行政机关发出检察建议9件，在科技补贴、土地使用、环境保护等领域推动开展系列专项整治，落实整改率100%。参与整顿和规范市场经济秩序，惩治非法经营、合同诈骗等破坏市场经济秩序犯罪，保障各类市场主体公平竞争。深度嵌入苏南国家自主创新示范区建设，惩治假冒注册商标、侵犯商业秘密等侵犯知识产权犯罪。新吴区检察院在办理销售假冒注册商标“星巴克”咖啡一案中，察微析疑、引导侦查，会同公安机关成功侦破向18个省份50余家大型超市销售速溶咖啡的特大制假售假团伙案。精准护航重大项目建设，聚焦物联网、高端装备、新材料等先进制造产业，设立法律服务点29个，召开专题讲座39场，提供法律咨询7500余人次。优化法治化营商环境，服务保障民营经济高质量发展。组织开展全市性专题调研，全年共走访民营企业457家，召开专题座谈会、研讨会23场，梳理出7大类企业涉法问题、5大类司法保障诉求，具体做法获市委主要领导批示肯定。严厉惩治侵害民营企业合法权益和民营企业家人身权、财产权犯罪。锡山区检察院组成专门办案团队，对“冒充外资招商”实施跨国诈骗，骗取5名民营企业家495万元的多名犯罪嫌疑人快捕快诉。依法妥善处理涉企案件，对涉嫌犯罪的民营企业经营者、管理者依法不批捕38人，不起诉59人，捕后变更强制措施10人。江阴市检察院用足用好刑事司法政策，对已经积极补缴税款的9家民营企业14名负责人及时作出不起诉决定。宜兴市等基层检察院专门制定涉民营企业案件办理办法，将服务保障民营经济发展的各项司法举措落实落细。依法惩治非法吸收公众存款、集资诈骗等涉众型经济犯罪，涉案金额34亿余元。滨湖区检察院持续开展惩治涉众型经济犯罪“砺剑行动”，对非法吸收公众存款14亿余元的王某海等人依法提起公诉。开展“套路贷”违法犯罪专项治理，锡山区检察院办理的特大“套路贷”黑社会性质组织案入选全省检察机关公告案例。持续推进普法宣传，组织开展防范“套路贷”、非法集资法治宣讲55场，发放金融犯罪“防骗指南”1.7万份，在微博、微信公众号等开展以案释法宣传235期，被《法制日报》等中央主流媒体转发31次。

（张卓越）

【落实司法为民理念】 年内，全市检察机关依法履行审查逮捕、审查起诉职能。纵深推进扫黑除恶专项斗争，惩治涉黑涉恶犯罪，移送涉嫌黑恶及保护伞线索296条，办结中央督导组等上级机关交办、督办案件86件，市检察院重大刑事案件办案团队入选全省检察机关"十佳办案团队"。加强与纪委监委的协作配合，惩治职务犯罪，其中处级以上干部10人，在反腐败斗争中更加彰显司法职能。加强城市运行安全司法保障，惩治危害公共安全犯罪。对6起抢夺公交车方向盘、殴打驾乘人员的恶性"车闹"犯罪快捕快诉，一起案件入选全省"以案释法"好案例。宜兴市及锡山区检察院第一时间提前介入"9·28"等3起社会强烈关注的安全事故，并全力推动行业集中整治，获省检察院充分肯定。加强侦查引导功能，提前介入刑事案件侦查活动2178件，自行补充侦查1877次，勘察现场597次，收集、固定证据1779份，提出检察意见1.1万余条。发挥审前过滤功能，排除非法证据1528份，不起诉458人，比上年分别增长15.2%、48.7%。全面落实认罪认罚从宽制度，对8402名自愿认罪、真诚认罚的犯罪嫌疑人兑现轻缓的司法政策，适用率69.2%，量刑建议采纳率95.4%，具体做法获省检察院主要领导批示肯定。锡山区检察院办理的徐某过失致人死亡案，入选全省检察机关落实认罪认罚从宽制度十大典型案例。构建良性互动的检律关系，听取律师意见9521人次，调查核实阻碍律师行使诉讼权利的投诉反映72人次，督促有关执法司法机关纠正21件。市检察院认真落实律师代表意见建议，推动看守所采取网上预约及增加会见室等综合性措施，尽力缓解律师会见"排长龙"的现实问题。从严惩处暴力犯罪、毒品犯罪等严重影响群众安全感的刑事犯罪。梁溪区检察院对潜逃17年的公安部A级通缉犯常某飞快捕快诉，及时回应社会各界对生命财产安全的重大关切。严厉惩治群众反映强烈的各类电信网络诈骗。市检察院在办理一起受害人达1.2万余人次、涉案财物达5256万余元，专门以肝癌等重症患者为目标的特大电信诈骗案中，成功挖出并依法追诉幕后主犯陈某铭。严厉惩治生产销售有毒有害食品和假药犯罪。惠山区检察院经过立案监督、抗诉改判，严惩一起将化工原料包装成抗癌神药的犯罪，入选全省检察机关惩治危害食品药品安全犯罪十大典型案例。维护弱势群体合法权益，惩治拒不支付劳动报酬犯罪，帮助追讨欠薪346.5万元；向166名生活确有困难的案件当事人及亲属发放司法救助金153.8万元，比上年增长74.4%。做好"小信件"里的"大文章"，推进"群众来信件件有回复"工作。接待处理群众信访5228件、5231次，妥善处置重点信访案件18件，重信重访比上年下降94.7%，连续3年保持涉检群体性事件和进京非正常访"零目标"。梁溪区检察院在办理最高人民检察院巡视组交办的一起集资诈骗信访案中，督促侦查机关及时立案侦查，做好信访回复工作，促使一起涉及全市2000余名中老年人的群体访事件成功化解。锡山区检察院主动上门答复97岁抗战老兵的申诉，成功解开老人及亲属心结，相关做法被《检察日报》头版报道。开展社会风险排查研判，向党委、政府报送研判报告127份，市检察院撰写的未成年人参与黑恶犯罪、外籍边民非法入境务工、农民工讨薪难等深度分析报告，分别被《人民日报》等主流媒体采编录用，其中反映青少年涉黑恶犯罪现象的调研报告获省委主要领导批示肯定。

（张卓越）

【守护公共利益】 年内，全市检察机关树立多赢共赢理念，更加注重协同各方解决公益保护难题。主动邀请各级人大代表担任公益诉讼观察员，市检察院及3个基层检察院向人大常委会专题汇报公益诉讼工作。加强与行政机关协作，与市场监管、生态环境等部门会签规范性文件5份，召开联席会议34次，通报专项整治情况68次。树立重诉讼更重诉前理念，促使95%的公益损害在诉前得到有效修复。组织开展诉前检察建议落实情况"回头看"1158件次，走访公益受损点周边群众685人次，督促完成整改54件。市检察院探索办理的全国首例民事公益诉讼诉前听证和解案，入选"全国检察公益诉讼全面实施两周年典型案例（17件）"，为最高人民检察院正在拟制的办案规则贡献无锡智慧。针对长江、太湖流域生态保护的重点难点问题，摸排生态资源和环境保护领域线索209条，占公益诉讼线索总数的45%。江阴市检察院对最高人民检察院、公安部、生态环境部联合督办的2起长江流域环境污染案提起民事公益诉讼，成功索赔大额环境损害修复费用。滨湖区检察院通过诉前检察建议，推动省渔政部门废除禁渔期大规模商业性捕捞河蚬的行政许可，保护太湖渔业资源合理开发利用。围绕个人信息泄露、虚假广告、电话骚扰等困扰群众的"烦心事"，组织开展专项监督，发出诉前检察建议30件，联合约谈相关企业35次，建议处罚违法违规企业21家，敦促清理虚假宣传31个。市检察院针对校外培训机构非法获取、售卖大批量中小学生个人信息，新吴区检察院针对某网络公司在公民个人信息保护方面的技术漏洞，及时发出诉前检察建议并持续跟踪督办。依托信息科技与公益诉讼工作融合机制，利用无人机巡航监控系统，对林地、矿山、河道等公益损害高发区域定期航拍巡查，发现线索165条，进行立案调查，发出诉前检察建议。宜兴市检察院通过自主研发的"宜南山区电子生态地图”，发现隐蔽违章建筑线索23条，及时推动开展自建房违建专项整治。江阴市检察院深化生态环境和食品安全快速检测中心工作模式，两次在全国性会议上作经验交流，被最高人民检察院向全国推广。依托“四检合一”（由同一部门办理食品药品安全、生态环境和资源保护领域刑事、民事、行政和公益诉讼案件）办案机制，稳妥拓展公益保护范围。锡山区、滨湖区检察院督促相关部门加强群租房管理、防范公共安全风险的做法，获省检察院主要领导批示肯定。

（张卓越）

【维护司法公正和权威】 年内，全市检察机关加强侦查监督。滨湖区检察院在办理一起涉案金额25.6亿元的虚开增值税专用发票案中，依法监督侦查机关将挂案近3年的莫某某撤销案件。加强刑事审判监督，提出抗诉31件，发出再审检察建议25件、书面纠正违法25件。加强刑事执行监督，全年对45477人的刑事执行活动进行监督，对9860件生效判决的交付执行活动进行检察，对10023件减刑、假释、暂予监外执行案件进行实体审查。加强羁押必要性审查，对不需要继续羁押的292人敦促变更轻缓的强制措施，江阴市检察院办理的张某锦羁押必要性审查案被评为全省检察机关精品案件。对监狱、社区矫正工作开展8轮71次巡回检察，发出纠正违法通知书、检察建议89件，督促整改违法违规问题187个。对88名服刑罪犯的特赦工作全程同步监督，督促执行机关撤回5件不符合条件的申请。加强对生效民事行政判决、裁定、调解书及审判活动的监督，提出抗诉21件，提请省检察院抗诉18件，发出检察建议141件。1件建议入选全省检察机关“十大优秀检察建议”，监督推动审判机关规范诉讼代理人资格审查案入选全省检察机关公告案例。严惩民间借贷、房屋买卖等领域的“假官司”，办理虚假诉讼监督案件40件，涉案金额3.2亿余元。市检察院、滨湖区检察院联动办理的9件涉案金额2550万元的系列虚假诉讼监督案，全部被依法改判。协同攻坚“切实解决执行难”，向审判机关发出检察建议62件，市检察院撰写的行政非诉执行难点问题调研报告被省检察院全文转发。注重维护司法权威，对审判机关正确的民事行政裁判，主动做好释法说理工作，促成216件缠访闹访息诉服判。统筹谋划司法人员职务犯罪侦查工作，在全省率先制定案件线索管理办法，率先建立侦查骨干人才库，率先开展职务犯罪办案区建设，全力提升侦查工作的规范化、专业化、信息化水平。依托“12309”举报平台和内部移送机制，全年受理线索68条。加强与纪委监委、监狱等部门的协作配合，市检察院与市纪委监委在全省率先共同出台加强协作配合的具体办法。引入监督执纪“四种形态”（经常开展批评和自我批评、约谈函询，让“红红脸、出出汗”成为常态；党纪轻处分、组织调整成为违纪处理的大多数；党纪重处分、重大职责调整的成为少数；严重违纪涉嫌违法立案审查的成为极少数），对轻微违法的举报线索，单独或者联合开展函询、谈话、初步核实77人次，对其中查否的29人次控告、举报，及时澄清事实、消除影响。坚持“惩治极少数，管住大多数”的工作思路，从立案侦查的2件6人典型案件入手，推动开展侦查专项整治，针对指定居所监视居住的检察建议入选全省检察机关“十大精品检察建议”，郁某等3人刑讯逼供案被省检察院选送参评全国精品案例，全市检察机关办案质效位居全省前列。

（张卓越）

【检察工作特色品牌建设】 年内，全市检察机关推进公益损害风险防控，全面前移公益保护重心，变“以诉为主”为“以防为先”，在全国率先提出并实践公益损害风险防控工作。走访行政机关及企业117家，开展风险警示教育29场，提出整改意见203条，推动建章立制51项。市检察院建设公益损害防控基地，将“预防为先、诉防结合、标本兼治”的理念外化成生动的教育展示平台；锡山区检察院首创环境公益损害防控项目，打造“事前预防、事中稳控、事后治标”全方位链式监督模式，为100余家排污企业提供绿色发展“检察方案”；新吴区检察院研发“公益诉讼网格化信息采集系统”，依托1034名信息网格员、60名公益诉讼志愿者采集苗头性、预警性线索。做好检察监督信息化建设，通过接续发力，各类数据资源得到跨越式拓展，新增实时连线45条，对接城市大数据中心专项数据10类，累积获取信息3.5亿余条。依托AI人工智能自主研发综合研判平台，推动办案思维转化为具体的算法公式，运用数据模型实现对监督线索的智能发现、智能研判和智能决策。全年依托平台发现各类监督线索2423条，发出监督法律文书397份，占比总数分别达62.2%、41.8%。该项工作探索被最高人民检察院肯定推广。落实最高人民检察院“一号检察建议”，健全完善未成年人司法保护社会支持体系。在全省率先探索实践侵害未成年人权益强制报告制度，接收民政、教育、医疗等机构书面报告56份，对可能涉嫌犯罪的案件提前介入47次。建立防范侵害未成年人犯罪入职查询和从业禁止制度，对与未成年人密切接触的工作岗位开展入职查询279次。新吴区检察院就一起培训机构老师猥亵儿童案，推动发出“从业禁止令”，被《新华日报》、江苏省委新闻网等10余家主流媒体关注报道。全市7个基层检察院全部跻身“全国青少年维权岗”行列，江阴市检察院被评为“全省政法系统关心下一代先进集体”，惠山区检察院徐静超被评为“全国维护妇女儿童权益先进个人”。

（张卓越）

法 院

【概况】 2019年,全市法院紧紧围绕“努力让人民群众在每一个司法案件中感受到公平正义”目标,坚持司法为民、公正司法工作主线,忠实履行宪法法律赋予的职责,各项工作取得进展。受理各类案件216418件(其中新收184952件),审执结185455件,比上年分别上升9.45%、11.59%;其中市中院受理案件16536件,审执结15415件,比上年分别上升1.16%、4.76%。坚持监督和支持并重,依法审结涉政府职能转变、“放管服”改革等各类行政案件1486件;发布行政审判年报和典型案例,推动行政机关负责人出庭应诉,助推法治政府建设。严格减刑、假释案件办理规程,建立假释回访机制,审结案件3553件。圆满完成特赦案件审理任务。围绕市委重大决策部署,制定《关于全力打造高质量司法为我市当好全省高质量发展领跑者提供有力司法保障的实施意见》《关于进一步优化法治化营商环境的实施意见》,系统推出60余项司法保障措施。

(张圣斌)

【扫黑除恶】 年内,全市法院落实依法严惩方针,坚持既不拔高处理也不降格认定,严把案件事实关、证据关、程序关和法律适用关,审结涉黑涉恶案件83件、366人,判处72名被告人5年有期徒刑以上刑罚,重刑率19.7%。依法审理“雪浪山口组”顾某和15人涉黑案、徐某军14人涉黑案等一批群众反映强烈、社会影响恶劣的犯罪案件,坚决铲除社会毒瘤。坚持把扫黑除恶与反腐败斗争、基层“拍蝇”结合起来,严格落实“两个一律”(对涉黑涉恶犯罪案件,一律深挖其背后腐败问题;对黑恶势力“关系网”“保护伞”,一律一查到底,绝不姑息)和“一案三查”(查办黑恶势力,追查黑恶势力背后的“关系网”和“保护伞”,倒查党委、政府的主体责任和有关部门的监管责任),向市扫黑办(市扫黑除恶专项斗争协调小组办公室)、纪检监察部门移送涉黑涉恶线索74条、“保护伞”线索14条,审结“保护伞”“关系网”案件6件、7人。坚决铲除黑恶犯罪经济基础,判处财产刑57件、234人;组织开展“打财断血”专项执行月活动,执行到位1631.82万元。

(张圣斌)

【刑事审判】 年内,全市法院保持对严重暴力犯罪高压态势,审结杀人、抢劫、绑架等案件1070件、1483人,对111人判处5年有期徒刑以上刑罚。参加禁毒斗争,组织开展“6·26国际禁毒日”集中宣判、典型案例发布等活动,审结涉案毒品达39千克的杨某军7人贩卖、制造毒品案以及宋某鸿19人跨国贩卖、运输毒品案等案件390件、466人,对首要分子判处死刑,坚决遏制毒品问题蔓延势头。惩治“盗抢骗”、“食药环”、电信网络诈骗等涉民生领域犯罪行为,审结涉及1万余名受害人的广州康麟商品信息咨询公司电信诈骗案等案件2746件、3822人。加大对走私、传销、偷漏税等扰乱市场经济秩序犯罪行为的打击力度,审结海关总署督办的涉案金额2.8亿元的徐某芳3人走私普通货物案等案件559件、1106人。坚定不移惩治贪腐,完善刑事诉讼与监察程序衔接机制,审结省沿海办原主任林某峰受贿案等职务犯罪案件77件、78人,被告人原为县处级以上干部11人。

(张圣斌)

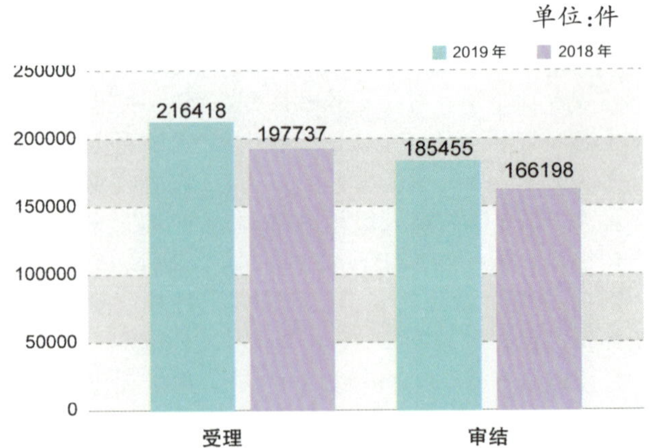

说明:1. 受理案件数比上年上升9.45%;2. 审结案件数比上年上升11.59%。

图3 无锡市法院受理审结各类案件情况图

(市法院)

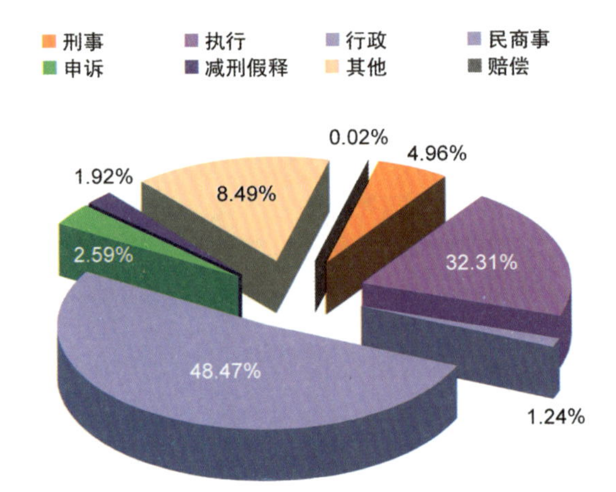

图4 2019年无锡市各类案件分布情况图

(市法院)

【非诉讼纠纷解决机制建设】 年内,全市法院争取党委、政府支持,坚持把非诉讼纠纷解决机制挺在前面,在法院设立“诉讼与非诉讼对接中心”和“非诉讼服务分中心”;开展“枫桥式”人民法庭创建,在镇(街道)设立审务工作站,创新审务进基层、法官进网格工作机制,深化“无讼村居(社区)”创建,助推市域治理体系和治理能力现代化。建立关工委“五老”(老党员、老专家、老教师、老战士、老模范)委员工作机制,开展“防治校园欺凌”等送法上门活动,梁溪法院被团中央命名为“2016～2018年全国青少年维权岗”。

(张圣斌)

【商事审判】 年内,全市法院新收一审商事案件34845件,审结35533件,涉案标的金额411.84亿元,比上年分别上升15.89%、17.95%和55.56%。会同市工商联、市地方金融监管局等部门共商优化法治化营商环境的思路措施,推动设立全省首家市级“法联商会商事调解中心”,创建“商会调解＋司法确认”模式,及时化解民营经济领域矛盾纠纷。加强产权保护,审结买卖、租赁、物权、股权等纠纷案件17725件,稳定市场主体预期、增强企业信心。平等保护中外当事人合法权益,审结涉外、涉中国港澳台地区案件317件,推动高水平对外开放。围绕服务供给侧结构性改革,强化企业破产府院联动,在全国首创管理人考核分级第三方评估机制,充分运用清算、和解与重整手段审结破产案件116件,无锡天然纺织系关联企业、江苏泓海能源公司破产重整案均取得多方共赢的良好效果。

(张圣斌)

【涉金融案件审判】 年内,全市法院参与防范化解金融风险,稳妥处理企业资金链断裂、互联互保、互联网金融引发的纠纷,审结银行借款、票据、保险等金融纠纷案件8084件;严厉打击非法金融活动,开展“套路贷”虚假诉讼专项治理,全面梳理复查2016年以来审结的民间借贷等案件7万余件,排查犯罪线索400人、3255条,涉案标的金额5.16亿元,遏制民间借贷畸形发展。

(张圣斌)

【环境资源审判】 年内,全市法院审执结各类环保案件697件,其中中华环保联合会诉某高速公路噪声污染侵权案被《人民日报》报道。制定《关于依法服务和保障全面加强生态环境保护坚决打好污染防治攻坚战的实施意见》,用最严格的制度、最严密的法治向污染环境行为“亮剑”。全面落实省法院“9+1”环境资源审判机制改革要求,设立江阴法院长江流域环境资源第一法庭,集中管辖苏锡常镇等地环境资源案件,审结长江非法采砂系列案,着力保护长江生态。

(张圣斌)

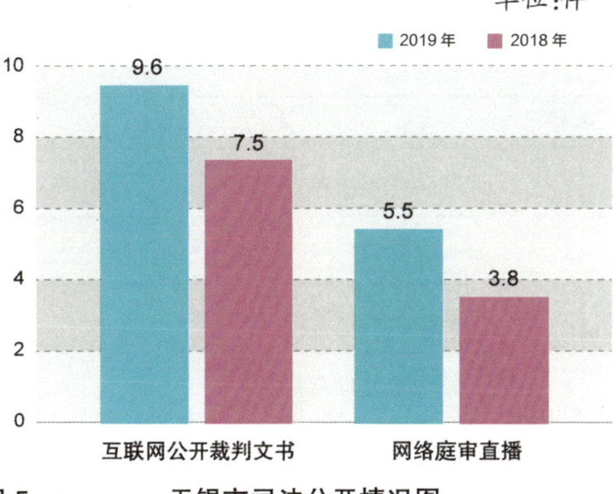

图5 无锡市司法公开情况图

(市法院)

【知识产权司法保护】 年内,全市法院贯彻最严格知识产权司法保护政策,通过依法适用惩罚性赔偿和加强行为保全、证据保全等措施,解决侵权成本低、维权成本高等问题。新收一审知识产权案件1261件,审结1238件,一起侵害信息网络传播权纠纷案入选“2018年度中国法院50件典型知识产权案例”。加强新兴产业和传统特色产业知识产权保护,妥善审理涉及互联网、电影产业和紫砂行业等领域的知识产权案件。制定《关于建立知识产权保护互联互通工作机制的实施意见》,会同无锡经济开发区管委会主办“打造知识产权新高地、建设科技创新先导区”知识产权保护论坛,参与承办“知识产权法蠡湖论坛”,推动形成政府主导、企业主体、司法保障、社会参与的知识产权保护新格局。

(张圣斌)

【便民利民服务】 年内,全市法院全面推进诉讼服务中心提档升级,构建以服务大厅、诉讼服务网、“12368”服务热线、巡回办理为主要内容的“厅网线巡”一站式诉讼服务体系,将诉讼引导、财产保全等辅助性事务集约至诉讼服务中心,努力实现诉讼服务“一次办好”。全年为群众提供诉讼服务26.69万件次,网上立案7626件,办理跨域立案66件。加强智慧诉讼服务建设,研发上线“律师服务平台”,推进远程开庭、视频接访等工作,努力实现“让数据多跑路、群众少跑腿”。拓展“法律文书统一电子送达平台”功能,15.07万件案件实行电子送达,成功率81.36%。加强审判流程、庭审活动、裁判文书和执行信息四大公开

表21 2019年无锡市诉讼案件结案统计表

指标 单位	结案(件)	结案标的(亿元)
中级人民法院	9756	116.39
基层人民法院	106429	895.36
合计	116185	1011.75

说明:此表不含减刑假释、申诉申请和执行案件。 (市法院)

表 22　　2019 年无锡市位居前十位的民商事一审案件收案统计表

单位:件

序号	案由	收案
1	借款合同纠纷	17121
2	买卖合同纠纷	13092
3	机动车交通事故责任纠纷	7700
4	婚姻家庭继承纠纷	6375
5	劳动争议纠纷	4570
6	租赁合同纠纷	2933
7	房屋买卖合同纠纷	2828
8	服务合同纠纷	2860
9	保险合同纠纷	2374
10	承揽合同纠纷	2354

说明:民间借贷纠纷收案 13420 件,占借款合同纠纷案件的 78.38%。

(市法院)

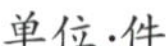
单位:件

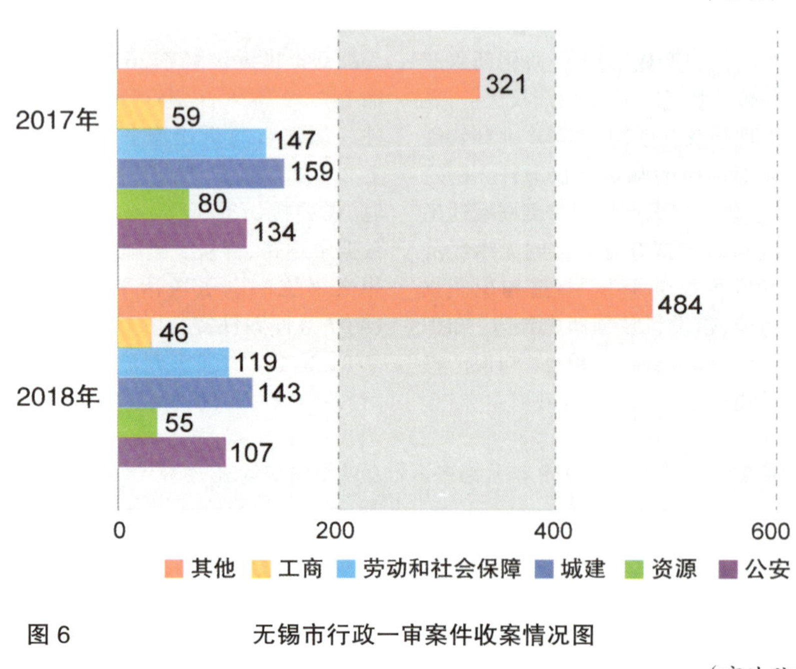

图 6　　无锡市行政一审案件收案情况图

(市法院)

平台建设,在互联网公开裁判文书 9.6 万篇,网络直播庭审 5.5 万场,吸引 1790 余万人次点击观看,市中院和江阴、宜兴法院直播案件数进入全国法院前列。

(张圣斌)

【民事审判】 年内,全市法院关注人民群众对教育、医疗、社会保障等问题的关切,新收一审普通民事案件 40111 件,审结 41251 件,比上年分别上升 12.86%、18.84%。实施"服务和保障百姓安居"工程,公正审理涉精装房买卖、物业服务等案件 5101 件,让老百姓住得安心。依法维护消费者合法权益,审结无锡首例涉食品安全消费民事公益诉讼案件,当庭判决被告公开赔礼道歉、支付惩罚性赔偿金,让老百姓吃得放心。深化家事审判方式改革,推行离婚冷静期、人身安全保护令等制度,审结案件 6507 件。惠山法院审理的一起虐待儿童案被评为"江苏省维护妇女儿童合法权利十大典型案例"之一,新吴法院打造的"大玫法官说家事"系列普法漫画专栏受到人民网、央视《今日说法》关注转发,市中院被全国妇联授予"全国维护妇女儿童权益先进集体"荣誉称号。围绕构建和谐劳动关系,畅通劳动人事争议仲裁与诉讼衔接渠道,实行调裁审一体化,审结案件 4501 件,追索劳动报酬 2.39 亿元。

(张圣斌)

【司法执行】 年内,全市法院坚持以开展解决执行难"巩固提高年"活动为主线,推动执行工作稳步向"切实解决执行难"迈进,共受理执行案件 69202 件,执结 61265 件,比上年分别上升 4.17%、7.51%,执行到位金额 110.85 亿元,"三个 90%、一个 80%"(有财产可供执行案件在法定期限内实际执结率 90%,无财产可供执行案件终结此次执行程序合格率 90%,执行信访案件办结率不低于 90%;3 年内整体执结率不低于 80%,即以终本方式结案率加上法定期限内实际执结率的总和不低于 80%)核心指标均保持高位运行。完善执行查控体系,运用"总对总""点对点"查控网络,查询被执行人在全国范围内的不动产、存款、理财产品等 16 类 25 项信息,共查询 290 余万次,冻结资金 36.83 亿元。完善失信联合惩戒体系,公布失信被执行人信息 1.66 万条,限制购买机票、高铁票

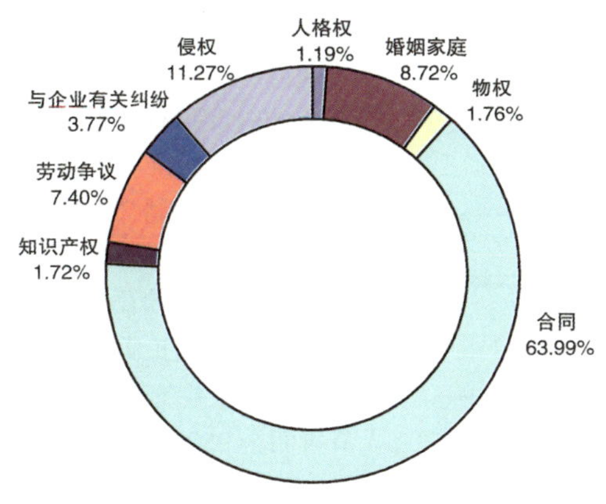

图 7 无锡市法院受理审结各类案件情况图

（市法院）

单位:件

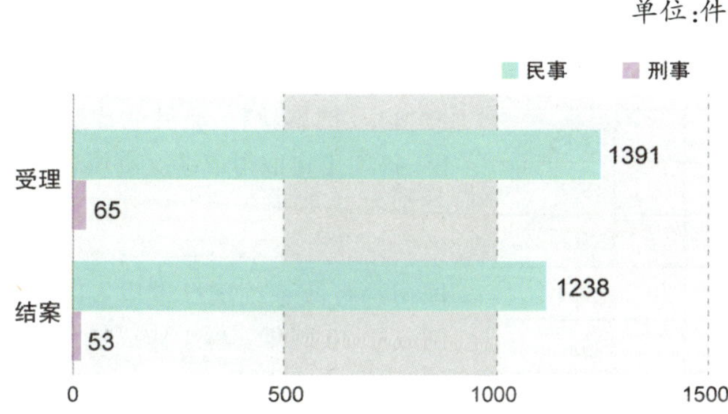

说明:受理数比上年下降 7.73%,结案数比上年下降 3.3%。

图 8 2019 年无锡市知识产权案件受理结案情况图

（市法院）

单位:件

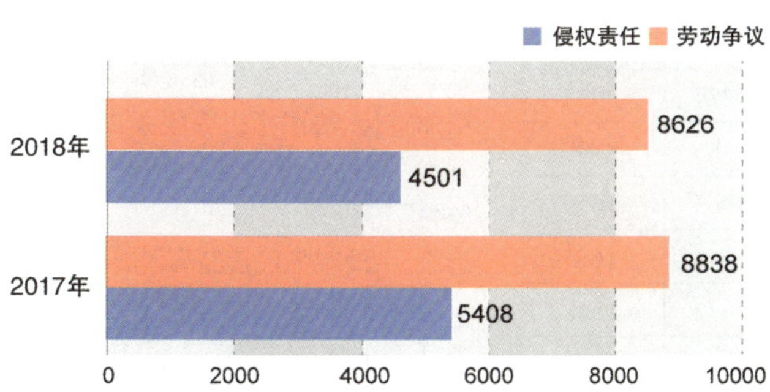

说明:审结侵权责任案件 8626 件,比上年下降 2.4%;审结劳动争议案件 4501 件,比上年下降 16.77%。

图 9 无锡市侵权责任、劳动争议案件一审结案情况图

（市法院）

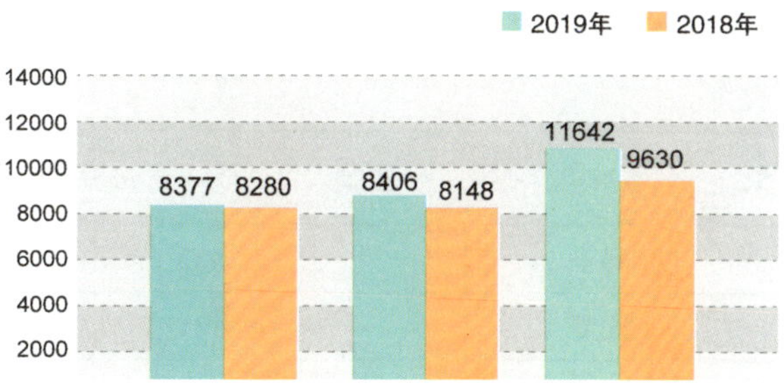

说明:1. 一审新收数比上年上升 1.17%;2. 一审结案数比上年上升 3.17%;3. 判决生效罪犯人数比上年上升 20.89%。

图 10 无锡市刑事一审案件收结案情况图

（市法院）

表 23 2019 年无锡市位居前十位的刑事一审案件收案统计表

单位:件

序号	案由	收案
1	危险驾驶罪	1983
2	盗窃罪	1718
3	诈骗罪	931
4	交通肇事罪	361
5	故意伤害罪	351
6	开设赌场罪	291
7	寻衅滋事罪	236
8	走私、贩卖、运输、制造毒品罪	202
9	虚开增值税专用发票、用于骗取出口退税、抵扣税款发票罪	162
10	侵犯公民个人信息罪	125

（市法院）

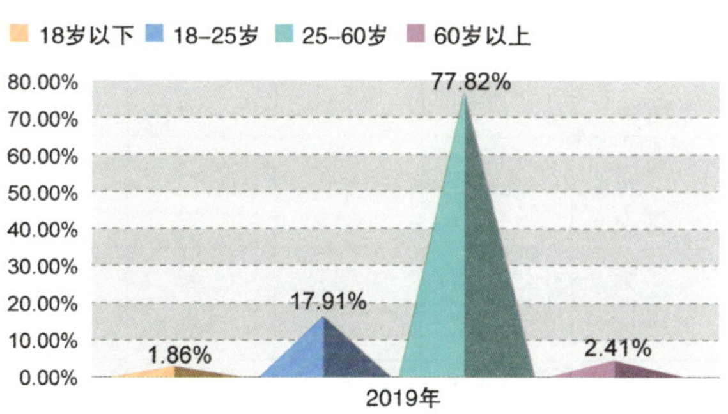

图 11 2019 年无锡市犯罪年龄分布情况图

（市法院）

表 24　2019 年无锡市人民陪审员参加审理各类案件统计表

单位：件

单位 类别	基层人民法院（含法庭）	中院
刑事	1933	0
民事	13131	321
行政	715	0
合计	17447	321

说明：人民陪审员参加审理案件数比上年下降 9.4%。（市法院）

表 25　2019 年无锡市法院案件审理统计表

单位：件

指标 单位	受理	上年同期	结案	上年同期
梁溪	33772	28823	29327	23494
滨湖	25851	23546	21904	19123
新吴	19177	16992	16967	14856
惠山	20706	19368	16654	15166
锡山	18341	15629	15652	12911
江阴	45087	42785	38236	37537
宜兴	36948	34247	31300	28397
中院	16536	16347	15415	14714
全市	26418	197737	185455	166198

（市法院）

表 26　2019 年无锡市法院案件结案统计表

单位：件

指标 单位	刑事	民事	行政	执行	其他	合计
梁溪	1117	16294	311	9331	2274	29327
滨湖	720	10252	316	6131	4485	21904
新吴	839	8575	3	5585	1965	16967
惠山	787	8929	1	6493	444	16654
锡山	853	8340	7	5580	872	15652
江阴	2778	18448	148	14520	2342	38236
宜兴	1346	15510	108	11970	2366	31300
中院	834	7145	642	1655	5139	15415
全市合计	9274	93493	1536	61265	19887	185455

（市法院）

3.73 万人次，限制出境 196 人次。持续开展涉民生案件、涉拖欠民营企业债务案件等专项执行行动，执结案件 6372 件，执行到位 18.56 亿元。健全网络司法拍卖机制，研发上线“智槌”司法网拍服务系统，公开招标 30 家公司辅助网拍，引入金融机构提供“法拍贷”服务，共网络拍卖 5398 次，成交金额 84.9 亿元，溢价率 56.91%，为当事人节省佣金 9500 余万元。

（张圣斌）

司法行政

【概况】 2019 年，全市司法行政系统推进依法治市，履行行政立法、行政执法、刑事执行、公共法律服务职能，各项工作取得成绩。市司法局被全国普法办表彰为“全国七五普法中期先进集体”，被司法部表彰为“全国司法行政系统庆祝中华人民共和国成立 70 周年安保工作成绩突出集体”“2019 年国家统一法律职业资格考试工作表现突出单位”，被江苏省政法系统关心下一代工作委员会表彰为“江苏省政法系统关心下一代工作先进集体”。

（陆　裔）

【服务大局】 年内，无锡市开展服务高质量发展专项行动，会同相关部门开展防范金融风险法治宣传教育活动 214 场；举办法律扶贫专场活动，为贫困群众脱贫致富、生产生活提供法律咨询、法律宣传、法律指引等服务 2100 人次；开展“绿色法治宣传”“环保行政执法监督”等行动，探索开展环境损害公益诉讼。主动服务民营经济发展，制定《关于组织开展“百所帮千企”专项法律服务活动的实施方案》，组织律师、基层法律服务工作者、公证员、司法鉴定人等法律服务人员，为民营企业提供“一对一”法治体检服务，出具法治体检报告 5000 余份，收集排查法律风险 23700 件，发布防控举措和法律建议近 7600 条，建立长效机制 124 项。针对防风险、促转型、护发展等主题，面向企业开设法治讲座6000余场。参与“一带一路”法律服务，探索设立市“一带一路”（涉外）法律服务中心，指导江苏漫修律师事务所在美国纽约挂牌成立办事处，为无锡律师更好发展涉外法律服务提供窗口和平台。

（陆 裔）

【普法宣传】 年内，无锡市健全完善法治宣传教育工作机制，推动“谁执法谁普法”普法责任制落实，制定《无锡市国家机关“谁执法谁普法”月度普法责任清单》，实施普法建议函工作制度，发出普法建议函36份；落实法官、检察官、行政执法人员、律师等以案释法制度，整理报送“以案释法”案例83个。开展全民普法活动，组织开展“法治宣传教育阵地提档升级”专项行动，持续推动宪法进机关、进社区、进学校、进企业、进家庭、进军营、进影院、进宾馆、进网络，累计举办各类广场宣传550余场、法治讲座590余场、法治文艺演出330余场。推进法治文化建设，统筹谋划、科学推进运河沿线法治文化景观建设，建成市级法治文化示范点364个，省级法治文化建设示范点44个，市、市（县）区、镇（街道）三级法治文化阵地覆盖率100%。推进基层依法治理，推动民主法治示范村（社区）创建，加强动态考核，制定《无锡市民主法治示范村（社区）动态管理办法》，推动健全自治、法治、德治“三治融合”基层治理体系。

（陆 裔）

【公共法律服务】 年内，无锡市建立现代公共法律服务体系“无锡样板”。通过在市级公共法律服务中心增设仲裁、复议窗口，在各市（县）区公共法律服务中心配置公证、司法鉴定和仲裁服务指引，推动“三大平台”一体融合发展，82个镇（街道）公共法律服务中心省级贯标建设达标率100%。落实服务民生工作，推出2019年无锡司法行政惠民实事举措12项，研发“全生命周期”法律服务产品47个，全年为群众提供法律服务41万人次，其中“12348”热线平台服务量43281人次，网络平台服务量150479人次，四级实体平台服务量近25万人次。组织司法行政（法律服务）案例选编工作，全市累计有100余篇案例入选中国法律服务网案例库。组织实施国家统一法律职业资格考试。落实“一试两考”“全面机考”“九个百分之百”等要求，确保全市2700名考生完成法律职业资格考试。

（陆 裔）

【法律援助】 年内，全市受理法律援助案件数7271件（其中民事4089件，刑事3182件），接待群众来访、来电、网上咨询11357人次。开展法律援助宣传，提高法律援助社会知晓率。市司法局推进民生实事工程，适当降低法律援助申请门槛，使法律援助覆盖范围人群拓展至全市低收入群体，惠及更多困难群众。拓展法律援助服务事项，组织办理困难群众劳动就业、医疗卫生、社会保障等领域涉及法律援助的案件，提供诉讼和非诉讼代理服务。与市法院、市检察院、市公安机关建立有效工作机制，全面实现刑事案件律师辩护全覆盖，刑事法律援助案件数比上年增长6%。会同市退役军人事务局印发《关于进一步完善全市退役军人法律援助工作机制的意见》，成立无锡市退役军人法律援助工作站，维护退役军人和其他优抚对象的合法权益，营造全社会拥军优属的良好氛围。

（陆 裔）

【人民调解】 年内，全市有各类人民调解组织1681个，人民调解员6320人，排查社会矛盾纠纷27160次，调处成功矛盾纠纷101253件。开展非诉讼纠纷解决综合平台试点，选派一批扎根基层群众、覆盖各行业的人民调解员、律师以及专家，建立非诉服务中心5家，在法院建立非诉服务分中心5家，在信访、人社、交通等其他部门单位设立非诉服务分中心4家。推动实现服务退役军人调解组织全覆盖，建立退役军人人民调解组织11家，设立“老兵”调解工作窗口25个，宜兴市宜城街道人民调解委员会主任葛水车被省司法厅表彰为“江苏最美退役军人调解员”。推动建设个人调解工作室，建成个人调解工作室118个，无锡市梁溪区广益街道人民调解委员会费建兴调解工作室、江阴市月城镇人民调解委员会月城娘舅调解工作室、宜兴市人民调解委员会安心调解工作室、无锡市惠山区玉祁街道人民调解委员会老尤调解工作室被省司法厅评为“江苏省金牌调解工作室”。

（陆 裔）

【社区矫正】 年内，无锡市全面加强特殊人群安全稳控，开展大排查、大督察活动，协调公安机关开展在逃社区矫正对象追逃行动，会同市检察院开展专项督察活动，加强隐患问题摸排及高危重点人员管控。做好社区矫正对象特赦工作，在市县两级成立社区矫正特赦评审委员会，建立摸排甄别、调查取证、报送审核等工作机制，严格三方会商和请示汇报制度，完成社区矫正对象特赦裁定宣告79人。加强安置帮教工作，深入监所，开展延伸帮教活动，整合资源，举办特殊人员就业推介会，全力推动安置帮教措施落实。延伸关爱，开展特殊人群特困家庭未成年子女“护苗”主题日活动，发放各类帮扶物资价值2万余元。持续推动后续照管质效提升，推进全市8个工作站、82个街道（镇）后续照管服务站规范化建设，落实帮扶措施，为照管对象提供就学就医、心理咨询、矛盾纠纷调处等各类帮扶服务694人次，树立戒毒典型856人，培育数量位列全省第一。

（陆 裔）

【司法鉴定】 年内，全市有司法鉴定机构9家，鉴定人84人，办理案件14614件，出具司法鉴定意见书14265份，收费3172.84万元，采信率99%以上。江南、中诚和中西医结合医院等司法鉴定所对经济困难的被鉴定人实施司法援助，减免鉴定费13万余元。加强鉴定人队伍素质培养力度，组织160余人次参加司法部、省司法厅组织的法医物证、法医精神病、法医病理及医学影像、案例演示等培训活动。全年上报典型案例23件，其中无锡市精神卫生中心鉴定所提供的案例，被全国司法精神病学学术会议评为优秀鉴定案例。

江南司法鉴定所撰写的论文被全国“第八届文件检验学理论与实践研讨会”录用，获优秀奖。

（陆　裔）

【司法行政改革】 年内，无锡市推进行政执法体制改革，全面推行行政执法公示、执法全过程记录、重大执法决定法制审核“三项制度”，规范行政执法权力运行，持续推进证明事项清理，落实证明事项告知承诺制度。推进律师制度改革，会同市中级人民法院等15家单位建立依法保障律师调查取证权沟通协调会议制度，探索完善公职律师、法律顾问参与行政决策、有效发挥作用的机制。深化公证管理体制改革，深化合作制试点工作，探索创新“执行主任管理制度”，建立完善公证员执业责任终身追究制度。探索构筑公证参与司法辅助新模式，协助立案前审查1000余件。推进司法鉴定制度改革，推动现有鉴定机构与高校和科研院所合作，建立以传统鉴定为基础、以高等院校为支撑扩展的规模大、范围广、技术力量强、管理规范的高资质司法鉴定中心。推进社区矫正制度改革，加强和规范社区矫正中心建设，组织社会力量参与社区矫正，加强信息化技术应用，全面推进智慧矫正，实施社区矫正损害修复工程，提高社区矫正管理效能。推进法律援助制度改革，会同无锡市人民检察院制定《关于开展派驻法律援助值班律师工作的实施意见》，建立健全法律援助值班律师制度，全市法律援助值班律师为当事人提供法律帮助4067件。规范刑事诉讼律师辩护全覆盖落实，增加的刑事辩护法律援助案件1346件。深化放管服改革，更新完善标准化权力清单信息扩展及维护工作，优化服务流程指引，提升行政机关办事效率满意度。推进仲裁体制机制改革，开展仲裁行业发展秩序清理整顿专项行动，创新裁决与调解互补机制，推动形成化解涉及民生的群体纠纷的合力，推动在立案之前消弭矛盾、化解纠纷。提前做好行政复议体制改革准备工作，主动开展体制改革调研，总结无锡市行政复议委员会工作经验，主动做好相关培训。

（陆　裔）

仲　裁

【概况】 2019年，无锡市仲裁委员会（以下简称市仲裁委）业务量和受案标的额均实现同步增长。受理各类民商事案件654件（含程序外解决争议数量），比上年增加69件，增长11.8%；受案标的额19.2亿元，比上年增加2.41亿元，增长14.35%。案件标的额平均300万元。审结案件529件（含上年结转案件），结案率82%。其中裁决178件，和解、调解及当事人撤销案347件，其他方式结案4件，调撤率66%。仲裁全面走进百姓生活，在解决民生领域的纠纷中发挥积极作用，处理大量商品房买卖合同、装饰装修合同以及物业服务合同等纠纷，通过简易程序审理，并重视案件调解，使得这类纠纷得到较为快速和妥善的解决，有效化解社会矛盾；案件类型更加多元化，其中商品房买卖合同纠纷、普通货物买卖合同纠纷、租赁合同纠纷继续占总案件量53%，除了传统的存量房买卖合同纠纷、供用气合同纠纷、国有建设用地使用权出让合同纠纷之外，新增资本认购纠纷、软件开发合同纠纷、代位补偿权纠纷、股权纠纷等新类型案件；法律服务水平提高，一方或者双方当事人住所地不在无锡的案件占受案总量30.25%，其中双方当事人为外地的案件占受案总量5.1%。12月31日，完成仲裁机构办公场所搬迁工作，由原位于解放南路626号的旧址，整体迁入文华路199号国土资源大楼8楼新址。

（蔡　毅）

【仲裁服务】 年内，市仲裁委落实全省仲裁工作会议的工作部署，加快推进仲裁进驻公共法律服务平台工作。仲裁常设机构率先试点，依托下辖江阴办事处，在新组建的江阴市公共法律服务中心增设仲裁服务窗口，安排驻点仲裁工作人员负责接待咨询，向咨询者提供仲裁机构名称、地址、咨询方式，并提供现场服务指引。完善司法所“一所五站点”规范化建设，在江阴市所辖乡（镇）、街道各级司法所设立仲裁业务联系点，指导仲裁业务咨询，满足基层群众仲裁服务需求。

（蔡　毅）

【劳动关系调解仲裁】 2019年，无锡市人力资源和社会保障局发挥全国首创的企业调解专业联盟工作平台作用，高质量开展调解仲裁工作。全市处理各类劳动人事争议案件23505件，比上年下降14.36%，涉及经济标的额124306.9万元。立案受理劳动争议案件9985件，比上年下降2.72%，其中50人以上集体争议0件，人事争议11件。农民工工资争议受理案件数718件，涉及农民工人数718人，年内全部结案，结案案件涉及金额1652.82万元。各类调解组织调解劳动争议案件13520件。仲裁案件按期结案率和仲裁管理信息系统按期运行率均达100%，超额完成各项年度考核指标。

（孙皓晨）

【长三角一体化仲裁城际合作】 2019年，无锡市人力资源和社会保障局创新建立长三角劳动监察和调解仲裁城际合作共同体。贯彻长江三角洲区域一体化发展国家战略，落实《长三角区域劳动人事争议调解仲裁战略合作协议》，与上海市浦东新区、浙江省湖州市、安徽省宣城市人社部门建立调解仲裁工作战略合作意向，并在无锡举行联合签约仪式。合作内容包括建立市际劳动人事争议协同处置联席会议制度、建立劳动人事争议多元化解协作机制、开展跨区域法律和维权服务合作、开展跨区域仲裁机构和调解组织建设合作、开展跨区域人员培训交流合作等。

（孙皓晨）

编辑　李汉洪

无锡军分区

【概况】 2019年，无锡军分区以习近平强军思想为指导，坚决贯彻省军区党委和无锡市委各项决策部署，牢记初心使命，勇于担当作为。开展“不忘初心、牢记使命”“传承红色基因、担当强军重任”两项重大教育活动。围绕创建全国双拥模范城“八连冠”，发挥纽带作用，贯彻落实《关于完善拥军政策增强军人荣誉感的实施意见》，协调无锡市落实好教育优待、家属安置、官兵转业安置等政策制度。学习贯彻军委国防动员部基层建设会议精神，组织全市专职武装部长集训，推进基层武装部规范化建设，指导红豆集团开展非公有制企业基干民兵预建党组织试点，推动基层武装由建实向强能发展。

（孙宇星）

【战备训练】 2019年，无锡军分区编建任务分队，配合完成保障部队过境、重点目标协防、重要营区警戒、信息数据采集等任务，迎接省军区的检验评估。按照省军区机关训练要求，提升两级机关军事素质和指挥能力，落实“每天一练、每周一图、每季一考”。突出抓好应急、防空和支援保障训练，开展民兵应急分队基地化轮训备勤及首批编建分队训练，组织民兵应急连骨干、“四会”教练员、防汛骨干、防空兵等人员开展集训，共落实各类民兵训练2800人次。开展全民国防教育，筹划开展全民党史军史知识竞赛。牵头组织全市74所院校、8万余名学生军事训练任务。

（孙宇星）

【兵员征集】 2019年，无锡军分区征兵工作开展顺利，组织“征兵校园行”活动，营造“参军光荣”的浓厚氛围；利用信息网络开展国防教育、政策解读和在线答疑等活动，畅通大学生征集“一站式”服务通道。

（孙宇星）

武警无锡支队

【概况】 2019年，武警无锡支队组织官兵学习贯彻习近平新时代强军思想，并将其进入头脑、转入实践。编印下发习近平“双百”经典论述学习手册，创建推广学“习”小屋、“三微”课堂，创作促进学习的“三句半”，运用“学习强国”“军职在线”等手机软件拓展学习手段。增设“今天，我开讲！”栏目，变一人说教备课为官兵轮流上台，创新教育模式。持续举办“武警大讲坛”，围绕吴文化、革命传统、快乐工作等主题拓展教育途径，邀请6名专家、学者和革命前辈到队传经送宝。组织开展“关注心理健康、争做阳光青年”活动，组织“公开致歉”见真情，确保官兵思想纯洁巩固。年内，推送新闻通讯680余篇，各级各类公众号100篇，1名干部和1名战士分别被武警总队表彰为“十佳‘四会’政治教员”与“十佳思想教育骨干”，1名干部参加网上“党史军史知识学习竞赛”被武警部队通报表彰。举办“我是无锡支队追梦人”演讲比赛，组织官兵祭扫烈士陵园，以“寻根之旅”追溯队史，引导官兵立足本职培塑灵魂、锻造品德。

（刘鸿兆）

【执勤战备训练】 2019年，武警无锡支队开展执勤隐患治理，排查各类隐患29处，推进“智慧磐石”工程建设，提高执勤目标安全系数。全年处置1名刑满释放人员自残、1起上访群众割脉自杀事件，协助公安部门抓获网上逃犯1人；完成转押任务1起，江苏省监狱管理局领导专门致信感谢，总队首长批示表扬。响应践行习近平开训动员令，紧紧扭住“八落实”“六种组训模式”，建立“逢会必考”“每日查训”机制，严抓党委机关参谋业务培训和教练员集训，分批次组织勤训轮换，部队整体训练水平提升。举办第一届“太湖勇士”军事技能比武竞赛，表彰各类训练先进39个，形成训练有功、训练有为的氛围。年内，高标准承办总队预备特战队员集训和第三季度“魔鬼周”极限训练，参加各类比武竞赛成绩靠前。支队按照“逐项研究、逐级细化、逐案过关”的思路，修订完善各类预案，维护补充物资器材120余件（套）。全年参与扑灭3起山林火灾；在高架桥侧翻救援行动中，支队官兵先期到达，及时打通生命救援通道，配合相关部门应急救援，得到市委、市政府和驻地群众高度赞誉，被人民网、新华社、中央电视台、《人民武警报》和武警网络电视台等多家媒体报道。11月4日，市委、市政府专程到支队慰问参加高架桥侧翻事故抢险救援的武警官兵。

（刘鸿兆）

【后勤保障建设】 2019年，武警无锡支队按照备战要求，修订完善应急保障预案，补充战备物资，为执行多样化任务提供有力支撑。开展训练演练，按照“每周一网考、每月一巡考、每季一比武”模式，加大考核督训力度，提升后勤应急保障能力。全年组织司务长、军械员、卫生员培训和驾驶员复训3批次，参加总队后勤专业兵比武竞赛成绩优秀。坚持刀口向内抓整治，针对8项整肃内容，建立“日汇报、周讲评、月推进”机制，问题整改清仓见底，停偿工作通过武警部队现场验收，经验做法被总队汇编推广。召开后勤政策解读宣讲会，制作“军队报销暂行办法流程”展板，规范经费开支程序。巩固深化“伙食精细管理年”活动成效，提倡“伙食标准＋营养配餐”，严格落实副食品配送要求，引入竞争和惩戒机制，伙食满意率98%以上。升级改造兵器室安防设施，落实炊事器具操作规范，巩固后勤安全基础。采取“争取支持、外聘专家、商函参观、跟踪保障和拍摄教学片”等方法，承办总队集训保障任务，得到上级肯定。结合季节变化和训练进度，做好疫情防控和中暑、食物中毒、训练伤等预防工作，坚持每月下基层巡诊，组织干部及随军未就业家属体检，确保官兵身心健康。全年投入1000余万元兴建修缮营房设施，改善官兵工作生活条件。

（刘鸿兆）

【正规化建设】 2019年，武警无锡支队学习贯彻《内务条令》《纪律条令》《队列条令》，制定印发《正规化管理图册》，修订完善《基层组织工作规范》《迎检工作规范》等，依规按章办事。在党委会议室醒目位置张贴“年度大项工作安排表”，逐一推进，挂账销号。学习《武警部队大队工作规范》，探索总结大队工作机制，采取常委实地检查方式，对基层进行覆盖式检查，严密组织“放下手机、走向战位、融入兵中”、“治违法、严纪律”专项整顿和士官队伍集中治理活动，强化监督、治慵治懒、治松治软，确保新条令在基层末端落地生根。持续推进安全工作“八个规范”全面落实、均衡落实、常态落实。倡导“没有安全、什么不要，丢了安全、创先无门”和“安全就是政治、安全就是尊严、安全就是福利”理念，统筹推进“暑期百日安全”“政治月、任务月、战备月、安全月”活动，邀请地方律师开展网赌网贷警示教育，邀请无锡交警进行抵制酒驾专题宣讲，强化官兵安全意识。在“掌握人的不安全行为、监管物的不安全状态、预测环境的不安全因素”的基础上，每月编发安全小贴士，创作传唱安全歌曲，设立“警示日”，制作“自杀预防及干预自救小卡片”，协调结对法律援助站，免费为官兵提供法律咨询。

（刘鸿兆）

1月3日，武警无锡支队组织部分官兵开展冬季野营大拉练

（刘鸿兆 摄）

【军营文化建设】 2019年，武警无锡支队组织开展“书香军营”活动，兴建军史长廊，对接市图书馆，建成流动图书站和电子图书阅览室，定期推介新书，引导官兵在书香文韵中修身养心、增长见识。推进文化军营建设，与市委宣传部等26家单位挂牌签约，打造“一队一品”文化品牌，特色节目受邀参加驻地演出10余场次，举办“太湖卫士杯”篮球赛，创办《太湖卫士报》，让官兵展示风采、留下足迹、收获快乐。原创小品《打个提前量》、表演唱《光荣榜》参加武警部队评比获奖，“艺术普及进军营”被武警江苏总队推荐至武警部队参展。

（刘鸿兆）

人民防空

【概况】 2019年，无锡市人民防空办公室组织市本级和各市（县）、区再次修订防空方案，全市人防指挥部机构编成人员全部实名制。完成重要经济目标分类分级上报工作，指导各重要经济目标单位落实“四个一”工程（指挥机构、防护方案、专业队伍、防护器材）。推进国家重要经济目标分级分类工作，完成重要经济目标数据采集录入，启动江阴利港电厂、长山油库的三维建模。组织开展全市人防专业队伍整组和国防动员潜力数据调查工作，制定安可替代方案，指导江阴市完成人民防空作战辅助决策及训练推演系统建设。注重实战化演练，参加“苏防—2019B”全省人民防空综合演习和无锡军分区组织的

"锡动—2019"演习,会同苏州市、常州市、镇江市人防办等单位开展跨区域机动指挥通信系统联训。在"5·12"防震减灾日和"9·18"防空警报试鸣日,组织54个重要经济目标单位、学校、社区约3.5万人进行防空防灾演练。在江苏省人防办第八届"人防杯"比武中,无锡人防获人防无人机比赛一等奖、无线电应急通信比赛三等奖。市人防办按照"放管服"(简政放权、放管结合、优化服务)要求,全面落实不见面审批制度,下放市区防空地下室建设审批及竣工验收备案事项,对市(县)、区人防办开展结建审批的专项检查。推进《无锡市人民防空规定》的修订工作,组织人员到南京、宿迁、泰州进行调研,广泛征求意见,完成草案并报市政府。制定人防行政执法公示、全过程记录、法制审核三项制度,购置3套执法记录仪,开展行政执法事前、事中、事后监管,做到实时记录、规范执法。查处违法违规行为,全市办理人防违法违规案件14起,发出各类行政文书30份,追缴易地建设费,罚款50万元,责令补建人防工程。

(彭海东)

【人防信息化建设】 2019年,市人防办完成《无锡市人防警报建设规划》修订,制定《关于进一步加强防空警报建设管理的通知》,实现人防警报"统一规划、专业指导、属地管理、分级负责"建设管理新模式。完成北斗4G指挥信息系统建设,实现与省军区、省人防办和无锡军分区作战指挥的对接。推进"红网"备用机房建设,确保党政机关领导通信畅通,为人防战时指挥提供新的通信保障方法。率先在省内完成人防警报数字化建设,升级改造警报器248台,新增固定警报器51台,全市人防警报器的稳定性和鸣响率得到提升,高标准完成全市防空警报试鸣活动。加强网信基础设施建设,率先在江苏省内建成人防超短波集群网,解决人防战时在公网中断的情况下应急通信指挥问题。市人防办针对原有警报器450MHz频段模拟设备带宽小、频率利用率低、接受灵敏度低等问题,与南京厚华通信有限公司、南京理工大学技术人员合力攻关,创新研究出230MHz频率数字制式的终端,灵敏度更高,通信距离更远,抗噪声性能更好,成为全省第一家启动并全部完成人防警报数字化建设的单位。在全省"9·18"防空警报试鸣中,警报鸣响率100%。

(彭海东)

【人防工程建设】 2019年,市人防办坚持应建尽建、应收尽收的原则,推进人防工程建设,全市各项指标均超额完成年度目标任务。加强人防工程质量监督,制定《无锡市人防工程质量监督实施细则》,实现人防工程质量监督工作全覆盖。所有轨道交通兼顾设防部位均按计划有序推进,1号线南延线竣工验收并投入使用;3号线一期进入试车前准备阶段,完成人防门扇安装;4号线一期进入盾构施工阶段,完成部分人防门框安装。

(彭海东)

【人防工程维护管理】 2019年,市人防办按照人防行业整治工作要求,开展2家企业资格核验和43个竣工人防工程防护设备产品质量复查工作。落实安全生产和消防安全责任制,开展安全隐患大排查大整治、"防风险保安全迎大庆"等专项行动,对人防从业单位和人防工程使用单位是否存在"涉黑涉恶"情况进行排查摸底。重视安全生产工作,制定安全集中整治工作方案,下发《关于加强人防行业安全生产的意见》,开展安全检查,坚持安全工作全覆盖,全年安全无事故。加强平时巡查,确保老旧人防工程安全。新竣工验收人防工程项目均按要求领取平时使用证,签订维护管理责任书,进行人防工程标识,逐步实现新竣工项目备案与平时使用证领取并轨办理。

(彭海东)

【人防宣传教育】 2019年,市人防办完成全市所有小学、中学、高校100%普及人防知识教育的任务目标。结合"防灾减灾日",组织社区开展形式多样的宣传活动。发挥社区民防工作站作用,普及人防知识,培养广大市民的人防应急技能。开展市民防科普教育体验馆展区第二期改造升级,投入资金250万元,更新布展内容,年内接待参观团队296个、10万余人,发挥宣传教育阵地作用。

(彭海东)

【人防系统腐败问题专项治理】 2019年,市人防办开展人防系统腐败问题专项治理工作,聚焦人防易地建设费违规减免缓、违规工程建设、人防工程违规使用、人防工程维护管理不到

9月18日,为配合江苏省人防警报试鸣工作,市河埒中学组织师生开展紧急疏散综合演练活动 (彭海东 供)

位等问题，深挖根源，找准"病灶"。制定人民防空专项资金管理、人防工程质量监督、人防行政执法公示等10项制度，堵塞风险漏洞。至年底，全市人防系统排查人防工程项目2798个，治理违规建设人防工程项目7个，查处违规出售出租人防停车位项目2个，整改违规减免减缓易地建设费项目125个，追缴经费14986.73万元。专项治理工作走在全省设区市的前列。

（彭海东）

【超短波数字集群通信系统建设】 2019年，市人防办成立系统建设工作领导小组，邀请南京厚华通信有限公司工程技术人员为技术顾问，组织对全市电信、移动、应急及有关救援单位使用超短波系统情况进行调研，制定《无锡超短波通信系统组网建设方案》，邀请东部战区通信部门、省人防办、市工信局等有关单位的专家进行论证，率先在全省建立防空防灾超短波数字集群通信系统，受到国家人防办、省人防办、无锡军分区领导的肯定。当战时和平时遭遇灾害等应急情况时，该网与骨干公网相互补充，并与应急部门、专业抢险救援队伍、志愿者救援队伍实现资源共享，成为人民防空指挥及城市应急救援工作的重要平台和保障措施。

（彭海东）

国防教育和双拥共建

【概况】 2019年，无锡市结合春节、八一建军节、征兵日、国防教育日、公祭日等重要时点，运用广播、电视、报刊等传统媒体和微博、微信等新兴媒体，宣传双拥工作新要求和各类双拥工作先进典型。无锡市双拥工作领导小组通报表扬双拥工作先进单位87个、双拥工作先进个人89人。在城区主要公共场所设置5块永久性和500余块（条）临时性双拥宣传牌、标语或显示屏。在烈士纪念日，组织70对新婚夫妇身着婚纱、制服，手捧鲜花，在烈士纪念碑前默哀。专题创作并唱响无锡双拥之歌《太湖鱼水颂》，持续扩大双拥宣传的覆盖面和影响力。7月3日、11月1日、11月27日分别在《新华日报》《中国国防报》《无锡日报》专版头条宣传无锡市双拥工作的经验做法。8月下旬起，在《无锡日报》开辟《拥军优属、拥政爱民》专栏，每周发稿1~2篇，刊发稿件19篇。年内，编发《无锡市双拥工作简报》15期，录用稿件212篇、照片150幅，累计分发3750份。通过组织"牢记初心使命，同心奔跑追梦"纪念建军92周年演唱会、无锡籍将军和驻无锡部队官兵书画展等活动，以发放或换发"光荣之家"牌、军地结对共建、成立少年军校等形式，建设完善双拥路、双拥公园、双拥广场等载体，在全社会营造军爱民、民拥军的浓厚氛围。

（顾光耀）

【拥军优抚政策落实】 2019年，无锡市从落实和完善拥军优抚政策入手，安排好军人后路、保障好军人后院、照顾好军人后代、解决好驻军难题。年内，接收军转干部80%以上进党政机关，20%正团职干部安排副处实职岗位。接收安置随军家属92人，其中机关事业单位工作22人，货币化安置25人，鼓励军嫂就业创业。接收军人子女入学入园447人，31名军人子女享受入学优待。8月，武警某支队赴深圳执行演训任务，军人子女入学入托接送无法保障，市政府协调资金10.8万元，帮助解决42名军人子女入学入托车辆接送问题。年内，经协调，市、区两级政府为组建不久的武警第二机动总队医院家属区免费单独开设大门和整修进出道路，减免变更绿地费用78万元。全市走访慰问优抚对象2.55万余人次，发放慰问金近3000万元，为退役军人和其他优抚对象开展专场活动150余场次，困难帮助和个案帮扶620余人次。市财政投入280万元建立拥军关爱基金。与中国人寿保险无锡分公司签订捐赠协议，为全市602名烈士遗属、因公牺牲军人遗属、病故军人遗属购买人身意外伤害险，捐赠保额超6亿元。通过向16万余名军人家庭发放或换发"光荣之家"牌，向无锡籍236名立功受奖官兵家庭送喜报，开展光荣参军入伍、光荣退伍返乡等活动，推进军人荣誉体系建设，凝聚军人为受人尊崇职业的社会共识。

（顾光耀）

【走访慰问部队】 2019年，无锡市在春节、八一建军节期间，举行团拜会、召开军政座谈和分路走访慰问驻无锡部队。市委、市政府通过新闻媒体向驻无锡部队全体指战员，全市烈属、军属、伤残军人、军队离退休干部以及转业、复员、退伍军人致慰问信。依据《关于规范慰问在外执行任务驻无锡部队办法》，全年支出慰问经费110万元。10月3日、11日，市委副书记、市双拥工作领导小组组长徐劼代表市委、市政府和全市人民看望慰问参加国庆70周年阅兵回无锡的驻无锡94710、94926、31604部队官兵。10月17日，徐劼带队慰问完成3次海上测控任务的远望7号船官兵。10月24日、11月4日，徐劼带队看望慰问参加312国道桥面侧翻事故抢险救援的武警第二机动总队机动第一支队、交通第一支队、武警医院和武警无锡支队官兵。持续开展科技进军营、图书进军营、书画进军营、法律进军营等活动，按照时序节点完成覆盖市、市（县）区、镇（街道）、村（社区）四级的退役军人服务保障网络建设。

（顾光耀）

【部队支援地方建设】 2019年，驻无锡部队在国防教育、学生军训、抢险救灾、扶贫攻坚、义务献血等方面主动作为，推动第二故乡经济社会发展。春节前夕，武警二支队开展"献血献爱心"活动，官兵献血超过15万毫升。3月，盐城市响水县发生"3·21"特大爆炸事故，武警机动一支队、武警第二总队医院连夜开赴现场开展救援，保护人民群众生命财

4 月 23 日，驻无锡部队参加在市民中心南广场举行的升国旗仪式，庆祝无锡解放 70 周年 （朱吉鹏 摄）

产安全。5 月，惠山突发山火，驻无锡部队连续奋战 6 个小时扑灭山火。10 月，在无锡市"10·10"桥梁侧翻事故中，武警第二机动总队机动第一支队、交通第一支队、武警医院以及武警无锡支队快速集结、迅即出动，冲在事故救援第一线。年内，驻无锡各部队普遍开放军史馆、荣誉室，为社会各界开展全民国防教育提供场所，支持地方成立"少年军校"，开展"军营一日"夏令营活动，为地方党委政府组织"清明节""公祭日"祭扫先烈活动和为无锡解放 70 周年升旗仪式做好保障。驻无锡部队与驻地政府结对共建，利用"3·5"纪念日、建军节、春节等节假日，到车站、社区、敬老院等场所开展学雷锋做好事，参加志愿服务和治安巡逻，为人民群众送温暖献爱心。九〇四医院、武警第二总队医院等发挥医疗技术优势，为驻地群众开展义诊活动。按照聚焦重点、聚焦市场主体、聚焦创新示范的思路，走出一条高质量发展的"无锡路径"。

（顾光耀）

【全国双拥模范城"八连冠"】 2019 年，市委、市政府把争创全国双拥模范城"八连冠"列为年度重点工作目标，要求确保无锡市创成"八连冠"，力争江阴市、宜兴市实现创建目标。坚持把双拥工作纳入全市高质量发展和党的建设综合考核，双拥工作包括党管武装占考核总分的 2%，作为对各级领导班子与领导干部考核的重要内容。及时调整完善市双拥工作领导小组，市委书记任第一组长，领导小组专设双拥工作办公室，各市（县）、区相继优化调整双拥工作领导小组，由党政主要领导担任双拥工作领导小组第一组长或组长。年内，市本级财政安排用于走访慰问部队的经费达 1024 万元，用于社会优抚专项资金达 2.9 亿元。市双拥工作领导小组调整后，9 次召集有关部门（单位）听取双拥创建汇报，对照考评标准专题研究协调落实责任。7 月 17 日，市委召开常委议军会议，专题研究争创全国双拥模范城"八连冠"事项。7 月 18 日，市双拥工作领导小组召开全体会议，讨论完善双拥工作领导小组、各成员单位及其双拥工作办公室职责制度，依据标准分解落实各项目标任务。9 月 2 日，召开全市创建全国双拥模范城动员部署会，总结工作，部署任务。在高标准落实各项政策、做好双拥工作的基础上，撰写申报材料、汇报材料，专题制作《军民鱼水情，同心筑长城》录像片，市本级整理台账资料 114 本、700 余万字，做好考评现场和接待等各项工作。11 月 27 ~ 28 日，12 月 12 日，江苏省和全国双拥模范城（县）创建工作调研组到无锡调研考评指导，国家与省考评调研组对无锡市的双拥创建工作给予肯定。

（顾光耀）

编辑 胡 慧

宏观经济运行管理

【概况】 2019年，无锡市发展改革委牵头编制《2019年无锡市国民经济社会发展计划》，制定下达经济社会发展年度计划目标。产业政策系统性、精准性、集成性大幅提升，全年兑付现代产业发展资金31.5亿元。组织开展长三角一体化、人口发展、交通建设等22个"十四五"规划前期课题研究，完成31项委内课题研究。无锡市建立健全经济运行监测分析工作体系，动态调整政策、优化措施，全市经济保持稳中有进、稳中向好，全市15个主要经济指标中12个指标增速高于全省平均，其中，地区生产总值为11852.32亿元，比上年增长6.7%；全市规模以上工业企业实现增加值3753.19亿元，比上年增长7.8%；固定资产投资完成3595.94亿元，比上年增长6.1%，工业投资增长10.4%；社会消费品零售总额3983.41亿元，比上年增长8.5%、全省第一，蝉联全国70个城市消费者满意度测评第一名；对外贸易进出口总额924.30亿美元，对金砖国家和"一带一路"沿线市场出口分别增长3.4%和3.7%。14家企业入围中国企业500强、30家企业入围中国制造业企业500强、15家企业入围中国服务业企业500强，均为全省第一；新增上市企业8家，上市企业总数146家，位居全国地级市前列。深入实施创新驱动核心战略和产业强市主导战略，加快构建自主可控的现代产业体系和产业科技创新体系，产业竞争力、科技创新力、资源整合力显著增强。制定出台市级重大项目管理、考核办法，重大项目建设进度明显加快，华虹集成电路一期、海力士二工厂、中环大硅片等17个总投资10亿元以上重大产业项目竣工投产，累计完成投资1040.7亿元、超过前三年同口径项目完成投资总额。制定出台现代产业发展政策3.0版，制定实施加快推进先进制造业重点产业集群发展和加快推进数字经济、总部经济、枢纽经济发展实施意见等政策措施，积极培育先进制造业重点产业集群16个和未来产业集群4个，超千亿元产业集群8个。高水平举办世界物联网博览会、中国(无锡)国际新能源大会暨展览会、雪浪大会，获批国家级江苏(无锡)车联网先导区，物联网创新促进中心成为入围国家级竞赛决赛唯一以物联网为主题的产业集群促进机构，成立全省第一个市级5G产业联盟，战略性新兴产业产值和增加值比上年分别增长9.4%和10.5%，占全市规模以上工业比重分别为28.1%和29.5%；入选全国质量标杆示范企业数位居全国地级市之首，入选国家强基工程项目数、新增省重点工业互联网平台数和星级上云企业数均位居全省

表27　　2019年无锡市固定资产投资统计表

指标	金额（亿元）	比上年增长（%）
固定资产投资	3595.94	6.1
1. 按产业分		
第一产业	12.28	105.9
第二产业	1531.85	10.2
#工业投入	1531.76	10.4
#技改投入	1206.69	9.3
第三产业	2051.81	0.3
#房地产开发	1358.29	3.3
2. 固定资产投资中：		
#民间投资	2209.45	−3.5

（市统计局）

前列。率先制定农业高质量发展行动计划，新增“百企建百园”项目21个，高标准农田比重达到80%，优质绿色农产品比重超过60%。加快构建产业科技创新体系，无锡先进技术研究院、物联网创新促进中心等国家级重大创新平台加快建设，入围省市共同推进重大科技创新建设项目数为苏南第一，全市科技进步贡献率64.8%、研发投入占GDP比重2.9%，有效期内高企数量2794家，高新技术产业产值占规模以上工业产值比重提高到45.4%。制定实施“太湖人才计划”升级版2.0实施细则，创立太湖人才成长基金，成功举办2019才交会等活动，无锡被评为“全国最佳引才城市”。

（王　丹　丁晓峰）

【重大项目建设】 2019年，华虹集成电路一期、海力士二工厂、中环领先大硅片等17个重大产业项目竣工投产，18个独立实施的省重大项目投资完成率155%、位居全省第二。新招引总投资超10亿元重大产业项目49个，比上年增加12个。在库225个市级重大产业项目，全年完成投资1020亿元，比上年增长57.5%，投资完成率125.9%。

（王　丹）

【扩大有效投资】 2019年，市发展改革委制定无锡市政府投资管理办法、市级政府投资项目概算管理办法，进一步简化审批流程、规范决策程序、严格项目管理，出台激发民间投资活力实施意见，固定资产投资增长6.1%，高于全省平均0.9个百分点。无锡市作为“固定资产投资保持稳定增长，中央预算内投资项目开工、投资完成等情况较好的地方”获省政府通报激励。

（王　丹）

【供给侧改革】 2019年，市发展改革委制定出台《进一步优化营商环境的实施方案》，成立优化营商环境领导小组，在开办企业、获得用地、工程建设项目许可等17个方面落实80项重点措施，努力打造更具吸引力、影响力、竞争力的一流营商环境，争创全国优化营商环境示范城市。全面落实降成本各项举措，全年为企业减负300亿元以上。初步建立覆盖全社会的公共信用平台，累计提供信用查询11万家次、信用评价报告4000多份，加快推进行政管理、金融信贷等领域分类分级监管，无锡市获批全国社会信用体系建设示范城市。制定《无锡市钢铁行业布局规划实施方案》，着力巩固去产能成果，经多次复核确认，无锡市已去产能不存在复产情况，已取缔“地条钢”企业没有异地转移和死灰复燃情况。积极推动去杠杆，推进实施企业市场化、法治化债转股，有效降低高负债企业杠杆率。

（王　丹）

【产业发展】 2019年，市发展改革委加快推进新兴产业集群、集聚发展，战略性新兴产业增加值增长10.5%，快于工业平均2.7个百分点，占规模以上工业增加值比重达29.5%，无锡市作为“全省唯一的战略性新兴产业培育成效明显市”受到国务院通报激励。深入推进现代服务业三年行动计划，健全现代服务业工作体系，完善重点企业库、重点项目库、重点园区库，规模以上服务业营业收入达1074.9亿元，比上年增长13.3%、比上年提升6.5个百分点、高于全省平均6.1个百分点、列全省第2位，服务业增加值占GDP比重51.5%、列全省第2位。成功引进总投资10亿元的大连派思燃气轮机项目，无锡市燃气轮机整机项目实现零的突破。

（王　丹）

【统筹城乡发展】 2019年，市发展改革委制定出台长三角规划纲要无锡行动方案，确立“四区”（长三角先进制造核心区、长三角技术创新先导区、长三角绿色生态标杆区、长三角综合交通枢纽区）定位，加快融入以上海为龙头的长三角区域一体化。高质量推进长江经济带建设，督促整改国家、省长江经济带生态环境突出问题6项，完成长江岸线利用清理整治任务42项。制定能源消费总量控制工作方案，开展节能审查事中事后监管，全年削减煤炭消费总量199.7万吨，超额完成省下达目标。加强油气管道风险排查和隐患整治，建立油气输送（长输）管道保护工作制度及长效机制，全市45处隐患全部整改到位。重大交通基础设施建设取得新进展，苏南硕放机场停机坪改扩建工程开工建设，锡澄城际轨道线正式启动开工，苏锡常南部高速、地铁3号线和4号线建设有序推进，地铁1号线南延线正式运营，蠡湖大道快速化改造工程竣工投用。高水平全面小康49项省定指标中，无锡市42项达100%，有针对性制定实施补短板强弱项工作方案。对口帮扶延安、阿合奇、霍城等地工作成效明显，无锡海东扶贫协作项目入选全国消费扶贫典型案例。城乡居民可支配收入达54847元，比上年增长8.9%，列全省第3位、前移7位。滨江学院、江南大学附属医院等社会事业项目稳步推进，无锡市跻身全国首批城企联动普惠养老专项行动试点城市。构建以成本为核心的商品住房价格备案政策体系，市区备案新建商品住房168批次、面积662.6万平方米，有效稳定房地产市场发展预期，规范教育收费行为，稳定保供猪肉等重要民生商品，发放临时价格补贴超5000万元。

（王　丹）

财　政

【概况】 2019年，市财政局统筹做好稳增长、促改革、调结构、惠民生、防风险各项工作。财政收入在千亿元台阶稳健运行，产业投资、政府投资继续保持高位，大规模减税降费和大力度促平衡协同到位。全年，全市一般公共预算收入1036.33亿元，比上年增长2.4%；税收收入870.21亿元，税收占比84%。一般公共预算支出1117.53亿元，比上年增长5.8%，教育、就业、养老、医疗、公交等民生各领域支出占比近 80%。

（杨亦婧）

【财政收支】 2019 年，市财政局落实中央提出的更大规模减税降费政策举措，收支两端发力开源节流、挖潜增效，促进财政收支综合平衡。构建财源建设新机制，加强房地产等税收依法征管，推动一般增值税纳税人试点，建立重大项目全流程跟踪机制，多项高质量发展指标稳居全省前列，其中，税收占一般公共预算收入比重为 84%，列全省第 4 位；单位建设用地税收产出 161.17 万元 / 公顷，列全省第 3 位。兑现个人所得税专项附加扣除、小微企业普惠性减税、深化增值税改革等一系列减税降费政策，全年税费减免 286 亿元，实现“两高三低”（全市减税降费规模占全省的份额高于 GDP 份额、高于财政收入份额，全市工业增值税收入增速大幅低于规上工业增加值增速，工业企业所得税收入增速大幅低于规上工业利润增速，个人所得税收入增速大幅低于城镇职工工资总额增速）。建立完善艰苦奋斗厉行节约治理机制，明确开源节流、增收节支 16 条重点措施，全年压缩一般性支出 10%，预算绩效论证压减不合理支出 13.72 亿元。严控预算追加，加强支出政策的财政可承受能力评估。梳理确定近 60 项专项资金支出标准，从源头降低行政成本。

（杨亦婧）

【财政惠民】 2019 年，无锡市一般公共预算支出完成年度预算的 100.2%。优先保障教育事业，全市教育支出 178 亿元，占一般公共预算支出比重 15.9%，其中，市级投入 2.4 亿元支持全市 33 所中小学校和幼儿园新建、改建、扩建，将中小学班主任津贴标准提高到每月 600 ~ 800 元。实施稳就业各项财政政策，拨付就业创业资金 7.1 亿元，提取 8.99 亿元专项用于技能提升行动。把养老作为兜底重点，城乡居民养老保险基础养老金标准从 450 元调整至 500 元，市区政府购买居家养老服务人数占老年人口比重超过 10%。开展扶贫攻坚，全面实施中低收入居民疾病医疗自费支出救助责任险，降低大病保险起付线，城乡居民医保报销比例由 50% 提高到 60%，0 ~ 14 岁残疾儿童康复救助标准在全省保持领先，市级投入 1578 万元资助家庭困难学生，投入 4641 万元帮助 42243 名中职学生享受中职免费教育。把太湖治理作为生态治理重点，强化太湖系统治理理念，投入太湖水治理专项资金 2.75 亿元、河道环境综合整治等市级奖补资金 1.5 亿元、污水处理专项资金 4.7 亿元，市级拨付生活垃圾分类处置各类补助资金 2.94 亿元，支持“碧水”“蓝天”“净土”等重点生态项目建设。

（杨亦婧）

【财政投融资】 2019 年，市财政局贯彻落实“六稳”要求，推动市委、市政府决策实施的重大战略、重大项目落地见效，全市政府投资和产业投资保持高位，财政投融资机制持续优化，为经济社会高质量发展夯实根基。促进政府有效投资，抢抓长三角一体化、长江经济带等国家政策机遇，市级拨付项目建设资金 66.34 亿元，保障凤翔路快速化改造、江海西路快速化改造、运河东路改造和地铁 1 号线南延、3 号线、4 号线以及苏锡常南部高速、宜马快速通道等“一体两翼”重大基础设施建设，以及东南大学无锡国际校区、南京信息工程大学滨江学院、精神卫生中心二期、急救中心、江南大学附属医院等重大民生项目建设。带动产业投资，市级兑现落实现代产业政策资金 31.5 亿元，全市提前一年半超额完成“十三五”期间 200 亿元财政投入目标。坚持扶优扶弱帮困，支持中小企业发展，财政资金惠及 1583 家中小企业，占支持

表 28　　2019 年无锡市财政分项情况统计表

指 标	金额（亿元）	比上年增长（%）
一般公共预算收入	1036.33	2.4
# 税收收入	870.21	1.1
增值税	410.28	−2.5
营业税	—	—
企业所得税 (40%)	152.05	6.3
个人所得税 (40%)	46.42	−19.8
城市维护建设税	58.73	−2.9
房产税	41.29	5.9
印花税	12.20	−8.7
契税	62.80	12.5
上划中央四税收入	725.56	−2.0
一般公共预算支出	1117.53	5.8

（市统计局）

企业的94.5%。促进创新资源集聚，支持智能制造、以物联网为龙头的新一代信息技术产业发展，高新技术企业、规模以上企业数量快速增长到2790家和5911家。聚焦创新驱动，市级科技投入达7.65亿元，支持971家“雏鹰”“瞪羚”“独角兽”等企业。支持引进重大产业项目，投入4.4亿元支持海力士二期、华虹、中环等一批重大项目落地实施。创新PPP运作，轨道交通S1线145亿元PPP项目入选财政部项目库，锡东垃圾发电PPP项目两期合计节约资金约10亿元。股权投资基金支持创新创业，引导设立基金规模115亿元，全年新增投资项目53个、金额10.38亿元，累计带动社会资本投资额174.3亿元。升级运作信保基金，新发放中小企业贷款124.99亿元，累计放贷399亿元，累计支持企业6165家，平均贷款利率4.64%。创新乡村振兴投融资机制，省内首创设立规模5亿元的乡村振兴发展投资基金，惠及588家农业大户和示范企业。

（杨亦婧）

【财政治理】 2019年，市财政局优化财政体制机制提升治理能力。优化市区财政体制，出台新一轮市区财政体制优化方案，加大对财力薄弱地区和基层镇街支持，明确市区财政事权和支出责任划分改革实施细则，促进各地区充分、均衡、协调发展。深化预算绩效管理改革，制定全面实施预算绩效管理实施办法及系列配套制度，构建包括事前绩效论证、事中绩效监控、事后绩效评价一体化管理制度体系。保障机构改革和区划调整，及时调整预算指标，保障涉改单位正常运行。贯彻落实市委、市政府关于无锡经济开发区独立运作的决策部署，理清相关地区收入级次、资产债务关系，支持无锡经济开发区顺利过渡。推进实施国有资产报告制度，做好市政府首次向市人大报告国有资产管理情况工作，全面摸清国有企业、金融企业、行政事业性国有资产以及国有自然资源等政府家底，为深化改革促进国资保值增值奠定基础。

（杨亦婧）

金融管理

【概况】 2019年，市地方金融监督管理局正式组建成立，作为市政府组成部门，对融资担保、融资租赁、商业保理、小额贷款公司、资产管理公司、大宗商品类交易场所、金融资产类交易场所等地方金融从业机构实施统一监管，规范地方金融行业发展，金融改革创新持续深化。锡商银行正式获批，成为全国第19家、江苏省第2家民营银行，上海商业储蓄银行无锡分行获批筹建，填补无锡市台资银行空白，市多种所有制银行体系更加完备。国有资本投资、运营公司改革试点稳步推进，无锡市国发资本运营有限公司顺利整合无锡市金融投资有限公司，国有金融资本运营能力显著增强。资本市场服务进一步完善，无锡市与上交所、深交所、省高投等签署战略合作协议，深交所无锡路演中心、上交所资本市场苏南服务基地落户无锡，长三角资本市场服务基地无锡分中心揭牌。建设无锡综合金融服务平台，推出“普惠贷”配套政策，优化营商环境，降低中小微企业融资成本，年内，平台注册企业突破2万家，成功撮合融资222亿元。“创投无锡”助力9个路演项目获得2.69亿元融资。

（刘海荣）

【金融风险防控】 2019年，结合“扫黑除恶”专项斗争，开展金融领域“扫黑除恶”治乱专项行动，江阴、宜兴金融生态区建设指标稳步提升，区域金融生态环境持续优化，全市不良贷款率继续下降。建立民营企业融资联合会诊帮扶机制，在联合会诊的基础上实施“一企一策”帮扶，企业债务风险整体得到有效防控。P2P互联网金融等重点领域风险整治持续深入，风险业务规模稳步出清，机构、业务量与投资人数较年初显著下降。非法集资“打早打小”取得积极成效，开展各类集中宣传活动2700余场，惠及群众达30万人次，全年新增案件数、涉案金额和涉案人数同比实现“三降”。

年内，中国人民银行无锡市中心支行着力打好防范化解金融风险攻坚战，以监测预警防范风险隐患，以风险处置提升防控质效，以长效管理保障工作运行，有力维护辖区金融稳定。在监测预警方面，完善监测数据库，对重点领域风险实施常态化跟踪监测，畅通风险预警渠道。对风险苗头隐患及时精准提示，加强考核管理，确保重大事项报告执行情况按季通报制度落实到位。在风险处置方面，推动金融机构加强事前处置，有

表29　　2019年无锡市民营经济统计表

指 标	单位	2019年	比上年增长（%）
民营经济增加值	亿元	7810.68	6.8
民营经济增加值占GDP比重	%	65.90	0.1
民营规模以上工业总产值	亿元	10391.89	10.2
民营限额以上社会消费品零售总额	亿元	831.32	6.7
民营规模以上服务业营业收入	亿元	696.66	15.5

（市统计局）

序协调处理包商银行涉锡企业风险处置，有效维护企业金融债权安全，确保全年未发生重大金融风险事件。在长效管理方面，实施投保机构监测制度，合理确定费率，首次运用存款保险信息系统，两期保费缴纳完满完成，第二轮存保核查有序推进。遵循真实、客观、审慎原则，推进央行评级工作，确保评级结果客观揭示机构风险。开展全覆盖的金融生态环境评价，指导县域金融生态环境评估，金融生态环境建设持续推进。

（刘海荣　杨　月）

【农村金融服务】 2019年，由人民银行无锡市中心支行、无锡银保监分局、市财政局、市农业农村局、市地方金融监管局联合印发《金融支持无锡乡村振兴发展的实施意见》，旨在深化全市农村金融改革，推动农村金融服务创新，加强农村金融基础设施建设，健全完善农村金融服务体系，为全市农业农村高质量发展提供金融服务支撑。在基础设施建设方面，无锡市通过银团贷款、投贷联动等方式，为高标准农田等项目建设和美丽乡村建设输入更多资金。至年底，全市中资银行涉农贷款余额比年初增加215.36亿元，普惠型涉农贷款余额比年初增加77.73亿元，增速高于同期各项贷款增速11.23%，精准扶贫贷款余额比年初增加25.06亿元。农业农村专属金融产品“惠农贷”累计发放金额近1亿元，为150余家示范型家庭农场、专业合作社提供信贷支持。“阳光幸福贷”累计发放金额近2565万元，缓解80户农房翻建改造的资金压力。无锡综合金融服务平台支持涉农经营主体175家，撮合成功金额9.85亿元。新型农险模式提高农户抗风险能力，全年农业保险保费收入5243.6万元，累计提供风险保障18.6亿元，比上年增长56.9%，全市主要种植业承保覆盖面实现100%，主要养殖业实现“应保尽保”。

（刘海荣）

【金融合作协议签署】 8月16日，市政府与中国进出口银行江苏省分行签署战略合作协议，建立长期沟通协调机制。8月30日，市政府与深圳证券交易所、江苏高科技投资集团签订全面战略合作协议，深交所与无锡市在信息交流、上市后备企业培育支持、上市公司监管协作、发行固定收益产品等方面加强战略合作。江苏高投集团与无锡市共建招才引资平台、上市培育基地、人才创投联盟、基金支撑体系和金融人才队伍，更好服务于无锡经济高质量发展。其间，首期规模2亿元的太湖人才成长基金启动发布。10月24日，全市企业上市工作推进会暨市政府与上交所战略合作签约仪式举行，会上，市政府与上交所签署全面战略合作备忘录、共建资本市场服务苏南基地协议，共同为“上交所资本市场服务苏南基地”揭牌。

（刘海荣）

【普惠金融】 2019年，无锡银保监分局发布省内首份《“百行进万企”小微企业倡议书》，推动覆盖企业12.74万家，达成融资意向3002家、71亿元。先后与滨湖区、江阴市政府签订中小微企业融资精准帮扶机制战略合作协议，31家银行与254家企业成功对接授信意向15亿元，其中首贷户71家。在总结阳山镇省级乡村振兴试点示范做法的基础上，增加3个市级试点乡镇，推动全市银行业和保险业对4个试点示范乡镇新增信贷投放917户、31亿元，新增保险保障341户、20亿元。指导推出普惠金融产品362个，推动实现农业保险市场化经营，水蜜桃种植等当地特色险种创新发展迅速。全市法人银行普惠小微贷款增速高于同期各项贷款增速5.35个百分点，分支机构完成普惠小微贷款信贷计划的166.69%。

（陈佳慧）

【民营企业融资会诊帮扶机制】 2019年，无锡银保监分局落实民营企业融资会诊帮扶机制，牵头协调资金链紧张的民营企业19户，涉及授信金额537亿元，推动中超、远程、统力3家企业组建银团或联合授信，涉及金额49亿元。响水“3·21”特重大事故发生后，采取“稳生产、稳金融”系列措施，推动成立倪家巷集团、华宏集团债权人委员会，有效控制风险蔓延。远程股份帮扶案例作为全省民营企业监督检查工作典型案例上报银保监会。至年底，全市不良贷款余额135.55亿元，比年初增加9.67亿元；不良贷款率1.00%，比年初下降0.04个百分点，低于全省平均水平0.04个百分点。

（陈佳慧）

9月，无锡银保监分局举办“普惠金融下基层”暨江阴市“百行进万企”融资项目签约会　（陈佳慧　供）

【银保行业整治】 2019年，无锡银保监分局组织全市银行保险机构自查发现问题1035个，涉及金额686亿元。开展现场督查24家，下发督查意见10份。对7家银行、4家保险公司开展现场检查，发现问题197个，涉及金额127.54亿元。传达贯彻江苏银保监局行政处罚工作座谈会议精神，成立分局行政处罚委员会，创新制定现场检查评审制度，规范行政处罚程序。全年行政处罚机构数、处罚金额、处罚问题类型均达历年最高。分局对14家次机构、11名责任人实施行政处罚，合计罚没金额642万元，“双罚”比例达71%。银行业和保险业乱象治理成果进一步巩固，车险市场秩序明显好转，综合成本率降至100%以内。

（陈佳慧）

国有资产管理

【概况】 2019年，面对国内、外风险挑战明显上升的复杂局面，全市国资系统统筹做好国有企业发展、改革、监管，推动国有资本做强、做优、做大。市属企业发展质量效益同步提升，呈现“两同步、两突破、两低于”的特点。“两同步”，即：企业资产总额与所有者权益同步增长，分别达到5455.69亿元和2182.25亿元，比上年增长13.32%、15.63%。“两突破”，即：国企营业收入首次突破千亿达到1215.62亿元，比上年增长34.94%；现价工业产值首次突破300亿达到315亿元，比上年增长19.42%，对全市产业强市战略的贡献度进一步提升。“两低于”，即：资产负债率60%，比上年有所下降，控制在合理水平，低于全省和省属企业平均水平；企业平均融资成本4.88%，远低于市场平均水平。企业成本费用占营业收入比上年下降1个百分点左右，主要经济指标继续在全省位居前列，其中，营业收入增幅居全省第二位。全年上缴国有资本收益7.48亿元，比上年增长30.28%。

（王　果）

【改革试点】 2019年，市国发资本运营有限公司完成组建并列入省国有资本投资运营公司改革试点。推进金投公司、国联产投等市场化薪酬分配机制的改革。积极推进职业经理人改革，在国联人寿、金控租赁、南大环保等23家企业开展试点，市场化选聘职业经理人30人。启动国联产投激励约束机制试点，推进开发晶股份改革上市暨核心员工持股试点等工作。推广实施企业年金激励，相关企业增至7家。围绕改革顶层设计，制定重组整合市属金融企业、市属国有智慧产业、国发资本与国联集团一体化运营等数个改革实施方案并组织实施，做好“大运科技”“车来了”“智慧停车”等智慧交通平台企业和产业类金融企业的重组整合工作。

（王　果）

【混合所有制经济发展】 2019年，市国资委全年完成46个混合所有制经济项目，总投资达155.7亿元，其中，市属国企出资72.1亿元，带动社会资本投资83.6亿元。国联信托完成引战等工作，并上报省有关部门备案。启动保时龙塑业、交建集团等股份制改革上市工作，中介机构入场尽调。制定国联人寿、江苏资产引战和水务集团、灵山拈花湾等企业股份制改革上市方案。推进照明公司、湖泊治理、友方电工等企业“新三板”转板培育工作，加强和完善以上市公司为平台资产重组和重组后的后续管理服务工作。

（王　果）

【重大项目建设投资】 2019年，市属企业全年共计划投资（含调整）544项，投资总额471.89亿元，列入全市重大项目投资完成率达100%。国企参与华虹半导体、中环大直径硅片、江阴远景能源尼桑电池、SK海力士M8、闻泰科技5G通信产业等重大战略性新兴产业项目，围绕物联网、新材料、新工艺、新能源等项目进行布局，参与南大环保、安普瑞斯、绿色友好、医疗物联网等项目的投资。牵头和参与推进药明康德大健康基金、生物新药研发与制造、京东方5G模组研发与制造、无锡城市门户超级APP等一批重大产业项目落地。

（王　果）

【国资监管】 2019年，市国资委强化产权管理，全年共完成国有产权交易27宗，评估值19.19亿元、成交金额24.27亿元，增值率26.47%；资产转让项目36个，成交金额8.83亿元；审核办理监管企业注册发行中期票据、债务融资工具等有价证券359亿元。无锡产权交易所企业信用评价由AA级晋升为AAA级。对类金融企业经营情况和风险点进行专题调研，走访调查市属企业涉及类金融业务的6个集团、16家企业，提示风险关注重点；组织开展投资情况后评估工作，对国有企业股权投资情况进行切实评价；对2015～2018年对外股权投资审计结果反映的6个集团共22项问题，进行督促整改，事后跟踪核查。

（王　果）

税　务

【概况】 2019年，市税务系统全面贯彻落实深化改革和服务发展并行、减税降费和组织收入并重、优化营商环境和防范税收风险并举等一系列任务要求，推进税收治理体系和治理能力现代化。作为无锡税务新机构成立后运行的第一个完整年度，全系统先后获得国家税务总局、省税务局和无锡市领导批示肯定18次，涌现出以全国税务系统先进典型张农高和以全国最美家庭王健、章海萍夫妇为代表的“最美税务人”，江苏省文明单位实现市、县两级全覆盖，被市委宣传部授予“全市党政部门首家新时代文明实践点”称号，荣获全省税务系统唯一一家省级“公共机构能级领跑者”称号，下属高新区税务局被评为全国税务系统先进集体。全年组织收入总量2225.57亿元，增长3.9%。其中，税收收入1637.55亿元，完成一般公共预算收入870.39亿元，增长1.1%，财政贡献率84%。全市社会保险基金收入（不含人社部门征收）529.45亿元，增长20.1%；非税收入58.78亿元，增长1.9%。全市审核审批出口退（免）税390.46亿元，退税规模居全省第二。

（朱　凯）

【减税降费】 2019年，市税务系统把减税降费作为重要政治任务，成立各级减税办和工作班子，制定10批次、404条事项任务清单以及8个方面路线图，推出落实减税降费促进民营经济高质量发展10大举措，对全市近20万户增值税一般纳税人开展“宣传、辅导、问需”大走访，研发“税云通、税效通、税库通”三大智能服务平台，编制减税降费样本库，对5000余家企业开展专项税负调查和跟踪辅导。2019年，全市累计新增减税降费278亿元，其中税收减免228.4亿元。

（朱　凯）

【减税降费服务产业强市】 2019年，在产业强市中占主导地位的通用设备制造、化学制造、电气机械等8个行业大类，全年增值税减税规模均超4亿元。4949家企业享受加计扣除等创新优惠政策，减免税款65.98亿元，同比增长74.9%。综合2018年之前已出台的相关优惠政策，全市2059家高新技术企业累计享受各类税收减免87.6亿元，同比增长近七成。新出台的增量留抵退税、先进制造业留抵退税等政策，新增退税14亿元，为企业带来资金活水。1058家企业享受到扩围后的固定资产加速折旧政策，优惠11.4亿元；655家企业享受到不动产一次抵扣政策，优惠1.56亿元。

（朱　凯）

【税费优惠】 2019年，各类税费优惠政策惠及全市增值税一般纳税人、小规模纳税人、小微企业（小型微利企业）等市场主体43万余家、近500万名自然人，税费减免金额和受益户数（人数）均创历史新高。深化增值税改革，全年累计新增减免127.7亿元，占总减税规模的56%，占对企业减税规模的74%。各类小微企业普惠性政策全年累计减税33亿元。个税改革稳妥实施，紧扣纳税人诉求，回应纳税人关切，化解纳税人疑虑，新法及配套措施有效落地，6项专项附加扣除惠及66.8万人。

（朱　凯）

【税收政策落实】 2019年，市税务系统面向全市增值税一般纳税人“六类人群”，采用实地走访、企业座谈会等方式，问需企业17.16万家，收集整理上报各类意见建议300条，推动“生活性服务业增值税加计递减”等一系列补充完善政策的出台。构建“1+5”（“1”是指明确政策执行口径，“5”是指细化受惠纳税人范围、政策享受流程、争议化解方案、多缴退税预案、优惠叠加享受5个维度）减税降费政策解读会商机制，从“受惠范围、办事流程、争议化解、叠加享受、退税”等方面，持续优化当地执行口径。打造减税降费样本库，从不同区域、不同行业、不同类型，分层研究政策执行情况，分析算清改革效应“总分账”、经济社会“效益账”和减税红利“获益账”。持续开展深化增值税改革效应分析和税负调查工作，及时关注重点行业、重点税源企业减税政策施行后的实际税负变化情况。

（朱　凯）

【新税收征管体系推行】 2019年，市税务系统制定《税收征管职责清单》，包含5大类646项业务，基本实现征管事项、征管流程、岗责体系、征管机制、征管方式的规范统一。建立健全包括纳税服务、基础管理、数据管理等在内的14项工作机制，初步形成优化、高效、统一的税收征管新格局。风险管理进一步增强，全年应对成效49.89亿元，采集第三方、互联网数据3064万条，通过数据分析利用实现税款29.8亿元。运行新版监控分析平台，为涉税数据分析应用提供有效支撑。

（朱　凯）

【税收法治监管】 2019年，市税务系统推进打击虚开发票、骗取税款专项行动，全年稽查查结各类案件1248件，查处百万元以上大、要案37件，查补总额3.05亿元。创新开展“增值税发票管理风险内控机制建设”，制发增值税发票风险防控指

5月，市税务局办税服务大厅党员先锋岗为新办企业提供便捷化“套餐”服务

（赵　力　供）

7月，市税务局在无锡奥富来车轮有限公司生产现场讲解减税降费政策

（赵 力 供）

南，及时发现、阻断、遏制高风险行为，通过打防结合，虚开发票违法犯罪势头得到明显遏制。创新“五个一”（瞄准一个目标、集成一套指标、用好一套系统、构建一套制度、建设一支队伍）出口退税风险预警管理，实现全市无重大骗税案件发生。制定完善税收票证管理、税收资金账户、税收数据安全以及财务管理等方面监管制度，依托智慧云财务管控平台加强内控管理做法，得到国家税务总局肯定。

（朱 凯）

【社保非税职责划转】 2019年，在全省率先实现社保费“无感”划转（即缴费人在前台办理各项业务时，不会感受到后台已经切换至新系统，办事体验完全不变）和“全人群、全险种、全流程”征收，“灵活就业人员税银系统批量扣款”等工作走在全国前列。社保费核算准确，率先在全省完成社保年末清账。全年征收企业社保费441.85亿元，综合征缴率99%以上；服务全市280万缴费人，累计征收城乡居民和灵活就业人员社保费45.6亿元，征收机关事业单位养老保险41.8亿元。

（朱 凯）

【税收服务】 2019年，市税务系统高起点系统谋划，形成“1+N”（“1”是指在总局、省局税收营商环境建设总体布局下，“N”是指围绕打造立体化政策落实、标准化智能办税、法治化创新监管、品牌化精准服务、协同化税收共治、科学化评价体系、高效化组织保障等多项内容）税收营商环境建设体系，制定税收服务高质量发展“30条”和税务优化营商环境“28条”，确立包括107项具体任务及其责任部门、完成时限和目标要求在内的工作清单。完善五大类26项本地化税收营商环境监测指标，同步建立第三方问卷调查、样本企业调研等机制，推动营商环境持续改进提升。聚焦“一网一窗一门一次”（一网是指网上办税；一窗是指服务大厅设立全职能综合服务窗口；一门是指办税业务全城通办，只用进一次门；一次是指一次性办结。）要求，全市6个综合办税厅和4个专业办税厅实现涉税事项全业务办理，精简50%以上涉税事项、26%的表证单书、48%需要纳税人和缴费人报送的资料。依托全省首个出口企业融资征信平台，为224家出口企业以信易贷近10亿元。与市工商联签订税企服务战略合作协议，发布《落实减税降费促进民营经济高质量发展十大举措》。在全省率先开展税务、工商联共建的“纳税人之家”权益保护服务，营造亲商安商的征纳环境。

（朱 凯）

【智慧税务建设】 2019年，市税务系统打造“线上与线下、人工与智能”相结合的智慧服务模式，升级“综合套餐”服务，简化企业注销流程，对半数以上企业推行“即办”“免办”和“承诺制”容缺办理服务。建设出口退税“税e通”服务品牌，开展“优退税服务、促外贸发展”活动。推进办税服务厅标准化管理，创新落实“最多跑一次”要求，110项业务实现“全程网上办”，发票邮寄比例达70%以上，“不见面”业务量提升至95%。

市税务系统打造“三通”（税云通、税效通、税库通）减税降费智能服务平台，通过“大数据+减税”等技术应用，减轻基层工作负担，提升纳税人服务感受。“税云通”，即智能语音机器人税法宣传系统，AI机器人具备日呼叫超过60万次的能力，还能利用失联复联功能扩大覆盖面，为9.37万名纳税人提供减税降费政策宣传服务。“税效通”，即减税降费政策效应服务系统，通过自助分析模块中分析、监控、样本三个大类31个业务主题，能够实现对数据深入挖掘和对风险穿透提醒，并通过与监控分析平台、报表平台等互动联通，实现工作成效展示统筹化、体系化。“税库通”，即财税信息共享系统，税务、国库间资料传递由纸质改为电子后，缩短了审核周期，并能够同步直接生成各类报表，退税业务从受理到退款到账时间，由过去的5天缩短至1～2天左右；每天最高可处理1万笔退税业务，为人工处理的5倍。

（朱 凯）

【税收网格服务】 2019年，全市107个社会化便民办税服务网点延伸至街道、银行、邮政，办税缴费“网上办、一次办、就近办”服务体系建设到位、运行良好。参与建设“不动产登记交易缴税集成服务平台”，实现办税环节全程在线办。创新融入全市信用体系建设，税收信用结果在43家部门实现互通，通过深化“银税合作”，为守信企业累计授信284.45亿元，发放贷款469.77亿元。

（朱　凯）

【大企业特色税收服务】 2019年，市税务系统建设大企业管理服务“四个中心”（分析中心、监控中心、服务中心、研究中心），对总部在无锡的18户千户集团量身定制全景式档案，编制并发布大企业系列税收遵从指引及工作手册，选择大企业共建税收内控体系。推进综保区增值税一般纳税人资格试点，试点企业增至8家，审核通过免抵退税额23亿元，试点进展与成效均位居全省税务系统前列。持续推行税收“营商专员”、IPO税援团、企业财务信用平台等举措，开展“一企一策”个性化服务。成立全省税务系统首个“阿福税援”志愿服务组织，举办税务咨询、协助办税等公益服务项目60余次。

（朱　凯）

审　计

【概况】 2019年，无锡市委和各市（县）区委分别成立审计委员会，加强党对审计工作的政治领导。无锡市、县两级审计机关机构改革任务全面完成。年内，无锡审计机关共完成审计项目256个，其中，审计231个，专项审计调查25个。查处主要问题金额608.43亿元，其中，违规金额8.31亿元、损失浪费金额1.69亿元、管理不规范金额598.43亿元。审计发现非金额计量问题1309个，损益（收支）不实金额72.39亿元，审计发现侵害人民群众利益4万元。出具审计报告和专项审计调查报告419篇，被市委、市政府主要领导及上级审计机关领导批示、采用64篇次。审计处理处罚金额144.15亿元，其中，应上交财政10.75亿元、应减少财政拨款或补贴3.41亿元、应归还原渠道资金5.58亿元、应缴纳其他资金2.83亿元、应调账处理金额121.59亿元。移送司法机关、纪检监察机关和有关部门处理事项54件，移送处理人员39人，移送处理金额27.6亿元。审计促进整改落实有关问题资金86.08亿元，审计促进拨付资金到位7304万元，审计后挽回（避免）损失3345万元，核减投资额14.52亿元，移送处理落实事项5件。审计提出建议627条，被采纳600条，推动被审计单位制定整改措施1042项，促进被审计单位建立、健全规章制度131项，提交审计信息234篇，被市委、市政府主要领导及上级审计机关领导批示、采用170篇次，向社会公告审计结果31篇。

无锡市2018年度本级预算管理和决算草案审计获江苏省审计厅优秀“两统筹”审计项目；无锡市第四人民医院原院长任期经济责任审计获江苏省审计厅优秀大数据审计项目；无锡市大数据BI智能分析系统被评为2019年智慧江苏审计信息化应用示范工程。

（伏小军）

【政策落实跟踪审计】 2019年，市审计局根据审计署、江苏省审计厅统一部署，先后实施江苏省东西部扶贫协作、乡村振兴战略、政府性债务管理政策落实以及重大项目推进情况跟踪审计，促进中央、省相关政策措施在无锡落地落实。

（伏小军）

【财政管理和预算执行情况审计】 2019年，全市审计机关对各级一般公共预算、政府性基金预算、国有资本经营预算、社会保险基金预算执行情况进行审计，并对现代服务业发展、车联网、人才引育等专项资金进行审计。无锡市审计局运用大数据审计手段，对市本级87家一级预算单位及292家下属单位的2018年预算执行情况进行整体数据分析，实现部门预算执行审计全覆盖。

（伏小军）

【经济责任审计】 2019年，市审计局落实中办、国办新修订的《党政主要领导干部和国有企事业单位主要领导人员经济责任审计规定》，建立无锡市经济责任审计工作联席会议制度，推动权力监督制约到位。全年审计领导干部（人员）88名，查出领导干部负有直接责任和主管责任的违规金额2938万元。开展领导干部自然资源资产审计9个。

（伏小军）

【固定资产投资审计】 2019年，市审计局重视政府投资审计规范管理，

10月18日，无锡市审计局深入百岁坊社区征求市民意见

（伏小军　供）

全市审计机关完成轨道交通等政府重点投资工程竣工决算审计56个，核减投资额14.52亿元，其中市本级核减工程款10.36亿元。

（伏小军）

【企业审计】 2019年，全市完成国有企业对外投资情况审计调查、国有融资担保企业政策执行情况专项审计调查等国企国资审计18个，助推国企改革深化。开展清理拖欠民营企业中小企业账款专项审计调查，促进清理拖欠资金，优化营商环境。

（伏小军）

【民生审计】 2019年，全市审计机关围绕民生改善，关注各市（县）区农业绿色发展政策落实、到户"一卡通"惠农补贴资金和农村"三资"管理情况，开展住宅专项维修资金、住房公积金、教育发展、促进就业等民生资金审计，持续开展保障性安居工程跟踪审计，推动民生项目和资金更好惠及民生。

（伏小军）

【容错纠错机制运用】 2019年，市审计局在容错纠错机制贯穿领导干部经济责任审计的基础上，出台《关于在审计工作中进一步完善容错纠错机制的办法》，将容错纠错机制推广运用于所有类型的审计项目，8个项目、8个问题按规定、按程序给予容错免责处理。

（伏小军）

【内部审计】 2019年，市审计局将内部审计和加强国企国资审计监督紧密结合，与市委组织部、市国资委联合出台《关于进一步加强市属国有企业内部审计工作的意见》，编制"国有企业内部管理领导人员经济责任审计操作指南"，制定《无锡市审计局内部审计指导员制度（试行）》。把审计发现问题整改销号纳入常态工作，2018年无锡市本级审计发现的900个问题，2019年已整改"销号"632个，整改问题金额78.29亿元。

（伏小军）

统　计

【第四次经济普查】 2019年，第四次经济普查全市共登记单位近27万家、个体经营户近30万户，比第三次经济普查（2013年）分别增长94%和23%。无锡市第四次全国经济普查领导小组办公室被授予"第四次全国经济普查先进集体"称号。市统计局应用普查成果，完成99项经普资料开发课题。推进GDP统一核算改革，加强数据质量评估。完成23套统计专业定期报表和规模以下工业、贸易、投资、建筑业、服务业等抽样调查，开展1‰人口抽样调查。

（王莉莹）

【统计监测】 2019年，市统计局启动现代产业监测制度修订工作，完善物联网、集成电路、物流业、文化创意产业等监测制度，首次建立知识产权

9月20日，江苏省第十届"中国统计开放日"活动在无锡礼社古镇举办　（王莉莹　供）

(专利)密集型产业监测制度。建立市级重大项目统计监测制度,开展对项目的跟踪监测。制定产业集群统计监测制度,对物联网、集成电路等16个先进制造业产业集群,界定和划分统计范围、统计对象,建立统计监测指标体系,反映全市产业集群发展水平。

(王莉莹)

【统计服务】 2019年,市统计局以"统计快讯"新形式提供工业、投资、贸易、服务业四个领域的主要数据。建立主要指标"统计快报",反映全市经济走向趋势。为市委经济形势分析会提供统计参阅材料并制作展板,展现全市及各市(县)区经济发展面貌。在月度《无锡统计数据》中增加《现代产业月报》内容,反映规模以上集成电路产业、规模以上智能制造产业、现代服务业等现代产业主要数据。设计制作《开启高质量》"两会"宣传画册,修订《无锡统计读本》,出版2019年度《统计概览》,《统计年鉴》率先在8月末出版。编写《明珠璀璨七十年》,通过"统计报告"和"统计数据"总结展示新中国成立70年来无锡取得的伟大成就。梳理1949年以来无锡市社会经济统计珍贵历史书籍资料,形成电子资料库,供社会公众查询使用。全年共形成经济信息241篇、工作信息420篇、统计分析成果113篇,课题立项12项。

(王莉莹)

【数据质量】 2019年,市统计局修订统计调查全程质量管理体系,补充《第四次全国经济普查全面质量控制与管理办法》,增设工业、服务业、贸易规下单位调查数据质量审核规则,建立房地产开发数据质量控制办法。完善各专业数据评估办法,建立固定资产投资季度核查工作机制,加强5000万元以上投资项目的审核,加强建筑业相关指标的关联审核。

(王莉莹)

【统计法治】 2019年,市统计局在市委党校专题班、任职班等开展统计法律法规培训和宣讲活动,共组织8期统计法治轮训班,对600余名统计人员开展法治培训,承办江苏省第十届中国统计开放日活动,在第一任国家统计局局长薛暮桥故居所在地举办室外现场活动,结合《中华人民共和国统计法》宣传月,开展广场统计法治宣传和咨询。严格执行统计执法"双随机"检查制度,共抽取4个镇(街道)、98家企业开展统计执法检查,依法查处5起统计违法案件。

(王莉莹)

【统计信息化建设】 2019年,市统计局建设无锡市统计业务和数据中心,推进云计算平台资源利用,制定《网络安全工作责任制实施办法》《网络安全工作方案》《网络安全事件应急预案》等,组织网络安全培训,做好重要时间节点的网络与信息安全监测和信息通报工作。

(王莉莹)

2月12日,无锡市市场监督管理局挂牌成立 (束洁丹 供)

市场监督管理

【概况】 1月17日,市市场监督管理局组建成立,整合原市工商局、市质监局、市食药监局(市食安办)职责以及市科技局(市知识产权局)的知识产权保护协调和专利管理职责,原市物价局的价格监督检查相关职责,市商务局的打击侵犯知识产权和假冒伪劣商品、参与开展反垄断调查相关职责,对外保留市知识产权局牌子,承担市场综合监督管理等17项职能,内设35个处室。年内,无锡市获评国家知识产权运营服务体系建设重点城市。无锡市推动商事制度改革、江阴市推进质量工作获得省政府办公厅督查激励通报。

(束洁丹)

【"证照分离"改革】 2019年,提请市政府印发《关于印发无锡市全面推开"证照分离"改革实施方案的通知》,召开推进政府职能转能和放管服改革协调小组"深化商事制度改革组"第一次会议,部署包括"证照分离"改革在内的各项商事制度改革重点工作,并下发《无锡市深化商事改革行动方案》,将全面推进"证照分离"106项改革事项作为2019年商事制度改革重点任务。全年全市证照分离改革办件总量14.3万件,惠及全市企业7.86万家。

(束洁丹)

【“全链通”平台应用】 2019年，市市场监管局按照“3550”改革要求，联合税务部门、公章刻制单位和商业银行，协同推进江苏省企业开办“全链通”综合服务平台在全市的应用，为企业提供企业登记注册、公章刻制备案、办理涉税业务、银行预约开户“一站式”集成服务。市市场监管局列入全省网上登记软件第一批试点单位，全年全市开办企业平均用时压缩至2.0天。

（束洁丹）

【外商投资连锁企业集中登记制度】 2019年，市市场监管局出台外商投资连锁经营企业集中登记制度，对在无锡市范围内具有同一总部（企业）、使用统一商号（字号）、统一规范经营管理的外商投资连锁直营门店，可由总部向无锡市市场监管局申请集中登记。至年底，该项制度惠及外资企业256家。

（束洁丹）

【“双随机、一公开”监管】 2019年，市市场监管局梳理全市地方性法规规章，依法定职责增加相应随机抽查事项清单内容，出台覆盖原工商、质监、食品、物价、知识产权等多个领域的市场监管系统抽查事项清单。制定《关于组织实施2019年“双随机、一公开”抽查工作的通知》，包含抽查计划17个，包括9415家不定向抽查任务企业和50家ISO 9000获证企业抽查、168家食品生产企业抽查、86家强制性产品认证获证企业抽查等定向抽查任务。结合全市实际，制定针对投融资企业、计量检测机构、食品餐饮类企业等多个专业领域的定向抽查计划，覆盖各类市场主体超过20000家。会同公安、金融部门制定《关于在非法金融活动专项治理中开展部门联合“双随机、一公开”定向抽查的通知》，对全市8384家投融资类企业开展“双随机、一公开”联合抽查。由市政府出台《无锡市关于在市场监管领域全面推行部门联合“双随机、一公开”监管的实施意见》和“双随机、一公开”监管联席会议制度。

（束洁丹）

【反垄断和价格收费监管】 2019年，市市场监管局对全市机动车检验检测机构及市机动车检验检测行业协会进行行政约谈，讲解反垄断法等法律法规。召开全市机动车检验检测机构政策提醒会，发放政策提醒函，提醒告诫相关企业要守法经营、诚信经营。在元旦、春节、五一、中秋、国庆等重点时段，上下联动，抓好巡查。在重点领域，发放政策提醒依法告诫。在重点行业，依法约谈启发自觉履行，确保重点时段、重点领域、重点商品价格基本稳定。紧盯舆论热点，处理和协办出租车、转供电、机动车检验检测、韦博英语、乐高教育等多起舆情事件，维护市场正常秩序。全年受理“12345”政府平台和“12315”热线平台有关价格投诉、举报118件，办结率100%。开展机动车停放服务收费检查、电动车上牌服务收费检查、环保电价专项检查、全市医疗服务价格重点治理、涉企收费专项检查、商业银行服务收费检查、转供电环节价格专项检查、教育收费专项治理等专项检查。全年立案查处价格违法案件98件，实行经济制裁752.07万元。

（束洁丹）

【“保健”市场监管】 2019年，市市场监管局开展全市“保健”市场乱象百日行动，全年全市累计出动执法人员14133人次，检查社区、公园、广场等人员密集场所1103个，检查宾馆、酒店等重点场所1831家，检查保健类店铺2832个，检查旅游景区、农村场镇、农村集市、城乡结合部等重点区域887个，开展行政指导、行政约谈105次，开展宣传活动461次，开展协作执法231次，清理网络虚假信息3条，受理消费者申诉举报274次，为消费者挽回经济损失43.68万元。全市共立案233件，结案88件，案值4144余万元，罚没款1715万元。公安机关抓获各类犯罪嫌疑人156人，其中，刑拘58人、逮捕33人、移送起诉23人，涉案价值260.49万元，捣毁窝点22个。

（束洁丹）

【农贸市场智慧监管】 2019年，市市场监管局围绕“实现市区规模型农贸市场远程智慧监管全覆盖”为民办实事目标，按照市场管理多元化、功能整合高效化、监管手段智能化、问题处理精准化要求，开展农贸市场综合管理平台二期建设。在完成市区63家规模型农贸市场远程智慧监管全覆盖的基础上，完成市区93家农贸市场的视频监控接入工作，超额47.6%。

（束洁丹）

【网络交易监管】 2019年，市市场监管局组织召开无锡市网络交易监测政企合作会，与京东、苏宁、红豆、海澜之家等8家电商平台签署《政企合作协议书》，开通全国首个市场监管部门阿里巴巴官方认证号。开展网络交易监测，完成监测系统内无锡本地数据维护96万次，涉及网络经营主体网站36580家、网店101395家、微信公众号4488家。开展“6·18”、国庆、“双11”、元旦春节期间网络交易专项监测。组织开展网剑行动，查处网络违法案件6起，罚没款72.37万元，没收涉案物资7.35万元，依法申请关闭违法网站3家，交办违法案件线索9件，协助相关单位案件查办发出网络协查函61份。查办无锡青麦网络科技有限公司组织刷单炒信案，此案是近年来全国涉案金额最高的一起组织刷单炒信案，涉及商家42789户，刷手37567名，商品2.88亿元，佣金1376.6万元，资金超3亿元。

（束洁丹）

【智慧“315”服务平台“五合一”】 2019年，市市场监管局整合原“12315”“12365”“12331”“12358”“12330”语音提示功能，统一使用“12315”对外接收咨询、投诉和举报，无锡“智慧315”公众服务平台同步实现五线合一业务功能整合，实现“一支执法队伍、一条服务热线、一个工作平台”的目标，为促进消费维权社会共治、快速化解消费纠纷提供有力保障。年内，全市“12315”系统共登记消费者咨询、投诉、举报90583件，其中，咨询71117起，投诉15123起，举报4343起，共为消费者挽回经济损失3406.22万元。“先行和解平台”累计登记和解工单1922条，成功和解1079条，和解成功率56.14%。查处侵害消费者权益案件51起，案值186.62万元，罚没267.49万元。

（束洁丹）

【消费环境建设】 2019年，无锡市将放心消费创建工作纳入《无锡市文明行为促进条例》，市市场监管局修改完善无锡市消费环境建设测评指标体系，开展2019年无锡市消费环境建设调研和消费者满意度测评。全年全市有29家企业（单位）获得省级放心消费创建示范先进荣誉，其中，示范街区6家、先进行业1个、示范先进企业12家、网络交易示范平台和网店10个。开展以“聚焦高水平监管，聚力高质量发展”为主题的国际消费者权益日主题活动，发布2018年无锡市消费环境建设白皮书，颁发2018年“无锡消费者权益保护最美人物”奖项，发布2018年度十大侵权案例，表彰123家诚信单位。市消保委全年受理各类消费投诉、咨询1063件。

（束洁丹）

【质量提升行动计划】 2019年，市质量发展委员会成立，由市政府主要领导任主任、组长、25个部门主要负责人担任成员。出台《2019年无锡市质量提升行动计划》，明确10个方面重点工作，制定21项质量提升具体举措。远东电缆有限公司获得2018年度江苏省质量奖，江阴天江药业有限公司获2018年度江苏省质量管理优秀奖。新增省级质量信用AA级以上企业13家，其中，AAA级5家，列全省第一。新发布推广江苏阳光集团“经纬编织法”、费森尤斯卡比华瑞制药有限公司“5P”、江苏沪宁钢机股份有限公司“全流程双轨制”等8个“无锡造”优秀企业质量管理模式。确定中船重工702所、一汽解放发动机事业部、江苏阳光集团、兴澄特钢、费森尤斯卡比华瑞制药为“无锡造”卓越绩效管理孵化基地。全省首列“质量”主题地铁在无锡市地铁1、2号线同时发车。以国际质量科学院多名院士为代表的国内、外质量管理专家以及知名跨国公司的20多名高管，受聘成为“无锡造”高级质量专家顾问，走进企业生产经营一线，帮助企业解决质量管理和技术难题。

（束洁丹）

【质量标杆企业效益逆势增长】 2019年，全市31家获无锡市级以上级别政府质量奖（质量管理优秀奖）的质量标杆企业，通过内强质量管理、外树质量信誉等方式，向质量要效益，用质量强实力，在复杂经济环境上实现逆势增长。一汽解放发动机事业部经营关键性指标稳居行业首位，257千瓦以上重型发动机市场占用率国内第一、质量投诉率全行业最低。兴澄特钢轴承钢国内市场占用率超过50%，利润在全国行业继续领跑。中船重工702所自主研发制造、代表全球海洋特种船舶最高水平的“向阳红21”海洋调查船成功下水。亚洲排水量最大、技术难度最高、设施最先进的深海装备综合试验船顺利开工。沪宁钢机承担北京新机场、冬奥会主场馆等重点工程钢构建设任务，得到习近平总书记的高度评价。无锡先导智能有限公司荣获工信部第一批“制造业单项冠军示范企业”称号。江苏阳光承担国庆70周年大阅兵礼服制作任务过程中，连克16项技术难关，实现一次下线合格率、复检合格率和军代表全检合格率三个100%，受到中央军委嘉奖。

（束洁丹）

【产品质量监检】 2019年，市市场监管局全年共抽查产品1352批次，其中，抽查生产企业产品585批次、市场实体店产品422批次、电商产品66批次、使用终端279批次，覆盖轻工、建材、石化、食品相关产品、家电、纺织等10大类、44种产品。强化监督抽查不合格产品生产销售后处理工作，落实各项后处理措施，形成闭环监管，“倒逼”企业落实质量主体责任、提高产品质量水平。提升产品质量服务效能，组织开展消费品质量安全“进社区、进校园、进乡村”教育宣传活动，引导广大群众增强质量安全意识，努力营造关注质量、享受质量、崇尚质量的浓厚社会氛围，全年累计走进社区82个、走进校园72个、走进乡村31个，参加活动总人数5500余人，发放消费品质量安全知识手册2656份，消费品质量安全状况调查问卷429份，提供消费品质量安全咨询264件，提供免费检测服务67次。推进实施“不合格产品质量诊断书”和质量分析会制度，为不合格产品生产企业提供质量技术帮扶，分析可能造成质量问题的原因并提出解决路径。组织开展儿童和学生用品安全守护行动、食品用纸包装等6类重点工业产品质量安全专项整治、能源和消防安全类产品专项监督抽查，守护重点产品的质量底线，监督检查各类企业1000余家。

（束洁丹）

【生产许可证监检】 2019年，市市场监管局以重点产品全覆盖和一般产品双随机的监管方式，按照“企业定期自查—县（市、区）局日常检查—市局重点核查”的检查监管要求，扎实做好获证企业证后监管工作，督促企业落实主体责任。全年共检查获证企业930余家，其中，市局重点核查企业51家，协同省局督查组现场检查危险化学品包装物获证企业2家，有效促进生产企业落实产品质量主体责任，形成闭环管理。按照许可证改革“减证不减责任”的要求，将取消许可证管理的电动自行车、安全帽等重要产品与其他重点获证产品一并列入监督抽查目录并组织抽检。

（束洁丹）

【计量监测和管理】 2019年，市市场监管局开展“优化计量提质增效”活动，加强企业计量检测能力和管理体系建设，新增“测量管理体（AAA）”

认证企业 6 家、企业获评省级能源计量示范单位 3 家，数量位居全省前三。推进诚信计量体系建设提档升级，发挥宜兴市计量惠民示范县（市、区）作用，28 家企业参评江苏省诚信计量示范单位。推进“智慧测量”助力产业强市，协助企业在管理、生产、计量、测试等方面实现自动化、信息化、智能化，完成“智慧测量”项目 6 个，其中，3 个项目获评全省 2019 年度计量精准施测优秀案例。聚焦百姓舆论关切，在元旦、春节、端午、中秋、国庆等节点，抽查定量包装和商品包装共 2000 批次，打击计量违法违规行为，维护消费者合法权益。推进能源资源计量体系建设，助力企业节能减排，对 56 家重点用能单位开展能源计量审查。有效落实强制检定计量器具监管，全年免费检定强制检定计量器具 38.75 万台（件），为企业减免费用 3300 万元。

（東洁丹）

【标准化建设】 2019 年，市新获批移动通信产品等 6 个省级标准化试点项目，“国土资源四全服务窗口”和“江南水务供水服务”2 项国家标准化试点以优秀等次通过考核。江阴市开展社会治理综合标准化试点，构建政务服务、基层治理、社会救助、生活服务标准体系，编制发布自有标准 777 项，以优秀成绩通过省级标准化试点考核验收，为基层综合改革提供可复制的经验。年内，全市新增国家级标准化专业技术组织 1 家，由企业担纲的国际、国内标准化专业技术组织累计达 80 个，其中国际 10 个。全市新增主导和参与制修订国际国家行业标准 79 项，累计达 1859 项，为无锡产业的优化升级发挥积极促进作用。2018 ~ 2019 年，无锡市新增国际标准 6 项，无锡物联网研究院主导出版国际标准《物联网参考体系结构》，物联网领域 35% 的国际标准由“无锡造”。

（東洁丹）

【质量认证体系建设】 2019 年，市累计持有质量管理体系认证有效证书 15110 张，年内新增 2148 张，证书持有量继续保持全省第二和全国第五。能源管理体系认证企业累计持证 92 张，证书持有量全国第四、全省第二。强制性产品认证有效证书 8806 张，新增 849 张，累计有效证书数位居全省第三。节水产品认证有效证书 79 张，居全省第一。；光伏产品认证有效证书 53 张，位居全省第二和全国第四。至年底，全市 326700 家企业取得 ISO 9001 认证 14693 家，其中，小微企业（人数 300 人及以下）14110 家，占已获证企业比例达 96%。

（東洁丹）

【认可与检验检测监管】 2019 年，市新增省级资质认定检验检测机构 13 家，累计资质认定检验检测机构 264 家，全行业共有从业人员 7993 人，拥有各类仪器设备 47895 台（套），全部仪器设备资产原值 36.20 亿元，实验室面积 45.96 万平方米。当年全市资质认定检验检测机构实现营业收入 36.17 亿元，共向社会出具检验检测报告 269.49 万份。对 45 家机构开展“双随机、一公开”监督检查，覆盖机动车、环境、建工等重点检验检测领域，移交违法违规线索立案查处 17 起。组织全市 50 家环境类机构和 25 家非环境类机构开展水质中氨氮等 5 个参数和空气中甲醛参数的能力核查，组织 40 家建工类检测机构开展水泥中氯离子含量等 4 个参数的能力核查，对 72 家检测机构的检验报告开展质量抽查，督促机构不断提升检验检测能力水平。发挥行业自律作用，由全市 36 家机动车检验检测机构自发组成的无锡市机动车检验检测行业协会正式成立。在质量月期间开展“检验检测为民服务”活动，为 200 户家庭开展免费空气甲醛含量检测。

（東洁丹）

【综合执法】 2019 年，市、县两级市场监管机构“三定”落地到位，在完成原工商行政管理、质量技术监督、食品药品监管、价格检查、知识产权等部门职能整合的基础上，由市场监督管理部门执法稽查机构统一行使对市场主体准入、生产、经营、交易中各类违法行为的查处职能，市场监管领域综合行政执法体系初步建立。组织开展“守初心，担使命，强执法，助发展”百日执法行动，对年度开展的重点领域不正当竞争执法、知识产权“铁拳”执法、“守护消费”执法、网络市场“网剑”执法等专项行动所涉违法行为进行集中查处，全年共立案查处各类违法案件 3783 件，罚没款 10516.84 万元，移送司法机关追究刑事责任案件 128 件，查处捣毁制售假冒伪劣商品窝点 2 个。市市场监督管理局被省市场监督管理局表彰为全省市场监管系统“执法稽查工作优秀集体”“扫黑除恶专项斗争优秀集体”。

（東洁丹）

【智慧市场监管建设】 2019 年，市质检院建设总投资 2150 万元的综合安全实验室重点项目，通过专家论证，进入实施阶段。启动“智慧市场监管（一期）项目”，按照“标准统一、基础共用、数据共享、业务协同”的要求，分步建立科学合理的市场监管信息化标准、市级市场监管大数据中心（数据中台）、市场监管信息化支撑和一体化业务应用平台。统筹推进“建设智慧食药安全信息化平台”为民办实事项目，“全市特种设备安全监察”项目入选省级和市级智慧城市优秀案例。

（東洁丹）

【市场监管宣传】 2019 年，市市场监管局建立市场监管应急处置与新闻宣传制度体系，整合原工商、质监、食药监的微信公众号、微博号和门户网站，推出“无锡市场监管”微信公众号。统筹运用媒体资源，建立市场监管新闻发言人制度和媒体接待采访及新闻发布基本流程。针对“3·15”、食品安全宣传周、安全隐患大排查大整治等重要专题开展宣传。拍摄多部市场监管宣传片，制作《小米与药师爷爷》系列科普视频 20 集，与教育电视台合作推出《食品安全空中课堂》走进全市中小学课堂。

（東洁丹）

知识产权管理

【概况】 2019年，按照全市机构改革方案总体要求，知识产权工作进行改革调整，将专利、商标、地理标志等工作统一整合到市市场监督管理局，挂市知识产权局牌子，同时合并原市知识产权联席会议和原市商标战略实施工作领导小组，成立市知识产权战略实施工作领导小组。制定出台《关于加强基层知识产权工作体系建设的意见》《无锡市知识产权运营服务体系建设实施方案（2019~2021）》《关于建立知识产权保护互联互通工作机制的实施意见》。年内，无锡市市场监督管理局（市知识产权局），将全市地理标志纳入重点保护范围，拟定“打击侵权假冒计划”，重点开展“阳山水蜜桃，甘露青鱼”地理标志专项保护执法行动，有效保护地理标志权利人和消费者的合法权益，维护全市地理标志良好声誉，全市现有地理标志总数15件。全市有效商标总量超过17万件，“阳山水蜜桃”商标纳入江苏省重点商标保护名录。

（束洁丹）

【知识产权创造】 2019年，市知识产权局坚持“稳量与提质并重”的政策导向，至年底，全市有效发明专利拥有量达2.89万件，比上年增长10.5%，有效发明专利平均维持时间超过6年，万人有效发明专利拥有量44件；全市专利授权量3.83万件，其中发明专利授权0.43万件，PCT专利申请量401件；未拥有注册商标的规上企业和高新企业申请注册商标比例达到55.5%。培育高价值知识产权，全市新增省级高价值专利培育中心2家，省级高价值专利培育示范中心累计8家，实施市级高价值专利培育项目3项。全市入围第21届中国专利奖13项、获第11届江苏省专利优秀奖4项，评出第11届无锡市专利奖20项。推进企业知识产权管理规范化建设，全年组织申报“贯标”备案企业117家，新增省级“贯标”企业39家，28家企业通过国标认证，10家企业通过2018年度省级“贯标”绩效评价并获200万元奖励，全市“贯标”认证企业累计221家。实施知识产权优势企业推进计划，新增省级知识产权战略推进项目2家、市级战推项目15家，全市知识产权示范优势企业累计33家。

（束洁丹）

【知识产权运营服务体系建设】 5月，经财政部和国家知识产权局评审，无锡市入选国家知识产权运营服务体系第三批建设重点城市。年内，无锡市出台《无锡知识产权运营服务体系建设工作方案》，重点推动6项改革措施，实施3大工程和13项重点工作。遴选出物联网、先进制造等4家首批产业运营平台和1家知识产权金融服务平台，推动知识产权运营服务集聚区、运营服务平台、运营公共服务平台等首批重点项目的落地生根，形成覆盖服务多个特色产业的“一核双翼多点”无锡市知识产权工作新格局。

（束洁丹）

【知识产权保护】 2019年，市知识产权局出台《2019年无锡市知识产权执法保护专项行动方案》，同海关签署知识产权合作备忘录，加强执法，实现关内、关外一体化保护。发布《2018年无锡知识产权发展与保护状况（白皮书）》，首次向社会公开发布知识产权年度典型案例。全年全市各类知识产权行政执法检查先后出动1429人次，检查产品超过4.7万件。假冒专利案件立案231件，专利侵权纠纷案件立案195件，结案200件。其中，电商专利侵权判定188件，下达专利侵权纠纷行政裁决书8份，行政调解和撤案各2件，专利纠纷行政裁决数量与往年基本持平。办理商标类案件216件，移送司法机关16件，案值1939.8万元，罚没款总额729.77万元。一件专利侵权纠纷裁决案件入选2019年度全国十大专利行政保护典型案例。深入开展知识产权示范试点创建活动，提升全社会知识产权意识，至年底，全市建成国家知识产权管理规范化示范市场3家，省级正版正货承诺商城（街区）11家、正版正货承诺企业302家，国家级中小学知识产权教育示范学校1家、试点学校1家、省级试点学校4家。

（束洁丹）

编辑 郭 鹏

综　述

【概况】2019年，无锡市抢抓国家数字经济发展战略机遇，加快推动数字产业化、产业数字化和城市治理数字化。数字经济核心产业规模以上企业营业收入达5065亿元，增加值1243.24亿元，占全市GDP比重10.5%，产业规模逐步扩大。

年内，无锡市重点推进以物联网为龙头的新一代信息技术产业，物联网产业营业收入比上年增长16.12%，软件产业申报销售增长15.4%，集成电路产业完成产值增长8.34%。获批建设全国首个国家级车联网先导区，物联网产业集群成功入围国家先进制造业集群竞赛决赛，且是唯一以物联网为主题入围的产业集群，成功举办2019世界物联网博览会。加快发展5G产业，编制《无锡5G产业发展规划(2020~2025年)》，成立全省第一个地级市5G产业联盟，5G主产业链相关企业总产值达361亿元。大力推进工业互联网发展，无锡物联网创新中心有限公司建设的国家工业互联网标识解析二级节点上线运行，无锡高新区入选省首批“互联网+先进制造业”基地，无锡瀚云(Han Clouds)、雪浪云工业互联网平台通过国家工业互联网平台四星级评测，江南电缆入选工信部制造业“双创”平台试点示范项目。新增省重点工业互联网平台6个、省级工业互联网标杆工厂4家、制造业“双创”平台1个、省星级上云企业91家。推进信息基础设施建设，新建5G基站2665个，IPv6规模部署，出台《关于进一步加快推进第五代移动通信网络建设发展的若干意见》《无锡市第五代移动通信基础设施空间布局规划(2019~2024)》。

（张　凡）

【大数据管理局成立】2月11日，无锡市大数据管理局正式成立。市大数据管理局围绕制度建设、数据治理、智慧城市建设、产业发展等方面，实现全市数字经济高质量发展。制定《关于加快推进数字经济高质量发展的实施意见》，既负责数据统筹协调，又负责数字经济工作。建成大数据中心二期，在国内率先建立多层次数据仓库、数据治理服务平台等功能模块。完成《无锡市使用财政性资金信息化项目管理办法》修订，组织实施2019年度全市智慧应用项目，无锡市荣获第九届中国智慧城市建设“创新环境奖”，并入选2019中国智慧城市20强。摸清产业底数，列统大数据核心、关联、生态企业331家，大数据相关产业园区11个，成立无锡市大数据协会、无锡市大数据发展联盟。无锡市政府网站在第十八届中国政府网站绩效评估地级市评比中位列第二，“集约化建设和标准化运维管理”案例被评为全国十大优秀创新案例。

（张贞哲）

新一代信息技术产业

物联网产业

【概况】2019年，无锡市作为唯一的国家传感网创新示范区，在物联网技术研发、标准制定、应用推广、企业集聚等方面取得新进展。至年底，无锡物联网相关企业已超2000家，其中上市企业30家，全市物联网产业营业收入超2800亿元。建成国家级创新载体106个，牵头或参与制订物联网国际标准12项、国家标准50项，累计实施应用示范项目300余个，其中国家级重大应用示范工程22个。物联网应用推广效果加速显现，无锡企业在示范区外承接的物联网工程遍及全球68个国家和地区的700余座城市，其中，全球首个城市级车联网示范应用项目规模部署，获批全国首个车联网先导区。无锡市连续4年成功举办世界物联网博览会，在世界物联网版图上烙下鲜明的“太湖印记”。

（张　凡）

【世界物联网博览会】9月7~10日，2019世界物联网博览会在无锡举行。该届物博会以“融合创新·万物智联”为主题，设置1场峰会、1场成果颁奖礼、10场论坛、14项系列活动。43位国内外院士、1093名学界专家、2902名企业高管在内的1.3万名嘉宾，从30个国家和地区聚集无锡，共商数字经济新时代的物联网发展大计。在开幕式上，省委书记娄勤俭作主旨讲话，工信部副部长王志军讲话，市委书记李小敏致辞。物博会期间，542家参展企业、37家世界500强公司，集中展示5G通信、车联网、人工智能、工业互联网、消费物联网等领域的最新产品和深度应用，体现全球物联网技术演进和产业变革。“5G”是该届物博会的热词，也是展览展示的热点，"5G+8K" 超高清视频直播、"5G+ 智能制造" 模拟工厂、5G 远程医疗急救系统等展示出 5G 时代带来的全新体验。其间，12 份研究报告密集发布，60 项新技术新产品新应用成果集中展现。《江苏（无锡）车联网先导区创建实施方案》《无锡车联网先导性应用示范白皮书》等车联网指导性文件同时发布。中国经济信息社《2018~2019 中国物联网发展年度报告》《中国物联网十年求索与蓝图研究报告》、中国电子技术标准化研究院《智能制造发展指数报告（2019）》、中国电子学会《2019 中国工业大数据创新指数报告》等 12 份研究报告密集首发，全面呈现各细分领域物联网应用的现状和趋势，为全球物联网发展提供中国智慧。同时，57 个重大项目落地无锡，19 项双边或多边合作达成协议，27 个公共平台揭牌或投入运营，57 个产学研项目集中签约，总投资超过 200 亿元。"才交会" 促成近百个高层次人才项目签约，引进高端人才超过 1200 名。海外科研机构、高校，围绕物联网领域开展技术和人才对接，现场签约技术转移项目 23 个，实现供需对接、合作双赢。

（陆　毅）

【无锡物联网创新促进中心领导小组（扩大）会议】 11 月 10 日，无锡市召开无锡物联网创新促进中心领导小组（扩大）会议，回顾总结领导小组成立以来各项工作推进情况特别是物联网创新促进中心建设情况，深入贯彻中央和省委、省政府部署，按照省委书记娄勤俭在无锡调研时提出的 "争创体现高标准的国家级创新载体，打造充满生命力的物联网生态系统" 和省长吴政隆关于 "推进技术创新，深化融合发展，培育产业集群" 的要求，研究安排下阶段重点任务。会议强调，要解放思想、创新作为，担当使命、合力作为，充分发挥物联网创新促进中心战略引擎作用，着力打造物联网世界级先进制造业产业集群。市长黄钦主持会议，市人大常委会主任徐一平，副市长高亚光出席会议。

（陆　毅）

【物联网产业集群建设】 2019 年，无锡市坚持系统推进和重点突破相结合，试点示范与全面推广相结合，市场主导与政府引导相结合，技术攻坚与需求牵引相结合的发展道路，全面夯实基础，推进物联网细分领域创新发展，积极培育、发展、壮大物联网产业集群。全市物联网企业达 2000 余家，全市物联网营业收入达 2800 余亿元，比上年增长 16.1%，无锡物联网产业集群成功入围首轮国家先进制造业集群竞赛决赛。

（张　凡）

【产业集群】 2019 年，市工业和信息化局结合无锡实际，按照 "小机构、大合作、产业化" 建设理念，借鉴国际成功经验，汇聚企事业单位、科研院所、专家、学者等多方力量，落实协同工作机制，充分发挥物联网创新促进中心主观能动性，全面推动物联网创新促进中心建设，推动产业集群发展。

（张　凡）

【重大物联网应用示范项目建设】 2019 年，无锡市坚持试点示范与全面推广相结合，不断提升行业应用规模和智能化水平，车联网（LTE-V2X）城市级示范应用项目顺利结题，项目单位探索建立完整的车路协同技术框架，部署全球首个城市级车联网应用示范区，搭建可靠稳定的车联网平台，基础设施覆盖全市 220 平方千米，应

9 月 7 日，2019 世界物联网博览会在无锡太湖国际博览中心开幕　（张　凡　供）

用遍及"车路、车车、车人"等30余个场景,各类交管数据实现互联互通,形成具有示范意义的《无锡市车联网先导性应用示范白皮书》。同时,"智慧环保二期"、"智慧城管"等项目启动建设,"气象物联网""智慧市民中心"和"消防物联网"等项目有序推进。

(张 凡)

【全国首个国家级车联网先导区】 5月,无锡市获批全国首个国家级车联网先导区,车联网成为未来几年无锡物联网发展谋求突破的重点领域。面向全市开展车联网相关企业调研工作,梳理无锡车联网产业链企业、重点项目,夯实产业发展基础。坚持点面结合,重点推动车联网核心应用区和国家智能交通综合测试基地建设,测试基地自动驾驶公共道路测试环境正式开放,上汽、奥迪作为首批车企获得测试牌照,为测试基地全面开展测试和认证业务奠定良好基础。结合各地区特色,有效引导各地差异化发展车联网产业,加快车联网企业集聚发展,做深做细车联网产业链。

(张 凡)

【国家车联网专委会第三次会议】 2019年,国家制造强国建设领导小组车联网产业发展专委会继北京一次会议、雄安二次会议后,三次会议在无锡成功召开,发布《无锡市车联网先导性应用示范白皮书》等一系列成果,启动"长江三角洲区域智能网联汽车道路测试互认"等一批合作事项,提升了无锡市在物联网,尤其是在车联网领域的知名度和影响力。

(张 凡)

【特色园区(小镇)建设】 2019年,市工业和信息化局积极整合各方资源,重点建设物联网产业特色园区,智能传感器、智慧体育、智慧健康、环保物联网等特色产业园区集聚化发展态势显现。智能传感器产业园新增注册企业110家。智慧体育产业园新引进企业63家,国体智体检测(江苏)有限公司完成签约,众创空间投入运营。配合相关地区,加快推进物联网特色小镇建设,鸿山物联网小镇完成小镇客厅升级更新,完成全域旅游数字化智慧中心和湿地公园智慧化改造。慧海湾小镇成功签约朗易产业园项目、亿利集团无锡研发中心项目、美林数据南方总部基地和大数据国家实验室融合创新中心等一批重点项目。雪浪小镇完成江苏省大数据产业园、雪浪小镇创新基地、浪潮集团大数据总部基地、海创(无锡)工业互联智慧谷等项目建设。南山车联网小镇全面启动建设,参与国家级江苏(无锡)车联网先导区建设。

(张 凡)

【重大产业合作】 2019年,市工业和信息化局围绕"造链、补链、强链、延链",聚焦产业链短板和关键环节,推动落实无锡市与华为公司签署全面战略合作协议,华为车联网联合创新实验室正式运营。协同推进海尔(无锡)物联生态网示范基地和天基物联网芯片项目启动建设,协同促进博世智能网联创新中心、软件中心落户无锡。重点跟踪服务奥迪创新中心和新松机器人项目。联合航天科工集团,举办2019智慧产业高峰论坛暨第六届中国智慧城市工程前沿技术研究院士论坛。

(张 凡)

【重点领域招商】 2019年,市工业和信息化局深入推进物联网为龙头的新一代信息技术产业发展,结合无锡市产业特色和实际,先后赴上海市、南京市、杭州市、贵阳市、西安市等地开展车联网、高端传感器等领域产业推介交流活动,走访调研博世(上海)智能网联车事业部、移远、电装、阿尔卑斯、PSA雪铁龙、联通智网、中科创达、喜泊客、同济大学、中星测控有限公司、西安优势物联网、美林大数据、西安朗创物联网等国内物联网重点企业。

(张 凡)

集成电路产业

【概况】 2019年,无锡微电子产业集群建设成效显著,全市集成电路列统规模以上企业140家,实现营业总收入1178.57亿元,比上年增长9.1%,约占全国集成电路产值的15.52%,产业规模位居全国前列,全省第一(占比超50%)。其中,高性能集成电路设计业产值120.98亿元,占全国比例4.10%;晶圆制造业产值235.34亿元,占全国比例10.95%;封装测试业产值403.19亿元,占全国比例16.16%;配套支撑业产值419.07亿元。5月,世界半导体大会期间,SK海力士、华润微电子、全讯射频和海太半导体等6家企业入围2018年中国十大半导体企业。

(张 凡)

【产业政策扶持】 2019年,无锡市52家企业共获得市集成电路产业政策资金4163万元人民币。芯朋微向大基金定向发行股票750万股,募集资金1.5亿元人民币,大基金成为公司第二大股东,持股比例8.87%,由于大基金的入股,使得芯朋微三季度末账面货币资金由上年末的1.48亿人民币增长至3.11亿人民币,占资产总额62.79%。在制造方面,大基金投资华虹无锡9.22亿美元,持股华虹无锡29%的股权。在国家、省、市政策推动下,无锡集成电路产业投资并购氛围越发活跃,中科君芯以1.13亿美元价格购买LFoundry70%股权并出售给锡产微芯,华景传感、邑文科技分获数千万人民币的A轮融资。2019年成立的芯河半导体获临芯资本投资,芯朋微电子、力芯微电子、新洁能等一批设计企业在IPO排队审核或准备中,华润微电子顺利过会,上市后成为科创板红筹第一股。

(张 凡)

【重大项目】 2019年,无锡市集成电路产业重点项目持续推进,SK海力士二工厂项目竣工仪式顺利举行,标志着全球单体投资规模最大、月产能最大、技术一流的10纳米级DRAM产品生产基地在无锡建成。华虹无锡集成电路研发和制造基地(一期)12英寸生产线建成投片,标志着全国最先进的特色工艺生产线、全国第一条12英寸功率器件代工生产线在无锡投产。总投资14亿美元的M8项目有序推进,该项目投产后月产8英寸晶圆片11.5万枚,远高于国内外其他8英寸企业月产5万枚的平均水平,有助于缓解国内8英寸晶圆产能不足、供不应求的局面,推动国内IC设计业稳定有序发展。中环集成电路用大直径硅片8英寸产线投产后,已形成4亿元销售,项目前景持续看好。以上重大项目的落地,不仅成为无锡集成电路产业发展的里程碑,也有利于行业中的创新主体在相互促进、相互竞争环境种成长壮大,提升无锡市集成电路产业规模。

(张 凡)

【卓胜微电子挂牌上市】 6月18日,江苏卓胜微电子股份有限公司在深交所创业板挂牌上市,成为无锡第一家集成电路设计上市公司。公司专注于射频领域集成电路的研发和销售,成为国内智能手机射频开关、射频低噪声放大器的领先品牌,射频前端芯片应用于三星、小米、华为、联想、魅族、TCL等终端厂商。

(张 凡)

【中国半导体封装测试技术与市场年会】 9月8日,第十七届中国半导体封装测试技术与市场年会在无锡举行。以"集成创新、智能制造,协同发展、共享共赢"为主题,聚焦半导体封装测试产业核心环节,对先进封装工艺技术、封装测试技术与设备、材料的关联等行业热点问题进行研讨。大会期间,共有50多场精彩报告和发言,围绕"先进封装测试与工艺设备""先进封装测试与关键材料""人工智能、5G等与先进封装"三个方向设立专题论坛。

(张 凡)

【无锡华润上华科技获奖】 2019年,无锡华润上华科技有限公司参与的"高性能MEMS器件设计与制造关键技术及应用"项目获国家科学技术进步奖二等奖。该成果形成高精度硅各向异性腐蚀模拟、厚胶光刻工艺模拟、工艺流程模拟等11个软件模块,关键技术已形成批量生产能力,并为国内、外40余家企业代工超过10万片,远销美国、日本等地。

(张 凡)

【大学生集成电路创新创业大赛】 7月26日,第三届全国大学生集成电路创新创业大赛华东分赛区决赛颁奖仪式在东南大学无锡分校举办。大赛共有来自华东各高校的125支队伍参加答辩,其中,来自复旦大学、南通大学、上海交通大学、南京邮电大学、东南大学、同济大学、杭州电子科技大学和华东师范大学的13个团队获得华东分赛区一等奖。

(张 凡)

【第二届太湖创"芯"峰会】 5月11日,第二届无锡太湖创"芯"峰会暨2019无锡·台湾集成电路设计产业交流论坛在无锡召开。峰会以"设计领航、联动发展"为主题,来自中科院、复旦大学、中国台湾财团法人信息工业策进会等集成电路校企专家,就集成电路行业在无锡如何更好发展、未来全球走势如何等问题探讨交流。第二届全国集成电路"创业之芯"大赛无锡路演赛作为峰会的分论坛之一,来自全国的13个团队,包括半导体芯片设备、图像处理与识别、AR/VR和智能硬件等多个创新项目参加路演。

(张 凡)

【半导体装备产业蓄势发力】 9月1日,吉姆西半导体科技(无锡)有限公司落户无锡,总投资15.3亿元,主要从事12英寸集成电路先进制程技术及装备研发制造。9月28日,上海釜川高端装备项目落户无锡,总投资10.6亿元,主要从事半导体、光伏专业设备的研发、制造和销售。11月22日,连城凯克斯半导体项目落户无锡,总投资30亿元,建成年产能2000台的半导体高端装备研发制造基地。

(张 凡)

【无锡与IMEC签订合作备忘录】 9月6日,第一届中欧物联网(无锡)峰会举行,也是世界物联网博览会的主要论坛之一。无锡与欧洲微电子中心(IMEC)共同签署集成电路合作备忘录以及人才培养计划,在充分发挥IMEC技术优势和无锡产业生态优势的同时,为无锡物联网和半导体产业培养更多的高端人才。

(张 凡)

【锡产微芯收购意大利L Foundry】 2019年,无锡锡产微芯半导体收购意大利的8英寸代工厂L Foundry。L Foundry拥有先进的8英寸产线,可得供150纳米和110纳米工艺制程,具备射频RF、高压HV、嵌入式存储器Embedded Memories、CMOS-MEMS、CIS工艺,每月产能超过4.2万片。

(张 凡)

软件与信息服务业

【概况】 2019年,无锡市软件和信息技术服务业收入1530.56亿元,比上年增长15.4%。软件业务收入从2000年的4亿元发展到2019年的1530亿元,年均增速达38%,逐步实现"从小到大到优到强"的发展路径。年内,新增通过评估的软件企业103家,累计1252家,其中,国家规划布局内重点软件企业9家,江苏省规划布局内重点软件企业32家,江苏省软件企业技术中心19家,信息系统集成及服务2级以上企业8家,ITSS三级以上企业62家,涉软企业在主板上市16家,在"新三板"挂牌33家。1家企业入围中国软件业务收入百强,3家企业入围中国互联网企业100强,3家企业入围中国大数据企业50强,5家企业入围2019江苏省互联网企业50强。2019年,新增通过评估登记的软件产品682件,累计6531件,其中,获评省首版权软件产品3件、获得省"金慧奖"的优秀软件产品47件、获得市"飞凤奖"的优秀软件产品103件。至年底,拥有国家级软件园1家、省级软件园4家、省互联网产业园2家、省互联网众创园4家、省大数据产业园2家。软件和信息技术服务业呈现出产业规模稳步增长、园区建设持续推进、骨干企业迅速成长、软件人才日益集聚、创新体系不断完善、特色优势逐步显现的良好发展态势。

（张　凡）

【产业政策落实】 2019年，市工业和信息化局贯彻落实无锡市《关于进一步深化现代产业发展政策的意见》，深入推动产业转型升级，依据《无锡市信息技术产业（软件和云计算）扶持资金管理实施细则》，围绕软件新技术、新产品、新模式和新业态，在基础软件、工业软件、行业应用软件、大数据、云计算等领域，扶持11个重点项目建设，奖励优秀软件产品"飞凤奖"和相关资质27个，兑现资金990万元，共获国家、省级各类软件专项资金支持4116万元。

（张　凡）

【龙头企业培育】 2019年，华云数据入围工信部发布的2019中国软件业务收入百强榜单，实现无锡市在此领域零的突破。华云数据同时入围由中国互联网协会和工信部信息中心联合发布的2019年中国互联网企业100强榜单，帆软软件和浪潮卓数入围由工信部中国电子信息产业发展研究院与中国大数据产业生态联盟联合发布的2019中国大数据企业50强榜单，华云数据、不锈钢电子、艾德无线、开鑫金服、江苏智恒5家企业入围2019江苏省互联网企业50强。

（张　凡）

【产业招商】 2019年，市工业和信息化局为深入推进以物联网为龙头的新一代信息技术产业发展，结合无锡市产业特色和实际，积极对接国内软件和信息技术领军企业，联合新吴区、滨湖区等重点板块及无锡软件园、惠山软件园等重点园区，赴北京市、成都市等重点城市和区域组织新一代信息技术产业合作活动，强化无锡产业政策环境宣介，加强招商引资对接交流。

（张　凡）

【第五届"i创杯"互联网创新大赛】 2019年，市工业和信息化局为激发互联网创新创业热情，发掘基于互联网的新技术、新产品、新模式和新业态，举办第五届"i创杯"暨无锡市第四届"iPark杯"互联网创新创业大赛，包括7场分站赛和1场市决赛，发动参赛项目150余个，吸引观摩人员1500余人次，参赛项目与投资机构对接80余次，选送项目在省总决赛获三等奖2个、优秀奖12个，市工业和信息化局获特别贡献奖。

（张　凡）

6月，无锡市工业和信息化局获第五届"i创杯"暨无锡市第四届"iPark杯"互联网创新创业大赛特别贡献奖

（张　凡　供）

通信产业

中国电信股份有限公司无锡分公司

【概况】 2019年，中国电信无锡分公司（以下简称无锡电信）在企业运营、5G建设、服务民生和助力提升地方信息化水平等工作中取得显著成绩。贯彻落实"网络强国"战略，推进智慧城市项目建设，加快5G网络规划建设和创新应用，助推无锡市5G发展，推动IPv6规模部署和应用。完成世界物联网博览会、2019无锡国际马拉松赛等重要活动、重大赛事通信保障任务。9月7～10日，2019世界物联网博览会在江苏无锡举办，中国电信集团有限公司与华为技术有限公司联合成功主办以"万物联动世界，5G赋能未来"为主题的5G产业高峰论坛。

（钱晓静）

【应急救援基地信息化平台】 2019年，江阴电信为江苏（江阴）沿江危险化学品应急救援基地打造应急平台系统集成及配套设施建设。江苏（江阴）沿江危险化学品应急救援基地是江苏省首个省级危险化学品应急救援基地，通过大屏显示系统、网络集成及辅助系统等形成互联互通、信息共享、协调联动的硬件体系，助力江阴市安监局运用大数据和物联网技术，增强信息化监测督促水平，有效清理整治长江沿岸危化品码头和储罐，强化水上运输安全监管，取缔县级以上饮用水源地保护区内违法违规设施，加强应急备用水源建设和管理，确保危险废物安全处置，防范土壤和重金属环境风险，实现隐患排查及风险分级管控，促进全长35公里的江阴长江岸线生态安全。

（钱晓静）

3 月 15 日，天翼云无锡双活节点上线发布 （钱晓静 供）

【天翼云无锡双活节点上线发布】 3 月 15 日，无锡电信举行“云领未来 聚智久安”天翼云无锡双活节点上线发布会，无锡市人民政府高亚光副市长、中国电信江苏公司陈国忠副总经理等出席发布会。“天翼云无锡双活节点”是全国第一个全产品资源池，可提供包括云硬盘、虚拟私有云、弹性云主机等多项云服务，实现对客户云需求的一点响应。同时，在安全性方面，实现业务在双 AZ（苏州无锡）上的主备或互备方式的高可用部署，在出现故障时可进行无缝切换，提高天翼云的安全性和可靠性，是无锡新的关键信息基础设施，填补无锡对云资源双活需求方面空白，为企业上云提供双活保障能力。无锡作为国家传感网创新示范区，China-NET 全国八大节点之一，也是中国电信云堤两个安全防护节点之一，“池”与“堤”在无锡实现有机结合，巩固和提升无锡物联网基础设施、重大系统、重要信息的安全保障能力。

（钱晓静）

【5G 赏樱季活动】 3 月 15 日，无锡电信开展为期 20 天的 5G 赏樱季活动，通过电信 5G 网络，把鼋头渚樱花谷的美景传送到地铁三阳广场站等人群密集区，为广大市民朋友提供“樱开 5G 相约美丽”的视觉盛宴。

（钱晓静）

【“互联网 + 社区便民服务”平台】 2019 年，宜兴电信联合宜兴市政府与当地专业化家政服务公司，探索打造“互联网 + 社区便民服务平台”。平台以政府作为监管部门、家政便民服务企业作为加盟单位，由宜兴电信承接平台建设与运营维护，打造统一标识、统一管理、统一服务的互联网化家政服务窗口。宜兴电信发挥网络、技术及资源方面优势，搭建对外服务平台，包括 24 小时热线电话开通、平台门户网站建设、微信服务号运营及移动端 App 开发等。建设外呼团队，设立呼叫中心，承接“12345”政府热线受理的便民类求助服务。助力平台智慧化管理，将日常管理延伸到服务人员的移动终端，实现无线派单、实时完工、信息联动、实时定位等功能。

（钱晓静）

【台风应对保障】 2019 年，无锡电信落实省公司及无锡市防台保障工作要求和响应机制，做好应急预案的紧急调度和组织实施，配合实施各类指挥调度任务。台风期间，安排骨干人员 24 小时现场值守共计 64 人次。应急保障人员 292 人，车辆 50 台，同时，配备抽水机、发电机、应急灯、沙袋、彩条布等防汛设备和物资，人员、车辆 24 小时待命。累计出动抢修人员 128 人次，抢修车辆 35 台。台风期间，全区网络运行平稳，未发生干线、中继及主干环网等重大光缆障碍，未发生因外力引起的光缆中断障碍，无重大网络障碍和客户障碍发生，无恶性投诉事件发生，电信自营网站、App 及无锡各重要信息发送平台未发生网络信息安全事故。

（钱晓静）

【5G 创新应用示范建设】 8 月 28 日，无锡电信携手新吴区政府举办 5G 网络建设及试点应用发布会。会上，无锡电信与新吴区政府签订《关于共同推进 5G 创新应用示范建设战略合作协议》，共同推动 5G 网络建设，共同致力 5G 试点建设和应用探索，并在试点基础上加快规模推广。无锡电信与苏南硕放国际机场有限公司、无锡小天鹅股份有限公司等新吴区 10 家企业代表签署《5G 战略合作协议》。同时，无锡电信与无锡科技职业学院、日联科技等 5 家企业设立“5G 创新联合实验室（工作站）”，致力于智能制造、智慧教育、公共安全等领域的应用研发。华为、中通服 5G 专家在会上介绍了 5G 技术及应用。

（钱晓静）

【国庆 70 周年通信保障】 2019 年，无锡电信做好国庆 70 周年通信保障及安全工作，落实响应机制，重点对城域网骨干链路等进行维护保障，高度关注景区、商业区的人流量高峰，做好应对方案。梳理重要保障用户 33 个，节前组织市区 8 个重要机房现场检查，累计排查相关隐患 53 个，整改率 100%。制定应急预案 35 份，开展应急演练 12 次。实行网络运行日报制度，每天两次上报网络运行情况。累计值班值守 651 人次，机房巡检 875 人次，干线巡检 42 人次，当地网重点保障线路巡检看护 105 人次，出动景区、综合体、交通枢纽现场巡检保障 78 人次，出动维护人员 168 人次，车辆 84 辆次，共处理基站障碍 44 个，修障及时率 100%。无锡全区网络运行总体平稳，无重大网络障碍和客户障碍发生，无恶性投诉事件发生，无重大网络安全事件发生，未发生生产安全及网络信息安全事故。

（钱晓静）

【5G 智慧港口打造】 2019 年,江阴电信为江阴港口集团制定 5G 智慧港口解决方案,建设“5G+ 智慧港口”项目,主要包括高清监控视频监控的 5G 传输,运用智慧地磅系统提高工作效率,运用 5G 技术实现斗轮机自动化改造,运用无人机安防系统打造低空一体化巡检体系,运用 MEC 智能网提高传输安全性。

(钱晓静)

【全球首条区域5G信号覆盖高铁】 2019 年,无锡电信联合华为部署全球首个区域连续覆盖高铁的 5G 网络,该工程集高铁线性 5G 规划、大规模系统组网建设和验证优化于一体,基于沪宁高铁无锡站到无锡新区站,部署 28 个站点,全程共 15 公里,通过跨多站点的不间断测试,沿线 5G 网络平均速率约 300 兆(最大速率超过 600 兆),接近双流理论峰值。此外,验证通过频率纠偏和多小区合并等解决方案对高铁用户 5G 体验的影响,并通过不同车型的覆盖、速率关联分析,研究后续高铁 5G 建网标准。

(钱晓静)

中国移动江苏公司无锡分公司

【概况】 2019 年,中国移动江苏公司无锡分公司(以下简称无锡移动)推进“5G+”计划,依托中国移动 2.6GHz5G 频谱覆盖范围广、建网快的优势,积极推进 5G 商用网络部署,同时实施 5G“名片工程”,在全国率先实现城市地铁 5G 网络全覆盖,与苏南硕放国际机场协同打造全省首个采用 5G 覆盖的国际机场,5G 精品网格测试评估全省领先。推动成立全省首个地级市 5G 产业联盟,覆盖包括多家 5G 龙头企业在内的无锡 5G 产业链主要上下游企业。落地全球首个 LTE-V2X 车联网城市级项目,打造全市首个 5G 商业综合体——苏宁广场。开展千家企业 5G 大走访,与全市多家企业达成 5G 战略合作协议,覆盖政务、工业制造、金融、交通、教育、医疗等多个行业。与多家行业领先的企事业单位合作,共建 5G 创新示范应用,包含工业边缘计算、智慧工厂、VR 全景直播、远程医疗、远程教育、自动驾驶等多种应用场景,持续推动 5G+AICDE 融合创新,助力产业转型升级。此外,无锡移动践行国家“宽带中国”和“互联网 +”战略,推进“智慧无锡·全光网城市”建设,完成全市小区光网改造,实现所有小区具备千兆宽带接入能力。同时,无锡移动积极创新管理方式,根据用户产品业务体验方式变化,将客户满意度管理过渡到客户满意度领先管理,持续完善服务品质管理机制,强化质量源头管控,建立质量提升“新常态”,进一步提升服务能力,为客户营造诚信经营、放心消费的环境。4 月,无锡移动被无锡市消费者权益保护委员会授予“2017~2018 年度诚信单位”称号。10 月,无锡移动派驻多名保障人员奔赴武汉,全程参与第七届世界军人运动会开、闭幕式及比赛期间的现场通信保障工作。11 月 20 日,中国质量协会公布 2019 年全国市场质量信用等级企业名单,无锡移动获评“全国市场质量信用 A 等用户满意企业”称号。

(张玲珠)

【5G 产业联盟成立】 7 月 9 日,无锡市 5G 产业联盟正式成立,成为全

7 月 9 日,无锡市 5G 产业联盟正式成立　　(张玲珠　供)

省首个 5G 产业联盟，无锡移动被推选为无锡市 5G 产业联盟理事长单位。作为首届联盟理事长单位，无锡移动严格遵照联盟章程，组织成员单位扎实开展工作，把联盟建设成政府和产业界双向沟通的平台、各产业核心力量合作交流的平台，有力支撑政府决策，切实推动无锡 5G 网络建设和应用创新走在全省乃至全国前列。联盟的成立，加速推进无锡市 5G 网络建设、应用发展、产业升级及人才培育，加快 5G 创新应用的推广普及，促进 5G 发展成果普惠共享。

（张玲珠）

2019 年，无锡移动完成地铁全线覆盖，无锡地铁交通跨入 5G 时代

（张玲珠　供）

【无锡移动 5G 建设】 2019 年，无锡移动作为通信服务综合信息服务提供商，围绕 5G 核心技术研发、产业生态构建，应用业务创新等开展大量测试、试用工作，为 5G 商用奠定坚实基础。3 月，无锡移动初步建成 5G 基站 100 个。在市中心地铁站三阳广场开展 5G+VR 赏鼋头渚樱花、赏阳山桃花观景体验活动。在 2019 无锡比佛利马拉松、2019 宜兴马拉松、2019 阳山半马比赛中，提供“5G+VR”观赛新体验。在第二届雪浪科技大会、2019 梁溪物联网安全高峰论坛、梁溪侠影 2019 年古运河网侠音乐晚会、517 电信日等活动现场设置“5G+VR”体验专区。在无锡人民西路营业厅、江阴长江路营业厅、宜兴人民南路营业厅等 4 家营业厅部署多项 5G 应用及体验，方便市民近距离参观体验 5G 应用项目。

（张玲珠）

【5G 智慧机场建设】 4 月 25 日，无锡移动完成苏南硕放国际机场室内无线网络 5G 改造，苏南硕放国际机场成为省内首个采用 5G 室内分布技术覆盖的国际机场，使乘客在候机同时，能够享受超高速网络体验。5 月 16 日，无锡苏南硕放国际机场集团有限公司、无锡移动在苏南硕放国际机场航站楼召开 5G 战略合作签约发布会，宣布双方合作建设 5G“智慧机场”。无锡市政府通过 5G 网络远程连线发布会现场，成功拨通无锡移动首个 5G 视频通话。

（张玲珠）

【5G 网络异地连线“三重唱”】 4 月 26 日，江苏移动在南京举办 5G 规模试验暨友好客户体验发布会，宣布南京、苏州、无锡已部署 5G 规模试验网，年内在三地市实现 5G 预商用。借助移动 5G 网络低时延、大宽带、高可靠的特性，由南京主会场乐队演奏，苏州、无锡分会场异地合唱的经典民谣《好一朵美丽的茉莉花》表演精准，主会场大屏展示的两地分会场画面清晰流畅。这是国内首次 5G 网络环境下的三地连线合唱演出，也是中国移动在南京、苏州、无锡 5G 规模试验网建设的成果展示。

（张玲珠）

【中国移动参展世界物联网博览会】 9 月，中国移动以“5G+ 连接美好生活”为主题，参展 2019 世界物联网博览会。会上，中国移动搭建 5G+AICDE、5G+ 生态、国家级江苏（无锡）车联网先导区、全屋智能 4 大展示区，集中展示 5G+ 物联网、车联网等领域的最新应用产品。

（张玲珠）

【无锡移动 5G 正式商用】 10 月 31 日，无锡移动成为全国首批正式开启 5G 商用的城市，无锡移动召开“5G 先行，未来无限可能”5G 商用发布会，向全市市民宣布提供“不换卡、不换号、便捷开通 5G”服务。此外，5G 用户还可享受 10086 服务热线优先接入、免停机服务、海量 5G 应用资源等专属服务。

（张玲珠）

【城市地铁 5G 网络全覆盖】 12 月 30 日，无锡移动联合无锡地铁在地铁市民中心站站厅召开 5G 战略合作签约发布会，宣布无锡率先完成城市地铁 5G 网络连续覆盖，是全国首个实现地铁全覆盖的城市，实现超高速移动列车上 5G 网络服务，无锡地铁交通正式跨入 5G 时代。无锡市民可在无锡地铁全线及等候站台畅快刷剧、畅玩游戏，感受超高速移动场景下的 5G 极致体验。经现场测试，地铁全线及等候站台，5G 平均下载速率均达到 4G 网速的 8 ~ 10 倍。

（张玲珠）

【农村网络建设与保障】 2019 年，无锡移动为助力乡村振兴发展，多项举措推进农村 4G 网络、宽带建设。开展 4G 网络农村攻坚战，网络质量不断提升。全面开展“全光网城市”升级改造，实现农村居民光网覆盖，并逐步推进千兆宽带接入。加强农村网络日常维护工作，对农村网络设备、线路等进行监测与巡检，提前排除故障。按抢修时限、规范标准等要求对网络故障问题进行修复。

（张玲珠）

【"智能安全监护"照护项目】 2019年，无锡移动联合梁溪区民政局等单位为梁溪区惠景社区68户独住老人提供"智能安全监护"照护项目，列为梁溪区2019年"为民办实事"项目。8月，无锡报业集团旗下《无锡日报》《江南晚报》，无锡电视台旗下《第一看点》《阿福聊斋》等主流媒体对该项目进行深入采访和专题报道。

（张玲珠）

【景区客源分析】 2019年，无锡移动立足当地旅游产业创新发展与转型升级实际需要，按照无锡智慧城市数据标准体系要求，构建符合国家全域旅游标准的游客信息采集分析与数据融合平台。平台于2019年春节投入使用，为旅游局日常工作提供信息化支持。依托无锡移动的数据优势和基站资源，数据融合平台已将无锡30家国家AAAA级及以上旅游景区、12家重要乡村旅游区域、6个重点商圈纳入数据监控和采集范围，全面提升无锡旅游服务水平、旅游管理水平和旅游营销水平，构建无锡智慧旅游大格局。

（张玲珠）

中国联合网络通信有限公司无锡市分公司

【概况】 2019年，中国联合网络通讯有限公司无锡市分公司（以下简称无锡联通）围绕"智慧无锡"战略，推进无锡5G+新基建及数字经济产业发展，建设出口带宽达2T的华东区IDC数据中心，推进物联网产品孵化应用，促进新一代信息技术与各行业深度融合。无锡联通与中国电信实现共建共享，实现覆盖翻倍、带宽翻倍、速率翻倍，已覆盖无锡市区、江阴宜兴城区、交通枢纽、重点工业园、重点乡镇及各大高校和景区，同时探索5G垂直行业应用，构建5G产业新生态、在5G工业互联、云化AR/VR、5G无人机等应用场景获得突破。年内，无锡联通提升城域网（不含IDC）出口带宽至10Tbps，扩大核心骨干网传输能力。统筹规划互联网数据中心（IDC）建设，优化数据中心布局，提升IDC出口带宽至12T以上。推进"千兆到户、万兆到楼"的光纤网络建设，光纤宽带覆盖能力达100%，户均带宽达150Mbps。至年底，无锡联通拥有员工496名，设备容量380万门，固定电话数9.62万户，移动电话数111.02万户，移动互联网数69.6万户，宽带接入数7.78万户，全年累计收入超10亿元。

（赵琬琦）

【智能天馈创新实验室揭牌】 5月14日，中国联通江苏省分公司、中国联通网络技术研究院与南京邮电大学在江苏无锡举行战略合作协议签署暨智能天馈创新实验室（江苏基地）成立揭牌仪式。此次签约根植于中国联通互联网化转型背景，旨在推动网络运维工作智能化转型，通过手段创新，提升网络运营工作效率和网络服务能力。围绕"优势互补、强强联合、合作共赢"的战略思维，三方共同组建"智能天馈创新实验室（江苏基地）"，在各自相应业务领域的创新基础上，联合围绕智能天馈技术及业务试验开展合作，通过实验基地，实现运营智能化、管理信息化、调整自动化的探索，实现产、学、研、用全方位资源共享，支撑中国联通天面规划、天线及配件测试、新型天线研发与孵化，携手助力中国联通网络运营的互联网化、数字化转型。此次合作，各方凭借其在各自领域的技术优势进行联合开发，推动智能天馈系统在科学研究、生产实践中的创新与应用。

（赵琬琦）

【无锡市大数据协会成立】 5月17日，无锡市大数据协会成立大会在市民中心召开。大会选举无锡联通总经理张国鹏为无锡市大数据协会第一届会长，无锡体育产业发展集团、浪潮卓数、智慧新吴、曲速教育等30余家企业当选协会理事单位。市大数据协会是在市委网信办、市大数据管理局的支持指导下，由无锡联通发起，重点聚焦大数据、云计算、人工智能、网络安全等领域及其产业链，以"数聚无锡之慧，服务美好生活"为目标的专业性、非营利性社会组织。协会坚持"共享、共进、共赢"的价值观，以"构建大数据产业生态链，助力建设新型智慧城市"为使命，推动当地大数据产业发展。

（赵琬琦）

【中国联通参展世界物联网博览会】 9月7～10日，中国联通以"联通万5触手可G"为主题，推出5G认知物联网使能平台、5G智慧工业等多行业领域的20余项5G应用产品，参展2019世界物联网博览会。中国联通在5G认知物联网使能平台展区，集中展示物联网"平台+"生态战略成果；在工业板块，推出5G工业适配网关、工业远程维修指导、能量信息网关产品；在智慧医疗展台，推出5G与AI影像平台结合，无缝嵌入人工智能，为城市医疗集团、县域医共体、远程医疗协作等量身定制云端影像智能解决方案；在教育领域，利用5G+VR，提供网络、平台、内容及终端的全套解决方案；在5G行业终端展区，集中展出中国联通多种新型终端，并特别呈现中国联通自主定制研发的3款数据类终端——5GCPEVN001、5GMIFIVN 002以及先锋者1号5Gsmartconnector XF Z01。

（赵琬琦）

【智慧河长信息化平台】 11月19日，无锡联通中标无锡市河长制管理平台项目。该项目是一项补短板、强治理的实事工程、民心工程。采用5G、物联网、大数据、云计算、卫星遥感、无人机等技术，构建集水质监测、数据在线传输、主要河湖全天候监控、河长电子化巡河、指令实时传达、公众积极参与等功能于一体的智慧河长信息化平台。突出河湖水质监测预警，实时跟踪水质变化，科学分析污染源，提高河湖治理的针对性、有效性。严格河湖水域岸线管控，确保及时发现并处置问题。强化重点督查，查上级河长交办任务的落实，查下级河长履职是否到位，查交办、督办及明察暗访的发现问题的整改，查社会监督的回应，查“一河一策”项目的推进，查目标任务的进展，查河道水质的变化，推动各项工作落到实处，全面提升全市河长制工作信息化水平，促进城市环保事业发展。

（赵琬琦）

【智慧客服平台无锡数据中心启用】 12月9日，中国联通智慧客服平台江苏无锡数据中心正式上线启用，标志着中国联通在下一代10010客户服务与支撑体系建设领域取得重要突破。中国联通新一代智慧客服平台采用“双活+灾备”系统架构设计。由中国联通无锡基地、西咸基地分别作为南方与北方数据中心节点同步推进建设。中国联通无锡基地，主要面向中国联通“北方6省+西南14省”客服中心提供业务平台系统支撑，与联通西咸基地形成南北互通、互备的高效双活数据中心平台系统。

（赵琬琦）

【联通5G赋能智慧冬奥】 12月26日，中国联通“5G赋能智慧冬奥”主题发布会在北京举行，会上，中国联通江苏产业智能语音机器人项目组和网络技术研究院共同推出“智慧呼叫”项目，围绕冬奥会人文关怀因素以及联通品牌宣传事宜，开发智能预约打车服务场景。联通（江苏）产业互联网公司在人工智能垂直领域沉淀能力，提高产业互联网方案解决能力，拓展产业市场，在交通、制造、社会民生及公共事业等各个垂直细分领域均取得突破。

（赵琬琦）

【“税务通”机器人助力税收管理】 2019年，无锡联通“税务通”AI机器人助力梁溪税务局，开展互动式税法宣传、事项告知等税收征管业务，通过整理分析留痕记录，进行数据增值利用，提高工作效率，轻松实现业务闭环。“税务通”AI机器人存在7大优势：自动拨打真人语音，人机交互、多轮对话，支持打断，实时语音识别、语音记录，支持挂机短信，拨打留痕、用户画像，神经网络学习。

（赵琬琦）

【飞凤平台·工业矩阵正式发布】 10月16日，无锡高新区工业互联网业界新标杆——飞凤平台·工业矩阵正式发布。无锡联通作为新吴区区级工业互联网平台的总集成商，一方面致力于将中小企业各类设备以及设计、生产、管理、营销、服务等应用云化迁移至工业互联网平台，降低企业技术门槛和应用成本，提升企业的创新效率；另一方面通过打造新型商业模式，有效保证企业的利益诉求。第一批10家企业进行现场签约。

（赵琬琦）

10月16日，无锡高新区工业互联网业界新标杆——飞凤平台·工业矩阵正式发布（赵琬琦 供）

数字创意

【概况】 2019年，无锡市数字经济核心产业981家规模以上企业营业总收入5065亿元，完成增加值1243.24亿元，占全市GDP比重10.5%。全市大数据产业实现申报销售225.8亿元，比上年增长34.08%。其中，超亿元企业50家，浪潮卓数、帆软软件两家企业入选“2019中国大数据企业50强”（江苏省仅2家）。江苏无锡经济开发区（太湖新城）获“江苏省大数据产业园”称号（全省共5个）。总投资约100亿元的五个大数据产业园相继签约和启动建设，包括总投资50亿元的北京易华录公司“无锡数据湖产业园”项目、总投资30亿元的北控集团北京智科能源互联网公司“大数据科技园区”项目、总投资11.5亿元的中物达大数据产业园项目、总投资2亿元的无锡数据港产业基地项目、总投资1.1亿元的宝光智能大数据中心项目。创新驱动成果丰硕，华为无锡软件开发云创新中心、华为无锡工业互联网创新中心和无锡锡山工业互联网创新中心、大数据算法与分析技术领域的国家级重点工程实验室——无锡融创中心、以无锡可信智慧安全研究院为载体的信息安全等级保护关键技术国家工程实验室物联网安全分实验室等项目落户无锡。根据江苏省工业和信息化厅发布的“江苏大数据产业地图”，无锡大数据企业集聚度全省排名第一，在工业、电商、健康医疗等领域行业应用全省排名第一。

无锡文发集团和无锡博物院联

合成立无锡市文创产品研发中心，完成“梁溪揽胜”“吟风弄雅”等系列和配套重要临展共30款文创新品研发与制作，打造无锡城市特色文旅IP。

（张贞哲　周　文）

【**数字文化企业培育**】2019年，全市现有规模以上数字文化企业90余家，包括互联网搜索服务、游戏服务、广告服务、数字出版和影视制作等11个小类，占规模以上文化企业总数的14.7%，主要集聚在国家数字电影产业园和新吴区创新创意产业园，多为“互联网+”相关业态。其中，艾德思奇跻身“中国互联网百强企业”，无锡倍视文化和旭阳动画、九久动画、马良动画4家企业入围“国家文化出口重点企业”，朗新科技、文思海辉获“无锡市百强民营企业”称号。5月，无锡国家数字电影产业园获批“江苏省电影产业创新试验区”和“江苏省影视游戏版权贸易（无锡）基地”。

（周　文）

【**第五届无锡市文化创意设计大赛**】10月31日，由市委宣传部、市文广旅游局主办的第五届无锡市文化创意设计大赛正式启动。大赛突出美好生活需求下文化与城市、生活、旅游等领域的融合创新，注重设计在未来环境中的应用，让文化创意走进旅游景区，走近百姓生活，以文促旅，以旅彰文，助力文旅深度融合，提升文旅消费品质。来自海内外的1100余名设计师报名参与，征集作品1600余件。12月底，评出金奖2名、银奖10名、铜奖20名。

（周　文）

电子商务

【**概况**】2019年，全年电子商务网络零售额突破800亿元，比上年增长14.55%，总量位于全省第三。江阴市成功获批国家级电子商务进农村示范县，全市新增30家省级各类电商示范单位，其中，恒生科技园等7个园区获批省级电商示范基地；海澜之家电子商务有限公司等17家企业获评省级电商示范企业；滨湖希沃创业咖啡等5家单位获评江苏省首批电子商务众创空间；惠山区阳山镇鸿桥社区被评为省级电商示范村。

2019年，全市跨境电商进出口交易额21.46亿美元，其中，B2B出口17.04亿美元，比上年增长22.6%、32.8%。无锡市现有入库跨境电商企业581家，21家企业在国外设立33个海外仓库，仓储面积超过20万平方米。通过政策创新，实施硬核举措，无锡市创得6个“全省第一”的佳绩。

（郭桂荣）

【**无锡市第四届跨境电商创新创业大赛**】8月～11月，市商务局、市人力资源和社会保障局、市邮政管理局联合主办无锡市第四届跨境电商创新创业大赛，全市（含江阴市、宜兴市）共29家、近60人参赛。大赛为期4个月，培训分孵化、实操、决赛3个阶段。其中，无锡红豆运动装有限公司于2018年12月成立，参加双创培训期间，跨境电商转型步伐不断提速，每月营业额以44%的平均增幅快速增长。无锡睿米信息技术有限公司2019年3月正式成立海外电商团队，参加培训后，月均销售额从2018年的1000美元增长至22万美元。无锡泰锐森跨境电商业绩比上年增长67%，大赛期间又新开澳洲、日本2个站点。

（郭桂荣）

【**跨境电商综合试验区建设**】2019年，无锡市高标准建设跨境电商公共平台，综合服务平台上线运行，跨境电商监管场站建设完成，跨境电商专业服务平台投入使用。高起点推进跨境电商产业集聚，规划建设江阴云幅、宜兴新庄、高新区“一带一路”跨境电商产业园，打造特色跨境电商产业带，培育尚佰、择尚等跨境电商龙头企业，引导睿米、红豆等重点骨干制造企业和传统外贸企业转型。高质量推动跨境电商政策落地，加快落实综试区创新政策举措，制定出台促进跨境电商产业发展的相关政策。

（郭桂荣）

智慧无锡建设

【**概况**】2019年，无锡市深入贯彻国家、省、市“十三五”信息化规划，全面落实《智慧江苏建设三年行动计划（2018~2020年）》和《无锡市新型智慧城市建设三年行动计划（2018~2020年）》，全市信息化和新型智慧城市建设取得较好成绩。组织召开2019年无锡市新型智慧城市建设领导小组会议，按照三年行动计划部署，组织实施2019年度8大重点项目、60个子项目。大数据中心二期9月8日上线发布、12月3日完成终验，梳理录入全市市级56个部门、1815张信息表、32089个数据项、130.26亿条数据，并为“互联网+监管”“放管服”改革等业务工作提供基础数据支撑。建设“阳光扶贫”监管系统，打通基层工作人员和公安、殡葬、司法等信息通道，做到救助精准化。建成政务服务自助式智能服务系统、政府公共服务热线AI智能服务平台，实现接通率98%以上，自动回访、智能检索100%。深化车联网（LTE-V2X）城市级示范应用，丰富服务功能并形成规模化应用，接入车辆约10万辆。智慧停车管理平台完成开发，全市319个停车场、38948个停车泊位信息完成数据接入。“无锡智医”实现所有医院的脱卡支付，市全民健康信息平台通过国家互联互通标准化成熟度测评五级乙等现场测评。智慧校园试点学校新增83所、总数达到209所。人社“一网通办”基本公共服务在线服务提供率90%。智慧文化平台整合文化单位服务平台100家，“畅动体育”APP体育人口服务率50%。建成智慧旅游综合管理服务平台，全市国家AAAA级以上旅游景区实现智能导览。举办2019中国（国际）

新型智慧城市建设发展峰会，综合能源智慧计量管控平台16亿元项目签约，无锡“物联网表”装进韩国开发区，是在全世界范围内承接物联网、智慧城市建设项目的积极成果。评选产生2019年无锡市新型智慧城市建设十大优秀解决方案和新型智慧城市建设百优案例。

年内，无锡市荣获第九届中国智慧城市建设“创新环境奖”，并入选2019中国智慧城市20强，连续9年在中国智慧城市发展水平评估中名列前茅。2018 ~ 2019中国新型智慧城市建设与发展综合影响力评估，地级市排名第4。2019年网站群建设全国排名第2，“集约化建设和标准化运维管理”案例被评为全国十大优秀创新案例。根据《中国地方政府竞争力系列报告》，地级市（含副省级市）地方政府竞争力“智慧为民能力”前30强中位列第9。

（张贞哲）

【2019雪浪大会】 5月9~10日，2019雪浪大会召开。10日上午，雪浪大会主论坛举行。省委常委、市委书记李小敏发表题为《携手跑进智能制造新时代》的主旨讲话。阿里云创始人、雪浪小镇名誉镇长王坚作总结演讲。省委统战部副部长、省工商联党组书记、省工商联常务副主席顾万峰，《新华日报》总编辑顾雷鸣，省发改委副主任王东，省科技厅副厅长段雄，省工信厅副厅长李锋，市领导徐一平、徐劼、高亚光、吴仲林等出席主论坛。

（沈斐旻）

【2019智慧产业高峰论坛】 12月3日，2019智慧产业高峰论坛暨第六届中国智慧城市工程前沿技术研究院士论坛在无锡开幕。市委书记李小敏会见中国航天科工集团有限公司总经理刘石泉和11位“两院”院士，并出席签约启动仪式。刘石泉、中国工程院院士费爱国、市长黄钦分别致辞。副市长朱爱勋，市政府秘书长张明康参加开幕式。开幕式上，中国航天科工集团与无锡市签订战略合作框架协议，在智慧交通、激光及气象装备等高端产业、物联网信息安全生态建设、工业互联网及智能制造、节能环保服务、智慧产业、资本运营和人才交流等领域全面开展合作。中国航天科工还发布智慧产业应用平台、城市治理基础服务云平台、智慧检务平台、智慧农业云平台以及智慧疫苗追溯监管平台，为城市治理、检务司法、现代农业、疫苗监管等领域应用提供服务与支撑。

中国科学院、中国工程院院士李德仁，中国科学院院士尹浩，中国工程院院士姜景山、陈鲸、钟山分别围绕智慧城市建设、物联网技术及产业发展等主题作报告。中国工程院院士毛二可、苏君红、杨士中、周立伟、费爱国、贲德等围绕智慧产业发展进行专题研讨。

（陆　毅）

【数字认证体系建设】 2019年，市大数据局推动数字认证体系建设，加快实施电子营业执照“一城通用”改革，完成电子营业执照认证平台与税务、社保、公积金等相关系统对接，累计发放电子营业执照10万余份，应用主体占在业企业的33%，企业法人在市级政务服务平台189个事项办理和公共资源交易等领域中实现“一次验证、全网通用”。整合“线上一窗”，实现“一网通办”，以江苏政务服务网无锡分厅、无锡综合服务旗舰店、App无锡站为“一窗受理”线上入口，开通8大联办受理功能区，

9月8日，在世界物联网博览会中国（国际）新型智慧城市建设峰会上，无锡市城市大数据中心项目二期正式上线发布

（赵琬琦　供）

公开36项联办事项指南,开设长三角“一网通办”线上、线下专窗。完善“无锡政务服务指尖大厅”微信公众号,初步实现全市政务服务微信端“一号”通办。不动产集成服务平台延伸至基层政务大厅,实现存量房在线交易“一窗综合受理、一网全市通办、一个小时办结”。加强和创新“双随机、一公开”监管方式,构建“1112+X”工作框架,摸清33个市级部门监管事项运行系统现状,建成“互联网+监管”市级监管数据中心,累计向省平台上传监管数据近2万条、监督检查计划数据及监管对象1530条、知识库67个。持续优化营商环境,在政府门户网站醒目位置设置涉企优惠政策模块,对市级各类优惠政策及申报流程进行集中公布。开展“多规合一”业务协同改革试点,办理时间提速50%,实现7个工作日内完成电力外线工程并联审批。公共资源交易服务持续优化,实现建设工程、水利工程、国有产权、土地全流程电子化交易。

(张贞哲)

【大数据赋能城市治理】 2019年,无锡市“雪亮工程”一期工程竣工,建成市级图像控制中心,初步建成车辆轨迹、人像比对等智能分析平台,汇聚各类物联、视频资源共计6.8万余路,平均每天采集图像信息2500万条、物联感知数据1亿条。市级网格化大数据中心成效显著,通过汇聚公安、民政、人社、市场监管、教育等8个部门、191项数据,实现20张资源信息表自动拼合,生成拼合数据总量达500万条/月。5个区级网格服务管理中心、43个镇街级中心、651个村级中心和3945个综合网格通过区县联动处置平台基础版开展网格化工作。智慧城管试点工作扎实推进,引入图像识别技术,增补前端市容监控点位60个,依托数字城管系统开展市容问题信息采集工作,实现按期结案率94.04%。进一步完善“智慧城管”设计方案,扎实推进智慧城管共治体系试点工作。时空大数据库建成使用,整合1966年~2019年共19期历史影像、8期矢量地形、200多万条标准地址、市区1000公里主要道路街景等多项实体数据。接入国土资源“慧眼守土”工程视频探头990个、无锡市域出租车GPS数据4000余辆、城市管理街道视频探头291个以及环境、气象、企业污染源、景区客流、水雨情等实时监测点355个,有力辅助城市可视化管理。

(张贞哲)

【政务智能服务】 2019年,市行政审批局建设政务服务自助式智能服务系统,为企业群众提供7×24小时不间断服务。建设政府公共服务热线AI智能服务平台,实现接通率98%以上,自动回访、智能检索率100%。市智慧停车管理平台开发完成,319个停车场、38948个停车泊位信息完成数据接入。“无锡智医”实现所有医院的脱卡支付,市全民健康信息平台顺利通过国家互联互通标准化成熟度测评五级乙等现场测评,成为全国第二家通过国家五乙测评的地级市。智慧校园试点学校新增83所,全市智慧校园总数达209所,智慧课堂试点学校82所,创客教育实验学校102所,物联网感知教育基地学校50所。人社“一网通办”基本公共服务在线服务提供率达90%,“无锡掌上人社”公共服务平台获评全国人社系统优质服务窗口。建成智慧旅游综合管理服务平台,全市国家AAAA级以上旅游景区实现智能导览。智慧文化平台扩大服务内容,整合文化单位服务平台100家。提升“畅动体育”App服务项目,体育人口服务率达50%。实现“无锡市民卡”“无锡智慧公交”App扫码乘坐无锡地铁1、2号线。部署“无锡微公交”小程序,方便市民出行。深化“微警务”服务,新增网上审批事项14项。完成“机场交通”综合信息平台建设,为旅客提前规划出行提供可视化查询方案。

9月,新版“无锡市民卡”App正式上线发布。新版“无锡市民卡”App优化交通服务、工会服务、便民服务等板块,增加开通NFC交通卡,微信、支付宝等充值功能,增加在线办理学生卡、老龄卡、高龄卡功能,构建移动互联网的市民智慧生活服务平台。

(高文芳 张贞哲)

【区域智慧城市建设】 2019年,江阴市持续推进数据汇聚,无条件共享比例由10%提高至60%,通过试点乡镇一级数据共享应用,实现部门从“要我共享”到“我要共享”的思维转变。成功入选“2018年‘互联网+政务’优秀实践案例50强”。宜兴市出台《宜兴市推进新型智慧城市建设三年行动计划(2019–2021年)》,全面布局智慧宜兴“慧政、惠民、生态、兴业”4大应用体系和智慧政务服务等6大协同服务平台发展体系。梁溪区通过制定《“智慧梁溪”工作例会制度》,协调项目推进;先后引进易华录数据湖产业园、中物达数据存储中心产业园等大数据重点项目;信息安全等级保护关键技术国家工程实验室物联网安全分实验室落户,成立全省首家区级大数据安全协会。锡山区积极推动“锡山制造”转向“锡山智造”,大德重工入围江苏省智能制造领军服务机构,红豆集团入围省工业互联网平台服务商,依托“农技耘”智慧农业服务平台,基本实现全区农业信息服务全覆盖。惠山区加强对使用财政性资金信息化项目的全生命周期管理,对全年项目进行进度跟踪,进一步规范使用财政性资金信息化项目的申报、立项、建设和管理。滨湖区打造智慧养老综合数据服务管理平台,初步形成覆盖全区的“互联网+养老服务”网络;启动公共停车位智能化改造,实现“拇指停车”“快进快出”。新吴区积极打造鸿山物联网小镇,智慧健康、智慧交通等一批示范应用项目顺利推进;智慧治水实时监控平台正式上线运行,实现排水系统和水环境的精细化动态管理;因地制宜打造生态农业和“智慧农业”,瀚云科技参与建设俄罗斯“智慧农业云”平台。

(张贞哲)

编辑 郭 鹏

综 述

【概况】 2019年,全市实现农林牧渔业总产值201.52亿元,比上年减少5.01亿元,下降2.9%。粮食总产量54.75万吨,比上年下降3.6%。油料总产量6844吨,比上年增长43.5 %,其中油菜籽5919吨,比上年增长55.5%;茶叶总产量6820吨,比上年增长3.8 %;水果总产量20.57万吨,比上年增长9.6%。粮食种植面积7.951万公顷,比上年减少4830公顷;油料种植面积2890公顷,比上年增加740公顷;蔬菜种植面积4.157万公顷,比上年减少0.206万公顷;水果种植面积1.410万公顷,比上年增加570公顷。

主要畜产品中,肉类总产量8918吨,比上年下降55.4 %,其中猪肉4547吨,比上年下降67.9%;禽蛋总产量1.17万吨,比上年下降14.0%;奶牛存栏860头,比上年下降69.3%。全年水产品产量11.98万吨,比上年下降2.0%。

年内,农机化水平保持在90%以上,其中五项高效农业机械化指标平均值达53.2%,比上年增长1.2%。全市农村居民人均可支配收入33574元,比上年增长9.1%。

（孙科敏）

【现代农业园区】 2019年,无锡市继续加大鼓励工商资本进入现代农业的力度,以农业园区为载体,推进现代农业园区基础设施建设,招引工商资本投资农业园区取得明显成效。市级专门设立专项扶持资金1000万元,全市“百企建百园”工程新建项目21个,计划总投资8.04亿元。围绕国家现代农业示范区建设,加快推进现代农业园区建设,园区运营水平不断提升。年内,锡山国家现代农业产业园成功认定国家级现代农业产业园。全市现有省级现代农业产业示范园创建两家,农业园区面积比重达52%。

（孙科敏）

【供应链创新与应用】 2019年,无锡市充分调动农业企业参与供应链创新与应用的积极性,培育供应链领先企业,江阴牧野鲜生食品科技有限公司、上农农业科技江苏股份有限公司被评为第一批省级供应链创新与应用重点培育企业。无锡天鹏集团有限公司、江苏无锡朝阳集团股份有限公司成为国家级供应链创新与应用试点。

（孙科敏）

【农村一二三产业融合发展】 2019年,加大农村产业融合推进乡村振兴,促进新业态培育发展。做大做强宜兴市杨巷镇、江阴市华西村、惠山区阳山镇等三个省级农村产业融合发展先导区。江阴市璜土镇被评为国家农业产业强镇。挖掘高层次产业融合示范点,全市共认定江阴市祝塘镇金庄村、宜兴市张渚镇省庄村、上农农业科技江苏股份有限公司等七个农村产业融合示范点。

（孙科敏）

【生态循环农业】 2017~2019年,江阴市、宜兴市和惠山区分年度分别开展“省级现代生态循环农业试点”项目建设,共争取省级资金2813.9万元,推动生态良性循环与农业可持续发展。其中,江阴市2017年度现代生态循环农业试点县项目总投资2181.55万元,包括省补资金1000万元,共实施种养一体化项目、“互联网+循环农业”综合示范区项目、稻渔共作与稻田综合种养项目等12个子项目,2019年5月项目实施完成。宜兴市2018年度现代生态循环农业试点

表30 2019年主要农产品产量及其增长速度统计表

单位:吨

产品名称	产量	较上年增长(%)
粮食	547512	−3.6
油料	6844	43.5
# 油菜籽	5919	55.5
茶叶	6820	3.8
水果	205672	9.6
水产品	119841	−2.0

（市统计局）

县项目争取省级资金1000万元，以病虫害统防统治和绿色防控技术应用、田间化学投入品废弃物收集体系、养殖密集区废弃物集中处理、秸秆收集体系建设农副资源肥料化应用为主要内容，开展生态循环农业项目实施工作，项目基本完成，将组织第三方审计。惠山区2019年度现代生态循环农业试点县项目总投资916.3万元，其中，省补资金813.9万元，共实施子项目12个，涵盖设施农业废弃物回收利用、稻渔共生种养项目、农田氮磷控源、标准化生产推广、农副资源利用、标准化清洁生产六大块内容建设。

（孙科敏）

【第十四届无锡现代农业博览会】 2019年9月20~22日，由无锡市人民政府主办的"第十四届无锡现代农业博览会"在市体育中心会展馆举行，本届农博会设194个标准展位，参展企业199家，产品种类197个，除无锡本地特色优质农产品外，还有来自省内外兄弟城市，包括陕西省延安市、青海省海东市、新疆阿合奇县等对口支援友好城市的名特优农产品，供无锡市民品尝和选购。农博会期间，开展无锡"三农"成果展示、优质农产品展销、考察与交流等活动，并采用成果展示与产品展销相结合、乡村文化交流与农业对外合作相结合、农民主体与市民互动相结合的活动形式开展。

（孙科敏）

2019年9月20日，第十四届无锡现代农业博览会开幕，图为省人大常委会副主任、市委书记李小敏（右二），市长黄钦（右三）在参观花卉展厅

（市农业农村局 供）

农业产业

【概况】 2019年，无锡紧扣现代农业高质量发展三年行动计划，调整优化生产布局，转变生产方式，发展优势特色高效产业，推进绿色发展，提高农业发展质量。全年共划定73个粮食生产功能区、14个重要农产品生产保护区、568个"两区"片块和38112个"两区"地块，划定"两区"水稻面积39060公顷，小麦面积34673公顷，油菜面积671公顷。全年全市粮食种植面积79510公顷，亩产459.1公斤，总产54.751万吨。夏粮面积37770公顷，亩产320.4公斤，总产18.15万吨，其中，小麦种植面积36650公顷，比上年减少2710公顷；亩产325公斤，比上年增加8.54公斤；总产17.87万吨，比上年减少0.79万吨。油菜种植面积2140公顷，比上年增加780公顷；亩产163.7公斤，比上年增加8.03公斤；总产0.59万吨，比上年增加0.21万吨。全市秋粮面积41740公顷，平均亩产584.6公斤，总产36.6万吨，其中，水稻种植面积38460公顷，比上年减少2710公顷；亩产611.7公斤，比上年增加14.9公斤；总产35.29万吨，比上年减少1.57万吨。全年全市蔬菜播种面积41565公顷，比上年减少2062公顷，比上年下降4.7%；蔬菜总产量125.44万吨，比上年减少4.23万吨，比上年下降3.26%；每亩平均产量为2011.87公斤，比上年增加30.47公斤，比上年增加1.5%。茶叶种植面积5569公顷，茶叶总产量0.68万吨，比上年增加0.04万吨，比上年增加6.25%。果品种植面积14100公顷，果品总产量20.57万吨，比上年增加1.91万吨，比上年增加10.23%。淡水养殖放养面积16073.3公顷，其中，河蟹、青虾等淡水特种水产品养殖总面积10700公顷，比上年增加0.19%，淡水特种水产品养殖面积比重达81%。畜禽生态健康养殖比重100%，畜禽粪污综合利用率99.33%，规模养殖场粪污处理设施装备配套率100%，畜禽规模养殖场治理率100%。生猪存栏1.66万头，比上年同期减少4.47万头，比上年下降72.9%；累计出栏6.08万头，比上年减少10.68万头，下降63.7%。家禽存栏188.1万羽，比上年减少11.6万羽，下降5.81%；出栏238.6万羽，比上年减少33万羽，下降12.15%。奶牛存栏924头，比上年减少1940头，下降67.74%。

（孙科敏）

【夏熟耕地轮作休耕】 2019年，无锡各地区按照《市政府办公室关于印发无锡市整体推进耕地轮作休耕促进农业绿色发展的实施方案的通知》，全年夏熟全市轮作休耕任务2666.67公顷，实际完成轮作休耕的面积2682.14公顷。其中江阴市1000公顷，宜兴市1100公顷，锡山区167.58公顷，惠山区320.96公顷，新吴区73.6公顷，滨湖区20公顷。

（孙科敏）

【优质稻米】 2019年，无锡市继续扩大优质食味稻米品种种植面积，筛选并推广南粳46、苏香粳100、南粳5055、南粳3908、宁粳8号等一批

表 31　　2019 年无锡市农业产值、农产品产量统计表

指标	单位	2019 年	增长（%）
农林牧渔业总产值	亿元	201.52	−2.4
粮食播种面积	千公顷	79.51	−5.7
夏粮	千公顷	37.77	−6.9
秋粮	千公顷	41.74	−4.7
粮食产量	万吨	54.75	−3.6
夏粮	万吨	18.15	−4.3
秋粮	万吨	36.60	−3.3
粮食年单产	公斤 / 公顷	6886	2.2
夏粮	公斤 / 公顷	4805	2.7
秋粮	公斤 / 公顷	8769	1.5
油菜籽	吨	5919	55.5
茶叶产量	吨	6820	3.8
水果产量	吨	205672	9.6
牛奶产量	吨	10067	−33.9
禽蛋产量	吨	11700	−14.0
水产品产量	吨	119841	−2.0

（市统计局）

优良食味稻米品种，全市优质食味稻米品种种植面积占比 43.6%。集成推广稻田综合种养、肥水调优栽培、控肥减药生态防控等一批绿色生态高质高效技术模式。打造“华西村臻米”“杨巷大米”“隆元大米”“吴之天川”等高中端大米品牌。年内，宜兴“隆元大米”被评为“江苏好大米”十大品牌，江阴“华西村臻米”被评为“江苏好大米”特等奖，江阴“谷盛大米”被评为“江苏好大米”金奖，惠山“方桥大米”和宜兴“苏馨大米”被评为“江苏好大米”银奖，江阴“谷盛大米”和惠山“尚田龙池米”被评为“江苏好大米”十佳稻田综合种养奖。宜兴徐舍镇被评为省“味稻小镇”。开展第三届无锡好米品鉴活动，评选出“无锡好米”十金十银品牌。

（孙科敏）

【绿色蔬菜】 2019 年，无锡市根据省农业农村厅《关于印发现代农业提质增效工程千亿级特色产业发展规划和专项行动方案的通知》《千亿级绿色蔬菜产业发展规划》精神，围绕“安全、营养、生态、高效”绿色蔬菜发展内涵，积极实施“四新”工程，整区域推进绿色防控示范区建设，重点采取设施提升、质量控制、技术集成、全产业链建设等关键技术措施，全市绿色蔬菜发展取得成效。全市常年蔬菜种植面积 11666.67 公顷，其中，省级“菜篮子”工程永久性蔬菜基地面积 4086.67 公顷，市属蔬菜基地面积（含省级）3826.67 公顷。全年全市绿色蔬菜种植面积 7206.67 公顷，绿色蔬菜总产值 9.35 亿元，绿色蔬菜种植面积占比为 19.13%。

（孙科敏）

【蔬菜“双减”技术应用】 2019 年，全市 4333.3 公顷市属蔬菜基地，通过布控性诱杀及迷向剂、杀虫灯等物理防治监测点、推广使用苏云金杆菌等绿色高效生物农药、推广膜下滴灌和变频恒压微喷灌等水肥一体节水减肥增效技术等一系列栽培管理技术措施，蔬菜种植中肥料和农药的使用减少，提升无锡市蔬菜产品安全质量和竞争力。《蔬菜全程绿色高效技术集成与推广应用》项目获农业农村部 2016~2018 年度全国农牧渔业丰收奖——农业技术推广成果奖二等奖（第一完成单位）。

（孙科敏）

【特色果品】 2019 年，无锡市果树种植面积保持平稳，总面积在 14780 公顷左右，其中桃树 3793.33 公顷，葡萄 3640 公顷，杨梅 1933.33 公顷，梨树 1133.33 公顷。在“三仓润农杯”江苏“好西（甜）瓜”品鉴推介活动中，江阴市鹏程农业科技发展有限公司“万珉源”牌西瓜被评为江苏西甜瓜“好品牌”中大果型西瓜组特等奖，无锡市黄土塘农业发展有限公司被评为江苏西甜瓜“好基地”称号。在 7~8 月的第十届“神园杯”江苏优质水果评比活动中，无锡市的 30 家参赛单位共获得金奖 17 项、银奖 16 项，分别占全省总数的 18.1% 和 21.3%。按品种划分，葡萄获金奖四项、银奖四项，桃获金奖九项、银奖八项，梨获金奖四项、银奖一项，火龙果获银奖三项。在 7 月举办的江苏省桃产业技术发展论坛暨第二届 2019 年优质桃果大赛中，无锡市阳山水蜜桃获 18 项金奖、30 项银奖，分别占全省总数的 45% 和 50%。

（孙科敏）

【名优茶叶】 2019 年，无锡市现有茶园总面积 5600 公顷，其中投产茶园 4533.33 公顷。全年干毛茶总产量约为 6500 吨，名优茶产量 970 吨。全年干毛茶总产值约 4 亿元，其中名优春茶产值约 3 亿元。在 2019 年江苏省“十佳名茶”评选活动中，无锡市茶叶品种研究所有限公司等七家企业获特

等奖，“宜兴市阳羡茶业有限公司”等七家企业获一等奖。其中，“宜兴岭下茶场”“无锡市马山龙头茶果场”分别被授予江苏“十佳名茶”称号。宜兴市茶叶协会的“宜兴红”茶叶被评定为中国农产品区域公用品牌。

（孙科敏）

【特种水产】 2019年，无锡市新增高效设施渔业面积133.33公顷，累计6327.4公顷。新建养殖流水槽15条，面积约2400平方米。累计建成养殖流水槽88条，面积达1.3万多平方米，工厂化养殖面积12000平方米。积极引导发展投饲少、污染小、效益高的特色水产、精品渔业养殖，逐步减少投饲性鱼类养殖。“渔稻共生”养殖主要有河蟹—青虾—高杆稻模式，沙塘鳢—青虾—高杆稻模式，红鲷—青虾—高杆稻模式，克氏螯虾—普通水稻模式，彩虹鲷—普通水稻模式，新增稻鱼综合种养面积90公顷，面积达393.93公顷，立体养殖面积60公顷。注重推动地方特色渔业品种和品牌培育，继“太湖三白”“长江三鲜”“滆湖湖鲜”“河荡三青”以及“甘露青鱼”等品种创建后，江阴市农林协会的“江阴河豚”和宜兴市水产协会的“宜兴大闸蟹”获得国家地理标志证明商标。

（孙科敏）

【渔业污染整治专项行动】 2019年9月底前，全面完成滆湖宜兴水域涉及官林、高塍、和桥三个乡镇、522户养殖户886.67公顷围网养殖整治工作。依法拆除从事水产养殖渔民的所有围网及其所有捕捞设施，达到桩清、网清、船清、石笼清“四清”要求，养殖行为全面终止，滆湖围网整治工作完成。年底前共全面完成太湖及岸边带3公里缓冲区水产养殖整改任务，计1040公顷，其中退养面积1013.33公顷，生态改造面积27.23公顷（宜兴市清退840公顷，生态化改造22.67公顷；滨湖区清退166.67公顷，生态化改造4.57公顷；经济开发区清退11.18公顷），退养鱼塘基本实现产业转型。

（孙科敏）

【花卉园艺】 2019年，无锡市以省级园艺作物标准园创建为抓手，示范推广绿色高质高效技术模式，推进规模化种植、标准化生产、商品化采后处理、品牌化销售、产业化经营，增加绿色优质园艺产品供给，引领园艺产业转型升级、提质增效。花卉生产坚持以市场为向导，合理调整和优化花卉产业结构，主要包括盆景、盆栽花卉、鲜切花和食药用花卉四大部分。年内，全市花卉苗木种植面积约8666.67公顷，与上年基本持平，其中，花卉种植面积540公顷，销售额1.2亿元，鲜切花63.33公顷，盆栽植物358公顷，食用药用花卉25.33公顷，种苗及其他用途花卉88.67公顷。

（孙科敏）

【绿色防控】 2019年，无锡市大力推广应用高效低毒低残留农药和生物农药，在小麦、油菜等主要农作物上推广使用井冈霉素、吡蚜酮等药剂，并在水稻、蔬菜、果树、茶叶等作物示范应用昆虫信息素、黄板、杀虫灯、防虫网等成熟的绿色防控技术，建立粮食、蔬菜、果树病虫绿色防控示范区10个，示范区核心面积1224公顷，辐射面积6100公顷。开展化肥减量行动，全年累计推广应用商品有机肥18486吨，推广应用配方肥25644吨，有机无机复混肥3033吨，种植绿肥814.6公顷，测土配方施肥技术覆盖率达95%，配方肥应用面积约77333.33公顷次。

（孙科敏）

【完成养殖水域滩涂规划】 2019年，完成《无锡市养殖水域滩涂规划（2018~2030）》的编制工作并发布实施，规划科学划定禁养区、限养区和养殖区，有利于稳定基本养殖面积，设定发展底线，保护水域生态环境，保障渔民合法权益，为无锡渔业高质量发展提供重要依据和科学发展保障。

（孙科敏）

【特色产业】 2019年，无锡市坚持质量与绿色兴农、品牌与改革强农，农业发展质量、效益和竞争力不断提高。江阴市创成国家农产品质量安全县（市），宜兴市成为全国主要农作物生产全程机械化示范县，锡山现代农业产业园通过国家现代农业产业园认定，惠山区阳山水蜜桃被评为中国特色农产品优势区和“江苏省十强农产品区域公用品牌”，璜土镇被评为全市第二个国家农业产业强镇，维常村成为全市第10个全国“一村一品”示范村镇，伽力森主食成为全市第五家农业产业化国家重点龙头企业，宜兴红茶成为全国特色农产品区域公用品牌。累计实施“百企建百园”项目47个。出台并启动农业高质量发展行动计划，农业园区比重达52%。

（孙科敏）

【休闲农业】 2019年，无锡市大力推进休闲农业，产业规模日渐扩大、类型模式不断丰富、综合效益明显提高，形成具有浓厚地方特色的六大休闲农业集群。认定江阴神宇果品专业合作社、江苏乾元茶业有限公司限公司等八个市级休闲观光农业示范点（园区、企业）。宜兴市善卷村被评为“中国美丽乡村”。江阴华西新市村、宜兴市张渚镇省庄村、宜兴市西渚镇横山村、宜兴市徐舍镇芳庄村、滨湖区马山街道群丰社区、新吴区鸿山街道大坊桥村被评为“江苏省休闲观光农业精品村”。

（孙科敏）

【农产品加工集中区】 无锡市现有太华竹制品加工集中区和宜兴市杨巷农产品加工集中区两家加工集中区。太华竹制品加工集中区入驻园区企业60家，2019年园区企业产值近15亿元；杨巷农产品加工集中区入驻规模以上农业加工企业达28家，全年农产品加工企业年销售总收入16.67亿元，带动杨巷稻米种植2066.67公顷。

（孙科敏）

农业装备

【农机装备】 2019年，无锡市农机总动力94.02万千瓦，比上年减少2.31万千瓦。农机保有量14.07万台（套），

2019 年 11 月 4 日，农机志愿者在宜兴开展播种复试作业机技术服务

（张建国　摄）

比上年减少 0.92 万台(套)。由于近年农作物种植总面积减少，农机总动力和保有量总体呈下降趋势。其中，大中型拖拉机、联合收割机、乘座式插秧机处于更新期，新增大中型拖拉机 49 台，保有量增加 20 台；新增联合收割机 36 台，保有量增加 7 台；购置乘座式插秧机 20 台，保有量减少 31 台。步进式插秧机、农用运输车、低速载货汽车、手扶变型运输机、机动脱粒机等机具处于淘汰期，其中步进式插秧机减少 321 台、机动脱粒机减少 868 台。全年农机化投入 1.2 亿元，比上年减少 0.25 亿元，其中财政资金投入 3075 万元，基本建设投入 1551 万元，农机购置投入 2865 万元。农机购置投入中，中央和省级补贴资金 716 万元，占比 25.0%，补贴机具 1326 台套。全年农机服务收入 3.52 亿元，其中农机作业服务收入 2.96 亿元。全市机耕面积 85.04 千公顷，比上年减少 13.89 千公顷，比上年下降 14.04%。机播面积 72.14 千公顷，比上年减少 0.91 千公顷，比上年下降 1.25%。机植保面积 82.36 千公顷，比上年减少 6.84 千公顷，比上年下降 7.67%。机收面积 76.84 千公顷，比上年减少 5.19 千公顷，比上年下降 6.33%。机电灌溉面积 45.06 千公顷；机械化秸秆还田面积 65.09 千公顷，比上年增加 9.77 千公顷，比上年增长 17.66%。

（孙科敏）

【秸秆机械化还田】 全年投入秸秆机械化还田作业补助资金 1010 万元，完成秸秆机械化还田面积 54006.67 公顷，还田率 68.86%（麦秸秆还田面积 34693.33 公顷，还田率 91.7%，稻秸秆还田面积 19313.33 公顷，还田率 47.57%）。

（孙科敏）

【农机推广】 传统粮食生产机械更新换代加速，乘座式插秧机、植保机、大中拖、烘干机等高性能农机具快速发展。高效设施农业机械推广应用更广，设施园艺机械、高效植保机、蔬菜种植机械等增势良好，茶叶、水产、蔬果生产机械向高端物联网监控与管理设备延伸。新增各类农机具 1500 多台套。在北涸隐秀、太华珍香、丁蜀力博等地开展以适应“农业供给侧结构性改革”为主题的农机推广田间日系列活动，以机具作业演示、田间现场教学、农机作业体验为主要内容，覆盖林果、茶叶、农业废弃物等多领域，集中展示设施农业耕、种、管、收和产后处理等生产环节机具，让农民直观了解全程机械化整体解决方案。

（孙科敏）

【农机化项目】 全市共实施农机化项目 18 个，其中省现代农机装备与技术示范推广项目三个、高效设施农业机械化项目 10 个、先进适用技术装备引进试验示范项目五个，注重先进性、引领性、适用性，重点就设施蔬菜、茶叶、林果、水产等关键环节和空白领域进行集中攻关，加强试验示范，培育特色亮点。

（孙科敏）

【农机科技志愿者服务】 组织各地农机专业技术骨干、部分星级合作社维修技术能手和农艺专家等，围绕农机具的维修与保养、农机技术信息咨询、机具选型配置、农机技术培训和田间应用指导等服务内容，做好农机化服务保障工作。全年累计服务辖区内农机合作社、农机大户和家庭农场等 350 余户，抢修机具排除各类故障 853 台次，送技下乡、技术指导 671 人次，供配金额达 131.7 万元。

（孙科敏）

农业经营

【新型农业经营主体】 2019 年，无锡市以农业龙头企业、农民专业合作社、家庭农场为建设主体，做好培育认定、示范创建、运营监测、项目建设、技术服务、宣传推广等工作，推动全市新型农业经营主体壮大发展。全市新认定市级农业龙头企业 12 家、省级农业龙头企业六家、国家级农业龙头企业一家；全市新认定市级示范合作社 100 家，新认定省级示范家庭农场 30 家、市级示范家庭农场 30 家。出台《无锡市促进农业产业化联合体发展的意见》，成功组建江阴鹏程、宜兴周铁等五个主体分工协作、产业链条完整、利益联合紧密的农业产业化联合体，有力促进农民增收、农业增效。

（孙科敏）

【“政产学研”合作】 2019 年 7 月 9 日，在无锡市“财政 科技 金融——聚焦支持乡村振兴发展”项目签约仪式上，签订 15 个(江阴三个、宜兴五个、锡山两个、惠山一个、滨湖一个、新吴三个)政产学研合作项目，推进与浙江大学、上海交通大学、南京农业大

表 32　　2019 年无锡市农机化基本情况统计表

序号	项目	单位	合计	江阴	宜兴	锡山	惠山	滨湖	新吴
1	一、农机总动力	万千瓦	93.99	26.99	45.67	10.24	8.29	1.65	1.15
2	二、拖拉机	台	5976	1828	3204	524	242	17	161
3	1. 小型拖拉机	台	3766	1139	2148	175	169	10	125
4	2. 中型拖拉机	台	1972	637	874	347	71	7	36
5	3. 大型及以上	台	238	52	182	2	2	0	0
6	三、拖拉机配套农机具	部	15819	3692	9790	1455	526	86	270
7	其中：与 58.8 千瓦以上配套	部	7188	1438	4434	1200	66	10	42
8	四、耕整地机械	★	–	★	★	★	★	★	★
9	1. 耕整机	台	907	–	–	348	452	57	50
10	2. 微耕机	台	2824	851	1546	294	–	133	–
11	3. 旋耕机	台	5354	1202	3054	794	211	13	80
12	五、种植业机械	★	–	★	★	★	★	★	★
13	1. 免耕播种机	台	1120	39	892	67	102	14	6
14	2. 水稻直播机	台	307	9	244	44	–	2	8
15	3. 水稻插秧机	台	2829	559	1582	600	68	7	13
16	其中：乘座式	台	1170	353	564	174	67	4	8
17	六、排灌机械	台	★	★	★	★	★	★	★
18	1. 水泵	台	11112	2829	5535	838	1195	475	240
19	2. 节水灌溉类机械	台	3888	2368	308	300	351	131	430
20	七、田间管理机	★	★	★	★	★	★	★	★
21	1. 中耕机械	台	2440	–	1647	295	452	39	7
22	2. 机动植保机械	台	13206	3687	5854	1831	967	489	378
23	3. 修剪机械	台	3539	510	1606	288	290	787	58

续表 32

序号	项目	单位	合计	江阴	宜兴	锡山	惠山	滨湖	新吴
24	七、收获机械	★	★	★	★	★	★	★	★
25	1. 稻麦联合收割机	台	1180	303	698	145	17	4	13
26	2. 油菜籽收获机	台	38	5	21	12	–	–	–
27	3. 采茶机	台	785	10	390	76	241	68	
28	4. 秸秆粉碎还田机	台	2349	753	1102	297	105	12	80
29	5. 打捆机	台	99	11	70	12	6	–	–
30	八、收获后处理机械	★	★	★	★	★	★	★	★
31	1. 机动脱粒机	台	5152	3982	660	510	–	–	45
32	2. 谷物烘干机	台	1120	321	661	77	47	3	11
33	3. 种子加工机械	台	24	1	22	1	0	0	0
34	4. 保鲜储藏设备	台	1296	278	615	263	75	43	22
35	九、温室	★	★	★	★	★	★	★	★
36	1. 连栋温室	平方米	2705136	2002049	191472	290000	146740	26495	48380
37	2. 日光温室	平方米	860	0	0	0	0	0	860
38	3. 塑料大棚	平方米	39693002	23706696	4666681	2500000	8671000	43505	105120
39	十、农产品初加工作业机械	台	6334	1033	4344	507	185	240	25
40	1. 粮食加工机械	台	3094	910	1508	436	147	28	65
41	2. 油料加工机械	台	200	69	88	31	0	4	8
42	3. 果蔬加工机械	台	75	2	26	12	3	0	32
43	4. 茶叶加工机械	台	2634	15	2172	182	48	217	0
44	十一、畜牧机械	台	2717	530	615	1342	230	0	0
45	十二、水产机械	台	39293	5937	27876	3162	2153	0	165
46	1. 增氧机	台	22051	3602	15476	1877	1060	0	36

续表 32

序号	项目	单位	合计	江阴	宜兴	锡山	惠山	滨湖	新吴
47	2. 投饵机	台	15475	2289	10679	1285	1093	0	129
48	十三、农田基本建设机械	台	2089	655	829	442	95	8	60
49	十四、农用航空器	架	82	26	52	2	1	1	0
50	1. 植保无人机	架	82	26	52	2	1	1	0
51	十五、农机化作业总体情况	★	★	★	★	★	★	★	★
52	1. 机耕面积	公顷	85044.13	20174	52930.33	6241	4286	520	892
53	2. 机播面积	公顷	72143.17	14647.61	49426.46	5722	1423	100	824
54	3. 机电灌溉面积	公顷	45056.46	9000	27975.46	2074	4844	600	563
55	4. 机械植保面积	公顷	82356.12	17999.9	50910.22	5735	4541	2300	870
56	5. 机收面积	公顷	76835.22	17560.4	50850.82	6125	1294	113	892
57	6. 小麦机耕面积	公顷	26344.6	6354	15960	3056	500	40	434
58	7. 小麦机播面积	公顷	24773.72	6139	15096.12	2600	500	40	398.6
59	8. 小麦机收面积	公顷	35183.27	8159	23066.67	3056	427	40	434
60	9. 水稻机耕面积	公顷	38417.2	9130.8	24980	3063	713	73	457
61	10. 水稻机械种植面积	公顷	35649.94	8118.13	23333.34	3000	713	60	425.47
62	其中：水稻机播面积	公顷	3823.25	635.13	2666.67	360	80	0	81.45
63	水稻机插面积	公顷	31826.69	7483	20666.67	2640	633	60	344.02
64	11. 水稻机收面积	公顷	38301.2	9130	24980	2947	713	73	457.4
65	12. 油菜机耕面积	公顷	1832	710	1000	122	0	0	0
66	13. 油菜机播面积	公顷	1392	270.48	1000	122	0	0	0
67	14. 油菜机收面积	公顷	1192.48	270.48	800	122	0	0	0
68	15. 水果机械中耕面积	公顷	13097	2599	5857	750	2255	1596	40
69	16. 水果机械施肥面积	公顷	7045.5	1624	2874	420	1290	810	27.5

续表 32

序号	项目	单位	合计	江阴	宜兴	锡山	惠山	滨湖	新吴
70	17. 水果机械植保面积	公顷	13960	2825	5931	865	2685	1602	58
71	18. 水果机械修剪面积	公顷	4536.8	859	1839	255	714	843	26.8
72	19. 水果机械采收产量	吨	7771	4544	850	860	1292	200	25
73	20. 水果机械田间转运产量	吨	122486	52953	18846	12763	23594	13650	680
74	21. 茶叶机械中耕面积	公顷	3285.67	15.67	2746	200	15	304	5
75	22. 茶叶机械施肥面积	公顷	2995	0	2788	92	20	90	5
76	23. 茶叶机械植保面积	公顷	5376.67	15.67	4781	200	35	340	5
77	24. 茶叶机械修剪面积	公顷	1985.67	15.67	1568	65	12	320	5
78	25. 茶叶机械采收产量	吨	633.68	0.88	530	6	70	20	6.5
79	26. 茶叶机械田间转运产量	吨	3947.685	1.185	3654	85	51	150	6.5
80	27. 精量播种面积	公顷	3310.67	2879	–	–	–	33	–
81	28. 机械节水灌溉面积	公顷	15137	7893	2586	800	3204	542	112
82	29. 机械化秸秆还田面积	公顷	65086.15	16286.15	43206	3633	984	85	892
83	30. 植保无人机作业面积	公顷	4405.4	1252.4	1800	1160	133	60	0
84	十六、农机社会化作业面积	★	★	★	★	★	★	★	★
85	1. 合作社作业服务面积	公顷	284821	79766	176034	24923	2853	680	565
86	2. 农机跨区作业面积	公顷	35882	3200	30000	1700	400	0	582
87	其中 :1. 机收小麦	公顷	16000.33	1333	13333.33	900	200	0	234
88	2. 机收水稻	公顷	19881.67	1867	16666.67	800	200	0	348
89	十七、农机化作业服务组织	个	400	117	198	65	15	2	3
90	1. 拥有农机原值 50 万元以上	个	217	84	120	6	2	2	3
91	2. 农机专业合作社	个	275	89	150	21	10	2	3
92	十八、农机户	个	11120	4509	5527	356	388	216	124

续表 32

序号	项目	单位	合计	江阴	宜兴	锡山	惠山	滨湖	新吴
93	1. 拥有农机原值20万元以上	个	621	368	233	3	8	4	5
94	2. 农机作业服务专业户	个	2397	1071	851	356	0	0	119
95	十九、农机维修厂、点	个	152	43	65	27	15	1	1
96	二十、农机从业人员	个	14303	6110	5147	2196	413	223	214
97	二十一、农机化财 政投入	万元	3075.04	656.04	546	201	155	20	55
98	二十二、农机服务收入	万元	35240	9850	16700	6600	1000	110	980
99	二十三、农机具总量	台(套)	141245	–	–	–	–	–	–

（市农业农村局）

学、南京林业大学、江南大学、江苏省农科院、中国水产科学研究院淡水渔业研究中心等国内知名高校院所的战略合作，在蔬果、茶叶、花卉、水产、农产品加工等多个领域促进协同创新、成果转化、技术推广、教育培训、人才交流，提升无锡现代农业发展水平。年内，15个政产学研项目实施完成五个。组织开展省级现代农业产业技术体系项目实施工作，通过首席专家、岗位专家、基地主任等农业科技人才，集聚更多农业科技资源，辐射带动农户开展新品种、新技术、新模式的应用。新增推广示范基地五个，全市共有14个省级现代农业产业技术体系项目基地，覆盖稻麦、水蜜桃、茶叶、花卉、蔬菜、克氏原螯虾等产业。

（孙科敏）

【新型职业农民培育】 按照省、市关于新型职业农民培育总体部署和要求，围绕全市产业发展和农民需求，以“爱农业、懂技术、善经营”为导向，加强组织领导，狠抓任务与措施落实，全年培训新型职业农民5897人（其中，部级1030人，省级4200人，地方667人），提升农民生产经营能力和创业能力，为无锡现代农业高质量发展提供人才支撑。同时，根据《无锡市新型职业农民认定管理指导意见》，组织开展新型职业农民认定工作，各地均出台相关文件，全面推进认定工作，年内共认定新型职业农民1880人。5月12~17日，市农业农村局和厦门大学联合举办2019年无锡市农业系统干部“当好农业农村高质量发展领跑者”研修班，各市(县)、区局的领导班子成员、中层干部、业务骨干和乡镇分管领导、农服中心负责人等共110人参加培训。

（孙科敏）

【科技成果奖项】 在2016~2018年全国农牧渔业丰收奖评奖活动中，无锡市农业技术推广总站牵头承担的《蔬菜全程绿色高效技术集成与推广应用》获2016~2018年全国农牧渔业丰收奖成果奖二等奖，李育娟获2016~2018年全国农牧渔业丰收奖贡献奖。在2016~2018年度江苏省农业丰收奖评奖活动中，全省共评出获奖成果57项，其中，一等奖17项，二等奖40项。无锡市共有六个项目获奖。其中，无锡市农业技术推广总站牵头承担的《蔬菜全程绿色高效技术集成与示范推广》和江苏威特凯鸽业有限公司牵头承担的《鸽病防治技术集成创新和推广应用》两个项目获一等奖；江阴市农业技术推广中心牵头承担的《水稻绿色高效栽培技术集成应用与推广》、江苏省苏微微生物研究有限公司和无锡市水产技术推广总站共同承担的《功能微生物修复技术在池塘养殖中的研究与应用》、无锡市茶叶品种研究所有限公司牵头承担的《夏秋茶全程机械化生产及发酵茶新产品开发关键技术研究》、无锡市动物疫病预防控制中心牵头承担的《奶源安全控制和乳品品牌建设的关键技术集成与推广》四个项目获二等奖。

（孙科敏）

编辑 罗秋云

综述

【概况】 2019年，无锡市实施创新驱动核心战略和产业强市主导战略，被评为“战略性新兴产业培育成效明显市”“促进制造业创新转型和高质量发展、先进制造业集群培育等工作成效明显的地方”，分别受到国务院办公厅和江苏省政府办公厅通报表彰。江阴市蝉联“中国工业百强县(市)”首席，宜兴市跻身十强，新吴区、锡山区、惠山区、滨湖区分别位列“中国工业百强区”第9位、33位、35位和45位。全市14家企业跻身中国企业500强，30家企业跻身中国制造业企业500强，上榜数均位居全省第一。先导智能装备有限公司、江阴兴澄特种钢铁有限公司、江苏阳光股份有限公司、天奇自动化工程股份有限公司入选国家“制造业单项冠军”示范企业(产品)名单。全年新增上市企业8家，总数146家，位居全国地级市前列；新增省“专精特新”产品21个、省小巨人企业21家，分别位居全省第一和第三。

(张　凡)

【总量效益提升】 2019年，无锡市实现规模工业增加值3753.2亿元，比上年增长7.8%，增速高于江苏省平均增幅1.6个百分点，位居江苏省第五、苏南第二；实现规模工业产值17590.9亿元，比上年增长8.2%，增速高于江苏省平均增幅2.9个百分点，位列苏南第二；实现规模工业利润1212.7亿元，比上年增长1.9%，增速高于全国水平5.2个百分点、高于江苏省平均增幅7.3个百分点；工业投资增长10.4%，增速高于江苏省平均增幅6.5个百分点，位居江苏省第二、苏南第一；技改投资比上年增长9.3%，增速高于固定资产投资增幅3.2个百分点，工业技改投资占工业投资的比重79%，比上年提高7个百分点。

(张　凡)

【五大行业发展】 2019年，无锡市机械、冶金、电子、纺织、石化五大主导行业合计完成规模工业产值15868.4亿元，占全市规模以上工业的90.2%。机械行业中，铁路、船舶、航空航天和其他运输设备制造业增长较快，产值比上年增长15.2%，专用设备制造业、电气机械和器材制造业受市场需求上升拉动，产值分别比上年增长12.5%、11.4%，民用钢制船舶、光缆、电力电缆产量分别比上年增长56.1%、26.7%、13.1%。通用设备制造业、金属制品业分别比上年增长4.1%、1.2%，汽车制造业增速回升，产值比上年增长2.1%。冶金行业中，黑色金属冶炼和压延加工业产值增长18.4%，钢材、生铁、粗钢产量分别比上年增长9.2%、10.4%、16%，有色金属冶炼及压延加工业产值比上年增长19%，铜材产量比上年增长20.1%。电子行业整体出口形势仍较低迷，出口交货值比上年下降2.9%，集成电路、印制电路板、半导体分立器件产量分别比上年下降0.1%、6%、11.3%。纺织行业中，化学纤维制造业增长较快，产值比上年增长8%，纺织服装、服饰业、纺织业保持平稳增长，增速分别为6.5%、3.5%。石化行业中，石油加工、炼焦和核燃料加工业增速较快，产值比上年增长26.5%，橡胶和塑料制品业、化学原料和化学制品制造业产值分别比上年增长6.4%、4.6%，合成纤维聚合物、初级形态塑料产量分别比上年增长10.7%、13%。

(张　凡)

【产业集群建设】 2019年，无锡市推进16个先进制造业重点产业集群和4个未来产业集群发展，建设物联网、集成电路、高端纺织服装3个具有国际影响力的产业集群，形成高端装备、高端软件、高分子材料、电子新

表33　2019年无锡市五大主导行业增速统计表

行业	规模工业产值(亿元)	增速(%)	占全市比重
机械行业	6896.0	7.1	39.2
冶金行业	2776.8	19.2	15.8
电子行业	2178.8	0.6	12.4
纺织行业	2073.1	5.8	11.8
石化行业	1943.7	6.6	11.0
合　计	15868.4	—	90.2

(市工业和信息化局)

材料、新能源等9个国内领先的产业集群，培育云计算和大数据、生物医药等4个具有高成长性的产业集群。绘制完成12个重点产业集群产业链图谱和招商指导目录，为产业链招商提供精准导向。协调产业链上下游企业开展新能源、环保等产业协作配套对接活动，超1000亿元产业集群达8个。举办2019世界物联网博览会，获批建设全国首个国家级车联网先导区，物联网产业集群进入国家先进制造业集群决赛。

（张　凡）

【新兴产业发展】 2019年，无锡市工业领域战略性新兴产业完成规模工业产值和增加值分别比上年增长9.4%、10.5%，增速分别高于全市平均增幅1.2、2.7个百分点，占全市规模工业比重分别为28.1%、29.5%。以物联网为龙头的新一代信息技术产业保持良好发展势头，物联网产业成为无锡产业发展新标志，年内，年营业收入比上年增长16.1%以上，集成电路产业产值和软件产业销售收入继2018年突破1000亿元大关后，分别增长8.3%、15.4%。举办2019世界物联网博览会，参展企业和观展体验人数均创历史新高。获批建设全国首个国家级车联网先导区，车联网（LTE-V2X）城市级示范应用项目完成全市280个路口和500余个点段的路侧设施数字化升级改造，覆盖面积220平方千米。推进国家“芯火”双创（基地）平台建设，江苏省产业技术研究院智能集成电路设计技术研究所成功落户，无锡先进技术研究院运行，申威服务器CPU产业化发展加快推进，卓胜微电子成为全省首家集成电路设计业上市企业。华云数据发布国内首款国产通用型云操作系统安超OS™，5家企业入围“2019江苏省互联网企业50强”，华为无锡软件开发云创新中心和工业互联网创新中心上线。高端装备产业实现产值1060.4亿元，11个项目获得国家首台套保险补贴，20个项目通过江苏省首台套重大装备认定，1家企业中标江苏省高端装备赶超工程，2个项目获得“2018年度江苏省科学技术奖励”一等奖。无锡机床股份有限公司“300mm硅片超精密磨削技术与装备”项目打破国外技术壁垒，获“中国机械工业科学技术奖”一等奖。节能环保产业实现营业收入1230.44亿元，汽车尾气催化剂、催化净化器、溴化锂吸收式冷（热）水机组产销规模位居行业第一，常规水处理设备、节能锅炉国内市场综合占有率分别在40%、30%以上。新材料产业实现产值2795亿余元，包括特钢产业集群实现产值1237亿元、高分子材料产业集群实现产值983亿元、电子材料产业集群实现产值575亿元。生物医药产业有规模以上企业71家，全年，完成主营业务收入432.73亿元，比上年增长37.1%。江阴、新吴、马山等各个生物医药产业园区集聚一批重点企业。新能源产业完成规模以上企业工业总产值690亿元，比上年增长17.5%。其中，光伏产业形成较为完整的产业链，有光伏及光伏应用规模以上企业60余家，位居全国前列。风电产业发展较快，形成以江阴、惠山、宜兴3个重点地区为代表的风电集聚区，拥有规模以上风力发电装备及应用企业26家，风电整机龙头企业远景能源年产值近200亿元，占全国19%的市场份额，列全国第二。

（张　凡）

【供给侧结构性改革】 2019年，无锡市制定《无锡市制造业创新中心建设实施意见》，累计建成国家级企业技术中心16家，入选全国质量标杆示范企业3家（数量居全国地级市首位），入围国家强基工程14个（数量列全省第二），入选省工信厅《2019年江苏省重点技术创新项目导向计划》269个。修订完善资源利用绩效评价办法，推动评价结果在安全隐患排查整治、低效工业用地清理、产业项目扶持等方面运用。全市规模以上工业产值能耗下降7.6%、工业增加值能耗下降7.2%，单位GDP能耗下降4.06%。15家企业建成国家级绿色工厂，2家企业中标工信部绿色制造供应商。依法依规开展化工产业安全环保整治提升活动，关闭退出化工企业116家，取消江阴高新技术产业开发区化工集中区。印发化工民爆船舶修造行业安全生产专项整治工作方案，有序开展安全生产检查整治。

（张　凡）

【制造业与物联网融合发展】 2019年，无锡市实施《无锡市智能制造三年（2017~2019年）行动计划》，发展智能制造和工业互联网，促进制造业与物联网融合发展。发布全市智能制造水平评价规范，新增国家级智能制造示范应用项目3个、省级智能工厂1家、省级示范智能车间29个、市级智能车间45个，累计建成国家级智能制造示范应用项目10个、省级智能工厂2家、省级智能车间124个，位居江苏省第二。中标工信部智能制造系统解决方案供应商项目3个，新增机器人应用469台（套），通过“两化融合”（信息化和工业化高层次的深度融合）贯标评定企业64家。无锡物联网创新中心有限公司建设的国家二级综合性标识解析节点上线运行。无锡高新技术产业开发区入选江苏省首批“互联网+先进制造业”基地。新增国家工业互联网“四星级”平台2个、省重点工业互联网平台6个、省级工业互联网标杆工厂4家、制造业“双创”平台1个、省星级上云企业172家，数量位居全省前列。信息基础设施建设加快推进，成立江苏省第一个市级5G产业联盟，全市光纤宽带占固定宽带比重98%。

（张　凡）

【营商环境优化】 2019年，无锡市修订现代产业发展政策意见，制定发展工业互联网的政策意见，全年市级工业和信息化领域现代产业发展资金兑现585个项目5.15亿元，对上争取11.83亿元。全市排查、偿还拖欠民营企业中小企业账款7029.68

万元，清偿比例100%。修订无锡市中小企业转贷资金应急管理办法，降低收费标准，提高资金使用效率，为中小微企业减负融资成本1.47亿元。新增制造业贷款140.17亿元，余额和增量占比均居全省首位。加强领军型人才、高级经营管理人才和“创二代”等人才培训，举办第13期清华大学无锡市企业可持续发展高级研修班与复旦大学企业高级经营管理人才培训班。

（张　凡）

表34　　2019年无锡市规模以上工业总产值统计表（一）

指标	单位	2019年	增长（%）
工业总产值（现价）	亿元	17194.19	8.2
1.按经济类型：			
内资企业	亿元	11187.56	10.5
港澳台商投资企业	亿元	1790.44	9.4
外商投资企业	亿元	4216.20	2.1
2.按轻重工业分：			
轻工业	亿元	3836.48	7.1
重工业	亿元	13357.72	8.5
3.按规模分：			
大型企业	亿元	5912.89	6.1
中型企业	亿元	3989.42	11.8
小型企业	亿元	7033.59	8.0
4.在总计中：			
国有控股	亿元	1145.91	15.7
民营企业	亿元	10343.01	10.2

（市统计局）

表35　　2019年无锡市规模以上工业总产值统计表（二）

指标	单位	2019年	增长（%）
规模以上工业总产值	亿元	17194.19	8.2
#纺织业	亿元	759.22	3.5
纺织服装、服饰业	亿元	492.51	6.5
印刷和记录媒介复制业	亿元	149.19	−1.5
石油、煤炭及其他燃料加工业	亿元	155.32	26.5
化学原料和化学制品制造业	亿元	1219.28	4.6
医药制造业	亿元	367.36	44.2
化学纤维制造业	亿元	606.58	8.0
橡胶和塑料制品业	亿元	598.60	6.4
非金属矿物制品业	亿元	434.82	13.8
黑色金属冶炼和压延加工业	亿元	1355.99	18.4
有色金属冶炼和压延加工业	亿元	1271.54	20.1
金属制品业	亿元	898.73	1.2
通用设备制造业	亿元	1200.13	4.1

续表 35

指 标	单位	2019 年	增长（%）
专用设备制造业	亿元	755.48	12.5
汽车制造业	亿元	1084.19	2.1
铁路、船舶、航空航天和其他运输设备制造业	亿元	302.32	15.2
电气机械和器材制造业	亿元	2379.70	11.4
计算机、通信和其他电子设备制造业	亿元	2314.93	0.6
仪器仪表制造业	亿元	148.70	-4.5
电力、热力生产和供应业	亿元	228.50	-1.5

（市统计局）

表 36　　2019 年无锡市规模以上工业增加值统计表

指 标	单位	2019 年	增长（%）
规模以上工业增加值	亿元	3753.19	7.8
1. 按行业分：			
制造业	亿元	3651.22	8.0
电力、燃气、水的生产和供应业	亿元	101.97	-0.2
2. 按轻重工业分：			
轻工业	亿元	853.43	9.4
重工业	亿元	2899.77	7.3
3. 按规模分：			
大型企业	亿元	1483.52	6.5
中型企业	亿元	947.57	10.5
小型企业	亿元	1186.57	8.3
4. 在总计中：			
国有控股	亿元	274.04	12.6
民营工业	亿元	1964.14	9.6

（市统计局）

表 37　　2019 年无锡市主要工业产品产量统计表

指 标	单位	2019 年	增长（%）
粗钢	万吨	1271.23	16.1
钢材	万吨	2042.15	9.2
铜材	万吨	182.94	21.2
钢绞线	万吨	32.36	-2.5
电站锅炉	万蒸发量吨	2.27	-10.7
工业锅炉	万蒸发量吨	1.72	-6.4
滚动轴承	亿套	7.87	-2.7

续表 37

指标	单位	2019 年	增长（%）
发动机	万千瓦	6671.94	22.7
电力电缆	万千米	170.58	13.1
光缆	万芯千米	1382.58	26.7
光纤	万千米	647.59	3.1
太阳能电池（光伏电池）	万千瓦	684.14	5.8
半导体分立器件	亿只	1053.93	−11.3
集成电路	亿块	259.22	−0.1
电子元件	亿只	6176.08	−35.3
印制电路板	万平方米	1810.09	−6.0
绒线（俗称毛线）	万吨	1.48	−1.9
呢绒	万米	11196.37	−4.7
帘子布	万吨	1.39	−19.7
化学纤维	万吨	440.14	14.4
合成纤维聚合物	万吨	278.45	10.7
锂离子电池	万只	36031.63	−18.9
硬盘存储器	万台	6151.25	−16.4
服装	万件	74884.11	−7.6
数码照相机	万台	156.73	−18.4
民用钢质船舶	万载重吨	313.67	56.1
电动自行车	万辆	626.57	29.8
家用洗衣机	万台	1423.10	27.1
家用电热水器	万台	111.36	5.8
微型计算机设备	万台	42.78	−24.5

（市统计局）

表 38　　2019 年无锡市规模以上工业经济效益统计表

指标	单位	2019 年	增长（%）
企业单位数	家	6215	（+369 家）
# 亏损企业	家	869	（+151 家）
从业人员平均人数	人	114.15	−2.2
营业收入	亿元	17954.79	5.4
利润总额	亿元	1214.15	1.9
亏损总额	亿元	60.37	−11.7
资产总计	亿元	17778.50	7.4
负债总计	亿元	9209.09	6.8
流动资产合计	亿元	11130.10	7.5
应收账款	亿元	3637.31	6.7
存货	亿元	2325.58	4.3
# 产成品	亿元	1024.99	7.0

（市统计局）

【无锡市产业强市贡献奖、科技创新贡献奖颁奖大会】 12月20日,无锡市产业强市贡献奖、科技创新贡献奖颁奖大会在市人民大会堂举行。市委书记李小敏发表讲话,市委副书记、市长黄钦主持大会,市人大常委会主任徐一平、市政协主席周敏炜等出席大会。市委副书记徐劼宣读2019年无锡市入围中国企业500强、制造业企业500强、服务业企业500强、民营企业500强名单,市委常委、常务副市长朱爱勋,副市长高亚光分别宣读市委、市政府关于表彰"无锡产业强市贡献奖"和"无锡科技创新贡献奖"的决定。会上,产业强市优秀企业代表、科技创新优秀企业家代表、服务产业强市科技创新先进集体代表、项目引进突出贡献奖获奖代表、重大产业项目突出贡献奖获奖代表等作交流发言。

(陆　毅)

南沿江高铁静载试验　(市住建局　供)

高端装备制造

【概况】 2019年,无锡市高端装备制造在库企业全年实现产值1060.4亿元,比上年增长5.7%;实现主营业务收入1062.8亿元,比上年增长2.3%;实现利润111.2亿元,比上年增长9.8%。其中,航空发动机和燃气轮机产业(在库重点企业)全年实现产值23.5亿元,比上年增长15.8%;主营业务收入24.8亿元,比上年增长19.1%;实现利润2.3亿元,比上年增长21.5%。智能装备产业全年实现产值947亿元,比上年增长6.3%;主营业务收入948.6亿元,比上年增长2.7%;实现利润76.4亿元,比上年增长4%。船舶和海工产业全年实现产值89.8亿元,比上年下降2.1%;主营业务收入89.4亿元,比上年下降5.3%;实现利润32.6亿元,比上年增长25.4%。

(朱　宇)

【高端制造项目成果】 2019年,无锡市高端装备制造业4家企业的11个项目获得国家首台套保险补贴,累计26个项目;20个项目通过江苏省首台(套)重大装备认定,累计128个项目;4个项目获得江苏省首台(套)保险补贴,累计20个项目;1家企业中标江苏省高端装备赶超工程项目,累计5个项目。华中科技大学无锡研究院和无锡透平叶片有限公司参与的"两机叶片高效智能加工关键技术研发与应用"项目、无锡威孚环保催化剂有限公司和无锡威孚力达催化净化器有限责任公司参与的"满足国V排放标准重型柴油车尾气高效后处理催化剂及产业化"项目获得"2018年度江苏省科学技术奖励"一等奖;先导智能股份有限公司上榜单项冠军示范企业名单,天奇自动化工程股份有限公司的汽车制造总装智能化输送集成系统获评全国制造业单项冠军产品;远景能源有限公司EN141-2.5机型获"2018年度全球最佳风电机组"(2.9MW以下)金奖,是国内企业2MW平台首次获得产品金奖;江苏银环精密钢管有限公司"模块化核能系统多头螺旋传热管及换热组件研制及工程应用"项目获中国先进技术转化应用大赛金奖;中船重工七〇二所成功研制出地效翼船驾控模拟实训平台(地效翼船模拟器),通过自主创新取得技术突破;无锡气动技术研究所有限公司成功研制WMPA-18型智能阀,通过江苏省工信厅和中国轻工业联合会的联合鉴定。

(朱　宇)

【"两机"成为无锡先进制造业新名片】 2019年,无锡透平叶片有限公司、江苏永瀚特种合金技术有限公司、江苏隆达超合金航材有限公司等"两机"(航空发动机和燃气轮机)企业参与的国家300MW级F级重型燃机动叶首件铸造、静叶首件制造、透平第一级动叶首件制造等多项重大里程碑式工程相继通过鉴定。江苏隆达超合金航材有限公司、江苏永瀚特种合金技术有限公司、无锡透平叶片有限公司共同参与工信部工业强基航空发动机和燃气轮机耐高温叶片"一条龙"应用计划。欧谱纳燃机、源清动力等项目落地,从原材料到整机再到维护维修的相对完整的"两机"产业链在无锡初步形成。《无锡市航空发动机和燃气轮机产业发展规划(2020~2025)》编制完成,确立下阶段无锡市"两机"产业的发展方向和目标。

(朱　宇)

【航空和"两机"产业发展对接会举行】 5月21~22日,工信部会同财政部、国防科工局、中国科学院等国家部委，在无锡组织举办由航天科工、中船重工、中国航发、联合重燃等央企集团，苏浙皖沪三省一市的工业主管部门，以及部分相关企业参加的航空和“两机”产业对接会、“两机”配套产业政策座谈会、航空和“两机”配套产业成果展、航空和“两机”产业发展对接会等活动。

（朱　宇）

【无锡市和七〇二研究所签署合作协议】 2019年，无锡市与中国船舶重工集团公司第七〇二研究所签约，携手创建深远海装备国家实验室，合力建设深海装备研发基地，共同打造海洋科技新兴产业园，推进海洋科技创新链与无锡高端装备制造产业链深度融合，为建设海洋科技强国提供更多“中船智慧”和“无锡动能”。

（朱　宇）

新材料

【概况】 2019年，无锡市新材料行业总体运行情况良好，产值快速增长，盈利能力持续提升。全市新材料产业集群实现总产值2795亿元，比上年增长7.9%；实现利润总额186亿元，比上年增长12.4%。其中，特钢产业集群实现总产值1237亿元，比上年增长17.0%，实现利润76亿元，比上年增长41.3%，形成从特钢原材料、高端制品到下游应用的产业链条。高分子材料产业集群实现总产值983亿元，比上年增长1.6%，实现利润68亿元，比上年增长0.1%，是无锡市化工新材料的特色之一，集群中有产值超1亿元企业86家、境内外上市公司15家。无锡市高分子材料产业形成涵盖PX(对二甲苯)、PTA(精对苯二甲酸)、涤纶纤维、聚酯切片、PET(差别化纤维和聚酯材料)薄膜、氨纶、PS(聚苯乙烯)、EPS(可发性聚苯乙烯)、PU(聚氨酯)、PA(聚酰胺)、聚醚胺、IBOMA(甲基丙烯酸异冰片酯)等在内的品类众多的高分子材料产业链体系。电子材料产业集群实现总产值575亿元，比上年增长1.8%，实现利润41亿元，比上年下降4.3%，是无锡市化工新材料中新兴崛起的另一个重要分支，形成涵盖超高纯试剂、光刻胶、特种气体、醛模塑料、环氧模塑料、液态环氧封装料、动力电池材料、滤光片等在内的较为完善的产业体系。

（顾　颖）

【锡山新材料产业园】 2019年，锡山经济技术开发区新材料产业园化工企业营业收入201亿元，税收4.6亿元，亩均税收42.8万元。在细分行业细分市场占有率排名世界前三的企业有3家，排名全国前三的企业有8家。有上市企业4家，高新技术企业4家，省级工程技术中心9家，院士工作站1个，省级小巨人企业1家，省级隐形冠军1家。拥有各类专利近150个，参与制定标准20项。形成“以系列基苯乙烯为主导的高分子材料产业链”和“以车用化学品为主导的专用化学品产业链”，产业链上化工企业11家，占比100%。

（顾　颖）

【江阴临港化工园区】 2019年，江阴临港化工园区企业实现销售收入857亿元，销售收入超100亿元企业有3家，超10亿元企业有6家；上缴税金16.51亿元，亩均税收39.28万元，经济总量、产业规模、企业实力在全省化工园区中均位居前列。打造聚酯材料产业链(汉邦石化、海伦石化、澄高包装、赛胜新材料等企业)和合成树脂产业链(嘉盛新材料、利士德、建恒化工、富菱化工等企业)2条产业链。区内有世界500强投资企业4家、中国500强企业7家、上市企业或上市企业投资的企业8家。海伦、汉邦的PTA，利士德、嘉盛的EPS国内市场占有率较高，利士德公司为EPS行业副会长单位，是EPS行业标准和国标标准的主编、参编单位；苏利化学的四氯对苯二甲腈、百菌清全球市场占有率分别达70%、40%，行业全球排名第一、第二；建滔电子的覆铜板、恒兴涂料的水溶性涂料、宇大高分子的紫外光固化涂料在国内同行业中市场占用率均排名第二；恒兴涂料拥有自主专利43个，高耐受性水溶性电泳涂料和消光电泳涂料系国内首创；博生新材料的PAR(聚芳脂)是国内唯一达到量产的项目。园区拥有国家级企业技术中心1家，省级院士工作站1家，省级以上研发机构4家。

（顾　颖）

生物技术和新医药

【概况】 2019年，无锡市生物医药业列入统计的企业792家，比上年增长12.8%，实现产值首次突破800亿元，其中，99家规模以上生物医药企业实现产值477亿元、比上年增长34%。无锡集聚阿斯利康制药有限公司、无锡药明生物技术股份有限公司、纽迪希亚制药(无锡)有限公司、通用医疗电器医疗系统(中国)有限公司等在内的龙头企业，形成无锡祥生医疗科技股份有限公司、无锡时代天使医疗器械科技有限公司、无锡海斯凯尔医学技术有限公司等一批科技创新型企业，总体呈现集群式、精深化发展的良好态势。以具有国际先进水平的医药研发外包为引领，聚焦生物技术及制药、医疗器械、现代中药、医疗大数据等优势领域，产业规模持续增长。

（赵雪倩）

【重大医药项目】 2019年，新吴、江阴、马山、惠山四大生物医药园区各具特色，总面积6.35平方千米，建有专业载体78.6万平方米，入驻企业562家，占全市生物医药企业数的80%。引进超1亿元生物医药项目21个，其中，超10亿元的5个，总投资超过200亿元。

（赵雪倩）

【生物医药基金投资】 2019年，无锡市生物医药产业实际使用外资及港澳台资增幅达700%，领跑全市战略性新兴产业，无锡国际生命科学创新园首批签约落户海外企业10家，首个由市产业发展基金加入的生物医药产业创投基金，首个国资引领的生物医药健康产业基金投资中心相继完成注册，专注投资无锡市大健康产业领域生物医药项目。

（赵雪倩）

【祥生医疗成为首家科创板上市企业】 12月3日，无锡祥生医疗科技股份有限公司在上海证券交易所上市，成为无锡市首家在科创板上市的生物医药企业。

（赵雪倩）

新能源

【概况】 2019年，全市新能源产业集群整体呈现回暖态势，运行状况向好，完成总产值689.36亿元，比上年增长17.5%。风能行业产业规模不断扩大，集聚水平稳步提高，发展态势保持良好。光伏行业产业规模持续增长，部分企业亏损情况有所收敛。

（张 飚）

【光伏产业】 2019年，全市光伏产业实现产值460.80亿元，比上年增长12.9%。其中，晶体硅原料、硅棒、硅片产值比上年增长16%，电池及电池组件产值比上年增长10.5%，光伏设备产值比上年增长57.6%。江苏东鋆光伏科技有限公司新增2GW自动化产线项目、环晟光伏（江苏）有限公司5GW高效叠瓦太阳能组件项目、中环领先半导体材料有限公司的集成电路用大硅片项目、无锡中环应用材料有限公司10GW晶硅切片项目、中建材浚鑫科技有限公司轻薄高透光伏玻璃智能生产线等一批优质重点项目落地、投产。年内，光伏行业产业链主要产品价格出现下滑，其中，多晶产品的价格降幅超过单晶产品。光伏行业进入平价时代，国内光伏市场萎缩，海外市场拓展加速。中环、协鑫、隆基等国内龙头企业的大规模扩张为无锡光伏产业发展带来新的契机。全市拥有高佳太阳能、尚德太阳能等一批老牌行业大型企业，江苏东鋆光伏科技有限公司、施朗德（无锡）电力科技有限公司等一批“专、精、优”企业，无锡先导智能装备股份有限公司等2家科技小巨人企业，无锡先导智能装备股份有限公司、无锡上机数控股份有限公司、无锡市儒兴科技开发有限公司3家“专、精、特、新”产品企业，构筑起无锡光伏产业的集群规模。新的龙头企业、行业新锐在竞争中胜出，为光伏业拉长产业链、迈向高端提供有力支撑。无锡中环应用材料有限公司成为单体全球最大的单晶硅切片制造基地；环晟光伏（江苏）有限公司成功进入工信部光伏制造行业规范条件企业名单，成为中国光伏产品出口前十企业；中建材浚鑫科技有限公司生产的1.5毫米光伏玻璃填补了世界空白，申报的“光伏玻璃双玻组件背板标准”成为行业未来标准，奠定在轻薄光伏玻璃行业的先锋地位。无锡尚德太阳能电力有限公司连续5年被EuPD Research授予“顶级光伏品牌”称号，累计申请专利866项，拥有授权专利535项，获国家科技进步二等奖、江苏省科技进步一等奖等多个奖项。

（张 飚）

11月7~9日，在第十一届中国（无锡）国际新能源大会暨展览会上，协鑫集团设展厅展示智慧综合能源新产品和技术（刘 洋 摄）

【风电产业】 2019年，全市涉足风电产业链的各类企业超100家，其中，超100亿元企业1家，上市公司3家，规模以上工业企业18家。在远景能源（江苏）有限公司、江苏吉鑫风能科技股份有限公司等一批龙头企业的带动下，把握发展机遇，加快科研投入和装备投入，提高企业核心竞争力，立足市场，创新发展，提质增效，产业规模不断壮大。远景能源（江苏）有限公司年新增风电装机容量5.42GW，比上年增长29.7%，成为国内风电领域的领军企业之一。受益于国内风电市场新增吊装容量的大幅增长，年内，无锡市风电企业订单饱满。

（张 飚）

【第十一届中国（无锡）国际新能源大会暨展览会】 11月7~9日，第十一届中国（无锡）国际新能源大会暨展览会在无锡举办。市委书记李小敏，国家电力投资集团有限公司党组书记、董事长钱智民，中国能源研究会常务副理事长、国家能源局原副局长史玉波，中国国际贸易促进委员会原副会长王锦珍共同为大会启幕。大会以“变革·创新·突破”为主题，举办包括国际新能源展览会、全球新能源产业峰会、新能源汽车及充电业务发展研讨会、分布式光伏及智能制造大会、储能及综合能源服务大会、氢能发展研讨会等一系列会展活动。30多个国家和地区、国内50

余个城市团组、10余个行业商协会机构、近100家媒体、500余家企业参展参会，邀请200余名嘉宾到会演讲，展览展示面积2万平方米，论坛听众超过2000人次，展览观众超过2万人次。

（陆　毅）

节能环保

【概况】 2019年，无锡市节能环保产业发展态势良好，全年实现营业收入1230.44亿元，比上年增长11.8%；利润总额106.57亿元，比上年增长26.2%。节能型锅炉、高效制冷机、污水处理、大气治理和固废处置等重点领域得到快速发展，江阴市、宜兴市、新吴区等重点区域集聚发展。研发节能环保新技术、新装备，打破国外技术封锁和市场垄断，实现进口替代、自主可控。推进重点节能环保产业项目，全市节能环保产业投资项目共44个，总投资额91.48亿元。

（冯　朴）

【龙头企业获评荣誉】 2019年，双良节能系统股份有限公司入围“创新中国·2018年度评选”活动中的“新锐科技企业”，获“2019年度中国分布式能源优秀项目特等奖”，其锡林发电厂项目获“中国钢结构金奖”。“雪浪环境”的生活垃圾焚烧烟气多污染物近零排放国产化技术及装备研发与产业化项目，打破国外技术封锁和市场垄断，项目投资额超过1亿元。无锡小天鹅节能型洗衣机销售居全国前列，通过工业和信息化部中国电子技术标准化研究院组织的智能制造能力成熟度四级评估，成为全国首家通过评估范围包括设计、生产、销售、服务的四级成熟度企业，在所有参评企业中获最高评级。

（冯　朴）

【宜兴环科园创新体系】 2019年，完善宜兴国际环保展示中心、宜兴国际环保城、宜兴环保产业技术研究院、宜正环保电商、中国－东盟环保技术和产业合作示范基地(宜兴)、国家环保设备质量监督检验中心(江苏)、南京大学(宜兴)环保研究院等创新载体建设，培育国合环境高端装备制造基地、中国宜兴城市污水资源概念厂、水科技生态城、环境医院等示范工程，组建侯立安、杨志峰2个企业院士工作站，完成环保产业专项基金——丹鹏产业基金首期6亿元规模组建。

（冯　朴）

【产业技术集聚】 2019年，全市节能环保领域聚集各类高层次人才700余人、高校研究团队100余个，拥有发明专利1685个，参与国家(行业)标准制订36项。与德国、丹麦、芬兰等9个国家建立技术对接中心，实施国际技术合作项目34个，建立10个清洁技术对接中心。拥有高新技术企业226家、国家级技术研究中心4个、省级技术研究中心30个、省级产业科研院所63家，节能环保科研队伍近1万人，以及哈尔滨工业大学研究院、南京工业大学研究院、武汉大学环境学院(宜兴)、江苏省(宜兴)环保产业技术研究院等行业性创新研发或检验监测机构。

（肖俊英）

【清洁生产】 2019年，全市节能环保业推动钢铁、水泥、化工等重点行业清洁生产技术运行。138家企业通过年度清洁生产审核验收。开展燃煤工业窑炉整治，完成燃煤工业窑炉整治253座，完成《无锡市燃煤工业窑炉整治三年行动计划(2017~2019年)》目标任务。全市完成新墙材产量53.63亿块标准砖，新墙材建筑竣工面积1112万平方米，新墙材应用比例达99%。完成散装水泥供应量1681.26万吨、预拌砂浆产量185.23万吨。

（肖俊英）

新能源汽车

【概况】 2019年，无锡市推广应用新能源汽车5980辆，累计18128辆。其中，纯电动汽车15353辆，混合动力汽车2771辆，燃料电池汽车4辆。建设公共充电场站(桩群)59个，布设充电桩766个。其中，直流充电桩267个，交流充电桩499个。

（范文铖）

【产业链发展】 2019年，无锡市拥有新能源汽车产业链企业100余家，其中，整车生产企业5家(上汽大通汽车有限公司无锡分公司、无锡中车新能源汽车有限公司、江苏常隆客车有限公司、领途汽车有限公司无锡分公司、华晨新日新能源汽车有限公司)，初步形成包含整车制造、核心零部件、充换电装备制造、充换电基础设施建设与运营等较为完整的产业集群。拥有以博耳电力、无锡聚能为龙头的多家充换电装备制造企业，以市政公用新能源、国联科陆等为龙头的一批充换电基础设施建设与运营企业。

（范文铖）

【推广应用】 2019年，无锡市在电动汽车整车控制技术、电机驱动和电池管理技术、动力型锰酸锂材料技术、燃料电池与氢源技术、磁悬浮径向直流电机技术、汽车充电数据支持平台技术等方面均达到国内领先水平。7月，开通无锡市首条氢燃料电池汽车示范运营线路。至年底，全市拥有氢燃料电池汽车产业链的企业10余家，覆盖制氢和加氢、关键零部件研发和制造、氢燃料电池及整车生产、燃料电池生产装备制造等产业链环节。全市部分传统动力企业开始向氢能产业转型发展，如无锡威孚集团有限公司收购燃料电池部件的研发和生产商丹麦IRD公司，投资6000万元建设的氢燃料电池测试中心投入使用，进入燃料电池核心零部件领域。江苏毅合捷汽车科技股份有限公司投资3000余万元的燃料电池空压机项目加紧建设，年内已获订单。10月，由国家电力投资集团有限公司、银环控股集团有限公司、灵谷化工集团有限公司等投资50亿元的氢能产业园项目在宜兴市签约。11月，博世中国氢燃料电池中心奠基。

（范文铖）

纺织服装

【概况】 2019年,无锡市纺织行业可分为4个大类,规模以上企业有876家。全年工业总产值2136.52亿元,比上年增长5.4%;主营业务收入2057.85亿元,比上年增长2.6%;利润总额99.32亿元,比上年下降17.7%,为2013年以来首次跌破100亿元。受中美贸易摩擦影响,出口下降明显,出口额352.66亿元,比上年下降5.3%。其中,化纤长短丝可替代性较强,规模以上化纤行业出口比上年下降18.8%。

(王 旻 杨 坚)

【印染行业发展专项规划编制】 2019年,为贯彻落实2018年新修正的《江苏省太湖水污染物防治条例》《关于严格太湖流域改建项目环境准入要求的通知》,市工业和信息化局、市生态环境局会同江阴市、惠山区2个重点地区,共同开展《无锡市印染行业规划及规划环境影响报告书》编制工作,对无锡市辖区内印染企业进行全面梳理、统一布局。规划期限为2020~2030年,通过一次规划、分期实施,实现印染废水排放量削减50%、印染企业数削减50%、亩均税收增加一倍以上的目标。

(王 旻 杨 坚)

【一棉集团埃塞俄比亚项目投产】 10月16日,无锡一棉纺织集团有限公司(前身为荣氏集团创办的申新三厂)百年诞辰之际,无锡一棉纺织集团有限公司埃塞俄比亚项目投产,该项目是响应国家"一带一路"倡议、贯彻"产业强市"决策部署、推进国际产能合作的重要项目。项目征地51公顷,规划投资建设30万纱锭,总投资额2.2亿美元,建设埃塞俄比亚棉纺织业最大的生产基地,成为无锡一棉纺织集团有限公司转型发展的新增长点和赢利点。项目分2期实施,该次投产的是首期10万纱锭产线。项目完全达产后计划为当地提供就业岗位近3000个。

(王 旻 杨 坚)

【江苏云蝠跨境电子商务产业园(一期)开园】 2019年,江苏云蝠跨境电子商务产业园(一期)开园,总投资额10亿元。该企业通过重点打造跨境电子商务产业园、跨境电商众创空间、云蝠服饰智能制造中心("两园一中心"),为纺织服装产业链提供配套资源,并提供智能制造解决方案、金融服务、商务服务、跨境电商综合服务。

(王 旻 杨 坚)

【入选百强榜企业】 2019年,江苏阳光集团的纯毛机织物入选工业和信息化部第四批制造业单项冠军产品名单,无锡海澜集团有限公司蝉联2018年度"中国服装行业百强"榜单中"营业收入""利润总额"第一,无锡海澜集团有限公司、红豆集团有限公司、江苏阳光集团有限公司、江苏刘潭集团有限公司4家企业入选2018年度中国服装行业"营业收入百强企业",无锡江苏天华纱业集团、无锡一棉纺织集团有限公司、江阴美纶纱业有限公司、江苏康妮投资有限公司、远纺工业(无锡)有限公司5家企业入围2019年中国棉纺织行业营业收入百强榜。

(王 旻 杨 坚)

机 械

【概况】 2019年,无锡机械工业稳中求进,实现经济运行的平稳增长。全市机械业有规模以上企业2856家,在职员工49.4万人,实现主营业务收入6799.2亿元,比上年增长4.9%,占全市工业主营业务收入的39.3%,约占全省机械工业的18%、全国机械工业的3.01%。增速高于全省机械工业0.7个百分点,高于全国机械工业2.44个百分点。实现工业总产值6895.9亿元,比上年增长7.1%;实现利润总额558.2亿元,比上年增长6%;实现出口交货值1016.7亿元,比上年增长4.2%。智能装备产业实现工业总产值1204.69亿元,比上年增长7.2%;新能源汽车产业实现工业总产值18.87亿元,比上年增长33.8%;节能环保产业实现工业总产值708.26亿元,比上年增长13.1%;新能源产业实现工业总产值689.36亿元,比上年增长17.5%。年初,无锡机械工业的主要产品中产量增长的种类持续减少,8月降至阶段性低点,在120种重点产品中,产量增长的产品仅占36%。此后趋稳回升。主要产品中,产量增长的有50种,占比41.7%;下降的有70种,占比58.3%。从子行业层面上看,金属制品制造业、汽车制造业规模工业增加值分别比上年下降7.0%、2.0%;通用设备制造业、专用设备制造业、铁路船舶航空航天制造业、电气机械和器材制造业分别比上年增长7.1%、7.0%、18.3%、13.1%。通用设备制造业、专用设备制造业、铁路船舶航空航天制造业、电气机械和器材制造业增长高于全市工业平均水平,汽车制造业、金属制品制造业低于全市工业平均水平。

(姜鲁宁)

【科技创新】 2019年,无锡市机械工业实现新产品产值1046.7亿元,比上年增长7.4%;投入研发费用162.3亿元,比上年增长22.4%。从分行业看,在研发费用投入中,金属制品行业比上年增加39.1%,通用装备制造业比上年增长26.9%,专用装备制造业比上年增长40%,汽车制造业比上年增长11.2%,铁路、船舶、航空航天和其他运输设备制造业比上年增长6.7%,电气机械和器材制造业比上年增长19.4%,仪器仪表行业比上年增加17.2%。无锡威孚力达催化净化器公司3个项目获中国稀土科学技术一等奖;无锡威孚高科技集团公司"满足国五排放标准的柴油高压喷射泵关键技术及产业化"项目被评为2019年度"中国汽车工业科学技术奖"二等奖;无锡华光锅炉股份有限公司"华电扬州工程"获"中国电力优质工程奖”;远东智慧能源股份有限公司会同中国核电工程有限公司攻克三代核电站用电缆技术难关,获核能行业科学技术二等奖;双良集团获“2019年度中国分布式能源优秀项目”特等奖;一汽解放公司发动机事业部奥威6DM3获“2019年度值得用户信赖节油重型发动机”奖。华中科技大学无锡研究院入选“中国智能制造十大科技进展项目”;无锡职业技术学院申报的《JB/T 12089-2014锻压机械用组合式气动干式摩擦离合制动器》行业标准获中国机械工业科学技术奖三等奖;无锡统力电工股份有限公司耐热自粘换位导线项目获2018年江苏省科学技术奖三等奖;锡宏源科技股份有限公司多锭位高效多功能高速弹力丝机的关键技术研究和整机制造项目,获“纺织之光”2019年度中国纺织工业联合会技术发明奖二等奖,“一种弹力丝机”获中国纺织行业专利奖优秀奖;无锡透平叶片有限公司研发的“大型先进压水堆核电汽轮机70英寸等级长叶片制造技术研发及应用”成果获无锡市科学技术进步奖一等奖。

(姜鲁宁)

【机械工业供给侧改革】 2019年,无锡市机械工业推进供给侧改革,开拓中高端市场,实现新一轮主导产品升级换代。专用设备、铁路、船舶、

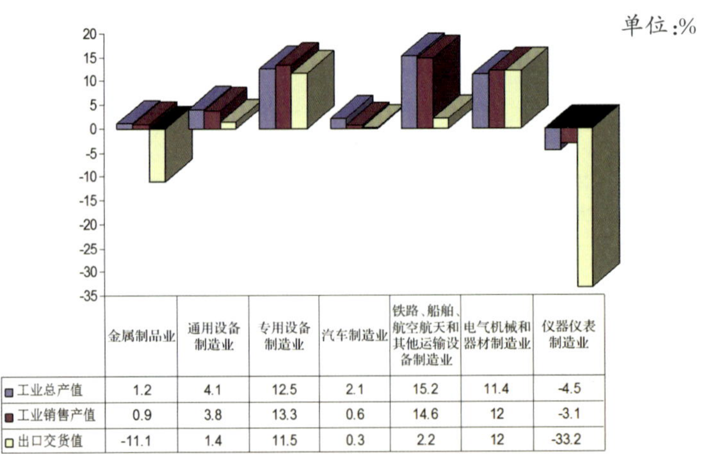

图12　2019年无锡市机械工业经济主要指标增速情况示意图

(市机械工业联合会)

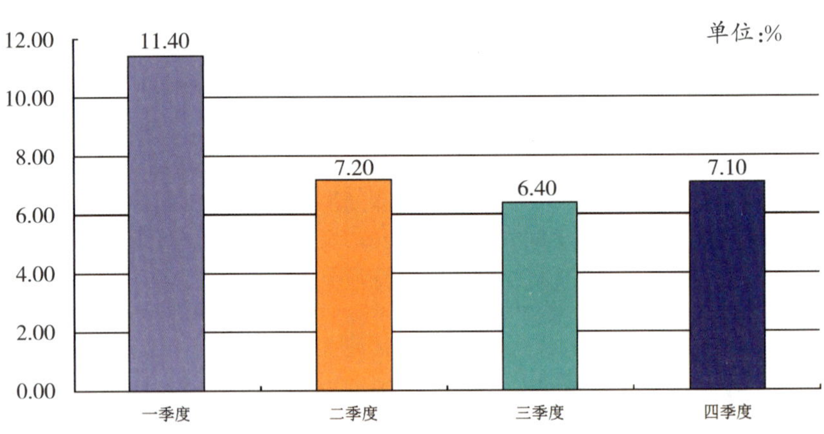

图13　2019年无锡市机械工业总产值季度同比增长情况示意图

(市机械工业联合会)

表39　2019年无锡市机械工业经济效益主要指标统计表

单位:亿元、%

指标名称	投资收益	增幅	主营业务收入	增幅	利润总额	增幅
金属制品业	22110	65.7	8812372	-1.6	470457	7.6
通用设备制造业	251914	0.6	11326252	3.0	1267436	8.4
专用设备制造业	32928	-67.2	8079225	5.2	730936	2.6
汽车制造业	67639	8.3	11126179	-0.2	1142586	-4.3
铁路、船舶、航空航天和其他运输设备制造	239845	40.7	3547209	23.5	567701	63.3
电气机械和器材制造业	84840	49.7	23849635	9.4	1298582	0.8
仪器仪表制造业	9395	-12.8	1250675	-7.2	104134	-11.7
机械行业	708671	6.6	67991547	4.9	5581832	6.0

(市机械工业联合会)

表 40　2019 年无锡市机械工业主要大宗产品产量统计表

序号	产品名称	计量单位	实绩	比上年增长 %
1	电站锅炉	万蒸发量吨	2.27	-10.7
2	工业锅炉	万蒸发量吨	1.72	-6.4
3	滚动轴承	亿套	7.87	-2.7
4	光纤	万千米	647.59	3.1
5	光缆	万芯千米	1382.58	26.7
6	发动机	万千瓦	6671.94	22.7
7	电力电缆	万千米	170.58	13.1
8	民用钢制船	万载重吨	313.67	56.1
9	电动自行车	万辆	626.57	29.8

（市机械工业联合会）

航空航天和其他运输设备、电气机械及器材制造业保持两位数增长。无锡市机械工业销售产值比上年增长14.1%，比全市工业平均增速高 3.2 个百分点。无锡机床股份有限公司承担的国家科技支撑计划“铁路轴承内外套圈精密磨削成套装备”、国家科技重大专项“中高档国产数控磨床可靠性规模化提升工程”分别通过科技部、工业和信息化部的验收。一汽解放公司发动机事业部满足国六 B 阶段排放标准的发动机产品达到 20 种型号，全面满足配套重、中、轻型车辆细分市场需求。一汽解放公司发动机事业部前瞻技术研究院参与承担氢气循环泵的自主设计与开发，打破大功率燃料电池发动机氢气循环泵依靠进口的壁垒。无锡统力电工股份有限公司生产的一批千米级铌钛超导卢瑟福电缆下线。江苏四达动力集团国六发动机配套中兴汽车高端皮卡进入国家《道路机动车辆生产企业及产品目录（第 324 批）》。无锡宏源科技有限公司具有性能高、智能化、环保型特点的首台新品 HY-9 型高速弹力丝机发往用户投入使用。无锡凯龙高科技股份有限公司技术研究院实施上海霍尼韦尔发动机实验室台架改造项目，取得固定源治污项目的重大突破。无锡华光锅炉股份有限公司为粤港澳大湾区重要清洁能源支撑工程建设项目设计制造的京能珠海市钰海天然气热电联产工程项目 1 号机组锅炉 1000 余吨钢结构完成全部吊装，设计制造的国家首台配套 GE9HA.01 型燃机余热锅炉——天津华电军粮城六期 650MW 燃气 +350MW 燃煤热电联产项目余热锅炉安装全面展开。无锡航亚科技股份有限公司“航空发动机压气机叶片精锻先进制造技术研究及应用”通过成果鉴定。鉴定委员会专家组认为该项成果达到国际先进水平。无锡威孚集团公司技术中心承担的无锡市产业前瞻重点项目为国内技术领先的大功率燃油产品——大功率燃油喷射泵产品的研制项目，通过市级验收。

（姜鲁宁）

【海外市场开拓】 2019 年，无锡市机械工业实现出口交货值 1016.7 亿元，总体呈逐季下降趋势，一至四季度分别比上年增长 8.2%、11.2%、7.6%、4.2%。从分行业来看，金属制品业比上年下降 11.1%，通用装备制造业比上年增长 1.4%，专业装备制造业比上年增长 11.5%，汽车制造业比上年增长 0.3%，铁路、船舶、航空航天和其他运输设备制造业比上年增长 2.2%，电气机械和器材制造业比上年增长 12%，仪器仪表业比上年下降 33.2%。无锡威孚高科技集团有限公司发布公告，公司拟在丹麦设立全资子公司 SPV 公司，进入燃料电池核心零部件领域。大明国际控股公司与全球电梯制造商 TOP10 企业康力电梯公司达成合作，共建电梯业绿色发展生态圈。6 月，无锡华光电站公司总承包建设的“一带一路”西哈努克港热电工程启动仪式在柬埔寨西哈努克经济特区举行；9 月，该公司设计制造的越南海阳 2×600MW 燃煤电厂工程项目 3# 锅炉获得水压试验一次成功。大明金属制品有限公司机加工事业部制造的一批配供刹车盘、安装板等线缆设备主控结构件，出口美国装备企业。美国 H&V 公司与无锡威孚集团公司签署空气过滤和液体过滤领域战略合作协议，共同研发满足市场最新要求的过滤产品。无锡宏源科技股份有限公司化纤机械出口量创历史新高，外贸出口销售高速弹力丝机 18 台，新增订单 23 台，出口量位居国内同行业前列。南非电信基站用发动机将统一替换为锡柴康威 4DX 柴油机，首批订单 50 台，年采购量 2000 台。

（姜鲁宁）

【产业标准制定】 2019 年，无锡市机械行业参与产业标准制定，争取市场竞争主动权。由无锡威孚力达催化净化器公司和同济大学共同起草的团体标准《在用柴油车排放适应性改造 技术规范和评价方法》和《在用非道路移动机械用柴油机排放适应性改造技术规范和评价方法》通过审核，并由中国机械标准协会与中国内燃机标准协会标准化工作委员会发布实施。江苏省特种设备安全监督检验研究院无锡分院牵头的《智慧电梯物联网监测终端及数据交互》、华夏视清数字技术（北京）有限公司牵头的《电梯无纸化维护保养数据格式和交换》两项电梯物联网团体标准发布。远东电缆有限公司主编的《额定电压 1.8/3KV 及以下风力发电用铝合金导体耐寒阻燃橡套电缆》团体标准通过专家审查。解放发动机事业部主导的国际标准项目“ISO3046-6（DIS 阶段）”通过审查。

（姜鲁宁）

【机械行业“两化融合”】 2019 年，无锡市推动机械行业与物联网、软件、

2019 年，一汽解放发动机事业部蝉联“优秀发动机供应商”称号

（姜鲁宁　供）

智能制造等新业态共同发展，组织“走进智能制造现场”系列活动，让企业家实地感受如何实现设备的数字化、智能化、可视化。组织企业高管分别参加人力资源社会保障部、工业和信息化部、科技部在宁夏回族自治区、湖南省长沙市和天津市举办的高端制造、智能制造、信息化与物联网专题专家培训班学习，“两化融合”取得成绩。无锡气动技术研究所有限公司成功研制的新一代气电一体化控制元器件 WMPA-18 型智能阀通过江苏省工信厅和中国轻工业联合会的联合鉴定，产品各项性能指标达到国外同类产品水平，完全可替代国外品牌应用于国家智能化、自动化生产设备。双良集团与山东省潍坊市战略合作的潍坊物联网产业园项目启动，使物联网相关产业在较短时间内成为潍坊市的全新支柱产业。双良集团发布最新打造的“混沌能效云”平台，展示制造业数字化转型升级的成果与解决方案，并与无锡经济技术开发区签约合作。无锡威孚长安有限责任公司“自动化压铸智能车间”被评为“2019 年无锡市智能车间”。无锡威孚集团公司全新的 PSSC 采购共享服务平台上线。清华大学计算机系高性能技术研究所、国家超级计算无锡中心与一汽解放发动机事业部前瞻技术院就发展高性能并行计算技术、建立超大规模发动机仿真模拟计算方法、开发国产发动机仿真软件等达成合作共识。江苏四达动力集团公司通过国家评定，获得“两化融合”管理体系评定证书。

（姜鲁宁）

【一批企业和企业家获评荣誉】 1 月，远东电缆有限公司获“全国机械工业质量奖”；4 月，江苏四达动力机械集团公司获评“国家‘两化融合’管理体系贯标试点企业”；4 月 15 日，一汽解放公司发动机事业部奥威 CA6DM3 发动机获“年度好车之商用车最佳动力奖”；5 月，无锡力马化工机械有限公司副总经理殷岐获“第七届无锡市唐翔千卓越工程师奖”；缪文彬、蒋锡培、钱恒荣、严奇被评为“百名杰出锡商人物”；双良集团有限公司一线工人周士伟获评“全国机械工业劳动模范”称号；5 月 21 日，无锡透平叶片股份有限公司被授予“中国航发 2019 年度最佳交付奖”；7 月 26 日，双良节能系统股份有限公司入选 2018 年度江苏省“自主工业品牌 50 强”；9 月，无锡产业发展集团、江苏三房巷集团、双良集团、法尔胜泓昇集团、远东控股集团、远景能源（江苏）有限公司入围中国制造企业 500 强；无锡产业发展集团、江苏三房巷集团、双良集团、法尔胜泓昇集团、远东控股集团、远景能源（江苏）有限公司、江苏大明金属制品有限公司、江阴模塑集团、无锡华东重型机械股份有限公司，入围中国企业 500 强；远东控股集团入围“2019 亚洲品牌 500 强”“亚洲十大影响力品牌”；9 月 9 日，远东集团董事局主席蒋锡培当选“2019 中国好公司领袖年度人物”；11 月 24 日，江苏太湖锅炉股份有限公司获“中国工业锅炉行业十强企业”“中国工业锅炉行业出口创汇先进企业”“中国工业锅炉行业新产品开发明星企业”称号。

（姜鲁宁）

冶　金

【概况】 2019 年，无锡冶金行业呈现规模扩大、效益增长态势。全行业工业总产值 1690 亿元，比上年增长 14.5%；主营业务收入 1677 亿元，增长 3.5%；实现利润 94.5 亿元，增长 6.4%。主要品种产量大幅上升，全年生铁产量 981.6 万吨，比上年增长 16.5%；钢产量 1271.2 万吨，增长 16%；钢材产量 2042.2 万吨，增长 18.6%；铜材产量 183 万吨，增长 23.7%；铝材产量 113.5 万吨，增长 16.5%。全市钢产量自 2009 年跨上 1000 万吨大关后，连续 11 年保持年产千万吨的水平。其中，江阴兴澄特钟钢铁有限公司钢产量居首，为 671 万吨；江阴兴澄特钟钢铁有限公司铁产量居首，为 554 万吨；江阴兴澄特钟钢铁有限公司钢材产量居首，为 428 万吨；无锡宜刚耐火材料公司耐火材料产量居首，为 9.4 万吨；江阴华润制钢有限公司无缝钢管产量居首，为 36.4 万吨；江苏玉龙钢管科技有限公司焊接钢管产量居首，为 71.3 万吨；江苏江润铜业有限公司铜材产量居首，为 43.8 万吨；江阴东华铝材科技有限公司铝材产量居首，为 8.8 万吨；江阴法尔胜线材制品有限公司钢丝产量居首，为 5 万吨；江阴贝卡尔特合金材料有限公司钢丝绳产量居首，为24.6万吨。全市生产生铁的钢厂4家，分别为江阴兴澄特钟钢铁有限公司、江阴华西制铁有限公司、江苏长强钢铁有限公司、无锡新三洲特钢有限公司。全市生产粗钢的钢厂6家，分别为江阴兴澄特钟钢铁有限公司、江阴华润制钢有限公司、无锡新三洲特钢有限公司、江阴华西钢铁有限公司、无锡西城特种船用板有限公司和江苏长强钢铁有限公司。

在4个子行业中，黑色金属业全年销售额1329.7亿元，比上年增长4.9%；实现利润77.2亿元，比上年增长1%。有色金属业全年销售额126.2亿元，比上年增长6.9%；实现利润3.9亿元，比上年下降1.1%。耐火材料业全年销售额86.4亿元，比上年增长11.2%；实现利润8.2亿元，比上年增长12.3%。金属丝绳业全年销售额134.8亿元，比上年下降1.5%。黑色金属业是全市冶金工业的支柱，在全行业占比，产值、销售额、利润分别为78%、79%、82%。全行业年销售额12亿元以上的企业有27家，其中19家属黑色金属业。在474家规模以上企业中，76家企业处于亏损状态，亏损面16%。江阴兴澄特钟钢铁有限公司、江苏新长江实业集团有限公司、江苏大明金属制品有限公司获无锡市“产业强市贡献奖”，法尔胜泓昇集团有限公司、江苏共昌轧辊有限公司获“无锡市科技创新贡献奖”。

（陈　健）

【冶金企业与科研院校合作】 2019年，无锡冶金企业通过多种途径和形式，加强与科研院所的合作，提高企业科技创新能力。3月，冶金工业规划研究院领导带队赴江阴华润制钢有限公司，分析国内钢铁产业政策要求及导向，结合市场环境，针对钢铁企业市场竞争力和品牌知名度提升路径进行研判，助力企业提质增效降本，全面提升竞争力。无锡市宝宜耐火材料有限公司和安徽工业大学耐火材料研究院深化合作，引进李明辉教授团队，与宝宜公司研发中心联手推进技术创新，在开发产品种类和稳定质量方面获得提升。4月，无锡苏嘉新材料有限公司与安徽工业大学共同宣布，双方合作的抗特殊钢种钢渣侵蚀镁碳砖的研究项目顺利完成，该项目发表论文2篇、申请专利1项，项目中对镁碳砖侵蚀机理及对策的研究，对苏嘉新材料公司的产品研制改进及强化行业领导地位具有重大意义。被誉为“冶金小镇”的惠山区钱桥街道的近20家重点冶金企业与北京科技大学、东南大学、上海交大等8所高校（院、所）签约结成江苏省首个冶金新材料产业产学研战略联盟，建立长效的产学研联盟合作机制。无锡华精新材股份有限公司与东北大学院士王国栋经过长期研究，积累符合国家变压器能效标准的一系列取向硅钢参数并成功实现量产，掌握取向硅钢中最高端产品HI—B钢的研制能力，成为国内首家具备HI—B钢生产能力的民营企业。

（江　坚　胡雪梅　顾林海　陈　健）

【兴澄特钢再获全国“优胜炉”称号】 7月，在全国重点大型耗能钢铁生产设备节能降耗对标竞赛中，江阴兴澄特钟钢铁有限公司3200立方米大高炉在3000立方米（含）~ 4000立方米级高炉评比中，获全国“优胜炉”荣誉称号。自2014年参加行业对标竞赛以来，兴澄特钢大高炉连续4年获得该荣誉。兴澄特钢持续从多方面推进大高炉节能减排工作，采取优化装料制度、提高煤气利用率、降低炼铁全流程工序能耗等措施，以改进休风煤气放散操作方法、修复炉体冷却壁破损、实现节能环保目标、多维度精益指标攻关为抓手，实施“降低大高炉铁水平均硅含量”“提高煤比”等多项精益项目，在降本节耗方面取得成效。

（林利坚）

【兴澄特钢R6级系泊链钢研发成功】 2019年，江阴兴澄特钟钢铁有限公司历时近三年时间，成功研发世界最高级别的R6级极限性能系泊链钢。4月，获R6级系泊链钢认证证书，标志着兴澄特钢成为世界首家具备批量生产世界最高级别海洋系泊链钢能力的企业。R6级海洋系泊链属于极限性能系泊链，2018年7月DNVGL船级社首次定义R6级系泊链标准并公布。兴澄特钢的成功，标志着中国在海洋系泊链钢领域实现跨越式的发展，推动国家海洋能源发展，满足新型中深水海洋钻井平台安全、绿色作业的需求。

（林利坚）

【兴澄特钢7项新成果通过省级鉴定】 10月，中国钢铁工业协会组织专家在江阴主持由江阴兴澄特钟钢铁有限公司和北方材料科学与工程研究院共同完成的“高强高韧低密度钢工业化生产技术”科技成果鉴定会。参会专家认为该项研究成果达到国际先进水平，一致同意通过该科技成果鉴定。11月，兴澄特钢“780CF级大型水电用高强度易焊接钢板”等7项新产品（成果）全部通过省级鉴定。江苏省经信委组织的专家鉴定委员会认为，兴澄特钢的科研项目工艺技术先进、可靠，产品技术质量指标全部处于国内领先、国际先进水平，特别是“CRF1钢”“780CF钢”的制备技术处于国际领先水平，可摆脱长期依赖进口的状况。

（林利坚）

【新三洲特钢企校合作研究新型炼钢工艺】 5月，无锡新三洲特钢有限公司与北京科技大学就共同研究开发“基于废钢预热的高效、低耗、环保型新型炼钢工艺研究”项目，签署技术开发（合作）合同。新三洲特钢有限公司的转炉炼钢技术和主要指标水平在同行业企业中位居前列，该新型炼钢工艺研究项目，将以长流程转炉炼钢为基础，结合短流程电炉炼钢的特点，形成“转炉生产电炉化”的优势，通过相关模型的建立和应用，在加快生产节奏、实现高效生产的同时，提高废钢比，降低消耗，减少钢渣固废排放，实现“本质减排”。

（刘　嘉）

【法尔胜一项目获科学技术奖】 2019年，由江苏法尔胜缆索有限公司与中铁大桥勘测设计院集团有限公司等单位联合开发的“超1000米高速铁路斜拉桥斜拉索关键技术与应用”项目，以世界上第一座超1000米的高速铁路斜拉桥沪苏通长江大桥为依托，针对高强度缆索面临的共性问题，攻克2000MPa斜拉索关键技术难题，实现钢丝和斜拉索的产业化，获“2019年度江苏省科学技术成果”三等奖。该产品成功应用于沪苏通长江大桥，解决国家重点工程的核心材料问题，为国内高铁技术走在世界前沿奠定基础。新产品的研制成功，解决超1000米高速铁路斜拉索材料问题，减小斜拉索的直径，降低迎风面积，减小风力对整体桥梁结构的影响。采用这种轻质高强度材料，可直接节约缆索构件的用钢量，降低制作、架设成本，提高斜拉索的服役寿命，间接降低高铁桥梁建设成本和营运管理成本。

（徐傅林）

【法尔胜关键技术重点实验室验收】 2019年，江苏省科技厅组织专家对前三年立项的企业重点实验室进行现场审核和集中评估验收，验收结果表明，法尔胜泓昇集团有限公司承担的“江苏省高性能金属线材制品关键技术重点实验室”评估结果为优秀。全省该次验收企业重点实验室7家，包括优秀3家、合格4家。法尔胜泓昇集团有限公司2016年开始筹建江苏省高性能金属线材制品关键技术重点实验室，相继开展一系列金属线材制品应用基础理论和关键共性技术研究，整合国内外创新资源，构建“产学研”合作体系，引领行业技术进步。

（徐傅林）

【法斯特管业获中国冶金科技一等奖】 2019年，由上海宝山钢铁股份有限公司、上海交通大学、哈尔滨工业大学、上海汽车集团股份有限公司和无锡法斯特管业有限公司共同研发完成的“汽车用复杂液压成形管件设计制造关键技术与产业化应用”项目获冶金科学技术奖一等奖。

（顾林海）

【宝银公司2项成果获省科技奖】 2019年，宝银特种钢管有限公司“先进核能系统关键管材与核心部件研制及产业化”“高精度钢管在线内外表面脱脂清洗成套装备关键技术研发及产业化”2项成果，分别获2019年度江苏省科学技术一等奖、二等奖。前项成果打破国外少数企业的技术封锁和垄断，形成完全自主知识产权、突破重大装备领域“卡脖子”技术，确保国内核电关键核心技术“自主可控”。

（胡　波）

【2家企业分获省、市技术中心认定】 5月，江苏嘉耐高温材料有限公司通过“无锡市企业技术中心”认定。这是该公司在提高企业创新能力、推动企业技术中心建设，走创新型持续发展道路、加快推动科技成果转化上取得的成果。无锡环胜精密合金材料有限公司获评江苏省认定的“企业技术中心”，企业从国外引进20辊连轧可逆轧机，大幅提高技术装备水平，被命名为“无锡市超薄不锈钢带工程技术研究中心”。

（陈　健）

2019年，法尔胜集团超千米高速铁路斜拉桥斜拉索，应用于中国自主设计建造、世界上首座跨度超千米的公铁两用斜拉桥——沪苏通长江大桥

（法尔胜集团　供）

电子工业

【概况】 2019年，无锡市电子信息产业规模以上现价工业完成总产值4864.9亿元，比上年增长5.6%；实现利润266.4亿元，比上年减少3%，完成主营业务4801亿元，比上年增长5.2%。至年底，全行业规模以上企业564家，比上年减少21家。其中，计算机、通信和其他电子设备制造业完成现价工业总产值2278亿元，比上年增长0.6%；实现利润126.2亿元，比上年下降5.8%；主营业务收入2291亿元，比上年增长11.1%。全行业规模（电子、计算机和其他电子设备）工业完成出口交货值1856.8亿元，外销率比上年下降0.5%。

（任国伟）

【全行业经济总量增长】 2019年，无锡市电子信息制造业12个分支产业中有8个实现增长，计算机、通信设备、智能消费设备、电子器件、电机、光电纤及其他电子设备制造等行业的发展增速达5%以上，其中，智能消费设备制造发展增速达15%。全行业实现利润204亿元，比上年上升0.6%。

（任国伟）

【半导体、集成电路生产】 2019年，全市半导体、集成电路行业生产、销售、盈利整体趋稳，生产比上年增长5.4%。深南电路股份有限公司、江苏海德半导体有限公司、SK海力士半导体（中国）有限公司生产分别比上年上升40.7%、61.2%和19.1%。

（任国伟）

【16家企业跻身全市工业经济50强】 2019年，16家电子信息制造企业跻身全市现价工业总产值前50强企业之列，分别是无锡夏普电子有限公司、希捷国际科技（无锡）有限公司、法尔胜泓昇集团有限公司、远景能源有限公司、捷普电子（无锡）有限公司、SK海力士半导体（中国）有限公司、绿点科技（无锡）有限公司、远东电缆有限公司、健鼎（无锡）电子有限公司、无锡江南电缆有限公司、江苏长电科技股份有限公司、新远东电缆有限公司、无锡村田电子有限公司、无锡尚德太阳能电力有限公司、住化电子材料科技（无锡）有限公司、三星（无锡）电子材料有限公司。

（任国伟）

【10家企业跻身全市工业效益50强】 2019年，10家电子信息制造企业跻身全市工业效益前50强，分别是江苏长电科技股份有限公司、江苏海达科技集团有限公司、无锡村田电子有限公司、SK海力士半导体（中国）有限公司、无锡江南电缆有限公司、无锡先导智能装备股份有限公司、东方环晟光伏（江苏）有限公司、远景能源有限公司、无锡夏普电子有限公司、江苏俊知技术有限公司。

（任国伟）

【先导智能进入欧洲市场】 2019年，无锡先导智能装备股份有限公司与欧洲电池厂商Northvolt签订锂电池生产设备的框架协议，双方计划进行约19.39亿元的业务合作，进入欧洲锂电池市场，打破江苏高端锂电池装备出口零的纪录。无锡先导智能装备股份有限公司具有提供动力锂电池、数码锂电池及储能锂电池各生产工序的生产装备，可为客户配套制造执行系统（MES），打造高效智能的数字车间，实现智能化生产。

（任国伟）

表41　2019年无锡市电子信息产业分行业完成情况统计表

分支行业	现价产值（万元）		实现利润（万元）	
	2019年	比上年 ±%	2019年	比上年 ±%
计算机制造	2440547	4.9	122581	80.4
通信设备制造	1200898	7.1	67496	1.5
广播电视设备制造	535407	−9.6	32054	74.2
视听设备制造	3401774	−10.9	104090	5.8
电子器件制造	9026773	5.4	459390	−23.4
电子元件制造	5571221	−2.6	437754	−1.6
其他电子设备制造	130074	6.9	6105	2.4
电机制造	3617169	10.9	282341	20.6
电光缆制造	10257648	12.6	435746	13.3
电池制造	1258855	−9.8	60435	−31.2
通用仪器仪表制造	925903	10.7	68985	−3.2
专用仪器仪表制造	333407	−30.8	33331	−26.1

（市电子工业协会）

表42　2019年无锡市主要电子产品产量统计表

主要产品名称	单位	全年完成数	比上年增幅（%）
半导体分立器件	亿只	1053.93	−11.3
锂离子电池	万只	36031.63	−18.9
集成电路	亿块	259.22	−0.1
数码照相机	万台	156.73	−18.4
硬盘存储器	万台	6151.25	−16.4
微型计算机设备	万台	42.78	−24.5
电子元件	亿只	6176.08	−35.3
电、光缆、光纤	万千米	2000.75	15.6
印制线路板	万平方米	1810.09	−6.0

（市电子工业协会）

【TDK-Lambda中国电子有限公司落户】 4月19日，TDK-Lambda中国总部项目战略合作签约仪式举行。TDK集团成立于1935年，总部位于日本东京。此次项目签约，将由日本TDK-Lambda株式会社直接投资，在无锡市高新技术产业开发区旺庄街道注册成立TDK-Lambda中国电子有限公司,专业从事工业电源产品设计和制造以及向全球客户提供电源系统解决方案,项目总投资额5亿元,达产后计划年销售额10亿元。

(任国伟)

【晶众获电子地图制作甲级资质】 2019年,江苏晶众信息科技有限公司获得自然资源部颁发的导航电子地图制作甲级资质,成为全国第18家获得该资质的企业。由于地理信息涉及国家安全,“甲级资质”是高精地图制作企业必须跨入的核心门槛之一,企业采集、制作精度达厘米级的车道级高精地图和地下停车高精地图都必须持有该资质。江苏晶众信息科技有限公司由上海汽车集团股份有限公司、东风汽车集团有限公司和江铃汽车集团有限公司等整车企业共同投资,在北京市、无锡市、上海市等地设立研发中心、数据生产中心及市场营销中心。其中,无锡生产基地规模有200余人。江苏晶众信息科技有限公司获得导航电子地图制作甲级资质,标志该企业在人才、作业标准、核心技术等关键指标方面均达到国家标准。

(任国伟)

【6家企业入围2018年中国十大半导体企业】 5月17~19日,在南京市举行的“2019世界半导体大会”上,无锡高新技术产业开发区6家企业入围2018年中国十大半导体企业。SK海力士半导体(中国)有限公司、华润微电子有限公司分列2018年中国半导体制造企业的第四、第六名,全讯射频科技(无锡)有限公司和海太半导体(无锡)有限公司分列2018年中国半导体封装测试企业的第七、第九名,无锡华润华晶微电子有限公司位列2018年中国半导体功率器件企业第三名,美新半导体(无锡)有限公司位列2018年中国半导体MEMS企业第五名。

(任国伟)

【华虹无锡基地一期项目】 2019年,华虹无锡集成电路研发和制造基地(一期)12英寸生产线建设项目首批光刻机进厂,项目由基建阶段进入试生产准备阶段。华虹无锡基地项目是华虹集团融入长三角一体化发展的重大战略项目,是无锡市历史上引进的最大单体投资额项目,总投资额100亿美元,一期投资25亿美元,新建月产能为4万片的12英寸特色集成电路生产线,支持5G、物联网、汽车电子等新兴领域的应用。9月17日,华虹无锡集成电路研发和制造基地(一期)生产线建成投片,首批12英寸硅片进入工艺机台,开始55纳米芯片产品制造,迈入生产运营期。

(任国伟)

【2家企业入围中国大数据企业50强】 9月,由大数据产业生态联盟联合赛迪顾问共同完成的年度《中国大数据产业发展白皮书》在2019世界计算机大会上发布,无锡帆软软件有限公司、浪潮卓数大数据产业发展有限公司跻身“2019中国大数据企业50强”榜单,无锡入围企业数量在全省居前列。无锡入围的两家企业各有特点,帆软软件提供从数据采集、数据处理、数据分析与挖掘到数据可视化展现的一体化商业智能解决方案,在IDC发布的《IDC2018年中国商业智能软件市场追踪报告》中,帆软软件以14.88%的市场占有率超过IBM等巨头,高居第一。浪潮卓数则致力于打造数据创新工厂,通过对海量全景数据进行深入挖掘,打造大数据技术平台,拥有覆盖商品零售、环境、农业、金融证券、交通、航空遥感等10多个领域的68类数据资源,总数据量超过60PB。

(任国伟)

【“滨湖设计”集成电路产业品牌】 2019年,在集成电路整体产业格局中,滨湖区选择集成电路设计作为产业发展的突破口,打造“滨湖设计”品牌。作为无锡最大的集成电路设计专属园区,滨湖区蠡园经济开发区无锡(国家)集成电路设计中心是无锡发展集成电路设计产业主要承载地,园区发展质量的高低直接决定着无锡IC设计产业发展的水平。无锡拥有集成电路设计企业160余家,其中1/3落户于无锡(国家)集成电路设计中心,包括中科芯集成电路股份有限公司、江苏卓胜微电子股份有限公司等具有知名度、影响力的骨干企业。

(任国伟)

石油化工

【概况】 2019年,无锡市石化行业实现工业总产值1943.7亿元,比上年增长6.6%,增速居五大行业第三位,占全市工业总产值的11.0%。其中,化学原料和化学制品制造业实现总产值1256.1亿元,比上年增长4.6%;橡胶和塑料制品业实现总产值532.4亿元,比上年增长6.4%。全市石化行业实现利润总额141.4亿元,比上年增长2.5%,增速居五大行业第二位。

(顾　颖)

【化工产业】 2019年,全市化工企业数量下降到714家,化工行业总产值增长近2000亿元,化工行业总产值占工业总产值的比重从9%提升至11%。年内,全市关停化工生产企业114家,完成省下达目标任务的143%。12月,经市政府批准,取消江阴高新技术产业开发区化工集中区的化工园区定位,沿江化工园区由原来的3个减少到2个。

(顾　颖)

【化工园区发展】 2019年,江阴临港化工园区、宜兴新材料产业园和锡山新材料产业园,通过拆迁邻近居民区满足500米安全卫生防护间距要求。年内,完成建设安全环保智慧园区管理平台、实施封闭化管理、建设和提标升级专用污水处理厂、建设特勤消防站及应急救援系统等工作。近两年对基础设施累计投入资金总额近50亿元,园区的安全环保管理水平和基础设施建设得到提升。

(顾　颖)

江苏中德电子材料科技有限公司电子化学应用材料生产基地

（顾　颖　供）

粮油工业

【概况】 2019年，无锡市粮油工业落实粮食仓储各项管理制度，推进仓储规范化管理，实施优质粮食工程，完成各项重点工作；科技平台搭建富含特色，项目建设推进顺利。在市属基层粮库开展仓储标杆规范化管理创建活动，推动仓储标杆创建活动向精细、精准、精确方向发展，仓储保管制度的落地向实用、管用、好用方向发展。贯彻落实江苏省仓储规范化管理座谈会精神，对市属仓储管理的账、表、卡、台账、标识进行“五统一”，借鉴先进地区做法，开展市属仓储企业规范化管理达标评比活动，提升仓储规范化管理水平。无锡锡储粮食储备有限公司被评为“全国放心粮油示范仓储企业”，无锡市军粮供应站被评为“全国放心粮油示范销售店”。

（梅欢丛）

【优质粮食工程】 2019年，全市优质粮食工程实施项目4个（1个项目完成建设并验收，3个项目稳步推进）。中央财政支持粮食安全保障调控和应急设施项目1个，为宜兴市周铁镇2万吨仓储迁建项目，项目完成投资额度90%。市财政支持预算执行项目2个，分别为国储库、新安库仓储设施维修改造项目，完成施工和验收。会同市发改委对2017年后取得省级以上财政补贴项目进行全面核查，完成宜兴市闸口、西渚、鲸塘仓储及烘干项目终验，并报省财政厅、省粮食局备案。

（梅欢丛）

【粮食产业联盟发展】 2019年，无锡市坚持“提质增效、特色发展”的思路，引导宜兴地区加强产业联盟建设，推动宜兴粮油加工业向种植、流通环节延伸融合，做响品牌。加强与市产业集团沟通，扩资无锡布勒机械制造有限公司，巩固拳头产品，开发利用新品，实现产品销量翻番目标。推动苏惠米业有限公司继续加大与江南大学国家重点实验室合作，在营养糙米、“糖卫士”产品的基础上，增加专用米、专用粉、功能性稻米产品的有效供给。全年全市粮油工业产值实现销售收入73.81亿元，利润2.64亿元。

（梅欢丛）

【“智慧粮食”建设】 2019年，无锡市在科技保粮仓储运用上，挂牌成立“粮油储运科学家工作室”“粮博士工作站”，开展低温气调储粮试点，在内港池罩棚顶上安装太阳能光伏发电机组，推动发展粮油储运领域关键和核心技术。在“智慧粮食”建设运用上，开发手机APP软件，加强对油脂储存实时动态的远程监控。在人工智能机器人运用上，对“华粮壹号”三代机进行迭代改良，在定点巡逻、应急值守、立体安防、气体监测等相对成熟的功能运用基础上，导入AR模块，对接平移“智慧粮库”管理系统，提升“人工智能”与“智慧粮食”闭环运行的操作运用水平。

（梅欢丛）

交通设备制造业

【造船工业】 2019年，无锡船厂新承接制造船舶6艘，开工上船台7艘，交船出厂8艘。出厂船舶中，包括智利89米车客渡船1艘、秘鲁24米全回转拖轮1艘、秘鲁16.5米小艇2艘、新加坡大洋公司31.5米全回转拖轮1艘、太仓太海轮渡公司车客渡船2艘、江阴暨阳轮渡有限公司60米车客渡船1艘，全年生产态势平稳。5月27日，无锡船厂全资投资设立的苏洋船舶有限公司，通过国家标准《船舶生产企业条件基本要求及评价方法》（CB/T3000-2007）评审，取得江苏省工业和信息化厅颁发的“二级Ⅱ类钢质一般船舶生产企业”船舶生产企业生产条件认可证书。

（吴志红）

【低能扫描型电子加速器研发】 12月，无锡爱邦辐射技术有限公司研发的新品“200KeV低能扫描型电子加速器”通过中国计量科学研究院测试，核心技术指标沿扫描方向剂量不均匀度达到国家标准《辐射加工用电子加速器工程通用规范》GB/T25306-2010），实现批量订单式销售。该产品的成功研制，标志着国内食品冷链包装膜（PVDC）、海水淡化处理特种膜等高阻隔薄膜实现自主生产，不再完全依赖进口，对发展辐照加工产业具有推动意义。3月，无锡爱邦辐射技术有限公司董事长兼总经理、博士张宇蔚获评江苏省“三八红旗手”称号。

（孙　政）

产业集群

【概况】 2019年，无锡市16个重点产业集群规模以上企业有3312家，实现主营业务收入14013.7亿元（集群统计口径，含部分集群交叉统计），比上年增长6.7%，保持稳定增长态势。物联网、集成电路、高端纺织服装、高端软件、节能环保、特钢、新能源、汽车及零部件（含新能源汽车）8个产业集群营业收入超1000亿元，其中物联网集群超2000亿元。高端装备、高分子材料、电子新材料、电子元器件4个产业集群营业收入超500亿元。

（韩　梅）

【实施产业链工程】 2019年，无锡市在《无锡市先进制造业集群发展指导规划》的基础上，对物联网、集成电路、高端纺织服装等12个重点优势产业集群作系统梳理，分析集群发展现状，谋划空间发展布局，解构产业链节点特征，编制《无锡市先进制造业重点产业集群产业链图谱和招商指导目录汇编》，围绕“造链、补链、强链、延链”，聚焦产业链短板和关键环节，制定产业集群招商指导目录，绘制产业链图谱，为产业链招商提供精准导向。

（韩　梅）

【建设高端产业集群】 2019年，无锡市以《无锡国家传感网创新示范区发展规划纲要(2012~2020年)》为统领，围绕物联网技术创新核心区、产业发展集聚区、应用示范先导区的建设目标，培育、发展、壮大物联网产业集群。在工信部举办全国先进制造业产业集群竞赛中，创新促进中心代表无锡物联网产业集群参赛，在全国近100家参赛选手中胜出，成为入围决赛阶段的24家初赛优胜者之一，是全国唯一一家以物联网为主题的产业集群，获中央财政专项资金支持5000万元。

（韩　梅）

【集群内部协同创新】 2019年，无锡市以实施重点技术创新计划，269个项目入选江苏省工信厅《2019年江苏省重点技术创新项目导向计划》，其中，新产品研发和推广类项目171项、核心技术突破类项目46项、质量攻关类项目14项，标准领航类3项，项目投资总额404949万元。推进制造业创新中心建设，制定《无锡市制造业创新中心建设实施意见（试行）》，年内，无锡市制造业创新中心进入江苏省级培育4家，新增2家，华中科技大学无锡研究院数字化设计与制造创新中心省级试点进入实质性进展阶段，隆达航材因其在国内“两机”产业链中的重要地位破格进入省级培育。

（韩　梅）

【集群企业协作】 2019年，无锡市以产业链为纽带，在上下游产品企业间建立配套协作机制，开展重点产业配套协作对接活动，组织2019江苏省环保产业协作配套对接会，600余家企业参加会议，其中，采购企业137多家，采购的产品涵盖所有节能环保产品。组织2019无锡市新能源产业协作配套会，200余人参会，多家企业发布光伏、风电领域等项目合作信息，海融资产、江苏银行通过“无锡新能源产业投资发展基金”“光伏贷”业务，并开展现场银企对接。

（韩　梅）

无锡产业发展集团有限公司

【概况】 2019年，无锡产业发展集团有限公司全面完成市国资委下达的经营目标任务，全资、控股企业实现营业收入672.45亿元，利润总额26.49亿元，现价工业总产值161.86亿元，分别是2015年年末的4.2倍、1.4倍和1.6倍。对照“十三五”战略发展规划，营业收入和现价工业产值提前一年达到既定目标，利润总额超过阶段目标。全口径营业收入突破1000亿元，完成1192.28亿元，成为无锡第一家超1000亿元营业规模国企。连续11年入选中国企业500强，2019年列第207位，比上年提升29个位次。列2019中国制造业企业500强第91位，比上年提升13个位次。

（彭旻婕）

【企业运行】 2019年，无锡产业集团以市场为中心，确立“调优存量”思路，引导所属企业抢订单、拓份额、固地位，提高整体发展质量。引导主体企业战略转型、拓展持续发展空间。无锡威孚高科技集团股份有限公司应对市场下滑挑战，实施“双擎战略”，氢能燃料电池产品商业化进程提速，雷达测试实验室等平台投入使用，提升智能网联产品开发能力。无锡市太极实业股份有限公司突出主业、聚焦实业，巩固拓展半导体产业优势，在高基数上保持快速增长，被评为无锡市优秀上市公司。无锡宏源机电科技股份有限公司以提高主导产品市场占有率为目标，保持平稳发展。无锡国开金属资源有限公司实施精准支持计划，确保中小企业稳定经营，加强企业运营跟踪和情况分析，实施“一企一策”策略。江苏太极实业新材料有限公司产销量稳中有增。锡产投资（香港）有限公司明确战略定位，启动建设海外发展总部。开展定点亏损企业扭亏增效专项行动，努力减亏控亏、扭亏创利。缓解企业资金周转矛盾，落实企业融资支持，完成内部借款35笔、共计19.06亿元。江苏日托光伏科技股份有限公司完成产能提升项目，入选无锡市瞪羚培育企业。江苏南大环保科技有限公司实现营收比上年增长39%。江苏汇联铝业有限公司推进历史遗留问题和债权处理，启动提产计划。

（彭旻婕）

【重大项目】 2019年，无锡产业集团深化产业链强链、补链、延链、造链思维，推进项目建设。全年实施股权、固定资产和金融等投资项目61项（不含理财），完成投资额101.8亿元，比上年增长13.51%，其中，战略性新兴产业类项目投资额78.96亿元，占比78%。在全市产业强市贡献奖颁奖大会上，无锡产业集团获“无锡产业强市优秀企业”和“项目引进突出贡献奖”两大奖项，3名企业家获得先进表彰，获誉数量、层次居市属国企第一。依托重大产业项目的实施落地，推进新兴产业培育规模化。参与的华虹无锡基地项目一期工程建成投片。中环宜兴工厂首条8英寸线投产，年底达满产状态。海力士M8项目主体建筑封顶，完成洁净车间建设和厂务设备安装。AESC项目启动建设年产20GWh的三元锂动力电池和电极材料生产线。牵头无锡思帕克微电子合伙企业、无锡市太极实业股份有限公司、无锡威孚高科技集团股份有限公司和初芯半导体科技有限责任公司共同投资21.1亿元设立无锡锡产微芯半导体有限公司，完成LFoundry项目收购。

（彭旻婕）

【产业基金集群化】 2019年，无锡产业集团以集聚产业资源为目标，推进产业基金集群化，形成集成电路、物联网、新能源、新材料、新汽车、现代农业等在内的产业基金集群。对无锡产业聚丰投资管理有限公司增资9000万元。旗下招银新能源基金分配超额收益、有序退出；代表无锡市认缴20亿元，参与国家集成电路产业投资基金二期募集出资；认缴出资2亿元牵头发起设立规模12亿元的无锡物联网产业基金，支持物联网及工业互联网关键共性技术项目建设；牵头设立规模15.2亿元的服贸无锡产业投资基金，挖掘集成电路设计前端领域机会；认缴出资5亿元加入中国农垦产业发展基金，拓展粮食深加工、食品供应链等领域合作。无锡产业集团借助专业化、市场化投资能力，挖掘潜在合作机会，推动优质产业资源向无锡集中集聚，服务区域实体经济转型升级。

（彭旻婕）

【产业资本运作】 2019年，无锡产业集团以深化产融互动为关键，推进国有资产证券化。建立“主业+基金+投行”创新发展模式，强化产业资本运作，提升集团资产证券化水平。直接收购上市公司股权，以3.4亿元收购无锡新宏泰电器科技股份有限公司15.65%股权，推进资本合作，为探索产业协同打下基础、拓展空间。加快后备上市公司储备。以2.55亿元收购飞而康快速制造科技有限责任公司45.85%股权，成为控股股东，制定飞而康快速制造科技有限责任公司目标及投融资计划，争取2021年满足科创板IPO条件。推动无锡市太极实业股份有限公司、无锡威孚高科技集团股份有限公司现有上市平台做大做强。发挥产业基金上市孵化功能。无锡产业聚丰投资管理有限公司参与管理的云晖新汽车基金运作稳健，投资的宁波容百新能源科技股份有限公司科创板上市，孚能科技（赣州）股份有限公司、上海康鹏科技股份有限公司及无锡迪维投资合伙企业单项目基金定向投资的上海凯赛生物技术股份有限公司3个项目被科创板受理。

（彭旻婕）

【深化改革】 2019年，无锡产业集团坚持改革创新，助力高质量发展，激发内生发展动力，提高集团改革、创新发展水平。无锡产业集团被列为无锡市首批董事会职权改革试点企业，率先在市国资系统制定《产业集团职业经理人管理办法（试行）》，在有条件的部门、企业推行试点。落实义务教育和公办幼儿园食堂治理改革意见要求，无锡市苏南学校食材配送有限公司克服困难，3个月内实现筹建和运作，日均供应品种64个，日均供应食材近400吨，配送准时率、准确率100%。无锡苏南农副产品物流股份有限公司推进南北市场建设和招商工作，城北市场年内运营开业。落实市区粮食国企管理体制改革要求，接管经营性粮企资产4.8亿元，谋划涉粮企业后续发展。助力全市医疗资源布局优化调整，加快无锡市北创科技创业园股份有限公司AB楼竣工验收、收储出让，与无锡妇幼保健医院、第三人民医院做好资产交接准备。推进集团类金融企业资源整合，设立注册资本25.56亿元的无锡产发金服集团，打造无锡投资行业第一品牌。加快重点领域改革，分类推进改革，起草工业、金融、资产管理3类企业绩效评价办法，推进空壳企业处置，推动委派董监事管理中心常态化运作。

（彭旻婕）

2019年，无锡产业集团获“无锡产业强市优秀企业”“项目引进突出贡献奖”等奖项及荣誉称号

（彭旻婕　供）

【科技创新】 2019年,无锡产业集团争当科技创新领路者,完善科技创新体系,优化人才、技术等要素组合,营造创新生态。注重应用研究,会同南京大学建设无锡南大绿色环境友好材料技术研究院公司,推进易址工作。加大技术改造投入,实施技术升级项目,建立智能车间、智能工厂等标杆。集团所属17家企业建成省级以上高新技术企业,3家企业入选省企业研发机构高质量提升计划,建成省级以上工程技术中心13个。无锡创业投资集团有限公司持续加强直投能力建设,获评“2019年长三角区域最佳创业投资机构”“省创业投资品牌领军企业”。无锡金控融资租赁有限公司新增投放项目21个,投资金额26亿元。无锡金控商业保理有限公司加强风控措施,稳步开发项目。集团供应链管理部创新发展策略,完成销售收入2.85亿元。完善科创平台载体功能,无锡市北创科技创业园股份有限公司一着不让招商引企,出租率83.86%;无锡锡东科技产业园股份有限公司完成聚智创富中心电力增容,推进安普瑞斯(无锡)有限公司二期厂房等工程建设。

(彭旻婕)

【经营管理】 2019年,无锡产业集团加快推进国企治理方式现代化,向管理要质量、要效益、要安全。对外输出可推广、可借鉴、具有产业特色的管理方案,《基于产业平台的新兴产业引领战略的构建与实施》获第26届全国企业管理现代化创新成果一等奖(全国共计30项,为无锡唯一获奖成果)。注重财务管控,压降资金成本,灵活运用短中长相补充、直接间接相配合的融资工具,优化集团资本结构,降低资产负债率,提升再融资能力,确保资金成本可控、效率优化。全年发行期限为3+N的永续中票10亿元,累计发行直接债务融资工具122亿元,实现超短期融资券的发行利率创新低(2.66%);完成60亿元超短期融资券、20亿元中期票据和20亿元短期融资券的注册工作;集团本部融资余额197.71亿元,净新增33.62亿元,直接债务融资工具余额146亿元,占融资余额的73.85%。注重资产管理,提高配置效率,发挥无锡市金德资产管理有限公司资产管理平台作用,推动敔山湾项目股权债权转让,谋划不良资产处置业务。盘活存量资产,加大对省船厂、江南中专等14个地块拆迁款催收力度,年内收到补偿款、历史欠款30390.56万元。集团所属房屋、土地在租面积合计46.92万平方米,全年出租收入应收尽收,实现收入3745.66万元。加大资产整合力度,推进三凤楼项目建设,签订增资合作协议,完成合资公司设立,启动招标准备,放大“三凤桥”中华老字号品牌效应。注重风险防控,营造稳定环境。深化法律风控体系建设,规范做好信息披露,强化业务知识更新,完成集团公司章程及股权变更等事项,提升法务队伍服务与保障的主动意识和工作能力;参与诉讼实践活动,提升公司律师实务水平;完善证据储备和系统归并工作,为具体维权业务提供保证,维护集团合法权益。

(彭旻婕)

【安全生产】 2019年,无锡产业集团抓好安全生产工作,开展拉网式安全检查和隐患排查整治专项行动,组织“安全生产月”主题活动,探索运用“安全+监察”联合机制,加大安全工作的督促、警戒力道,引导建立“安全生产先进工艺+技术+装备推广应用”安全机制,保障安全生产标准化体系达标创建与升级、风险分类管控与隐患排查治理双控机制两手抓,获评全市“2019年安全生产先进工艺、技术和装备推广应用示范项目”。加强托管人员管理,做好信访安保工作,夯实档案、保密、网络安全。

(彭旻婕)

编辑 胡 慧

商贸流通

【批发零售】 2019年，全市社会消费品零售总额保持稳步增长，累计实现社会消费品零售总额3983.41亿元，比上年增长8.5%，高于全省2.3个百分点，列全省第一位，累计实现限上社会消费品零售总额1071.15亿元，比上年增长8.0%。完成限上批零贸易销售总额9718.89亿元，比上年增长7.0%。从行业看，批发零售业拉动作用强劲，全市批发和零售业完成社会消费品零售总额3669.72亿元，比上年增长8.5%，占全市比重92.13%，为消费品市场增长的主导力量，拉动作用强劲；住宿业和餐饮业保持稳定发展，完成零售额313.69亿元，比上年增长8.2%，占全市比重7.87%。从地区看，2019年无锡市区实现社会消费品零售总额2219.60亿元，占全市比重55.72%，其中，梁溪区实现社会消费品零售总额1055.31亿元，占市区比重47.55%；江阴市实现社会消费品零售总额1036.15亿元，占全市比重26.01%；宜兴市实现社会消费品零售总额727.66亿元，占全市比重18.27%。从城乡看，城镇市场依然占据主导地位，2019年城镇实现社会消费品零售总额3396.96亿元，比上年增长8.3%，占全市比重85.28%；乡村实现社会消费品零售总额586.45亿元，比上年增长9.3%，占全市比重14.72%。从类别来看，18大类商品实现正增长的有14个类别，增长面为78.8%。通信器材类、烟酒类、书报杂志类、石油及制品类、金银珠宝类、化妆品类六类表现亮眼，增速均超15%，而体育娱乐用品类则下降超过30%。所有类别商品中，汽车类占比最大，2019年销售额达到408.50亿元，比上年增长4.7%，占限上批零总额的比重为38.14%。从结构来看，粮油食品类、饮料类、烟酒类、服装鞋帽针纺织品类、日用品类、中西药品类等生活必需消费品类限上批零占比26.81%，比上年下降3.35个百分点；汽车类、石油及制品类限上批零占比达53.65%，比上年上涨2.68个百分点，消费结构优化升级态势明显。

（徐一峰）

【消费促进活动】 3～6月，无锡市开展以"换新生活·美好无锡"为主题的2019年春季消费促进季活动，各类主题促销活动达260多场。6月，滨湖区"魅力湖湾探索计划"启动，活动采用"线上路书＋线下文创"的形式，引导市民走出家门体验城市探索，助推区域消费。9月，锡山区首届购物节启动，购物节以"宜居锡山·乐享生活"为主题，因地制宜开展商旅文、吃住行、游娱购融合等一揽子消费活动，提供"吃、穿、玩"等丰富的消费体验。9～11月，2019无锡金秋购物节以"领誉鎏金70载·启智商贸惠全城"为主题，组织全市近百家重要商家开展各类消费促进活动百余场，打造一场深具无锡文化气息和商业氛围的购物盛会，满足无锡市民及外来游客的休闲购物需求。

（徐一峰）

【商品市场发展】至2019年年底，无锡市有商品交易市场377个，其中亿元市场51个，年商品成交总额达4619亿元，营业面积近650万平方米。全市商品交易市场总体运行平稳，在资源配置中发挥着举足轻重的作用，为产业发展和满足人民群众各类需求提供强大支撑。推进商品市场转型升级，充分发挥其引导生产、扩大消费、促进增长、助力供给侧结构性改革的作用，全市商品交易市场总体呈现转型升级、管理规范和服务提升的趋势。年内，无锡市加快商贸供给侧改革，被评为全国城乡高效配送首批30个试点城市之一，制订出台了城乡高效配送试点实施方案。在全市开发推广使用"无锡二手车交易信息管理系统"，进一步规范二手车市场经营秩序，实现二手车交易"实物、实名、实情、实时"登记制度，全年实现二手车交易18.78万辆，比上年增长10.88%，成交额138.87亿元，比上年增长7.04%。

（华尔斐）

【农贸市场建设】 2019年，朝阳、天鹏市场推进农商互联完善农产品供应链，被评为供应链创新与应用中央试点企业，市场全年成交总额分别达110.35亿元、167亿元，分别比上年增长14.76%、7.67%。全年完成农贸市场标准化改造10家，改造面积5.8万平方米，改造摊位数约1500个，带动社会投入约9450万元，受益周边群众30万人。制定《无锡市市区2020～2022年农贸市场标准化改造实施方案》。市区农产品市场规划布点进一步优化，朝阳、天鹏等大型农副产品批发市场强化产销衔接，发挥农产品保供稳价的主渠道作用。同时，强化农贸市场公益性功能，全年有6家农贸市场参与公益性试点建设。

（华尔斐）

【商贸业态发展】 2019年，清名桥历史文化街区被评为江苏省高品位步行街，新增15家企业入围“江苏老字号”。佳利达物流等18家重点企业和无锡市汽车零部件供应链条等4条重点产业链条被评为省级供应链创新与应用重点培育项目，数量位居全省第二。支持梁溪区以“省级商贸流通创新发展示范区”建设为抓手，加强商文旅融合发展，精心打造“吃住行游购娱”六大业态。江阴市成功申报国家农村电商综合示范县，30家单位获评省级各类电商示范企业、基地。

（楼利锋）

粮食购销

【概况】 2019年，全市两季粮食收购86.8万吨，其中最低价粮食收购12.3万吨、地方国有粮食企业商品粮收购47.2万吨。夏粮收购小麦45.1万吨，其中最低价小麦收购6.4万吨、地方国有粮食企业商品粮收购35.1万吨；秋粮收购粳稻41.7万吨，其中最低价粳稻收购5.9万吨、地方国有粮食企业商品粮收购12.1万吨。2019年全市粮食消费总量210.8万吨，其中居民口粮消费124.3万吨。

（梅欢丛）

【粮食安全责任制落实】 2019年，市委、市政府将粮食安全责任制考核纳入各级政府目标责任考核体系。全市粮食系统进一步提升粮食安全保障水平，配合省粮食安全责任制考核领导小组做好考核，并组织做好对市（县）区的考核工作。在省政府召开全省粮食安全责任制考核工作动员部署视频会议上，2019年度考核

表43　　2019年居民消费价格指数表

指标	市区
居民消费价格总指数	102.9
食品烟酒	107.4
衣着	102.1
居住	101.6
生活用品及服务	103.4
交通和通信	97.3
教育文化和娱乐	103.7
医疗保健	100.2
其他用品和服务	104.9

（市统计局）

表44　　2019年无锡市规模以上服务业统计表

指标	单位	2019年	增长（%）
规模以上服务业营业收入（亿元）	亿元	1181.27	13.3
交通运输、仓储和邮政业	亿元	245.37	7.8
信息传输、计算机服务和软件业	亿元	331.61	9.9
房地产业	亿元	65.69	25.2
租赁和商务服务业	亿元	265.54	14.5
科学研究和技术服务业	亿元	147.50	17.4
水利、环境和公共设施管理业	亿元	54.13	24.6
居民服务和其他服务业	亿元	10.79	20.8
教育	亿元	9.27	2.8
卫生和社会工作	亿元	18.84	4.7
文化、体育和娱乐业	亿元	32.53	45.1

（市统计局）

表 45　　2019 年无锡市国内贸易统计

指 标	单位	2019 年	增长（%）
国内贸易			
社会消费品零售总额	亿元	3024.34	8.5
1. 按行业分			
批发和零售业	亿元	2793.91	8.5
住宿和餐饮业	亿元	230.43	8.2
2. 按销售单位所在地分			
城镇	亿元	2759.26	8.3
#城区	亿元	2432.63	7.6
乡村	亿元	265.08	9.3
限额以上社会消费品零售总额	亿元	1160.22	7.9
批发和零售业	亿元	1071.15	8
粮油、食品类	亿元	98.54	2.1
饮料类	亿元	15.38	3.3
烟酒类	亿元	20.42	24.6
服装、鞋帽、针纺织品类	亿元	81.98	7.9
化妆品类	亿元	13.94	15
金银珠宝类	亿元	22.59	16.8
日用品类	亿元	30.95	−0.4
五金、电料类	亿元	17.79	12.4
体育、娱乐用品类	亿元	1.49	−38.8
书报杂志类	亿元	44.25	21.4
家用电器和音像器材类	亿元	41.02	0.2
中西药品类	亿元	39.89	3
文化办公用品类	亿元	6.06	−28.6
家具类	亿元	6.66	−2.8

得分 95 分以上的无锡、扬州、南京等 6 市受到表扬。

（梅欢丛）

【收储保供】 2019 年，无锡市完成省局下达的 29.1 万吨全年优质优价收购任务。粮食收储制度改革不断深化，国家首次下调稻麦最低收购价，面对日益复杂的粮食收购形势，全市各级粮食部门周密部署、积极应对。江阴市和惠山区强化为农服务理念，确保粮农高兴而来满意而归。宜兴市拓宽融资渠道，争取资金支持。锡山区开展以收购政策、仓储管理等为主要内容的业务培训，两季收购实现“全规范、零投诉”。加强地储粮管理。优化地方储备粮油管理，将实施十余年的市级储备粮稻麦 7:3 比例调整为 5.5 ∶ 4.5。加强粮源基地建设，和徐州、扬州签订粮食产销协议总量 33.7 万吨；在徐州市建立 3333.33 公顷粮食生产基地。切实提升粮食应急保供能力。对全市粮食应急供应网点、应急加工网点、应急配送中心等进行了梳理、调整和增补，启动《无锡市粮食应急预案》修订工作。

（梅欢丛）

供销合作

【概况】 2019 年，全市供销合作社紧扣“深化综合改革”“实施乡村振兴战略”和“全系统高质量发展”工作主线，全面完成市委、市政府下达的重点工作目标及省总社下达的各项目标任务，获得 2019 年度全省供销合作社综合业绩评价“优秀”等次(第二名)。5 月 27 ~ 28 日，全市供销合作社第六次代表大会召开，完成本级供销社章程修订和市级理事会、监事会换届。9 月和 12 月，滨湖区、锡山区分别召开第一次代表大会。至此，无锡本级社、各市(县)区供销社建立健全联合社“三会”制度实现全覆盖。10 月，江阴市供销社承办“2019 供销合作社改革发展论坛”，并与华西村

续表 45

指 标	单位	2019 年	增长（%）
通信器材类	亿元	34.38	33.9
石油及制品类	亿元	166.18	17.1
建筑及装潢材料类	亿元	10.74	13.8
汽车类	亿元	408.50	4.7

（市统计局）

联合组建供销合作有限公司，成立华西村供销合作社。江阴供销社综合改革经验在《江苏经济报》头版刊载，并被中华合作时报社、全国总社信息中心、全国总社声像中心联合授予“金扁担改革贡献奖”。对照《无锡市乡村振兴战略实施规划》要求，推进宜兴供销社服务乡村振兴示范区先行县建设。徐舍供销社完成综合性农民合作社创办任务，建立综合服务便民窗口，组建徐舍兆丰农业专业合作联社；完成 2 个现代农业综合服务中心建设。

（周 毅）

【基层组织建设】 2019 年，全市供销合作社基层组织开展为农服务、助力乡村振兴的综合实力整体提升。申报创建全国百强县级社。创新完善联合社治理机制，构建联合社机关主导的行业指导体系和社有企业支撑的经营服务体系。宜兴供销社、江阴供销社均被评为“全国供销合作社系统百强县级社”。提升乡镇供销合作社为农服务综合能力。做好《关于建设乡镇供销合作社经营服务综合体的指导意见》落实。新增乡镇供销合作社经营服务综合体 4 个，创建宜兴周铁、江阴云亭、滨湖山水城 3 个“三体两强”基层社和宜兴徐舍 1 个“农综社”，改造提升江阴璜土、河塘、山观 3 个薄弱基层社。江阴青阳供销社被评为“全国总社基层社标杆社”。推动县级供销社、基层社通过“共同出资、共创品牌、共享利益”等方式，创办、领办、参办农民专业合作社 20 个（联合社 8 个），新建一、二、三产业融合发展综合体 10 个。宜兴珍香生态茶业专业合作社、宜兴天信生态种养专业合作社、江阴田怡农业专业合作社等 6 家专业合作社被国家农业农村部评为“国家农民合作社示范社”；宜兴云溪生态种养专业合作联社被评为“全国总社农民专业合作社示范社”。

（周 毅）

【健全农业社会化服务体系】 2019 年，《无锡市供销合作社开展农业社会化服务规划（2020 ~ 2022 年）》《无锡市供销合作社深化农业社会化服务行动计划》制订实施。在滨湖区召开全市农业社会化服务现场推进会，通过现场观摩、经验交流，充分展现区域为农服务特色，服务内容向多领域发展，探索并积累值得推广复制的农业社会化服务经验做法。建好服务平台。坚持优化布局、因地制宜、功能完备抓建设，打造宜兴东西南北中布局建、江阴农业中心镇重点建、锡山农业集中区引领建、惠山农业龙头企业主导建的综合服务平台发展模式。新建现代农业综合服务中心 4 个，累计已达 14 个。全市农业社会化服务面积 11466.67 公顷，土地全托管和土地流转服务面积 3000 公顷。

（周 毅）

【拓展农村电子商务】 2019 年，全系统拓展农村电子商务。宜兴供销社先后完成电子商务展示、运营、培训、物流 4 个中心建设，建成张渚海晟、太华九香、徐舍芳庄等 10 个 O2O 电商线下体验店。江阴供销社不断推进实体与网络同步建设、融合发展，新建特色农产品实体店 2 家，新增“网上双代店”5 家，累计已建成 28 家。滨湖区供销社继续与“食行生鲜”电商平台展开深度合作，网上生鲜农产品销售量再创新高。惠山区商务局发挥“省级农村电子商务示范区”孵化发酵作用，拓展多个服务领域。新吴区农业农村局签订《供销合作社社务指导关系协议》。

（周 毅）

【打造农产品产销对接平台】 2019 年，全市供销系统 24 家单位赴盐城参加 2019 海峡两岸（江苏）名优农产品展销会，并被展销会组委会评为“优秀组织奖”。江阴以农产品展销会打造服务三农平台，举办 2019 江阴市首届名特优农产品展销会。推进苏南农副产品物流配送中心城南和城北市场项目建设，该项目 2018 年被评为江苏省四家公益性试点市场（全市唯一），并获省商务厅、财政厅拨款 3200 万元，组建苏南物流公益性市场。年底，城北 3 万平方米市场开始试运营，城南市场项目验收和招商工作全部完成。

（周 毅）

【农药集中配供和废弃包装物回收】 2019 年，江阴供销社率先组织实施农药集中配供和废弃包装物回收处置，农药零差率统一配供面积 9666.67 公顷，销售农资近 1 亿元，回收农药废弃包装物超过 70 吨、620 余万件，农药集中配送额达 2100 万元，直接减轻农户负担 450 万元，有效降低农业面源污染。宜兴市天信农资公司和滨湖区胡埭供销社、山水城供销社相继开展农药废弃包装物回收工作。

（周 毅）

【农村合作金融服务】2019 年，中合华惠小额贷款有限公司为 78 家农业经营主体提供贷款 9510 万元；宜兴华惠三农贷款担保公司为 21 家农业经营主体提供基准利率贷款担保 2012 万元,放贷基准利率“惠农贷” 5608 万元。

(周 毅)

【农民职业技能培训】 2019 年,无锡市社组织举办各类培训班 10 期、420 人次,获得由全国总社职业技能鉴定指导中心、人力资源和社会保障部中国就业培训技术指导中心共同举办的“武夷山杯”首届评茶员职业技能竞赛总决赛“优秀组织奖”,是受表彰的全国唯一省辖市供销合作社。承办“2019 中国智慧农资产业技术创新战略联盟大会暨产学研供需对接会”,并在大会介绍无锡经验做法。

(周 毅)

烟草专卖

【概况】 2019 年,市烟草公司共销售卷烟 23.25 万箱;单箱结构 43460 元。全年实现税利 31.52 亿元,比上年增长 3.35%;上缴税收 19.91 亿元,比上年增长 2.94%。

(虞 凯)

【专卖管理】2019 年,市烟草系统发挥好专卖管理维护国家利益和消费者利益的作用,查获涉烟违法案件 2296 起,查获 5 万元以上大要案件 357 起,比上年上升 1%;50 万元以上案件 27 起,比上年上升 93%。其中,查获 100 万元以上案件 10 起,比上年上升 100%。查获涉案卷烟 7907.58 件,比上年上升 40%,其中查获假烟 1820.42 件,比上年上升 39%;上缴罚没款 678.5567 万元,比上年上升 8%。依法取缔违法违规大户 62 户。市烟草公司获省局通令嘉奖 24 次,比上年上升 50%。

(虞 凯)

【服务零售客户】 2019 年,市烟草系统推进零售客户跨行实时结算全渠道支付,推广贷记卡结算业务,贷记金额近 8 亿元,为零售客户解决资金困扰。至年底,跨行自主结算金额近 24.58 亿元,跨行自主结算零售客户数占比已超过 98%。无锡市公司卷烟物流配送中心成功创建“全国现场管理星级评价五星级现场”。

(虞 凯)

邮政·快递

【概况】 2019 年,无锡邮政行业(包括邮政企业和快递企业)业务总量完成 186.6 亿元,比上年增长 58.6%。全年邮政行业业务总收入(不包括邮政储蓄银行直接营业收入)完成 101.7 亿元,比上年增长 37.3%。全年邮政寄递服务业务总量累计完成 23535.1 万件,比上年增长 7.8%;业务收入累计完成 52108.9 万元,比上年增长 39.3%。其中,函件业务小幅下降。全年函件业务量累计完成 2109.7 万件,比上年下降 5.2%。全年包裹业务累计完成 14.2 万件,比上年下降 7.7%。全年订销报纸业务累计完成 14272.5 万份,比上年下降 2%;订销杂志业务累计完成 467.5 万份,比上年下降 1.3%。全年汇兑业务累计完成 6.9 万笔,比上年下降 42.3%。

全年快递企业业务量累计完成 8.17 亿件,比上年增长 59.6%;业务收入累计完成 81.4 亿元,比上年增长 38.4%。无锡人均快递业务量 124 件,比上年增长 59%;人均快递支出 1238 元,比上年增长 37.9%。

年内,邮储银行无锡市分行被江苏省精神文明建设指导委员会命名为“2016 ~ 2018 年度江苏省文明单位”,这是无锡市分行连续第三次获得该荣誉。

(郑 彤)

【邮政服务设施】 2019 年,无锡全市共有普遍服务网点 141 个,平均服务半径 3.23 千米,服务人口 3.5 万人,与上年持平。其中自办网点 141 个,与上年相比增加 10 个,新增梅园等 10 个自办局所。电子化网点 141 个,与上年相比增加 10 个,主要是 10 个代办网点转为自办电子化网点,改善整体用邮环境,提升客户用邮体验。全市共有 268 个邮筒(箱),28 个邮政报刊亭等邮政设施,村邮站 611 个。累计建成邮乐购加盟店 2300 家,其中打造优质店 640 家,包括重点打造旗舰店 129 家。其中行政村所在地加盟店 667 家,乡镇所在地及城郊结合部加盟店数 1717 家,重点聚焦加盟店批销转型发展要求。至 12 月 9 日,加盟店微信邮付安装 340 余家,易邮自提绑定 171 家。

2019 年,无锡市城市投递段道

无锡市烟草专卖局举办庆祝新中国成立 70 周年文艺演出活动

(虞 凯 供)

331条,单程12741.6千米,其中电动二轮/三轮车段道250条,摩托车段道36条,机动车段道45条;农村投递段道467条,单程21342千米,其中电动二轮/三轮车段道109条,摩托车段道317条,机动车段道41条。

(郑　彤)

【邮政普遍服务监管】 2019年,市邮政管理局对全市141个邮政普遍服务网点实施分级监管,印发《无锡市邮政普遍服务网点分级监管实施方案》,明确分级监管的指导思想、推进原则、主要模式、划分标准以及主要措施,并建立四项制度。至年底,全市一、二、三级邮政普遍服务网点数分别为26个、74个、41个。严格落实《邮政普遍服务》标准和《邮政业安全生产设备配置规范》,有效保障人民群众用邮权益,指导邮政企业以市、县两级联合交叉检查的形式,开展普遍服务达标及安全生产大检查,实现全市141个邮政普遍服务网点100%全覆盖。

(郑　彤)

【专用邮政信箱邮件寄递服务管理】 2019年,市邮政管理局、市委巡察工作办公室、市邮政公司联合印发《无锡市巡视巡察专用邮政信箱的工作规定》,确保全市巡视巡察信件寄递畅通。全年共备案专用邮政信箱36批次。

(郑　彤)

【邮政综合服务平台建设】 2019年,邮政企业推进"政邮、警邮、税邮"服务项目,打通服务群众"最后一公里"。3月20日,市政务服务中心"邮政代办交管业务便民服务点"正式启用。无锡邮政深入推进警邮、税邮、政邮合作,以"线上申请、快递送达"的服务模式,履行"朝约夕至、次日必达"的服务承诺,助力政府深化"放管服"改革,建成代办交管业务网点67个,便民办税服务网点10个,2019年代办各类交管业务8.71万笔,实现代征税额2255.56万元,产生政务类业务收入2069.4万元,邮政综合便民服务平台的创新发展,让更多的企业商户和人民群众受益。

(郑　彤)

表46　　2019年无锡市邮电业务统计表

指标	单位	2019年	增长(%)
邮电业务总量	亿元	419.66	39.8
#邮政业务总量	亿元	101.71	37.3
固定电话用户数	万户	122.63	-5.5
移动电话	万户	1024.10	8.3
固定互联网宽带接入用户数	万户	326.14	4.2
快递业务量	万件	81703.36	59.6
快递业务收入	亿元	81.42	38.4

(市统计局)

【创建绿色邮政品牌】 8月30日,无锡邮政携手民进无锡市委、崇安寺街道党工委、迎龙桥街道党工委等单位共同举办"践行垃圾分类,倡导绿色生活暨绿色邮路"启动活动。近年,无锡邮政发挥点多面广的网络优势,开展系列绿色邮政系列品牌创建活动。用心建设环境友好的"绿色邮局",在全区所有邮政网点全覆盖以窄胶带替换传统宽胶带;普及新型环保包装箱,设废旧包装箱回收装置;推进电子面单替换传统四联单。在崇安寺和迎龙桥街道打造首批20条"宣传垃圾分类,倡导绿色生活"的"绿色邮路"。开展"员工手植一棵树"活动,全区邮政员工累计捐赠5300棵树。组建306个爱心公益团队,开展"99公益日"活动,启动爱心包裹、母亲包裹线上捐赠,累计捐赠20.77万元。通过开展"绿色邮局""绿色邮路""绿色使者"等活动,塑造无锡邮政"效率、和谐、可持续、负责任"的品牌形象。

(丁　欢)

【"邮爱驿站"全覆盖】 2019年,市邮政系统依托邮政网点服务资源,加速推进"邮爱驿站"项目,为社会公共服务的户外工作者提供力所能及的志愿服务,共建成"邮爱驿站"138个,无锡市五区二县市邮政网点"全覆盖"。"邮爱驿站"统一标准布置,打造劳动者的歇脚地、暖心屋,还承担社会爱心捐赠、志愿服务报名等功能。

(郑　彤)

【邮政服务跨境电商发展】 2019年,引导宜兴大闸蟹大户的产品进入邮政销售渠道,实现大闸蟹当天捕捞,当日直飞,当天10小时内端上澳门餐桌,取得良好的示范效应。市邮政管理局、市商务局、市人力资源和社会保障局联合主办中国(无锡)跨境电子商务综合试验区第四届跨境电商创新创业大赛,营造跨境电商发展良好氛围。

(郑　彤)

【邮爱点点·温暖人间发布会】 7月29日,无锡邮政分公司联合中共无锡市委宣传部、市文明办以及市城市管理局、市退役军人事务局、市慈善总会举办"邮爱点点·温暖人间"发布会。该次活动旨在打造三大公益项目:在全区138个邮政网点全覆盖建设"邮爱驿站",打造"未成年人思想道德建设基地"常态化开展社会实践活动,亮点打造"退役军人之家"。

(丁　欢)

【"快递+"工程支撑产业融合发展】 2019年,快递服务向上游产业延伸,与现代农业、先进制造业协同发展。推进“快递＋现代农业”，与市农业农村局协作推广“阳山水蜜桃”、“太湖大闸蟹”等农特产品进城项目。完成业务量450万件，业务收入超2亿元，支撑农业产值8亿元。仅“阳山水蜜桃”一项，就完成业务量264.1万件，业务收入1.18亿元，带动农业产值4.3亿元。实施“快递＋制造业”，配合中国邮政集团公司、国家局政策法规司，联合市商务局对中科微至、江阴海澜、阳光集团等进行调研，为企业搭建合作平台，促进行业与先进制造业的协同发展。全年业务量达7750万件，业务收入16亿元，支撑制造业产值超130亿元。

（郑 彤）

【绿色快递城市建设】4月22日，苏宁物流2019“青城计划”首站在无锡起航。苏宁物流携手无锡市政府共建绿色快递城市。“青城计划”从四个维度推动“绿色无锡”建设。绿色仓储升级，锡城中心仓、冷链仓、前置仓等多元化仓储进行科学布局，重塑物流效能；绿色运输升级，在无锡新增200辆新能源车，同时加快物流运输模式的升级；绿色网点升级，不断优化完善末端网点设置和配送方式；绿色包装升级，推进绿色包装的规模化应用，推动直发包装、共享快递盒解决方案在无锡落地。无锡市邮政管理局与市生态环境局签订合作协议。推动无锡菜鸟驿站配置绿色回收箱，将快递包装绿色回收箱打造成为行业绿色发展的“前沿高地”。年内，行业绿色发展水平显著提高，电子运单使用率98%，80%以上电商快件不再二次包装，循环中转袋使用率80%，200个邮政快递网点设置包装废弃物回收装置。

（郑 彤）

【获“中国快递示范城市”称号】 参见第38页“无锡概貌·年度荣誉”内容。

【无锡国际邮件互换局（交换站）获批设立】 参见第280页“对外及港澳台经贸·口岸”内容。

【全省首个邮政行业职业教育集团成立】 12月11日，江苏省邮政行业职业教育集团在无锡成立。该集团是全国首个邮政职业教育集团，由无锡城市职业技术学院与22所高校、21家寄递企业、10家事业单位联合建立，标志着“人才强邮”战略再结硕果，有力推进职业教育产教融合、校企合作，为进一步强化行业人才队伍建设奠定坚实基础。

（郑 彤）

【政校企合作】 10月16日，无锡市邮政管理局、江南大学、菜鸟网络“政校企”合作签约仪式在杭州举行。三方就政校企合作业务进行了沟通，商定“快递进校园”项目更为广阔的合作空间。至年底，菜鸟网络提供的校园专用智慧物流系统，在江南大学已打通学生管理系统、菜鸟驿站系统、支付系统，实现了快递进校不扰人、学生自助寄取件、包裹管理无丢失、高峰时期不爆仓。

（郑 彤）

物 流

【概况】 2019年，全市物流行业呈现良好发展势头，有力助推枢纽经济发展。全年完成货物运输量19587.3万吨，比上年增长5%，其中公路运输量16596万吨，比上年增长5.3%；铁路运输量83.8万吨，比上年增长4.1%；水路运输量2907万吨，比上年增长4.2%。航空货邮吞吐量14.51万吨，比上年增长17.2%。港口吞吐量2.88亿吨，比上年增长23.7%。集装箱吞吐量58.61万标准箱，比上年下降4.8%。快递业务量8.17亿件，比上年增长59.6%。

（盛 军）

【物流企业发展】2019年，全市物流业实现营业收入665亿元，其中营业收入超1000万元的物流企业1079家，实现营业收入517亿元，占全市物流业营业收入的78%。拥有2家省级示范物流园区，无锡西站物流园区连续七年被评为国家优秀物流园区。新增1家省级重点物流企业，全市累计获评省重点物流企业（基地）达46家。江苏迅杰物流有限公司等16家企业入围省供应链创新与应用第一批重点培育企业。江苏佳利达国际物流股份有限公司等7家企业入选第二批省级道路货运无车承运人试点企业。全市无车承运人试点企业累计有10家。

（盛 军）

【物流能力提升】 2019年，航空物流能力提升，苏南硕放机场货邮吞吐量突破14.5万吨，其中全货机货运量8万吨，占比达到55%。开通“无锡—美国芝加哥”“无锡—美国辛辛那提”“无锡—重庆—德国哈恩—无锡”3条洲际货运航线，国际航空货运量达到3.15万吨，比上年增长120%。集装箱公铁联运模式不断创新，无锡西站物流园区首开无锡—佛山丹灶45尺集装箱重去重回班列。

（盛 军）

会 展

【概况】 2019年度，无锡市举办重要会展活动139个，比上年增长约7%，展览面积近100万平方米。无锡市获得“2019年度金五星优秀会展城市奖”“新中国成立70周年70个品牌会展目的地金手指奖”“2019年中国最具竞争力会展城市（省会城市、地级市）”，无锡市贸促会获得“2019年度金五星优秀会展管理机构奖”等荣誉。

（卢 珊）

【行业发展】2019年，无锡市按照相关规定减少和控制党政机关直接举办节庆论坛展会活动的审批数量；完善统计监测数据上报和分析制度；完善全市会展业统计监测企业（单位）名录，建立全市会展数据库。加强招展引会。组织召开“2019无锡会展推介会”；与国家级商协会、大型会展会奖企业等国内知名会展机构和企业建立长期合作关系。引进“中国(无锡)国际医疗器械与医药供应链展”等一批与市优势产业密切相关的会展项目。对符合条件的会展项目或企业按政策予以支持。广泛收集国内外展览信息,编制年度展览项目计划表,精心部署展览信息推广。制定推介行动计划,为企业提供“一企一策”“一项一策”等针对性服务。构建信用体系,促进会展业健康发展。制定无锡市会展业信用体系建设工作方案,号召全市会展从业主体签署信用承诺书,并将相关信息在“无锡会展办”及“信用无锡”等网站进行公布。

(卢　珊)

科技服务

【科技资源共享服务平台完成初步建设】 2019年,市科技资源服务共享平台完成初步建设,共整合专业技术服务机构等单位384家,服务项目5698项,其中大型仪器3478台/套,价值27亿元。累计开展活动培训52场、服务企业1065家,征集各类科技需求401个。9月,与省资源统筹中心签署共建共享科技资源公共服务平台战略合作协议,推进与省级科技资源有效对接,联通总计超1万台套、总值超100亿元的科学仪器。

(朱　莹)

【技术转移体系建设】 2019年,《关于加快推进全市技术转移体系建设的实施意见》制定出台,明确到2020年,基本形成链接国家和省、覆盖全市、互联互通的技术转移体系,全市技术转移机构达50家,从业人员不少于1500人,技术合同年成交额不低于200亿元。到2025年,全面建成结构合理、功能完善、体制健全、运行高效的技术转移体系,各类创新主体高效协同互动,成为全省技术转移体系的重点城市。

(朱　莹)

【技术合同成交额增长】 2019年,无锡市经省平台认定登记技术合同3071项,技术交易额累计240.61亿元,比上年增长60.37%,位列全省第三。全年全市认定技术合同1477项,成交额26.37亿元,比上年增长30.61%。其中,占比最高的电子信息类技术合同,成交583项,成交额8.4亿元,比上年略下降;占第二位的生物医药类技术合同,成交275项,成交额4.77亿元,与上年持平;环境保护与资源综合利用类、城市建设与社会发展类两类技术交易呈现快速增长态势,分别突破亿元大关,成交额达4.5亿元、3亿元,比上年上涨1185%、650%。

(朱　莹)

家庭服务业

【生活服务业职业技能大赛】 5～10月,无锡市连续第七次开展生活服务业职业技能大赛。大赛包含仓储物流、美发美容、家电维修技能大赛,全市从业人员1200余人参赛,比赛内容包括理论知识和技能操作两大部分。大赛进一步提升商贸服务行业服务质量,更好地满足民生需求,提高居民生活品质,增强全市商贸服务业人才队伍的专业技能水平。市商务局联合市人社局、市总工会、团市委和市妇联,获得无锡市仓储物流服务技能大赛(仓储管理团体赛、叉车驾驶、货车驾驶),美发美容服务技能大赛(美发、美容)各工种第一名的刘先锋等8人和无锡市欣旺大酒店有限公司李虎、中国石油江苏无锡销售分公司于程、无锡市场协会黄滢,由市总工会授予“无锡市五一创新能手”(女性为“无锡市五一巾帼标兵”)称号;各技能大赛工种第一名的授予“金牌服务能手”称号;各工种前三名的由市人力资源和社会保障局授予“无锡市技术能手”称号;华润新鸿基房地产(无锡)有限公司获得“无锡市五一劳动奖状”;上海创达物流有限公司无锡分公司本部仓库和中国石化江苏无锡石油分公司发展基建部获得“无锡市工人先锋号”称号;江苏迅杰物流有限公司张玉珍、无锡市艾璞卡特营销策划顾问有限公司张悦兵和江苏佳利达国际物流股份有限公司熊忠钢获得“无锡市五一劳动奖章”。

(方少异)

【健康养老服务】 2019年,全市推进医疗卫生与养老服务深度融合发展,推进医养结合机构“放管服”改革,实行设置审批和执业登记“两证合一”。至年底,全市建成医养结合服务机构115家,其中养老机构设置的护理院45家,内设卫生室等49家,康复医院3家,护理站1家,医疗机构设置养老机构17家,共设置医疗护理床位1.17万张。对无条件设置医疗机构的养老机构,按照就近便利的原则,与周边医疗机构签订医疗服务协议,确保养老机构医疗服务全覆盖。全市92家社区卫生服务中心(乡镇卫生院)和727家社区卫生服务中心规范落实65岁以上老年人健康管理、中医体质辨识和健康档案动态管理。全年完成60.82万名老年人健康管理,为18.26万名老年人实施家庭医生签约服务。开展老年人心理关爱项目试点工作,完成4500名老年人心理健康筛查并实施干预,向老年痴呆症患者发放定位手环,在试点基础上逐步推广实施。

(卫健委老龄健康处)

【困难老年人家庭适老化改造】 2019年,无锡市改善老年人的居家生活环境,提升老年人生活自理能力和居家生活品质。制定《困难老年人家庭适老化改造实施办法(试行)》,按照以人为本、安全实用、自愿申请,困难优先、公开规范、务求实效的改造原则,对家庭成员有失能失智或重度残疾老年人的低保及低收入家庭、计划生育特殊困难的老年人家庭等5类老年人家庭,采取“设施环境改造+生活辅助器具适配”的组合方式,对

5月14日，无锡市家庭服务信用平台上线 （唐科红 供）

家庭住宅地面、卫生间、居室等实施安全性、无障碍性的适老化改造。全年完成困难老年人家庭适老化改造855户，新建完成街道老年人日间照料中心14家。

（是炜云）

【智慧养老服务机构建设】 2019年，无锡市加快推进智慧养老机构和居家养老服务机构建设和运用。全年新建智慧养老服务机构52家，至年底，全市智慧养老服务机构有100余家。鼓励扶持一定规模的新建养老机构与医疗机构同步建设，引导有条件的养老机构内部设立医疗机构，加快护理型床位建设，全市护理型床位占比超过60%。会同财政部门制定《市区居家养老援助服务实施办法》，扩大政府购买养老服务范围，居家养老援助服务对象家庭由原8类扩面到17类，由原来的2工时服务增加到最高16工时的差别化服务，受益群体由3.8万人提升至13万人，接受上门服务的居家老人数占比超过12%。

（陈莺歌 胡敦飞）

餐饮服务业

【"江苏老字号"评选】 2019年，为推动老字号企业的创新发展，传承和弘扬优秀传统文化，创造更多的社会、经济和文化价值，根据《省商务厅关于开展第二批"江苏老字号"认定工作的通知》，经宣传发动、组织申报、专家审核、社会公示等环节，认定无锡醉月楼餐饮有限公司等15家企业为第二批"江苏老字号"，并在第二届中国（江苏）老字号博览会颁发牌匾和证书。

（方少异）

【"真正无锡味"——2019无锡蟹王争霸赛】 为弘扬江南传统餐饮文化，深度挖掘无锡"蟹文化"，9～10月，无锡市商务局联合市、区餐饮协会、企业共同主办"2019蟹王争霸赛"，最终选出2019无锡太湖醉蟹王、2019无锡醉蟹十大品质奖、2019无锡醉蟹十佳口味奖和2019无锡最受欢迎醉蟹奖，为锡城市民圈划了又一批美食。

（方少异）

【"真正无锡味"·2019太湖三白美食活动】 8月8日，由无锡市商务局主办、无锡市烹饪餐饮行业协会承办的"真正无锡味·2019太湖三白"美食大赛在无锡太湖国际博览中心举行。环太湖流域的无锡、苏州、常州、湖州四地餐饮业的100多家知名餐饮企事业单位、200名选手、400多道参赛作品通过层层选拔入围决赛。经过互动投票、专家初选、现场决赛3个阶段，最终评选出"太湖三白"经典菜（点）、创新菜（点）和中国"太湖三白"美食示范店荣誉称号。代表无锡市餐饮企业获得各单项比赛前三名的选手，由无锡市人力资源和社会保障局授予"无锡市技术能手"荣誉称号，经理论知识考核合格后，同时获得中式烹调师、中式面点师高级工职业资格等其他荣誉。

（方少异）

【《无锡太湖醉蟹团体标准》出台】 2019年，风靡餐桌的醉蟹有了"团体标准"，全国首例醉蟹标准——《无锡太湖醉蟹团体标准》于年内出台。《无锡太湖醉蟹团体标准》适用于无锡市内以活体中华绒螯蟹（河蟹）为原料，经暂养、清洗、蒸煮、冷却、浸泡醉制而成的即食产品。标准详细规定了太湖熟醉蟹的原料、制作工艺、产品指标及标志、包装、运输、贮存、保质期要求和检验规则，对涉及的术语和定义、分类、评价指标、感官指标、所用原料、检验规则及标志、包装、运输、贮存等内容进行了详细的规范。标准的出台为太湖熟醉蟹的生产、出品检验、贸易交货、技术交流、争议仲裁和质量监督检查提供了依据，进一步规范和促进无锡醉蟹产业的持续、健康、良性发展，打造出吴地江南美食的又一张靓丽名片。

（方少异）

编辑 邵文凯

中介服务业

人力资源服务

【概况】 2019年,无锡市人力资源和社会保障局做好专项资金的审核发放工作,发放从业人员培训补贴12.54万元、高管研修等专项资金9万元,完成17家产业园入园机构税收奖励计292.86万元申请、审核和发放工作。全市人力资源规模产值增长明显,新增许可机构总数达到45家,完成年度目标任务的225%;人力资源服务业产值新增23.5亿元,完成年度目标任务的117.5%。5月,市人力资源社会保障局在"2019高层次人才创新创业无锡交流大会"期间,举办"创赢无锡——2019中国(无锡)现代服务业人力资源创新服务高峰论坛",汇聚全球知名企业人力资源高管、全球领先人力资源服务机构专家11人,无锡现代服务企业的CEO、总裁、人力资源高管等参会近600人,论坛现场8家知名企业与4家品牌人力资源机构签署战略合作协议。

（孙皓晨）

【人力资源市场建设】 2019年,市人力资源社会保障局贯彻落实《人力资源市场暂行条例》,利用行业协会、产业园区和从业资格培训等不同载体与时机,组织开展人力资源服务业新政解读4场次。做好"放管服"工作,梳理人力资源服务行政许可和备案服务事项,按照减证便民要求,取消申请人提交身份证和营业执照副本复印件等材料要求,继续优化审批流程,通过提高审批效率,修订经办须知,精简申报材料,提升行政审批及备案工作效能。做好行政许可与备案报告工作,下发《关于做好全市人力资源服务行政许可及备案有关工作的通知》,组织召开市(县)、区人社职能部门参加的专题部署会议,全年办理行政备案212家,报告设立分支机构30家。开展年度公示报告和依法换证工作,印发《2018年度人力资源机构年度报告公示和换发许可证工作的通知》,对依法通过年度报告的280家人力资源服务机构、通过人力资源服务备案的192家人力资源服务机构、成立分支机构的29家人力资源机构的名单及其经营活动中的有关信息进行公示。

（孙皓晨）

【人力资源服务培训】 2019年,市人力资源社会保障局举办2019年人

5月8日,市人力资源社会保障局在"2019高层次人才创新创业无锡交流大会"期间,举办"2019中国(无锡)现代服务业人力资源创新服务高峰论坛"

（孙皓晨 供）

力资源服务机构高管研修班、人力资源职业经理人培训班，开办“2019年江苏（无锡）人力资源服务从业人员资格培训班”2期，全年参加人力资源业务培训1185人，完成年度目标任务的148.1%。

（孙皓晨）

【人力资源服务机构诚信建设】 2019年，市人力资源社会保障局重新修订《诚信状况参考指标》，完善人力资源服务中介机构诚信评价标准和评价方法。开展人力资源诚信机构认定，根据人力资源服务机构自主申报和各市（县）、区遴选推荐，围绕机构信用状况、内部管理、服务规范、服务业绩、社会责任等方面开展实地审核、现场打分，走访机构46家，对符合基本条件的38家入围机构实施社会化评价，综合认定后进行全社会公示，最终认定其中30家企业为2018年度市级人力资源服务诚信机构。至年底，认定市诚信人力资源服务机构120家次，受江苏省通报表彰的诚信人力资源服务机构53家次，国家诚信人力资源服务机构3家。推进人力资源服务行业协会建设工作，指导行业协会发布《无锡市经营性人力资源服务机构服务标准化规范》，推进行业标准化、行业自律工作，营造公平、竞争、有序的市场环境。

（孙皓晨）

律师服务

【概况】 2019年，无锡市有律师执业机构298家，包括律师事务所183家、公职律师办公室100家、公司事务部15家；执业律师2814人，包括专职律师2564人、兼职律师28人、公司律师46人、公职律师176人，另有实习人员423人，每万人律师拥有率4.2%。全市律师担任企业法律顾问1.5万家，律师办理各类案件4.8万件。

（陆　裔）

4月8日，司法日普法宣传服务活动　（陆　裔　供）

【律师培养工程】 2019年，全市推进名优律师培养工程，新选拔培养对象81人，分批次组织239名名优律师培养对象赴国内外知名大学研修培训。会同团市委、市律师协会组织开展十佳和优秀青年律师评选活动，10名律师被评为“十佳青年律师”，35名律师被评为“优秀青年律师”。

（陆　裔）

【律师调解】 2019年，全市深化律师调解工作，在8家人民法院、8家公共法律服务中心、28家律师事务所设立律师调解工作室，在市律师协会设立民商事调解中心，指导8家律师事务所设立医疗纠纷、婚姻家庭、交通事故等专业领域律师调解室，调解各类案件682件，达成调解协议403件。

（陆　裔）

【律师行业专项警示教育】 2019年，全市组织开展律师行业专项警示教育整顿活动，结合江苏省司法厅警示教育典型案例和近年来无锡律师行业行政处罚、行业处分案件，梳理12项问题清单发至各律师事务所；举办全市律师事务所主任和骨干律师专题警示教育培训；组织183家律师事务所签订《诚信执业承诺书》；组织开展网上巡查46次，抽查案卷3609件，对11家新设立律师事务所进行开业督导，提高律师行业规范化管理水平。

（陆　裔）

公证服务

【概况】 2019年，无锡市有5家公证机构58名公证员，办理各类公证90343件，其中，包括国内公证68165件（不含港澳台地区），涉外公证21307件，涉港澳台公证871件，收费4483.33万元。

（陆　裔）

【公证服务】 2019年，全市全面推广“公证在线受理平台”，推行“最多跑一次”服务，在3家市属公证处成立公证家事法律服务中心，“全程在线”一次性申办出生、亲属关系等66类公证事项。推行在乡镇（街道）公证办证联系点使用“公证自助服务终端”。持续深化减证便民活动，累计减免各类公证收费50余万元。

（陆　裔）

会计服务

【会计专业技术资格考试】 2019年，无锡市财政局组织全市会计专业技术资格考试，并做好服务工作。全市报名参加会计专业技术初、中、高级资格考试的人员分别为30536人、

12221 人和 255 人，初、中、高级合格人数分别为 4752 人、1469 人、110 人。

（鲍珺婷）

【会计职称评审】2019 年，市财政局组织全市会计专业技术高级职称评审，全市 123 人报名参加，其中，92 人（市区 58 人、江阴市 20 人、宜兴市 14 人）通过江苏省高级会计师评审，通过率 74.8%，比上年增长 2%。

（鲍珺婷）

【高端会计人才培养】2019 年，市财政局建立高端会计人才培养和使用长效机制，参与制定《“太湖人才计划”高层次人才服务保障实施办法》等专项政策。推动成立无锡市总会计师协会，为全市高端会计人才搭建业务交流、学术研讨的平台。首批有 3 名高端会计人才入选“太湖人才计划”（高端会计人才首次列入“太湖人才计划”）。

（鲍珺婷）

【注册会计师服务】2019 年，全市有注册会计师 1855 人，会计师事务所 61 家，其中，在事务所的执业注册会计师 740 人，行业从业人员 1800 余人。全市会计师事务所财务报表审计户数 14325 家，专项审计户数 14015 家，内部控制审计户数 60 家。验资户数 1722 家，涉税鉴证 1780 家，工程预决算 451 家，其他鉴证业务 758 家，会计服务 1214 家，税务服务 691 家，咨询服务 4825 家，其他业务 825 家。根据《江苏省注册会计师行业鉴证业务报告防伪报备管理办法》，累计报备 28400 余份审计报告，规范执业秩序，提高行业社会公信力，为社会公众监督行业发展提供便利。

（尹晓波）

【会计师事务所业务联盟】2019 年，依托无锡高新技术产业开发区物联会计服务示范基地内的 5 家会计师事务所，建立“会计师事务所创新业务联盟”，为新吴区政府、企业和专业服务机构搭建高端服务供需平台。年内，该联盟完成 1000 余家高新技术企业的“三期（孵化期、加速期和成熟期）认定”，完成破产清算项目 15 个。出版《会计师事务所担任破产管理人实务》，指导全行业开展破产清算业务。

（尹晓波）

房地产中介服务

【概况】2019 年，无锡存量房成交面积 644 万平方米，成交 63331 套，备案成交均价 9521 元/平方米。其中，滨湖区存量房成交面积 144 万平方米，成交 14335 套，备案成交均价 11275 元/平方米；新吴区存量房成交面积 122.8 万平方米，成交 13151 套，备案成交均价 9843 元/平方米；惠山区存量房成交面积 134.5 万平方米，成交 10155 套，备案成交均价 7595 元/平方米；梁溪区（原崇安区范围）存量房成交面积 41 万平方米，成交 5084 套，备案成交均价 10636 元/平方米；梁溪区（原南长区范围）存量房成交面积 51 万平方米，成交 6235 套，备案成交均价 10632 元/平方米；梁溪区（原北塘区范围）存量房成交面积 53 万平方米，成交 5811 套，备案成交均价 8656 元/平方米。

（过　焰）

【房地产中介机构】2019 年，工商可查询房产经纪和中介名称公司 6265 家，协会统计经营活跃公司 1600 家，网签资格公司 110 家，从业人员约 1.5 万人（不含江阴市、宜兴市）。全市新增全国房地产经纪人协理 237 人、全国房地产经纪人 127 人。无锡市中山房地产有限公司、无锡市大众房地产服务（连锁）有限公司、无锡优房房产经纪有限公司、我爱我家经纪有限公司 4 家房地产经纪机构被评选为江苏省优质经纪机构。12 名经纪人被评为“江苏省优秀经纪人”。

（过　焰）

广告业

【广告产业园区建设】2019 年，无锡国家广告产业园区完成广告产业收入 206 亿元，比上年增长 10%，占园区总收入 78%。年内，园区累计集聚各类广告以及关联企业 601 家，其中，互联网广告企业约 165 家，中国互联网百强企业 1 家，国家一级广告企业 4 家。

（束洁丹）

【广告监督管理】2019 年，全市开展互联网广告、金融类广告、“三品一

12 月 27 日，在南京召开的 2019 年江苏省房地产估价与经纪年会上，无锡市中山房产等 4 家房地产经纪机构被评选为江苏省优质经纪机构

（过　焰　供）

械”广告、教育培训广告、房地产广告等专项整治，以及非法集资广告信息资讯排查、“套路贷”违法犯罪和医疗广告乱象专项治理。查处广告违法案件 610 件，罚没款 1406 万元，其中，互联网广告案件 495 起，罚没款 1028 万元。监测各类媒体发布的广告 348180 条次，包括电视 61867 条次、广播 282718 条次、报纸 3595 条次，发现违法广告 4 条，违法率 0.48%。监测网络广告 711924 条次，其中金融类广告 510325 条次。

（束洁丹）

【优秀广告作品】 2019 年，参赛“2019 第六届紫金奖·公益传播设计大赛”，无锡赛区征集作品 380 件，作品包括平面类 237 件、短视频 58 件、影视作品 25 件、H5 交互动画 25 件、表情包 11 件、互动游戏 9 件、其他创新传播 10 件，获优秀奖 5 件。参加第五届江苏省广告行业服务品牌“紫金奖”及第 25 届优秀广告作品、年度广告发布诚信单位评选活动，获“紫金奖”银奖 1 个，铜奖 3 个，优秀奖 22 个；获优秀广告作品金奖 1 个，银奖 4 个，铜奖 5 个，优秀奖 12 个。参加 2019 年江苏省广告行业设计制作技能大赛，无锡代表队获得优秀奖 4 名，无锡市广告协会获优秀组织奖。

（冯　康）

【公益广告设计大赛】 2019 年 5 月，由无锡市广告协会、无锡太湖公益广告发展基金会联合主办，无锡国家广告产业园等单位联合承办“发现无锡”2019 公益广告设计大赛暨城市定向挑战赛开赛，该次活动被评为无锡市第七届网络文化季优秀项目，获“江苏省品牌服务紫金奖”优秀奖。

（冯　康）

5 月 18 日，“发现无锡”2019 公益广告展播暨“中信银行杯”城市定向挑战赛开赛

（冯　康　供）

典当·拍卖

【典当业概况】 2019 年，无锡市有典当行 52 家，分支机构 32 家，实收资本 15.66 亿元，资产总额 17.19 亿元，比上年均略有减少；典当总额 24.80 亿元，比上年增长 11.85%，典当余额 11.80 亿元，比上年减少 5.79%。主要指标整体处于江苏省前列。典当企业数量、典当总额位列全省前三。

（刘海荣）

【拍卖业概况】 2019 年，无锡市新设立拍卖公司 7 家。至年底，全市有正常经营的拍卖企业 48 家，从业资格人员近 300 人，其中国家注册拍卖师 74 人。全年拍卖成交 442 场次，拍卖成交金额 39 亿元，比上年增长 9.6%；佣金收入 5973.7 万元，比上年下降 23.9%。

（祝敏威）

编辑　胡　慧

综 述

【概况】 2019年，市金融系统支持实体经济高质量发展，推进金融改革创新，深入开展金融领域风险攻坚行动，全面完成各项目标任务。全市社会融资规模增量达2223亿元，比上年增长33.5%，实体经济融资状况改善显著。银行业存、贷款增长创近十年来最高。至年底，全市银行业各项存款余额17605.5亿元，较年初增加1544.7亿元，比上年多增加629.2亿元，存款增量居全省第二位；各项贷款余额13556.7亿元，较年初增加1437.3亿元，比上年多增加574.6亿元，贷款增量居全省第三位。信贷有力支持重点行业、重点领域，制造业贷款新增139亿元，制造业贷款余额和增量占比均列全省首位。民营企业贷款比上年多增加204.59亿元，普惠口径小微贷款比年初增长30.56%，高于全市各项贷款平均增速18.55%。涉农贷款增量占比达15.77%，比上年增长0.39%。全市人民币贷款加权平均利率5.20%，比上年下降0.16%，低于全省平均利率0.51%，处于全省最低水平。保险业总体运行平稳，全年共实现保费收入434.75亿元，位列全省第三，比上年增长15.26%。累计提供风险保障13.7万亿元，比上年增长18.84%，全行业赔款和给付109.5亿元，比上年下降1.77%。企业上市延续良好上升势头，全年新增境内、外上市公司8家(含科创板上市2家)，保持全国同类城市前列，至年底，全市累计上市公司数量增至146家。通过资本市场、银行间债券市场等渠道实现直接融资1094.4亿元，比上年增长20.2%。其中，首发募资33.7亿元，增发4起再融资100.18亿元，金额位居全省第一。至年底，全市亿元GDP股权融资额达117万元。银行不良贷款率实现连续6年下降，并低于全省平均水平0.04%，金融生态环境进一步优化。

（刘海荣）

【服务实体经济】 2019年，人民银行无锡市中心支行、市地方金融监管局、无锡银保监分局联合修订《无锡银行业服务实体经济监管评价办法》，夯实金融支持实体经济的制度保障，存、贷款增长均创十年来新高。年内，全市各项存款较年初增加1544.67亿元，各项贷款较年初增加1437.25亿元。制造业贷款增量创八年来新高，全年新增201.61亿元，制造业新增贷款及贷款余额占比持续位列全省首位。全市保险业累计为5000余家民营企业16.8亿元信贷资金提供信用保证保险保障。

（陈佳慧）

【金融保障服务】 2019年，无锡银保监分局引导全市保险业落实金融保障机制，累计提供农业风险保障19.69亿元，为5000余家民营企业提供信用保证保险，企业新增融资金额16.8亿元。“稳外贸”方面，全口径贸易渗透率提升2.8%，服务出口企业2506家，比上年增长16.1%。环境污染责任保险累计参保企业超过7725家次，在保企业1140家，累计承担责任风险74.48亿元，为6300多家企业进行现场勘查评估，并帮助企业排查环境污染安全隐患。危化、交通行业安责险承保实收保费超过1500万元，为全市1000余家单位提供服务保障。对于突发事件，财产保险公司快速反应，应对处置宜兴“9·28”特重大交通事故、312国道锡港路上跨桥面侧翻事故、锡山区“10·13”小吃店燃气爆炸事故。

（陈佳慧）

【物联网金融科技应用跨越升级】 2019年，无锡银保监分局在全国首创物联网动产质押融资业务的基础上，创新推出2.0产品版本——“感知制能”，服务领域从商品流通行业向制造业拓展，风险管控从贷后向贷前环节前移，有效破解商业银行经营“典当化”困境。至年底，银保监分局为755家制造业企业安装感知设备，授信104.13亿元，6家试点银行对接物联网授信1002家181.84亿元，实现“百亿千户”目标。

（陈佳慧）

银 行

中国人民银行无锡市中心支行

【概况】 2019年，人民银行无锡市中心支行坚持以服务地方经济发展为己任，认真贯彻执行稳健货币政策，深入推进金融改革创新，切实维护辖区金融稳定，着力提升金融服务水平，为地方经济持续高质量发展做出积极贡献。主要金融指标创十年新高，全市新增社会融资规模2229.28亿元。全市制造业贷款余额3102.44亿元，余额占比及增量占比均为全省第一。全市民营企业贷款余额3844.14亿元，普惠口径小微贷款余额939.89亿元，增速持续加快。全市直接债务融资发行金额566.89亿元，保持债务融资市场上的“零违约”。全市支农支小再贷款余额58.8亿元，再贴现金额168.82亿元，实现增量扩面。全市金融机构人民币贷款加权平均利率低于全省0.51个百分点，实体经济融资成本有效降低。年内，全辖金融机构不良贷款余额135.55亿元，不良贷款率1%，比年初下降0.04个百分点，不良贷款率持续降低。

（杨　月）

【金融服务管理】 2019年，中国人民银行无锡市中心支行持续提升基层央行金融服务与管理水平。政务服务环境更加高效，取消企业银行账户许可工作，企业开户时间缩短至1.5小时以内。联合开发“无锡市财税收支信息管理共享平台”，实现退税全程“电子化”，业务时间缩短为T+0.5工作日。开通普惠性税收减免退库“绿色通道”，惠利小微企业近10万家。金融基础设施更加完备，增设征信自助查询机，征信投诉处理满意率100%。省内率先布设小面额现金自助兑换设备，推进“同城易兑”，发行库房智能化管理建设情况得到总分行高度肯定。推进移动支付便民场景应用，实现全市公共交通、三甲医院、公安出入境全覆盖，全年移动支付累计超1200万笔。创新开展“百名党员宣消保”和金融公益广告作品大赛，推进金融知识进国民教育。外汇便利服务更加深入，全省首单贸易收支便利化试点在无锡落地，率先出台外汇服务指导意见，支持无锡跨境电商综合试验区和文化出口企业发展。开展“外汇服务银企行”系列活动，为涉外企业现场解决政策难题。实施外汇政务服务网上办，行政服务效能显著提升。强化金融监督管理，总行“查处分离”改革试点工作先行先试，打造“无锡模式”。加强“两管理两综合”，评出11家A类行。探索地方金控公司反洗钱监管模式，创新将会计师事务所纳入反洗钱监管对象。深化外汇自律机制建设，荣获江苏省分局非现场分析业务竞赛第一名。年内，中心支行共实施行政处罚6起，金额42万元；移送分行处罚2起，处罚金额135.5万元。中心支局共实施行政处罚17起，罚没金额319.6万元。

（杨　月）

【货币政策助力实体经济发展】 2019年，中国人民银行无锡市中心支行坚持金融服务地方经济高质量发展的定位，加强窗口指导，优化信贷结构，灵活运用政策工具，进一步疏通货币政策传导渠道，助推全市实体经济发展提质增效。重点利用全市银行行长联席会平台，督促法人金融机构落实宏观审慎管理和“资本＋投向”导向要求，引导非法人金融机构积极向上争取金融资源和创新试点政策，联合相关部门出台《银行业服务实体经济监管评价办法》，强化考核评估，促进信贷投放有效增长。通过搭建产融合作平台、加强融企信息对接、开展主题劳动竞赛，持续推进“金融支持制造业提质增效专项行动”。通过

表47　　2019年无锡市金融机构信贷统计表

指标	金额（亿元）	比上年增长（%）
金融机构存贷款		
金融机构本外币存款余额	17605.46	15.9
金融机构本外币贷款余额	13556.67	12.0
金融机构人民币存款余额	17165.33	10.3
#住户存款	6226.51	13.0
非金融企业存款	7230.23	8.7
金融机构人民币贷款余额	13387.19	11.8
#住户贷款	3356.46	22.5
#短期贷款	528.11	37.5
消费贷款	330.69	44.4
经营贷款	197.42	27.4
#中长期贷款	2828.35	20.1
消费贷款	2630.73	19.3
经营贷款	197.62	30.9
非金融企业及机关团体贷款	10028.21	8.7
#短期贷款	4329.91	14.9
中长期贷款	4738.77	2.3
票据融资	951.75	15.9

（市统计局）

表 48

2019 年年末无锡市金融机构存贷款情况统计表

	人民币存款			其中：住户存款			人民币贷款			外币存款			外币贷款		
	余额（亿元）	比上年增加（亿元）	比上年增幅（%）	余额（亿元）	比上年增加（亿元）	比上年增幅（%）	余额（亿元）	比上年增加（亿元）	比上年增幅（%）	余额（万美元）	比上年增加（万美元）	比上年增幅（%）	余额（万美元）	比上年增加（万美元）	比上年增幅（%）
全市合计	17165.33	1592.77	10.23	6316.12	712.42	0.13	13387.19	1399.15	11.67	63.09	−8.05	−11.31	24.29	5.15	26.91
中资大型银行	6975.98	467.00	7.17	3599.16	295.09	0.09	5732.71	456.52	8.65	34.52	−8.51	−19.77	18.37	9.55	108.36
工商银行	1146.59	102.96	9.87	518.21	70.41	0.16	1084.24	82.14	8.20	3.78	−1.57	−29.28	2.02	0.29	17.02
农业银行	1913.96	108.83	6.03	1130.64	67.97	0.06	1221.74	68.89	5.98	5.83	−0.25	−4.17	4.53	3.02	199.62
中国银行	1200.73	54.79	4.78	609.91	28.02	0.05	1221.41	172.52	16.45	17.05	0.48	2.87	5.82	3.98	216.87
建设银行	1256.27	126.53	11.20	586.18	45.98	0.09	1074.69	39.02	3.77	4.36	−3.59	−45.14	5.80	5.03	657.17
交通银行	907.38	24.44	2.77	250.58	24.35	0.11	762.50	28.04	3.82	3.49	−0.83	−19.31	0.21	−1.07	−83.56
邮储银行	551.05	49.45	9.86	503.64	58.37	0.13	368.13	65.91	21.81	0.01	−2.74	−99.54	0.00	−1.70	−100.00
中资中型银行	5772.29	783.37	15.70	1232.48	215.35	0.21	4701.35	626.53	15.38	13.66	−2.19	−13.79	2.69	−2.74	−50.49
农发银行	35.11	−5.24	−12.99	—	—	—	174.66	22.79	15.01	0.03	−0.02	−37.51	0.00	0.00	—
中信银行	506.90	116.87	29.96	76.68	18.05	0.31	380.67	4.57	1.22	3.67	−0.18	−4.58	0.06	−0.40	−87.23
光大银行	550.72	−65.32	−10.60	37.18	3.95	0.12	616.25	84.74	15.94	1.23	0.24	23.97	0.38	−0.09	−19.66
华夏银行	393.05	36.48	10.23	45.11	3.32	0.08	371.59	26.71	7.75	0.52	0.07	15.91	0.11	−0.18	−60.85
广发银行	149.62	33.17	28.48	12.04	1.25	0.12	89.50	13.23	17.34	0.16	0.10	173.86	0.09	0.03	51.12

续表 48

	人民币存款			其中：住户存款			人民币贷款			外币存款			外币贷款		
	余额（亿元）	比上年增加（亿元）	比上年增幅（%）	余额（亿元）	比上年增加（亿元）	比上年增幅（%）	余额（亿元）	比上年增加（亿元）	比上年增幅(%)	余额（万美元）	比上年增加（万美元）	比上年增幅(%)	余额（万美元）	比上年增加（万美元）	比上年增幅(%)
平安银行	153.36	15.95	11.60	23.31	8.37	0.61	116.61	3.02	2.66	0.11	−0.22	−66.36	0.02	−0.13	−86.09
招商银行	393.48	49.27	14.31	108.53	21.06	0.24	427.42	71.81	20.19	1.64	−0.44	−21.04	0.19	−0.04	−17.98
无锡浦发	351.56	116.38	49.48	34.84	9.02	0.35	186.58	23.25	14.23	0.32	−0.14	−30.35	0.08	−0.05	−36.98
江阴浦发	378.75	71.32	23.20	72.22	11.88	0.20	201.45	19.38	10.65	0.87	−0.01	−0.64	0.09	−0.27	−76.17
兴业银行	499.04	134.47	36.88	57.41	20.46	0.55	369.49	71.85	24.14	2.15	0.45	26.30	0.57	−0.06	−9.89
民生银行	417.27	66.94	19.11	53.55	12.16	0.29	303.27	78.61	34.99	1.56	−0.49	−23.87	0.09	−0.03	−23.09
北京银行	100.12	27.99	38.82	5.00	2.04	0.69	201.81	63.17	45.56	0.02	−0.27	−92.77	0.00	−0.37	−100.00
上海银行	62.76	4.90	8.46	3.91	2.11	1.17	119.52	29.67	33.02	0.01	0.00	−40.00	0.33	0.33	—
江苏银行	1780.54	180.19	11.26	702.70	101.20	0.17	1142.54	113.73	11.05	1.38	−1.27	−48.10	0.68	−1.48	−68.61
中资小型银行	4031.09	310.69	8.35	1479.41	201.20	0.16	2730.43	305.28	12.59	9.53	2.68	39.14	1.26	−0.85	−40.19
恒丰银行	92.49	−11.75	−11.27	8.30	1.72	0.26	93.43	−8.90	−8.70	0.24	−0.09	−26.81	0.12	0.03	37.70
浙商银行	108.15	−9.04	−7.71	10.68	5.59	1.10	71.14	3.45	5.10	0.27	0.06	27.29	0.00	−0.17	−99.16
渤海银行	56.97	9.71	20.55	4.07	2.42	1.47	31.96	−1.07	−3.23	0.00	0.00	−54.35	0.00	0.00	—
南京银行	576.22	55.41	10.64	104.03	28.70	0.38	355.84	66.90	23.15	3.29	1.32	67.36	0.23	0.06	34.86

续表 48

	人民币存款			其中：住户存款			人民币贷款			外币存款			外币贷款		
	余额（亿元）	比上年增加（亿元）	比上年增幅（%）	余额（亿元）	比上年增加（亿元）	比上年增幅（%）	余额（亿元）	比上年增加（亿元）	比上年增幅(%)	余额（万美元）	比上年增加（万美元）	比上年增幅(%)	余额（万美元）	比上年增加（万美元）	比上年增幅(%)
长江银行	5.58	−0.88	−13.63	28.17	10.30	0.58	7.93	1.27	19.13	4.58	2.15	88.47	0.33	−0.53	−61.68
苏州银行	36.04	4.94	15.89	4.24	2.81	1.97	57.83	10.92	23.27	0.00	0.00	—	0.00	0.00	—
宁波银行	419.92	50.95	13.81	4.47	1.63	0.57	307.77	69.73	29.29	0.00	0.00	47700.00	0.00	0.00	—
无锡农商	1206.10	95.95	8.64	511.75	62.47	0.14	674.73	55.14	8.90	0.29	−0.07	−20.07	0.16	−0.36	−69.18
江阴农商	815.42	39.87	5.14	423.78	38.43	0.10	538.36	29.93	5.89	0.73	−0.48	−39.72	0.41	0.13	43.88
常熟农商	37.62	11.96	46.63	4.30	2.55	1.45	55.94	11.98	27.26	0.00	0.00	—	0.00	0.00	—
张家港农商	51.11	9.16	21.85	2.32	1.24	1.15	56.20	18.67	49.74	0.00	−0.01	−99.96	0.00	0.00	−100.00
江南农商	20.98	0.92	4.61	3.48	0.14	0.04	21.74	7.85	56.57	0.04	−0.12	−76.29	0.00	0.00	—
宜兴农商	533.76	49.44	10.21	343.70	35.97	0.12	390.86	34.35	9.64	0.10	−0.08	−43.93	0.00	0.00	0.00
民泰村镇	14.94	0.88	6.28	2.71	−0.26	−0.09	8.20	1.13	15.95	0.00	0.00	—	0.00	0.00	—
建信村镇	0.69	0.33	90.02	0.35	0.24	2.14	1.32	−0.05	−3.51	0.00	0.00	—	0.00	0.00	—
常农商村镇	4.04	−0.12	−2.86	3.08	1.99	1.81	6.60	1.21	22.44	0.00	0.00	—	0.00	0.00	—
浦发村镇	12.91	−0.03	−0.23	3.43	0.18	0.05	15.99	−0.08	−0.48	0.00	0.00	—	0.00	0.00	—
阳羡村镇	38.14	2.99	8.50	16.55	5.10	0.45	34.59	2.84	8.94	0.00	0.00	—	0.00	0.00	—

续表 48

	人民币存款			其中：住户存款			人民币贷款			外币存款			外币贷款		
	余额（亿元）	比上年增加（亿元）	比上年增幅（%）	余额（亿元）	比上年增加（亿元）	比上年增幅（%）	余额（亿元）	比上年增加（亿元）	比上年增幅(%)	余额（万美元）	比上年增加（万美元）	比上年增幅(%)	余额（万美元）	比上年增加（万美元）	比上年增幅(%)
财务公司	91.64	−27.20	−22.89	—	—	—	95.98	10.17	11.85	0.00	0.00	3.72	0.00	0.00	—
国联财务	42.52	−30.39	−41.68	—	—	—	28.87	−3.56	−10.99	0.00	0.00	—	0.00	0.00	—
红豆财务	22.02	−2.75	−11.10	—	—	—	26.50	6.00	29.25	0.00	0.00	3.72	0.00	0.00	—
华西财务	10.09	−2.77	−21.56	—	—	—	18.61	−1.26	−6.34	0.00	0.00	—	0.00	0.00	—
三房巷财务	17.00	8.71	105.04	—	—	—	22.00	9.00	69.23	0.00	0.00	—	0.00	0.00	—
汇丰银行	21.94	2.67	13.85	2.40	0.59	0.33	10.41	1.45	16.21	0.85	0.08	9.93	0.16	−0.08	−32.85
东亚银行	10.47	−12.46	−54.32	0.03	−0.01	−0.19	9.20	−0.52	−5.38	0.00	0.00	−96.26	0.00	0.00	—
瑞穗银行	32.85	−7.12	−17.81	—	—	—	25.74	−3.77	−12.77	1.84	0.18	11.10	1.01	0.38	59.13
三菱银行	19.61	1.61	8.95	—	—	—	22.28	−3.22	−12.64	1.48	−0.64	−30.00	0.41	−0.46	−52.88
新韩银行	14.99	−1.51	−9.16	0.21	−0.02	−0.09	18.81	8.00	74.08	0.31	−0.03	−9.77	0.10	0.06	148.89
南洋银行	41.60	1.27	3.16	2.43	0.21	0.10	37.77	−2.28	−5.70	0.89	0.37	71.99	0.29	−0.71	−71.25
国联信托	0.00	0.00	—	—	—	—	2.50	1.00	66.67	0.00	0.00	—	0.00	0.00	—

（中国人民银行无锡市中心支行）

建立精准帮扶机制，打造“梁溪区中小微企业融资服务基地”，开展“金融服务万户行”活动，增强民营和小微企业支持力度。完善管理框架，发挥准备金政策工具导向效果，率先开展政策工具支持外贸企业发展试点，创新推出“小微 e 贷”“小微 e 贴”业务，实现再贷款、再贴现增量扩面，有效推进 LPR 贷款市场报价利率形成机制改革，提高利率传导效应。

（杨 月）

【金融改革稳步推进】 2019 年，中国人民银行无锡市中心支行围绕绿色金融、农村金融、涉外金融等重点领域深化改革，提高金融资源配置效率。在绿色金融改革方面，修改完善宜兴绿色金融改革试验区申报方案，加大与人民银行总行、南京分行的沟通汇报力度，围绕国家区域金融改革导向，推进地方绿色金融实践。在农村金融改革方面，联合出台多个实施意见，从分类引导金融资源投入、创新贷款抵押担保方式、改善农村金融基础设施等方面提升金融服务乡村振兴发展效果。至年底，全市涉农贷款余额 4561 亿元人民币，比年初增加 226.6 亿元人民币，占新增各项贷款的 15.77%，比上年增加 0.39%。在外汇领域改革方面，率先出台实施方案，推动跨境人民币优质可信便利化试点企业扩容至 68 家。深化跨境资金集中运营政策改革，推动资金池企业增量扩面至 12 家。开展跨境金融区块链服务平台试点，发放出口应收账款融资 1.73 亿美元。

（杨 月）

政策性银行

【农发行无锡市分行信贷支农】 2019 年，中国农业发展银行无锡市分行把主题教育的成果转化为支农为国、强农惠农的生动实践，全年投放粮食购销贷款 6.56 亿元，有效维护地方粮食安全。4 月，无锡市分行与市粮食和物资储备局、中央储备粮苏州直属库签订三共合作促粮安协议。年内，无锡市分行全力服务长江生态大保护，推动宜兴行成为无锡地区服务长江大保护和乡村振兴示范行，全年投放长江大保护贷款 16.9 亿元，较年初增加 13.18 亿元，任务完成率 146%，排名全省第一。支持民营小微企业，全年新支持民营小微企业 4 家，贷款净增 2380 万元，超额完成省行下达的目标任务。

（陈福和）

【农发行无锡市分行三大攻坚战】 2019 年，中国农业发展银行无锡市分行坚决打好重大风险防范、精准脱贫、污染防治三大攻坚战。着力化解不良贷款，首次通过诉讼手段，全额收回宜兴市中兴油脂有限公司 1950 万元贷款本息，成为农发行运用法律武器清收不良贷款的典型案例。创新推进精准扶贫，江阴支行在全省首次使用应收账款质押模式，向海澜之家核心供货商江阴和顺裤业投放扶贫贷款 1000 万元。全力支持产业升级，江阴、宜兴支行共获批“退二优二”项目贷款 17.5 亿元，投放到位 9.9 亿元，支持低效用地再开发。

（陈福和）

4 月，中国农业发展银行无锡市分行与市粮食和物资储备局、中储粮苏州直属库签订“三共合作促粮安”协议 （陈福和 供）

国有商业银行

【工行无锡分行】 2019 年，工行无锡分行积极响应市委市政府和上级行战略部署，加大金融支持实体经济力度，被无锡市政府授予“金融工作先进单位”和“服务地方发展优秀金融单位”称号。围绕市级重大项目建设，全面服务重点制造业领域，促进无锡产业升级和战略性新兴产业发展。至年底，本外币各项贷款余额 1077.78 亿元，较年初新增 78.86 亿元，其中，制造业贷款余额 338.58 亿元，比年初增加 13.61 亿元。全年累计完成项目审批 105 个，授信总额 312.79 亿元，其中，新项目 79 个，审批金额 246.94 亿元，比上年增加 67%。工行无锡分行深化“工银普惠行”和“百行进万企”活动，年末银保监口径普惠金融贷款余额 47.73 亿元，比年初增加 17.9 亿元，增幅超过 60%。扩大“小微创业贷”投放规模，降低小微企业融资成本，延长合作期限，全年累计投放 22.67 亿元，客户净增 157 家。拓宽小微企业融资渠道，大力推广线上产品，全年“网贷通”客户新增 1031 家、余额新增 13 亿元，全年累计投放“e 抵快贷”17.85 亿元。加快创新普惠金融产品，推出“用工贷”“跨境贷”“e 税快贷”等，满足更多小微企业主需求。

年内，工行无锡分行加强内外风险防控，为平安金融建设保驾护航。以“压实责任年”活动为主线，综合应用专项治理、监测分析、监督检查等方式，强化内控案防责任与措施落实，年度专项检查计划完成率100%，在系统内控评价中获评一级行，监管评价列大型银行第一名，执行人行政策评价为A类。前中后台部门统筹规划，前移风险控制关口，提高信贷风险前瞻性，调控与抵御信贷风险，加强潜在风险贷款管理，全年不良贷款余额和不良率实现“双降”，维护地区金融环境稳定。工行无锡分行持续深化金融消费者权益保护，组织开展防范非法集资、打击非法金融等各类宣教活动585场次，投入宣传人员2700余人次，走进景区、广场、校园、村镇等，现场发放宣传资料超10万份。利用微信公众号进行消保宣传及报道79篇，受众约250万人次。创作形式多样的消保作品，宣传维护金融消费者合法权益的理念，多件作品在省分行“消费者权益保护现场宣教作品竞赛活动”和“无锡市银行系统金融公益广告大赛”中获得奖项，被无锡市银保监分局、无锡银协评为普及金融知识宣传活动先进单位。

（周省蒙　郁利花）

【农行无锡分行】 2019年，农行无锡分行加快经营转型、结构调整、动能转换和效率变革。至年底，无锡分行本外币各项存款余额1936亿元，比年初增加100亿元，各项贷款余额1253亿元，比年初增加90亿元，被评为无锡市“服务地方发展优秀金融单位”“金融工作先进单位”。年内，农行无锡分行运用互联网技术提升小微企业金融服务水平，为小企业发放全国农行首笔“税e贷”贷款18.3万元。“税e贷”是江苏农行基于小微企业涉税信息自主开发的首个由线上模型自动审批的小微企业融资产品，通过运用大数据技术进行分析评价，采用全线上自助贷款流程，对诚信纳税的优质小微企业发放可循环贷款。农行无锡分行支持华虹无锡集成电路研发和制造基地（一期）12英寸生产线建成投产，该项目为华虹集团走出上海、布局全国的第一个制造业项目，总投资100亿美元，也是长三角一体化联动沪苏两地的重大产业项目，该行对其授信12亿元人民币，双方在存款、结算、信用证等方面展开多渠道合作。

（胡晓峰）

【中行无锡分行】 2019年，无锡中行重点参与南沿江铁路建设、宜长高速公路、无锡市交通产业集团等项目。年内，无锡中行成为无锡物联网产业协会理事单位，拓展物联网企业，主要以智能装备及有关零部件配套企业为主。大力拓展5G、大数据、工业互联网、人工智能等新兴行业业务机会，至年底，无锡中行在新兴行业领域的相关表内授信达113亿元。同时，重点跟进企业“走出去”项目，利用内部联合贷款方式，介入当地企业在异地投资项目。无锡中行聚焦服务实体经济的主责主业，加大制造业支持力度，坚持用好政策、用足资源，全力满足企业金融需求。无锡中行制造业企业表内授信客户1716家（授信客户数2340家，制造业客户占比73.33%），当年新增253家。无锡中行制造业贷款余额330.91亿元，全省排名第一，占全省制造业贷款余额30.4%。积极贯彻落实国家支持民营经济政策导向，无锡中行民营企业贷款余额348.54亿元，占比43.68%。民营企业贷款余额在省辖排名第一，民营企业贷款在表内授信占比在省辖排名第一，民营企业贷款余额在省辖占比22.78%。

无锡中行深耕普惠金融，灵活调整授信政策，不断优化资源配置，加大信贷投放力度。全年普惠贷款余额77.75亿元，当年新增20.19亿元。普惠户数8104户，新增985户，增速13.84%。在服务小微企业上，坚持从企业需求出发，切实围绕企业难点痛点问题，提供针对性与个性化金融服务，为企业量身定做产品。坚持自主创新，主动推出中银税贷通、苏贸贷等产品。加强与政府合作，推出商银通宝、锡信贷、锡科贷、普惠贷等产品，针对不同类型、不同周期的企业，扎实打好产品组合拳，受到小微企业认可。2019年，美元融资利率三次下调，无锡中行充分发挥国际结算传统优势，以“国内证+福费廷”产品组合为抓手，加大外汇贸易融资贷款投放力度，全力为外贸企业提供资金支撑。全年累计投放12.2亿美元，平均利率3.57%。帮助企业降低融资成本，有效规避汇率风险。为充分发挥全球化优势，帮助进出口企业牵线搭桥，在11月第二届进博会期间，

5月24日，无锡工行考察宜兴雅客科技，为客户提供金融服务方案

（周省蒙　供）

11月，中国银行无锡分行世博会工作小组在第二届中国国际进口博览会供需对接会现场，积极为企业牵线搭桥，提供服务　　（李　允　供）

无锡中行与市商务局进行沟通，摸清了解企业进口需求，组织涉及食品、医疗、高端制造等行业118家客户参会。参会企业累计达成合作意向32个，签署合作协议34个，意向金额达18259万美元。

（殷国勇　李　允）

【建行无锡分行】 2019年，建行无锡分行支持“产业强市”主导战略，服务实体经济，加大对基础设施领域重大项目建设支持力度，全面支持制造业转型升级。为无锡地铁集团有限公司3、4号线项目贷款新增投放5亿元；参与PPP重大项目4个，新增投放14.4亿元；组建SK海力士二工厂等重点项目银团贷款14个，其中，建行无锡分行牵头9个，承贷总额79.6亿元，实现投放46.5亿元，比上年新增33.4亿元。至年底，无锡分行累计各项贷款余额达1117亿元，较年初新增73亿元，其中，制造业贷款余额254亿元，较年初新增36亿元。至年底，普惠金融贷款余额77.65亿元，较年初增加32.05亿元，增速70.29%，增量居同业首位。普惠客户总量8272户，较年初增加3666户。小微快贷和抵押快贷网点开办率达100%，“惠懂你”App绑定企业16754户，当年新增企业13161户，通过App授信客户1753户，当年新增1365户。“惠懂你”App绑定客户数和授信客户数增长率均超350%。聚焦创建应用场景，为核心企业上下游普惠客户搭建网络供应链融资平台，创新运用“e信通”、“民工惠”等产品，拓展普惠金融客户86户，较年初增加46户，贷款余额1.8亿元。年内，该行荣获2019年度无锡市银行业金融机构普惠金融服务先进单位一等奖。

建行无锡分行完成金融科技推广任务14项，参与金融科技创新马拉松征集活动，共提交创意56个。推进住房租赁监管平台应用，完成城区5个区级住建局平台的对接及系统培训工作，上线江阴地区住房租赁监管平台，配合与公安部门对接协调新版备案证明的运用，将住房租赁监管系统的登记备案功能运用于引进人才租赁补贴发放。重点关注政府背景住房租赁公司和房企旗下品牌租赁公司，支持其租赁项目的资本金、资产证券化等需求。全年共有67家企业和23家中介公司入驻平台，新增房源62234套，建融家园App关注用户82750户，实现房源在线签约2916套，在线支付1099笔。完成总行首单住房租赁公募Reits全国试点项目和建信住房江苏公司首个参与市场化招标的集中式存房项目，签约3个新增集中式存房项目，助力新时代百姓安居梦。

（李　勰）

【交行无锡分行】 2019年，交通银行无锡分行以客户为中心，提升小微服务体验与效率，加大普惠金融业务资源投入，创新发展普惠金融产品及服务，切实缓解小微企业融资贵、融资难问题。在持续强化普惠业务线下发展优势的前提下，该行积极提升线上获客能力，发展线上税融通、线上抵押贷及针对烟草商户的boss卡等线上贷款产品，简化审批流程，加快放款速度。同时，该行还积极拓宽小微融资渠道，借助“银税互动”工作机制，及时跟进有融资需求的客户，设计差异化授信解决方案，给予小微企业“无抵押、纯信用、非接触”的增信减负服务。至年底，无锡分行银保监两增贷款余额40.99亿元，较年初增加13.2亿元，两增贷款客户1926户，较年初增加620户，全面达成监管下达任务目标。年内单户授信1000万元以下小微企业贷款发放达52.38亿元，发放额加权平均利率4.39%，比上年下降0.35%。至年底，交行无锡分行制造业贷款余额283.34亿元，在各项贷款中占比37.09%，占比在无锡市中大型银行中排第二。先后与SK海力士、华虹、长电科技、卓胜微电子等重点企业深入开展业务合作，给予授信总额超100亿元，实现地区集成电路龙头企业合作“全覆盖”。2019年，该行获2019年度江苏金融业高质量发展创新创优成果产融结合示范奖。

交通银行无锡分行推进与省农担无锡分公司沟通合作事宜，推动农担合作业务，以农业现代化、农村改革进程中的新主体、新要素、新业态为主要服务对象，共同推进“三农”重点领域的金融服务。至年底，无锡分行涉农贷款余额332.87亿元，其中，普惠型涉农贷款余额15.43亿元，较年初增加5.7亿元，增速58.62%。至年底，无锡分行精准扶贫贷款余额23.79亿元，比年初增加0.37亿元。

超额完成扶贫定点县四川省理塘县50万元帮扶资金、甘肃省天祝县100万元消费扶贫任务。持续推进清理收缴党费支持脱贫攻坚工作，对宜兴市太平村、汤庄村的林道修复、党员教育培训、党建宣传点建设等项目予以支持，全年项目资金共计19.2万元。响应国家“贷款缴纳养老保险”政策改革，上线特色业务“个人助保贷”，切实解决贫困断保人员续保问题，落实社会保险精准扶贫政策，推动金融扶贫领域工作创新。

（朱漪琳）

其他商业银行

【江苏银行无锡分行】 2019年，江苏银行无锡分行聚焦小微民营企业，普惠口径小微余额较年初增加12.85亿元，增幅15.77%，全面实现“两增两控”监管目标。民营企业（私人控股）贷款余额334.01亿元，比年初增加34.91亿元。支持重点产业，全年先进制造业贷款新增10.25亿元，占制造业贷款比36.06%，比年初增长2.58%。推进涉农金融服务，全年涉农贷款增加28.04亿元，增长率16.41%，高于全部贷款增长率6.62%。至年底，各项存款余额1786.43亿元，较年初增加169.46亿元，增量居全行、全市同业第一，市场份额居全市第二；各项贷款余额1149.51亿元，较年初增加102.48亿元，居全市第二；不良率0.55%，较年初下降0.13%，远优于全市平均水平。各项事业保持平稳健康的发展势头，获评无锡市2019年度服务地方发展优秀金融单位、2019年度金融工作先进单位。

（夏世杰）

【无锡农村商业银行】 2019年，无锡农村商业银行各项存款余额1306.33亿元，较年初增加119.38亿元，增幅10.06%；各项贷款余额839.18亿元，较年初增加93.76亿元，增幅12.58%，其中，普惠型小微企业贷款余额85.82亿元，增幅22.57%，高于各项贷款平均增速9.99%，实现“两增两控”监管目标。资产质量总体稳健，至年底，该行不良贷款率1.13%，不良贷款拨备覆盖率297.16%。各项业务平稳健康发展，年内，获评“中国服务业企业500强”“无锡市金融工作先进单位”。

无锡农村商业银行加大对战略性新兴产业、先进制造业、绿色行业的金融资源配置，至年底，该行民营企业贷款余额324.74亿元，制造业企业贷款余额210.03亿元，绿色金融贷款28.81亿元。支持乡村振兴战略，依托“阳光幸福贷”“确权贷”“惠农贷”“省农担”等专属信贷产品，主动对接市场需求，实现涉农贷款投放稳步增长。至年底，该行涉农贷款余额195.18亿元，比年初增加12.57亿元。承建无锡市农村集体“三资”监管平台，为乡村振兴战略实施提供金融支撑。支持小微企业，创新依托企业生产经营数据的“物联动能贷”产品，持续完善税易贷、微易贷、人才贷、锡银税贷等金融产品，开展“百行进万企”融资对接活动，推进成熟小微企业信贷产品的线上化改造。年末单户授信1000万元以下小额贷款余额88.70亿元，增幅16.22%。支持普惠金融，出台《普惠信贷业务尽职免责管理办法》，单设普惠金融部，统筹推进三农、小微及特殊群体的普惠金融支持服务。成立消费者权益保护部，保护消费者权益。承建“无锡市综合金融服务平台”，整合信息资源帮助小微企业获得融资。深入推进“智慧医疗”“智慧校园”“智慧社区”建设，践行普惠金融服务。

（张婷婷）

【浦发银行无锡分行】 2019年，上海浦东发展银行无锡分行资产规模突破364亿元，比年初增长48%。各项存款余额265亿元，比年初增长17%。各项贷款余额192亿元，比年初增长15%。实现全口径营业净收入8.3亿元，全口径利润5.8亿元，后三类不良贷款余额1.31亿元，不良率0.68%，比年初实现双降，优于无锡同业平均水平。年内，无锡分行着眼增强经济发展内生动能，把握企业成长新需求，积极支持服务实体经济转型升级。深化属地客户经营，深耕上市公司等优质实体企业，合作上市公司42家，落地浦发银行首单可交换债投资并实现市场化退出，同时，通过定增、员工持股计划、直投基金等创新业务加载，提供全方位高层次的综合金融服务。太湖浦发母基金继续发挥孵化作用，至年底，无锡分行认缴100亿元，实缴30亿元，对外投资项目超过17个，累计投资金额18.52亿元，投资进度68.4%。此外，举办第四届上市公司菁英汇、无锡市企业家协会银企座谈会，搭建优质客户渠道，开启产融结合新局面，践行“做精主业、行稳致远”的发展观。

（徐　军）

【邮储银行无锡市分行】 2019年，邮储银行无锡市分行以小微企业“税贷通”“快捷贷”“房抵贷”等创新产品促进产品体系丰富化，为小微企业主提供专业的金融服务。至年底，邮储银行无锡市分行小微企业贷款余额45.77亿元，净增11.37亿元。普惠口径小微全年指标完成率123%。2019年，普惠小微贷款（1000万元以下）平均放款利率4.76%，比上年下降0.7%，降低中小企业融资成本。推进服务模式创新，支持“三农”经济，形成政府增信、银担合作、银保合作、产业链和供应链金融、特色产业和专业市场带动等多种有效服务模式，持续推广农保贷、富农贷、省农担产品，创新推出民宿贷、农户置业贷、美丽乡村贷，持续加大对家庭农场、专业大户、农民专业合作社等新型农业经营主体的支持力度，打破以往点对点的传统模式，实现产业链式发展。有效服务实体经济，积极为基础设施建设、民生项目、战略新兴企业等领域提供信贷资金。年内，轨道交通项目投放10.7亿元，仙河苑五期棚改项目累计投放25.3亿元。全年公司类贷款累计投放169.27亿元，制造业贷款投放64.21亿元，比上年

7月，无锡市住房和城乡建设局和邮储银行无锡市分行启动关爱城市建筑工匠主题活动（冯辰辰 供）

增加14.52亿元。

邮储银行无锡市分行在做好代收代发、公共缴费等服务的基础上，致力于为老龄用户、流动务工者等提供更加便捷的服务。面向社区服务，开展“好邻居金乡邻，友爱互助一家亲”社区文明共建活动，先后在无锡市区塔影二村、大诚苑等30多个社区，开展近100场文明社区共建活动，服务居民3000余人。深耕建筑工人金融服务形式，配合主管部门推进无锡市建设工程建筑工人工资实名制管理，项目实名制安装服务超100种，发放建筑工人工资卡超2万张。7月，无锡市住房和城乡建设局和邮储银行无锡市分行以党建联盟为引领，启动关爱城市建筑工匠主题活动。邮储银行无锡市分行与无锡市退役军人事务局签订拥军优抚合作协议，为退役军人开通绿色通道，提供个性化专属金融服务。

邮储银行无锡市分行深入贯彻落实绿色金融思想，加快发展绿色金融，加强绿色银行建设。组织开展2019年区域授信政策调研，把支持实体经济发展、绿色信贷发展和防控金融风险放在突出位置；成立区域授信政策调研领导小组及四个区域授信政策调研工作组，开展专题走访和风险行业研究；开展2019年环境、社会和治理风险专项排查及化工行业存量客户排查工作，排查存量客户398户，余额为78.24亿元，排查重点区域，重点行业，重点客户，主动防范化解环境风险。加大对科技型企业的金融支持力度，为环保型企业提供绿色通道，从准入源头上支持绿色发展；对接无锡地铁集团有限公司，助力无锡地铁2、3、4号线建设，不断加大对改善民生性优质绿色项目的信贷投放力度，将绿色信贷辐射到光纤制造、火力发电、光伏设备及元器件制造领域。至年底，邮储银行无锡市分行绿色信贷余额30.658亿元，比上年增加10.13亿元，增速49.35%。

（冯辰辰）

【招商银行无锡分行】 2019年，招商银行无锡分行实现营业净收入14.12亿元，比上年增长14.52%，经济利润7.85亿元，增长29.54%。至年底，无锡分行不良贷款余额2.71亿元，比年初减少1.12亿元；不良贷款率0.63%，比年初下降0.44%，持续保持“双降”趋势。储蓄存款在无锡市场份额列股份制银行第二，零售贷款在无锡市场份额列股份制银行第一。年内，招商银行无锡分行荣升招商银行系统“三等行”，获评2017~2019年度招商银行优秀分行、2017~2019年零售金融综合考评优秀分行、2017~2019总行公司条线三年滚动优秀分行等称号。为推动无锡实体经济发展，招商银行无锡分行着眼重大项目和重点行业，不断加大投放力度，创新专业产品，持续升级客户体验，践行社会责任，获评2019年度无锡市金融工作先进单位、银监监管评级2A级、执行人民银行政策A类银行、服务地方发展优秀金融单位。落实普惠金融发展要求，全力支持小微企业发展。年内，该行对公贷款新增15.04亿元，投放增幅位居全市银行业第八，有效达成普惠贷款“两增两控”目标。至年底，无锡分行普惠小微贷款余额39.12亿元，全年净增10.66亿元，增长37.46%。

（沈　潮）

【中信银行无锡分行】 2019年，中信银行无锡分行紧贴无锡产业强市主导战略，助力实体经济和民营经济发展。无锡分行运用传统商行、综合融资、资源整合三种服务，加强与集团各子公司的交流与协作，发挥“融资、融产、融智”协同优势，携手助力无锡经济发展。无锡分行撮合集团各子公司与无锡市各级政府、国资平台、开发园区、优质企事业单位广泛接触，在金融扶持产业发展、高端制造项目投入、城市环境治理、项目投资落地等方面取得突破性进展。年内，无锡分行普惠型小微企业法人贷款增量，在中信银行二级分行中排名第一，普惠信贷增量在无锡区域股份制商业银行中排名第一。全行全年未发生重大内控风险事件，资产质量创历史最好水平，被评为无锡市2019年度金融工作先进单位。

（瞿峥屹）

【兴业银行无锡分行】 2019年，兴业银行无锡分行本外币各项存款余额508亿元，较年初增加137亿元，增长36.9%；本外币各项贷款余额373.49亿元，较年初增加71.48亿元，增长23.67%。小微企业贷款实现银监"两增两控"工作目标。无锡分行以其在创新产品和服务、支持民生经济、绿色经济、小微经济等方面的表现,获无锡市政府颁发的2019年"金融工作奖"之"金融改革与创新奖",并获评"2016~2018"年度省级文明单位。兴业银行无锡分行作为国内首家"赤道银行",充分发挥该行绿色金融领域的先发优势,为建设无锡地区"绿水青山"持续努力。至年底,绿色金融融资余额147.17亿元,较年初新增28.95亿元;绿色金融专属客户融资余额61.08亿元,较年初新增6.42亿元。2019年,无锡分行共投放绿金、技改贷款45亿元,环保贷4.96亿元,绿金客户达265户,绿金融资余额148亿元,列全市银行前列。落地全国首单绿色产业股权投资基金——江苏疌泉绿色股权投资基金,完成首期出资11.46亿元,投资5个项目,合计3.25亿元。

兴业银行无锡分行加入无锡综合金融服务平台,成为"普惠贷"首批合作银行,对接无锡市知识产权局,成为无锡市知识产权质押融资首批合作银行,与区级政府合作取得突破,成为梁溪区中小微企业融资担保基金合作银行,与滨湖区签订"滨信贷"业务合作协议。有效落实监管指标,小微企业贷款规模和户数稳定增长,完成银监"两增两控"工作要求。至年底,"两增两控"普惠小微贷款余额7.2亿元,较年初新增2.21亿元,普惠小微贷款户数较年初新增46户,民营企业贷款余额73.95亿元,较年初新增10.42亿元。与无锡市民卡公司和江苏有线无锡分公司开展全面合作,探索便民服务新举措,共同开创公共服务与金融领域合作新模式。与无锡市民卡公司合作发行联名太湖交通卡,所有网点布设市民卡激活充值自助设备,为广大市民提供优质服务。同时,无锡分行开展进社区、进企业、进商圈的"金融知识普及"活动,做好金融消费者教育和金融知识普及工作,增进基层金融消费者对维权手段、金融产品及金融知识的了解,帮助他们提高自我保护意识和维权能力。

(岳国锋)

【苏州银行无锡分行】 2019年,苏州银行无锡分行资产规模达56.19亿元,比年初增长20.09%,各项存款余额36.03亿元,较年初增长15.89%,各项贷款余额57.83亿元,较年初增长23.28%。无锡分行贯彻落实国家、省、市关于防范化解地方政府隐性债务风险政策,多措并举加强地方隐性债务监管。无锡分行在总行科技部门支撑下,率先全省各市完成隐性债务系统相关接口的开发对接和系统投产工作,为优化贷款结构、置换系统内政府债务、增强和当地政府粘合度奠定了基础。年内,无锡分行按照总行"以小为美、以民唯美"的发展战略,发展中小企业,大力支持实体经济,助力民营企业和小微企业发展,全年共实现65家制造业企业5.52亿元贷款有效投放,完成无锡雪浪环境2亿元并购贷款落地,制造业投放余额较年初翻番。无锡分行以"智造贷"等产品积极支持科创类企业,对接新兴科技型企业38家,较年初新增科技企业投放2.85亿元。无锡分行借力物联网技术开展业务创新,通过与无锡感知集团合作,推动基于物联网监管技术的动产质押融资模式新业务,成功落地首笔动产质押融资业务。至年底,无锡分行推动有贷户在无锡市综合金融服务平台注册完成率超50%,上线发布金融产品11个。

(李 霁)

【华夏银行无锡分行】 2019年,华夏银行无锡分行服务地方经济发展,优化网点布局,加大信贷投放,助推企业成长,以实际行动助力"强富美高"新无锡建设。至年底,华夏银行无锡分行表内外资产总量达634.84亿元,各项贷款余额为372.38亿元,一般性存款日均394.72亿元,无锡分行被人行无锡市中心支行评为执行人民银行政策A类行,各项工作在总行条线排名靠前;被江苏省委、省政府授予"江苏省文明单位"称号;锡山支行、无锡分行营业部分别被中国银行业协会评为中国银行业文明规范服务"五星级营业网点""四星级营业网点"。无锡分行积极运用新产品,瞄准资产证券化、应收账款盘活和海外债等市场需求,加强同业合作,开展"分行债券承销客户交流研讨会"等强化客户联动,为国联集团、建发集团、美尚环境等企业办理各类金融市场业务近30亿元。先后落地首笔ABN投资业务,首笔民营企业PPP专项债投资业务和首笔绿色ABS资产支持证券投资等业务。无锡分行加快金融科技人才队伍和制度体系建设,运用金融科技深度赋能传统金融,为全行转型创新发展提供大数据分析、系统模型搭建等全方位技术支持,全面提升金融痛点解决能力。阳光"龙E贷"项目实现线下业务线上化,面向全国个体工商户群体提供金融服务。互联网支付管理云平台融合中国银联、支付宝、微信于一体,支持"网关支付、快捷支付、代收代付、条码支付"等业务类型接入,为锡城商户提供线上化的开发支持,可根据客户需求个性化定制产品及服务方案。

(苏 泽)

保 险

【概况】 2019年,无锡市保险业实现保费收入434.75亿元,比上年增长15.26%,保费收入占全省保费收入的11.59%,排名全省第三。其中,人身险公司保费收入330.86亿元,比上年增长18.33%;财产险公司实现保费收入103.89亿元,比上年增长6.48%。累计提供风险保障13.69万亿元,比上年增长18.84%。其中财产险公司保险金额8.70万亿元,比上年增长22.22%,人身险期末有效保险金额4.99万亿元,比上年增长13.38%。全年保险业累计赔付支出109.47亿元,与上年基本持平。全

表 49　　2019 年无锡各产险公司业绩统计表

序号	产险公司名称	保费收入（万元）	增幅 %	市场占比 %
1	人保财险	370382.68	3.00	35.65
2	太平洋产险	193193.28	6.94	18.60
3	平保产险	268363.02	9.90	25.83
4	国寿财险	42164.09	5.13	4.06
5	中华产险	28990.29	40.85	2.79
6	天安产险	20043.85	4.15	1.93
7	大地保险	19696.44	6.59	1.90
8	太平财险	16886.51	9.79	1.63
9	阳光产险	14515.00	1.12	1.40
10	紫金保险	12777.38	12.59	1.23
11	长安责任保险	6288.28	2.38	0.61
12	永安保险	5888.56	5.44	0.57
13	华安保险	5396.85	18.17	0.52
14	中银保险	4479.34	4.81	0.43
15	英大财险	4367.74	19.30	0.42
16	国任保险	4108.36	−3.31	0.40
17	安邦财险	2761.91	−15.72	0.27
18	渤海财险	2137.03	−10.16	0.21
19	安诚财险	1415.43	−2.58	0.14
20	华泰财险	1399.18	−34.88	0.13
21	富德财险	1220.33	—	0.12
22	都邦财险	1012.74	−56.95	0.10
23	浙商保险	838.54	−18.69	0.08
24	泰山保险	256.89	−74.73	0.02
25	永诚保险	107.42	−90.80	0.01
26	安信农保	15.98	42.74	0.00
27	亚太财险	−0.06	−100.20	0.00
28	安盛天平	10220.30	21.45	0.98
合计		1038927.36	—	100.00

（无锡银保监分局）

年财产险公司实现承保利润 4.22 亿元，比上年增长 4.92%，其中，车险实现承保盈利 1.67 亿元，比上年增长 14.25%。人身险公司加快回归保障本源，普通寿险实现保费收入 110.19 亿元，占寿险保费收入 33%，占比继续提升，长期健康险实现保费收入 37.04 亿元，比上年增长 23.08%。

（陈佳慧）

【车险市场乱象整治】 2019 年，无锡银保监分局对无锡车险市场非理性竞争问题突出、报行不一等问题进行专项整治。对车险经营综合监测有异动的公司，通过监管约谈、窗口指导等形式强化合规经营理念；对平安财险、永安财险、太保财险等市场主要机构开展现场检查，并对违规公司进行处罚，罚款金额合计 79 万元。指导协会开展自律，通过自主停业等手段丰富自律惩戒机制，强化车险自律公约作用。8 月，车险市场扭亏为盈，至年底，车险承保利润 1.66 亿元，全年同比变化率首次转正，达到 14.25%；车险综合成本率从 108.46% 下降至 97.7%；综合费用率从 46.64% 下降至 34.19%。

（陈佳慧）

【突发事件保障】 2019 年，无锡银保监分局督促相关保险公司就宜兴“9·28”特重大交通事故开通绿色理赔通道，全力配合地方政府做好事故善后理赔工作，共调解赔偿 4800 余万元。针对 10 月 10 日无锡 312 国道锡港路上跨桥桥面侧翻事故，该

表 50　　2019 年无锡地区各寿险公司业绩统计表

序号	寿险公司名称	保费收入（万元）	增幅 %	市场占比 %
1	中国人寿	735374.41	7.52	22.23
2	太平洋寿险	370989.33	3.58	11.21
3	平安人寿	360536.02	8.54	10.90
4	前海人寿	395487.55	201.78	11.95
5	华夏人寿	237918.95	−7.72	7.19
6	君康人寿	210583.51	87.18	6.36
7	太平人寿	99521.37	10.61	3.01
8	泰康人寿	91411.11	5.33	2.76
9	国联人寿	84364.64	8.19	2.55
10	人保寿险	63242.51	35.87	1.91
11	利安人寿	46608.81	−24.48	1.41
12	百年人寿	43592.08	29.98	1.32
13	新华保险	35940.58	7.68	1.09
14	天安人寿	26114.74	72.41	0.79
15	阳光人寿	23496.11	−16.02	0.71
16	建信人寿	21289.94	5.55	0.64
17	富德生命人寿	16728.82	−51.26	0.51
18	东吴人寿	11933.49	242.09	0.36
19	民生保险	10539.29	5.77	0.32
20	国华人寿	9821.35	−66.13	0.30
21	农银人寿	9609.11	39.33	0.29
22	太平养老	7881.97	36.28	0.24
23	信泰保险	7008.27	36.98	0.21
24	大家人寿	6828.94	−47.79	0.21
25	平安养老	5753.70	−0.47	0.17
26	合众人寿	4302.36	−16.90	0.13
27	人保健康	4219.43	11.64	0.13
28	长城人寿	4159.22	−15.68	0.13
29	光大永明人寿	3744.65	33.60	0.11
30	国寿存续保险	2399.16	−59.34	0.07
31	英大人寿	1977.51	36.87	0.06
32	幸福人寿	1043.27	−72.24	0.03
33	和谐健康	48.80	296.43	0.00
34	中宏人寿	48919.92	13.87	1.48
35	中德安联人寿	877.12	10.33	0.03
36	工银安盛人寿	37917.29	117.64	1.15
37	中信保诚人寿	7146.92	37.85	0.22
38	交银康联人寿	20261.05	10.21	0.61
39	中意人寿	66862.01	−4.88	2.02
40	友邦保险	60171.17	28.56	1.82
41	北大方正人寿	3855.67	−3.12	0.12
42	中英人寿	2939.45	17.39	0.09

续表 50

序号	寿险公司名称	保费收入（万元）	增幅 %	市场占比 %
43	同方全球人寿	23252.64	31.99	0.70
44	招商信诺人寿	21609.81	22.74	0.65
45	恒安标准人寿	3265.96	7.09	0.10
46	瑞泰人寿	58.85	−16.10	0.00
47	华泰人寿	26301.70	19.90	0.79
48	陆家嘴国泰人寿	3553.92	31.84	0.11
49	大都会人寿	18363.01	24.63	0.56
50	平安健康	0.66	—	0.00
51	中银三星	6793.83	—	0.21
52	德华安顾	1990.38	—	0.06
合计		3308612.35	—	100.00

（无锡银保监分局）

局指导各保险公司立即核实事故车辆及人员信息、开展承保情况排查，积极做好保险服务工作，相关保险公司对受损车辆按推定全损进行足额赔付。锡山区鹅湖镇“10·13”燃气爆炸事故发生后，该局指导人保财险、等公司及时启动应急预案，将此次事故的非无锡市常住居民也纳入赔付范围，充分体现保险的社会保障职能。响水“3·21”爆炸事故发生后，全市保险公司主动排查到出险客户 18 家(人)，并在 1 个月内赔付 1100.1 万元，除江苏天嘉宜化工有限公司投保的财产一切险和公众责任险外，其他客户全部理赔到位。10 月 13 日，鹅湖小吃店爆炸发生后，无锡银保监分局指导当地安全宝及燃气险的承保公司——太平洋寿险，不区分伤亡人员户籍，全部按 3.6 万元 / 人的最高保额支付，支付保险金共计 52.4 万元。

（陈佳慧）

【责任险范围扩大】 2019 年，无锡银保监分局积极引导辖内财产保险公司推进保险创新试点工作，推广“保险 + 服务”新模式。全年辖内保险公司共承保电梯 4.8 万余台，比上年增加 3 万余台，初步形成以“政府推动、市场运作、专业经营”的电梯安全责任保险运行模式。发挥医责险的风险分担机制，医疗责任保险全年累计赔款 1573.46 万元，有效减轻医疗纠纷、缓解医患矛盾。各承保公司创新引入第三方环境风险管理专家，累计为 6300 家企业提供投保前环评服务和承保后风险查勘，排查出 3 万余处环境污染安全隐患，发现问题 5.3 万余个，提出相关建议 6.5 万余条。至年底，无锡市累计参保企业 8200 家，提供保险保障 77.88 亿元，全国地级市排名第一。

（陈佳慧）

【风险防范长效机制】 2019 年，无锡银保监分局通过会议部署、非现场走访、专题座谈等方式对各保险公司进行督导，并指导保险行业协会印发可回溯管理实施指引统一行业标准。协助无锡市保险行业协会开发上线“无锡市保险从业人员流动和处罚信息平台”，收录全市 6 万余名从业人员信息，并在行业内共享，构建针对严重违法违规人员的行业共同禁入机制，将人员风险防范的关口前移。

（陈佳慧）

【保险项目指导】 2019 年，无锡银保监分局指导相关保险公司参与大病医疗保险、长期护理保险、老年人意外险等政府项目。1 月 1 日，无锡市正式实施长期护理险，全市共 7 家保险公司承办此项业务，覆盖全市 560 万名居民。大病保险的覆盖面进一步扩大，保障病种增加至 30 种，覆盖地区扩展至全市范围。4 月，中国银行保险监督管理委员会到无锡调研中国人寿无锡市分公司大病保险模式，给予高度评价。

（陈佳慧）

【人保财险无锡市分公司】 2019 年，人保财险无锡市分公司紧扣助推经济转型主线，注重发展模式转型、管理模式升级、营销模式创新，积极推进基层组织、人才队伍、企业文化建设，推动公司向高质量发展转型。通过政策性业务与商业性业务融合，技术变革与商业模式变革融合，服务实体经济。参与社会保障类政策性保险项目，扩大风险保障覆盖领域。聚焦民生保险重点，关注社会公益事业，履行企业社会责任，发挥保险的经济补偿和社会管理功能。年内，经营业绩持续提升，实现全险种保费 37.04 亿元，其中，车险保费 27.25 亿元，非车非农保费 9.39 亿元，农险保费 3968 万元。全年人保财险无锡市分公司累计承担风险 3.96 万亿元，处理报案 33 万余件，支付赔款 21.21 亿元，上缴各类税费 1.14 亿元，代扣代缴车船税 2.53 亿元。年内，无锡人保财险被无锡市政府授予“金融改革与创新奖”。

无锡人保财险作为“优农联盟”成员单位，为农业生产全产业链提供支持，包括政策性农业保险、农产品质量保证保险、农产品物流货物运输保险、食品安全生产责任保险等系列保障,确保农产品“从田间到餐桌”全过程的安全,为农业产业各环节建立风险保障机制。同时针对不同地域、不同主体的保险要求提供“向日葵”保障计划项目、“农耕乐”雇主责任保险,推动“和谐乡村”、“和谐家园”等涉农类产品。另外,针对农业生产融资相对较难的情况,推出“两保(脱贫小康保和增收致富保)、两贷(农业保险贷、人保惠农贷)、一投(引进集团投资)”金融保险方案,为种田大户、农业合作社、家庭农场提供涵盖生产、生活、融资、投资的全方位金融保险服务。在2019～2020年农险招标中,宜兴、惠山、滨湖、锡山、江阴支公司先后均以绝对优势获得两年农险主承保权,在共保体内的总份额上升到75%。公司建有基层服务网点71个,中心乡镇营业部27个,市、县两级农险部人员23人、中心乡镇机构农险专员32人,村级协保员300多人。

无锡人保财险经公开招标中标无锡市“长护险”项目,分片承办无锡市新吴区、锡山区的长期护理保险业务,年度份额内保费1.26亿元。由无锡人保财险独家承保的无锡市新一轮社会困境未成年人监护责任保险项目年内启动。年内,无锡人保财险通过“在线定责”和“现场理赔”等方式,构建一站式“快处快赔”新模式,利用“交管12123”App及“PICC人保财险”微信公众号线上定损理赔,让客户体验到“车未修、钱到账”的优质理赔服务体验。全年全辖区完成快处快赔案件1920件,交通事故处理效率有效提升。无锡人保财险宜兴支公司立足推动渔业安全作业,多措并举,配合当地农林渔政推出为期一个月的短期渔民团意险。10月22日,无锡至江阴城际轨道交通工程保险项目(无锡市域S1线)正式签发中标通知书,无锡人保财险获得首席承保资格,项目总保额达95亿元。

(孙梦誉)

【中国人寿无锡市分公司】 2019年,中国人寿无锡市分公司年度总保费实现73.56亿元,比上年增长7.53%,成为全市50家寿险公司中唯一突破70亿元的保险企业,被无锡市政府授予“2019年度金融工作先进单位”称号。年内,分公司实现赔案快捷支付76016件,赔付金额7651.93万元。全年共处理理赔案件14.3万件,其中,普通客户理赔案件9.9万件,无锡退休职工互助理赔案件4.4万件。客户申请理赔后5个自然日内结案率超99%,件数获赔率达99.58%。在扎实做好赔案处理工作基础上,聚焦理赔服务时效,力促理赔各类时效的提升;持续推广移动理赔,开展理赔直付、全流程智能理赔;提升理赔自动化处理程度,加快业务处理时效。开展“重疾一日赔”“小额医疗险理赔免交纸质资料”“重大突发事故速赔”等。

大病保险项目运行良好,全年市区大病保险参保人员340.78万人,市区共有64659人次、15020人实时享受大病保险补助待遇,受益金额1.17亿元,比上年增长42.54%。退休人员住院医疗互助保险项目稳步推进,该项目覆盖无锡市区51万名退休人员,是全省涉及退休人员人数最多、保费最大、涵盖区域最广的项目。至年底,基本普惠待遇部分累计赔付人次39.06万次,累计赔付人数13万人。基本医疗经办业务健康运行,全年受理社保中心提交异地调查件169件,共查出阳性案件12件,占调查案件总数7.1%,拒付金额共计38.23万元。宜兴市城乡居民基本医疗保险(原“新农合”)作用明显,全年参保人员达42.06万人,参保率100%,全年累计对困难群体实施住院救助4573人次,金额745.82万元。自2004年创办至今,累计服务1633.73万人次,住院、门诊、特病门诊、医疗救助累计补偿金额30.17亿元。5月,中国人寿无锡市分公司以第一名中标无锡市长期护理保险项目,承办第一服务片区,覆盖梁溪区和惠山区,服务参保人数148.64万人。服务片区内定点护理机构7家(另有非定点护理机构14家),开展长期护理初筛、申请、录入等工作。至年底,片区内完成长期护理初筛2987人,通过2974人;完成失能等级评估2735人,其中,重度2362人、中度178人、轻度195人,239人待评估。发放定点护理机构及部分居家个人的长护待遇746.93万元。

(汪旻敏)

【太平洋产险无锡分公司】 2019年,太平洋产险无锡分公司实现保费收入19.52亿元,比上年增长8.0%,其中,车险保费15.52亿元,增长5.38%,非车险保费3.99亿元,增长19.83%。聚焦农险转型发展,依据无

5月16日,太保产险无锡分公司作为首席承保方在公司举行无锡市工程质量潜在缺陷保险试点启动首单签约仪式　　(胡　洁　供)

锡农险市场需求，创新探索新产品。5月，无锡分公司签发锡山区首单红螯螯虾高温气象指数保险，解决企业后顾之忧，支持地方农业发展，助力国家乡村振兴战略实施。在无锡6个县区的政策性农业保险招标中百分百中标，实现政策性农险、商业农险双破冰。5月16日，太平洋产险无锡分公司作为首席承保方举行无锡市工程质量潜在缺陷保险（IDI）试点启动首单签约仪式，标志着无锡市住宅类工程质量潜在缺陷保险的试点工作取得突破性进展。太平洋产险无锡分公司作为阳山镇试点示范工作牵头金融企业，创新扶贫类保险产品和模式，以商业涉农保险助力政府“美丽乡村”战略，根据阳山镇的特色，公司专门开发“美丽乡村振兴发展”一揽子保险方案，分别为农村生活和农业生产两大部分提供一体化风险保障。在全国第6个“扶贫日”当天，无锡分公司为阳山镇5户困难家庭送上意外伤害保险，家庭成员共享20万元保额，以保险方式为他们提供保障，最大化减少因意外事故致贫积贫现象。

（胡　洁）

【太平洋寿险无锡分公司】 2019年，太平洋寿险无锡分公司实现规模保费37.1亿元，比上年增长3.5%。处理理赔结案14877件，赔付理赔款1.89亿元。全年实际缴纳税费7100万元。无锡分公司风险综合评级被总公司评为“A类机构”，获评“2016～2018年省文明单位”称号。5月15日，太平洋寿险无锡分公司“太保蓝本”健康服务体系正式发布，全面打通就医流程，提供院前、院中、院后“一站式”服务，解决看病难、看病贵、看病烦的就医痛点。5月30日，太平洋寿险无锡分公司成功中标无锡市长期护理保险服务项目，取得江阴市长护保险项目的首席承办权。该项目服务人数92.88万人，服务期30个月，基金规模2.23亿元。自2019年7月1日正式实施该项目起至年末，江阴市长护保险申请累计1779人，初筛通过1712人，评估1440人，其中符合享受长护待遇人员，重度1051人，中度125人，轻度及以下266人，共发放长护待遇291.21万元。10月13日，无锡市锡山区鹅湖镇新杨路一小吃店发生燃气爆炸，事故共造成9人死亡，10人受伤。太平洋寿险无锡分公司立即启动突发事故应急预案，开通理赔绿色通道，第一时间确认承保锡山区鹅湖镇团体燃气意外伤害保险及安全保小额意外伤害保险，积极排查事故人员，事故共计赔付52.4万元。

（吴　怡）

【平安产险无锡分公司】 2019年，平安产险无锡分公司累计承保215.80万件，实现总保费收入26.88亿元，上缴税额3.06亿元。其中，企业财产保险保费收入6091万元，比上年增长12.1%；家庭财产保险保费收入927.9万元，比上年增长6.9%；工程保险保费收入325.6万元，比上年下降0.9%；车险保费收入21.77亿元，比上年增长7.6%；责任保险保费收入7698.5万元，比上年增长45.7%；信用保险保费收入19.7万元，比上年下降85.9%；其他保险保费收入3.61亿元，比上年增长22.6%。全年累计服务小微企业客户10030家，提供风险保障593亿元。平安产险开发了按生命周期推荐的产品组合包“乐企e生”，根据小微企业生命周期智能推送方案，且可以根据需求灵活调整定制的产品形态，覆盖多数行业企业的常用风险，满足客户多元化需求。全年乐企e生累计服务客户496家，提供风险保障24亿元。

平安产险无锡分公司参与政府公共风险管理体制，全年共提供风险保障500亿元。在装备制造领域，积极推广首台（套）重大技术装备综合保险和重点新材料首批次应用综合保险，共提供风险保障7亿元。落实科技赋能理赔服务建设，年度累计服务出险客户14.66万人次。以平安好车主APP为服务平台，全范围推广线上化理赔，降低客户理赔成本，扩大理赔服务范围，年内，当地出险平安车主注册率超97%。客户可通过好车主APP完成一键报案、上传事故照片、提交理赔单证等全流程理赔操作，实现无接触理赔。同时，推出免费抛光、停车关爱、停车场车罩等多项线下服务。针对无锡地区暴雨、台风等常见灾害，依托DRS灾害预警系统，融合地理学、灾害学、气象学和保险学四大学科，结合近20年超140亿元理赔数据，对多种自然灾害进行风险评级，并主动与客户互动，告知风险情况，指导差异化防控，有效减轻企业风险，护航实体经济发展。

（蒋　力）

【平安人寿无锡中支】 2019年，中国平安人寿保险股份有限公司无锡中心支公司开启全面数据化经营转型，在“简单高效、总结迭代、工作闭环、信任协作”的企业文化引领下，围绕“做人力、提产能、建平台”实现专业化经营，确保公司稳步推进业务增长。年内，无锡平安人寿总保费收入36.05亿元，全年理赔、生存满期给付5.20亿元，实缴地方各种税收3699.18万元（个人所得税2047.33万元、增值税1475.50万元、城建税100.47万元、教育费附加42.52万元、地方教育费附加28.35万元、其他税金5.01万元）。至年底，公司营业网点32个，其中，市级中心支公司1个、支公司2个、营业部1个、营销服务部28个，从业人员7011人。

（王乐天）

【天安财险无锡中支】 2019年，天安财产保险股份有限公司无锡中心支公司实现保费收入加快发展、经营效益较好提升的工作目标。全年实现保费收入20044万元，比上年增长4.18%，其中，车险17491万元，比上年增长6.13%；非车险2553万元。10月18日，天安财险无锡中支成功中标无锡锡澄轨道轨道交通有限公司的无锡至江阴城际轨道交通工程险项目。

（赵　坚）

【泰康人寿无锡中支】 2019年，泰康人寿保险有限责任公司江苏无锡中心支公司总保费超过9.1亿元，其中，个险营销承保 7.8 亿元，银行保险承保 0.97 亿元。续收保费业务强劲增长，全年续收保费 6.69 亿元，续期业务品质良好，13 月继续率 95.62%，25 月达成率 93%。在做好业务同时，公司不断提升服务，在原有高效理赔基础上，创新开通健保通业务，让客户实现出院即理赔。

（张 艳）

证券·期货

【概况】 2019 年，证券市场迎来设立科创板并试点注册制，是资本市场深化改革的重大举措，证券行业发挥投行专业优势，积极服务科技创新型企业上市融资。期货市场也迎来大发展时机，品种上市步伐显著加快，14 个品种（红枣、尿素等 6 个商品期货和棉花、PTA 等 8 个商品期权）的上市为全国期货市场历年之最，初步形成商品金融、期货期权、场内场外、境内境外协同发展的局面。

至年底，全市共有证券、期货公司法人机构 3 家，其中，证券公司 2 家、期货公司 1 家，证券分公司及营业部 169 家、期货营业部 34 家，新增证券营业部 4 家。全市证券投资者开户数达 159.05 万户，全年新增 6.22 万户，期货投资者开户数超过 5.36 万户。全市证券营业部托管市值达 2358.37 亿元，比上年增加 399.4 亿元，增长 20.39%；交易金额 3.27 万亿元，比上年增加 8829.49 亿元，增长 37%；营业收入 7.78 亿元，比上年增加 2.24 亿元，增长 40.47%；上缴税款 2344.02 万元，比上年增加 1939.7 万元，增长 82.75%；税后利润 2.96 亿元，比上年增加 0.54 亿元，增长 22.33%。至年底，全市期货公司及营业部交易金额 2.44 万亿元，比上年增长 23.32%。

（卢 英）

【证券扶贫业务】 2019 年，国联证券对接安徽宿松县，发放爱心助学金 8 万元，在高岭中心小学捐建第二个"国联爱心书屋"，传播国联书香文化。携手全资子公司华英证券赴贵州赫章田坝小学，开展财商素质教育活动，发起"爱的投资日历"，善款全部专项捐赠田坝小学购买开学新书包。全资子公司华英证券在贵州赫章发行"19 毕节安方"，为企业融资 12 亿元，助力当地民生工程。国联期货及其风险管理子公司与中国人寿财产保险云南分公司在云南省红河州金平县联合开展 2019 年橡胶"保险 + 期货"精准扶贫项目。探索"援疆扶贫 + 保险扶贫 + 期货扶贫"的新型扶贫模式，以棉花为主要标的，与江苏对口支援新疆克州前方指挥部、中华财险、华安期货联合开展新疆克州阿图什市格达良乡"棉花保险连心券"暨"棉花价格保险 + 期货"精准扶贫项目。年内，国联期货开展"保险 + 期货"业务总体规模达 4500 万元。

（卢 英）

【国联证券开启二次创业】 2019 年，国联证券按照"市场化选聘、契约化管理、差异化薪酬、市场化退出"原则，从头部券商引进包括总裁兼财务负责人葛小波、首席财富官尹红卫、首席信息官汪锦岭、董秘兼人力资源部行政负责人王捷等在内

表 51　　2019 年无锡市保险、证券情况统计表

指 标	单位	2019 年	增长（%）
保险			
保险业务收入	亿元	431.23	15.2
#人寿保险	亿元	328.78	18.2
保险赔款支出	亿元	68.86	1.0
#人寿保险	亿元	12.67	20.3
保险给付支出	亿元	31.85	−2.4
满期给付	亿元	19.61	−9.4
年金给付	亿元	12.24	11.4
证券			
上市公司数	家	146	（+8 家）
境内 A 股	家	84	（+3 家）
境外上市	家	62	（+5 家）
期货市场交易额	亿元	24415.41	23.3
证券市场交易额	万亿元	3.27	37.0
非金融企业及机关团体贷款	亿元	10028.21	8.7
#短期贷款	亿元	4329.91	14.9
中长期贷款	亿元	4738.77	2.3
票据融资	亿元	951.75	15.9

（市统计局）

表 52　2019 年无锡证券营业部经营情况统计表

指标名称	全辖	市区		江阴市		宜兴市		新吴区	滨湖区	惠山区
	累计	累计	占比（%）	累计	占比（%）	累计	占比（%）	累计	累计	累计
现有开户数（户）	1590476	896947	56.39	320294	20.14	143067	9	33271	157720	39177
托管市值（亿元）	2358.37	1049.89	44.52	881.08	37.36	241	10.22	24.86	140.15	21.39
交易额（亿元）	32693.08	17888.19	54.72	7520.52	23	2682.2	8.2	529.21	3182.19	890.77
营业收入（万元）	77821.85	36852.57	47.36	19179.5	24.65	9489.27	12.19	1606.87	9086.13	1607.51
上缴税款（万元）	4283.72	1738.57	40.59	401.81	9.38	1930.65	45.07	14.7	87.11	110.88
税后利润（万元）	29604.2	17007.05	57.45	0	0	5658.5	19.11	820.73	5523.38	594.54

（市证券期货协会）

表 53　2019 年无锡期货营业部经纪业务经营情况统计表

指标名称	全辖	市区		江阴市		宜兴市	
	累计	累计	占比（%）	累计	占比（%）	累计	占比（%）
开户数	53640	50002	93.22	1779	3.32	1859	3.47
交易额（亿元）	24415.41	23915.10	97.95	500.31	2.05	0.00	0.00
营业收入（万元）	250287.59	250213.90	99.97	73.69	0.03	0.00	0.00
上缴税款（万元）	2285.96	2281.94	99.82	4.02	0.18	0.00	0.00
税后利润（万元）	2643.76	2651.03	100.27	−7.27	−0.27	0.00	0.00

（市证券期货协会）

的多位职业经理人，并以此为起点，推进市场化改革和业务转型，开启二次创业。

（缪仲涛）

【国联证券经营业绩】 2019 年，国联证券推动业务模式、管理体系、文化理念等全面改革，准确把握市场机遇，经营业绩实现大幅增长。年内，公司实现收入、净收益及其他收入合计 21.24 亿元，比上年增长 41.87%；实现归属于上市公司股东的净利润 5.21 亿元，比上年增长 930.57%。至年底，公司资产总额 284.19 亿元，归属于上市公司股东的净资产 80.67 亿元，加权平均净资产收益率 6.63%。

（缪仲涛）

【国联证券恢复 A 股 IPO 申请】 10 月，国联证券经过多方考量，终止 H 股再融资相关工作，并向中国证监会报送恢复 A 股上市审核申请。10 月 26 日，公司经中国证监会同意，正式恢复 A 股 IPO 审核程序。

（缪仲涛）

【国联证券获批设立香港子公司】 12 月，国联证券收到中国证监会《关于核准国联证券股份有限公司在香港特别行政区设立国联证券（香港）有限公司的批复》，核准公司以自有资金出资，在香港设立国联证券（香港）

有限公司，注册资本为3亿元港币。

（缪伸涛）

【华泰证券无锡分公司财富管理业务】 2019年，华泰证券股份有限公司无锡分公司坚定财富管理与机构业务双轮驱动战略，借力数字化赋能，依托公司所提供的数字化平台，加快从交易型资产增量向理财型资产和配置型资产增量转型，提高客户资产粘性，实现财富管理转型。

（于文诗）

【华泰证券无锡分公司机构业务】 2019年，华泰证券无锡分公司从银行、私募、上市公司三个方面进行机构业务开展，突破现有合作模式，实现签署银行理财产品托管服务战略合作框架协议。

（于文诗）

【华泰证券无锡分公司财富管理团队建设】 2019年，华泰证券股份有限公司无锡分公司贯彻"财富管理与机构业务双轮驱动战略"，践行财富管理转型，优化人才队伍，开拓市场，做好合规管理。无锡分公司投资顾问团队共66人，商务BD团队共18人，机构业务团队正在筹建中，力争通过完善的人才团队为客户提供优质的服务。

（于文诗）

【华泰证券无锡分公司结构变化】 2019年，华泰证券无锡分公司与原江阴分公司合并，加强区域一体化建设，利用区域优势推动业务发展。无锡分公司现管辖辖区内11家营业部，在梁溪区、经开区、滨湖区、江阴、宜兴均有营业网点覆盖。其中，江阴福泰路营业部、无锡解放西路营业部市场份额位列无锡前两名。

（于文诗）

【国联期货创新发展】 2019年，国联期货股份有限公司依托传统经纪业务，围绕实体经济服务，创新子公司风险管理服务模式，构建多元服务体系，扎实推进各项工作落实。年内，国联期货实现客户日均权益规模21.21亿元，比上年增长7.56%，位居江苏省内期货公司第三名，9月中旬客户权益最高时点数达30.3亿元，比上年峰值增长40%，也是历年之最高值。全年公司营业收入24亿元，实现利润总额3428.78万元，资产总额28.09亿元，净资产7.49亿元，净资本5.48亿元。

国联汇富资本管理有限公司（国联期货全资风险管理子公司）经过多年探索，业务格局基本清晰，基差贸易成为主要业务，场外衍生品交易发展迅速，仓单服务平稳发展。在基差贸易方面，通过扩大基差项目中棉花品种的规模和合理利用上海期货交易所标准仓单交易平台，提高公司存货规模及流转效率，被上海期货交易所评选为优秀交易商。在场外期权方面，全年实现跨越式发展，共达成交易274笔，实现名义本金（业务规模）13.94亿元，上翻了20倍。

年内，国联期货在"第十二届中国最佳期货经营机构暨最佳期货分析师评选"中，获"中国最具成长性期货公司""最佳商品期货产业服务奖""最受欢迎的期货经营机构公众号""年度最佳投资者教育工作奖""最佳中国期货经营分支机构——国联期货华中分公司""最佳风险管理子公司服务奖"6项集体大奖，5名研究人员被评为"最佳期货分析师"。

（赵　冰）

其他金融机构

融资担保机构

【概况】 2019年，无锡市有融资担保公司21家，包括法人机构14家、分支机构7家，其中，国有及国有控股担保公司共9家。14家法人机构中，监管评级A类的有8家，B类的有5家，D类的有1家，A类（优秀）及B类（优良）以上融资担保公司占比均为全省最高，全行业整体运行质量全省领先。至年底，全市担保余额124.94亿元（其中小微企业99.78亿元），比上年增长8.03亿元；在保户数2326户（其中小微企业2200户），与上年基本持平；代偿余额4.55亿元，比上年减少2400万元。全年实现担保业务收入2.02亿元，比上年增长4.08%，净利润8956.72亿元，比上年下降2.82%。

（刘海荣）

【小贷行业】 2019年，全市有小额贷款公司63家，包括农村小额贷款公司54家、科技小额贷款公司6家、互联网科技小额贷款公司3家。纳入监管系统的有55家。年末，贷款余额83.17亿元，比上年新增1.03亿元。其中，农贷公司68.21亿元，比上年减少0.73亿元；科贷公司11.60亿元，比上年增加0.98亿元；互联网科贷公司3.36亿元，比上年增加0.78亿元。全市41家小贷公司接受江苏省地方金融监管局开展的统一动态评级。有26家小贷公司获评A级以上，占参评公司的65%。持续开展行业清理整顿，17家小贷公司经江苏省地方金融监管局批准终止经营资格。

（刘海荣）

【融资租赁】 2019年，全市有融资租赁法人机构19家，注册总资本61.7亿元，其中，开展经营活动的有9家，注册总资本约45亿元，从业人员总数154人；有外资融资租赁分支机构40余家。融资租赁资产总额206.24亿元，其中，售后回租业务余额195.12亿元，直接租赁资产余额5.45亿元，客户总数3744户。

（刘海荣）

【商业保理】 2019年，全市有法人商业保理企业9家，有8家法人商业保理企业开展经营，全年发放保理融资款54.96亿元。

（刘海荣）

国联信托

【概况】 2019年，破除刚兑、遏制无序扩张等多项监管措施出台，信托行业整体规模和发展增速下降，行业竞

表 54　　2019 年无锡上市公司情况统计表

单位：家

指标名称	全辖	市区	江阴	宜兴	梁溪	锡山	惠山	滨湖	新区
上市公司	146	68	49	29	4	13	9	20	22
其中：境内 A 股	84	42	32	10	3	7	3	14	15
境外上市	62	26	17	19	1	6	6	6	7
本年新增上市公司	8	4	2	2	0	1	0	1	2
其中：境内 A 股	7	4	1	2	0	1	0	1	2
境外上市	1	0	1	0	0	0	0	0	0

说明：

1. 本表中“境内”“境外”采用海关口径。即“境内 A 股”指在上海、深圳证券交易所上市 A 股；非 A 股上市公司均称“境外上市”，包括在其他国家和中国香港、中国台湾等地区上市的企业。

2. 截至 2019 年底，84 家境内 A 股上市公司中，上海证券交易所上市 37 家，深圳证券交易所上市 47 家；62 家境外上市公司中，香港联合证券交易所 33 家，其他国家和地区交易所 29 家。

3. 截至 2019 年底，“市区”42 家境内 A 股上市公司中，上海证券交易所上市 19 家，深圳证券交易所上市 23 家；25 家境外上市公司中，香港联合证券交易所 15 家，其他国家和地区交易所 10 家。

（市证券期货协会）

争进一步加剧。国联信托股份有限公司全年实现营业收入 10.97 亿元，比上年增加 7.95 亿元；实现利润总额 6.43 亿元，比上年增加 3.96 亿元；实现净利润 4.29 亿元，比上年增加 2.33 亿元。

（张　雯）

【混改方案获批】 2019 年，国联信托在省、市发改委、国资委以及国联集团的指导下，按照“完善治理、强化激励、突出主业、提高效率”要求，建立全面改革方案，获无锡市国资委审议通过并上报江苏省国资委。2018 年，江苏省发改委、国资委将国联信托列入全省首批混合所有制改革试点企业。此次市场化改革，重点优化国联信托法人治理结构，实施职业经理人制度，建立市场化用人用工及薪酬机制。

（张　雯）

【业务结构优化】 2019 年，国联信托为贯彻落实资管新规控嵌套、去通道的监管精神，积极应对市场环境变化，提升主动管理能力，国联信托主动调整业务结构，压降通道规模，在控制风险的基础上，开展主动管理业务并力推创新转型，全年新增主动管理信托规模在新增总规模中占比超过 90%。

（张　雯）

【保险金信托落地】 2019 年，国联信托与国联人寿合作的“世承系列”保险金信托正式落地，业务创新转型取得突破。借助国联综合金融优势，在“保险 + 信托”的组合下，保险金信托可充分利用信托的风险隔离、专业管理、财富传承等功能，同时利用保险的风险管理、保障等功能，实现“1+1>2”的效果。

（张　雯）

【标品信托领域布局】 2019 年，国联信托引入专业团队，开拓标品信托领域，并与公司其他业务协同合作，提升业务拓展的广度和深度，相关标准化固收产品成立并运行。在信托行业监管政策不断加码、传统非标融资业务受限、非标转标的背景下，国联信托提前实现标品信托领布局。

（张　雯）

国联集团

【概况】 2019 年，无锡市国联发展(集团)有限公司完成营业收入 217.65 亿元，实现利润 24.05 亿元，上缴各项税收 15.03 亿元。至年底，国联集团总资产 940 亿元、净资产 333.5 亿元，位列“2019 年中国服务业企业 500 强”第 236 位，在首次发布的长三角百强企业榜单中，位列服务业企业第 72 位。

（宛严超）

【获评“产业强市优秀企业”】 2019 年，国联集团发挥国联综合金融平台功能和产融结合优势，做好 32 亿元规模国企结构调整基金的管理运作，服务全市国企改革发展。牵头设立 50 亿元的太湖新兴产业成长基金和 5 亿元的市乡村发展振兴投资基金，助力产业发展和乡村振兴。牵头完成对华虹半导体(无锡)有限公司 24 亿元出资，助力重大产业项目落地投产。做好闻泰科技并购重组和产业落地的跟踪管理，落实市政府与中国国新的战略合作，推动产业项目落地无锡。发挥金融平台功能，牵头组建市产业投贷联盟，搭建服务平台支持产业发展，采取投资、融资等多种方式参与纾困项目，积极服务当地上市公司发展。与团市委合作设立首期 2000 万元的青年创新创业基金，支持

12 月 9 日，国联集团投资建设的惠联垃圾热电提标扩容项目奠基　（宛严超　供）

无锡创新创业项目。年内，国联集团被无锡市政府授予“产业强市优秀企业”称号。

（宛严超）

【企业改革】 2019 年，国联集团成为无锡市国有资本投资、运营公司授权经营体制改革试点企业，推进与国发公司一体化运营。按现代企业制度要求，推进子企业分类授权管理，提升子企业自主经营能力。加快资产证券化进程，年内，国联证券获证监会批准恢复 A 股 IPO 审查，江苏资产结合上市公司纾困等工作，探索资产证券化新路径。推进信托混改试点，形成具体改革方案。创新内部机制，推进国联证券职业经理人制度改革试点，加快国联投资市场化机制改革，同时在无锡市政设计院、环保科技等子企业实施员工持股，探索建立长期激励约束机制。

（宛严超）

【金融综合竞争力提高】 2019 年，国联集团聚焦金融主业发展，优化信息系统，完善管理机制，有效推进子企业信息互通、资源共享，提高协同成效和市场竞争力。加强品牌宣传，组织开展“国联金融与您同行”徒步活动，加大广告投放力度，扩大“国联金融”品牌影响力。推动金融子企业创新转型，国联证券香港子公司获批，为国际业务拓展创造有利条件。华英证券完成 A 股市场最大半导体行业收购案，债券承销规模达 169 亿元。国联信托落地一单总规模 5000 万元的家族财富信托，成为江苏省内信托公司成立的单笔金额最大的家族财富信托。江苏资产效益质量持续提升，获评 AAA 主体信用评级，跻身国内最高信用等级行列。国联人寿首家省外机构安徽分公司获批开业，成功中标宜兴片区长期护理保险项目。联合担保、无锡产交所行业信用评级提升至 AAA 级。

（宛严超）

【产业转型升级】 2019 年，国联集团推动华光股份产业转型，加强上市平台的管理运作，实施污泥处置业务重组整合，并购南京高淳热电项目，拓展市政环保业务。加强固废项目建设统筹协调，全力推进惠联永久飞灰填埋场、惠联餐厨废弃物处置、蓝藻藻泥与市政污泥处置等重点固废项目建设，确保安全、保质、按期完成。加快推进总投资 11.8 亿元的惠联垃圾电厂提标扩容项目，12 月 9 日正式开工。加快推进一棉埃塞纺织生产基地项目建设，项目一期于 10 月 16 日正式投产，同步完成扬子江车间 5 万锭智能化改造，提高装备智能化水平和产品研发能力，推动产业国际化布局。提升物流产业发展水平，合作推进普洛斯物流园项目建设，10 月 8 日正式投入运营，在无锡城区打造以食品、药品等冷链物流为主的城市配送基地。加强与行业龙头企业合作，组建 10 亿元健康产业基金，拓展生物医药大健康领域。

（宛严超）

编辑　郭　鹏

旅游业

综述

【概况】 2019年，无锡旅游业以旅游供给侧结构性改革为重心，大力推动文旅产业融合。全年实现旅游总收入2062.9亿元人民币，比上年增长5.68%。全年共接待国内旅游人数10236.93万人次，比上年增长4.27%；实现国内旅游总收入2015.7亿元人民币，比上年增长5.75%；接待入境过夜旅游人数60.96万人次，比上年增长4.03%；实现旅游外汇收入5.19亿美元，比上年增长4.8%。以无锡融创文旅城建成投运、小娄巷历史文化街区开街迎客、灵山集团“大拈花湾”项目奠基等为标志，旅游项目建设加速推进。“旅游投诉求助10分钟处置机制”更加完善，受理的各类文化旅游投诉求助均得到及时、妥善处理，结案率达100%。无锡游客满意度始终居全省全国前列。

年内，无锡市共有等级旅游景区52家。其中，国家AAAAA级旅游景区4家，国家AAAA级旅游景区26家，国家AAA级旅游景区14家，国家AA级旅游景区8家，等级景区数量和规模均位居全省前列。全市共有旅游度假区8家，其中，国家级旅游度假区2家(无锡太湖国家旅游度假区、宜兴阳羡生态旅游度假区)，省级旅游度假区6家(无锡太湖山水城旅游度假区、无锡阳山生态休闲旅游度假区、无锡江南古运河旅游度假区、无锡翠屏山旅游度假区、江阴徐霞客休闲旅游度假区、无锡鸿山旅游度假区)。全市共有全国乡村旅游重点村2家，江苏省乡村旅游重点村2家。融创文旅城6月29日开业，至年底，融创乐园、水世界、雪世界、海世界四大板块共实现营业收入1.98亿元，客流量119万人次。至年底，全市共有旅游星级饭店34家，其中，五星级11家，四星级9家，三星级14家。无锡湖滨饭店和无锡金陵大饭店被授予“金树叶级绿色旅游饭店”称号。全市共有旅行社243家，其中，出境游组团社33家。无锡市二泉国际旅行社被评为三星级旅行社。

2019年，无锡文旅集团实现总收入12亿元，其中，旅游总收入5.5亿元。公园景区品牌效应凸显，惠山古镇景区获评国家AAAAA级旅游景区，文化地标——龙光塔经过修缮全新亮相。各景区推出系列特色主题活动，以太湖鼋头渚国际樱花节、梅花节、杜鹃花展、桃花节、荷花展、花菖蒲绣球节、惠山菊会等特色花事节庆活动为依托，彰显核心品牌优势。围绕新中国成立70周年主题，举办“多彩园艺祖国颂”花坛花境比赛。年内，文旅集团开拓对外合作项目，推进安徽蒙城北淝河国家湿地公园建设PPP项目，与美尚生态景观股份有限公司签订战略合作框架协议，成立无锡裸麦食品有限公司，中标全市公办幼儿园和义务教育学校食品配送项目，推进蠡湖水上体育基地建设等，拓展集团发展空间。

(周　文　赵瑞明　袁　方)

【旅游重点项目建设】 2019年，无锡市共有投资项目37个，均为续建项目，融创文旅城投资总额达210亿元，宜兴雅达生态园投资总额达80亿元。全年无锡市所有项目计划投资82.07亿元，至年底，累计投资85.24亿元，完成进度超过100%。

(周　文)

【旅游规划】 2019年，市文广旅游局适应全域旅游科学发展要求，编制《无锡市全域旅游发展规划(2018—2035年)》，通过专家论证。规划在资源普查的基础上，重新整合无锡旅游资源，提出无锡全域旅游发展总体思路、总体定位、发展目标、发展战略，明确全域空间统筹、全域产品构建、全域产业联动、全域服务提升、全域营销拓展、全域管理创新六大实施路径。

(周　文)

【文旅融合发展进社区】 7月，市文广旅游局围绕“旅游宣传＋惠民服务＋文娱演出”，在滨湖区北桥社区启动“文旅融合发展进社区活动”，共举办进社区公益活动13场，参与活动的旅行社、景区及旅游相关企业达30余家，共接待居民7000余人次。

(周　文)

旅游资源

旅游景区管理

【旅游度假区管理】 2019年，市文广旅游局践行全域旅游发展理念，围绕度假环境、资源产品、项目建设、基础设施、市场影响等重点，对全市省级及以上旅游度假区发展情况开展综合考评，形成《无锡市2018年度旅游度假区总体考核评价报告》和各旅游度假区分报告，对全市各旅游度假区的主要成绩、存在问题进行客观分析评价，提出改进措施和发展建议。优化完善翠屏山、鸿山等旅游度假区管理体制。翠屏山旅游度假区在2018年度全省省级旅游度假区考核排名中上升12位次，进位幅度位列全省第一；鸿山旅游度假区成立管理办公室，完成内设机构人员组建，有序启动度假区建设管理工作。

（周　文）

【A级景区管理】 2019年，市文广旅游局在规划建设、基础设施、管理服务、智慧化建设等方面加强指导，高标准推进惠山古镇景区创建国家AAAAA级旅游景区，并于年底通过文化和旅游部认定，无锡市国家AAAAA级旅游景区数量达4家。市文广旅游局坚持“从严监管、提升品质、控制数量、优胜劣汰”原则，把复核检查作为督促旅游景区提升管理和服务质量的方式和手段，实现旅游景区监督管理常态化、机制化。上年有14家景区通过评定性复核，1家国家AA级旅游景区被取消资质。市文广旅游局围绕安全生产隐患，开展大排查大整治、扫黑除恶等专项行动，对旅游景区特种设备、桥梁设施等开展专项检查和集中整治，提升旅游景区安全风险防范能力。

（周　文）

中视传媒无锡影视基地

【概况】 2019年，中央广播电视总台无锡影视基地继续坚持“文化统领旅游”的经营理念，不断挖掘《三国演义》《水浒传》两大经典名著IP，结合景区汉、宋文化背景，创新景区演出、活动、景点等，对景区演出节目进行升级创新，新编推出“洛神赋”“出师表”“徽宗赐婚”三档演出。抓住节日等特殊时点契机，推出“520汉婚活动”、“六一学六艺·端午新体验”、“三国品梅节”、“中秋情·三国吟”中秋节活动、三国城开业25周年纪念活动、“红嘴鸥观赏季”、“跟着大明皇妃游水浒”等活动，丰富景区活动内容。开发推出“拜师礼”全新研学活动，完善景区研学产品体系。对曹操楼船、御书房、阳谷县衙三处景点进行改造布置，并设置“宋徽宗”“县太爷”特型人物，与游客开展近距离互动，打造特色文化景点。推出“影视体验馆”项目，设置“绿幕抠像”“子弹时间”“演播室”等体验项目，呈现“影视+科技”元素，提升景区影视文化氛围。年内，无锡影视基地获评旅游业发展先进企业、2018年无锡市交通运输旅游示范基地、2019年度滨湖研学旅游示范基地。

围绕“三国水浒文化”这一IP主线，无锡影视基地全年创新推出春节期间的“三国水浒古春节”、春季“三国文化旅游节”、夏季“三国水浒名著游”、秋季“水浒故事汇暨首届水浒美食节”4次季节性活动，围绕活动热点开展多样化营销宣传，提升景区品牌影响力。

2019年，中央广播电视总台无锡影视地共接待《我们的西南联大》《驯夫记之大唐女儿行》《沐浴之神》《终极笔记》等影视剧组23个。

（徐燕玲）

【影视基地活动】 2019年春节期间，无锡影视基地举办“三国水浒古春节”“刘皇叔新春游园大拜年”“水浒好汉贺新春”等喜庆活动，全新编排

3月，无锡影视基地春日美景之皇宫海棠　　（徐燕玲　供）

3 月，无锡影视基地推出全新研学活动之“拜师礼”　　（徐燕玲　供）

推出“洛神赋”“出师表”“徽宗赐婚”等节目，园内演出节目全新升级，“三英战吕布”线性阵列音响投入使用，增强节目观赏效果，体现三国水浒名著特色。

3 月，无锡影视基地新建古船“黄盖号”完工，并于 3 月 15 日驶入三国城景区吴营码头进行试航。

3 月 15 日 ~ 5 月 4 日，无锡影视基地举办“第三届三国文化旅游节”，活动以“遇见名著”为主题，围绕三国文化，推出大型实景演出“刘备招亲”，创新互动参与项目“我来影城学汉舞”“三国诗词会”“花开三国、邂逅佳人”“我在三国、打卡集赞”，传承经典故事，打造精彩活动，玩转时尚热点，引领文化之旅。

3 月，无锡影视基地推出全新研学产品“拜师礼”，设置“正衣冠，学拜礼”“呈拜帖，呈束脩六礼”“回礼拜师，礼成聆训”三个环节，宣扬传统礼仪。

4 月 20 日，央视 1994 年版《三国演义》部分主创演职人员再回电视剧拍摄地——无锡影视基地，并在三国城聚贤堂举办“向经典致敬，忆光辉岁月”媒体见面会，该剧总制片人任大惠、制片主任汪瑞、导演张忠一、“曹操”饰演者鲍国安、“司马懿”饰演者魏宗万、“关羽”饰演者陆树铭、“孙尚香”饰演者赵越等共述当年拍摄《三国演义》的难忘回忆。CCTV-6 电影频道、南京电视台、杭州电视台、苏州电视台等 20 余家媒体前来采访报道，无锡广电文化融媒体中心“慧直播”平台全程直播，累计观看量达 15 万余人次，“94 版三国演义主创人员再聚首”成为抖音热搜榜热门话题，抖音阅读量超 1 亿次，累计点赞量过百万次。

8 月 24 日，无锡影视基地在三国城举办“忆往昔、叙今朝、展未来”主题活动，1994 年央视版电视连续剧《三国演义》中关羽的扮演者陆树铭与景区管理人员、部分员工和游客们一起庆祝三国城开园 25 周年，中国江苏网、新浪无锡、《江南晚报》、《现代快报》、无锡电视台等十余家媒体对此次活动进行宣传报道。

国庆黄金周期间，景区游客中心电子屏实时播放国庆 70 周年纪念活动，推出特别节目“宋狮争霸”“刘备祭天祈福”“刘皇叔穿越千年”，与广大游客一起点燃圣火，祈福中华。

12 月 1 日，无锡影视基地在三国城吴王宫码头举办“红嘴鸥观赏季”启动仪式，举办摄影比赛、无人机大赛以及红嘴鸥知识沙龙、喂食等系列活动，60 余名摄影爱好者及游客参加仪式。新浪无锡、《扬子晚报》《江南晚报》等 10 余家媒体对此次活动进行宣传报道。

12 月 22 日，无锡市电影电视家协会航拍分会（无锡市航拍协会）组织协会成员 60 余人到无锡影视基地采风，并与无锡影视基地达成合作，授牌景区成为“无锡市航拍协会创作基地”。

（徐燕玲）

灵山胜境

【概况】 2019 年，灵山集团深化推进转型变革，精耕细作双园景区运行，稳健实施文化旅游项目建设。承办第二届江南文脉论坛、第五届无锡市文化创意设计大赛、“乐暖人心”2019无锡高雅艺术惠民周音乐节等大型活动。全年集团实现合并收入12.73亿元，合并利润总额0.79亿元，灵山胜境和拈花湾全年入园人数达529万人次。

（陈佳慧）

【灵山胜境景区运行】 2019年，灵山景区紧扣激活发展动能、提升管理效能两项主题，夯实运营根基，提升服务水平，全年游客满意度达99.6%。灵山胜境以国家AAAAA级旅游景区复核为契机，全面推进景区硬件、软件提升工作，导游班组、会务班组分别获“全国巾帼文明岗”“全国青年文明号”称号。景区以时间轴作为活动的主要脉络，围绕“四季”这四个时间波段，策划打造“缤纷四季”主题活动，如“诗词研学活动”、“素食DIY”活动、“暑期清凉一夏一禅小和尚”、“灵山禅韵金秋季”等。

（陈佳慧）

【拈花湾景区品牌创建】 2019年，拈花湾景区创新产品，提升营销模式，“门票+消费”的产品体系初步建成。景区以一期完善工程为重点，提升园区内涵，打造新亮点——微笑广场，“琉璃花海”登上央视新闻直播间。拈花湾景区服务效率与效能显著提升，2019年全年游客服务满意率达95%、全年有效投诉率为0、全年安全事故率为0。拈花湾小镇获评2019小镇美学榜样拈花湾禅意小镇、2019年旅游产品创意案例推介、2019年度最受欢迎景区、2019年度滨湖研学旅游示范基地，旗下波罗蜜多酒店获评建国70周年·70个品牌酒店金手指奖、2019年度金五星优秀会议型酒店奖、2019年度金樽奖——最佳品质服务会议中心奖。酒店客栈管家部被江苏省妇女联合会授予“巾帼文明岗”称号。

（陈佳慧）

【大拈花湾项目推进】 2019年，灵山集团成立专门机构，开展大拈花湾项目推进工作。4月，大拈花湾项目在宜兴成功签约，6月30日顺利奠基，下半年就项目投资、运营平台、文化创意策划、水利事项等方面开展工作。作为太湖治理的生态工程和锡宜一体化发展示范工程，大拈花湾项目受到各方高度重视。

（陈佳慧）

鼋头渚景区

【概况】 2019年，鼋头渚景区围绕景区“十三五”发展战略规划目标，立足景区山水资源优势，致力旅游品质提升，狠抓旅游基础设施建设，强化旅游产品宣传推介。开展新春除夕撞钟祈福活动、春季兰花展、太湖国际樱花节、中日樱花友谊林32周年活动、花菖蒲节、金秋渔家风情节、中秋音乐烟花大会等花事节庆活动。完善景区休闲度假配套设施，建成樱花山庄酒店。开拓水上旅游业态，新增船舶“太湖樱花”号及快艇两艘，优化提升水上游览休闲项目。加大百年老字号横云饭店太湖船菜和锡帮菜的传承、开发与创新力度，丰富景区“二次消费”项目。年内，鼋头渚景区被中国旅游景区协会授予“水体类中国优秀旅游景区”称号，被无锡市旅游业协会授予“无锡旅游休闲度假新业态（2018~2019）”称号。

（黄　艺）

【基础设施建设】 2019年，鼋头渚景区持续推进“厕所革命”三年实施计划，优化旅游服务配套设施，完成抱青楼厕所改造项目，并启动横云厕所提升改造项目。实施完成景区标识标牌系统的升级改造项目。按照《无锡市文物保护工作三年行动计划（2018~2020年）》，启动文保建筑修缮维护工作，完成涵芬堂、茹经堂、聂耳亭、七十二峰山馆、万方楼、憩亭等文物保护建筑的修缮工程。根据市政府有关鼋头渚旅游高峰期交通改善规划实施方案，实施完成中南西路临时停车场的建设。

（黄　艺）

【花事节庆系列活动】 2019年，鼋头渚景区举办新春除夕撞钟祈福活动、春季兰花展、太湖国际樱花节、花菖蒲节、渔家风情节、中秋烟花大会及冬季观鸟节等系列活动。春季核心旅游产品“山水樱花”及“夜赏樱花”，经多年品牌打造与凝练，成效显著。樱花季期间，首次举办抖音大赛，樱花女神大赛加入国际友人参赛，樱花节收入突破1亿元。夏季举办“情系花菖蒲、爱在鼋头渚”、太湖鼋头渚花菖蒲节、“跟着船娘去采莲”等活动，推出花田旗袍秀、花田戏曲展、短视频大赛等。秋季举办渔家风情节，延续举办中秋水上音乐烟花大会、鱼鹰捕鱼表演、太湖帆船秀，首次公开渔家风情节IP形象——太湖精灵鼋萌鱼，鼋头渚樱花山庄酒店对外开放。中秋音乐烟花大会，融入新中国成立70周年庆祝元素，以“礼赞祖国”为主题，打造“喜迎祖国七十华诞，欢聚魅力多彩鼋头渚”的华彩篇章。

（黄　艺）

【休闲配套设施】 11月，樱花山庄酒店竣工开业。该酒店位于鼋头渚景区核心区域“樱花谷”内，经营面积达11000平方米，设有142间客房以及全日餐厅、自助餐厅、会议室等，可满足多媒体会议、小型演出、各类宴席等功能需求。推广太湖水上精华游和特色帆船游，利用“太湖樱花”“太湖之星”2艘游船及2艘五桅帆船、3艘七桅帆船，拓展水上商务接待、休闲互动、渔家风情、水上观光、水上餐饮等游览项目。樱花节期间，开通鼋头渚至管社山水上通道，发挥客流疏散作用，彰显鼋头渚水上大门的特色交通优势。

（黄　艺）

【横云饭店获殊荣】 2019年，百年老字号横云饭店加大太湖船菜和锡帮菜传承、开发与创新力度，推出樱花套餐、荷花套餐、渔家套餐、醉蟹套餐，扩大品牌影响与市场效应。“太湖船宴”在第二届“豪的”杯中国阳澄湖健康美食烹饪大赛上获“团体筵席特金奖”，“太湖三白”在2019中国太湖美食文化节上获“美食示范店”授牌，横云饭店被江苏省餐饮行业协会授予“新中国成立 70 周年江苏餐饮业名企名店”称号。

（黄　艺）

惠山古镇景区

【概况】 2019 年，惠山古镇景区推进申遗和建设工作，完成龙光塔修缮项目，围绕“三个无锡”核心地块开展设计工作，推进惠山古镇三期文商旅小镇项目前期工作，初步确定文化、市场、产品等项目的开发方案。以寄畅园和古镇祠堂群为载体，创新旅游新业态，举办福禧中国年、首届三角梅展览、惠山庙会、幻光游园会、惠山菊会等节庆活动，并通过园林艺术研学、泉茶文化研学、非遗保护研学、廉政文化研学等，形成旅游和研学一体化的景区发展模式。11 月 4 日，惠山古镇与马来西亚鸡场街结为友好街区。年内，惠山古镇景区被评为江苏省省级放心消费创建示范街区。

（方　英）

【系列旅游活动】 2019 年，惠山古镇景区举办惠山寺撞钟祈福迎新活动、元宵夜庙会、首届惠山古镇花神节、杜鹃花展、“二泉映月”民俗文化旅游节、“一叶扁舟纪屈原”水陆巡游活动、夏季纳凉喜乐会、首届大运河文化生活节暨 2019 金秋惠山菊会、首届三角梅展等活动。其中，“二泉映月”民俗文化旅游节于 4 月 1 日 ~ 5 月 20 日举办，以市花杜鹃花展、精品牡丹展为主，分阶段开展二泉映月民乐秀、惠山茶会、锡绣竹刻非遗文化展、乾隆下江南逛惠山情景剧等系列主题活动。暑期推出惠山古镇泥人体验研学游，仅 7 月累计接待来自全国各地的小朋友 7000 余人。首届大运河文化生活节暨 2019 金秋惠山菊会于 9 月 27 日 ~ 11 月 30 日举办，展览布置上着重营造共庆新中国成立 70 周年氛围，搭建舞狮造型、大花篮、小桥流水、天安门造型等大型立体花坛，举办 2019 无锡阅读与文创展、乾隆巡游之水上表演、“醉美金秋”美拍节等活动。

（庞莉婷　黄薇唯）

【惠山古镇申遗和建设推进】 2019 年，市文旅集团签订惠山古镇申遗研究及咨询项目四方合作协议，文化地标——龙光塔经过修缮全新亮相，推进忍草庵修缮及环境整治项目，完成二泉书院君子堂等六项文保修缮工程并通过验收，惠山寺经幢修缮方案获国家文物局立项。编制完成古镇三期风貌区运营管理方案以及文商旅小镇项目的开发方案。惠山浜祠堂群修复工程获得中国风景园林学会园林工程奖金奖，惠山古镇在江苏省 2019 年度“寻找大运河江苏记忆”活动中，被授予“最美运河地标”称号。

（袁　方）

【国家 AAAAA 级旅游景区创建】 12 月，惠山古镇景区被列入国家 AAAAA 级旅游景区公示名单。惠山古镇景区于 2015 年 1 月向市旅游局提出申请创建国家 AAAAA 级旅游景区，2017 年初顺利通过国家旅游局国家 AAAAA 级旅游景区景观质量评审，正式列入创建国家 AAAAA 级旅游景区预备名录。此后，景区通过实施资源整合、营销策略调整、基础服务设施改造、提升服务品质等举措，如增加游客中心，改建、扩建、翻修停车场、旅游厕所，导览标识系统提升改造，上线智慧景区管理等。景区以“阿福阿喜”示范岗为特色打造品牌，提升导游讲解品牌，提高服务质量。

（袁　靓）

【惠山古镇亮相俄罗斯古城论坛】 8 月 16 日，第二届国际古城论坛在俄罗斯梁赞市顺利举行，惠山古镇代表无锡参加论坛，以“惠山古镇历史文化与研学旅游”为主题，向世界展示惠山古镇的园林艺术、泉茶文化、民间音乐、“非遗”保护、家国文化等，并展示和推出以体验研学为主题的全新旅游产品。

（袁　方）

【市级巾帼党性教育示范基地】 2019 年，惠山古镇景区深挖古镇祠堂的巾帼元素，推出“勤贞孝德”“至德孝友”两条巾帼线路和“惠山福缘”“红缘阁”两个“非遗”主题妇女微家，打造成既彰显党性又贴近妇女，既传承历史又观照现代的市级巾帼党性教育示范基地，为新时代妇联干部和党员妇女学习践行“家风”“家训”提供优质课堂。

（姚　欣）

【龙光塔修缮项目竣工】 5 月 21 日，市文旅集团举行龙光塔修缮项目竣工仪式。龙光塔修缮工程于 2018 年 10 月正式启动，该次修缮对龙光塔原塔身墙面、混凝土飞檐、平座、栏杆、楼梯和照明灯具、电路串管、避雷针等设施进行更换及加强，对塔内各层发现的灯龛进行摄影测量并绘图留档。修缮后的龙光塔塔高 31.29 米，总建筑面积 244.77 平方米。此次修缮新安装可变色 LED 灯 648 套、各类型投光灯 152 套。新刻一方由无锡市人民政府撰写的《重修锡山龙光塔记》碑刻，并根据无锡市图书馆所藏旧拓片，重刻清代雍正九年（1731）的《重修龙光塔记》和道光十六年（1836）的《重修龙光塔铭》。并根据民间提供的清代道光十八年（1838）钱泳所撰书的《锡山龙光塔进士题名》，列唐宋元三朝进士 73 人，另有当时官员登塔观碑题名碑一方。12 方碑刻被布置在新建的碑亭和碑墙上。

（袁　方）

旅游业态

【乡村旅游】 2019 年，全市星级乡村旅游区共接待游客 1126.54 万人次，实现旅游经营总收入 8.84 亿元。宜兴市湖㳇镇洑西村、锡山区东港镇山联村入选江苏省首批 13 家全国乡村旅游重点村，宜兴市西渚镇白塔村、江阴市华西新市村获评江苏省首批乡村旅游重点村。举办“茶禅四月到宜兴”旅游季、2019 年中国农民丰收节江苏主会场华西“高举旗帜庆丰收”活动、金色山联第三届菊花文化旅游节、2019 无锡阳山农民丰收节、无锡太湖山水文化旅游节、2019鸿山葡萄文化旅游惠民月等节庆活动，提升乡村旅游品牌效应。

（周　文）

【旅游风情小镇建设】 2019年，市文广旅游局推进旅游风情小镇建设，在重点项目招引、小镇客厅功能完善、核心吸引物打造、产品供给等方面加大投入建设力度，发挥旅游风情小镇在高质量发展、促进乡村振兴、促进富民增收中的积极作用。灵山禅意小镇、湖㳇茶旅风情小镇、阳山桃源风情小镇、西渚云湖茶禅小镇等4家省级旅游风情小镇创建单位在2018—2019年度考核中，均取得合格及以上等次，灵山禅意小镇考核等次继续位列全省第一。

（周　文）

旅游促销

【立体营销】 2019年，市文广旅游局参加"首届大运河文化旅游博览会""高雄旅展""亚洲文化旅游展"等国内、外重要展会，组团赴京津冀和珠三角主要城市开展文化旅游推介活动，全面展示无锡文旅融合新成果。在天津市、北京市、深圳市和广州市举办推介会，共有80家媒体参与活动并发布相关报道，总阅读量达32.3万人次，现场直播总浏览量达370.8万人次，微博话题"太湖明珠，江南盛地"总浏览量达2113.4万人次。

（周　文）

【第二十届无锡市花——杜鹃花节】 4月，市文广旅游局会同市文明办、市文旅集团举办第二十届无锡市花——杜鹃花节，围绕"推进绿色发展、建设美丽家园"主题，开展系列活动。通过无锡广电梁溪之声电台及新媒体智慧无锡、慧直播等网络直播平台，进行现场网络同步直播，网络直播平台现场点击率达1.6万余次。

（赵瑞明）

【第五届江南古运河风情夜游节】 8月16日，市文广旅游局举办"盛世华灯 醉美运河"第五届江南古运河风情夜游节，促进运河文化与夜游产品完美融合。其间，清名桥古运河景区累计接待游客245万人次，旅游收入比上年增长11%，其中，夜经济收入占比达67%，引发央视、人民网等中央媒体的关注，成为全国夜经济发展典范。

（周　文）

【首届长三角民宿文化旅游节】 11月26日，市文广旅游局主办首届长三角民宿文化旅游节暨无锡民宿与乡村产业融合发展论坛，来自上海市、南京市、无锡市等长三角地区的文旅主管部门和旅游行业协会领导、民宿业主代表共120余人出席开幕式。以"秀美长三角，诗画游江南"为主题，评出龙隐江南、上川一舍、云见、心味原色、行香竹苑、云隐东方莫宅、鸣珂里文化民宿等10家民宿为"无锡民宿旅游推荐单位"，现场进行"美宿有情"文创产品、"美宿有味"美食产品和"美宿有品"农特产品展示，使与会嘉宾全方位感受特色民宿文化。

（周　文）

【无锡融创文旅城建成投运】 6月29日，占地面积220万平方米、总投资额超400亿元的无锡融创文旅城正式投入运营。融创文旅城历经5年多的建设，汇集融创乐园、水世界、雪世界、海世界、太湖秀场、融创茂、酒店群和酒吧街8大业态，首日接待客流突破30万人次，当天营业额超1500万元，致力打造一站式文

7月，无锡影视基地夏日美景之凤仪亭荷花　（徐燕玲　供）

化旅游度假目的地。

（周 文）

【小娄巷历史文化街区开街迎客】 6月30日，无锡市举办小娄巷历史文化街区开街仪式，构筑小娄巷“江南书厢，无锡才巷”的文化高地。该街区是无锡城区现存历史最久、面积最大、知名度最高的巷弄，是老城内唯一能代表无锡传统风貌的历史文化街区。小娄巷建成具有代表性的江南民居建筑群和以旅游、休闲、文化、培训、展示为功能的文化特色街区，分为小娄新韵、小娄古事、小娄秘境、小娄雅院等板块，通过古建筑空间与现代人气品牌融合，打造网红打卡点，使古巷迸发全新活力。街区内6成以上品牌首次进入无锡，以“古韵与今风同合，国际与国粹共舞”为主要理念，通过历史文化+故事打造、江南文化+场景体验、创新科技+网红IP的运营方式，集合古韵、潮品、艺术、文创四大圈层文化，让千年古巷“活”起来。

（周 文）

【无锡梅园花事节庆活动】 2月14日～3月25日，无锡梅园举办“2019中国无锡梅花节”，推出威风锣鼓、台湾庙会、梅花茶会、梅花诗词朗读朗诵大赛等系列文化旅游活动。3月20日～4月20日，无锡梅园举办第十九届郁金香艺术节，郁金香展在保留色块、迷宫等传统图案造型的同时，在荷兰广场东西两侧各加入一组卡通人物图形，增加水晶星、格鲁特、超级马克等新品种，共栽植郁金香种球24万余个，占地面积达7200余平方米。清明节、“五一”期间，梅园景区首次举办“2019风铃童趣节”，将风铃元素与景区花海景观以及卡通形象等元素有机结合，开幕式当天在景区荷兰广场举办“一笔一划一世界，千人共书”活动，邀请书法大家讲解书法文化并现场挥笔泼墨。6月7～9日，梅园景区“端午民俗文化节”拉开帷幕，活动围绕文化端午、舌尖端午、绣球缘梦端午三大板块举行。9月6日～10月8日，梅园景区举办梅园第十一届灯会，灯会在以往灯会的基础上求突破、求创新，通过自贡灯彩、沉浸式3D全息实景秀、天幕光影秀、吴桥杂技国粹等多种形式的融合，围绕“盛世中华·璀璨梅园”主题，增强游客体验性和观赏度，取得经济效益与社会效益双丰收。

（李 鍌）

【蠡园旅游活动】 2019年，蠡园在新春期间举办“迎春纳福”游园会，推出财神角色扮演、发放新春礼物、民俗表演展示等旅游项目。桃花节期间，增植新优品种桃树，扩大桃林规模，营造桃花烂漫的蠡园春景。夏季，蠡园举办荷花展，以塘荷、睡莲的自然景观与精品睡莲、缸荷、碗莲展示结合，为游客献上荷花盛宴。秋季，蠡园结合新中国成立70周年“多彩园艺祖国颂”花坛花境比赛，营造“蝶舞”“花盈方寸”“幽幽鹿鸣”“鸟鸣轩窗”等地境花艺和主题花坛，配以憨态可掬的向日葵，营造富有秋日气息的金色花海。

（严 峻）

【无锡动物园旅游活动】 2019年春节期间，无锡动物园围绕生肖元素举办“奇趣动物庙会”活动。4月1日～5月12日，无锡动物园将科技魔幻创意秀、传统“非遗”古彩戏法与动物完美结合，开启奇幻动物魔术节。7月12日～8月18日，无锡动物园举办“动物园奇妙夜”活动，

11月，无锡影视基地冬日美景之水寨红嘴鸥 （徐燕玲 供）

通过亲子探秘营尝试开启夜间动物片区，并开展动物园大马戏、激光水幕秀、萌宠音乐会等活动。国庆期间，无锡动物园举行“秋趣动物园动物大巡游”，巡游队伍汇聚了珍禽异兽，并加入来自乌兹别克斯坦、老挝等地的异域风情表演。

（王纪芬）

【水上体育赛事】 2019年，市文旅集团举办“三联生物杯”环太湖国际帆船拉力赛（无锡鼋头渚站）、无锡（蠡湖）国际铁人三项赛、“梅沙教育杯”第五届全国青少年帆船联赛（无锡鹅湖站）、中国家庭帆船赛（无锡鹅湖站）、江苏省帆船俱乐部联赛、无锡市蠡湖全民健身龙舟赛、无锡市蠡湖全民健身皮划艇公开赛，以及锡山区首届职工龙舟赛、滨湖区第四届运动会水上运动项目比赛等大型赛事。

（严　峻）

【花坛花境比赛】 2019年，市文旅集团与市花卉盆景协会联合举办“多彩园艺祖国颂”花坛花境比赛，各公园景区围绕主题、精心创作，共完成《锦绣中华》《节日水乡》《秋韵桂香》《歌颂祖国》《欢度国庆·颂歌》等15组作品，充分展示无锡旅工匠高超园艺技艺，提升景区景观品质和园艺品牌影响力。

（朱昕昀）

【太湖欢乐园改造项目】 8月6日，无锡动物园太湖欢乐园提升改造项目开工暨新版Logo发布仪式在动物园大门广场举行。升级改造后的欢乐园区以“阿熊”为IP形象。改造后欢乐园区总面积达5万余平方米，设有森林工坊、音符花园、蜂蜜城堡、星空群岛4个区域，引进8套主题游乐设备，成为以儿童体验教育为主的儿童梦幻探险乐园亲子旅游基地。

（王纪芬）

旅游公共服务

【公共服务持续完善】 2019年，市文广旅游局加快构建与全域旅游发展相匹配的旅游公共服务体系，满足游客多层次需要。全年总投资达2.7亿元，全域旅游智慧监管服务平台建成并运营，新建成旅游停车场9个，新建和改扩建旅游厕所140座。建成全域智能导览程序，并在全市30个国家AAAA级以上旅游景区投入使用。

（周　文）

【蠡湖风景区志愿服务站正式运行】 1月4日，蠡湖风景区志愿服务站正式运行，站内配备2名常驻志愿者，日常提供文明宣传、旅游咨询、雨伞及轮椅出借、常用药品及热水等便民服务，并组织开展主题志愿服务活动。该站点也是无锡市公园景区内第一个学雷锋志愿服务示范站。

（周宇冰）

【全域旅游智慧监管服务平台启用】 9月28日，无锡全域旅游智慧监管服务平台上线启动仪式在惠山古镇游客中心二楼无锡全域旅游指挥中心举行。平台是无锡智慧全域旅游建设的核心，以大数据分析为支撑，通过对运营商数据、网评数据、行业运营数据、视频监控数据等的采集与分析，实现集智慧旅游应急管理、智慧旅游监测、智慧旅游“一站式”服务、智慧旅游营销“四位一体”的综合管理服务。平台建成后，旅游管理者可通过大屏发布的景区人流量信息、视频实时监控、酒店、旅游行社信息、网评信息等及时了解旅游行业动态，更好地实现旅游应急管理和旅游决策。旅游者通过平台可实现旅游“一站式”服务，同时，通过数据挖掘，平台可以为游客提供更多优质、精准化服务和旅游产品。

（周　文）

【“金树叶级”绿色旅游饭店】 5月，无锡君来湖滨饭店顺利通过江苏省旅游星级饭店评定委员会专家组评审，并获评“金树叶级”绿色旅游饭店称号。“金树叶级”是绿色旅游饭店的最高等级，无锡君来湖滨饭店坚持以“创建绿色饭店，倡导绿色消费”为导向，将绿色环保贯穿经营理念之中，在绿色发展、降本增效方面取得显著成效，对全市旅游饭店业的转型发展起到示范带头作用。自新版《绿色旅游饭店》修订实施以来，湖滨饭店是省内首家获此殊荣的单位。

（周　文）

编辑　郭　鹏

房地产开发

【**房地产项目建设**】 2019年，无锡市区房地产施工面积4277.88万平方米，比上年增长8.05%，其中，住宅3175.88万平方米，比上年增长9.29%；新开工面积960.79万平方米，比上年增长3.07%，其中，住宅703.31万平方米，比上年下降1.49%；竣工面积977.97万平方米，比上年增长123.74%，其中，住宅714.22万平方米，比上年增长117.48%。江阴市房地产施工面积1454.30万平方米，比上年增长1.05%，其中，住宅1146.51万平方米，比上年增长5.86%；新开工面积296.17万平方米，比上年下降15.99%，其中，住宅257.69万平方米，比上年下降14.39%；竣工面积248.81万平方米，比上年增长13.54%，其中，住宅192.97万平方米，比上年增长24.38%。宜兴市房地产施工面积621万平方米，比上年增长4.20%，其中，住宅506.42万平方米，比上年增长4.25%；新开工面积198.08万平方米，比上年下降10.50%，其中，住宅149.93万平方米，比上年下降18.19%；竣工面积99.49万平方米，比上年下降5.64%，其中，住宅80.74万平方米，比上年增长23.34%。

（市房屋交易管理中心）

【**房地产开发企业资质管理**】 2019年，无锡市住建行政主管部门全年共办理房地产开发企业资质319家，其中，市级审批的三级以下资质62家，经市级初审后上报省住建厅审批的暂二级以上资质238家，办理房地产开发企业资质有关事项变更19家。至年底，全市房地产开发企业共有一级资质企业4家，二级资质企业89家，暂定二级资质企业477家，三级资质企业11家，暂定三级资质企业75家。

（蔡 晔）

【**商品房交付使用验收**】 2019年，市区共完成交付使用竣工验收项目131项，面积约936.1万平方米、6.37万套。其中，毛坯住宅面积约340.73万平方米、2.88万套，精装住宅面积约276.16万平方米、2.49万套，非住宅面积69.29万平方米、9618套。

（蔡 晔）

【**电子项目手册审核**】 2019年，无锡市住建行政主管部门对房地产企业填报的电子项目手册和开发项目信息进行审核，全年共办理电子项目手册的发放及审核79批次。完成商品房“两书”(住宅质量保证书、住宅质量使用说明书）征订1.65万套，发放1.65万套。

（蔡 晔）

【**项目开发建设管理**】 2019年，无锡市住建行政主管部门加强商品房开发管理，在新建项目中提出公共服务设施、建筑节能、绿色建筑、绿色施工、可再生能源利用、成品住房、海绵城市以

表55　　2019年无锡市房地产业统计表

指标	单位	数值	较上年增长（%）
房屋施工面积	万平方米	6353.18	6.0
#住宅	万平方米	4828.81	7.9
#新开工面积	万平方米	1455.04	−3.4
房屋竣工面积	万平方米	1326.27	74.1
#住宅	万平方米	987.93	79.9
竣工房屋价值	亿元	658.25	100.7
#住宅	亿元	510.98	108.9
商品房销售面积	万平方米	1380.42	0.4
#现房销售面积	万平方米	264.30	−38.8
#期房销售面积	万平方米	1116.12	17.9
商品房销售额	亿元	1929.41	21.9
#现房销售额	亿元	233.45	−24.5
#期房销售额	亿元	1695.97	33.2

（市统计局）

及产业现代化等建设要求。房屋交付前，严格按照建设要求进行公共服务设施核实，确保所有建设项目按质按量配置到位。全年共办理《项目建设条件意见书》18 项，涉及住宅面积约 196.25 万平方米、1.76 万户，公共服务设施配置面积约 18.58 万平方米；完成公共服务设施核验 47 项，涉及住宅面积 246.29 万平方米、1.99 万户。

（蔡 晔）

【房屋征收拆迁】 2019 年，无锡市区共完成征收拆迁项目 179 个，比上年增长 35.6%；累计完成房屋征收拆迁面积 601.2 万平方米，比上年增长 52.5%；征收拆迁总户数 1.04 万户，比上年增长 36.7%。

（胡文红）

【房屋征收管理制度】 2019 年，无锡市结合社会经济发展水平，积极回应市场需求，调整房屋征收工作经费和评估收费标准，推动房屋征收行业稳步发展。市房屋征收拆迁管理部门进一步规范房屋征收与补偿安置档案的管理，制定出台《无锡市房屋征收与补偿安置档案管理办法》，进一步明确归档范围、内容和要求，有效保护和利用档案，为房屋征收档案管理提供根本依据。

（胡文红）

【房屋征收行业考评】 2019 年，市住建管理部门协调市房屋征收评估行业协会，全面开展房屋征收评估服务机构核查准入工作。通过对房屋征收评估机构相关资料的审查和复核，最终确定 26 家房屋征收评估机构入围参与房屋征收工作，同时公布 2019 年无锡市房屋征收估价机构名录。

（胡文红）

【房屋征收拆迁监督管理】 为进一步落实房屋征收拆迁“八公示一监督”制度，推动征收补偿工作公平、公正、公开，2019 年，市房屋征收办公室对市区实施的各街道（镇）征收拆迁项目实行类型全覆盖检查。全年累计检查项目 100 余个，推动征收拆迁项目顺利实施。

（胡文红）

表 56 2019 年度锡房指数统计表

单位：点

统计时期	住宅指数	比上季度涨落
一季度	13832	84
二季度	14142	310
三季度	14560	418
四季度	14818	258

（市住建局）

房地产市场

【土地市场活跃】 2019 年，去除加油站和汽车 4S 店用地，无锡市区共出让 44 幅国有建设用地使用权，成交总面积 263.48 万平方米，比上年增长 10.75%，成交金额 472.04 亿元，比上年增长 35.39%，总体溢价率 10.89%。据测算，住宅用地面积约 223.03 万平方米，可建面积 415.69 万平方米。江阴市出让国有建设用地 216.77 万平方米，比上年增长 42.33%，成交金额 135.40 亿元，比上年增长 137.59%。宜兴市出让国有建设用地 134.36 万平方米，比上年增长 12.91%，成交金额 65.71 亿元，比上年增长 44.45%。

（市房屋交易管理中心）

【商品房新增供应】 2019 年，无锡市区商品房新增供应面积 741.08 万平方米，比上年下降 6.88%；其中，商品住宅新增供应面积 629.56 万平方米，比上年下降 9.65%。江阴市商品房新增供应面积 256.03 万平方米，比上年增长 51.57%。宜兴市商品房新增供应面积 207.03 万平方米，比上年增长 38.70%。

（市房屋交易管理中心）

【商品房成交】 2019 年，无锡市区商品房成交面积 840.31 万平方米，比上年下降 7.29%，成交金额 1403.55 亿元，比上年增长 11.06%；其中，商品住宅成交面积 730.24 万平方米，比上年下降 8.58%，成交金额 1279.36 亿元，比上年增长 11.52%。全年二手房成交面积 628.30 万平方米，比上年增长 17.56%，网签金额 598.88 亿元，比上年增长 41.31%；其中，二手住宅成交面积 556.84 万平方米，比上年增长 21.55%，备案金额 563.90 亿元，比上年增长 42.85%。江阴市商品房成交面积 312.31 万平方米，比上年下降 12.13%，成交金额 339.22 亿元，比上年增长 19.26%；其中，商品住房成交面积 285.08 万平方米，比上年下降 11%，成交金额 315.40 亿元，比上年增长 31.55%。二手房成交面积 189.18 万平方米，比上年增长 8.90%，备案金额 130.85 亿元，比上年增长 27.77%；其中，二手住房成交面积 180.64 万平方米，比上年增长 9.88%，备案金额 125.15 亿元，比上年增长 28.11%。宜兴市商品房成交面积 208.03 万平方米，比上年增长 8.58%，成交金额 236.55 亿元，比上年增长 43.76%；其中，商品住房成交面积 191.03 万平方米，比上年增长 13.73%，成交金额 217.72 亿元，比上年增长 50.04%。二手房成交面积 210.23 万平方米，比上年增长 10.10%，备案金额 166.45 亿元，比上年增长 117.72%；其中，二手住房成交面积 97.85 万平方米，比上年下降 36.54%，备案金额 89.25 亿元，比上年增长 28.81%。

（市房屋交易管理中心）

【住房价格稳中有涨】 2019 年，无锡市区商品住房加权均价总体稳中有涨。经测算，一季度均价为 1.56 万元 / 平方米，环比微涨 0.61%；二季度

表 57　　2019 年度锡房住宅均值统计表

单位：万元 / 平方米、%

统计时期	一季度				二季度				三季度				四季度			
	商品房		二手房		商品房		二手房		商品房		二手房		商品房		二手房	
	均值	涨幅	均值	涨幅	均值	涨幅	均值	涨幅	均值	涨幅	均值	涨幅	均值	涨幅	均值	涨幅
锡房住宅	1.56	0.61	1.01	0.87	1.60	2.24	1.04	2.81	1.64	2.96	1.08	3.09	1.67	1.77	1.09	1.39
城中板块	1.81	−0.04	1.18	−0.23	1.87	3.33	1.22	2.01	1.84	−1.34	1.28	4.60	1.89	2.33	1.29	1.05
城东板块	1.83	1.85	0.88	−0.30	1.81	−1.07	0.90	2.57	1.81	0.52	0.93	2.84	1.82	0.47	0.93	−0.17
城南板块	2.07	15.38	0.89	0.68	2.02	−2.54	0.91	1.34	2.03	0.67	0.95	4.20	2.04	0.44	0.97	1.72
城北板块	1.47	1.51	0.75	0.30	1.50	2.43	0.77	2.25	1.54	2.47	0.81	5.60	1.56	1.56	0.83	1.56
新区板块	1.41	14.31	1.01	−0.45	1.43	1.60	1.03	1.07	1.43	−0.11	1.06	3.06	1.49	4.26	1.07	0.84
蠡溪板块	2.05	−0.83	1.02	0.82	2.12	3.55	1.05	2.29	2.15	1.26	1.09	4.62	2.09	−2.84	1.12	1.80
太湖新城板块	2.11	9.91	1.45	−0.28	2.16	2.43	1.46	0.54	2.25	4.04	1.55	5.56	2.18	−2.94	1.58	1.95
锡山区板块	1.35	−2.07	0.86	0.11	1.39	2.61	0.88	2.47	1.43	3.16	0.92	4.67	1.45	1.58	0.92	−0.24
惠山区板块	1.25	7.34	0.96	−0.94	1.28	2.38	0.98	1.72	1.32	3.14	1.04	5.89	1.36	2.95	1.05	1.60

（市住建局）

均价为 1.60 万元 / 平方米，环比上涨 2.24%；三季度均价为 1.64 万元 / 平方米，环比上涨 2.96%；四季度均价为 1.67 万元 / 平方米，环比上涨 1.77%。

（市房屋交易管理中心）

【公积金贷款发放额大幅增长】 2019 年，全市个人住房商业贷款发放 766.16 亿元，比上年增长 32.22%；市区公积金贷款发放 177.93 亿元，比上年增长 61.58%。年末无锡市房地产开发贷款余额总计 670.14 亿元，比上季度末增长 7.50%；个人购房贷款余额（商业性）2600.38 亿元，比上季度末增长 4.02%。

（市房屋交易管理中心）

房地产市场管理

【房地产市场秩序】 2019 年，无锡市围绕稳地价、稳房价、稳预期的调控目标，在全国第二批“一城一策”12 个试点城市中，率先完成房地产长效机制工作方案编制报备工作，构建租购并举的住房供应体系，稳定房地产市场预期。主动对接国家统计局无锡调查队，做好房地产市场运行数据的收集、汇总、分析工作；与全国同步施行新的房贷利率形成机制（LPR），完善房贷利率市场化形成机制；适度收紧公积金住房贷款政策，严防投机资金流入房地产市场；严格执行商品住房价格备案制度，完善商品住房成本审核和定价机制；组织开展房地产市场专项整治行动，规范房地产开发企业、经纪机构经营行为，营造规范有序的房地产市场秩序。

（郭维军）

惠山区阳山镇桃园村冯巷新农房建设　（市住建局　供）

【住房租赁中介机构整治】 10月，按照住房城乡建设部等6个部委和江苏省住房城乡建设厅等6个部门的统一部署，无锡市开展住房租赁中介机构乱象专项整治，严厉打击发布虚假房源诱骗群众租房、隐瞒交易信息赚取出租差价、无证经营租赁故意逃避监管以及囤积出租房源、散布涨价信息、违规开展业务、违规提供信贷、违规收取费用、非法解约退租等侵害住房租赁当事人合法权益的行为。专项整治行动由住建、发改、公安、市场监管、银保监、网信办联合组织，对从事住房租赁的中介机构和从业人员情况调查摸底，对住房租赁中介行为进行全面检查和治理，并畅通举报投诉渠道，纠正和查处住房租赁中介机构违法违规行为，曝光典型案例。通过专项整治，在解决个案问题的同时，建立完善相关制度和信息共享、联动查处、齐抓共管的协同机制，不断规范住房租赁行业行为，进一步优化住房租赁市场环境，让群众租房更安心。

（郭维军）

【商品房预售资金和存量房交易资金监管】 2019年，无锡市累计签订商品房预售资金监管协议254份，累计核实入账金额614.50亿元，累计拨付资金6717笔，累计拨付金额612.45亿元。存量房资金监管累计签约2.73万起，监管金额218.6亿元，累计支付（销户）2.58万笔。

（市房屋交易管理中心）

【安置房经适房土地收益费用动态调整机制】 2019年年底，市住房城乡建设局、市发展改革委、市财政局、市自然资源和规划局等部门，根据房地产市场的动态变化情况，经测算并反复征求各区意见，对2019年度安置房、经济适用房上市交易缴纳土地收益等费用标准进行调整，经市政府批准后公布执行，进一步规范完善国有土地收益标准动态调整机制。

（王光荣）

【直管公房租金电子化收缴】 2019年，无锡市住房城乡建设部门顺应高质量发展要求，强化住建为民、便民利民举措，在公房管理中改变传统的“现金走收”征租方式，实行电子化收缴。租户凭特定编码，通过网上银行、手机银行、支付宝等平台缴纳租金。市公用房产管理处作为执收单位，组织专门培训，规范执收行为，加强程序监管，方便租户缴款，确保租金足额入库。

（江建华）

【住宅小区物业管理】 以“省市示范项目验收”为引导，进一步提升物业企业的服务水平，2019年，无锡市共有49个物业管理项目被评为“市级示范项目（平安小区）”，15个项目被评为“省级示范项目”。开展全市物业管理“双随机”检查，市区共抽查物业管理项目351个，针对物业服务过程中的问题开出整改单351张并督促整改。完善物业企业信用管理系统，对违规的企业给予记分处理，对违反诚信行为的66家企业进行诚信记分总计564.5分，并实施信用评分等级。组织开展物业管理行业服务第三方业主抽样调查，涉及物业管理企业184家，住宅项目共459个，调查对象约1.83万户（人），评价得分85.23分，总体满意度比上年提升0.3%。

（徐　丹）

编辑　顾洪兴

综 述

【概况】 2019年，无锡市贯彻习近平总书记关于“一带一路”建设系列重要指示精神，落实省委省政府决策部署，深度融入“一带一路”建设。市委、市政府出台《关于高质量推进“一带一路”交汇点建设的实施意见》，提出工作推进的总体思路、主要目标和发展定位。印发2019年工作要点，细化阶段目标、明确责任分工。梳理排出对无锡市参与“一带一路”建设具有较强支撑作用的15个项目，纳入清单重点推进。全年，无锡市在产业科技、对外贸易、互联互通、人文交流等领域加强“一带一路”沿线国家和地区的交流合作，各项工作取得良好进展。

（王亦娴）

【“一带一路”新能源国际合作论坛举办】 11月8日，“2019‘一带一路’新能源国际合作论坛”在无锡举行。大会作为第二届中国国际进口博览会无锡市的配套活动，是第二届进博会期间举行的唯一一个新能源主题论坛活动。论坛吸引了巴基斯坦、埃塞俄比亚、乌兹别克斯坦、越南、澳大利亚、波黑等30多个国家的300多位代表，为“一带一路”沿线国家和中国新能源企业的行业交流和产能合作搭建了平台。

（卢 珊）

经贸合作

【概况】 2019年，无锡市把深化“一带一路”国际合作作为应对中美贸易摩擦升级的有效手段，不断拓展对外开放新空间。年内，全市备案在“一带一路”沿线国家（地区）境外投资项目43个，较上年增加18个，中方协议投资额达4.9亿美元。项目数和投资额均占全市总额超三成，主要投向柬埔寨、越南、泰国、新加坡、阿联酋等国家。其中1000万美元以上项目4个，较上年增加1个。对“一带一路”市场出口占比27.7%，比上一年提高1.6个百分点，进口增速高于出口3.2个百分点。

（王亦娴）

【国际产能合作】 列入《2019年无锡市高质量推进一带一路建设重点项目清单》的国际产能合作项目进展良好。其中，阳光集团埃塞纺织服装项目一期、一棉埃塞30万纱锭项目一期以及通用科技泰国子午轮胎、确成硅泰国白炭黑项目等建成投产。

（王亦娴）

【境外园区建设】 2019年，柬埔寨西港特区建设进入2.0版，园区产城一体化建设稳步推进，基础设施和各类生活配套服务不断完善。累计引入各地企业165家，提供就业岗位近3万个，园区及入园企业累计总投资8.45亿美元，实现总产值16.56亿美元。4月，柬埔寨西港特区项目成功入选第二届“一带一路”高峰论坛“地方合作项目”成果清单。

（王亦娴）

【丝路贸易】 2019年，无锡市发挥展会对外贸的促进和导向作用，累计组织企业参加100多场境内外重点展会。推进外贸转型升级，新增1家国家级外贸转型升级基地，3家省级公共海外仓，4家企业获评国家文化出口重点企业。口岸开放水平不断提升，国际邮政互换局正式设立，冰鲜水产品进口口岸通过海关总署验收。优化口岸通关流程和作业方式，2019年的进、出口整体通关时间较2017年底通关时间分别压缩52.68%、61.81%，好于关区平均水平。

（王亦娴）

互联互通

【概况】 2019年，无锡市着力推动“水、陆、空”基础设施建设，拓展国际综合交通体系。苏南硕放机场发展势头良好，江阴港能级稳步提升，城市综合交通体系进一步完善。

（王亦娴）

【苏南硕放机场】 2019年，硕放机场完成停机坪扩建工程，国际客货吞吐量快速提升，全年进出境旅客达105.3万人次，这是该机场首次突破百万人次。国际货邮吞吐量3.5万吨，比上年增长97.6%。新增无锡—名古屋、无锡—札幌、无锡—首尔3条国际定期航线，加密无锡—大阪航班密度，航线通达性迈上新台阶。

（王亦娴）

【江阴港】 2019年，江阴港发展稳中提质，申夏港区通用码头港池泊位工程完成竣工验收并投运。港口吞吐量再创新高，完成货物吞吐量2.31亿吨，比上年增长31.71%；外贸

苏南硕放国际机场停机坪 （市住建局 供）

吞吐量完成5250万吨，比上年增长19.39%；集装箱吞吐量完成53.93万标准箱。

（王亦娴）

人文交往

【概况】 2019年，无锡市与“一带一路”沿线国家在教育、卫生、文化、体育等领域交流合作取得扎实进展。发挥友城平台纽带作用，国际“朋友圈”再扩大。年内，与韩国金海市、阿联酋艾因市签署友好合作协议。至年底，无锡市与“一带一路”沿线实际交往的有17个国家、23个城市。

（王亦娴）

【教育合作】 2019年，由无锡职业技术学院、红豆集团联合申办的柬埔寨西哈努克港工商学院获批设立并正式开学，为西港特区发展提供强有力的人才支撑。老挝磨丁经济特区苏信培训中心、中柬友谊理工学院技能培训项目进展顺利，“中柬政校企携手推进职业教育合作”项目入选“中国—东盟高职院校特色合作项目”。

（王亦娴）

【卫生合作】 2019年，无锡市持续推动中柬共建西港特区社区卫生服务中心运行机制和援柬卫生人才选派机制，全年，医疗队为柬埔寨人员诊疗4381人次，为柬埔寨民生改善提供了健康支持。无锡市中医医院与匈牙利彼得夫医院国家创伤研究院就医疗技术、学术交流、科学研究、人才培养等方面开展交流合作达成共识。

（王亦娴）

【文体交流】 2019年，24个“一带一路”沿线国家参展第二届中国（无锡）旅游博览会。无锡市歌舞剧院排演的舞剧《南国红豆》在柬埔寨、泰国巡演获得好评。无锡国际马拉松赛、锡台青少年棒球交流嘉年华等一批品牌赛事规模不断扩大。

（王亦娴）

编辑　邵文凯

综 述

【外贸实现稳中提效】 2019年，无锡市累计进出口、出口、进口分别为6366.6亿元、3821.2亿元和2545.5亿元，比上年分别增长3.3%、2.1%和5.3%，规模继续位列全省第二，进出口、进口增幅分别高于全省4.1和10.5个百分点。在"2018年中国外贸百强城市"排行榜中，无锡名列全国第11位，比上年上升1位。在缺乏房地产项目带动下，全年实际使用外资及港澳台资36.2亿美元，总量位居全省第三位，协议注册外资及港澳台资超3000万美元的重大项目50个。年内，市商务局召开全市对外开放大会，推动出台开放型经济高质量发展"1+3"政策意见。全年争取部省商务资金4.08亿元，市本级共兑现拨付各类商务资金2.25亿元，支持企业2070家(次)。

（楼利锋）

【对外贸易结构优化】 2019年，无锡市一般贸易进出口占货物进出口比重47.7%，较上年同期提升1.2个百分点，新增出口"破零"企业800家，17家企业入围2018年中国对外贸易500强。"外贸小微贷""苏贸贷"年内新增投放贷款合计超22亿元，新增受惠企业近500家，覆盖企业近1000家(次)。为全市2494家企业免费提供出口收汇风险保障，承保出口额60.4亿美元，为企业节约保费投入约1.69亿元。服务贸易创新发展。进出口增长5%以上，占对外贸易比重10%左右。深化国家文化出口基地建设，在第六届京交会上展示无锡市文化出口基地，召开无锡文化贸易发展推介会，4家企业被评为国家文化出口重点企业。

（楼利锋）

【利用外资及港澳台资提质增效】 2019年，无锡市战略性新兴产业实际使用外资及港澳台资占比超过70%，在全省名列前茅。全年新增省级跨国公司地区总部4家，完成省对设区市个性指标考核任务。优化外企服务，走访120家外资及港澳台资企业，受理企业诉求46起，回访满意率达100%。对外投资稳步推进，参与全省"一带一路"交汇点建设，拓展发展空间，全市新备案"一带一路"对外投资项目40个，柬埔寨西港特区发展成果列入第二届"一带一路"国际合作高峰论坛成果清单，入驻企业增加至165家，无锡一棉、阳光集团埃塞俄比亚纺织基地项目正式投产。总投资2.92亿美元的龙道博特是中阿（联酋）产能合作示范园的最大投资项目，也是该园区首个开工项目，预计2020年底一期工程建成投产。

（楼利锋）

【外贸高质量发展】 2019年，无锡市制定出台《关于促进综合保税区高水平开放高质量发展的实施方案》，加快推进综合保税区跨境电子商务、检测维修、再制造业和研发设计等新业态新模式发展，在全省率先获批开展全球检测维修业务，捷普等企业开展维修再制造业务，无锡高新区综保区进出口总额在全省海关特殊监管区域进出口总值排名第二、在全国已封关运作的73个综合保税区进出口总值排名第五。制定出台《关于促进中国(无锡)跨境电子商务综合试验区发展的若干政策》，跨境电商直邮进出口(9610)业务和跨境电商保税进口(1210)业务通关运行，实现全省"六个第一"：省级公共海外仓总数位居全省第一，海关新监管模式(金关二期系统)下跨境电商"1210模式"首单在江阴综保区通关，省内首家实现跨境电商进口代理企业直接对外付汇，省内首家跨境电商保税进口O2O线下体验中心正式开业，全省首个跨境电子商务学院在无锡太湖学院挂牌成立，省内第一批跨境电商专业服务平台建设完成。积极对接上海、江苏、自贸区建设，复制推广自贸区改革试点经验88项。新增1家国家级外贸转型升级基地。口岸开放水平不断提升。新开通日本名古屋、韩国首尔等国际航线，洲际货运航班频次全省第一，国际邮件互换局(交换站)设立工作获得海关总署同意，冰鲜水产品进口口岸通过国家验收。

（楼利锋）

利用外资及港澳台资

【概况】 2019年，全市完成实际使用外资及港澳台资36.2亿美元，位

表 58　　2019 年无锡市开放型经济统计表

指标	单位	2019 年	增长（%）
进出口总值	亿美元	924.30	−1.1
一般贸易	亿美元	441.32	1.6
加工贸易	亿美元	383.16	−2.3
来料加工	亿美元	80.37	10.7
进料加工	亿美元	302.79	−5.3
出口总值	亿美元	554.60	−2.3
一般贸易	亿美元	288.64	2.0
加工贸易	亿美元	223.17	−0.1
来料加工	亿美元	42.11	23.1
进料加工	亿美元	181.06	−4.3
进出口总值	亿元	6366.63	3.3
一般贸易	亿元	3041.14	6.2
加工贸易	亿元	2640.27	2.1
来料加工	亿元	553.86	15.3
进料加工	亿元	2086.41	−0.9
出口总值	亿元	3821.15	2.1
一般贸易	亿元	1988.94	6.6
加工贸易	亿元	1537.53	4.4
来料加工	亿元	290.35	28.3
进料加工	亿元	1247.18	0.1

（市统计局）

列全省第三位，比上年下降 2.6%（省商务厅口径下降 1.9%）。全年累计新批外资及港澳台资项目 415 个，新增协议注册外资及港澳台资 53.5 亿美元(不含减资金额)，比上年下降 48.9%。新兴产业引资成效明显。以先进制造业为主的十大战略性新兴产业实际使用外资及港澳台资 27.9 亿美元，占全市比重 77%，比重位居全省第一，比上年增长 29.6%。其中，新一代信息技术、高端装备制造、生物技术和新医药、节能环保产业的实际使用外资实现大幅增长，分别为 30.5%、27.3%、834.9%、27.3%。制造业利用外资及港澳台资态势良好。全市完成制造业利用外资及港澳台资 25.2 亿美元，比上年增长 9.7%，占全市比重 69.5%，比上年提高 7.8 个百分点，主要源于计算机通信和其他电子设备、电气机械和器材、生物医药、纺织服装等制造业领域的大幅增长，分别比上年增长 10.1%、132%、717.7%、1213.8%。中国香港、日本、美国、欧洲的实际投资呈现增长态势，实际使用资金分别为 20.3 亿美元、1.8 亿美元、6543 万美元、1.2 亿美元，比上年增长 10.7%、84.8%、63.8%、58.5%，中国台湾、韩国、新加坡的实际投资呈现下滑趋势，实际使用资金分别下降 19.6%、21.1%、58%。至年底，全市累计有 103 个世界 500 强跨国公司在无锡投资设立了 201 家企业。

（吴　栋）

【总部经济集聚】 2019 年，无锡市有 4 家外资企业获得省商务厅认定的江苏省第十批跨国公司地区总部和功能性机构授牌，分别为博尔豪夫(无锡)紧固件有限公司、江苏亨鑫科技有限公司、江阴兴澄特种钢铁有限公司、利纳马(中国)投资有限公司。至年底，全市累计省级跨国公司地区总部 20 家，跨国公司功能性机构 16 家。

（吴　栋）

【重大项目提质增效】 2019 年，全市新批协议注册外资及港澳台资超 3000 万美元以上的重大项目共 50 个；完成协议注册外资及港澳台资 42.9 亿美元，占全市比重 80.2%；完成投资总额 92.9 亿美元，项目平均投资规模为 1.8 亿美元，其中总投超 1 亿美元项目 25 个，累计投资总额 80.5 亿美元。超 3 亿美元重大项目 8 个，如总投资 9 亿美元的江苏寰泰电子科技有限公司、总投资 4.5 亿美元的金妥新材料(中国)有限公司、总投资 4.5 亿美元的高德(江苏)电子科技有限公司、总投资 3 亿美元的无锡养乐多乳品有限公司等。

（吴　栋）

【外资及港澳台资企业经济贡献增长】 2019 年，全市外资及港澳台资企业进出口总额达 600.7 亿美元，比上年增长 0.79%，占全市进出口总额的 65%。全市外资及港澳台资企业缴纳涉外税收 473.1 亿元(省商务厅口径)，比上年增长 16.1%，占全市税收比重 30.3%。

（吴　栋）

对外及对港澳台贸易

【概况】 2019年，无锡市对外及港澳台贸易累计进出口实现924.3亿美元，比上年下降1.1%，其中，出口及对港澳台输出554.6亿美元，比上年下降2.3%；进口及港澳台输入369.7亿美元，比上年增长0.8%。高新技术产品、机电产品出口分别为221.9亿和375.8亿美元，比上年分别下降0.5%和0.8%，占全市出口比重分别为40.0%和67.8%。

2019年，全市一般贸易进出口441.3亿美元，比上年增长1.6%，占全市进出口总额的47.7%；加工贸易进出口383.2亿美元，比上年下降2.3%，占全市进出口总额的41.5%。全年，全市有进出口实绩的企业10235家。全市外资企业进出口600.7亿美元，比上年增长0.8%，其中出口308.3亿美元，比上年下降1.1%。民营企业进出口250.9亿美元，比上年下降1.2%，其中出口188.6亿美元，比上年增长2.6%。年内，全市出口超1亿美元企业共有70家，共出口285.9亿美元，占全市出口总额的51.5%。

2019年，全市欧盟、韩国分别出口89.1亿和71.3亿美元，比上年分别增长4.3%和25.6%；对美国、日本分别出口63.7亿和40.4亿美元，比上年分别下降21.3%和7.0%。全市对新兴市场出口增长较快，对拉丁美洲、大洋洲分别出口35.9亿和21.1亿美元，比上年分别增长3.0%和13.7%；对“一带一路”沿线国家出口153.6亿美元，比上年增长3.7%，其中，对俄罗斯、东盟和非洲出口比上年分别增长2.2%、5.6%和2.0%。

（徐　力）

【进口商品交易中心】 2019年，无锡市进口交易中心运行良好。省级进口商品交易中心试点江阴化工品进口交易中心全年双边交易额2280亿元，双边交易量5266万吨，营业收入1590万元，利润总额851万元，缴纳税金682万元。

（徐　力）

【多元开拓国际市场】 2019年，无锡市多元开拓国际市场，拓展外贸增长空间。充分发挥展会的主渠道作用，利用中国进出口商品交易会（广交会）、中国华东进出口商品交易会（华交会）、中国江苏出口商品交易会（日本大阪展）等优质展会平台帮助企业争订单、促成交。根据年度境内外市场拓展计划，深入挖掘传统市场专业化展会项目，拓展新兴市场和新兴产业展会项目，推动更多的企业参加广交会等境内外展博会。组织千余家企业参加第29届华交会，第125届、126届广交会，第23届大阪展，第二届中国国际进口博览会，2019年美国芝加哥展，2019年澳大利亚中国纺织服装展，2019年中东迪拜五大行业展等100多个重点境内外展会。组织重点企业、重点板块赴南非、埃塞俄比亚、德国、匈牙利等地开展经贸促进活动，帮助企业巩固传统市场、拓展新兴市场。坚持“优进劣汰，竞争择优”原则，加大广交会参展企业遴选和更新力度，着力提高组展水平和交易成效，无锡分团两次被江苏省交易团评为优秀分团。

（徐　力）

【外贸综合服务平台建设】 2019年，无锡世贸通供应链服务有限公司和无锡一达通企业服务有限公司两家省级外贸综合服务试点企业通过整合外贸服务资源，为中小企业提供综合性服务平台，降低中小外贸企业运行成本，提升中小企业国际市场竞争力。两家企业累计服务中小微企业近3000家，进出口2.36亿美元，其中出口2.19亿美元。

（徐　力）

【提升出口信保工作】 2019年，全市出口信用保险累计支持全市出口贸易131.8亿美元，首次跨上“130亿”美元的台阶。全口径贸易渗透率提升2.8个百分点，服务企业2506家，比上年增长16.1%。支持企业向新兴市场出口29.54亿美元，比上年增长4.53%。支持无锡企业参与“一带一路”建设，提高海外投资保险的扶持比例，增加特险的扶持范围，企业“走出去”的信心不断提高，全年承保项目类业务保额近14亿美元，出具保单50张，承保规模和保单数再创历史新高。加强对小微企业支持力度，新增承保小微企业500家，全年支持1450家小微企业出口14.8亿美元，共向小微企业支付赔款102.9万美元。

（徐　力）

【“外贸小微贷”发展】 作为推动外贸高质量发展、更好服务全市中小微外贸企业的重要举措，市商务局联合财政、银行、信保创新设立的“外贸小微贷”平台，自2017年4月正式上线至2019年年底，累计向全市439家企业投放各类免担保、免抵押、低费率贷款37.18亿元，贷款加权平均利率4.44%。借力1.2亿元风险补偿资金，2019年“外贸小微贷”累计向全市355家外贸企业投放826笔、16.85亿元贷款，至年底，在贷余额11.77亿元，基金放大倍数9.8倍。

（徐　力）

对外及对港澳台经济合作

【概况】 2019年，无锡市对外及对港澳台经济合作呈现稳健的发展态势。全年新批境外企业（机构）116个，投资领域新增文莱1个国家，累计91个国家（地区）。中方协议投资额14.5亿美元，比上年下降5%，其中民营企业对外投资项目88个，中方协议投资额10.9亿美元，项目数和投资额分别占总量的77.2%和76.2%，继续保持对外投资主力军地位。全年，对外工程承包和劳务合作方面，共完成外经营业额1.9亿美元，外经合同额1.9亿美元，共新派劳务人员145人，至年底，在外劳务371人。在对外援助方面，无锡市具有国家援外资格的机构，以其专业领先优

表 59　　2019 年无锡市利用外资及港澳台资统计表

指标	单位	2019 年	增长（%）
到位注册外资及港澳台资	亿美元	36.20	−2.6
批准协议注册外资及港澳台资	亿美元	53.53	−48.9
服务外包合同总额	亿美元	129.68	−8.8
服务外包执行总额	亿美元	107.41	−4.2
离岸外包合同总额	亿美元	88.46	−14.4
离岸外包执行总额	亿美元	74.21	−8.5
新批境外投资中方协议投资额	亿美元	14.50	5.0
外经合同额	万美元	19233	−50.0
外经营业额	万美元	19045	−15.0

（市统计局）

势，继续承担和积极发挥在渔业养殖和寄生虫防治方面的培训基地作用。

（陆　方）

【西港特区发展】 2019 年，西港特区稳步推进“产城一体化”建设，年内完成路基建设 5959 米，路面浇筑 3464 米，修筑排水沟 6232 米，铺设污水管 3447 米，平整土地 63.33 公顷。西港特区热电项目启动建设。特区配套多功能区中的邻里中心为员工提供了便利，公寓楼、职工宿舍相继落成，社区卫生服务中心常态化运作。无锡市第二人民医院、第四人民医院、中医医院先后派出医生提供医疗援助，中国外文局在区内设立“中国图书中心”，推进西哈努克省中柬友谊理工学院及西哈努克港工商学院两所大学的运营。

（陆　方）

【对外工程劳务发展】 2019 年，组织全市对外工程劳务企业参加江苏企业“走出去”系列培训及“全省对外承包工程企业高级管理人员培训班”，努力提高无锡市对外经济合作水平。

（陆　方）

国际贸易促进

【概况】 2019 年，无锡市贸促会参与“一带一路”和自贸区建设，加强与各国驻华使（领）馆、商协会机构联系合作。全年邀请美国、哈萨克斯坦、越南等 20 余个国外经贸团组到无锡考察；走访匈牙利、捷克、阿联酋等外国驻沪领馆和海外贸易投资促进机构约 50 家。组织全市近 200 家企业参加近 40 个国际知名展（博）览会项目，境外参展面积达 1626 平方米，参展企业数量及参展面积均取得新突破。无锡市贸促会进一步整合贸促会、国际商会、会议展览业协会资源，通过举办“海外发展新机遇合作交流会”“中东商务谈判技巧培训”“‘一带一路’工商合作发展论坛”等 20 余场国际商务沙龙以及经贸交流活动，为企业对接国际经贸资源、了解国际投资环境、开展经贸合作交流提供便利。

（卢　珊）

【国际商事法律服务】 2019 年，无锡市贸促会被贸促总会授权建立首批“中国国际贸易促进委员会自贸协定地方服务中心”，为无锡市企业提供自由贸易协定项下优惠原产地签证、中国及全球自贸协定网络关税筹划、自由贸易协定原产地规则利用、企业原产地管理等方面的相关服务。同时，还获权签发中国－智利、中国－东盟升级版自贸协定原产地证书，将自贸区优惠原产地证书的授权范围扩大到 27 个国家（地区），为企业发展对外贸易提供了更多的优惠和便利。年内，开展自贸区优惠政策和 ECO 电子原产地证等新业务的宣传和推广，实现 ECO 出证率超过 85%。签发各类商事证明文书超过 7.8 万份。FTA 证书总签证量 1.4 万份，签证总金额 6.18 亿美元。通过纸媒、微信及 QQ 工作群向企业推送主要国家政策法律环境、贸易预警信息 120 余次。先后举办“涉美出口企业座谈会”“制造业产业链全球布局企业座谈会”等活动，帮助企业正确认识和妥善处理中美经贸摩擦、合理进行全球产业布局，消除经贸摩擦不利影响。

（卢　珊）

【2019 中国（无锡）国际瑜伽节】 6 月 14 日，由市贸促会牵头举办的“2019 中国（无锡）国际瑜伽节”开幕。此届瑜伽节以“瑜伽·让生活更美好”为主题，活动包括歌曲《无锡美》首发、千人瑜伽盛典、“瑜伽之夜”文艺晚会、专业瑜伽精品课程培训、国家级健身瑜伽大赛、瑜伽摄影大赛等环节。为期 4 天的瑜伽节活动累计吸引国内外瑜伽爱好者 1 万人次参与，媒体点击量超过 30 万次，并在推特、脸书等海外平台广为传播，成功打造无锡城市新名片。

（卢　珊）

【第十一届中国（无锡）国际新能源大会暨展览会】 11 月 7 ~ 9 日，“第十一届中国（无锡）国际新能源大会暨展览会”举办。大会举办了包括国际新能源展览会、全球新能源产业峰会、氢能发展研讨会等 20 余场系列会展活动，吸引国外 30 多个国家和地区以及国内50余个城市团组、10余个行业商协会机构、近100家媒体、500多家企业参展参会。邀请200余名嘉宾到会演讲，展览展示面积2万平方米，论坛听众超过2000人次，展览观众超过2万人次，为推动无锡市新能源产业转型升级、促进新能源产业应用和投资发挥重要作用。

（卢　珊）

口　岸

【概况】 2019年，全市口岸货物吞吐量2.33亿吨，比上年增长31.52%；外贸货物吞吐量5313.08万吨，比上年增长11.25%；集装箱吞吐量67.73万标准箱，比上年下降4.11%。无锡空港旅客吞吐量797.5万人次，比上年增长10.6%，其中，出入境旅客吞吐量104.1万人次，比上年增长9.9%；货邮吞吐量14.5万吨，比上年增长17.2%，其中，出入境货邮为3.46万吨，比上年增长97.3%。在全国235个机场排名中，客运排名42位（比上年上升1位），货运排名22位（比上年上升2位）。江阴港口岸货物吞吐量首次突破2亿吨大关，完成货物吞吐量2.31亿吨，比上年增长31.71%；其中，外贸吞吐量5250.14万吨，比上年增长19.39%。

（潘君祥）

【国际邮政互换局、进口冰鲜水产品指定口岸获批】 2019年，无锡继续积极对上争取，经过多轮争取国家海关总署、国家邮政总局、邮政总公司及省有关部门支持，《邮政业发展“十三五”规划》将无锡列入全国35个快递物流园区布局城市，江苏省内仅南京和无锡入选，为申报工作打下坚实基础。无锡国际邮件互换局历时5年，于2019年10月获得海关总署批复同意设立；11月，国家邮政总公司批复同意设立无锡国际邮件互换局。进口冰鲜水产品指定口岸历时3年，于2019年8月获得海关总署正式批复。

（潘君祥）

【药品进口指定口岸申报】 2019年，省政府已把变更无锡药品进口口岸申报名称的回函发给国家药监局综合司，市商务局会同市场监管局有序推进药品进口口岸的申报工作，争取早日获批，并督促运营单位按照海关监管要求，继续做好人力资源、检测投入、住宿通勤等后续保障工作，支持机场口岸、江阴港开展药品进口业务。

（潘君祥）

【航空口岸建设】 9月，无锡成功引进顺丰航空开通欧洲洲际货运航线，成为全省洲际货运航线最多、国际货运量最大的航空口岸。新增无锡至日本札幌、名古屋和韩国首尔3条定期客运航线。10月，机坪扩建工程通过竣工验收，新增8个C类停机位，有效缓解停机坪紧张的问题。12月，完成机场海关快件监管中心改造升级，使其具备单小时3200件货物的峰值处理能力，日处理货物可达到4万件，大幅提升快件和包裹的处理能力，有助于吸引顺丰、菜鸟增加在无锡的进出口件量，促进跨境电商业务的发展，改善洲际货班的货源结构和航班收益。至年底，苏南硕放国际机场先后引进航空公司总数累计27家，开辟23条国际（地区）航线，通达61个国内外主要城市。苏南硕放国际机场已基本构建出辐射东北亚、东南亚的客运网络，以及欧洲、美洲的货运航线网络。

（潘君祥）

海　关

【概况】 2019年，无锡海关强化监管、优化服务，持续推进对外贸易发展。推进综保区转型升级，保税研发、保税检测、跨境保税1210进口等新兴业态迸发活力，推进“区区流转”“四自一简”“先放后检”等举措，掌上物流、集装箱空箱智能化监管验放等项目实施，卡口物流驶入“快车道”，进出卡口时间缩短90%以上，综保区省内综合排名实现提档进位。推进监管系统升级，新一代查管系统和金关二期顺利切换。创新后续监管改革，对高信用企业实行隐性监管、柔性监管，增强合法企业获得感。主动开展“智慧通关、智慧保税、智慧旅检、智慧检验、智慧检疫、智慧分析、智慧预警、智慧监控、智慧政

无锡海关在苏南国际机场进出境快件监管中心运用“掌上物流”系统实现快件监管货物卡口智能验放

（黄首先　供）

无锡海关组织对废纸行业开展专项稽查行动 （黄首先 供）

务”等15项物联网应用项目探索，“综保区AB区同企跨片”项目投入试运行，简化了AB区进出手续，物流时间压缩80%。“快件现场智能化管理系统”完成基本建设安装，进入调试阶段。推进海关物联网应用示范区建设。年内，无锡海关继续保持“全国文明单位”、“江苏省文明单位”称号，驻新吴办事处报关厅获评“全国青年文明号”，纺织工业品检测中心获全国2018年度产业用纺织品标准工作先进单位称号、中国环境标志优秀合作伙伴奖和中国羽绒工业协会行业优秀羽毛绒检测实验室称号。3月12日，无锡海关驻新吴办事处正式挂牌成立。

（黄首先）

【营商环境优化】 2019年，无锡海关深化“放管服”改革，简化企业备案和注销手续，成功办理关区首例一体化企业注销业务，依托“互联网+”优化行政许可办理，审批时限压缩30%。多措并举压缩通关时间，全年进口通关时长34.37小时，较2017年压缩52.68%；出口通关时长1.14小时，较2017年压缩61.81%，好于全省平均水平。有效落实减税降费政策，全年减免税5.3亿元，比上年增长27.3%。推广海关AEO认证引导企业“走出去”，培育新增AEO高级认证企业4家，新增数量在全省名列前茅。实施原产地证自助打印服务，签发各类优惠原产地证4.6万份，让企业获得进口国关税优惠。帮扶企业对接“金关二期工程”加工贸易管理系统，指导企业设立“金二手册”1011本，降低企业合规成本。应对中美贸易摩擦，主动开展对美出口前25类产品替代国分析，指导企业合理运用原产地规则规避贸易摩擦风险。

（黄首先）

【口岸监管】 2019年，无锡海关强化口岸管控。全力打击芬太尼、象牙等濒危物种及其制品走私，全年截获濒危物种504起、652例。其中，查获疑似象牙制品104起、8.71千克、象皮制品18起、4.69千克，查获数量和比例均位列关区第一。强化动植产品口岸检疫，面向社会公众开展“国门销禁”集中销毁活动。加大卫生检疫筛查，全年检出传染病阳性确诊病例118例，排查核辐射超标旅客34例，发现无锡机场口岸首例入境登革热阳性患者。

（黄首先）

【进出口商品检验监管】 2019年，无锡海关加强检验监管力度，全年检验出入境工业品14833批，货值14.8亿美元，比上年分别上升265%和275%。对辖区内51家进口危险化学品企业和19家出口危险化学品及其包装企业开展安全风险排查。完善动植物产品、进出口食品协检协同机制，筑牢安全监管全链条。

（黄首先）

【税收征管】 2019年，无锡海关税政调研成效显著，关税保证保险等税收征管便利措施有效落地，多措并举推进综合治税，全年税收入库58.73亿元。深化“多查合一”形成监管合力，稽核查补税6777万元，稽查有效率75%，核查有效率46%，鼓励“主动披露”补税5800余万元，比上年增长75%。

（黄首先）

【打击走私】 2019年，无锡海关高压开展打私工作，全年侦办刑事案件20起，超额150%完成目标任务，查获毒品1032.22克，管制精神药品5220粒，枪支7支，1起案件被海关总署缉私局一级挂牌督办。立案调查行政案件43起，案值1.05亿元，涉及税款618.62万元。

（黄首先）

编辑 邵文凯

综 述

【概况】 2019年，全市开发区牢固树立新发展理念，把握高质量发展要求，较好完成各项年度目标任务。14个省级以上开发区以占全市1/4的土地，完成了全市九成以上的实际使用外资、八成以上的进出口总额、七成以上的规上工业总产值、六成以上的全社会固定资产投入和五成以上的一般公共收入。年内，全市开发区实现规模以上工业增加值2387.6亿元，比上年增长7.9%，占全市比重的63.6%，占比比上年提升了0.7个百分点；规模以上服务业营业收入717.9亿元，比上年增长14.7%，占全市比重66.9%，占比提升0.9个百分点；新引进协议外资及港澳台资超3000万美元重大项目38个，集聚了全市76%的外资重大项目。

（费　卫）

【对外开放】 2019年，全市开发区实际使用外资及港澳台资32.9亿美元，占全市比重90.8%。其中战略性新兴产业实际利用外资及港澳台资25.6亿美元，占开发区实际使用外资及港澳台资比重77.8%。完成外贸进出口总额790亿美元，占全市比重85.5%。新增跨国公司地区总部及功能性机构5家。无锡新加坡工业园获评首批江苏省国际合作园区；江阴综合保税区封关运营，在全国率先解决增值税一般纳税人资格问题。

（费　卫）

【产业发展】 2019年，全市开发区加快向现代产业园区转型，主动融入长三角一体化、长江经济带建设等国家战略密切产业联系协作，整合人才、品牌、政策、机制等方面优势，促进公共服务共享，发展壮大具有特色的优势产业集群。在2018年成功申报4家特色创新示范园区的基础上，年内，锡山经济技术开发区的新一代信息技术产业园、惠山经济开发区的智能精密制造装备产业园、宜兴陶瓷产业园区的陶瓷新材料产业园进入榜单，省级特色创新示范园区累计已达7家，数量继续保持全省第一。推进智慧园区建设。以省智慧园区管理认定暂行办法为指引，结合物联网和新一代信息技术产业优势，加快推进全市开发区产业发展现代化、基础设施智能化、行政服务智慧化。宜兴经济技术开发区、江阴临港经开区成功入围第二批省级智慧园区，获评数量居全省第一，累计已获批3家。开展园区循环化改造。园区循环化改造是提升资源循环利用率，加快向现代产业园区转型的有效途径。市商务局会同市发改委等部门，指导开发区有序开展循环化改造。经省发改委、省商务厅和相关行业专家评审，宜兴经济技术开发区等五家开发区编制的《园区循环化改造实施方案》通过论证。同时，宜兴经济技术开发区、宜兴环保科技工业园全面启动国家级生态园区建设。

（费　卫）

【科技创新】 2019年，全市开发区累计高新技术企业1957家，全年实现高新技术企业工业产值5451.6亿元；省级以上孵化器及众创空间累计114家、智能车间67家、研发机构累计667家。年内，全市开发区用于科技创新的财政支出达37.8亿元，“四上”企业R&D经费支出346亿元；全市开发区当年授权发明专利2538件，PCT专利申请数226件；累计境内外上市公司104家。

（费　卫）

【海关特殊监管区发展】 至2019年年底，无锡市有江阴综合保税区和无锡高新区综合保税区两个海关特殊监管区。

江阴综合保税区一期1.2平方千米工程于2018年6月14日通过国家验收，2019年3月28日封关运营。2019年全年完成进出口总额3.17亿美元，完成报关单量26100票、监管货值23.99亿美元，入驻企业完成开票销售355亿元，完成入库税金1.41亿元。2019年，江阴综合保税区创新新业态，实现“三项第一”：在无锡范围内实现网购保税进口首单；在全省范围内综合保税区中第一个全面使用金关二期系统，并且是第一个通过金关二期系统走通网购保税进口首单的综保区；在全国范围内综合保税区中第一个打通跨境对外直接付汇通道。

2019年，无锡高新区综合保税区完成进出口总额1640亿元，其中出口869亿元。完成规上工业产值671.2亿元；完成财政总收入34.2亿元，其中一般预算收入17.9亿元；完成固定资产投资277.1亿元；全年完成到位外资33273万美元。进出口规模在全国已封关运作的73个综合保税区中排名第五，比上年上升一个名次。在全省海关特殊监管区域进出口总值排名第二,单位面积进出口值排名第一。

(费　卫)

【营商环境提升】 2019年,市商务局联合8家市相关部门制定下发《无锡市省级以上开发区区域评估工作对接落实方案》,并成立工作领导小组,明确工作目标和任务分工,在加快实现"申请后审批为申请前服务、单个项目评价为区域整体评估、企业付费为政府买单"的三个转变上,取得实质性进展。加强与各自贸区联系对接,研究分析改革创新方向,重点掌握上海、南京、苏州等地自贸区改革试点动态,结合无锡实际,将各地改革创新任务分解落实到相关部门,制定了"推进清单、争取清单、复制清单"。至年底,国务院在全国范围的5批次107项自贸区改革试点经验,已完成复制推广88项,完成率达82.2%。2019年是《江苏省开发区条例》正式颁布一周年,无锡市定期研究部署开发区规划建设、整合优化、管理体制、服务保障、产业升级、环境改善等议题,对相对集中行政许可权改革试点、有效落实"一枚印章管审批"和"3550"改革目标、与行政区统筹推进"不见面审批"等改革工作内容开展多轮次督导,推动形成开发区工作在法治轨道上有序运行的良好格局。

在2019年省商务厅、省科技厅、省旅游局公布的各类型开发区考核评价结果中,无锡市开发区在全省位次提升的有6家,下降的有4家,保持不变的有4家。上升位次最多的是宜兴经济技术开发区,上升22位;下降位次最多的是无锡经开区,下降2位。在全省开发区各类别排名前10位的分别是:锡山经济技术开发区排名全省经济技术开发区第10位,无锡高新区排名全省高新技术产业开发区第4位,太湖国家旅游度假区排名全省旅游度假区第4位。

(费　卫)

【园区共建】 2019年,无锡市打造园区共建平台,完善扶贫协作模式。推动宜兴经济技术开发区和延安高新技术产业开发区深度对接,充分发挥双方互补优势,在组织领导、人才支援、资金支持、产业合作等重点工作领域全面推进。宜兴市恒兴精细化工有限公司拟选择在延安投资建厂,项目拟征地6.67公顷,投资2亿元,经过前期多次实地考察与磋商,拟选择延长石化所在地延安市富县作为落户地,该项目落成后将安排贫困家庭人员及相对贫困人员50余人。至年底,有11家经省政府批准设立的南北共建园区,主要共建地区是省内徐州、泰州、淮安和南通等地。

(费　卫)

无锡国家高新技术产业开发区

参见第446页"市(县)区发展·新吴区"内容。

中国宜兴环保科技工业园

【概况】 2019年,中国宜兴环保科技工业园(以下简称环科园)围绕千亿级产业、千亿级园区目标要求,坚持高质量发展主旋律和产业强市主战略,推进稳增长、抓项目、强产业、促改革、惠民生等,经济社会发展稳健向前。园区区域面积212平方千米,全年地区生产总值348.8亿元(含高塍镇,下同),比上年增长8.5%。全年完成应税销售1664.7亿元,比上年增长14.9%,总量居宜兴市第一,增幅超全市平均3.2个百分点。规模以上工业产值、工业增加值分别为551.6亿元和95亿元,分别比上年增长14.6%、15%。全社会固定资产投资68.1亿元,比上年增长16.8%;进出口总额5.1亿美元,比上年增长8%。到账外资及港澳台资9115万美元,比上年增长20%。一般公共预算收入18.1亿元,比上年增长13%,总量居宜兴市第一,增幅超宜兴市平均9.8个百分点。特色产业支撑益发显著。新增38家规模以上企业,累计303家,其中环保企业21家。企业转型步伐加快。新增国家级、市级两化融合示范企业2家,累计18个;新增智能制造示范试点项目2个,省级、无锡级智能工厂车间4个。新增省级工程(技术)研究中心5个,大中型企业研发机构100%覆盖、规模以上企业研发机构建有率达94%。在全省高新区考评中,综合排名上升16

10月18日,中国宜兴环保科技工业园(高塍镇)重大项目集中开工奠基仪式

(陆　鎣　供)

位，位列21名，其中“可持续发展能力”指标全省第三。

（陆　鎣）

【项目建设】 2019年，环科园在建1亿元以上工业项目，总数居宜兴市首位。在建重点项目48个，总投资188亿元；拟建重点项目60个，总投资超300亿元，其中，8个列入无锡市重点，33个列入宜兴市重点。双盾环境科技有限公司、市永昌轧辊有限公司、宝艺新材料股份有限公司等项目建成投产；米格电气江苏有限公司、碧迪医疗科技（江苏）有限公司、江苏天鸟高新技术股份有限公司等在建项目顺利推进。在招商引资方面，韩国悬浮风机、上海贝色新材、航天精密机电等高端制造项目落户园区。秋洽会期间，通过举办集中开工仪式，促成总投资98亿元的30个项目落地建设。融入和服务国家重大战略，深化与中国航天科技集团有限公司、中国电力建设集团、中国长江三峡集团有限公司等央企的产业合作。在质态提升方面：围绕环保产业转型升级，推进国合装备生态工场、鹏鹞智造园、三强智能产线等智能制造项目；核心区通过“腾笼换鸟”优业态，全年资产盘活项目8个，有效利用闲置土地21.53公顷；新引进楼宇型项目20个，实现新增产值20亿元，新增进出口额2500万美元。

（陆　鎣）

【科技创新】 2019年，环科园以创新中心为主引擎，推进苏南国家自创区建设，完成高新技术产业产值232亿元，比上年增长23%，占规模以上工业产值的52%；新增高新技术企业25家，累计135家，总数占宜兴市高新技术企业总数的25%；新增发明专利授权数62件，总数占全市发明专利授权总数的30%；万人有效发明专利拥有量69.5件，是宜兴市万人有效发明专利平均水平的3.2倍。企业创新动能加强。江苏卓易信息科技股有限公司科创板上市，远东控股集团有限公司、江苏中农物联网科技有限公司获国家科技进步奖二等奖。江苏一环集团有限公司、中建材（宜兴）新能源有限公司分别入选江苏省科技成果转化示范企业和准独角兽企业，中辰电缆股份有限公司、凌志环保有限公司入选江苏省瞪羚企业。江苏天鸟高新技术股份有限公司获“江苏省专精特新小巨人企业”称号，俊知集团有限公司入选省创新型领军企业培育计划。12家企业列入无锡市雏鹰企业培育库，16家入选瞪羚企业培育库。申报省级、市级科技项目34项和39项，连续7年开展省地联合招标项目。人才引育取得新成效。南京大学宜兴环保研究院院长任洪强当选中国工程院院士。新成立新南威尔士大学外籍院士工作站、教授工作站，新获批省级院士工作站2个。新增外籍院士及相关领军人才6人、外籍院士7人、“两院”院士20人。科技服务体系日臻完善。启动省节能环保产业集群标准化试点，获评国家产学研合作创新示范基地、无锡市服务科技创新先进集体。举办海外院士专家科研路演、国际清洁技术对接等科创活动，第五届环保创新创业大赛、智慧环保高峰论坛等品牌活动成果丰硕。省环保产业院士协同创新中心、省科技企业融资路演服务中心挂牌运作。疌泉基金、丹鹏基金成立并实质运作，科技金融对产业助推作用越发明显。

（陆　鎣）

【营商环境优化】 2019年，环科园打造园街镇一体化发展格局。环科新城累计完成拆迁500户，腾出空间2平方千米，梧桐花园安置小区完成建设量80%，完善主路网和基础配套。提升产业布局，北投产业园新引入8个高端制造项目；新街片区随着堂前人家、归径菜场、农路提升、人居环境改善等工程推进。提升政务服务水平。开展“双挂双促”活动，为企业解决各类困难200余个。出台并兑现园区高质量发展政策。对接“放管服”改革，完善代办员、协调推进会等工作机制，上线运行“招商服务管理平台”。完成国企改革平台实体化运作顶层设计方案，完成“环境医院”体系和对外开放格局构建。推进安全环保专项整治。落实安全生产责任，高标准、严要求开展安全隐患大排查大整治、城市安全集中整治，排查整改各类隐患2176条，发出责令整改指令书129份，立案11起，确保全园安全生产形势持续向好。完成生态环境部规划环评审批，启动国家生态园区创建工作。完成“散乱污”“263”专项任务，推进化工行业安全环保整治提升工作。各级环保督察“回头

9月6日，弗劳恩霍夫中德环保智能制造项目合作平台签约

（陆　鎣　供）

看”全面销号、“大棚房”整治通过验收，围绕“一推三治五化”、“控源截污”、黑臭河道整治、“河长制”等工作，解决突出环境问题和历史遗留问题。食药品安全、地条钢、非法轧石企业整治等各项工作有序推进。

（陆　鋆）

【世界物联网博览会智慧环保高峰论坛】 9月，2019世界物联网博览会智慧环保高峰论坛在宜兴国际环保展示中心举行。论坛由无锡市人民政府主办，宜兴市人民政府、宜兴环保科技工业园承办。生态环境部、江苏省生态环境厅、江苏省工业和信息化厅、国内外环保领域和物联网领域的领导、专家学者及相关企业负责人等300多人参加论坛。论坛围绕“智慧环保新动能、绿色产业新生态”主题，举行中宜云鲸供应链服务江苏有限公司的揭牌仪式，签约弗劳恩霍夫中德环保智能制造合作平台、国合沙利文智慧环保咨询中心、韩国智能空气悬浮风机及压缩机生产、三强环境新型环保治理装备智能化生产线等项目，展示了《宜兴环保产业升级在行动》的系列成果，召开以“科技智慧新驱动、环境产业新能量”和“蓝创智维、智领未来”为主题的专题论坛。

（陆　鋆）

【江苏环保产业院士协同创新中心揭牌】 12月20日，中国科协生态环境产学联合体、中国环境科学学会、江苏省科学技术协会、江苏省环境科学学会、中国宜兴环保科技工业园管委会等共同创建江苏环保产业院士协同创新中心揭牌。中心是全国首个环保产业院士协同创新中心，以4位中国工程院院士张全兴、任南琪、任洪强、卢秉恒及其团队为核心，聚集国家级创新资源，面向江苏生态文明建设与经济社会发展重大需求，通过创新机制体制，构建跨领域、跨学科协同创新和产学融合，构建开放共享的产、学、研、社、金一体化合作平台，提升科技创新支撑能力。

（陆　鋆）

无锡太湖国家旅游度假区

【概况】 2019年，无锡太湖国家旅游度假区（以下简称度假区）贯彻无锡市、滨湖区各项决策部署，围绕“建设国内一流旅游度假区”总目标，系统推进旅游提能、产业提质、招商提效、财力提增、环境提标、惠民提速、党建提优等重点工作，较好完成年度各项目标任务。全年完成一般预算收入16.79亿元，比上年增长77.3%；完成规模以上工业总产值127.58亿元，比上年增长14.5%；完成全社会固定资产投资44.11亿元，完成滨湖区下达年目标任务；完成限额以上社会消费品零售总额7.98亿元，比上年增长32.3%；完成规上服务业营业收入18.6亿元，比上年增长30%；完成进出口总额3.73亿美元，比上年增长3.3%；实现商务部确认到位外资及港澳台资1.048亿美元，为年目标的149.73%；接待游园人数1360万人次，比上年增长15%。全年入选省双创人才4人，双创博士1人，市太湖人才创新领军人才2人。引进“滨湖之光”高层次领军人才4人，高技能人才1人。度假区连续五年在滨湖区发展目标绩效考核和单项重点工作绩效考核中获得“双A”。在省旅游局组织的旅游度假区考核中，度假区连续两年位列无锡市第一。

（许哲源）

【文化旅游】 2019年，大拈花湾项目奠基。拈花湾小镇微笑广场建成，再次以最高分通过省级旅游风情小镇年度复核。灵山集团启动深化改革、重组上市工作。阖闾城遗址入选江苏考古遗址保护利用示范项目。中国社会科学院考古研究所华东基地落户马山。举办国际女子半马、帐篷文化节、马山杨梅节、拈花湾匠人节、国际瑜伽节、亲子乐跑等特色文体活动。开展民宿规范管理试点工作，大隐山居获得无锡首张民宿业“特种行业许可证”。古竹、西村社区创建成为无锡市美丽乡村，群丰、嶂青社区创建成为无锡市美丽乡村休闲旅游示范村。

（许哲源）

【生物医药】 2019年，度假区生物医药企业完成工业总产值87亿元，比上年增长12%。药明生物通过美国FDA与欧盟EMA认证，成为国内首家FDA和EMA双重认证的生物医药企业。有序推进华瑞制药肠内肠外营养液技改、药明生物生命科技

4月11日，生命健康论坛在无锡太湖国家旅游度假区开幕

（许哲源　供）

园、贝迪生物胶原蛋白海绵迁建等一批超1亿元重大生命健康产业项目。药明生物、华瑞制药被评为无锡市产业强市优秀企业,并跻身无锡市税收贡献百强企业行列。外包区被评为无锡市服务科技先进集体。无锡生物医药研发服务外包区管理处被中国科协办公厅确定为中国科协“海智计划”工作基地。

(许哲源)

【先进制造业】 2019年,度假区内方成包装新材料一期生产基地、普尔换热器生产及办公用房、德林海生产及办公用房等一批先进制造业项目全面开工。无锡德林海环保科技股份有限公司科创板顺利过会。德林海被评为无锡市科技创新优秀企业。

(许哲源)

【招商引企】 2019年,度假区完成新招引注册资本1000万元以上的规模企业62家,为年度目标的124%。编制招商宣传片及招商手册,全面推介马山优势和产业发展方向,提升项目招引针对性。成功举办第二届太湖(马山)生命与健康论坛。先后赴广州、深圳、上海等地开展专题招商,吸引并全面落实健适医疗、智康弘义、哈佛医学院等重点意向项目。11月1日,2019滨湖发展大会暨金秋经贸洽谈会之际,度假区发布国际健康智慧产业园规划方案并同步召开招商洽谈会。9个项目在金秋滨湖经贸洽谈会上集中签约。

(许哲源)

【城乡建设】 2019年,度假区根据区域发展新形势,结合锡宜一体化战略,基本完成马山战略规划。初步完成天安健康智慧产业园核心区规划。基本完成28个规划发展村村庄规划。马山阖闾乡村旅游文化示范区(阖闾社区)详细规划通过市规委会审核。实施度假区路灯照明系统改造,该项目被中国节能协会评为道路1级能效优秀示范项目。完成开发路、常青路等道路建设的施工前期准备工作,完成万景南路碧波支路的大修工程。完成马山环岛主要道路景观提升方案及马山区域亮化改造方案。马山智能交通项目通过验收。

(许哲源)

【污染防治】 2019年,度假区规划环评通过生态环境部组织的专家评审。全面消除劣V类河道。完成23个排水达标区区块的市级考核验收,市政污水主次管网问题诊断和排查完成100%。马山生命科学园深度处理站扩建工程进水调试,污水处理中心提标改造工程开工建设。以“263”专项行动为抓手,深入推进生态环境建设。落实太湖水治理要求,累计打捞蓝藻近38万吨,清运水草及垃圾9356吨,处理污水615万吨。

(许哲源)

【拆迁安置】 2019年,度假区推进9个项目地块,57家国土非住宅、24家国土住宅,共计约12.5万平方米建筑拆迁。完成大湾地块、游客集散中心地块拆迁签约工作。加快推进峰影小学地块、小南湾乡创综合体项目地块拆迁。完成履丰苑、栖云苑120套转性安置房销售。启动宜马快速通道项目及南大堤拓宽改造项目地块拆迁调查摸底,制定拆迁方案。

(许哲源)

【民生保障】 2019年,度假区完成马山地区6700户居民天然气入户工程,实现马山地区全覆盖。完成古竹、群丰、阖闾社区6个自然村改造工程。基本完成迎晖新村一期改造,老新村改造全覆盖。启动建设马山中心幼儿园原址翻建项目。全年落实大病深度救助2人、困难对象临时救助4人、春节困难对象救助179人,为48名残疾人办理两项补贴,为65户申办经适房、廉价房。实现城镇失业人员再就业886人,援助重点就业困难人员94人,开发公益性岗位25个。审核发放“两项补贴”78万余元,惠及职工308人次。

(许哲源)

【生命与健康论坛】 4月12~14日,太湖(马山)生命与健康论坛—第四届全球医药供应链峰会暨中国(无锡)国际医疗器械与医药供应链展览会在无锡太湖国际博览中心举行。此次论坛以“汇智健康·链通未来”为主题,旨在进一步推进无锡市生命大健康产业快速发展,推动临床医学的智能化、信息化,为从事智慧医疗的专业机构、知名企业、国内外著名专家搭建一个交流合作平台。

论坛上,15个医疗大健康高端项目签约落户无锡(马山)生物医药研发服务外包区,其中多个项目达到国内领先、国际一流水平。8位院士、专家分别就“谈谈精准医疗和精准医学”“功能性营养化学品的生物制造”“组织工程创新与产业发展”“骨科创新与转化医学”“人工智能与数据科学:太空与生命之旅”等议题进行主题演讲。

(许哲源)

江阴高新技术产业开发区

【概况】 2019年,江阴高新技术产业开发区(以下简称江阴高新区)把握高质量发展总导向,以“三高三新三区”建设为引领,推进“项目攻坚年”活动,全面深化苏南国家自主创新示范区建设,进一步巩固稳中有进、稳中向好的发展态势。全年完成地区生产总值1013亿元,比上年增长9.1%。规上工业产值1490亿元,比上年增长13.5%。全社会固定资产投资246亿元,比上年增长9.1%,其中工业投资90亿元,比上年增长16.9%。一般公共财政预算收入58.9亿元,比上年增长2.5%。进出口总额100.7亿美元,到位注册外资及港澳台资5.01亿美元、完成全年任务的179%,主要经济指标完成或超额完成全年目标任务,获评“国家特钢新材料大中小企业融通载体”“无锡服务产业强市先进集体”等称号,在全国、全省排名均有提升。

(陈 健)

【产业发展】 2019年，江阴高新区紧扣产业强区和高质量发展主线，全力打造国内一流高新产业集聚区。编制完成江阴高新区产业发展规划，构筑以特钢新材料及制品为特色，微电子集成电路、现代中药和生物医药、机械智能制造为支撑，新能源汽车及关键零部件为战略的“1+3+1”先进制造业体系。制定产业准入负面清单，出台产业强区20条、加快发展工业数字经济、鼓励企业科创板上市、服务业提质增效18条扶持政策，推进产业优化升级。坚持把培育产业集群作为产业发展的关键，培育形成以中信泰富特钢、法尔胜为代表的特钢新材料及金属制品，以长电科技、中芯长电为代表的微电子集成电路，以天江药业、普莱医药为代表的现代中药和生物医药，以名鸿车顶、大地机械为代表的机械智能制造四大产业集群。坚持以区内重点企业为突破，谋划布局产业链协同发展，引导产业向上下游延伸，全力构建全产业链生态圈。重点支持以兴澄特钢、法尔胜两大龙头企业发展特钢、钢丝绳等金属制品细分产业，做长特钢产业链。支持长电科技深化与中芯国际、国家集成电路产业基金的合资合作，推动信邦电子、新杰科技等一批高成长性企业发展，加快建设集成电路封测产业园。推行“工业＋智能”，推动企业尽快开展智能生产、智能管理、智能服务。扎实推进智能制造“四个一批”，加快智能车间和智能工厂建设，累计建成省级示范智能车间6个、无锡市级2个。引进新松机器人和天津爱波瑞，为全区及全市企业提供智能化分析诊断、解决方案和设备改造。天江药业建成自主研发的中药配方颗粒智能生产车间，自动化、智能化生产制造处于行业领先水平。

（陈　健）

【招商引资】 2019年，江阴高新区开展“项目攻坚年”活动，以广联达移动智慧建筑、佩尔科技新材料、亚斯特国际等为代表，总投资370亿元的41个超1亿元产业项目正式落地。中特棒材深加工、长庚锂电池用尼龙膜、深冷储能装备等16个项目开工建设。中芯长电3D集成芯片、天江药业二期、神宇通信二期、江阴外国语学校、星河科创园等在建项目进展顺利。联动天翼新能源产业基地一期、阳光医卫新材料一期、普莱医药生产基地一期等14个项目正式投产。青阳园区累计签约项目超过30个，3个项目完成土地摘牌，冉溪环保竣工投产。推出工业数字经济、鼓励科创板上市、服务业提质增效、知识产权强区等扶持政策。启星智能制造产业园正式开园，谷田铝塑膜、触宇光电等10个项目入驻。新增上市公司1家，兴澄特钢、法尔胜获评国家制造业单项冠军，兴澄特钢获评江苏省第十批“跨国公司地区总部”。

（陈　健）

【科技创新】 2019年，江阴高新区制定出台《江阴高新区创新型企业倍增计划（2019～2022年）》《关于知识产权强区建设的若干政策措施（试行）》，修订完善《科技型中小企业风险补偿资金管理办法》等政策，推进企业创新，助力企业发展。获批苏南国家自创区潜在独角兽企业1家，也是江阴市唯一一家。获批瞪羚企业9家。入选无锡准独角兽企业1家，也是江阴市唯一一家；瞪羚企业4家、雏鹰企业2家，瞪羚、雏鹰企业入选数占全市的67%。新认定高新技术企业49家、科技型中小企业153家，认定省民营科技企业38家，均占全市的1/4，高新技术产业产值占规上工业总产值比重59.3%。新增江苏省、无锡市院士工作站4家，新增发明专利141件。新增各类人才2500余人，其中省“双创人才”2人、“太湖人才计划”创新创业领军人才17人、“暨阳英才计划”8人，新引育各类人才项目53个。江阴金属材料创新研究院正式投运，举办创新创业大赛、金属新材料产业创新论坛、全国轴承行业2019年专题研讨会。获评为苏南国家科技成果转移转化示范区创新方法推广应用示范基地、省海外人才离岸创新创业示范基地。

（陈　健）

【生态环境整治】 2019年，江阴高新区多措并举，加快推进“310”综合整治。关停“三高两低”企业1家、“散

12月5日，江阴国家高新区驻沪招商联络处正式揭牌

（陈　健　供）

乱污”企业23家，完成沿江4个码头整治任务，不断提升园区环境。编制园区规划环评、循环化改造方案和大气源解析，配合取消化工集中区，完成中小企业环保体检100家、第三方托管53家，全年减排化学需氧量(COD)580.26吨、氨氮75.49吨、氮氧化物1168.81吨、二氧化硫765.18吨，超额完成市下达的减煤任务。开展安全生产专项整治“雷霆行动”，对“厂中厂”“煤气瓶”“散乱污”开展集中整治，累计检查企业322家，立案查处企业68家，关停企业23家，全年未发生较大以上安全生产事故。建立“综合执法+物业值守+社区居民”的市容管理新模式，组织对渡江路等重要路段、敏感区域开展专项整治，以点带线、以线促面提升市容秩序。加大对各类违建和侵占闲置土地管控，全年拆除各类违建1.3万平方米。制定《关于高新区工业企业退城搬迁奖励标准补充实施意见》等，加快农户、企业签约工作，重点做好南沿江高铁沿线、滨江污水处理厂二期扩建、盈智城配套学校区域的拆迁工作，全年完成农户拆迁28户7143平方米，拆除企业、作坊49家102625平方米。凤凰山大道三期工程、秦望山路道路改造、定山北侧河道疏浚整治等基础设施工程建成投用，新华东路三期、大寨河河道整治等工程加快推进，蟠龙山公园，石山路、环山路等工程启动建设。

（陈　健）

【社会文化事业】 2019年，江阴高新区进一步推进社会事业发展，提升全区人民群众的获得感。制定实施《高新区教育提升五年行动计划（2019～2023年）》，推进“一校一品”建设，学前教育资源配置率达到63.5%。高新区实验中学二期、三期，金童中心小学，南苑幼儿园等学校加快建设。组建13个家庭医生签约服务团队，完成11个家庭医生签约服务工作室建设，开展签约工作，城东社区卫生服务中心、江阴中医外科医院项目建设有序推进，寿山等3个社区居家养老服务站完成升级改造，城东养老中心已打造成为涵盖托老养老、医疗康复护理、日间照料和长期照护于一体的多功能智慧型养老服务机构。在江阴市第六届芙蓉花奖评选中，江阴高新区选送的舞台艺术类3个节目分获一、二、三等奖，选送的13件美术作品中，获1个一等奖、2个二等奖，6件作品入展。举办江阴高新区首届全民运动会，共有36支代表队、1860名运动员参与43个运动项目的角逐。蟠龙社区通过“省级宜居示范居住区”验收，7个社区治理项目成功入选市民政局社区治理公益创投项目。新设“一所五站点”、“非诉讼服务中心”、公共法律服务站、“城东夕阳红人民调解工作室”等公共法律服务中心。

（陈　健）

【青阳园区建设】 2019年，江阴高新区青阳园区按照“打造全市产业发展拓展区、锡澄一体化样板区、先进制造业集聚区、现代园区管理实验区”的开发定位，园区开发工作取得新成效。全年完成固定投资4.74亿元，其中工业2.35亿元、服务业2.39亿元。积极融入、主动对接锡澄一体化发展，优化完善园区规划。累计完成农户拆迁2300余户，安置农户面积24万平方米，清理附着物近433.33公顷；完成企业拆迁百余家，

9月18日，江阴高新区启星智能制造产业园开园　（陈　健　供）

实现一期启动区内企业拆迁“清零”目标。完成桐新河、潘家桥浜河、新石界河等3条河道整治工程，西双流河闸站及连接河道工程，桐新路污水提升泵站工程，加快洞河闸站及连接河道工程的建设；徐家湾一期安置房工程项目完成工程全部基础及桩基工程；黄桥路等3条道路完成可研立项手续。特种车项目竣工，南阳彩纤项目建设进展顺利，必得科技、安凯特等3个产业项目土地摘牌。2019年，签订正式协议2个、框架协议6个，有13个项目通过准入评审，5个项目获评优质项目，储备美国工业村项目等重点意向项目21个，一般意向项目80余个。

（陈 健）

锡山经济技术开发区

【概况】 2019年，锡山经济技术开发区围绕打造苏浙沪地区“创新、兴业、宜居、乐活”优选理想地目标，顶格定位、勇创一流，“争当全市增长极的领跑者、争当优选理想地的首选地”迈出坚实步伐。经济社会发展呈现良好发展态势，完成各项年度目标任务。全年完成一般公共预算收入65.3亿元，比上年增长3.7%；规模以上工业总产值1233.7亿元，比上年增长10.9%；全社会固定资产投资445.18亿元，比上年增长9.9%，其中工业投入271.56亿元，比上年增长11.7%；到位外资及港澳台资3.64亿美元；进出口总额39.29亿美元，其中出口27.86亿美元。开发区获评国家知识产权示范园区，江苏省新一代信息技术产业园，国家生态工业示范园区验收通过部级技术审查，被市委市政府表彰为“服务产业强市先进集体”。

（陆金艳）

【招商引资】 2019年，开发区树立“项目为王”理念，紧盯重大、优质、前瞻项目，打好招商、科技、服管联动招商“组合拳”。产业招商展现新业绩。全年签约项目56个，投资总额约350亿元，其中超1亿元项目32个，投资总额约220亿元；外资及港澳台资项目29个，投资总额约26亿美元，总注册资本约7亿美元。引进了总投资6亿元的新松机器人、总投资10亿元的蜂巢能源前沿研发中心、总投资6000万美元的日本三峰汽车零部件、总投资4500万美元的加拿大盖易得阀门，总投资4.5亿美元的高德（江苏）增资扩能项目、总投资1.8亿美元的鹰普航空零部件增资项目、总投资1.2亿美元的鹰普中国增资项目、恩福二期增资1600万美元项目、万裕电子增资1200万美元项目顺利落户。深化与兰德集团的合作，提升对德产业招商的层次和水平。锡山区驻德招商联络处、德国江苏总商会锡山产业投资促进中心揭牌成立。加快推进中欧产业园建设，致力打造高质量开放新平台。深化“产业＋资本＋科技”项目招引新模式。全年引进科技人才项目40个，中科智能物流装备与机器人技术产业基地项目计划5年内打造成产值超百亿元的智能物流装备产业集群。“春晖杯”获奖项目——油速净科技获评2019年“锡山英才计划”。百度（无锡）创新中建成投运，首批10个项目签约进驻。美国普瑞研发中心项目、估值约2亿元的华为小米生态链企业——瀚昕微芯片项目签约落户。迈隆电子、希维尔等一批优质项目入驻科创园，其中迈隆电子全年开票销售达6000万元。服务业招商取得新成效。依托V-Park园区，加大创新型经济培育力度，荟智企业中心新注册企业172家、总注册资本46.5亿元，引进帝尔激光、微视传感、翼盟电子、盈拓新能源、驿亭科技等一批优质项目。推进集智广场项目招引，建融家园高端人才公寓签约入驻；推进检验检测园项目招引，南德检测、中汽研汽车零部件认证2个龙头项目签约。

（陆金艳）

【产业升级】 2019年，开发区实施“产业强区”战略。推进总投资301.7亿元的33个重大产业项目早竣工、早投产、早见效。芝兰雅、思凯汀、新松机器人、派克汉尼汾工程材料等15个科技含量高、市场前景好、带动能力强的超1亿元新建项目开工建设，昌航精铸、新麦机械、博硕精睿科技等16个项目主体工程封顶，德力佳、统盟三期等10个项目竣工投产。打造“基金＋产业”发展模式，设立注册资本20亿元的无锡云林产业发展投资基金，构建开发区基金运作总体架构体系。发挥财政资金的杠杆放大效应，推动中科爱思开智造产业基金、诚鼎智慧城市创业基金、无锡君亚基金项目落地，促进产业转型升级、助力实体经济发展。加强对

2月12日，国内机器人领军企业新松机器人无锡智能装备项目签约落户锡山经济技术开发区

（陆金艳 供）

6月28日，锡山经济技术开发区企业鹰普精密工业有限公司在港交所主板上市 （陆金艳 供）

拟上市企业扶持，引导企业对接多层次资本市场，鹰普精密工业有限公司在香港联交所主板成功上市，成为全区第12家上市企业；奇宝星挂牌“新三板”，成为开发区第14家“新三板”挂牌企业。主动对接区内拟上市企业，通过举办培训交流活动，培育一批科创板上市“种子选手”。构建企业精细化服务管理工作新机制，开发区510名“企业管家”联系挂钩1479家企业，全年完成5轮走访工作，累计走访企业11000余次，实现“企业管家”常态化走访全覆盖。建立面上情况分析、反馈问题分解和办理工作机制，累计帮助企业解决各类问题600多个，形成了具有开发区特色的服务企业新机制。

（陆金艳）

【科技创新】 2019年，开发区坚持创新驱动发展，加快集聚各类创新要素资源，获评国家知识产权示范园区（全市唯一）。智能硬件众创社区入围省级众创社区，科创园荣获省科技企业孵化器绩效评价优秀（A类），开发区科创中心被市委、市政府表彰为“服务科技创新优秀集体”。全年申报高新技术企业70家，比上年增长49%，开发区高企总量达123家；新增雏鹰企业入库41家、瞪羚企业入库13家、“锡科贷”入库35家；申报各级各类科技计划超100项、其中省级科技项目12项。推进各类人才项目申报，新增省级以上人才5人、“太湖人才计划”创业人才及团队11个、“锡山英才计划”7个，其中李功燕创业团队获得锡山首例1000万元人才资金支持，并入围2019年市“太湖人才计划”创业团队项目（全市共2个）。推进企业研发机构建设，健鼎电子启动企业研发中心建设，对标打造省级重点实验室；安普瑞斯、德冠生物等5家企业被认定为市级工程技术研究中心。推进产学研合作，依托南京航空航天大学国家技术转移中心锡山分中心，举办“材料专题开发区企业行”等5次活动，促成三能等3家企业与南航达成合作。打造新产业生态圈，科创园全年开票收入超12亿元、综合税收突破1亿元，培育年销售超1000万元企业30家。

（陆金艳）

【园区建设】 2019年，开发区坚持“园区即景区”理念，推进功能开发、服务配套和基础设施建设，全面提升精细化管理水平，促进城市、产业、生态融合发展。围绕“拥湖发展、产城崛起”工作主线，坚持全球视野、对标国际一流，邀请美国AECOM、英国阿特金斯等4家国际顶尖设计公司开展宛山湖景观概念规划设计，年底已完成方案比选。实施“园街联动”，统筹推进开发区与云林、厚桥街道一体化发展。完成宛山湖轻体育公园、“彩虹花带”和一年生草花工程建设，春笋路等4条道路景观全面提升，云林生态体育公园、云林滨水公园、云林城市客厅等一批重点工程有序推进。完成云林文化广场、厚桥中心幼儿园、厚桥街道养老服务中心建设。6个城市驿站建成投用。启动厚桥街道农贸市场、春雷幼儿园、锡山第二实验小学（区教师发展中心）等一批工程前期工作。有序推进云林街道棚户区改造拆迁安置房、谢埭荡农村住房翻建（试点）工程。完成春雷路、春江路等4条道路改建工程；潘南新河改道及桥梁工程建设有序推进。完成精密机械产业园、德力佳新建厂房建设；完成新松厂房装饰、博通厂房改建、科创园有关改造工程建设；启动宛山湖生态修复工程管理配套用房改造及科创园二期、检验检测园建设。严格开展安置审批及产证办理，完成云林苑、大诚苑等安置房产权证审核4800套。市容面貌持续改善。开展日常督查、专项督查、重点督查，强化园区环境管理、小区物业管理和公共设施养护管理，推进村级工业园整治行动。全年清理各类垃圾4.7万立方米，拆除各类违建308处11.66万平方米，新划停车位4295个，完成“围墙洁美”66面3.1万平方米。树牢安全发展理念，构建“园街一体”工作责任体系，推进城市安全集中整治工作，安全生产总体形势稳定。坚持生态优先理念，完成污水处理厂云林分厂（6万吨/日）工程建设并投运，推进污水处理厂提标工程；开发区总体规划环评通过生态环境部审查，国家生态工业示范园区验收通过部级专家技术审查。

（陆金艳）

【2019中德经济日暨中国锡山投资推介会】 6月25日，中德经济日暨中国锡山投资推介会在德国斯图加

特市举办。此次推介会吸引了中德政商界人士、知名跨国公司、咨询公司、行业协会、商会等机构单位和近百位新老客商参加，共话中德经济合作对接。推介会上，与会嘉宾共同观看了锡山经济技术开发区全新宣传片。锡山区委常委、锡山经济技术开发区党工委副书记、管委会副主任陈秋峰致欢迎辞。

（陆金艳）

【积水映甫高新材料（无锡）有限公司投产】 7月16日，积水映甫高新材料（无锡）有限公司开业投产。项目总占地3.67公顷，分两期实施。一期注册资本2400万美元，总投资5300万美元。一期项目设计年销售额约3亿元，纳税约3000万元。二期项目拟在2021年开工建设。

（陆金艳）

【2019无锡锡山（上海）金秋经贸恳谈会】 11月20日，“优选锡山、智享未来”2019无锡锡山（上海）金秋经贸恳谈会在上海举行。推介会吸引知名企业、跨国公司、咨询公司、行业协会及商会等涉外机构的客商和嘉宾200多人，同叙合作友谊，共话协作发展。会上，无锡市锡山区驻德招商联络处、德国江苏总商会锡山产业投资促进中心揭牌成立。

（陆金艳）

宜兴经济技术开发区

【概况】 2019年，宜兴经济技术开发区（以下简称“宜兴经开区”）紧扣“勇当宜兴高质量发展领跑者”定位，开展“对标领跑争先年、营商环境提升年、作风效能强化年”活动，充分发挥项目建设主力军、对外开放主窗口、创新创业主阵地作用，推动发展能级持续提升、活力持续增强、质态持续优化。全年完成地区生产总值230.9亿元，比上年增长12.3%，占宜兴市13%；工业应税销售突破700亿元大关，达到722.2亿元，比上年增长11.3%，占宜兴市15.2%；规模以上工业产值655亿元，比上年增长15.8%，总量继续位居宜兴市第二；一般公共预算收入18.1亿元，比上年增长4.9%，占宜兴市14.4%；全社会固定资产投资119.2亿元，占宜兴市26.6%，其中，工业投资89.3亿元，超过宜兴市的1/3；实际使用外资及港澳台资2.3亿美元，占宜兴市3/5，其中战略性新兴产业利用外资占比达98%；外贸进出口总额19.2亿美元，超过宜兴全市的2/5，主要经济指标顺利完成年度目标任务。2019年度考核，宜兴经开区在全国219个国家级经开区中排名第53位，在江苏省115个省级以上经开区中排名第24位，在无锡市6个国家级园区中排名第3位。

（仲　映）

【项目建设】 2019年，宜兴经开区重点推进新能源、智能装备制造、集成电路材料、5G信息技术项目，共实施在建项目39个、在批项目19个，总投资480亿元。总投资近300亿元的三个“中环系”项目全部投产。其中，总投资50亿元的环晟光伏（江苏）有限公司5吉瓦高效叠瓦太阳能电池组件项目，形成产能2吉瓦；总投资30亿美元的中环领先半导体材料有限公司集成电路用大硅片项目，8英寸生产线于9月27日正式投产。江苏中广润新材料科技有限公司轨道交通高性能金属材料、江苏亚廷汽车科技有限公司涨紧轮等项目投产，江苏文灿压铸有限公司新能源汽车零部件等项目进入试生产，无锡中环扬杰半导体有限公司半导体器件封装、安普多森机械（宜兴）有限公司超高压多级离心泵等项目开工。持续优化招商机制、加强布局布阵，主动对接西门子、华彬集团、中车时代电气、国家电投集团、上海供销集团等市场主体，深化战略合作、开展产业布局。2019年秋洽会期间，集中启动12个项目，总投资超90亿元，其中，总投资超10亿元的中石伟业5G高效散热模组项目落户，为高质量发展注入新动能。举办中环领先集成电路用大硅片项目投产仪式、中国（宜兴）半导体材料产业发展峰会、中国信息产业商会新能源分会换届大会等活动，有效对接、汇聚一批行业高端资源，为打造发展平台、打响园区品牌奠定了坚实基础。

（仲　映）

【转型升级】 2019年，宜兴经开区以“智能化、绿色化、服务化、高端化”为引领，推动企业高质量发展。坚持“向先进制造业要现实生产力”，引导企业深耕主业、做强实力，全区164家规上企业，半数保持正增长，超过1/3实现两位数增长，中广润、国信协联、红牛饮料、环晟光伏等销售排名前十位企业，占全区总量的65%。倡导“以贡献论英雄、以亩均看质态”，激励企业创佳绩、争一流，全区税收超1000万元企业36家，比上年净增6家，其中，税收超1亿元企业4家，红牛饮料税收总量近6.5亿元，连续5年保持宜兴市第一。深化创新驱动，引导企业将资金资源向装备提升、智能制造、研发创造上集聚，拥有“省示范智能车间”5个、“无锡市示范智能车间”4个，总数占宜兴市的一半；全年净增高新技术企业12家，总数达到78家；入库无锡市准独角兽企业2家、瞪羚企业7家、雏鹰企业26家。强化人才引领，西门子燃气轮机部件（江苏）有限公司在经开区建成中国区能源板块生产运营中心、客户服务中心、员工培训中心；引进两院院士3人，培育省“双创计划”、无锡市“太湖人才计划”创新创业人才各3人，均列宜兴市第一；江苏国信协联能源有限公司“胡志杰劳模创新工作室”获评省级示范，宝银特种钢管有限公司成立“朱海涛劳模创新工作室”。加强载体建设，重点打造智能制造产业园和5G信息技术产业园，其中，智能制造产业园加速器一期12万平方米厂房已布满，二期2.1万平方米多层载体加紧建设，为承接高端项目打开新空间。9月，宜兴经开区成功入选江苏省智慧园区。

（仲　映）

【营商环境优化】 2019年,宜兴经开区全方位优化创新创业环境。深化定企服务,开展领导干部挂钩联系企业活动,落实重大项目主任负责制、重点项目部门负责制,收集项目方问题清单,逐项办理、逐项解决。推进审批改革,政务服务中心进驻部门审批窗口13个,承接审批权限42项,模拟审批、全程代办等机制不断完善,"一站式""不见面"服务持续优化。全年政务服务中心办件超6万件,满意率始终保持在99%以上。把安全生产作为高质量发展的基石,深刻吸取事故教训,扎实开展大排查大整治、城市安全集中整治行动,织密织牢责任体系,强化日常监管和整改落实,全年排查整治各类隐患5000余条,8家企业取消危化品的生产和使用。把环境保护作为高质量发展的抓手,完成79个村庄污水治理,基本实现太湖一级保护区内村庄生活污水治理全覆盖。启动建设5万吨级工业污水处理厂,整治"散乱污"企业60家,盘活闲置低效用地30.21公顷,提高安全绿色发展水平。

(仲　映)

【社会事业发展】 2019年,宜兴经开区着力打造科创新城,把科创新城作为配套产业发展的重要载体,主动对接宜兴城市总体规划,编制"科创新城概念规划和城市设计",引进恒大、世茂等企业,优化功能布局、提升基础设施、建设功能载体。至年底,共有在建商业地产和载体项目32.2万平方米、总投资超32亿元。同时,围绕道路建设和项目落地,持续推进拆迁扫尾,既拓展发展空间,又让群众得到实惠。扎实办好民生实事,经开区实验小学竣工验收,悲鸿小学改造全面开工。完成新农村建设示范点选址和设计,芳桥街道老街改造、集贸市场改建进展顺利。芳桥街道成功通过国家卫生镇复审,金兰村、芳桥村通过省级健康村考核;芳桥街道、虎皇新材料被评为江苏省文明单位,金兰村被评为江苏省文明村。举办第六届"目连文化节",悲鸿故里文化园被评为江苏省华侨文化交流基地。

(仲　映)

江苏无锡经济开发区

【概况】 2019年,江苏无锡经济开发区(以下简称无锡经开区)按照打造无锡城市"两核"中一核的功能定位和"四区"建设目标要求,实现地区生产总值365亿元(含胡埭),一般公共预算收入24.5亿元、增长1%,其中,完成税收收入21.62亿元、增长4.8%,列全市第三,税收收入占一般预算收入比重88.24%,列全市第四;规模以上工业增加值完成111.7亿元(含胡埭);固定资产投资完成258亿元(含胡埭),其中制造业投资完成28.6亿元(含胡埭),基础设施投入完成29.55亿元(含胡埭);社会消费品零售总额全年完成100.09亿元、增长7.4%。

(张　奇　袁贝盛)

【产业发展】 2019年,无锡经开区围绕数字经济、总部经济、服务经济,以建设雪浪小镇为抓手,以举办雪浪大会为契机,大力实施"唤醒计划",加速推动制造业与物联网的全面融合,探索"小镇+平台+生态+集群"的现代产业发展新模式。举办2019雪浪大会、长三角数字经济论坛暨"无锡经开实践"分享会等活动,为经开区发展工业互联网等数字经济营造浓郁氛围。加快打造创新平台,实施"培养独角兽+培植研发机构+培育产业平台"发展策略,无锡物联网创新中心建成运营,雪浪云国家工业互联网平台、中科院计算所物联网智能计算平台、远景智能城市物联网操作系统开放平台、无锡智慧城市大数据加工及交易产业平台、车联网产业平台等八大平台加快推进,博世中国软件创新中心成功落地,雪浪小镇秀水坊创新园区初具集聚效应。5月7日,举办2019长三角一体化暨G42沪宁沿线人才创新走廊无锡发展论坛,赴新加坡开展企业合作推进会。

(袁贝盛)

【招商引资】 2019年,无锡经开区持续加大招商引资力度,依托雪浪云国家工业互联网、远景智能城市操作系统、中科院计算所智能计算平台、博世软件中心等重大平台和现有载体资源的集聚性和影响力,引进主题型、龙头型、节点型、规模型科技企业,加快形成区域发展的特色主题和产业集群效应。推动具区路车辆段上盖物业、未来中心、国际会议中心等重大建设项目和万华机械二期、好达电子等一批工业项目开工,确保浪潮大数据产业园等一批重点产业项目推进。充分发挥科技、产业、人才三大政策的引领激励作用,先后在北京、上海、杭州和新加坡组织开展了十余场各类招商推介活动,靶向引育一批优质项目。年内,签约落地各类科创类项目和产业基金项目104个,3月,无锡经开区获批首批"江苏省大数据产业园"。6月6日,举办无锡—中关村上市公司协会无锡行暨无锡经开区重点项目签约仪式。

(汪　晶)

【科技创新】 2019年,无锡经开区对标国内外一流科技谷、科技城,加大科技投入,为打造"科技创新先导区"打下坚实基础。区内有省级及以上研发机构50个,"四上"企业研发经费9.96亿元,高新技术企业118家,企业PCT专利申请3件,年度发明专利授权量83件,年度新增江苏省示范智能车间2个。至年底,国家物联网创新中心等一批具有规模效应的重大创新平台落户经开区,浪潮集团大数据总部浪潮卓数、雪浪数制、中科海拓、巨蟹科技等一批高成长型科技企业签约。3月11日,在北京中关村举办2019无锡经开区产业合作推进会暨首届"数字制造,智能未来”产业峰会。4月24日，举办“打造知识产权新高地建设科技创新先导区”知识产权保护论坛。

（汪　晶）

【园区建设】 2019年，无锡经开区以高品质建设和精细化管理为主线，推动新城形态进一步变美、质态进一步变优。加快推进市重点工程、社区服务、交通出行等公共服务配套建设，和畅睦邻中心、方庙睦邻中心、体育公园及国际学校周边环境改造、金城湾公园应急避难设施等工程进展顺利。配合江大附属医院、儿童医院及高浪路快速化改造工程建设。培育海绵公园、新城初中等4个海绵城市典型项目。完成周新农贸市场升级改造。探索推进城市管理智慧平台建设，组织对各类城市乱象进行专项整治并取得明显成效，35个管理单元在全市率先实现全部合格。开展“畅行经开”文明交通专项行动，新增各类机动车停车泊位3143个。生活垃圾分类和处理工作有序推进。

（张　奇）

【社会文化事业】 2019年，无锡经开区围绕10大类、51项民生实事工程，持续优化公共服务供给，居民获得感、幸福感不断增强。提升教育和卫生服务水平，制定《教育设施布局规划（2018～2035）》《学校建设三年计划（2019～2021）》，成立尚贤教育集团，启动尚贤万科小学等6所学校改扩建。成立区级公共卫生中心，新建太湖街道社区卫生服务中心第二接种门诊。开展惠民保障工作，城镇新增就业6100人，规模以上企业劳动合同签订率100%。新组建9家股份经济合作社，发放各类低保金、尊老金、残疾人等经费1700余万元，居家养老援助服务老人数从年初的5%提高至11%。提升政务服务能力。全年办结各类行政审批（服务）事项44617件；办理“12345”政府公共服务热线10788件，全年办结率达100%、满意率98.6%。文体事业蓬勃发展，成功申办2021年世界跆拳道锦标赛，举办世界跆拳道大满贯、2019无锡国际马拉松赛、（蠡湖）国际铁人三项赛等10多项赛事，新春徒步、书香樱花节系列活动亮点纷呈。

（袁贝盛）

江苏省无锡蠡园经济开发区

【概况】 2019年，江苏省无锡蠡园经济开发区（以下简称“蠡园开发区”）（街道）围绕“产城融合示范区、宜居宜业标杆区”目标定位，完成各项目标任务。开发区全年完成税收收入20.04亿元，一般公共预算收入10.31亿元；规上工业总产值99.25亿元，比上年增长14.2%；规上服务业营业收入35.4亿元，比上年增长48.6%；限额以上社会消费品零售额8.68亿元，比上年增长32.7%；进出口总额10亿美元，比上年增长6.2%；实际到位外资及港澳台资4127万美元；全社会固定资产投资43亿元，其中工业投入11.73亿元。主要经济指标在滨湖区名列前茅，在全区考核中拿到“双A”荣誉。

（计　静　俞　翔）

【产业培育】 2019年，蠡园开发区特色产业快速成长，529家新兴产业企业实现销售收入79.2亿元，比上年增长14.5%。集成电路产业实现销售36亿元，比上年增长20%，卓胜微电子成为全市第一家集成电路设计创业板上市企业。金融创投产业实现税收1.12亿元，比上年增长85%；工业设计产业实现销售24亿元，比上年增长18%；超算及大数据产业实现销售2亿元，比上年增长64%。楼宇企业完成税收13.66亿元，比上年增加1.8亿元，建成创意园三期等税收“亿元楼”4幢。科技创新活力涌现，举办第二届无锡太湖创“芯”峰会，协办第十五届（无锡）国际设计博览会等活动，创投产业集聚区获批“江苏省创业投资集聚发展示范区”，集成电路设计中心被评为“2019年无锡市创业孵化基地”。“无锡市知识产权服务业集聚区”落户园区。专利申请350件，有效期内高新技术企业75家，“雏鹰企业、瞪羚企业、准独角兽企业”三类企业入库总量达46家，其中“准独角兽企业”培育入库3家，均列全区第一。入选“省双创人才”1人，“滨湖之光”高层次领

蠡园经济开发区以隐秀苑为样板的滨湖区首个适老小区建设完成

（俞　翔　供）

军人才 12 人。

（计　静　俞　翔）

【招商引资】 2019 年，蠡园开发区外资及港澳台资到位实现新突破，全年新引进外资及港澳台资企业 9 家，国动网络、金夕延年等项目外资及港澳台资到位情况较好。全年引进外资及港澳台资 4127 万美元，完成年度目标的 227%。通过深圳、上海等地开展专题推介招商，引进格罗迈科微电子、边缘微电子等一批特色产业企业。全年新引进企业 601 家，总注册资金 43 亿元，其中注册资本 1000 万元以上企业 177 家，轻客智能、磐宇医疗等具有较强发展潜力的企业入驻园区。

（计　静　俞　翔）

【园区环境建设】 2019 年，蠡园开发区生态环境精细治理，全年投入 1000 余万元进行治水工作，辖区全面消除黑臭河道，“样板河道”建设成效显著，辖区河道水质达标率位居全区前列。河湖两违整治强力推进，50 余条无证渔船被拆解，完成 32 条码头船评估。深化“排水达标区”复查整改工作，5 个重点疑难区块全部完成“四位一体”检测，65 个一般区块完成复查整改任务。在全区率先完成双锦油品关停等“减化”攻坚工作。基础建设精致提升，启动创意园一期扩建、核心区交通组织梳理等工作，景宜路街景改造、滴翠路拓宽工程有序推进，育英锦园小学工程取得“扬子杯”优质工程奖，金源 2 号楼消防工程争创“扬子杯”。管理品质精雕细琢，推进“优美环境合格区”建设，按照市级要求完成 7 个 A 类单元的创建工作，完成三年总计划的 98%，按期完成十八湾茶文化农庄、水上渔楼等 4 个违建别墅的限期拆除复土工作。环港路背街小巷、菜场“脏乱差”、油烟扰民等现象得到有效整治。街道获“城市精细化管理先进集体”称号。

（计　静　俞　翔）

【民生保障】 2019 年，蠡园开发区公共服务提档升级，推进五类十项惠民实事工程。推动以隐秀苑为样板的全区首个适老小区建设，卫生服务中心完成中医馆和预防接种门诊建设。举办首届街道社工技能大赛，西园社区“院落自治项目”获得全市社区治理服务创新实践项目第一，3 个项目获评滨湖区社区治理创新示范项目一等奖，8 个项目入围市、区两级公益创投项目。社区财力稳步提升，开发区 8 个社区平均可用财力达 1031.75 万元，比上年增长 9.1%；完成社区财务管理方式改革，社区资金、资产得到有效监管，“蠡园模式”在全区推广，改革成效在《新华日报》刊登。完成渔港社区股份合作社组建，从清产核资到股份量化方案到股民身份确认仅用 40 天时间。

（计　静　俞　翔）

【“创投无锡”太湖人才科技金融路演活动】 1 月 15 日，第三十四期“创投无锡”太湖人才科技金融路演（物联网专场）活动在蠡园开发区举行，40 余家金融投资机构，20 余家股权融资需求企业，100 余人参加活动。

（计　静　俞　翔）

【第二届无锡太湖创“芯”峰会】 5 月 11 日，第二届无锡太湖创芯峰会暨 2019 无锡·台湾集成电路设计产业交流论坛在蠡园开发区开幕。峰会上，中电科（无锡）IC 产业基金项目、腾讯云启创新基地项目等 11 个项目成功签约，“国家集成电路设计无锡产业化基地”挂牌。

（计　静　俞　翔）

【清华企业家协会（TEEC）滨湖行】 11 月 1 日，由滨湖区政府、蠡园开发区承办的“2019 滨湖发展大会暨金秋经贸洽谈会”系列活动之“清华企业家协会（TEEC）滨湖行”在无锡国家集成电路设计中心举办。达泰资本 DeltaCapital 主管合伙人李泉生、唯品会（中国）有限公司总经理李莉等 70 名 TEEC 代表参加活动。

（计　静　俞　翔）

5 月 11 日，第二届无锡太湖创芯峰会暨 2019 无锡·台湾集成电路设计产业交流论坛在蠡园开发区开幕　（俞　翔　供）

江苏省无锡惠山经济开发区

【概况】 2019 年，惠山开发区主要经济指标稳中有进、稳中向好，全年完成一般公共预算收入 21.7 亿元，比上年增长 8.5%；完成规模以上工业总产值 413.5 亿元，比上年增长 6.5%；完成固定资产投资 125 亿元，比上年增长

7.5%，其中，完成工业投入60.2亿元，比上年增长12%，高技术制造业投入8.4亿元；完成服务业投入65亿元，比上年增长6.5%；完成工业战略性新兴产业总产值40亿元，占规上工业总产值比重10%；完成进出口总额9.3亿美元，比上年增长8.26%；完成一般贸易进出口总额8.9亿美元，比上年增长8.53%；完成到位注册外资及港澳台资2.11亿美元，13个主要经济指标中，10个指标总量保持惠山区第一。2019年，开发区获评省级知识产权示范区、省双创示范基地，综合实力跻身江苏省级开发区前七强。

（叶晓雯）

【引资引才】 2019年，惠山开发区新引进总投资2亿美元的凯信医药、总投资1.5亿美元的美国如果新能源、总投资1亿美元的英鹏太阳能、新增注册资本1.5亿美元的皇包车、总投资10亿元的派思燃机等10个重大内外资项目，以及能工网络、井能新能源及科博汽车零部件等6个注册资本超1000万美元项目，其中，超3000万美元重大外资项目9个。引进同济大学新能源汽车创新研究院、西安交大无锡智能激光装备与系统技术研究院2家科研院所，为后期发展积蓄动能。人才绩效位列惠山区第一，新成立周翔、卢强两家院士工作站，新设立孕育谷歌的美国投资创业加速器PNP主导的惠山智造创新中心、由国内海外孵化器第一品牌瀚海集团运营的瀚海国际创新港入选省双创人才4人，入选市太湖人才7人，入选区先锋英才15人。

（叶晓雯）

【项目建设】 2019年，惠山开发区推进列入区重点的38个项目建设，其中，总投资87.15亿元的上汽大通产线智能化改造、锡柴国六排放提标改造、华瀚新能源、时代天使等17个项目实现竣工投产。总投资20.3亿元的华泰创新药研究院项目、皇包车旅游互联网总部项目、星威汽车项目竣工。总投资超50亿元的生命园公共服务平台、惠山智能制造加速器、尚航数据云服务中心、生命园总部经济集聚区、上能研发中心等一批项目按时序进度推进。持续推进上市工作，上能电气通过证监会审核，将登陆创业板；能工网络通过美国证监会审核。

（叶晓雯）

惠山经济开发区车间机器人　　（叶晓雯　供）

【科技创新】 2019年，惠山开发区创新成果显著，67家企业获评高新技术企业，57家企业入选市雏鹰企业、瞪羚企业、准独角兽企业，创历史新高。无锡风电设计研究院、透平叶片、威孚力达3家单位荣获省科学技术进步奖一等奖，居全市首位；锡能锅炉获省科学技术二等奖，申瑞生物获省科学技术三等奖。新增神探电子等2家小巨人企业；获评省"专精特新"产品5个，占全区的71.4%；新增省级企业技术中心3个，占全区的50%。省高新技术企业培育入库77家，超上年同期3倍多，全年有67家企业成功认定为国家高新技术企业，高新技术企业达130家。挪瑞电子等33家企业入选市雏鹰企业，英罗唯森等21家企业入选市瞪羚企业，变革新材料等3家企业入选准独角兽企业。新获批区级以上智能车间8个、智能产线10条、智能产品6个。一批掌握关键技术的"特而精"企业成为创新新锐，中车新能源汽车、变格新材料等17家规上工业企业实现产值比上年增长超50%。全年新增睿米信息、精科汽车、华瀚能源装备等10家产值超亿元企业，亿元企业总量达到55家；新增中车新能源汽车1家产值超10亿元企业，10亿元级企业总量达到6家。开发区（智能精密制造产业园）获评省级特色创新（产业）示范园区；软件园获评省大众创业万众创新示范基地、省科技服务业百强机构；生命园入选国家中小企业公共服务示范平台、省科技孵化器专业孵化器十强；高端装备产业园荣获江苏省四星级中小企业公共服务平台；创业中心获评省科技服务业"百强"机构，"北京石墨烯长三角研究中心"落户园区；创业中心和生命园凭借高端创新创业生态体系和优质的人才科技金融服务，连续三年获评A类（优秀）国家级科技企业孵化器。

（叶晓雯）

【区域建设】 2019年，惠山开发区立足融入长三角一体化、锡澄一体化的惠山综合服务核定位，完成一系列城市专项规划。完成集聚区东区规划动态更新，对不同区域实现全新的风格和特点定位。城乡人居环境提升常态化推进、效果明显，优化政和大道图书馆、复地沿线等一批亮化节点。完成北环路景观改造及惠山大道景观改造二期工程。市民广场及地下空间改造项目、惠山国际学校、锡北运河风光带景观提升方案均已完成方案论证。完成6个区重点项目地块的拆迁清零，为项目建设提供最基本的保障。围绕乡村振兴工作，推进田容田貌整治，共拆除农用地内各类私建违建29处，全面完成0.15公顷的大棚房整治工作。投资600万元打造优美田园风光，完成堰裕路惠山大道东侧约2.3千米长道路绿化以及中惠大道南侧横渔地块1.4万平方米绿化种植，古庄白荡省级湿地公园和林下花海完成建设。

（叶晓雯）

【生态环境】 2019年，惠山开发区生态治理持续加力，生态环境质量持续改善，完成22项大气污染防治项目建设及8项水污染防治重点工程。锡能锅炉、一汽铸造等5家企业通过技术升级完成VOCs减排28.28吨。排查散乱污企业41家，关停取缔38家，实现腾地9.77公顷。以断面达标、消除黑臭、水质提升为重点，全面深化“河长制”，大力实施“畅流活水”工程，投入5500余万元强化区域调水引流、水系沟通及河道生态修复，并全面推行“巡河App”，区域河道水质明显改善。

（叶晓雯）

【资本招商与产融结合模式创新】 2019年，惠山开发区开创资本招商与产融结合的新模式，科技金融中心全年服务区内企业73家，促成投融资7.83亿元，中心获评为省创业投资综合服务基地。资本赋能创新，开发区惠开正合取得私募基金GP管理人资质，设立总规模30亿元的无锡惠合产业发展母基金，新增总规模42亿元的国新科创二期基金、中盈工业升级基金、加盛巢生惠山基金、海邦创智惠山基金等4家基金，成功推动基金投资机构对新瑞贝、浩明科技拟上市公司的pre-IPO轮融资达1.1亿元。完成国企改革方案制定，明晰各园区公司业务模块的战略定位和功能定位。

（叶晓雯）

【民生实事】 2019年，惠山开发区持续办好民生实事。省锡中实验学校第二小学建设完成并顺利投入使用，省锡中第三小学启动建设；惠山区中医院二期住院楼交付使用。率先在全市推出肝癌早筛惠民项目，受益人群1万余人，率先在全市实现社区“中医阁”建设全覆盖，成为全省首批“健康江苏”建设先进单位。公交站台标准化建设、安置小区绿化提升工程、惠南社区活动中心、华府庄园小区服务点、长安安息堂提升改造工程、安置房小区楼道内外墙出新二期工程等一批民生项目交付使用。辖区18个居住小区垃圾分类设施全部到位。按“五有”（有机构、有编制、有人员、有经费、有保障）要求组建街道、社区退役军人服务站，实现退役军人服务保障体系全覆盖。通过运营区域性助餐中心1家、日间照料中心3家，提供高质量养老服务。统筹推进就业创业工作，实现城镇新增就业3562人，援助重点就业困难人员再就业349人，重点扶持自主创业人数578人。制定并实施《安置小区管理考核办法》和《安置小区维修管理暂行规定》，有效促进物业管理水平的提升。推动堰新六期创建省级宜居示范居住区，以更优质的物业管理服务于广大居民。街道获得省文明单位荣誉；长宁社区打造了惠山区党员教育实境课堂示范点；长乐社区成功创建省农村人居环境整治综合示范村；惠城社区创建国家综合减灾示范社区；惠南社区少数民族之家成效显著。

（叶晓雯）

【社会治理】 2019年，惠山开发区社区治理持续创新，率先在全区建成“全科社工”体系，完成首批全科社工选聘，初步建立了“多网统一，联网合作”的工作机制，为居民提供“量体裁衣”引导式服务。制定《开发区（长安街道）加强对业主自治工作指导监管的实施意见》，规范业主自治行为，有效提升商品房小区自治水平。网格管理稳步推进，建实建强“全要素网格”，进一步做精标准、做全网络、做专主业、做强队伍，构建完善“闭环式”工作流程，在已建成

惠山经济开发区中车时代智能装备有限公司生产车间　（叶晓雯　供）

的164个网格中，网格党建覆盖率、终端登录率、人房关联率、巡查走访率、事件办结率均达100%。结合“套路贷”“非法金融”等专项整治，深入推进专项斗争，治安和刑事案件发案率下降8.13%。省级民主法治示范社区创建率100%。持续深化网格化社会治理，推动法治信访暨“零上访”社区创建活动，落实信访联席会议机制，通过访调对接化解初访件51起。成功举办“变迁·惠山新城”系列网络活动以及“一本图书的行走”公益徒步活动，加强好人文化网络点赞传播，1人入选中国好人，以典型示范营造崇德向善的良好氛围。

（叶晓雯）

【美国API激光跟踪器项目落户】 2019年，总投资10亿元的美国API激光跟踪器项目落户创业中心，项目进行机械制造领域精密测量仪器和高性能传感器的研发和生产。作为全球激光跟踪器行业的龙头企业，API致力于机械制造领域精密测量仪器和高性能传感器的研发和生产，项目将在惠山开发区设立亚太总部，并新设研发及装配工厂，主要从事激光跟踪器的研发、生产与销售。

（叶晓雯）

【首条氢燃料电池车客运专线发车】 7月10日上午，惠山开发区上汽大通MAXUS燃料电池宽体轻客FCV80在无锡示范运营项目正式启动，4辆燃料电池宽体轻客正式交付无锡客运集团，无锡首条氢燃料电池车客运专线正式发车。这也是国内首款商业化运营燃料电池宽体轻客，代表了中国汽车工业尖端技术。

（叶晓雯）

【智能激光装备与系统技术研究院揭牌】 8月16日，无锡惠山国家高新技术创业服务中心与西安交通大学教授梅雪松团队合作共建的智能制造产学研项目——无锡智能激光装备与系统技术研究院揭牌成立。研究院总投资4000余万元，以智能装备、智能管控、智能测试三大业务为发展方向，打造成为华东地区知名的智能制造工程技术研发基地。

（叶晓雯）

【保诺科技落户】 10月28日，总投资1.8亿美元的保诺科技中国创新药物研发中心落户开发区。该研发中心使用生命园新建成的共计3万平方米GMP厂房，建设成为保诺科技全球最大的实验基地和研发中心。

（叶晓雯）

【华泰创新药研究院启动运营】 11月5日，无锡华泰创新药研究院正式启动运营，该研究院也是抗肿瘤药物的研发中心。研究院由惠山区、惠山经济开发区与麦德华教授团队三方共建，总投资2亿元，建立抗肿瘤小分子靶向药物和单克隆抗体药物的研发平台、干细胞临床应用的研发中心。

（叶晓雯）

无锡山水城

【概况】 2019年，山水城完成一般公共预算收入13.2亿元，比上年增长6%；完成规模以上工业总产值61.6亿元，比上年增长7%；完成规模以上服务业营业收入32.5亿元，比上年增长27.1%；完成限额以上社会消费品零售总额5.2亿元，比上年增长28.7%；完成全社会固定资产投资115亿元，其中工业投入2.3亿元；完成到位注册外资4064万美元；完成进出口总额2.22亿美元，增长3.05%；完成服务外包执行总金额7.02亿美元，离岸执行金额4.57亿美元。山水城在无锡市2019年度省级以上开发区综合考核中被评为优秀等次开发区。

（堵雨洋）

【招商引资】 2019年，山水城围绕打造五个“百亿级”产业集群目标，先后编制完成五大主导产业发展规划，进一步完善山水城主导产业“一产业一规划一政策”产业发展体系。深入开展“重大项目招引攻坚年”活动，总投资52亿元的无锡先进技术研究院项目、总投资15亿元的航天新气象项目等重大项目，以及元秦文化、中科云网、和乐悠悠等知名企业的相继落地。2019年，引进“四型企业”11家。完成跨境电商企业注册10家。积极抢抓融创文旅城开业契机，进一步整合区域旅游资源，全年实现游园人数2254万人次，比上年增长45.6%，其中融创文旅城接待游园人数855万人次，实现营业收入5.78亿元。持续加大新兴产业培育和专项人才招引工作力度，积极推进名校、名院、名所、名企“四名工程”和“一院一策”产学研深度对接，全年新培育税收超100万元以上院所经济企业10家，全年申报三类企业（雏鹰、瞪羚、准独角兽）培育入库33家。认真落实《无锡山水城创新驱动专项奖励扶持政策（试行）》，鼓励企业在科技创新、品牌标准、金融创新等方面加大投入力度，全年累计发放专项扶持资金190.95万元。

（堵雨洋）

【园区建设】 2019年，山水城相继完成雪浪片区控规更新、塘前（三槐）和尧歌里村庄规划、山水城存量用地规划等编制，研究出台《2020～2024年山水城拆迁安置规划》。全年完成融创文旅城商业地块，中邦二期A、B块和隆宏智能产业地块，共计约9.67公顷商业地块的出让工作。基本完成仙河苑五期E块和方泉苑六期A块22.3万平方米1582套安置房建设，保障居民安置需求和安置小区消防安全。完成方泉苑一至四期1.9万平方米公建配套由集体配套用房转为商业配套用房。完成南湖中路东段、南湖北路、鹤灵路等基础道路和融创配套葛埭桥停车场的建设，保障融创文旅城运营需要。全面完成房屋征收目标任务，年内新开工项目征收住宅12.08万平方米、完成签约587户，新开工非住宅4.55万平方米、完成签约19家。

（堵雨洋）

【民生事业】 2019年，山水城把保障和改善民生作为各项工作的出发点和落脚点。育红山水小学和雪浪中心小学一期交付使用,推进滨湖中学建设,开展辖区内幼儿园、中小学自办食堂改革工作。全年成功申报社区公益创投项目6个,溢点社工项目入围省级公益创投项目。推动社区居家养老社会化运作,19个社区分别与安康通、小行星、九色公益和九如城等社会组织签订社会化运作协议,其中有17家达到3A标准、2家达到4A标准、4家实现智能化管理。全面完成雪浪街道日间照料中心改造装修工程,推进南泉敬老院改造扩能工程,进一步提升社区服务水平。完成对贡湖泰保山和嵘嶂薛甲里殡葬整治工作,杜绝"回潮"现象发生。实现街道和社区两级退役军人服务站的正常化运作。完成城镇新增就业2670人,城镇失业人员再就业目标1115人,各类就业困难人员援助工作均超目标完成,各类创业人员培训工作有序开展。

(堵雨洋)

【生态环境】 2019年,山水城完成"大棚房"整治、沿湖鱼塘退养整治、沿山"两违"整治、省违建别墅清理整治、"散乱污"企业整治等专项任务。长广溪河道入选江苏省首批生态样板河流。完成山水西路、盘龙路、南湖中路、北路南侧、塘绛路等主干道路和景区周边综合环境改造提升工程。严格落实山水城(2019~2021年)水环境整治规划,完成2019年城市黑臭水体整治环境保护专项行动巡查和全国人大水污染防治法执法检查。年初确定的埝头浜、新寺前浜等16项水环境综合治理工程,至年底完工15项。97个排水达标区全部通过区第三方评估验收,其中通过市级考核93个。76项"一推三治五化"(持续推进农村住房和美丽乡村建设,全面治理农村垃圾、污水、河塘,加快实现厕所净化、道路优化、路灯亮化、村庄绿化和管理长效化)整治项目,开工71项,至年底完工64项,投入资金超4亿元,全面完成嵘嶂社区黄泥岭自然村和南湖社区寺前自然村改造提升。开展夏季市容环境"百日会战"等整治行动,完成对南泉庭院、敦睦路背街小巷等市容市貌薄弱地区的专项整治和改造提升。

(堵雨洋)

【园区安全】 2019年,山水城履行"党政同责、一岗双责、齐抓共管、失职追责"安全生产责任制,部署开展两轮城市安全大排查大整改专项行动。全年检查生产经营单位4222处,排查隐患2016条,整改1932条,重大隐患38条,停产企业17家(其中区级部门停产5家),关闭取缔2家。重点加强对非法传销、"套路贷"、山林赌博等涉黑涉恶违法犯罪行为的线索摸排和打击力度。着力维护信访稳定,15个社区创成"信访三无社区"。阳光系统办理上级交办件400余件,完成区领导大接访交办单30件。成功化解上级交办重点信访积案2件,自主化解历史遗留问题10件,群体案8件,及时有效把矛盾化解在基层,圆满完成国庆70周年安保任务,实现积案零增长。加强法治政府建设,依法依规主动做好历史遗留案件的应诉和信访矛盾化解,全年应对各类诉讼案件25件,追回资金3300万元,挽回经济损失7700多万元。

(堵雨洋)

【国家数字电影产业园】 2019年,无锡国家数字电影产业园先后承接《中国机长》《囧妈》《猎狐行动》《流浪地球》等大型电影剧组,以及《明日之子》《中国梦之声》等热播综艺栏目的拍摄制作业务。全年承接影片立项115部,累计承接拍摄制作项目222部,年内实现产值近68亿元,税收6.39亿元,比上年增长16%,《捉妖记》《女儿国》等5部影片获省"五个一工程奖",影视文化产业影响力进一步提升。年内,无锡国家数字电影产业园成功获批"江苏省电影产业创新实验区"和"江苏省影视游戏版权贸易(无锡)基地"。

(堵雨洋)

【特色园区发展】 2019年,山水城特色园区创新生态活跃、产业活力进发,为山水城经济高质量发展集聚核心力量。园区管理中心完成K-park供电母排改造、园区垃圾中转站等项目建设,配合无锡先进技术研究院实施K-park办公区域装修,全年完成营业收入1.08亿元,实现税收4.4亿元,楼宇经济新增税收6063万元,有效压降低效载体企业153家,全面达超年初既定目标任务。科技工业中心融入新时期转型发展大局,围绕打造车联网、信息技术产业集聚区、配套区,推进整体形象提升改造,累计拆除违建临建750平方米、私垦乱占500平方米,立面出新2.5万平方米;推进腾笼换凤计划,做好传统企业转型发展的对接,支持民营企业发展壮大,加快实现园区转型升级,全年实现税收1.2亿元。

(堵雨洋)

【重大项目建设】 2019年,山水城保障智能交通测试基地、607所研发中心二期、702深海空间站、无锡先进技术研究院等省市重点项目的有效推进。省级重大文旅项目融创文旅城建成开业,举办"2019中国·江苏太湖影视文化产业投资峰会",太湖影视小镇获评无锡唯一优秀小镇。启动完成17个社区产权制度改革,新建13个股份经济合作社,启动雪浪街道社区财务监管中心建设,加强对社区"三资"管理工作的日常指导和审核监督。完成对卡尔曼、中电科申泰科技、锡南铝业等公司的股权投资,率先从土地市场拍得雪浪社区留用地地块。全面完成雪浪苑北侧地块、市委党校地块、苏锡常南部高速、新八路二期地块等重大项目征收任务。完成北大软微和曙光技校的搬离工作,保障东南大学分校项目的顺利实施。全面完成南湖中路和南湖北路、K-park园区美化亮化、尧歌里入口区域、山水西路、吴杨路等五大环境改造提升工程。启动科技工业园提升发展五年规划、融创文旅城周边环境提升五年规划等编制工作。

(堵雨洋)

江苏无锡空港经济开发区

【概况】 2019年，空港经济开发区主动适应经济发展新常态，坚持稳中求进工作总基调，不断推动高质量经济发展，较好地完成全年各项重点工作目标任务。完成规上工业总产值354亿元，比上年增长9.9%；完成固定资产投资30.8亿元；社会消费品零售额完成109亿元，比上年增长9.2%；完成财政总收入24.89亿元，其中一般预算收入完成14.15亿元；外资及港澳台资到位1.14亿美元。

（唐钰倩）

【项目建设】 2019年，空港经开区坚持以战略性新兴产业为先导、先进制造业为主体、现代服务业为支撑，进一步优化产业结构，构建现代产业体系。新引进项目13个，其中注册外资超1亿美元项目2个（金妥新材料、无锡养乐多），总投资超10亿元内资项目2个，全年新引进项目总投资超65.3亿元。其中航亚科技航空发动机关键零部件项目总投资10亿元以上。深南电路总投5亿元以上，再投入年产电子装联产品3000万片项目。力特半导体投资2亿元以上，再投入电力保护器件二极管项目。年内，空港经开区竣工项目11个（航亚科技二期，江松科技，深南电路二期，会通新材料，复星国药，华东重机，新林五金，科里斯特二期，瑞菲艾伦，格尔顿，医人健康）；特恒科技、亮嘉新材料、美高帝机械、栖霞建设、瑞霆生物、昶生塑业6家企业开工建设。

（唐钰倩）

【服务业发展】 2019年，空港经开区快递物流业迅速壮大，建成物流公共平台2家，引进和培育年营业收入超亿元现代物流企业7家，其中超5亿元2家。快递物流企业完成营业收入33亿元，比上年增长20%以上。现代商贸业持续攀升，业态不断优化。引进和培育跨境电商企业4家，引进年交易额超1亿元电子商务企业1家和超1亿元销售中心1家，招引品牌商贸企业2家和连锁品牌店铺2家，改造瑞港、香梅哥伦布、百联奥特莱斯3条商业街和农贸市场，提升购物环境和城市形象。

（唐钰倩）

【科技创新】 2019年，空港经开区出台《关于进一步推动科技创新创业和人才发展的若干意见》《推进高质量产业发展政策意见》，推行科技服务外包、提升科技服务水平，新注册科技型企业70家，新增区科技企业认定68家，申报国家高企45家，认定省级高企入库37家，新增入库市雏鹰企业21家、瞪羚企业8家、准独角兽企业1家，申报区领军人才创业项目2个。完成科技型中小企业评价入库92家；2个项目入选区创业领军人才项目，2个企业人才团队入选市领军型团队。新增新型研发机构1家，签约产学研合作项目3个，兑现科技企业政策扶持匹配资金115万元。无锡祥生医疗科技股份有限公司成为全市首家在上交所科创板上市的企业，航亚科技正式进入上市辅导期。

（唐钰倩）

【生态治理】 2019年，空港经开区完成“散乱污”企业整治268家，其中关停取缔155家，整改提升113家。完成劣五类河道治理9条，开展控源截污小流域整治，规划地块完成率73.7%，排水户完成率82.9%。辖区68条河道实现河长全覆盖管理，40名河长全年共巡河2816次，发现并及时联合处置污水排放、岸角垃圾等各类情况122起，共处理垃圾421车约530吨，打捞蓝藻、水葫芦13车约70吨。整治村庄环境卫生，清理各类垃圾8000立方米，拆除违建面积约7万平方米。组织开展重污染天气管控、港口码头扬尘、VOCs、餐饮油烟和秸秆禁烧等专项整治活动，完成削减VOCs8家企业，完成餐饮油烟综合治理2个点位。强力推进“四个一批”专项整治工作，完成3家关停任务，2家提升任务。6月4日下午，空港经济开发区（硕放街道）“碧水蓝天家园美生态文明空港城”环境保护宣传月启动仪式暨“六·五”环境日主题活动在硕放街道睦邻文化中心举行。

（唐钰倩）

【安全生产】 2019年，空港经开区开展安全生产大排查大整治，共排查隐患2024条，全部整改到位。落实城市安全集中整治，各专委会共检查单位6629家次，完成整改隐患2453条，停产停业170家，关闭取缔104

9月30日，无锡祥生医疗科技股份有限公司成为空港经济开发区首家在上交所科创板上市的企业

（唐钰倩 供）

家。各村(居)社区检查场所6047处，整改隐患1286条。部署工贸和危化品领域城市安全集中整治工作，开展“厂中厂、小园区”专项整治工作，排查企业183家，停产停业27家，关闭取缔1家。持续推进燃气安全工作，对1559户住户进行燃气安全隐患整改，摸清餐饮用户底数，共完成餐饮用户“瓶改管”项目3家，完成安装智慧燃气报警器428家(含企业食堂)，依法取缔2处非法供气点及1处民房非法经营餐饮户。

(唐钰倩)

【社会民生】 2019年，空港经开区优化民生实事，竣工丽景佳苑三期17.7万平方米、1223户。丽景佳苑三期(东地块)、丽景佳苑二期(南地块)的各项前期手续按计划有序推进。建设完成丽景佳苑二期幼儿园，完成丽景佳苑小学的腾地拆迁，完成南星小学改扩建工作。启动硕放社区卫生服务中心新建工程规划设计，推进颐养园二期建设，完成智慧养老机构设施建设和护理型床位改造。7月23日下午，国家卫生健康委疾控局原副巡视员于明珠带队赴空港经开区(硕放街道)实地验收国家级慢性病综合防控示范区中的健康一条街项目。

(唐钰倩)

【公共文化】 2019年，空港经开区进一步提升公共文化服务水平，完成文化中心综合性健康活动基地通过市级连心家园验收，辖区内公共文化设施面积达1.9万平方米。特色文化服务“大墙门书场”全年接待人数约8万人次。举办各类“书香读书节”系列活动20余场，参与人数1000余人。启动建设黄良起艺术馆。创新群众文化生活载体平台，开展睦邻文化节、“中国曲艺之乡”名城曲艺展演等多场活动。创作编排无锡评曲《老娘舅做寿》和原创舞蹈《寒灰重暖生阳春》。

(唐钰倩)

【“大数据科技园区”项目签约】 2月20日，北控集团子公司北京北控智科能源互联网有限公司“大数据科技园区”项目签约落户空港经济开发区，该项目总投资30亿元。新吴区人民政府与北京北控智慧城市科技发展有限公司签订了《战略合作框架协议》。

(唐钰倩)

江苏江阴临港经济开发区

【概况】 2019年，江阴临港开发区实施“区块链群”发展战略，全力打造竞争力一流的国际化开放园区。全年完成地区生产总值829.62亿元，可比价增幅8.3%；完成工商开票销售收入5191.69亿元，比上年增长3.7%；全社会固定资产投资增长2.3%；一般公共预算收入46.65亿元；规模工业产值1172.66亿元，增长15.5%；限额以上批零业销售额1339.67亿元，增长2.0%；到位注册外资及港澳台资2.23亿美元。临港开发区在全省88家省级开发区中经济总量、综合排名均列第一位。获评中国国际化营商环境建设十佳产业园区、中国风能人·行业建设贡献奖、江苏省军民融合产业示范基地等荣誉称号。

(陈喜凤)

【港口发展】 2019年，江阴临港经济开发区融入“一带一路”倡议及“长三角一体化”国家战略，坚持“创新、协调、绿色、开放、共享”的港口发展理念，促进港口经济高质量发展。推动开通江阴—武汉集装箱航线，加密“江阴—洋山港”五定班轮航线，支持开通“陆改水”航线，江阴港江海河联运枢纽港格局进一步形成。年内，无锡(江阴)港完成货物吞吐量2.31亿吨(不包含靖江园区)，比上年增长31.71%，其中临港开发区码头完成货物吞吐量2.15亿吨，比上年增长35.26%。江阴港完成集装箱本地重箱吞吐量39.24万标准箱，比上年增长1.98%。持续推进江阴口岸贸易便利化措施，全年江阴口岸进出口货物整体通关时间分别为98.17小时和4.13小时，较2017年压缩60.73%、60.44%。引导督促港区企业加大环保和技改投入，建成夏港、利港电厂气膜6万平方米，新建防风抑尘网10千米。各散杂货码头均实施堆场物料全覆盖、雾炮及喷淋设备、道路堆场洒水保洁、进出场车辆清洁覆盖等抑尘措施。

(陈喜凤)

【江阴综合保税区】 江阴综合保税区位于江阴临港经济开发区海港路18号，规划总面积3.6平方千米，其中一期1.2平方千米于2019年3月28日封关运营。至年底，江阴综合保税区已建有15万平方米保税仓库并开展相关业务，累计招引入驻企业900余家，全年完成进出口总额3.17亿美元，比上年增长115.18%，完成报关单量2.61万票、监管货值23.99亿美元，入驻企业完成开票销售355亿元、入库税金1.41亿元，主要业务数据均实现稳步增长。江阴综合保税区拥有免税、保税、退税、实际状态征税、退还增值税等政策优势，依托原江阴保税物流中心多年发展，江阴综合保税区大力发展保税物流、保税加工、服务贸易、国际贸易、口岸功能等业务，围绕打造物流分拨中心、加工制造中心、销售服务中心等，吸引德国西马克、美国GE等世界500强企业落户开展业务，签约投资总额超55亿元的康瑞科技精密加工、金匮通跨境电商服务、黎萨基础设施建设等重点项目。江阴综合保税区在海关等部门的指导支持下不断创新，实现“四项第一”：在无锡范围内实现网购保税进口首单，在全省范围内综保区中第一个全面使用金二系统，在全国范围内通过创新模式第一个解决增值税一般纳税人资格，在全国范围内综保区中第一个打通跨境对外直接付汇通道。

(陈喜凤)

【招商引资】 2019年，江阴临港经济开发区坚持“一切为了项目干、一切围绕项目转、一切服从项目快”，着力项目招引和推进。全年签约重大项目50个，其中超50亿元项目4个、超10亿元项目15个，包括康瑞卫智达精密零部件、中新智能制造产业园、富力环贸港保税小镇等项目。深国际工业供应链产业园、骏友电子材料、新通联包装材料、申桦密封技术汽车零部件等项目加紧筹建，丰昂实业机械装备产业园、信越光棒二期、邦特科技二期等项目加紧建设，精奇数控、万沅自动售货机、凯研机械、宝湾物流、瑞宝墙尚等项目相继竣工。全年有重点意向在谈项目95项，在批拟建项目44项，开工在建项目29项，竣工建成项目32项。

（陈喜凤）

【主导产业发展】 2019年，江阴临港经济开发区内10家企业年开票销售超100亿元，10家企业入库税金超1亿元，6家企业入围中国企业500强、9家企业上榜中国制造业企业500强。江阴市新增的5家中国500强企业，全部为临港辖区企业。成立首家诺贝尔奖工程技术转化研究院，新认定高新技术企业53家，新增"准独角兽""瞪羚""雏鹰"培育库企业50家。年内，新增5家无锡市工程技术研究中心，3家无锡市企业技术中心，1家无锡市智能车间，1家省工程技术研究中心，2项省"专精特新"小巨人产品，13家企业获得产学研合作项目补助，专利授权985件，万人有效发明专利拥有量38.9件。

（陈喜凤）

【重点重大项目建设】 2019年，江阴临港经济开发区立足12大产业集群，突出招大引强、补链强链。远景智慧能源、中信事业等5个千亿产业集群加速形成，智能智造、新能源汽车零部件等7个百亿产业集群迅速崛起。30个项目列入年度市重点投资项目计划，其中，省重点3个，无锡市重点3个，江阴市重点24个，重大项目数量、规模和储备均为历史最好水平。南京理工大学（江阴校区）主体工程结顶，江南大学江阴校区加紧前期筹备。远景千亿级智慧能源产业园启动建设，远景测试认证中心、远景分布式发电、远景风电叶片研发中心等项目陆续竣工，总投资230亿元的远景AESC智能电池项目开工，试验线建成投运。中信事业千亿级产业集群已落户8个项目，大昌行长三角食品加工物流园等一批项目加紧推进。

（陈喜凤）

【社会事业】 2019年，江阴临港经济开发区城镇职工养老保险、医疗保险、失业保险、被征地农民基本生活保障、最低生活保障为主的"五道保障线"水平超过江阴市平均水平。居民人均可支配收入54775元，比上年增长8.2%，充分就业率97%。农村"三务公开"户户通录入党务、村务、财务、群众意见建议、制度建设等各类信息1.5万余条。创新推出大病医疗互助基金，临港大病互助参保率94%，精准扶贫扎实推进，全年脱贫95户。年内完成公交线路优化10条，新增公共自行车服务点31个，区域内各行政村（社区）实现公交出行通达率100%。江阴市第一家"公建民

临港经济开发区中央商务区鸟瞰 （陈喜凤 供）

临港经济开发区港口新貌 （陈喜凤 供）

营”学校临港科创实验学校9月按时建成招生，并与南菁初中、江阴实验小学合作办学。南京理工大学（江阴校区）主体建设封顶，学科设置初步完成，教师编制、人才优惠政策基本明确。江阴市最大的外资医院——泰富临港医院完成改制、加紧筹建。江阴市最大规模的民营医院澄西医院建成营业。夏港、申港、利港三家养老院完成“公建民营”改革。教育、卫生、科研等机构的审批与管理不断加强。完善大技防、大巡防、大调解机制，稳妥处置与安抚防控相结合，各类纠纷调解成功率达99%，全年没有发生重大群体性涉稳事件。

（陈喜凤）

【园区建设】 2019年，江阴临港经济开发区坚持提升配套功能品质建设。红豆万花城、恒大悦府、朗诗未来街区等城市功能项目加紧推进，“长江之心”公园、季子公园、亲水湖公园改造工程陆续竣工。围绕“263”专项行动、“绿剑行动”、“散乱污”企业专项整治等，打好污染防治攻坚战。完成南横沟河、创新河、篁村浜河等8条黑臭河道年度治理相关工程，国、省考断面水质稳定达标。深化“散乱污”企业专项整治，关停取缔121家，治理改造213家。全年削减煤炭消费总量3万余吨。年内，全区各板块$PM_{2.5}$年均浓度47.67微克/立方米，全区各板块空气优良天数比率年均达72.35%，全区环境信访比上年压降43.87%。

（陈喜凤）

江苏江阴—靖江工业园区

【概况】 江苏江阴—靖江工业园区成立于2003年8月，2006年经国家发改委核准、江苏省人民政府批准为省级经济开发区。开发区位于江阴长江以北，江阴大桥以西，总体规划面积60平方千米，实际管辖面积24平方千米，拥有11.1千米的对外开放岸线。园区依托对外开放港口优势，全力打造以扬子江船厂为龙头的船舶及海工产业；以中建钢构、中泰桥梁为龙头的重钢结构产业；以格尔顿传动有限公司、海鹏特种车辆有限公司为代表的车船零部件产业；以长强钢铁、大明金属、中铁建康远新材料为龙头的冶金新材料；以大明重工为核心的机械装备产业和以长阳钢材市场为龙头的港口物流“5+1”产业格局，特色产业和央企项目集聚的态势基本形成。

2019年，江苏江阴—靖江工业园区完成地区生产总值98.4亿元，比上年增长6.7%；规模工业总产值177亿元，增长3.6%；税务工商开票546.46亿元，增长7.4%；固定资产投资15.1亿元，增长35%；其中，工业投入9.5亿元，增长39.7%，服务业投入5.6亿元，增长27.7%；公共财政预算收入8.91亿元。限额以上零售额6.37亿元，增长23.9%；进出口总额9500万美元，增长40.37%；实际利用外资及港澳台资5505万美元，战略性新兴产业实际使用外资及港澳台资比重91.1%；港口货物吞吐量3502.4万吨，增长7.4%。

（毛　璧）

【融合发展】 根据省委书记娄勤俭在2019年8月召开的长三角一体化发展领导小组第一次会议上的讲话要求，9月19日，江阴、靖江两市召开江阴—靖江高质量跨江融合发展协调会，会议听取园区开发建设情况，同意成立江阴—靖江高质量跨江融合发展实验区联席办公室、江阴—靖江上市公司党建联盟和江阴—靖江船舶海工、钢结构产业联盟，致力于做强做大船舶制造、金属材料、重钢结构、机械装备、汽车零部件和港口物流6个百亿级特色产业，加快打造跨江融合先行区、特色产业集聚区、长江大保护样板区、高质量发展引领区。

（毛　璧）

【招商引资】 2019年，园区围绕特色产业开展招商，多次赴深圳、上海、武汉、南京等重点招商区域参加恳谈会活动，主动对接江阴市、上海自贸区、苏州在产业升级中退城搬迁的项目和企业，捕捉投资动向，有针对性地进行跟踪对接。总投资50亿元的大明国际高端金属材料精密加工项目一期在建厂房框架；总投资5.5亿元的双江能源项目厂房主体、办公楼和储罐基本完成土建；总投资3.15亿元的下六圩港港池码头项目预制件浇筑完成总量的70%，安装完成50%。9月19日，举办江苏江阴—靖江工业园区产业发展恳谈会，签约项目5项，总投资超9.2亿元，分别为大型封头制造项目、高精度特钢深加工项目、特种钢结构项目、联东智能制造项目和融扬房地产项目。在江阴经贸合作洽谈会期间，园区成功签约高精管业项目和新型环保建材项目，总投资40.4亿元。年内，累计引进"三个一批"（在建一批、拟建一批、重点意向一批）项目46项，总投资242.98亿元。其中，在建项目10个，总投资约83.16亿元；拟建项目17个，总投资约83.52亿元；重点意向项目19个，总投资约76.30亿元。

（毛　璧）

【主导产业发展】 2019年，园区把支持主导产业发展作为做大做强园区实体经济的重要抓手，全面增强主导产业的核心竞争力，形成集聚发展的良好态势。充分发挥船舶、重钢结构等优势产业作用，提升园区制造水平。新扬子"新型安全、环保、经济巴拿马型82000吨散货船"通过新产品鉴定，"50000DWTMR油轮""180000立方米球罐型液化天然气（LNG）船"两项目申报省高端装备研制重大项目。中铁建"新型高导电率铜镁合金材质承力索研制"、新扬子"12690TEU集装箱船"列入省重点技术创新项目导向计划。长强钢铁新列入无锡市认定企业技术中心，获生态文明建设专项2019年中央预算内投资计划1694万元。中铁建、格尔顿企业研究开发费用获省级财政奖励各30万元，格尔顿获江阴市企业研发费奖励资金。新扬子获评2019年省四星级上云企业，获企业上云项目补贴13.3万元。海鹏获评江阴市专精特新科技小巨人，新列入省级工业企业技术中心。骥鑫船舶新列入江阴市工程技术研究中心。两江创客空间被认定为无锡市级众创空间、江阴市创业孵化基地，完成申报省级众创空间。

（毛　璧）

【重点重大项目建设】 2019年，园区坚持项目为王、质量至上，在产业项目的质量、重大项目的数量、有效投资的总量上取得突破。全年推进重点重大项目46项，其中在建项目10项，分别为总投资50亿元的大明高端金属材料精密加工项目，总投资5.5亿元的双江能源综合项目，总投资2亿元的电磁阀项目，总投资3.14亿元的下六圩港内港池码头项目，总投资4.57亿元的大明金属科技二期项目，总投资4.64亿元的中晶晶润晶板项目，总投资2亿元的高精不锈钢棒深加工项目，总投资1.31亿元的长强钢铁资源综合利用余气发电项目，总投资7亿元的融扬置业房地产项目和总投资3亿元的扬子丽景Ⅲ期项目。拟建项目17项，分别为总投资30亿元的高精管业项目，总投资2000万美元的丽芙之心日本精品玩具项目，总投资7.85亿元的永益球墨铸管搬迁项目，总投资2.5亿元的100万吨废钢再生加工项目，总投资3000万美元的进口食品交易中心项目，总投资10.4亿元的建筑新材料项目，总投资0.78亿元的长强连铸机项目，总投资2.64亿元的长强钢铁综合料场仓储项目，总投资0.84亿元的长强钢铁脱硫脱硝项目，总投资10亿元的大明港务项目，总投资5亿元的中建钢构新型建筑钢结构项目，总投资1.5亿元的中建钢构国家级检测中心，总投资3300万美元的润滑油仓储配套项目，总投资2亿元的钢纤维项目，总投资1.2亿元的高精度特钢深加工项目，总投资1亿元的中力智能叉车项目和总投资2亿元的特种钢结构项目。重点意向项目19项，总投资76.3亿元。

（毛　璧）

【社会事业】 2019年，《园区规划环境影响跟踪评价报告书》获省生态环境厅批复；《园区循环化改造实施方案》通过专家评审。污水处理厂提标改造工程全面竣工，蒸汽管道首次接入园区，实现园区生产型企业污泥不落地。园区码头雨污水分流设施、固废清理、防尘设施、见缝插绿等全部建设到位，通过中央环保督察组"回头看"验收。在泰州市率先完成船舶垃圾"全接收、零排放"。码头粉尘在线监测系统设备全部安装到位，接入泰州生态环境局防污平台。莲沁苑雨污分流改造工程全部完工。完成签约交拆80户、约22797平方米的拆迁工作。通行政村双车道公路覆盖率达100%，镇道绿化率达95%，镇村级道路亮化率达90%。城乡居民保险续缴率90%。园区215户、541人全部脱贫，完成脱贫攻坚目标任务。

（毛　璧）

江苏宜兴陶瓷产业园区

【概况】 2019年，宜兴陶瓷产业园区经济发展态势平稳，销售及产出持续增长。全年工业应税销售收入239.38亿元，流通应税销售收入56.9

亿元。自营出口创汇331.51亿美元，比上年增长10%。工业投入11.12亿元。园区规模以上企业99家，全年工业产值143.18亿元，工业主营业务收入134.79亿元，工业增加值33.34亿元，工业研发投入3.84亿元。受国际外贸形势的影响，全年贸易进出口总额5.02亿美元，其中一般贸易5.02亿美元。新增高新技术企业21家，全年工业产值65.72亿元。新增发明专利20件。企业效益增幅显著，全年一般公共预算收入9.34亿元，税收收入15.18亿元。到位注册外资及港澳台资1369万美元，其中战略性新兴产业实际利用外资及港澳台资1311.9万美元。园区综合实力不断增强，在全省88个省级开发区中，排名第52位；在国家级和省级115个开发区中，2019年度考核排名第79位。参与省商务厅特色创新示范园区建设，通过江苏省陶瓷新材料特色创新创新示范园评审。

（刘全忠）

【支柱产业发展】 2019年，陶瓷产业园区机电、陶瓷、耐火三大支柱产业全年应税销售收入占园区应税销售收入总量的77%。骨干企业发展态势良好，江苏亨鑫科技有限公司、市远航集团、江苏汉光甜味剂有限公司、江苏裕龙电磁线有限公司、宜兴新威集团有限公司5家企业位列全市工业前50强。无锡市宜刚耐火材料有限公司、市兴贝耐火材料制品有限公司、新嘉理江苏陶瓷有限公司、宜兴瑞弘耐火材料有限公司、市吉泰电子有限公司、市得力陶瓷科技有限公司、市青龙水泥有限责任公司等11家企业应税销售收入增幅均超25%。市宙斯泵业有限公司、江苏宜兴化机集团、市灵谷塑料设备有限公司、市丁山耐火器材有限公司、宜兴摩根热陶瓷有限公司等企业市场占有额持续扩大。成长型企业应税销售收入增幅明显，派尔实验装备有限公司、市国美炉具科技有限公司、市炉顶密封工程有限公司、市新裕耐火材料有限公司等7家企业应税销售收入增幅均超30%。江苏君耀耐磨耐火材料有限公司、盛廷微电子江苏有限公司、江苏天景祥环境科技有限公司、江苏富陶科陶瓷有限公司等重大项目总投资超9.8亿元。

（刘全忠）

【科技创新】 2019年，陶瓷产业园区组织申报省重点研发项目3项，江苏拜富科技有限公司入围。申报国家高新技术企业26家，其中，新申报14家，重新申报12家。申报省级科技型中小企业62家，31家入库雏鹰企业培育库，8家入库瞪羚企业培育库，2家入库准独角兽企业培育库。加强平台载体建设，申报宜兴市工程技术研究中心3项、无锡市工程技术研究中心1项、江苏省工程技术研究中心1项。累计专利申请1358件，发明专利授权31件。申报省双创计划人才项目3项，市"陶都英才"项目5项。引进"双高"人才61人、海外留学人才8人、专家教授10余人，新增产学研合作项目20余项。推进宜兴陶瓷新材料和陶瓷智能装备孵化器建设，组建成立镇科技成果转化中心，促进科技成果转化落地。年内，组织企业参加2019深圳国际智能装备展、2019第七届上海耐火材料展览会、2019深圳高新技术成果交易会等。

（刘全忠）

【区域建设】 2019年，陶瓷产业园区闲置资产盘活取得突破，通过司法拍卖、政府引进、企业自主盘活等多种渠道，盘活闲置土地34.4公顷、厂房5.7万平方米，5处重点不良资产得到有效处置。园区核心区企业污水纳管基本覆盖，建立重点污染源档案和污染源信息数据库，为针对性采取环保措施提供依据。

（刘全忠）

【工业陶瓷产业发展高峰论坛】 5月，由中国陶瓷工业协会、丁蜀镇政府、中国宜兴陶瓷产业园区主办的第十届中国宜兴工业陶瓷产业发展高峰论坛暨2019丁蜀科技人才周在丁蜀镇举办，活动为期3天。上海硅酸盐研究所、山东工业陶瓷研究设计院、哈尔滨工业大学等国内外40多所高校、科研院所的近100名专家教授和业内人士及丁蜀镇相关企业经营者开展研讨交流。论坛举办高峰论坛报告、工业设计机及智能设备研讨会、陶瓷产业高温工程节能与环保技术研讨会、长沙理工大学成果项目路演、工业陶瓷产品展览、技术人才对接活动等活动。丁蜀镇人民政府与长沙理工大学大学签署合作协议，双方将在产业项目、协同创新、人才定向培养等方面开展合作。江苏省工业设计学会与江苏宜兴陶瓷产业发展研究会就工业设计孵化平台合作进行签约。宜兴凡远光电科技有限公司与江苏宜兴陶瓷产业园区合作有机光电生产设备制造项目，江苏拜富科技有限公司与景德镇陶瓷大学合作光伏玻璃高反射膜研发项目，宜兴摩根热陶瓷有限公司与武汉科技大学合作节能环保型碱性隔热耐火材料研究项目等12个产学研合作项目同时签约。自2010年举办首届政产学研活动起，丁蜀镇与中国陶瓷工业协会、武汉科技大学等合作，120多项科技成果在丁蜀镇落地生根。相关协同创新联盟、院士工作站、科技孵化器等科技人才载体落户丁蜀，推动丁蜀陶瓷产业高质量发展。

（刘全忠）

编辑 邵文凯

交　通

民　航

【概况】 2019 年，无锡民航事业持续发展，苏南硕放国际机场连续实现第 15 个安全飞行年。全年完成旅客吞吐量 797.5 万人次，比上年增加 76.6 万人次，增长 10.6%；完成货邮吞吐量 14.51 万吨，比上年增加 2.13 万吨，增长 17.2%；完成运输起降架次 6.21 万架次，增长 11.4%。机场驻场飞机总数达到 24 架，其中，深圳航空有限责任公司无锡分公司 10 架，中国东方航空江苏有限公司无锡分公司 11 架，云南红土航空股份有限公司 1 架，顺丰航空有限公司 2 架。全年共通航城市 61 个，其中国内航点 41 个、国际地区航点 21 个(曼谷有素万那普和廊曼 2 个航点)。客货运航线达 80 条，国际地区航线方面：新辟无锡—名古屋、无锡—札幌、无锡—首尔航线，加密无锡至大阪、芽庄等城市航班；国内航线方面：加密无锡至深圳、重庆、成都、长沙等城市航班，新辟无锡—张家界、无锡—桂林、无锡—丽江、无锡—湛江、无锡—烟台—长白山等航线，日均航班量 170 架次，平均客座率 80.6%，平均载运率 75%。航空公司总数达 27 家，其中，基地航空公司 2 家：中国东方航空江苏有限公司无锡分公司、深圳航空有限责任公司无锡分公司，其他国内航空公司为：中国南方航空股份有限公司、四川航空股份有限公司、深圳东海航空有限公司、九元航空有限公司、上海吉祥航空有限公司、云南红土航空股份有限公司、瑞丽航空有限公司、厦门航空有限公司、顺丰航空有限公司、圆通货运航空有限公司、广东龙浩航空有限公司，外籍航空公司为：越南航空、越南越捷航空、泰国越捷航空、泰国皇雀航空、泰国泰新时代航空、菲律宾皇家航空、柬埔寨天空吴哥航空、新加坡酷虎航空、美国康尼航空、美国阿特拉斯航空等。通用航空企业适航在册航空器总数达到 25 架，其中，江阴华西通用直升机场 2 架，亚捷通用航空无锡有限公司 21 架，无锡太湖通用航空有限公司 2 架。亚捷通用航空无锡有限公司完成通用航空生产作业飞行 5065 个小时，比上年增长 18.1%；起落 7256 架次，比上年增长 55.7%。无锡太湖通用航空有限公司完成通用航空生产作业飞行 116.8 个小时，起落 662 架次。

（杨　华）

【苏南硕放国际机场发展规划】 2019 年，民航根据《长江三角洲区域一体化发展规划纲要》“支持苏南硕放机场建设区域性枢纽机场”的定位，围绕省、市领导关于做大做强苏南硕放机场的指示要求，高站位规划机场发展。优化硕放机场空域，提高空域使用效率，配合省交通运输厅开展《无锡硕放机场空域结构优化与容量提升研究》工作；配合省交通运输厅开展《硕放国际机场及周边地区集疏运体系规划研究》编制工作，研究提出硕放机场及周边地区集疏运体系发展战略；开展《无锡空港地区战略规划及重点片区城市设计》工作，在更高层次上重新定位无锡空港战略地位和重新谋划无锡空港蓝图规划；启动机场总体规划局部修编工作，按照 2025 年的目标定位进行方案研究等。

（杨　华）

【苏南硕放国际机场空域优化】 根据省委、省政府关于硕放机场“第一阶段挖掘现有潜力，优化空域结构，满足近期 1500 万人次需求”的要求，2019 年，无锡市交通运输局会同苏南硕放国际机场集团，针对苏南地区空域现状和硕放机场空域航线运行实际，深入研究空域结构，制定空域优化方案，多次召开军民航专题会议研究讨论，进一步完善优化方案。9 月 20 日，省交通运输厅会同东部战区空军、民航华东地区空管局，在无锡组织召开苏南地区空域优化军民航研究论证会暨江苏空域统筹优化研究协作平台工作会议，通过苏南硕放国际机场空域优化方案，提出新辟并对外开放 4 条临时航线。待空域优化方案获得批准实施后，苏南硕放国际机场将实现航班进港、离港航线分离，进一步释放现有空域资源，提高苏南硕放国际机场空管运行效率和安全运行裕度；进一步提升苏南硕放国际机场飞行容量，加速无锡民航发展，加快实现苏南硕放国际机场区域性枢纽机场建设，推动江苏民航高质量发展，助力江苏经济腾飞。

（杨　华）

【苏南硕放国际机场管制运行机制】 2019 年，苏南硕放国际机场全力推动从程序管制向雷达管制升级的各项工作。二次雷达硬件设备安装正在进行;三批管制人员雷达资质培训已完成第一批,第二批在进行中。11月26日,苏南硕放国际机场RNP AR(要求授权的所需导航性能)飞行程序验证试飞任务完成,成为华东首家通过RNP AR飞行程序解决空域资源矛盾的机场。RNP AR程序是一种高性能的进近飞行程序,需要中国民航局特殊授权批准。

(杨　华)

【增开多条国际客运航线】 苏南硕放国际机场为助力区域性枢纽机场建设,更好地服务于苏南地区日资、韩资高地的高质量发展需要,在重点拓展东北亚客运航线基础上,11月1日起,新增日本航点名古屋、札幌,并加密无锡—大阪航线,航点数量由换季前的1个增加至3个,航班日总频次由每天2班增加至每天5班,航点和航班频次均为近年来机场日本航线的最大增长。其中,深圳航空每天增加1班无锡至大阪航线,航班数量增至一天3班;深圳航空和吉祥航空分别开通无锡至名古屋航线,每天各1班;深圳航空开通无锡至札幌航线,每天1班。12月23日,东方航空又开通无锡至首尔航线,每周2班。

(杨　华)

【机场基础保障能力提升】 苏南硕放国际机场为进一步提升机场运行保障能力,3月,机坪扩建项目正式开工建设,在现有站坪北侧新增8个C类机位,10月15日项目完成竣工验收,11月完成行业验收后投入使用。国际快件中心升级改造项目于11月完工,12月全面调试交付。国际快件监管中心升级改造项目于年初启动,12月全面调试交付,面积约3000平方米,改造后具备3200件/小时的国际快件、跨境包裹峰值处理能力。

(杨　华)

【机场航空口岸功能完善】 3月25日,苏南硕放国际机场进口冰鲜水产品指定监管场地查验区300平方米,通过海关总署考核验收。7月8日,正式获批进口冰鲜水产品指定监管场地资质,为直接进口国外冰鲜类水产品奠定基础。10月14日,国际邮件互换局获得海关总署批准。机场完成全九类运输危险品地面服务代理人备案,航空货运保障能力得到提升。

(杨　华)

【"智慧机场"建设】 2019年,苏南硕放国际机场实现国内航班(除九元航空和南方航空外)登机全流程无纸化,无托运行李的旅客仅凭电子二维码和身份证就可过安检通道和登机口,并推出集机场周边公共交通、停车场、航班信息等于一体的可视化综合信息平台。4月,配合无锡移动分公司完成机场室内无线网络5G改造,成为省内首个采用5G室内分布技术覆盖的国际机场,也是省内较大规模的5G交通枢纽室分网络。

(杨　华)

【无锡丁蜀通用机场开工建设】 3月7日,无锡丁蜀通用机场获得由江苏省发改委及民航华东地区管理局联合签发的《关于无锡丁蜀通用机场工程初步设计的批复》。7月6日,机场飞行区正式开始建设,年内完成飞行区基础性土方工程、50%排水板和50%碎石垫层工程以及开工建设航站区工程。无锡丁蜀通用机场一期计划按照A1类通用机场标准建设,工程占地33.1公顷,跑道为800米×30米,可满足海星(道尼尔CD2)等小型固定翼飞机的使用,建成后开展飞行培训、应急救援、农林播种、防火救林等飞行活动。

(杨　华)

【顺丰无锡至哈恩洲际货运航线开通】 9月15日起,苏南硕放国际机场正式开通顺丰航空"无锡—哈恩"洲际货运航线。该航线由"747"全货机执飞,每架飞机业载110吨,以电子产品及附件为主要货物,辐射范围可达欧洲全境。该货运航线的开通,进一步提升苏南硕放机场的货邮运力和国际货运航线覆盖率,机场的洲际货运航线频次恢复至每周6班。

(张午珺)

【苏南硕放机场机坪扩建工程】 10月14～15日,苏南硕放机场组织召开机坪扩建工程竣工验收会。项目勘察、设计、施工、检测、监理等相关单位参加会议,民航华东质监站监督验收过程。验收组经认真审查、讨论,一致认为机坪扩建工程已按施工图内容建设完成,工程符合国家和行业标准、规范,质量合格,工程档案资料基本齐全,同意通过竣工验收。11月13日,民航华东地区管理局、民航江苏监管局组织召开苏南硕放机场机坪扩建工程行业验收会。经

4月,无锡移动携手苏南硕放国际机场打造5G智慧机场

(张玲珠　供)

9月15日，苏南硕放机场正式开通顺丰航空“无锡＝哈恩”洲际货运航线 （张午珺 供）

验收组审查、讨论，一致认为苏南硕放机场机坪扩建工程已按初步设计批复的内容和规模建设完成，工程项目符合行业现行规章、标准和规范要求，达到使用要求，同意通过民航行业验收。

（张午珺）

【无锡—首尔正班航线开通】 12月23日12点45分，从韩国首尔起飞的空客A320在苏南硕放国际机场降落，机场在机坪举行“水门迎接”仪式，标志着无锡—首尔正班航线正式开通。这是2019年苏南硕放机场继开通日本名古屋、日本札幌后开通的又一条国际客运航线，也是机场开通的首条韩国正班客运航线。

（张午珺）

铁 路

【概况】 2019年，铁路无锡站推进体制机制改革，聚焦全局“当好排头兵”和“大向强转型”目标定位，对标找差、创优争先，实现高质量发展，各项工作取得明显成效。全年铁路无锡站共办理到发旅客4649.27万人次，比上年增加352万人次，增长8.19%；完成运输收入25.86亿元，比上年增加1.9亿元，增长7.92%；货物发送80.66万吨，增长22.21%。完成重点物资运输和专特运军事运输任务。车站全年消灭一切事故，确保春运、“两会”、庆祝新中国成立70周年、上海“进博会”等重点时段的安全稳定，连续实现第九个安全年。车站先后获得“国铁集团先进党组织”、上海局集团公司先进党组织、标准化规范化建设先进单位、文明单位，“江苏省文明单位”“无锡市服务地方发展先进单位”等称号。车站品牌创新获得“中国企业品牌战略创新奖”，客运车间城际三班获全国“质量信得过班组”称号，客运车间吴颖芳被评为“最美上铁人”、无锡“最美家乡人”。

（魏 玉）

【运输安全】 2019年，铁路无锡站深入推进“五位一体”标准化规范化建设，科学建标立标，务实贯标落标，严格对标考核，召开各层面标准化规范化建设推进会，夯实基础基层基本功。修订全员安全生产责任制，加大安全奖惩力度，严格干部履职督查，以责任落实促进安全工作落实。以确保高铁和旅客列车安全万无一失为核心，深化安全双重预防机制运作，突出施工安全、劳动和作业安全、高铁外部环境、季节性安全等重点关键，全面管控风险、整治隐患，强化现场监督检查，确保全年重点时期的安全稳定。实施管内京沪线各站计划集中管理和流动调车工作，做好新长线南段无锡西车间接管，确保平稳过渡、运输安全和队伍稳定，已连续实现安全生产2993天。

（魏 玉）

【经营服务】 2019年，铁路无锡站坚持市场导向，发挥高铁引擎带动作用，挖掘市场潜力，用活用优运力资源，优化完善营销分中心组织架构，建立大客运联系群，走访社会团体、旅行社，运输效益和质量实现新提升。做好客运提质工作，完善服务质量考核评价办法，有效遏制服务质量多发态势，年有效投诉量由40件降至10件。推进“厕所革命”，畅通功能，推广人脸识别和电子客票运用，旅客出行的体验感更好。

（魏 玉）

【沪宁城际实施电子客票】 7月27日起，沪宁城际铁路对经由该线运行且旅客上下车均在该线路20个车站的动车组列车只发售电子客票，推进乘车凭证无纸化、电子化。实行电子客票后，将原纸质车票承载的旅客运输合同、乘车、报销等凭证功能相分离，根据有关法律条文规定，升级为以电子数据作为铁路旅客承运合同凭证。年内，铁路无锡站管内无锡站、无锡新区站和惠山站3个车站同步实施电子客票。

（魏 玉）

【新长线长江以南段划交无锡站】 7月13日，中国铁路上海局集团有限公司在无锡站召开新长南线生产力布局调整会议。上海局集团公司决定将新长车务段负责的新长线长江以南段江阴北至夹浦站共9个自然站和1个朱巷线路所划交无锡直属站管理，撤销新长车务段无锡西站车间，成立无锡直属站无锡西站车间。

（魏 玉）

公 路

【概况】 2019，无锡公路建设完成投资56.25亿元。至年底，全市公路总里程7590.81千米，其中高速公路273.88千米。全社会拥有车辆224.30万辆，比上年增长11.1%，其中汽车208.76万辆，比上年增长8.6%。私人汽车拥有量达172.25万辆，比上年增长6.8%。城市轨道交通运营线路总长58.83千米，全年运营总里程555.94万千米，线网客流总量1.10亿人次。全年完成客运量8546.94万人次，比上年增长2.1%。完成货运量2.06亿吨，比上年增长5.0%。长江经济带立体综合交通走廊建设加快。苏锡常南部、常宜、宜长3条高速公路建设进展良好，S341省道宜马通道全线开工建设，锡宜高速公路扩建工程前期工作加快推进，沿江高速公路扩建、锡太高速公路等前期工作提速，S340省道无锡段扩建工程稳步推进。S229省道江阴青阳至惠山西漳一期、S262省道无锡宜兴段、S229省道江阴段扩建工程（芙蓉大道互通式立体交叉二期）建成普通国省干线公路58.2千米。新改建农村公路63千米，改造农村公路桥梁35座，路站运一体化模式覆盖全市所有行政村。

公路管理进一步加强。养护精细化、科学化程度提高，全市普通国省干线公路技术状况指数大于92，优良路率高于95%，路况指数继续高于全省平均指标。7个项目养护大中修、484座在役普通干线公路桥梁和2座隧道定检、隧道提质升级工程（机电部分）、1个桥梁健康监测示范工程、1个工区标准化和1个工区养护机械标准化配备任务均按计划完成，一类、二类桥梁比例达95%以上。G104国道丁山服务区被省交通厅公路中心授予省级“公路驿站”品牌称号。农村公路提档升级，建成农路桥梁5座，完成安防工程11.5千米，路况指标优于全省平均水平；推进“四好农村路”示范县建设和“一县一品牌、一区一特色”创建活动，宜兴市被命名为“四好农村路”全国示范市（县），锡山区、惠山区、新吴区、滨湖区成功创建成为“四好农村路”省级示范区，S340省道锡山区东港镇被评为全省“十佳”集镇段。推进普通国省干线公路安全生命防护设施建设，完成G104国道、S122省道、S232省道3条普通国省道安防工程142千米。规范管护标志标线，推进标志标线专项工程建设。治理车辆超限超载工作常态化制度化，全市5个固定治超站全面落实公安交警派驻和24小时值守，会同交警部门严格路面超载，出动联合执法人员4.09万人次，查处超限超载车辆4190辆，监督卸驳载3.42万吨，实施源头管控13家。全市平均超限率控制在2.5%以内，达到年度省控目标。实施“平安交通”三年建设行动计划，制定《全市公路系统安全工作要点》和年度安全生产监督检查计划，报送《无锡市公路安全工作履职报告书》，覆盖率达100%，组织春运、两会、国庆等重要时段综合督查32次，与各类安全专项整治行动有机结合。开展G104国道、G312国道等8条普通国省干线公路路网监测设施和交调站点建设工作，新建视频监控38个，一、二类交调站点各1个，全市普通国道重要路段、特大型桥梁、长大隧道路网监测覆盖率100%。推进S342省道无锡段“智慧公路”试点示范项目建设，依托全省统一的云端移动视频管理平台，以“互联网+交通”为思路，将全市公路视频信息汇聚编码到云端，通过“江苏路网”微信公众服务号接受社会公众实时查看。提高公路收费管理质量，多渠道提供便民服务措施，所有收费站实现微信、支付宝等多种支付方式全覆盖。深化收费公路制度改革，完成全市普通公路新收费系统切换工作，落实收费公路优惠政策，全年依法减免各类车辆通行费500余万元。

年内，道路客运服务转型取得良好成效，加快构建同城化客运服务体系，增加对商务、展会、医疗等的定制服务。完善客运联程联运功能，加强运旅融合，推进交通示范基地建设，鼓励客运企业开行季节性旅游专线。

（徐天南　丁　悦）

【苏锡常南部高速公路无锡段建设】 2019年，苏锡常南部高速公路无锡段建设进展顺利，全年完成湖底隧道3.3千米，路基填筑土方190万立方米，建安费32.8亿元。完成拆迁主线住宅584户，线外带拆264户，非住宅56户，苗圃10家。管杆线迁改全部完成。无锡段累计完成征地拆迁16.7亿元，其中，拆迁13.3亿元，征地费用2.16亿元，耕地占补平衡费1.24亿元。

（孙　华）

【江阴第二过江通道地质勘察】 9月6日，江阴市交通运输局主持召开江阴第二过江通道江阴段陆上地质勘察协调会议，江阴第二过江通道地质勘察工作全面展开。江阴第二过江通道位于江阴大桥和泰州大桥之间，距下游江阴大桥约5千米，距上游在建常泰过江通道约27千米，距泰州大桥约54千米，起点位于靖江城西大道与公新公路交叉处，终点位于江阴西外环路与芙蓉大道交叉处，穿越长江拟采用隧道方案。工程主线全长约12千米，其中，隧道段长6408米，桥梁段长4234米，路基段长1762米。

（金建军）

【宜兴市获评“四好农村路”全国示范县】 11月6～7日，全国推动“四好农村路”高质量发展现场会在四川蒲江县召开，宜兴市获评“四好农村路”全国示范县。2003年后，宜兴市农村公路先后实施三轮大规模投入，特别自2011年开始在全省率先启动农村道路提档升级工程。经过多年的高强度投入，该市农村公路总规模达到2105千米，双车道四级公路占比达到56%，所有行政村和大的自然村实现全覆盖。开通城乡公交线路89条，配置车辆362辆；建设农村公交首末站20个、农村公交候车亭495个；全境农村公路列养率100%，县道、乡道优良路比例分别达到95%、85%。

（李　聪）

【农村公路品牌建设】 2019年，无锡市贯彻“四好农村路”建设“着力打造特色农路品牌”要求，推进“四好农村路”县级品牌创建，各市（县、区）根据“坚持政府主导、坚持融合发展、坚持因地制宜、坚持和谐共生、坚持长效机制”的基本原则，加强探索创新，以辖区资源禀赋、产业特色、乡土文化等特色优势为基础，结合当地“农村公路+”核心着力点，打造社会认可度高的农村公路品牌。江阴市结合吴地文化和地方产业要素，创建“吴地古文脉，文旅新时代”品牌。宜兴市以陶元素为主干，宜兴产业发展以及历史文化为两条支线，结合宜兴市特色资源茶叶、竹林等元素，打造宜兴市文旅融合产业带动型农路品牌，创建“宜路陶醉”。锡山区浓缩山、水、吴文化三大资源，打造锡山区农路品牌，唱响“醉美吴东处，水韵锡山路”。惠山区依托生态旅游优势、历史人文风貌和农村公路实际，提出“智惠通途”农村公路品牌。滨湖区紧扣“全域旅游、全景滨湖”主线，通过农村公路“+旅游”“+生态”“+文化”三大发展模式，打造“湖滨胜径”。新吴区立足于吴越文化，将泰伯文化与农村公路品牌建设相融合，打造“吴越文化地，泰伯故里路”。

（王　栋）

【无锡公路网监测视频上云】 9月27日，无锡公路网监测视频正式上云并向社会公众开放。视频上云应用主要依托江苏公路视频监控管理系统，采用“云、管、端”总体架构，租用公有云服务，实现视频监控统一转码接入云端，通过“江苏路网”微信公众号，满足社会公众的高并发访问，实现视频秒播。全市共有83路普通国省干线公路网监测视频上云，为公众及时了解实时公路网运行状况提供更便捷直观的方式，科学规划出行时间和路线，进一步提升全市国省道路出行服务水平，提升公路服务形象。

（邹刚涛）

【普通公路通行费免收】 2019年，无锡市公路部门全面落实“绿色通道”和重大节假日小型客车免收通行费惠民政策，全年全市普通公路收费站共免收、优惠通行499.3万余元。其中，免收鲜活农产品运输车辆1.49万辆，免收通行费31.2万余元；重大节假日免收7座以下小型客车35.4万辆，免收通行费353.8万元；优惠“运政苏通卡”货运车辆27.5万辆，优惠通行费113.8万余元；另中欧班列、太仓港免费车辆132辆，免收通行费0.48万元。

（丁　悦）

【丁山服务区获“公路驿站”品牌】 2019年，G104国道丁山服务区被省交通运输厅授予“公路驿站”品牌称号，成为江苏省首批5个“公路驿站”之一。丁山服务区位于陶都丁蜀镇，南京与杭州的交通要道G104国道1301K+600东侧，占地面积2.2公顷，提供停车、餐饮、如厕、休闲等服务。丁山服务区在原有基础上按照公路驿站设施好、环境美、服务优、特色强的评定标准进行创建，打造基本功能设施齐全、景观优美、管理制度健全、体现当地陶文化特色的服务区。

（吉健军）

【高速公路匝道智能管控系统投用】 “五一”期间，全国首个匝道智能管控系统在沪宁高速公路无锡北枢纽正式投入使用，有效减缓匝道汇入车流对沪宁路主线通行的影响。沪宁高速公路无锡段是京沪、沪蓉两条国道主干线的重线段，45千米主线汇集沪宜、锡张、环太湖等5条省级高速，日均流量15万辆，峰值流量21万辆，远超8车道设计流量标准。宁沪公司无锡处会同交警部门，结合实际，创新管控思维，成功建设全国首个高速公路匝道智能管控系统。该系统位于沪宜高速往上海方向并入沪宁主线的匝道处，由毫米波雷达、计算及控制设备、车道信号灯、LED提示屏和电子警察抓拍设备等多部分组成，并辅助路侧指示牌以及高德地图语音植入提示。

（丁志伟）

【“救援驿站”申请国家专利】 2019年，沪宁高速公路无锡管理处牵头研发的“高速公路主线救援驿站”项目，获得国家知识产权局授予的实用新型专利证书，为后期大范围推广使用创造条件。驿站主体采用GP20集装箱改造，再用钢管桩作基础固定，具有造价低、施工快和抗撞击等特点。自投入使用以来，无锡段3座救援驿站共入驻应急救援人员756人次，完成救援1306起，超大流量路段10分钟到达率由之前的51.6%提升至80%，有效节约随车怠速驻点燃油费近10万元，应急救援司乘满意度提高到100%，实现良好的社会效益和经济效益。

（江　东）

5月6日，江阴市芙蓉大道虹桥南路开通仪式举行　（孙　罡　供）

【港湾式应急救援点项目通过验收】 11月13日，沪宁高速公路大流量路段港湾式应急救援点工程项目通过交工验收。沪宁高速公路硕放至东桥枢纽段为全线最繁忙路段，日均段面流量超17万辆，节假日高峰流量突破24万辆。为有效疏通"堵点"，宁沪公司经过周密部署和统筹安排，于6月启动港湾式应急救援点建设，在该路段双向各增加3处港湾式停靠带，长度约1670米，设置密度全国最大。应急救援点自9月29日开放使用以来，硕放至东桥枢纽段道路通行状况得到明显改善。

（李春东）

【江阴汽车客运站启用人脸识别系统】 7月23日，江阴汽车客运站在保留人工验票方式的同时，首次开启人脸识别进站服务。旅客只需提前准备好二代居民身份证，将其放在闸机扫描区域，站在地面黄色区域站立区，人脸正对识别屏幕，经过3至5秒钟，待系统识别成功提示后即可完成验票进站。"刷脸"进站服务无须通过人工核对身份证与票务信息，提升旅客进站效率，保证身份比对的准确性。

（张　勇）

城市公交

【概况】 2019年，无锡市持续推进城市公交优先发展战略，创建省公交优先发展示范城市的23项指标任务已完成16项，剩余7项在加快推进中。年末运营公交线路294条，线路总长5865千米，全年公交运客总量3.54亿人次。常规公交与轨道交通衔接更加顺畅，无锡市公共交通集团公司全年新辟线路4条，优化公交线路22条，新增、更新新能源及清洁能源公交车260辆，公交出行群众满意度测评达到86.73。开通"锡巴士"定制公交两年多来，累计运送乘客300万人次。日常运营的定制线路130余条，其中，校园定制35条，企业定制94条，专线定制6条，涉及80多家企业，日均营运班次300余个，日均载客1万余人次。公司拥有常规公交线路259条，微巴10条，定制公交线路130条，合计399条；运营车辆2767辆，日均客流74.3万人次，单日最大客流84.43万人次，全年共投入362.7万个班次，日均营运班次9938个，共完成营运里程1.37亿千米。无锡公交集团先后获得"无锡市交通产业集团创先争优活动先进单位"、2017～2018年度无锡市"五一"巾帼标兵岗、宛山湖国际马拉松"优秀合作单位"等荣誉称号，黄强、尤国庆、钱巍获得"无锡市五一劳动奖章"。出租车服务水平有效提升，全面实施网约车纳规管理，落实网约车平台公司主体责任，新增7家平台公司，核发1.01万辆网约车电子道路运输证，网约车平台车辆注册报备率达98%，网约车驾驶员注册报备率达65%。集中开展出租车服务质量问题专项整治，累计处理94次、积分342分，有效净化市场环境。"智慧交通"成果广泛运用，实现公交、地铁手机移动支付。

（徐天南　蒋艳骅）

【"智慧公交"构建】 3月29日，无锡公交地铁"一码通"项目正式启动。乘客只要用手机打开"无锡智慧公交"App，就能扫码乘坐公交、地铁，增强出行便捷度。该项目是无锡市2019年为民办实事项目之一，旨在加强交通互联互通，加快构建一体化的公共交通服务体系，助推无锡"智慧交通"及新型"智慧城市"建设。

（蒋月艳）

【两个项目入选"智慧城市"建设百优案例】 8月21日，"无锡信息化"微信公众号发布消息，"无锡智慧公交"手机App与无锡定制公交（校园定制）入选无锡市新型"智慧城市"建设百优案例。"无锡智慧公交"App是一款以查询公交车辆实时信息为主要功能的工具类App，以简洁、直观的方式，供用户搜索、查询，让乘客随时了解公交车位置，从而能够规划出门时间，减少等待，提升市民公交出行的便利度和舒适度。"无锡智慧公交"App自上线以来，下载量已超过200万次，每日有10余万名无锡市区的乘客使用App查询公交车辆。定制公交以客户需求为导向，开行两年多以来，陆续开拓校园定制、企业定制、整车定制等业务。定制公交相较普通公交在出行线路、出行时间、停靠站点上都有极高的自主性，市民出行更加方便快捷。

（张　超）

【堰桥工业园公交场站启用】 9月1日，惠山区堰桥工业园区公交场站投用。该场站位于堰桥工业园区堰盛路以西、中心河以南，占地5941平方米，其中站房面积434平方米、停车场面积3732平方米，是堰北片区集调度、维保、车辆停放于一体的公交场站。场站启用后，公交25路（堰桥—南禅寺）由堰桥站调整至堰桥工业园停车场始发，在堰桥工业园区内增设停靠堰桥路（堰丰路）、堰宁路（堰丰路）、堰盛路（堰丰路）、堰桥工业园停车场等站点。线路优化后，方便园区至区政府、西漳站区及市中心的居民直达出行。

（杨江峰）

【江阴公交实行银联移动支付】 5月8日，江阴市举办城市公共交通领域银联移动支付正式上线发布会。银联移动支付应用在江阴城市公交实现全面上线，市民在乘坐公交车的时候，不再需要准备零钱，只需拿出手机或各银行发行的带有"QuickPass"闪付标识的金融IC卡，就可以实现乘车付费，公交出行更加方便、快捷。

（张　勇）

【新能源公交车投运】 2019年，江阴市交通部门累计投入9030万元，采购147辆纯电动公交车并投入使用，其中城市公交127辆、城镇公交20辆。至年底，全市累计拥有公交车辆1191辆，其中新能源车747辆，占比62.72%。

（张　勇）

【江阴市新建公共自行车网点】 12月底，江阴市新建公共自行车网点

5月，江阴公交实现银联刷卡支付
（孙 罡 供）

15个。该项目是江阴市政府2019年度为民办实事工程之一，总投资250万元，安装450个锁止器，投放300辆自行车。江阴市公共自行车系统达到386个网点、1.02万个锁止器、7600辆自行车的规模，服务半径主城区达到200～500米。

（张 勇）

【手机NFC交通卡上线】 2019年，市民卡公司与省一卡通公司、华为等手机厂商方合作，开发手机NFC交通卡，市民刷"手机"即可乘公交、地铁。7月，华为手机NFC交通卡上线。10月，OPPO手机NFC交通卡上线。12月，VIVO、小米手机NFC交通卡上线，为市民公共出行提供更方便、更安全的支付服务。

（高文芳）

【新吴区设立首家全业务服务网点】 7月29日，市民卡公司和兴业银行无锡分行联合举办首家"市民卡新吴区营业厅"开业暨挂牌仪式，解决新吴区市民对于市民卡便民服务走近身边的诉求。该营业厅是自营全业务服务网点，为市民提供办卡、充值、年审等服务，大厅设有市民卡自助充值售卡机、补登机等自助设备。

（高文芳）

地 铁

【概况】 2019年，无锡地铁集团全年完成轨道交通固定资产投资68.77亿元，比上年增长14%。地铁1号线南延线提前3个月建成通车，地铁3号线一期工程实现轨通、电通和正线冷热滑，地铁4号线一期工程所有车站主体结构封顶，具区路车辆段土地征收工作全部完成并开工建设。无锡至江阴城际轨道交通工程开工。无锡至宜兴城际轨道交通工程完成主要工程建设方案技术经济专题研究，稳定线位方案。无锡市新版轨道交通线网规划获市政府批复，包含8线1支，总规模297千米。第三轮轨道交通建设规划前期报批同步推进。探索地铁建筑工业化，地铁3号线高浪东路站进行装配式建筑试点。强化信息技术运用，依托BIM等技术手段，推进建设一体化平台等信息化支撑。

无锡地铁1号线及南延线、2号线全年共运送旅客1.1亿人次，日均客运量30.05万人次，比上年增长6.35%，日最高客流46.54万人次。运营服务时间延长25分钟，列车正点率99.98%，运行图兑现率100%，全年未发生一般及以上责任事故。地铁1号线南延线开通，无锡地铁运营里程增加至60.89千米。推出客运便民服务项目16个，完成全线44个车站公共区卫生间服务提升专项项目。无锡火车站实现铁路、地铁"双铁"一体安检、无缝换乘。实现地铁5G网络全覆盖。融入长三角交通一体化，实现地铁、公交一码通，与上海、苏州、常州、福州轨道交通实现二维码互联互通，"畅心畅行"运营服务通过江苏省标准化试点项目验收。年内，有责投诉处理率100%，乘客投诉回复及时率100%。首次采用全国统一测评体系进行运营服务质量满意度评价，地铁乘客满意度持续提升。严格控制运营成本，单位成本在同类地铁处于较低水平。

全年实现营业收入5.92亿元，其中票务收入2.33亿元、非票务收入3.59亿元。完成公司首个收购投资项目——太湖云计算企业收购项目。成立生态置业公司，获取具区路地铁上盖和永乐东路两个地块，具区路上盖物业项目已稳定项目一体化设计建设方案，并与车辆段同时启动实施。雪浪坪天空树项目获评中国城市轨道交通物业开发十大示范项目。"8·18"购物节形成品牌效应，广告及文创作品获黄河奖、紫金奖等诸多国家级、省级大奖。物业服务满意度为92分，得到客户好评。两家培训机构全年完成培训超3万人次，支撑无锡地铁、轨道交通行业人才培养，助推全市建设领域的高质量发展。"码上行"拓展电子商务、跨场景积分兑换等服务场景，注册用户近130万人次，加快融入智慧交通一体化发展。年内，无锡地铁运营分公司站务一中心获得"2017～2018年度全国青年文明号"称号，无锡地铁集团获评"江苏省文明单位"称号。

（周 明）

【地铁3号线一期工程全线"轨通"】 8月5日，作为无锡地铁线网中的重要骨架线路，无锡地铁3号线一期工程实现全线"轨通"，标志着无锡第二轮地铁建设向前迈出坚实一步。无锡地铁3号线一期工程于2016年3月正式开工，线路全长28.5千米，呈西北—东南走向，全部为地下线，共设车站21座。

（周 明）

【无锡地铁1号线南延线通车】 9月28日，经过三年半的紧张有序建设，无锡市第二轮地铁线网规划建设的首条线路——无锡地铁1号线南延线开通运营。地铁1号线南延线北起连接地铁1号线南端终点长广溪站，沿线经雪浪站、葛埭桥站，终点为南方泉站，线路全长5.18千米，共设车站3个，全部为地下标准车站。地铁1号线南延线的开通，进一步完善无锡南片城市功能和地铁1号线交通主轴线路作用，策应融创文旅城

12 月 30 日，无锡在全国率先实现地铁 5G 网络全覆盖　（周　涛　摄）

项目的发展运营，推动无锡市文化旅游产业发展迈向新高地，加快区域城镇化建设步伐，打通无锡“南大门”。

（周　明）

【无锡—江阴城际轨道交通工程开工】 10 月 17 日，无锡—江阴城际轨道交通工程项目正式开工。该工程项目是无锡市域南北走廊重要联系线路，对于快速沟通无锡主城区与江阴市区，强化无锡市域“一体两翼”基础设施互联互通，促进锡澄一体化发展，增强无锡城市辐射力，做强“太湖长江发展轴”，更深程度融入长江经济带、长三角区域一体化发展具有重要意义。

（周　明）

【全市首例轨道穿湖工程】 11 月 21 日，国内浅层长距离湖底盾构隧道无锡地铁 4 号线蠡湖大桥站—大剧院站区间实现双线贯通。这是无锡市首例轨道穿湖工程，也是江苏省内继苏州地铁 1 号线下穿金鸡湖后的又一次长距离穿越湖底的地铁盾构隧道施工。

（周　明）

【地铁停车场上盖开发项目】 11 月 29 日，在“聚集高质量发展、智慧经营在行动”城市轨道交通资源经营 2019 年年会上，无锡地铁雪浪坪停车场上盖开发项目获得“中国城市轨道交通物业开发十大示范项目”称号。该项目的主要特色是“智享生活”，以住宅为平台，利用综合布线、网络通信、无线通信、安全防范、自动控制、音视频技术将家居生活有关的设施进行集成，实现家庭自动化。

（周　明）

【地铁 5G 网络全覆盖】 12 月 30 日，无锡地铁集团联合无锡移动分公司召开发布会，共同见证无锡成为全国首个实现地铁 5G 网络全覆盖的城市，标志着无锡地铁正式迈入 5G 时代。自无锡宣布 5G 商用以来，无锡地铁集团联合无锡移动分公司组建合作施工团队，克服技术与施工难关，历经 30 个不眠之夜，完成地铁 5G 网络全覆盖。自此，乘客可在无锡地铁列车及车站空间畅快刷剧、畅玩游戏，感受超高速移动场景下的 5G 极致体验。经现场实测，无锡地铁列车及车站空间 5G 平均下载速率均达到 4G 网速的 8 ~ 10 倍。为增加市民对 5G 丰富的应用感知，发布会上，江苏省首条 5G 地铁专列正式发车。

（周　明）

航　道

【概况】 2019 年，无锡航道部门完成投资 5.03 亿元。航道基础设施建设持续推进。锡澄运河市区段 151 号铁路桥建成通车，黄石大桥完成征地拆迁工作，孤岛交通出行工程项目工可批复和初步设计批复完成。锡溧漕河原大桥拆除，宜兴和桥段主体护岸工程全部完成，屺亭段民房拆迁基本完成。申张线中康桥开工建设，已完成东侧下部结构、西侧桩基和老桥拆除。苏南运河无锡段三级航道整治工程竣工并通过验收。航道绿色低碳水运优势充分发挥。建立 3 年航闸设施改造专项资金项目库（2020 ~ 2022）。实施苏南运河市区段驳岸修复工程，提升大运河沿河环境。开展航闸养护工作，辖区内重点干线航道通航保证率达 95% 以上，优良闸次率达 99% 以上，航标正常率达 99%。完成内河干线航道绿化和环境整治，共清理垃圾 249 处、碍航设施 242 处，拆除违章建筑 159 处，修复损毁补植缺口 238 处，绿化提升 4.08 千米，新增绿化面积 320.41 万平方米。完成苏南运河洛社水上服务区绿化景观提升工程，江阴市航道处绿化和环境提升工程交工验收。落实“263”专项行动、“河长制”等工作部署，做好以水上建筑泥浆运输监管、市区渣土码头管理、航道整治工程建设施工工地扬尘控制为重点的环境污染治理工作。推进岸电设施建设，重点做好芜申运河徐舍服务区 7 套岸电系统建设，干线航道水上服务区已建岸电 61 套。推进长三角干线航道网内河水上服务区和船闸建设船舶污染物接收设施，共涉及 5 个水上服务区、1 个船闸。打造智慧服务型航道。江阴干线航道监控项目全面建成，全线 38 千米航道分布 24 点位、50 路高清监控装置，并完成新版 OA 系统推广应用。航道服务能力提升。江阴船闸通过新版便捷系统缴纳的过闸费占比近 90%，开通运行危险品船舶、船队便捷过闸服务平台。落实“放管服”改革，构建新型“互联网+政务服务”体系。办结航政许可及实施航道通航条件影响评价共 40 件。开展“信用交通省”创建及信用建设，加强执法人员诚信管理教育，开展信用交通宣传。严守航道安全生产防线。完善航道指挥部安全质量体系，全面梳理辖区航标、安全标志标牌、服务区岸电安全情况和苏南运河无锡段疏浚养护情况。做好航道整治工程中已交工验收桥梁的缺陷责任期管理。结合“安全生产月”活动，组织开展重点领域安全大检查，共检查单位32家，发现隐患170条，整改率100%。完成航湖锡线太湖航标加密配布工程，全线增设航标21座，保障船舶航行安全。贯彻执行航道法，落实航道巡航制度，全年累计巡查航道里程6800千米，收取赔(补)偿费648万元。开展扫黑除恶专项斗争，对航政执法、工程建设、渣土泥浆运输有无恶乱现象等方面做好重点摸排。

至年底，无锡航道总里程1687.16千米，达到等级航道里程481.09千米。其中，三级航道76.83千米，四级航道66.24千米，五级航道117.84千米，六级航道90.57千米，七级航道129.61千米。全市航道密度达36.45千米/百平方千米，等级航道密度为10.39千米/百平方千米，在全省处于领先水平。

（陈武宁　蒋晓军）

【锡澄运河整治工程】 2019年，锡澄运河整治工程151号铁路桥改建双线全面建成通车。该桥位于锡澄运河与京杭运河交汇处附近，工程从无锡北站起，沿既有线右侧向南绕行，先后跨钱皋路、老锡澄运河、改造后的新锡澄运河、江海西路、凤翔路、凤宾路，至无锡站西端接上既有京沪铁路，共建特大桥1座、中桥3座、小桥4座，全长6.1千米。项目建设总投资(包括征地拆迁)约15.8亿元，于2016年9月开工建设。

（蒋晓军）

【苏南运河无锡段三级航道整治工程】 2月21日，苏南运河无锡段三级航道整治工程通过江苏省交通运输厅组织的竣工验收。苏南运河无锡段是国家水运主通道京杭大运河的重要组成部分，常年有13个省、市的船舶通过，担负着长三角地区大宗物资及时中转集散运输重任，在长三角地区经济社会发展中的地位十分突出。苏南运河无锡段三级航道整治工程是江苏省水运重点工程，该工程起于无锡与常州交界处的直湖港，止于无锡与苏州交界处的丰乐桥，按三级航道标准共整治航道39.28千米，改建桥梁9座，建设水上服务区2个，工程实际完成投资15.68亿元，完成征地拆迁约100万平方米，地方配套投资约50亿元。该工程于2008年5月开工建设，2011年5月16日通过交工验收。

该工程贯穿创新创优、生态低碳、资源节约、可持续发展的理念，统筹交通、环保、景观、文化、水利等要求进行综合整治，被打造成为集绿化、亮化、文化、美化、智能化于一体的黄金航道、生态航道、景观航道、智慧航道，被誉为京杭运河全线的示范段和闪光段。特别是率先在全国建成“感知航道”，探索物联网技术在航道领域的应用。年内，该工程获得“扬子杯”优质工程奖。

（王敏丰）

【申张线中康桥改建工程】 2019年，申张线中康桥改建工程进展顺利，已完成老桥主桥行车道板及东侧引桥的拆除，西侧引桥拆除工作正在进行中，新桥桩基工程已完成东侧6根过渡墩及15根引桥桩基施工。中康桥地处江阴市华士镇工业区，两侧有热电厂、钢厂等大型企业，桥两侧上有高压线，中有蒸汽管线，下有自来水管、煤气管道、通信线路，管线迁改工程涉及相关企业生产、百姓生活。江阴市港航事业发展中心在中康桥拆桥协调工作中，与华士镇、华西村等地方政府及相关管线单位协调讨论，经过现场勘察、设计、方案论证，及时完成通信线路、电力线路、自来水管道等迁移工作。

（蒋晓军　杨凤丽）

【锡北线水上服务区通过交工验收】 7月10日，锡北线水上服务区工程通过交工验收并投入使用。锡北线水上服务区位于锡山经济技术开发区团结大道西侧、锡北线南侧，占地1.1万平方米。服务区建筑面积1420平方米，绿化面积6654.49平方米，设有综合服务楼、维修间、门卫室，船舶停泊区，岸线长度为187米，共设船舶泊位16个。服务区船舶停泊锚地沿线共设置6个低压单相充电桩，可同时为12艘在港船舶进行充电，有效实现资源共享和降低船舶的污染排放。

（蒋晓军　杨凤丽）

【太湖航标加密配布工程】 10月21日，杭湖锡线太湖航标加密配布工程(HB-04标工程)通过交工验收并投入使用。杭湖锡线是太湖通航的主要航道之一，现状等级为七级航道，起于浙江省湖州市的新港口，终于无锡市的闾江口，全长约65千米，是江苏和浙江进入太湖的重要航道，是除京杭运河以外苏、浙两省的又一条重要水运通道。该项工程在原闾江口之间新建7座航标，并对原3座航标重新贴膜、统一编号。

（蒋晓军）

【新型水上服务区岸电系统上线】 2019年，无锡航道部门与无锡供电公司合作，将日趋成熟的船用岸电技术向境内水上服务区进行推广应用。截至10月，全市已覆盖京杭运河、锡澄运河、锡北线、芜申运河等干线航道的8个水上服务区，新安、宜兴、洛社、锡山、江阴5个服务区的岸电系统相继完成升级换代，实现所有岸电设施互联互通。至此，绿色、低碳、环保、便民的无锡新型水上服务区岸电系统全面上线，节能环保与便民惠民效应凸显，在全省起到率先示范的作用。新安水上服务区沿岸共有12个桩、24个接口，可同时为24艘船只供电，每年可减少二氧化碳排放量68吨。升级后的车船两用岸电新系统不再需要刷卡充值，只需手机扫码支付，方便快捷，有效解决内河船舶靠岸用电难用电贵的问题，减少船舶靠泊期间的空气污染和噪音污染，节省船民的用电成本和柴油发电机的维护成本。

（蒋晓军　刘辰辰）

【江阴干线航道监控系统项目通过验收】 12月12日，无锡航道江阴辖区干线航道监控系统服务项目通过验收并投用。该项目是2019年全省航道养护专项工程，采用购买服务的方式，对江阴辖区内的两条干线航道（申张线江阴段29.3千米、锡十一圩线江阴段8.5千米）进行全线高清视频覆盖，项目于10月开工建设。相比于传统信息化建设，此次购买服务的建设模式利用运营商铁塔资源，减少自建铁塔数量，降低建设成本以及实施难度；购买服务的费用采取逐年支付的方式，有效降低先期的资金投入；在项目建设完成后有专业的团队进行运行维护，有利于提高运维效率。该项目的建成使用，可满足江阴市港航监控的需求，并能在重要桥梁、码头、港口等处进行视频数据采集。

（蒋晓军　刘辰辰）

【首套智能船舶污染物接收装置】 12月23日，无锡首套智能船舶污染物接收装置在江阴船闸投入使用。该装置由智能油污水接收装置、分类垃圾回收装置及在线软件监测平台组成，船舶驾驶员下载相应的App管理软件，即可根据实际需要往接收装置投放污染物。交通综合执法部门可以根据系统进行全过程闭环监测和环保大数据监控，查处船舶偷排漏排行为。智能接收装置方便过往船舶进行分类处理污染物，保障内河船舶在港期间的污染零排放、全接收。

（蒋晓军　刘辰辰）

【危化品船舶过闸管理】 为进一步加强过往水上危险品船舶运输管理，3月起，江阴船闸紧急部署，成立安全审查小组，对过往船舶尤其是危险化学品船舶展开安全审查，加大监管力度，全面排查安全隐患。要求远调人员严格执行危化品船舶登记购票制度，仔细核对船舶申报信息是否准确无误，对过往危化品船舶发放过闸安全防范告知书；对危化品船舶进港过闸实行全程监控，同时对过往危化品船舶实行单独放行，杜绝与杂货船混放现象发生；航政艇加强巡航检查力度，增加每天巡航检查次数，确保危化品船舶不留安全隐患进闸；在闸口的电子显示屏上增加安全过闸管理规定，确保各类船舶按规定安全有序过闸。

（施　宏）

港　口

【概况】 2019年，无锡港完成投资9540万元。《无锡（江阴）港总体规划（修编）》通过市规划委员会审议。无锡（江阴）港申夏港区长洋贸易码头工程完成轨道部分及配电房主体建设，无锡（内河）港惠山港区中化石油码头工程完成竣工验收，推进江阴市水上化学品洗舱站建设。港口生产经营持续稳定，全年完成空港旅客吞吐量797.49万人次，比上年增长10.6%。货物吞吐量2.88亿吨，集装箱吞吐量58.6万标准箱。其中，无锡（江阴）港完成货物吞吐量2.31亿吨，集装箱吞吐量53万标准箱；无锡（内河）港完成货物吞吐量0.57亿吨，集装箱吞吐量5.6万标准箱。港口行业管理更加规范。做好港口建设项目的前期工作和在建项目的管理工作，对内河小散乱老码头集中开展吊机检验、上岗证培训。规范港口经营许可程序和许可材料，组织港口经营培训和许可复查。港口安全明确监管重点，制定下发《2019年度无锡市港口安全监管计划》，落实安全责任，签订安全生产责任书，加强安全督查，抓好隐患闭环，组织开展重大节假日期间专项安全检查，逐月开展港口明察暗访行动，委托中国船级社质量认证公司组织2019年度无锡港口第一次第三方安全检查活动，对沿江6个危货码头和2个大型散货码头开展全方位检查，规范使用江苏省港口安全监管和应急管理系统。港口专项整治有力推进。沿江2个非法码头整治通过省整改销号验收，内河干线航道沿线非法码头被列入清单的38家企业，已完成拆除18个，规范提升20个，全部通过省整治办验收。8家大型煤炭矿石码头建设完成港口粉尘治理项目，全市所有干散货码头均按要求建设防风抑尘设施，沿江船舶污染物接收设施建设全部完成，内河按照进度要求完成75%以上，沿江省内首创港口船舶污染物联合监管电子平台，内河按照联单制度有效运行，督促各港口经营企业将生活污水接入市政污水管网，对污水管网未覆盖的区域，要求企业自建化粪池，并与污水处理厂和环卫部门签订协议，定期进行清运处置，沿江重点港区及公用码头绿化覆盖率达100%，港口绿化累计完成约24万平方米并落实污染防治措施。长江江阴段水上过驳区开展整治专项行动，严厉打击船舶超载和交通艇超载行为，严格规范煤气瓶、乙炔等易燃品的安全管理，保障安全生产形势平稳有序。

（朱海清）

【江阴长江干线水上洗舱站项目建设】 12月31日，江阴市组织召开江阴长江干线水上洗舱站项目建设推进会，启动江阴长江干线水上洗舱站项目建设。洗舱站项目利用江苏丽天石化既有码头设施实施改扩建，在原码头外档下游5万吨级泊位和内档泊位上增加洗舱站功能，将相关洗舱辅助设备安装放置在码头面空档区域，进行洗舱及相关作业，后方库区建设相关配套设施，计划年洗舱能力600艘次。洗舱站项目是实施长江船舶污染治理的重要基础设施，建成后服务江阴及其周边港区，提升长江中下游船舶污染物接收、转运和处置能力。

（蒋　屹）

【江阴港智慧港创建】 2019年，江阴港港口集团实施装船机远程操控技术改造、港区护栏清洗机械化改造、装船机司机室人机界面HMI开发等多个技术革新项目。智能过磅系统、5G传输技术运用等信息技术投入运行，互联网、大数据与现代物流业深度融合，为企业提高生产效率、降低生产成本发挥重要作用。

（蒋 屹）

【中信中煤码头万吨级泊位对外开放】 11月29日，中信中煤（江阴）码头2个5万吨级泊位通过省级开放验收，至此，江阴口岸开放码头由38个增加至40个。由中国中信集团有限公司和中国中煤能源集团有限公司共同出资组建的中信（江阴）码头，位于江阴芦埠港河与申港河之间，占地45.47公顷，总投资约12.8亿元，配套建设5个条形煤场及2个圆堆，分别具有64.2万吨和35万吨的堆存能力，并配备先进高效的装卸设备，年吞吐量可达2300万吨，是辐射南通、泰州、扬州的长江中下游重要物流集散中心。

（冯春雷）

【港口安全检查】 3月7～9日，无锡市港口管理站配合无锡市交通运输局安全处、港口处对江阴港口局、各市（县、区）交通运输局港口部门除隐患防事故保安全专项行动进行督查，各港口管理部门在整个专项行动中检查出的各类隐患97个，已全部整改，专项行动得到有效落实。8～9月，市港口管理站对照执法行动方案，梳理辖区执法检查的重点，明确清单，按照制定的行动计划及行动方案对12家合法经营港口企业进行相应的综合检查和专项检查。落实企业主体责任和部门监管责任，完善隐患排查治理体系、风险预防控制体系、应急处置救援体系等，重点突出对危险货物装卸、过驳作业、安全设备经常性维护、保养和定期检测、安全隐患治理整改措施进行检查。对检查出的30多个安全问题，均整改到位。9月26～29日，市港政执法支队会同市交通局港口处对各市（县、区）港口管理部门“防风险保安全迎大庆”安全工作开展情况进行检查，检查“十一”前港口安全生产现场管理工作情况。11月，港口管理站共出动执法人员20人次，对6家港口经营企业开展安全检查，重点检查港口特种设备检验检测、特种设备操作人员持证上岗、港口作业区域消防设施等情况。检查中发现的12个安全问题与隐患，已整改8条，其余责令企业限期整改。

（倪 健）

【港务公司主业恢复增长】 2019年，无锡市港务公司以资产为细带，实施港务公司、运港公司、金水港公司3家企业自主经营、自负盈亏、自我发展创业之举，明确经营开拓方向，围绕钢材装卸业务组织骨干力量攻关，调整货场，提高服务质量，货场库存逐步提高，进出库量明显上升。年内，主业收入实现恢复性增长，全年完成营业收入2690万元，货物操作量141万吨，吞吐量101万吨。

（刘晓炎）

交通运输管理

【概况】 2019年，无锡市交通运输管理部门深化改革，强化管理，严格执法，运输服务质量持续提升。开展运输服务质量提升年活动。省公交优先示范城市创建稳步推进，市区新辟、优化、调整一批公交线路，新购纯电动公交车和插电式混合动力公交车400辆，公交车驾驶区域安全防护设施安装率超60%，推进轨道交通和常规公交融合发展，实现公交、地铁手机NFC支付。网约车纳入规范管理，全市网约车累计1.05万辆，受

2019年，搬迁后的江阴汽车轮渡外景 （孙 罡 供）

理网约车驾驶员从业资格申请累计3.73万人,考试合格率85%,较上年提高10个百分点,网约车平台公司累计17家。实施出租汽车车辆及驾驶员电子证件,全面推进落实网约车平台车辆注册报备、驾驶员信息报备制度。道路客运保障能力增强,推出空巴联运、高铁接驳、城际快车、公务(商务)包车、校园快线、城际拼车等定制客运服务,节运及重大活动交通保障到位,连续17年获全省春运工作先进表彰。

运输结构调整持续深化。提请市政府出台《无锡市推进运输结构调整方案》,建立运输结构调整联席会议制度,牵头开展5场政府咨询和推介活动。货运行业运力结构持续优化。逐步实现运输工具大型化、企业规模化发展,全市道路运输货运车辆4.75万辆、81万载重吨,运力规模10万吨以上内河水运企业1家。无车承运人试点整合货运车辆5万余辆,完成运量1000万吨,比上年增长250%。江苏佳利达等7家企业入选第二批省级道路货运无车承运人试点企业,全市试点企业达10家。多式联运依托内河港口、铁路货站、专线资源,同步推进公铁等两种及以上多式联运发展模式,支持各种形式的"一单制"多式联运无缝对接发展。"司机之家"功能不断完善,禾健物流"司机之家"600多间客房对外提供质优价廉的住宿和餐饮服务,被交通运输部列为"司机之家"项目。农村物流示范县创建稳步推进,宜兴市创建省级农村物流示范县,无锡汇全物流等龙头企业加快发展。绿色发展迈上新台阶。入围交通运输部第二批创建绿色配送示范城市,"高效、集约、绿色、现代"的城市配送体系初步形成。推动汽车维修电子档案系统建设,全市累计完成773家一、二类维修企业的数据采集,电子维修记录上传量超677万条。打造"无锡修车网"公众网络服务品牌,为行业内机动车维修企业提供展示与互动平台,实现所有行政办事网"上一站"式服务。驾培联运机制进一步完善,加强与公安部门协调配合,实现学时系统对接,制定驾培机构综合考评暂行办法,将驾校的年度信誉等级、考试合格率、学员满意度等与其考试名额和考试周期挂钩,为全市驾校提供良好的运营环境。全市驾校全年累计培训13.22万人次,结业11.19万人次,分别比上年增长4.49%和12.46%。安全生产工作扎实推进。车辆安全防控设施安装率达到100%,车辆入网率达100%、上线率99.77%,平台连通率99.32%,违规报警下降比例超过90%。完成道路运输企业主要负责人和安全生产管理人员考核,1500余人通过,开展安全生产月活动,举办安全生产大讲堂,检查企业安全生产741家次,整改隐患257项。加强重点货运单位巡查,开展重点货运源头巡查312次。开展客运、货运、出租汽车等各类专项行动共10余项,出动检查人员1.2万余人次,查处各类违章1152起,有效维护行业安全稳定秩序。

水上交通安全管理加强。未发生6小时以上航道堵塞事件,无重特大水上交通事故,无重特大船舶污染水域事故。海巡艇出航1.69万艘次、人员3.84万人次,检查船舶10.92万艘次,安全运载危险货物船舶进出港3708艘次,安全渡运游客528万人次,救助船舶282艘次,救助船民307人次,挽回经济损失280.6万余元,人命搜救成功率达99%以上。完成锡溧漕河、芜申运河感知海事信息化装备建设并投入运行,完成太湖水上交通中心组建,船舶超载超吃水检测系统(江阴船闸)通过法定计量部门检测,开展船舶显性违法行为电子取证与查处非接触式执法模式试点,在全省率先引进"桥梁避碰智能警示系统"。全年办理行政许可事项8752件、行政确认事项555件以及其他审批事项70件,办理各类服务事项2825件。落实"放管服"改革工作要求,重点推进海事不见面服务。海事行政执法工作更加规范,共实施海事行政处罚案件4685起,所有处罚案卷均上网,实施一案一档一视频。全年无一起行政复议和诉讼败诉案件。

(李俊杰　杨　蕾)

【驾培市场健康发展】 2019年,全市新增许可事项(摩托车培训)驾校2所,经营场地变更驾校1所,注销驾校1所,新增教练车50辆。优化异地考试办理流程,实现全程电子数据传输,全年共办结学员申请617人次。建立"无锡市机动车驾驶培训监管平台",每月通报驾培管理工作情况,包括满意度回访、投诉处理、源头检查、隐患整改等措施的落实情况。全年全市共检查驾校(校外点)306家次,抽查教练车480辆次,存在一般问题41起。其中,市区检查驾校(校外点)32家次,抽查教练车72辆次,存在一般问题11起,均全部整改到位。

(徐天南)

【出租汽车行业管理】 2019年,全市完成出租汽车经营权延期审批1301辆次,累计4100辆次。开展窗口地区出租汽车运营秩序专项整治活动、窗口区域出租汽车管理调研,加强投诉处理和路面巡查,组织企业管理人员分20批次、102人次,在火车站北广场对出租车开展源头检查,共计检查车辆2297辆。全年接到转办投诉717件,全部处理完毕,其中对出现严重拒载、绕道、服务质量差的87起投诉给予行政处罚21.22万元。

(徐天南)

【网约车纳规管理】 2019年,无锡市严格按照高品质差异化有序发展原则,通过市场自我调节,探寻网约车市场供需平衡,全年通过"无锡运管"公众微信号或"无锡市运输服务网"申请市区网约车道路运输证共14673条,经审查符合条件核发电子道路运输证的网约车共10110辆。全年市区网约车驾驶员证申请报名29591名,参加考试合格17413名,考试合格率达85%,与2017年实施初期的43.6%相比,合格率增长41.4%。全面应用网约车信息平台,实施网约车车辆、驾驶员网上信息报备。至年底，网约车平台车辆注册报备率达 98%，网约车驾驶员注册报备率达 65%。

（徐天南）

【入围绿色配送示范城市创建名单】 2019 年，无锡市入围交通部第二批城市绿色配送示范城市创建名单。无锡市成立城市配送领导小组办公室，探索构建“高效、集约、绿色、现代”的城市配送体系，先后制定出台城市配送体系建设工作方案、共同配送试点企业实施方案、共同配送试点车辆标志标识使用暂行标准、共同配送车辆通行管理暂行办法等方面的政策文件，在快速消费品、农副产品、家电和医药等领域，培育江苏华商物流、天鹏迅杰等一批城市配送企业，成为促进城市共同配送发展的有益探索。2016 年，无锡入围第一批智慧物流配送示范城市和国家物流标准化试点城市。

（胡银芬）

【中央车站地区道路客运市场整治】 为规范中央车站周边地区的道路运输市场秩序，严厉打击客运车辆非法运营行为，为旅客创造平安有序的出行环境，展现无锡城市文明形象，2019 年，市运管处针对无锡车站地区运营市场存在的难点、热点问题，投诉不能根治等问题，联合城管、公安部门开展中央车站地区道路客运市场整治行动。整治主要查处中央车站及周边地区客运班车、包车、出租汽车各类违法违规经营行为，重点打击非法营运行为。整治期间共出动运管执法人员 15 人、交警 5 人、城管 10 人，检查各类车辆 100 余辆次，查处各类违法违规经营案件 5 起。

（王虓威）

【道路危货运输领域安全隐患排查整治】 2019 年，新吴区交通运管部门根据上级要求，开展道路危货运输领域安全隐患排查整治行动。共检查 15 家道路危险货物运输企业，做到全覆盖。发现一般隐患 27 处，台账记录不规范事项 124 处，实施行政处罚 3 起，开具安全隐患整改通知书 11 份，累计扣除信用管理分 20 分。建议企业落实专人专款负责隐患和问题的整改，要求企业大幅缩短整改期限。据统计，辖区 15 家企业共投入 20 余万元治理隐患，主要用于交通运输安全生产标准化考评、运输装备和个人防护装备购买等。持续向企业管理人员和从业人员宣传、贯彻“安全生产法”《危险货物道路运输规则》等法律法规和行业标准，引入第三方机构开展辅助检查，有效提升全行业安全水平。

（秦佳泽）

【普通货运车辆实现网络年审】 1 月 1 日起，惠山区运管所向社会推出货运车辆网上审批业务。企业办理普通货运许可可以通过网上申报，申报后管理部门在网上受理，后台进行办件审批，审核通过经制证后通过 EMS 快递给申报业户，年审不合格的会推送不合格通知和整改措施，真正实现不见面审批、精准服务。

（芮维娜）

【太湖水域联合巡查】 12 月 20 日，无锡地方海事部门联合苏州地方海事和苏州公安水上派出所，开展 2019 年度太湖水域海事、公安联合巡查。此次联合巡查主要针对驾驶

2019 年，无锡市开启城轨交通建设新里程　　（市住建局　供）

人员熟悉太湖复杂水域情况，完成船舶驾驶、船舶机械故障简单排除以及水上搜救各项操作。在杭湖锡线7号标附近，苏州与无锡太湖水域交界处，3家单位完成编队巡航、分界水域联合巡航任务。经过此次联合巡查，进一步加强太湖水域海事、公安部门的互动协作与联动，提升湖区搜救和应急处置能力。

（贺振亚）

【古运河游船夜间巡查】 为做好水上交通安全监管工作，结合扫黑除恶专项斗争，保障辖区水上旅游安全形势稳定，5月27日，无锡市地方海事局组织执法人员开展古运河夜间巡航、巡查，对各个上、下游客码头开展检查，提醒码头安全管理人员加强值班，注意天气变化和水位变化，全力保障游客人身安全，在上、下游客期间随机清点游客人数，杜绝超过核定载客人数营运行为。

（蒋明江）

【海事安全教育】 3月22日，无锡鼋头渚海事所执法人员为水上重点工程太湖湖底隧道施工的中铁四局人员开展水上作业安全教育培训。培训地点设在南部高速湖底隧道施工码头现场，培训对象主要为项目安全管理负责人、码头负责人以及工程船船员。海事执法人员就地取材，详细介绍太湖水位变化、太湖航道现状以及因湖底隧道施工航道改线的具体情况，针对船舶航行、停泊、作业期间的安全知识进行现场讲解和演示，提高水上作业人员的安全意识、防范意识和应急处理能力，提醒水上作业人员及时关注海事发布的预警预报，确保大风降温等恶劣天气下船舶航行停泊及水上作业安全。

（朱　亮）

【无人机水上巡航】 5月13日，无锡市地方海事局通过购买第三方服务形式，对太和湾码头、鼋头渚客运码头等水域进行无人机空中巡航，通过4G网络将视频同步到水上交通指挥中心。此前，无锡市地方海事局曾将无人机用于执行苏锡常高速太湖隧道打桩船护航、帆船拉力赛等大型水上活动的安全保障任务。无人机巡航具有高清拍摄、视野广泛、实时传输的优势，还可以挂载救生圈等应急物资进行远距离投放，在水上应急救助、船舶防污染等方面发挥重要作用，特别是对一些海事巡逻艇无法进入的水域及视频监控盲区，通过无人机，海事部门可以有效覆盖，直观地掌握水域实时状况，实现与车船巡航、视频巡航的无缝衔接、深度融合。利用无人机巡航，可减少海事巡逻艇的使用，降低人力、物力等管理运行成本。

（贺振亚）

水利

【概况】 2019年，无锡水利聚焦补齐水利工程短板，加快项目前期工作，严格工程建设管理，做好工程质量、安全及进度控制，构建畅引畅排的水利工程格局，更好发挥水利工程在防汛减灾、水资源调配、水环境改善等方面的积极作用。

（岳喜磊）

【水利规划】 2019年，无锡市水利部门编制完成《无锡市水利发展"十四五"规划思路》《无锡市区水系专项规划（2018～2035年）》（修编）和《无锡市城市防洪规划（2018～2035年）》（修编）。结合新一轮城市国土空间规划编制，力争尽早实现矢量成果一张图。

（岳喜磊）

【河湖综合治理六大工程集中开工】 10月30日，太湖梅梁湖生态清淤试点工程、锡澄运河扩大北排工程、锡澄片骨干河网畅流活水工程、望虞河西岸控制杨安港枢纽工程、高桥—瓦屑坝城市防洪闸站工程、太湖十八弯沿线蓝藻离岸打捞处置工程六大河湖治理工程集中开工，总投资29.88亿元。这些工程的实施，有力地发挥水利工程在区域防洪减灾、水资源调控和水生态保护中的重要作用，满足人民群众日益增长的美好生活需要特别是对优美水生态环境的需要。

（岳喜磊）

【国家级和省级治太项目】 2019年，新沟河延伸拓浚工程无锡境内拓浚整治总长41.45千米，江边枢纽设180立方米/秒翻水站、48米节制闸和船闸各1座，工程主体基本完工。望虞河除险加固工程无锡境内堤防加固长度26.49千米，旧护岸整治11.1千米，青坎护砌10.06千米，防汛道路整治13.89千米，口门控制建筑物拆除重建11座，完成市级竣工验收。望虞河西岸控制工程主要包括新建（拆建）支河口门建筑物35座及水系调整等，至年底，除锡山区境内工程四标段杨安港枢纽正在施工外，其余工程基本完工。新孟河延伸拓浚工程无锡境内拓浚河道总长19.7千米，累计完成投资8.55亿元，河道整治工程一标段已完工，二、三、四标段有序推进。

（岳喜磊）

【安全生产】 2019年，无锡市水利部门开展夏季百日安全生产、危化品安全综合治理等安全生产专项活动，全面加强在建水利工程、水上作业、工程运行、办公用房等方面的安全监管。全年共开展例行检查12次，形成安全监督检查意见23份，查处安全隐患64处，发布安全监督通报3期，确保水利系统全年安全生产零事故。参加安全生产知识竞赛，先后获得全国水利安全生产知识网络竞赛组织奖、全省水利安全生产知识竞赛三等奖。

（岳喜磊）

电力

【概况】 2019年，无锡全社会用电量750.82亿千瓦时，比上年增长2.46%。国网无锡供电公司完成售电量687.48亿千瓦时，比上年增长

1.84%；调度最高负荷1286.7万千瓦，创历史新高；完成各类投资24.89亿元；投产35千伏及以上主变压器容量128.5万千伏安，线路长度80.22千米。

（袁侃凯）

【安全生产】 2019年，国网无锡供电公司吸取响水“3·21”爆炸等事故教训，组织安全隐患大排查大整治。开展8项主题安全专项活动，发布“全员安全责任清单”，覆盖机构144个、岗位1907个。规范承（发）包配农网工程安全管理，组织近2500名外包人员开展安全能力测试，对28家外包单位进行安全风险约谈。运用无人机巡检输电线路280余次，政企协作处置重大外破隐患22处，电网设备跳闸数量比上年下降23%。开展“防风险、保安全、迎大庆”专项行动，完成庆祝新中国成立70周年、“物博会”等重大活动保电任务。

（袁侃凯）

【电网建设】 2019年，国网无锡供电公司实施城市能源互联网建设两年行动计划。完成全市电力专项规划和全部66个配网单元制规划编制，在锡东新城出台省内首个园区多能协同综合规划。白鹤滩水电入苏工程（无锡段）取得全部前期手续，东二过江通道完成项目可行性研究，500千伏锡南变电站具备开工条件。国内首批全过程咨询试点项目220千伏绮北变电站投产，省内首条220千伏GIL线路（气体绝缘输电线路）惠梁线建成投运。新建改造配电变压器1500余台，全市户均容量达到6.9千伏安。建设太湖新城高可靠性示范区，完成城市能源互联网“3158”工程（建设30座智能配电站、10条智能电缆通道、500台智能配电变压器终端、8个智能配电变压器台区），建成国内领先的红旗变电站“多站融合”（220千伏变电站、充电站、数据中心站、5G基站和北斗基站）和智能化电缆隧道。编制配网不停电作业中长期规划，投运新一代配电自动化主站。建设无线专网基站50座，实现太湖新城、新吴区无线专网全覆盖。年内，220千伏黄石变电站获国网优质工程金奖。

（袁侃凯）

11月13日，国网无锡供电公司召开优化电力营商环境暨锡电特快预约专线发布会。

（王　辰　摄）

【优质服务】 2019年，国网无锡供电公司开通“锡电特快”预约专线，出台“三省两增一获得”（省心、省时、省钱，增强供电可靠性、增强信息透明度，让用户获得电力满足感）20项服务举措，业扩（用户申请用电）项目免审批范围扩大至300米，“水电气过户”实现一站式办理，高、低压客户平均接电时长压降至42和7个工作日内。合理使用5.5亿元业扩配套资金，争取4个35千伏及以上业扩配套工程，保障华虹、海力士二期等重点项目顺利接电。配合完成全市燃煤窑炉整治三年计划。在全省率先建成县级能源互联网云平台、校园能源管理平台，首座“光充储+一站式”电动汽车服务充电站投入运行。

（袁侃凯）

【改革创新】 2019年，国网无锡供电公司有序推进增量配电改革，配合编制江阴高新区项目配网规划。组建专业服务团队，引导6100余户用户参与市场化电力交易。制定落实“放管服”改革举措32项，优化机构设置。参展世界物联网博览会、国际新能源大会。创新研发“企业用电分析”大数据产品，推广应用电费回收风险预测工具。“多线巡检飞车”获第二十一届中国专利优秀奖，电缆创新项目获国家科技进步二等奖。

（袁侃凯）

编辑　郭　鹏

综 述

【区域协调发展格局基本形成】 2019年，无锡市研究制定长三角区域一体化发展规划纲要无锡行动方案，开展国土空间总体规划编制，优化“一轴一环三带”“一体两翼两区”市域总体空间布局和“一城两核三片六组团”市区总体布局。编制锡澄、锡宜协同发展区规划以及重点片区城市设计、历史文化名城保护、市区历史城区“双修”（生态修复、功能修补）、美丽乡村等一系列专项规划。推进综合交通基础设施建设规划和三年行动计划，南沿江铁路、苏锡常南部高速公路、宜长高速公路、常宜高速公路等跨区域重大交通基础设施建设有序推进，宜马快速通道先导段、宜兴丁蜀通用机场、锡澄城际轨道交通工程开工建设。以“南拓北展、东联西优”为城市发展方向，新城建设迈出新步伐，老城区更新改造取得新进展，形成城市联动发展格局。

（周根文）

【城市基础设施完善】 2019年，无锡地铁1号线南延线开通运营，3号线一期工程全线“轨通”，地铁4号线一期工程加快推进。高浪路快速化改造工程一期和飞凤南路快捷化改造工程开工建设，运河东路大修、缘溪道、万顺道等重点道桥项目建成通车，城区人均道路面积达27.56平方米。望虞河除险加固工程基本完工，锡东、惠联垃圾焚烧发电厂提标扩容项目以及太湖梅梁湖生态清淤点、锡澄片骨干河网畅流活水工程等一批重点水利项目开工建设。实施公共停车泊位建设三年（2019～2021）行动计划，建成30个停车场建设项目，增加公共停车泊位7293个。

（周根文）

【城市综合服务保障功能统筹发展】 2019年，全市持续推进住房保

表60 2019年无锡市城市建设统计表

指标	单位	2019年	2018年
城市道路			
城市道路长度	千米	3930	3891
城市道路面积	万平方米	7262	7145
城市路灯数	盏	283789	282014
公共交通			
年底运营车辆	辆	2995	3179
年底运营线路网长度	千米	5822	5819
运客总数	万人次	35405	39860
供水			
年底水厂	个	6	6
年底生产能力	万吨／日	245	195
全年供水总量	万吨	43505	41194
天然气			
年底管道长度	千米	3041	2902
全年供气总量	万立方米	112454	135471
液化气			
全年供气总量	吨	34531	33881
天然气、液化气普及率	%	100	100

（市统计局）

障提标扩面，全年向2270余户家庭配售经济适用房，组织8个批次共548户公(廉)租房配租工作，实现公(廉)租房分配的常态化，城镇家庭公(廉)租房分配量创历史新高。坚持“房住不炒”定位，按照因城施策、分类调控原则，持续发力，加强房地产市场调控，不断规范房地产市场交易秩序，有效防范社会矛盾风险，保持房地产市场健康稳定发展。统筹推进供水、燃气、公共交通等公共服务增量扩容提标，城市自来水管网水水质综合合格率连续12年稳定达到100%，城乡天然气用户数持续增加，清洁能源及新能源公交车辆占比达到67.2%，公共交通出行分担率达到29.5%，地铁1号线、2号线日均客运量达30万人次，最高日客运量超过46万人次。统筹推进城市安全设施建设，人防工程、应急避难场所建设加快推进。

（周根文）

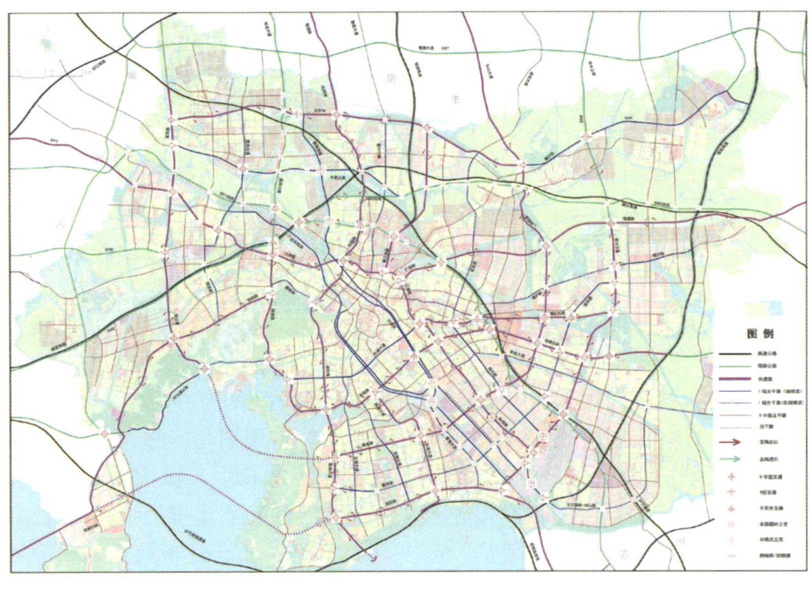

无锡市区骨架道路红线规划示意图　　（刘梦蛟　供）

【生态人居环境持续向好】 2019年，全市统筹推进国土绿化、湿地修复、园林绿化工程，湿地保有量达到10.75万公顷，建成区绿化覆盖率达到43.24%，人均公园绿地面积达14.93平方米。统筹推进旧城改造、城市“双修”工程，市区完成棚户区征收拆迁132.2万平方米，完成老旧住宅整体改造88万平方米，完成省级宜居示范住区建设12个，海绵建设达标项目93项。统筹推进污水治理工程，新增污水处理能力30万吨/日，市政污泥处置实现无害化资源化全覆盖，并提前一年完成41条黑臭水体治理。统筹推进特色田园乡村建设、农村住房建设、“一推三治五化”农村人居环境整治提升集中行动等，农村环境面貌进一步改善提升。

（周根文）

【历史建筑确定和保护利用】 为建立历史建筑确定与保护利用的长效机制，2019年，市政府出台《无锡市历史建筑确定与保护利用工作方案》，明确市级相关部门及板块的职责分工，确定“普查—论证公示—公布—挂牌—测绘建档—修缮利用”的工作流程体系。进一步扩充历史建筑普查对象，完成新一批历史建筑的详细普查，对近期列入城市更新改造的区域(如棚改地区)进行抢救性普查，对外围街镇进行覆盖性普查，深入推进历史建筑普查。至年底，已完成覆盖无锡市区范围90%以上地区的历史建筑普查工作，共有195处历史建筑经过专家论证列入历史建筑初步名录。按照“成熟一批、公布一批、挂牌一批”的原则，实现对历史建筑的全面有效保护。

（刘梦蛟）

【住建行业立法模式革新】 2019年，无锡市住建部门第一次引入第三方参与立法模式，推动对现有立法模式的革新。结合《无锡市建设工程质量管理条例》《无锡市城市房屋安全管理条例》等地方性法规的制定，初步构建委托起草、联合起草的多元化法规草案起草渠道，在推进科学立法、民主立法、提升立法质量上取得新实效。在整个立法过程中，律师事务所作为参与立法的第三方力量，在立法依据梳理、内部座谈、实地调研、现场问卷、草稿拟定等方面，均能做到全程参与、准确切脉、精准把关，为深入推进科学立法、民主立法、依法立法发挥积极作用。

（蒋　升）

【首个省级“海绵城市”试点小区】 2019年上半年，无锡首个省级“海绵城市”试点小区完成整治改造，并经受住建成后首次“暴力梅”的考验。该试点项目位于大运河畔的妙光苑小区，其“海绵城市”试点具有系统性和完整性，整治改造中新添雨水调蓄池及净化处理设备、生态植草透水停车位、透水步道、绿地雨水收集窨井、屋顶雨水回用系统等多个海绵设施，极大提升小区雨污水的流动、储存、再利用等循环效率，实现海绵功能。同步实施路面拓宽、增设地面停车位和休闲设施等，提升小区整体环境。

（金平青）

【城市精细化管理】 2019年，全市推进优美环境合格区建设，开展环境卫生、市容市貌、交通文明、街景出新、城市亮化、市区出入口、文明素质七大专项整治行动，全市592个管理单元中合格率达99.32%，其中优秀率占比18.28%。有序推进固废设施建设三年计划，餐厨垃圾收运处置体系全面建成，“无锡锡东垃圾焚烧发电项目原址复工”入选江苏省2019年度十佳生态环境保护改革创新案例。在省内率先出台实施生活垃圾分类地方性法规《无锡市生活垃圾分类管理条例》，垃圾分类集中处理率指标值达78.3%。推进主要道路包装出新、背街小巷整治、共享单车治理，进一步规范户外广告管理，市容环境整治取得新成效。

（周根文）

城乡规划

【国土空间总体规划编制】 按照国土空间总体规划报批审查要点，2019年，无锡市自然资源规划部门组建规划编制技术团队，制定规划编制总体框架，开展基于现状城市总体规划阶段性成果向全市国土空间总体规划转换工作，落实“山水林田湖草”全域全要素管控，以国土“三调”作为基础数据，初步形成国土空间总体规划编制现状“一张底图”。开展国土空间开发保护现状评估和重大风险评估以及资源环境承载能力和国土空间开发适宜性评价，研判国土空间开发利用问题和风险，明确农业生产、城镇建设的最大合理规模和适宜空间。统筹布局生态、农业和城镇空间，校核优化“三条控制线”，开展全市国家级生态保护红线的核查和优化调整工作，确定全市国家级生态保护红线方案，科学优化城镇布局形态和功能结构。研究土地开发总量并严格落实，挖掘经济发展和项目建设空间存量，优先保障重大市政、交通等基础设施落地，提升改造低效企业用地布局，破解资源约束下的规划空间难题。强化规划落地，梳理近期重点项目清单，做好重点项目发展空间的保障。

（刘梦蛟）

【专项规划编制】 结合无锡城市转型发展需求，2019年，无锡市自然资源规划部门深化开展《无锡市市级公共服务设施布局规划》《无锡市区蓝线规划》《无锡市区绿线规划》《无锡市存量及低效用地利用专项规划》4个专项规划的编制，提出规划目标、策略、空间布局与保障措施，并形成论证成果，各专项规划中明确的用地规模、空间结构、功能布局优化等内容纳入国土空间总体规划。配合翠屏山省级旅游度假区规划编制与申报要求，完成《安镇街道总体规划》的修改论证工作，规划在不改变原有城镇性质、功能结构、建设用地总量等要求的基础上，进一步明确旅游度假区范围内的建设用地布局，优化规划发展村布点，落实“多规合一”战略要求。启动无锡市绿道网规划编制，落实总体规划绿地系统建设要求，拓展居民休闲游憩空间，科学指导城市绿道规划与实施，加快推进无锡宜居城市和生态城市的建设。拓展国土空间规划实施类项目研究，启动无锡市养老设施布局规划研究和无锡市地下空间规划研究编制工作，进一步摸清全市养老设施和地下空间分布利用现状情况，支撑国土空间总体规划相关内容深化。

（刘梦蛟）

【区域协同规划编制】 2019年，无锡市自然资源规划部门贯彻锡澄宜一体化发展战略，加快构建市域“一轴一环三带、一体两翼两区”空间结构，编制锡澄协同发展区规划、锡宜协同发展区规划及空港地区战略规划。锡澄协同发展区规划围绕建设新时期引导区域转型和示范协同发展的先进智造创新服务区、城乡融合田园生态区、锡澄一体战略融合区的发展定位，构建西部先进产业、中部城镇组团、东部特色乡镇3个协同发展的功能片区，提出增强服务能级、提升制造水平、彰显生态品牌、重塑交通系统等方面的支撑与保障行动，已完成专家咨询工作。锡宜协同发展区规划结合锡宜协同发展区特色和优势，提出建设展现太湖生态人文魅力、承载未来创新经济功能的锡宜协同发展区总体目标，提出构筑“一湾三带”的全域空间发展格局，围绕环竺山湖打造生态人文新湾区，东部整合马山城区、十八湾与分水集镇，打造文旅休闲体验带，西部联动万石等城镇，打造特色智造小镇带，南部融入宜兴经开区，打造科创服务产业带，从规模共商、交通互联、产业互动、生态共保、设施共享5个维度提出具体行动和街（镇）指引内容，保障下一步规划实施。为进一步推进空港地区的统筹协调发展，联合市机场集团开展《无锡空港地区战略规划及重点片区城市设计》编制工作，明确空港地区发展目标及策略，已完成规划成果专家论证。

（刘梦蛟）

【新一轮镇村布局规划修编】 在全市镇村布局规划全覆盖的基础上，2019年，无锡市落实省自然资源厅要求，按照“村级酝酿、乡镇统筹、市县批准、省自然资源厅备案”的程序要求，有序推进镇村布局规划编制工作，要求江阴市、宜兴市以及锡山区、惠山区、滨湖区和新吴区开展镇村布局规划修编工作，并邀请省自然资源厅专家到无锡向各个板块和编制单位进行授课，明确镇村空间布局和村庄分类布局。规划编制要求在综合分析村庄发展条件和潜力基础上，顺应新时代农民群众生产、生活习惯和乡风文明建设的变化趋势，保护和传承乡村特色，提升乡村地区基本公共服务水平，建立自上而下和自下而上相结合的规划反馈与协调机制。规划与国土空间总体规划衔接，合理确定进城、入镇、留乡的人口比例和分布，严格落实永久基本农田、生态保护红线等保护要求，根据实际情况明确近期拟建设的村庄规模和公共服务设施配置等具体要求，为开展国土空间规划编制、统筹城乡发展和建设提供依据。江阴市、宜兴市镇村布局规划已完成专家论证，锡山区、惠山区、滨湖区、新吴区镇村布局规划已完成成果评审。

（刘梦蛟）

【运河湾地区城市设计】 为进一步凸显城市都市山水特色空间，塑造大运河精致城市空间典范，重塑老城活力，2019年，无锡市自然资源规划部门组织编制运河湾地区城市设计。多次组织召开技术审查会，邀请市、区相关部门和单位参加会议，对方案的功能布局、道路交通、文化传承、管控要求等内容进行深入讨论和研究，于9月完成专家论证。方案对基地未来发展的定位为：山水都心、活力湾区，是无锡三湾六区中的发展典范，集文化旅游、休闲活动、商业服务、创意产业、生活居住等功能于一体的城市名片。通过明定位、注功能、定路网、限控制的构思逻辑，演绎出“一核五区，三楔双廊”的空间结构，塑造显山露水的都市湾、复合多元的活力坊、快捷高效的立体城、动感活跃的泛公园等诸多方案特色，为提升无锡运河湾地区的城市风貌与用地更新功能提供建设性思路，并为未来的开发建设及规划管理提供规划依据。

（刘梦蛟）

【无锡历史城区“双修”规划】 为落实中央城镇化工作会议、中央城市工作会议要求，通过“双修”，彰显与提振无锡老城的文化韵味、生活品质、特色风貌、功能活力，2019年，无锡市自然资源规划局会同梁溪区政府组织编制无锡历史城区“双修”规划。多次组织召开技术审查会，邀请市、区相关部门和单位参加会议，对重点示范段的功能活力、道路交通、历史文化、风貌景观等内容进行深入讨论和研究，于11月完成专家论证。规划提出无锡从古至今乃至未来发展应当遵循“以人为本、运河为脉”的双主线，并继续强调老城古今相映的空间特色。通过“双修”，将无锡老城打造成一幅可阅读的时空画卷，形成“山·水·城·人共生共荣”的魅力景象，通过“重铸山水映古城之貌”“重塑坐看繁华里之境”“重织流连巷弄间之景”3方面施治工作，彰显与提振老城的文化韵味、生活品质、特色风貌与功能活力，留住无锡的城市之根、城市之魂。

（刘梦蛟）

【村庄规划】 为指导首批农房建设试点村高质量做好村庄规划设计工作，强化规划引领作用，2019年，无锡市自然资源规划局制定市区村庄规划编制计划，明确编制时间进度安排，要求市区各板块优先编制实施农房建设试点村的村庄规划，打造具有无锡特色的“新江南人家”。市自然资源规划局经过多方遴选比较，选择10名在规划、建筑等领域具有高超专业能力和丰富实践经验的专家，结合各市（县）区村庄规划的委托情况，向市委、市政府推荐首批“无锡市美丽乡村设计师”名单，邀请设计师直接指导和参与美丽乡村建设和农房建设试点村的规划设计工作。年内，首批107个农房建设试点村所在行政村的村庄规划均已完成专家论证，并获得市政府批复。

（刘梦蛟）

【城北中央公园地区城市设计】 无锡城北地区属于典型的城郊接合部，也是外来人口主要集聚地之一。近年来，随着城市向南发展，城北地区所处的城市北展轴线发展缓慢，基地周边被大量低端服务园区、物流园区及乡村聚落城镇边界包围，面临整体风貌欠佳、居住品质下降、发展动力不足、蓝绿空间缺失等一系列现实困难，城市形象缺乏统一设计，与无锡城市现代化的要求差距较大。2019年，城北中央公园地区城市设计通过对城郊接合部地区的发展现状、特征、问题等进行系统性归纳总结，运用城市设计的手段对其进行规划引导，旨在科学引导城郊接合部地区产业发展和用地布局，改善城市发展风貌，提升居民生活品质。设计中运用生态景观学规划原理，通过规划将基地内部的水系、绿地与周边连通，保证水绿空间的完整性和连续性，同时通过水系组织在基地内部形成中央水景的放大，形成中心景观，彰显片区“生态、活力、品质”的城市形象，对城北地区的环境品质提升带来机遇。

（刘梦蛟）

【运河文化公园南部节点概念性城市设计】 大运河文化公园南部节点涉及下甸桥南尖地块、南门货场及部分梁塘河湿地公园，总面积约2.2平方千米。2019年，规划以感性认知与理性分析相结合，以“新时代、无锡城、运河门”为主题，提出“运河南门·创智V港、文化磁极·都市客厅、水脉核心·首善之地、复兴聚点·精神家园”的四大定位。以“蝶变·南尖”为设计策略，在空间上提出“运河两脉塑一尖，六大秀场串四片”的空间结构，并提出“打造运河最靓时光路径”作为方案特色支撑，点亮秀场功能。六大秀场以“运河结·运河源”为核心，形成集“非遗”文化展示秀、水幕天街潮酷秀、轨道港口竞技秀、一号卯兔创意秀、丛林科技体验秀、

江阴市云亭街道花山村朱家宕村鸟瞰图 （刘梦蛟 供）

潮酷天地童趣秀于一体的城市特色舞台，并成为四大片区，即“南尖之门、运河之家、梁塘之泽、码头之歌”的地块经济触媒，带动片区发展，实现运河南尖地区的“华丽转身”，为新、老运河交界处的南部门户提供新的空间发展概念。

（刘梦蛟）

【无锡历史文化名城保护规划】 2019年，无锡市稳步推进《无锡历史文化名城保护规划（2016 ~ 2035年）》的编制工作。随着行政机构改革和国土空间规划体系的建构，作为国土空间规划专项规划之一的无锡市历史文化名城保护规划进一步加强与国土空间总体规划的协同；进一步完善各类历史文化保护线在空间上精准落地，明确各类历史文化资源的管控要求，新增历史地段、老街和古村等具有传统历史风貌特色的地区，充实保护对象；充分调研大运河沿线的历史文化资源，结合国家文化公园无锡文化展示区的规划和建设，加强沿河空间形态引导，对人文资源富集地区提出有针对性的管控要求，加强大运河沿线历史文化保护。该规划已完成审查成果。

（刘梦蛟）

【太湖风景名胜区详细规划】 结合国土空间总体规划的推进，在太湖风景名胜区总体规划的基础上，2019年，无锡加强用途管制和存量减量引导，严格落实三区三线，强化山、水、林、湖等自然资源的保护，推进《太湖风景名胜区（无锡片区）详细规划》编制工作，已完成论证成果。规划编制期间，开展专题调研工作，了解总体规划的规划背景、编制过程和存在问题；与规划编制单位、板块进行充分对接，掌握地方发展诉求，全方位梳理详细规划编制过程中遇到的难点、焦点问题；赴江苏省林业局进行沟通汇报，全面落实省林业局的指导意见，做好规划的深化完善；按照“保护面积不减少、保护强度不降低、保护性质不改变”的原则，根据自然保护地优化整合的规则和要求，做好风景名胜区整合优化预案编制的指导。

（刘梦蛟）

开源机器厂旧址（市住建局 供）

【无锡市综合交通规划】 2016年，无锡市启动新一轮城市总体规划编制。为配合国土空间规划工作开展，2019年，同步启动《无锡市综合交通规划（2016 ~ 2035）》《无锡市城市轨道交通线网规划（2019 ~ 2035）》的编制工作，形成快速路网和轨道线网两大核心成果。快速路网规划方面，为满足区域、市域、市区多层次出行需求，遵循“区域开放、路网一体、客货分线”的总体规划理念，以加快形成“高快”衔接体系，强化无锡与周边市、县快速路网无缝对接，构建锡澄、锡宜一体化骨干路网体系，支撑城市“双核”战略为总体发展思路，规划形成“两环十二射三联”的快速路网总体架构，总规模325千米，路网密度0.48千米/平方千米。轨道线网规划方面，加强多层次轨道交通网络融合，匹配城市空间结构和中心体系，以核心区加密、片区通达为规划理念，编制新一轮城市轨道线网规划。总体形成“8线+1支”的轨道线网总体布局，规划线网总规模达到300千米。

（刘梦蛟）

【骨架路网红线规划】 结合无锡市国土空间规划及《无锡市综合交通专项规划（2016 ~ 2035）》编制，2019年，开展无锡市骨架路网红线规划编制，旨在将城市道路红线纳入总体规划成果体系的基础组成部分，将骨架路网红线作为规划控制的依据，纳入控制性详细规划。规划突出体现红线规划在规划编制体系中的传导统筹作用，对上衔接，配合新一轮综合交通规划，落实骨架路网布局理念，稳定路网框架；横向协调，落实道路红线管控一般原则和特殊要求，支撑控制性详细规划编制；纵向延伸，引导城市交通建设发展，指导道路建设实施阶段工程设计落实规划设想。无锡市骨架道路红线由快速货运通道、城市快速路和一级主干路组成，规划对由上述道路组成的骨架路网进行深化研究，制定骨架道路的红线、绿线管控标准，在开展详细道路方案研究基础上，形成骨架道路的红线、绿线规划方案，用于指导后续规划管控工作及道路建设工作。

（刘梦蛟）

【停车设施专项规划】 2019年，继续启动《无锡市停车设施专项规划（2016 ~ 2035）》的编制。规划在全市停车普查的基础上，全面分析停车设施的现状特征与问题，提出绿色发展、以供定需的发展策略，划分严格限制、一般限制、平衡供给和适度发展4类不同的停车分区，进行差别化供需引导。规划对住宅、医疗、教育等刚性、半刚性停车配建予以基本保障，对商业、办公等弹性停车需求进行适当控制。计划至2035年，市区共规划约20.6万个路外公共停车场泊位，近期（三年）规划约3万个公共停车泊位，以解决停车矛盾突出地区问题。停车场主要结合商办核心区、轨道站点、景区、学校、医院、居住区等布局，采用集约用地的举措、鼓励复合立体的停车场建设形式。

（刘梦蛟）

【鼋头渚旅游高峰期交通改善规划研究】 鼋头渚景区为国家AAAAA级风景区，被誉为世界三大赏樱胜地之一，赏樱游客总量逐年增加。受限于景区区位条件和道路交通条件，旅游旺季景区交通拥堵现象十分突出，亟需优化完善旅游高峰期间的景区交通组织。2019年，以鼋头渚地区轨道交通建设前作为研究背景，主要通过采取相关改善性、临时性措施，从优化交通结构、加强组织管理等方面，提升整体交通系统的运行效率，提升旅游品质；轨道交通建设后主要依托轨道交通和常规公交，建立以公共交通为主导的旅游交通体系，重构景区交通组织模式，避免小汽车交通对景区形成直接冲击。借鉴杭州西湖景区实践经验，贯彻公交优先理念，提出对小汽车交通加强引导和管制；从扩容、增效、提质、统筹4个维度，提出建立环湖公交体系、整合周边停车资源、加强交通组织管理、提高场站保障水平、加强软件配套管理、统筹相关城建进展等方面的综合性交通改善措施。

（刘梦蛟）

【高浪路综合管廊规划研究】 4月，高浪路快速化改造一期工程立项，建设推进过程中涉及高浪路综合管廊是否同步建设问题。规划从市政管线需求出发，结合城市发展、景观要求、交通条件等相关要素，分析研究高浪路建设综合管廊的必要性。深入分析高浪路规划各类管线的入廊条件，明确入廊管线种类，确定高浪路综合管廊平面位置及断面形式。结合道路断面设计、工程地质条件、各类管线的三维控制要求、管线迁改时序、重要节点（轨道站点）等相关因素，提出应对措施及设计控制方面要求，作为政府决策的可靠依据之一。

（刘梦蛟）

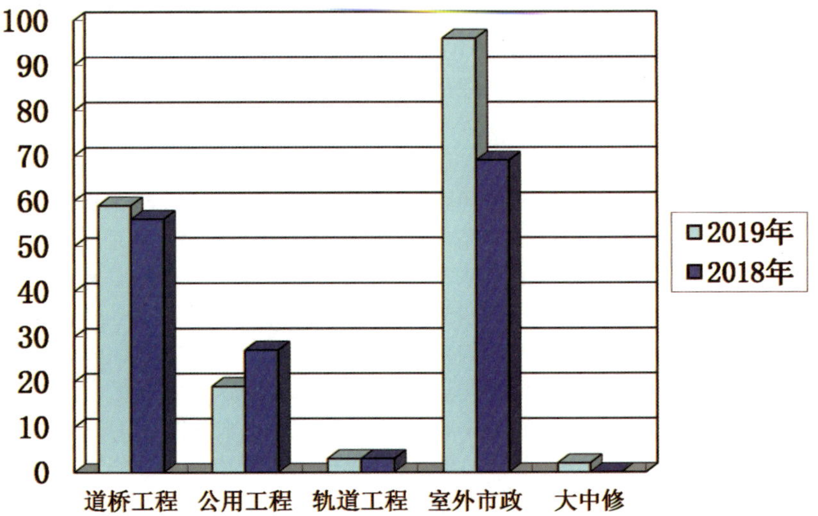

图14　2019年与2018年无锡市主要质监工程项目数量比较图

（市市政工程质量监督站）

市政建设

【概况】 2019年，无锡市市管道路102条（计997.64万平方米），市管桥梁354座（计299.77万平方米），雨水管道954.97千米，声屏障14.24千米，泵站18座，场地1块（太湖新城污水处理厂再生水供应站）。管辖隧道14条，29.95千米。管辖地下人行通道6条、407米。

（市政设施管理处）

【运河东路大修工程】 运河东路是无锡市区一条重要的南北向城市主干路，道路西侧紧邻京杭运河，东侧主要为居住、商业办公和物流用地。现状道路于1994～2000年分段建设而成，经过近20年的使用，道路路面破损现象严重，路面结构基本超过使用年限，大部分路段均存在不同程度的损坏，路面出现龟裂、板块破碎、剥落、坑槽等情况，车辆通行条件较差，通过能力较低。运河东路大修工程是市政府2019年为民办实事项目，2018年7月1日开工建设，2019年9月30日全线建设完成。其中，梁溪大桥—永和路、五星家园—永旺大桥段于2019年5月30日完成道路桥梁工程，提前建成通车。工程实施过程中，采取半幅道路对社会车辆通行，另半幅道路封闭施工的模式。该工程于2019年12月11日通过交工验收。

（市政设施管理处）

【市管道路养护】 2019年，市市政设施管理处加强对市管道路及桥梁等城市基础设施的日常养护管理，市管道路养护状况综合完好率达95%以上。通过日常考核、月度考核及季度考核，对养护单位的日常养护工作进行监管、评估。通过日常考核确保养护单位一日一巡的频次及巡视质量；通过月度考核，每年对所有市管道路进行不低于一次的全面评分，确保设施完好得分符合合同要求；通过季度考核对养护单位的内业资料进

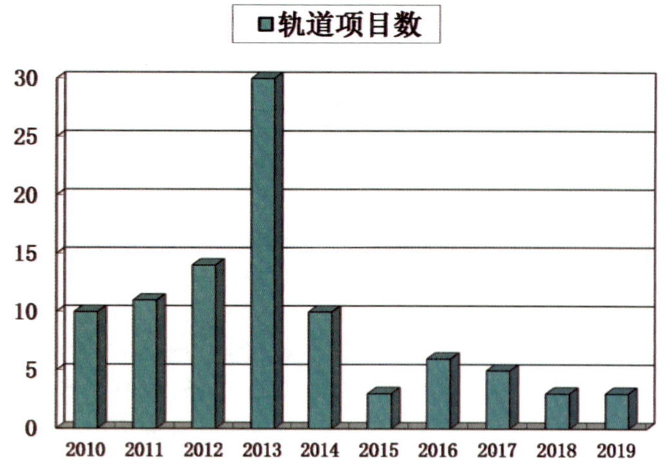

图 15　　无锡市历年轨道工程质监工程数量比较图

（市市政工程质量监督站）

行检查，评价其维修计划、完成情况及内部培训、考核是否到位，确保各养护单位严格按照合同及规范要求进行养护作业。年内，共考核市管道路 98 条，设施完好率 98.38%，达到目标任务完好率要求。

（市政设施管理处）

【市政工程质量监督】 2019 年，市市政设施管理处共受理市政公用质量监督注册工程 179 项，监督注册工作量 49.94 亿元。其中，新注册市政道桥工程 61 项，公用工程 19 项，室外市政工程 96 项，地铁工程 3 项。组织市政工程质量大检查 5 次，巡查在建重点工程 17 个。监督抽查 569 次，监督抽测 373 次，监督抽检 85 次。监督过程中，针对质量责任单位在质量行为、实体质量和试验检测等方面存在的问题，共发出整改通知书 390 份，整改完成率 100%，行政处罚 13 件，结案 13 件，金额 20 万元，较好地保证质量监督巡查工作的有效性和及时性。

（市政设施管理处）

【工程质量安全提升行动】 2019 年，市市政工程质量监督站严格落实工程建设参建各方及人员的主体责任，重点监管项目经理履职情况。严格执行工程质量终身责任制书面承诺、永久性标牌、质量信息档案等制度。组织设计、施工等单位研究质量通病的防治技术，从设计源头、现场施工和材料质量等多个方面加强质量通病防治措施的推广应用。组织现场观摩交流会，发挥典型示范引领作用，全面提升市政工程质量水平。加强对地铁工程关键节点验收，把轨道专业的减振道床、机电专业的设备安装质量、盾构施工的管片拼装等关键工序作为质量监督管理的关键，严把质量关。认真把好质量验收关，对各类关键节点验收、子单位工程验收、1 号线南延线项目验收等做好验收监督工作，确保工程质量可控。

（市政工程质量监督站）

【工程质量检测】 2019 年，市市政工程质量监督站围绕“科学、公正、准确、及时”宗旨，完善质量管理体系和管理制度，严格按体系和制度要求运行，质量目标完成情况良好。做好地铁 3 号线、地铁 4 号线、凤翔路高架工程等的检测工作。全年完成检测工作量 3370 万元，与上年基本持平。其中，常规检测工作量 2451 万元，比上年增长 7.4%，桥梁结构检测工作量 395 万元，管道检测工作量 482 万元，完成照明等检测工作量 41 万元。检测 7.28 万批次，出具检测报告 4.68 万份。检测中发现不合格或异常批次 774 个。检测结论准确率 100%，其他差错率 0.33%；持证上岗率 100%；在用设备完好率 100%；检测报告及时率 99.3%；服务满意率 100%，未接到申诉和投诉。

（市政工程质量监督站）

【市政设施养护】 2019 年，无锡市政设施建设工程有限公司负责市区范围内的主次干道 107 条约 784 万平方米、319 座桥梁、786 千米下水道、525 米隧道、27 座城市高架桥梁和 18 座公铁立交桥的日常养护维修。年内，完成道路养护 13.08 万平方米，人行道养护 11.3 万平方米；侧平石维修 13.8 万米；完成桥梁养护 319 座、1363 座次；疏通窨井 4.26 万座、雨水井 25.48 万座，累计疏通主管和支管 1608.23 千米；更换雨水井盖 3153 只、窨井盖 1327 个；养护维修合格率保持 100%，城镇道路综合完好率 99% 以上；全年“110”联动 265 次，投诉处理率 100%。

（张　薇）

【澄西污水处理厂三期工程项目】 工程项目建设地点为江阴临港经济开发区滨江大道以北，夏东路以西。项目主要建设内容为扩建处理规模 3.0 万吨 / 日，包括二级处理、三级处理及污泥处理。总占地面积 1.15 万平方米，总建筑面积 3274.1 平方米。项目造价 5022.43 万元。建设单位为光大水务（江阴）有限公司，设计单位为江苏东华市政工程设计有限公司，监理单位为江苏中源工程管理股份有限公司，施工单位为无锡市市政设施建设工程有限公司。工程于 2019 年 2 月 20 日开工，12 月 30 日完工。

（张　薇）

【芦村污水处理厂提标改造工程】 无锡市芦村污水处理厂提标改造工程位于原污水厂内空地及拆除部分建构筑物后，利用其位置修建工程。工程分为一、二、三期和四期两个厂区布置，造价 2.19 亿元。建设单位为无锡市水务集团有限公司，设计单位为中国市政工程华北设计研究总院有限公司，监理单位为无锡市新城建设监理有限公司，施工单位为无锡市市政设施建设工程有限公司。该工程于 2019 年 6 月开工建设，被

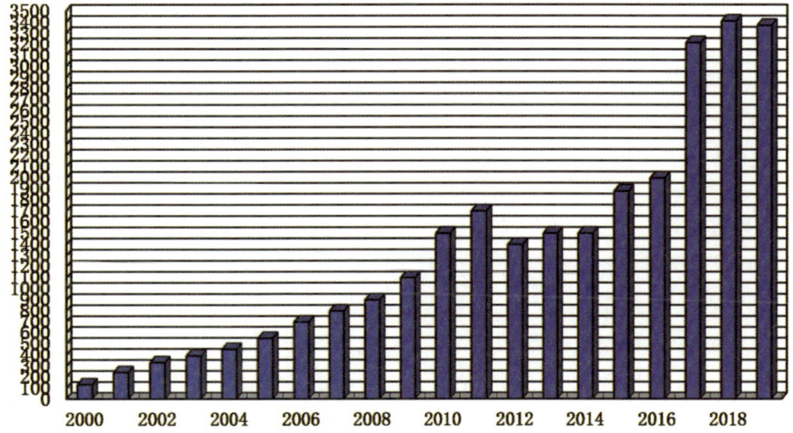

图 16　无锡市市政工程质量检测工作量年度对比图

（市市政工程质量监督站）

江苏省住房城乡建设厅评为 2019 年度“三星标化工地”。

（张　薇）

【无锡市市政行业唯一省级工法】 2019 年，无锡市城市道桥科技有限公司申报的“OGFC 排水性钢渣沥青混合料施工工法”通过评审，成为无锡市市政设施建设工程有限公司获批的第一个省级工法，也是无锡市市政行业通过的唯一一个省级工法。2019 年，道桥科技公司获授权发明专利 1 项、实用新型专利 4 项，同时申报发明专利 1 项、实用新型专利 4 项。至年底，道桥科技公司累计已获授权各类专利和软件著作权 23 项。

（张　薇）

【搭建科研平台】 2019 年，无锡市市政设施建设工程有限公司与东南大学建立“产学研”合作平台，依托东南大学在行业内的影响力与科研实力，作为公司新材料研发与推广、应用的技术支撑和保障。年内，产学研项目“高粘改性沥青结构设计与性能增强”完成技术研究，形成技术研究报告及生产应用指南；“高 RAP 掺量厂拌热再生沥青混合料性能提升方法与施工控制”完成配合比设计，进入生产应用阶段。

（张　薇）

【科研项目获上海市科技进步一等奖】 桃花山填埋场长期以来超负荷运转，导致填埋库区边坡出现多处滑动现象，存在堆体失稳风险。经上级主管部门同意后，2019 年，无锡市城市环境科技有限公司与同济大学开展产学研合作，完成数据采集及稳定分析、堆体稳定性方案研究及治理，通过持续抽水降低渗滤液水位、优化堆填作业方式及采取边坡加固等措施，确保填埋场安全稳定运营。年内，研究成果“垃圾填埋场水气耦合运移机理及屏障阻隔关键技术”获得上海市科技进步一等奖，在关键核心技术攻坚方面取得突破。

（张梦石）

【“智慧城环”项目进入试运行】 2019 年，无锡市城市环境科技有限公司重点推进“智慧城环”平台二期建设，主要内容包括生产运营管理系统、人力资源系统、设备管理系统、档案管理、资产管理系统的开发应用，实现对人、车、物、事的有效管理。各板块已初步搭建完成，项目进入试运行阶段。同时，推进 ERP 项目一期、二期建设，进一步优化完善危废处置业务流程，提高管理效率。

（张梦石）

城市建设重点工程

【中山路改拓建工程】 工程西北起凤宾路，东南至春申路，全长 994 米，原路宽 21 米，双向 4 车道，改造后道路宽 40 米，双向 6 车道，为城市主干路。该工程建设单位为无锡市城市重点建设项目管理中心，设计单位为中国华西工程设计建设有限公司、江苏绿洲建筑园林设计院有限公司，施工单位为无锡市市政设施建设工程有限公司，监理单位为无锡市新城建设监理有限公司。工程于 2018 年 10 月开工，2019 年 6 月竣工。

（华栋梁）

【缘溪道改拓建工程】 工程北起具区路，南至南湖中路，全长 1618 米，原路宽 30 米，双向 4 车道，拓宽改造后道路宽 40 米，双向 6 车道，为城市次干路。该工程建设单位为无锡市城市重点建设项目管理中心，设计单位为江苏中设集团股份有限公司，施工单位为无锡市政建设集团有限公司，监理单位为江苏东南工程咨询有限公司。工程于 2018 年 4 月开工，2019 年 6 月竣工。

（华栋梁）

【万顺道新建工程】 工程北起吴都路，南至和风路，全长 578 米，宽 30 米，双向 4 车道，为城市次干路。该工程建设单位为无锡市城市重点建设项目管理中心，设计单位为无锡市政设计研究院有限公司，施工单位为无锡锡通路桥工程有限公司，监理单位为无锡市市政建设咨询监理有限公司。工程于 2019 年 5 月开工，同年 9 月竣工。

（华栋梁）

【南湖北路新建工程】 工程西起塘埄路，与锡南路等道路相交后止于南湖中路，全长 1553 米，宽 30 米，双向 4 车道，为城市次干路。该工程建设单位为无锡市公共工程建设中心，设计单位为无锡市政设计研究院有限公司，施工单位为无锡东方交通工程有限公司、无锡市伟通建设工程有限公司，监理单位为无锡市新城建设监理有限公司。工程于 2017 年 3 月开工，

2019年10月竣工。根据市民政局文件,该道路命名为“笠泽路”。

（华栋梁）

【广丰路新建工程】 工程西起融景路,东至江海东路,全长358米,宽12米,双向2车道,为城市支路。该工程建设单位为无锡市城市重点建设项目管理中心,设计单位为无锡市政设计研究院有限公司,施工单位为无锡市锡山三建实业有限公司,监理单位为无锡市市政建设咨询监理有限公司。工程于2019年3月开工,同年12月竣工。根据市民政局文件,该道路命名为“管巷”。

（华栋梁）

【李巷路新建工程】 工程北起管巷,南至广益路,全长254米,宽20米,双向2车道,为城市支路。该工程建设单位为无锡市城市重点建设项目管理中心,设计单位为无锡市政设计研究院有限公司,施工单位为无锡市锡山三建实业有限公司,监理单位为无锡市市政建设咨询监理有限公司。工程于2019年3月开工,同年12月竣工。根据市民政局文件,该道路命名为“融景路”。

（华栋梁）

公用事业

【营商环境改善】 2019年,无锡市市政公用产业集团加快实施水、气营业网点标准化建设,根据市委、市政府关于优化营商环境的总体要求,通过优化接入流程、压缩接入时限、优化审批流程、提供全程协办服务、推广线上办理平台等方式,进一步提升供水、供气接入效率和服务水平。在具备接水条件下,自来水无外线工程的办结时间不超过4个工作日,有外线工程的办结时间不超过9个工作日。在具备接气条件下,天然气无外线工程的办结时间不超过5个工作日,有外线无审批的工程办结时间不超过15个工作日,有外线有审批的工程办结时间不超过40个工作日,为工商业用户营造良好的营商环境。深化“互联网+”服务,水务和燃气分别于7月1日和5月1日正式运行网上营业厅,实现线上缴费、查询、业务办理等功能,使“网上办”“一次办”真正落实到位,可与上海、南京等一线城市媲美。

（市政公用产业集团）

【城乡供水】 2019年,无锡市通过实施市区供水管网优化和乡镇供水管网改造工程,实现“同城同质、同城同价、同服务”目标,建立起安全可靠的供水体系,供水范围覆盖1622平方千米区域,形成“江湖并举、对置供水、双源互补、安全保障”的供水格局。市区形成取水能力260万吨/日、供水能力195万吨/日的规模,最高日供水量达155.71万吨。江阴市形成取水能力160万吨/日、供水能力110万吨/日的规模,最高日供水量达到82.30万吨。宜兴市采用横山水库、油车水库水源,西氿为应急水源,形成供水能力40万吨/日的规模,最高日供水量达到38.54万吨。

（供排水处）

【节水项目建设】 2019年,无锡市推动节水型器具普及和推广工作,提高建设项目节水设施管理水平、非常规水资源利用水平。为建设单位提供技术咨询和现场指导,勘查累计达100多人次,共对80个建设项目进行节水项目验收的行政许可审批,对68个新建工程项目节水方案(包括雨水收集回用方案)进行技术性审核备案许可。新建商业用房及居民住宅小区、公共建筑雨水收集设施78个,涉及总建筑面积839.55万平方米,新增雨水蓄水池容积4.76万立方米。

（供排水处）

【供水监管】 2019年,全市共完成233个点次4958个检测项目数据的城市供水出厂水、管网水、二次供水设施水质抽样检测任务,涉及106项全分析、42项常规全分析和常规7项水质指标,经委托有资质的水质检测站进行检测分析,监测结果符合国标要求,管网水水质综合合格率达到100%。开展市管道路市政消火栓增补项目的实施督查、工程验收和资金预算拨付工作,确保项目按期实施完成。

加强二次供水改造工作。全市2018年共立项78个项目,2019年完成62个,在建16个。新吴区、梁溪区、滨湖区2018年改造项目陆续进入试运行和竣工验收阶段,各区已基本完成2019年改造工程项目招投标和开工合同签订。全市已开工项目31个,市区居民住宅二次供水设施改造取得阶段性成果。

（供排水处）

【降低企业用水用气成本】 无锡市市政公用产业集团贯彻落实市委、市政府关于供给侧结构性改革、降低实体经济企业成本的实施意见,对符合规定的工商业企业降低用水、用气成本。2019年,集团全年累计减收水、气费共计2.65亿元。其中,自来水减收1.75亿元,惠及工商用户5.98万家、特种用户32家;燃气减收8977万元,惠及煤改气用户193家、工业用户591家,工业接管费优惠104家,促进无锡经济健康发展,营造良好的市场环境。

（市政公用产业集团）

【水务惠民工程】 2019年,无锡市水务集团推进各项惠民工程的实施。自来水老旧管网改造全年完成57千米;与各区政府及市级相关主管部门配合,共同推进二次供水改造工作,解决城市供水“最后一千米”水质安全问题。完成2018年梁溪区、新吴区和滨湖区共计93个居民住宅小区的改造工程并进入验收流程,完成2019年各区二次供水改造立项及设计招标工作,梁溪区、新吴区、滨湖区、经开区、惠山区及锡山区共计105个改造项目完成工程招标并陆续开始实施改造。污水厂提标改造工程完成年度目标进度33%以上,累计完成投资3.62亿元。全年芦村污水处理厂完成形象进度1.71亿元,城北厂完成形象进度1.08亿元，太湖厂完成形象进度0.83亿元。同时，进一步完善城区污水收集系统，完成污水管道敷设4.55千米。

（赵静静）

【污水治理】 2019年，全市有城镇污水处理厂49座，其中，市区21座，江阴市20座，宜兴市8座。全市污水处理能力为244.7万吨/天，其中，市区为168.75万吨/天，江阴市为53.95万吨/天，宜兴市为22万吨/天。全市49座城镇污水处理厂全年实际处理水量6.76亿吨，其中，市区4.5亿吨，江阴市1.48亿吨，宜兴市0.78亿吨。

2019年，全市共建设污水管网55千米。至年底，全市污水主管网总长度达8951.75千米，其中，市区5246.14千米(主城区污水管网1668.57千米)，江阴市1929.08千米，宜兴市1776.53千米。

城市生活污水集中处理率稳步提高。主城区生活污水集中处理率达98%以上，市区生活污水集中处理率达95%以上，江阴市、宜兴市生活污水集中处理率均达90%。

（公用处）

【黑臭水体治理】 2019年，无锡市建成区黑臭水体治理总量为72条，其中，市区41条，江阴市17条，宜兴市14条。全市提前一年完成建成区黑臭水体治理任务，实现"水质一年更比一年好"目标，在2019年度江苏省高质量发展考核中并列全省第一。通过治理，水质持续稳定提升，丁巷浜、许夹里浜等多条河道水质持续达到地表III类水标准，九曲基河部分断面达到地表II类水标准；河畔环境优美提级，按照"一河一景"理念，建设一批亲水平台、人行步道和小游园绿地，改善河道周边环境，让市民更亲水，河水更亲民，成为百姓身边的"城市会客厅"；长效管理强化落实，基层河长主体责任进一步落实，构建水体长效管理机制，构建责任明确、协调有序、监管严格、保护有力的管理机制。打造舆论宣传阵地，

无锡地铁三阳广场站TOD场景 （市住建局 供）

提高社会公众参与和监督力度，对于群众投诉的问题河道，一经查实，即刻纳入整治范围，在全市形成共同参与、齐抓共管的良好工作局面。

（供排水处）

【城市照明用电】 2019年，全市应发生电费约1.69亿元，实际发生电费约1.47亿元。其中，中心城区电费5694.18万元，占全市电费总量的38.6%；惠山区电费2790.97万元，占18.92%；锡山区电费3176.16万元，占21.53%；新吴区电费3090.19万元，占20.95%。

（照明处）

【城市照明设施】 至2019年年底，全市照明设施总量达107.33万盏。其中，中心城区市管总灯盏数为30.56万盏，新吴区24.90万盏，锡山区10.51万盏，惠山区8.24万盏，马山国家旅游度假区9068盏；江阴市11.49万盏，宜兴市20.71万盏。

（照明处）

【绿色照明】 2019年，无锡市通过开展单灯控制、节能改造、城市照明设施大中修等项目，通过江苏省2018～2019年度城市绿色照明实施情况评价检查。全年共节约电费2214.4万元，节电率为13.06%，在全省继续保持领先水平。

（照明处）

【照明设施运行】 2019年，无锡中心城区亮灯率99.9%，设施完好率99.7%。锡山区亮灯率99.48%，设施完好率98.92%；惠山区亮灯率99.17%，设施完好率99.11%；新吴区平均亮灯率99.79%，设施完好率99.37%。全年受理报修电话2918件，其中，市民报修1665件，"12345"接报355件，"12319"（含"110"）接报473件，数字城管接报425件，及时处理率达到100%。

（照明处）

【西区电厂洛社线投运】 4月，无锡西区燃气热电有限公司洛社线投产使用。该项目替代洛社、阳山供热区内燃煤分散小锅炉，代之以清洁能源电厂，可极大改善无锡城西惠山风景区及京杭古运河沿岸的生态环境，是一项重要民生工程。10月，公司通过电力安全生产标准化二级评审。

（徐静悦　曹　靖）

【安全供气】 2019年，无锡市区天然气管网已敷设到所有乡镇，市区实现"西气""川气"双气源供气。全市天然气年用气量26.14亿立方米，其中，无锡市区全年天然气用量为11.33亿立方米，江阴市全年天然气用量为8.59亿立方米，宜兴市全年天然气用量为6.2亿立方米。全市天然气总用户191.58万户，其中，无锡市区天然气用户138.40万户，江阴市天然气用户33.79万户，宜兴市天然气用户20.40万户。市区新增天然气用户7.97万户，其中，民用7.90万户。市区CNG加气站15座，C-LNG加气站2座，LNG加气站4

座，市区 CNG 加气站累计销售天然气 4979 万立方米，LNG 加气站累计销售天然气 1268 万立方米。年内，市区天然气气化率 90%。

（公用处）

【燃气监管】 对照《江苏省燃气安全检查标准》，2019 年，对全市燃气储配站、加气站、管道燃气企业开展检查。全年共检查企业 4 批次 164 家，委托第三方检查 2 批次 82 家，列出问题清单 202 条，逐一进行现场核实并下达整改通知书，督促企业及时进行整改。吸取 10 月 13 日燃气安全事故教训，根据《无锡市城镇燃气安全集中整治实施方案》精神，10 月 21 日～11 月 20 日，监管中心累计出动 123 人次，对全市 2 家管道燃气企业、15 座瓶装液化石油气储配站、3 座液化天然气储配站、21 座汽车加气站共 41 座站点，开展燃气安全隐患大排查。全年参加培训的送气工达到 512 人，送气队伍逐步规范。全年举办培训班 5 期，其中，管理人员、企业负责人培训班 2 期，操作工培训班 3 期。开展以"关注燃气安全、共筑美好生活"为主题的燃气知识宣传，组织燃气安全知识进校园 13 场次，受教育师生 1500 人次。

（监管中心）

【《无锡市燃气专项规划》获批】 8 月 17 日，《无锡市燃气专项规划（2018～2020）》通过市规划委员会审议，取得市政府批复。规划原则同意建设玉祁门站引入"西气"第二气源，规划建设胡埭门站引入"川气"第二气源，规划建设江阴 LNG 集散中心引入管，将江苏泓海能源江阴码头天然气储气项目作为城市应急储配气源等内容，为燃气重点项目建设提供规划依据。

（吴广敏）

【新区智慧场站项目通过验收】 11 月，无锡华润燃气有限公司新区 LNG 储配站完成智慧场站改造。新建的智慧场站集成视频监控、SCADA 实时数据、BIM 可视化展示系统、智能告警系统、日常巡线系统、设备维护系统等功能，是集管理、维护、报警、常规运行于一体的集成监控运行平台，可切实提高场站智能化运行水平。

（吴广敏）

城乡绿化

【概况】 2019 年，全市各级绿化部门围绕高质量发展工作目标，全面提升无锡城市形象，建设生态美丽无锡，城市绿化规划建设管理取得明显成效。市区新增城市绿地 222 万平方米，建成区绿化覆盖率 43.24%，建成区绿地率 40.16%，建成区公园绿地服务半径覆盖率 85%，城市人均公园绿地面积 14.93 平方米。高品质完成省民生实事项目，新增江阴市黄田港公园、宜兴市青墩河公园、金城路海绵公园、柏庄公园、北兴塘河城市湿地公园一期 5 个便民型公园绿地，改造水秀苑游园、惠山大道景观绿化一期改造工程 2 个老旧公园绿地改造提升项目，宜兴市青墩河公园被选为省民生实事项目优秀案例。开展市级园林式单位、居住区建设工作，评选出市级园林式单位 12 个、园林式居住区 25 个。

（城市绿化管理处）

【城市游园建设】 根据《公园绿地十分钟服务圈规划》，2019 年，市绿化部门选择部分游园建设项目以绿化任务书形式下达到各区。各区及市绿化管理中心结合地块开发、路桥建设、河道整治等，推进游园建设和改造提升工作。年内，市区新建蠡湖商务中心游园、慧海湾生态公园、金城路海绵公园、北兴塘河湿地公园等 20 余个城市游园，改（扩）建蠡湖大道游园、惠山大道游园、老湖滨路游园、扬名新村游园等 10 余个城市游园。通过推进城市游园建设，满足公园绿地服务半径覆盖的基本要求。

（城市绿化管理处）

【市区代建绿地接管机制】 2019 年，市绿化部门对市区绿地建设和管理情况进行梳理，按照失管绿地的修复等级对绿地进行统计，并向市政府请示建立市区开发商代建绿地接管机制，进一步做好城市精细化管理和绿地养护工作。根据《市政府办公室关于建立无锡市区代建绿地接管机制的通知》要求，推进代建绿地接管工作，组织召开新闻发布会，引起媒体和市民关注，主动接受社会监督。经过市、区两级对代建绿地的现场勘察和统计核实，全市共有代建绿地面积 150 万平方米，将全部纳入绿化管养范围，确保绿化养护无死角。

（城市绿化管理处）

【市区绿化养护管理信息数据库】 2019 年，市绿化部门初步建立市区"一台三库"（绿化养护信息管理平台，绿化养护项目经理、劳动力、机械设备信息数据库）数据管理信息系统，制定无锡市城市绿化养护数据库资源管理办法，统一管理市管绿地和各区（包括镇、街道）绿化养护信息数据，规范绿化养护招标行为。各区绿化管理部门、绿化管理中心及时准确上报养护管理数据，建立市、区、镇（街道）三级绿化养护联动机制，保障绿化养护市场高效有序发展。

（城市绿化管理处）

【绿化相关规范编制】 为规范城市绿化建设管理良序发展，2019 年，市绿化部门组织编制《城市道路绿化景观提升工作导则》《无锡市城市游园提升改造工作导则》《行道树整治管理办法》《古树名木日常管理规范》等工作规范，为全市城市园林绿化提供技术和管理支撑。

（城市绿化管理处）

【花事活动获奖】 2019 年，鼋头渚景区参加北京世界园艺博览会，送展的"蜜蜂兰"、建兰小桃红获金奖，建兰霁月梅获银奖，"虾脊兰"、建兰铁骨素、金皱红荷、吉利三星蝶获铜奖；在第二十九届中国兰花博览会、中国春兰暨华东地区兰花博览会、江苏省蕙兰展（扬州）上，鼋头渚景区选送的蕙兰崔梅、丁小荷、端蕙梅、春兰老蕊蝶、大富贵、绿珠素、新文团素、月佩及杨氏素蝶等参赛作品,共获金奖 4 个、银奖 2 个、铜奖 4 个、栽培奖 1 个。惠山古镇景区代表无锡参加第十六届中国杜鹃花展览,室外景点“梁溪遐意”、室内展台“倚虹秀霞”等共获金奖 4 个、银奖 2 个、铜奖 2 个;在上海举办的第十三届中国菊花展览会上,惠山古镇景区代表无锡参加标准展台、室外景点、百菊赛、专项品种、菊花盆景等多个项目角逐,共获大奖 1 个、金奖 4 个、银奖 10 个、铜奖 5 个;5 月 3 ~ 6 日,惠山古镇景区代表无锡参加在扬州举行的首届大运河文化旅游博览会,完成“无锡号”花船的设计、制作等。

(黄 艺 黄薇唯)

美丽乡村建设

【村镇基础设施建设】 2019 年,无锡市建制镇建设投资市政公用设施 9.71 亿元;建成区范围内自来水供水普及率 100%,燃气普及率 95.6%;道路长度 1372.76 千米;建成区绿地面积 4730.16 公顷,其中公园绿地面积 554.08 公顷,绿化覆盖率 29.28%;公共厕所 529 座;各类环卫机械 452 辆;共有村镇污水处理厂 41 座,污水处理能力达 62.32 万吨 / 日,年污水处理总量 1.35 亿立方米。全市村庄道路长度 2997.13 千米,集中供水行政村比例 100%,对生活垃圾进行无害化处理的行政村比例达 100%。

(任余娟)

【项目建设】 根据《省政府关于探索建立涉农资金统筹整合长效机制的实施意见》精神,为集中建设项目和资金投放,2019 年,无锡市重点培育建设一批有示范引领作用、在全省乃至全国有较强知名度和影响力的特色镇村,实现规划一片、建设一片、建成一片,整合城乡一体化示范镇建设专项资金、美丽乡村建设专项资金和特色田园乡村建设专项资金,设立特色镇村项目奖补专项资金,市农业农村局联合市财政局制定下发《关于 2019 年市级特色镇村项目奖补专项资金的实施意见》。经过基层申报、组织评审和集体研究,12 个城乡发展一体示范镇申报的 37 个项目被确定为扶持项目(其中农村人居环境整治类项目 33 个,总投资 3 亿元),35 个村被命名为美丽乡村示范村,共下拨奖补资金 1.22 亿元(其中项目奖补资金 1.05 亿元、命名奖补资金 1750 万元)。

(孙科敏)

【美丽乡村示范村建设】 2019 年,全市以美丽乡村示范村建设为重点,打造富有江南特色、承载田园乡愁、体现现代文明的新时代美丽乡村。全市累计建成市级美丽乡村示范村 85 个。围绕宣传推介无锡美丽乡村,举行“新江南新乡韵”2019 美丽乡村手绘地图发布暨“田间课堂”启动仪式,制作“新江南新乡韵 美丽乡村四季风情”视频短片,精选全市 16 个美丽乡村制成美丽乡村手绘地图,向市民赠送 1500 份面值 50 元的消费券,涵盖乡村美食品尝、农副产品购买、休闲旅游体验等项目。立足传承农耕文明、弘扬农耕文化,市农业农村局联合市教育局,启动美丽乡村“田间课堂”实践教育活动,由 10 个美丽乡村、农业经营主体和 10 所学校结对,组织学生走出校园,走进“田间课堂”,开展田间劳作实践活动。

(孙科敏)

锡山区厚桥街道谢埭荡村外景 (市住建局 供)

【美丽宜居村庄建设】 按照中央和省关于农村人居环境整治三年行动计划和无锡市“一推三治五化”工作要求,2019 年,全市继续加大村庄环境综合整治力度,系统提升村容村貌、基础设施和公共服务水平,完善村(社区)全覆盖检查长效机制,美丽宜居村庄建设取得新成效。年内,新增美丽宜居村庄 108 个,全市共建成美丽宜居村庄 846 个,美丽宜居乡村建设达标率为 115%,位列全省前茅。农村生活污水治理进程进一步加快,覆盖率进一步提升,市区基本实现村庄生活污水治理全覆盖,江阴市、宜兴市共完成 920 个村庄生活污水治理。

(任余娟)

【特色田园乡村试点建设】 2019 年,全市 30 个特色田园乡村试点建设全面展开。其中,惠山区阳山镇朱村、冯巷、前寺舍 3 个省级首批试点村庄基本建成,并通过省专家组验收。

(任余娟)

【小城镇建设】 2019 年,无锡市按照新型城镇化建设要求,以规划为引导,择优培育重点中心镇和特色镇,发挥市场主体作用,引导小城镇与特色产业发展相结合,与服务“三农”相结合,推动小城镇集约化发展,增

特色田园乡村——锡山区东港镇山联村小湾里　（市住建局　供）

强小城镇的综合发展实力。强化示范引领，锡山区东港镇、惠山区阳山镇被列入省特色镇保护发展项目。

（任余娟）

【农村住房建设改造】 2019年，全市农村住房建设和改造试点加快推进，首批107个试点村全面启动建设，年内，开工建设农房2798户，其中，竣工1988户（交付1170户），在建810户，试点建设取得初步成效。制定出台《无锡市农村住房建设管理工作操作指南（试行）》《无锡市农房配套设施奖补专项资金管理办法（试行）》，编制《农村住房建设管理文件汇编》，进一步完善农村住房建设管理操作办法。

（任余娟）

【农村金融改革】 2019年，无锡市审慎推进农村土地制度改革，在全省率先推行承包地经营权流转履约保证保险制度。率先出台《金融支持乡村振兴发展实施意见》，设立规模5亿元的无锡市乡村振兴发展投资基金。"惠农贷"新增贷款5608.8万元，是上年的3.38倍；农担业务在保余额突破6亿元，比上年翻番；全市涉农贷款余额4538亿元，比上年增长4.7%。宜兴市入围国家城乡融合发展试验区，江阴市、惠山区入围新一轮全省农村改革试验区。

（孙科敏）

【农村集体产权制度改革】 2019年，无锡市健全农村集体"三资"监管体系，在全省率先建成在政务网下统一运行，整合运用"三资"工作平台、监管平台、"户户通"平台、"e银通"系统和农村产权交易平台的立体化"三资"监管信息中心。全市各级农村集体"三资"监管信息中心于6月24日正式建成启用，监管户户通公开平台覆盖率达82.6%。制定出台《关于进一步深化农村集体产权制度改革的实施方案》，推进社区股份经济合作社二次改革和注册登记赋码工作。926个村（涉农社区）中的921个村完成股份制改革，累计组建村（社区）股份经济合作社948家，股改完成率为99.46%，156家村（社区）股份经济合作社在农业农村部门完成注册登记赋码，领取"农村集体经济组织登记证"，基本完成年度改革目标任务。改革时点量化集体经营性资产263.78亿元，完成集体经济组织成员确认293.28万人，累计分红总额50.76亿元。全市村级集体经济年收入达到78.7亿元，比上年增长2.74%；村均收入达到850万元，比上年增长2.96%。全市农村产权交易按照"应进必进"要求全部进场交易，实现农村产权交易成交金额17.98亿元，比上年增长37%。

（孙科敏）

【扶持经济薄弱村】 2019年，全市加大对经济薄弱村的资金扶持力度，市级专项资金增加到4000万元，财政扶持资金2016～2019年累计形成经营性资产达1.39亿元，年均收益约1100万元。鼓励镇村抱团联合发展，新建或已建有的镇（街道）所辖经济薄弱村加入联合发展平台5家，惠及市级重点经济薄弱村13个。经济薄弱村产业项目发展明显，宜兴市"一村一产业项目"实施覆盖率达60%，其他市（县、区）实现100%全覆盖，全市30%以上的经济薄弱村有新增产业项目。98个市级重点经济薄弱村收入显著提升，平均总收入达483.3万元，其中村级稳定性收入平均达295.1万元。

（孙科敏）

【强村富民】 2019年，无锡市研究出台财税支持集体经济发展专项政策，大力发展农村集体经济，全市村级集体经济总收入达78.7亿元，村均年收入达850万元。提升农村居民各项社会保险覆盖面和保障水平，无锡市辖区与江阴市城乡最低生活保障标准提高到每人每月960元，宜兴市提高到每人每月910元。无锡市辖区被征地农民政府保养金提高到每人每月980元，江阴市提高到880元，宜兴市提高到740元。

（孙科敏）

【农民增收】 得益于现代农业的发展和农业生产结构的优化调整，2019年，无锡市农村居民人均可支配收入达3.36万元，位居全省第二，比上年增长9.1%。修订市区城乡居民基本养老保险办法，市区被征地农民政府保养金和纯居民基础养老金分别提高至980元与500元。实施主体培育工程，培训新型职业农民。全面推进村级医疗互助制度，覆盖全市168万人，募集资金2.5亿元，21.3万人次享受补助，村（居）民因大病住院医疗个人负担平均减轻26.48%。探索"基本险＋商业险"模式，提高农民应对生产风险能力，全市政策性农业保险实际开办险种19个，参保农户 24.57 万户(次),为农业生产提供风险保障 20 亿元。

（孙科敏）

【乡村治理】 2019 年,全市强化乡村治理“一核心四平台”体系建设,江阴市入选全国首批乡村治理体系建设试点县,锡山区鹅湖镇青荡村、惠山区阳山镇桃源村、新吴区鸿山街道七房桥村、宜兴市张渚镇善卷村、宜兴市西渚镇白塔村 5 个村获评“全国乡村治理示范村”。实施基层党建“三项工程”,累计确定“五强”型村(社区)党组织书记 441 名,村党组织书记、村委会主任“一肩挑”比例达到 41.2%。选拔树立 9 个市级农村党支部标准化规范化建设示范点,全市农村党支部标准化规范化建设合格率达到 99%,累计培育 3A 级以上党组织 400 个。全市县级以上文明村镇占比达到 97%,村级综合文化服务中心覆盖率达到 100%,农村和谐社区达标率达到 97.5%。

（孙科敏）

【农村人居环境整治】 2019 年,无锡市将农村人居环境整治作为农业农村工作硬任务,系统布局“一推三治五化”治理路径,持续推进农村住房和美丽乡村建设,全面治理农村垃圾、污水、河塘,加快实现厕所净化、道路优化、路灯亮化、村庄绿化和管理长效化,加快打造体现江南特色的美丽乡村。3 月 7 日,在全省率先启动农村人居环境整治提升集中行动,全市 6 个市(县)区同步开展人居环境大整治。市人大常委会作出“关于全面改善农村人居环境,高水平推进美丽乡村建设的议案决议”,将议案落实情况作为履职重点,市政府成立主要领导任组长、分管领导任双副组长的议案办理领导小组,市委、市政府先后 3 次召开推进会进行全面部署。以村貌整治、农厕建设、项目推进、问题整改四大行动为重点,开展农村人居环境整治提升“百日行动”。把农村住房更新改造作为龙头工程,在 107 个自然村整村推进农房建设试点,聘请业内 10 名专家为首批“美丽乡村设计师”,打造“新江南人家”示范样板。推动基础设施提档升级,重点组织实施垃圾、污水、厕所、道路、路灯等补短板强弱项工程,全市农村生活垃圾集中收运处理率达 100%,生活污水治理覆盖率达 65%,河塘清淤 673 万立方米,新建农村公厕 269 座,新建改建农村公路 62.86 千米,行政村主要公共场所和主要道路路灯覆盖率分别达 90% 与 86%,新增美丽乡村示范村 35 个。建立健全督查考核长效机制,建立市领导随机调研、第三方暗访测评、部门抽查巡查等立体式督查考核机制,形成暗访抽查、问题反馈、整改销号的处置闭环。彰显典型示范引领效应,评选出江阴市璜土镇璜土村等 10 个村列入无锡市首批农村人居环境整治典型范例。6 个村入选全国“千村万寨展新颜”展示活动,5 个村入选全国乡村治理示范村,70 个村成为全省首批农村人居环境整治综合示范村,惠山区、锡山区相继成为 2018 年、2019 年省农村人居环境整治激励县(区)。

（孙科敏）

建筑业管理

【概况】 2019 年,无锡市建筑业完成增加值594.09亿元,比上年增长5.4%;实现建筑业总产值 1038.20 亿元,比上年增长 18.7%。全年建筑施工项目数 1355 个,在建工程总面积 6583.9 万平方米,较上年增长 13.1%;竣工验收面积 2502.3 万平方米,较上年增长 18.28%。至年底,无锡市建筑业施工企业总数 2708 家,其中,具有建筑工程总承包特级资质的企业 2 家,壹级资质企业 65 家,贰级资质企业 213 家。

（刘东亮　赵天福）

【推进建筑产业现代化】 2019 年,无锡市对照建筑产业现代化发展目标任务,明确政策导向和发展路径,落实装配式建筑管理流程,完善全过程监管体系,落实各项奖励措施,全市装配式建筑在新建建筑中的比例持续提升。全年写入土地拍卖的装配式建筑面积 510 万平方米,新开工 471.93 万平方米,新开工“三板”建筑 559 万平方米,首个装配式建筑项目惠山区融创玉兰公馆通过建筑产业现代化示范项目验收评估并交付使用,首个装配式钢结构示范项目开工建设。年内,全市共有 8 个项目及基地获评省示范基地和项目,其中设计研发类示范基地 1 个、BIM 应用专项能力实训类基地 1 个、预制构件生产专项能力实训类基地 1 个、建筑产业现代化示范项目 5 个。至年底,全市通过评审及申报的各类国家省级部品部件类示范基地、设计研发类示范基地、示范项目以及入选各类专业名录等共计 77 个(项),全市共有主体结构预制构件生产厂 11 家、部品部件生产基地 10 家。

（赵天福）

【绿色建筑暨建筑节能】 2019 年,无锡市加快推进绿色建筑与建筑节能工作。新建民用建筑(居住建筑和公共建筑)全部执行二星级及以上绿色建筑标准,全面执行 65% 及以上的建筑节能标准,节能设计达标率达 100%;全市新增节能建筑面积 1468.74 万平方米,城镇绿色建筑占新建建筑比例达 100%。太阳能光热建筑应用面积 1053.34 万平方米,既有建筑节能改造面积 137.47 万平方米;获得绿色建筑设计标识的绿色建筑面积 1676.36 万平方米,其中二星及以上标识项目面积 1580.77 万平方米;获得绿色建筑运行标识的绿色建筑面积 31.88 万平方米。无锡新瑞医院(瑞金医院无锡分院一期)获得 2019 年度“江苏省绿色建筑创新项目”表扬奖。加快推进既有建筑节能改造,完成年度新增建筑节能能效测评项目 72 栋,能耗统计项目 1145 项,能源审计项目 6 项,无锡市通过省级既有建筑节能改造示范城市验收。

（陈素碧）

【建筑工程质量创优】 2019年，全市共评出“无锡市绿色施工示范工地”43项。1项工程入围“江苏省绿色建筑创新项目表扬奖”，20项工程入围“江苏省优质工程奖‘扬子杯’”（含国家优质工程奖确认项目1项、房屋建筑工程项目19项），3项参建工程（外地）入围“上海市建设工程‘白玉兰’奖（市优质工程）”。由江苏宜安建设有限公司承建的宜兴农村商业银行新大楼获国家优质工程奖，1项承建工程（外地）和5项参建监理工程（外地）同时获国家优质工程奖，1项承建工程（外地）与1项参建工程（外地）获“中国建设工程‘鲁班奖’（国家优质工程）”。由江苏沪宁钢机股份有限公司承建的凤凰传媒中心工程荣膺国际桥梁与结构工程协会“杰出结构奖”。无锡太湖秀剧场先后荣膺（美国）“十大最让人期待的建筑之一”、（英国）“全球十佳建筑”。

（金平青）

【建筑行业评优荐优活动】 2019年，无锡建筑行业有18人入选“无锡市建筑业优秀企业经理”，5人入选“第二届无锡市百名杰出锡商人物”。2人入围“江苏省建筑业先进协会工作者”，4人入围“江苏省建筑业优秀企业经理”，4人入围“江苏省建筑业优秀企业家”，1人入围两年一度的“江苏省优秀企业家”，1人入围“江苏省五一劳动奖章”。无锡市锡山建筑实业有限公司总经理王英明获得由中共中央、国务院、中央军委颁发的“庆祝中华人民共和国成立70周年”纪念章。1个社会组织入选“无锡市工商业联合会‘好商会’”，39家企业入选“无锡市及进市建筑业优秀企业”，1个企业党支部入选“无锡市市级商会党建联盟示范点”，5家企业入选“无锡市民营企业100强”，1家企业入选“无锡市市长质量奖”。3个社会组织入围“江苏省建筑业先进协会”，7家企业入围“江苏省建筑业优秀企业”，3家企业入围“江苏省建筑业最具成长性百强企业”，1家企业入围“江苏省建筑业竞争力百强企业”，4家企业入围“江苏建筑业百强企业”，1家企业入围三年一度的“江苏省文明单位”，1家企业班组入围“江苏省工人先锋号”，1家企业入围“江苏省五一劳动奖状”。无锡锡山建筑实业有限公司获评“全国工程建设诚信典型企业”，江苏沪宁钢机股份有限公司荣膺“中国50家最佳建筑承包商”。中国电子系统工程第二建设有限公司被面向亚太地区17个国家的企业联盟杂志《亚太CIO瞭望》当选为“2019年提供建筑技术解决方案及实现业务转型的十佳知名企业”。

（金平青）

【参建北京大兴国际机场】 9月25日，北京大兴国际机场建成投运。江苏沪宁钢机股份有限公司承担航站楼核心区、进出港高架桥共6万多吨钢结构材料的制造与安装，航站楼核心部分主要是以数个“C型”柱做支撑，安装难度非常大。江苏沪宁钢机公司结合之前工程的安装经验，研究出原位拼装和分块提升的施工方案，高标准如期完成施工任务。凭借该项工程，江苏沪宁钢机股份有限公司申请各类专利7项。

（金平青）

【建筑科技创新应用】 2019年，无锡市有6个项目入围江苏省建设系统科技项目（指导类）。无锡地铁集团有限公司参与完成的“车辆段整体工程减震降噪测试研究与应用”项目获全国工程建设科学技术进步奖二等奖，江苏沪宁钢机股份有限公司参与完成的“严寒地区大型室内滑雪场施工关键技术研究及应用”项目获全国工程建设科学技术进步奖一等奖。

（金平青）

【勘察设计市场资质管理】 2019年，市住建部门运用“江苏省勘察设计行业管理信息系统”，采集勘察设计企业及人员信息，加强对企业和人员的资质、资格及市场行为管理，实现勘察设计项目合同备案与单项工程资质核验工作网上办理。开展工程勘察设计单位资质增项、资质升级、资质转正（延续）、资质换证、资质变更及新申请资质核定的初审工作，年内，有7家单位资质延续、4家单位换证、10家单位新申请、9家单位升级和33家单位变更得到批准，全市工程勘察设计单位增至165家。完成注册建筑师、勘察设计注册工程师初始注册、延续注册、变更注册、注销注册998人次，办理并审核通过省外勘察设计企业进市勘察设计资质核验382项，省外在无锡分支机构年度资质核验1项，江苏省勘察设计企业合同备案1496项。

（陈素碧）

【勘察设计业务培训和设计评优】 按照省住房城乡建设厅的统一部署，完成2019年度无锡市注册建筑师、注册结构工程师继续教育集中学习，有103名注册建筑师、125名注册结构工程师和18名注册土木（岩土）工程师参加培训。组织开展无锡市城乡建设系统优秀勘察设计、第六届紫金奖·建筑及环境设计大赛活动，城乡建设系统优秀勘察设计项目共评出一等奖37个、二等奖83个、三等奖68个，推荐一等奖、二等奖及部分三等奖项目共153项参加江苏省城乡建设系统优秀勘察设计项目评优，有55个项目获得江苏省城乡建设系统优秀勘察设计奖项，6个项目获得第六届紫金奖·建筑及环境设计大赛奖项。

（陈素碧）

【施工图设计审查和抗震设计审查】 2019年，市住建部门加大施工图审查的工作力度，使房屋建筑工程的施工图审查在全市实现全面覆盖。年内，全市共完成新建建筑工程施工图设计审查731项、建筑面积2407万平方米；市政工程施工图设计审查128项、总投资额22亿元；幕墙专项施工图设计审查114项；查处违反工程强制性条文609条、违反强制性标准1.77万条，提出合理化建议和改进意见共12.1万条。创新施工图审查服务模式，全力推进数字化审查服务，10月1日起，实现网上申报、网上审图、网上反馈、数字化归档、数据共享等，提高审图服务效能。

（陈素碧）

【建筑施工安全生产整治】 10月，市住房城乡建设局按照市委、市政府关于开展城市安全集中整治的决策部署，组织开展为期3个月的全市建筑施工安全集中整治行动。市住建部门制定具体工作方案，明确集中整治的内容、重点以及具体措施，督促各建筑工程参建单位对在建项目进行自查自纠，深入排查安全隐患，做到覆盖到底、排查见底、整改彻底，并要求各级建管部门加大检查力度，加大对安全隐患的整改闭合和查处力度，形成从严管控的高压态势。在此基础上，按照标本兼治的要求，组织开展全市住建领域安全生产工作专项督查，重点检查各市（县）区住建部门监管职责履行、体制机制建设、监管机构人员配置、安全集中整治工作等方面情况，查找薄弱环节，解决突出问题，推动长效监管水平进一步提升。

（刘东亮）

【强化信用联合激励惩戒力度】 2019年，市住建部门完善企业信用考核机制，将工程质量安全和文明施工纳入信用考核综合检查的重要内容，并将检查情况纳入参建企业的信用评价体系，倒逼企业重视质量安全和文明施工，有效推动建设各方主体责任的落实，形成施工现场与招投标市场的良性互动，营造“守信激励、失信惩戒”的良好氛围。

（刘东亮）

【工程质量潜在缺陷保险试点】 根据国家、省关于推行住宅工程质量潜在缺陷保险试点的工作意见，2019年，无锡市住建部门拟定《无锡市住宅工程质量潜在缺陷保险试点工作方案》，开展住宅工程质量潜在缺陷保险试点工作。经协商，确定无锡融创大唐御园项目及无锡万科观湖湾花园A地块项目作为试点项目，由中国太平洋财产保险股份有限公司无锡分公司等保险企业牵头先行开展

南沿江铁路江阴站效果图　（市住建局　供）

试点，并对参与住宅工程质量潜在缺陷保险试点的商品住宅项目给予适当政策扶持。

（刘东亮）

【绿色智慧工地管理】 以组织申报省级绿色智慧示范工地奖补资金项目为契机，2019年，市住建部门扶持开展绿色智慧工地创建工作，组织上报一批绿色智慧工地奖补项目，有10个项目通过省住房城乡建设厅评审。同时，对申报项目智慧安全监管系统平台运用情况进行中期评估，包括智能化扬尘监控与自动降尘系统以及安全隐患自查、人员安全动态管理、高处作业临边防护、危大工程预警管理等智能化监管辅助系统，促进施工单位安全生产标准化、信息化、智能化、绿色化“四化”融合发展。通过引领示范，推动工程质量安全和文明施工监管效能的全面提升。

（刘东亮）

【工程招投标“双随机”监管】 9月，无锡市住房和城乡建设局下发《关于开展全市建设工程招标投标“双随机、一公开”监管工作的通知》，建立建设工程招标投标“双随机、一公开”监管工作制度，将“双随机、一公开”作为工程招标投标监管的基本手段和方式，取代日常监管原有的巡查制和随意检查，形成常态化管理机制，提高建设工程招标投标监管工作的公平性、规范性和有效性。10月，对无锡市级、滨湖区、惠山区、新吴区及江阴市共39个公开招标标段进行“双随机”检查，对发现问题的16家招标代理机构责令限期整改，并按照招标代理机构动态考评管理办法进行信用扣分；对涉及违法、违规问题的2家招标代理机构移交市住房建设综合行政执法支队依法处理；对承诺的项目管理机构人员未能全部到岗的13家中标人进行通报批评与信用扣分；对存在问题的2名评标专家按相关规定扣分或禁止其一定时期内参加依法必须进行招标项目的评标。同时，将检查情况在无锡市住房和城乡建设局网站对外公布，检查结果与招标投标活动各方行为主体的信用考核挂钩，记入信用评价系统。

（刘吉防）

【工程招投标监管制度】 2019年，无锡市住房和城乡建设局进一步落实招标投标信用承诺公开制度，规范资格审查条件的设置，规范施工招标中材料、设备的技术标准与质量要求，完善评标系统，实行网上异议制度，加强投标人中标后的合同履约管理，加强招标代理、造价咨询企业信用考核结果应用，加大对串标围标、挂靠等违法行为的处罚力度。依托信息监管平台，向社会全面公开建筑市场各类信息，完善诚信评价制度，建立守信激励和失信惩戒机制，营造更加公平的市场竞争环境。年内，

全市建设工程交易平台共招标发包1956个标段，比上年增长4.15%；中标额554.52亿元，比上年增长1.39%；通过招投标节省投资54.69亿元，平均下浮8.98%。

（刘吉防）

【拖欠农民工工资治理】 2019年，无锡市住房和城乡建设局制定下发《关于进一步规范建设工程民工工资支付工作的通知》，就全面实行建筑业农民工实名制管理制度、加强农民工工资专用账户管理、落实农民工工资与工程款分账管理要求、推进工程建设领域委托总承包企业直接代发农民工工资工作等明确有关规定、程序和操作办法。加大部门协同监管和联合惩戒力度，对涉及不依法签订劳动合同、欠薪等侵害农民工劳动保障权益的，由人力资源社会保障部门会同建设行政管理部门依法处理；对涉及其他部门职能的违法问题或案件线索，按职责分工及时移送处理；对拖欠工资的失信企业，在招投标、市场准入、评优评先等方面依法依规予以限制，使失信企业一处失信、处处受限，提高企业失信违法成本。

（刘吉防）

【工程造价管理】 2019年，无锡市建设工程造价管理部门贯彻执行省住房城乡建设厅建设工程各专业计价定额，每月发布450种常用材料指导价，每半年测算并发布1280种园林苗木指导价、人工工资指导价及全市工程造价指数。加强各专业定额的解释、答疑工作，先后调解无锡新之城B区装修改造项目、宜兴农村商业银行新大楼工程、新吴区路劲·阳光项目、明达拆迁安置房一期、丽景佳苑三期集中安置工程等项目计价争议问题，并及时处理企业反映的地铁、隧道、高架等工程的商品砼价格问题，单独发布特殊工程采用指定等级原材料的指导价及价格处理方法。加强国有投资工程造价管理，协调解决无锡市文物公司易地复建项目、无锡广电动漫创业服务中心二期装饰工程项目、滨湖区教育局新江大附中智能化工程项目、江阴市跨锡澄运河桥梁工程、滨江学院前期工程处理、国家数字电影产业园影棚及配套用房、无锡移动生产调度中心等项目的计价纠纷。加强工程造价咨询市场监管，年内，无锡市造价咨询企业完成各类造价咨询项目上报7295个，咨询标的额879.58亿元，核减金额35.6亿元，核减率14.19%。

（杨继红）

表61　2019年无锡市建筑业统计表

指标	单位	数值	较上年增长（%）
企业	家	630	（+41个）
建筑业总产值	亿元	1038.20	18.7
#装修装饰产值	亿元	39.08	2.0
#建筑业在外省完成产值	亿元	338.20	14.6
#建筑工程产值	亿元	850.55	19.4
安装工程产值	亿元	176.23	12.8
建筑业其他产值	亿元	11.41	87.0
建筑业竣工产值	亿元	634.98	9.8
房屋建筑施工面积	万平方米	4764.94	26.4
房屋建筑竣工面积	万平方米	1327.04	17.8
建筑业直接从事生产经营活动平均人数	万人	25	−0.5
建筑业期末从业人数	万人	20	5.4
建筑业全员劳动生产率	万元／人	42	19.4

（市统计局）

城市管理

【概况】 2019年，无锡市推进城市精细化管理和优美环境合格区建设。全市城管部门构建完善"盖边沉底的管理单元、规范高效的信息采集、多位一体的巡查管养、科学有效的考核评价"等精细化管理工作体系，《无锡市生活垃圾分类管理条例》施行，在省内率先实现生活垃圾分类有法可依。"智慧城管"主体框架初步搭建，并在世界物联网博览会上亮相，取得良好的社会效应。年内，锡东电厂二期提标扩容项目如期开工建设。

（于　健）

【危旧房屋安全管理】 2019年，市住房城乡建设部门组织开展《无锡市城市房屋安全管理条例》立法调研，形成调研报告并报市人大，相关修订条款基本确定。按照市委、市政府关于城市安全集中整治部署，组织开展既有危旧房屋安全集中整治，制定《无锡市危旧房屋安全专项整治实施方案》，全面开展危旧房屋排查摸底，开展督查检查，督促各地落实日常巡查、动态监管和解危责任。

（吴　磊）

【宜居住区建设】 5月16日，市政府制定《关于开展宜居住区建设的指导意见》,计划用10年时间,针对不同历史时期建设的居住区实际状况,因地制宜、分类推进宜居住区建设,其中,宜居示范居住区占宜居住区比例不低于10%。年内,对照省住房城乡建设厅制定的宜居住区建设考核标准,完成省级宜居示范居住区建设项目12个,其中新江南花园、东山三村等5个为2000年以前建设的老旧小区改造项目,惠景家园、蠡湖人家等7个为2000年以后建设的既有住区提升项目。在宜居住区建设的推动下,全年市区完成老旧小区整治改造88万平方米,涉及旧住宅区36个,受益居民1万余户,新增、序化停车位1000余个。继续推进既有住宅增设电梯工作,全年市区有100余个楼道完成报送申请资料,市住建部门牵头完成联审65部,其中50余个楼道完成电梯增设工作。

(徐 丹)

【城市管理体系完善】 无锡市全面启动城市精细化管理工作以来,2019年,城市管理不断构建完善工作体系。以城市开发边界为基础,建立全覆盖的管理单元体系,管理单元数量从上年的502个增加到580个。在此基础上,全面厘清各管理单元的管理范围、管理要素、管理流程和管理责任。无锡市数字城管信息采集人员从80人增加到240人,对580个管理单元实行覆盖早晚高峰、覆盖节假日的全时段巡查,完善数字城管的结案规范,加大信息采集的监督检查力度,做到精准采集、应采尽采。各地同步建立自我巡查制度,实行覆盖市容、环卫、市政、绿化等全方位的综合巡查,变被动应对问题为主动发现问题、主动解决问题。优化城市精细化管理考核方案,考核范围全覆盖,考核重点更加突出整改率,考核导向更加突出责任制,成立确权专家组,专门解决各类权责不清的问题。2019年,共采集上报各类事(部)件问题66.05万件,交办处置63.67万件,现场核查1.26万件,管理单元问题数呈明显下降趋势,采集案件数量从日均采集上报3800件逐月下降至日均采集2700件左右,全市按期结案率为97.88%,返工率为0.31%,延期缓办率为1.65%。

(于 健)

【专项整治行动】 2019年,市城管部门结合扫黑除恶专项斗争行动,围绕市容热点、难点问题,开展专项整治行动。加强线索摸排和深挖溯源,移交“三乱”(乱涂写、乱刻画、乱张贴)广告涉黑线索25条,办理移交线索8件。推进住建部规范城市户外广告设施设置管理工作试点,实施户外广告出让8处,总成交额2051.9万元,提前一年完成25米以上建筑楼顶违规标牌拆除目标任务。加大“三乱”清理和查处力度,全年清理保洁51.9万处,查处3158起,停机1380个,处罚58.06万元,全市出现首例对“三乱”广告违法行为人罚款5000元的案件,形成较大威慑力。全面推行软篷密闭运输和建筑垃圾运输车辆备案,软篷密闭改装1268辆,建筑垃圾监管平台纳入建筑垃圾运输车辆1615辆。开展建筑垃圾偷倒专项整治,市、区组织开展渣土运输集中整治2210次,发现问题1261起,查扣违法车辆718辆,清运垃圾4598处、1.8万吨,处罚金额574.87万元。开展夏季夜间市容环境“百日整治”行动,就夜排档、露天烧烤、农贸市场周边脏乱差等顽症,梳理下发3批共计175个问题清单。加大违法建设查处力度,采取“定规范、分类别,控审批、禁流通,遏新增、清积存,重诚信、严惩处”等软硬并举、标本兼治综合治理手段,全年共查处违法建设147万平方米,热点区域违建得到有效控制。推进停车便利化工程,全市各单位新增各类机动车停车泊位7.7万个,市级智慧停车管理平台建设完成开发,已有319个停车场3.89万个停车泊位信息完成数据接入,全面完成30%以上公共停车位信息接入智慧停车平台的目标任务。加强共享单车管理,围绕“控量、有序”目标,共享单车运营总量从60万辆压降到16万辆,试点划设6个共享单车严管区域和3000多个非机动车停车位。推进市容难点问题攻坚,27个热点、难点问题全部完成整治,完成28条主要道路包装出新,完成26条背街小巷综合治理,部分项目超额完成年初既定目标任务。提高城市道路保洁质量,区管道路机械化清扫覆盖率达90%,各区背街小巷机械化作业率达60%,并通过实施市管道路综合保洁第三方监理机制,切实提高环卫保洁质量。建成区生活垃圾机械化收集率、生活垃圾无害化处理率继续保持100%。

(于 健)

【环卫设施建设】 2019年,市城管部门加快推进环卫设施建设。按照《无锡市固体废弃物处置设施建设三年计划(2019～2021)》,完成宜兴飞灰填埋场改扩建工程、宜兴光大生活垃圾焚烧电厂(1700吨/日)和无锡惠山飞灰永久填埋场(40万立方米)建设;锡东电厂提标扩容项目和惠联电厂提标扩容项目开工建设;完成马山、江南大学餐厨易腐垃圾分散式处置终端建设,无锡经开区餐厨易腐垃圾分散式处置终端按时序进度推进;惠联餐厨废弃物处置项目(规模400吨/日)调试运行,全市餐厨废弃物集中处理实现“零的突破”,与之对应的一体化餐厨废弃物收运处置体系形成闭环;推进装修垃圾资源化利用建设,滨湖区胡埭建筑材料循环利用项目建成并正式投运,梁溪区罗地亚建筑垃圾资源化利用项目完成立项、环评等手续。深入实施垃圾分类,同步配套制定垃圾分类实施方案、指导目录、收集容器设置规范等文件,年内,市区新增垃圾分类小区300个、单位400个,市级党政机关、公共机构实现垃圾分类设施全覆盖,城市居民小区生活垃圾分类覆盖率达80%,垃圾分类集中处理率75%以上,市区垃圾分类设施覆盖率达80%以上。通过培育先进示范镇,以点带面推动农村地区生活垃圾分类整体水平提升。开展垃圾分类宣传工作,通过广场活动、基层培训、线上互动、志愿者入户、垃圾分类宣讲团送课上门等多种方式,市、区两级城管部门组织各类培训

218场，培训1.5万人次，发放宣传资料19万份，组织广场活动150场，进社区413次，进学校120次，新闻宣传报道90余篇，宣传引导员2000余人，志愿者参与2000余人次。继续开展“厕所革命”，按照合理化布局、标准化建设、规范化管理和便民化服务的原则，全面实施公厕提标便民工程，市区新建公厕43座、改造176座，其中一类公厕占比20%。推进农村“公厕革命”，完成269座农村公厕新改建任务，超额完成省定目标任务。

（于 健）

【城管为民服务】 2019年，市城管部门深化“放管服”改革，落实“不见面”审批、“互联网+监管”、信用承诺监管新模式，进一步下放行政许可权力，将全市店招标牌设置许可改为备案管理。主动回应群众关切，年内，市城市管理局投诉中心共受理有效投诉5957件，办结5477件，办结率91.94%；回访1544件，满意1395件，满意率90.35%。

（于 健）

【道路保洁】 2019年，市环卫部门将道路清扫干净作为最基本最重要管理职责。市级环卫部门发挥市管道路综合保洁第三方监理体系实效，第三方监理人员全年共对市管道路检查9799次，上传问题2.07万条，通过优化线路、宏观看效果微观查点位、动静态相结合、昼夜相结合等，严格做到保洁作业到哪里，监管及时跟进到哪里，提高环卫保洁质量。推进无主垃圾和绿化带专项整治行动，对市管道路快慢车道人行道暴露无主垃圾和绿化带深处、部分桥梁周边的卫生死角积存垃圾进行大面积清理，整体提升城市洁净感。至年底，共清理暴露无主垃圾1.89万吨、绿化带垃圾240余吨。建立三方业务例会制度，每月召开环卫处+作业单位+监理三方例会，及时通报和解决市管道路保洁、管理和监理过程中的问题，巩固道路环卫保洁成果。完善环卫与市政、绿化和交警部门协调机制。强化信息化监管，完成220辆道路保洁作业车车载一体机设备新装或移机。按照新的中标作业单位名录及时调整排班，测绘新增市管道路6条。提高道路机械化作业水平，除梁溪区外，其余各区区管道路机械化作业覆盖率均已达到90%。年内，各区背街小巷机械化作业率达60%。

（勇 豪）

【生活垃圾收运处置体系】 2019年，市环卫部门完善生活垃圾收运处置体系。在收集环节，按照城市精细化管理要求，把“滴水不漏”转运标准延伸至收运环节，逐步转变生活垃圾收集工作理念，规范生活垃圾收运作业标准，鼓励有条件的小区采用无泄漏收集车作业。组织专业单位编制《无锡市新建商品住宅小区公建配套环境卫生设施设置标准》，规范垃圾桶设置和配备要求，重点破除垃圾桶随意占道的不文明现象。在转运环节，启动主城区4座大型转运站污水系统和除臭系统改造项目，新采购14辆大型转运车及14个转运箱体。核查转运车IC卡配备情况，确保车—卡—站对应，便于后期监管和调度。在处置环节，明确对生活垃圾处置终端的监管范围，完善监管考核体系和标准，采用信息化手段，提高垃圾计量、环保排放参数等重要数据的收集和分析能力，确保各终端的安全稳定运行和生活垃圾的日产日清。年内，全市四大生活垃圾处置终端共无害化处理生活垃圾176.15万吨，其中，焚烧156.7万吨，焚烧比例达88.96%。

（勇 豪）

【餐厨垃圾收运监管】 2019年，市环卫部门做好小型厨余设备运行监管工作。配合财政部门测算小型厨余设施处置价格，规范设施的计量和运行监管，保障设施设备正常运行。完成市级采购的小型有机易腐垃圾处理设施称重系统及相关数据接入工作。推进集中处理设施——惠联餐厨厂运行，逐步协调解决餐饮企业餐厨废弃物处置难问题。出台《建立健全惠联餐厨废弃物处理工程项目收运处置管理体系的实施意见》，督促惠联餐厨厂扩大收运协议签订覆盖面。完善餐厨垃圾收运监管信息平台，确保源头收集、车辆运输及终端处置正确计量和实时监控。制定大型餐厨垃圾终端处置项目监管考核制度。

（勇 豪）

【建筑垃圾收运管理】 2019年，市环卫部门加强建筑垃圾收运管理。加强源头管控，根据土地拍卖信息及时跟进检查建设工程项目，发现使用未经管理平台备案车辆的情况立即通报相关部门处理。加强车辆管理，改善车容车貌，推行渣土车软篷密闭运输，减少抛洒滴漏，制定并落实装修垃圾环卫专运制度。加强过程监管，完善建筑垃圾信息化监管平台，实现建筑垃圾管理事项网上流转，定期查看已接入监管平台装修垃圾专运车辆GPS轨迹数据，发现问题及时通报、及时整改。

（勇 豪）

【垃圾分类】 9月1日起，《无锡市生活垃圾分类管理条例》施行。全市环卫部门宣传贯彻落实条例内容，制定垃圾分类实施方案，拟订考核奖补办法。分年龄层次、分不同单位场所制定更具针对性的宣传培训内容；构建市级培训区指导员、区指导员具体指导各小区（单位）的分级培训指导体系；成立市级宣讲团，聘请第三方，加强对薄弱环节、易疏易漏处的宣传培训；搭建培训教育场所，建设完成首个垃圾分类微课堂，为各区提供可借鉴可复制的模板。通过一系列宣传活动，垃圾分类理念深入人心。

（勇 豪）

编辑 顾洪兴

环境质量

【生态环境指数】 2019年，全市生态环境状况指数为67.22，各市（县）、区生态环境状况指数处于57.62～74.78之间，生态环境状况均处于良好状态。与上年相比，全市生态环境状况指数上升0.16，生态环境状况无明显变化。

（陈　茜）

【环境空气】 2019年，全市细颗粒物（$PM_{2.5}$）年均浓度为39微克/立方米，较上年下降4.9%；环境空气质量优良天数比率为72.1%，两项指标均达到省下达奋斗目标。各市（县）、区$PM_{2.5}$浓度介于35微克/立方米～42微克/立方米之间，优良天数比率介于68.5%～82.5%之间。

城市空气　全市环境空气中细颗粒物（$PM_{2.5}$）、可吸入颗粒物（PM_{10}）、二氧化硫（SO_2）、二氧化氮（NO_2）年均浓度分别为39微克/立方米、69微克/立方米、8微克/立方米和40微克/立方米；一氧化碳（CO）和臭氧（O_3）浓度分别为1.4毫克/立方米和180微克/立方米。与上年相比，$PM_{2.5}$、PM_{10}、SO_2和CO浓度分别下降4.9%、4.2%、27.3%和6.7%，O_3浓度上升9.1%，NO_2浓度持平。

按照《环境空气质量标准》（GB3095-2012）二级标准进行年度评价，主要超标污染物为$PM_{2.5}$、PM_{10}、O_3和NO_2。其中，$PM_{2.5}$浓度滨湖区、经开区达标，江阴市、宜兴市、梁溪区、锡山区、惠山区、新吴区超标；PM_{10}浓度江阴市、宜兴市、锡山区、滨湖区、新吴区、经开区达标，梁溪区和惠山区超标；O_3浓度宜兴市达标，江阴市、梁溪区、锡山区、惠山区、滨湖区、新吴区、经开区超标；NO_2浓度江阴市、宜兴市、滨湖区、经开区达标，梁溪区、锡山区、惠山区、新吴区超标。

酸雨　2019年，全市酸雨平均发生率为27.8%，降水年均pH值为5.52，酸雨年均pH值为5.07，与上年相比，全市酸雨平均发生率上升2.2个百分点，降水酸度和酸雨酸度均有所减弱。市区酸雨频率21.1%，比上年上升12.6个百分点；江阴市酸雨频率22.6%，比上年下降7.0个百分点；宜兴市酸雨频率53.8%，比上年下降4.2个百分点。

（陈　茜）

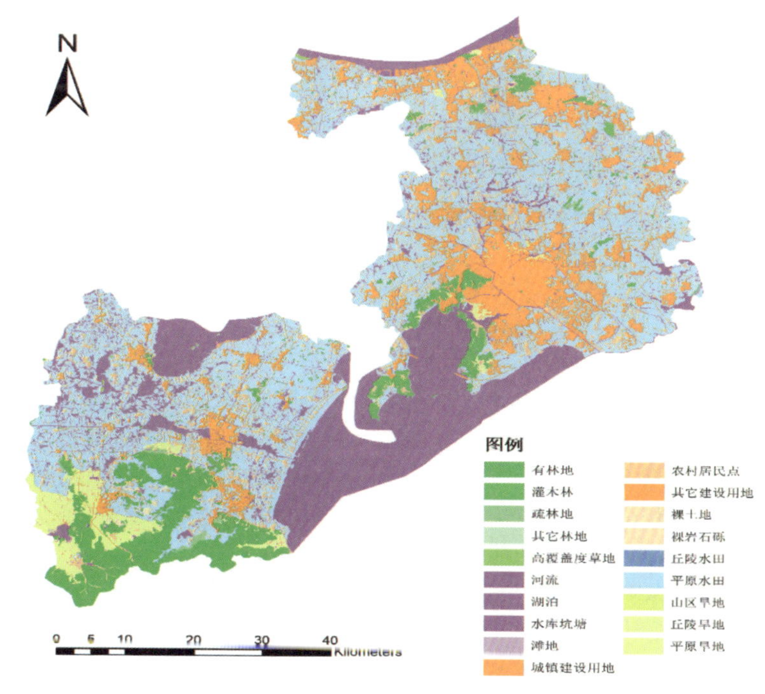

图17　　2019年无锡市生态景观分布情况图

（市生态环境局）

【水环境】 2019年，全市13个地表水国考断面中（百渎港桥不考核），年均水质符合《地表水环境质量标准》（GB3838-2002）Ⅲ类标准的断面比例为69.2%，达到年度考核目标，无劣Ⅴ类断面。43个地表水省考断面中（百渎港桥、漕桥不考核），年均水质符合Ⅲ类的断面比例为81.4%，Ⅳ～Ⅴ类水质断面比例为18.6%，无劣Ⅴ类断面，较上年优Ⅲ比例上升17.0个百分点。

饮用水源　全市7个集中式饮用水水源地分别为太湖的沙渚、锡东水源地，长江的小湾、肖山湾和窑港水源地，宜兴市的横山水库和油车水库水源地。2019 年，7 个集中式饮用水水源地水质达标（不计总磷）。

太湖无锡水域　2019 年，太湖无锡水域水质处于Ⅳ类。其中高锰酸盐指数和氨氮年均浓度分别为 4.2 毫克 / 升和 0.14 毫克 / 升，分别处于Ⅲ类和Ⅰ类；总磷年均浓度为 0.086 毫克 / 升，处于Ⅳ类；总氮年均浓度为 1.33 毫克 / 升，处于Ⅳ类。与上年相比，高锰酸盐指数、氨氮浓度稳定在Ⅲ类及以上，总氮浓度上升 5.6%，总磷浓度上升 3.6%。湖体综合营养状态指数为 55.9，比上年下降 0.9，总体处于轻度富营养状态。

4 ~ 10 月，太湖蓝藻预警监测期间，通过卫星遥感监测共计发现蓝藻水华聚集现象 129 次。与上年同期相比，发生次数略有增加，且最大和平均发生面积分别增加 93.9% 和 39.3%。

年内，13 条主要入湖河流水质均符合Ⅲ类，优Ⅲ比例较上年上升 23.1 个百分点。

年内，39 个列入省政府目标考核的太湖流域重点断面（百渎港桥、漕桥不纳入考核）水质达标率为 100%，较上年上升 7.3 个百分点。

长江流域　2019 年，长江干流江阴段总体水质为优，西石桥、小湾和肖山湾 3 个断面水质均为Ⅱ类，同比保持稳定。3 条主要入江支流总体水质良好，其中金潼桥断面年均水质好转一个级别，符合Ⅱ类，卫东桥、黄田港大桥断面年均水质符合Ⅲ类，黄田港大桥断面年均水质好转一个级别。

（陈　茜）

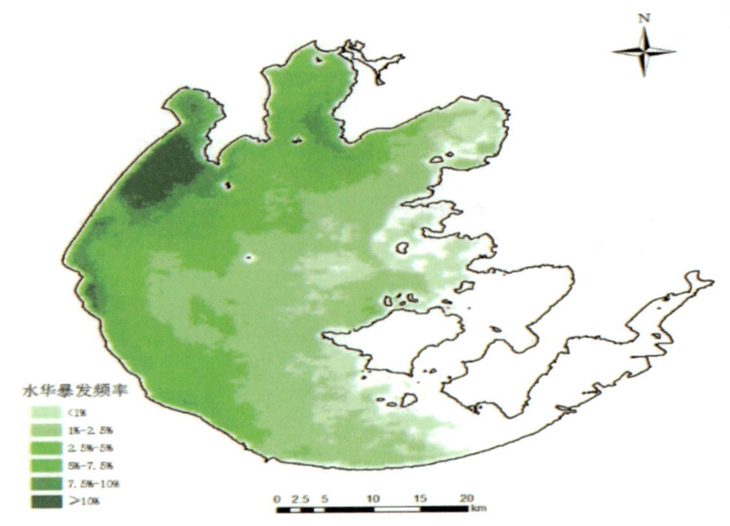

图 18　2019 年 4~10 月蓝藻预警监测期间太湖蓝藻暴发频率分布图

（市生态环境局）

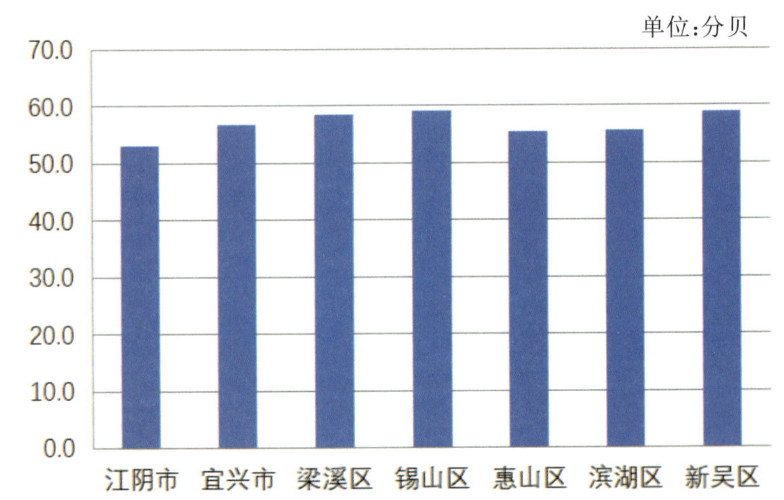

图 19　2019 年无锡市昼间区域噪声平均等效声级情况图

（市生态环境局）

【**声环境**】 2019 年，全市声环境质量保持稳定。

区域声环境　全市昼间区域噪声平均等效声级为 56.5 分贝，比上年上升 1.3 分贝，声环境质量为三级（一般）。江阴市区域环境噪声昼间为二级（较好）水平，其余均为三级（一般）水平。影响城市声环境质量的主要声源是社会生活噪声，占比为 55.5%；其余依次为交通噪声（31.6%）、工业噪声（10.7%）和施工噪声（2.2%）。

功能区声环境　依据国家《声环境质量标准》(GB3096-2008) 评价，2019 年全市 1 ~ 4（4a、4b）类功能区声环境昼间达标率分别 84.6%、98.0%、95.8% 和 91.7%，夜间达标率分别为 60.7%、82.7%、95.8% 和 45.8%。与上年相比，功能区噪声昼间平均达标率下降 2.2 个百分点，夜间平均达标率上升 2.2 个百分点。

道路交通声环境　全市道路交通噪声昼间平均等效声级为 68.6 分贝，比上年上升 1.1 分贝。昼间道路交通噪声强度为二级，声环境质量为较好。

监测路段中，声强超过国家二级标准限值（昼间为 70 分贝）的路段占监测总路段的 37.3%，昼间超标路段比例较上年上升 6.5 个百分点。

（陈　茜）

【**辐射环境**】 2019 年，全市辐射环境 2 个国控点和 9 个省控点监测结果表明，空气吸收剂量率和大气中放射性核素浓度处于天然本底涨落范围内；太湖水体中放射性核素浓度处

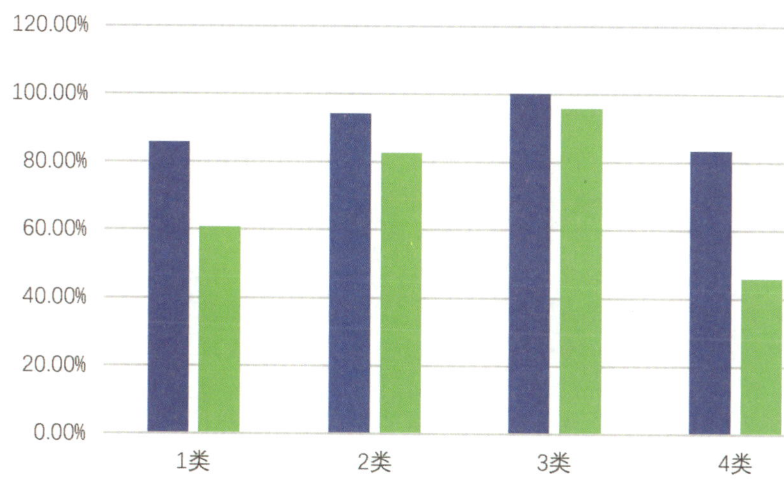

图 20　　2019 年无锡市各类功能区噪声达标率情况图

（市生态环境局）

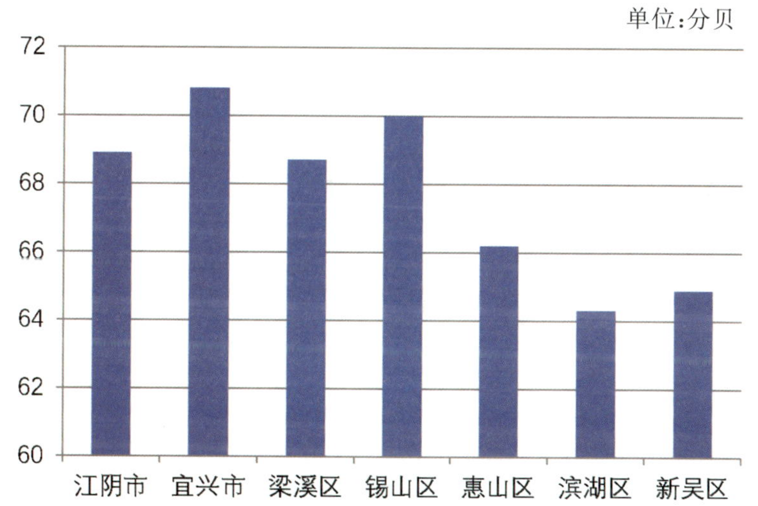

图 21　　2019 年无锡市昼间道路交通噪声平均等效声级图

（市生态环境局）

于天然本底;重点饮用水水源地取水口放射性指标符合《生活饮用水卫生标准》(GB5749-2006)要求;环境中电磁辐射监测结果均低于《电磁环境控制限值》(GB8702-2014)中公众曝露控制限值的要求。

（陈　茜）

土地资源保护

【市场导向配置资源】 2019 年,无锡市通过价格杠杆调节增量,突出市场决定资源配置的导向。实施以“亩均税收”为核心的工业用地准入标准,实行差别化工业用地供应政策和“双合同”管理制度,引导有限的土地资源向质量优、成长性好、带动效应强的项目集聚。

（刘梦蛟）

【低效用地再开发】 2019 年,无锡市自然资源管理部门摸清全市批而未供、供而未建、储而未用土地和低效用地四套底数底图,通过“全”“细”“精”“准”“严”五向发力,推进批而未供土地处置。重视典型引路,总结地方存量盘活改造先进经验,提炼形成政府收储、产业更新、市场转让、闲置扩能、增容技改、归并改造、成片开发、综合整治等多种改造模式,编制《无锡低效用地再开发典型案例 32 例》,发挥典型示范带动作用,推动低效用地再开发,提升土地利用效率。全年全市处置批而未供土地 1320 公顷;完成低效用地再开发 900 公顷。

（刘梦蛟）

【严守保护红线】 2019 年,无锡市出台《政府耕地保护责任目标考核办法》,形成耕地保护政府责任网络。发挥新增费分配在耕地保护中的补偿激励作用,年内,首次实现补偿激励工作的全域覆盖,下达激励资金 6723 万元。组织各地开展永久基本农田储备区划定工作,全市划定永久基本农田储备区 1781.87 公顷。规范实施土地综合整治,全年实施规模 761.8 公顷,其中耕地占补平衡项目 343.67 公顷,城乡增减挂钩复垦项目 304.73 公顷,工矿废弃地复垦项目 113.4 公顷。

（刘梦蛟）

【落实生态补偿机制】 2019 年,市自然资源管理部门落实《无锡市生态补偿条例》要求,对市区 8433.33 公顷永久基本农田、4426.67 公顷水稻田、1486.67 公顷市属蔬菜基地、10860 公顷生态公益林、17 个县级以上重要湿地、980 公顷种植资源保护区实施生态补偿,补偿资金 1.15 亿元。

（刘梦蛟）

【露天矿山综合整治】 2019 年,市自然资源管理部门出台《无锡市加快推进露天矿山综合整治工作实施方案》。推进省自然资源厅批复宜兴市创建矿地融合示范区和《宜兴市国土空间综合整治与优化提升规划(2018 ~ 2020 年)》。开展城乡增减挂钩项目 56.2 公顷、工矿废弃地复垦项目 39.73 公顷。计划实施国土生态恢复性整治项目 741.47 公顷以及矿山地质环境治理项目 232 公顷。

（刘梦蛟）

【废旧农膜回收】 2019年,无锡市开展废旧农膜回收利用工作。全市农膜(棚膜、地膜)使用总量为2958.37吨,农膜回收总量为2649.26吨,废旧农膜回收率89.55%,建成废旧农膜回收网点71个。

(孙科敏)

【长江沿线国土空间生态修复】 2019年,市自然资源管理部门制定《2019～2020年江阴市废弃露天矿山生态修复实施方案》,争取部、省下达江阴市各项资金1.68亿元,其中中央重点生态保护修复治理专项资金634万元,长江沿线国土空间生态修复工程省级补助资金16260万元,补助资金额度为历年最高。

(刘梦蛟)

【落实土地用途管制】 2019年,市自然资源管理部门结合各地经济社会发展水平、节约集约用地水平、用地计划需求和规划剩余空间等因素,合理分解下达年度土地利用计划,严控新增建设用地。严格把好建设用地审批准入关口,严控农用地转为非农建设用地,落实占补平衡,充分保障宜兴丁蜀通用机场、宜马快速通道、锡澄城际轨道S1线等重大重点项目落地。

(刘梦蛟)

水资源保护

【概况】 2019年,无锡水利部门认真落实最严格水资源管理制度,紧扣"三条红线"(水资源开发利用控制、用水效率控制、水功能区限制纳污),突出节水型社会建设、水资源保护、水生态文明建设等重点,印发《无锡市节水行动实施方案》《无锡市水效领跑者引领行动实施方案》,指导推进全市节约用水工作。年内,创建省级节水型企业4家、省级节水型单位9家、省级节水型灌区2个、省级节水型社区8个、市级节水型学校10家、省级节水型学校7家、节水减排示范项目10个、市级节水教育基地1个、省级节水教育基地1个、用水审计项目10个,超额完成省下达的年度目标任务。万元GDP用水量指标年度全省排名第一。全面深化河湖长制,扎实推进河湖综合治理,全市河湖水质持续改善,以国省考断面、重点水功能区、主要入江入湖河道、161条环境综合整治河道、黑臭水体等为重点,坚持"一河一策""一断面一策""一水功能区一策",落实源头治理、精准治理、综合治理、依法治理、长效治理。年内,全市45个国省考断面水质优Ⅲ比例81.4%,比上年提高17个百分点。重点水功能区水质达标率97.8%,全省排名第一。13条主要入湖河道和3条主要入江支流水质均达到Ⅲ类及以上。161条环境综合整治河道水质优Ⅲ比例53.4%,比上年提高18.6个百分点。市区41条黑臭水体基本消除黑臭。泰康浜、小渲河、九曲基河、前湖村浜等成为亮点示范河道,长广溪入选江苏首批生态样板河流。

(岳喜磊)

【水环境综合整治】 2019年,无锡市26条市领导担任河湖长的河湖安排整治项目340个,计划投资58.4亿元。全市161条河道环境综合整治项目3234个,计划投资74.2亿元,至年底,完成3005个,完成率92.9%。江阴利港电力有限公司三期温排水口工程整改任务完成,并于4月通过省级验收。市水利部门印发《关于进一步加强全市饮用水水源地巡查督查工作的通知》,探索推进水源地保护的长效机制,提高水源地安全保障水平。

(岳喜磊)

【水生态文明城市建设】 继2018年3月无锡市首批通过全国水生态文

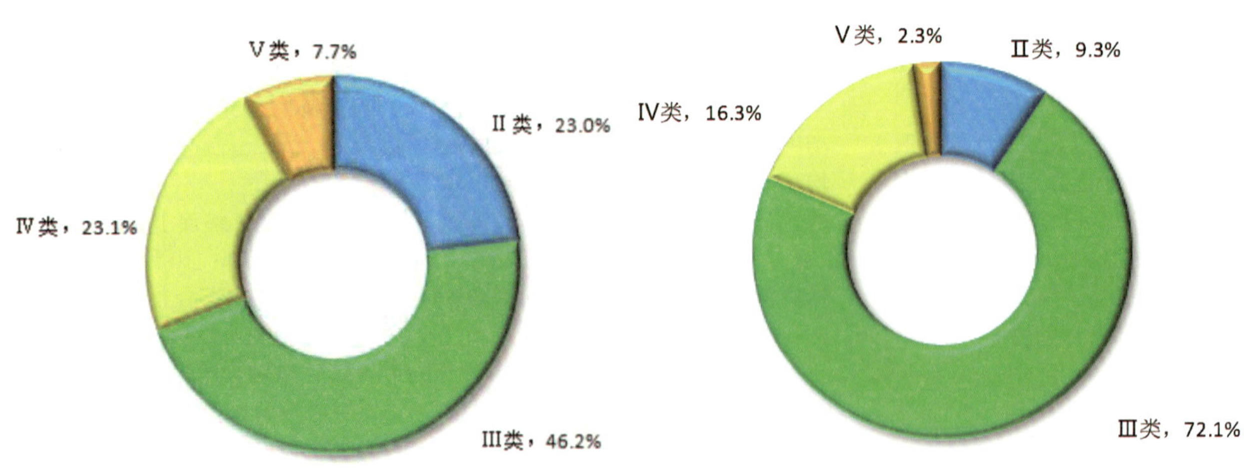

图22　2019年无锡市地表水国家考核断面水质类别比例图

(市生态环境局)

图23　2019年无锡市地表水国家考核断面水质类别比例图

(市生态环境局)

玉祁街道民主村新开河道 （市水利局 供）

明建设试点验收后，2019年3月，江阴市和宜兴市顺利通过第一批省级水生态文明城市建设试点验收。至此，无锡市在全国率先建成"水生态文明城市群"。

（岳喜磊）

【农业水价改革】 2019年，无锡市持续推进农业水价综合改革。该项改革自2016年启动，全市农业水价综合改革共完成改革面积73260公顷，安装计量设施4233台（套），成立农民用水户协会456家，全市改革任务提前一年通过验收。宜兴市杨巷镇芝果村农民用水户协会于2019年2月被授予"全国农民用水合作示范组织"称号。

（岳喜磊）

【水土保持】 2019年，无锡市水利部门组织实施宜兴市西渚镇抗洪河小流域综合治理工程，治理水土流失面积9平方千米。成功创建龙山涧生态清洁小流域。全面开展生产建设项目水土保持方案审批，加强事中事后监管，做好水土保持目标责任考核相关工作，对排查出的188个大中型违法生产建设项目全面落实整改。

（岳喜磊）

【联合河长制】11月14日，无锡市与苏州市共同举办"苏州无锡联合河长制启动仪式"，聘任45名区（县）、镇、村级河长为望虞河联合河长，开展巡河、治河、护河工作，全面落实联合巡河、联合监测、共同保洁、联合执法、信息共享五项机制，构建交界河湖共建共治共享的区域一体化治水新格局。

（岳喜磊）

【长江岸线整治】 2019年，国家长江办下达无锡市的45个长江干流岸线利用项目清理整治任务完成42个，完成率93.3%。水利部门全年与海事、水上公安、农林等部门联合开展长江非法采砂专项行动38次，出动执法艇40艘次、执法车326辆次、执法队员872人次，新增立案查处非法采砂案件8起，拆除3条采砂船的采砂机具；设置长江江阴段采砂综合执法监控系统，实现对长江江阴段35公里江面24小时监控。

（岳喜磊）

【长江渔业增殖放流活动】 2019年，在江阴开展长江渔业资源增殖放流活动，向长江投放河豚和四大家鱼近1000万尾鱼苗、鱼种。连续18年的江阴长江增殖放流活动，已累计放流河豚等珍稀鱼类和四大家鱼鱼苗超过1.7亿尾，对改善江阴长江水域生态环境、恢复渔业资源、保护生物多样性和促进渔业可持续发展起到积极作用。

（孙科敏）

【河湖水域岸线管护】 2019年，无锡水利部门开展"两违三乱四清"（在河湖管理范围内违法圈圩、违法建设，乱占、乱建、乱排，清理乱占、乱采、乱堆、乱建）专项整治，全市河湖"两违"排查出问题287个，年内完成整改271个，完成率94.4%。省河长办通报的34起省级河湖"三乱"违法行为完成整治29起，完成率85.3%，超额完成省级下达的85%的目标任务。基本完成河湖和水利工程管理范围划定工作，切实加强河湖依法管控和功能管理，充分发挥河湖综合功能。

（岳喜磊）

森林资源保护

【野生动物救护】 2019年，无锡市野生动物救护中心共接收动物30批，157只（通过电话等途径指导救护的不列入）。物种涵盖哺乳类、鸟类和爬行类，其中执法收缴动物占大多数，爬行类和兽类多为外来物种，有较多原产国外的珍稀和入侵物种。对于健康的野生动物，根据其各自特点，分别进行了放生、暂养和救治处理。与南京林业大学合作，参与救助猛禽迁徙研究课题项目。宜兴市救护分站运行良好，救护资质和能力不断提升。

（刘梦蛟）

【“爱鸟周”活动】 4月20日，2019年无锡市爱鸟周活动启动仪式在无锡市南禅寺广场举行。活动由无锡市自然资源和规划局主办，无锡市野生动物保护协会、无锡市生态湿地建设研究会、无锡市动物园协办。无锡市自然资源和规划局相关负责人、顾哲青年志愿者服务队、部分市民、东林中学代表及新闻媒体参与活动。“爱鸟周”活动的主题是“关注候鸟迁徙，维护生命共同体”。此次活动通过多种形式向广大市民尤其是青少年儿童宣传普及鸟类知识和爱鸟意识。活动通过有奖竞猜方式寓教于乐，增进青少年对鸟类的兴趣；通过科普展板丰富广大市民鸟类知识；活动现场发放鸟类宣传画册、资料1万余份。无锡市相关新闻媒体进行了全程采访报道。

（刘梦蛟）

【林地保护管理】 2019年，无锡市自然资源和规划系统严格执行林地保护利用规划，实施林地分级保护管理措施，做到“以规划管地、以图管地”。年内，审核上报占用林地办件11宗，占用林地面积88.351公顷。加强生态公益林的保护管理，保持公益林总量平衡。至年底，无锡市有生态公益林面积40966.67公顷（其中国家级3960公顷，省级32006.67公顷，县级公益林5000公顷）。全市已初步建成以城市绿化为核心，城郊森林为依托，太湖生态防护林为屏障的生态公益林生态网络格局。

（刘梦蛟）

【森林督查暨森林资源管理】 无锡市自然资源和规划系统制定《2019年无锡市森林督查暨森林资源管理“一张图”年度更新实施方案》并组织落实。配合省林业局召开年度更新培训班和实务培训班。全年，无锡市核查图斑373块（国家林草局华东院下发的变化图斑），总计判读疑似变化图斑面积311.1920公顷，涉及50个街道，按国家要求及时完成成果上报工作。按照森林督查工作方案，无锡市于7月底开展了森林督查市级抽查工作，采用遥感等技术手段，对滨湖区、惠山区、江阴市、锡山区和宜兴市的变化图斑进行不少于20%的市级抽查，并对每一块抽查图斑进行定位拍照或批注说明。江阴市通过国家林草局和省林业局的联合抽查。

（刘梦蛟）

湿地资源保护

【湿地公园和湿地保护小区建设】 2019年，无锡市重点加强太湖、蠡湖、长江口等河湖、湿地保护与生态修复。江阴市高点定位构建沿江湿地保护网络体系，依托西石桥水源地原生态芦苇滩，创建窑港口长江湿地保护小区，依托滨江公园、锡澄运河公园打造滨江湿地公园。宜兴市开展西太湖流域湿地保护建设，将其纳入太湖流域湿地保护体系，创建宜兴太湖省级湿地公园，湿地公园总体规划已通过省林业局组织的专家论证，申报文件已报省审核认定。推进滨湖区蠡湖湿地公园保护工作。对渤公岛、蠡堤、长广溪内湖湿地等区域的滨岸带进行全面梳理及因地制宜补植，逐步恢复滨岸带环境的同时不断丰富区域内湿地景观特色，共恢复滨岸带湿地面积约2万平方米。通过开展各类湿地文化主题活动，提高公众生态保护意识。梁溪区北兴塘河湿地保护小区项目建设有序推进。7月，湿地保护小区开工建设，废弃鱼塘清淤、场内土方平衡、开挖湿地水域地表造型及绿化等工程基本完成。全年全市自然湿地保护率达61%。

（刘梦蛟）

【省级重要湿地名录】 根据《江苏省林业局关于开展省级重要湿地名录认定信息确认工作的通知》《无锡市人民政府办公室关于开展省级重要湿地名录认定信息确认工作的通知》精神，市自然资源管理部门委托第三方江苏省金威遥感数据工程有限公司对全市11个省级重要湿地的名称、类型、范围、面积、中心点坐标、数据库图斑号等信息逐个确认并形成报告上报省林业局。上半年完成《江苏省省级重要湿地名录》（征求意见稿），再次确认全市省级重要湿地，上报省自然资源厅、省林业局。

（刘梦蛟）

【湿地公园建设管理和生态状况监测评估】 2019年，为客观评估无锡市湿地公园生态状况和生态效益，摸清无锡市湿地资源“家底”，实现湿地科学管理，为今后无锡市湿地保护修复和建设管理提供数据支撑和决策依据，市自然资源管理部门开展了无锡市湿地公园保护管理和生态状况监测评估。该评估项目将于2020年年初完成全部调查评估内容。届时，无锡市湿地公园建设管理和生态状况监测评估报告、无锡市湿地公园生态服务价值公报将编制完毕。林业湿地管理处将建立年度评估数据库，对评估数据进行长期管理。

（刘梦蛟）

太湖治理

【概况】 2019年，太湖无锡水域水质总体符合Ⅳ类水平，定类指标为总磷，浓度为0.086毫克/升，比上年上升3.6%；化学需氧量浓度为18毫克/升，达到III类标准，与上年持平；氨氮浓度为0.14毫克/升，达到I类标准，比上年下降22.2%；高锰酸盐指数浓度为4.2毫克/升，达到III类标准，比上年上升5%；总氮作为单独评价指标，浓度为1.33毫克/升，处于Ⅳ类标准，比上年上升5.6%；综合营养状态指数55.9，比上年下降0.9，水体处于轻度富营养。

对照国家治太总体方案和省、市实施方案要求，结合无锡市实际，2019年全市下达实施9大类301项治太重点工程项目(其中含省目标责任书项目121项)。根据各地区各部门自查情况、第三方核查及综合评定，省级、市级项目全部完成年度建设任务，年度目标完成率100%；全市治太项目实际完成投资42.77亿元，完成率126%，超额完成任务。太湖无锡水域水质改善幅度好于全太湖，连续十二年实现安全度夏和“两个确保”(确保饮用水安全、确保不发生大面积湖泛)。

(陈　茜　岳喜磊)

【梅梁湖生态清淤试点工程】 2019年，市水利部门采用环保绞吸式技术对梅梁湖试点区域实施生态清淤，清淤面积1.0平方千米，计划清淤量20万立方米，通过2.5千米的管道将淤泥输送至拖山岛排泥场进行无害化处置。淤泥处置区占地面积约为3.6万平方米，平均堆高3.5米。施工尾水排入生态净化区，净化后的尾水实现达标排放。

(岳喜磊)

【调水引流】 2019年，无锡市适时启动引江济太，通过望虞河常熟枢纽累计引长江水量12.77亿立方米，经望亭枢纽累计入湖5.1亿立方米，切实保障太湖生态水位；加强对梅梁湖泵站、大渲河泵站的调度，实施常态化不间断调水引流，梅梁湖、大渲河泵站累计调水6.31亿立方米。

(岳喜磊)

【蓝藻打捞处置】 2019年，全市累计打捞蓝藻146.98万吨、水草4.24万吨，比上年分别减少10.6%、42.4%；累计产出藻泥9.78万吨，比上年增加13.0%。投资4.18亿元建成处理能力1000吨/日的藻泥压滤干化项目并投入运行，有效解决困扰多年的藻泥后续处置瓶颈问题。年内，共开展湖泛巡查监测214天，湖面累计巡查200余船次，获取监测数据4万个，编制巡查简报214期。

(岳喜磊)

【主要入湖河流治理】 2019年，市水利部门全力推进13条主要入湖河流综合治理，安排综合整治项目130个，计划投资17.3亿元，至年底，已完成94个，正在实施34个，完成率72.3%。13条入湖河流水质全部达到或优于Ⅲ类水。

(岳喜磊)

节能减排

【概况】 2019年，《无锡市生态补偿条例》立法并正式施行，初步完成“三线一单”编制工作。全市化学需氧量、氨氮、总磷、总氮、二氧化硫、氮氧化物排放量分别比上年削减3.00%、2.91%、2.80%、2.38%、3.70%、5.51%，完成年度目标任务。年内，全市实施减排工程734项，其中，重点推进工业行业减排、涉水散乱污企业取缔、污水处理厂提标扩建等工程，有效减少全市水污染物排放总量，改善区域水环境质量。各项大气减排重点工程也均已完成，推动江阴、宜兴持续进行热电整合，全面完成35蒸吨以下燃煤锅炉整治，继续开展工业炉窑治理，3家全流程钢铁企业全部完成超低排放改造，二氧化硫、氮氧化物排放量相比2015年分别下降25.4%和21.5%，达到目标进度。

(陈　茜)

【节能生产】 2019年，全市实施节能与循环经济项目89项，累计实施节能交易项目21个。全市单位GDP能耗比上年下降4.06%，超额完成江

蠡湖国家湿地公园渤公岛荷塘　(刘梦蛟　供)

苏省下达目标任务。累计有15家企业建成国家级绿色工厂(其中年内新增5家),双良、华宏中标工业和信息化部绿色制造供应商,灵谷化工列为工业和信息化部重点行业能效领跑者入围企业。

（肖俊英）

污染防治

【大气污染防治】 2019年,无锡市制定年度大气污染防治工作计划,实施完成1324个年度重点工程项目。春夏季臭氧污染防治专项行动、“江河碧空”四号行动和秋冬季大气污染防治聚焦行动成效显著。关停燃煤热电机组5台、223兆瓦,累计减煤199.7万吨。关停化工企业114家。实施VOCs排放重点企业“一企一策”,完成重点行业VOCs治理项目238个。淘汰国Ⅲ及以下排放标准营运中型和重型柴油货车2829辆。加大施工扬尘防治力度,完成998个在建工地扬尘监测设备安装。完成重污染天气应急预案修编。参与长三角大气污染联防联控。

（陈 茜）

【水污染防治】 2019年,无锡市制定年度水污染防治工作计划,实施完成480个年度重点工程项目。以断面达标为导向,全面实施“一河一策”。实施长江保护修复攻坚战行动,开展长江、太湖入河排污口排查整治专项行动。全面完成市区41条黑臭水体整治任务,比省定目标提前一年,长广溪入选全省首批“生态样板河湖”。实施完成301项治太重点工程。启动太湖一二级保护区城镇污水处理厂和六大重点行业新一轮提标改造,高新水务新城水处理厂提标至地表水准Ⅲ排放标准,为全省首家。强化夏季应急监测监控、蓝藻打捞和处置。

（陈 茜）

【土壤污染防治】 2019年,无锡市制定年度土壤污染防治工作计划,18个重点工程项目完成6个,其余跨年度项目有序推进。完成农用地土壤污染状况详查。稳步推进重点行业企业用地土壤污染状况调查,完成2380家企业初步调查,公布污染地块清单23个。组织开展污染地块和农用地治理与修复试点。落实污染地块环境管理联动机制和销号机制。扎实开展固危废专项整治和规范化管理,全市危废库存量降至4万吨。推进重金属污染减排,完成160家电镀企业整治。

（陈 茜）

【环保基础设施建设】 2019年,市生态环境局编制实施《无锡市固体废弃物处置设施建设三年计划(2019～2021)》,江阴秦望山危废应急焚烧处置、宜兴南方水泥窑协同处置固危废、惠联蓝藻藻泥处理、桃花山工业废物安全填埋等项目建成投运,固危废处置能力大幅提升。完成8座污水处理厂扩建,新增处理能力18.5万吨/日,完成太湖一、二级保护区6座污水处理厂提标改造。完成9个固定式机动车遥感监测点,9座省级水质自动站和化工园区水站、空气站建设,83个乡镇(街道)大气自动站实现全覆盖,“感知环境智慧环保”物联网二期项目建设全面启动。

（陈 茜）

环境监管

【生态环境执法监管】 2019年,无锡市推进“绿刃2019”环保专项行动,全市环境行政处罚案件1749件,处罚金额2.03亿元。连续两年获评全国“环境执法大练兵”先进集体。开展生态环境领域环境安全隐患大排查大整治专项行动。扎实推进固定污染源排污许可管理,累计核发排污许可证3826家。加强辐射管理,发放辐射安全许可证470家。深化企业环保信用评价,参评企业数7846家。完成第二次全国污染源普查。

（陈 茜）

【解决突出环境问题】 2019年,无锡市着力推动中央环保督察“回头看”、全国和省市人大水污染防治法执法检查、长江经济带生态环境警示片、突出环境问题清单等各级各类督察、检查反馈意见和披露问题的整改,切实推动解决一大批群众身边的突出环境问题。完成476件中央环保督察“回头看”信访问题的整改销号审核。全市环境信访12251件,比上年下降29.71%;到部赴省信访558件,比上年下降46.14%。深化“散乱污”企业(作坊)专项整治,全年共排查3561家,完成关停2485家,整合搬迁42家,升级改造1034家。

（陈 茜）

【依法管水治水】 2019年,《无锡市水资源节约利用条例》《无锡市河道管理条例》和《无锡市水文管理办法》修改工作完成。完成太湖及城区执法基地装修改造,新建城区执法基地专用码头1个,购置基地配套水政执法艇1艘。全年组织水政执法巡查2370次,出动执法人员6613人次,发现并依法处理水事违法行为145起,现场处理122起,立案查处23起。市水利局参加市司法局组织的全市行政执法案卷评查,在全市39个行政执法部门中名列第三。

（岳喜磊）

编辑 邵文凯

综 述

【概况】 2019年，全市科技系统实施创新驱动核心战略和产业强市主导战略，落实创新主体培育、创新载体建设、创新资源集聚以及创新生态优化等重点任务，科技创新高地建设迈出坚实步伐。2019年，全市有国家级工程技术研究中心6家，省级以上重点实验室9家，省级以上企业重点实验室7家；国家级国际合作基地8家，省级国际技术转移中心2家。全市自主培育国家特聘专家4人，累计94人；年末在无锡创新创业国家特聘专家268人。全市科技进步贡献率达到65.8%，连续位居全省设区市第一；全社会研发投入占地区生产总值比重达到3.12%，位居全省第三；全年获国家科学技术奖14项，创历史新高，国家超级计算无锡中心入选全国爱国主义教育基地。根据《国家创新型城市创新能力评价报告(2019)》，无锡市位居第十一位。在无锡市人大常委会对部分政府组成部门开展的工作评议中，市科技局以93.3%的满意率位居第一。因高效执行承办第十五届中国(无锡)国际设计博览会，获省知识产权局致函表扬。市科技局先后获得省技术市场先进集体、省科技宣传工作成效突出地区以及第七届“创业江苏”科技创业大赛优秀组织单位等荣誉。

(吕华伟)

【创新型企业集群建设】 2019年，市科技局制定出台《无锡市创新型企业集群培育资金管理实施细则(试行)》，组织开展两批次“雏鹰”“瞪羚”以及准“独角兽”企业入库培育工作，入库企业分别达到807家、563家和39家；评价遴选首批“雏鹰”企业30家、“瞪羚”企业50家、准“独角兽”企业10家。年内，25家企业入选省创新型领军企业培育计划，数量居全省第二；12家企业列入省科技企业上市培育计划，5家企业入选省研发型企业培育计划，均居全省第三。

(叶利群)

【科技创新创业领军人才企业】 2019年，全市新认定创新创业领军人才(团队)125个，拨付资金1.27亿元。全年入选江苏省“双创团队”2个、“双创博士”12名。2019年，全市科技创业领军人才企业产生销售收入或缴纳税款的共有995家，实现年销售收入561.9亿元，比上年增长33.8%。企业入库税收23.2亿元，比上年增长4.8%。其中，年销售收入超亿元的企业有40家，比上年增加10家；年销售收入5000万元至1亿元的企业有29家，比上年增加21家；年销售收入超1000万元的企业有225家，比上年增加42家。

(许文杰 易智辉)

【高新技术产业】 2019年，全市高新技术产业产值比上年增长9.15%，占全省比重达到15.6%，位居全省第二；占规模以上工业总产值比重达到45.6%，提升至全省第六位。2019年，全市新增省高新技术企业培育库入库企业1373家，比上年增长163.5%，位列全省第三。推荐申报高新技术企业获认定的企业达1670家，比上年增长55.9%。全市获认定高新技术企业4批共1281家，有效期内高新技术企业达2784家。

(白二飞)

【科技税收减免】 2019年，市科技局做好科技创新政策落实工作，全市5214家次企业享受科技税收减免81.07亿元，惠及企业数、减免额分别比上年增长33.4%、35.8%。全市2060家高新技术企业中有1131家享受企业所得税15%的优惠税率，减免企业所得税42.82亿元，比上年增长5.18%。

(虞健勇)

表62　2019年无锡市专利申请统计表

指标	单位	2019年	2018年
科技			
专利申请受理量	件	67133	62681
#发明	件	15925	19702
专利申请授权量	件	38335	35256
#发明	件	4298	4963

(市统计局)

【天使投资引导资金政策实施】 12月9日，《无锡市天使投资奖励及风险补偿资金管理实施细则（试行）》正式出台。对符合条件的创业投资机构，按种子期或初创期小微科技企业实际货币投资额的1%给予奖励，单个项目最高奖励10万元，每家机构每年最高奖励100万元；对符合条件的天使投资机构备案的天使投资项目，从备案入库之日起，5年内发生投资损失，扶持资金按首轮投资实际损失额的50%给予风险补偿，单个项目最高补偿500万元，每家机构每年最高补偿1000万元。

（叶利群）

【科技风险补偿贷款】 2019年，全市发放科技风险补偿贷款56.51亿元，在贷余额51.60亿元，实现放贷额和在贷余额"双倍增"，财政资金放大倍数超过26倍。历年累计发放风险补偿专项贷款151.55亿元，获贷企业累计1249家，连续三年获评省"苏科贷"优秀（A类）合作地区。

（白二飞）

【农业发展科技支撑】 2019年，全市新建省级星创天地2家，新建省级农村科技服务超市8家，新培育省农业科技型企业4家。全市25家科技超市整体运行情况良好，组建专家服务团队304人，示范推广新品种、新技术281项；组织培训活动163场次，累计培训1.29万人次；累计接待咨询7982人次，发布信息3512条；辐射带动农户8928户，增收总额6587.1万元。

（苏顺开）

【两位专家获"江苏友谊奖"】 2019年，无锡市有2位专家获得江苏省友谊奖，分别是韩国专家崔永郁、爱尔兰专家雷诺兹·保罗·罗斯。崔永郁是无锡帝科电子材料股份有限公司首席科技官，到无锡工作时间累计2年10个月，2019年入选无锡市产业升级领军人才，2019年入选宜兴市"陶都英才"科技创新领军人才。崔永郁擅长银浆最核心的玻璃粉氧化物的设计和研发，带领团队研发的产品提高客户电池转化效率0.1%以上，产品打破国外公司的长期垄断，极大降低客户成本，解决国内太阳能产业链中唯一未完全国产化的环节。罗斯现任科克大学理工与食品科学学院院长，到无锡工作时间累计8个月，作为爱尔兰皇家科学院与美国微生物学院院士，在解决益生菌生产的关键技术等方面做出重要贡献，取得良好的经济效益和社会效益。

（许文杰）

【国际科技交流合作】 2019年，无锡市组织企业参加中国（江苏）—英国现代农业技术项目对接交流会、中国（江苏）—韩国智能制造创新合作论坛暨项目对接交流会、江苏—荷兰布拉邦高新技术及农业食品大会等系列活动，进一步拓展国际科技交流渠道。同时，召开2019无锡—MIT系列活动"国际合作产学研项目对接交流会"，接待澳洲纽卡斯尔大学副校长Kevin Hall及苏格兰安德鲁斯大学副校长麦凯考察无锡，有效推进无锡与美国、英国、澳大利亚等国家的科技创新合作。

（潘岽鸣）

科技项目和成果

【上争资金5.4亿元】 2019年，全市争取省级以上科技项目220项，获国家、省科技经费5.4亿元，其中，获国家科技经费0.2亿元。获省级科技计划经费主要有：高新技术企业培育资金、企业研发费用奖励和省科技成果转化专项资金。

（戴晓斌）

【12个项目列省科技成果转化资金项目】 2019年，全市12个项目获省科技成果转化项目立项，获拨资金达0.88亿元，立项数与资金额均位居全省前列。年内，全市24个项目获省重点研发计划（产业前瞻与关键核心技术）立项，立项项目数和获得经费均位居全省设区市第一。

（王春耕 叶利群）

【73个项目列省自然科学基金项目】 2019年，全市73个项目获省自然科学基金项目立项，省拨资金共计1290万元。其中，1个项目获得省优秀青年基金资助。

（赵雪倩）

【市科技成果转化资金项目】 2019年，全市组织实施市科技成果转化产业化资金项目22项。预期申请专利221项（含发明专利107项），新增制定企业标准8项；预期新增销售收入27.3亿元，新增利税2.3亿元。

（潘慧治）

【社会发展领域科技项目】 针对公共安全、生态环境、人口健康等民生领域的创新需求，2019年，全市组织实施关键技术研发与应用示范，分别获

5月26日，第八届太湖奖设计大赛设计之夜现场 （沈生华 供）

表 63　　2019 年无锡市获国家科学技术奖一览表

奖项	等级	序号	项目名称	完成单位（无锡）
国家科技进步奖	一等奖	1	高品质特殊钢绿色高效电渣重熔关键技术的开发和应用	江阴兴澄特种钢铁有限公司
	二等奖	1	基于全息感知的公安交通管控与协同指挥关键技术及应用	公安部交通管理科学研究所
		2	家畜养殖数字化关键技术与智能饲喂装备创制及应用	无锡市富华科技有限责任公司
		3	草鱼健康养殖营养技术创新与应用	中国水产科学研究院淡水渔业研究中心
		4	高落差高压电缆线路无损施工技术创新及应用（工人、农民技术创新组）	国网江苏省电力有限公司无锡分公司
		5	特种高性能橡胶复合材料关键技术及工程应用	无锡宝通科技股份有限公司
		6	绿色高效电弧炉炼钢技术与装备的开发应用	无锡红旗除尘设备有限公司
		7	铝合金节能输电导线及多场景应用	远东控股集团有限公司
		8	高性能 MEMS 器件设计与制造关键技术及应用	无锡华润上华科技有限公司
		9	大跨度结构技术创新与工程应用	江苏沪宁钢机股份有限公司
		10	水产集约化养殖精准测控关键技术与装备	江苏中农物联网科技有限公司
国家技术发明奖	二等奖	1	淀粉加工关键酶制剂的创制及工业化应用技术	江南大学
		2	大尺寸硅片超精密磨削技术与装备	无锡机床股份有限公司
		3	多元催化剂嵌入法富集去除低浓度 VOCs 增强技术及应用	江苏南方涂装环保股份有限公司

（市科技局）

表 64　　2019 年无锡市获省科学技术奖一等奖、二等奖一览表

奖项	等级	序号	项目名称	完成单位（无锡）
省科技进步奖	一等奖	1	智能功率驱动芯片设计及制备的关键技术与应用	无锡华润上华科技有限公司、无锡芯朋微电子股份有限公司、无锡新洁能股份有限公司
		2	先进核能系统关键管材与核心部件研制及产业化	宝银特种钢管有限公司、江苏银环精密钢管有限公司
		3	大面积深厚软弱土加固处理技术创新与工程应用	江苏鑫泰岩土科技有限公司
	二等奖	1	基于影像引导的无创肝纤维化诊断系统研发及产业化	无锡海斯凯尔医学技术有限公司
		2	海上风电设计优化与运行控制关键技术研究及工程应用	远景能源（江苏）有限公司
		3	面向智能电网的低耗绿色节能电缆关键技术及系列产品	无锡江南电缆有限公司

续表 64

奖项	等级	序号	项目名称	完成单位（无锡）
省科技进步奖	二等奖	4	特高压输电工程用节能导线系列产品研制与工程应用研究	远东控股集团有限公司、新远东电缆有限公司、远东复合技术有限公司、远东电缆有限公司
		5	环氧衍生精细化学品关键技术及产业化开发	江苏怡达化学股份有限公司
		6	高效金属镜面光整加工关键技术及产业化应用	江南大学、无锡市恒利弘实业有限公司
		7	基于数字孪生的清洁低碳环保锅炉设计技术及工程应用	无锡华光锅炉股份有限公司、无锡华光工业锅炉有限公司、无锡锡能锅炉有限公司
		8	高精度钢管在线内外表面脱脂清洗成套装备关键技术研发及产业化	宝银特种钢管有限公司
		9	食品生物制造声光强化关键技术与装备创制及其应用	江南大学
		10	高效低污染污泥自持焚烧技术及应用	无锡国联环保科技股份有限公司
		11	消除疟疾策略与关键技术的研究与应用	江苏省血吸虫病防治研究所

（市科技局）

表 65　2019 年无锡市腾飞奖获奖项目一览表

序号	项目名称	完成单位
1	耐胁迫植物乳杆菌定向选育及发酵关键技术项目	江南大学
2	新型研发机构助推产业高质量发展项目	华中科技大学无锡研究院、江苏集萃华科智能装备科技有限公司
3	“经纬编织法管理模式”获得第三届中国质量奖项目	江苏阳光集团有限公司

（市科技局）

国家重点研发计划立项 3 项、省重点研发计划社会发展项目立项 9 项、市级社会发展项目立项 122 项，建设科技示范工程 15 个，建立临床转化医学研究中心 7 个。

（赵雪倩）

【14 个项目获得国家科学技术奖】 2019 年，无锡市有 11 个项目获得国家科技进步奖，3 个项目获得国家技术发明奖。

（李　雯）

【31 个项目获得省科学技术奖】 2019 年，无锡市获得江苏省科学技术奖共 31 项。其中，一等奖 3 项，二等奖 11 项，三等奖 17 项。

（李　雯）

【无锡市腾飞奖评选】 依据《无锡市腾飞奖实施办法》相关规定，2019 年，分别评出 2018 年度无锡市腾飞奖 5 项、2019 年度无锡市腾飞奖 3 项。

（李　雯）

苏南国家自主创新示范区建设

【重大创新平台数全省第一】 根据省苏南国家自主创新示范区建设工作领导小组办公室下发的《关于下达 2019 年省市共同推进重大科技创新建设项目的通知》，2019 年，苏南五市共有 30 个项目入围。其中，无锡共有深远海无锡研发基地、工业互联网平台、半导体封测先导技术研发中心、金属新材料平台等8个重大创新平台入围，总投资额89.31亿元，入围总数和拟投资总额均位居全省第一。

（石秀臣）

【高新区建设】 根据《全省高新技术产业开发区发展综合评价情况通报》，2019年，无锡高新区、江阴高新区、宜兴环科园分别位列第四位、第十位及第二十一位，分别较上年提升1位、1位及16位；争取省高新区奖励补助资金6650万元，比上年增长5.6%。华进半导体封装先导技术研发中心有限公司、江苏一环集团有限公司、江阴兴澄特种钢铁有限公司被命名为“苏南国家科技成果转移转化示范区产业化基地成果转化示范企业”，江阴高新区“特钢新材料科技成果产业化基地”被命名为“苏南国家科技成果转移转化示范区创新方法推广应用示范基地”。8家企业被评估为苏南国家自主创新示范区潜在“独角兽”企业，43家企业被评估为苏南国家自主创新示范区“瞪羚”企业。

（潘慧治）

【无锡高新区一站式服务中心投用】 6月20日，苏南国家自主创新示范区无锡高新区一站式服务中心挂牌运行。通过科技公共服务的综合受理、科技中介服务的整合引导、科技成果要素的聚集交易，建立起一个集服务、交流、交易、共享于一体的科技服务平台，促进区域科技服务生态的优化发展和区域科技服务资源的高效配置。

（潘慧治）

科技平台

【工程技术研究中心建设】 2019年，无锡市新认定市级工程技术研究中心84家，新增省级工程技术研究中心54家。截至2019年年底，全市市级以上工程技术研究中心达到1370家，其中，省级工程技术研究中心557家、国家级6家，省级以上工程技术研究中心总数位于全省第二。

（万 磊）

【创新平台与载体建设】 2019年，全市新认定市级众创空间14家、省级众创空间8家，累计建有市级以上众创空间68家，其中，省级34家、国家级16家；新增国家级科技企业孵化器1家，累计建有省级以上科技企业孵化器46家，其中国家级21家，国家级大学科技园2家；新增省级众创社区备案试点4个，列全省第一，累计列入省级试点数8个。6家国家级科技企业孵化器考核评价为A类(优秀)，占全省33%，列全省第二；优秀率27.3%，列全省第一。22家省级科技企业孵化器绩效评价被评定为良好以上，其中11家获评优秀，占全省24%，列全省第三；中国物联网国际创新园(无锡微纳园)获2019年度“亚洲最佳孵化器奖”，成为中国内地第五家、省内首家获此奖项的科技企业孵化器。至2019年年底，全市科创载体入驻科技型企业8000家，累计毕业企业2890家，新增上市企业8家，涌现集成电路设计“创业板”第一股卓胜微、生物医约“科创板”第一股祥生医疗。

（强 蕾）

【智能集成电路设计技术研究所落户无锡】 6月22日，由江苏省产业技术研究院、无锡高新区、省产研院智能集成电路设计项目团队合作共建的江苏省产研院智能集成电路设计技术研究所签约落地无锡。该研究所由中国科学院微电子研究所研究员樊晓华领衔，汇聚10多位集成电路设计相关领域顶尖人才。研究所从事智能集成电路设计技术研究，包括智能物联芯片、智能数据处理芯片、智能雷达感知芯片、智能处理器与人工智能芯片、智能汽车电子芯片以及智能芯片设计方法等；参与制定国际标准，完成相关专利覆盖。同时培养、引进高层次人才，衍生、孵化和引进集成电路设计相关企业，推动产业形成集聚效应。

（罗锦屏）

【中药重点实验室启动建设】 10月，由江阴天江药业有限公司承担建设的江苏省中药配方颗粒制备与质量控制关键技术重点实验室创建方案通过专家组论证，正式启动建设。该实验室在现有江苏省中药配方颗粒工程技术研究中心等系列研发平台基础上，与国内高校院所开展广泛合作，将研究开发工作进一步向基础研究与应用基础研究方向延伸，集中力量突破系列行业关键共性技术，开展系列国家标准、国际标准、美国标准的研究制定，抢占该领域国际技术制高点。

（万 磊）

产学研合作

【无锡市产学研科技成果洽谈会】 5月6日，2019无锡市产学研科技成果洽谈会举办。洽谈会是2019高层次人才创新创业无锡交流大会的重要组成部分，旨在搭建创新要素与生产要素的互动平台，吸引先进科技创新成果向无锡优势产业集聚，促进科技成果与无锡企业技术需求深度融合、就地转化，助力长三角区域科技创新一体化建设。洽谈会以“新平台、新科技、新成果、新产业”为主题，突出自主可控、成果转化、产业主导、开放共享，注重科技资源整合和产学研合作国际化，设置主题会议、产学研专场对接洽谈等内容。55个产学研合作项目现场签约，其中，国内高校、科研院所与无锡市企业合作项目52个，国际项目3个，合同总金额近1.6亿元。同时，为“江南大学—无锡市创新创业示范基地创建单位”“清华大学无锡应用技术研究院燃气轮机维护维修工程技术中心”等新建科技创新载体揭牌。

（王春耕）

【签订“一所一策”合作协议】 1月3日，市政府与中船重工集团七〇二研究所签订“一所一策”合作协议，深化产学研合作，实现无锡市与驻无锡科研院所全面战略合作新突破，推动科研院所创新资源与无锡产业深度融合。双方在建设深远海装备国家实验室、打造深海装备研发基地、发展海洋科技新兴产业、集聚行业高端人才和建设“中国最美研究所”5个方面开展全方位合作。

（罗锦屏）

【院士工作站建设】 2019年，全市新建市级院士工作站8家，14家院士工作站提档升级，被认定为省级院士工作站，占当年省院士工作站立项总数的40%，立项数和累计建站数量居全省第一。至年底，全市累计共建成院士工作站164家，其中省级66家，涵盖高端制造业、新一代信息技术、新材料等重点产业领域和医疗卫生等社会民生领域。

（李 雯）

【参加江苏产学研合作大会】 2019年，无锡产学研工作在第七届中国江苏产学研合作大会上亮点纷呈。参会规模创历年之最。利用各方资源，邀请和动员73所高校、159名专家、324家企业参会，参与大会专题论坛、对接洽谈、专家江苏行等系列活动，加强技术供需对接，促进最新科技成果在无锡转移转化。承接活动丰富精彩。大会期间，承办江苏省半导体产业专场大会，是大会3场产业专场对接会之一；大会前后，组织开展2019中国（江阴）金属新材料产业创新论坛、2019“专家教授宜兴行”科技人才对接会、半导体行业专家无锡高新区行等6场专家江苏行活动，对接68项技术需求，达成23项初步合作意向。签约落地项目创新高。全市2个重大科技合作项目在大会开幕式上集中签约，达成签约项目或合作意向25项，总投资9.87亿元，其中，投资额超1000万元的合作项目6项，4项入驻省级以上高新区。

（王春耕）

【地效翼船驾控模拟实训平台研制成功】 11月4日，中船重工集团七〇二研究所发布一项重大科研成果。该所地效翼船研发小组依托江苏海洋高端装备检测与应用公共服务平台，成功研制出地效翼船驾控模拟实训平台（地效翼船模拟器），主要用于开展地效翼船的驾驶培训，其功能覆盖座舱设备认知、飞行操作体验、驾驶舱程序训练、飞行技能训练和训练质量评估，以及扩展任务训练。

（罗锦屏）

科技活动

【中国（无锡）国际设计博览会】 5月25～27日，由国家知识产权局、科技部、江苏省人民政府联合主办，江苏省知识产权局、省科技厅、无锡市人民政府共同承办的第十五届中国（无锡）国际设计博览会在无锡举办。大会以“新设计·新智造·新生活”为主题，以“享·行·趣”为主线，共设智享生活馆、智行天下馆和智慧设计馆3个展馆。邀请来自国内外134家企业和高校参加设计展览，展出面积2.34万平方米，吸引5万余名专业人士参观。博览会期间，还举办第八届太湖奖设计大赛决赛路演和颁奖典礼，评选出太湖奖百万设计大奖1组，创意组和产品组金奖各3组、银奖各10组，其余45组入围铜奖，大连民族大学马骁骐的作品“RDC搜救犬辅助设备”获百万设计大奖。

（王爱芬）

【世界物联网博览会国际技术转移大会】 9月8日，由江苏省产业技术研究院、无锡市人民政府主办，江苏省产业研究院材料产业科技服务中心、无锡市科技局承办的2019世界物联网博览会国际技术转移大会在无锡举行。大会以“汇聚、协作、融创、共赢”为主题，江苏省产业技术研究院副院长Paul E. Burrows致辞并作主旨演讲，中国科学院院士、南京航空航天大学教授、博士生导师赵淳生，加拿大工程院院士（加拿大安大略理工大学）Kamiel S. Gabriel等6位业界专家分别围绕技术转移和物联网产业与技术进步作主旨演讲。大会共签约“省市共建共享科技资源公共服务平台”“无锡中乌国际技术转移中心”“智能人声鉴别软件技术合作项目”等23个国际国内合作项目。大会设置创意展区180平方米，集中展示省产业技术研究院深度感知技术研究所、省产业技术研究院智能集成电路设计技术研究所、江苏隆达企业联合创新中心等8家省产研院相关专业所与企业联合创新中心在物联网领域的最新科研和应用成果。来自南京大学、上海同济大学、上海交通大学、浙江大学等10家国内大学科技园负责人，全国各地的专家学者、企业代表以及无锡市科技园区招商负责人等350多人参加会议。

（朱 莹）

【企业科技对接交流活动】 12月19日，无锡市—粤港澳大湾区企业科技对接交流活动在广州中天凯旋国际会议中心举行。此次活动由无锡市科技局主办，无锡高新区（新吴区）科技局承办，来自粤港澳地区新一代信息技术、人工智能、生物医药等行业企业代表110余人参加会议。通过此次活动，无锡与广州两地企业间建立起更便捷的沟通平台、更顺畅的合作渠道。

（石秀臣）

【外国专家高端人才交流活动】 12月13日，外国专家高端人才交流活动在江南大学国家大学科技园举行。此次交流活动由江苏省外国专家局、无锡市科技局主办，江南大学国家大学科技园协办，外国专家（A类）高端人才等50余人参加活动。

（许文杰）

【苏南全球创客大赛路演大会】 12月12日，第五届苏南全球创客大赛2019年度路演大会在无锡收官。此次入围决赛的60个项目中，有近50%来自南京、苏州、常州、镇江等其他苏南城市，超过50%的项目具备良好盈利能力，估值超亿元。项目涉

科技载体——无锡国家集成电路设计中心 （沈生华 供）

及的领域主要集中在物联网与智能制造产业，有22个项目，占比37%；人工智能与大数据产业有12个项目，占比20%；生物医药产业有18个项目，占比13%；芯片产业有6个项目，占比10%；其他还涉及新零售、新能源等热门领域。60个晋级项目分为种子轮、天使轮、A+轮3组进行精彩路演并决出多项大奖，6个项目与投资机构现场进行意向签约。大赛同时举行主题分享会，吸引来自企业界、学术界、政府单位、投资机构等近400余人与会。

（周天一）

【中国无锡科技创新创业大赛】 2019中国无锡科技创新创业大赛作为第八届中国创新创业大赛、第七届"创业江苏"科技创业大赛无锡地方赛，自5月启动报名以后，历时近4个月，在全市、全国乃至海内外科技创业者中掀起热潮，共吸引海内外539家优秀企业和团队报名参赛，最终41家企业和团队胜出，共享170余万元奖金及各种创业扶持政策。此外，经无锡市推荐的江苏瑞鼎环境工程有限公司、无锡中惠天泽环保科技有限公司和无锡蕾明视康科技有限公司3家企业在第八届中国创新创业大赛上获奖，占全国获奖总数的5.6%、全省获奖总数的30%，位居全省第一。

（强 蕾）

编辑 顾洪兴

综　述

【教育高质量发展】 2019年，市委成立教育工作领导小组，加强党对教育工作的全面领导，协调推进教育系统党建和改革发展重点工作。市政府向市（县）区政府下达2019年教育重点目标任务书，开展对市（县）区政府履行教育职责考评，推动各地政府落实教育改革发展责任。做好省对市政府教育履职考评迎评工作，综合得分位居全省第三。全市教育现代化建设各项事业实现提升，教育现代化年度监测得分90.95分，位居全省第三。全市99.76%的义务教育学校基本达到省定建设标准，较上年提升3.22个百分点，位列全省第二。锡山高中、天一中学、南菁高中被确定为省高品质示范高中首批建设立项学校，无锡一中被确定为首批建设培育学校，立项学校数并列全省第一。加快推进职业教育现代化建设，出台《关于深化产教融合助力产业强市的实施意见》，无锡市被省政府评为“江苏省职业教育改革发展成效明显的设区市”。组织开展2019年无锡市教学成果奖评选，评选产生教学成果奖100项。市委、市政府举行全市教育重点建设项目集中开工仪式，全市安排资金187.3亿元，推进136个新开工和续建项目建设，项目数量、投资总额均创历史纪录。

（程家平）

【基础教育质量提升】 2019年，全市加大学前教育资源供给，每万人拥有幼儿园数提升至0.86所。市政府出台《无锡市城镇小区配套幼儿园治理工作方案》，组织开展专项治理。年内，全市新增省优质幼儿园21所、市优质幼儿园23所。江阴市、梁溪区、滨湖区成功申报省级区域推进幼儿园课程游戏化项目。高质量承办全国学前教育宣传月启动仪式，展示学前教育改革发展成果。组织开展国家、省义务教育优质均衡发展县（市、区）创建工作。研究出台《无锡市进一步推进初中学业水平考试改革的实施意见》。全市新增3个省高中课程基地建设项目、14个省市级前瞻性教学改革实验项目，天一中学、锡山高中成功创建省级数学、生物学科创新中心。承办全省普通高中校长暑期培训班。加强融合教育资源中心建设，全市共新建融合教育资源中心152个。开展特殊教育师资培训，合计培训450人。做好残疾儿童少年“一人一案”教育安置工作。

（程家平）

【素质教育】 2019年，全市教育系统贯彻习近平总书记在学校思想政治理论课教师座谈会上的重要讲话精神，规范思政课程建设，加强思政教师培训，开展思政课堂研究和积极德育视角下的课堂建设研讨。开展“我和我的祖国”征文等丰富多彩的学生活动，进行理想信念、爱国主义和革命传统教育，强化思想政治引领。无锡市获评“在国旗下成长”全省青少年征文活动优秀组织奖。加强以宪法为核心的法治宣传教育，举办首届全市青少年法治宣传教育周，开展第三届全市学生“学宪法讲宪法”活动，组织学校法律风险防范百场公益

5月19日，无锡高质量承办全国学前教育宣传月启动仪式

（费骋远　摄）

讲座，编印《学校相关法律100问》。举办骨干班主任培训、班主任基本功大赛，新增市级德育工作新秀192人，4人获省中小学班主任基本功大赛一等奖。获评首批省级中小学生品格提升工程建设项目结项精品（优秀）项目5个，新增省级项目学校7所、市级项目20个，品格提升项目数量和质量继续位居全省前列。加强心理健康教育，推进完善全市中学生心理成长指导服务平台建设，为中学生建立心理成长档案，做好专兼职心理健康师资队伍专业建设，开展中小学心理健康教育课研讨和学生心理健康指导服务，2所学校“校园心理剧”舞台剧获全省特等奖。加强全市中小学生志愿服务管理和学生活动管理，培育“田间课堂”示范学校，加强学生劳动教育。构建线上和线下家庭教育指导共享服务平台，“无锡网上家长学堂”开设讲座135场，参与家长达780.85万人次，《中国教育报》和《教育改革情报》报道无锡市家庭教育指导工作经验。作为省教育厅确定的全省关心下一代工作优质化试点单位，各项工作持续推进、不断创新。加强学校体育工作，优化青少年校园足球联赛机制，推进校园体育运动项目化、特色化发展，新增全国青少年校园足球、篮球特色学校（幼儿园）29所，无锡市校园足球发展经验做法被《中国教育报》宣传报道。市教育局在省第十九届运动会中做出突出贡献，被市政府记集体三等功。建立完善视力检查信息系统，启动全市儿童青少年学生近视普查、干预和幼儿园儿童视力保健项目，打造近视防控宣传主题文化产品。推进初中学生学业水平考试艺术素质测评工作，参加全国中小学生艺术展演活动获一等奖5个，市教育局获优秀组织奖，无锡市艺术教育经验做法被《光明日报》宣传报道。重视和加强国防教育，组织召开全市大中专院校和中学国防教育工作推进会。

（程家平）

【教师队伍建设】 2019年，出台《无锡市中小学教师违反职业道德行为负面清单及处理办法》，强化师德师风建设与管理。创新编制管理方式，出台《关于完善义务教育教职工编制保障的若干意见》，实行义务教育学校教职工编制标准核定、单列管理，构建“以县为主、市域调剂、动态调整”的编制管理新机制。探索公办幼儿园人员编制备案管理，提升在编教师比例。优化岗位设置管理，出台《关于进一步完善教职工岗位管理工作的意见》，打通各学段中级和初级教师岗位比例，明确符合条件的教育人才不占单位岗位职数，进一步激发教师队伍活力。改进绩效性收入分配方法，出台《直属单位绩效考核奖励工作指导意见》，进一步提升班主任专项奖励标准，发挥绩效考核奖励的激励导向作用，调动广大教师的积极性、主动性。加强教育人才队伍建设，出台《“太湖人才计划”教育高层次人才引育实施办法》《太湖教育人才考核办法（试行）》《直属院校骨干教师考核办法（试行）》，推动教育高层次人才更好发挥示范引领作用。全市新增中小学（含职业学校）正高级教师29人、第八批市中小学学科带头人227人、教学新秀620人。1人获评享受政府特殊津贴，4人当选首届省级名师工作室主持人，2个单位获评全国教育系统优秀集体，9人获评全国教育系统优秀个人，600名市优秀教育工作者获通报表扬。加大乡村教师培养力度，启动第四期12个乡村骨干教师培育站建设，5人入选教育部、省乡村优秀青年教师培养奖励计划。完成2121名各级各类学校教师招聘工作，组织4.4万人次教师参加各级各类培训。加快教师发展工作体系建设，市教师发展学院高起点开办，新吴区成功创建第二批省示范性县（区）级教师发展中心，全年新增省级教师发展示范基地校8所。

（程家平）

【教育基础保障】 2019年，全市落实《关于进一步调整优化结构提高教育经费使用效益的实施意见》，健全教育经费保障机制，出台《关于调整我市各级学校生均公用经费基准定额标准的通知》，大幅提高学前教育至中等教育生均公用经费基准定额标准。严格执行《无锡市家庭经济困难学生认定办法》，通过全国、省资助信息管理系统和“无锡市阳光扶贫监管系统”等平台，与民政、残联、扶贫办等部门信息共享，比对全国建档立卡等重点保障人群信息与学籍信息，实现资助对象、资助标准、资金发放三精准，无锡市获全省学生资助绩效评价优秀。教育信息化基础设施与应用持续优化。网络基础环境提速升级，全市342所学校网络带宽达到500兆以上，341所学校实现无线网络覆盖，209所学校达到江苏省智慧校园标准。落实网络安全责任制，实施信息安全等级保护制度，50个教育部门、学校网站接入云安全防护平台，市、区、校三级网络安全监测处置机制得到落实。推进“互联网+教育”，重点建设的省名师空中课堂、“锡慧在线”学习中心、无锡市学校食堂“阳光运行”智慧监管平台等相继投入使用。“无锡教育网络扶智专递课堂”与新疆阿合奇、陕西延安、青海海东等地97所学校开展网络教育扶贫结对。提升师生信息素养，举办2019世界物联网智慧教育峰会活动，开展全市中小学校（园）长、教师信息化能力培训，承办省中小学创客机器人大赛、省中学生英语口语电视比赛等省级赛事活动，组织开展市校园创客节、机器人大赛等学生信息竞赛，参与活动学生超过7万人次。

（程家平）

【依法治教】 2019年，全市围绕关键少数，落实中心组每年两次集中学法制度，组织学习新修订的《政府信息公开条例》和《重大行政决策程序暂行条例》等法律法规。组织年度依法治校示范校检查验收。围绕提升教育治理法治化水平，聚焦重点难点，聚力制度机制，推进省依法治教改革试点工作。依法动态调整行政权力清单内容，完善权力事项办事指南，确定市教育局行政权力事项44项。深化教育“放管服”改革，重点落实“互联网＋监管”事项认领、检查实施清单编制、监管数据汇集、监管动态信息报送等工作，根据教育部文件精神，集中取消一批证明事项，探索采用信用承诺取代部分证明材料，全年共通过教育惠民服务中心窗口受理各类审批服务事项1296件，所有事项全部在承诺期内按要求提速办结，办结率达100%。加强规范性文件登记管理，研究制定《无锡市教育局规范性文件制定和管理办法》，落实规范性文件公众参与、合法性审查、集体审议、统一编号、限时备案、定期清理等管理要求。推动各级各类学校落实“三重一大”决策制度，组织全市2409名学校领导干部参加“三重一大”决策制度学习考试，组织机关党员参加江苏省第二届“百万党员学宪法学党章考法律活动”。

（程家平）

【教育交流合作】 2019年，全市贯彻落实党的脱贫攻坚和民族政策，助力东中西部教育协同发展，选派39名优秀教师赴新疆阿合奇、霍城，60名优秀教师赴陕西延安、青海海东等地支教，1200多名中西部地区校（园）长、骨干教师到无锡跟岗培训，妥善安排近2000名新疆学生和大理贫困生到无锡就读。推进国际理解教育，举办全市国际理解教育项目建设培训会。全市新增市级国际交流合作示范学校7所，中小学国际理解教育特色品牌项目22个、立项项目21个。深化友城交流合作，全市新增境外友好学校25所。推进与“一带一路”国家和地区的交流，与新加坡教育部合作开展校长培训项目，无锡商业职业技术学院与红豆集团联合申办的西港工商学院在柬埔寨招收第一批学生，无锡职业技术学院等高职院在马来西亚、泰国等设立汉语中心，全市赴“一带一路”国家游学学生占游学总量的比例超过80%。做好涉外教育管理服务，举办第八届外国学生中文比赛、中华文化走进国际校园等活动。完成市教育国际交流协会换届选举。

（程家平）

【教育督导督查】 发挥教育督导监督指导作用，2019年，全市教育领域开展重点问题专项督查、安全工作专项督导等工作，推动教育重点工作开展，化解群众关注的热点、难点问题。制定、完善相关综合督导方案，开展中小学及职业学校综合督导和幼儿园办园行为督导评估，强化责任督学挂牌督导，推动全市幼儿园责任督学挂牌督导全覆盖，进一步规范学校办学行为，提升学校内涵质量。开展义务教育学校违规办学行为专项治理，严格规范招生管理，将民办学校招生纳入审批地统一管理，实行公办、民办学校同步招生。全面实施中小学课后服务工作，全市学校开设课后服务班级1160个，参与教职员工1750余名，覆盖3.2万名学生。推进省“名师空中课堂”建设和推广，全市381所学校44.9万名家长、2.32万名中小学校教师完成平台注册，参与答疑名师828人。建立健全学校食堂长效管理机制，改进提升学生膳食质量，市委、市政府出台《无锡市关于公办幼儿园和义务教育学校食堂治理改革的实施意见》，市教育局印发《无锡市关于公办幼儿园和义务教育学校食堂治理改革实施细则》，推进实施公办幼儿园和义务教育学校食堂治理改革。9月起，全市公办幼儿园和义务教育学校食堂食材实行集中配送，相关经验做法在全国校园食品安全守护行动工作推进会和省教育厅、省纪委派驻省教育厅纪检组召开的食堂管理专题会议上交流，《用改革的方法破解“学生餐”难题》获评2019年市人大代表议案建议和政协提案办理务实创新举措。加强安全管理长效机制建设，研究制定《无锡市中小学幼儿园风险防范体系建设实施意见》《关于开展无锡市新一轮“平安校园”建设活动的通知》。研究制定《校园安全集中整治方案》《教育（校园和校车）安全专项治理工作方案》，牵头开展教育系统安全隐患大排查大整治、校园安全集中整治专项行动，共出动检查人员6370人次，排查出安全隐患问题5745件次，整改近5200件次，整改率超90%。无锡市安全宣教整体加入国家安全教育实验区平台。

（程家平）

【援疆支教教师获表彰】 2019年春季学期江苏教育援疆工作会议在新疆克州阿图什举行，首批教育部“万名教师支教计划”150名江苏援疆克州支教教师参加会议。会议表彰2018～2019学年第一学期100名江苏首批万名援疆支教教师先进典型，无锡8名教师榜上有名。其中，曹飞获得“江苏教育援疆十大民族团结使者”称号，周宁获得“江苏教育援疆十大金点子奖”，金杨建获得“江苏教育援疆十大杰出支教教师”称号，尤维明获得“江苏教育援疆十大科研成果奖”，金飞获得“江苏教育援疆十大感动人物”称号，吴辉获得“江苏教育援疆十大优秀结对师徒（师傅）奖”，戴立平获得“江苏教育援疆十大课堂教学质量奖”，郑翠宏获得“江苏教育援疆十大教研活动奖”。2018年，无锡市通过中组部援疆干部人才计划、教育部援藏援疆万名教师支教计划、东西部扶贫协作计划等项目，先后选派99名教师，前往新疆阿合奇县同心中学、霍城县初级中学、霍城县江苏中学（高中）、延安市第一中学（高中）以及青海海东市和延安延川、延长、宜川等地开展支教工作，选派人数为历年最多。

（程家平）

【教育重点建设项目集中开工】 3月15日，市委、市政府举行2019年全市教育重点建设项目集中开工仪式。2019年，全市共安排推进各类教育设施建设项目136个，总投资达到 187.3 亿元，项目数量、投资总额为历年最多。其中，新开工高校项目 3 个、中小学幼儿园项目 67 个，投入约 98.6 亿元，增加学位 5 万余个；续建高校项目 3 个、中小学幼儿园项目 63 个，投入约 88.7 亿元。

（程家平）

【人民教育家培养对象教育思想报告会】 4 月 8 日，无锡市举行江苏人民教育家第三批培养对象教育思想报告会。无锡市东林小学武凤霞、新吴区教师发展中心金军华、无锡市实验幼儿园叶岚、无锡市教师发展学院张春华、无锡市教育科学研究院许帮正 5 位“江苏人民教育家培养工程”第三批培养对象，从各自的教学实际出发，综合全国、世界范围内教学理论和成果，分别以“坚守学生立场”“关注幼儿经历学习”“聚焦诗意语文”“倡导评注阅读”“注重物理实验探究”为核心，融入各自对教育教学的理解和数十年教育生涯的经验总结。

（程家平）

【智慧教育峰会】 9 月 8 日，2019 世界物联网博览会智慧教育峰会在无锡举行，全国各省市的教育同行等 500 余人集聚一堂，以“智能 + 未来教育”为主题，围绕物联网技术与教育融合发展进行深入研讨，交流分享在探索和实践应用中取得的丰硕成果。无锡智慧校园基础设施建设全国领先，深入实施教育信息化 2.0 行动计划，完善建设“三通两平台”，全市中小学全部实现宽带网络“校校通”和“班班通”，多媒体网络教室普及率达 100%，“智慧教育云平台”率先接入国家数字教育资源公共服务体系，多项工作数据在“全国教育信息化工作进展信息系统”中排名前列，全市职业院校逐步普及应用 AR 和 VR 虚拟仿真教学。“无锡物联网+”学校管理示范应用全国领先，推动物联网、人工智能、大数据等在学校管理中的示范应用，针对性尝试将人工智能技术与学校教育教学相融合，全市拥有智慧校园试点学校 209 所、智慧课堂试点学校 82 所、创客教育实验学校 102 所、物联网感知教育基地学校 50 所，智能安防、智慧教室、智慧食堂、智慧能耗管理等应用已成为智慧校园管理新标准。无锡物联网教学创新实践全国领先，各级各类学校物联网教学科研无处不在，成立江南大学中国物联网发展战略研究基地、无锡职业技术学院智能制造工程中心等一批高校物联网教学创新实践机构。

（程家平）

学前教育

【概况】 2019 年，无锡市有幼儿园 508 所，全年招收幼儿 6.44 万人，在园幼儿 20.46 万人，毕业班幼儿数 7.18 万人。拥有幼儿教职工 2.5 万人，其中专任幼儿教师 1.34 万人。加大学前教育资源供给，每万人拥有幼儿园提升至 0.86 所。年内，全市新增省优质幼儿园 21 所、市优质幼儿园 23 所。江阴市、梁溪区、滨湖区申报省级区域推进幼儿园课程游戏化项目。

（程家平）

【全国学前教育宣传月在无锡启动】 5 月 19 日，教育部在无锡举办 2019 年全国学前教育宣传月启动仪式，教育部党组成员、副部长郑富芝出席仪式并讲话。此次学前教育宣传月以“科学做好入学准备”为主题，旨在引导全社会特别是广大教师和家长坚持科学理念，尊重幼儿发展规律和学习特点，关注幼儿身心健康全面发展，为幼儿今后的学校生活和终身发展做好全面的素质准备。为营造学前教育良好氛围，促进提高科学保教质量，教育部已连续八年举办学前教育宣传月活动。

（程家平）

【城镇小区配套幼儿园治理】 2019 年，市政府办公室印发《无锡市城镇小区配套幼儿园治理工作实施方案》，启动专项治理工作。按照平均每 1 万名常住人口配建 1 所 9 ~ 12 班规模的幼儿园配套要求，针对城镇小区配套幼儿园在规划、建设、移交、办园等环节存在的突出问题部署开展治理工作，重点对未规划幼儿园、幼儿园规划不足、建设不到位、移交不到位、使用不到位 5 类问题提出明确治理要求，并明确各类工作时间进度。

（程家平）

9 月起，无锡市公办幼儿园和义务教育学校食堂食材实行集中配送

（丁安澜 摄）

表 66　　2019 年无锡市教育事业统计表

	学校数（所）	班数（个）	毕业生数（人）	招生数（人）	在校学生数（人）	毕业班学生数（人）	教职工数（人）	
							计	其中：专任教师
1. 普通高等学校	12		32865	40695	119976	35638	10624	7251
2. 中等专业学校	18		14772	14441	42360	14515	5239	4618
3. 职业高中			1007	1081	2900	976		
4. 普通中学	192	5548	71350	88309	245926	77359	24406	21897
高中	45	1693	22431	28258	76948	23176		7356
初中	147	3855	48919	60051	168978	54183		14541
5. 小学	210	9583	60047	78415	417499	61111	24833	23618
6. 特殊教育学校	8	123	165	269	1449	289	378	317
7. 幼儿园	508	6204	67780	64364	204577	71801	25040	13427
8. 成人高等学校			10108	13046	24402	11379		
9. 成人中等职业学校			19		16	16		
10. 成人技术培训学校	1167	11360	1036107		797166		6287	4003
11. 技工学校	15		5490	8361	21350		2506	2083

（市教育局）

表 67　　2019 年无锡市教育经费收入统计表

单位：万元、%

项目	全市		江阴市		宜兴市		市区	
	金额	占全市教育总经费的比例	金额	占该市教育总经费的比例	金额	占该市教育总经费的比例	金额	占市区教育总经费的比例
国家财政性教育经费	1984897	86.21	472345	94.64	309797	90.78	1202755	82.26
事业收入	275537	11.97	24975	5.00	28790	8.44	221772	15.17
其中：学杂费收入	249921	10.85	22975	4.60	23571	6.57	203375	13.91
捐赠收入	239	0.01			71	0.02	168	0.01
民办学校中举办者投入	4766	0.21	847	0.17	2324	0.68	1595	0.11
其他教育经费	37028	1.60	943	0.19	262	0.08	35823	2.45
合　计	2302466	100.00	499110	21.68	341244	14.82	1462112	63.50

（市教育局）

【全国幼教“好习惯养成”研讨会】 10 月 30 日，全国“儿童好习惯养成德育生态系统”幼教研讨会在无锡市甘露中心幼儿园举行。会议聚焦“幼儿好习惯养成”主题，以“师德师风”为师资建设目标，以“家风家教”为家庭建设目标，以“互联网 +”构建家庭、社区、幼儿园三维教育空间，打造“一核两翼、三位一体”的共享大幼教平台。

（程家平）

【11 所幼儿园入选全国首批足球特色幼儿园】 2019 年，教育部公布全国首批足球特色幼儿园名单，无锡有 11 所幼儿园入选。为加快推进校园足球普及，夯实校园足球发展根基，教育部于 3 月启动足球特色幼儿园遴选创建工作。在有关单位自主申报、各级教育行政部门审核推荐的基础上，教育部对各地推荐的足球特色幼儿园进行综合评定，认定并命名全国足球特色幼儿园 3570 所。

（程家平）

义务教育

【概况】 2019 年，无锡市有小学 210 所，全年招生 7.84 万人，在校小学生 41.75 万人，毕业班学生 6.11 万人；小学拥有教职工 2.48 万人，其中专任教师2.36万人。无锡市有初中147所，全年招生6万人，在校初中生16.9万人，毕业班学生5.42万人；初中拥有专任教师1.45万人。全市九年义务教育巩固率100%。

（程家平）

【中小学生课后服务】 开展课后服务被市委、市政府纳入2019年“为民办实事”的重点工作。2月4日，市教育局等四部门联合发布《关于做好中小学生课后服务工作的实施意见（试行）》，明确从2月25日起正式实施中小学生课后服务工作。课后服务从放学后开始，结束时间不晚于18:00。意见还明确课后服务的范围、对象、组织方式以及服务内容等，并明确开展课后服务的学校要公开服务时间、服务内容、服务方式、安全措施、收费事项等，主动接受学生、家长和社会监督。同时，鼓励学校教师发挥爱好特长、跨学科指导学生；支持各地各校组织社会专业人员、学生家长、高校优秀学生、退休教师等为学生提供各种专业化的服务，动员体育教练、民间艺人、能工巧匠、非物质文化遗产传承人及社会热心人士等志愿服务力量，为学生提供形式多样的服务，提升课后服务能力。

（程家平）

【尚贤教育集团成立】 9月9日，无锡经济开发区尚贤教育集团揭牌仪式举行。尚贤教育集团由原有育红万科和育英融创两个校区整合组建而成，目标是将其打造成为经开区教育的领跑者、教育强区的龙头学校，满足人民群众对优质教育的需求。

（程家平）

【中考改革方案发布】 10月8日，无锡市发布《进一步推进初中学业水平考试改革的实施意见》。根据意见，从2022届初中毕业生（2019年秋季入学的初中一年级学生）开始，初中学业水平考试（中考）升学考试科目由原来的6门增至8门，分别是：语文、数学、英语、物理、化学、道德与法治、历史、体育。其中，语文、数学、物理、化学、道德与法治、历史6科采用闭卷笔试的形式，英语考试采用闭卷笔试和听力口语自动化考试两种形式，体育考试采用现场技能测试方式进行。升学考试总分由原来的530分调整为750分，考试时间由原来的两天（6月16～17日）调整为三天（6月16～18日）。除继续开展物理、化学、生物等实验操作考查和初二阶段信息技术、生物、地理等学科考查外，明确自2020年起实施初中毕业生艺术素质测评，测评成绩合格作为初中毕业的标准和升学的依据。

（程家平）

普通高中教育

【概况】 2019年，无锡市有普通高中45所，全年招生2.83万人，在校高中生7.69万人，毕业班学生2.32万人；高中拥有专任教师7356人。高中阶段教育全面普及，高中阶段教育毛入学率100%。评选市高品质示范高中首批建设立项学校4所。全市新增省高中课程基地建设项目3个、省市级前瞻性教学改革实验项目14个，天一中学、锡山高中创建成为省级数学、生物学科创新中心。年内，承办全省普通高中校长暑期培训班。

（程家平）

【无锡学校入选省高品质示范高中】 2019年，省教育厅印发《关于进一步推进高品质示范高中建设的意见》，江苏省高品质示范高中首批建设立项学校和培育学校名单公布。江苏省锡山高级中学、江苏省天一中学、江苏省南菁高级中学成为全省首批20所高品质示范高中建设立项学校，立项学校数量并列全省第一；无锡市第一中学成为全省首批12所高品质示范高中建设培育学校。

（程家平）

【基础教育内涵建设】 为贯彻落实全国教育大会精神，落实立德树人根本任务，发展素质教育，加强基础教育内涵建设与课程教学创新，进一步提升基础教育质量和办学水平，5月24日，江苏省教育厅发布并公示2019年基础教育内涵建设项目评审结果。无锡市第一中学申报的涉及课程基地、教改实验、文化自信·江南文脉课程基地提升3个项目均获得省级立项，是全省唯一一所3个项目均获立项的高中学校，其中，“文化自信·江南文脉课程基地”以第一名的优异成绩位列江苏省普通高中课程基地入围项目榜首。

（程家平）

职业教育

【概况】 2019年，无锡市有中等专业学校18所、技工学校15所，全年招生2.39万人，在校生6.66万人，教职工数0.77万人，其中专任教师0.67万人。6月27日，江苏省政府办公厅印发通报，无锡市获评省职业教育改革发展成效明显的设区市。2019年，无锡出台《关于深化产教融合助力产业强市的实施意见》。全市推进中职学校资源整合，新组建无锡立信高职，无锡机电高职与无锡工业高技合并办学，江阴商业中专、南华中专成为江阴中专校区。新增8个五年制高职、11个中职专业。无锡职业技术学院入选全国职业院校教学管理50强，无锡机电高职入选全国职业院校学生管理50强。16所职业院校获批教育部“1+X”证书试点项目44个，9所职业院校入选教育部首批“1+X”证书试点项目。加强职业教育内涵建设，无锡职业技术学院入选中国特色高水平高职学校建设计划A类（排名全国第四），无锡商业职业技术学院入选中国特色高水平专业群建设计划，5所职业学校入围省职业教育“领航学校”公示名单，新增省现代化示范性职业学校和优质特色职业学校4所、省现代化专业群10个、省现代化实训基地4个、省职业教育名师工作室5个。在无锡的高职院校建成国家级骨干专业32个、国家级生产性

2 月 25 日起，无锡市正式实施中小学生课后服务举措　　（周文伟　摄）

实训基地 11 个、国家级协同创新中心和虚拟仿真实训中心 6 个以及江苏省高等职业教育产教融合集成平台 5 个。在省职业学校技能大赛中，无锡市获 69 枚金牌；在全国职业院校技能大赛中，无锡市获 19 枚金牌，金牌总数均名列全省第二。

（程家平）

【首批现代学徒制试点通过验收】 2019 年年初，教育部现代学徒制第一批试点验收结果公布，无锡作为教育部首批现代学徒制试点城市通过验收。2015 年，无锡成为教育部首批现代学徒制试点城市，根据《教育部关于开展现代学徒制试点工作的意见》和《江苏省教育厅关于推进现代学徒制试点工作的通知》精神，按照教育部审核通过的《无锡市现代学徒制试点工作任务书》要求，无锡市加强组织领导，加大政策推动，抓好项目培育，强化科研引领，营造良好氛围，推动现代学徒制试点工作扎实开展，取得显著成效。2015 年全市开展现代学徒制试点的职业院校有 22 所，合作企业包括海澜集团、红豆集团、海力士半导体、华润微电子公司等 50 多家骨干企业。参加试点的三年制大专专业、五年一贯制大专专业、三年制中专专业共计 50 个。经过 3 年的滚动推进，无锡市开展现代学徒制试点的职业院校有 26 所，参加现代学徒制试点的合作企业共 82 家，参加试点的专业达到 77 个，试点院校、合作企业和试点专业数已完成《无锡市现代学徒制试点工作任务书》确定的任务。江苏省汽车工程中等专业学校、无锡旅游商贸高等职业技术学校入选“江苏省现代学徒制试点单位”。

（程家平）

特殊教育

【概况】 2019 年，无锡市有特殊教育学校 8 所，班级 123 个，全年招生 269 人，在校学生 1449 人，毕业班学生 289 人；特殊教育学校拥有教职工 378 人，其中专任教师 317 人。年内，开展特殊教育师资培训，合计培训 450 人。同时，做好残疾儿童少年“一人一案”教育安置工作。

（程家平）

【教育部调研无锡特殊教育】 10 月 23 日，教育部对梁溪区《第二期特殊教育提升计划（2017 ~ 2020 年）》完成情况进行实地调研。调研组实地考察梁溪区学前融合教育资源中心示范点——侨谊幼儿园，参观梁溪区特殊教育学校，听取市、区教育局汇报并座谈。教师代表及家长代表就《第二期特殊教育提升计划（2017 ~ 2020 年）》的落实过程发表见解及感悟，教育部调研组的专家就现场提出的问题进行解答，尤其是在围绕特殊教育师资培养方面作重要阐述。

（程家平）

【无锡—台湾融合教育交流合作项目】 2019 年，江苏省教育厅启动“苏台融合教育交流合作项目”。无锡市积极响应，快速建立起与台湾东华大学的联动机制，“无锡—台湾融合教育交流合作项目”应运而生。在台湾融合教育专家团队的引领下，无锡市完成《2020 年无锡市融合教育推动计划》，招募 10 所融合教育试点校，建立线上融合教育培训机制。试点校一对一线上咨询时长 89 个小时，全市融合教育线上培训 3 次，总人数近 5000 人。同时，市特殊教育指导中心立足普通学校融合教育发展需求，和台湾东华大学合作，先后研发“情绪行为问题评估与干预量表”“特殊需要学生学习能力检核评估量表”，两套量表均建立无锡地区常模，弥补特殊教育领域评估工具不足的现实困境，为省内唯一。

（程家平）

社会教育

【概况】 2019年,无锡市提升社区教育内涵,新增省级社区教育特色品牌建设项目2个、省级老年教育学习资源库子库建设项目2个。加强融合教育资源中心建设,全市共新建融合教育资源中心152个。锡山区创建省级社区教育示范区,全市社区全面完成省级居民学校建设。年内,市政府出台文件,开展校外培训机构长效治理,建立促进校外培训市场健康发展的长效保障机制。公布首批校外培训机构白名单,全市有447家证照齐全的校外培训机构、28个教学点列入白名单。

(程家平)

【校外培训机构长效治理】 为深化校外培训机构长效治理,2019年,市政府出台《无锡市规范校外培训机构发展实施方案》,从严格机构审批准入、规范提供培训服务、强化校内协同治理、健全综合监管机制4方面提出15条意见要求。同时印发《无锡市非学科类教育培训机构规范治理方案》,建立促进校外培训市场健康发展的长效保障机制,进一步促进校外培训市场健康发展。全市开展校外培训机构治理"回头看",投入执法检查力量1626人次,检查培训机构1260家,排查整治各类问题211例,对8家问题较严重的培训机构实施停业整顿。年内,通过多措并举扎实治理,进一步规范全市校外培训机构办学行为,校外培训市场总体发展健康有序。

(程家平)

【首批校外培训机构白名单公布】 为贯彻落实《国务院办公厅关于规范校外培训机构发展的意见》《江苏省纪委等四部门印发〈关于在全省开展教育领域人民群众反映强烈突出问题专项治理的实施方案〉的通知》《省政府办公厅关于规范校外培训机构发展的实施意见》等文件要求,规范全市面向中小学生的校外培训机构发展,1月15日,无锡市公布2019年首批校外培训机构白名单。全市共447家证照齐全的校外培训机构、28个教学点列入白名单。"白名单"是指具备办学许可、办学行为规范、社会信誉良好的校外培训机构,"白名单"实施动态管理,进行不定期更新。对于证照齐全已经列入白名单之列的机构,教育部门组建专家组进入培训机构指导、听课,进驻市民反映强烈的培训机构进行办学评估,一旦查实违规办学,一律吊销办学许可证。

(程家平)

【锡山区创建省社区教育示范区】 11月19日,省教育厅专家组现场考核锡山区"省社区教育示范区"创建工作。锡山区建有省级社区培训学院1所,省级标准化社区教育中心9所,省级"农科教示范基地"2个,全区122个村(社区)普遍建立居民学校,且均已创建成省级标准化居民学校,实现省级标准化居民学校区域全覆盖。先后获得"江苏省教育现代化建设先进县(市、区)""无锡市义务教育高位均衡发展示范区""全国义务教育发展基本均衡县(市、区)""江苏省学前教育改革发展示范区""全国中小学校责任督学挂牌督导创新区"等称号。

(程家平)

9月8日,2019世界物联网博览会智慧教育峰会在无锡举行

(谈晓翀 摄)

【教育电视台获评省语言文字推广基地】 2019年,省语言文字工作委员会、省教育厅发布通知,认定15个单位为首批江苏省语言文字推广基地,无锡教育电视台是无锡唯一入选的单位。无锡教育电视台创办于1997年,是江苏省唯一的地市级教育电视台。无锡教育电视台高度重视语言文字推广工作,成立语言文字工作管理小组,负责做好语言文字规范化管理工作;依托媒体传播平台,做好语言文字宣传推广工作;依托活动组织经验,精心策划开展语言文字活动项目;依托场地设备优势,为语言文字活动提供场地技术保障。除举办各项比赛和活动,无锡教育电视台还做好无锡语言文字网的维护以及省级普通话测试工作人员培训,配合做好学校语言文字规范化达标验收、县域普通话普及情况验收等各项工作。同时依托场地设备资源及宣传平台,做好各项活动的拍摄、录制、播出以及新闻报道工作,较好地提升全市语言文字各项工作的影响力。

(程家平)

高等教育

【概况】 2019年,无锡市有普通高等学校12所,全年招生4.07万人,在校学生11.99万人,毕业班学生3.56万人;普通高等学校拥有教职工1.06万人,其中专任教师7251人。2019年,“无锡高等教育发展服务中心”成立,加强高等教育重点建设项目的统筹管理。建设江南大学无锡智能制造协同创新中心,培育企业智能示范工程项目5个,服务企业62家,教授陈卫当选为中国工程院院士。东南大学国家示范性微电子学院揭牌,无锡国际校区完成工程立项,启动首期工程改扩建项目。无锡太湖学院通过教育部本科教学工作评估,与英国西苏格兰大学签约,合作举办无锡太湖学院苏格兰学院。南京信息工程大学滨江学院新校区二期工程建成投用,招收本科生2400人、留学生200人、研究生158人,学院与市海峡两岸交流促进会、市台商协会合作共建“锡台学院”。南京理工大学江阴校区,江南大学江阴校区、宜兴研究生院建设顺利推进。江南影视艺术职业学院申报本科层次职业教育试点,接受教育部现场考察。无锡城市职业技术学院更名为“无锡师范高等专科学校”,列入江苏省“十三五”高校设置规划,并报送教育部备案。全市新增物联网、集成电路本科专业3个,高职专业5个,硕士点1个,江苏信息职业技术学院与华虹集团合作成立“华虹微电子学院”。太湖学院、滨江学院10个专业入选省高校一流本科专业。

(程家平)

【高等教育重点项目建设】 2019年,无锡市与江南大学共建无锡智能制造协同创新中心。东南大学国家示范性微电子学院揭牌,无锡国际校区完成工程立项,启动首期工程改扩建项目。无锡太湖学院通过教育部本科教学工作评估。南京信息工程大学滨江学院二期工程投入使用。南京理工大学江阴校区,江南大学江阴校区、宜兴研究生院建设顺利推进。江南影视艺术职业学院申报本科层次职业教育试点,接受教育部现场考察。无锡城市职业技术学院更名为“无锡师范高等专科学校”,列入江苏省“十三五”高校设置规划,并报送教育部备案。

(程家平)

【南京信息工程大学滨江学院】 滨江学院2018年9月迁址无锡办学,学院围绕“五个一流”的办学标准,贯彻落实“五位一体”的办学定位,主动服务地方经济社会发展,迁址办学平稳过渡,办学水平不断提升。学院根据无锡经济社会发展,调整院系结构,优化专业设置,设立10个二级学院、40个本科专业(方向),初步实现学院专业群与地方行业产业链的集群对接。2019年,滨江学院面向全国30个省(自治区、直辖市)招收本科生2400人。学校在省内录取的783名新生中,无锡生源有101人,占比12.9%。此外,招收研究生158人,还有来自25个国家和地区的留学生235人。学校加快推进二、三期工程建设,尽早实现学院转设普通公办本科高校目标,建设成为一流的创新应用型大学。

(程家平)

11月10日,无锡市教育局举行爱心图书启运仪式　(丁安澜　摄)

【江南大学一流学科建设】 2019年,学校推进两个“世界一流学科”建设工作,开展一流学科建设中期自评工作,建立学校一流学科建设动态监测指标体系,学校两个一流学科建设成效达到总体方案预期目标。深入实施国家、省、校各级学科建设项目,加强各学科整体师资水平、本科教学质量与保障、科研成果递增等情况的主动分析,总结展示省优势学科工程二期项目建设成果。6个学科保持ESI全球前1%,其中农业科学进入全球前0.3‰;21个学科在上海软科2019年中国最好学科中上榜,其中前10%学科4个。继续实施学科进位提升计划,推进重点学科、培育学科和基础学科建设,优化部分学院学科与学位授权点布局,新增“设计学”博士后科研流动站,实现一级博士点学科博士后流动站全覆盖。紧跟教育部第五轮学科评估改革思路和指标变化情况,提前启动并动员部署学科评估工作,分批实施学位授权点自评工作。

(钱　锋)

【江南大学人才培养体系建设】 2019年,学校深入实施一流本科教育提升行动计划,启动新一轮本科人才培养方案修订工作。对接教育部“六卓越一拔尖计划”“双万计划”等,加强本科专业建设,食品科学与工程等15个专业获批国家一流专业建设点，自动化等6个省品牌专业通过一期建设项目验收，机械工程等3个专业通过工程教育认证，临床医学等6个专业通过认证专家现场考查。推进课程建设，获批国家精品在线开放课程3门，“环境设施与创新设计”等3门课程登陆“学习强国”平台，国家级虚拟仿真实验教学项目实现突破。动态调整招生计划和专业布局，健全考试招生机制，加强专业化就业指导，本科生、研究生生源及就业质量进一步提高。以庆祝至善学院成立10周年为契机，不断优化至善生培养模式。学校学生获省级以上学科竞赛奖902项，其中，在2019年国际遗传工程机器设计大赛中获金奖3项。健全研究生培养体系，加强培养过程管理，国务院学位办博士学位论文抽检合格率100%。

（钱 锋）

【江南大学师资队伍建设】 2019年，学校新增国家级人才10人，其中中国工程院院士1人；新增省级人才43人次、团队1支，“双创博士”入选人数创新高，省部级人才实现学院全覆盖。持续推进“至善系列人才支持计划”，以“名师育才”“团队育才”“项目育才”推进一流师资培育。推进职称、考核评价、绩效工资、养老保险等人事制度改革，实现教职工收入持续增长。实施名校定点招聘，推行新进人员聘用制改革，强化博士后过程管理，多项博士后高水平专项资助排名升至省内前列。制定教师职业行为负面清单及师德失范行为处理办法，严肃查处违反新时代教师职业行为10项准则的行为。培育和宣传教师先进典型，通过打造“教师育人工作室”品牌项目、评选师德标兵、表彰“巾帼示范岗”等，引导广大教师践行“四个相统一”的要求。

（钱 锋）

【江南大学服务社会能力提升】 2019年，学校新增“创面修复技术教育部工程研究中心”等省部级平台4个，成立未来食品中心，推进无锡智能制造协同创新中心建设，启动第二轮校企协同创新实验室建设，创新大学科技园产创实验室发展模式。获批国家自然科学基金项目143项、“十三五”国家重点研发计划项目3项，国防科研任务新增1000万元级横向项目15项，科研总经费达8.14亿元，比上年增长20.4%。获国家技术发明奖1项，获教育部高等学校科学研究优秀成果奖（科学技术）6项，并列全国高校第六。获发明专利授权1040项、国际专利授权72项，获中国专利奖银奖1项、优秀奖2项。推进哲学社会科学繁荣发展，成立江南文化研究院、无锡大运河文化带建设研究院。国家社科基金年度项目突破10项，省高校哲学社会科学重大项目数并列全省第一。食品安全风险治理研究院研究成果获省第四届智库高峰论坛十佳优秀智库成果奖，《江南大学学报（人文社会科学版）》获评全国高校社科优秀期刊。

（钱 锋）

【江南大学开展国际交流】 2019年，学校拓展“一带一路”教育科技合作的深度与广度，全面提升学校的国际竞争力和影响力。聘专引智规模与层次不断提升，“食品安全加工科学与技术”学科创新引智基地升级2.0计划，“功能分子、聚集体及器件创制”学科创新引智基地进入第二轮建设，获批高端外专引进计划19个，其中“一带一路”项目2个。深入推进与新西兰梅西大学中外合作办学项目进程，签订合作办学项目合作协议，继续推进与英国普利茅斯大学中外合作办学机构建设工作。加强教育对外开放有关规章制度建设，加强对短聘期外国文教专家、外宾接待、孔子学院外派教师、因公临时出国（境）差旅费等管理。学生参与高水平海外交流项目数及到中国留学生规模均显著提高，通过全国高校到中国留学质量认证。

（钱 锋）

【江南大学管理服务水平提升】 2019年，学校优化后勤运行模式，强化后勤服务感知体验和教育属性，师生对后勤服务满意率实现历史新高。编制《江南大学绿色校园建设中长期规划》，统筹房产资源配置，能源管理实现“以设备为中心”到“以数据为中心”的转型升级。加强图书馆档案馆学科资源保障建设，成立知识产权信息服务中心，图书馆改造项目获“中国建设工程装饰奖”。制定《后勤信息化建设规划（2019 ~ 2021）》，完善“e江南”智慧校园生态体系。推进平安校园建设，优化数字化立体安防体系，创新警校联动模式，提升校园交通微循环质量，后勤保障系统先后获“全国高校后勤事业发展先进单位”等多项荣誉。成立实验室建设与安全工作委员会，经常性开展责任落实核查及飞行检查，确保学校实验室安全无隐患。

（钱 锋）

编辑 顾洪兴

公共文化

【概况】 2019年，全市建成基层综合性文化服务中心64个，提前1年实现行政村（社区）综合性文化服务中心全覆盖。实施政府向社会力量购买公共文化服务，共有13个大类71个项目列入购买名单，购买资金总额达850万元，充分激发社会力量举办公共文化的活力和热情。开展群众特色文化团队小额资助，扶持团队501支，其中，三星级200支，四星级251支，五星级50支，合计资助185.4万元，调动广大群众文化骨干开展文化活动和团队争先创优的积极性。组织以"激情周末"品牌为代表的群众广场特色文艺展演92场，惠及群众5万余人次。以"文旅融合"为主题，推出群众文化活动新品牌——"情韵江南"群众文艺精品展演，在拈花湾、锡惠公园等旅游景区演出8场。11月，举办第三十届苏锡常通群众文化信息交流暨理论研讨会。

（周　文）

【文化惠民】 2019年，全市各级送戏下基层1939场，送展览下基层514场，送书下基层5万余册，举办免费讲座1787场、公益文艺演出2000余场、社会文化艺术培训班2030期、文化骨干培训班516期。全年新创作群众文化舞台类作品836件，美术、书法作品5000余件。创作移风易俗主题文艺作品5个，开展"倡导移风易俗，弘扬时代新风"巡演74场，巡展4场，现场直播3场，通过网络直播观看人数近5万人，惠及20万余人次。梁溪区以"文化下基层·幸福万家乐"为主题，打造"三百工程"文化惠民品牌，开展各类文化活动458场。锡山区举办"锡山书场"基层巡演18场、270回次。惠山区举办"同心筑梦·筑梦惠山"第六届社区文化节。滨湖区组织开展百场文艺进社区、百姓大舞台等"文化滨湖"品牌系列活动100余场。新吴区开展主题宣讲活动、共和国故事汇活动等13项系列活动，江溪"溪之韵"舞蹈队获2019"舞动江苏"广场舞大赛最美风采奖。

（周　文）

【全民阅读】 2019年，宜兴市围绕第七届"书香宜兴"读书节，开展全民阅读系列活动40多场，组织开展"我是朗读者"公益系列朗读活动。江阴市开展"首届蒲公英文创书展""钱穆学术思想读书会"和"随风"图书漂流活动等阅读推广活动。惠山区举办第一届"智·惠"阅读节，"书香惠山"深入人心，建成"天上书阁·惠山区城市阅读联盟"阅读点54个。滨湖区打造"书香滨湖"全民阅读品牌，举办滨湖"全民读书节"系列活动23场。新吴区进一步完善以区图书馆为核心的3个直属分馆、6个街道分馆、72个社区图书馆、10个联盟阅读点和7个企业服务点以及2个24小时图书驿站等100个点的覆盖全区的全民阅读联盟体系，开展春风行动、太湖读书月、阅美新吴书香传承等全民阅读系列活动60场。

（周　文）

【公共图书馆】 2019年，全市有公共图书馆8座，市、区图书馆设施进一步健全完善，市图书馆总分馆服务体

"情韵江南"群众文艺精品展演　　（周　文　供）

系中的成员馆达25个，区图书馆总分馆服务体系中成员达478个。全年市图书馆流通图书377万余册次，接待读者211万余人次，新增借阅证2.7万张，举办读者活动558次，吸引161万余名市民参与。市图书馆稳妥推进法人治理结构改革，召开理事会成立大会暨第一次会议，由市文广旅游局、图书馆、图书馆分馆、文化界、工商企业界、高校、读者、媒体代表等13名理事组成决策型理事会，同时成立监事会，监督理事会工作，并聘请专家委员会，为理事会决策提供专业咨询服务。市图书馆获得江苏省社会科学普及示范基地、江苏省少儿数字图书馆先进单位等荣誉，市少年儿童图书馆获得“全国巾帼文明岗”称号。江阴市图书馆在2019年中国图书馆学会年会上获得“书香城市”风采展示奖，成为省内唯一获此荣誉的图书馆。江阴市235家农家书屋与村（社区）综合文化服务中心图书室纳入市公共图书馆服务体系，采取“订单”服务方式，实现供需有效对接。锡山区建成投运锡山区图书馆荟聚分馆和荡口古镇分馆。新吴区新建2个“吴韵书香”24小时图书驿站，新吴区图书馆获评江苏省文明单位。

（周　文）

【图书馆总分馆体系建设】 2019年，市图书馆探索跨界合作和多元发展，建成人民医院24小时自助图书馆、万科社区24小时自助图书馆、无锡地铁分馆。网借服务不断延伸范围，新增无锡市第二人民医院投递点。至年底，无锡城区总分馆通借通还服务体系成员馆已有25家，网借服务投递点7个，图书流动站39个，少儿流动图书馆服务点21个。发挥地区中心馆的作用，面向全市各类型图书馆举办“新时代图书馆的转型发展：均衡、融合、智慧”学术征文活动，为基层图书馆（室）发展提供业务支持。

（周　文）

【市文化馆】 2019年，市文化馆共举办展览27场、公益讲座14场，组织“激情周末”文艺展演289场、“非遗”活动15场，创作艺术作品11件，获得市级以上荣誉20个，出版内部期刊《梁溪群文》季刊4期。“西水公益学堂”全民艺术普及公益培训班全年开设班级144个，招收学员2581名。完成群众文化公益大讲堂及全市基层业务骨干培训共计11期。依托市群众文化学会，参与中国文化馆年会征文、现代文化馆理论创新发展征文、江苏省“文旅融合与基层公共文化服务创新”主题征文、第三十届苏锡常通群众文化信息交流暨理论研讨会征文等一系列活动，1篇论文获2019年中国文化馆年会征文二等奖，1篇论文获2019现代文化馆理论创新发展征文三等奖。12月26日，市文化馆召开理事会第一届会议，成立市文化馆理事会。

（周　文）

【书院故居】 2019年，东林书院共开展“朗朗读书在东林”少儿经典诵读活动180场次，各类社会教育、品牌拓展活动41场次，包括“古韵书香”活动22场，东林国学讲堂6场，释奠礼及东林会讲1场，其他未成年人爱国主义教育活动12场。举办王木东绘画展、“绘画521”与梦想对画第三届少儿艺术绘画展两场专题展览。9月15日，举办释奠礼仪式，在恢复祭祀仪式和礼乐演奏的基础上，恢复佾舞，至此东林书院的释奠礼乐在新中国成立后首次得到全面恢复，更完整地展现中华传统礼仪的教化作用。年内，市名人故居文物管理中心所辖秦邦宪故居和顾毓琇纪念馆坚持全年无休，共计接待参观者17.98万人次，其中未成年人4.72万人次。策划推出“名人故事会堂·流动小剧场——严朴专辑”12场、“名人故事会堂·流动故事会”4场。与常州市名人故居管理中心合作，有序组织“常州三杰——瞿秋白、张太雷、恽代英生平事迹展”进入全市各学校巡展10场。钱锺书故居寻求与社会力量合作，征集大量实物资料，举办“绳武堂前话梁溪”公益文化讲座系列活动，取得良好社会反响。薛福成故居开展各类社会教育文化活动112场次，包括家·讲堂公益讲座28场次、瑾槐书堂“阅读”系列讲座18场次、传统节庆文化活动4场次、锡绣体验式培训活动62场次；完成故居东轴线花厅戏台修缮工程和故居景观提升工程，进一步加强文物保护，美化园林景观。

（周　文）

【无锡大剧院】 2019年，无锡大剧院组织演出及活动总计280余场，

4月23日，无锡市图书馆人民医院24小时自助图书馆开馆

（周　文　供）

平均上座率为73%，平均票价为173元/张，其中，支持当地院团共35场演出。依托保利院线演艺资源优势，推出新春演出季系列、漫步音乐节系列、市民音乐会系列、城市戏剧季系列、打开艺术之门系列和秋冬经典演出季系列六大品牌演出系列，话剧《白鹿原》、原版音乐剧《摇滚莫扎特》、话剧《恋爱的犀牛》、《李云迪钢琴音乐会》《马克西姆钢琴音乐会》以及《柏林交响乐团音乐会》等一大批高品质演出陆续在无锡大剧院上演，获得好评。10月18日～11月18日，上海国际艺术节无锡分会场期间承办45场演出，包含精品舞台剧目、纪念王彬彬100周年诞辰活动、梦想艺术汇、社会文化活动等板块，为庆祝中华人民共和国成立70周年营造浓厚的文化氛围。

（周　文）

文学艺术

【市民间文艺家协会获表彰】 3月15日，江苏省民间文艺家协会七届四次理事（扩大）会议召开。会上，表彰2018年度民间文艺工作先进集体、先进个人，并颁发证书。无锡市民间文艺家协会获得组织工作奖，宜兴市民间文艺家协会获得特别组织工作奖；同时，潘基峰被评为“两大工程”（《中国民间工艺集成》江苏卷、《中国民间文学大系》江苏卷）先进工作者；潘基峰、卫江安被评为省民间文艺家协会先进组织工作者，陈静怡、蔡晓英被评为省民间文艺家协会先进会员。

（孙必勇）

【梅村泰伯庙会“非遗”展演展示】 2月，无锡市新吴区梅村街道泰伯庙会民俗文化活动周拉开帷幕。从正月初六至初九，由无锡市民间文艺家协会参与的民间艺术非物质文化遗产展示、展演项目，成为民俗文化活动周的亮点之一。宣卷说唱祭祀泰伯、惠山泥人、锡绣、竹刻、微雕、蛋雕、剪纸、面塑、糖画、玻璃内画、小热昏说唱、玻璃塑型、草编、九连环、烙画、麦芽糖、紫砂陶瓷17项民间“非遗”艺术集中展示展演。

（孙必勇）

【惠山泥人精品展】 3月8日，无锡惠山泥人精品展在惠山古镇景区的中国泥人博物馆举行开幕式。此次展览是近年来无锡民间文艺家协会无锡惠山泥人专业委员会集中优势力量组织的惠山泥人优秀作品的集中展示，汇聚无锡国家级、省级工艺美术大师以及惠山泥人行业精英们的一批优秀作品，从传承、保护、宣传、传播泥人艺术的角度，体现对国家级非物质文化遗产保护的社会责任。

（孙必勇）

【省民间文艺名师带徒结对启动仪式】 4月12日，江苏省民间文艺“名师带徒”计划启动仪式在南京江苏大剧院举行，100名民间文艺名家与新秀、英才结对。经无锡市民间文艺家协会推荐、个人申报、严格选拔，无锡精微绣大师赵红育与徒弟沈荷芳入选参加启动仪式。入选此次江苏民间文艺“名师带徒”计划的9对全省民间文艺领域的师徒，涉及各个方面，包括无锡精微绣、南通蓝印花布、苏州刺绣、南京云锦、扬州玉雕等。

（孙必勇）

【文艺创作】 2019年，全市完成艺术创作作品6万字，其中公开发表或出版2万字，多篇学术论文、文艺评论在《艺术百家》《剧影月报》发表。完成大戏《最高机密》、故事《我的舅公》创作，歌曲《临江仙咏“彬彬腔”》《致敬——大师》《同心共创食安城》发表并排演。《太湖》杂志出版6期，每期发行量达5000册；《书画艺术》杂志出版6期，每期发行量4500册，两本杂志办刊质量有明显提升。启动第二届无锡市“优秀剧本孵化计划”活动，围绕新中国成立70周年等重大时间节点讲好无锡红色故事，收到稿件67部，其中大戏27部，小戏、小品、评弹、微电影剧本40部，包括《江堤下的小屋》《烽火西漳船》《最高机密》《五纬当官》等多部作品，组织入围作品评选、编剧骨干培训班以及重点作品改稿采风活动。

（周　文）

【“江南情韵咏无锡”创作项目】 2019年，从历代文人咏无锡或无锡作者所作的诗词中精心遴选10首进行改编和谱曲。曲目内容包括《鼋头渚》《题惠山寺》《东林赋》等，也包括对古诗词的全新演绎，如《南国红豆》《游子吟》《阿福阿喜赛唐诗》等，该音乐专辑在国内音乐门户网站和全社会推广，让地方文化与时代对接、与山水融合，以崭新形式绽放艺术魅力。

（周　文）

【“太湖文学奖”颁奖】 2019年10月25日，2017～2018年度“太湖文学奖”颁奖暨《香樟文丛》2018卷首发式在无锡举办，马汉等15位作家获2017～2018年度“太湖文学奖”。省作家协会党组成员、书记处书记、副主席汪政，省作家协会党组成员、书记处书记、《钟山》杂志主编贾梦玮参加活动并举办文学讲座。

（孙必勇）

戏剧·曲艺

【原创中篇评弹《郑和下西洋》首演】 7月15日，中国文学艺术基金会、中国文学艺术发展专项基金资助项目——原创中篇评弹《郑和下西洋》在无锡大剧院首演。该作品塑造郑和仁义待人、机智果敢、恩威并行、修好通商的风范。

（孙必勇）

【市曲协举办中青年骨干培训班】 4月18～20日，2019年市曲艺中青年骨干培训班在曲艺之乡硕放街道举办，40余名曲艺工作者参加培训。市文联主席卢敏为培训班作开班动员辅导，培训班邀请省曲艺家协会副主席、国家一级艺术监督芦明，上海评弹团团长、评弹表演艺术家高博文，江苏省文联主席章剑华，上海市文联副主席、滑稽表演艺术家、国家一级演员王汝刚等专家、学者授课。

（孙必勇）

【锡剧发展促进会太湖申新分会成立】 6月25日，无锡锡剧发展促进会太湖申新分会在太湖街道申新社区揭牌成立。仪式上，市锡剧戏迷协会、锡剧发展促进会的名家、票友和社区锡剧爱好者同台演出，表演精彩节目。分会成立后，依托申新社区"心之声"艺术团，开展群众性锡剧演出等活动，进一步加强锡剧名家、票友和基层社区戏迷爱好者的交流，活跃社区群众业余生活。

（孙必勇）

【锡剧青年演员大赛】 作为第二十一届上海国际艺术节无锡分会场活动之一，11月3日，无锡市第二届"太湖梅花奖"锡剧青年演员大赛在无锡市人民大会堂举办决赛。经过角逐、筛选，无锡市锡剧院、江阴市锡剧团、宜兴市锡剧团的19位优秀青年演员分别获得1枚金牌、2枚银牌、3枚铜牌和13个优秀表演奖。

（孙必勇）

【第八届江苏省文艺大奖·曲艺奖评选】 11月28日—12月1日，为期4天的第八届江苏省文艺大奖·曲艺奖终评在无锡举行。此次评奖是该奖项更名后的首次评奖，在73个进入终评的项目中，最终评出节目奖、表演奖、新人奖、文学奖、理论奖、音乐奖6大类奖项的40个奖，体现近两年来江苏曲艺在节目打造、曲本创作、人才培养、舞台表演、理论研究、音乐设计等多方面的最新成果。11月30日，"到人民中去"——江苏省曲艺名家新秀走进无锡惠民专场演出在无锡广电音乐厅上演。

（孙必勇）

音乐·舞蹈

【舞台艺术】 为加强江苏与伊犁两地间文化交流，无锡市歌舞剧院与伊犁哈萨克自治州歌舞团合作创作排练民族舞剧《天山魂》，参加2019紫金艺术节演出并获优秀剧目奖，1人获得优秀表演奖；参加中国上海国际艺术节主会场演出，赴新疆交流演出，得到一致好评。原创舞剧《寻》成功首演，入选中宣部2019年全国文艺院团海外巡演项目，赴加拿大、美国巡演8场。民族歌剧《二泉》获江苏省第十一届精神文明建设"五个一工程"奖。舞剧《南国红豆》获第四届江苏省文华大奖，分别获得舞台艺术大型剧目表演奖、导演奖，获江苏省第十一届精神文明建设"五个一工程"奖，入选2019年度江苏省舞台艺术精品创作扶持工程。歌曲《精卫填海》获得江苏省第十一届精神文明建设"五个一工程"奖。创作排练大型原创锡剧《惠山泥人》，入选2019年度国家艺术基金项目。加工提升的锡剧《繁漪》，入选2019年度省艺术基金大型舞台剧资助项目。创作排练滑稽剧《真正害煞人》并首演成功，复排滑稽戏《梦醒归来》。创作弹词开篇《阿炳和二泉映月》，推进"江南情韵咏无锡"等评弹项目。评弹表演唱《漂亮MM找上门》、小锡剧《一碗馄饨》、群舞《奶奶当年》获第四届江苏省文华奖舞台艺术小型节目奖。

（周 文）

8月28日，无锡市歌舞剧院现实题材舞剧《南国红豆》获第四届江苏省文华奖 （周 文 供）

【声乐学会表演实践基地成立】 4月10日，无锡市音乐家协会声乐学会在江南大学音乐厅举办"声乐学会表演实践基地"授牌仪式暨沙龙音乐会，全市300多位声乐爱好者现场观摩。为更好地服务会员，声乐学会聘请钱至美、张潇蕾、陶红、陶思佳、张蕾蕾、李苏豫等担任钢琴艺术指导。

（孙必勇）

【音乐艺术论坛系列讲座】 8月18日，无锡市音乐文学学会音乐艺术论坛系列讲座在惠山古镇寄畅传统文化活动中心举行。学会邀请作曲家、词作者围绕歌曲作曲、歌词创作、音乐鉴赏等方面，与广大音乐爱好者进行面对面交流。首场讲座由无锡市音乐文学学会会长、江南大学音乐系教授、作曲家徐湘担纲，讲授"歌曲写作基础与创作实践例析"课题。

（孙必勇）

【歌词选集《都说无锡美》出版】 4月，由无锡市委宣传部、市文联出品，词作家孟敦和创作的歌词选集《都说无锡美》，由中国科学文化音像出版社有限公司出版发行。作品收录《都说无锡美》等16首歌词，其中，一些作品曾获全国金奖、银奖与省、市"五个一工程"奖。专集附有一张作品演唱CD，每页歌词配有无锡优美风光摄影作品。歌曲由作曲家孟庆云、田晓耕、朝乐蒙、何山、钱铁民等主创，由歌唱家程桂兰、杭天琪、刘一祯、何鹏、石莉娟等演唱，为赞美家乡的歌曲专辑，富有江南水乡韵味。

（孙必勇）

【舞蹈艺术展演活动】 5月18～19日，“桃李杯”2019舞蹈艺术展演无锡站活动在市人民大会堂举行。此次展演是全国展演的首站，在舞台、灯光、舞美、评委阵容等方面提出高规格、高标准、高要求。无锡市舞蹈家协会作为展演活动的艺术指导单位，参与机构80余家，节目216个，参演人员近3000人，参演工作人员近500人，参与地区覆盖浙江、江苏等地。此次展演活动旨在推动江苏省少儿舞蹈培训的健康发展，为广大社会培训机构提供高规格、高品质的展演平台，注重突出社会效益。

（孙必勇）

【第四届紫金合唱节无锡获奖】 6月16日，第四届紫金合唱节在南京落幕，共产生金奖4名，银奖8名，铜奖12名，优秀演唱奖11名。无锡市3支参赛团队通过无锡选拔赛、省复赛，全部进入决赛，其中，无锡山禾合唱团获得成年B组金奖，江南大学合唱团获得银奖，江苏省锡山高级中学天馨合唱团获得优秀演唱奖，无锡市获优秀组织奖。

（孙必勇）

美术·书法·摄影

【美术交流活动】 5月23～30日，无锡美术馆承办2019年度徐州—无锡对口文化交流活动，“尽说江南好”——无锡画家画无锡作品展在徐州李可染艺术馆展出，共展出无锡画家创作的大尺幅美术书法精品70余件。9月7日，第二十八届日本相模原市艺术家协会展暨相模原—无锡友城美术作品交流展在日本相模原市民美术馆举行开幕式，无锡美术馆画家顾真真、李建鹏向相模原市市长本村贤太郎赠送无锡泥人。9月25～28日，无锡美术馆专职画家赴成都、重庆、济南观摩第十三届全国美展版画、油画、国画展区，参加成都画院“天府·天府学术研讨会”交流。11月23日，无锡美术馆邀请日本多摩学院教授渡辺达正到无锡举办公益体验课——石膏版画制作。12月1～10日，毓秀梁溪·无锡市书画院建院40周年美术书法作品展入选江苏省文化和旅游厅2019年度江苏省基层文艺单位优秀美术作品并赴江苏省美术馆办展，共展出无锡市书画院自建院以来27位书画家的136件作品。《毓秀梁溪·无锡市书画院建院40周年美术书法作品集》由江苏凤凰美术出版社出版发行。

（周　文）

【第十届程及美术奖美术作品竞赛展】 4月30日～5月15日，无锡市文广旅游局、无锡市美协、程及艺术基金会共同主办第十届程及美术奖美术作品竞赛展，共收到参评作品212件，共评出金奖作品2件、银奖作品5件、铜奖作品10件、优秀奖作品60件，入选作品99件。在无锡美术馆、无锡博物院程及美术馆分别展出国画作品、油画及其他类作品。6月20～29日，第十届程及美术奖优秀作品展赴江苏省美术馆办展，共展出此届获奖作品及部分往届获奖者的精品佳作110余件。

（周　文）

【无锡作品入选全国展】 2019年，在第十三届全国美术作品展览、第十二届全国书法篆刻作品展览、第二十七届全国摄影艺术展览中，无锡艺术家表现突出，成绩优异。有24件作品入选全国美展，其中，2件作品入选进京展，11件作品入选全国书法展，4件作品入选全国摄影展。入选作品数量创历史新高，在全省名列前茅。入展作者中45岁以下中青年占40%，展示无锡文艺界中青年人才辈出的良好局面。

（孙必勇）

【潘超安陶塑作品展】 3月7日，“泥与火的精灵”——潘超安陶塑作品展在无锡博物院开幕。潘超安是广东省佛山市石湾陶塑的青年雕塑家，曾入选国家艺术基金2019年创作资助项目，此次展览共展出他的70余件作品。

（孙必勇）

【周胜荣中国画展】 4月27日，无锡画家周胜荣“问道山川”——中国画展在中国美术馆开幕。此次画展由江苏省文联、无锡市委宣传部主办。此次画展共展出周胜荣从艺30多年的作品58件，画展至5月5日结束。展览期间，召开周胜荣中国画展研讨会。

（孙必勇）

【张桂光书法作品展】 4月29日，“守望岭南”——张桂光书法作品展在无锡文化馆西水当代艺术中心开幕。展览汇集张桂光历年的临摹创作包括自书诗文作品70余件，展示其以古求新、书写心源、守望岭南的翰墨情怀。开幕式当天，张桂光在无锡文化馆作题为“文字与书法”的讲座。

（孙必勇）

【“皖风吴韵”美术作品交流展】 5月24日、10月26日，由无锡市文联、芜湖市文联、池州市文联联合主办的第二届“皖风吴韵”两省三地美术作品交流展，分别在安徽芜湖、江苏无锡惠山区举办，展出无锡、芜湖、池州三地艺术家的国画、油画、水彩作品130多件。无锡展区活动列入第二十一届上海国际文化艺术节无锡分会场系列活动之一。

（孙必勇）

【钱松喦120周年诞辰书画邀请展暨研讨会】 11月9日，由无锡市文联主办的“松青喦红秀江南”——纪念钱松喦120周年诞辰书画邀请展暨研讨会在三鑫文化中心举行。书画邀请展由钱松喦艺术研究会承办，展出书画作品120件，涵盖真、草、隶、篆各种书体，涉及山水、花鸟等不同题材。研讨会上，中国美术家协会美术理论委员会副主任、中国国家博物馆原副馆长陈履生专门发来论文，和无锡市专家一起研讨，探讨钱松喦对当下中国画艺术的启示。

（孙必勇）

【公益培训活动】 4月14日，无锡市书法家协会青年分会首届公益书法培训班在无锡市文化馆开班。此次培训班是无锡市青年书法家分会2019年度公益培训的重点工作之一，为无锡市书法青年骨干的发掘培养提供学习交流的机会和平台。6月，市青年摄影家协会与梁溪区文化馆联合举办摄影基础培训班，40余名摄影爱好者参加培训。培训班历时两个多月，旨在普及群众摄影知识，切实提高大众摄影艺术创作力和鉴赏力。

（孙必勇）

【第二届无锡市书法奖评选】 9月，第二届无锡市书法奖发布征稿启事，截至活动结束，共征集投稿书法作品300余件。12月6日，按照评审程序和规定组织评审，严春亚等10人获书法奖，李瑀等10人获书法奖提名，王诚等71人作品入展。

（孙必勇）

文化遗产保护

【概况】 2019年，全市持续推进《无锡市文物保护工作三年行动计划（2018～2020）》，市、县（区）两级共投入8000多万元，先后启动无锡县学旧址、蠡园及渔庄、薛汇东住宅等78处文物保护单位修缮工程。以“文化地标”龙光塔为代表，完成无锡县图书馆旧址、顾毓琇故居、龙光塔等40处文物修缮工程，并通过竣工验收。完成丁蜀通用机场、江阴第二过江通道工程等15个项目的考古调查勘探，勘探面积54.8万平方米。组织开展常宜高速南青墩遗址、宜长高速凤凰村窑址及墓群、新吴区梅里古镇遗址第二次发掘、尤家弄墓地、顾更上墓地、新安墓地6处考古发掘，发掘面积近5000平方米。洑溪徐氏宗祠、荡口华氏老义庄、江阴蚕种场3处省级文物保护单位升格为第八批全国重点文物保护单位，华圻小学旧址、华学士坊等10处市级文物保护单位升格为第八批省级文物保护单位，另有3处古桥梁扩展增补至第六批省级文物保护“宜兴古桥梁”中，薛汇东住宅调整公布为单独省级文物保护单位，居全省前列。鸿山墓群本体保护展示及相关工程全面实施，阖闾城遗址龙山石城墙本体保护与展示工程（一期）完成试验段验收。申报2020年度国家重点文物保护项目计划5项、三防项目7项，惠山寺石经幢修缮计划获批复。注重软硬件改造，推进无锡博物院改造项目、钱裕墓展厅改造工程和数据中心平台建设，张闻天旧居和无锡县学旧址（无锡碑刻陈列馆）本体建筑整体修缮工程完工，茂新面粉厂旧址（无锡中国民族工商业博物馆）建筑整体修缮工程实施中。

（周 文）

【无锡博物院】 2019年，无锡市有博物（纪念）馆58个。无锡博物院探索文旅融合背景下博物院发展新思路、新模式，围绕争创国家一级博物馆核心目标任务，推动博物院各项提升举措高效落实。年内，无锡博物院被评为国家生态环境科普基地、第十届中国博物馆十佳志愿服务团队、江苏省社会科学普及示范基地，下属无锡中国民族工商业博物馆被评为江苏省社会科学普及教育基地、大运河最美水利地标。深化志愿者团队管理，新增医疗急救志愿服务，完成志愿者管理系统App。2019年，无锡博物院及下属各专题馆共接待观众72.63万人次，比上年增长2.79%，举办各类临时展览35个，开展社教活动477场次。各媒体宣传总计957篇次，自媒体平台点击量达383万余次，被国家级媒体平台报道56篇次，是上年的3.7倍。围绕特色展览和主题日，连推“博物馆奇妙夜”活动3场，其中“国际博物馆日”当天，与南京博物院、苏州博物馆等省内博物馆实现9馆联动，同开“博物馆奇妙夜”，直播在线观众达145万人次。重推“互联网+博物馆教育”项目研发，打造“吴地文明”AR系列社教课程、“在线微课”“云观博”“云直播课堂”等线上活动，形成线上线下品牌活动的联动效应与受众的全域覆盖。

（周 文）

【文物保护利用】 2019年，无锡博物院建立纸质文物保护国家文物局重点科研基地无锡工作站。推出“锡博英才行动”项目，甄选10名青年人才对馆藏文物进行创新研究、艺术创作。争取各级、各类文物保护专项资金，推进可移动文物修复、展厅改造等工作。编辑出版《无锡文博·已亥撷英》《无锡艺兰文化展暨国际研讨会图文集》等4部学术图录、出版物，举办无锡艺兰文化国际研讨会。以“江南文脉”系列展为重点，推出《得天之清——无锡艺兰文化展》《江南一喦——钱松喦诞辰120周年特展》等原创精品展，承办《无锡市庆祝新中国成立70周年综合成就展》，首次赴美与美国圣安东尼奥艺术博物馆合作，策划举办《太湖石与文人生活：无锡博物院藏品精选展》。《无锡艺兰文化展》获评江苏省2019年度“弘扬优秀传统文化、培育社会主义核心价值观”主题展览推介项目，《纸寿千秋 币有万种——无锡博物院藏历代纸币展》入选2019年省馆藏文物巡回（交流）展项目，在省内多馆巡回展出。

（周 文）

【非物质文化遗产保护】 2019年，全市有国家级“非遗”代表性项目11项，省级“非遗”代表性项目51项，市级“非遗”代表性项目133项；国家级“非遗”代表性传承人10人，省级“非遗”代表性传承人22人，市级“非遗”代表性传承人258人；国家级“非遗”生产性保护示范基地1个，省级“非遗”生产性保护示范基地3个，省级“非遗”传承示范基地2个，省级“非遗”研究基地2个，省级“非遗”创意基地1个，市级“非遗”传承示范基地16个，市级“非遗”生产性保护示范基地12个，形成非物质文化遗产传承保护的基本梯队。组织参加首届大运河文化旅游博览会“非遗”展、“人才引领高质量发展”创新创业成果无锡展洽会之“非遗”展、第二届江南文脉论坛江南民间工艺展、2019年文博会“非遗”展、西水公益学堂学员作品成果展等活动，联合江南大学组织“家国情·江南行”——江南大学商学院汇聚港澳台学子共探无锡“非遗”等活动，结合传统节日开展西水元宵嘉年华“非遗”活动、西塘庙会“非遗”展，三月三堰桥、玉祁庙会“非遗”展等传统庙会活动。启动国家级“非遗”传承人王南仙、乔锦洪数字化记录工作，启动省级、市级“非遗”传承人陆林生、王国栋、翁国汉、周仁娣、俞春林5位高龄传承人的数字化抢救性记录工作。“宜兴紫砂陶制作技艺”被国家文化和旅游部遴选为国家级非物质文化遗产代表性项目优秀保护实践案例。

（周　文）

【“非遗”进校园活动】 2019年，“非遗”进校园活动新增新吴区春星小学、山北中学、江南中专、泰山小学、江苏信息职业技术学院5所院校。无锡剪纸、惠山泥人、无锡精微绣、太湖船点、紫砂陶制作技艺5项无锡国家级、省级、市级“非遗”项目走进无锡各院校，在校园内开设“非遗”公益培训常规课程，近300名学员参加培训。江阴市开展“非遗”进校园品牌活动，命名第一批江阴市非物质文化遗产传承示范学校10个。

（周　文）

【“文化和自然遗产日”活动】 6月8日，“文化和自然遗产日”主题活动精彩纷呈，“中国社会科学院考古研究所华东基地”正式落户无锡阖闾城，“无锡市文化遗产研学旅行精品线路”正式发布。“非遗”活动由“非遗·演出”“非遗·体验”“非遗·展览”三大部分组成，以“我和我的祖国”为主题，“非遗”公开课、“非遗”体验社区行把“非遗”项目体验活动带到无锡各个社区，让市民近距离体会家乡非物质文化遗产的魅力。《江阴好味道》《江阴好手艺》第一季、《天华故里弦索声》共19部视频作品上线“学习强国”平台，让更多人感受到江阴市“非遗”文化的独特魅力。江阴市“校园小锡班”受邀献演梅兰芳大剧院。

（周　文）

【蠡园文保建筑修缮项目】 4月，蠡园启动文保建筑修缮项目，先后完成龙凤亭、四季亭、千步长廊等19处单体修缮维护工作，整个项目历时7个月。修缮项目遵循修旧如旧原则，对屋脊泥塑、花窗碑刻等局部细节进行考证修复，最大限度保持历史风貌。同时注重文化元素植入，营造荷花、鲤鱼图案雕花棋盘吊顶等文化景观，精心打造花街铺地，展现文化特色。

（严　峻）

大运河文化保护利用

【大运河文化带建设】 2019年，全市大运河文化带建设工作领导小组全体成员会议召开，会议要求重点做好“四个一”，即编制一个规划、设立一个专项基金、办好一个研究院、实施一批重点项目。市委宣传部会同市发展改革委牵头负责大运河规划和大运河国家文化公园规划的“两规合一”编制工作，12月，市政府常务会议审议通过《无锡市大运河文化保护传承利用实施规划》。由国联投资有限公司、市文旅集团、市文发集团、省大运河母基金共同发起设立7亿元的无锡市大运河文旅融合发展基金，推动大运河沿线重点文旅项目建设发展。9月，成立无锡大运河文化带建设研究院（大运河文化带建设研究院无锡分院），下设大运河遗产保护与文化传播研究中心、大运河江南文化与运河文化融合研发中心等10个研究中心，全年开展12项课题研究；江苏省大运河文化带建设研究院2019年招标的35项课题中，无锡市有4项课题入选，位居全省前列。实施小娄巷历史文化街区、古运河环城步道、惠山古镇二期等重大运河文化旅游项目，举办无锡运河记忆、大运河文化高层论坛、江南古运河风情夜游节等运河文化主题活动，组建“运河文化教育联盟”，打造大运河文化教育体系。

（谢记科）

【大运河文化带重点工程】 2019年，以惠山古镇申遗、大遗址保护和国家文化公园示范点段建设为重点，确立一批文物保护重点工程。惠山古镇申遗文本编制、监测中心建设、档案中心建设等进展顺利。无锡大遗址资源保护利用取得突破，鸿山国家考古遗址公园（二期）保护展示工程于

9月28日，首届大运河文化生活节拉开帷幕　（周　文　供）

9月28日开工,阖闾城遗址发掘保护项目及龙山石城墙本体保护工程(一期)有序实施。

(周 文)

【首届大运河文化生活节】 9月28日~10月4日,首届大运河文化生活节暨2019无锡阅读与文创展举办。活动紧扣大运河主题创新形式,开展"新品质·新生活"大运河文化和生活研讨会、"阅读·让生活更美好"系列展、园林实景戏曲展演、"创出我的YOUNG"运河文创生活市集、阅读分享会、公益活动、惠山古镇国庆游园等活动,彰显无锡古运河的独特魅力,将大运河文化的保护、传承、利用融入日常生活,为大运河文化带建设注入当代意义。

(周 文)

对外文化交流

【国际版舞剧《寻》】 为弘扬中华文化,推动中西文化艺术交流融合,无锡歌舞剧院与加拿大著名导演合作创作排练国际版舞剧《寻》。10月9~26日,舞剧《寻》分别在加拿大、美国的8个城市巡演12场次,让美国、加拿大当地市民和华人华侨领略到江南地区小桥流水人家的意境之美。

(周 文)

【舞台剧目巡演】 2019年,舞剧《南国红豆》参加"感知中国·江苏文化周"活动,在柬埔寨、泰国巡演5场;锡剧《孟丽君》《精品折子戏》参加"江苏戏曲文化进香港"系列活动开幕演出;编排《江南盛地·无锡美》,赴台湾佛光山进行文化旅游推介。歌剧《二泉》参加2019国家大剧院歌剧节演出;锡剧《锡商》《好人俞亦斌》赴宁参加江苏省基层院团优秀剧目展演,亮相江苏大剧院;舞剧《吴祖光梦别新凤霞》在全国9个城市巡演22场。

(周 文)

文化市场管理

【文化市场综合执法】 2019年,无锡市文化市场综合执法支队共出动执法人员1.07万人次,检查经营单位2431家;出动"双随机"检查858人次,检查经营单位215家;行政处罚立案116件,总量比上年增加44件,增长61%,规范文化市场秩序,保障改革发展大局。其中,佳酷网络侵权案入选2018年度全国打击侵权盗版十大案件,该案专案组获国家版权局2018年度查处侵权盗版案件有功单位一等奖、有功个人二等奖,另有朱某某侵权案专案组获有功个人三等奖,这是无锡首次有网络案件获得国家级荣誉。无锡云友文化传播有限公司未经著作权人许可通过信息网络向公众传播其作品案,入选2018~2019年度全国文化市场综合执法重大案件,支队和办案人员获文化和旅游部办公厅通报表扬,该案还入选2019年江苏省打击侵权盗版十大案件。

(周 文)

【行政执法案获表彰】 在2019年江苏省广电系统行政执法案卷评查中,无锡市文化市场综合执法支队获一等奖1个、二等奖1个。查处"无锡潮生活"微信公众号擅自传播他人摄影作品案,这是全国首例微信公众号侵权他人摄影作品行政处罚案,全国"扫黄打非"办公室微信公众号对此进行宣传报道。2件网络案件被市委网信办列入无锡市互联网10起违法违规典型案件,向社会公布。

(周 文)

文化产业

【产业规模】 2019年,全市文化产业保持较好发展势头,规模以上文化企业数达到643家,比上年净增72家,占全市规模以上企业净增数的11.2%。2019年度文化及相关产业增加值达到478.8亿元,比上年增长6.3%,占地区生产总值比重4.27%。全市人均公共文化财政支出为244.3元。出台《无锡市文化产业高质量发展三年行动计划(2019~2021年)》和《关于推动无锡市文化产业高质量发展的若干政策》。全市申报文化产业资金项目107项,市级扶持资金2600万元,33个项目获得中央和省级文化产业发展专项资金。无锡国家数字电影产业园全年实现产值60亿元,实现税收6.28亿元,立项影视剧115部,承接拍摄制作222部,招引企业155家。无锡灵山文化旅游创意产业园入围江苏省第二批省级重点文化产业示范园区。

(周 文)

【项目建设】 2019年,以无锡融创文旅城建成投运、小娄巷历史文化街区开街迎客、盛大游戏IP授权中心落户梁溪区、"第七大道"中国区总部落户新吴区等为标志,全市文化项目建设加速推进。4月,灵山文旅集团与宜兴市签约,在宜兴市周铁镇竺山湖地区打造"大拈花湾"项目,项目占地面积266.67公顷,总投资200亿元。12月22日,融创文旅城秀场开业,《太湖秀》开始演出,丰富整个园区的业态。

(周 文)

【第九届无锡文博会】 12月5~9日,第九届无锡文博会举办。此次文博会以"文旅融合引领新消费"为主题,展陈面积首次超过5万平方米,参展商超1000家。开幕当天吸引2万多名文化旅游企业界代表、市民游客参观,展会现场的潮秀、装置艺术以及VR、AR等互动式、沉浸式体验较往年增加,国家级"非遗"项目现场巡演令参观者耳目一新。

(周 文)

编辑 顾洪兴

新闻出版

无锡日报报业集团

【概况】 2019年，无锡日报报业集团（以下简称“报业集团”）坚持以习近平新时代中国特色社会主义思想为指引，全面落实中央和省、市委决策部署，以开展“不忘初心、牢记使命”主题教育为动力，践行新发展理念，树立高质量发展导向，办好品质党媒，推进媒体融合。建立以内容建设为根本、先进技术为支撑、创新管理为保障的全媒体传播体系，全力打造新型主流媒体集团。

（报业集团）

【主流舆论阵地】 2019年，报业集团各媒体把学习宣传贯彻习近平新时代中国特色社会主义思想和中共十九大精神作为工作主线，以不断满足人民群众对美好生活和优质文化产品需求作为努力方向，聚焦中心工作，聚力精品生产，优化内容供给，持续推出关于产业强市、乡村振兴、基层治理、优化营商环境、长三角一体化等策划报道，采写刊发“不忘初心、牢记使命”主题教育重要稿件近130篇。以新中国成立70周年为主线开展主题报道，策划推出“壮丽70年·奋斗新时代”等栏目，多角度反映70年来经济社会发展，给人民群众带来的获得感、幸福感、安全感。融媒产品《瞧！观礼台上的无锡身影》《十周年！物联网“太湖印记”愈发清晰》《锡澄S1线今日正式开工！》等形成良好传播效果，短视频《你俯下身子的那一刻，世界在向你敬礼！》，传播量超1000万次。

（报业集团）

【媒体深度融合】 2019年，报业集团在融媒技术升级、生产流程再造、综合平台应用、体制机制改革等方面推进媒体深度融合。年内，报业集团融媒体中心项目建成启用，以技术驱动加快推进各媒体流程再造、融合发展；加强综合服务平台建设开发，构建无锡权威发布“大格局”、全媒体播发与互动“大平台”、多层次政务与民生“大服务”；推进深耕行业的垂直融媒事业部实践，继教育、视觉融媒事业部后，新成立文旅、财经、房地产、健康融媒事业部，从深度、广度、高度三个维度探索垂直领域融媒体报道和发展实践；深化县级融媒体中心建设，八大板块全媒体部（分社）扎根区域一线，做强主流舆论传播的“最后一千米”，提高服务基层的能力；推进未来媒体中心项目建设，全年开展9场“走进未来媒体中心、共话高质量发展”主题活动，依托未来媒体中心加快江苏国家数字出版基地无锡园区建设，该项目被列入无锡市文化产业高质量发展三年行动计划。集团“融媒体中心建设项目”获得2019中国报业媒体融合、信息化和网络安全项目创新奖，“教育融媒中心”项目获得2018～2019年度江苏报业融合创新项目一等奖。

（报业集团）

【项目驱动】 2019年，报业集团进一步整合资源，优化产业布局，围绕主业以项目为抓手，着力拓展经营业务，增强发展后劲。举办“海内外锡商新春嘉年华”品牌活动，依托“融·媒+”党建联盟平台开展系列活动；举办“献礼新中国成立70周年”文艺汇演，直播视频累计观看59.7万人次。移师杭州举办第二届“太湖·西湖”企业家论坛，吸引《人民日

无锡自媒体联盟发起“推进垃圾分类”倡议　（报业集团　供）

报》客户端等全国90多家媒体报道和转载，实现社会效益和经济效益双丰收。年内，《无锡日报》传媒分公司获“江苏广告40年突出贡献奖”，报业捷闻分公司获“2018年全国报纸自办发行先进集体”称号，报业驾校公司获得“江苏省文明交通先进驾校”称号。

（报业集团）

【人才队伍建设】 2019年，报业集团树立鲜明绩效导向，激发创新活力，建设一支政治坚定、业务精湛、作风优良的“全媒型专家型”人才队伍。制定《开展增强“脚力、眼力、脑力、笔力”教育实践工作实施方案》，打造政治过硬、本领高强的采编队伍；出台《聚焦主业推进精品生产奖励实施办法》，加大对高等次奖项的奖励力度；组织开展第二届“三名人才”（名记者、名编辑、名评论员）评选表彰、首届融媒体项目路演评选和首届原创短视频大赛，营造创新创优氛围。搭建多层次全覆盖培训体系，组织开展“锡报讲坛”活动，先后邀请唐绪军、陈昌凤等近10位国内学者到集团讲座交流；集团主要领导、媒体总编、部门主任及部分骨干记者等相继走上讲台，与广大青年员工分享实战经验，全年累计培训近800人次。

（报业集团）

《无锡日报》

【概况】 2019年，《无锡日报》聚焦市委、市政府中心工作，在确保出版安全基础上，提高站位，用全媒体理念优化内容供给，提升综合传播能力与集成服务能力，办好高品质党报。年内，《无锡日报》一件作品获江苏新闻奖，6件作品获2019年度江苏省报纸好新闻一等奖。

（无锡日报社）

【新中国成立70周年报道】 2019年，《无锡日报》将“新中国成立70周年”作为最重要的主题宣传，在做好规定动作的基础上，自主策划“共和国版图上的无锡印记”“为了共和国——天下无锡人”融媒体新闻行动；开设“壮丽70年·奋斗新时代”“城市记忆”“我和新中国同龄”等栏目，通过常态化、高频度的各类报道，从多维视角反映70年来经济发展、社会进步给人民群众带来的获得感、幸福感、安全感。国庆节当天，4个时事版打破常规做成通版，展现庆典盛况；当地新闻版则重点展现庆典中的“无锡元素”，现场连线受邀参加新中国成立70周年庆祝大会和阅兵式的无锡代表谈感受，制作的新媒体产品《瞧！观礼台上的无锡身影》被广为转发。

（无锡日报社）

【重大主题报道】 2019年，《无锡日报》一季度围绕市委书记赴板块调研工作，推出“对标领跑再出发全力攻坚开好局”专栏，组织融媒体中心采写典型企业，提振发展信心。二季度抽调重要部门主任及骨干记者组成专题小组，历时一个多月采写内参报道，并撰写纪录片脚本，为锡东垃圾发电厂复工联合工作组获得无锡市首个全国“人民满意的公务员集体”荣誉提供舆论保障，受到市委组织部的通报表扬。二季度“物博会”报道既有贴近百姓生活，感受物联10年的“我们身边的物联网”系列报道，同时加强内容创新，以7个关键词关注物联网产业发展和应用，8个特刊解读此届“物博会”处于“物联十年5G元年”的特殊时间节点和深远意义。四季度集全报社之力充分报道城市安全整治工作，表明全市“筑牢安全防线、织密安全网络、坚决彻底整改”的决心、举措和成效。年底，报社派出采访组赴柬埔寨，以一条路为切入口，深入挖掘和报道西哈努克港经济特区打造“一带一路”合作共赢样板的引领和带动作用，采写的通讯《一条大路一起追梦》被柬埔寨最大的官方报纸《柬埔寨之光》全文转载，获第二十三届江苏新闻奖。

（无锡日报社）

【回应民生诉求】 2019年，《无锡日报》彰显党媒的影响力和公信力，利用“无锡观察”掌上“12345”便民服务功能，开设融媒体专栏“民声工作室”，通过采访调查和舆论监督，促进各部门对群众反映的问题提高解决效率，加大服务力度。《搬霸，你究竟凭啥霸道》《“说好的”桥没建，小区成“孤岛”》等报道刊发后，相关部门积极回应，问题最终得以解决。关于改善学生餐质量和促进文明行为条例的话题互动落地速度快、稿件质量优，市领导予以充分肯定。此外，《市区41条河道提前一年消除黑臭》《一条轨交线，挽起太湖长江》《这300棵大香樟树不用搬家啦》等报道，关注市民生活中的热点难点。

（无锡日报社）

【创刊70周年系列活动】 2019年是《无锡日报》创刊70周年，报社开展“我与无锡日报的故事”征文活动，共收到征文近200篇。推出“70年正青春 融合向未来”报庆特刊，共72个版面。制作以“锡报十二时辰”为主题的融媒体产品，再现工作在策划、采访、编辑、印刷、发行一线的锡报人风采。

（无锡日报社）

【文化客厅品牌活动】 2019年，《无锡日报》共举办10期文化客厅活动，包括江南文脉、无锡文化标识、无锡文化产业高质量发展等议题，邀请专家、学者进行专题研究，搭建相关专家库，形成定期交流机制，取得良好社会效益。相关意见建议成为有关部门制定政策的有效学术依据，也为文化企业发展提供良好的建议。年内，文化客厅项目成功入围无锡市文化产业发展资金扶持项目库。

（无锡日报社）

《江南晚报》

【综合传播力提升】 2019年，《江南晚报》提升政治站位，主动对接党委、政府的各项工作，提升主流意识。年初策划筹备“新中国成立70周年”专题报道，以无锡当地红色题材和特殊人物为主题，融媒体传播新中国建立的不凡历程与成立以来的伟大成就。开设“不能忘却的记忆”专栏，“烈士寻亲”

无锡日报社举行文化客厅活动 （报业集团　供）

系列为无锡烈士陵园近60位没有亲人到访的烈士寻找他们的亲人。国庆节前夕，策划“生逢10月1日”专题报道，将报道目光聚焦到与共和国同日诞生的普通百姓身上，通过他们的叙述展现70年来翻天覆地的变化。国庆特刊《时空70年——无锡的城市地标》，以无锡各个领域的城市地标为主线，串连起无锡70年的城市变迁与发展成就，得到各界好评。年内，《江南晚报》还开设“奋进新时代领跑再出发”“壮丽70年奋斗新时代”等专栏。

（江　晚）

【媒体引导力提升】 2019年，《江南晚报》文化新闻类报道的总量在各类新闻排名中位列前茅。对无锡大运河国家文化公园建设的系列报道，引起强烈的社会反响，为无锡大运河文化带与大运河国家文化公园建设的规划编制提供重要参考。出版《江南文脉论坛》特刊，开设每周8个版面的《人文周刊》，传承城市文化。每期均有一个版面的无锡地方文化介绍，推出“一周一吴语”，推广当地文化。

（江　晚）

【民生报道】 2019年，《江南晚报》从报道角度和报道内容上聚集民生服务。1月14日起，报纸进行改版，在内容上持续提升当地新闻的分量，坚持新闻主流导向，办好每日的“今要闻”版，版扣一律冠以“焦点新闻”。贴近民生的正面宣传，记者深入基层，直面社会，让读者看到真正的民生报道。

（江　晚）

【媒体融合】 2019年，《江南晚报》实施“全员媒体、全息媒体、全程媒体、全效媒体”战略，加快纸质媒体与新媒体的资源整合。《江南晚报》下属的“江南晚报网”、微博、微信公众号、“壹搭无锡”微信公众号、今日头条号、百家号、抖音号、快手号等新媒体，分工合作，融合发展，互动力不断增强，融媒体产品创意、策划、制作、发布等取得突破和创新。年内，《江南晚报》微博“粉丝”量达570多万人次，微信用户超40万人次，“壹搭无锡”微信公众号用户超10万人次，《江南晚报》头条号用户超28万人次，《江南晚报》抖音号用户超300万人次，《江南晚报》快手号用户超8万人次。

（江　晚）

图书·期刊

【概况】 2019年，无锡市有报纸9种、期刊23种、连续性内部资料出版物80种；在营印刷企业1761家，从业人员4.35万人。规模以上企业实现工业总产值149.3亿元，利润总额7.98亿元。在营出版物发行单位1030家；网上书店128家，外资发行企业23家，出版物销售总额24.5亿元。年内，编发《报刊审读报告》共25期、近180篇。江苏利特尔绿色印刷有限公司、奥康环保科技有限公司被国家新闻出版署认定为印刷业绿色化发展重点项目，全省仅此2家。

（吴昌应）

【无锡图书出版中心】 2019年，无锡图书出版中心共出版图书29本。年内，出版的重点图书有：《天下无锡人（第二卷）》，汇集40位无锡籍或与无锡有关的当代名人的精彩报道，生动再现他们的工作、经历、感悟等，从中探寻他们的人生足迹，感受时代脉搏，聆听乡贤心声。该书作为无锡市全民阅读乡土读本、乡土人文教材，走进广大中小学，增加学生对家乡的了解。《徐伲无锡》第二辑，立足无锡风景人文、美食购物、休闲旅游等方面，行文采用游历式的感性记录方式，以短小精悍的文章为主，编排构思新颖、视角独特。此外，还出版《见证辉煌——无锡改革开放亲历者述忆》《工匠之星》《古韵梁溪》《为女生的快乐成长助力》《长山村志》《塍西村志》《民国无锡教育档案资料选编》《朱枫画集》等。

（锡　书）

【版权管理】 2019年，无锡市持续推进软件正版化工作。据不完全统计，全市国有企业累计支出492.06万元，采购国内外操作系统1163个、办公软件1023个、杀毒软件3128个；支出251.08万元，进行软件升级和维护。集中采购永中办公软件170件（套），补充机构改革后新成立的市医疗保障局、市应急管理局等6个市级机关单位。2019年，无锡市版权局被国家版权局表彰为2018年度查处侵权盗版案件有功单位三等奖，无锡佳酷信息技术有限公司侵犯著作权案入选江苏2018年度版权执法十大案件。

（吴昌应）

【城市主题出版物《遇见无锡》出版】 8月30日，在第二届江苏（南京）

7月6日，江南晚报社举办长广溪绿色公益活动　　（江　晚　供）

版权贸易博览会开幕式上，由无锡广电集团和江苏译林出版社合作推出的江苏首部双语融媒城市主题出版物《遇见无锡》亮相。该书实现广播电视与新闻出版的跨界融合，糅合“文字＋美图＋云端音视频＋文创产品”等众多版权元素，从技艺、文化、历史和影像维度呈现太湖明珠、江南盛地——历史文化名城无锡70载追梦征程里的光辉片段。《遇见无锡》由故宫博物院原院长、无锡市人民政府文化顾问单霁翔题写序言，江苏乡贤唐英年题跋及英文书名。

（李　昀）

【地方文化类图书】 2019年，无锡图书出版中心出版《惠山人文丛书》第二辑，该丛书由《惠山文萃》《惠山家风》《惠山楹联》多元素组成，从多角度、多领域记述惠山区的发展轨迹和时空印痕，展示惠山区文物遗迹和非物质文化遗产，考证有据，脉络清晰，记述客观。《书房里的中国》选取常熟虞山藏书派作为切入点，以点及面、生动翔实地讲述关于文人与书、文化与流传的历史故事。《红领巾寻访常熟改革开放40周年足迹》通过组织全市中小学生寻访不同的事件和人物，让小记者深入生活、了解发展，展现常熟人民的奋斗历程和光辉事迹。

（锡　书）

【地方史志类图书】 2019年，无锡图书出版中心出版《江阴市革命老区发展史》《宜兴市革命老区发展史》《无锡市惠山区革命老区发展史》《无锡市滨湖区革命老区发展史》《无锡市锡山区革命老区发展史》《无锡市新吴区革命老区发展史》等地方史志类图书。此外，还出版《梁溪年鉴（2018）》《滨湖年鉴2018》《锡山年鉴（2019）》等地方综合年鉴。

（锡　书）

【关注地方人物】 2019年，无锡图书出版中心出版《世界影响的无锡人》，汇编100年来无锡地区在各领域最具世界影响、最具代表性的人物，以图文并茂的形式，展现地方名人在诸多领域施展才华、造福国家的事迹。《王季鹤书法集》是为纪念王季鹤百年诞辰而出版的书法图册结集，收录其一生主要作品近100幅，他的《诗经隶书字帖》《隶书前赤壁赋》曾得到书画家唐云、周怀民等推崇。

（锡　书）

【《江南论坛》报送作品获奖】《江南论坛》是由无锡市哲学社会科学界联合会主办的社科类学术期刊，曾获“全国优秀社科期刊”“全国优秀经济期刊”“江苏省一级期刊”等称号。2019年，在第三十一届中国经济新闻大赛暨经济新闻人物评选中，由《江南论坛》报送的作品《携手跑进智能制造新时代》（作者：李小敏，编辑：陈子明）获得第三十一届中国经济新闻奖深度报道类三等奖。

（卞雨江）

网络传播

【第三届中俄网络媒体论坛】 11月15日，“新时代·新起点”——第三届中俄网络媒体论坛暨中俄建交70周年新媒体交流活动在无锡举行。中央网信办副主任杨小伟、俄罗斯联邦通讯与大众传媒部副部长沃林等中俄两国代表出席会议，就新时代中俄新媒体合作、产业发展、创新传播等话题进行广泛深入的交流探讨。杨小伟从加强两国网络媒体交流合作，更好地承担媒体使命、讲好新时代中俄友好故事，发挥好网络媒体的“数字桥梁”“网络纽带”作用，构建网络空间命运共同体等方面提出具体要求。

（徐佳铭）

【太湖网络传播创新大会】 2019年3月22日，首届太湖网络传播创新大会在无锡举行。大会以“筑梦新时代凝聚新共识”为主题，总结回顾2018年无锡网络传播工作，官方发布全市新媒体建设发展年度报告，并对2018年度活力新媒体平台——政务新媒体、媒体新媒体等前十位微博、微信账号进行表彰。会议邀请人民网、新华网、中国日报网、网易等国内网络传媒大咖和业内专家，共同探讨习近平总书记提出的推动媒体融合向纵深发展的时代课题，分享交流新媒体创新应用成果与实践经验。通过传播新思想，引领新风尚，带动无锡新媒体建设健康发展，提升网络新闻工作的传播力、引导力、影响力、公信力，唱响网上主旋律，为推动无锡经济社会高质量发展营造浓厚的网络舆论氛围。会上，启动高质量发展话今"锡"——全国知名网络媒体总编无锡行活动，举行新华网大型微视频纪录片《城市的味道》开拍仪式和十大民生模块项目入驻"智慧无锡"客户端签约仪式。

（徐佳铭）

【"歌唱祖国"优秀快闪作品展播】 8月中旬，无锡市委网信办开展"歌唱祖国"优秀快闪作品征集评选活动。9月23日，"网信无锡"集中展播160部优秀快闪作品，并开启网络投票。投票活动页面累计浏览量8000万次，访问量406万人次，投票量253万份，引起网络舆论高度聚焦。网易、腾讯、新浪等主流网站，各级各部门政务微博、公众号同步展播快闪作品，推动新中国成立70周年网上宣传迈向高潮。快闪作品用画面讲述70年来无锡各行业、各领域取得的辉煌成就，展现全市上下聚精会神搞建设、一心一意谋发展，崇德向善、积极向上的精神风貌，多层次、多角度呈现个人与祖国同命运、共成长的精彩故事。

（徐佳铭）

【物联网中国行集中采访活动】 7月6～12日，无锡市委网信办与中国经济网联合发起"十年之约·物联网中国行"新媒体集中采访活动，先后在无锡、南京、北京三地采访物联网领域大咖，探访物联网领军企业，展望物联网产业新趋势，感受物联网蓬勃发展脉搏。其间，主流新闻媒体累计刊发相关报道44篇，传播量超100万人次；腾讯专题累计曝光532万次；荔枝新闻、新浪新闻及微博话题点击量达200万次。"世界物联网博览会"百度搜索指数165，整体环比上涨121.3%。

（徐佳铭）

【短视频大赛】 8月6日，在省委网信办指导下，无锡市委网信办组织开展"太湖明珠江南盛地"短视频大赛暨"玩转物博黑科技"抖音区域互动挑战赛。以庆祝新中国成立70周年为背景，组织参赛选手从"风·水韵名城""雅·文化名城""颂·工商名城"维度展示无锡的山水之美、文脉之深、工商之承，通过各种形式、创意，展现江南盛地的千姿百态。活动面向全社会征集作品，动员和鼓励电视台、影视制作机构、高等院校、社会组织、新媒体机构及个人参与。通过不同创作主体的多方视角，展现江南特色、江南精神，提升城市文化影响力，为打造无锡城市文化品牌增添力量。

（徐佳铭）

【移动传播主流新媒体建设】 2019年，无锡观察融媒中心完成机构调整和机制完善，建制上承继无锡商报社，由市编办重新核定编制和服务宗旨；职责上承担原数字出版运营中心职能，负责运营无锡观察客户端和无锡新传媒网等报业集团新媒体平台。构建无锡主流权威发布大格局、全媒体播发与互动大平台，开展多层次政务与民生大服务，在新闻生产、平台应用、经营管理等方面与报业集团其他媒体、部门进行深度融合，持续推出有影响力的融媒体产品。无锡观察客户端共刊发新闻报道10万余条，累计下载量超过130万次，传播力、活跃度保持在无锡新闻类客户端第一。微信推送推文3157期共5412条，月度最好成绩位列全省136家媒体类微信第17名，月度平均阅读量位列全省前十位。开展各类网络文化活动95场，增强互动，提升覆盖率和影响力，逐渐形成以无锡观察客户端为龙头的移动传播主流媒体舆论场。

（锡　观）

广播·电影·电视

【概况】 2019年，无锡广播电视集团（台）完成各项工作目标和重点任务，获得"TV地标中国电视媒体年度最具综合实力城市台"称号。

强化主题宣传，提升舆论引导能力。增强政治站位，推出头条报道560多组（篇），开展多场宣传战役，完成"不忘初心、牢记使命"主题教育和物博会、江南文脉论坛、才交会、锡商大会等50多个融媒体主题报道和新闻行动。实时对标、系统对接市委重大决策部署，提高策划组织水平，推出"奋进新时代领跑再出发""改革进行时"等专栏。开展庆祝新中国成立70周年新闻宣传，推出系列报道《行走新无锡——地标》、融媒体行动《我家住在解放路》《千人同唱全城接力》等重点宣传项目，并以合唱音乐会、高端访谈、纪录片等多种形式营造举国共庆氛围。广播访谈节目《长河逐浪追梦人》获第二十二届江苏新闻奖，新闻评论《35个字，暖了人心》获评全国广播电视季度"优秀新闻作品"。在省广电优秀节目年度评选中，集团有56件作品获奖，其中一等奖11件，位居全省城市台前列。

拓展传播渠道，提升服务基层能力。实施"深耕计划"，以融媒体资源和采编力量的主动下沉，紧贴基层。组建8个市（县、区）融媒体中心，依托广电资源优势，抽调派遣优秀年轻记者、主持人到一线驻点，建立集团党委成员市（县、区）融媒体中心联系点制度，广电市（县、区）融媒体中心建设获评省"媒体融合创新成长项目奖"。与腾讯云签订战略合作协议，打造国内首家融合云计算、人工智能及大数据能力的城市级融媒体服务平台，合作开发"爱吾锡·社区通"，集小程序、App、公众号三位一体及主流宣传、社会管理、便民服务等功能。与市行政审批中心等部门合作，推动"作风面对面"栏目与市长信箱、"12345"热线联动，在基层设立网格化联络试点，首个栏目社区工作站在新吴区新安街道净湖社区揭牌。

深化机制改革，提升融合传播能力。突出"移动优先"，深化内容生产供给侧改革，以新机制为新格局下的传媒发展"赋能"。重构全媒体新闻中心，将散布在各专业频道的非时政类新闻栏目全部划归广电新闻中心，建立统一策划、采编、审核、分发的融合型新闻组织体系，形成以《无锡博报》新媒体为引领的新闻传播“雁阵”模式，集中力量做强做优主流新闻。《无锡博报》点击量创历年新高，总“粉丝”量突破100万人次；打造全媒体融合、全频道编排的电视节目中心。重点提升电视精品和融媒体视频产品原创能力，建立一套节目研发、生产、考核的新机制，节目生产管理完成从“频道制”到“中心制”的切换。推进新媒体平台整合改革，加大新媒体技术开发运用力度，建构以“无锡博报”“智慧无锡”“爱吾锡”三大平台为主导的新媒体矩阵体系和“万屏互联”为载体的应急融媒体传播系统。完成广电新媒体产品展示中心项目建设，除常规展示功能外，还可提供大数据分析、“两微一端”新媒体舆情监控、编前会议指挥中心和演播室等功能，成为无锡广电新媒体集成播控平台。

稳定产业发展，提升垂直经营能力。集团各产业平台依托媒体专业优势，深化垂直领域资源发掘，厘清业务边界，做强核心业务，经营收益保持稳定。与无锡机场集团深度合作，组建航广传媒公司，合作运营苏南硕放国际机场媒体资源，构建起公交、地铁、空港等全面覆盖的户外平台发布体系。音视频内容生产有新拓展，围绕庆祝新中国成立70周年，创作推出纪录片《歌唱祖国》《进京办展1987》、融媒微剧《甜蜜的事业》及公益片《努力奔跑的追梦人》等重大题材内容产品。纪录片《父亲的足迹》和动画片《太湖少年》参加法国戛纳电视节展映，《太湖少年》还被列为国家广电总局动画重点剧，年内在央视播出。纪录片《澄澄的视界》入选国家广电总局优秀国产纪录片推荐目录，《无锡会议1979》入选江苏百人纪录片扶持计划，省内首部融媒体城市主题人文读本《遇见无锡》在省版权贸易博览会和江南文脉论坛上推出。

（李　昀）

【《联播无锡》开播】 1月21日起，无锡广播电视台全新推出一档新闻节目《联播无锡》。节目由无锡广电八大融媒体中心联合打造。《联播无锡》放眼无锡，立足基层，全面展示无锡各市（县）、区和经济开发区八大板块“对标领跑再出发”的最新实践。节目在电视新闻综合频道播出，无锡博报、“智慧无锡”客户端同步播出。

（李　昀）

【中国·江苏太湖影视文化产业投资峰会】 5月30～31日，由中共江苏省委宣传部、省电影局、省广播电视局、省文联、无锡市人民政府共同主办的2019中国·江苏太湖影视文化产业投资峰会在无锡国家数字电影产业园举行。此届峰会以“新融合·新引擎”为主题，旨在构建中国电影产业与各行各业的产业共生新融合、智造经济发展新引擎，提升城市发展新能级，国内影视行业管理部门、行业协会、金融投资机构代表、文化投资机构、影视公司、制片人、编剧、导演、影评人、演员等代表350余人以及40多家媒体单位参加峰会。开幕式上，“江苏省电影产业创新实验区”和“江苏省影视游戏版权贸易（无锡）基地”正式揭牌，同时，规模达20亿元的电影产业基金与15亿元和乐电影衍生产业开发基金签约发布，并启动电影创意新生态——“电影+”燃梦计划。峰会期间，还组织主题演讲、圆桌对话、行业论坛等，解读电影市场前沿趋势，研讨中国影视产业发展路径。

（袁　伟）

【第八届微电影节】 8月8日，无锡市委网信办与市委宣传部、市文广旅游局、市环保局联合举办第八届微电影节。活动结合新中国成立70周年，增设“主题微电影”板块，以“我和祖国共成长”“网络文化与信息化安全”等主题，通过电影镜头多角度、立体化、全方位讲述新中国成立70年来无锡的奋斗历程、时代巨变、伟大成就以及在网络安全、文化旅游、生态环境保护等领域的变革发展，反映无锡的风土人情、人文风俗，更好彰显“太湖明珠江南盛地”城市品牌。活动助力发掘一批新锐人才，集结中国电影“无锡力量”，为无锡影视发展储备人才资源、集聚新生力量。

（徐佳铭）

【首部网络大电影在爱奇艺上线】 1月23日，由无锡广电集团下属广新影视动画技术有限公司策划、拍摄、制作的网络大电影《白马在左王子在右》登陆爱奇艺电影板块。该剧策划、摄制周期超过一年，仅上映一周，即以69.6%的高分好评率，在爱奇艺同期上映的网络大电影中拔得头筹。

（李　昀）

【无锡广电与腾讯云战略合作】 4月25日，无锡广播电视集团（台）与腾讯云签订战略合作框架协议，携手打造全国第一家融合云计算、人工智能以及大数据能力的城市级融媒体服务平台。此次合作，双方意在共同建设集AI采编、资讯共享、应急动员、社群服务等于一体的融媒体综合服务平台。腾讯云依托自身在云计算、大数据、人工智能及基础技术服务等领域的经验与积累，将内容生产、生活服务、社会治理、商业变现4个维度相结合，构建高覆盖度的互联网融合媒体平台。平台能自动获取互联网热点新闻，对热点话题进行聚合、分析、评估；聚焦社区公共服务，提供党群联系、意见上传、政务快达等一系列便民惠民服务，满足社区居民即时需求，随时随地分忧解难，提升群众获得感、幸福感。

（李　昀）

【无锡广电与机场集团深度合作】 6月12日，无锡广播电视集团与无锡苏南国际机场集团在无锡广电传媒中心正式签约，合资组建无锡航广传媒有限公司，共同运营苏南硕放国际机场媒体资源，为服务全市高质量发展打造全新宣传平台。市委常委、宣传部部长袁飞出席签约、揭牌仪式。通过合作，无锡广电构建起公交、地铁、空港等全面覆盖的户外平台发布体系。两大集团的深度合作，进一步拓宽无锡城市对外宣传渠道，扮靓世界格局中的无锡。

（李　昀）

【“物联先锋中国行”启动仪式】 8月6日，“2019物联先锋中国行”融媒体新闻行动启动仪式在无锡广电传媒中心举行。参加此次新闻行动的媒体包括新华社、《新华日报》、江苏卫视、网易、腾讯、新浪、无锡广电新闻中心等12家，他们从无锡出发，分赴北京、重庆、上海等地，对话行业大咖，展示全国物联网产业新发展新亮点，围绕中国物联网发展10周年主题，走访国内物联网代表性企业，对国内外物联网产业领域专家、学者、企业界领军人物进行专访，展示世界物联网和信息技术产业发展新趋势新前景。

（李　昀）

“我和我的祖国”——献礼新中国成立70周年主题文艺汇演

（报业集团　供）

【迎战台风融媒体传播】 8月10日，第9号台风“利奇马”登陆，无锡广电集团发动组织100余名融媒体记者，深入海事、水利、市政、交警消防、农村蔬菜大棚等各地防汛一线，及时发布信息。无锡交通台从早高峰时段开启视频直播，东林论坛实时回应网友反映的台风帖。《无锡博报》启动现场云直播《驯“马”记：无锡48小时》，全天候滚动发布报道208条，总浏览量83.79万人次。“智慧无锡”推出《战“马”行动——无锡广电融媒体直播》，通过太湖明珠网、“智慧无锡”App、“智慧无锡”微信号以及微博等平台发布台风信息。专题整合全市上下抗击台风相关信息38条，图文直播发布实时信息166条，专题点击量12.2万次，直播人气11.4万人次。

（李　昀）

【庆祝无锡人民广播70周年系列活动】 8月3日，作为庆祝无锡人民广播70周年系列活动之一，由无锡广电集团策划的“我为你歌唱——中国新三大男高音独唱、重唱交响音乐会”在无锡大剧院举行，薛皓垠、石倚洁、韩蓬聚3位男高音歌唱家以独唱、重唱的方式，演唱近20首经典曲目。当晚，在大剧院前厅同时举行“七十华彩声声不息——庆祝无锡人民广播70周年”图片展和实物展，无锡广播主持人集体亮相，现场签赠庆祝无锡人民广播70周年纪念邮资封。8月29日，庆祝无锡人民广播70周年座谈会召开，无锡广电的老同志代表与热心听友、专家学者、业界同行代表欢聚一堂，座谈畅叙，追忆过往，共话未来。8月下旬至9月，无锡广播各频率策划推出“信无锡——红色家书鉴赏”“初心在这里启航——闪亮地标寻访”、庆祝无锡广播70周年合唱音乐会、“1069幸福日”“梁溪传情感恩有你”“健康·青春”等系列主题活动。

（李　昀）

【世界物联网博览会宣传报道】 2019世界物联网博览会召开适逢无锡国家传感网创新示范区建设第十年，从6月至9月中旬，无锡各媒体共发稿1500多条。9月7日，无锡广电对“物博会”开幕式和峰会进行融媒体直播，在电视、广播和客户端、网站等媒体网络平台对“物博会”开幕式盛况进行同步直播，为新华社、腾讯、今日头条、新浪、网易、中经网、第一财经等20多家媒体提供公共信号。承担开幕式当天的物联网新技术新产品新应用成果发布会晚会制作和全网发布。9月6日起，通过“智慧无锡”APP和太湖明珠网站开展视频、图文联合直播14场，人气值81.51分。“物博会”期间，无锡广电对省委书记娄勤俭在开幕式上的主旨讲话、市委书记李小敏的致辞等重点内容进行详细解读，在《无锡博报》等新媒体平台第一时间发布。采制各路大咖对无锡物联网发展的评价和建议，以大咖“物”语的形式进行报道。在动态类报道的同时，配发新闻侧记、记者体验、记者观察类报道。运用媒体融合手段，创新传播形式，推出广电明星主播主题直播探馆，6位“网红主播”分别从“智慧消费”“智慧城市”“智慧出行”“智慧教育”“智慧制造”“智慧通信”等领域，向网友呈现“物博会”产品展示最新成果，3个小时直播人气值超28万人次。专门制作《“物小联”带你看物联》《物联网“无锡印记”，等你来点亮》《5G遇上物联网》等一批新媒体产品，在微博、抖音等平台发布，收到较好的传播效果。

（李　昀）

【无锡广电媒体融合项目获奖】 10月18日，由江苏省广电局主办的全省市、县广电融合创新案例评选活动举行成果发布会并颁奖。无锡广电集团报送的"无锡广播电视台县区融媒体中心建设"获"成长项目奖","百室千端智慧联盟"融媒体项目和无锡广播"网红主播"融媒体项目获"优秀单项案例奖",获奖数量在全省位列首位。

（李　昀）

【无锡题材亮相戛纳秋季电视节】 10月中旬,无锡广电随江苏展团参展2019法国戛纳秋季电视节,展示中法合拍纪录片《父亲的足迹》、"美丽中国"题材主题动画片《太湖少年》、双语人文城市主题读本《遇见无锡》。《父亲的足迹》由无锡广电青年导演张煊娅执导,展现无锡籍学者、翻译家徐仲年不同寻常的人生经历。13集动画片《太湖少年》采用二维MOHO方式制作,用童话形式对太湖未来进行畅想,具有鲜明的江南水乡风格,该片从概念、剧情到制作,均由无锡广电原创团队完成。

（李　昀）

【庆祝新中国成立70周年宣传报道】 2019年,无锡广电集团将做好庆祝新中国成立70周年宣传报道作为贯穿全年的重点工作,调动集团全媒体资源投入"壮丽70年·奋斗新时代"大型融媒体宣传报道,呈现梯次发声、高潮迭起的传播效果。守正创新讲好无锡故事,全景式、多侧面报道无锡自新中国成立以来取得的成就,先后推出"而今迈步从头越"大型新闻行动、共和国先进人物系列报道《不忘初心、牢记使命——榜样的力量》、电视专题片《我的中国梦》。9月起,推出系列报道《行走大无锡》,沿地铁线行走,感受无锡辉煌巨变;微纪录片《东西南北中——城市档案》,选择地标建筑,挖掘与新中国成立70年相关元素;新媒体H5"我为祖国比个心"。全媒体播出稿件1000余篇,新媒体总传播量近400万人次。推出"辉煌70年岁月如歌"全城同唱接力互动直播活动,90分钟时间里,两市(县)五区及经开区的歌唱团队接力,数千名网民拉歌互动,把国庆气氛推向高潮。整个活动访问近200万人次,网民投票128万人次。参加新媒体作品网络展播,"庆祝新中国成立70周年·中国好网民歌唱祖国"100部快闪作品评选总浏览量超1亿次,"祖国,你好"国庆快闪活动无锡篇章全网浏览量超1000万次。10月1日,无锡广电完成国庆重大活动完整转播,全市通过无锡广播、电视、新媒体收听收看转播的人数达250多万人次。

（李　昀）

【江南文脉论坛宣传服务】 2019年,无锡广电集团发挥全媒体传播平台和专业团队优势,做好宣传报道工作,承办江南文脉论坛开幕式、《大江南》交响乐演出、《秀江南》文艺晚会直(录)播信号制作,对主论坛和6场高端对话进行高清信号网络转播。开设主题专栏,报道无锡文化的基因与底蕴、无锡文化建设的高质量发展现状。《第一看点》《今晚60分》分别推出"寻觅江南文脉印迹"系列报道,从办学、祠堂家训等多个角度,详尽介绍江南文脉传承。论坛期间,广电新媒体报道创新亮点频出,"智慧无锡"、《无锡博报》精心制作《你所不知道的无锡"国保"》《尺幅窗里话江南》《我是无锡"国保"第XX个守护人》等新媒体产品。无锡广电共发稿160多篇,网络直播、新媒体产品总传播量达70多万次。论坛开幕式当天,无锡广电直播团队制作主论坛视频直播公共信号,为新浪、网易、荔枝等多家新媒体平台提供推送。完成6场高端对话、13场平行分论坛以及江南文化研究联盟工作会议,总计20场电视信号录制。《无锡博报》、"智慧无锡"手机客户端、太湖明珠网视频直播,总观看人数近40万人次。

（李　昀）

【获评"TV地标"最具综合实力城市台】 12月5日,2019"TV地标"中国电视媒体暨"时代之声"全国广播业综合实力大型调研成果发布会在北京举行,无锡广播电视台获得"TV地标中国电视媒体年度最具综合实力城市台"称号,这也是无锡台第五年蝉联这一称号。发布会还同时评出"时代之声"全国广播业相关奖项,无锡广播电视台交通广播与青岛台综合广播一起获评年度优秀市级广播频率。

（李　昀）

编辑　顾洪兴

综 述

【概况】 2019年，无锡市拥有卫生机构2770个，其中医院205家，社区卫生服务中心（卫生院）111家；拥有医疗床位5.05万张，平均每千人口拥有医疗床位10.04张（按户籍人口算）。年末全市有卫生人员7.23万人，其中卫生技术人员5.93万人，执业（助理）医师2.32万人，注册护士2.66万人，平均每千人口拥有卫生技术人员11.79人（按户籍人口算）。全市各级医疗机构全年共完成诊疗总人次5920.3万人，出院总人次128.48万人。平均每一门诊人次医疗费用217.6元，平均每一出院病人医疗费用1.08万元。

2019年，全市卫生健康系统坚持以人民健康为中心，市委、市政府明确的卫生健康领域6大年度重点工作任务全部完成，市政府2项为民办实事项目、市卫生健康10项惠民举措落地实施，市卫生健康委62项年度重点工作全面完成，重大突发事件伤员医疗救治工作规范高效。医疗卫生服务能力持续提升，全市每千人拥有床位数7.6张，每千人拥有执业（助理）医师数3.51人；全市

表68　　2019年无锡市卫生健康事业统计表

	数量	与上年比增长数	与上年比增长率（%）		数量	与上年比增长数	与上年比增长率（%）
卫生机构（个）	2770	290	11.69	卫生人员（人）	72348	5149	7.66
医院（家）	205	20	10.81	卫生技术人员（人）	59303	4570	8.35
社区卫生服务中心（卫生院）（家）	111	5	4.72	执业（助理）医师（人）	23166	2162	10.29
医疗床位（张）	50478	3508	7.47	注册护士（人）	26585	2217	9.10
平均每千人口医疗床位（张）	10.04（户籍）	0.59	6.24	平均每千人口卫生技术人员（人）	11.79（户籍）	0.78	7.08
	7.66（常住）	0.52	7.28		9（常住）	0.67	8.04
人口	总数（万人）		502.83（户籍）	卫生费用	卫生事业费（万元）（统计范围调整为大市）		478447.37
			659.15（常住）				
	出生率（‰）		7.6		卫生事业费与上年比增长率（%）		18.66
	死亡率（‰）		6.41		卫生事业费占财政支出百分率（%）		4.36
	自然增长率（‰）		1.18		卫生系统资产（万元）		2216226.37
医疗服务	诊疗总人次（万人）		5920.3		卫生系统基建投资（万元）（统计范围调整为大市）		57701.88
	出院总人次（万人）		128.48				
	出院者占用总床日（万日）		1232.23		平均每门诊人次医疗费用（元）		217.6
	住院病人手术人次（万人）		45.36		平均每一出院病人医疗费用（元）		10837.1

（市卫健委）

总诊疗 5920.3 万人次，比上年增长 5.96%。无锡市和江阴市、宜兴市均被全国爱卫办评为健康城市建设示范市，成为全国唯一健康城市建设示范市全市域覆盖的地级市。市卫生健康委通过国家医疗健康信息互联互通标准化成熟度五级乙等（地级市）测评，被评为 2016 ~ 2018 年度江苏省文明单位、江苏省妇女儿童工作先进集体，在市级机关单位 2019 年度综合考核中位列政府部门组第二名并保持第一等次。全系统全年有 234 个单位（集体）、108 人次获得省级以上表彰。

（办公室）

【卫生健康事业高质量发展】 2019 年，全市卫生健康系统基建项目加快推进，江南大学附属医院南院区进入收尾阶段，市精神卫生中心二期项目试桩，市儿童医院、市急救中心、市妇幼保健院等市属医疗卫生机构布局调整优化建设项目完成拆迁、前期设计等工作。16 家基层医疗卫生机构完成提档升级建设并投入使用。标准化儿童预防接种门诊建成率达到 100%，农村无害化卫生户厕普及率达到 99.99%，均位列全省第一。全市人均期望寿命 83.00 岁，每万人（常住人口）拥有执业（助理）医师数 35.1 人，均位居全省前列。

（办公室）

【卫生健康“三名”战略】 2019 年，围绕“办名院、建名科、增名医”目标，市委、市政府出台《无锡市卫生健康“三名”战略实施意见》以及《关于进一步明确全市公立医疗机构功能定位和发展特色的指导意见》《无锡市卫生健康“三名”战略专（学）科建设行动计划（2020 ~ 2025 年）》《“太湖人才计划”医疗卫生高层次人才引进培养实施办法》《无锡市“双百”中青年医疗卫生拔尖人才培养计划（2020 ~ 2022 年）》《无锡市鼓励社会资本捐赠卫生健康事业实施办法》5 个配套文件。分别明确 2025 年和 2035 年建设目标、主要任务和保障措施，到 2025 年全市上下投入 40 亿元，持续推进、滚动实施专（学）科发展和人才队伍建设，提升医院排名，促进全市医疗卫生事业高质量发展，满足人民群众就地医疗服务需求。

（办公室）

【卫生健康对外合作交流和对口工作】 2019 年，全市卫生健康对外交流机制逐步完善，对外合作质量稳步提升，“请进来、走出去”覆盖面不断扩大。全年派遣医疗卫生人员因公出国（境）交流、进修 114 批次 186 人次，比上年增长 41%；接待国（境）外代表团 49 批次 380 人次，比上年增长 59%。中匈传统医学合作项目被列入 2019 年省委、省政府和市委、市政府“一带一路”交汇点建设重点内容。中柬西港特区社区卫生服务中心入选江苏省“一带一路”重点项目库，在第二届国家“一带一路”国际合作高峰论坛期间作项目展示。全市累计缔结国际友好医院（机构）18 对，缔结数量保持全省领先水平。无锡市人民医院胸外科肺移植中心、江南大学附属医院烧伤整形中心被省卫生国际（地区）交流支撑计划创国际一流医学中心录取，市属医院录取数量位居全省第一。统筹做好卫生健康对口支援工作，派遣医务人员赴新疆阿合奇县开展长期援助 7 人，累计与陕西省延安市、青海省海东市建立结对医疗卫生机构 23 对，向中西部选派专业技术人才 65 人次，中西部向东部选派专业技术人才 311 人次，举办培训班 196 次，培训专业技术人才 4815 人次，输出技术 26 项。无锡卫生援海东工作在国家卫生健康委举办的全国卫生健康系统援青工作会议上作交流发言。

（办公室 对外合作交流处）

【医药卫生体制改革】 2019 年，《关于深化公立医院改革建立现代医院管理制度的实施方案》《无锡市 2020 年 DRG 付费结算办法（试行）》印发。市中医医院开展建立健全现代医院管理制度国家级试点工作，市人民医院、江阴市人民医院、宜兴市中医医院开展省级试点工作。全市 7 家三级公立医院制定实施医院章程。全年各级财政卫生健康投入总额 73.3 亿元，比上年增长 11.9%。在市属公立医院实施党建目标、绩效、创新创优“三位一体”考核。贯彻落实国务院办公厅加强三级公立医院绩效考核工作的意见，无锡市公立医院在全省公立医院综合改革满意度调查中总体满意度排名第三。推进胸痛、卒中及创伤救治中心和危重孕产妇、新生儿救治中心建设，创建省级救治中心 6 个，及时规范救治 5 类危急病患。推进分级诊疗，2019 年由二级、三级医院向基层医疗卫生机构、接续性医疗机构转诊人次比上年增长 27.13%，医联体成员基层单位诊疗人次占比比上年提升 15.21 个百分点，龙头医院慢性病诊疗人次比上年下降 10.2%，县域内就诊率达 96.58%。5 月，在前期省试点基础上，无锡市被确定为医保 DRG（按组打包确定价格和医保支付标准）付费国家试点城市，全市 25 家医疗机构开展 DRG 付费试运行，DRG 思路逐步引入卫生行政和医院管理，医院信息标准化建设、医院数据管理质量和医疗行为规范得到加强，基于 DRG 的绩效评价使医院管理更趋精细精准。

（体改处 保健处）

【规划发展与信息化建设】 2019 年，市卫生健康委组织开展无锡市“十三五”卫生健康发展规划执行情况的终期评估工作，启动“十四五”卫生健康发展规划编制。“无锡智慧健康提升工程”完成市级信息平台建设，通过国家医疗健康信息互联互通标准化成熟度五级乙等（地级市）测评。新增市二院、江南大学附属医院（原市三院）、宜兴市人民医院达到国家医院信息化平台互联互通度四级甲等 3 家医院。全市医疗机构电子病历系统应用水平分级通过五级 2 家、四级 12 家。市二院、江南大学附属医院（原市三院）、市妇幼保健院、市中医医院、宜兴市人民医院开展互联网医院建设。诊间及移动脱卡支付试点成功，患者人均减少排队

2.8 次，节省时间 32 分钟。联通对接院前、院内急救信息，支撑胸痛中心、脑卒中救治中心新模式运行。探索医疗健康大数据研究及人工智能应用，承办世界物联网博览会智慧健康论坛，制定医疗物联网标准，带动相关医疗物联网企业和科研机构共同发展。

（规信处）

【医疗领域“放管服”改革】 2019 年，全市医疗领域 59 项政务服务事项实现“不见面”办理，在全省率先全面推开公共场所卫生许可告知承诺制，推进医疗卫生行业综合监管制度改革，加强全行业综合监管。社会办医持续发展，年内，全市社会办医疗机构数 1488 家，床位数 1.91 万张，占比分别为 54.49%、37.83%，较上年分别增长 23.49%、30.63%。

（法规处　行政审批处）

【医疗卫生服务能力建设】 2019 年，全市改善医疗服务行动计划持续推进，全面落实改善医疗服务 8 项工作制度和诊间结算、脱卡支付等改善服务举措，46 家二级以上公立医院开展多种形式预约诊疗，三级医院门诊预约就诊率达 67.88%，专家门诊预约就诊率达 85%。推行检查检验结果互认，为患者节约医疗费用 3900 多万元。基层医疗卫生服务能力提升，无锡市激发基层活力、做实家庭医生签约服务的做法被确认为全省卫生健康创新创优工作。加快新型家庭医生签约进度，全市组建家庭医生签约服务团队 901 个，实施新型签约 34.83 万人次，新建家庭医生工作室 663 个，新增省星级家庭医生工作室 2 家。医疗卫生服务满意度提升，在全省 164 所三级医疗机构出院患者满意度调查中，无锡市有 8 家医院排名前 50 名，数量列全省第一，地区综合满意度列全省第二。市人大常委会立法通过《无锡市献血条例》。深化平安医院创建，扫黑除恶专项斗争深入推进，全市公立医疗机构全面参加医疗责任保险。

（医政处　基层卫生处）

3 月 26 日，新瑞医院开诊暨专家义诊启动仪式举行　（市卫健委　供）

【公共卫生服务】 2019 年，全市推进疫苗预防接种门诊标准化规范化建设，106 个预防接种点全面达标，《无锡市儿童预防接种门诊服务规范》获无锡市地方标准立项。免费为 1 周岁和 4 周岁儿童接种水痘疫苗，学校水痘疫情比上年下降 44.74%。免费为 65 ~ 85 岁老年人接种肺炎疫苗 13.21 万针次。拓展恶性肿瘤筛查工作，妇女宫颈癌筛查 23.86 万人次，乳腺癌筛查 24.23 万人次，消化道肿瘤筛查 1.01 万人次，制定退休职工及老年人肿瘤标志物筛查方案。新吴区创建成国家慢性病综合防控示范区。全市高血压、糖尿病健康管理率分别达到 104.29%、105.23%，传染病发病率控制在 107.66/10 万。国家基本公共卫生服务项目管理水平不断提升，基本公共卫生补助资金人均达到 92.05 元，国家基本公共卫生服务年度考核连续 3 年位列全省第一。

（疾控处）

【药政管理】 2019 年，出台《市政府办公室关于落实国家基本药物制度的实施意见》，全市实施新版国家基本药物目录。印发《关于进一步加强医疗卫生机构基本药物配备使用管理工作的通知》，明确各级医疗卫生机构基本药物配备使用比例，确保基本药物占主导地位。启动并组织各医疗卫生机构在新平台申报短缺药品信息，实行双平台申报审核，实现短缺药品信息监测直报工作全覆盖。分析研判全市短缺药品信息，编制短缺药品供需衔接指导意见，指导医疗机构有效采购，缓解药品短缺现象。推进国家谈判药品进医院，通过采购平台直接挂网并督促医院打通相关药品采购的绿色通道，松绑“药占比”考核，规范医疗机构儿童用药的配备管理。完成全市医疗机构儿童专用制剂调剂使用需求调研。组织申报两个儿科自制制剂，并被纳入全省可调剂范围。与医保部门联合探索带量采购，对 1586 件产品进行价格谈判，价格最大降幅达 51%。

（药政处）

【职业健康】 2019 年，出台《市政府关于进一步加强职业病防治工作的意见》，完善全市机构改革以来职业病防治工作体系。开展尘肺病防治攻坚行动，专项治理粉尘危害，完成尘肺病患者随访调查。年内，全市无突发职业卫生群体性事件，职业健康监管形势保持稳定。

（职业健康处）

疾病预防与控制

【传染病防控】 2019 年，全市传染病发病率控制在 107.66/10 万，全市甲乙丙类传染病继续保持低流行水平，全年发生传染病突发公共卫生事件34起，比上年下降59%。承办禽流感跨境传播国际高峰会议，无锡市在大会上作经验交流。《以流感禽流感为代表的新发传染病关键防控技术的建立与应用》获得江苏省预防医学科技奖一等奖和江苏省医学科技奖三等奖。将儿童水痘疫苗和老年人肺炎疫苗接种纳入地方免疫规划，为1周岁、4周岁儿童接种水痘疫苗23.07万针次，全市学校水痘疫情比上年下降44.74%；为65周岁以上户籍老年人免费接种肺炎疫苗13.21万针次。

（疾控处）

【免疫规划】 2019年，无锡市率先在省内完成江苏省预防接种地级市分布式数据管理中心建设。推进疫苗预防接种门诊标准化规范化建设，全市106个儿童一般接种点全部达标，建成率达100%。《无锡市儿童预防接种门诊服务规范》获无锡市地方标准立项。组织开展全市预防接种业务技能竞赛，在江苏省预防接种技能竞赛中获团体一等奖。

（疾控处）

【慢性病防控】 2019年，全市高血压、糖尿病健康管理率分别达104.29%、105.23%。开展恶性肿瘤早期筛查工作，制定企业退休职工及社区老年人12种肿瘤标志物筛查方案。新吴区创建成国家级慢性病综合防控示范区，无锡市成为全省首个国家级慢性病综合防控示范区全覆盖的地级市。全市首批7家糖尿病主题健康小屋全面启用。开展3.5万人次健康状况现场调查，推进无锡市重大慢性病社区人群队列随访调查、生物样本采集及检测。

（疾控处）

基层卫生与妇幼保健

【基层卫生】 2019年，全市村医队伍建设成效的报告被国务院办公厅专报采用，并获国务院领导批示。全市激发基层活力、做实家庭医生签约服务的经验做法在全国第八届基层卫生大会、第九届社区卫生运行模式交流会上作推广介绍，先后接受中国全科医学杂志社、《新华日报》《健康报》江苏记者站的专题访问，并被省卫健委确认为全省卫生健康创新创优工作。江阴市和宜兴市被国家卫健委、国家中医药管理局确定为全国紧密型县域医疗卫生共同体建设试点县（市、区）。至年底，全市组建家庭医生签约服务团队901个，团队成员4526人，实施新型签约34.83万人次。锡山区获评2019年度江苏省基层卫生十强区。年内，全市新增4家省级家庭医生服务模式创新建设单位、2家江苏省星级家庭医生工作室、5家省社区医院、4家省级示范乡镇卫生院、28家省级示范村卫生室、8个省级基层医疗卫生机构特色科室，有2家机构被确认为“优质服务基层行”国家服务能力推荐标准，21家机构被确认为基本标准。组织第四批19名省级优秀基层卫生骨干人才赴英国研修基层卫生工作。在国家基本公共卫生服务项目2018年度省级绩效考核中，无锡市以综合评分100.55分位列全省第一名。4月19日，中央电视台《焦点访谈》栏目专题报道无锡市社区医院建设试点工作情况。

（基层卫生健康处）

【妇幼健康体系建设】 2019年，市妇幼保健院通过三级甲等专科医院复核评价，宜兴市立项开工建设二级妇幼保健院，江阴市立项建设三级妇幼保健院，惠山区整合建设区级妇幼保健院并挂牌。全市新增2家省级基层医疗卫生机构妇幼健康规范化门诊，新增26家妇幼健康规范化门诊建设单位。全市新增48家医疗机构哺乳室，覆盖率达98.58%。市妇幼保健院成为江苏省第二批儿童早期发展基地。

（妇幼健康处）

【母婴安全保障】 2019年，无锡市在全省率先设立市级危重孕产妇综合救治中心，挂靠市人民医院。市人民医院和市儿童医院被省卫生健康委确认为省级危重孕产妇（新生儿）救治中心，新增锡山人民医院为县（区）级孕产妇危急重症救治中心，实现市及县级救治中心的全覆盖。实施“助产士分层培训计划”，开展新生儿窒息复苏全员技能大操练活动。孕产妇死亡率控制在9.95/10万，婴儿死亡率控制在2.41‰。

（妇幼健康处）

【妇幼健康信息化建设】 2019年，无锡市作为唯一试点城市完成省妇幼健康信息系统试点工作，全市二级及以上医疗机构采用数据对接方式实现与省妇幼健康信息系统的融合对接。6月28日，省卫生健康委在无锡市召开全省妇幼健康信息系统部署推广电视电话会，无锡市在妇幼健康信息系统建设方面取得的成绩被省卫生健康委通报表扬，并在全省推广。

（妇幼健康处）

【妇幼公共卫生服务项目】 2019年，全市完成叶酸增补5.99万人。优化宫颈癌HPV检查项目流程，提高“两癌”筛查经费结算标准至156元/人，完成乳腺癌筛查24.7万余人、宫颈癌筛查24.3万余人，确诊乳腺癌137人、宫颈癌77人，宫颈癌前病变2093人。免费孕前优生健康检查3.35万人，孕前优生健康检查任务完成率102%。孕产妇艾滋病、梅毒和乙肝检测率均为100%。落实0～6岁儿童眼保健、视力检查和建立视力健康电子档案，年内共完成视力筛查10万余人，定期随访干预筛查出的异常儿童。

（妇幼健康处）

健康促进

【“健康无锡”建设】 2019年，全市全面推进“健康无锡”建设，将“健康无锡”建设工作纳入各市（县）区高质量发展考核指标体系。市政府召开“健康无锡”建设领导小组(扩大)会议,总结部署“健康无锡”建设工作。市“健康无锡”建设领导小组印发《2019年“健康无锡”建设重点工作安排》《“健康无锡”建设工作制度》,初步构建“健康无锡”建设政策框架体系。举办“健康无锡”建设研修班、业务培训班,开设“健康无锡”大讲堂,全市居民健康素养水平达到29.14%。全市新建成省级健康镇5个、健康村59个、健康社区67个、健康单位50个,新创省级健康村(社区)数量位居全省第一。建成健康主题公园25个、健康步道102条、健康小屋33个。无锡市、江阴市、宜兴市均被全国爱卫办评为首批全国健康城市建设示范市、市(县、区),无锡市成为全国唯一健康城市建设示范市全市域覆盖的地级市。《无锡市健康城市建设探索与实践》被中国健康教育中心等评为典型推广案例。

(健康促进处)

【爱国卫生运动】 2019年,全市开展病媒生物防制知识宣传575次,清除孳生地4.24万处,投放药物679次,完善防制设施721处,发动群众参与“清洁家园、除害防病”活动3.96万人次。市(县)区卫生监督所共开展病媒生物防制执法检查155次,抽查单位645家。新创3个国家卫生镇,纳入年度复审的10个国家卫生镇、1个省级卫生镇、76个省卫生村全部通过复查。巩固农村无害化卫生户厕全覆盖成果,全市农村无害化卫生户厕普及率达99.99%,位居全省第一。

(健康促进处)

【健康教育促进活动】 2019年,全市创建省级健康促进医院5家,创建成省级健康促进学校金牌学校5所、银牌学校20所、铜牌学校3所。开设“健康无锡”大讲堂,开展健康知识普及活动,全市居民健康素养水平达到29.14%。

(健康促进处)

【禁烟工作】 2019年,全市开展第三十二个“世界无烟日”宣传活动,举办“烟草和心脏病”——江苏省2019年度世界无烟日系列宣传活动启动仪式,举办“世界无烟日”有奖知识问答活动,全市11.26万人参与有奖答题。参加第三届“健康江苏·我为控烟发声”公益接力活动,获优秀组织奖。委托第三方机构对全市卫生健康系统无烟环境开展两轮暗访活动。开展公共场所控烟专项监督检查,检查337家单位,对34家单位下达整改意见书。全市新增无烟单位41家。

(健康促进处)

中医中药

【中医药服务体系】 2019年,全市共有中医(中西医结合)医院29家,其中,三级中医(中西医结合)医院4家,二级中医医院9家,中医门诊部33个,中医诊所245个。每千常住人口拥有中医床位数达0.96张,每千常住人口拥有中医执业(助理)医师数达0.51人。94.3%的社区卫生服务中心、乡镇卫生院建有标准化中医综合诊疗区,96.6%的医疗机构可提供6类15项以上中医药技术方法。

(中医药管理处)

【中医医疗服务能力】 2019年,无锡市中医医院医疗集团组建成立。无锡市第二中医医院通过二级甲等医院复评,新吴区中医医院挂牌成立。全市3个专科通过国家临床重点专科(中医专业)建设项目评估,10名省名中医候选人通过省级初审,新增3名省老中医药专家学术经验继承指导教师,25人入选全国中医重点人才研修项目。新增省名老中医药专家传承工作室1个、全国和省名老中医药专家传承工作室基层工作站4个。中医医联体加入长三角中医药一体化合作项目。成立市中医医院评审委员会,建立市中医病案、中药药事、中医内科等中医专业质控中心。新设中医备案诊所53家,3人通过中医医术确有专长人员医师资格考核。

(中医药管理处)

【中医药传承创新】 2019年,全市中医药学术流派活态传承,龙砂医学流派传承工作室继续列为第二批全国中医药学术流派传承工作室,黄煌团队入选“太湖人才计划”国际国内顶尖医学专家团队。成立市龙砂医学流派研究院,成为省中医药学会五运六气专委会挂靠单位,出版《龙砂医学丛书》(第一辑)。基层中医药服务能力持续提升,组织实施基层卫生技术人员中医药知识与技能培训,开展“中医药就在你身边”健康巡讲活动。举办江苏省中医经典巡讲无锡站活动暨总结大会、青年经方骨干培训班和五运六气研究培训班,在匈牙利召开世界中医药学会联合会五运六气专委会年会。

(中医药管理处)

9月28日,2019无锡健康文化大会举办 (市卫健委 供)

5 月 19 日，无锡市开展“世界家庭医生日”宣传活动　（市卫健委　供）

医政管理

【分级诊疗制度建设】 2019 年，市卫生健康委印发《无锡市医疗联合体建设规划》，建成城市医疗集团 4 个、涉农地区医疗共同体 6 个、专科医疗联盟 6 个、紧密型医联体 3 个，6 家社会办医疗机构参与医联体建设。开展三大救治中心建设，建成市级胸痛救治中心 6 个、创伤救治中心 7 个、卒中救治中心 6 个，胸痛救治中心建设单位 2 个，创伤、卒中救治中心建设单位各 1 个。开展胸痛中心全市模式试点。开展市（县）区级救治中心建设试点，试点建设单位 11 个。年内，上级医院在基层开设医师工作室 80 个、护士工作室 16 个、其他工作室 19 个，下转的人数 7.47 万人次，比上年增长 27.13%，医联体成员基层单位诊疗人次占比 45.46%，比上年提升 15.21 个百分点，龙头医院高血压、糖尿病等慢性病诊疗 107.0 2 万人次，比上年下降 10.2%。推广日间手术，二级、三级医院日间手术占择期手术比例分别达 5.6% 和 6.8%，医联体龙头医院支持 11 家基层医疗机构开展日间手术。

（医政处）

【医疗服务体系构建】 2019 年，市卫生健康委印发《关于进一步明确全市公立医疗卫生机构功能定位和发展特色的指导意见》。新确认市级临床重点专科 36 个、市级临床重点专科建设单位 15 个，复核评审尚未到期的市级临床重点专科 18 个。锡山区政府斥资 10 亿元，建设锡山人民医院新院区，已搬迁启用。惠山区政府拨款 4000 万元，支持惠山区人民医院建设，投入金额比上年增长 42.8%。年内，8 家县级综合医院开放床位 6647 张，比上年增长 0.4%；卫生技术人员共计 8280 人，比上年增长 2.82%；万元以上设备共 9990 台，比上年增长 6.62%。组织开展儿童、康复医疗事业发展“十三五”规划中期评估，儿科床位数、医师数较“十二五”末分别增长 30%、43%，康复床位数、医师数、护士、技术人员数较“十二五”末分别增长 114.6%、36.8%、224% 和 44.65%。将精神病院、妇幼保健院的建设纳入政府考核目标。年内，社会资本举办医疗机构 239 家。无锡市全民健康信息平台已与全市 333 家公立医疗机构进行互联互通，其中，三级医疗机构 16 家，二级医疗机构 15 家。

（医政处）

【医疗服务改善】 2019 年，全市三级医院门诊预约就诊率达 67.88%，专家门诊预约就诊率达 85%；二级医院预约诊疗率达 37%，预约检查率达 95%，复诊预约率达 90% 以上。修订《无锡市护理临床重点专科评审细则》《无锡市市级专科护士培训基地评审细则》，印发《无锡市互联网 + 护理服务实施方案》，开展“互联网 + 护理”试点工作。印发《无锡市院前急救医疗事业发展规划（2018 ～ 2020 年）》，江阴市、宜兴市急救分站建成运行，成立 2 个非急救转运服务公司，开展非急救转运服务，组织开展院前急救技能大比武活动。

（医政处）

【精准健康扶贫】 2019 年，全市将农村贫困人口大病专项救治扩面至低收入人口，将低收入人口和计划生育特别扶助对象纳入 30 种大病的救治范围。对口支援陕西延安和青海海东，年内，全市参与结对医疗卫生机构 23 对，向中西部选派专业技术人才 65 人次，接受西部地区选派的专业技术人才 311 人次，举办培训班 196 次，培训专业技术人才 4815 人次，输出技术 26 项。

（医政处）

【医疗质量安全监管】 2019 年，无锡市医院评审委员会和医院评审专家库组建。年内，累计检查医疗机构 428 家次，约谈医疗机构 19 家，完成 44 家医疗机构执业信用等级评定工作，市级质控中心督查二级、三级医疗机构 820 家次。加强医院感染管理，对 400 余家次医疗机构开展医院感染检查，对全市血液净化中心实现血液净化检查全覆盖。成立消毒供应质控小组，对全市消毒供应中心进行摸底排查。

（医政处）

【血液安全监管】 2019 年，市卫生健康委开展无偿献血立法调研工作，制定《无锡市献血条例（草案）》。年内，全市全血招募 8.5 万人次，采集血液 28.16 吨，血小板招募 7959 人次，采集血小板 1.22 万单位。全市 14 家医疗机构上线无锡市临床用血信息系统。

（医政处）

【平安医院创建】 2019 年，全市卫生健康系统开展“省平安示范医院”

创建，组织开展“市平安医院、市平安示范医院”创建考评。完善医疗风险分担体系，推进医务人员医疗责任险和患者医疗意外险，全市公立医院参加率达100%。

（医政处）

卫生执法与监督

【卫生规范性文件清理】 2019年，市卫生健康委起草修订《无锡市献血条例》，加强规范性文件合法性审查，对3部地方性法规、3部政府规章、2件市政府规范性文件提出清理建议，对99件部门规范性文件作出清理决定。规范复议诉讼应诉，审理行政复议案件14件，应诉行政复议案4件，行政诉讼案13件。开展“以案释法”典型案例宣传，推进“法律七进”活动。持续推进卫生健康“放管服”改革，承接职业健康权力事项、护士执业注册事项，取消公共场所建设项目审查事项，全面推开公共场所卫生许可告知承诺制改革，实施二级及以下医疗机构设置审批与执业登记“两证合一”，年内，共办理1.32万件。

（法规处）

【卫生综合监督】 2019年，全市卫生监督机构共监督检查各类单位1.76万户次，开展各类专项整治44项，处理举报投诉820起，立案查处违法行为522起，移送司法机关案件9起，罚没款356万余元。推进医疗卫生行业综合监管制度改革，市卫生健康委研究起草《无锡市改革完善医疗卫生行业综合监管制度实施方案》。深入实施行政执法“三项制度”，出台《无锡市卫生健康委行政执法公示制度（试行）》《无锡市卫生健康委行政执法全过程记录制度（试行）》《无锡市卫生健康委重大行政执法决定法制审核制度（试行）》。开展“双随机、一公开”监督抽查，完成随机监督抽查任务1638件。推动医疗卫生信用体系建设，开展全市医疗卫生行业信用评价试点工作。

（综合监督处）

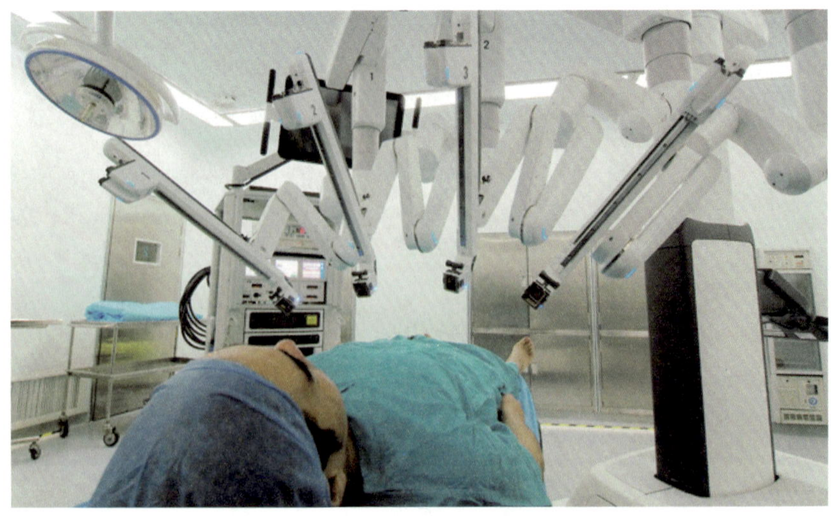

12月11日，无锡市引进第一台“达芬奇”手术机器人　（市卫健委　供）

医学科研与教育

【医学科研】 2019年，市校合作搭建转化医学研究平台，依托江南大学医学院建设无锡转化医学中心，启动首批转化医学专项研究项目，江南大学附属医院获批教育部创面修复技术工程研究中心。全市医疗卫生机构获国家和省自然科学基金、省社会发展重点研发项目33项，市厅级科研项目51项，市卫生健康委立项资助科研项目129项，资助开展科技成果和适宜技术推广项目51项，以第一完成单位获中华医学奖1项、省科学技术三等奖3项、省医学科技奖3项、省新技术引进评估奖26项，获市腾飞奖2项。全年发表SCI（科学引文索引）收录论文和中华系列核心期刊论文476篇，获发明专利19项。

（科教处）

【医学教育】 2019年，市卫生健康委启动实施临床医学青年人才国外研修项目，遴选资助40名临床医学青年骨干人才赴美国迈阿密大学、克利夫兰大学医学中心研修学习。换届调整市级住院医师规范化培训专家委员会，建立市级住院医师规范化培训质控工作组，与国内顶尖国家基地合作培养高级师资100名，全年新招录住院医师规范化培训学员258名，537名学员通过结业考核，通过率达98.4%。全市举办各级各类继续医学教育项目523项，其中，国家级43项、省级148项，优选21项继续医学教育项目免费送教下乡，农村订单定向培养医学生97名。

（科教处）

【实验室生物安全】 2019年，市卫生健康委建立市级卫生健康系统涉及人的生物安全领导小组和专家委员会，制定市级应急预案。至年底，全市病原微生物实验室备案机构达98家。

（科教处）

编辑　顾洪兴

综 述

【概况】 2019年，全市人均拥有公共体育设施面积达1.7平方米，居全省第一。无锡运动员获得世界冠军4个、全国冠军56个，无锡市联办的江苏马术队夺得江苏历史上首个全国马术锦标赛冠军。参加第二届全国青年运动会，获得25枚金牌、14枚银牌、21枚铜牌，全国综合性运动会成绩取得新突破。市体育局被省体育局授予体育后备人才输送奖和竞技体育突出贡献奖，被市委、市政府授予“集体二等功”。全市体育产业总产出650亿元，增加值占全市地区生产总值比重的1.66%。《人民日报》先后3次大篇幅宣传无锡体育，央视《焦点访谈》、央广《中国之声》等栏目对无锡市体育产业和竞赛表演业进行专题报道。

（周妮雯）

【全球体育影响力城市榜单排名提升】 2019年，世界权威体育市场情报研究和数据服务机构SPORTCAL发布2019年度全球体育影响力（GSI）国家和城市指数报告。中国在2019年GSI国家指数中的总分为4.07万分，首次超过美国，位列世界第一。在全球608个城市中，中国有27个城市上榜，无锡位列世界第147名，较上年大幅提升93位，排名先于苏州、武汉。

（周妮雯）

【大型赛事】 2019年，无锡市成功举办无锡马拉松、环太湖国际公路自行车赛、斯诺克世界杯、世界跆拳道大满贯冠军系列赛等一批大型赛事，完成2021世界跆拳道锦标赛会旗交接。2019无锡马拉松成功晋级世界田径“银标赛事”，央视体育赛事频道直播160分钟，据中国移动、中国电信大数据统计，共吸引28万人次观看比赛及旅游休闲，带动住宿、餐饮、交通、观光等直接消费1.8亿元，较上届增长11%。2019跆拳道大满贯冠军系列赛发展为贯穿全年、积分优先的奥运资格赛，产生东京奥运会外卡8张，央视体育频道连续三天直播。

（周妮雯）

【发放体育惠民消费券200万元】 8月26日，市体育局召开2019年为民办实事项目“体育惠民消费券”发放新闻发布会。该项目旨在鼓励市民体育消费、提升体育惠民消费健身场所的经营和服务水平、助推智慧体育建设，掀起全民健身热潮。体育惠民消费券发放总金额200万元，市民通过无锡智慧体育综合平台或市民卡App“体育惠民”模块，可领取5张10元无门槛体育惠民消费券，名额为3.5万个。领取后可前往指定的9家单位21个场馆进行健身消费，项目包括足球、篮球、乒乓球、羽毛球、游泳、门球、大众健身、冰雪等。

（周妮雯）

体育设施

【公共体育服务体系建设省内领先】 2019年，无锡市编制城市公共体育设施建设空间规划，统筹空间资源，推动形成“规模适度、功能互补、布局合理、覆盖城乡”的规划布局。省内首批创建全国全民运动健身模范市，出台《无锡市创建全民运动健身模范市

8月16日，无锡女子足球队获得第二届全国青年运动会冠军

（周妮雯 供）

发展规划》《无锡市创建全民运动健身模范市实施方案》,制定任务清单、项目清单,明确各部门、各板块工作要求和目标任务,形成市、市(县)区统筹联创的良好氛围。开展环古运河健身步道功能提升、贡湖湾彩虹步道、西蠡湖健身路径及一大批室外健身设施建设,推动市(县)、区因地制宜建设一批彩色健身步道和健身公园,推动公办学校体育场地设施向社会开放。

2019年,无锡市加大公共体育投入力度,进一步优化提升"10分钟体育健身圈"功能,市、市(县)两级累计投入体育彩票公益金3600余万元,用于公共体育设施建设。新建改建体育公园20个,新建健身步道、骑行道超过200千米,新建或更新室外公共体育健身设施2000余件(套),其中二代智能健身路径14套、健身驿站10套。全年新增公共体育设施面积114万平方米,人均拥有公共体育设施面积达1.7平方米,位居全省第一。

(周妮雯)

【无锡环城古运河慢行步道】 2019年,启动无锡环城古运河慢行步道建设工程,已实现全线环通。步道全长11.8千米,北起吴桥,南至跨塘桥,西起西水关,东至羊腰湾,沿途经过运河公园、西水墩公园、体育公园、南禅寺、业勤纱厂遗址、北仓门艺术中心、清名桥历史文化街区等节点,形成一条彰显无锡特色风光和历史底蕴的展示路径。沿线配建二代智能健身路径和健身驿站,集智能语音播报、健身数据采集、科学健身指导等功能于一体,让市民在古运河畔尽享智慧体育带来的运动乐趣。

(周妮雯)

【贡湖湾湿地公园彩虹步道】 贡湖湾湿地公园彩虹步道是市体育局2019年为民办实事项目之一,总长3千米,宽5米。以奥运五环颜色为主基调的彩虹步道从水韵广场向东西延展,犹如一条彩带蜿蜒在太湖与贡湖湾之间,与周边山水湖草、生态景观融为一体,可满足徒步、骑行、乐跑等多种运动需求,建成开放后人气迅速高涨,成为市民休闲、体育运动、亲子游乐的"网红打卡点"。

(周妮雯)

【二代智能健身路径】 2019年,全市推进智慧化体育健身设施建设,在部分小区、健身步道、体育公园,配建24套二代智能健身路径、健身驿站,每套路径、驿站包含10余件智慧化健身器材,可满足20人同时使用。通过扫描器材二维码可进行时间、里程、热量等运动数据采集,为广大市民提供健身指导,提升市民科学健身素养。2019年,无锡市国民体质合格率为95.72%。

(周妮雯)

群众体育

【全民健身活动】 2019年,全市扩大体育惠民范围,面向全市健身群众发放体育惠民消费券200万元,向社会力量购买公共体育服务31项、320万元,举办全民健身运动会、网民公益体育大会、"文明风尚·科学健身"系列活动等一批全民健身品牌活动。发展壮大社会体育组织,全市拥有各级各类体育社团组织289个、体育民办非企业组织251个,实现市、市(县)区、镇(街道)、村(社区)四级全覆盖。参加江苏省第一届智力运动会,金牌总数全省第二。2019年,全市国民体质合格率为95.72%;每万人拥有社会体育指导员34人;经常参加体育锻炼人数比例超41%,省内领先。

(周妮雯)

【首届"畅动锡城"体育嘉年华】 1月26日,第一届"畅动锡城"体育嘉年华在无锡体育中心拉开帷幕。为期8天的嘉年华以"体育+迎新+亲子+美食"为核心内容,涵盖线上运动会、全民健身挑战活动、体育服务展示、潮流体育科技体验、亲子趣味运动会、迎春便民服务等6大板块30余项活动。活动以体育集市的形式呈现,参展体育机构和相关企业50余家,总展示服务面积超过1万平方米,吸引市民8万余人次。

(周妮雯)

【省智力运动会获金牌数全省第二】 4月19日,江苏省第一届智力运动会在泰州落下帷幕。无锡代表团共派出150余名运动员,参加全部9个大项的85个小项比赛,获得14枚金牌、11枚银牌、11枚铜牌、团体总分423分,金牌数位列全省第二,

2019年为民办实事项目贡湖湾湿地公园彩虹步道建成投用

(周妮雯 供)

奖牌总数、团体总分均位列全省第三。无锡代表团获得优秀组织奖一等奖和体育道德风尚奖。

（周妮雯）

【**太湖国际女子马拉松赛**】 4月21日，2019年无锡太湖国际女子马拉松赛鸣枪开跑。此届比赛设置女子半程组、情侣组、11千米组和闺蜜组4个组别，并特别邀请前体操奥运冠军邓琳琳担任领跑嘉宾。太湖国际女子马拉松赛事是无锡唯一一项女性主题的马拉松赛事，也是中国田径协会铜牌赛事、最美赛道特色赛事。经过两个多小时的角逐，来自肯尼亚的 Cecilia Wayua Michael 和 Mercy Wanjiru Njoroge 分别获得女子半程组冠军、亚军，中国选手陈林明获得季军。刘莹莹和包月坤获得情侣组冠军，陈燕获得11千米组冠军，韩蒙蒙与赵国玉获得闺蜜组冠军。

（周妮雯）

【**太湖皮划艇环马山27千米挑战赛**】 4月27日，第三届无锡太湖皮划艇环马山27千米挑战赛在无锡马山太湖沿岸水域开赛，选手们从马山环山西路85号慕湾果园农庄码头出发，逆时针环绕马山半岛一圈，全程27千米。比赛吸引国内外20个地区的110名运动员同场竞技，经过激烈比拼，徐海伟以3小时3分的成绩获得男子单人艇冠军，薛春芳以4小时30分的成绩获得女子单人艇冠军。

（周妮雯）

【**环太湖徒步大会**】 5月12日，2019年无锡市网民公益体育大会环太湖徒步大会拉开帷幕。1.5万余名市民从太湖国际博览中心广场出发，途经尚贤河湿地公园、贡湖湾湿地公园、太湖大堤等地，用脚步丈量无锡广度，用身心感受无锡温度，领略山水之美。以“网民”冠名、具有“草根”气息的环太湖徒步大会是无锡市的特色品牌活动，2012年至今已成功举办7届，成为无锡市弘扬网络公益精神、展示江苏网络公益形象的特色品牌。与环太湖徒步大会同步，南京、苏州等12个设区市也举行相关活动，共同掀起为爱健步、活力行走的热潮。

（周妮雯）

【**全国高校车协惠山爬坡赛**】 5月19日，第十届全国高校车协惠山爬坡赛在惠山森林公园开赛。比赛设置男子公路组、男子山地组与女子组3个组别，赛道全长5.8千米，全国10多所高校的近百名大学生骑行爱好者参加。江南大学学生盛尧夺得男子公路组冠军，用时不足15分钟。无锡城市职业技术学院的孙晨阳、上海交通大学的佚妙娟分别获得男子山地组和女子组冠军。

（周妮雯）

【**体育超市系列活动**】 6月1日，2019年无锡市“文明风尚·科学健身”体育超市系列活动在无锡体育公园启动。系列活动设置广场舞、健身气功、空竹、柔力球、武术、太极拳、石锁、门球8个健身项目，各体育协会于每周末在无锡体育公园内开展项目展示教学，活动持续至年底，近20万名市民参与活动。

（周妮雯）

【**“长江经济带”全民健身大联动**】 6月2日，2019江苏省“长江经济带”全民健身大联动暨“舞动江苏”广场舞大赛无锡赛区启动仪式在太湖国际博览中心广场举行。5000多名健身爱好者现场展演广场舞、广播体操、健身气功、柔力球、抖空竹、舞龙等10余个集体项目，倡导健康、文明、快乐的科学生活方式。启动仪式后，“文明风尚·科学健身”趣味健步走随之开始，2000余名市民参与5千米健步走，以实际行动落实《全民健身计划（2016～2020）》。

（周妮雯）

【**蠡湖全民健身龙舟赛**】 6月15日，2019年第四届蠡湖全民健身龙舟赛在蠡湖水域举行。竞赛项目为12人公开组龙舟200米直道竞速，共设6条赛道，无锡及周边地区企事业单位及团体的近40支队伍参加比赛。蠡湖全民健身龙舟赛以景色宜人的蠡湖水域、全民参与的龙舟精神、民俗文化的传承为特色，吸引大量群众及游客，成为无锡和周边地区具有较高知名度和参与度的水上运动赛事。

（周妮雯）

【**“舞动江苏”广场舞大赛**】 7月28日，2019“舞动江苏”广场舞大赛无锡赛区总决赛在无锡体育公园体育馆举办。经过前期选拔，共有11支队伍、400多名舞蹈爱好者进入决赛。决赛进行规定套路、自选套路、原创曲目比拼，《江南好》《点赞中国》《沂蒙颂》《再唱山歌给党听》《喜乐年华》等曲目轮番上演。江阴市体操舞蹈协会艺术团、新吴区“溪之韵”舞蹈队和惠山区“乐之炫”舞蹈队分别获得前三名。

（周妮雯）

【**全国青少年体育冬夏令营**】 8月5日，2019年全国青少年体育冬夏令营（无锡站）启动仪式在无锡市冰雪运动训练基地融创滑雪学校举行。此次冬夏令营以帮助青少年学会1至2项运动技能为目标，开设田径、篮球、乒乓球、羽毛球、网球等15个体育项目，共提供3000个参与名额。报名数据显示，水上运动、跆拳道、击剑等体育项目更受家长和青少年青睐。

（周妮雯）

【**江苏省第五届青少年体操节**】 6月30日，江苏省第五届青少年体操节在无锡体育中心体育馆开幕。体操节设置幼儿快乐体操、少年儿童体操、艺术体操、技巧和大学生体操5个竞赛主项、近百个竞赛小项。全省11个设区市的37个传统学校、幼儿园及俱乐部和7所高校代表队共1209名运动员参赛。

（周妮雯）

【**参加世界健身气功交流比赛大会**】 8月7～12日，第八届世界健身气功交流比赛大会在澳大利亚墨尔本举行，21个国家和地区的57支代表队、259名运动员参赛。无锡市代表队获得健身气功、导引养生功十二法集体赛一等奖，易筋经集体赛二等奖。在个人赛项目的争夺中，队员姚江华获得健身气功、五禽戏和大舞一等奖，徐福兴获得六字诀一等奖和易筋经二等奖，陈小英获得太极养生仗一等奖和八段锦二等奖，浦静亚获得易筋经和导引养生十二法二等奖。

（周妮雯）

【全民健身日活动】 8月14日，2019年江苏省“全民健身日”活动无锡分会场启动式在无锡体育公园体育馆举行。活动现场，身着红色统一运动服的健身爱好者们动作标准、律动整齐、活力十足地向观众们展演第九套广播体操，现场还进行健身气功、抖空竹、健身秧歌、柔力球、瑜伽等项目的展示表演。

（周妮雯）

【太湖大众跆拳道公开赛】 8月24～25日，太湖大众跆拳道公开赛、无锡市跆拳道俱乐部公开赛在无锡体育公园开赛。此次公开赛吸引约1000名选手报名，年龄集中在10岁左右，除来自各市（县）区跆拳道俱乐部选送的优秀选手外，无锡周边地区的选手们也踊跃参赛。两天的比赛中，小选手们进行竞技、品势、跆拳道操、团体特技等多个项目的比拼，跆拳道“大比武”精彩纷呈。

（周妮雯）

【海峡两岸城市棒球交流赛】 9月18日，2019“小天鹅杯”海峡两岸城市棒球交流赛在无锡市棒球运动训练基地开幕。海峡两岸城市棒球交流赛2011年起由中国棒球协会和中华台北棒球协会共同举办，采取两岸轮流办赛的方式，至今已连续举办7届。此届赛事为期5天，设置成人组、U15组、U12组3个组别，海峡两岸的14支队伍、360名运动员进行多轮对战，以球会友、增进友谊。

（周妮雯）

【国民体质监测】 10月，无锡市启动2019年国民体质监测工作。监测指标包含身体形态、身体机能、身体素质3个方面，根据整群随机抽样原则，总计采集测试样本1520人。监测结果显示，2019年无锡市国民体质合格率为95.72%，相比2018年的95.64%，提高0.08个百分点。

（周妮雯）

2019环太湖国际公路自行车赛现场　　（周妮雯　供）

【全国水中健身操比赛】 10月25～27日，由国家体育总局游泳运动管理中心、中国游泳协会主办的第十一届全国水中健身操比赛在无锡体育中心游泳跳水馆举行。比赛设徒手操、板操、棒操、划手掌操、浮力哑铃操、浮力腰带操等11个项目，来自北京、海南、湖北、江苏、浙江、广东、陕西、山东等有关高校和中小学以及游泳协会与游泳俱乐部的24支代表队、319名运动员参加比赛。

（周妮雯）

【首届全民健身运动会】 10月30日，无锡市第一届全民健身运动会在无锡体育中心开幕。活动现场，市委宣传部、市公安局、市财政局等16个机关代表队的352名运动员参加广播体操项目的比赛，市公安局获得第一名。开幕仪式后，《国家体育锻炼标准》达标竞赛在体育中心篮球馆进行，比赛设7个年龄组别，包含30秒跳绳、坐位体前屈、绕杆跑、实心球投掷、快走等项目。首届全民健身运动会持续一个多月，共设置五人制足球、游泳、篮球等14个比赛项目。

（周妮雯）

【省传统武术·太极拳交流赛获奖】 11月1～3日，2019年江苏省传统武术·太极拳（剑）交流比赛在徐州举行，全省18支代表队、250多人参赛。无锡代表队获得太极拳一等奖4个、器械一等奖9个。队员褚海燕揽获个人太极拳、太极剑两个项目一等奖，并以42式太极剑9.09分获得器械组全场最高分。无锡代表队获评道德风尚集体奖。

（周妮雯）

【全国民间石锁邀请赛获奖】 11月3日，2019全国民间石锁邀请赛在南京举行，江苏、上海、浙江、山东、安徽、黑龙江、辽宁、山西、河南9个省、市的31支队伍参赛。比赛设置男女石锁技巧、男女石锁功力、男女花样石锁以及石锁上拳、霸王举鼎等8个大类共13个项目。无锡代表队共获得6枚金牌、7枚银牌和6枚铜牌，金牌数、奖牌数位列参赛城市第一。

（周妮雯）

【无锡（蠡湖）国际铁人三项赛】 11月10日，无锡（蠡湖）国际铁人三项赛在无锡经济开发区开赛，来自中国、法国、美国、加拿大等16个国家及地区的500余名“铁人”参赛。竞赛分全程组、半程组、接力组及挑战组，除常规的成人铁三赛之外，还增设小铁人比赛。参赛选手经过游泳、自行车、跑步三项角逐，最终，英国的Benjamin DavidDeady以2小时3分27秒的成绩获得全场总冠军。

（周妮雯）

【健身气功站点联赛】 11月15日，2019年健身气功站点联赛在无锡体育公园体育馆举行，各市(县)区、20个站点的130余名运动员参赛。比赛设五禽戏、八段锦、马王堆导引术、导引养身功十二法4个项目，分集体项目赛和个人项目赛。经过争夺，惠山区堰桥站点等8支队伍获得集体项目赛一等奖，孙海燕、蒋庆林、高海珍、荣子玲分别获得个人项目赛第一名。

（周妮雯）

【社会体育指导员培训】 12月5日，无锡市一线社会体育指导员培训班(民族健身操普及版)技能再培训在江南大学体育馆举办。2019年，市体育局以政府购买公共体育服务项目的形式，组织开展二级社会体育指导员培训3期、一线社会体育指导员技能再培训2期，项目涵盖广场舞、广播体操、石锁、柔力球、太极拳、民族健身操等，全年培训人数达520人次。

（周妮雯）

竞技体育

【竞技体育实力提升】 2019年，无锡市组队参加第二届全国青年运动会，获得25枚金牌、14枚银牌、21枚铜牌，参加全国综合性运动会成绩取得新突破。制定《无锡市体育传统项目学校管理办法》，完成新一轮体育传统项目学校评定，市体校获评全国羽毛球后备人才基地，锡山区体校获评中国棒垒球高水平后备人才基地。开展年度小学生体育比赛和青少年体育夏令营活动，承办省级以上青少年体育赛事25项次，在无锡融创滑雪学校设立“无锡市冰雪运动训练基地”。年内，无锡市运动员共计获得世界冠军4个、全国冠军56个，省队市办江苏马术队夺得江苏首个全国马术锦标赛冠军，跆拳道、马术、曲棍球项目累计5人获得奥运会入场券，市体育局被省体育局授予年度体育后备人才输送奖和竞技体育突出贡献奖。市委、市政府对参加第十九届省运会有功集体和个人给予表彰，市体育局获记“集体二等功”。

（周妮雯）

【无锡马拉松】 3月24日，2019无锡马拉松起跑。此届“锡马”规模提升，共有49个国家和地区的3.3万人参赛，不仅参赛人数创历史新高，而且85%的选手来自无锡以外地区，外籍选手达1352人，使之真正成为有全球影响力的跑步盛会。埃塞俄比亚选手Negawo Asnake Dubre和Tsehay Gebre Getiso分别以2:10:21和2:15:08的成绩获得全程马拉松项目男子、女子组冠军；全程马拉松项目前三名均打破赛会纪录；740名选手跑进3小时，刷新国内单场赛事“破3”人数记录。比赛在央视体育赛事频道直播160分钟，57家境内外媒体同步参与赛事宣传报道。据中国移动、中国电信大数据统计，赛事期间共吸引28万人观看比赛及旅游休闲，带动住宿、餐饮、交通、观光等直接消费1.8亿元，较上届增长11%。

（周妮雯）

【无锡马拉松晋级世界田径银标赛事】 2019年，无锡马拉松成功晋级世界田径银标赛事，创国内最“年轻”银标赛事、省内级别最高马拉松赛事两项记录。无锡马拉松创赛6年来，在精英运动员成绩、视频转播覆盖率、反兴奋剂、安全保障等方面表现出色，4次摘得中国田径协会金牌赛事，通过国际马拉松及长跑协会(AIMS)认证，仅用两年时间先后晋级世界田径铜标、银标赛事，被国家体育总局和国家旅游局评为国家体育旅游精品赛事，赛事影响力和知名度迅速提升，打造成为展示无锡城市综合实力的闪亮名片。

（周妮雯）

【跆拳道世锦赛进入“无锡时间”】 5月19日，2019跆拳道世界锦标赛在英国曼彻斯特结束。闭幕式接旗仪式上，无锡市政府副市长刘霞从曼彻斯特市长手上接过跆拳道世锦赛旗帜，标志着跆拳道世锦赛进入“无锡时间”。在曼彻斯特跆拳道世锦赛期间，国际奥委会主席巴赫会见无锡市政府代表团，对无锡赢得2021年跆拳道世锦赛主办权表示祝贺。

（周妮雯）

【国际象棋女子名人赛】 5月31日，中国(锡山)第七届国际象棋女子名人赛在无锡荡口古镇落下帷幕，经过9轮角逐，江苏棋手郭琦以不败战绩，首次获得该赛事冠军。6月1日，此次参赛的10名棋手还与100名小棋手展开1VS10的指导棋。

（周妮雯）

【国际垂直登高大奖赛】 6月2日，2019国际垂直登高大奖赛无锡国金中心站开跑，近1000名中外攀楼高手和锡城垂直登高爱好者参赛。此次赛事设置男子组、女子组、团体接力组、亲子组和消防组5个组别。广东的刘志森以7分22秒的成绩夺得男子组冠军，并创造新的赛会纪录。亚洲排名第一、世界排名第三的马来西亚选手苏伟庆以3秒之差获得亚军。无锡选手罗付丽获得女子组冠军。

（周妮雯）

【斯诺克世界杯】 6月30日，2019斯诺克世界杯在无锡体育公园落幕。决赛中，由梁文博和周跃龙组成的中国B队0∶4败于苏格兰队，希金斯、马奎尔组合获得这届世界杯冠军。此届赛事由世界职业比利与斯诺克协会、中国台球协会、江苏省体育局、无锡市人民政府共同主办，赛事总奖金80万美元。从2008年开始，无锡已成功举办4届斯诺克精英赛、3届积分赛和2届世界杯。2018年，无锡在多个申办城市中脱颖而出，获得2019斯诺克世界杯承办权。

（周妮雯）

【女子手球世界俱乐部冠军杯赛】 8月1日，2019年女子手球世界俱乐部冠军杯赛在无锡体育中心正式开赛。中国(中国队、江苏队2支队伍)、安哥拉、哈萨克斯坦、澳大利亚、巴西、美国和日本的8支队伍进行为期4天的比赛。决赛中，中国队以

22 ∶ 27 的比分败于安哥拉队，获得亚军。

（周妮雯）

【世界跆拳道品势世界杯锦标赛】 8月22日，2019年世界跆拳道品势世界杯锦标赛在无锡太湖国际博览中心开幕。此届品势世界杯设置传统品势和自由品势两个大项，16个国家和地区的410名选手参加。中国队朱宇翔、魏梦月获得传统品势30岁以下组混双项目金牌。

（周妮雯）

【江苏省无人机竞速公开赛】 6月14～16日，2019年江苏省无人机竞速公开赛在无锡前洲航空飞行营地举行，全省各地16支代表队的192名选手参赛。比赛中，各地顶尖飞手同场竞技，160架无人机华丽亮相，给市民呈现一场集竞赛、表演、展览展示、技术交流、互动体验于一体的精彩赛事。

（周妮雯）

【国际无人机大赛】 9月5～6日，2019年国际无人机大赛在无锡体育公园举行。此次大赛分青少年竞速赛、小学生穿越赛、成人竞速赛、国际大师组邀请赛等项目，美国、德国、韩国、日本、捷克、奥地利、泰国等国家和地区，全球排名位列前茅的100多名无人机选手齐聚无锡，展开空中对决。大赛期间吸引国内外无人机爱好者、观众约1万多人次观摩。

（周妮雯）

【环太湖国际公路自行车赛】 10月10日，2019第十届环太湖国际公路自行车赛开幕式暨无锡滨湖绕圈赛开赛在无锡“蠡湖之光”启动。自2010年至今，环太湖国际公路自行车赛已进入第十个年头，成为苏、浙两省政府合力打造的拥有自主IP的国际品牌赛事和国内四大职业公路自行车赛之一，赛事级别为UCI2.1级，总奖金40万美元。此次赛事共吸引全球40多个国家和地区的126名运动员组成的21支车队参赛，受邀的车队数量及质量均领先全国同类比赛。赛事为6站7日赛制，总赛程630.8千米。首站滨湖绕圈赛赛程88.8千米，比赛线路串联蠡湖之光、鼋头渚、灵山大佛、七里风光堤、千波桥、十里芳径等众多景点，使得烟波浩渺的太湖风光尽收眼底。2019年环湖赛新增橙、绿、蓝、红4色领骑衫，分别代表个人总成绩最高、冲刺王、青年个人总成绩第一名、大中华最佳车手荣誉。

（周妮雯）

【中国棒球职业联赛】 11月3日，2019中国棒球职业联赛最后一场全明星赛结束，在无锡棒球运动训练基地收官。当天进行的全明星赛上，江苏钜马棒球队和广东猎豹棒球队组成的南方明星代表队，对战北京猛虎棒球队和天津雄狮棒球队组成的北方明星代表队，以两胜获全明星赛冠军。此届棒球联赛历时3个月，江苏钜马队获得联赛亚军，队员陆毅获常规赛MVP和“打点王”称号，陈晨获“得分王”称号，杜晓磊获“全明星赛MVP”称号，江苏钜马队主场获最佳赛区奖。

（周妮雯）

【世界跆拳道大满贯冠军系列赛】 12月20日，2019世界跆拳道大满贯冠军系列赛在无锡太湖国际博览中心落幕，8名冠军选手夺得奥运会直通资格。世界跆拳道大满贯冠军系列赛由世界跆拳道联盟主办，无锡市人民政府承办，是永久落户于无锡的奥运会直通赛。每个奥运周期，赛事各级别累计积分排名第一的选手可直接获得奥运会参赛资格。此届赛事是跆拳道大满贯首个奥运周期的收官之战，中国选手赵帅、周俐君，英国选手比安卡·沃克登，韩国选手张准、印教敦，泰国选手班妮巴·翁巴达那吉，俄罗斯选手马克希姆·克里姆托夫和克罗地亚选手马蒂亚·尤里奇拿到直通卡，获得东京奥运会的直通资格。

（周妮雯）

【省马术队获全国马术锦标赛冠军】 6月9日，2019年全国马术盛装舞步锦标赛在天津落幕。在个人赛决赛中，江苏队骑手吾亚搭档Le Duc De Pacques以70.75分的成绩将冠军收入囊中。这是江苏省马术队首次获得盛装舞步全国锦标赛冠军，创造江苏省马术运动发展新的历史。

（周妮雯）

【参加第二届全国青年运动会】 8月18日，第二届全国青年运动会在山西落幕，无锡体育健儿取得25枚金牌、14枚银牌、21枚铜牌的成绩。这届青运会共设49个大项，包括37个夏季项目、5个冬季项目和7个全能项目，共有34个代表团报名，参赛运动员共计3.35万人，无锡共有272名运动员参赛，占江苏省代表团的17%。无锡运动员在足球、棒球、射

2019中国棒球职业联赛现场 （周妮雯　供）

击、篮球、垒球、田径、艺术体操、乒乓球、跆拳道等项目中夺得金牌。

（周妮雯）

【锡山体校获棒球项目全国冠军】 7月22日，第二届全国青年运动会男子棒球U19组决赛在大连大学棒球场落幕，代表江苏出战的无锡锡山青少年业余体校先后击败兰州、香港、北京、广东、四川体校队，夺得U19体校组冠军。7月31日，锡山体校女子棒球队再获一枚U15体校组金牌。

（周妮雯）

【无锡运动员获射击项目金牌】 8月8～12日，第二届全国青年运动会射击（步手枪）项目比赛在山西省体育中心举行。由朱豪杰、狄译丰和杨柳组成的无锡市体校队夺得25米手枪速射团体比赛冠军。无锡市运动员诸葛超然与队友合作，夺得男子10米气步枪甲组团体比赛冠军。

（周妮雯）

【无锡女子足球队全国夺冠】 8月16日，第二届全国青年运动会足球项目体校组十　人制女了17至18岁组决赛在山西太原落幕，无锡队以1:0战胜上海队夺冠。无锡代表队以0失球进42球的优异成绩，获得此届青运会体校组女子17至18岁组足球项目、足球与田径全能项目双料冠军，并获得体育道德风尚运动队称号。

（周妮雯）

【梅村实验小学全国棒球锦标赛“九连冠”】 7月15～24日，2019年全国U12组棒球锦标赛在古城西安开战，全国各地的50支球队、800余名运动员参赛。梅村实验小学棒球队以全胜战绩挺进总决赛，并以8:0战胜东道主西安市黄河国际学校棒球队，实现赛事“九连冠”。

（周妮雯）

【江苏省少年儿童羽毛球冠军赛】 5月26日，2019年江苏省少年儿童羽毛球冠军赛在南通海安落幕，全省28支代表队的300多名运动员参加比赛。无锡运动员屠懿宸、王智包揽11岁男子单打组冠亚军，周韵瑶获得9岁女子单打组亚军，辛佳蒋获11岁女子单打组季军。

（周妮雯）

【中小学生体育比赛】 2019年，市体育局、市教育局共组织乒乓球、羽毛球、篮球、排球、足球、网球、棋类、射击、举重等中小学生体育比赛22项27次，共计1万余人次参赛。

（周妮雯）

【小学生校园足球超级联赛】 10月26日，2019～2020无锡市小学生校园足球超级联赛开赛，全市11所小学的280多名运动员报名参赛。历经13轮争夺，江阴市利港队夺得这届联赛冠军，锡山区查桥队获亚军，江阴市利港队球员向茂楠获金靴奖。超级联赛是无锡市于2018年创新打造的校园足球赛事IP，采用一周双赛主客场制，长周期高频次的赛制让比赛真正落进校园、走近学生。

（周妮雯）

2019无锡市小学生校园足球超级联赛现场　　（周妮雯　供）

【市体校获评全国羽毛球后备人才基地】 6月11日，2019～2020周期“全国羽毛球后备人才基地”授牌仪式在广东省世纪城羽毛球俱乐部举行，无锡市体育运动学校获此称号，中国羽毛球协会副主席赵剑华出席仪式并为获评单位授牌。依据羽毛球后备人才基地认定办法和认定条件，中国羽毛球协会对各省（区、市）的申报进行认真审核和实地考评，全国共40家单位入选，江苏省共6家单位入选。

（周妮雯）

【业余训练社会化办队基地揭牌】 12月17日，市体育局业余训练社会化办队签约仪式举行，无锡市击剑和网球项目的3家业余训练社会化办队基地正式揭牌。2019年，市体育局开展业余训练社会化办队改革，制定下发《无锡市体育局鼓励业余训练社会化办队的实施意见（试行）》，在对申报单位申办材料和办队资质进行审核的基础上，结合对训练场地设施、教练员资质等情况进行实地考察的结果，将市场化发展较为成熟、青少年参与热情较高的网球和击剑两个项目，以政府购买服务方式与威腾、弘毅、天健3家承办单位签约开展社会化办队，进一步拓宽体育后备人才培养渠道。

（周妮雯）

【许紫春获世军会拳击项目冠军】 10月27日，第七届世界军人运动会在武汉落幕，由无锡市培养输送的运动员许紫春夺得此届世军会拳击项目女子57～60公斤级冠军。

（周妮雯）

【杨曾获亚洲射击锦标赛金牌】 11月12日，第十四届亚洲射击锦标赛在卡塔尔多哈举行，无锡市运动员杨曾凭借稳定发挥，获得女子移动靶混合速射个人冠军、团体亚军，标准速射团体冠军、个人亚军。

（周妮雯）

【石洵瑶获国际乒联挑战赛冠军】 11月2日，无锡籍运动员石洵瑶在2019年国际乒联白俄罗斯挑战赛U21女子单打决赛中，以3:1的成绩击败对手，夺得U21女子单打冠军。

（周妮雯）

【杨洋获全国田径锦标赛冠军】 7月8日，全国田径锦标赛在沈阳举行。无锡运动员杨洋在男子100米决赛中，以10秒39的成绩战胜莫有雪夺冠，为江苏队摘得首枚金牌。

（周妮雯）

【江苏队实现女子围甲"七连冠"】 11月27日，2019中国女子围棋甲级联赛在湖北荆州落幕。决赛中，无锡运动员於之莹执白对战上海老将芮乃伟，为江苏队拿下关键分，助力江苏队以领先第二名4分的成绩卫冕，实现"七连冠"。

（周妮雯）

体育产业

【概况】 2019年，出台《推动无锡市体育竞赛表演产业高质量发展实施方案》《无锡市大型体育赛事奖补专项资金管理办法》，建立体育企业信用市场红黑名单。全市建成国家级和省级体育产业示范基地17个、体育健康特色小镇1个、省级体育服务综合体3个，创建成功全国体育旅游精品项目31项次，城市智慧体育综合服务平台上线体育场馆199家、社团组织288家，智慧体育产业园入园企业增至65家，形成一批有影响力的优质平台。落实责任体育彩票新政，全市体育彩票年销售33.4亿元，稳居全省第二。2019年全市体育产业总产出650亿元，增加值占全市地区生产总值比重为1.66%，体育产业从业人员首次突破8万人。与2016年相比，体育产业总产出年平均增速16.7%。

（周妮雯）

【3家单位获省体育服务综合体授牌】 3月29日，2019江苏体育产业大会在南京落幕。会上，发布第二批13家省体育服务综合体名单，并分别向第一、第二批体育服务综合体授牌。无锡体育中心、无锡华润万象城、江阴体育中心3家单位获得江苏省体育服务综合体授牌。

（周妮雯）

【无锡市冰雪运动训练基地揭牌】 6月30日，无锡融创滑雪学校在无锡融创雪世界举行开学仪式。活动现场，无锡市体育局向无锡融创滑雪学校和无锡融创雪世界授予"无锡市冰雪运动训练基地"称号。开学仪式后，滑雪学校开展第一次公开课教学，自由式滑雪项目奥运会冠军韩晓鹏向30名学员传授滑雪技巧。

（周妮雯）

【体育产业发展获央视报道】 9月14日，央视《焦点访谈》栏目推出体育经济专题。在全长15分钟的节目中，无锡亮相时长达5分46秒，不仅集中展示无锡在体育公园、万象城冰场、蠡湖水域等处开展全民健身运动的火热场景，而且对无锡马拉松及其运营机构汇跑赛事进行专门报道，无锡市发展体育产业、促进体育消费的有关探索和做法获得节目组高度评价。

（周妮雯）

【7个项目入选中国体育旅游精品项目】 11月28日，2019中国体育文化博览会、中国体育旅游博览会在广州举办。在中国体育旅游精品项目评选中，无锡市共有7个项目入选。其中，无锡江阴海澜马文化主题旅游景区获评全国"十佳"精品景区，无锡宜兴"江南水城"体育旅游精品线路获评全国"十佳"精品线路，无锡马拉松、2019斯诺克世界杯、世界跆拳道大满贯冠军系列赛、环蠡湖国际半程马拉松、中国（锡山）国际象棋女子名人赛5个赛事获评全国精品赛事。无锡市入选项目数连续三年蝉联全省第一。

（周妮雯）

【体育产业单位名录库建设】 2019年，市体育局开展全市体育产业单位名录库建设检查及新增补录工作，对全市体育产业法人单位的主要业务、行业代码、基本信息等进行梳理核查，做好增补入库工作。至年底，全市已有涉及经营体育及相关产业活动的法人单位3428家。

（周妮雯）

【体育彩票销量全省第二】 2019年，无锡市体育彩票销量33.4亿元，位列全省第二，获省体育局通报表扬。年内，无锡体彩推进责任彩票建设，面向全市1355个体彩网点开展规范化运营自查自纠，督察覆盖率100%。加强体彩传统销售网点建设，在商业中心、火车站、超市等地布设即开型彩票自助终端业务，开展体彩嘉年华、微笑服务彩等系列活动，网点业务培训覆盖率100%。发挥体育彩票公益属性，支持国民体质测试进社区、爱心图书捐赠等公益志愿活动，为全市提供销售网点再就业岗位2000多个。

（周妮雯）

编辑　顾洪兴

人口和计划生育

【人口】 参见第32页“人口”内容

【“全面两孩”政策实施】 年内，无锡市办理生育登记48238件(其中二孩生育登记20919件)，再生育审批997件。开展政策实施效果监测评估，科学研判出生人口形势，准确评估政策实施效果，为完善公共服务配套和相关经济社会政策提供支撑。

（蒯　薇）

【计划生育家庭利益导向政策落实】 年内，各级政府均将计划生育奖励扶助、特别扶助资金纳入财政预算，与财政收入实现同步增长。全年为15.54万人发放奖励扶助、特别扶助资金2.38亿元。调整完善企业退休职工独生子女父母一次性奖励金发放办法，加强资金预算管理，全年受理一次性奖励金申请2.74万人，发放奖励金9876.96万元，奖励资金全部由各级财政分担。加强信息核对，严格执行准入、注销程序，优化发放流程，确保资金及时足额精准发放。

（蒯　薇）

【计划生育特殊家庭帮扶】 年内，无锡市加大市、市(县)区两级公益金保障力度，为4796户计划生育困难家庭发放扶助资金966.4万元。完成计生特殊家庭住院护工服务保险提标扩面工作，将护工保险扶助对象扩大到全市所有计划生育特别扶助对象，补贴标准提高至每人每天150元。优化整合全市60周岁以上计生特殊家庭老人家政服务，统一纳入民政居家养老援助服务体系。全面落实“2+N”联系人、就医绿色通道、家庭医生签约服务3项制度。持续开展计生特殊家庭老年人全眼健康免费筛查暨白内障复明项目。推进连心家园建设，全市建成“连心家园”阵地69个，其中8个被评为省级连心家园—关爱失独家庭行动优秀项目点和提名项目点。无锡市在全省计生特殊家庭扶助关怀工作会议上作交流发言。

（蒯　薇）

【3岁以下婴幼儿照护服务】 年内，无锡市贯彻落实《国务院办公厅关于促进3岁以下婴幼儿照护服务发展的指导意见》，市卫生健康委履行牵头职责，开展全市托育机构情况调查。协调启动托育机构备案管理，培训指导各地运行国家托育机构信息管理系统，开展托育机构设置备案指导工作。

（蒯　薇）

【人口监测】 年内，无锡市完成国家人口与家庭动态监测调查，严格按程序落实样本点及调查户，指导江阴市完成澄江街道、南闸街道、徐霞客镇、周庄镇、顾山镇的5个村(居)，5个样本点200户的入户调查工作，通过调

表69　　无锡市人口统计表

指　标	单位	2019年	2018年
户籍人口	万人	502.83	497.21
男性	万人	247.17	244.72
女性	万人	255.66	252.48
平均户籍人口	万人	500.02	495.13
户籍总户数	万户	172.01	169.20
出生人数	人	37981	42117
死亡人数	人	32074	36939
出生率	‰	7.60	8.51
死亡率	‰	6.41	7.46
自然增长率	‰	1.19	1.05
常住人口	万人	659.15	657.45
平均常住人口	万人	658.30	656.38

（市统计局）

查了解无锡市群众的生育意愿、生育养育相关公共服务落实和家庭支持等情况，为分析研判人口形势、促进生育政策和经济社会政策配套衔接、促进人口均衡发展提供依据和支撑。

（蒯　薇）

【出生缺陷综合防治】 年内，无锡市增加免费新生儿遗传代谢性疾病筛查3项、新生儿听力筛查和新生儿先天性心脏病筛查，实行无锡低保高危孕妇产前诊断免费政策，最高限额5000元/例。全年孕产妇产前筛查59324人，新生儿疾病筛查60600人，听力筛查60462人，先天性心脏病筛查59116人，产前筛查率98.4%，新生儿遗传代谢病筛查率99.7%、听力筛查率99.11%、先天性心脏病筛查率98.0%，所有筛查出阳性或确诊的孕产妇和患儿均得到及时治疗和定期随访。9月，市卫生健康委、市财政局联合印发《关于落实常住人口免费产前筛查和新生儿疾病筛查服务的通知》，自2020年起免费产前筛查和新生儿疾病筛查实现政策扩面为常住人口。举办首届无锡市出生缺陷综合防治技能竞赛，组建无锡市代表队参加江苏省首届出生缺陷综合防治技能竞赛，获“团体三等奖”。

（曾永红）

就业创业

【概况】 2019年，无锡市城镇新增就业15.42万人，提前一年半完成“十三五”规划目标。城镇登记失业率1.75%，连续7年逐年降低。全市扶持自主创业2.99万人，实现带动就业11.36万人，均完成年度目标的200%以上。“聚焦八大群体，推进‘创响无锡’全民创业行动计划及创新运用就业失业预警系统”“科学研判就业形势积极应对中美经贸摩擦”两项工作入选人社部“2018年度中国就业十件大事及地方就业创新事件”。就业创业工作连续两年获省政府办公厅通报激励表彰，获省级财政分配就业补助资金给予的政策性倾斜。11月13日，省人社厅、南京大学联合发布《江苏省就业质量蓝皮书》，无锡市就业总体满意度得分为86.85分，位居全省第一。

（孙皓晨）

【高校毕业生春季校园招聘】 2月，“智汇无锡”2019届高校毕业生春季校园招聘活动启动。此次春季校招，无锡市组织力量赴山东省、河南省和江苏省的11所高校，开展大学生就业创业政策推介和校园招聘活动，专门为用人单位开启新上线的信息化招聘通道，通过网上校园招聘系统，在展位预订、岗位审核、信息查询、数据分析等方面加强用户体验，提高对接效率。

（孙皓晨）

【就业援助月专项活动】 1月，无锡市人力资源和社会保障局（简称市人社局）会同市残联共同组织就业援助月专项活动。活动期间，全市累计走访就业困难人员和零就业家庭6737户，登记认定的未就业困难人员2139人，帮助1868名就业困难人员实现就业；帮助59978名就业困难人员享受各类政策，其中企业招用人数3757人，灵活就业人数55660人，公益性岗位安置人数547人。春节前，市区各级公共就业服务机构通过走访慰问，为1374名特困失业人员每人发放春节补助800元。

（孙皓晨）

【“春风行动”】 2月12日至3月15日，市人社局会同市总工会、市妇联，在全市范围内开展以“促进转移就业，助力脱贫攻坚”为主题的2019年“春风行动”专项活动。全市各级公共就业服务机构组织不同规模的招聘会160场次，其中赴外市组织专场招聘会18场次，实现赴无锡转移就业602人，其中建档立卡贫困人员41人。入场企业9300余家次，提供岗位16万个次，入场求职人数近12万人次，达成初步就业意向约3.9万人。免费发放“春风卡”等各类宣传资料约8.5万份；提供免费咨询等就业服务13.31万余人次；组织参加职业技能培训1113人，其中创业培训582人。

（孙皓晨）

【校企技能人才供需合作洽谈会】 5月8日，无锡市举办“乐业无锡”2019校企技能人才供需合作洽谈会。在现场签约揭牌授旗环节，10对校企签订合作协议，青海省高等职业院校代表与无锡企业代表共同为无锡—海东校企合作实训基地揭牌，市人社局局长吴春林为“乐业无锡”校企合

5月11日，“2019高层次人才创新创业无锡交流大会高端人才招聘会”举行

（孙皓晨　供）

5月8日，“乐业无锡”2019校企技能人才供需合作洽谈会成功举行

（孙皓晨　供）

作联盟授旗。省人社厅及市人社局负责人、相关院校代表共同参与启动仪式。此次活动入场企业近1000家，学校与企业洽谈3000余家次，企业与学校达成初步合作意向900余个，初步达成就业意向的毕业生（委培生）1.8万余人次。

（孙皓晨）

【“锡引”工程政策宣传】 7月1日，无锡市实施“太湖人才计划”优秀大学生“锡引”工程补贴政策。做好政策宣传解读及补贴申领服务工作，发挥政策的导向和激励作用，集聚优秀大学生到无锡就业创业。9月25～26日，市劳动就业管理中心（市人才服务中心）工作人员赴滨湖区无锡国家工业设计园、研究生科研实践活动现场以及梁溪区校园招聘活动现场，向用人单位、毕业生宣传“锡引”工程补贴政策。通过宣传展架展示、发放政策宣传手册、设立政策咨询台、现场讲解等形式，让用人单位和广大毕业生深入了解政策补贴的条件及申领流程。全年举办各类政策培训及宣传活动12场。

（孙皓晨）

【政府采购就业创业培训服务项目】 9月29日，无锡市举办2019年政府采购就业创业培训服务中标培训机构业务会议。19家培训机构参加会议并签订培训协议。年内，列入政府采购就业创业培训的项目包括就业技能培训项目12个、创业培训项目3个。9月17日，政府采购开标。此次招标采取入围方式，降低培训机构参与门槛，培训机构的资质和培训能力符合要求即可入围，吸引各类有资质的培训机构参与就业培训，促进培训市场良性竞争。公示结束后，有17家培训机构中标联网传感与控制节点设计、工业机器人装调维修、养老护理等11个就业技能培训项目；有8家培训机构中标网络创业培训，创业＋服饰连锁模式（1+X）培训，创业＋美容、美发、美甲、化妆（1+X）培训3个创业培训项目。

（孙皓晨）

【“创响无锡”全民创业大赛】 12月17日，无锡市举办2019年第一届“创响无锡”全民创业大赛决赛。大赛组织10余家创投机构，对赛制进行创新，将企业孵化、投融资对接与比赛相融合，旨在发挥各类资源的集聚效应，为无锡市各类创业者搭建创业融资和政策服务平台。大赛于2月启动，项目赛收到报名350个，其中98个项目进入复赛，38个项目进入决赛；标兵赛经过区级分赛，200余名报名选手中有35名创业标兵胜出进入市级决赛。经决赛，严三媛等10位选手获创业标兵奖，超高转速吸尘器电机及其控制系统研发与产业化项目、零毛刺微孔箔材产业化、MEMS微镜芯片及其应用等12个项目分别获得项目赛各组别的优秀项目奖、最佳团队奖、创新创意奖和最高人气奖。

（孙皓晨）

【技能精英大赛颁奖活动】 12月19日，无锡市举办高技能人才暨第四届无锡技能精英大赛颁奖活动。市委书记李小敏为国家级技能大师工作室、国家级高技能人才培训基地颁发奖牌，省人社厅厅长戴元湖，市委副书记、市长黄钦分别致辞。无锡技能精英大赛是规模最大、规格最高的全市性职业技能竞赛，是无锡市职业技能竞赛的品牌项目。大赛设置竞赛项目20个，吸引全市参赛选手525人。活动现场，与会领导为国家级技能大师工作室、国家级高技能人才培

12月27日，第一届“创响无锡”全民创业大赛颁奖典礼举行

（孙皓晨　供）

训基地，江苏省技能大师工作室、江苏省企业首席技师，市先进制造技能领军人才、市乡土人才大师工作室，全国人社系统练兵比武个人第一名、无锡市人社窗口技能比武个人一等奖获得者，第四届无锡技能精英大赛各项目一等奖获奖选手颁奖。

（孙皓晨）

【全民创业】 年内，市人社局实施新一轮创业政策。至年底，全市发放各类创业补贴2497.4万元，个人自主创业补贴增长显著。制定《关于做好富民创业担保贷款贯彻落实工作的通知》，将贷款政策范围扩展至各类城乡创业者，全年发放创业富民贷款598笔、12729万元，在贷余额1.68亿元。培育认定一批具有良好发展前景的创业载体，江南大学大学生创业园创成无锡市首家国家级创业孵化示范基地，新增认定市级创业孵化基地7个和省级创业示范基地6个。全市扶持自主创业2.99万人，实现带动就业11.36万人，均完成年度目标的200%以上。

（孙皓晨）

【重点群体就业】 年内，市人社局组织开展就业援助月、“春风行动”、“民营企业招聘周”、“金秋招聘月”等专项服务活动，促进困难人员就业再就业。制定《关于做好生活困难下岗失业人员一次性生活补助发放工作的通知》，保障困难下岗失业人员基本生活。全市发放“两项”补贴（贫困残疾人生活补贴和重度残疾人护理补贴）5.66亿元，惠及企业6243家、13.34万人。援助重点就业困难人员再就业17296人，开发公益性岗位747个。发放稳岗返还资金5.2亿元，有效帮助企业稳定就业岗位。有效落实在无锡高校毕业生求职创业补贴政策，向1011名2019届在无锡高校的家庭经济困难大学生发放求职创业补贴151万元。对6458名离校未就业高校毕业生进行实名制调查登记服务，提供给毕业生一封信、发放一份就业创业服务清单、开展一场毕业生专场招聘、落实一项就业政策

12月19日，无锡市高技能人才暨第四届无锡技能精英大赛颁奖晚会举行 （孙皓晨 供）

的“四个一”就业服务，创新举办“乐业无锡”本市户籍未就业高校毕业生及长期失业青年就业训练营，离校未就业高校毕业生实名制调查登记率及有服务需求服务率100%。

（孙皓晨）

【职业技能培训】 年内，市人社局开展技能提升行动，构建劳动者终身职业培训体系，通过加强岗位技能提升培训和转岗转业培训、就业重点群体职业技能提升和创业培训等八项举措，开展高技能人才培育，技能劳动者总量突破100万人，每1万名从业人员中高技能人才数1029人。推进技能人才培养载体机构改革，无锡技师学院纳入人社部门管理，推进省重点技师学院建设；高技能人才公共实训管理服务中心和职业培训中心完成机构和职能整合，构建技能人才培养示范平台。

（孙皓晨）

【就业扶贫】 年内，市人社局推动对口劳务协作。建立校企合作，畅通就业渠道，青海高等职业技术学院与无锡企业互访洽谈，组织部分重点企业赴青海省海东市参加2019届毕业生校园招聘会，安置陕西省延安市职业技术学院24名建档立卡贫困户学生到无锡就业。开展培训课程，加强就业指导，市区各级人社部门与对口地区人社部门密切合作，开展就业创业培训活动12期，累计培训陕西省延安市、青海省海东市贫困劳动力393人。加强交流合作，促进就业转移，对口地区两地人社部门加强交流互访，共同推进扶贫工作。无锡市两级人社部门与陕西省延安市、青海省海东市人社部门合作组织专场招聘活动31场，提供就业岗位1万余个。经两地人社部门协作，共帮扶50名延安籍及252名海东籍建档立卡贫困劳动力到无锡，实现转移就业。

（孙皓晨）

收入和消费

【城镇居民生活】 2019年，无锡城镇居民收入和消费稳步增长。城镇常住居民人均可支配收入首次突破6万元，达61915元，比上年增长8.6%。城镇常住居民人均消费支出37433元，比上年增长6.9%，增幅比上年提高0.7个百分点。

城镇常住居民人均可支配收入比上年增加4926元，分别高出全国、全省19556元、10895元；增幅比上年提高0.4个百分点，分别高出全国、全省0.7、0.4个百分点。从收入来源看，四项收入增长态势良好。其中，人均工资性收入41359元，比上

年增长7.5%，提高0.2个百分点。人均经营净收入为6068元，比上年增长12.1%，提高2.7个百分点。人均财产净收入5882元，比上年增长13.4%，提高1.5个百分点。人均转移净收入8606元，比上年增长8.6%。工资性收入占比比上年下降0.7个百分点，经营净收入、转移净收入占比分别比上年提高0.3、0.4个百分点。年内，无锡市就业形势总体稳定。制定就业创业专项资金管理办法、社会保险和公益性岗位补贴、就业技能培训补贴操作办法等政策文件。发放创业补贴约2500万元、社会保险补贴和公益性岗位补贴约4亿元。落实《关于做好富民创业担保贷款贯彻落实工作的通知》，扩大贷款重点支持对象范围，优化创业项目贷款政策。建成创业孵化基地237家（含国家级1级、省级23家），培育评定“劳动保障诚信企业”2000余家。开展2019年政府购买就业培训工作，吸引各类有资质的培训机构参与就业培训，促进培训市场良性竞争，促进城乡劳动者就业技能培训。省人力资源和社会保障厅、南京大学联合发布《江苏省就业质量蓝皮书》显示，无锡就业总体满意度得分为86.9分，位居全省第一。深化“放管服”改革，提高基层行政审批服务效率，减少企业办事时间及成本。加大各类政策支持，努力创建市场化、法治化、国际化的营商环境，促进经济发展，为收入增长提供源动力。组织开展防范非法集资宣传活动，促进居民理性投资。推进住房租赁市场健康发展，加强“无锡市住房租赁公共服务平台”的推广使用。房价温和上涨带动城镇虚拟租金提高。无锡商品房价格涨幅趋缓，二手房价格温和上涨，带动城镇住房虚拟租金提高，助力可支配收入提升。退休人员退休金实现“十五连增”，市区范围企业退休人员人均养老金比上年增长约5.8%；机关事业单位退休人员人均养老金比上年增长3.9%。自5月1日起，职工养老保险单位缴费比例降至16%，

表70　2019年无锡市全体居民家庭人均收入统计表

指　标	2019年	增长（%）
可支配收入	54847	8.9
1. 工资性收入	36278	7.8
2. 经营净收入	5978	11.5
3. 财产净收入	5177	13.1
4. 转移净收入	7414	9.2

（市统计局）

表71　2019年无锡市全体居民家庭人均消费统计表

指　标	2019年	增长（%）
生活消费支出	33840	7.1
1. 食品烟酒	9124	4.7
2. 衣着	2696	2.4
3. 居住	7130	7.7
4. 生活用品及服务	1849	3.6
5. 交通通信	5118	7.2
6. 教育文化娱乐	4785	17.2
7. 医疗保健	2096	5.5
8. 其他用品和服务	1042	4.6

（市统计局）

表72　无锡市价格指数统计表

指　标	2019年	2018年
居民消费价格总指数	102.9	102.3
#服务项目价格指数	102.1	102.3
消费品价格指数	103.5	102.4
#食品烟酒	107.4	102.1
衣着	102.1	102.4
居住	101.6	101.9
生活用品及服务	103.4	104.7
交通和通信	97.3	102.0
教育文化和娱乐	103.7	104.0
医疗保健	100.2	101.5
其他用品和服务	104.9	100.0
商品零售价格总指数	102.1	102.3

（市统计局）

表 73　　2019 年无锡市城镇常住居民家庭人均收入统计表

指 标	收入值（元）	增幅（%）	占比（%）	贡献率（%）
可支配收入	61915	8.6	100.0	100.0
1. 工资性收入	41359	7.5	66.8	58.7
2. 经营净收入	6068	12.1	9.8	13.3
3. 财产净收入	5882	13.4	9.5	14.1
4. 转移净收入	8606	8.6	13.9	13.9

（国家统计局无锡调查队）

表 74　　2019 年无锡市城镇常住居民家庭人均消费统计表

指 标	支出值（元）	增幅（%）
生活消费支出	37433	6.9
1. 食品烟酒	9972	4.3
2. 衣着	2957	1.8
3. 居住	7872	7.6
4. 生活用品及服务	2059	3.2
5. 交通通信	5682	6.7
6. 教育文化娱乐	5488	17.0
7. 医疗保健	2261	5.9
8. 其他用品和服务	1142	5.2

（国家统计局无锡调查队）

工伤保险基准费率（含工程建设项目缴费比例）继续执行下调 50% 的政策，并延长执行至 2020 年 4 月 30 日；继续执行用人单位和职工失业保险缴费比例总和阶段性降至 1%（用人单位和个人缴费比例各 0.5%）的政策。实现经济薄弱村脱困转化，为特定困难老年人家庭住宅生活设施实施适老化改造，全年完成市区 500 户特定困难老年人家庭住宅生活设施适老化改造。完成宜居住区建设 88 万平方米，棚户区（危旧房）改造 132.2 万平方米。市区中低收入居民疾病医疗自费支出救助责任保险累计救助 7133 人、17700 笔，支出救助金额 960 万元。

城镇常住居民人均消费支出持续升级，全年无锡市城镇社会消费品零售额 3396.96 亿元，比上年增长 8.3%。分类别看，八大类消费全面增长。年内，无锡城镇居民包括食品烟酒、衣着和居住类的生存型消费平稳增长。人均食品烟酒消费支出 9972 元，比上年增长 4.3%，拉动消费支出增长 1.2 个百分点，对消费支出的贡献率 17.1%。人均衣着消费 2957 元，比上年增长 1.8%，比上年下降 3.1 个百分点。居住消费 7872 元，比上年增长 7.6%，拉动消费支出增长 1.6 个百分点，贡献率 22.9%。食品烟酒、衣着和居住类合计占比为 55.5%，比上年下降 1.0 个百分点。发展、享受型消费增势强劲。人均教育文化娱乐支出 5488 元，比上年增长 17.0%，比上年提高 5.8 个百分点，拉动消费支出增长 2.3 个百分点，对消费支出的贡献率 32.9%，增幅和贡献率居八项消费首位。人均交通通信支出 5682 元，比上年增长 6.7%；人均医疗保健支出 2261 元，比上年增长 5.9%。随着居民收入水平的提高，生活质量改善，生存型刚需消费的占比逐渐降低，发展型、享受型消费比重提升，增速加快，消费结构优化。

（王　俊）

【农村居民生活】 2019 年，无锡市农村常住居民收入和消费稳步增长。无锡农村常住居民人均可支配收入 33574 元，比上年增长 9.1%，人均生活消费支出 23026 元，比上年增长 7.3%。

农村常住居民人均可支配收入 33574 元，高出全省平均水平 10899 元，收入水平居全省第二，收入增幅 9.1%，居全省第四，高于全省平均水平 0.3 个百分点，排位比上年提升 6 位。城乡收入比为 1.84 ∶ 1，低于上年同期水平（1.85 ∶ 1），城乡收入差距进一步缩小。4 项收入全面增长。农村居民人均工资性收入 20984 元，比上年增长 8.4%，拉动收入增长 5.3 个百分点，收入贡献率 58.1%，拉动力和贡献率均居四项收入之首。人均经营净收入 5708 元，比上年增长 9.7%，增速比上年提高 1.8 个百分点，拉动收入增长 1.6 个百分点，收入贡献率 18.1%。人均财产净收入 3055 元，比上年增长 10.2%，拉动收入增长 0.9 个百分点，收入贡献率 10.2%。转移净收入 3827 元，比上年增长 11.0%，增幅居四项收入之首，收入贡献率 13.6%。

农村居民消费支出结构持续优化。农村居民生活消费支出 23026 元，比上年增长 7.3%。农村常住居民人均食品烟酒支出 6572 元，比上年增长 5.6%，对生活消费支出贡献率 22.3%。恩格尔系数 28.5%，比上年下降 0.5 个百分点，连续 9 年下降，表明农村居民生活质量在逐步提高，农村居民生活性消费逐渐向多元、优质的

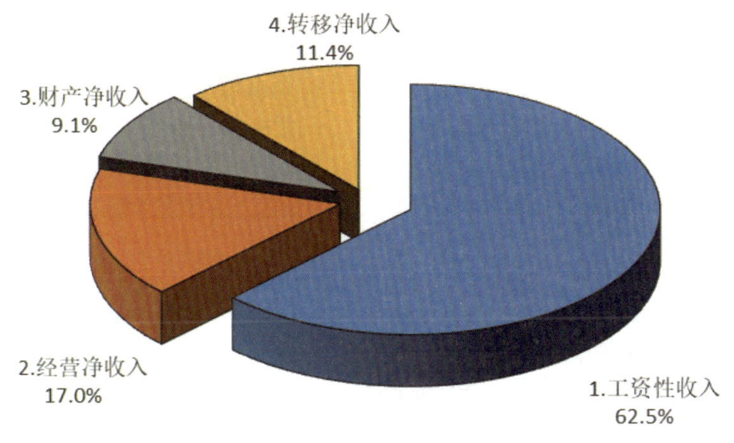

图 24　　2019 年无锡市农村常住居民收入结构情况图

（国家统计局无锡调查队）

表 75　　2019 年无锡市农村常住居民家庭人均收入统计表

指 标	收入值（元）	增幅（%）	占比（%）
可支配收入	33574	9.1	100.0
1. 工资性收入	20984	8.4	62.5
2. 经营净收入	5708	9.7	17.0
3. 财产净收入	3055	10.2	9.1
4. 转移净收入	3827	11.0	11.4

（国家统计局无锡调查队）

表 76　　2019 年无锡市农村常住居民家庭人均消费统计表

指 标	支出值（元）	增幅（%）
生活消费支出	23026	7.3
1. 食品烟酒	6572	5.6
2. 衣着	1911	4.8
3. 居住	4895	7.6
4. 生活用品及服务	1216	4.9
5. 交通通信	3419	8.4
6. 教育文化娱乐	2671	17.4
7. 医疗保健	1598	3.4
8. 其他用品和服务	744	1.9

（国家统计局无锡调查队）

方向发展。衣着消费日益“多样化”。随着农村居民收入水平的逐渐提高，农村居民在衣着方面从低档消费转向追求中高档化、品牌化消费。农村常住居民人均衣着类消费 1911 元，比上年增长 4.8%，对生活消费支出贡献率 5.6%。居住支出增速放缓。农村常住居民人均居住支出 4895 元，比上年增长 7.6%，增幅比上年下降 1.3 个百分点，消费贡献率 22.0%。年内，房价在政府的大力调控之下逐渐趋于稳定，农村居民居住消费增速逐渐放缓。文教娱乐支出领先增长。农村居民人均教育文化娱乐支出 2671 元，比上年增长 17.4%，消费贡献率 25.3%，拉动增长 1.8 个百分点，文化娱乐消费成为农村居民消费的热点。生活品质追求快速提高。农村居民人均生活用品及服务支出 1216 元，比上年增长 4.9%，消费贡献率 3.6%；人均其他用品和服务支出 744 元，比上年增长 1.9%，消费贡献率 0.9%。医疗保健、交通通信保持稳定增长。医疗保健类支出 1598 元，比上年增长 3.4%，消费贡献率 3.4%，交通通信类消费 3419 元，比上年增长 8.4%，消费贡献率 16.9%，两项支出均保持平稳增长。

（仲正园）

社会保险

【金保工程升级版上线】 7 月 1 日，无锡人社金保工程应用软件升级版上线。新系统上线后，总计 850 项的服务子项流程逐一优化完善，实现信息共享业务联动，群众办事要件大幅减少、效率急速提升。本着能简则简的原则，此次新系统的 60 余项社保公共服务事项中，有 36 项都对材料进行精简；11 项公共就业创业服务中，原来涉及的 74 份申请材料则减少至 29 份，缩减近三分之二。新系统新增开发 60 项业务在线办理，并将以此为基础提供更多的在线办理渠道，市民可以不出街道现场办，不出家门线上办。新系统“同人同城同库”的数据基础，打通为民服务的“最后一公里”，让多项业务的同城通办、异地可办成为现实，办理进度也能进行实时查询。

（孙皓晨）

【社保缴费基数调整】 7月1日，无锡市按照《省人力资源和社会保障厅省财政厅省医疗保障局关于发布2019年度社会保险有关基数的通知》规定，市本级社会保险缴费基数上限按照16842元执行，下限按照3368元执行。无锡市市本级参加企业职工基本养老保险的个体工商户、灵活就业人员月缴费基数，自2019年7月1日至2020年6月30日，按照一档3368元、二档3832元、三档4273元、四档4832元、五档6645元、六档7216元、七档16842元，自行选择缴费档次执行。

（孙皓晨）

【贴息续保政策和助保贷业务】 8月30日，无锡市举办贴息续保政策宣讲会暨助保贷款发放仪式。介绍“贴息续保”政策及“助保贷”业务，举行“助保贷款”发放仪式，向贷款对象发放首批贷款。无锡市通过实施全民参保登记工作，发现有一批本地户籍的大龄人员，因资金短缺等原因中断缴费，导致达不到养老保险缴费满15年的养老金待遇最低门槛。为切实解决其接续养老保险的问题，本着“自愿申请、银行贷款、政府贴息”原则，无锡市制定《市区城镇断保人员贷款缴纳养老保险费政府贴息实施办法》，规定两类人员可以享受此政策：一是5年内达到法定退休年龄且缴费年限不满15年，中断缴费连续超过6个月，本人符合按灵活就业人员标准缴费的；二是超出法定退休年龄且未达到符合按月享受基本养老保险待遇条件，并符合延长缴费条件，本人申请按灵活就业人员缴费的。符合条件人员的贷款授信额度不超过5万元，利率按不高于人民银行公布的同期贷款基准利率执行，只可用于缴纳当月市区灵活就业人员第一档养老保险费（2019年7月起为每月673.60元），该额度可以确保跨过15年的缴费门槛。

（孙皓晨）

【城乡居民保险征缴】 2019年无锡市市区居民保险征收工作从10月1日起至12月31日止（法定节假日除外）。2019年度居民养老个人缴费标准分别调整为每人每年500元、1000元、2000元、3000元四个档次，其中每人每年500元的缴费档次仅面向低保、重度残疾等缴费困难人员并由政府给予全额补贴。2020年度居民医疗保险个人缴费标准仍为在校学生（大学生除外）和市区户籍18周岁（含18周岁）以下的非在校居民（简称学生少儿）每人每年缴费200元，市区户籍的老年居民每人每年缴费430元，市区户籍的其他居民每人每年缴费510元，在校大学生为每人每年150元。

（孙皓晨）

8月30日，无锡市举办贴息续保政策宣讲会暨助保贷款发放仪式

（孙皓晨 供）

【城乡居民养老保险增资补发】 年内，无锡市社保中心根据《关于调整市区居民基本养老保险有关政策的通知》，部署调整市区居民基础养老金。此次调整将基础养老金标准从每人每月450元调整为每人每月500元，从2019年1月1日起实行。除了居民基础养老金标准普遍上调，还对高龄人员予以适当倾斜：对于年满65周岁不满70周岁、年满70周岁不满75周岁、年满75周岁不满80周岁以及年满80周岁以上的市区居民基本养老保险待遇领取人员，每人每月分别增发5元、10元、20元、30元。对于户籍迁入时间不足6年按50%享受基础养老金的居民，从2019年9月起改按100%发放基础养老金。至年底，市区基础养老金标准全部调整到位，合计调整人数6.97万人，人均月调整标准58.87元，补发差额发放到位。

（孙皓晨）

【企业退休人员基本养老金重新计发】 10月，无锡市社保中心完成2019年1月至9月到龄办理待遇审核人员的重算工作，此次调整涉及1.99万余人，人均调整标准18.55元，基本养老金标准按规定重新调整到位。城乡居民养老保险当年新办理待遇核定的人员，按新的利率计息重新核定待遇，调整人数0.2万余人，人均调整标准1.49元。补发差额与11月份退休金同步发放到位。

（孙皓晨）

【市区工伤保险待遇调整】 11月，市人社局、市财政局下发《关于调整2019年度工伤保险有关待遇的通知》，市社保中心完成市区工伤保险待遇调整。此次工伤保险待遇调整涉及补发工伤待遇3593人次，合计补发额784.7万元。其中，定期待遇2764人次，补发金额546.9万元，同12月工伤保险待遇一并发放到位；非定期待遇829人次，补发金额237.8万元，按原申请渠道发放到位。

（孙皓晨）

【全民参保工作】 年内，市人社局实施全民参保计划，养老保险净增缴费人数连续4年每年超过10万人，全市企业职工基本养老在职参保281.74万人，失业保险参保231.16万人，工伤保险参保233.16万人，均超额完成年度目标任务。退休人员住院互助保险参保人数51.4万人，创历史新高。

（孙皓晨）

【惠企保障政策】 年内，市人社局落实社保减费降率政策，下降企业基本养老保险、工伤保险、失业保险缴费比例7.75到8.6个百分点，累计为企业减负65亿元。推进实施“同舟计划”二期，新增建设工程项目工伤参保率100%。

（孙皓晨）

【社保待遇提升】 年内，市人社局修订市区城乡居民基本养老保险办法，全市企业退休人员养老金实现“15连增”，人均养老金达每月2888元，被征地农民政府保养金和纯居民的基础养老金提高至980元、500元，无锡市各类养老待遇水平在全省位居第二。

（孙皓晨）

【社保精准扶贫】 年内，市人社局开展社保精准扶贫，为5623名低收入等困难群体代缴城乡居民养老保险费281.15万元；在省内首创贴息续保政策，帮助800余名城镇困难人员接续缴费。

（孙皓晨）

【医疗保险】 2019年，无锡市社会医疗保障体系建设坚持全覆盖、保基本、多层次、可持续，以增强公平性、适应流动性、保证可持续性为重点，继续推进构建覆盖城乡全体居民的基本医疗保障制度体系，形成以城镇职工基本医疗保险和城乡居民基本医疗保险为主体，以城乡医疗救助和社会慈善捐助等为保底，以补充医疗保险、城乡居民大病保险和商业健康保险等为补充的多层次的社会医疗保障体系，保障更加立体化、全方位。至年末，全市基本医疗保险参保总人数584.52万人。其中，职工医保374.77万人，居民医保209.75万人。全市生育保险参保总人数236.52万人。职工、居民基本医疗保险住院医疗费用政策范围内的基金支付比例分别达84%、70%以上。

（朱琳颖）

【按疾病诊断相关分组付费试点】 5月，无锡市被确定为30个DRG付费国家试点城市之一。建立无锡市DRG付费国家试点工作领导小组，制定《无锡市按疾病诊断相关分组（DRG）付费国家试点工作实施方案》和《无锡市2020年DRG付费结算办法（暂行）》，在全市确定25家试点医院全面试行总额控制下以DRG为主的多元复合医保支付。在国家医疗保障局对各试点城市的评估中获得优秀。

（朱琳颖）

【欺诈骗保专项治理】 年内，无锡市医保部门会同市卫健委、市市场监管局、市公安局食药环侦支队开展惩治欺诈骗保专项治理行动，全市现场检查定点医药机构2791家，占全市定点医药机构总量的100%，全市累计处理定点医药机构588家，其中解除医保服务协议15家，对全市定点医药机构起到了强烈震慑作用。

（朱琳颖）

【长期护理保险制度】 年内，无锡市根据《关于建立长期护理保险制度的意见（试行）》要求，制定长期护理保险失能等级评估管理办法、失能等级评估标准、服务项目内容及相应标准等一系列配套文件，完成承办商业保险公司的招标、失能等级评估人员和护理服务人员培训等，在市本级和江阴市、宜兴市三个统筹区实现按照同一标准一体推进，实现全市政策统一、待遇标准统一、经办管理统一、定点管理统一和失能等级评估系统统一。全年累计完成失能等级评估10124人，长期护理保险待遇发放2591.93万元。

（朱琳颖）

【完善城乡居民大病保险制度】 年内，市政府办公室制定《关于完善无锡市城乡居民大病保险制度的实施意见》，在2013年市区实施城乡居民大病保险制度的基础上，自2020年起在全市范围内逐步建立保障对象、筹资政策、保障范围、待遇水平、招标管理等统一的城乡居民大病保险制度，即自2020年起大病保险制度将实现无锡大市范围的全覆盖。作为基本医疗保障体系的重要补充，大病保险制度对缓解参保人员“因病致贫”“因病返贫”问题将发挥重要作用。将大病保险待遇政策向医疗救助对象进一步倾斜，实现医疗保障待遇的精准支付。

（朱琳颖）

社会救助

【提高社会救助标准】 2019年，无锡市全面落实自然增长机制，提升困难群众基本生活保障和救助水平。7月1日起，再次提高各项保障标准。市区居民最低生活保障标准由每人每月900元提高至960元，实现低保金11年连增，增幅6.7%。城镇、农村特困人员供养标准分别由每人每月1400元、1300元提高至1470元、1430元。孤儿集中、分散养育标准分别由每人每月2360元、1880元提高至2600元、2210元。市级、区级临时救助限额标准分别由6800元、4200元调整为7400元、4600元。江阴市居民最低生活保障、特困供养、孤儿养育标准与市区同步、同标调整。宜兴市自9月1日起,居民最低生活保障标准提高至每人每月910元,特困人员供养标准提高至每人每月1300元,孤儿养育标准与市区一致。至年底,全市有最低生活保障对象10404户、14744人,全年发放低保金1.3亿余元;特困救助供养对象5594人,支出保障金7556万元。对因病、因灾和突发困难导致基本生活困难的家庭,由市、市(县)区两级给予临时救助,全年救助1.5万人次,发放临救资金1675万元。全年对最低生活保障对象、特困供养人员、孤儿启动9次价格临时补贴联动机制,发放补贴1780万元,惠及19.4万人次。春节期间,对低收入重大病患者家庭等15类困难家庭,按不低于800元的标准发放节日补助2360万元。年内,无锡市孤儿养育标准、临时救助标准继续位居全省第一,城乡最低生活保障标准、特困人员平均供养标准保持全省第二。

(王　伟)

【村级医疗互助制度】 年内,无锡市贯彻落实党的十九大提出的"按照兜底线、织密网、建机制的要求,全面建成覆盖全民、城乡统筹、权责清晰、保障适度、可持续的多层次社会保障体系"精神,发挥社会力量在推进基层治理、解决社会问题中的重要作用,多元化破解因病致贫、因病返贫问题,通过"四个一点"(村民自愿出一点、村社集体赞助一点、社会各界资助一点、政府资金补贴一点)方式,在全市推行村级医疗互助制度,较好地缓解了村民医疗负担,提升了家庭抗大病风险能力,探索了一个依托社会力量精准扶贫脱贫的新模式,为各地破解因病致贫返贫问题和创新基层社会治理提供了可复制、易推广的生动样本。至年底,无锡市有634个村居实施村级医疗互助制度,覆盖率超过50%。覆盖全市196万人,累计募集资金1.8亿元(其中4000余万元来自社会赞助),有21.3万人次享受补助,个人累计最高补助14.3万元,村民住院医疗个人负担平均减轻26.48%。该制度推广辐射至全国7个省市、1128个乡镇、1520个村,惠及村民近500万人。项目获"江苏省2018年脱贫攻坚组织创新奖",入围"2019年全国脱贫攻坚创新奖",被民政部评为"全国社会救助领域十大创新实践案例"之一,获评"2019年度省现代民政建设优秀成果第一名",被《人民日报》、中央人民政府网站等相继报道。

(周　豪)

【中低收入居民疾病医疗自费救助】 年内,无锡市在全国首创中低收入居民疾病医疗自费支出救助责任保险制度,破解重大疾病致贫返贫这一全国性难题。探索推出针对中低收入居民疾病医疗自费支出的救助政策,在现有医保体系的基础上,通过政府出资投保的市场化模式,对全市中低收入居民的疾病医疗自费支出按一定比例给予救助。救助政策将具有无锡市市区户籍、参加无锡市基本医疗保险、经有关部门认定的中低收入居民都列入救助范围,惠及数十万户中低收入家庭。在保障内容方面,救助政策参照国家卫健委相关标准,将1539个疾病种类纳入救助范围,实现"全病种"覆盖,力阻"病根"变"穷根",不让困难群众在高水平全面建成小康社会的路上掉队。至年底,累计救助7130余人,17700多笔,救助金额960万元。该项目获"江苏省现代民政建设创新成果"第一名。

(王　伟)

【流浪乞讨人员安置管理】 年内,市民政局做好长期滞留流浪乞讨人员的安置工作,形成常态化的安置工作机制。会同市公安局、市财政局、市卫生健康委印发《关于做好长期滞留流浪乞讨人员集中安置工作的通知》,明确安置的对象、条件和工作流程,明晰相关部门的工作职责,解决流浪乞讨人员"进站"接受救助以后"长期滞留在站"的问题,更好地保障流浪乞讨人员的基本权益。为贯彻落实省委办公厅、省政府办公厅《关于加强和改进生活无着的流浪乞讨人员救助管理工作的实施意见》,市委办公室、市政府办公室联合印发《关于加强和改进生活无着的流浪乞讨人员救助管理工作的实施办法》,完善工作体制机制、压紧压实工作责任、凝聚各方工作力量,切实维护和保障流浪乞讨人员的合法权益。

(钱青艳)

【慈善救助】 2019年,无锡市慈善会系统募集慈善资金2.36亿元、慈善物资折价2.19亿元,市本级募集慈善资金4893.44万元。其中,结合慈善助学活动、百岁老人尊老金、慈善超市爱心卡、"无锡励志包"活动等救助项目募集慈善捐款194.54万元,通过开设慈善热线、设立定点募捐箱、开展义卖义拍活动、定向捐赠等募集日常性捐款681.05万元,冠名认捐单位捐款1167万元,慈善"一日捐"捐款收入1433.82万元,理财利息收入1417.03万元。江阴市慈善总会募集慈善捐款5375.76万元,宜兴市慈善会募集慈善捐款6793.26万元,市区5个区各慈善会(分会)募集慈善捐款6547.53万元。年内,全市慈善会系统支出1.51亿元,其中市本级支出慈善资金3028.62万元,惠及困难群众20余万人次。在3月举行的全省慈善总会会长会议上,无锡市4家爱心企业、3名爱心人士获"慈善之星"荣誉称号。通过开展"一搭、二理、三走访"工作,巩固慈善发展基础。"一搭"即搭建信息化网络宣传平台。在灵山公益基金会网络研发团队的支持和帮助下,完成杂志、网络、微信公众号3个自有宣传平台建设,市慈善总会官方网站和微信公众号内测版于9月4日上线,编印《无锡慈善》3期。首次参与腾讯"99"公益日活动,通过网络募捐,走出传播慈善文化、探索创新募集方式的第一步。"二理"即理清市慈善总会救助规章制度、理清市慈善总会救助规范流程。重新梳理核定慈善救助标准、冠名救助方式、相关项目救助方式等，为便于救助审批，重新设计救助审批表。6月，依法取得慈善组织公开募集资格证书，更新社会团体法人登记证书。市长办公会议第18次会议审议通过《市慈善总会财务管理方式调整有关事项的汇报》，按照《中华人民共和国慈善法》自行管理慈善资金。对于慈善项目设立、慈善资金支出等重要事项，均建立起相应的制度和规定，保障慈善工作规范运行。"三走访"即走访成都市、南京市、苏州市等慈善发展先进地区，借鉴吸取成功经验；走访国联集团、产业集团、电子仪表有限公司、兴达泡塑等热心公益冠名单位，建立长期合作联系；走访各县（市）区慈善总会（分会），深入基层走访调研，探讨慈善工作发展思路。年内向593位困难家庭的学生发放助学金190.9万元，配合一次性助学等形式，实现全覆盖。坚持每周对肺癌、肠癌、白血病等重病人开展慈善发药工作，新增"达纳希"发药点，承担9个慈善靶向药发放工作，救助癌症患者10620人次，发放救助药品价值2.056亿元。开展元旦、春节送温暖活动，发放金额1500余万元，受助群众近10万人。与市残联开展慈善康复工程和精神病慈善病区项目，给肢体、精神残疾患者提供最佳康复治疗时机，救助患者72人，支出12.45万元。与天惠超市合作开展慈善超市项目，有效探索慈善超市对接市场、社会化运作新机制，发放面值2000元的慈善爱心卡3500张，全年产生消费585.22万元，其中市慈善总会给予补贴146.31万元，天惠超市给予让利29.26万元，使慈善救助由"简单救助"向"按需救助"转变。与保险公司联合开展"慈福"民生系列保险，为社会弱势群体织起防护网络，全年支付保险金85.72万元。与海力士公司、市第八人民医院合作开展"亮晴行动"，为贫困白内障老年患者恢复视力，受益老人1200人。与无锡农村商业银行合作，开展发放百岁老人尊老金活动，使无锡市300余位百岁老人每人每月收到尊老金300元。市慈善总会投入约200万元，与社区联合开展"与爱同行"进社区项目，通过一社区一项目，整合资源，形成合力，实施精准救助。

（姚　恺）

【红十字救助】 2019年，全市红十字会募集资金2181.59万元。开展应急救护初级救护员培训10839人，普及救护培训90672人，分别完成省年度目标的155%、159.07%。完成造血干细胞捐献新增采样入库1385人份，比上年增长24%；实现捐献造血干细胞13例，比上年增长160%，造血干细胞捐献服务被省红十字会评为一等奖；器官捐献14例，比上年增长127.3%。依托"博爱送万家""红十字爱心桥""红十字心理援助""红丝带关爱"等公益救助品牌，实施精准救助。全年累计发放救助款801.46万元，受益群众16029人，其中对上争取天使基金51万元，惠及18个家庭。8月22～24日，市第二人民医院医疗专家团队赴青海省考察交流，期间为200余例患者免费诊疗，市红十字会向青海省海东市红十字会捐赠款物65.031万元。全年全市红十字会系统对口援助陕西省延安市、青海省海东市、新疆维吾尔自治区和徐州市4地，捐赠款物164.309万元，超额完成省下达的100万元目标。与中国红十字基金会合作开展"伙伴＋计划"，推动"帮你回家"定位手环项目上线腾讯"99"公益平台。滨湖区红十字会与第九人民医院合作开展"民和'博爱光明行'项目"，为青海省海东市民和回族土族自治县108名贫困白内障患者实施复明手术。市红十字会在红十字示范校、景区救护站等配置AED（自动体外心脏除颤仪），率先在全省红十字会系统制定《关于公共场所配置自动体外除颤仪管理办法》，拓展微信订阅号线上服务功能，首创无锡市124台AED腾讯地图，打造"互联网＋急救"平台，一键导航服务群众。会同市公安局继续创新建立"帮你回家"易走失人员定位手环公益项目，建立同"110"指挥中心联网智能平台，为全市患阿尔茨海默病等易走失人员提供定位监护服务，变被动寻找为主动看护，全年向700名易走失特殊困难人员免费配发定位手环，该项目列入2019年无锡市新型智慧城市百优案例。

（刘　森）

社会福利

【居家和社区养老服务改革试点】 无锡市于2018年5月入选第三批中央财政支持开展居家和社区养老服务改革试点地区。为加快推进无锡市居家和社区养老服务高质量发展，市委、市政府牵头成立推进居家和社区养老服务改革试点工作领导小组，制定《无锡市推进居家和社区养老服务改革试点实施方案》，明确居家和社区养老服务"七化"（设施标准化、政策系统化、方式社会化、队伍专业化、管理规范化、手段智慧化、项目精准化）目标。2019年5月，无锡市顺利通过第三批居家和社区养老服务改革试点验收。7月，民政部和财政部公布第三批中央财政支持开展居家和社区养老服务改革试点地区成果验收结果，无锡市被评为"优秀试点地区"，获奖励资金100万元。

（是炜云）

【编制国内首个智慧养老省级标准】 年内，无锡市加快推进智慧养老标准化建设，提升养老服务水平。牵头编制国内首个智慧养老省级标准《智慧养老建设规范》，由省市场监督管理局于2月28日发布，3月30日实施。该标准适用于民政部门、养老服务机构智慧养老建设的整体规划、建设管理及效果评估，规定智慧养老建设的概念模型、系统架构、技术要求、框架功能等内容，明确硬件、软件、第三方监管标准，从物联感知、网络通信、计算存储、数据融合、智慧应用、安全保障等八个方面提出具体要求。该标准填补国内智慧养老建设具体规范方面的空白，引领智慧养老规范化、科学化发展，提出可执行、可量化的工作规范。

（是炜云）

【残疾儿童康复救助提标扩面】 年内，无锡市制定《关于完善残疾儿童康复救助制度的实施办法》，六大类0～14周岁残疾儿童康复救助标准全面提高，其中0～6周岁救助标准提高8.5%，7～14周岁救助标准提高38.4%，最高救助标准为5万元/年。探索幼小衔接融合教育，共有超过100人次的儿童接受融合教育，超过90%的孩子经过融合教育后走进普通幼儿园、小学。

（李　洋）

【残疾人生活兜底保障】 年内，无锡市完善残疾人意外伤害保险制度，落实省残联与中国人寿江苏公司战略合作协议，将残疾人保险项目拓展到门诊、住院、大病、各类意外、住院津贴等范畴。配合民政部门做好残疾人“两项补贴”（困难残疾人生活补贴和重度残疾人护理补贴）工作和生活困难、靠家庭供养且无法单独立户的成年无业重度残疾人单独纳入低保政策的落实。全年有5851名残疾人享受低保，有27430名残疾人享受困难残疾人生活补贴，有31137名重度残疾人享受护理补贴。全年对344户低收入残疾人家庭无障碍改造，全市残疾人代步车置换工作累计完成购车上牌980辆。

（李　洋）

【残疾人托养服务】 年内，市残疾人托养中心推进“自理增能工程、欢乐康复工程、提效增收工程、精神残疾和自闭症托养保障能力提升工程”等创新项目，全年参加康复人员共计7882人次，实现劳动收入共计约5万元。紧盯困难残疾人家庭实际需求，推出面向社区残疾人家庭的“喘息”服务，开展入户康复治疗和托养照料指导，提供家庭解困托养服务，共服务4个街道、近20个社区的困难残疾人家庭162户。

（李　洋）

【退休人员福利】 2019年，无锡市市区退休人员住院医疗互助保险项目运行平稳。至年底，覆盖市区退休人员514984人，比上年增加23101人。保费首次超1亿元，达10040万元。市区退休人员踊跃参保，净增参保人员23101人。其中，企业退休人员净增20579人，机关事业单位退休人员在原有的基础上新增2522人。使市区各类退休人员在医疗保险、大病保险的双重防护网上，新增的第三道防护网持续发挥作用。准公共保障项目实现“大数法则”的设计初衷，全年理赔人数365106人次，使用保费9000余万元。全年互助保险参保人数514984人，基本普惠待遇累计赔付人次365106次，累计赔付人数158600人，普惠部分实时赔付金额7092.4万元。互助保险达特惠部分的有2314人，比上年增长25.56%，累计应支付特惠金额1223.4万元，个人特惠支付最高额83540.11元。年内，无锡市市区退休人员帮困互助保障资金落实到位。做好住院医疗互助工作，减轻退休人员医疗费用负担，对生活困难的退休人员实施帮困互助。对11万人次退休人员，安排各项帮困补助近2000万元，其中对已转入社区管理的7.9万人次生重病住院的退休人员进行走访慰问，春节、夏季高温走访慰问3.1万人次。做好春节送温暖工作，市退管会集中帮困金600万元，对已转入社区管理的2.38万余名特困人员进行慰问和困难补助。市政府专项拨款75万元，用于对尚未转入社区管理的2200余人进行困难补助，帮助困难退休人员度过春节；开展夏季“送清凉”帮困慰问工作，安排资金150万元，走访慰问特困退休人员7500人。完成对支援内地建设后回无锡定居人员生活困难补助工作，春节、五一节、重阳节前，向965名支援内地建设后回无锡定居人员发放送温暖资金近80万元，对患重大疾病、家庭特别困难的465人，发放专项特困补助金18万元。做好五六十年代企业精简退职和保养人员春节慰问金发放工作，慰问1750人、发放慰问金140万元。2019年是无锡市市区第六轮企业退休人员健康体检工作的第二年。在分析总结上年健康体检工作的基础上，对年度健康体检工作进行周密安排。确定启动时间，筛选定点体检医疗机构，选择体检服务项目，考核医疗机构人性化服务水平。有序推进肿瘤早期筛查项目实施，提高居民健康期望寿命，促进无锡市卫生与健康事业高质量

表77　　无锡市福利事业统计表

指 标	单位	2019年	2018年
养老福利机构	个	165	162
养老机构床位数	张	41764	42231
年末收养人数	人	18632	18253
儿童福利机构	个	3	3
儿童床位数	张	620	620
年末集中供养人数	人	283	280
社区服务机构总数	个	2769	2651

（市统计局）

发展。会同市财政局、市卫健委、市医保局等单位,研究实施方案,推动整合优化工作。向市政府提交《关于整合优化老年居民和社会化管理企业退休人员健康体检项目的请示》的健康体检方案,形成《关于整合优化健康体检工作协调会会议纪要》《无锡市恶性肿瘤早期筛查项目认证报告》。9月,向市政府提交《关于整合优化老年人和退休人员健康体检的若干请示》,10月获市政府批复同意,标志着整合优化老年人和退休人员健康体检工作进入新模式。在市区各级退管组织的共同努力下,有24万名退休人员参加健康体检。

(魏晓武)

住房保障

【概况】 2019年度,省政府下达给无锡市的住房保障目标任务是新开工安居工程11400套、廉租住房租金补贴发放1000户。至年底,全市实际完成棚户区改造新开工26567套,廉租住房租金补贴实际完成1736户,全面超额完成省政府下达的目标任务。统筹推进廉租房、公租房、经济适用房保障工作,市区新增审批住房保障家庭3400余户,向城镇低收入家庭配租公廉租房548套、配售经济适用房2200余户,受理经济适用住房货币补贴申请25户、发放18户,发放金额583.62万元。向无锡市地铁公司、无锡市机场集团等供应集体公租房500套。

(王光荣)

【调整住房保障标准】 8月19日,市政府调整2019年度住房保障标准。申请廉租住房保障、享受廉租住房租金补贴的住房困难家庭标准调整为:家庭人均月可支配收入在2374元以下、人均住房建筑面积在18平方米以下的低收入住房困难家庭。其中符合低保(特困)、家庭人均建筑面积在12平方米以下的住房困难家庭可申请廉租房实物配租。申请经济适用住房保障的住房困难家庭的标准调整为:家庭人均月可支配收入在3799元以下、人均住房建筑面积在18平方米以下的低收入住房困难家庭,经济适用住房货币补贴标准按每平方米7100元执行。无锡市区城镇中等偏下收入住房困难家庭申请公共租赁住房保障标准调整为:申请人家庭人均月可支配收入3799元以下的无房家庭。

(王光荣)

【征地拆迁安置房建设】 年内,无锡市推进各区棚改安置房建设,市区新开工安置房项目9个,新开工面积约156.94万平方米。统筹协调市区棚户区改造安置房建设,助力国有土地上城市棚户区征收工作,新增新吴区、锡山区、惠山区共6个拆迁安置房项目、125.58万平方米的建设计划。加强存量住房用于棚改安置的房源转换工作,年内从滨湖区等区属存量房源中,筹集214套、1.97万平方米拆迁安置房房源转为定销商品房用于棚改安置。

(王光荣)

【住房保障诚信机制建设】 年内,根据国家、省有关部门的要求,市政府组织有关部门开展《无锡市住房保障诚信管理办法》的制定和论证工作,并于11月18日由市住房城乡建设局、市信用办联合发布执行。"办法"的出台和实施,强化了住房保障诚信机制建设,无锡市成为省内在住房保障领域引入诚信管理的先行城市之一。

(王光荣)

【棚户区(危旧房、城中村)改造】 年内,无锡市贯彻落实国家各项棚改政策,全面推动棚户区改造2018 ~ 2020三年规划的落实。市区完成棚户区征收拆迁132.2万平方米,全市新开工棚户区改造安置房26567套、基本建成4797套,超额完成省、市下达的目标任务。加强棚改资金保障,组织申请2019年棚改中央补助资金和配套基础设施费补助,获得中央补助资金1.37亿元,完成锡山区、新吴区等5个棚改安置房、共计22亿元的2019年度棚改专项债申请工作。

(吴　磊)

优抚安置

【节日走访慰问】 2019年,无锡市开展春节"送温暖、献爱心"、庆祝新中国成立70周年拥军走访慰问活动。以各种方式对退役军人和其他优抚对象进行慰问,对重点人员逐一登门入户走访。为185位新中国成立前参加革命的老人发放纪念章。全市各级走访慰问服务对象2.55万余人次,召开各类联欢会、联谊会等特色活动150场次,开展困难救助和个案帮扶救助620人次,累计支出走访慰问金近3000万元。针对走访慰问过程中各类优抚对象反映的问题和提出的意见,做好相关诉求及建议的收集整理工作。

(张汇东)

【清明祭扫保障工作】 年内,无锡市落实退役军人事务部《关于在清明节期间开展"传承·2019清明祭英烈"宣传教育活动的通知》要求,有效指导开展清明祭扫工作及网上祭英烈活动,确保清明祭扫期间"安全、文明、和谐、有序"。清明期间,全市8个县(区)级以上烈士陵园,接待党政机关、部队、企事业、学校、社会团体、烈士家属及社会群众12万余人,其中市革命烈士陵园接待34338人,团体祭扫单位335家、26225人。对市烈士陵园未有亲人探访的59位烈士进行梳理。在江南晚报微信公众平台发布为烈士寻亲名单,至年底,为8位烈士找到家属。祭扫单位填写《反腐倡廉教育基地参观登记表》《行风建设满意度测评表》《未成年人满意度测评表》共计196份,满意率100%。

(张汇东)

【烈士信息系统建设及纪念设施检查】 年内,无锡市完成3536名烈士信息收集、整理并完善,完成率

100%。根据省退役军人事务厅《关于开展烈士纪念设施管理保护工作专项检查的通知》要求和相关工作部署，5月底，按照省通知要求中5项重点检查内容对辖市范围内10家烈士纪念设施保护单位进行抽检，主要采取听取专项汇报，了解现实困难，实地查看基础设施建设、工作秩序和台账资料等方式深入检查与摸底情况。通过专项检查发现，无锡市县级以上管理的烈士纪念设施维修保护基本良好，部分县级以下烈士纪念设施管理保护工作仍然存在诸多问题亟待解决。推动各地落实《关于加强全省乡镇级烈士陵园建设的意见》的相关要求，加大经费保障力度，通过购买服务、聘请专业人员等形式，加强对县以下烈士褒扬单位的管护，提升日常管理和服务水平。

（张汇东）

【优待抚恤】 年内，无锡市制定《关于调整部分优抚对象抚恤补助优待标准的通知》《关于调整一至四级残疾军人护理费标准的通知》《关于准发调整部分优抚对象等人员抚恤和生活补助标准的通知》，重点优抚对象抚恤补助优待标准基本增幅达10%，保障优抚对象的合法权益。严格依照年度抚恤和生活补助标准，落实残疾军人、“三属”（烈士遗属、因公牺牲军人遗属、病故军人遗属）、在乡复员军人、带病回乡退伍军人、“两参”人员（参战退役、参加核试验军队退役人员）、60岁以上农村籍退伍老兵的相关政策待遇，完成2019年春节期间义务兵及其家属基本优待金、奖励金共计2246万余元，2018年下半年至2019年上半年随军无工作家属生活补助经费共计74.25万元的核发工作。结合市发改委和国家统计局无锡城调队提供的低收入居民基本生活费用价格上涨指数，及时下拨7个月物价补贴，保障各类优抚对象的基本生活。组织军转干部档案审核，严格把好军转干部、退役士兵及随军随调家属档案初审、复审，确保量化积分的准确性和档案审核工作的严肃性，联系部门及个人，补充军转干部个人档案材料21份，保证军转干部档案的完整，为地方顺利接收安置奠定基础。严格规范安置流程。军转干部、退役士兵、随军随调家属安置工作情况及综合计划编制经市安置工作领导小组会、市政府常务会、市委常委会层层讨论研究，保证安置工作的顺利开展。

（张汇东）

【“优抚之家”建设】 年内，无锡市以党建为引领，对标广大退役军人对美好生活的向往，对照新时代、新机构、新任务，加强制度建设和规范管理，严格按照“五有”（有机构、有编制、有人员、有经费、有保障）标准建强建优“优抚之家”。制定《关于高质量推进“优抚之家”建设的实施意见》的通知。至年底，“优抚之家”基本覆盖全市各镇（街道）、村（社区）。

（张汇东）

【安置岗前培训】 年内，无锡市帮助军转干部、退役士兵了解无锡安置政策，组织军转干部安置前培训。组织全市部分营以下及技术干部参加培训；组织由政府安置工作退役士兵安置前培训，市区部分退役士兵参加培训，进行政策辅导，特邀往年安置后工作业绩突出的士官谈安置后工作体会，增进培训效果；围绕高质量发展考核目标和军转干部安置满意度，营以下军转干部进党政机关（含）参公单位的接收安置率比上年同类人员提高3%。由政府安排工作退役士兵安置到事业编制岗位的比例比上年提高5%。

（张汇东）

社会事务

民政事务

【中国好公益平台江苏枢纽基地成立】 7月31日，中国好公益平台江苏枢纽基地在无锡公益创新创业园成立，标志着无锡市社会组织培育工作由孵化成长走向规模化高质量发展的道路。中国好公益平台是由多家机构联合共建的中国第一个将优质公益产品与社会需求进行有效对接的平台，通过整合各界资源，加速公益项目产品化和公益产品规模化，高效、精准、大规模地解决社会问题。江苏枢纽基地落成后，发挥中国好公益平台在公益产品宣传展示、技术转移、项目支持、培育培训、资源交流等方面的核心优势，组织开展“公益项目产品化学习营”“社会组织‘品牌官’提优班”“中国好公益平台枢纽研究——落地机构座谈会”等系列主题活动11场，成功对接南都基金会，为无锡市5家社会组织进行一对一项目督导，协助3家本土社会组织梳理出项目化成果手册。江苏基地作为枢纽平台，链接行业内外优质资源，为无锡市社会组织对接优质公益项目提供便利条件，成功举办两场“中国好公益—无锡”品牌项目推介会，参与组织120家，现场产生合作意向22个，最终帮助4家社会组织与好公益项目签约。

（吉晨阳）

【婚姻登记】 2019年，无锡市婚姻登记管理工作始终坚持依法行政的工作原则，严格在《中华人民共和国婚姻法》《婚姻登记条例》和《婚姻登记工作规范》等法律法规的指导下办理婚姻登记和其他相关业务工作，严守工作的规范性与合法性。全年办理结婚登记29795对，登记合格率保持100%。各登记处开展结婚登记颁证服务和婚姻家庭辅导服务，提升当事人对婚姻严肃性神圣性的认识，减少非理性离婚、感情未破裂离婚等案例的发生。承接办理涉外、涉港澳台居民及华侨的婚姻登记工作（以下简称涉外婚姻登记）。按照省政府“放、管、服”改革要求，经省民政厅党组研究决定，将涉外婚姻登记工作指定相关的县（市、区）民政局婚姻登记机关来承接（之前由省民政厅涉外婚姻登记服务中心集中统一办理）。1月，省民政厅下发《关于指定我省部分婚姻登记机关办理涉外婚姻登记的通知》,指定无锡市江阴、宜兴、滨湖等3家婚姻登记处承接办理无锡范围内的涉外婚姻登记工作。办理涉外婚姻登记的当事人,一方户籍为无锡地区,可在无锡市3家登记处中就近就便任选1家办理。2月20日,3个婚姻登记处全面启动办理无锡范围内的涉外婚姻登记,年内办理涉外婚姻登记125对。

(蔡坤强)

【殡葬工作】 年内,无锡市贯彻落实习近平总书记殡葬工作的重要批示精神和省委、省政府主要领导的指示精神,有效解决违法违规占用林地、耕地,建造超标准大墓、豪华墓、家族墓等破坏自然生态环境、群众反映强烈的问题,深化殡葬改革,持续提升殡葬服务能力,根据省政府排查整治违规建设殡葬设施专题会议精神,在全市范围内及时部署开展排查整治违规建设殡葬设施问题,顺利接受省政府对无锡市排查整治工作的3次督导,受到督察组肯定。

(钱青艳)

老龄事务

【老龄工作宣传】 年内,市老龄办组织第三届"敬老文明号"评选活动,8家单位被命名为第三届"江苏省敬老文明号"、29家单位为第三届"无锡市敬老文明号"。7月2日,邀请全国老龄办党组成员、中国老龄协会副会长吴玉韶到无锡进行人口老龄化国情教育首场宣讲会,全市各级各类代表300余人参加活动。全市各部门、单位、涉老组织广泛开展宣讲活动。开展"我与我的祖国·共和国同龄人的故事"征集宣传活动,组织为70名"共和国同龄人"典型人物免费摄影,并将其事迹编印成册。举办"'祖国在我心中'庆祝中华人民共和国成立70周年老年书画作品展",188幅优秀作品参展。

(陈建忠 张兴堂)

【老年人文化生活】 年内,省委常委、市委书记李小敏,市长黄钦带队走访滨湖区、新吴区百岁老人、老有所为老人、困难老人代表和养老机构单位。举办以《银龄新时代,福满中国梦》为主题的第五届无锡老年春晚。"敬老月"期间,全市开展各类敬老服务7.5万余人次,慰问老年人20万余人次,投入资金1300余万元。

(陈建忠 张兴堂)

【老年关爱工作】 年内,"安康关爱行动"老年人意外伤害保险参保人数达91.96万人,覆盖率70%,比上年增长16.5%。市区70周岁以上老年人乘坐公共交通工具团体意外伤害保险保障人数由2018年的201452人增加至307793人,保障范围由公交扩大至地铁,保障内容中的"医疗费用给付限额"由0.33万元提高至0.35万元。

(陈建忠 张兴堂)

【涉老项目扶持】 年内,全市支出资金23万元用于4家涉老组织的购买服务;对全市新建的30家老年人"双调"工作站,给予一次性建设资金支持30万元;支持老年文体特色团队建设50家,扶持资金25万元;支持老年学校设施、活动设施改造建设项目28个,扶持资金135万元。

(陈建忠 张兴堂)

民族事务

【民族团结进步活动】 2019年,无锡市认真贯彻落实《关于全面深入持久开展民族团结进步创建,铸牢中华民族共同体意识的意见》,在全市启动"民族团结进步强化年"活动。江南大学举办"七秩赓传薪火,石榴情耀中华"民族文化艺术节,建成"江苏省少数民族传统体育项目训练基地"并承办全省民族健身操比赛。围绕第六届全国少数民族文艺会演任务,市歌舞剧院创排哈萨克族舞剧《天山魂》,并首演成功。市民族团结促进会(简称市民促会)会同新日集团举办"风雨同舟七十载,石榴花开工商城"——庆祝新中国成立70周年全市民族团结进步创建"进企业"交流会。惠山区惠南社区争创省级民族团结进步示范社区;宜兴市、滨湖区、新吴区精准做好社区民族基础工作,提升"民族工作议事室"工作品质,做大做强社区民族团结进步工作品牌。年内,市民宗局和惠南社区党总支书记胡晓春被国务院分别表彰为全国民族团结进步模范集体和个人,新日集团被国家民委命名为"全国民族团结进步创建示范单位"。

(王庆伟)

【新春送温暖活动】 春节前夕,无锡市各级统战和民宗部门、街道、社区等工作人员深入到少数民族困难家庭,走访慰问少数民族群众,向少数民族困难家庭送上米、面、油、被子等生活必需品和慰问金。1月29日,市政府副市长刘霞到蠡湖街道景丽东苑小区,看望困难少数民族家庭,与少数民族群众进行深入交谈,了解他们的困难和诉求。要求全市各级民族工作部门要结合"阳光扶贫"活动做好做实新春送温暖工作,帮助少数民族困难群众解决实际困难,真正让全市少数民族群众感受到党和政府以及社会各界的关心关爱,确保全市每个少数民族困难家庭在奔小康

表78 2019年无锡市民族基本情况统计表

单位:个、人

少数民族数量	少数民族总人口(常住)	苗族(常住)	土家族(常住)	回族(常住)	布依族(常住)	壮族(常住)	其他
53	50114	12546	11742	4172	3914	3184	14556

说明:该数据为第六次全国人口普查统计结果。

(市民宗局)

的道路上不掉队、不落单。全市7个市(县)、区同步开展少数民族困难家庭新春送温暖活动。此次活动共筹集困难救助款20万元,救助少数民族困难家庭120户。

(王庆伟)

【少数民族传统体育运动】4月19～21日,全省少数民族传统体育项目蹴球比赛在江苏省淮安市举行,由江南大学组建的蹴球运动队代表无锡市参赛,获冠军2个、亚军1个。教练蒋铮璐和运动员陈小娇分别被赛事组委会评为优秀教练员、优秀运动员。6月1日,江苏省少数民族传统体育表演项目比赛在江苏省常州市举行,南京市、无锡市等7个城市组队参赛。由无锡市歌舞剧院、青山高级中学联合组队编排的《科力布卡》柯尔克孜族舞蹈代表无锡市参加比赛,该项目及组织者分别获竞技类舞蹈赛事亚军、优秀组织奖。9月8～16日,中国第11届少数民族传统体育运动会在河南省郑州市举行。江南大学民族健身操队和市歌舞剧院、市青山高中联合组建的少数民族表演项目队共45名运动员(其中少数民族运动员31人)代表比赛。市歌舞剧院、青山高中表演项目队获少数民族表演项目竞技类一等奖,江南大学民族健身操队获民族健身操总成绩三等奖(全国第五名)、自选动作三等奖(全国第五名),实现无锡市少数民族传统体育运动的两个突破:首次代表江苏省参加全国少数民族传统体育运动会,首次在国家级少数民族体育比赛中获得金牌。9月8日,江南大学回族运动员沙丹阳作为江苏省两名运动员之一接受中共中央政治局常委、全国政协主席汪洋的接见。11月25～28日,2019年"民体杯"全国民族健身操推广大赛在云南省昆明市举行,江南大学民族健身操队代表江苏省参加比赛,以两轮总分第二名的成绩获得大赛二等奖(全国第二名)。

(王庆伟)

【民族文化艺术节】5月10日,市民宗局会同市委统战部、江南大学举办"七秩赓传薪火,石榴情耀中华"民族文化艺术节。市委常委、统战部部长陈德荣,省民宗委副主任徐刚,江南大学党委副书记戴月波、副校长吴正国等出席活动。此次文化艺术节由"最美祖国,最美无锡"民族艺术作品展、"弘扬文化之美,情暖江大校园"民族风情展、"律动江南校园,大展青春力量"少数民族传统体育运动展示与体验、少数民族文艺晚会、民族励志优秀影片观影活动、少数民族企业家主题讲座等8个系列活动组成。活动全面深化民族团结进步创建"六进"(进社区、进机关、进学校、进企业、进农村、进家庭)活动,展现各族群众团结奋斗、励志成才故事,从文艺到体育多种形式展示少数民族风土人情、精神风貌,教育引导全市各族群众和少数民族大学生坚定文化自信,走好中国道路,传播无锡民族团结进步事业正能量。

(王庆伟)

【新吴区成立民族团结促进会】7月26日,新吴区召开民族团结促进会成立大会暨第一次会员大会。会议听取审议新吴区民促会筹备工作报告,通过《新吴区民族团结促进会章程》,选举产生区民促会第一届理事会理事及领导班子成员,玄英子当选为第一届理事会会长。新吴区民促会的成立标志着新吴区民族工作站上新起点,将促进"各民族共同团结奋斗、共同繁荣发展"的民族团结进步事业。

(王庆伟)

宗教事务

【举办祥符书画院成立5周年书画展】1月12日,"佛缘祥和书画精品展"在灵山祥符禅寺举行。书画展由江苏省缘源书画院主办、无锡祥符书画院承办,旨在纪念改革开放40周年,纪念江苏省缘源书画院成立13周年暨无锡市祥符书画院成立5周年。省民宗委副主任周伟文及祥符书画院的全体老师、书画爱好人士近200余人参加活动。无锡市祥符书画院成立5年来,以书画净化人心,以书画传承文明,以书画广结善缘。在省内进行多次书画交流,对弘扬中华优秀传统文化与书画传播起到促进作用。

(王庆伟)

【全市宗教工作专题培训班】6月17日,全市宗教工作专题培训班在市委党校开班,来自全市各市(县)区政府宗教工作分管领导、民宗局局长和各镇(街道)宗教工作分管领导共计100余人参加培训。市委常委、统战部部长陈德荣围绕学习党的宗教理论政策,贯彻中央和省市委关于宗教工作的决策部署,提升宗教工作能力和宗教事务依法管理水平,为培训班作题为"坚持宗教中国化方向,不断提升法治化水平,努力构建积极健康的宗教关系"的专题讲座。中国人民大学教授何虎生、省委党校教授章凝、省民宗委原副主任顾传勇分

表79　2019年无锡市宗教基本情况统计表

教派＼内容	登记场所(个)	团体(个)	教职人员(人)	信徒人数(万人)	教职人员占信众比例(%)
佛教	181	8	384	12.7	0.3%
道教	24	5	74	1	0.74%
伊斯兰教	1	1	2	0.4	0.05%
天主教	14	3	27	5.9	0.05%
基督教	58	6	127	5.3	0.2%
合计	278	23	614	25.3	—

(市民宗局)

别就“中国宗教现状与发展趋势及新时代党的宗教政策”“正确认识宗教，让宗教中国化行稳致远”“宗教政策法规与宗教知识”为培训班作专题讲座。此次宗教工作专题培训内容涵盖习近平总书记关于宗教工作的重要论述、中共十九大精神、党的宗教方针政策、宗教法规规章、宗教基础知识、互联网宗教信息服务管理等，突出宗教工作的重点、难点、热点问题，注重学以致用。

（王庆伟）

【道教文化艺术节暨太湖论道活动】 9月18～19日，无锡市道教协会在市民宗局指导下，成功承办以“我和我的祖国”为主题的江苏省道教协会第四届道教文化艺术节暨第二届太湖论道活动。省民宗委副主任周伟文、徐刚，省委统战部副巡视员王耀强，省道教协会会长尹菊芳等人应邀出席开幕式。活动期间，省道教协会举办纪念中国人民抗日战争暨世界反法西斯战争胜利74周年和平祈祷法会、道教文艺演出、道教书画摄影艺术展、庆祝新中国成立70周年座谈会等系列活动。向江阴市南闸街道蔡泾村捐赠此届文化艺术节募集到的善款20万元，用于支持当地基础设施建设。

（王庆伟）

【庆祝新中国成立70周年系列活动】 9月23日，无锡市佛教界庆祝新中国成立70周年书画展在南禅寺举行。展会以“不忘初心、同心同向”为主题，以书画艺术的形式弘扬中华优秀传统文化，通过书画作品抒发爱国情怀。当日晚，举办感恩晚会，推出《共圆中国梦》《致我们伟大的祖国》《红旗飘飘》《我和我的祖国》等曲目，同声祝愿祖国繁荣昌盛，人民幸福安康。26日晚，庆祝新中国成立70周年歌咏交流活动在无锡市基督教堂开幕。活动主题为“歌唱祖国”，由无锡市基督教“两会”（基督教协会、基督教三自爱国运动委员会）、无锡市天主教爱国会主办，无锡市基督教堂承办。内容精彩纷呈，深刻体现无锡市基督教和天主教信徒爱国爱教的精神风貌。

（王庆伟）

【佛教界慈善基金会公益项目】 12月25日，无锡市佛教界慈善基金会公益项目资助签约仪式在无锡公益创新创业园举行。无锡市12家基金会和部分社区、公益组织代表共50余人参加活动。此次签约的“慈心同筑·益路同行”双失老人援助项目，由无锡市8家佛教界慈善基金会联合开展，项目总金额50万元。通过无锡公益创新创业园发布项目征集信息、项目路演及评审优化，最终选定无锡阳光善行志愿团负责实施这个项目，为市区300个失能失智老人提供服务。签约活动中仁济慈善基金会与其他7家佛教界慈善基金会签订《定向捐赠协议》，随后，仁济慈善基金会与无锡阳光善行志愿团进行项目签约。

（王庆伟）

社区建设

【城乡基层社区治理】 年内，无锡市推进城乡基层社区治理。开展社区治理服务创新实践“书记（主任）项目”评选，评出优秀项目22个，在中共十九届四中全会胜利召开之际予以发布，以示范引领调动基层探索社区治理创新的积极性。制定《村（居）民委员会盖章证明事项清单》、调整《村（居）民委员会依法履行职责事项清单》和《村（居）民委员会依法协助工作事项清单》“三份清单”，落实社区减负增效；规范社区挂牌，配合完成全市所有村、社区规范挂牌工作。制定《无锡市村务监督委员会工作规则（试行）》，推动村务监督委员会规范化建设，鼓励把“新乡贤”推选进村务监督委员会，探索建立指导村务监督委员会工作的专家库。配合推进“三务公开”（党务、村务、财务公开）户户通平台建设，“户户通”覆盖全市833个村（社区），将《村务公开规范》标准有机融入。会同市委组织部等部门联合出台《关于构建社区工作者“星级＋薪级”职业体系的实施意见》，形成“三岗十八级”薪酬体系，有效破解社区工作者薪酬待遇、发展空间、能力提升等突出问题。

（陈莺歌　胡敦飞）

【社区工作者职业体系建设】 年内，无锡市制定《关于构建社区工作者“星级＋薪级”职业体系的实施意见》，构建社区工作者“星级＋薪级”职业体系，以“星级社工”为抓手，制定“三岗十八级”薪酬体系，开展社区工作者星级评定工作，为城乡社区建设提供专业化、职业化队伍保障。市级文件出台后各市（县）区迅速部署落实，结合各地实际拟定社区工作者“星级＋薪级”职业体系方案，推动实现社区工作者队伍职业化进程。

（孙　明）

【水秀社区工作法被评为全国优秀工作法】 1月2日，民政部发布《关于公布优秀社区工作法遴选结果的通知》，无锡市滨湖区水秀社区工作法入选全国100个优秀社区工作法名单。水秀社区建于上世纪80年代，辖区面积大、人口多、建筑老，水秀社区结合自身特点，逐步摸索出符合实际要求的社区治理与服务新路径“零距离工作法”，把党的组织体系构建到群众身边、服务网络覆盖到千家万户、社会矛盾化解在社区基层。在社区治理模式上，通过党委引领、居民“自荐”、“民选”、“民做”的模式，将居委会的职责和职能回归于民，形成水秀“百姓议员”、“零距离治理基金”、“水秀义仓”等平台，提升社区治理的综合能力。

（孙　明）

编辑　李汉洪

防灾减灾救灾

地质灾害防治

【地质环境保护和管理】2019年，无锡市印发《无锡市矿山地质环境恢复和综合治理规划(2017~2025年)》。做好地下水动态监测工作，对6眼地下水质量国家考核点位和2眼地下水质量国家考核点位进行取样及水质检测，开展年度枯水期和丰水期的水质取样、监测工作。配合省自然资源厅推进苏南现代化示范区综合地质调查项目，做好相关勘察工作。8月，无锡市政府与江苏省自然资源厅签署协议，合作开展无锡城市地质调查项目，启动无锡城市调查工作。12月，项目总体设计通过省自然资源厅组织的专家审查论证。

（刘梦蛟）

【地质灾害防治】2019年，无锡市落实各项地质灾害防治措施，做好地质灾害防治工作。查明地质灾害隐患点105处，其中，滑坡、崩塌为主要类型。按主要灾害类型划分，崩塌78处，滑坡19处，地面塌陷4处，地裂缝4处。其中，重要地质灾害隐患点12个，主要分布在宜兴市、滨湖区，其次为江阴市、惠山区、锡山区。制定《无锡市2019年度地质灾害防治方案》，所有隐患点均发放地质灾害防灾明白卡、避险明白卡，每个隐患点均建立防灾预案。落实汛期地质灾害巡查、零报告、险(灾)情速报、24小时值班等制度。年内，全市发生突发地质灾害险情5起，等级为小型。按类别分为崩塌3起(均发生在江阴市)、滑坡2起(均发生在宜兴市)，未造成人员伤亡和财产损失。5月9日，市减灾委员会、新吴区政府、市应急局主办2019年防灾减灾宣传周启动仪式，在新吴区旺庄街道文体中心广场开展地质灾害防治宣传活动。7月2日，市减灾委员成员单位与无锡市市北高级中学共建减灾教育课程基地签约仪式举行。8月9日，台风“利奇马”过境期间，相关部门迅速部署，细化责任，做好防台风期间地质灾害应对防御工作。10月中旬，全市组织开展汛后地质灾害隐患点再排查和防治工作大检查，掌握各地质灾害隐患点的动态变化情况，检查核实各地灾隐患点的防灾制度措施落实情况，对排查和检查中发现的风险隐患和突出问题，列出问题清单，限期逐项整改落实。年内，发布地质灾害气象风险预警黄色预警信息2则，预警工作启动提示性信息1则，发送预警短信1762条。全市实现连续16年未发生因地质灾害造成的人员伤亡事故。10月30日，市自然资源规划局与市商务局等7个部门联合印发《关于印发无锡市省级以上开发区区域评估工作对接落实方案的通知》，推进省级以上开发区地质灾害危险性区域评估工作。梳理机构职能和职责分工，对《无锡市地震应急预案》《无锡市突发地质灾害应急预案》《无锡市防汛防旱应急预案》《无锡市防御台风应急预案》《无锡市气象灾害灾害应急预案》等征求意见稿提出修改意见，完善应急预案启动后各部门之间的分工协作工作机制，提高应急预案的可操作性。

（刘梦蛟）

5月9日，无锡市2019年防灾减灾宣传周启动仪式在新吴区旺庄街道文化体育中心广场举行　（市自然资源规划局　供）

气象灾害防御

【概况】 2019年,影响无锡市的灾害性天气主要有寒潮、暴雪、大风、暴雨洪涝、台风、高温、干旱、雾霾、连阴雨等,其中"利奇马"台风和干旱的影响较大。

(夏　健)

【灾害防御】 8月9~11日,受台风"利奇马"影响,全市普降大暴雨,最大点雨量宜兴市竹海300.6毫米,最大风力10级,受强降雨影响,境内河湖水位、库塘水位明显上涨。油车水库、横山水库相继开闸泄洪,宜兴市南部山区龙珠、东岭、石板塘等11座小水库溢洪。台风造成环太湖高速无锡新区出口广告牌整体坍塌。无锡市气象台相继发布台风蓝色、黄色、橙色以及暴雨黄色、橙色预警信号。市自然资源规划局、市气象局、市应急局联合发布地质灾害风险黄色预警。无锡市防汛防旱指挥部启动防台风Ⅳ级应急响应,并逐渐提升到Ⅲ级、Ⅱ级,无锡市气象灾害应急指挥部启动气象灾害(台风)Ⅲ级应急响应。根据《无锡市防御台风应急预案》和《无锡市气象灾害应急预案》,全市各部门迅速行动起来,有序应对"利奇马"台风。无锡市防汛指挥部召开防台风应急会商会6次,统筹协调各部门做好台风应对工作。做好人员转移安置工作,全市共计转移人口37902人。回港避风船只2627条,其中渔船1626条,船上人员全部上岸。全市水利部门科学调度,严密防守,确保防台安全,实现"有灾少害无伤亡"。市交通运输局停运浙江方向44个班次,对道路危险货物运输企业加强车辆动态监控,减少运输,全市295条城市公交线路停运3条。市公安局提升社会面巡防勤务等级,加大街头路面巡防力量投入。市城管系统累计出动城管人员3145人次、环卫工人5520人次、各类车辆980台次,排查门头店招标牌3600余处,清理路边破损横幅117条,拆除不安全落地广告185块,加固各类围挡广告设施320处,清理窨井26处,扶正、加固行道树553棵,对41处大型电子屏和商业户外广告进行重点安全巡查。市农业农村局对滨湖区、新吴区、经济技术开发区所有渔船停靠点和渔民上岸情况进行排查,向2.1万余户种养户和渔民发送防台短信2批次,所有渔船回港,渔民全部上岸,并对渔船进行加固。市市政园林局17支应急队伍计385人全部出动,昼夜无间断巡查保障,共计出动应急泵车10辆、小泵25台及其他巡查、工程车辆46辆。市文广旅游局临时关闭鼋头渚公园、惠山古镇、动物园、梅园、蠡园、海洋馆,融创文旅城暂停室外项目,古运河游船项目停运,暂停所有夜游项目和乡村游、农家乐、野营等户外活动。无锡地铁在建项目临时停工,运营的1号、2号线除正常工作人员外,另抽调126人加强值守,夜间值守人员安排156人,并备足各种防汛物资,组织人员对重要房建、设备设施进行巡检,加固设备设施,确保运营安全。

(夏　健　岳喜磊)

【春秋季旱情严重】 3月1日~5月24日、9月7日~12月16日两个时段,全市降水量82.2毫米和54.3毫米,仅有常年同期的三成左右,均为1955年有气象记录以来同期降水最少。秋季,全市出现大范围中旱以上气象干旱,局部地区达到重旱,火险等级持续达到最高等级5级,对秋种工作以及蔬菜生产影响较大,森林防灭火工作压力大。11~12月,市气象局在无锡市区、宜兴市开展人工增雨作业多次。

(夏　健)

【主要灾害性天气及其影响】

寒潮　2019年12月29~31日,受较强冷空气持续影响,无锡市区和江阴48小时最低气温的降幅达10.7℃和10.4℃,31日的最低气温降至-1.6℃和-2.2℃,达到寒潮标准。

连阴雨　2019年,全市连阴雨过程频繁发生,在梅雨期之外,共出现6次连阴雨天气过程。其中,1月4~12日(历时9天,雨日9天,雨雪量44.7毫米,日照时数0.0小时)、2月7~22日(历时16天,雨日14天,雨雪量116.2毫米,日照时数7.2小时)、4月20~29日(历时10天,雨日8天,雨量43.0毫米,日照时数6.8小时)、12月17~26日(历时10天,雨日8天,雨量65.3毫米,日照时数0.7小时),对农业生产和百姓生活影响较大。

暴雪　2019年2月6日夜~10日,受较强冷空气南下影响,全市持续雨雪天气,其中,7日和8日夜里全市大部地区出现暴雪。7日夜,无锡市区、江阴、宜兴3站雪量分别为10.8毫米、16.6毫米、6.2毫米,最大积雪深度分别为7厘米、11厘米、3厘米;8日夜间全市自西向东再次出现雨夹雪转雪的天气,雨雪量分别为9.6毫米、11.8毫米及10.2毫米,累积最大积雪深度分别为7厘米、12厘米和3厘米。由于气温持续偏低,降雪造成严重积雪和道路结冰,交通、农业等行业受到严重影响。

暴雨　2019年,无锡市区、江阴和宜兴日降水量≥50毫米的暴雨日数分别为3天、3天、4天。其中,8月10日和9月2日为全市性的暴雨过程。6月18日入梅当天,受梅雨锋影响,无锡市区、宜兴出现暴雨,雨量分别为58.3毫米和81.4毫米。8月10日,受"利奇马"台风影响,全市出现区域性暴雨。无锡市区、江阴和宜兴日雨量分别为101.4毫米、90毫米、137.1毫米。9月2日,受暖湿气流影响,全市出现暴雨,无锡市区、江阴、宜兴的雨量分别为64毫米、52.4毫米和68毫米。"利奇马"台风带来的暴雨导致水位暴涨,超过警戒线,全市多处积水内涝,宜兴湖汶战备公路因滑坡中断。

梅雨　2019年,无锡市6月18日入梅,和常年同期相同,7月20日出梅,比常年偏迟8天,梅雨期33天。无锡市区、江阴、宜兴的梅雨量分别为211.8毫米、232.3毫米、273.4毫

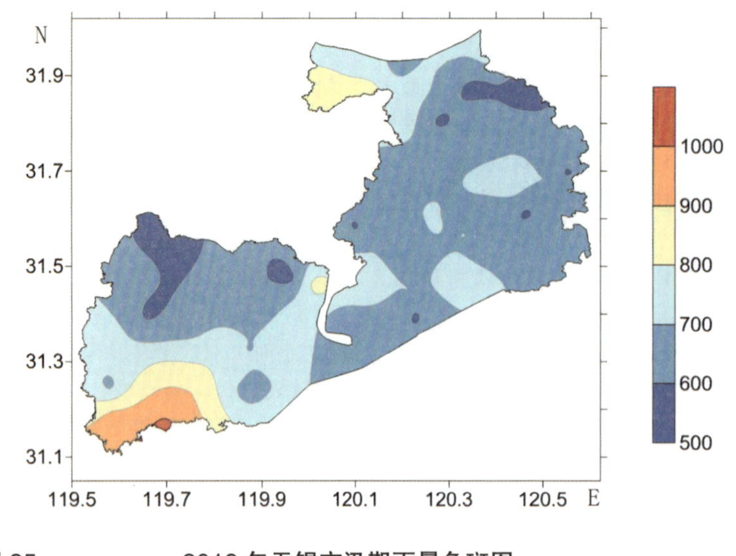

图 25　　2019 年无锡市汛期雨量色斑图

（市气象局）

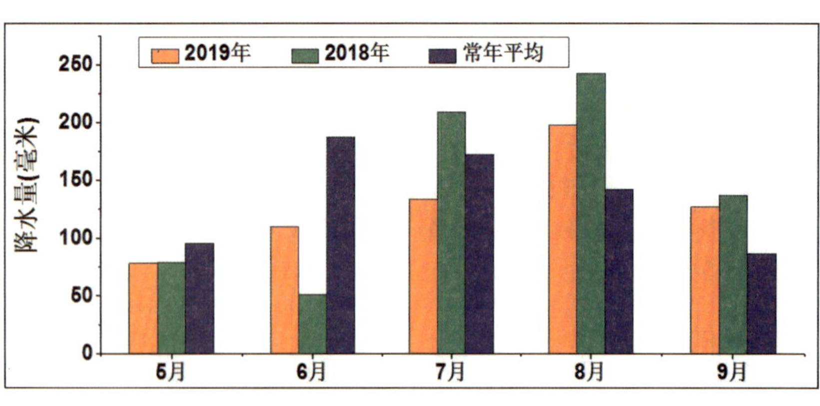

图 26　　无锡市汛期各月雨量对比情况图

（市气象局）

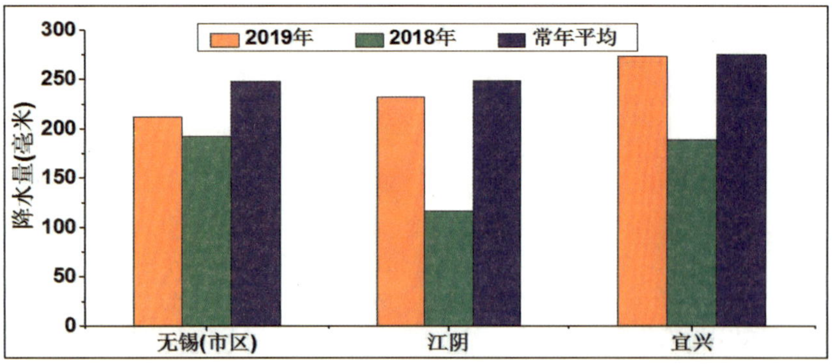

图 27　　无锡市梅雨期雨量分区对比情况图

（市气象局）

米，为常年的 9 成左右，雨日分别为 15 天、17 天、19 天，梅雨量前三的自动站为太华镇（宜兴）393.5 毫米、璜土镇（江阴）382.4 毫米、临港街道（江阴）379.6 毫米。梅雨期间降水以过程性降水为主，共出现 4 次较强降水过程，分别在 6 月 18 日、6 月 20~21 日、7 月 7 日、7 月 12~13 日。

台风　2019 年，无锡市共受到 2 个台风的影响。其中，“利奇马”正面袭击无锡，风雨影响较为严重（参见上文）。10 月 1~2 日，受 1918 号台风“米娜”外围影响，全市风力增大，并普降小到中雨，局部出现大雨。全市 85 个自动气象站中，10 个站出现 7 级大风，3 个站出现 9 级大风。

强对流　2019 年，强对流天气多发生在春夏时节，主要表现为雷雨大风、短时强降水和冰雹。

春季，江淮气旋频繁生成并影响无锡市，3 月 19~20 日、4 月 9 日、5 月 25~26 日出现雷暴、大风、短时强降水等强对流天气。其中，4 月 9 日宜兴万石镇出现 10 级大风。

7 月 6 日晚间，受东北冷涡影响，无锡市大部分地区出现雷暴、短时强降水等强对流天气。无锡市区、江阴、宜兴的最大小时雨强分别为 39 毫米、34.1 毫米和 32.9 毫米，均达暴雨标准。全市自动气象站中，最大小时雨强 62.2 毫米（宜兴徐舍镇堰头村），10 个站出现 7~8 级的大风。

7 月 31 日午后，无锡市区和江阴出现短时强降水和 8 级以上大风，惠山区和江阴部分地区还伴有冰雹。全市自动气象站中，小时雨强在 16 毫米以上的站有 13 个，30 毫米以上的站有 4 个，最大小时雨强 39.4 毫米（江阴周庄镇长寿村）；普遍出现 7 级以上大风，其中江阴夏港和利港达 9 级风。

高温　2019 年，高温天气特点为出现较早、日数较多，但强度一般。无锡市区、江阴、宜兴年高温日数分别为 22 天、22 天、17 天，极端最高气温分别为 38.8℃、38.7℃、38.8℃，均出现在 7 月 29 日。5 月 23 日，出现首个高温日，但高温仍主要集中在出梅后的盛夏期间，其中，7 月 21 日~8 月 3 日出现持续高温。

干旱　2019 年，降水总量正常，但分布异常不均。冬季（2018 年 12 月~2019 年 2 月）降水异常偏多，降水量 302.1 毫米，是常年同期的 2 倍，创历史同期新多。随后的春、夏、秋

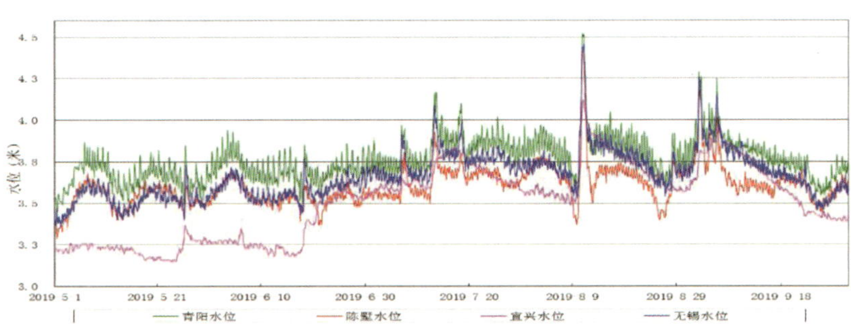

图 28　　2019 年无锡地区汛期主要站点水位过程线图

（市水利局）

三季降水均不同程度少于常年，尤其是以下两个时段：3 月 1 日~5 月 24 日降水量 82.2 毫米，较常年同期（246.7 毫米）偏少 67%，为无锡 1955 年有气象记录以来同期降水最少年份；9 月 7 日~12 月 16 日降水量 54.3 毫米，较常年同期（189.7 毫米）偏少 71%，也为常年同期最少。全市出现大范围中旱以上气象干旱，局部地区达到重旱，火险等级持续达到最高等级 5 级，对秋种工作以及蔬菜生产影响较大，森林防灭火工作压力大。

雾霾　2019 年 1~3 月以及 11~12 月，受静稳天气造成的本地污染物积累和北方弱冷空气带来的污染物输送的共同影响，雾霾天气多发。全年发布 5 次大雾预警信号和 3 次霾预警信号。4 月 15 日早晨，无锡市部分地区出现能见度小于 200 米的大雾和局部小于 50 米的浓雾，发布大雾橙色预警信号。

（夏　健）

防震减灾

【地震监测预报管理】2019 年，无锡市地震管理部门按照江苏省地震监测预报工作要求，研究制定无锡地区年度震情监测跟踪工作方案，抓好地震震情监测、跟踪和分析工作，规范前兆异常核实。及时汇总震情信息，编制每月 1 期的《震情通报》，报送市四套班子和市有关部门。规范现有宏观前兆观测站观测活动，汇总并定期上报相关观测数据，执行地震前兆零异常报告制度。在两会和国庆期间加密观测，组织每日零异常报告。全市无地震宏观异常事件。

（周克敏）

【地震震情趋势会商制度】2019 年，全市地震管理部门执行地震趋势会商制度，组织每月、每季度、半年度以及年度地震趋势会商，召开震情趋势会商会，分析震情、研判趋势，提出震情趋势会商意见。在大型活动及特定时段，组织专题会商，做好地震监测预报服务保障。加强地震观测环境保护和无锡地震台网各台站月度巡查及紧急抢修工作，无锡地震台网各类监测设施年运行率 99.67%。地震台网数据处理中心坚持 24 小时值班制度，确保震情及时处置，数据及时分析，地震信息快速报告。市民的震情咨询电话做到专人接听、规范答复。

（周克敏）

【提升地震应急联动能力】2019 年，全市地震管理部门做好省市地震系统应急指挥视频会议系统日常维护工作，保障系统正常运行。参加江苏省地震系统应急通信演练，按照要求完成各项科目，提高应急工作能力。参与市地震应急预案修编工作，与有关部门协商建立部门间震情数据交流机制，实现震情信息发布及时、有序、高效，为地震应急应对提供有效保障。

（周克敏）

【应急避难场所建设管理】2019 年，无锡市住建部门推进应急避难场所建设，圣芭芭拉广场、胡埭人民公园、九里公园、前洲市民广场、洛社高中、洋溪河公园、新洲生态园、泰伯广场、吴文化广场等一批固定级防灾避难场所相继建成，扩大应急避难场所覆盖面。加强防灾避难场所管理维护，印发《关于检查 2019 年度无锡市中心级防灾避难场所运行维护管理工作的通知》，对市北高中和旅游商贸高等职业技术学校、市体育中心、太湖广场、金匮公园和尚贤河湿地公园等中心级防灾避难场所进行检查，根据检查结果印发《关于中心级防灾避难场所检查情况的通报》，督促有关单位加强维护和管理，保障防灾避难场所正常有序运行。

（李渊明）

【建设工程抗震设防管理】2019 年，无锡市住建部门根据江苏省地震局《关于在全省开展建设工程抗震设防要求执行情况检查的通知》精神，会同有关部门和单位开展建设工程抗震设防要求执行情况检查，推动国家有关法律法规和国家强制性技术标准的贯彻执行。根据《江苏省开发区区域评估工作方案（试行）》，结合无锡市区域性地震安全性评价工作实际情况，推进地震安全性区域评估工作，组织制定《无锡市地震安全性区域评估工作实施方案》，推进简政放权，降低制度性交易成本，方便企业和群众办事创业。

（李渊明）

【防震减灾宣传】2019 年，无锡市住建部门利用防震减灾科普馆、示范学校、科普基地等平台，紧抓“5·12”全国防灾减灾日、科普周、安全生产月、全国科普日等契机，会同市有关部门和社工、志愿者队伍开展防震减灾集中宣传系列活动。年内，全市开展各类宣传活动 262 场（次），广场宣传 86 次，应急演练 92 次，布置展板（屏）1175 次（块），信息发布 201 篇（含报刊、网站），制作宣传品 28 种，发放宣传品 4 万余份。组织有关单位参加第二届全国防震减灾知识大赛预赛暨江苏省防震减灾知识大赛，无锡市市北高中在大赛中取得优秀奖。发挥典型示范作用，高标准创建综合减灾示范社区。会同市应急、气象等部门开展人员培训，进行创建业务指导，按照标准对创建社区进行检查验收，年内新增全国综合减灾示范社区6个。

（李渊明）

森林防火

【森林野外火源管控】2019年，无锡市相关责任部门加强值班制度，落实强化森林防火责任。在重要时段上突出清明节前后，在重心地区上突出墓区和散坟区，在重点人群上突出祭扫、踏青、烧烤和智障人员，加大野外火源管控，对野外违规违法用火进行责任追究。在新中国成立70周年大庆期间，市自然资源规划局下发“查隐患、除火患、保大庆”专项行动工作方案，对森林防火工作再部署再落实，清明节、五一节、新中国成立70周年大庆期间，全市出动2.25万余人次进行巡山护林。

（刘梦蛟）

【森林火灾扑救】2019年，全市发生森林火灾14起，过火面积约1.65公顷，受害面积约0.14公顷，及时扑救“4·6”滨湖区马山、“5·12”梁溪区惠山、“11·5”惠山古镇景区、“11·10”滨湖区惠山4起森林火灾，减少森林火灾造成的损失。全市组织森林防火扑救专业（半专业）队伍进行12次演练，确保春节、元宵节、全国两会、清明节、新中国成立70周年大庆期间森林防火安全。市自然资源规划局组织开展全市林业系统森林防火技能培训演练，演练课目突出以处置早期森林火灾为战术背景，立足对早期火情的处置，通过练指挥、练协同、练战术、练技能，使森林防火扑救人员了解并熟悉早期森林火灾扑救的一般程序和组织扑救方法，有效提升森林火灾扑救能力。“5·12”惠山北坡森林火灾扑救中，惠山区藕乐苑森林防火半专业队、滨湖区荣巷街道勤新专业扑救队、马山街道扑救专业队、市文旅集团锡惠景区消防专业队受到市森林防灭火指挥部的通报表扬。

（邵曰坚　刘梦蛟）

5月12日，武警无锡支队在惠山三茅峰执行森林火灾扑救任务

（杨　辉　摄）

【森林防火隐患集中排查整治】2019年，市主管部门按照市委、市政府统一部署和省林业局要求，在全市林业系统开展森林防火隐患大排查大整治和集中整治专项行动。采取上下联动，定期与不定期、明察和暗访相结合的方式，分别对江阴市、宜兴市、滨湖区、锡山区的18个重点森林防火乡镇（街道）、6个林（茶）场、28个护林哨卡、6个森林防火仓库进行督查。5月20日和6月21日，市自然资源规划局两次召开会议，推进问题隐患整治工作。10月22～31日，组成两个督查组对各森林防火重点乡镇（街道）、森林公园、国有林场等进行集中督查，对一般问题和隐患即时指出整改，对重要问题隐患进行梳理归类，并列出责任清单，向各市（县）局、分局下达整改方案，要求对照整改要求，加强整改措施落实，确保按期完成整改。

（刘梦蛟）

【森林防火宣传】3月，市主管部门制定印发2019年“森林防火宣传月”活动方案。3月25日，会同市应急局举办以“严防森林火灾、守护青山绿水”为主题的“森林防火宣传月”启动仪式暨现场宣传咨询活动。6月12日，在惠山（青龙山）国家森林公园管理中心广场，开展林业“安全生产月”现场咨询活动。在入山道口发放画册、挂图、读本、手册等森林防火宣传资料，增设LED显示屏、视频语音播报器等宣传器材。

（刘梦蛟）

农产品质量安全

【概况】2019年，无锡市新增绿色食品98个、有机农产品3个。全市拥有绿色食品296个、有机农产品79个、地理标志农产品3个、通过评审的省级绿色优质农产品基地32个。绿色优质农产品比重80.4%，其中，种植业绿色优质农产品比重67.8%，畜禽生态健康养殖比重100%。农产品质量抽检合格率98%。江阴市创成“国家农产品质量安全县(市)”。

(孙科敏)

【农产品质量监测】2019年,全市累计完成各类样品检测3071批次,比上年增长22%,检测参数12.26万项次。组织协调省级农产品质量安全例行检测和风险监测,全年省例行检测1447个批次,综合检测合格率99.45%。其中,种植业产品840批次,检测参数57120项次;畜产品样品400批次,检测参数3296项次;水产品样品207批次,检测参数1178项次。组织开展市级农产品质量安全例行检测和风险监测,市本级例行检测1525个批次,检测参数57870项次,综合检测合格率99.8%。其中,种植业产品976批次,检测参数52689项次;畜产品549批次,完成检测参数5181项次。发挥公益服务功能,为有需要的基层农业管理单位、农业企业、农业合作组织、种养大户和城乡居民无偿做好农产品检测服务,完成“不忘初心、牢记使命”主题教育专项及基层委托样品检测99批次,检测参数3121项次。

(孙科敏)

【农业综合行政执法】2019年,全市继续加大农业领域专项整治力度,加强农资产品质量抽检,处置农林领域各类投诉举报,严厉打击农林领域各类违法行为。组织开展主要农作物种子、农药、肥料、兽药、饲料和饲料添加剂、农(畜)产品质量安全等方面的专项整治行动7次。完成农资产品质量监督抽检任务269批次,包括农药220批次、肥料20批次、种子29批次。完成农(畜)产品质量监督抽检任务170批次,包括禽肉5批次、禽蛋5批次、蔬菜160批次。下发《查案通知》14件,督办农药、兽药、饲料等行政违法案件16件。全年全市各级农业行政执法机构共办理各类农业违法一般案件29起,包括农药20起、兽药4起、饲料3起、种子2起。办理一般农产品质量安全违法案件2件,向公安机关移送并协助公安机关办理生产、销售有毒有害食品案1件。向公安机关移送并协助公安机关办理生产、经营假农药重大刑事违法案件1件。贯彻落实行政执法“三项制度”(行政执法公示制度、执法全过程记录制度、重大执法决定法制审核制度)有关精神,配套购置执法记录仪和配套数据采集工作站。建立完善农资打假“案前案后双通报”制度和农产品质量安全违法行为查处“一案双查”制度。

(孙科敏)

【畜禽屠宰管理】2019年,无锡市以“强基础、抓规范、严执法、保安全”为目标,以规范经营、强化监管为重点,推进畜禽屠宰监管“扫雷行动”和生猪屠宰企业标准化建设,推进畜禽屠宰产业转型升级,加强牛羊家禽屠宰监管,落实屠宰行业安全生产责任,提升肉品质量安全保障能力。全年全市有获证生猪定点屠宰企业10家,包括江阴市3家,宜兴市3家,锡山区2家,惠山区1家,梁溪区1家。其中,江阴市澄记肉食股份有限公司、江苏联大食品有限公司2家生猪屠宰企业被授予“省级生猪屠宰标准化示范企业”称号。全市共计屠宰生猪148.9976万头,检出病害猪及其产品5479.32头,无害化处理6233.32头,无害化处理率100%。全市关闭不合格牛羊禽屠宰点11个,设立牛羊禽集中屠宰点8个,包括江阴市6个(2个暂停营业)、宜兴市2个。全年累计开展监督执法360余次,出动执法人员970余人次,开展各类指导培训4次,培训一线从业人员120余人次,全年未发生一起因屠宰环节而引起的肉品质量安全事故。

(孙科敏)

【重大动物疫病防控】2019年,全市免疫重大动物疫病疫苗猪12.06万头次、鸡461.94万羽次、鸭37.67万羽次、鹅31.23万羽次、羊2.74万只次、牛0.76万头次,口蹄疫、禽流感等重大动物疫病应免密度均达100%,有效构筑免疫防线,杜绝重大动物疫情的发生。结合春、秋冬季集中防疫和夏季补免行动,全年组织实施三次全市性的大消毒以及灭鼠灭蚊虫专项行动,提升动物疫病防护水平。全年监测13231份参数,包括免疫抗体监测4546份、非免疫抗体监测480份、病原学监测8205份。

(孙科敏)

【“瘦肉精”专项整治】2019年,无锡市制定《关于开展2019年度养殖屠宰运输环节“瘦肉精”监测工作的通知》,明确官方兽医在开展产地检疫工作时,对养殖场出售的生猪、肉牛、肉羊按不少于2个样品进行抽检;家畜屠宰场实行批批检,对生猪按不低于5%的比例抽检,肉牛、肉羊按10%的比例抽检;动物卫生监督检查站监测比例生猪为检查数量的1%,肉牛、肉羊为检查数量的2%。年内,快速检测“瘦肉精”样品167496份,其中,屠宰环节抽检样品126661份,养殖环节抽检样品1989份,检测结果全部合格。生猪屠宰企业“瘦肉精”自检抽样129734份,检测结果全部合格。

(孙科敏)

【兽药饲料专项整治】2019年,无锡市重点围绕规范兽药饲料生产经营行为、加强兽药饲料专属标识管理、强化标识说明书管理、许可证有效期检查和企业自查情况五个方面,对全市兽药饲料生产经营企业进行全面检查,通过查看资料和现场检查发现问题,提出相关整改意见,并要求当地主管部门就整改意见开展复查。组织开展全市兽药质量监督抽检、风险监测和动物及动物产品兽药残留监控,以及饲料质量安全监测,完成部级饲料抽样46份、省级兽药抽样25份、畜产品药残抽样335份,检测结果全部合格。

(孙科敏)

食品药品安全

【概况】 2019年，无锡市食品药品安全形势持续稳定，连续25年未发生重大食品安全事故。无锡市场监管系统根据机构改革职能调整情况，调整市食品药品安全委员会成员单位至31个，重新确定成员单位的食品安全工作职责，建立与江苏省药品监督管理局无锡检查分局之间有效衔接的药品监管工作机制。组织开展食用油、保健食品、校园食品、“不忘初心、牢记使命”主题教育整治食品安全问题等专项行动。打击执业药师“挂证”行为，加强医疗器械分类分级监管。无锡市在全国率先建成学校食材集中配送快检保障体系，入选首批6个长三角食品安全信息追溯试点城市。锡山区、惠山区被授牌命名为省级食品安全示范县（市、区），全市省级食品安全示范城市创成数达5家，位列全省第一。

（束洁丹）

【监测学校配送食材】 2019年，无锡市场监管部门制定《无锡市苏南学校食材配送有限公司监测点驻场工作指南（暂行）》，选派专业人员驻点指导、督促无锡市苏南学校食材配送有限公司，做好进货查验、索证索票和食材安全检测工作，保障全市568所学校的食材统一配送质量。年内，指导监督开展食品快检11279项次，共退换、销毁不合格食品67批次共208吨。

（束洁丹）

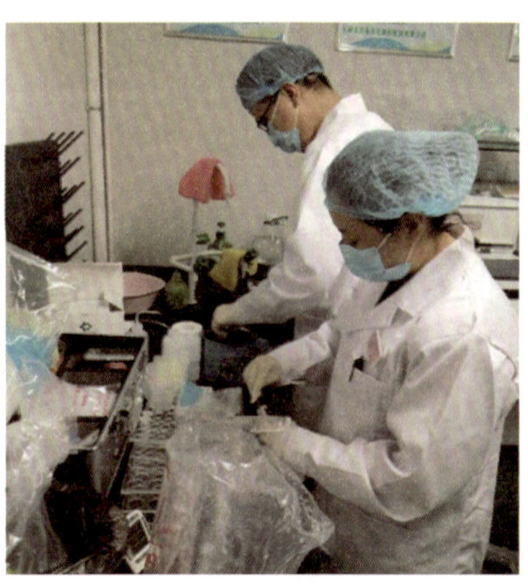

市场监管驻场检测人员在对配送到学校的肉食品进行检测

（束洁丹 供）

【食用农产品快检】 2019年，无锡市加强食用农产品质量安全监管，将其纳入无锡市食品安全监控系统，涉及237家农贸市场和42家超市。完成上市食品快速检测170万批次，其中，测定为不合格的有4933批次，退市销毁不合格食品9850千克，保障全市“菜篮子”安全。会同无锡市食品流通行业协会和无锡市食品安全检验检测中心举办无锡市食品安全快速检测技能竞赛，促进市场和超市检测人员提升职业素养和检测技能。

（束洁丹）

【网络餐饮服务监管】 2019年，无锡市制定下发《关于完善网络餐饮服务食品安全线上线下长效监管机制的通知》，以制度促规范、强监管。利用“网络爬虫”技术全面排查入网餐饮单位资质公示等情况，开展线上监测入网餐饮单位644425家次，通报证照过期、超范围经营等违法违规问题。约谈美团、饿了么、滴滴3家网络订餐第三方平台区域负责人，指导督促企业开展自查自纠，规范网络食品经营行为。推广“食安封签”，避免外卖餐品送餐途中受到污染。

（束洁丹）

【特殊食品生产监管】 2019年，无锡市市场监督管理局对全市在产的18家特殊食品生产企业和87个获证产品进行全面分类登记摸底，做到一企一档、一品一档。督促指导企业100%落实食品安全自查报告制度。组织由18家特殊食品生产企业的40名质量负责人参加的落实质量安全主体责任培训班。以企业信用等级评定及分类分级管理为抓手，评出保健食品生产企业信用等级A级企业15家。组织开展保健食品安全问题整治行动，重点打击保健食品中非法添加非食用物质及宣传治疗作用、制售假冒伪劣产品等违法违规行为，对超市、批发市场、母婴用品店等经营主体监督检查22家次。针对三聚氰胺项目专门开展抽检5批次，经检验均合格。责令整改企业、商店10家次；查处保健食品违法广告案件9起，罚款76.44万元。组织开展保健食品“五进”（进社区、进乡村、进网络、进校园、进商超）专项科普宣传活动77场次，发放相关宣传材料2.3万余册，向消费者宣传保健食品基本常识和广告管理等相关法律法规，公众参与人数18万余人次。

（束洁丹）

【专项检查整治】 2019年，无锡市市场监督管理局在全市范围内开展疫苗专项检查，全面排查疫苗质量风险隐患，加强疫苗使用环节质量监管，全市累计出动执法人员352人次，检查疾病预防控制机构和疫苗接种单位167家次，发现风险隐患15个，整改问题事项24个。组织开展中药饮片专项整治，检查中药饮片生产、经营企业2108家次，出动检查人员4705人次，落实整改企业519家，立案查处30起；检查医疗机构353家，出动检查人员764人次，落实整改136家，立案查处3起。抽检饮片品种117个，完成抽检500批次，立案查处30起。开展执业药师“挂证”专项整治，共检查零售药店1087家次，出动执法人员2506人次。对48家药店的违法行为予以立案查处，罚款5万余元。查处执业药师违法行为15起，其中，“挂证”行为2起。

（束洁丹）

【医疗器械安全管理】 2019年，无锡市市场监督管理局对1402家医疗器械经营企业开展分类分级监管，限期整改652家；对使用单位监管962家，限期整改203家。开展无菌和植入性医疗器械监督检查等5个专项行动，检查企业1774家，复查127家次，责令整改68家次，警告2家，发现无证经营企业26家；处理投诉举报14起，检查使用单位507家，复查66家次，责令整改43家次。每月开展医疗器械风险隐患排查并落实整改，组织全市医疗器械批发企业以及一级以上医疗机构从业人员近1200人开展培训。完善网络备案程序，办理医疗器械网络销售备案83家，办理医疗器械出口销售证明44家，涉及125个品种。完善电子监管平台功能，实时掌握监管动态信息。

（朿洁丹）

【化妆品专项管理】2019年，全市加强化妆品专项管理，重点排查清理非法添加禁用物质化妆品、假冒化妆品和无证生产的化妆品、未取得批准文号的特殊用途化妆品、未经备案的非特殊用途化妆品等6类违法产品和违法产品信息、企业及产品虚假资质信息，强化企业主体责任意识，指导企业建立并执行化妆品进货查验记录等制度，规范进货渠道和票据管理，引导其守法规范经营。年内，排查化妆品电子商务平台2家、化妆品网络销售者227家，清理产品数量11658个。

（朿洁丹）

【食品药品安全监测】2019年，全市完成食品抽检监测任务46532批次，其中，合格45673批次，不合格及问题食品859批次，食品检测合格率98.15%。年内，全市食品检验量为7.08批次/千人。市本级共完成监督抽检任务8915批次，发现不合格食品67批次，问题发现率0.75%，审核办结市级不合格食品案件67起，罚没金额66.1万元，其中，移送司法机关4起。审核提交国、省级抽查不合格食品案件72起，罚没金额135.46万元，不合格食品处置率100%。全市全年完成药品抽检任务900批次，发现问题药品14批次，问题发现率1.56%。

（朿洁丹）

【获批国家药品抽检承检机构】11月25日，国家药品监督管理局批复同意增设无锡市药品安全检验检测中心（简称"市食检中心"）为国家药品抽检承检机构，成为全国第二家地市级药检所获批的药品国家级抽查承检机构。该中心在药品领域拥有检验检测机构资质认定项目（参数）159项，国家实验室认可项目（参数）139项。药品检验检测能力实现《中国药典》项目全覆盖，《美国药典》《欧洲药典》《日本药典》项目基本覆盖。

（朿洁丹）

【食品安全检验检测中心项目】2019年，无锡市食品安全检验检测中心建设项目有序推进。12月16日，市食检中心搬迁入驻并试运行。市编委为加强食品安全检验检测力量，增核市食检中心人员编制。9月起，市食检中心派驻人员对苏南学校食材统一配送单位检验工作实行全过程监督。

（朿洁丹）

公共卫生安全

【突发公共卫生事件处置】2019年，无锡市报告一般突发公共卫生事件50起，均及时有效处置。突发事件医疗救援有力，及时、规范、有效处置重大突发事件伤员医疗救治工作，实现在院救治危重伤员零死亡。

（姚维云）

【公共卫生监测】2019年，全市有10所学校获评"全国学生营养与健康示范学校"称号。启动国家首个人体生物监测孕产期妇女项目，在全国推广积累经验。在全省范围内较早启动覆盖全市的儿童青少年近视调查工作，扩大监测覆盖面，完成近2万名学生的近视筛查。完成无锡地铁集团有限公司地铁1号线南延线站台公共区域卫生学评价工作。做好媒介疾病的监测评估与预警。无锡市代表队在全省病媒生物防制技能竞赛中获团体一等奖。

（沈 澄）

安全生产

【概况】 2019年，无锡市印发《无锡市推进城市安全发展实施方案》《无锡市安全生产巡查工作实施方案》等文件，部署开展安全隐患大排查大整治专项行动、城市公共安全和企业安全生产集中整治及安全生产专项整治行动。推动各级安全生产委员会办公室实体化运作，各市（县）、区合计增加安全生产委员会办公室行政编制32个。全市发生各类安全生产事故463起、死亡275人，分别比上年下降27.4%、16.4%，连续第18年实现事故起数、死亡人数"双下降"。未发生化工、烟花爆竹生产安全事故，非煤矿山连续15年死亡事故"零"起数，工矿商贸事故起数、死亡人数比上年分别下降28.6%、22.9%。

（邵曰坚）

【安全生产责任体系】 2019年，市委成立安全生产督查考核工作组，将安全生产纳入全市高质量发展考核评价体系，由市纪委监委、市委组织部联合组成督查考核组，对全市8个地区、13个相关市级部门，以及36名党政领导干部进行三轮督查考核、分等评估。8～9月，市委、市政府成立全市安全生产巡查工作领导小组，分别对江阴市、宜兴市、滨湖区开展安全巡查，延伸抽查镇（街道、园区）12个，抽查重点企业51家。严格事故查处和责任追究，对"10·10"高架桥侧翻事故、"10·13"石油液化气爆炸事故的处理共涉及35人。明确混凝土搅拌企业、文化旅游场所（项目）、房屋建筑拆除工程、餐饮场所、工业企业自建液化天然气（LNG）设施、危险废物6个行业领域安全监管职责，消除监管盲区。实行典型案例曝光，对存在严重安全生产违法违规行为、发生过安全生产事故的116家企业进行公示通报。

（邵曰坚）

【安全监管体制机制】2019年，市委、市政府在机构改革"三定"方案中，明确有关部门安全生产监管职责。市发展和改革委、市工业和信息化局、市公安局、市人力资源社会保障局、市教育局、市卫健委、市民政局等24个部门公布的"三定"方案中明确安全管理责任。推动市、县两级安全生产委员会办公室实体化运行，江阴市在完善安全监管体制机制上先行先试，江阴市安全生产委员会办公室及71个安全生产监管内设机构同时挂牌，率先实现安全生产监管内设机构全覆盖。全市新增安全监管人员551人（行政编制38人、事业编制223人、编外290人）。“全要素”网格员参与安全风险隐患排查，3313个微型消防站、41个区域联防组织全部落实区域隐患治理“一张网”的闭环流程。

（邵曰坚）

【安全生产事故防范】4~9月，全市开展安全隐患大排查大整治专项行动，明确12个重点行业领域和8类重点场所大排查大整治的职责分工及重点内容。市、区两级纪委监委分片挂钩，督导专项行动，市安全生产委员会办公室组织专项督查，对各地专项行动开展情况进行“点对点”通报，实行信息周报和重大隐患“滚动式”分级挂牌督办制度，对33项重大隐患实行挂牌督办。全市各级排查出各类隐患16.8万余项，行政处罚4670余万元，局部停产810处，查封扣押728件，关停取缔35家。集中开展危化品综合治理及工贸行业涉爆粉尘、建筑施工、压力管道、非标电动（燃油）三四轮车辆安全专项整治。推进危化品企业本质安全诊断治理，委托中国化学品安全协会，对142家重点危化品企业进行深度检查，发现隐患5270项（其中重大隐患297项）。持续推进企业安全标准化提质增效和双重预防控制机制扩面增效，全市工贸行业达标企业累计9077家，2288家企业的双控机制实现基本规范化运行。全市“两客一危”（从事旅游的包车、三类以上班线客车和运输危险化学品、烟花爆竹、民用爆炸物品的道路专用车辆）道路运输企业标准化二级达标率100%，港口危化品经营企业标准化二级达标率95%。

（邵曰坚）

【安全生产执法监管】2019年，全市应急部门事前处罚1778件，比上年上升49%；事前查处率15.75%，比上年上升7.6%；处罚金额5103.28万元，比上年上升61%；事前处罚案均值2.87万元，比上年上升8.3%。

（邵曰坚）

【危化品和散乱污企业整治】2019年，全市加快产业转型升级，发展战略性新兴产业、先进制造业、现代服务业，发展数字经济、总部经济、枢纽经济，建设物联网、集成电路、高端装备、新能源等先进制造业重点产业集群16个，提高本质安全、绿色发展水平。有序淘汰高危行业产能，对109家重点危化品企业实施本质安全诊断治理，淘汰23家。位于城镇人口密集区的危化品生产企业从上年的193家减少至129家。加快出清污染落后产能，排查“散乱污”企业3545家，关停取缔2226家，整合搬迁41家，升级改造1001家。

（邵曰坚）

【安全生产信息化建设】2019年，无锡市在江苏省内率先试点完成一级、二级重大危险源危化品监测预警系统建设，完成江苏省安全生产行政执法系统开发建设，在江苏省内率先启动移动应急平台建设。

（邵曰坚）

【安全生产宣传教育培训】2019年，全市培训考核生产经营单位各类人员约9.24万人。其中，“三项岗位”人员4.84万人、一般企业从业人员4.4万人。开展无锡市“安全生产月”宣传咨询日活动，设立咨询台12个、互动展示单位16家，展示各类应急设备400余件、展板100余块，发放宣传资料1万余份，社会各界5000余人参与。全市各地举办“安全生产大讲堂”、企业安全生产公开课、专题讲座和安全诊断等活动1145场次，企业受众16万人次。5~8月，分4批、12个班次，对全市818名危化品生产、仓储企业主要负责人和安全总监进行培训考核。7月，举办金属冶炼企业安全管理人员培训班4期，培训400余人。无锡市应急局与市总工会联合举办班组长安全培训班，采取“集中培训、送教上门、自主培训”相结合的形式，培训班组长1万名。

（邵曰坚）

6月14日，无锡市第26个“安全生产月”主题活动在无锡广电音乐厅举行
（市应急管理局 供）

应急管理

【调整应急委组成成员】2019年，无锡市印发《关于市政府领导担任市政府议事协调机构主要职务和机构调整情况的通知》，调整市应急管理委员会组成人员，由市长担任应急委员会主任，各副市长及相关部门负责人为副主任，办公室设在市应急局。

（邵曰坚）

【应急救援能力建设】2019年,无锡市推进江苏(江阴)沿江危化品应急救援基地应急指挥中心建设。开展石油化工、森林防火、隧道等综合性联合演练10余次。加强各园区和企业专职队的能力建设,引导社会各类应急救援队伍规范参与各类救援行动。9月,在山东大学组织2019年度全市应急指挥专题培训,培训应急管理工作岗位人员70人。加强应急救援队伍建设,全市各类专业救援队伍45支,总人数840人,涵盖消防救援、森林灭火、抗洪抢险、安全生产救援四大类。

(邵曰坚)

【应急物资能力储备】2019年,无锡市探索"实物储备+协议合同+能力储备"应急物资储备模式,在物资储备基础上,开展救灾物资能力储备。制定市级救灾物资储备标准与目录,由市粮食和物资储备局、市应急管理局联合牵头,对30余家规模企业展开调研,根据企业产品种类、产量、生产经营规模和信誉等综合评估情况,确定红豆集团红豆家纺有限公司等10家单位为无锡市应急物资保供单位,与企业签订合作协议,组织授牌仪式。

(邵曰坚)

【事故救援处置】2019年,市相关部门全力做好"9·28"长深高速公路特别重大交通事故善后处置、"10·10"高架桥侧翻较大事故应急处置、"10·13"石油液化气爆炸等事故救援,以及防御"利奇马台风"等项工作。市应急管理局作为组长单位主持江西省上饶市"6·22"交通事故受害人员的善后工作。

(邵曰坚)

【防灾减灾救灾机制】2019年9月,无锡市森林防灭火指挥部成立,制定《无锡市森林防灭火指挥部工作规范》,明晰各成员单位和各市(县)、区政府工作职责,建立指挥部工作制度。10月,印发《无锡市自然灾害防治工作市级联席会议制度》,指导督促有关部门和单位按照任务分工抓好责任落实,协调解决自然灾害防治"九项重点工程"项目论证和实施中的重大问题,指导推进自然灾害防治重点工程。

(邵曰坚)

【防灾减灾救灾预案】2019年,无锡市应急管理委员会办公室印发《关于做好突发事件应急预案修编工作的通知》,启动全市应急预案修编工作。无锡市应急局组织修订的《无锡市突发地质灾害应急预案》《无锡市地震应急预案》《无锡市森林火灾应急预案》通过市政府常务会审议。

(邵曰坚)

【防灾减灾救灾知识普及】2019年,全市加强防灾减灾救灾知识普及宣传,在森林防火宣传月、防灾减灾宣传周以及台风过境期间,通过全市14家影院、户外LED大屏、无锡电视台、教育电视台、公交地铁、移动电视、新浪、无锡观察、应急广播等,连续滚动播放主题宣传片和安全警示标语,达8200余分钟,受众535万余人次。3月,在惠山古镇景区西神广场举行"无锡市2019年森林防火宣传月"启动仪式暨现场宣传咨询活动,各市(县)、区森防办负责人和市森防指成员单位负责人,以及社会各界代表约450余人参加仪式。

(邵曰坚)

【灾害预警预报】2019年,全市利用无锡地铁、移动电视、新浪、网易等优势资源,跟进发布安全生产、应急管理、防灾减灾救灾等各类信息500余条。针对防火、水旱、地质、地震等自然灾害特点,及时组织灾害预警、事故预防、减灾救灾常识宣传,推送各类警示教育文章和视频1100余篇次。在森林火险高发期,无锡市气象局每天在无锡电视台发布森林气象火险等级预报,提醒市民严格遵守火源管理规定,注意防火安全。

(邵曰坚)

【防灾减灾救灾能力建设】2019年,无锡市开展全国综合减灾示范社区的创建,组织6家创建社区的区局分管领导、业务科长、街道和社区分管负责人及承办工作人员近50人,进行全国综合减灾示范社区标准解读培训。组织全市新调整灾害信息员110余人,进行有关政策规定、业务实操和北斗通信等业务培训。采购应急救援物资390件(台、套),价值158万元。

(邵曰坚)

交通安全

【概况】2019年,无锡市交通运输加强全领域安全防控,安全监管体系持续完善。落实安全管理责任要求,签订下发安全生产目标责任书,召开各类安全生产分析部署会议近100场,制定《以更高标准更严措施管控交通运输领域重大风险任务分工》等意见,针对重点领域,加强专项整治,推进各类风险管控和隐患治理,开展"防风险保安全迎大庆"安全生产行动等专项行动4次,排查整改各类隐患3865个。吸取安全事故教训,"10·10"高架桥侧翻事故发生后,下发《关于进一步开展交通运输行业安全生产大排查的紧急通知》《无锡市交通运输行业安全集中整治推进方案》等文件,整治超限运输,出动路政执法人员7626人次,检查车辆9677辆,查处超限车2668辆,卸驳载1.5万余吨,严格源头治超措施,维护交通运输行业的安全稳定。

(徐天南)

【"平安交通"行动】2019年,无锡市交通运输系统继续开展"平安交通"建设,"平安交通"三年行动任务全面落实。建成国省干线公路安防工程142千米,农村公路安防工程11.5千米,改造危桥13座。完成公交车辆驾驶区域安全防护隔离设施改造安装2561辆,占总量的64.5%。重点车辆主动安全智能防控系统安装占比从93.37%提高至99.16%,全部接入江苏省监管平台,建成一批水陆平安工地。

(徐天南)

【"两客一危"安全整治】2019年,全市"两客一危"企业100%实现安全生产标准化,100%的"两客一危"

江阴市公路管理和应急指挥中心　（孙罡　供）

车辆安装主动安全智能防控系统终端并接入政府监管平台。汽车客运站实行实名制售票、乘客身份核对、行包安检“三不进站”（无关人员不进站、无关车辆不进站、易燃易爆和易腐蚀品不进站）、“六不出站”（超员客车不出站、客车证件不齐不出站、乘客未系安全带不出站、驾驶员资质不符合要求不出站、安全例行检查不合格不出站、出站登记表未经审核签字不出站）等规定。4条超过800千米长途客运班线退出营运。建立重点安全隐患企业联合抄告制度，查处道路“两客一危”车辆常见违法违规行为318起。开展营运驾驶员安全文明驾驶教育培训专项行动。

（徐天南）

【桥梁安全风险防控】 2019年，市交通部门采取措施，加强桥梁安全风险防控。完成全市普通国省干线独柱墩桥梁调查摸底，对4座独柱墩桥梁进行技术性能提升，12座独柱墩桥梁编制提升方案。完成12座农村公路独柱墩桥梁抗倾覆稳定性验算，对其中9座桥梁计划进行技术性能提升，采取临时管控措施。排查普通公路在役桥梁484座，隧道2座，农村危桥20座，其中5座改建、15座采取交通管制措施。

（徐天南）

【水上交通安全】 2019年，全市未发生6小时以上航道堵塞事件，无重特大水上交通事故，无重特大船舶污染水域事故。海巡艇出航16889艘次、人员38404人次，检查船舶109158艘次，安全运载危险货物船舶进出港3708艘次，安全渡运游客528万余人次，救助船舶282艘次，救助船民307人次。做好防范船舶碰撞桥梁专项整治，设置安全设施10套。智慧海事建设完成锡溧漕河、芜申运河感知海事信息化装备建设并投入运行，完成太湖水上交通中心组建，船舶超载超吃水检测系统（江阴船闸）通过法定计量部门检测，逐步开展船舶显性违法行为电子取证与查处非接触式执法模式试点。

（徐天南）

【港口设施安全】 2019年，市交通运输部门委托中国船级社质量认证公司组织开展“2019年度无锡港口第一次第三方安全检查活动”，对沿江6个危货码头和2个大型散货码头进行全方位检查，规范使用江苏省港口安全监管和应急管理系统。完成全市285个常压储罐、27个压力储罐的安全技术状况检测，检测率100%。通过政府采购方式对沿江7家港口危险货物企业码头和罐区开展安全风险评估，全市69家港口危险货物经营企业安全生产标准化二级达标57家，达标率83%。出动港口检查1310人（次），检查普通码头348个（次）、危货码头130个（次），检查起重设备389台、压力管道558.6米，发放源头治超承诺书220份，约谈企业84家，查出安全隐患335个，完成整改264个。

（徐天南）

消防安全

【消防基础建设】 2019年，无锡市消防救援支队贯彻落实《消防救援队伍2019~2021年灭火救援装备建设规划》和《国家综合性专业化救援队伍装备配备指导意见》，通过基层调研、参观学习、专家论证等形式，制定《2019~2021年消防车辆装备配备方案和高层建筑灭火救援攻坚车辆专项购置计划》。获批1.275亿元专项资金，用于购置举高类消防车，增强高层建筑火灾扑救的攻坚车辆配备，化解高层建筑消防安全重大风险。全年投入6500余万元新购消防车15辆、救援器材和防护装备1.3万余件套，配发战勤保障特种专业技术用车15辆，推进支队车辆装备的提档升级。研发消防装备智能管理系统，完成3.6万余件消防装备电子标识工作以及样板仓库、无人仓库建设。投入7900万元建设胜利门、鸿山、月城、长山消防站，启动北塘大队、滨湖大队、锡沪路消防站营房改建工程。投入1100万元完成文化培训中心、机关食堂、训练塔等项目改造。依托多种物联网技术，研发消防装备智能管理系统，其中包含装备器材库智能管理系统、消防车辆管理系统、单兵装备管理系统及装备调配系统。对全支队共103个品类，315种物资，合计36911件消防装备进行电子标识工作。完成特勤大队样板仓库和特勤大队一站无人仓库建设，对34个固定库区、76个移动库区、441个衣架库区进行物联网系统化改造，完成1套单兵样机的研发工作。分级实施消防车、灭火救援器材、防护装备的“外观标识、结构型式、主要参数”统型。贯彻《无锡市市政消火栓管理办法》，全市有市政消火栓13966个，年内新增1140个。市政法委组织召开加强网格化管理工作视频会议，推动实现网格化管理实体运转，4000余个微型消防站、41个区域联防组织全部落实区域联防措施，社会消防安全基础更加厚实，有效增强火灾防控能力。对标"国家队""主力军"职能需要，深化地震、高层、水域等专业救援队伍和专业搜救队能力建设，承担森林火灾扑救和森林消防队伍建设工作，完成太湖流域防汛救灾前置备勤任务。完成消防队员和政府专职消防员征召工作，搭建完善与多种形式消防队伍及社会联动力量的响应作战机制，实施石油化工、森林防火、隧道等综合性联合演练8次。

（王 威）

市消防救援支队指战员开展初战控火操法竞赛（市消防救援支队 供）

【消防接警救援】2019年，无锡市消防救援支队接警17022起，包括火灾扑救1945起、灾害事故抢险救援3419起、社会救助2384起、公务执勤1起、其他出动9273起，比上年上升17.58%。全市出动17270队次，出动车辆30693车次，出动人员163306人次，救出遇险人员1104人，疏散人员233人，抢救财产价值约5351万元。完成"3·21"盐城市响水县化工厂爆炸增援、"7·28"华仁逸景大厦火灾、"10·10"高架桥侧翻事故、"10·13"锡山区燃气爆炸事故等急难险重处置任务。市消防救援支队被评为江苏省文明单位，被消防总队表彰为"先进支队""执勤岗位练兵先进支队""信息调研工作先进支队""安全工作先进支队""信息化建设先进支队""后勤工作先进支队""消防执法先进支队""消防宣传工作先进支队"。

（王 威）

【消防安全监管】2019年，市委、市政府、市纪委高度重视消防工作，在市委常委会议、市政府常务会议、市政府党组扩大会议、全市领导干部会议、市纪委常委会等多个会议中，对消防安全重点工作作出强调部署，落实党委、政府领导责任、部门监管责任、属地管理责任、企业主体责任、员工岗位责任、社会协同责任"六个责任"。李小敏、黄钦等市委、市政府主要负责人听取消防工作汇报，带领相关部门开展消防检查，现场督办行业领域火灾隐患。市政府与各市（县）、区和职能部门签订消防工作责任书，部署跟进冬防、夏防、"防风险保平安迎大庆"、高层建筑专项治理、大型城市综合体专项治理"回头看"、城市安全集中整治等专项行动。在组织开展群租房、违章搭建、燃气安全、高层建筑等专项行动中，互相移交线索300条。每季度召开全市消防重点单位例会，定期召开餐饮行业、大型商业综合体等行业座谈会，下发告知书，签订承诺书，提升社会单位本质安全度。3313家消防安全重点单位全部建成微型消防站，落实"户籍化"管理。年内，检查单位场所2.7万家次，发现并督促整改火灾隐患1.6万处，责令"三停"（停产停业、停止使用、停止施工）213家，行政处罚1410起，临时查封222处，拘留56人，罚款1562万余元。坚持将重大火灾隐患整治作为重中之重，健全挂牌督办、媒体曝光等工作机制，梳理出无锡市招商城、无锡市金泰国际装饰城等重大火灾隐患单位28家，省级政府挂牌督办2家，市级政府挂牌督办10家，逐一明确整改责任和防范措施。对隐患单位进行集中曝光，倒逼社会单位严格落实责任、限期整改到位，推动完成17家重大火灾隐患单位和锡山区东港镇科技创业园区域性火灾隐患整改销案。在"防风险，保平安，迎大庆"消防安全执法检查专项行动中，加强对13类重点场所的检查，检查单位1.7万家，督促整改火灾隐患9200余处，责令"三停"94家，临时查封109处。投入专项资金用于消防安全大数据建设，上线运行消防大数据综合业务管理服务平台，汇集相关数据资源13.1亿条。全市2092家单位接入消防远程监控系统，3313家社会单位通过使用安全服务云APP实现消防安全自主管理。推动"智慧消防＋单位标准化"管理模式，启动重点火灾隐患场所"NB-IOT"智慧烟感项目。推广安装独立式感烟火灾探测报警器14370个，安装简易喷淋1121套。推动安装电动自行车充电设施，新增安装电动自行车集中充电装置1177套，推广安装电气火灾监控系统1027套。

（王 威）

【消防宣传教育】2019年，无锡市消防救援支队打造"萌橙会"无锡消防小卫士品牌，会同无锡肯德基共同举办"牵手火焰蓝，共绘安全梦"——"萌橙会"主题宣传教育系列活动，举办"萌橙会"消防小卫士联盟"六一"儿童节特别活动等系列活动20余场次。会同市教育部门举办"百名儿童书画平安创作大赛""我是消防小卫士"消防绘画主题活动、"第四届无锡市儿童消防绘画作文大赛"绘画作品评选活动，收到各类作品3000余件。开展"消防知识我知道"答题赢奖活动，发放活动题卡5万余份；组织全市中小学校、幼儿园开展以“上一节消防课、开展一次逃生疏散演练、参观一次消防队站或科普教育基地、完成一次暑期家庭消防作业”为内容的“四个一”活动。举办全市中小学生“消防夏令营”活动及“开学第一课”活动。会同无锡肯德基启动全国首个“无锡消防×KFC”联名主题消防安全宣传月活动，举办100名肯德基店长消防宣传体验活动，推出全国首本消防安全知识绘本——《萌橙小英雄奇奇》，举办“萌橙小英雄奇奇”消防主题系列故事会，设计推出潮T、包袋、抱枕等时尚潮流的周边产品，建设“肯德基最美消防志愿者”队伍。会同市乐高活动中心举办“小小消防员”亲子体验活动和“小小消防员”乐高消防夏令营。会同地铁集团推出全国首列iBeacon消防主题地铁专列。会同惠山泥人工作室定制设计新版“火焰蓝”造型消防泥人。会同“巴奴火锅”“穆桂英”等品牌推出“要美食更要安全”系列宣传活动，定制联名宣传海报、宣传手册等资料。会同“芇·in”影院推出全省首家消防主题影院。会同知名电动车厂商组建全省首支机动消防宣传车队。年末，市消防救援支队在全市范围内全面开展包括进机关、进学校、进企业、进社区、进家庭、进农村、进公园在内的消防宣传“七进”活动。

（王 威）

【火灾情况】 2019年，全市发生火灾1950起，死亡11人（梁溪区2人、锡山区1人、惠山区3人、滨湖区1人、新吴区2人、江阴市2人），伤13人，直接财产损失2612.1356万元。火灾起数比上年下降5.72%，死亡人数增加3人，受伤人数减少17人，直接财产损失下降53.33%。

按行政区域划分：梁溪区原崇安区板块火灾起数26起，比上年下降49.02%；新吴区火灾起数380起，比上年下降16.3%；宜兴市火灾起数229起，比上年下降32.25%。

发生火灾区域分析：住宅宿舍火灾884起，占火灾总起数的45.45%，比上年上升6.51%；交通工具火灾357起，比上年上升0.85%；厂房类火灾195起，比上年下降0.97%。

起火场情况分析：因电气引发火灾606起，比上年上升2.71%；因用火不慎引发火灾306起，比上年上升32.47%；因遗留火种引发火灾165起，比上年上升25.95%；因自燃引发火灾153起，比上年下降2.55%。

城市与集镇镇区发生火灾情况：城市市区火灾619起，占火灾总数的31.83%，比上年下降0.64%；集镇镇区火灾716起，占火灾总数的36.81%，比上年下降18.73%。

24小时火灾情况分析：火灾高发时段为10时~12时、16时~18时、18时~20时，平均火灾219起以上；最高时段为18时~20时，发生火灾239起，占总数的12.29%。

（王 威）

表80 2019年无锡市火灾统计表

项目 地区	成灾数 （起）	死亡人数 （人）	受伤人数 （人）	经济损失 （万元）
江阴市	320	2	7	889.2769
宜兴市	229	0	2	443.8692
梁溪区	238	2	2	309.8237
锡山区	92	1	1	155.0001
惠山区	205	3	0	280.6124
滨湖区 （包含经开区）	486	1	1	348.9256
新吴区	380	2	0	184.6277
合 计	1950	11	13	2612.1356

（市消防救援支队）

单位：起

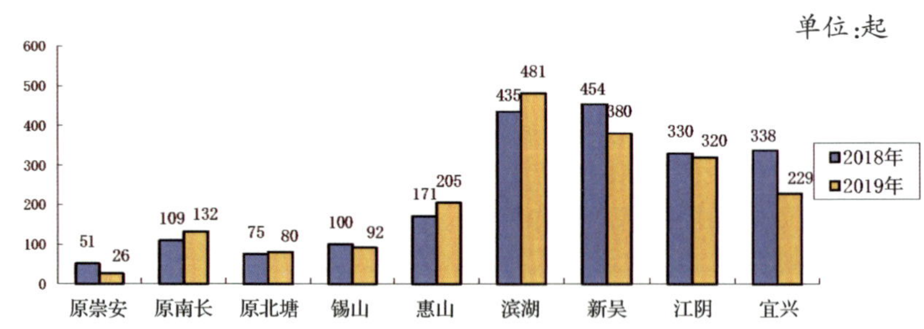

图29 无锡市分地区火灾对比情况图

（市消防救援支队）

单位：起

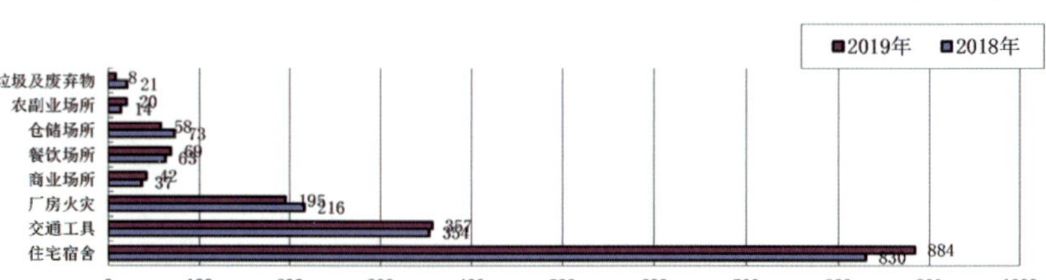

图30 无锡市起火场所情况图

（市消防救援支队）

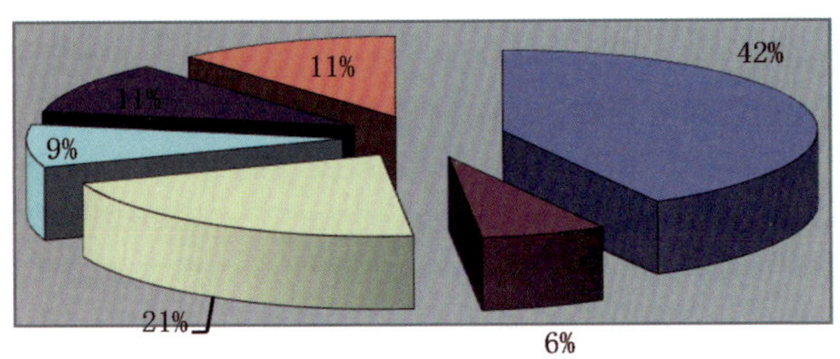

图 31　　2019 年无锡市火灾原因情况图

（市消防救援支队）

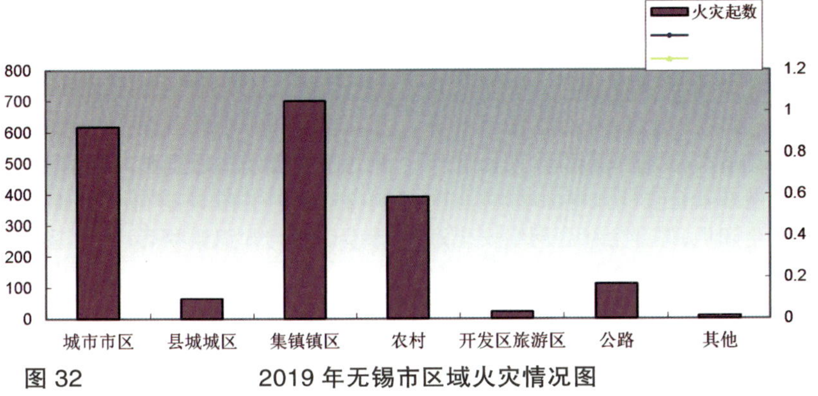

图 32　　2019 年无锡市区域火灾情况图

（市消防救援支队）

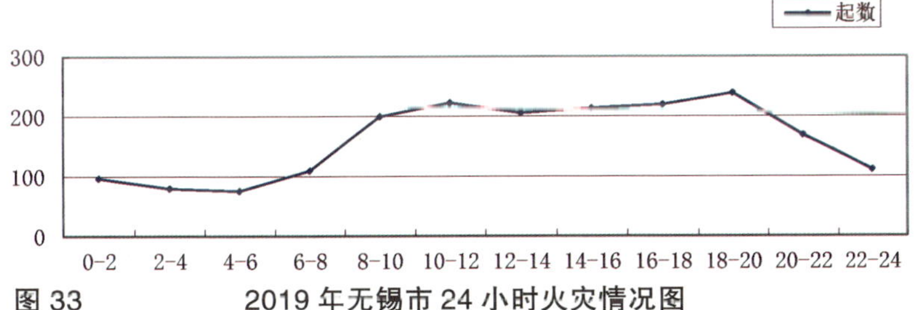

图 33　　2019 年无锡市 24 小时火灾情况图

（市消防救援支队）

特种设备安全

【概况】2019 年，无锡市有各类特种设备使用单位 53506 家，注册特种设备 322650 台，在用 256261 台，停用 66389 台。在用特种设备的种类，有锅炉 1601 台、压力容器 59619 台、起重机械 86602 台、电梯 80658 台、场（厂）内专用机动车辆 27673 台、大型游乐设施 104 台（套），以及客运索道 4 条、压力管道 4816 千米、各类气瓶 2693376 只。

（束洁丹）

【特种设备隐患排查】2019 年，全市开展隐患大排查大整治，出动检查人员 10675 人次，对 3581 家特种设备使用单位开展现场监督检查，检查特种设备 9911 台（套），发现隐患 2096 条。组织 1554 家特种设备使用单位开展自查，发现隐患 482 条。下达特种设备安全监察指令书 435 份，停用设备 279 台，查封设备 207 台，立案查处 95 起。开展特种设备安全集中整治行动。全市各级市场监管部门出动检查人员 11412 人次，聘请专家参与检查 291 人次，检查特种设备使用单位 5781 家，发现一般隐患 2650 条、严重隐患 228 条，查封停用特种设备 644 台（套），立案查处 266 起。

（束洁丹）

【特种设备事故应急处置】2019 年，无锡市编制并实施《事故调查处置公文处理规范》《特种设备一般事故调查工作指南》，将三维建模技术应用于事故场景模拟，提高事故调处的标准化、规范化、专业化水平。无锡市市场监督管理局会同市应急管理局、市文广旅游局在融创乐园开展 2019 年大型游乐设施应急演练，模拟大型游乐设施发生游客高空滞留情景，演练事件监测与报告，启动应急响应、应急处置、响应终止、善后处置等应急处置过程。全年各地开展压力容器、电梯、冶金起重机等故障处置应急演练 70 余次。向全市叉车使用单位法人及安全管理员发送各类预警短信 18414 条。

（束洁丹）

【应急救援处置】2019 年，全市在用电梯 80556 台。“96333”热线电梯应急处置中心处置故障困人 4187 起，比上年上升 2.02%；平均每天接处 11.63 起，比上年上升 2.02%。救援人员到达现场平均用时 12.19 分钟，现场实施救援平均用时 3.0 分钟。

（束洁丹）

无线电管理

【概况】2019 年，无锡市指配无线电频率 51 个，收回无线电频率 48 个，新增专业无线电台站 622 部，撤销无线电台站 366 部，换（核）发无线电台执照 1.1 万余张。组织业余无线电操作技术能力验证 A 类、B 类考试各 2 场次，有 267 人参加考试，通过 182 人，核（换）发《业余无线电台操作证书》184 张，新增业余无线电台 138 部。完成 223 ~ 235 兆赫等 19 个频段的占用度监测任务，发现不明信号 37 个，查实 37 个，共查处干扰 26 起；对无线电航空导航等重点业务频段（频率）

进行保护性监测，累计完成监测时间1632小时。推进技术基础设施建设，完成无锡市无线电频谱监管中心和区域监测网（一期）建设任务。至年底，全市在册登记的无线电台（站）57173部，其中，专业无线电电台（站）55728部，业余无线电台1445部。全年征缴无线电频率占用费113万余元。

（丁圣国）

【无线电保障】2019年，市工业和信息化局组织开展全市重大活动现场的无线电安保和国家、省级各类考试的反无线电作弊工作。全年累计完成“无锡国际马拉松”“第十届环太湖自行车赛”等重大活动无线电保障任务11次，完成全国高考、江苏省公务员招录等各类考试反无线电作弊保障20次。完成车联网频率对上申办，地铁800兆赫、1800兆赫续用和华虹半导体、融创文旅城等单位的无线电频率保障工作。

（丁圣国）

【专项整治】2019年，市工业和信息化局开展甚高频航空频段和调频广播频段无线电整治工作，加强5G干扰协调，严肃查处擅自设台和违规用频行为，保障航空通信安全及广播电视信息播出安全。发挥无线电技术管理优势，协同公安机关开展打击治理“黑广播”专项行动，加强“黑广播”信号的预警侦测定位，全年累计取缔“黑广播”电台17部。做好无线电发射设备销售备案工作，全市760余家销售企业通过备案登记，备案企业总数列全省第一。

（丁圣国）

网络安全

【省网络安全宣传周】9月16日，江苏省网络安全宣传周开幕式在无锡市开幕，省委常委、省委宣传部部长王燕文，无锡市委书记李小敏出席活动并致辞，市委常委、宣传部部长袁飞和副市长高亚光为无锡市首批10名网络安全智库专家颁发聘书，副市长刘霞为江苏省网络空间安全无锡实训基地揭牌，70名社会各界网民代表宣读全省网络安全宣传倡议书，号召江苏网民在信息化时代依法上网、文明上网、理性上网，争做中国好网民。9月16~22日，宣传周以“网络安全为人民，网络安全靠人民”为主题，分别举办校园日、电信日、法治日、金融日、青少年日、个人信息保护日等主题日活动，全面发动广大网民群众参与网络安全宣传教育活动，普及网络安全知识，提升全社会网络安全意识和防护技能。12月31日，中央宣传部、中央网信办等10部门联合下发表彰通报，无锡市委网信办被评为“2019年国家网络安全宣传活动先进单位”。

（徐佳铭）

【网络安全知识百场公益讲座】9月10日，无锡市启动共筑网络“同心圆”网络安全知识百场公益讲座，市委网信办会同市公安局等部门，组织宣讲员开展“三进”讲座，进校园、进社区和进企业，普及网络安全知识、个人信息保护、网络安全等级保护、关键信息基础设施安全保护、未成年人保护、老年人保护等相关网络安全知识，倡导依法上网、文明上网，提升网络安全意识和基本技能。

（徐佳铭）

【互联网安全千人技能大赛】9~11月，无锡市委网信办根据江苏省网络安全技能大赛要求，以网络安全政策法规、理论知识、安全检测与防护、风险评估、应急响应等内容为重点，采用理论比赛和实际操作比赛相结合的方式，面向电信运营企业、党政机关和企事业单位干部职工、大中专院校学生组织开展网络安全技能大赛。南京信息工程大学滨江学院、市公安局网安支队、电信无锡分公司代表队获职工组团队前三，江苏信息技术职业学院、江南大学、无锡太湖学院代表队获学生组团体前三。

（徐佳铭）

【网络安全万人知识竞赛】8~9月，无锡市委网信办围绕网络安全知识、法律法规等内容，重点面向全市党政机关和企事业单位干部职工、大中专院校学生、互联网行业从业人员，以及广大市民群众，通过网络平台开展网络安全知识线上有奖竞答活动。8月23日~9月10日，累计超过1万名参赛者参与知识竞赛活动，评选出一等奖1名，二等奖2名，三等奖7名及纪念奖获得者100名。

（徐佳铭）

【网络安全宣传作品征集活动】7~9月，无锡市委网信办围绕网络安全知识、法律法规、安全事件、热点话题等内容，面向全市党政机关、企事业单位、大中专院校征集网络安全宣传海报、短视频等。征集期间，官方邮箱累计收到有效稿件216件，包括征文类77件、平面类97件、视频类42件。由专家组委会共同评选出十大优秀作品和五大组织奖获奖单位，入围网络人气评选资格的84件作品经过39768总票数的激烈票选，选出“六大网络人气奖”。

（徐佳铭）

社会治安

参见第136页“法治”内容。

编辑 胡 慧

江阴市

【概况】 江阴市北枕长江，南近太湖，东接常熟、张家港，西连常州。交通便捷，是大江南北的重要交通枢纽和江海联运、江河换装的天然良港。江阴市总面积986.97平方千米，陆地面积829.66平方千米，水域面积157.31平方千米，其中长江水面56.7平方千米。沿江深水岸线35千米。城市建成区面积125平方千米。至2019年年末，江阴市有10个镇、7个街道，197个村民委员会，55个社区居民委员会，46个村居合一社区。常住人口165.34万人，户籍人口126.41万人；人口出生率6.93‰，死亡率6.62‰，自然增长率0.30‰。人均预期寿命为82.32岁。江阴市人民政府设在澄江中路9号。2019年，江阴市实现地区生产总值4001.12亿元，比上年增长6.8%。全年实现第一产业增加值36.08亿元，比上年下降1.4%；第二产业增加值2042.02亿元，比上年增长8.9%；第三产业增加值1923.02亿元，比上年增长4.7%。三次产业比例调整为0.9 ∶ 51.0 ∶ 48.1。按常住人口计算，人均地区生产总值24.21万元。全年实现一般公共预算收入256.58亿元，比上年增长1%；其中税收收入218.09亿元，比上年下降2.2%。一般公共预算支出231.1亿元，比上年增长0.3%。年内，江阴市被评为中国纺织产业基地市、2019年电子商务进农村综合示范县、全国“七五”普法中期先进县（市、区）、2018年度健康城市建设示范市、全国节水型社会建设达标县、国家农产品质量安全县，被确定为建设新时代文明实践中心全国试点市，被重新确认为国家卫生城市，入选全国首批乡村治理体系建设试点县，获全国县域经济与县域综合发展“十七连冠”、中国工业百强县（市）“三连冠”、中国全面小康十大示范县市“十二连冠”、中国营商环境百佳示范县市“二连冠”等荣誉。

（朱其涛）

【农业】 2019年，江阴市实现农业总产值59.81亿元。全年粮食总产量12.98万吨，其中谷物总产量12.39万吨，蔬菜总产量37.93万吨，水果产量89983吨。全年粮食种植面积1.898万公顷，蔬菜种植面积1.195万公顷，水果种植面积2930公顷。全年出栏生猪2.24万头，猪肉产量1680吨。奶牛存栏888头，牛奶产量9353吨。水产品产量25130吨。

（朱其涛）

【工业】 2019年，江阴市规模以上工业实现产值6069.31亿元。其中，轻工业实现产值2102.68亿元，重工业实现产值3966.63亿元。在江阴市跟踪统计的27种重点产品中，有15种产品的产量实现正增长。全年工业用电量242.95亿千瓦时。规模以上工业实现主营业务收入6417.01亿元，产品销售率97.7%，利润总额394.31亿元。工业百强企业实现产品销售收入4135.7亿元，实现利润320.2亿元，分别占规模以上工业企业的68.9%、81.2%。海澜集团有限公司、中信泰富特钢集团、江阴澄星实业集团有限公司等3家企业集团税务销售超1000亿元，江苏三房巷集团有限公司税务销售超500亿元，江苏新长江实业集团有限公司、江苏华西集团有限公司、江苏阳光集团有限公司、远景能源（江苏）有限公司等4家企业集团税务销售超300亿元。

（朱其涛）

【建筑业】 2019年，江阴市实现建筑业总产值103.4亿元。全年获“鲁班奖”优质工程1个，江苏省“扬子杯”优质工程奖2个，江苏省标准化星级工地15个，江苏省优秀住宅项目1项，无锡市市政基础设施工程“太湖杯”1个，无锡市优秀物业管埋项目6项，“暨阳杯”优质工程8个。

（朱其涛）

【房地产业】 2019年，江阴市实现房地产开发投资比上年增长21.3%。商品房施工面积1454.31万平方米，商品房销售面积308.83万平方米。全年商品房销售额337.32亿元，其中住宅销售额289.49亿元。

（朱其涛）

【金融业】 至2019年年末，江阴市金融机构各项本外币存款余额4179.7亿元，各项本外币贷款余额3249.89亿元。存款中，住户存款余额1396亿元；住户贷款中，人民币短期贷款103.21亿元，中长期贷款402.34亿元。证券交易开户总数32.03万户，证券机构交易金额7520.52亿元。全年实现保费收入80.28亿元，其中财产险收入23.56亿元，人寿险收入56.72亿元。

（朱其涛）

【国内贸易业】 2019年，江阴市实现社会消费品零售总额695.95亿元，其中批发和零售业零售额655.58亿元，住宿和餐饮业零售额40.37亿元。在限额以上批发和零售业零售额中，金银珠宝类比上年增长30.7%，家具类比上年增长20.2%，烟酒类比上年增长19%，报纸杂志类比上年增长15.5%。

（朱其涛）

【外向型经济】 2019年，江阴市实现进出口总额235.01亿美元，其中出口147.14亿美元、进口87.87亿美元。20个出口品牌获批"2019～2020年度无锡市重点培育和发展的国际知名品牌"。全年到位注册外资及港澳台资9.31亿美元。新批外资及港澳台资项目36个，协议外资及港澳台资超3000万美元项目7个，总投资超1亿美元项目2个。实现协议注册外资及港澳台资5.5亿美元。新批境外投资项目33个，完成对外及港澳台直接投资总额2.52亿美元。对"一带一路"国家投资项目13个，中方直接投资额3198万美元。

（朱其涛）

【固定资产投资】 2019年，江阴市固定资产投资比上年增长6%。分产业投向看，第一产业投资比上年增长93%，第二产业投资比上年增长5.5%，第三产业投资比上年增长5.4%。分投资主体看，国有投资比上年增长195.8%，民间投资比上年增长3.0%，外商及中国港澳台投资比上年增长25.5%。

（朱其涛）

【旅游】 2019年，江阴市接待国内游客1862.1万人次，比上年增长4.1%。旅游总收入335.27亿元，比上年增长5.7%。拥有国家A级景区7个，星级饭店9个，旅行社43个；拥有江苏省级以上工农业旅游示范点14个，江苏省级旅游度假区1个，无锡市美丽乡村休闲旅游示范村4个。

（朱其涛）

【科技】 2019年，江阴市新认定高新技术企业116家，累计高新技术企业500家；高新技术企业培育库企业190家；入库国家科技型中小企业748家；获评无锡市"雏鹰""瞪羚""准独角兽"企业分别为3家、6家、1家。高新技术产业产值2257.5亿元，占规模以上工业产值比重37.2%。全年获批建设企业省级重点实验室1个，省级研究生工作站8个，与省产业技术研究院共建企业联合创新中心1个。新建江阴市级企业院士工作站3个，获批江苏省级、无锡市级企业院士工作站各3个；新增江阴市工程技术研究中心195个，无锡市工程技术研究中心27个，江苏省级工程技术研究中心14个，江苏省级工程技术中心累计162个。获江苏省科技成果转化项目5个，江苏省重点研发计划项目4个。引进科技人才项目18个，引进国外高端人才47人，国外专业人才200人；入选江苏省"科技副总"8人，入选省"双创博士"（创新类）3人。获评国家科学技术奖1项，江苏省科学技术奖6项。

（朱其涛）

【教育】 2019年年末，江阴市有各类学校教职员工17705人，各类学校在校学生179225人。幼儿园在园幼儿44682人，小学和初中普及率100%，初中毕业生升学率96.7%。有高等学校1所；普通高中12所；初中38所，包括8所九年一贯制学校（含江阴市天华艺术学校、江阴临港科创实验学校）、体育中学；中等职业学校4所，小学42所（含江阴外国语小学）；幼儿园（办班点）129所（个），其中民办幼儿园47所；特殊教育学校1所。教育现代化监测综合指标总得分90.05分。初中生入学率、巩固率、毕业率分别为100%、98.7%、99.5%。有6185人参加江苏省学业水平测试考试，有5076人参加高考，录取4929人，录取率97.1%，其中本科录取率89.87%。教育经费总支出50.22亿元，其中一般公共教育经费33.36亿元，占一般公共预算支出比例14.44%。

（朱其涛）

【文化】 2019年，江阴市组织文化下乡活动3342场，开展"书香江阴"读书节、市民文化节系列活动412个。新增全国重点文物保护单位1个，江苏省文物保护单位2个。

（朱其涛）

【卫生】 2019年，江阴市拥有各类医疗卫生机构626个，其中医院35个，卫生院15个，社区卫生服务中心11个，开放床位9591张。至年末，有卫生技术人员11463人。医疗服务总诊疗1145.82万人次，收治住院30.68万人次。

（朱其涛）

【社会保障】 2019年，江阴市企业职工基本养老保险扩面新增6.4万人，净增3.29万人；养老、医疗、工伤、失业、生育保险参保人数分别达61.75万人、87.81万人、53.06万人、52.38万人、53.06万人，企业退休职工人均养老金2150元/月。居民养老保险和居民医疗保险参保人数分别达3.4万人、50.64万人。至年末，江阴市拥有养老床位13505张。城乡居民最低生活保障对象3705人，发放最低生活保障金3348万元。全年实施直接救助6.9万人次，直接医疗救助支出11780.83万元；实施临时救助386户次，发放救助金45.04万元。国家抚恤、补助各类优抚对象人数5325人。

（朱其涛）

【居民收入】 2019年，江阴市居民人均可支配收入59036元，比上年增长8.8%；其中城镇居民人均可支配收入69342元，比上年增长8.4%；农村居民人均可支配收入36095元，比上年增长8.9%。城镇居民家庭恩格尔系数为27.3%，农村居民家庭恩格尔系数为28.2%。城镇居民人均消费性支出34641元，比上年增长7.6%；农村居民人均消费性支出23423元，比上年增长8.3%。

（朱其涛）

【就业创业】 2019年，江阴市提供就业岗位6.4万个，本地劳动力实现就业5.5万人，其中农村劳动力就业2.36万人，城镇困难人员再就业5988人，农村劳动力充分就业率95.2%，城镇登记失业率1.75%，农村调查失业率 2.83%。扶持自主创业 5315 人，带动就业 2.47 万人，发放各类创业补贴 752 万元，发放创业担保贷款 5500 万元。

（朱其涛）

【基础设施建设】 2019 年，江阴市南沿江城际铁路拆迁工作进展迅速、建设任务超前完成年度目标，盐泰锡常宜铁路可研报告加快编制，江阴铁路综合客运枢纽站方案基本形成，无锡至江阴城际轨道交通工程开工。芙蓉大道快速化改造工程主线结构贯通，长山大道快速化改造工程（东定路—半夜浜桥）完成招标工作并进行开工准备，改建紫金路一期、祝璜路改造工程建成通车，340 省道江阴段建成通车。临江路西延伸段（韭菜港路—文富路）、致富路雨污水管网工程、韭菜港公园、船厂公园和鲥鱼港公园修缮提升工程和敔山湾幼儿园、徐霞客法庭等 10 余个项目竣工。绿道大桥道全面建成投运，滨江道、运河道及绿道提升工程继续推进。黄田港公园基本建成并开放，锡澄运河公园样板段西岸加快推进。跨锡澄运河临江路桥、林荫大道桥、毗陵路桥和八字桥公园开工建设。年末公路总里程 2434.5 千米，其中高速公路 72.7 千米。全年江阴市征收拆迁完成 111.22 万平方米，其中主城区完成拆迁 57.04 万平方米。建成安置房面积 78.39 万平方米。

（朱其涛）

【公用事业】 2019 年，江阴市全社会用电量 280.73 亿千瓦时，市供电公司完成售电量 247.83 亿千瓦时。长江自来水覆盖率 100%，日供水能力 52.36 万立方米，供水管道长 1711 千米。新敷设燃气管道 182 千米，新增天然气居民用户 3 万户。完成城区 10 座公厕、镇区 18 座公厕、农村 80 座公厕新建和改造任务；开展生活垃圾分类"百日攻坚战"，新增城区生活垃圾分类市场化运行小区 100 个，江阴市生活垃圾分类小区累计 315 个，设置分类收亭（房）4122 个，智能收集设施 272 个，配备各类分类收运车

黄田港公园建成开放 （沈思远　摄）

358 辆，垃圾分类设施覆盖率 60%，垃圾分类集中处理率 75%；完成 620 个以上村庄生活污水治理，建成排水达标区 24 个、复查排水达标区 100 个，新建集镇区污水主管网 21 千米；完成城区 18 条河道消除黑臭治理任务；实施供水厂一体化、污水处理厂网整合，新建管径 100 毫米以上供水管道 55 千米，完成肖山水厂 60 万立方米、澄西水厂 20 万立方米深度处理改造，全年优质供水 2.6 亿吨。

（朱其涛）

【环境保护与治理】 2019 年，江阴市 $PM_{2.5}$ 年均浓度比上年下降 14.3%，空气质量优良天数比率 72.9%。完成镇（街道）黑臭及劣Ⅴ类河道整治 40 条，深化排查整治"散乱污"企业（作坊）904 家，其中关停 535 家，整合搬迁 3 家，升级改造 366 家。国、省考断面水质优Ⅲ比例 77.8%。

（朱其涛）

【江阴市被评为中国纺织产业基地市】 江阴市是中国纺织工业协会 2002 年首批授予的十大纺织产业基地市之一，2012 年被中国纺织工业联合会授予"全国模范产业基地市"称号，2016 年再次被中国纺织工业联合会授予"中国纺织产业基地市"称号。2019 年 12 月 5 日，中国纺织工业联合会发布《关于确认辽宁省海城市等 197 个地区为纺织产业集群试点地区的决定》，江阴市被授予"中国纺织产业基地市"称号。

（朱其涛）

【江阴市被评为电子商务进农村综合示范县】 自 2018 年以来，江阴市运用现代流通方式，改造、整合、提升、优化流通网络资源，加强电子商务在工业品下乡、农产品进城双向流通网络的应用，推进农村特色产品和农村生产生活必需品电子商务化发展，实现线上与线下交易融合，扩大农村电子商务的应用领域。至 2018 年年底，江阴市建成市级配送中心 8 个、镇街二级配送中心 13 个、各类农家店 460 个，覆盖所有镇街和行政村，商品配送率 100%，开展电子商务培训惠及 1.3 万人次，培养电商人才 7200 余人，实现农村网络零售额比 2017 年增长 35%，农产品网络销售额比 2017 年增长 55%。2019 年 8 月 23 日，商务部公布 2019 年电子商务进农村综合示范县名单，江阴市上榜。

（朱其涛）

【江阴市被评为全国"七五"普法中期先进县（市）】 2019 年，江阴市围绕市委、市政府中心工作，树立法治宣传服务经济发展、法治教育促进社会和谐的理念，推动普法责任体系建设，开展"七五"普法活动，弘扬法

治精神，以高质量的法治环境助推高质量发展。11月，全国普及法律常识办公室印发《关于通报表扬“七五”普法中期先进集体和先进个人的决定》，江阴市被评为先进县（市、区）。

（朱其涛）

【江阴市被评为全国健康城市建设示范市】 2019年，江阴市健康办编制下发《“健康江阴2030”规划纲要重点任务分工》《“健康江阴2030”三年行动计划（2018～2020）考核指标》等系列文件，落实推进各项制度，定期开展督导考核。各镇（街道）成立领导小组，制定实施方案，落实考核机制，协调工作部署，完成高质量发展综合考评“健康江阴”建设各项考核指标。年内，南闸街道花果村等79个健康村（社区）、市城南社区卫生服务中心等12个健康单位获江阴市级命名，华士镇等省级健康镇、村（社区）、单位通过江苏省级评估。创建水平提升，健康场所数量和品质再次提升，建设澄江街道世新社区高质量健康示范社区，新建（提升）周庄镇卧龙湖等健康步道33条、利港街道亲水湖等健康主题公园（健康小游园）7个，夏港社区卫生服务中心等健康小屋3个。江阴市健康城市建设在健康环境、健康社会、健康服务、健康文化等领域成效提升。1月，全国爱国卫生运动委员会办公室公布全国健康城市评价结果，江阴市从参评的314个城市中胜出，被评为2018年度“全国健康城市建设示范市”，位列全国第三、县级市榜首。

（朱其涛）

【江阴市被评为全国节水型社会建设达标县】 自2018年以来，江阴市加强水资源的节约保护和优化配置，推进工业、农业、城镇等各行业、各环节节水，按照《江阴市国家级县域节水型社会达标建设工作方案》，对江阴市节水型社会建设工作进行全面梳理和总结。加强水资源消耗总量和强度管控，万元国内生产总值用水量、万元工业增加值用水量均超额完成无锡市下达的任务。科学核定分配农业灌溉水权。推进学校、社区、重点用水大户节水载体创建。持续保持浅层地下水综合整治高压态势，新建地下水监测井，安装地下水位自动监测设备。2018年12月20日，江阴市国家级县域节水型社会达标建设通过江苏省水利厅（受水利部委托）行政验收。2019年11月12日，水利部公布第二批节水型社会建设达标县（区）名单，江阴市上榜。

（朱其涛）

【江阴市被评为国家农产品质量安全县（市）】 2019年，江阴市建立健全农产品质量全程可追溯机制，实现“从田头到餐桌”全程可追溯，确保“舌尖上的安全”。17个新型农业经营主体通过绿色产品认证，获绿色证书27本、有机证书3本，绿色优质农产品比重74%。江阴市规模养殖场治理率95.24%。推广应用稻麦专用配方肥、有机无机肥、商品有机肥1.3万吨，减少化肥用量约1600吨，减少农药用量约44.8吨。年内，农业农村部发布《关于命名第二批国家农产品质量安全县（市）的通知》，江阴市位列其中。

（朱其涛）

【江阴市被确定为建设新时代文明实践中心全国试点市】 2019年，江阴市以建设新时代文明实践中心试点为牵引，注重统筹、全域推进。健全组织领导体系，加大人员编制、工作经费等投入保障，建成新时代文明实践中心1个、所19个、站267个、点514个。融合党建、法律、文化、卫生、科技和体育6条战线，统筹使用融媒体中心、大数据中心、行政审批中心、党群服务中心、党员电教中心、文化服务中心和法律援助中心，实现新时代文明实践载体整合资源效能最大化、实践活动多元化、服务平台集成化。推动“一云四屏”（新时代文明实践云＋有线电视屏、电脑屏、手机屏、展示屏）上线，以“群众点单、平台统单、政府派单、志愿者接单、受众评单”为工作流程，把文明实践活动做到群众身边。年内，江阴市有注册志愿者35.6万人，新时代文明实践志愿服务队1200余支，发布重点项目12期、1210项，开展各类志愿服务活动2万余次。10月24日，中央精神文明建设指导委员会办公室公布建设新时代文明实践中心全国试点县（市、区、旗）名单，江阴市位列其中。

（朱其涛）

【江阴市被重新确认为“国家卫生城市”】 自2018年以来，江阴市启动国家卫生城市复审迎检工作。市爱卫办坚持以问题为工作导向，服务民生需求，突出标本兼治，科学制定复审迎检计划。通过多种渠道宣传国家卫生城市复审迎检活动，提高市民卫生健康意识和复审迎检工作参与的积极性。2018年4～10月，市卫计委等12个部门40余人组成国家卫生城市复审迎检督查组，开展城区全覆盖督查工作。市各相关部门、街道对照目标任务书高质量完成复审迎检任务。江阴市在宣传氛围、健康教育、环境卫生、暴露垃圾清理、市容秩序、农贸市场内部环境、社区小区卫生等方面得以提升。2018年10月，江阴市以高分通过国家爱卫办组织的国家卫生城市暗访检查。2019年3月20日，全国爱国卫生运动委员会公布2018年国家卫生城市名单，重新确认江阴市为国家卫生城市（区）。

（朱其涛）

【江阴市入选全国首批乡村治理体系建设试点县】 2019年，江阴市围绕推动农业农村高质量发展走在前列的总目标，实施乡村振兴战略，深化农业供给侧结构性改革，统筹开展乡村治理十大工程，探索构建中国之治框架下的江阴乡村善治模式，夯实农村基层基础，促进党组织领导下的自治、法治、德治“三治”融合发展，形成共建共治共享的治理格局，为走中国特色社会主义乡村善治之路探索新路子、创造新模式。全年完成农林牧渔业总产值59.81亿元，“三资”投农6亿元，农村居民人均可支配收入35786元。12月18日，中央农办、农业农村部、中央组织部、中央宣传部、民政部、司法部联合公布首批115个全国乡村治理体系建设试点县名单，江阴市入选，开展为期两年的试点示范工作。

（朱其涛）

【江阴市获全国县域经济与县域综合发展“十七连冠”】 2019年，江阴市经济延续平稳发展态势，主要经济指标总体表现良好。1～11月，完成规模以上工业产值5487.47亿元，比上年增长9.5%，继续位居全国同类城市前列。至年末，江阴有上市公司50家，“新三板”挂牌企业55家，上市公司总数和募集资金总量均位居全国同类城市第一名。12月16日，全国县域经济与县域发展专业研究机构、社会智库中郡研究所发布《第19届县域基本竞争力评价》，江阴市居全国县域经济基本竞争力前100强首位，实现“十七连冠”。

（朱其涛）

【江阴市获中国工业百强县（市）三连冠】 2019年11月13日，《中国工业百强县（市）、百强区发展报告》在中国信息通信研究院举办的中国县域工业经济发展论坛（2019）上发布，江阴市获中国工业百强县三连冠。至年末，江阴市累计有上市公司50家，“新三板”挂牌企业55家；11家企业位列中国500强，19家企业入围中国制造业500强，8家企业入围中国服务业企业500强。

（朱其涛）

【江阴市获中国全面小康十大示范县市十二连冠】 2019年，江阴市聚力高质量发展，推进产业强市首要战略、创新驱动核心战略，加快把江阴打造成具有国际竞争力的先进制造业基地和创新性经济高地，让企业成为“强支撑”、让创新成为“加速器”、让资本成为“云动力”，持续铸就“经济强”的江阴高度；牢固树立以人民为中心的发展思想，持续打响“民富村强”品牌，实施就业创业致富、社会保障共富、公共服务添富、精准帮扶助富、基层组织带富、实事工程增富、生态建设护富等“七富联动”，持续彰显“百姓富”的江阴情怀；聚力产业转型，聚焦“三进三退”，实现经济高质量发展、城乡高品质建设、生态高水平保护的互促并进，持续描绘“环境美”的江阴画卷；以系统思维推进集成改革，构建政务服务、基层治理、社会救助、生活服务、公共安全为一体的县域治理“1+5”总架构，探索出一条县域治理体系的新路子，持续打造“社会文明程度高”的江阴样本。12月28日，2019第14届中国全面小康论坛在广东省顺德市举行，江阴市位列“2019年度中国全面小康十大示范县市”榜单第一名，实现该奖项十二连冠。

（朱其涛）

组织机构和负责人名单

中共江阴市委员会

书　记　陈金虎（至12月）
　　　　王进健（12月任）
副书记　蔡叶明
　　　　袁秋中
常　委　陈金虎（至12月）
　　　　王进健（12月任）
　　　　蔡叶明
　　　　袁秋中
　　　　计　军
　　　　吴　芳（女）
　　　　陈兴华
　　　　费　平
　　　　邵文松
　　　　程　政
　　　　尹　平
　　　　靳佳高
　　　　仲　剑（挂职，至11月）

江阴市人大常委会

主　任　孙小虎
副主任　唐仲贤
　　　　龚振东
　　　　朱　敏
　　　　黄耀清

江阴市人民政府

市　长　蔡叶明
副市长　费　平
　　　　仲　剑（挂职，至11月）
　　　　虞卫才
　　　　赵　强
　　　　郁秋皓
　　　　张国兴
　　　　（赴陕西省延川市挂职）
　　　　张韶峰
　　　　许　晨（女）
　　　　陈文斌
　　　　（赴新疆工作，至2月）
　　　　王庆春（1月任）
　　　　顾文浩（12月任）
　　　　邢益新（挂职，1月任）
　　　　赵亮亮（挂职，至6月）
　　　　杨　云（挂职，至8月）
　　　　于　政（挂职）
　　　　许迎春（挂职，7月任）

政协江阴市委员会

主　席　徐冬青
副主席　韩　民
　　　　张英毅
　　　　喻伟力
　　　　陈兴初
　　　　张晓东

中共江阴市纪律检查委员会
（江阴市监察委员会与其合署办公）

书　记　靳佳高

（江阴市委组织部）

宜兴市

【概况】 宜兴市地处江苏省西南端、沪宁杭三角中心，东朝太湖并与苏州太湖水面相连，东南临浙江省长兴县，西南界安徽省广德县，西接常州市溧阳市，西北毗连常州市金坛市，北与常州市武进区相傍。滆湖镶嵌宜兴和武进之间，三氿（东氿、团氿、西氿）相伴市区。宜兴市地势南高北低，西南部为低山丘陵，最高峰为黄塔顶，海拔611.5米；东部为太湖渎区，适宜种植各种蔬菜；北部和西部分别为平原区和低洼圩区，是宜兴粮油主要产地。宜兴市总面积1996.61平方千米（太湖水面242.29平方千米），城市化水平66.12%。至2019年年底，宜兴市有中国宜兴环保科技工业园、宜兴经济技术开发区2个国家级开发区，江苏宜兴陶瓷产业园区1个省级开发区，镇13个、街道5个，行政村212个、社区97个、村区合一1个。户籍总人口107.97万人，其中城镇人口63.22万人。全年出生7384人，出生率6.83‰；死亡8114人，死亡率7.51‰；人口自然增长率-0.68‰。宜兴市人民政府设在宜城街道陶都路8号。2019年，宜兴市实现地区生产总值1770.12亿元，比上年增长7%；一般公共预算收入123.85亿元，比上年增长3.2%；完成全社会固定资产投资448.86亿元，比上年增长6.6%；社会消费品零售总额727.66亿元，比上年增长9.1%；城镇居民人均可支配收入58515元，农村居民人均可支配收入30434元，分别比上年增长8.6%、9.2%。高质量发展监测评价结果继续走在全省前列，在无锡综合考评中再次获评优秀等次。

（吴　艳）

【农业】 2019年，宜兴市农作物播种面积约79333.33公顷，比上年减少约2926.67公顷，其中粮食作物播种面积约51826.67公顷、经济作物播种面积约20446.67公顷。全年粮食总产量35.9万吨，比上年下降4.8%。油料总产量4658吨，比上年增长40.8%。茶叶总产量6450吨，比上年增长4.3%；水果总产量27624吨，比上年增长4%；干果产量2204吨，比上年下降4.8%。全年猪肉产量3756吨，比上年下降56.8%；禽肉产量3487吨，比上年下降5.7%；肉猪年末存栏数0.4万头，比上年下降89.9%；肉猪出栏数3.34万头，比上年下降69.3%。全年水产品产量79967吨，比上年下降2.2%。

（吴　艳）

【工业】 2019年，宜兴市实现工业总产值4399.42亿元，比上年增长5.7%。1037个规模以上工业企业实现产值3305.84亿元，比上年增长11.3%；完成主营业务收入3145.02亿元，比上年增长8.7%；利润总额194.26亿元，比上年增长7.4%；实现增加值559.02亿元，比上年增长9.8%。规上工业六大重点行业实现产值2688.2亿元，比上年增长14%，占规上工业比重81.3%。工业总产值前100强企业完成产值2316.9亿元，比上年增长15.3%。工业总产值超1亿元企业425家，比上年增加22家，其中超10亿元的55家、超100亿元的4家。全年规模以上工业综合能耗497.91万吨标准煤，比上年下降5.8%。推进项目建设，签约、奠基总投资额200亿元的大拈花湾项目，引进赫联智能智造产业园等2个超50亿元、8个超10亿元项目，宜兴国际旅游度假区、雅达健康生态产业园等项目加快建设，中环领先集成电路用大硅片项目8英寸生产线21个月实现投产，2个省级重大项目、18个无锡重点项目推进顺利。

（吴　艳）

【建筑业】 2019年，宜兴市实现建筑业增加值145.94亿元，比上年增长4.8%；实现建筑业总产值315.32亿元，比上年增长7.6%。房屋建筑施工面积2365万平方米，比上年增长27.3%。年内宜兴建筑安装企业承接的工程获国家“中国建设工程鲁班奖”8项、江苏省“扬子杯”优质工程奖18项、“江苏省建筑施工标准化星级工地”18个。

（吴　艳）

【房地产业】 2019年，宜兴市房地产业实现增加值121亿元，比上年增长13.3%。完成房地产开发投资142.52亿元，比上年增长42.2%。房屋施工面积621万平方米，比上年增长4.2%，其中，住宅施工面积506.4万平方米，比上年增长4.2%。房屋竣工面积99.49万平方米，比上年下降5.6%，其中，住宅竣工面积80.74万平方米，比上年增长23.3%。全年商品房销售面积169.52万平方米，比上年增长24.3%，其中，住宅销售面积157.27万平方米，比上年增长30.1%。商品房销售额192.49亿元，比上年增长33.0%，其中，住宅销售额178.18亿元，比上年增长35.4%。

（吴　艳）

【金融业】 2019年，宜兴市金融机构各项本外币存款余额2372.41亿元，比上年增长12.8%；各项本外币贷款余额1700.6亿元，比上年增长6.8%。存款中，住户存款余额1236.93亿元，比上年增长13.1%。非金融企业存款余额813.79亿元，比上年增长7.8%；贷款中，住户贷款余额360.06亿元，比上年增长19%；非金融企业及机关团体贷款余额1340.52亿元，比上年增长4%。全年实现保费收入60.02亿元，比上年增长8.8%，其中财产险收入14.28亿元、人寿险收入45.74亿元。保险赔款支出及给付17.27亿元，比上年下降12.1%，其中财产保险赔款支出8.48亿元、人寿保险赔款支出8.79亿元。

（吴　艳）

【商贸流通】 2019年，宜兴市实现社会消费品零售总额727.66亿元，比上年增长9.1%。其中，批发和零售业零售额694.11亿元，比上年增长9.0%，住宿和餐饮业零售额33.55亿元，比上年增长9.5%。按经营地统计，城镇社会消费品零售总额485.22亿元，比上年增长8.9%；乡村社会消费品零售总额242.44亿元，比上年增长9.3%。全年限额以上社会消费品零售总额186.89亿元，比上年增长8.5%。其中，批发和零售业零售额173.55亿元，比上年增长8.4%；住宿和餐饮业零售额13.34亿元，比上年增长9.9%。在限额以上批发和零售业零售额中，汽车类增长1.5%，粮油、食品类下降4.5%，石油及制品类增长11.2%，服装、鞋帽、针纺织品类增长18.6%，日用品类增长2.1%；饮料类下降3.3%，家用电器和音像器材类下降1.8%。

（吴　艳）

【开放型经济】 2019年，宜兴市实现对外及港澳台贸易进出口总额44.64亿美元，比上年增长4.8%。其中出口总额完成35.17亿美元，比上年增长1.7%；进口总额完成9.46亿美元，比上年增长18.1%。20个新设外资及港澳台资项目增加协议注册外资及港澳台资2.52亿美元，25个增资转股项目增加协议注册外资及港澳台资1.48亿美元。全年实际使用外资及港澳台资3.64亿美元，比上年下降24%。全年新备案境外投资项目5个，其中贸易项目2个、非贸易项目3个，涉及轻工、机电、食品包装领域，宜兴方协议投资额2847万美元。

（吴　艳）

【交通运输】 年内，宜长（宜兴－长兴）、常宜（常州－宜兴）高速分别完成52%、71%工作量，宁杭高速东互通基本建成。宜马（宜兴－马山）快速通道宜兴段完成施工图设计，丁蜀通用机场跑道、停机坪等工程进度完成过半，锡溧漕河整治二期项目基本完成。360省道西张（西渚－张渚）段及洑湖（洑东－湖汊）段、善龙路等省市干道建成通车，150千米镇村道路和25座农村危旧桥梁改造实施到位。创建成“四好农村路”全国示范县。年末宜兴市公路通车里程2485千米，与上年持平。内河航道里程605千米，比上年下降1.5%。全年各种运输方式完成货运量4120万吨，比上年增长2.3%；货运周转量33.35亿吨千米，比上年增长2.4%。完成公路客运量6690万人次，比上年下降7.5%；公路客运周转量89100万人千米，比上年下降10.9%。

（吴　艳）

【城乡建设】 2019年，宜兴市土地利用总体规划调整方案获省政府批准，编制完成陶都路沿线等城市设计，制定城市综合交通、阳羡景区等专项规划，完成20个农房建设试点村庄规划，为城乡开发建设提供科学指引。《国土空间综合整治与优化提升规划（2018～2020年）》获上级部门批准，发展空间拓展。宜兴高铁站始发北京班车开通；常宜、宜长高速分别完成工程量的71%、52%，360省道推进顺利，宁杭高速宜兴东互通基本建成；善龙路、云岭路等10条重要区间道路建成通车；宜城、丁蜀17个老旧小区完成改造，青墩公园、青龙山公园等建成开放，城市功能品质继续提升。常态长效抓好文明城市建设，8家农贸市场完成升级改造，通过全国文明城市省级复检。

（吴　艳）

【旅游】 2019年，宜兴市湖汊洑西村、西渚白塔村分获首批全国、全省乡村旅游重点村。接待国内游客2591.1万人次，比上年增长6.3%；接待海外游客9.8万人次，比上年下降12.7%。旅游总收入291.44亿元，比上年增长6.1%。其中国内旅游收入291.16亿元、国际旅游收入0.28亿元。至年末，有星级宾馆7个，其中五星级宾馆2个、四星级宾馆2个、三星级宾馆3个。有旅行社36个，旅行社营业收入0.77亿元，比上年下降7.5%。

（吴　艳）

【科学技术】 2019年，宜兴市组织实施市级以上各类科技项目108个，其中国家级1个、省级30个、无锡市级8个、宜兴市级69个。全年受理专利申请总量8320件，比上年增长15.6%，累计专利申请总量68827件，比上年增长13.8%；当年专利授权总量4863件，比上年增长27%，累计专利授权总量40696件，比上年增长13.6%。万人发明专利拥有量22.14件。高新技术产业产值占规模以上工业总产值比重40%，研发经费支出占GDP比重2.8%。年内有效高新技术企业466家，组织实施产学研及国际合作项目150个。4家企业获国家科学技术奖二等奖。

（吴　艳）

【教育】 2019年，宜兴市有普通高中8所，全年招生5148人，在校学生14178人；普通初中34所，全年招生9958人，在校学生28559人；小学57所，全年招生12759人，在校学生67037人；幼儿园103所，全年入园幼儿10607人，在园幼儿33497人。中等技术学校2所，全年招生2192人，在校学生6606人；特殊教育学校1所，全年招生18人，在校学生274人。宜兴市4415人参加高考，本科录取3084人，本科录取率70%。

（吴　艳）

【文化】 2019年，宜兴市有市级艺术表演团体1个，文化站（馆）18个；市级公共图书馆1个，藏书116.6万册；电影放映单位18个，放映场次17万次，票房收入7990万元。市文化中心各场馆到馆总人数约176万人次，举办各类展览、演出、讲座活动1225场，接待各类参观考察团1221批次，共计66392人次。宜兴党史陈列馆建成开放，韩美林紫砂艺术馆开馆，徐氏宗祠入选全国重点文物保护单位。

（吴　艳）

【卫生】 2019年，宜兴市有医疗卫生机构567个，编制床位数6926张。拥有卫生技术人员11336人，其中执业医师3533人，执业助理医师400人，注册护士4499人。市人民医院新院区建设进入土建施工，宜城防保所迁建工程开工。

（吴　艳）

【人民生活】 2019年，宜兴市全体居民人均可支配收入48506元，比上年增长9%。按常住地分，城镇居民人均可支配收入58515元，农村居民人均可支配收入30434元。全体居民人均生活消费支出29609元，比上年增长7.5%。按常住地分，城镇居民人均生活消费支出34439元，农村居民人均生活消费支出20888元。年末宜兴市参加基本养老保险37.65万人，比上年增长4.2%；参加失业保险24.86万人,比上年增长2.7%;参加企业职工基本医疗保险50.23万人,比上年增长1.6%;参加城乡居民医疗保险54.12万人,比上年下降1.6%。全年新增就业岗位3.50万个,城镇新增就业人员2.35万人,帮助城镇失业人员再就业5831人,扶持自主创业4482人。宜兴市城镇登记失业率1.75%。全年居民消费价格指数(CPI)103.4,比上年上涨1.1%。

(吴　艳)

【环境保护】 2019年,宜兴市$PM_{2.5}$平均浓度降至37微克/立方米,空气质量优良天数比率82.5%。高效完成年度重点治太工程12项,完成村庄生活污水治理工程300个。清淤农村河道179条,治理城区黑臭河道和农村水质异常水体各7条,全面完成城乡黑臭水体治理任务。9条主要入湖河流水质均达Ⅲ类及以上,18个国省考断面水质优Ⅲ比例88.9%,为太湖水质危机后最好水平,连续12年实现太湖安全度夏。

(吴　艳)

【宜兴市获评省高质量发展先进县(市、区)】 4月22日,江苏省2018年度高质量发展总结表彰大会在南京召开。会上,宜兴市获评推进高质量发展先进县(市、区),为首批20个县(市、区)之一,市委书记沈建在南京主会场出席会议,并获评推进高质量发展优秀县(市、区)委书记。高质量发展是江苏省年度综合考核的首要指向,紧扣经济发展、改革开放、城乡建设、文化建设、生态环境、人民生活“六个高质量”内涵。宜兴市学习贯彻习近平新时代中国特色社会主义思想、中共十九大精神和习近平总书记对江苏工作系列重要讲话指示精神,围绕“高质量发展走在前列”的目标定位,全面落实中央各项决策部署,通过持续推进五个三年行动计划推动高质量发展。

(吴　艳)

【宜兴市列综合竞争力全国百强县(市)第八】 6日,中国社会科学院财经战略研究院成果发布会召开,发布《中国县域经济发展报告(2019)》暨全国百强县(区)报告,宜兴市位列综合竞争力全国百强县(市)第八。《中国县域经济发展报告(2019)》,原则上根据地区生产总值、地方公共财政收入和规模以上工业企业3项标准,在全国遴选出26个省份的400强样本县(市)作为研究对象,对2019年400个县(市)的综合竞争力和投资潜力指数进行实证研究,统计出2019年综合竞争力全国百强县(市),这些县(市)分布在18省(市)。综合竞争力全国百强县(市)前十位依次是昆山市、江阴市、张家港市、常熟市、慈溪市、晋江市、太仓市、宜兴市、义乌市、龙口市。宜兴市位列2019年全国综合经济竞争力十强县(市)第九。

(吴　艳)

“四好农村路”——张灵慕线　　(吴　艳　供)

【宜兴市获评2019“四好农村路”全国示范县】 11月6～7日,全国推动“四好农村路”(建好、管好、护好、运营好农村公路)高质量发展现场会在四川省蒲江县召开。会上,2019“四好农村路”全国示范县名单揭晓,宜兴上榜。宜兴市委副书记、市长张立军参会领奖。“四好农村路”全国示范县创建活动,由交通运输部、农业农村部和国务院扶贫办联合开展,评选过程包括县级申请、对标遴选、省市核查、专家评审、实地复核等。此次创建活动,全国共评出83个“四好农村路”全国示范县,其中江苏省3个。宜兴市参与“四好农村路”全国示范县创建活动,2014年起,宜兴市开展农村公路提档升级工程,市财政每年投入资金2.5亿元,实施农村道路提档升级及农村危桥改造工程,至2018年年底,宜兴市升级改造农村公路758千米,改造农村危桥126座;2015年起,开展农村公路安全生命防护工程建设,市财政累计投入1500万元,对240千米县道和150千米乡村道路的安全防护设施进行改造完善;加强农村公路日常养护工作,全境农村公路列养率100%,县道、乡道优良路比例分别达95%、85%,宜兴市农村公路路况水平提升;坚持农路城乡一体现代化运营,宜兴市拥有城乡公交运营线路82条,投放车辆319辆,有效地服务旅游、服务产业发展和乡村振兴。

(吴　艳)

【宜兴市获评全国首批健康城市示范市】 12月,全国爱国卫生运动委员会办公室公布全国首批健康城市示范市,宜兴市从参评的314个卫生城市(区)中胜出,总分位列全国第六、县级市第三。近年,宜兴市委、市政府高度重视“健康中国”战略的实施。

2018年12月13日，宜兴市召开卫生与健康大会，设立“健康办”，成员单位覆盖宜兴市57个相关单位，健康城市建设各项任务纳入各部门高质量发展考核，制定《健康宜兴两年行动计划考核指标体系》等市级文件7个，有效保证健康城市建设始终处于快节奏、高效率工作状态。至2019年年底，宜兴市医疗体系优质高效，健康服务能力提升，老百姓生活品质提高，健康城市氛围趋于浓厚。

（吴　艳）

组织机构和负责人名单

中共宜兴市委员会

书　记　沈　建
副书记　张立军
　　　　周中平
常　委　沈　建
　　　　张立军
　　　　周中平
　　　　朱旭峰
　　　　朱晓晔
　　　　沈晓红（女）
　　　　何晓进
　　　　李　平（至4月）
　　　　裴焕良
　　　　余俊慧（女）
　　　　张凡明（至10月）
　　　　邱少波（5月任）
　　　　吴爱军（10月任）

宜兴市人大常委会

主　任　刘亚民
副主任　周　斌
　　　　赵菊明
　　　　徐志军
　　　　朱保强

宜兴市人民政府

市　长　张立军
副市长　何晓进
　　　　周　斌
　　　　吴青峰
　　　　储红飙
　　　　卢　敏（女，至2月）
　　　　马　钟
　　　　谢海华
　　　　李秋宇（挂职，至4月）
　　　　张京宁（挂职，至6月）
　　　　李　艳（女，挂职，至10月）
　　　　姚社锋（挂职，至10月）
　　　　杨　延（挂职，11月任）

政协宜兴市委员会

主　席　梅中华
副主席　莫克明
　　　　吴伯荣（2月任）
　　　　洪　雅（女）
　　　　芮俊燕（女，兼）
　　　　钱伟兴（兼）
　　　　温秀芳（女，兼）

中共宜兴市纪律检查委员会
（宜兴市监察委员会与其合署办公）

书　记　李　平（至4月）
　　　　邱少波（5月任）

（宜兴市委组织部）

梁溪区

【概况】 梁溪区位于无锡市区中部，总面积71.50平方千米。因无锡城西梁溪河而得名。至2019年年末，全区辖崇安寺、广益、广瑞路、上马墩、江海、通江、迎龙桥、南禅寺、清名桥、金匮、金星、扬名、北大街（含五河）、惠山、黄巷、山北17个街道，157个社区。户籍人口79.09万人。区人民政府设在解放南路688号。2019年，全区实现地区生产总值1280.44亿元，比上年增长6.4%，增幅高于全国全省平均水平。完成一般公共预算收入57.24亿元，其中税收收入53.44亿元，分别比上年增长6.2%、9.1%。完成固定资产投资215.12亿元，比上年增长7%。经济普查法人、产业活动单位55283家；净增规上企业536家，比上年增长42.8%，总数1636家。全年新增城镇就业2.96万人，完成计划任务的138%，城镇登记失业率控制在2%以内。

（陈建初）

【项目建设】 2019年，梁溪区签约重大项目51个，总投资额658亿元。易华录数据湖产业园、中物达数据存储中心、梁溪美集·山海美境、利亚德Micro Led研发生产基地、苏宁苏南电商产业园等14个投资超1亿元产业项目成功落地。锡钢浜游客集散中心、金轮星空间、恒隆二期、冠杰物联网总部等17个投资超1亿元重大项目开工建设。一汽锡柴、苏南物流市场、恒隆广场A栋等8个重大产业项目竣工运营。112个区级重大项目顺利推进，全年实现投资额200亿元。

（陈建初）

【产业优化升级】 2019年，梁溪区全面完成《加快发展以物联网为龙头的新一代信息技术三年（2017～2019年）行动计划》《智能制造“十百千”工程三年（2017～2019年）行动计划》《现代服务业突破提升发展三年（2017～2019年）行动计划》，大数据和云计算产业实现营业收入14.8亿元，比上年增长67.3%，建区三年累计增长246%；高技术制造业投资占工业投资比重40.9%。“智慧梁溪”建设稳步推进，“一云、一中心、一图、一平台”全面建成。全年净增高新技术企业37家，比上年增长53.6%，高新技术企业数量占比提升度全市第二；新增瞪羚企业18家、雏鹰企业25家，分别比上年增长900%、138.9%，入库科技型中小企业160家，超额完成科技创新建设“三年行动计划”。新增国家工程实验室分实验室1家、省级院士工作站1家、省市两级众创空间3家。规模

惠山古镇景区获评国家AAAAA级旅游景区　　（陈建初　供）

以上服务业实现营业收入213.46亿元，比上年增长14.7%，三年累计增长52.3%。完成社会消费品零售总额1055.31亿元，比上年增长6.7%，占全市比重26.5%。大东方百货、恒隆广场、苏宁广场购物中心转型升级步伐加快，新零售新业态发展势头强劲。传统商贸提档升级。推进文商旅深度融合，崇安寺生活步行街区和清名桥历史文化街区分获省级高品位步行街培育和试点，小娄巷历史文化街区成功开街运营，惠山古镇景区获评国家AAAAA级旅游景区。全年旅游人数比上年增长16.5%，旅游全业态收入比上年增长22.8%。

（陈建初）

【实体经济发展】 2019年，梁溪区设立上市引导基金、中小企业融资应急转贷基金、国企应急转贷资金池。各类基金实现对外投资4.13亿元，帮助民营企业解决融资21.09亿元，新增"新三板"挂牌企业4家。加强企业资源利用绩效评价，倒逼低效低端企业转型升级，盘活存量土地140.4公顷，低效用地再开发约37.07公顷，单位GDP能耗下降3.4%。成功承办世界物联网博览会"三新"成果发布会和国际无人机发展峰会。完成第二批24项行政许可事项集中审批，集中审批事项比上年增长88.9%。市场主体设立和退出更加便捷，在全市率先推行企业注销简易流程，企业开办实现1个工作日办结。电子营业执照在205个涉企事项办理中实现"一次验证、全网通用"，工程建设项目审批时限压缩到48个工作日、提速30%。全年盘活闲置载体31万平方米。全面落实减税降费各项政策，为企业减负15.7亿元。化解政府债务35.56亿元，完成预定计划的187.15%。

（陈建初）

【对外开放】 2019年，梁溪区贯彻《推动开放型经济高质量发展的实施意见》《跨境电子商务发展规划（2019～2021）》及相关扶持政策意见，实现到位注册外资及港澳台资1.45亿美元，比上年增长41.9%，完成年度计划的145%。企业"走出去"步伐加快，无锡中交新能源科技有限公司、江苏刘潭集团有限公司、无锡金茂对外贸易有限公司等企业"一带一路"建设项目均竣工投产，世贸通供应链服务有限公司发展外贸新业态，实现进出口增量超1000万美元。推进跨境电子商务产业园建设，成功举办首届无锡进口家居设计节。

（陈建初）

【深化改革】 2019年，梁溪区全面完成机构改革，立足市辖区大区地位，设置党政机构37个，155名科级干部转隶调整到位。国有企业改革深化，制定实施《关于深化区属国有企业经营管理体制改革的实施意见》以及国有企业负责人经营业绩考核、人员管理、薪酬管理"1+3"文件，国企股权投资专项审计全部完成，全面理顺广益街道与食品科技园的关系，梁溪城投公司、梁溪经投公司、江苏古运河公司改革基本到位。深化集体产权制度改革，集体"三资"监管平台完成建设，集体产权交易平台上线运行，涉农社区股份制改革全部完成，村务卡非现金结算实现全覆盖。

（陈建初）

【城市建设和管理】 2019年，梁溪区完成房屋征收2745户（家）、面积132.8万平方米，实现项目清点83个、交地66块，整出经营性用地69.2公顷、整出产业用地67.8公顷，争取中央和省级保障性安居工程建设专项引导资金1.2亿元，筹措各类安置房源1380套，黄泥头、惠东里等安置房源建设项目有序推进。加快城市更新改造步伐，启动国土空间规划编制，完成宜居住区建设70万平方米，二次供水设施改造项目40个，新建海绵城市项目38个，完成游园改造19个、废弃地改造9处，增绿补绿13.2万平方米。完成区管道路大修5条，建成通车道路15条、通车里程8千米。新增公共停车泊位1079个，智能化改造停车泊位3529个，新建改建公厕116座。推进优美环境合格区建设，全区158个精细化管理单元合格率和优良率稳步提高，问题整改率99.6%。"百巷梁溪"一期工程13条街巷改造初见成效。完成农贸市场改造5家、城市疏导点整治7个，违法建设拆除577处、16万平方米。推进垃圾分类，全区生活垃圾分类设施覆盖率75%。

（陈建初）

【生态环境】 2019年，梁溪区26条河道水环境提升工程全面完成，全区152条河道全部消除黑臭，通过生态环境部复核。新建和整改排水达标区550块，检查维护污水埋地管道1113.8千米。13条河道试行智能化监管，区"智慧河道水环境管理平台"获世界物联网博览会"三新"（新技术、新产品、新应用）成果金奖。落实大气污染重点领域联合整治措施，85项大气污染防治重点工程全部完成，新建空气自动监测站点4个，$PM_{2.5}$平均浓度降至42微克/立方米，空气优良天数比率69%，首次实现双达标。推进土壤环境治理，完成重点行业企业用地初步调查86个、地块土壤污染调查32个。完成341个污染防治攻坚任务，关闭取缔"散乱污"企业24家、深化整治30家，关停混凝土企业6家，完成"四个一批"（关停一批、转移一批、升级一批、重组一批）化工企业整治2家，环境信访投诉总量下降18.9%。完成中央和省级环保督察整改，推进长江经济带审计、全国人大水污染防治专项执法检查、黑臭水体督察、生态环境保护统筹强化监督反馈问题整改，一批突出环境问题得到有效解决。梁溪区被评为省级生态文明建设示范区。

（陈建初）

【社会事业】 2019年，梁溪区加快教育基础设施建设，完成校舍维修改造25所、学校改扩建3所、新增公办幼儿园5所；推进学校食堂专项巡察反馈问题整改，完成学校食堂改扩建7所，学校自办食堂占比63.8%，公办学校食材实现统一配送。校外培训机构专项整治工作通过省市两级督查。推进"健康梁溪"建设，社会心理服务体系建设列入省级试点，完成社区卫生服务中心升级改造6家。文体事业健康发展，举办"奋进梁溪"十大人物颁奖暨梁溪区成立3周年主题活动，全年新增社区综合文化服务中心18个，新增各类公共文化体育设施面积28万平方米。

（陈建初）

【人民生活】 2019年城镇居民人均可支配收入59624元，比上年增长8.9%。扶持自主创业5200人，创业带动就业1.9万人，援助就业困难人员再就业4200人。享受城市最低生活保障3971人，低保家庭人均年收入增至1.1万元。推进扶贫协作，建立无锡首个"扶贫车间"和"消费扶贫示范点"，脱贫成果持续巩固。养老体系日益完善，养老床位数8811张。新建日间照料中心8家、助餐中心4家，完成养老服务机构智慧化改造15家。社会保险参保人数341711人，城镇基本社会保险覆盖率99%。区、街道、社区三级退役军人服务中心（站）挂牌成立，退役军人社保接续工作有序推进。

（陈建初）

【社会治理】 2019年，梁溪区成立区网格化服务管理中心，"2+X"网格化社会治理大联动平台上线，75个老旧小区技防项目竣工投用。社区邀约协商经验做法在全国推广，"互联网+全科社工"项目被评为江苏基层社会治理创新成果奖，梁溪区被评为"全省第一批现代社区治理创新试验区""全国城乡社区协商治理试验区"。开展26个行业领域和3大区域安全隐患专项整治行动，全年排查生产经营单位54710家次，排查隐患27420条，整改销号26958条，整改率98.3%。推进"诚信梁溪"建设，新增信用贯标企业34家、市级信用管理示范企业3家。"互联网+明厨亮灶"覆盖面持续扩大，京东商业广场被评为"省级餐饮质量安全示范街"称号，苏宁广场云店（无锡）被评为第四批全市唯一的国家级知识产权保护规范化市场，梁溪区被评为江苏省食品安全示范区。扫黑除恶专项斗争取得成果，完成新中国成立70周年大庆安保任务。推进信访矛盾化解，全年化解信访积案18件、重点信访事项85件，违法犯罪警情比上年下降15%，群众安全感98.2%。

（陈建初）

组织机构和负责人名单

中共梁溪区委员会

书　记　秦咏薪
副书记　许立新
　　　　邹士辉
　　　　陈锡明
常　委　秦咏薪
　　　　许立新
　　　　邹士辉
　　　　陈锡明
　　　　朱　雄（赴青海省循化撒拉族自治县挂职）
　　　　张　莉（女）
　　　　唐斌彪
　　　　周皖红（女）
　　　　李　平（4月任）
　　　　孙林祥
　　　　李　涛（4月任）
　　　　王新华（4月任）
　　　　王晓海（10月任）
　　　　许　岗（至4月）
　　　　蔡　昌（至4月）
　　　　孟永军（至10月）

梁溪区人大常委会

主　任　邹士辉
副主任　童耀明
　　　　曹海燕（女）
　　　　徐　越
　　　　周克刚
　　　　任震宇
　　　　姚　凯

梁溪区人民政府

区　长　许立新
副区长　李　平（5月任）
　　　　李　涛（至5月）
　　　　朱　刚
　　　　张　琦
　　　　夏　琰（女）
　　　　赵雪松（至8月）

周　军
李振云
李先光（11 月任）
孔祥年（挂职）
笪学荣（挂职，至 5 月）
王　嵩（挂职，至 6 月）

政协梁溪区委员会

主　席　陈锡明
副主席　陈国忠
钱丽忠（女）
李　波（女）
季　铮（女）
唐　红（女）
祝志明
秦惠芬（女）
黄梅华（女）

中共梁溪区纪律检查委员会
（梁溪区监察委员会与其合署办公）

书　记　孙林祥

（区委组织部）

锡山区

【概况】 锡山区位于无锡市区东北部，总面积 399.11 平方千米。至 2019 年年末，全区辖国家级锡山经济技术开发区、无锡锡东新城商务区，羊尖、鹅湖、锡北、东港 4 个镇和东亭、安镇、东北塘、云林、厚桥 5 个街道，有 49 个城镇社区、75 个农村社区（行政村），户籍人口 47.29 万人。区人民政府设在锡州中路 1 号。2019 年，锡山区实现地区生产总值 921.66 亿元，比上年增长 6.9%；完成一般公共预算收入 89.74 亿元，比上年增长 3.5%；全社会固定资产投资 487.94 亿元，比上年增长 6.1%；社会消费品零售总额 220.15 亿元，比上年增长 8.3%；全体居民人均可支配收入 51222 元，比上年增长 9%。

（印宏绯）

【农业农村】 2019 年，锡山区完成农业总产值 27.78 亿元，增加值 15.95 亿元。新增省级示范家庭农场 3 个，新认定市级以上农业龙头企业 1 家。省级农产品质量安全区创建顺利开展，全区绿色优质农产品比重 60%。农业生产用地发展方向调整工作快速推进，累计清除农田搭建物 1663 个，清理低端农业设施 505.9 万平方米；镇级农业发展公司全面建立，新增农用地集中流转约 1926.67 公顷。推进农村人居环境整治提升专项行动，创建市级美丽乡村示范村 4 个、村庄环境长效管理示范村 15 个。农村人居环境在全省评估中获第一等次，是全市唯一获得该荣誉的区。农房翻建市级试点村数量、开工户数位居全市城区第一，全年竣工 417 户。规范完善三资监管平台和产权交易平台，“e 银通”村级在线支付平台全部开通使用，三务公开“户户通”实现全覆盖。7 个区级经济薄弱村实现脱贫转化。

（印宏绯）

【工业经济】 2019 年，锡山区完成规模以上工业总产值 1369.3 亿元，规模以上工业增加值 314.1 亿元，有规模以上工业企业 810 家。举办工业互联网发展高峰论坛，启动实施华为无锡城市产业云战略合作，锡东新城（北京）离岸创新中心运营。战略性新兴产业产值占规上工业总产值的比重 24.2%。传统产业转型提升，红豆集团、大明金属、兴达投资、雅迪科技 4 家企业入围 2019 年中国制造业企业 500 强，全年规上工业总产值、规上工业利润总额增速均位列全市第一。鹰普精密实现港股上市，全区境内外上市企业累计 12 家。获评市级“两化”融合（信息化和工业化相融合）示范企业 9 家、市级智能车间 10 家；新增省级“两化”融合贯标重点培育企业 8 家。新增“上云”企业 331 家，其中省三星级及以上企业 21 家。建设锡山一站式综合产业金融服务平台，接入企业 2228 家，累计融资 36.03 亿元。实施重点节能循环经济项目 15 个，单位 GDP 能耗下降 3.96%。

（印宏绯）

【现代服务业】 2019 年，锡山区完成服务业增加值 433.15 亿元，比上年增长 5.2%，占地区生产总值比重 47%，比上年提高 0.3 个百分点；全区规上高技术服务业、科技服务业、信息技术服务业营业收入增速均位列全市第一。锡东新城商务区跨境电商产业园获评“省电子商务示范基地”，深入实施电子商务进村入户示范工程，新增农业物联网应用示范点 1 个。推进全域旅游规划编制，荡口古镇通过国家 AAAA 级旅游景区复核。

（印宏绯）

【项目招引】 2019 年，锡山区南山车联网一期项目落地，博世智能网联、吉姆西半导体、蜂巢能源、友普信息、臻和科技等一批龙头型企业和行业隐形冠军相继落户。签约产业项目 108 个，总投资额 575.6 亿元，引进总投资额 30 亿元的连城凯克斯半导体装备、总投资额 20 亿元的智能制造创新示范基地等重大项目。在建超 1 亿元项目 126 个，完成工业投资 237.8 亿元，比上年增长 9.5%，尚品宅配一期、恩捷新材料等一批重大项目竣工投产。

（印宏绯）

【外向型经济】 2019 年，锡山区完成外贸进出口总额 52.87 亿美元，其中出口 39.98 亿美元，一般贸易进出口总额比上年增长 15.3%，增幅全市第一。新批重大外资及港澳台资项目 4 个，实际使用外资及港澳台资 3.7 亿美元，战略性新兴产业实际利用外资及港澳台资占比 80.5%。对外投资稳定扩大，全年新批境外投资项目 15 个，完成境外投资 1.4 亿美元。红豆西哈努克港特区 2.0 升级版加快建设，确成硅化、通用科技泰国项目运行，无锡一棉埃塞俄比亚工厂建成投产。

（印宏绯）

【科技创新】 2019 年，锡山区新增高新技术企业 81 家，雏鹰、瞪羚、准独角兽企业入库培育分别达 64 家、48 家和 3 家。新增国家级企业技术中心 1 家，新建省级工程技术研究中心2家、省众创社区试点2家。申报立项省众创空间3家，新增市级工程技术研究中心15家，数量分别位列全市第一、第二。博士后工作综合考评继续位列全市第一，成功实现“六连冠”。新增科创载体23万平方米，集智广场、信达大厦等项目有序推进，湖畔科技园启动建设，中科智能物流装备与机器人技术产业基地签约落户。锡山经济技术开发区获批“国家知识产权示范园区”。全年认定省“双创计划”项目7个，1人进入国家特聘专家答辩评审；入选市“太湖人才计划”项目30个，创业领军人才、企业经营管理人才数量均列全市第二，先进制造技能领军人才数量列全市第一。新制定“锡山英才计划”升级版相关实施细则，设立天一中学归雁基地，首次兑现最高档1000万元人才项目扶持资金，全年引进“双高”人才393人、海归人才103人。组织开展第二轮海内外高层次人才招录，43名海内外人才落户锡山。加快人才公寓建设，全年建成投用189套。

（印宏绯）

【深化改革】 2019年，锡山区深入推进“放管服”改革，实施政务服务品质提升工程，营商指数位列全省城区前列。开发区对照全链赋权清单推行信用承诺制审批改革，东港经济发达镇行政管理体制改革通过省级评审。稳妥化解政府性债务，调整财政分配体制。完善金投、城发、文商旅国有公司市场化、专业化运行机制，组建锡山水务集团。“1+N”产业基金体系完善推进，锡山产业基金投资设立4支合作基金，启动产业扶持基金设立工作。

（印宏绯）

【城乡建设】 2019年，锡山区坚持规划引领，布点村庄规划编制实现全覆盖。完成开发区V-Park地区控规动态更新，开展宛山湖区域景观概念、商务区商业设施规划研究。完成无锡东站交通疏集运系统规划，推进锡太高速锡山段南北交通联系、轨道交通以及主干交通快速化改造等专项研究。28条主次干道景观工程基本竣工。云林滨水公园、桑园墩体育公园进展顺利，宛山湖轻体育公园、锦安街头公园、云林文化广场等公园广场建成开放。新湖南苑安置房主体工程竣工。首批14家农贸市场商超化改造加快推进。开展“美好锡山”城乡品质跃升行动，推进停车秩序整治，新增停车泊位4.79万个，64个路段实施严管，基本实现“首尾一致、入位停放”目标。开展“围墙洁美”行动，完成1130余面围墙整治出新。全面推进东升路、友谊路等5条道路包装出新和轻工路、振湖街等4条背街小巷整治。实施村庄环境“红黑榜”评选。加强城市“小微违法”整治，累计教育、处罚“小微违法”行为12.2万余起。新建改建公厕99座，建成精品公厕14座。完成189个住宅小区、1248个自然村垃圾分类设施设置。新开工建设安置房8039套。全年盘活存量土地462.24公顷，消化批而未供土地213.8公顷，低效用地再开发118.19公顷，获评“省土地执法模范县（市、区）”。

（印宏绯）

【生态文明】 2019年，锡山区$PM_{2.5}$平均浓度下降8.9%，下降幅度居全市城区第一。市考Ⅲ类水河道数量15条，国省考断面优Ⅲ比例100%，位列全市第一。制定化工产业安全环保整治提升实施方案，整治关闭化工企业18家。全面推进“散乱污”企业2.0专项整治，关停取缔企业665家。完成成片造林120公顷，新增绿地30万平方米，全区林木覆盖率、自然湿地保护率分别达22.7%、12%。开展排水达标区排查，老锡沙线污水管网改造启动。完成安镇、鹅湖污水处理厂扩容工程，建成锡山水务云林厂并进入提标试运行阶段。宛山湖水环境改善工程全面建成，全区畅流活水规划稳步实施。落实小型餐厨废弃物处理设施建设，区环卫综合作业中心一期建成投用，30万吨建筑垃圾资源化利用厂基本建成。做好锡东电厂提标扩容建设保障工作。探索实施“一河二图三清单”制度，河长制管理进一步深化。推进空气、水质自动监测站建设，在全市首个实现空气预警监测镇（街道）全覆盖。组织开展锡山“绿刃”2019专项行动，累计作出行政处罚231件。环境信访总数比上年下降19%，中央、省环保督察反馈问题年度整改任务有序推进。规范一般工业固废处置渠道，加强危险废物由产生到

九里河映月湖远景 （印宏绯 供）

处置的各环节监管，维护生态环境安全。

（印宏绯）

【民生保障】 2019年，锡山区新增城镇就业1.9万人，援助城乡就业困难人员就业再就业3726人，实现城镇失业人员再就业4919人。建立创业担保贷款部门联动机制，发放创业担保贷款总额1830万元。发放居民养老保险待遇8.15亿元。成立无锡华义慈善基金会，全年发放深度贫困帮扶资金889.75万元。实施困难群体物价补贴，推进"阳光扶贫"工作。二泉中学、东北塘实验小学东校区、厚桥幼儿园、甘露幼儿园一期建成投用，东湖塘实验小学、羊尖实验小学、怀仁幼儿园完成建设，查桥实验小学等11所学校新建改扩建工程加快推进。成立天一教育集团，天一中学成为全省高品质示范高中首批建设立项学校，成功创建"省社区教育示范区"，锡山中专创建"省优质特色职业学校"。锡山区获评"省基层卫生十强县(市、区)"之一，锡山人民医院在全市区级医院中首家晋升为三级综合医院。东港镇通过国家卫生镇复审，锡北镇、鹅湖镇通过国家级评估，锡山人民医院二期和精神卫生专科楼开工建设。厚桥街道养老服务中心通过竣工验收，全区新增护理型床位517张，护理型床位占比69.2%。举办庆祝新中国成立70周年系列活动，连续七届成功举办"中国锡山国际象棋女子名人赛"。华氏老义庄入选第八批全国重点文物保护单位名单，完成严子陵先生祠、鸿模小学旧址、倪瓒纪念馆修缮工程。推进扫黑除恶专项斗争，破获涉黑涉恶九类案件99起，深挖彻查涉黑涉恶腐败和黑恶势力"保护伞"6人。网格化社会治理深入开展，"雪亮工程"加快建设。加强食品安全监管，获评"江苏省食品安全示范区"。推进对口帮扶工作，青海省化隆回族自治县顺利实现脱贫摘帽，锡山区被授予"东西部扶贫协作先进单位"称号。

（印宏绯）

【华为云创新中心和互联网创新中心上线】 9月3日，落地锡山的华为无锡软件开发云创新中心和华为无锡工业互联网创新中心上线。锡山区红豆集团、天心软件、帆软软件作为首批上云企业代表与华为公司签订协议。华为创新中心上线，为锡山区企业的创新创业提供基础支撑。华为公司将整合产业资源，提供业界领先的产品和服务，助力无锡的传统业态转型升级，把华为云无锡创新中心建设成全国领先的工业互联网和软件开发云产业基地。

（印宏绯）

【天一教育集团成立】 9月10日，天一教育集团成立大会在江苏省天一中学召开。天一教育集团以江苏省天一中学为龙头，首批成员单位为无锡市天一实验学校、无锡市天一实验学校文景分校(暂定名)、无锡市二泉中学、无锡市东亭中学、无锡市东北塘中学、华夏天一外国语学校。天一教育集团成立后将依法按照集团章程办学，发挥天一中学示范带头作用，加强各成员学校的优势互补，提升区域教育优质均衡发展水平。

（印宏绯）

组织机构和负责人名单

中共锡山区委员会

书　记　顾中明
副书记　王　维(至8月)
　　　　任　栋(12月任)
　　　　言国强
常　委　顾中明
　　　　王　维(至8月)
　　　　任　栋(12月任)
　　　　言国强
　　　　李　江
　　　　窦　虹(女)
　　　　朱洪元
　　　　谢　军
　　　　徐　悦
　　　　陈秋峰
　　　　王颐然(至10月)
　　　　章金伟
　　　　周文伟(10月任)

锡山区人大常委会

主　任　蒋　群
副主任　陈建清
　　　　辛谊忠
　　　　毛　晨
　　　　黄懿斌

锡山区人民政府

区　长　王　维(至9月)
代区长　任　栋(12月任)
副区长　任　栋(12月任)
　　　　李　江
　　　　赵　鞠(女，至2月)
　　　　陈　奕(女)
　　　　周建伟
　　　　陶　波
　　　　吴伟君
　　　　蒋文伟
　　　　胡小坚(3月任)
　　　　王　琪(12月任)
　　　　栾海港(挂职，至2月)
　　　　徐雪高(挂职，至6月)
　　　　汤诗杰(挂职)
　　　　虞　靖(挂职，至10月)

政协锡山区委员会

主　席　章红新
副主席　章建新(至3月)
　　　　李佩东(1月任)
　　　　石国洪
　　　　朱卓君(至10月)
　　　　孙军伟
　　　　史锡联

中共锡山区纪律检查委员会

（锡山区监察委员会与其合署办公）

书　记　谢　军

（区委组织部）

惠山区

【概况】惠山区位于无锡市区西北部，总面积325.12平方千米。至2019年年末，全区辖1个省级无锡市惠山经济开发区，洛社、阳山2个镇，堰桥、长安、钱桥、前洲、玉祁5个街道，86个城镇社区、29个行政村。户籍人口50.07万人，常住人口71.23万人，人口自然增长率2.6‰。区政府驻惠山新城文惠路8号。2019年，惠山区全社会固定资产投资比上年增长6.7%。实现地区生产总值937.07亿元，比上年增长6.8%；按常住人口计算人均地区生产总值13.16万元。全区实现第一产业增加值16.34亿元，第二产业增加值517.82亿元，第三产业增加值402.91亿元，三次产业比例调整为1.7 ∶ 55.3 ∶ 43.0，第三产业增加值占GDP比重比上年提高3.2个百分点。一般公共财政预算收入95.57亿元，比上年增长3.5%；完成规模以上工业总产值1685.92亿元，比上年增长11.7%；完成现价农林牧渔业总产值26.72亿元，比上年下降1.3%，其中，农业18.38亿元，比上年下降0.3%；实现社会消费品零售总额237.68亿元，比上年增长10.0%。惠山区城镇居民人均可支配收入6.01万元，比上年增长8.8%；农村居民人均可支配收入3.39万元，比上年增长9.1%。全区有各级各类学校104所，在校学生11.65万人；有区、镇两级图书馆8个，藏书43.8万册；有社区服务卫生中心21个、社区卫生服务站82个，共有公共卫生技术人员3884人。2019年，惠山区获评国家外贸转型升级基地（汽车及零部件）。

（章淑君）

【农业】2019年，惠山区实现农业总产值26.73亿元，成功创建全国特色农产品优势区，成功申报全国绿色防控示范县（区）。全区小麦种植面积约440.07公顷，水稻种植面积约746.67公顷，稻麦种植良种化率超过92%。开展稻谷精深加工，发展优质农产品、绿色食品。在第三届“无锡好米”品鉴活动中，惠山区参赛好米品种5个，获金奖1个、银奖3个，惠山区惠民家庭农场生产的“玉祁生态米”评分第一，获金奖。在第四届江苏好大米品鉴活动中，惠山区惠民家庭农场生产的“方桥大米”获银奖，无锡尚田农业科技发展有限公司生产的“尚田龙池米”获第四届“江苏十佳稻田综合种养大米”称号。创建蔬菜绿色发展集成技术标准园3个；稻渔综合种养面积约45.33公顷，每公顷产小龙虾900千克，稻渔综合种养技术和效益全省领先。实施的“蔬菜全程绿色高效技术集成与示范推广”项目，获“江苏省农业丰收奖一等奖”“全国农牧渔丰收奖二等奖”。惠山区果树业主要种植水蜜桃、葡萄和茶树。其中水蜜桃种植面积约2313.33公顷，比上年增加约169.93公顷，增幅7.92%；水蜜桃产量3.43万吨，比上年增产2173吨，增幅6.77%。阳山水蜜桃成为无锡第一个获得森林认证的水果产品，全区水蜜桃产值6.3亿元，在省优质桃果大赛中，获金奖18个、银奖30个。年内新增成片造林67.87公顷，新增城镇绿地78.9万平方米。

（章淑君）

【工业】2019年，惠山区实现规模以上工业产值1685.92亿元，比上年增长11.7%，位列全市第二；完成工业开票销售收入2145.3亿元，比上年增长3.2%。惠山区机械、冶金、电子、化工、纺织5大主要行业产值占规模工业总产值的90.6%。全区工业投资比上年增长11.5%，位列全市第二，其中133个区级重点工业项目，完成投资158.5亿元。年内全区88个新建项目开工76个，开工率86.4%，56个项目竣工投产。推进实施智能制造项目123个，完成智能制造投资76.2亿元，培育智能制造创新示范企业76家，惠山工业云平台3.0版上线，数据采集点达1.3万余个。承办物联网博览会物联网与智能制造高峰论坛，发布《智能制造发展指数报告（2019版）》，启动全国首家智能制造实训基地建设。全区有获国家“两化”融合管理体系贯标证书企业30家、国家“两化”融合管理体系贯标试点企业10家，省“两化”融合管理体系贯标试点企业43家，互联网与工业融合创新示范及试点企业8家，形成包括省、市、区各个层次在内的示范智能车间105个。惠山区单位GDP能耗比上年下降3.5%。申报省、市重点节能项目11个，申报国家智能光伏试点示范企业1家。全面完成窑炉三年整治计划，累计整治燃煤工业窑炉59台，工业窑炉清洁能源替代率100%。进行化工产业安全整治，关停相关企业30家。

（章淑君）

【服务业】2019年，惠山区实现社会消费品零售总额237.68亿元，比上年增长10%，增幅列全市第二；完成规模以上服务业营业收入42.27亿元，比上年增长31.4%。全区重点服务业项目53个，总投资551.54亿元，年内计划投资150.38亿元，累计完成投资119.32亿元，投资额完成率79.3%。年内在无锡市跨境电商综合服务平台注册企业84家，全区跨境电商交易额3.18亿美元。阳山镇鸿桥社区被评为第九批江苏省农村电子商务示范村，无锡恒生科技园被评为江苏省电子商务示范基地，无锡尚佰环球电子商务有限公司、中恒大耀纺织科技有限公司、无锡云歌电子商务有限公司被评为江苏省电子商务示范企业。惠山区旅游与文化、体育产业融合发展，培育“旅游+”示范基地和“旅游+”特色休闲业态项目。全年完成旅游投入8.5亿元；旅游收入19.5亿元，比上年增长46%；旅游人数706万人次，比上年增长49%。洛社万马村创建成无锡市美丽乡村休闲旅游示范村，阳山桃源风情小镇通过省旅游风情小镇考核验收。推进蓝凤凰艺术小镇、山南头艺术文化村落、紫藤园、尚田小镇二期等“旅游 + 文化”项目建设，建成花间堂人文酒店、桃夭艺舍、既见桑梓等精品民宿。

（章淑君）

【科技】 2019年，惠山区实现高新技术产业产值523.82亿元，比上年增长9.1%；高新技术产业产值占规模以上工业总产值的31.26%。有效期内高新技术企业441家；新增省高新技术企业培育入库241家；新增无锡市入库雏鹰企业89家、瞪羚企业58家、准独角兽企业4家；科技型中小企业评价入库577家。全年引进科技型项目62个。新增院士工作站2家，新引进入选省“双创人才”5人、市“太湖人才计划”顶尖团队1个、领军团队2个、创新创业领军人才20人；新增省级企业工程技术研究中心7家；获评省企业工程技术研究中心绩效优秀单位8家；惠山区生命科技产业园入选全省专业孵化器十强。惠山国家高新技术创业服务中心、惠山区生命科技产业园获国家级科技企业孵化器绩效评价优秀；惠山国家高新技术创业服务中心、惠山区生命科技产业园、无锡惠山软件产业园3家单位获省科技企业孵化器绩效评价优秀；惠山国家高新技术创业中心获批无锡市人才创新创业示范基地。

（章淑君）

【生态建设】 2019年，惠山区完善区污染防治攻坚体制，重新整编区污染防治攻坚办公室，形成“6+6”（6个工作组 +6大员）工作格局；成立污染防治办党支部，把党组织建在污染防治攻坚战第一线。惠山区新一轮污染防治攻坚战的成功经验，被誉为“惠山模式”，得到省生态环境厅、市生态环境局的好评。全年实施重点减排工程项目702个，完成减煤5.49万吨；关闭淘汰低端低效印染企业1家，关停化工生产企业30家；专项整治散乱污企业（作坊），排查整治406家，其中升级改造85家、关停取缔企业（作坊）321家，腾让土地58.4公顷。年内新增成片造林67.87公顷，新增城镇绿地78.9万平方米，完成全民义务植树22万株。$PM_{2.5}$平均浓度比上年下降6.8%，空气质量优良天数比率69.7%，比上年提高4.7个百分点。全区12条主要河流中，年均水质达到Ⅲ类的5条，比上年增加2条；Ⅳ类的6条；Ⅴ类的1条，与上年一样。6个国、省考断面以及23条市级重点河道水质全面完成年度整治目标。

（章淑君）

【人民生活】 2019年，惠山区高效完成环境整治、生态建设、教育卫生、创业帮扶等方面的10项民生实事。全年教育支出18.2亿元，比上年增加1.25亿元；卫生支出6亿元，比上年增加0.7亿元。全年实现新增就业1.45万人，完成目标任务的96.7%；城镇失业人员再就业3425人，完成目标任务的114.2%；应届大学生毕业生就业率突破95%，困难家庭大学生32人全部实现就业。全区完成社保扩面16742人，完成年度目标的372.4%。社会保险净增缴费人数15632人，完成全年目标347.4%。在全省率先制定《惠山区低保边缘家庭帮扶保障实施办法》，社会救助体系更趋完善。健全老年教育的区、镇（街道）、社区三级网络，全区60个社区开展老年教育活动，老年大学开设课程50余门，全年参加各种活动老年人3万余人次。新建标准化居家养老服务站115家，全区有老年人日间照料中心30家、助餐中心17家。推进农村住房翻建，阳山冯巷成为全市样板；提升348个村庄的农村人居环境，获省政府“农村人居环境整治成效明显地区”表彰，阳山桃源村入选全国乡村治理示范村。

（章淑君）

【中国无锡第二届全国大学生写生旅游节】 4月9日，“水墨江南”中国无锡第二届全国大学生写生旅游节开幕式在阳山桃花源举行，活动延续至11月底结束，全国近100所美术院校约10万人次大学生参加。为促进“文化 + 旅游”产业的发展，活动中有大学生原创手绘作品展销会、周边文创集市、大学生书画展销会等。大学生的优秀获奖写生作品在尚田小镇举行的中国旅游日开幕式、清名桥古运河的夜游节、无锡文化博览会上展示。旅游节“主阵地”在南京艺术学院无锡阳山写生基地，这是江苏首家艺术院校学生写生基地，旅游节开幕现场，南京艺术学院等4所院校宣布在该地挂牌写生基地。

（章淑君）

春到阳山桃源村 （陶晋吉 摄）

组织机构和负责人名单

中共惠山区委员会

书　记　李秋峰
副书记　吴建元
　　　　周子川
常　委　李秋峰
　　　　吴建元
　　　　周子川
　　　　俞　刚
　　　　邓加红（女）
　　　　吴建明
　　　　吴立刚
　　　　袁漪韬（女）
　　　　郝朝勇
　　　　曹文彬
　　　　赵庆芳（挂职，至1月）
　　　　吴　燕（女，3月任）

惠山区人大常委会

主　任　顾智杰（至1月）
　　　　计佳萍（女，1月任）
副主任　方　瑛（至11月）
　　　　岳中云（1月任）
　　　　陈　纯（女）
　　　　秦志宏（至6月）

惠山区人民政府

区　长　吴建元
副区长　吴　燕（女）
　　　　刘俊伟（至7月）
　　　　范　良
　　　　赵　磊
　　　　孟　栋
　　　　何国清
　　　　徐胜祥（4月任）
　　　　顾文龙（10月任）
　　　　赵庆芳（挂职，至1月）
　　　　袁　强（挂职，至7月）
　　　　于湧深（挂职，3月任）
　　　　于兆吉（挂职，7月任）

政协惠山区委员会

主　席　陈　燕（女）
副主席　陆　益
　　　　唐江澎（兼）
　　　　耿国平
　　　　陈晓松
　　　　黄　明（至12月）

中共惠山区纪律检查委员会
（惠山区监察委员会与其合署办公）

书　记　吴建明

（区委组织部）

滨湖区

【概况】 滨湖区位于无锡市区西南部，总面积572平方千米。至2019年年末，全区辖胡埭镇和马山、雪浪、蠡园、河埒、荣巷、蠡湖6个街道，包括1个国家级旅游度假区和2个省级开发区，有79个村（社区）。常住人口50.4万人。全区人口自然增长率4.44‰。区人民政府设在金城西路500号。2019年，全区实现地区生产总值816.1亿元，比上年增长7.2%；一般公共预算收入81.5亿元，比上年增长3.2%；规模以上工业总产值530.9亿元，比上年增长9.4%；社会消费品零售总额237.4亿元，比上年增长10.1%；固定资产投资330亿元，比上年增长6.8%；居民人均可支配收入增长8.8%。

（朱劲涛）

【农业】 2019年，滨湖区实现农业总产值5.5亿元，现代农业园区化比重达60.9%；农业园区营销收入达2.02亿元，接待游客158万余人次。坚持"农业+"产业融合发展道路，特色农业园区等载体建设初显成效，有"百企建百园"项目2个、省级农业龙头企业2家、市级家庭农场9家，九龙湾"花彩小镇"花星球项目营业，被评为"全国首家花卉休闲区"，龙寺生态园被评为"五星级园区"，雪浪山生态景观园龙潭花海项目建成，开展"寻味甜美乡恋，邂逅彩墨滨湖"农业农村资源全媒体专题推介，组织20余家次媒体专访。以茶产业作为突破口，启动"茶叶绿色防控体系"3年建设计划，全区规模化茶园的60%共计82.2公顷建成无化防治体系（不施用化学农药、化肥）。重视品牌建设，完成绿色食品认证20个，"无锡毫茶"获得国家农产品地理标志认证，马山蔬菜公司成为市级水稻绿色高产高效示范片，惠泉牌"无锡毫茶"获第20届中国绿色食品博览会金奖，灵鹏牌大米蝉联第三届"无锡好米"品鉴活动金奖，绿色优质农产品占比大幅提升。完成粮食生产功能区和重要农产品生产保护区"两区"划定工作，建立完善农用地保护巡查机制，开展"大棚房"清理整治。

（朱劲涛）

【工业】 2019年，滨湖区规模以上工业经济保持高速增长态势，完成规模以上工业总产值530.9亿元，比上年增长9.4%；完成规模以上工业增加值157亿元，比上年增长10.2%；完成工业投入47.8亿元，比上年增长10.6%。深海空间站无锡研发基地、贝斯特六期等省、市级重点新建项目相继开工，华瑞特医、数据港产业基地、派克新材料等一批重大项目启动建设，药明生物生命科技园、公安部交研所智能交通综合测试基地、贝勒置业康体养生等一批续建项目进展良好，托马斯唐、和森科技、华瑞制药肠营养液技改等一批产业项目竣工或投产，全市首个城市产业综合体"太湖智谷"一期建成开园。新增上市企业1家、科创板过审企业1家、主板报会企业2家。新增上云企业100家，特丽亮被评为省级智能车间，微研股份通过国家"两化"融合管理体系贯标评定。

（朱劲涛）

【服务业】 2019年，滨湖区实现社会消费品零售总额237.4亿元，比上年

花彩小镇 （朱劲涛 供）

增长10.1%，增幅全市第一；实现规上服务业营业收入151.2亿元，比上年增长17.8%，增幅全市第二。现代服务业提质增效三年行动计划启动，服务业增加值占GDP比重61.5%，山水城电子商务产业园和水军食品商贸、食行生鲜电子商务等6家企业成功创建市级电商示范单位，江苏太湖云计算信息技术、江苏微盛网络科技2家企业成功创建省级电商示范单位。融创文旅城开业，全年实现营收5.7亿元，成为无锡地区消费娱乐新地标。胡埭汽车城集聚高端品牌4S店8家，全年实现税收6660万元。加大规模和总部型服务业企业引育力度，全年新增入库嘉现汽车、瑞幸咖啡等限上零售、批发企业36家，新增入库格林勒斯检测科技、无锡奇赢文化传媒等规上服务业企业28家，为实现服务业稳步增长打下良好基础。举办2019年滨湖区餐饮烹饪技能大赛，成立滨湖青年厨师协会。策划“魅力湖湾城市探索计划”，开展万达广场万味盛典超级美食节、融创文旅城“FUN浪音乐节献礼国庆”等消费促进活动，营造消费氛围。

（朱劲涛）

【文化旅游业】 2019年，滨湖区规模以上文化企业数达86家，完成营业收入69.5亿元；文化及相关产业增加值占GDP比重6.44%，新增注册资金500万元以上企业125家。灵山文化创意产业园被评为江苏省重点文化产业园区，无锡国家数字电影产业园获批江苏省电影产业创新实验区、江苏版权贸易基地。滨湖区实现接待旅游总人数2747万人、旅游总收入302.5亿元，增速均保持15%以上。推进全域旅游示范区创建工作，依托融创文旅城，建成全域旅游联动指挥中心、全域旅游服务中心，全区旅游单位厕所100%达到A级标准。群丰社区、嶂青社区创成无锡市美丽乡村休闲旅游示范村，灵山景区通过国家AAAAA级旅游景区评定性复核，拈花湾旅游风情小镇创建工作通过年度考评并获得优秀等次。

（朱劲涛）

【开放型经济】 2019年，滨湖区实际使用外资及港澳台资2.3亿美元，其中战略性新兴产业占比75%。外贸进出口总额23.7亿美元，比上年增长4.7%，其中出口17.5亿美元，比上年增长5%。开展重大项目招引攻坚年活动，全区落户注册资本超1000万元企业近550家，其中超1亿元企业26家。精心组织2019滨湖发展大会暨金秋经贸洽谈会，首聘“滨湖城市发展顾问”10人，签约健适高端医疗器械、中信城开区域总部、中科云网等重大产业项目50个、总投资额近450亿元，其中投资超10亿元项目15个。融入“一带一路”交汇点建设，完成对外实际投资额6100万美元，实现跨境电商出口额1.2亿美元，服务贸易增长5%。

（朱劲涛）

【新兴产业】 2019年，滨湖区坚持科技支撑、创新引领，实施新兴产业倍增计划，生命健康、集成电路设计、车联网、信息技术、影视文化、金融创投六大新兴产业专项政策实现全覆盖，业务收入及税收继续保持20%以上增速，新增税收超1000万元企业5家、区级瞪羚企业4家，卓胜微成为全市首家集成电路设计上市企业，滨湖区被评为省创业投资集聚发展示范区。制定生命健康、车联网和信息技术等政策意见。调整完善区级现代服务业发展领导小组，初步构建新兴产业和现代服务业协同推进及监测体系。成功举办智能交通与车联网产业发展高峰论坛、物联网信息安全高峰论坛、太湖创“芯”峰会、太湖影视文化产业投资峰会、太湖（马山）生命与健康论坛等活动。

（朱劲涛）

【科技创新】 2019年，滨湖区全社会研发投入占GDP比重3.05%，新增高新技术企业70家，高新技术产业产值占规模以上工业产值比重66.5%，技改投入占工业投资比重70%，规模以上工业企业中有研发活动企业数占比43%，万人发明专利拥有量68件，新增主导和参与各类标准制修订22项，新获批省级院士工作站1家、工程技术研究中心3家、众创空间1家，哈佛医学创新无锡中心、东南大学微电子学院成功落户，江南大学国家大学科技园获评全国创业孵化示范基地、全省十佳专业孵化器。启动实施“滨湖之光”人才引育计划2.0升级版，新入选省“双创”人才7人、太湖人才计划项目17个，评选“滨湖之光”高层次领军人才项目19个。“才交会”人才金融论坛、“智汇滨湖”高层次人才创业大赛成功举办。

（朱劲涛）

【城乡建设】 2019年，滨湖区完成征收“清点”扫尾项目6个，推进新开征项目9个，完成涉拆建筑签约22.7万平方米，竣工交付安置房18.9万平方米。完成旧住宅区整治17万平方米、自然村改善提升15个、居民小区“二次供水”设施改造31个、背街小巷整治7条。完成天然气入户1000户，实施餐饮单位“瓶改管”120家，建成通信基站配套工程22个，新（改）建公厕21座、农路2条，改造提升农贸市场2家，新增机动车停车泊位6348个、非机动车停车泊位348处。构建城市精细化管理体系，“数字城管”实现一体化运作，拆除各类违建7.4万平方米、违法广告1.9万平方米，省违建别墅问题阶段性清查整治任务全部完成，优美环境合格区建设合格率100%、优良率67.1%。开展垃圾综合治理，马山、胡埭垃圾中转站完成改造，桃花山大件垃圾资源化处置站、胡埭建筑装修垃圾资源化利用项目建成投运，全区生活垃圾分类设施覆盖率85%、集中处理率91%。交通干线沿线环境综合整治五项行动通过省级验收，推进“四好农村路”创建、违法用地清理等。建筑路成为全市首条景观亮化道路。

（朱劲涛）

【生态建设】 2019年，滨湖区推进实施“河湖长制”“断面长制”，推进“两违三乱”专项整治、排水达标区建设，6个国、省考断面水质全面达标，10条市级环境综合治理河道优Ⅲ类水比例位居全市城区第一，10个重点水功能区达标率90%，10条黑臭水体申请销号，21条河道实现消劣，15个河（塘）完成清淤，35条河道开展生态修复，胡埭、马山污水处理厂新一轮提标改造启动实施，长广溪入选全省首批十大生态样板河湖。举办首届“河长制”暨治水高峰论坛，组建滨湖治水专家库、企业库。实施治太重点工程18个，打捞蓝藻71.1万吨、水草2.1万吨，连续12年实现太湖安全度夏。完成中央环保督察“回头看”反馈问题整改，推进污染防治攻坚战，清理整治“散乱污”企业（作坊）108家、燃煤工业窑炉13座，关停化工企业3家、危化品仓库1个。加强大气、土壤、危险废弃物等污染预警管控。完成第二次全国污染源普查。创建省级生态文明示范村3个、绿美村庄示范村2个。新增成片造林面积约6.67公顷、城镇公共绿地51万平方米，新（改）建小游园4个，划定永久基本农田约614.33公顷，全区林木覆盖率37.28%，自然湿地保护率69.4%。

（朱劲涛）

【社会事业】 2019年，滨湖区建成投用育红山水小学等学校4所，育英胜利小学、教康中心实训基地等加固改造如期竣工，完成蠡湖新城规划小学主体建设，启动马山中心幼儿园改扩建，在全市率先配齐公安“护学岗”，“滨湖区校园卫士综合管理云平台”上线运行；完成全区公办中小学、幼儿园食堂专项巡察整改，推进自办食堂工作；发布教育高质量发展纲要，确立“美好教育”发展愿景。预防接种门诊标准化建设全覆盖、省级信息系统率先试点；新型家庭医生签约1.5万人，3家基层医疗卫生机构完成硬件提升，胡埭卫生院被评为省级社区医院，胡埭镇国家卫生镇创建通过验收。新增体育公园7个、健身步道17.3千米，村（社区）综合性文化服务中心实现全覆盖；开展“文化滨湖”“书香滨湖”“百姓大舞台”等系列惠民文化活[illegible]
届运动会、环太[illegible]
等重大赛事活[illegible]
拉松赛被评为中[illegible]

【综合治理】 2019年，滨湖区纵[illegible]进扫黑除恶专项斗争，摧毁黑社会性质组织1个、恶势力犯罪集团2个、恶势力团伙2个，破获涉黑涉恶案件142起，查冻扣押资产1.13亿元。推进精神文明和民主法治建设，完成全国文明城市复检任务，开展“法润滨湖·与法同行”“送法进万家”等普法活动，办理法律援助案件613件。推进信访积案化解、网格化社会治理创新和“三无”村（社区）创建，化解信访积案7件、重大信访矛盾6件，完成重大事项社会稳评158件，启动实施社区智慧警务二期工程。推进安全生产领域改革发展，全面压实各级安全责任，全区16个专委和镇（开发区、街道）严格按照要求，开展城市安全集中整治，全年累计关闭取缔生产经营单位24家，责令停产停业340家，整改各类隐患2.3万余处，对80处重大事故隐患实施政府挂牌督办，组织实施“套路贷”清理、中小企业清欠整治等专项行动，食品安全保持“零事故”，全区安全形势总体平稳。

（朱劲涛）

【人民生活】 2019年，滨湖区城镇居民人均可支配收入61901元，农村居民人均可支配收入33761元。推进因病致困家庭深度救助，发放各类救助、优抚等资金7400万元，募集慈善资金2065万元。实现城镇新增就业1.7万人，援助重点就业困难人员再就业1607人，支持成功自主创业3397人，企业职工基本养老保险净增缴费1.07万人，落实公益性岗位和社保“两项补贴”5792万元。国药康养照护中心、颐乐居养老护理院建成投运，区级智慧养老服务平台建成并实现监控联网全覆盖，老年人意外伤害保险、居家援助服务分别惠及老年人9.6万人、特定老年家庭1.3万户，完成困难独居孤寡老年人家庭卫生间适老化改造201户，滨湖区被评为首批省级居家和社区养老服务创新示范区。9个集体经济薄弱村(社区)全部实现脱贫转化。镇(街道)企业家助残联盟实现全覆盖,建立省级残疾人家庭无障碍改造示范样板户15个。完善退役军人服务体系,"一中心两站"挂牌成立,开展拥军褒扬工作,落实各项优抚政策,完成各类安置任务。全年完成8大类、25项惠民实事工程。

(朱劲涛)

【融创文旅城开业】 6月29日,无锡融创文旅城开业,首日客流总量超过30万人次。融创文旅城总投资额超400亿元,集度假、文化、旅游、商业、高科技于一体,汇聚主题乐园、融创茂、太湖秀场、星级酒店群等主题,致力打造一站式文化旅游度假目的地。其中,主题乐园以传统江南文化为主题,拥有多项创新的游乐项目和精彩的娱乐表演;水世界是无锡首个沉浸式太湖主题水乐园,全室内的项目将江南水乡文化元素融入空间设计和设备创新设计;雪世界以真冰真雪打造集滑雪、娱雪于一体的复合型室内滑雪场;海世界则独创国内首个互动式海洋乐园,集大型演艺、游乐设备、动物及鱼类展示于一体,让游客尽览海洋之美、尽享缤纷欢乐。无锡融创文旅城开业后,推进产品迭代、内容创新,适应全域旅游新趋势,加强与区域内其他旅游资源的联动互补,推动无锡建成世界知名旅游目的地城市、推动长三角一体化发展。

(朱劲涛)

【首届河长制暨治水高峰论坛】 11月12日,滨湖区举办首届河长制暨治水高峰论坛,来自清华大学、同济大学、河海大学、中国科学院南京地理与湖泊研究所等高校和院所的专家、学者到滨湖区,为治水工作出谋划策。论坛上,滨湖区推出"河长制3.0版",成立水环境综合整治"专家库""企业库"。滨湖区把水质改善作为生态环境高质量发展的核心工作,倒逼产业转型升级,全力践行创新驱动战略,重点培育生命健康、IC设计、车联网、信息安全、影视文化、金融创投六大新兴产业,用现代高端产业逐步替代粗放式的落后产能,绿色低碳成为滨湖经济发展驱动力。

(朱劲涛)

组织机构和负责人名单

中共滨湖区委员会

书　记　许　峰
副书记　陈锡伦
　　　　殷　毅
常　委　许　峰
　　　　陈锡伦
　　　　殷　毅
　　　　宋　晓
　　　　陈烈蓉(女)
　　　　彭红宇
　　　　苏建良(至3月)
　　　　吴瑜君
　　　　倪守红
　　　　范校军
　　　　贾效兵
　　　　张爱军(4月任)
　　　　朱丽菁(女,挂职,至1月)

滨湖区人大常委会

主　任　许新宇
副主任　林　忆(女)
　　　　韩　平
　　　　徐勇强
　　　　唐国良

滨湖区人民政府

区　长　陈锡伦
副区长　范校军
　　　　朱丽菁(女,挂职,至1月)
　　　　毛加弘(女,至1月)
　　　　吕　军(至5月)
　　　　张爱军(至4月)
　　　　王伟伦
　　　　钱锡忠(4月任)
　　　　徐新宇(女,4月任)
　　　　张跃跃(10月任)
　　　　陈　虎(10月任)
　　　　蒋勤芳(女,挂职,至4月)
　　　　吴　伟(挂职,至6月)
　　　　常成宝(挂职,至8月)
　　　　张清亮(挂职,4月任)
　　　　吴雄刚(挂职,8月任)

政协滨湖区委员会

主　席　刘洪兴
副主席　赵虹路(女)
　　　　过伟忠
　　　　程　红(女)
　　　　李明东
　　　　李雪花(女)

中共滨湖区纪律检查委员会
(滨湖区监察委员会与其合署办公)

书　记　贾效兵

(区委组织部)

新吴区

【概况】 新吴区位于无锡市区东南部,总面积220.01平方千米。至2019年年末,全区辖无锡国家高新技术产业开发区、无锡空港经济开发区、星洲工业园、综合保税区、无锡太湖国际科技园、鸿山旅游度假区和旺庄、硕放、江溪、梅村、鸿山、新安6个街道,有81个社区、9个行政村、35个村居合一社居委。户籍总户数134585户,比上年增长2.96%,户籍总人口37.88万人,比上年增长2.1%,常住人口57.07万人,比上年增长0.26%。区人民政府设在新安街道和风路28号。2019年,全区实现地区生产总值1845.5亿元,比上年增长6.3%,人均GDP突破32万元,居全省城区第一;完成一般公共预算收入205.1亿元,比上年增长3.2%,其中完成税收收入185.5亿元,税收占比90.5%。新吴区作为无锡市重要的经济增长极、对外开放窗口、科技创新基地和转型发展引擎，成为苏南国家自主创新示范区“8+1”建设框架的重要组成部分、江苏唯一首批入选中央海外高层次人才创新创业基地的开发区，获批国家传感网创新示范区、国家创新型园区、国家生态工业示范园区、国家知识产权试点园区。

（文　明）

【工业】 2019年，新吴区完成规上工业总产值4217.6亿元，规上工业增加值突破1000亿元大关；固定资产投资比上年增长6.4%；工业投资比上年增长12.2%，占固定资产投资比重69%，高技术制造业投资占工业投资比重83.6%，均位居全市第一。全年完成高新技术产业产值2790.7亿元，比上年增长4.6%，占规上工业总产值比重66.2%，比上年提高1.6个百分点；战略性新兴产业占规上工业总产值比重50.4%，位居全市第一，其中物联网、集成电路、生物医药、软件服务、大数据产业分别比上年增长16.1%、8.1%、47.6%、15.2%、25.1%。

（文　明）

【项目建设】 2019年，新吴区围绕产业体系化发展开展精准招商，新批超1亿元项目95个，总投资额462.8亿元，其中SK海力士M8、乐友新能源等超50亿元项目2个，北特汽车、航亚科技等超10亿元项目11个。100个区级重点项目、17个省市重点项目投资完成率分别为121%、138%，连续3年全市第一；SK海力士二工厂等28个项目竣工投产，华虹项目建设速度刷新行业记录，夏普液晶显示模块、村田二工厂等38个项目开工建设，电子信息、高端制造、新能源等产业链条持续延伸拓展。新建、续建重大服务业项目12个，万达广场、梅里古镇二期等项目加速推进。

（文　明）

【产业转型】 2019年，新吴区推进街道工业集中区提档升级，建立空港智能制造产业园、江溪智慧产业创新园等5个先行示范区，每公顷税收增长12.3%。推进传统产业与新一代信息技术深度融合，先导智能、普洛菲斯等企业斩获5个国字号荣誉项目，在全市实现零的突破，新增省工业互联网标杆工厂2家、星级上云企业27家、市级以上智能车间39家，新增省级示范智能车间数量占全市58%，连续3年位居全市第一，完成智能化改造项目50个，获评省首批“互联网+先进制造业”基地，4家企业产品入围省首台（套）重大装备。总部经济取得进展，新增省级跨国公司地区总部2家，完成工厂总部化项目40个，阿斯利康、中船、先导、朗新等外资、国资、民资龙头企业实现园区化发展。英飞凌、威孚高科、华光股份包揽全市“市长质量奖”。民营经济在智能制造、科技创新、资本运作等领域快速发展，贡献全区25%的规上工业产值、40%的税收、60%的就业。

（文　明）

【科技创新】 2019年，新吴区全社会研发费用占GDP比重3.76%，高于全市平均0.86个百分点；万人发明专利拥有量139.92件，是全市平均值3倍。招引第七大道、美林数据等科技企业850家入驻，比上年增长32.2%；净增高新技术企业183家，位居全市第一；入选苏南国家自主创新示范区潜在独角兽企业6家、瞪羚企业31家，认定省级“专精特新”小巨人企业8家，入选市雏鹰、瞪羚、准独角兽榜单企业182家；基本形成“科技型中小企业—雏鹰企业—瞪羚企业—准独角兽企业”创新路径。新增重大产业创新平台3家、新型研发机构7家、院士工作站4家、省级以上企业工程技术研究中心22家、市级以上众创空间4家。新招引各类人才1万余人，其中院士6人、高层次人才1147人；引育国家级人才6人、省级人才25人，入选市级人才计划50项，均位居全市第一；引进市级人才项目50个，领军人才创业企业总产值110亿元。推进专业园区建设，无锡国际生命科学创新园开园，生物医药产业快速增长。中电海康物联网产业基地、海尔物联生态网示范基地、微纳园二期建设取得进展，国家传感网创新示范区建设10周年成就明显，物联网产业园发展势头良好。华虹一期等重大项目竣工投产，海力士集成电路科技园加速推进，集成电路设计产业园强链补链，集成电路产业能级提升。企业上市发展势头良好，新增上市企业2家，祥生医疗成为全市首家科创板上市公司，科创板受理过会3家、上市辅导3家、完成股改15家，高新技术产业开发区获评全省创业投资集聚发展示范区。苏南国家自主创新示范区一站式服务中心投入运行，中关村科技创新园获批国家级科技企业孵化器，微纳国际创新园获“亚洲最佳孵化器奖”。

（文　明）

【深化改革】 2019年，新吴区全面完成区级机构改革任务，设立鸿山旅游度假区管理办公室和太科园管理办公室，全区行政管理体制优化。持续推进“放管服”改革，承接国家级开发区全链审批赋权182项，深入推动相对集中行政许可权改革，开办企业实现“当天领照、次日营业”，最快半小时领取营业执照。建立“个性化和定制化”审批服务直通车，建设项目审批材料精简60%，审批时长压缩至20个工作日、仅为法定时限8%。稳步推进农业、交通等领域综合执法改革。全面推进“互联网+政务服务”，建立区、街道、村（社区）三级政务服务体系，行政审批（服务）事项实现60%就近办、70%立即办、80%网上办、90%一次办、100%进政务大厅。深化科技创新体制改革，成立集成电路和软件等4个专业园区工作领导小组，全面整合完善专业园区管理体制，持续完善高企引育、科技企业分层培育、科技项目准入评估、新型研发机构引育等工作机制。深化教育改革，义务教育全面实现“六个统一”（资源配置、师资调配、教学管理、教学研究、学校招生、质量评价在学区内统一进行），推进“区管校聘”，优化提升社会办学体制。稳步推进医疗卫生体制改革，推进“市人民医院—

新吴区”紧密型医联体建设，健全分级诊疗体系。推进国有企业“一企一策”市场化改革，提升国有资本配置效率。全面深化供给侧结构性改革，全年减免各类税费54亿元；建设小额担保、科技信贷、种子基金、天使基金等全链金融支撑体系，新增基金总规模40余亿元，帮助企业完成科技贷款、物联网金融贷款114.9亿元，区金融公共服务平台为企业解决资金需求31.4亿元。建成村田、华虹等重点配套电力工程4个，10千伏以上工商业企业用电价格下降10%，核减能源消费35万吨。整治散乱污企业603家，关停化工企业11家，盘活存量土地约239.49公顷，消化批而未供土地约104.31公顷，完成低效用地再开发115.08公顷。新登记市场主体15002户，其中企业6307户，新增“四上企业”（规模以上工业企业、资质等级建筑业企业、限额以上批零住餐企业、国家重点服务业企业4类规模以上企业）375家。

（文　明）

【扩大开放】 2019年，新吴区外资外贸结构持续优化，战略性新兴产业到位注册外资及港澳台资占比86%，第二届进出口博览会采购金额超过4.5亿美元；加快“走出去”步伐，境外协议投资超过1亿美元，与“一带一路”沿线国家和地区贸易进出口额突破100亿美元，华光签约总价2.45亿元柬埔寨西哈努克港热电工程，为建区以来最大标的海外承包工程。全面复制推广自贸区改革试点经验，推动综合保税区转型升级，新增增值税一般纳税人资格试点企业4家、全球检测维修企业4家，综合保税区进出口总额排名升至全国第五、江苏第二。跨境电商网购保税模式监管中心建成投用，跨境电商实现全模式通关，“一带一路”跨境电商产业园、无锡空港跨境电商产业园加快建设。新加坡工业园获评省级国际合作园区，国际邮政互换局获国家批准，冰鲜水产品进口口岸通过国家验收。

（文　明）

【产城融合】 2019年，新吴区落实“一心三轴五板块”产城融合发展总体布局，完成旺庄第一岗、新华路站前等片区规划研究，全面启动鸿山新市镇、泰伯广场等区域城市设计，长江路片区改造快速推进，太湖国际科技园、伯渎河片区建设成效初显。综合交通体系规划建设取得阶段成果，飞凤路快捷化改造、长江路改造等项目加速推进，华友中路、锡义路等38个道桥项目启动建设，和风路、修齐路等23条“断头路”“卡脖子路”建成通车。周泾河沟通工程、人防疏散基地等50个重点基础设施项目顺利完工，增加机动车泊位9188个，新建、改建公厕51座。疏通公共交通“毛细血管”，新开优化公交线路10条。完成拆迁135万平方米，比上年增长23.8%，其中安置房腾地拆迁27.7万平方米。新建安置房10638套，在建棚改安置房12853套，竣工2372套。出让经营性用地18幅、约93.07公顷，出让金额创历史最高。推进城市精细化管理，164个A类优美环境合格区合格率100%、优良率73.2%，获全市城市精细化管理第一名；全面实施综合环境“百日攻坚”整治，查处影响市容市貌行为4.5万余起，“小飞龙”基本绝迹，拆除违法建设50万平方米，整治背街小巷12条，道路包装出新12条，慧海湾生态公园建成开放，完成道路景观提升5条，新建改建公园游园18个，新建改建绿地面积124万平方米。

（文　明）

【环境保护】 2019年，新吴区推进“蓝天、碧水、净土”保卫战，小流域综合治理工程全面完成，建成区黑臭水体得到全面整治，劣V类河道基本消除，地表水国省考断面水质优Ⅲ比例75%，9条考核河道断面优Ⅲ率77.8%，全面推进太湖水源地保护区生态环境建设，太湖连续12年实现安全度夏；完成VOCs（volatile organic compounds：挥发性有机化合物）治理、工地扬尘、餐饮油烟治理等工程152个，空气质量优良天数比率71.4%；开展涉危化工、铅酸蓄电池等排查整治专项行动。

（文　明）

【乡村振兴】 2019年，新吴区发展智慧农业，2个项目获评国家数字农业农村“三新”（新品种、新技术、新模式）优秀项目。约333.33公顷优质水稻种植基地获评省第一批绿色优质农产品基地，鸿山葡萄专业合作社获评国家级示范社。农村集体产权制度改革全面完成，96个村级经济组织全面建成股份经济合作社，启动撤销空壳村（居）工作。开展农村人居环境集中整治，全区农村人居环境质量改善，七房桥村入选全国乡村治理示范村、全国“千村万寨展新颜”展示名单，大坊桥村获省级农村人居环境整治示范村称号。

（文　明）

【民生事业】 2019年，新吴区加强和改善公共服务供给，10大类、28项民生实事项目全面完成，城镇登记失业率控制在1.75%的较低水平，城镇居民人均可支配收入6.03万元，比上年增长8.6%。实施就业促进、创业引领、技能就业计划，新增就业1.74万人，城镇失业人员再就业1.56万人，就业困难人员再就业3562人，支持自主创业3089人。新增企业职工基本养老保险缴费1.70万人。开展特困家庭深度救助，发放低保金274.9万元，办理住房救助162户，开展医疗救助194人，发放残疾人“两项”补贴1025万元，完成特殊困难家庭设施无障碍改造75户，区重度残疾人托养中心启用。政府、企业、社会组织共同合作，发展公益事业，实施“爱在新吴”等一批优质助学、助老、助困、助残项目。做好退役军人优抚安置工作，“一中心、两站”（区退役军人服务中心，镇、村退役军人服务站）建设圆满完成，服务保障体系实现全覆盖。推进16个中小学项目建设，投资总额15亿元，比上年增长108%，春城实验小学等8个项目完工、增加学位1万余个，推进丽景小学等项目8

个，成立海力士学校，开办区特殊教育学校；提升学前教育质量，省市优质幼儿园创建比例96%；新招聘教师320人，比上年增长33.3%，引进高层次教育人才占全市40%。推进优质教育共同体建设，入驻开办金桥双语实验学校，创建市级“智慧校园”20所，区独角兽企业曲速教育的“极课大数据”在全区中小学推广使用。推进“健康新吴”建设，国家慢病防控示范区创建工作取得进展。新瑞医院开业运营，219名上海专家签约注册，全面融入长三角医疗一体化发展；中医医院挂牌，推进海力士医院、区公共卫生大楼建设，人民医院新安分院获评省级社区医院。实现老年人日间照料中心、区域性助餐中心区域全覆盖，开工建设旺庄“医养一体化”养老院等养老项目4个。举办中俄网络媒体论坛、海峡两岸棒球交流赛、太湖音乐节等大型文体活动，开建鸿山遗址木休保护展示工程，建成新时代文明实践所（站）55个。

（文　明）

【大数据科技园区项目】 2月20日，北控集团子公司北京北控智科能源互联网有限公司（以下简称“北控智科”）“大数据科技园区”项目签约落户空港经济开发区，总投资额30亿元。新吴区政府与北京北控智慧城市科技发展有限公司签订《战略合作框架协议》。北控智科隶属于北京市大型国有企业集团——北京控股集团有限公司，公司致力于政府、企业合作并推进城市公用事业的信息化基础建设、数据中心IDC建设和应用系统建设。北京控股集团有限公司是北京市最大的国有企业之一，实现利润总额常年列北京市属国有企业首位，是北京市委、市政府加快首都国有资本战略调整、做大做强的少数关键企业，入选“中国最大500家企业集团”“中国企业500强”。

（文　明）

【云计算与射频技术研发中心】 3月5日，市长黄钦会见捷普集团首席运营官Alessandro Parimbelli一行，参加捷普电子北亚区云计算与射频技术研发中心揭牌仪式。研发中心的设立为企业发展5G业务提供良好技术支持。捷普电子在上海市开展5G业务，把部分业务放到无锡工厂。捷普集团计划持续扩大对无锡市的投资建设，通过智能车间建设，为无锡市提供更多的高技术技能岗位。

（文　明）

【SK海力士高端学校项目】 3月20日，新吴区与韩国SK海力士签署合作协议，合力打造SK海力士学校。省委常委、市委书记李小敏，市长黄钦会见韩国SK海力士株式会社社长李锡熙一行，并出席签约仪式。副市长、新吴区委书记王进健等人参加活动。SK海力士在新吴区投资建设国际化、高端化的民办学校，一期规模计划招收小学生1000人，二期计划建设初中，计划招收学生500人。

（文　明）

【新瑞医院开业】 3月26日，新瑞医院开业。新瑞医院是新吴区首家三级综合医院，是由区政府与上海瑞金医院合作共建的为民办实事重点项目，具体承担辖区医疗体系中的综合医院功能。医院设有临床科室29个，医护人员近500人，临床科室学科带头人、执行主任均由上海瑞金医院的医疗专家及业务骨干担任。年内，设立骨科、呼吸科、泌尿外科、神经内科等特色专科，随着医院发展及患者需求，后续计划引进更多沪上优质专家团队，把上海优质医疗资源衍生到无锡；立足自身，逐步完成学科体系、人才梯队和物联网辅助平台建设，打造长三角一体化医疗合作典范，惠及更多居民。

（文　明）

【华虹无锡基地项目首批光刻机搬入】 6月6日，华虹无锡集成电路研发和制造基地项目12英寸生产线建设项目首批光刻机搬入。省委常委、市委书记李小敏，市长黄钦出席首批光刻机搬入仪式并为首批光刻机揭彩。华虹无锡集成电路研发和制造基地项目是无锡史上单体投资规模最大项目，总投资额100亿美元。支持智能终端、5G通信、物联网和汽车电子等新兴领域的应用。此次光刻机的搬入标志着华虹无锡基地项目建设进入关键性节点，全面进入试生产准备阶段。项目于2018年3月2日开工，秉承“安全是前提，质量是基础，进度是关键”基本原则，各主要工程节点均较原计划提前完成，刷新华虹项目“无锡速度”，项目完成土建直至机台搬入用时14个月，打破全球Fab厂建设最快用时15个月的记录。9月，项目投片生产，向新中国成立70周年献礼。

（文　明）

【美林数据南方总部开业】 10月16日，美林数据南方总部开业仪式在东庄电力电子科技园举行。美林数据技术股份有限公司（简称：美林数据）成立于1998年，2015年成功登陆“新三板”创新层。至2019年年末，有员工近400人，其中研发人员超过70%，是国内知名的工业大数据领军企业，重点面向智能电网、智能制造等工业领域企业客户，提供包括大数据产品与技术服务解决方案。美林数据是国家信息安全标准化技术委员会大数据工作组工业大数据专题组组长单位、大数据分析技术及算法国家工程实验室联合建设单位，作为“中国大数据企业50强”，参与国家信息安全标准化技术委员会的《中国工业大数据应用标准》《大数据行业应用标准》《大数据技术标准》等国家大数据顶层设计。2019年4月，美林数据与新吴区签署合作协议，共建大数据算法与分析技术国家工程实验室工业大数据融合创新中心及美林数据南方总部。

（文　明）

【智能集成电路设计技术研究所成立】 12月13日，江苏集萃智能集成电路设计技术研究所揭牌仪式举行。江苏省产业技术研究院智能集成电路设计技术研究所是由江苏省产业技术研究院、新吴区和一批国内外顶尖集成电路设计专家教授共同成立的新型研发机构。研究所从事智能集成电路设计技术研究,包括智能物联芯片、智能数据处理芯片、智能雷达感知芯片、智能处理器与人工智能芯片、智能汽车电子芯片以及智能芯片设计方法等。参与制定国际标准,完成相关专利覆盖,形成集成电路设计高地。5 年内培养、引进"省双创"及高级高层次人才不少于 30 人;衍生、孵化、引进集成电路设计产业链相关企业 50 家以上,形成产业聚集效应,带动上下游产业产生经济效益 30 亿元,推动相关产业转型升级。

（文　明）

12 月 13 日,江苏集萃智能集成电路设计技术研究所揭牌 （文　明　供）

组织机构和负责人名单

中共新吴区委员会

书　记　王进健
副书记　封晓春
　　　　洪延炜
常　委　王进健
　　　　封晓春
　　　　洪延炜
　　　　吴胜荣
　　　　匡　辉
　　　　余银龙
　　　　焦夕莲(女)
　　　　刘　霞(女)
　　　　祝君乔(3 月任)
　　　　章晓明(10 月任)
　　　　褚　建(至 10 月)
　　　　王颐然(10 月任)
　　　　胡　逸(至 1 月)
　　　　朱卫东(挂职,至 1 月)
　　　　袁小强(挂职,至 6 月)

新吴区人大常委会

主　任　张明烈
副主任　刘　骁
　　　　何雪清
　　　　黄家传(兼)
　　　　严冬兴(至 7 月)

新吴区人民政府

区　长　封晓春
副区长　胡　逸(至 1 月)
　　　　朱卫东(挂职,至 1 月)
　　　　祝君乔
　　　　朱晓红
　　　　李伟敏(女)
　　　　钱　前
　　　　丁旭东
　　　　丁洪军(3 月任)
　　　　石松哲(挂职,至 4 月)
　　　　顾　瑾(女,挂职,至 6 月)
　　　　田　丰(挂职)
　　　　禹　罡(挂职,8 月任)

政协新吴区委员会

主　席　刘蓓红(女)
副主席　沈雪芳
　　　　肖伟民(兼)
　　　　平　江
　　　　金　燕(女,兼)

中共新吴区纪律检查委员会
（新吴区监察委员会与其合署办公）

书　记　焦夕莲(女)

（区委组织部）

编辑　李汉洪

新任市领导

黄 钦

黄钦，男，汉族，1962年10月生，江苏昆山人。1985年1月参加工作，1986年12月入党，中央党校研究生学历。1979年7月昆山县兵希有机化工厂工作；1983年1月历任昆山市染化助剂厂供销员、副厂长；1987年5月任昆山市兵希镇外经协作办主任、明达对外贸易公司经理、科协科技助理；1989年12月任昆山市兵希镇工业公司党支部书记、经理；1990年7月任昆山市兵希镇党委委员、工业公司经理、农工商总公司副总经理；1992年11月任昆山市兵希镇党委委员、农工商总公司总经理、副董事长；1994年1月任昆山市兵希镇党委书记、农工商总公司董事长（其间：1993年3月~1995年12月上海工程技术大学经营管理专业自学考试学习）；1997年4月任昆山市副市长；1997年5月任昆山市副市长兼市经委党委书记、主任；1998年2月任昆山市副市长兼市经委党委书记（其间：1996年9月~1998年12月中央党校函授学院法学理论专业大学学习）；2001年5月任苏州市经委主任、党组书记、市工业联合发展（集团）有限公司董事长、市工业发展有限公司执行董事；2001年6月任苏州市经贸委主任、党组书记兼市乡镇企业管理局局长、市工业联合发展（集团）有限公司董事长、市工业发展有限公司执行董事，市工业投资发展有限公司董事长、党委书记；2002年3月任苏州市经贸委主任、党组书记兼市乡镇企业管理局局长、市工业投资发展有限公司董事长、党委书记；2002年11月任苏州市经贸委主任、党组书记兼市工业投资发展有限公司董事长、党委书记；2004年4月任苏州市经贸委主任、党组书记；2005年3月任苏州市发改委主任、党组书记兼市政府副秘书长、市信息化办公室主任；2005年12月任张家港市委书记、张家港保税区党工委书记（其间：2006年9月~2009年7月中央党校法学理论专业在职研究生学习）；2010年10月任苏州市政府副市长、党组成员；2012年5月任无锡市委常委；2012年6月任无锡市委常委，市政府副市长、党组副书记；2018年2月任无锡市委副书记，市政府代市长、党组书记；2019年1月任无锡市委副书记，市政府市长、党组书记；2019年12月任无锡市委书记。

（市委组织部）

杜小刚

杜小刚，男，汉族，1976年6月生，江苏常州人。1999年8月参加工作，1997年6月入党，大学学历。1995年9月南京大学国际金融专业学习；1999年8月任南京市鼓楼区宁海路街道工作人员；2000年5月任南京市鼓楼区宁海路街道团工委副书记（其间：2001年8月~2002年2月借调共青团中央志愿者行动指导中心帮助工作）；2002年3月任共青团南京市鼓楼区委副书记；2003年2月任共青团南京市鼓楼区委书记；2004年1月任共青团苏州市委副书记；2006年6月任共青团苏州市委书记、党组书记（其间：2003年3月~2008年5月南京大学与荷兰特里赫特管理学院工商管理硕士专业学习，获工商管理硕士学位）；2011年6月任苏州市沧浪区委副书记、代区长、区长；2012年10月任苏州市姑苏区委副书记、区政府筹备组成员，苏州国家历史文化名城保护区党工委副书记、管委会常务副主任；2012年12月任苏州市姑苏区委副书记、副区长，苏州国家历史文化名城保护区党工委副书记、管委会常务副主任；2013年7月任太仓市委副书记、代市长、市长，太仓港经济技术开发区管委会主任；2015年1月任昆山市委副书记、市长，昆山经济技术开发区管委会主任；2018年2月任昆山市委书记、市长，昆山经济技术开发区党工委书记、管委会主任；2018年8月任昆山市委书记、昆山经济技术开发区党工委书记；2019年12月任无锡市委副书记，市政府代市长、党组书记；2020年1月任无锡市委副书记，市政府市长、党组书记。

（市委组织部）

朱爱勋

朱爱勋，男，汉族，1967年9月生，江苏靖江人，1989年8月参加工作，1994年9月入党，大学学历。1984年9月上海同济大学电气工程系工业自动化专业学习;1989年8月无锡市人防工程勘察设计室工作;1993年1月任江苏省第二建筑设计研究院无锡设计所助理工程师;1993年6月任江苏省第二建筑设计研究院无锡设计所副所长、团总支书记(其间:1994年5月~1995年4月挂职任崇安区周山浜街道办事处副主任);1995年5月任无锡市人民防空办公室主任助理;1997年3月任共青团无锡市委副书记、党组成员(其间:1996年9月~1998年7月东南大学江苏省领导干部研究生课程进修班科技经济与行政管理专业学习);1998年9月任共青团无锡市委书记、党组书记(其间:2000年9月~2000年12月江苏省委组织部第四期高级管理人才经济研修班学习);2002年5月任无锡市政府副秘书长(正处级);2002年12月任无锡市政府副秘书长,市政府办公室主任、党组副书记;2003年7月任无锡市锡山区委副书记、代区长、区长(其间:2002年3月~2004年12月南京大学公共管理学院学习,获公共管理硕士学位);2006年1月任无锡市锡山区委副书记、区长,锡山经济开发区党工委副书记、管委会副主任;2008年4月任无锡市锡山区委副书记、区长,锡山经济开发区党工委副书记、管委会主任;2008年11月任无锡市锡山区委书记,锡山经济开发区党工委副书记、管委会主任;2009年6月任无锡市锡山区委书记,锡山经济开发区党工委书记;2012年6月任无锡市政府副市长、党组成员,锡山区委书记,锡山经济技术开发区党工委书记;2012年7月任无锡市政府副市长、党组成员,锡山经济技术开发区党工委书记;2013年11月任无锡市政府副市长、党组成员;2019年11月任无锡市委常委,市政府副市长、党组成员;2019年12月任无锡市委常委,市政府副市长、党组副书记。

(市委组织部)

沈 建

沈建,男,汉族,1963年5月生,江苏苏州人。1984年7月参加工作,1993年2月入党,大学学历。1980年9月同济大学道路与交通工程系道路工程专业学习;1984年7月任无锡市市政工程设计院技术员;1991年4月任无锡市市政公用事业局市政科科员;1992年10月任无锡市市政公用事业局市政科副科长;1994年10月任无锡市市政公用事业局市政处处长(其间:1995年5月~1996年1月挂职任无锡市市政设施管理处副处长);1998年3月任无锡市市政公用事业局副局长、党委委员,市市政公用事业总公司副经理;2002年4月任无锡市市政公用事业局副局长、党委委员;2002年12月任无锡市建设局局长、党委副书记,市建筑工程管理局局长;2003年6月任无锡市建设局党委书记、局长,市建筑工程管理局局长(其间:2005年8月~2007年4月兼任无锡市政府副秘书长);2007年4月任无锡市北塘区委书记;2007年11月任无锡市北塘区委书记、区人大常委会主任;2010年11月任无锡市委秘书长,北塘区委书记、区人大常委会主任;2011年2月任无锡市委秘书长;2011年6月任江阴市委副书记、代市长,江阴经济开发区党工委副书记、管委会主任;2012年3月任江阴市委副书记、市长,江阴高新技术产业开发区党工委副书记、管委会主任;2016年6月任宜兴市委书记,宜兴经济技术开发区党工委书记;2019年12月任无锡市人大常委会党组成员,宜兴市委书记,宜兴经济技术开发区党工委书记;2020年1月任无锡市人大常委会副主任、党组成员,宜兴市委书记,宜兴经济技术开发区党工委书记。

(市委组织部)

刘必权

刘必权,男,汉族,1969年10月生,江苏射阳人。1991年8月参加工作,1993年7月入党,大学学历。1988年9月江苏公安专科学校公安管理系内勤专业学习;1991年8月任江苏省公安厅预审处干部;1992年8月任江苏省公安厅预审处科员(其间:1992年3月~1993年3月淮阴市公安局城西派出所锻炼);1996年12月任江苏省公安厅预审处、监所工作管理处秘书科副科长;2000年2月任江苏省公安厅监所工作管理处刑事羁押工作指导科副科长;2001年4月任江苏省公安厅监所管理处刑事羁押管理科科长(其间:2002年9月~2004年9月北京师范大学行政管理专业研究生课程进修班学习);2005年1月任江苏省看守所(副处级建制)所长(其间:2008年6月江苏省高等教育自学考试公安管理专业大学毕业);2011年8月任江苏省看守所(正处级建制)所长;2015年3月主持江苏省公安厅警务保障部工作;2015年6月任江苏省公安厅警务保障部主任;2016年5月任淮安市副市长,市公安局局长、党委书记;2019年11月任无锡市政府副市长、党组成员,市公安局党委书记、局长、督察长(兼),市委政法委副书记(兼)。

(市委组织部)

王国中

王国中,男,汉族,1962年9月生,江苏无锡人。1980年12月参加工作,1984年12月入党,研究生学历。1979年11月无锡市财政税务局培训班学习;1980年12月任无锡市财政税务局税政科办事员、科员;1983年6月任无锡市财政税务局团委副书记;1984年2月任无锡市税务局团委副书记;1985年2月任无锡市税务局稽征管理科副科长;1987年9月中国人民大学财政税务专业干部专修科学习;1989年7月任无锡市税务局稽征管理科副科长;1991年4月任无锡市税务局第二分局局长(其间:1993年7月经济师);1994年9月任无锡市地方税务局副局长、党组成员(其间:1995年2月~1995年5月江苏省第9期县处级干部培训班学习);1997年12月任江阴市副市长;1999年6月任无锡市地方税务局局长、党组副书记(其间:1996年9月~1999年7月南京农业大学经济管理专业在职研究生学习);2001年6月任无锡市地方税务局局长、党组书记(其间:2002年3月~2002年4月江苏省第13期县处级中青年干部培训班学习);2003年1月任无锡市副市长,市地方税务局局长、党组书记;2003年3月任无锡市副市长(其间:2007年3月~2007年4月江苏省第33期省管干部进修班学习);2011年9月任无锡市委常委、宣传部部长;2017年3月任江苏省广电有线信息网络股份有限公司总经理、党委副书记、董事;2018年7月任江苏省广电有线信息网络股份有限公司党委书记、董事长、总经理;2019年3月任江苏省广电有线信息网络股份有限公司党委书记、董事长;2019年12月任无锡市政协副主席候选人、党组副书记(正市级);2020年1月任无锡市政协副主席、党组副书记(正市级)。

(市委组织部)

钱 斌

钱斌,男,汉族,1967年12月生,江苏盐城人。1988年8月参加工作,1988年5月入党,省委党校研究生学历。1984年9月苏州大学法学院法律专业学习;1988年8月任连云港市司法局秘书科、公证律师管理科科员;1992年5月任连云港市司法局宣传科副科长;1994年4月任连云港市司法局教育科副科长;1995年2月任连云港市司法局教育科科长(其间:1996年10月~1996年12月连云港市委党校中青年干部培训班学习;1997年9月~1998年1月江苏省委党校中青年干部培训班学习);1998年3月任连云港市司法局副局长、党组成员(其间:1999年2月~2001年1月连云港市委驻灌南县扶贫工作队副队长);2001年7月任连云港市中级人民法院副院长、党组成员(其间:2001年9月~2004年7月江苏省委党校政治经济学专业在职研究生学习;2003年9月~2003年12月江苏省委党校中青年干部培训班学习;2005年5月正处级);2009年7月任连云港市中级人民法院副院长、党组副书记(正处级);2012年5月任淮安市中级人民法院代院长、院长、党组书记(其间:2016年6月二级高级法官);2019年9月任无锡市中级人民法院代院长、党组书记、二级高级法官,市委政法委副书记(兼);2020年1月任无锡市中级人民法院院长、党组书记、二级高级法官,市委政法委副书记(兼)。

(市委组织部)

新当选中国工程院院士

陈 卫

陈卫,男,1966年4月生,江苏江都人,中共党员,教授,博士生导师。1988年获无锡轻工业学院食品科学学士学位;1995年获无锡轻工大学食品工程硕士学位;2003年获江南大学食品科学博士学位。曾任江南大学食品学院副院长、学科建设处处长、发展规划处处长、食品学院院长兼国家功能食品工程技术研究中心主任。2017年4月起任江南大学党委常委、副校长兼国家功能食品工程技术研究中心主任,2020年2月起任江南大学校长、党委副书记。

长期从事功能性食品微生物的研究与开发。近年来围绕乳酸菌的资源发掘与整理,益生菌生理代谢与功能机制的解析和优化,益生菌与环境及宿主的互作,益生菌对宿主的健康效应,肠道微生物与人体健康等开展了一系列的研究。特别是在自主产权益生菌菌种库和信息数据库的构建,优质新菌种的培育、制备、研发以及产业化推进等方面做出了重要贡献,是中国益生菌领域突出的学术带头人。任国务院学位委员会第七届食品科学与工程学科评议组委员,兼任中国食品科学技术学会常务理事兼益生菌分会理事长、无锡市欧美同学会会长。

曾获"全国优秀科技工作者""全国五一劳动奖章""全国先进工作者""长江学者特聘教授""国家杰出青年科学基金获得者",国务院政府特殊津贴,及教育部"长江学者奖励计划创新团队负责人"、"科技部重点科技领域创新团队负责人"等称号。先后获国家科技进步二等奖、国家技术发明二等奖、国家教学成果一等奖、中国专利奖金奖、谈家桢生命科学奖。2019年当选为中国工程院院士。

(侯立勇)

全国五一劳动奖章获得者

王大有

王大有,男,1973年11月11日生,汉族,群众,大学本科,无锡锡山建筑实业有限公司技术副总监。

王大有长期从事建筑施工技术研究和工艺改进创新工作,秉承一颗"匠心",甘于奉献,积极探索,为提升企业技术管理、科技创新水平发挥重要作用。多年来,他先后完成50多项工程基坑支护和高支模方案编写，为工程顺利施工提供可靠的技术支持，节约大量建设资金，在行业核心期刊上发表论文20余篇，带领QC小组完成的成果获全国一等奖2项，省、市各类奖项20余项。先后获“江苏省五一劳动奖章”“全国工程建设质量管理小组活动卓越领导者”等称号。2019年4月23日，获全国五一劳动奖章。

（市总工会）

陆志林

陆志林，男，1973年4月19日生，汉族，中共党员，大专，无锡锡山特种风机有限公司技术部部长。

20多年来，陆志林始终扎根在技术岗位一线，刻苦钻研，取得发明专利4项和实用新型专利13项。他发明国内首例插入式循环风机，开创隔爆型外转子电机以及轴流风机创新运用在变频防爆电动机的先例。发明的化纤加弹机用高速永磁同步电机，实现纺机企业节能减排的自动化控制并转化推广，年创造产值五千万元。连续7次受邀参加中国科学家论坛科技成果展示及产学研科技合作活动，获“江苏省劳动模范”等称号。2019年4月23日，获全国五一劳动奖章。

（市总工会）

陈 亮

陈亮，男，1984年3月10日生，汉族，中共党员，中专中技，无锡微研股份有限公司加工中心班组副班长。

陈亮作为江苏省技能大师工作室领办人，带领团队与相关高校合作，承接国家863计划项目，攻克卫星部件超精密微细加工难题。他深入研究易拉环模具加工工艺，提升产品毛利50%，年节约外汇近千万元。他在国内首创一种微细倒锥孔锥角调整新机构及相关新工艺，取得多项发明专利。他充分发挥传帮带精神，为企业培养20多名技术骨干，并积极投身省、市各级工会工匠之家建设。先后获“江苏省五一劳动奖章”“江苏省突出贡献中青年专家”“我心目中的无锡工匠”等称号。2019年4月23日，获全国五一劳动奖章。

（市总工会）

曹永义

曹永义，男，1977年7月10日生，汉族，中共党员，大学本科，无锡锡洲电磁线有限公司总工程师。

曹永义长期从事电磁线生产技术和工艺研究，带领公司技术团队取得发明专利28项，实用新型专利61项，开发的半硬自粘换位导线等12种新产品，均处于国际先进或国内领先水平，成功取代部分国外进口产品，并应用于国内重点工程，取得良好经济社会效益，深受国内外用户好评。先后获“江苏省五一劳动奖章”“江苏省企业首席技师”“我心目中的无锡工匠”等称号。2019年4月23日，获全国五一劳动奖章。

（市总工会）

张明霞

张明霞，女，1970年8月17日生，汉族，中共党员，大学本科，江苏省无锡师范附属小学党委书记。

张明霞在教育领域辛勤耕耘三十年，作为“乐学”教学的主要研究者，她扎根于基础教育研究，提出基于完整性生长的语文学，研究成果先后获江苏省教学成果特等奖和国家教育成果二等奖，为无锡乃至江苏的基础教育事业作出重大贡献。作为党委书记，她着力构建党建品牌“诚勇党校”的建设，钻研党建创新工作。作为省妇女代表执委，她积极参政议政，服务社会。先后获“江苏省五一劳动奖章”等荣誉。2019年4月23日，获全国五一劳动奖章。

（市总工会）

逝世人物

邓鸿勋

邓鸿勋，男，汉族，1931年1月生，江苏无锡人。1947年12月参加革命工作并加入中国共产党。中国共产党第十三届中央委员会候补委员，第十四届中央委员会委员；政协第九届全国委员会委员。1947年12月至1949年4月在江苏无锡、昆山等地从事党的地下工作并在无锡钱桥小学教书。1949年4月至1952年9月在江南大学工业管理工程系学习，任系党支部书记。1952年9月任鞍山钢铁公司经理室秘书兼专家办公室副主任。1955年4月起，历任本溪钢铁公司热电站副主任、设计处副处长、研究室副主任、办公室副主任、党支部书记。“文化大革命”中受到冲击，被下放到“五七”干校劳动。1972年4月起，历任江苏省镇江焦化厂厂长、党委副书记，镇江市计委主任，镇江地区行政公署经委主任、党组书记，镇江市委副书记、市长。1984年6月任无锡市委书记、市人大常委会主任。1989年4月任江苏省委副书记。1990年6月任海南省委书记。1992年4月任海南省委书记、省人大常委会主任。1994年10月任国务院发展研究中心副主任、党组成员（正部长级）。曾兼任中国保险发展论坛组委会主席、中国农村劳动力资源开发研究会会长。1998年4月离休。2019年12月21日，因病医治无效，在无锡逝世，享年88岁。

（姜正伟）

朱龙和

朱龙和，男，汉族，1927年5月生，江苏大丰县。1946年3月参加革命工作并加入中国共产党。1946年3月至1948年3月任白驹区北新乡保田队队长。1948年3月至1949年9月任白驹区委军事科长。1949年9月至1952年5月任苏南区党委农村工作团无锡分团组长。1952年5月至1954年10月任无锡市建筑工会主席。1954年10月至1956年5月历任无锡市建筑工程局副局长、局长。1956年5月至1957年9月任西藏拉萨建筑工程处副处长。1957年9月至1959年11月任青藏公路管理局房建队副队长。1959年11月至1962年9月历任拉萨建筑工程处公司副处长，副经理。1962年9月至1972年5月任西藏筹委建筑工程局生产队长，经理。1972年5月至1974年9月任西藏一0一工程指挥部生产组第一副组长，副指挥长。1974年9月至1980年1月任西藏基建委员会副主任，党组成员。1980年1月至1985年1月任西藏基建委员会党组副书记。1985年1月至1994年6月任无锡市政协副主席，党组成员。1994年6月离休。2019年2月20日，因病医治无效，在无锡逝世，享年92岁。

（姜正伟）

袁培春

袁培春，男，汉族，1930年10月生，江苏沙洲县(今张家港市)。1954年2月加入中国共产党。1949年2月至1953年2月任常熟县南兴乡政府副乡长，乡长。1953年2月至1954年1月在江苏省行政干校学习。1954年1月至1957年10月任常熟县常阴区政府副区长，沙洲区政府区长。1957年10月至1959年5月任常熟县乐余乡党委书记，塘桥公社党委书记。1959年5月至1966年3月任沙洲县兆丰公社党委书记。1966年3月至1968年11月任沙洲县委副书记，生产办副主任。1968年11月至1975年4月在沙洲县五七干校受审查。1975年4月至1978年3月任太仓县革会副主任。1978年3月至1980年3月任苏州地区商业局局长，财办副主任。1980年5月至1983年12月任无锡县委副书记，县长。1983年12月至1987年3月任无锡县委书记。1987年3月至1988年1月任无锡市政协副主席。1988年1月至1994年6月为无锡市政协党组成员。1994年6月离休。2019年9月20日，因病医治无效，在张家港逝世，享年89岁。

（姜正伟）

王连道

王连道，男，汉族，1929年11月生，山东黄县(今龙口市)。1947年7月加入中国共产党。1946年8月至1948年3月任山东龙口市政府通讯员，收发员。1948年3月至1949年5月任山东龙口市北马区粮库办事员。1949年5月至1950年11月任宜兴团市委办事员，宜城镇(区)团委书记。1950年11月至1955年4月任宜兴县整党工作组长，县委组织部干事。1955年4月至1956年7月任宜兴县委审干办公室副主任。1956年7月至1960年4月任宜兴县委组织部副部长。1960年4月至1964年4月任溧水县委组织部部长，县委常委。1964年4月至1966年12月任溧水县副县长。1966年12月至1973年1月因“文革”受审查。1973年1月至1974年12月任溧水县革委会水利局负责人，生产组副组长。1974年12月至1978年10月任溧水、宜兴县委副书记。1978年10月至1983年3月任宜兴县委书记。1983年3月至1985年1月任无锡市副市长。1985年1月至1988年1月任无锡市人大常委会副主任。1988年1月至1994年6月任无锡市人大常委会副主任，党组书记。1994年6月离休。2019年4月16日，因病医治无效，在无锡逝世，享年90岁。

（姜正伟）

何正明

何正明，男，汉族，1935年11月生，江苏江阴人。1978年8月加入中国共产党。1954年7月至1954年12月在江苏省农林厅植保队工作。1955年1月至1955年2月在苏州专署农建科工作。1955年3月至1959年8月任无锡县农业局技术员。1959年9月至1962年6月任无锡县农科所栽培组组长。1962年7月至1969年10月任无锡县农业局农业组副组长。1969年11月至1971年1月任无锡县埝桥人民公社技术员。1971年2月至1982年9月历任无锡县农业局副组长、副局长、局长。1982年10月至1983年11月任中共无锡县委常委、副县长。1983年12月至1987年12月任中共无锡县委副书记、代县长、县长。1988年1月至1992年12月任无锡市人民政府副市长。1993年1月至1996年12月任中共无锡市委常委、无锡县委书记、锡山市委书记。1996年12月至2001任无锡市人大常委会副主任，2001年退休。2019年10月23日，因病医治无效，在无锡逝世，享年84岁。

（姜正伟）

丁霄霖

丁霄霖，男，汉族，1935年1月生。1987年6月加入中国共产党。1952年10月至1955年12月在南京工学院食品工业系发酵专业学习。1955年12月至1957年8月为南京工学院食品工业系研究生。1957年8月至1958年9月任南京工学院食品工业系助教。1958年9月至1983年7月任无锡轻院助教、讲师、副教授。1983年7月至1986年11月任无锡轻院副院长。1986年11月至1988年7月任无锡轻院教授。1988年7月起任无锡轻院院长。1992年2月至2005年2月任政协无锡市委员会副主席(兼)。2005年2月退休。2019年7月27日，因病医治无效，在无锡逝世,享年 84 岁。

(姜正伟)

丁卜人

丁卜人,男,汉族,1949 年 12 月生,江苏无锡人。1976 年 1 月加入中国共产党。1970 年 10 月至 1978 年 12 月为无锡县南泉化工厂会计。1978 年 12 月至 1981 年 1 月在江苏师范学院学习。1981 年 1 月至 1984 年 1 月任无锡县报社记者、编辑。1984 年 1 月至 1986 年 2 月任无锡县委办公室副主任。1986 年 2 月至 1992 年 6 月任无锡市政府办公室秘书、副主任。1992 年 6 月至 1995 年 1 月任无锡市政府副秘书长。1995 年 1 月至 1998 年 3 月任无锡新区党工委副书记。1998 年 3 月至 2004 年 1 月历任无锡市政府秘书长、党组成员、市政府办公室党组书记、新区管委会主任、开发区管委会副主任。2004 年 1 月至 2006 年 9 月任无锡市委常委、统战部部长。2006 年 9 月至 2011 年 2 月任市人大常委会副主任。2011 年 2 月退休。2019 年 7 月 15 日,因病医治无效,在无锡逝世,享年 70 岁。

(姜正伟)

编辑　罗秋云

组织机构和负责人名单

中共无锡市委

书　　记　李小敏（至12月）
　　　　　黄　钦（12月任）
副 书 记　黄　钦（至12月）
　　　　　杜小刚（12月任）
　　　　　徐　劼
常　　委　黄　钦
　　　　　杜小刚（12月任）
　　　　　徐　劼
　　　　　陈德荣
　　　　　陈金虎（至12月）
　　　　　王唤春
　　　　　柳江南
　　　　　谢晓军（至12月）
　　　　　冯　军
　　　　　袁　飞
　　　　　朱爱勋（11月任）
秘 书 长
副秘书长　马　良（常务副秘书长）
　　　　　陆　洪
　　　　　商　佩（1月任）
　　　　　曹国光
　　　　　陈寿彬
　　　　　张耀斌（至9月）
　　　　　戴　泉（兼，至1月）
　　　　　张映雪（女）

市委办公室（市接待办公室）
（2019年1月机构改革，加挂市档案局牌子，不再保留市接待办公室牌子）

主　　任　陆　洪
副 主 任　江　杰
　　　　　孙协军
　　　　　黄维恭
　　　　　朱　敏（兼，1月任）
　　　　　王　续（兼，1月任）
接待办副主任　朱　敏（至1月）
　　　　　　　王　续（至1月）
市档案局局长　陆　洪（兼，1月任）
市档案局副局长　徐　杰（9月任）

市委组织部
（市委非公有制企业和社会组织工作委员会）（2019年1月机构改革，加挂市委党建工作领导小组办公室、市公务员局牌子）

部　　长　冯　军
副 部 长　崔荣国（3月任常务副部长）
　　　　　陆卫东（兼，11月任）
　　　　　王锡惠
　　　　　林茂松
　　　　　戴美忠
部务委员　沈晓萍（女）
　　　　　宋新春（4月任）
市考核办副主任　史国洪（4月任）
市委“两新”工委书记　崔荣国
市委“两新”工委副书记　钱文琴（女，兼，至4月）
　　　　　盛小伟（兼）
　　　　　吴　涛（兼）
　　　　　许　岗（兼，4月任）

市委宣传部
（市委对外宣传办公室、市政府新闻办公室、市精神文明建设指导委员会办公室）（2019年1月机构改革，加挂市新闻出版局＜市版权局＞牌子，不再保留市委对外宣传办公室牌子）

部　　长　袁　飞
副 部 长　陆惠玲（女，3月任常务副部长）
　　　　　蔡文煜
　　　　　商波涛（至10月）
　　　　　商　明
　　　　　李明新（9月任）
部务委员　李明新（至9月）
市文明办主任　商　明
市文明办副主任　朱　瑛（女，9月任）
市新闻办副主任　刘　烈（9月任）
市新闻出版局（市版权局）局长
　　　　　陆惠玲（女，兼，1月任）

市委统一战线工作部
（2019年1月机构改革，将市政府侨务办公室并入，加挂市政府侨务办公室牌子，不再保留单设的市政府侨务办公室）

部　　长　陈德荣
副 部 长　吕勤彬（3月任常务副部长）

唐英彪(至10月)
钱文琴(女,兼,至4月)
施正洲(兼,1月任)
李镇国(兼,1月任)
许　岗(兼,4月任)
吴象忠(1月任)
赵俊明
市侨办主任　吕勤彬(兼,1月任)
市侨办副主任　章叶春(1月任)

市委政法委员会

书　　记　谢晓军(至12月)
副 书 记　徐盛希(3月任常务副书记)
时永才(兼,至9月)
刘必权(兼,12月任)
钱　斌(兼,9月任)
俞波涛(兼)
邹立群
卜海良(1月任)
阳洪昕(1月任)
政治部主任　张文新(至1月)
郑　逸(4月任)
市法学会专职副会长
徐竹芃(女,10月任)

市社会治安综合治理委员会办公室(与市委政法委员会合署办公)(2019年1月机构改革不再设立)

主　　任　徐盛希(至1月)
副 主 任　李继军(至1月)
华文明(至1月)

市委研究室

主　　任　陈寿彬
副 主 任　江玉杰
刘　俊
郑立平(4月任)
市委深改办副主任　朱建新(4月任)

市委网络安全和信息化领导小组办公室(市互联网信息办公室)(2019年1月机构改革,更名为市委网络安全和信息化委员会办公室〈市互联网信息办公室〉)

主　　任　蔡文煜
副 主 任　蹇　俊(1月任)
娄子丹(1月任)
左保春(兼,4月任)
权辉(兼,4月任)
倪示远(兼,4月任)

市委农村工作办公室
(2019年1月机构改革不再保留)

主　　任　周士良(至1月)
副 主 任　蒋军民(至1月)
荣　怡(女,至1月)

市机构编制委员会办公室(市事业单位登记管理局)(2019年1月机构改革,更名为市委机构编制委员会办公室〈市事业单位登记管理局〉)

主　　任　(局长)　陆卫东
副 主 任　吴志伟(女)
张海涛
吴建昌
市事业单位登记管理局副局长
毕东升(1月任)

市委台湾工作办公室(市政府台湾事务办公室)

主　　任　相　江
副 主 任　张曙峰
许　宁
蔡卫红
曹泳敏

市委市级机关工作委员会

书　　记　李祖坤
副 书 记　刘冯生(至10月)
陆　东(至4月)
施　勤(女,至1月)
毛勤勇(4月任)
诸　军(4月任)
虞　艳(女,10月任)
市级机关纪监工委书记
丁文艳(女,4月任)

市委巡察工作办公室

主　　任　钱　群(女)
副 主 任　徐俊友
杨成富

市委老干部局
(市委离退休干部工作委员会)

局　　长　王锡惠(兼)
副 局 长　章　雷(女)
袁伟强
胡泽服
市委离退休干部工委书记
王锡惠(兼)
市委离退休干部工委副书记　周捷

市委机要保密局(市国家保密局、市国家密码管理局)(2019年1月机构改革,组建市委机要保密局,加挂市国家保密局、市国家密码管理局牌子)

局　　长　孙志坚(1月任,至9月)
张耀斌(9月任)
副 局 长　毛亚荣(1月任)

市委保密委员会办公室(市国家保密工作局)、市委机要局(市国家密码管理局)(2019年1月机构改革,不再保留市委保密委员会办公室〈市国家保密工作局〉、市委机要局)

主　　任　(局长)　孙志坚(至1月)
副 主 任(副局长)　毛亚荣(至1月)
成志强(至1月)

无锡市人大常委会

主　　任　徐一平
党组书记　徐一平
副 主 任　朱民阳(1月任)
赵志新
华博雅(女)
滕兰英(女)
吴峰枫
魏　多
党组副书记　朱民阳(1月任)
赵志新
党组成员　滕兰英(女)
吴峰枫
魏　多
王中苏(至3月)
陈荣庆
王传军
黄蓉华
秘 书 长　黄蓉华
副秘书长　赵立平(女)
张淇铭(兼)
孙国祥
管海燕(女)
张广鑫

市人大法制委员会

主任委员　赵志新
副主任委员　钱群(至6月)
吴早春

李　赢（12 月任）

市人大财政经济委员会

主任委员　魏　多

副主任委员　龚　聘

吴迎春

市人大社会建设委员会（2019 年 1 月机构改革组建）

主任委员　王传军（1 月任）

副主任委员　管海燕（女，1 月任）

市人大监察和司法委员会（2019 年 1 月机构改革组建）

主任委员　朱民阳（1 月任）

副主任委员　吴早春（1 月任）

市人大常委会办公室

主　　任　张淇铭

副 主 任　蒋　健

张　弦（至 10 月）

市人大常委会研究室

主　　任　顾正刚

副 主 任　林寿清

市人大常委会法制工作委员会

主　　任　钱　群（至 6 月）

李　赢（10 月任）

副 主 任　俞宏雷（至 9 月）

李红卫

姚爱军（10 月任）

市人大常委会内务司法工作委员会（2019 年 9 月更名为监察和司法工作委员会）

主　　任　吴早春

副 主 任　何云彪

市人大常委会经济工作委员会

主　　任　龚　聘

副 主 任　江　涛

市人大常委会农村经济工作委员会

主　　任　朱　伟

副 主 任　许建军（1 月任）

市人大常委会教育科学文化卫生工作委员会

主　　任　施　展

副 主 任　朱惠霖

市人大常委会民族宗教侨务外事工作委员会

主　　任　蔡大钢

副 主 任　陈荣文

市人大常委会环境资源城乡建设工作委员会

主　　任　翁林敏

副 主 任　唐尧夫

市人大常委会人事代表联络工作委员会

主　　任　严巍巍

副 主 任　冯伟东

陆汀兰（女）

市人大常委会预算工作委员会

主　　任　吴迎春

副 主 任　黄宇回

市人大常委会机关行政管理处（2019 年 6 月撤销）

处 长

市人大常委会办公室信访处

处　　长　季亚东

无锡市人民政府

市　　长　黄　钦（市长、党组书记，至 12 月）

杜小刚（代市长，党组书记，12 月任）

副 市 长　谢晓军（至 12 月）

朱爱勋（党组副书记）

刘　霞（女）

王进健

刘必权（副市长人选，11 月提名）

陆志坚

高亚光（女）

蒋　敏（女）

秘 书 长　张明康（1 月任）

副秘书长　钮素芬（女）

周浩明

糜君初（至 1 月）

钱文琴（女，3 月任）

张千山

顾　伟（兼）

张建春

严健媛（女）

戴　泉（兼，1 月任）

市人民政府办公室（市政府研究室）

党组书记　张明康（1 月任）

主　　任　童晓寒（党组副书记）

副 主 任　王建军（至 1 月）

郭　平

程　松

王建一（1 月任）

张　亮（9 月任）

研究室主任　张明康（兼，1 月任）

研究室副主任　李伟刚（至 1 月）

王　兵（至 9 月）

罗安斌

督查室主任　王建一（至 1 月）

总值班室（市应急管理办公室）主任

张宁治（至 1 月）

市发展和改革委员会

主任、党组书记　张明康（至 1 月）

周文栋（1 月任）

副 主 任　顾　岗（兼，至 1 月）

尤志斌（1 月任）

黄丽侠（女，1 月任）

邢益新

钱喜中

吴虹娟（女）

潘彬宾（10 月任）

市委军民融合发展办副主任

俞勇军（10 月任）

市经济和信息化委员会（市中小企业局、市物联网发展办公室）（2019 年 1 月机构改革，不再保留市经济和信息化委员会〈市中小企业局〉）

主　　任（局长）周文栋（至 1 月）

党组书记　　周文栋（至 1 月）

副主任（副局长）吴建平（至 1 月）

华解语（女，至 1 月）

黄丽侠（女，至 1 月）

戴可为（至 1 月）

卢　益（至 1 月）

张国斌（至 1 月）

王荣明（至 1 月）

陈荣明（至 1 月）

陈文斌（至 1 月）

市物联网发展办公室副主任

左保春（至 10 月）

市教育局（市委教育工作委员会与市教育局合署办公）

局　　长　唐加俊

副 局 长　符菊成

许　敏

陈　曦
吴洵如(女)
市委教育工委书记　唐加俊
市委教育工委副书记　符菊成
市政府教育督导室副主任
冯益民(1月任)

市政府教育督导室(2019年1月机构改革,设在市教育局,不再单独设置)

主任督学　施正洲(至1月)
副主任督学　冯益民(至1月)

市科学技术局(市知识产权局)(2019年1月机构改革,不再挂市知识产权局牌子)

局长、党组书记　孙海东
副局长　王　浩(至1月)
赵建平
黄晓珊(女)
徐重远(女,至10月)
李继军(1月任)
陈涵杰

市工业和信息化局(市物联网发展办公室)(2019年1月机构改革,组建市工业和信息化局,保留市物联网发展办公室牌子,不再保留市经济和信息化委员会〈市中小企业局〉)

局长(主任)、党组书记
陈文斌(1月任)
副局长　吴建平(1月任)
戴可为(1月任)
张国斌(1月任)
王荣明(1月任)
陈荣明(1月任)
左保春(10月任)
陈学龙(10月任)
市物联网发展办公室副主任
张　弦(10月任)

市民族宗教事务局

局长、党组书记　施正洲(1月任)
副局长　何　鸣(至10月)
张慧东(至10月)
王觉民(女)
程　鹏
徐　敏(10月任)

市公安局

党委书记、局长、督察长
谢晓军(至11月)
刘必权(11月任)
党委副书记　龚清荣
副局长　龚清荣
缪小展
盛卫中
薛俊仁
孙开锋
胡　晓
施冬冬
政治部主任　胡　晓

市委维护稳定工作领导小组办公室(设在市公安局)(2019年1月机构改革不再设立)

主　任　龚清荣(兼,至1月)
副主任　阳洪昕(至1月)

市民政局

党委书记、局长　葛恒显
党委副书记　马　剑
副局长　马益宝(至1月)
钱晓东
韩富才(至1月)
徐艳萍(女)

市司法局

局　长　杨智敏(党组书记至1月,党组副书记1月任)
副局长　蒋　飞(党组书记,1月任)
沈仲良
杨　军(1月任)
刘益良
张文新(1月任)
李永军
杨志钢(1月任)
市委全面依法治市办副主任
魏晓晗(女,1月任)

市财政局

局长、党组书记　高圣华
副局长　陈安新
孙文华
蒋晓鸣
杨百海

市人力资源和社会保障局(市外国专家局)(2019年1月机构改革,不再保留市外国专家局牌子)

党委书记、局长　吴春林
党委副书记　杨乔良
副局长　杨乔良
顾学年
常亚敏(至1月)
包晓东
沈　挺(4月任)
张　琳(女,4月任)
孙　伟(10月任)

市自然资源和规划局(市林业局)(2019年1月机构改革,组建市自然资源和规划局,不再保留市国土资源局、市规划局,加挂市林业局牌子)

局长、党委副书记　席永清(1月任)
党委书记、副局长　郑　强(1月任)
副局长　杨武亮(1月任,至12月)
任　颐(1月任)
徐丽华(女,1月任)
陈　艳(女,1月任)
马卫明(1月任)
李安国(1月任)
黄朝奎(1月任,至4月)

市生态环境局(市太湖水污染防治办公室)(2019年1月机构改革,组建市生态环境局,加挂市太湖水污染防治办公室牌子,不再保留市环境保护局,不再保留单设的市太湖水污染防治办公室)

局长、党组书记　任　栋(1月任)
副局长　顾　岗(党组副书记,1月任)
王晓栋(1月任)
李秋宇(1月任)
周　山(1月任)
高小萍(女,至1月)
市太湖水污染防治办公室副主任
丁建清(1月任)

市环境保护局(2019年1月机构改革不再保留)

局长、党组书记　任　栋(至1月)
副局长　王晓栋(至1月)
李秋宇(至1月)
周　山(至1月)
高小萍(女,至1月)

市住房和城乡建设局(市建筑工程管理局)(2019年1月机构改革,

加挂市地震局牌子，不再保留市建筑工程管理局牌子；2017 年 11 月撤销市地震局）

党委书记、局长　包　鸣
党委副书记　任金富（至 1 月）
副 局 长　王　达
　荣福民（至 1 月）
　范　伟（至 5 月）
　周锡良
　邵崇浴
　何跃平
　黄伟祥（4 月任）
市地震局局长　包　鸣（兼，1 月任）
市地震局副局长　刘韶岭（4 月任）

市市政和园林局

局 长、党组副书记　吴燕敏
党组书记　李镇国（至 1 月）
副 局 长　张　剑
　徐炳香
　孙晓鹏
　王兰兰（女）
　蔡　昌（4 月任）

市城市管理局（市城市管理行政执法局）（2019 年 1 月机构改革，加挂市城市管理综合行政执法局牌子，不再保留市城市管理行政执法局牌子）

局长、党组书记　周立军
副 局 长　周　炜
　周　峰
　陈忠明
　张跃跃（至 10 月）
　朱双清
市城市管理综合行政执法局局长
　周立军（兼，1 月任）

市交通运输局（2019 年 1 月机构改革，加挂市地方铁路建设办公室牌子）

党委书记、局长　夏正兴
党委副书记　尹南方
副 局 长　宋良栋
　丁满琪
　刘永强
　徐锡良
　刘震宇
　陈　东（兼）
市地方铁路建设办公室主任
　夏正兴（兼，1 月任）

市水利局

局长、党组书记　张海泉
副 局 长　缪学军
　邹永明
　兰秀凯
　金雪林（1 月任）
　蒋勤芳（女，4 月任）
总工程师　金雪林（至 1 月）
　周吉（4 月任）

市农业农村局（市政府扶贫工作办公室）（2019 年 1 月机构改革，组建市农业农村局，加挂市政府扶贫工作办公室牌子，不再保留市委农村工作办公室、市农业委员会；2017 年 11 月撤销市农业机械局）

局长（主任）、党组书记
　周士良（1 月任）
副局长（副主任）　巫亚东（1 月任）
　蒋军民（4 月任）
　荣　怡（女，1 月任）
　陈　松（1 月任）
　惠　莲（女，1 月任）
　陆建军（9 月任）
市委农办副主任　王　盛（9 月任）

市农业委员会（市林业局）（2019 年 1 月机构改革不再保留）

主　　任（局长）高　佩（至 1 月）
党组书记　高　佩（至 1 月）
副 主 任（副局长）吴伯荣（党组副书记，兼，至 1 月）
　巫亚东（至 1 月）
　何丽梅（女，至 1 月）
　赵中兴（至 1 月）

市商务局（市口岸办公室）

局长（主任）、党组书记　汪　行
副局长（副主任）　宗继芳（女）
　袁开坤
　石松哲
　蒋　波
　陈秀峰

市文化广电和旅游局（市文物局）（2019 年 1 月机构改革，组建市文化广电和旅游局，加挂市文物局牌子，不再保留市文化广电新闻出版局<市文化遗产局>、市旅游局）

党委书记、局长　蒋蕴洁（女，1 月任）
副 局 长　李晓红（1 月任）
　高　燕（女，1 月任）
　柳永红（1 月任）
　宗　翡（女，1 月任，至 9 月）
　杨建国（1 月任）
　过旭明（1 月任）
　平伟东（1 月任）

市文化广电新闻出版局（市版权局、市文化遗产局）（2019 年 1 月机构改革不再保留）

局长、党组书记
副 局 长　高　燕（女，至 1 月）
　宗　翡（女，至 1 月）
　过旭明（至 1 月）
　平伟东（至 1 月）

市卫生健康委员会（2019 年 1 月机构改革，组建市卫生健康委员会，加挂市中医药管理局牌子，不再保留市卫生和计划生育委员会）

党委书记、主任（局长）　谢寿坤（1 月任）
党委副书记　张文伟（1 月任）
副 主 任　韩晓枫（1 月任，至 3 月）
　杨如年（1 月任）
　笪学荣（1 月任）
　朱国富（4 月任）
　丁　胜（4 月任）
市中医药管理局副局长
　徐　雯（女，9 月任）

市卫生和计划生育委员会（2019 年 1 月机构改革不再保留）

党委书记、主任　谢寿坤（至 1 月）
党委副书记　张文伟（至 1 月）
副 主 任　韩晓枫（至 1 月）
　杨如年（至 1 月）
　笪学荣（至 1 月）

市退役军人事务局（2019 年 1 月机构改革，组建市退役军人事务局）

局长、党组书记　糜君初（1 月任）
副 局 长　常亚敏（1 月任）
　韩富才（1 月任）
　栾海港（1 月任）
　徐水辉（10 月任）

市应急管理局（2019 年 1 月机构改革，组建市应急管理局，不再保留市

安全生产监督管理局）
局长、党组书记　周爱明（1月任）
副局长　张　敏（1月任）
徐孝力（1月任）
胡才鸿（1月任）
华文明（1月任）
张宁冶（1月任）
金雪林（兼，1月任）

市工商行政管理局（2019年1月机构改革不再保留）
局长、党组书记　邵鹤鸣（至1月）
副局长　苏益玲（女，至1月）
张　贤（女，至1月）
邹伟明（至1月）

市质量技术监督局（2019年1月机构改革不再保留）
局长、党组书记　吴建亮（至1月）
副局长　胡　宏（至1月）
周建辉（至1月）
夏一明（至1月）
于文霞（女，至1月）

市食品药品监督管理局（2019年1月机构改革不再保留）
局长、党组书记　许伟英（女，至1月）
副局长　丁玉萍（女，至1月）
凌晓霖（至1月）
庄　志（至1月）
胡　勇（至1月）

市审计局
局长、党组书记　刘燕萍（女）
副局长　谢浩峻
潘海刚
龚备英（女）
唐盈洁（女）

市政府外事办公室（市政府港澳事务办公室）
主任、党组书记　陈明辉
副主任　许睿煜（至1月）
詹　熠
叶　净（女）
张　睿（9月任）

市政府国有资产监督管理委员会
党委书记、主任　许　可
副主任　周　燕（女，至1月）
叶再熙
潘彬宾（1月任，至10月）
赵　民（1月任）
蒋　岷（4月任）
邱晓东（10月任）
市属国有企业外派监事会主席
潘彬宾（至1月）

市行政审批局（市政务服务管理办公室、市政务服务中心）（2019年1月机构改革，不再保留市政务服务中心牌子）
局长（主任）、党组书记　顾　伟
副局长（副主任）　陈　波
包松林
夏慎洁（女）
黄伟祥（至4月）
田红保（4月任）

市市场监督管理局（市知识产权局）（2019年1月机构改革，组建市市场监督管理局，对外保留市知识产权局牌子，不再保留市工商行政管理局、市质量技术监督局、市食品药品监督管理局〈市食品安全委员会办公室〉）
局　长　许伟英（党组副书记，女，1月任）
党组书记　邵鹤鸣（1月任）
副局长　邵鹤鸣（1月任）
胡　宏（1月任）
周建辉（1月任）
苏益玲（女，1月任）
张　贤（女，1月任）
庄　志（1月任，至10月）
夏一明（1月任）
于文霞（女，1月任）
邹伟明（1月任）
胡　勇（1月任）

市体育局
局长、党组书记　黄浩然
副局长　汪克强
张振华
杨宇华
李海红

市大数据管理局（2019年1月机构改革，组建市大数据管理局）
局长、党组书记　胡　逸（1月任）
副局长　权　辉（1月任）
成志强（1月任）
卢　益（1月任）
袁禄来（1月任）
左保春（兼，1月任）

市规划局（2019年1月机构改革不再保留）
局长、党组书记　郑　强（至1月）
副局长　尤志斌（至1月）
任颐（至1月）
徐丽华（女，至1月）
杨尔怡（至1月）

市统计局
局　长　吴红星
党组书记　钮素芬（女）
副局长　周建平（至5月）
邹海峰
杨晋超

市安全生产监督管理局（2019年1月机构改革不再保留）
局长、党组书记　周爱明（至1月）
副局长　朱明伟（至1月）
陈跃华（至1月）
徐孝力（至1月）
胡才鸿（至1月）

市医疗保障局（2019年1月机构改革，组建市医疗保障局）
局长、党组书记　赵　鞠（女，1月任）
副局长　严雪峰（1月任）
徐叶（女，1月任）
杨中浩（1月任）

市信访局（2019年1月机构改革，市信访局调整为市政府工作部门，市委信访局与市信访局合署办公）
局长、党组书记　戴　泉
副局长　余小鹰（女，至1月）
叶俊杰（至1月）
张晓波
周勇军（至4月）
陈　剑
黄建军（4月任）
信访督查专员　乐小松（4月任）
徐　斌（4月任）

市粮食和物资储备局（2019年1月机构改革，组建市粮食和物资储备局，不再保留市粮食局）

党委书记、局长　周学东（1月任）
党委副书记　陈　熹（1月任）
副 局 长　陈　熹（1月任）
　　　　　薛　钦（1月任）
　　　　　吴莉萍（女，1月任）
　　　　　庄勤松（1月任）

市粮食局（2019年机构改革不再保留）

党委书记、局长　周学东（至1月）
党委副书记　陈　熹（至1月）
副 局 长　陈　熹（至1月）
　　　　　薛　钦（至1月）
　　　　　吴莉萍（女，至1月）
　　　　　庄勤松（至1月）

市物价局（含市价格检查局〈价格举报中心〉）（2019年1月机构改革不再保留）

局　　长、党组书记
副 局 长　钱夏（女，至1月）
　　　　　王生强（至1月）
　　　　　徐　叶（女，至1月）
价格检查局（价格举报中心）局长（主任）　李维一（至1月）

市旅游局（2019年1月机构改革不再保留）

党委书记、局长　蒋蕴洁（女，至1月）
副 局 长　柳永红（至1月）
　　　　　杨建国（至1月）

市人民防空办公室（2019年1月机构改革，将市人民防空办公室由在市民防局挂牌改为单独设置，不再保留市民防局）

主任、党组书记　任金富（1月任）
副 主 任　蒋仁宝（1月任）
　　　　　朱　俊（1月任）
　　　　　胡建军（1月任）
　　　　　胡建人（1月任）

市民防局（市人民防空办公室）（2019年1月机构改革不再保留）

局长（主任）、党组书记　薛建良（至1月）
副局长（副主任）　蒋仁宝（至1月）
　　　　　朱　俊（至1月）
　　　　　胡建军（至1月）
　　　　　胡建人（至1月）

市政府侨务办公室（2019年1月机构改革不再单设）

主任、党组书记　何巧凤（女，至1月）
党组副书记　吕勤彬（兼，至1月）
副 主 任　包金明（至1月）
　　　　　吴象忠（至1月）
　　　　　章叶春（至1月）

市政府法制办公室（2019年1月机构改革不再保留）

主任、党组书记　蒋飞（至1月）
副 主 任　栾海港（至1月）
　　　　　魏晓晗（女，至1月）

市地方金融监督管理局（市政府金融工作办公室）（2019年1月机构改革，组建市地方金融监督管理局，对外保留市政府金融工作办公室牌子，不再保留单设的市政府金融工作办公室）

局长（主任）、党组书记　鲁振平（1月任）
副 局 长　徐耀峰（1月任）
　　　　　张泓骏（1月任）
　　　　　杨晓妮（女，4月任）

市机关事务管理局

局长、党组书记　冯晓明
副 局 长　武云超
　　　　　张牧原
　　　　　赵胜龙
　　　　　吴海军

市太湖水污染防治办公室（2019年1月机构改革不再单设）

主任、党组书记　顾　岗（至1月）
副 主 任　权　辉（至1月）
　　　　　丁建清（至1月）

市史志办公室（2019年1月机构改革不再保留）

主任、党组书记　许建军（至1月）
副 主 任　盛　铁（至1月）
　　　　　接玉松（至1月）
　　　　　顾必成（至1月）

市档案局（市档案馆）（2019年1月机构改革不再保留）

局（馆）长、党组书记
　　　　　钱中益（至1月）
副局（馆）长　徐　杰（至1月）
　　　　　徐俊文（至1月）
　　　　　闾东影（女，至1月）

市政府驻北京联络处

主　　任　王　续（1月任）
副 主 任　丁　丽（女）

市政府驻南京办事处

主　　任　朱　敏
副 主 任

市政府金融工作办公室（2019年1月机构改革不再单设）

主 任、党组书记　鲁振平（至1月）
副 主 任　徐耀峰（至1月）
　　　　　张泓骏（至1月）

市地震局（2017年11月撤销）

局长、党组书记
副 局 长　李晓红（至1月）
　　　　　张　敏（至1月）

市农业机械局（2017年11月撤销）

局长、党组书记　吴伯荣（至1月）
副 局 长　叶红谏（至1月）
　　　　　陈　松（至1月）

市委党校、市行政学院

校　　长（院长）　徐　劼（兼）
常务副校长（副院长）、校务委员
　　　　　金　政
副校长（副院长）、校务委员　谭　军
　　　　　邓弋青（女，至5月）
　　　　　成大江
　　　　　王　兵（9月任）
教育长、校务委员　尹清亮

市档案史志馆（2019年1月机构改革，将市档案馆与市史志办公室、市城市建设档案馆整合，组建市档案史志馆）

馆长、党组书记　钱中益（1月任，至9月）
　　　　　宗　翡（女，9月任）
副馆长　徐杰（1月任，至9月）
　　　　　徐俊文（1月任）
　　　　　闾东影（女，1月任）
　　　　　盛　铁（1月任）
　　　　　接玉松（1月任）
　　　　　顾必成（1月任）
　　　　　孙海东（9月任）

无锡日报报业集团（无锡日报社）

党委书记、总裁（社长）　杨　建

总 编 辑 马正红(7月任)
党委副书记 马正红
陈锡初(7月任)
副 总 裁 马正红(至7月)
许 扬(至7月)
江菊敏(女,7月任)
吴晓亮(7月任)
范 式(7月任)
副总编辑 马正红(至7月)
许 扬(至7月)
江菊敏(女,常务副总编辑,7月任)
吴晓亮(7月任)
范 式(7月任)
纪委书记 李立群(女,7月任)

市住房公积金管理中心

党总支书记 周泉林
主 任 周德春

市城市重点建设项目管理中心(市城市重点工程建设办公室)

党委书记、主任 俞 臻(女)
党委副书记 陆 骏(女)
副 主 任 陆国平
邹 波

市轨道交通规划建设领导小组(指挥部)办公室

主 任
常务副主任 徐 政
副 主 任 陆春晓
张 军

市供销合作总社

党委书记、主任 吴满良
副 主 任 王 镇(至5月)
吕 军(5月任)
韩家武
徐 婧(女)
监事会主任 俞建新(4月任)

无锡广播电视集团(无锡广播电视台)

党委书记、总裁(台长) 郭 王
党委副书记 张 军(女)
副 总 裁(副台长) 张 军(女)
赵 波
陈 宏
王 凡(女)
黄志东
许 扬(7月任)
副 编 辑 张 军(女)
副总编辑 赵 波
黄志东
许 扬(7月任)
总会计师 周俊清
纪委书记 陈锡初(至7月)

中国企业管理无锡培训中心

党委书记 郁宝荣
主 任 李建秋
副 主 任 郁宝荣
徐 旻

政协无锡市委员会

主 席 周敏炜(党组书记)
党组副书记 王国中(12月任)
叶勤良
副 主 席 叶勤良
张丽霞(女)
吴仲林
丁旭初
刘玲(女)
金元兴
高慧(女)
韩晓枫
秘 书 长 王鸿涌
副秘书长 刘翔(女)
许建樟(至5月)
吕益华(兼)
夏晓春(女)
吴建亮(1月任)
王晋(女,兼)
皮何总(兼)
王萍(女,兼)
惠莲(女,兼,至1月)
汤忠元(兼)
任克奇(兼)
王海宝(兼,至1月)

市政协办公室

主 任 吕益华
副 主 任 邱亚君
于洪钟
吕 琴(女,1月任)

市政协研究室

主 任 范春虎
副 主 任 胡新兵

市政协提案委员会

主 任 褚一波
副 主 任 汤亚宾
施正洲(兼)
宋良栋(兼)
胡建光(兼)
王 健(女,兼)

市政协经济科技委员会(2019年1月机构改革,改为市政协经济科技和农业农村委员会)

主 任 唐家梁
副 主 任 胡 蕙(女)
陈晓华(兼)
徐重远(女,兼)
赵鞠(女,兼)
何丽梅(女,兼)
张晓耕(兼)

市政协人口资源环境城乡建设委员会

主 任 陆 檬
副 主 任 夏维平
邵崇浴(兼)
卢 益(兼)
周 炜(兼)
周乙新(兼)
赵 民(兼)

市政协文教卫体委员会

主 任 王珍珍(女)
副 主 任 任英齐
过 丹(兼)
吴洵如(女,兼)
胡建伟(兼)
张振华(兼)
殷兰青(女,兼)

市政协社会法制委员会

主 任 魏持红
副 主 任 唐 瑛(女)
杨乔良(兼)
邹立群(兼)
卢 敏(女,兼)
盛卫中(兼,9月任)
周国祥(兼,9月任)

市政协学习文史委员会

主 任 周艳阳
副 主 任 袁彬彬(女)

谭 军(兼)
吴竹频(兼)
陈 奕(女,兼)
张 军(女,兼)
许 扬(兼)

市政协港澳台侨外事委员会(民族宗教委员会)

主 任 冯 雷
副主任 王观华
相 江(兼)
何巧凤(女,兼)
陈明辉(兼,至9月)
毛加弘(女,兼,9月任)

市政协委员工作委员会

主 任 王友根
副主任 王忆平

市政协机关行政管理处(2019年6月撤销)

处 长 葛晓霞(女,至1月)

中共无锡市纪律检查委员会(2019年1月机构改革,组建市监察委员会,与市纪委合署办公)

书 记(主任) 王唤春
副书记(副主任) 刘葱葱(女)
孙 英(女)
方 力
纪委常委 钱 群(女)
李 晓
李勇忠
监委委员 钱 群(女)
李 晓
李勇忠
王海平
沈海洪

无锡市中级人民法院

院长、党组书记 时永才(至9月)
钱 斌(代院长,9月任)
副院长 赵建聪(党组副书记)
弓建明(党组副书记)
顾铮铮(女)
政治部主任 邹霞虹(女,至10月)
审判委员会专职委员 陈靖宇
方海明(3月任)
徐振华(至3月)
执行局局长 邱必友

无锡市人民检察院

检察长、党组书记 俞波涛
副检察长 李乐平(党组副书记,至7月
蒋伟平(女)
何洪辉
张 媛(女)
苟小军(11月任)
政治部主任 王 卫
检察委员会专职委员 顾 甦

人民团体·民主党派

无锡市总工会

主 席 陈德荣
党组书记 吴 涛
副主席 吴 涛
周国祥
施宇星
刘列(女)
张军(挂职)
包晓东(兼)
袁彩凤(女,兼)

共青团无锡市委员会

书 记、党组书记 俞政业
副书记 周卫国
朱晓峰
周凌晶(女,4月任)
余佳欢(挂职,10月任)
唐忠宝(兼)
朱 虹(女,兼)
甘 霖(兼)

无锡市妇女联合会

主席、党组书记 蒋群联(女)
副主席 陈锡云(女)
杭向丽(女)
朱秀娟(女,4月任)
王芳(女,挂职)
徐艳萍(女,兼)
戴敏君(女,兼)
卫 蕾(女,兼)

无锡市科学技术协会

主 席 金征宇(兼,至5月)
陈晓华(5月任)
党组书记 陈晓华
副主席 陈晓华(至5月)
陆伟中(至1月)
姚沛声
袁禄来(至1月)
张鹏飞
王 镇(5月任)
胡满峰(挂职,5月任)
陈 曦(兼,至5月)
何丽梅(女,兼,至5月)
金秋萍(女,兼,至5月)
赵 阳(兼,至5月)
许 敏(兼,5月任)
赵建平(兼,5月任)
惠 莲(女,兼,5月任)
笪学荣(兼,5月任)
李廉水(兼,5月任)
何春荣(兼,5月任)
王晓东(兼,5月任)
王长君(兼,5月任)

无锡市归国华侨联合会

党组书记 李镇国(1月任)
主 席 吕勤彬(至1月)
毛加弘(女,1月任)
副主席 张 筠(女,至1月)
余海光(4月任)
包晓东(兼)
尹 健(兼)

无锡市文学艺术界联合会

主 席 金元兴(至1月)
卢 敏(女,1月任)
党组书记 陆惠玲(女,兼)
副主席 吴立群(7月任)
卢俊峰(9月任)
过旭明(兼)
刘仲宝(兼)
许益民(兼)
梁 元(兼)

曹建平(兼)

无锡市哲学社会科学界联合会

主席、党组书记　许麟秋

副主席　王铭涛

刘　俊(兼)

谭　军(兼)

罗安斌(兼)

俞　波(兼)

刘焕明(兼)

无锡市残疾人联合会

理事长、党组书记　金卓青(女)

副理事长　王　元

朱永彬

徐　斌

韩庆东(兼)

无锡市工商业联合会

主　席　周海江(兼)

党组书记　钱文琴(女,至4月)

许　岗(4月任)

副主席　钱文琴(女,至4月)

许　岗(4月任)

王海宝(至1月)

窦　林

俞　波

于建军

蒋谊春

吴建平(兼)

徐重远(女,兼)

盛小伟(兼)

张　健(兼)

周　江(兼)

温秀芳(女,兼)

蒋东良(兼)

龚育才(兼)

高岳峰(兼)

赵正红(女,兼)

严　奇(兼)

刘海涛(兼)

孙银龙(兼)

李洪耀(兼)

王新潮(兼)

蒋锡培(兼)

张庆卿(兼)

冯建昌(兼)

曹洪海(兼)

段　涛(兼)

中国国际贸促会无锡市支会(中国国际商会无锡商会)(2019年12月更名为中国国际贸易促进委员会无锡市委员会〈中国国际商会无锡商会〉)

会长、党组书记　徐惠娟(女)

副会长　龚智杰

无锡市红十字会

会　长　曹锡荣(兼)

党组书记、常务副会长　殷兰青(女)

专职副会长　冯淑静(女,至10月)

兼职副会长　严健媛(女)

商　明

施　勤(女)

吴洵如(女)

孙开锋

钱晓东

杨百海

胡建伟

普　俊

监事长　唐家梁(兼)

无锡市台湾同胞联谊会

会　长

中国国民党革命委员会无锡市委员会

主　委　张丽霞(女,兼)

副主委　张　筠(女,兼)

王　晋(女)

姜　科(兼)

徐　雯(女,兼)

中国民主同盟无锡市委员会

主　委　高亚光(女,兼)

副主委　皮何总

何丽梅(女,兼)

洪雅(女,兼)

崔荣荣(兼)

中国民主建国会无锡市委员会

主　委　华博雅(女,兼)

副主委　许建樟(兼)

毛加弘(女,兼)

王　萍(女)

冼　薇(女,兼)

陈卫宏(兼)

中国民主促进会无锡市委员会

主　委　金元兴

副主委　杨瑞金(兼)

吴国平(兼)

惠　莲(女,兼)

康立为(兼)

中国农工民主党无锡市委员会

主　委　韩晓枫(兼)

副主委　汤忠元

唐家梁(兼)

张　琦(兼)

夏加增(兼)

中国致公党无锡市委员会

主　委　高　慧(女)

副主委　吴红星(兼)

王晓刚(兼)

江　波(兼)

龚备英(女,兼)

九三学社无锡市委员会

主　委　程　红(女,兼)

副主委　任克奇

唐　红(女,兼)

陈凤军(兼)

何云彪(兼)

李　崎(女,兼)

卢　敏(女,兼,12月任)

中央、省直属部门和外地主要驻锡机构

中国人民银行无锡市中心支行

党委书记、行长　何敏峰(女,至5月)

刘耀庭(8月任)

副行长　惠　娟(女)

黄　华

朱　敏

张静涛

纪委书记　朱丽彬

工会主任　卢建明(6月任)

中国银行股份有限公司无锡分行

党委书记、行长　陈新宏

副行长　何顺炜(3月任)

李　扬

张晓明(至3月)

崔时松

何晓明(女)

陈　涛(女)

邹晓星(至12月)

纪委书记　颜志宏

中国建设银行股份有限公司无锡分行

党委书记、行长　张　晶

党委副书记　马啸海

沈　康(至12月)
杨　军(12月任)
副 行 长　沈　康(至12月)
马啸海
徐海峰
夏思奇
柳成安
纪委书记　沈卫兴(至6月)
驻无锡分行纪检组组长　杨军(12月任)
合 规 官　胡　克
工会主任　肖银峰

中国农业银行无锡分行

党委书记、行长　张洪润(女)
副 行 长　杨玉林(2月任)
吴永东
周学军
蒋志鹏(至8月)
黄黎琴(女)
纪委书记　李元庆

中国工商银行无锡分行

党委书记、行长　汪　超(女)
党委副书记　谢晓东
副 行 长　陈晓春
戴　峰(女,至1月)
戴　政
朱伊民
蒋晓青(女)
蒋　俊
张晔蕴(女)
纪委书记　谢晓东

交通银行无锡分行

党委书记、行长　杨文胜
副 行 长　廉伟红(女,兼纪委书记)
盛金才
高　干
黄大海
陈筠(女)
苏海明(10月任)

中国农业发展银行无锡市分行

党委书记、行长　陶　勇(至7月)
副 行 长　王建春
许　晔(女)
陈　军

江苏银行股份有限公司无锡分行

党委书记、行长　王卫兵
党委副书记　金建明
副 行 长　金建明
徐　吉(兼任纪委书记)
沈东兴(9月任)
孙　瑶(女,12月任)
张　毅(12月任)
行长助理　孙　瑶(女,至12月)
张　毅(至12月)

中国人民财产保险公司无锡分公司

总 经 理　尤力人
副总经理　彭　军(兼任纪委书记)
吴晓羚(女)
朱　勇
黄建新
总经理助理　唐志明

中国人寿保险股份有限公司无锡市分公司

党委书记、总经理　张建平
副总经理　罗建军(3月任)
江礼志(9月任)
季芯宇
张　嵘(兼纪委书记)
周　明(至11月)
总经理助理　陈　波
黄奕辉(至9月)

无锡市国土资源局(2019年1月机构改革不再保留)

党委书记、局长　席永清(至1月)
副 局 长　杨武亮(至1月)
马卫明(至1月)
陈　艳(女,至1月)
黄朝奎(至1月)
纪委书记　李安国(至1月)

国家税务总局无锡市税务局

局长、党委书记　丁　源
党委副书记　顾一兵
江武峰(至2月)
副 局 长　顾一兵
江武峰(至2月)
曹建伟
成尔方
朱晋达
胡建光
王晓东
陈　熙
蔡莉萍(女)
纪检组长　徐　军
总经济师　曹国平
严　郓
总会计师　吕　超
李　青

无锡市气象局

局长、党组书记　解令运
副 局 长　马志强
施德锋
纪检组长　朱　玮(女)

无锡海关

关长、党组书记　郑云祥
副 关 长　顾礼鉴(12月任)
李亚萍(女,至12月)
宋　平
李永江
张　勇(至9月)
樊新华
吴方玲(女)
陶伟东

国家统计局无锡调查队

党组书记、队长　吴亚燕(女)
副 队 长　张晓东(至12月)
沈　旦
陆伟明(4月任)
纪检组长　陆伟明(至4月)
王　渭(7月任)

国网江苏省电力公司无锡供电公司

党委书记　朱　斌(兼副总经理,至1月)
龚　冰(兼副总经理,1月任,至6月)
完　善(兼副总经理,6月任)
总 经 理　唐建清(兼党委副书记)
党委副书记　龚　冰(兼副总经理正处级,6月任)
副总经理　顾志强
丁建忠
龚逊东
纪委书记　黄峻岭
工会主席　张东旭(至3月)
徐建楠(3月任)

中国电信股份有限公司无锡分公司

党委书记、总经理　叶辉(2月任)
副总经理　邹易凤(兼任工会主席)
金　红(女,至11月)
孙晓健
刘中云(11月任)

蒋　芃（至11月）
夏　杰
纪委书记　邹易凤（至11月）
蒋　芃（11月任）

中国移动通信集团江苏有限公司无锡分公司

党委书记、总经理　谢生勃
副总经理　张剑斌
罗一民
卢晓炯
黄　坚
纪委书记　张剑斌
工会主席　罗一民

中国联合网络通信有限公司无锡市分公司

党委书记、总经理　张国鹏
纪检组长　黄念伦（至9月）
程希明（9月任）
副总经理　黄　毅
杨磊益（至11月）
钱　彬（12月任）
戴永康（至7月）
刘　浏（7月任）

中国邮政集团公司无锡市分公司

党委书记、总经理　刘一青（7月任）
副总经理　柳高远（兼工会主席）
黄定清（12月任）
张志慧
孙越栋
纪委书记　孙越栋

无锡市盐业有限公司

总 经 理　万泽湘
党委书记　陈长锋（至11月）
副总经理　沈　辉

无锡市烟草专卖局（江苏省烟草公司无锡市公司）

局长、经理、党组书记　廉　文
副 局 长　范光耀
副 经 理
纪检组长　刘仲凡
工会主席　王旭明

（市委组织部）

重要文献选编

在市委十三届九次全会第一次全体会议上的讲话（摘要）

（2019年12月31日）

市委书记　黄　钦

一、深入贯彻落实习近平总书记对江苏工作重要讲话指示精神，奋力书写“强富美高”新无锡壮丽画卷

党的十八大以来，习近平总书记先后三次对江苏工作提出明确要求，特别是2014年12月视察江苏时提出，要努力建设经济强、百姓富、环境美、社会文明程度高的新江苏。五年来，我们坚决贯彻习近平总书记重要讲话指示精神，坚持把“强富美高”作为无锡各项工作的总纲，全面落实中央和省委决策部署，系统谋划、稳步实施、有序推进，建设“强富美高”新无锡的路径越来越清晰、措施越来越扎实、成效越来越明显。2015年8月，市委十二届九次全会动员全市上下团结拼搏、奋发图强，为加快建设经济强、百姓富、环境美、社会文明程度高的新无锡而努力奋斗。2016年9月，市第十三次党代会聚焦“强富美高”新无锡建设主题，提出要在“经济强”上有突破进展、在“百姓富”上有切实成效、在“环境美”上有显著改善、在“社会文明程度高”上有明显提升，努力打造国内一流、具有国际影响的现代产业新高地，努力创造民生幸福、百姓充分认可的全面小康新生活，努力建造生态宜人、内涵品质跃升的美丽城乡新家园，努力营造体现传承、彰显时代精神的社会文明新气象。2017年12月，市委十三届五次全会认真贯彻中共十九大精神，对“强富美高”新无锡建设进行再部署

12 月 31 日，市委书记黄钦代表市委常委在市委十三届九次全会上作报告
（张立伟 摄）

再推进，要求全市上下努力开辟产业强市、美好生活、绿色发展、和谐社会和从严治党新境界。2018 年 7 月和 12 月，市委十三届六次、七次全会围绕当好全省高质量发展领跑者，部署推进经济发展、改革开放、城乡建设、文化建设、生态环境、人民生活“六个高质量”，动员全市上下攻坚克难、拼搏奋进，夺取“强富美高”新无锡建设关键性胜利。五年来，全市上下坚定不移在习近平总书记指引的道路上奋力奔跑、追梦前行，跑出了经济加速度，提升了百姓获得感，塑造了城乡好环境，形成了文明新气象，高质量发展取得重大成果。

五年来，我们围绕“经济强”，致力打造现代产业新高地，推动经济发展创新转型、实现跨越。深入实施创新驱动核心战略和产业强市主导战略，加快构建自主可控的现代产业体系和产业科技创新体系，产业竞争力、科技创新力、资源整合力显著增强。规模实力迈上新高。地区生产总值 2017 年突破万亿元，预计 2019 年达到 1.2 万亿元、是 2014 年的 1.5 倍；人均 GDP 由 2014 年的 12.88 万元提高到 2019 年的 18 万元，在全国所有 GDP 超万亿元城市中位居前列。预计 2019 年规上工业总产值接近 1.8 万亿元、较 2014 年净增约 3200 亿元；预计 2019 年规上工业增加值达到 3770 亿元、较 2014 年净增 750 亿元。产业结构趋于优化。三次产业比重由 2014 年的 1.7 ∶ 50.7 ∶ 47.6 优化至 2019 年的 1 ∶ 47 ∶ 52；预计 2019 年战略性新兴产业、高技术制造业、装备制造业增加值分别占规上工业增加值的 29.9%、20.6% 和 54.4%，较 2014 年分别提高 6%、2.9% 和 3.7%；高新技术产业产值占规上工业总产值比重达到 45.4%、较 2014 年提高 4.2 个百分点；五年全市单位 GDP 能耗降幅累计达到 30%、超额完成省下达的目标任务。项目建设厚植优势。2016 年下半年以来全市新招引总投资超 10 亿元重大产业项目 125 个，平均投资规模达 50 亿元，其中投资超 100 亿元项目 14 个；五年累计开工、竣工亿元以上项目 1133 个和 950 个、其中 10 亿元以上项目 78 个和 53 个，引进重大项目的数量、质量均为历史最好水平。创新动能加速蓄积。预计科技进步贡献率由 2014 年的 61.3% 提高到 2019 年的 64.8%、继续位居全省第一，全社会研发投入占地区生产总值比重由 2014 年的 2.73% 提高到 2019 年的 2.9%，有效期内高新技术企业由 2014 年的 1373 家增加到 2019 年的 2794 家、实现翻番；专利批准量达到 35256 件、较 2014 年增加 7319 件，2015 年以来获国家科技奖 26 项、中国专利奖 33 项。建成国家超算无锡中心、国家物联网创新促进中心等国家级科技创新平台，阳光集团获评全省唯一“中国质量奖”。质量效益稳步提升。预计规上工业利润总额由 2014 年的 873 亿元增加到 2019 年的 1240 亿元，增速由领先全省 2.9 个百分点扩大至 10 个百分点、省内位次由第 7 位提升至第 3 位；规上服务业营业利润增速由低于全省平均提升到高于全省平均 10 个百分点，省内位次由第 12 位提升至第 4 位；预计一般公共预算收入达到 1036 亿元、迈上千亿元台阶，税收占比达到 84%、由 2014 年的全省第 12 位提升至 2019 年的第 4 位。2019 年存贷款增量创 10 年新高，制造业贷款余额占比保持全省第一；不良贷款余额和不良贷款率保持“双下降”，不良贷款率降至 0.91%、由全省最高降至全省第 11 位。企业主体壮大成长。全市规上工业企业达到 5913 家，较 2014 年净增 737 家、全省最多；入围 2019 中国企业 500 强、中国制造业企业 500 强、中国服务业企业 500 强企业数分别达到 14 家、30 家、15 家，增量和总量均位居全省第一；上市公司和新三板挂牌企业累计分别达到 146 家和 273 家，较 2014 年分别增加 58 家和 236 家，上市公司数量位居全国地级市前列。改革开放纵深推进。五年来，召开市委深改委会议 27 次，出台重大改革文件 120 多份，“放管服”改革取得新进展、实现“一枚公章管审批”市县两级全覆盖，调整行政区划成立梁溪区、新吴区，调整太湖新城管理体制成立无锡经济开发区，深化社会事业“管办分离”改革成效明显，国资国企改革迈出实质步伐，江阴县级集成改革试点取得重要成果。预计2019年进出口总额达到6380亿元、总量上升至全国第9位，五年实际使用外资累计达到176亿美元，新增省级跨国公司地区总部机构15家，柬埔寨西港特区成为“一带一路”对外合作的样板园区，成功获批国家跨境电商综合试验区、国家文化出口基地。

五年来，我们围绕“百姓富”，致力创造全面小康新生活，推动民生福祉全面增进、显著改善。坚持把人民对美好生活向往作为奋斗目标，积极实施民生共建共享战略，持续加大民生投入，切实办好为民办实事项目，人民群众获得感幸福感安全感稳步提升。居民收入较快增长。预计2019年城镇、农村居民人均可支配收入分别达到6.2万元和3.36万元，分别为2014年的1.49倍和1.51倍，年均分别增长8.2%、8.6%，城乡居民收入比由2014年的1.874 ：1缩小至2019年的1.845 ：1；新增就业人数提前一年半完成“十三五”目标，城镇登记失业率由2014年的1.91%降至2019年的1.75%，始终保持全省最低，就业满意度全省第一。保障水平稳步提升。城乡基本养老保险覆盖率、城乡基本医疗保险参保率分别达到98.55%和98.57%，五年市区企业退休养老金从每月2230元提高到2888元，市区城镇低保标准从每月660元提高到960元，临时救助标准、孤儿养育标准、残疾儿童康复救助标准均位居全省第一，提前两年完成155个集体经济收入低于200万元的经济薄弱村脱困转化任务，建成全省首个市级统筹长期护理保险制度。公共服务全面优化。2019年集中实施总投资187亿元的136个教育重点项目，义务教育学校标准化建设达标率全省领先；与东南大学、江南大学开展新一轮战略合作，南信大滨江学院建成招生，南理工江阴校区和江南大学江阴校区、宜兴研究生院加快建设，江南大学6个学科进入ESI全球学科排名前1%、新增2名院士，太湖学院通过教育部本科教学评估，目前全市在校大学生达12.46万人、五年净增超万人。2019年集中实施总投资55亿元的5个市属医疗卫生机构重点项目，启动建设市儿童医院、急救中心、妇幼保健院、精神卫生中心二期等项目，89家基本医疗卫生服务机构提档升级，推进名院、名科、名医“三名”战略，医疗卫生和健康服务水平不断提高。五年全市养老服务床位由4.47万张增加到6万张，每千名老人拥有养老床位40张，2019年无锡市获评“全国居家养老和社区养老改革优秀试点地区“。全市人均公共体育场地面积1.69平方米、全省第二，创成全省公共体育服务体系示范区。加强食品药品安全监管，被列为首批长三角食品安全信息追溯试点城市。

五年来，我们围绕“环境美”，致力建造美丽城乡新家园，推动全域建设协调推进、品质跃升。着力推进城市现代化和城乡发展一体化，加大重大交通基础设施建设力度，加强生态环境保护，区域联动、生态宜人、城乡一体的发展格局基本形成。区域协调发展。开展新一轮城市总规编制，优化形成“一轴一环三带”“一体两翼两区”市域空间布局，太湖新城建设在体制调整后迈出新步伐，老城区更新改造取得新进展，加快构建城市“双核”联动发展格局；实施综合交通基础设施建设规划和三年行动计划，南沿江铁路、苏锡常南部高速、常宜和宜长高速、宜马快速通道、锡澄S1线等重大项目开工建设，继3条地铁线同时开工建设后规划启动新一轮轨道交通建设，预计“十三五”交通基础设施投资将超700亿元、比“十二五”翻一番多。品质显著提高。优美环境合格区建设全面推开，市区城市园林绿地面积从2014年的18543公顷扩大到2019年的19526公顷，2019年市区建成区绿化覆盖率达到43.23%、市区人均公园绿地面积达到14.93平方米。五年完成旧住宅区整治改造769万平方米，启动宜居住区建设工作，创建省级宜居示范居住区19个。全面实施乡村振兴战略，加快农村人居环境整治，启动农村住房更新改造试点，累计建成国家级现代农业园区1个、省级现代农业园区2个、中国美丽休闲乡村6个、省级休闲观光农业示范村15个、市级美丽乡村示范村85个，创成首批国家生态文明建设示范市，被评为内地最宜居城市。环境持续向好。每年召开全市性大会部署推进以太湖治理为重点的生态文明建设，全面落实中央和省各类环保督查整改，深入推进“263”专项行动，以系统思维打好污染防治攻坚战，2015年以来实施治水、治气、治土重点工程分别达到2019项、4032项和46项，太湖治理重点项目完成率近三年保持全省第一，太湖无锡水域水质主要指标好于全太湖、好转幅度大于全太湖，总氮浓度近30年来首次达到Ⅳ类标准，太湖连续12年实现安全度夏，2019年43个国省考断面优Ⅲ比例达到79.1%、较2014年提高50.2个百分点。$PM_{2.5}$平均浓度下降至38.8微克/立方米、较2014年下降42.9%，空气质量优良天数比率达到71.8%、较2014年提高14.1个百分点，2018年无锡成为全省唯一$PM_{2.5}$平均浓度和空气质量优良天数比率“双达标”城市，大气污染防治年度考核综合评分全省第一。锡东垃圾焚烧发电厂复工投运、为近年来全国同类项目原址复工的唯一成功范例，全市固废处置体系趋于完善；累计关停“散乱污”企业（作坊）10589家、关停化工企业563家、压减钢铁产能290万吨，均为全省最多。

五年来，我们围绕“社会文明程度高”，致力营造社会文明新气象，推动社会大局安定有序、更加和谐。以社会主义核心价值观为引领，坚持物质文明与精神文明“两手抓、两手都要硬”，不断提高全民思想道德、科学文化、健康素质，社会安定有序、文明和谐、充满活力。文化事业繁荣发展。深入开展文化惠民工程，积极推动大运河文化带建设和惠山古镇联合申遗，成功承办两届江南文脉论坛，办好上海国际艺术节无锡分会场、太湖读书月等文化活动，涌现出获得“丝路文化贡献奖”的舞剧《英雄玛纳斯》等一批文化精品，十部作品获省第十一届“五个一工程”奖、全省最多，建成基层综合性文化服务中心1081个，“太湖明珠·江南盛地”城市形象深入人心。文明创建成效彰显。加快建设崇德向善、文化厚重、和谐宜居、人民满意的文明城市，五年累计建立180家新时代文明实践中心，创成全国文明单位25家、省级文明单位285家、全国文明村镇16个，11户家庭当选全国全省文明家庭，市文明行为促进条例成为全省首批立法精品示范项目，社会文明程度测评指数在全省实现“三夺冠”，创成首个全国文明城市群，获评全国社会信用体系建设示范城市。全国双拥模范城在实现“七连冠”的基础上，“八连冠”创建工作取得可喜进展。平安法治深入推进。全国“雪亮工程”示范城市试点、全省创新网格化社会治理机制试点、食品安全示范创建取得新成效，扫黑除恶专项斗争取得阶段性重要成果，一批长期积累的信访矛盾得到化解，全省公众安全感测评实现“三连冠”，法治建设满意度连续两年排名全省第一，连续三次获评全国社会治安综合治理优秀市，获得全国社会综治领域最高奖“长安杯”。

在推进“强富美高”新无锡建设中，坚持把党的建设作为根本保证。坚决落实全面从严治党要求，牢牢把握正确政治方向，切实加强党对各项事业的全面领导。坚持用党的创新理论武装头脑，深入推进解放思想大讨论，牢牢掌握意识形态工作主导权话语权，市委中心组作为全省唯一理论学习先进中心组推荐上报中宣部。实施基层党建“三项工程”，推进村（社区）和“两新”组织“雁阵计划”，华西村、水秀社区、红豆集团等成为全国先进基层党组织。认真贯彻新时期好干部标准，积极落实鼓励激励、容错纠错、能上能下“三项机制”，推动广大党员干部干事创业、担当作为，锡东电厂复工联合工作组被评为全国“人民满意的公务员集体”。实施“太湖人才计划”及其升级版，广泛集聚各类高层次人才。深入推进纪检监察体制改革，在全省率先探索派驻和巡察机构改革，实现对12.8万名公职人员监察全覆盖。积极探索以信息化手段加强监督，地方政府隐性债务综合监管系统、预防接种综合服务管理系统在全省推广。严格贯彻中央八项规定及其实施细则精神，推动全市作风持续向好。加大查办留置案件的力度，追逃追赃工作得到中纪委肯定，反腐败斗争压倒性胜利不断巩固发展。

五年砥砺奋进，经验弥足珍贵。第一，必须坚定不移践行新理念。理念是行动的先导。五年来，我们坚持以习近平新时代中国特色社会主义思想为指导，牢固树立高质量发展导向，着力抓重点、补短板、强弱项，推动各项事业朝着更高质量、更有效率、更加公平、更可持续的方向前进。实践证明，只有坚定不移贯彻新发展理念，以创新发展点燃发展动力、以协调发展治理区域失衡、以绿色发展和谐人与自然、以开放发展统筹内外联动、以共享发展促进公平正义，才能跨越转型升级的战略关口，进入高质量发展的轨道。第二，必须坚定不移聚力强产业。产业强则经济强，经济强则城市强。五年来，我们坚持以智能化、绿色化、服务化、高端化为引领推动产业转型升级，坚持把科技创新作为第一动力，咬定实体经济这个本，抓牢制造业这个根，持之以恒抓项目增后劲，坚持不懈兴产业促转型，坚定不移强科技引人才，引进一大批重大产业项目和科技创新领军企业、领军人才，交出了产业强市的过硬答卷。实践证明，只有抓本咬根、戒虚求实，加快构建自主可控的现代产业体系和产业科技创新体系，才能不断推动产业结构迈向中高端。第三，必须坚定不移激发源动力。改革促发展，开放拓空间。五年来，我们坚持以供给侧结构性改革为主线，加大重点领域和关键环节改革攻坚力度；积极抢抓新一轮对外开放战略机遇，更大范围、更宽领域、更高水平参与国际竞争与合作，构建了更具活力的体制机制、更加开放的发展格局。实践证明，只有把改革开放向纵深推进，才能不断突破体制性障碍、解决全局性问题，在强动力、增活力中开辟发展新境界。第四，必须坚定不移构筑一体化。区域城乡一体发展是大势所趋、大局所在。五年来，我们坚定实施新型城镇化和城乡发展一体化战略，面向外部一体对接，着眼区域一体联动，统筹城乡一体发展，全国性综合交通枢纽建设取得突破性进展，锡澄锡宜一体化迈出实质性步伐，城乡公共服务均等化水平进一步提高，良性互动、协调发展的一体化格局正在形成。实践证明，只有促进区域城乡协调协同，才能在更大范围、以更高水平集聚和配置资源，不断提升城市能级。第五，必须坚定不移务实惠民生。民生连着民心，民心是最大的政治。五年来，我们坚持以人民为中心的发展思想，既立足当前关切诉求、多办民生实事，又着眼长远谋划部署、完善长效机制；既关注广大群众的生活改善、拉高“平均线”，又聚焦特殊困难群体的托底保障、抬高“地平线”，努力让发展更有温度。实践证明，只有不断增进民生福祉，努力实现幼有善育、学有优教、劳有应得、病有良医、住有安居、老有颐养、弱有强扶，才能不断满足人民群众美好生活需要。第六，必须坚定不移深入抓党建。全面从严治党是锻造坚强领导力量的必然要求。五年来，我们认真落实新时代党的建设总要求，坚持党要管党、全面从严治党，统筹推进党的政治建设、思想建设、组织建设、作风建设、纪律建设和制度建设，推动各级党组织更加坚强有力，推动广大党员干部更具担当活力，营造了风清气正的政治生态和干事创业的良好环境。实践证明，实现高质量发展，关键在党、关键在人，只有提高党的建设质量，不断增强党的创造力、凝聚力、战斗力，才能为高质量发展提供坚强政治保证。

书写好习近平总书记为我们描绘的“强富美高”新答卷，不可能一蹴而就，也不可能一劳永逸，需要我们接续奋斗、久久为功。全市上下要坚持以习近平新时代中国特色社会主义思想为指引，认真贯彻落实总书记对江苏工作重要讲话指示精神，紧紧围绕省委对无锡提出的“当好全省高质量发展领跑者”的定位要求，不忘初心、牢记使命，把已经取得的成绩作为事业新的起跑线，始终保持锐意进取、奋发有为的干劲，加快建设世界格局中的无锡、现代化形态中的无锡，着力推进探索性发展、创新性发展、引领性发展，让“强富美高”新无锡不断展现出新的现实模样。

二、认真学习贯彻党的十九届四中全会精神，推动市域治理体系和治理能力现代化建设走在前列

中共十九届四中全会，是我们党站在“两个一百年”奋斗目标历史交汇点上召开的一次十分重要的会议，具有开创性、里程碑意义。习近平总书记的重要讲话，系统总结党和国家各项事业取得的新的重大进展，深刻阐述坚持和完善中国特色社会主义制度、推进国家治理体系和治理能力现代化的重要性和紧迫性，充分展现了习近平新时代中国特色社会主义思想的真理光芒和实践伟力，充分体现了以习近平为核心的党中央的战略定力和历史担当，是我们强化制度建设、提高治理水平的根本遵循。全会审议通过的《中共中央关于坚持和完善中国特色社会主义制度、推进国家治理体系和治理能力现代化若干重大问题的决定》，全面回答了在中国国家制度和国家治理体系上应该坚持和巩固什么、完善和发展什么这个重大政治问题，是一篇马克思主义的纲领性文献和政治宣言书，对于推动中国特色社会主义制度更加成熟更加定型、把国家制度优势更好转化为国家治理效能、实现中华民族伟大复兴的中国梦，具有重大而深远的意义。

学习贯彻落实好十九届四中全会精神，是当前和今后一个时期的重大政治任务。全市各级要进一步提高政治站位，把学习十九届四中全会精神与学习习近平总书记关于国家治理的一系列重要论述结合起来，深刻领会全会精神，更加坚定中国特色社会主义制度自信。推进制度创新和治理能力建设，具有很强的政治性、系统性、规范性、科学性。因此，谋划无锡市贯彻四中全会精神的实施意见，要把握好五点：一是政治引领。习近平总书记指出，中国特色社会主义制度最大的优势是中国共产党领导。十九届四中全会明确提出要健全总揽全局、协调各方的党的领导制度体系，确立了党的领导制度在中国特色社会主义制度和国家治理体系中的统领地位。我们要把坚持和完善党的领导作为制度建设的重大任务，通过健全党的领导制度体系，切实把党的领导落实到治理全过程各环节，真正以制度保障党对一切工作的领导，确保各项工作沿着正确方向前进。二是系统完备。十九届四中全会第一次全面描绘了由13个部分组成的中国特色社会主义制度“图谱”，并把“系统完备”放在制度体系建设要求之首，目的是在各领域搭建起日益成熟、日益定型的制度体系。我们要牢固树立系统思维，整体谋划、统筹推进党的领导和经济、政治、文化、社会、生态文明等领域的制度建设，注重在厘清边界、做好衔接、加强整合上下功夫，提高制度的系统性协调性。三是结合实际。习近平总书记反复强调，基层要坚持因地制宜，推动工作落地生根。脱离实际、僵硬执行，就会使工作悬空落空，就会损害我们的事业。我们在全面对照要求、严抓任务落实的同时，要坚持从无锡实际情况出发，围绕固根基、扬优势、补短板、强弱项，系统思考固什么、扬什么、补什么、强什么，深入研究怎么固、怎么扬、怎么补、怎么强，针对性地制定实施意见，拿出无锡版的“设计图”“施工图”，确保中央决策部署在无锡落地落实。四是管用有效。制度不在多而在于精，在于务实管用。中国特色社会主义制度之所以具有显著优势，一个重要原因就在于其管用有效，使当代中国焕发出前所未有的生机活力。我们要突出目标导向，根据市域治理现代化重点工作和“三步走”目标，明确阶段任务，排出计划、压茬推进；突出实践导向，制定实施细则、配套措施，增强可操作性；突出结果导向，跟进检查评估考核，促进优化调整完善，使每项制度都能管用有效。五是探索创新。习近平总书记在对中共十八大以来的改革开放进行总结时说，全面深化改革总目标是完善和发展中国特色社会主义制度、推进国家治理体系和治理能力现代化。我们要正确把握两者之间的关系，把坚定制度自信与深化改革创新有机统一起来，在改革创新中完善制度体系，努力为全省乃至全国的制度体系建设探索经验、提供借鉴、作出贡献。

按照中央《决定》和省委《意见》精神，围绕落实习近平总书记对江苏工作重要讲话指示精神，深化“强富美高”新无锡建设，市委制定了关于贯彻落实中共十九届四中全会精神、推动市域治理体系和治理能力现代化建设走在前列的《实施意见(讨论稿)》，对加强党的领导、构建与“强富美高”新无锡相适应的市域治理体系作出了全面安排。一要用制度保障党的领导。以完善党的全面领导制度为引领，坚决落实维护党中央权威和集中统一领导各项制度，持续健全维护党的集中统一领导的组织制度体系和加强党的全面领导、纵深推进全面从严治党的制度机制，把党的领导落实到市域治理各领域各方面各环节。以强化党在我国政治生活中的领导地位为引领，坚持完善人民代表大会制度、中国共产党领导的多党合作和政治协商制度，巩固和发展最广泛的爱国统一战线，使全市人民依法通过各种途径和形式管理国家事务、管理经济文化事业、管理社会事务。以加强党对法治工作的领导为引领，加快完善党领导的全面依法治市制度和工作机制，积极健全职责明确、依法行政的政府治理体系，持续健全完善党委统一领导、全面覆盖、权威高效的监督体系和权力规范运行有效机制，实现党的领导、人民当家作主、依法治市的有机统一。二要用制度支撑产业强市。立足构建现代产业体系，加快建立促进先进制造业集群培育、新一代信息技术与制造业深度融合、先进制造业与现代服务业融合发展的体制机制，健全优化营商环境、保障安全生产等各项制度，为产业强市行稳致远提供动力支撑、环境支撑、安全支撑。立足构建产业科技创新体系，创新完善重大关键核心技术联合攻关、产学研合作、科技成果转化、人才工作等政策机制，推动创新链与产业链、资金链、人才链有机联动。立足构建区域协调发展体系，创新构建更高水平开放型经济发展机制，探索建立跨区域产业转移、重大基础设施建设等共建共享机制，持续完善城乡融合发展机制，拓展高质量发展新空间。三要用制度增进民生福祉。加强普惠性民生制度建设，优化城乡居民收入持续增长机制，健全公共就业服务、终身职业培训等制度，优化收入分配制度，提高创业带动就业倍增效应，多渠道增加居民收入。加强基础性民生制度建设，完善学前教育优质普惠、义务教育优质均衡、普通高中优质特色、职业教育产教融合、高等教育提质扩量的教育高质量发展制度机制，完善现代医院管理制度、分级诊疗制度、全民医疗保险制度、药品供应保障制度等“健康无锡”制度机制，完善居家社区机构相协调、医养康养相结合的养老服务体系和体医融合的运动健康服务体系。加强兜底性民生制度建设，健全统筹城乡的社会保障体系，完善涵盖各类困难群众、分层分类、阶梯递进的社会救助体系，优化精准扶贫脱贫防贫长效机制，以制度有效保障改善民生。四要用制度促进环境改善。严抓源头保护，修订和制定水环境保护、湿地保护等法规条例，完善国土空间规划、主体功能区建设等制度，构建绿色生产、绿色金融等体系，创新自然资源有偿使用和排污权、用能权交易等机制，综合运用法治、规划和经济等手段推动各类主体减污减排。严管生态领域，制定实行最严格的耕地保护、节约用地和水资源管理制度，健全统筹山水林田湖草的一体化保护修复制度，健全政府监管责任和企业主体责任“同落实”的环保责任体系，筑牢生态安全屏障。严惩污染行为，优化环境行政执法与刑事司法联动机制，强化生态补偿、生态环境公益诉讼、生态环境损害赔偿和领导干部自然资源资产离任审计制度，为建设美丽城乡新家园夯实制度之基。五要用制度维护社会和谐。加强以文明促和谐的制度建设，坚持马克思主义在意识形态领域指导地位的根本制度，健全用党的创新理论武装全党、教育人民工作体系，完善坚持正确导向的舆论引导机制，构建网络综合治理体系，建设全域性网络安全防护体系，形成把社会效益放在首位、社会效益和经济效益相统一的文化创作生产体制机制，加快实现公共文化服务体系城乡一体、社会征信体系全面覆盖。加强以善治促和谐的制度建设，以多元化解矛盾纠纷、动态管控特殊人群、社会治安高效防控等为重点，健全社会安全稳定工作机制；以健全全要素网格化管理、基层群众民主自治平台、新时代文明实践中心建设等为重点，健全党组织领导的自治、法治、德治相结合的城乡基层治理体系，打造共建共治共享的社会治理新格局。

制度的生命力在于执行，制度的力量在于落实。全市各级要以高度的政治自觉严格遵守和执行制度，把市域治理体系和治理能力现代化建设这个重大战略任务落实好、推进好。要示范带动抓落实。各级党委(党组)要切实担负起责任，制定行之有效的落实方案，有力有序组织实施。各级领导干部要强化制度意识，带头维护制度权威，做制度执行的表率，带动广大干部严格按照制度履行职责、行使权力、开展工作，带动全社会自觉尊崇制度、严格执行制度、坚决维护制度，汇聚起推进市域治理体系和治理能力现代化的强大合力。要严格对标抓落实。各级各部门各单位要严格对照中央《决定》、省委《意见》和市委《实施意见》部署要求，逐项研究、逐项细化，结合自身实际列出任务清单、责任清单，排出时间节点、具体计划，确保各项目标任务高质高效推进、不折不扣完成。要构建全覆盖的监督机制，把督促检查贯穿治理全过程，严肃查处有令不行、有禁不止的行为，坚决杜绝在制度执行上做选择、搞变通、打折扣的现象，确保制度时时生威、处处有效。要深化改革抓落实。聚焦事关无锡高质量发展的重点领域和关键环节，推动全面深化改革向纵深发展，对党中央明确的国家治理急需的制度、满足人民对美好生活新期待必备的制度要抓紧谋、往前排，对在手在推的各项改革任务要加大攻坚力度、尽快取得突破，并注重对行之有效的治理理念、治理方式、治理手段进行总结提炼，推动更多“基层首创”“试点经验”上升到制度层面，促进更多改革成效转化为制度成果。要上下协同抓落实。市域治理体系和治理能力现代化建设，必须坚持全市“一盘棋”，市相关责任部门要充分发挥职能作用，主动谋划、协调推进本条线本领域的治理体系和治理能力现代化建设，加强与上级部门的沟通对接、争取更多“无锡成果”进入上位制度体系，加强对各地区的指导服务、帮助基层创新提升治理水平。各板块要在市域治理大框架内谋划推进本地区治理体系和治理能力现代化建设，积极探索形成务实管用、特色鲜明的制度性成果，为促进全市治理现代化、书写“中国之治”无锡篇章多作贡献。

三、高水平全面建成小康社会，实现“十三五”圆满收官

2019年以来，面对宏观环境严峻、风险挑战增多的复杂形势，全市上下坚持以习近平新时代中国特色社会主义思想为引领，全面落实中央和省委、省政府决策部署，紧紧围绕当好全省高质量发展领跑者目标，坚持稳中求进工作总基调，深入实施六大发展战略，扎实推进高质量发展，攻坚克难、奋发作为，经济社会发展和党的建设各项工作取得新成效。一是在2018年高基数、高增长基础上主要经济指标保持较快增长，质量效益稳步提升，预计2019年全市15个主要经济指标中有12个指标增速高于全省平均，其中社会消费品零售总额增速位居全省第一，规上工业增加值、工业投入等指标增速保持全省前列。二是重大产业项目建设进度加快，华虹集成电路一期、海力士二工厂、中环大硅片等17个重大产业项目竣工投产，全年累计完成投资1040.7亿元、超过前三年同口径项目完成投资总额。三是重大创新平台载体建设取得积极进展，物联网创新促进中心作为唯一以物联网为主题的产业集群促进机构入围全国先进制造业集群竞赛决赛，无锡先进技术研究院正式运行，国家高性能计算应用技术创新中心正式报批，成立全省第一个市级5G产业联盟，获批全国首个国家级车联网先导区，入选国家知识产权运营服务体系建设重点城市。四是重点领域改革开放成效明显，全面完成党政机构改革工作，政务服务"一窗受理、集成服务"改革试点经验在全省复制推广，国资国企改革继续深化，战略性新兴产业实际使用外资占比全省第一，在全省率先开展全球检测维修业务，国际邮件互换局、冰鲜水产品进口口岸获批建设。五是区域一体化迈出实质性步伐，锡澄锡宜交通基础设施一体化加快推进，锡澄S1线、宜马快速通道开工建设，江阴第二、第三过江通道和锡宜S2线加快前期工作，锡宜产业协同发展标志性项目大拈花湾顺利奠基。六是农业农村重点工作取得突破，完成全市新一轮镇村布局规划修编，在全省率先推进农业高质量发展计划、实施"一推三治五化"农村人居环境整治提升行动、构建财政金融支农政策、打造农村集体"三资"信息化监管体系，全面启动107个农村住房更新改造试点，70个村成为全省首批农村人居环境整治示范村。七是生态环境质量持续改善，预计$PM_{2.5}$平均浓度同比下降5.1%，国省考断面优Ⅲ比例同比上升17个百分点，13条主要入湖河道及3条主要入江河道水质首次全部达到地表水Ⅲ类以上标准，161条河道环境综合整治完成率达98.4%，太湖无锡水域水质总体符合Ⅳ类水平，单位GDP能耗同比下降4%以上，节约集约综合考核得分连续三年全省第一。八是群众获得感幸福感安全感进一步增强，预计2019年城乡居民人均可支配收入分别增长8.8%和9.1%、分别高于全省平均0.6和0.4个百分点，教育、医疗、养老等重点项目加快推进，在137个城市公共服务质量监测中排名第一；安全隐患排查整治取得积极成效，平安法治建设纵深推进，扫黑除恶专项斗争取得阶段性重大成果，社会不稳定因素得到有效化解。

2019年以来，我们认真开展习近平总书记对江苏工作重要讲话指示精神贯彻落实情况"回头看"工作，以实际行动践行"两个维护"；精心组织庆祝新中国成立70周年系列活动，充分展现70年来在党的领导下无锡各项事业取得的巨大成就；扎实开展"不忘初心、牢记使命"主题教育，广大党员干部思想境界、党性修养、作风能力得到锻炼提升；完成软弱涣散基层党组织销号整治，选树一批村（社区）党组织示范带头人、示范党支部、示范指导站，基层党建水平有效提升；发布鼓励激励、容错纠错、能上能下典型案例，推动"三项机制"见人见事；深入推进新时代文明实践中心建设，创新打造融媒体中心无锡矩阵，思想舆论引导有力有效；扎实开展整治形式主义突出问题为基层减负工作，探索国有企业和市属公立医院纪检监察体制改革，推进学校食堂食材集中配送改革，积极配合省委巡视工作，保持惩治腐败高压态势。

在看到成绩的同时，也要清醒看到：经济稳定增长的支撑力还不够强，新旧动能转换还不够快，自主创新能力还有待增强；重点领域和关键环节改革突破不够，各领域治理体系和治理能力现代化建设需要进一步加强；环境治理难点有待突破，治污重点工程和基础设施建设进展仍显滞后；民生领域不平衡问题仍然存在，结构性矛盾依然较为突出；安全发展理念没有牢固树立，公共安全、生产安全等领域仍存在不少隐患；党的建设还有薄弱环节，"四风"问题特别是形式主义、官僚主义新表现不同程度存在。对此，我们必须高度重视，采取有力措施，切实加以解决。

2020年是高水平全面建成小康社会之年，是"十三五"规划收官之年，做好2020年的工作意义重大、责任重大。全市上下要以习近平新时代中国特色社会主义思想为指导，全面贯彻中共十九大和十九届二中、三中、四中全会精神，坚决贯彻党的基本理论、基本路线、基本方略，切实增强"四个意识"、坚定"四个自信"、做到"两个维护"，按照中央经济工作会议和省委十三届七次全会部署，牢牢把握高水平全面建成小康社会的任务要求，紧紧围绕当好全省高质量发展领跑者的目标定位，坚持稳中求进工作总基调，坚持新发展理念，坚持以供给侧结构性改革为主线，坚持以改革开放为动力，坚决打赢三大攻坚战，全面做好"六稳"工作，保持经济持续健康发展和社会大局安全稳定，确保高水平全面建成小康社会和"十三五"规划圆满收官，开创高质量发展新局面，开辟"强富美高"新无锡建设新境界，开启基本现代化建设新征程。

做好2020年工作，关键要打好四场硬仗：

一要打好全面小康收官仗 现在，无锡高水平全面小康社会建设已经到了收官的历史关口。我们务必以决战的姿态、决胜的信心,攻坚克难、奋力冲刺,如期高水平全面建成小康社会,努力交出一份得到人民认可的满意答卷、经得起历史检验的过硬答卷。能否交出这份答卷,重在补齐短板。分析当前无锡市各项指标实现情况,在六大类49项指标中还有17项指标存在差距,占比超过1/3,有些指标差距还比较大。前不久市委、市政府已经专门制定了补短板强弱项方案,对这17项指标都明确了达标和进位的要求、明确了牵头市领导和牵头责任部门。各牵头领导和部门要组织制定专项行动方案,采取切实可行、务实管用的措施,加强动态监测、分析评估、跟踪问效,特别是对拖后腿的地区要加力推动,对进度缓慢、落差较大的指标要集中攻坚,确保所有指标全面达标。重在提高水平。对无锡来说全面达标只是基本要求,当好全省高质量发展领跑者,首先要体现在高水平全面建成小康社会上,实现的程度、达到的水平都要处在全省前列。因此,各项指标都不能满足于达标,要追求高标准、高水平,能超则超、能高则高,充分展示无锡小康社会的建设水平,让我们的全面小康成果更加令人信服。重在做好衔接。既要完成好"十三五"发展各项指标,又要及早谋划"十四五"发展;既要写好全面小康建设"收官华章",又要谋好基本现代化建设"开篇序章",在高起点上开启"十四五"发展和基本现代化建设新征程。

二要打好产业强市纵深仗 推进产业强市五年来,无锡市产业发展取得了显著成就、迈上了新的台阶,但产业强市依然任重道远。下阶段,推进产业强市要立足高质量发展要求,进一步升级无锡产业"复兴号"的动力系统、结构系统、质量系统、安全系统、保障系统,全面提升无锡产业自主可控能力、现代产业比重、整体产出水平。要全面提升自主可控能力。产业自主可控能力决定城市的经济安全、决定企业的生存安全。要加快引进培育"首位度"企业,无锡入围500强各榜单的企业虽然较多,但真正在行业中有主导权、话语权的企业不多,要聚力打造一批在行业中有很强影响力、带动力、号召力的龙头骨干企业,使之成为无锡产业发展的"定海神针"。要加快打造培育"世界级"产业集群,围绕无锡市重点发展的16个先进制造业重点产业集群和4个未来产业集群,做强产业链各环节,促进产业基础高端化,提升产业链现代化水平,夯实无锡经济的"产业底盘"。要加快创建培育"策源地"创新中心,加大高端创新资源集聚力度,大力引进科技创新型企业和高层次创新人才,着力推进国家物联网创新促进中心、无锡先进技术研究院等国家级创新中心建设,着力推进江苏(无锡)车联网先导区、江苏省信息技术创新联盟等创新载体建设,着力推进省技术产权交易市场无锡分中心等重大平台建设,使无锡成为更多科技成果的"原产地"。要全面提升现代产业比重。牢牢把握现代产业发展方向,制定实施新一轮新一代信息技术产业、智能制造、现代服务业发展行动计划,聚焦重点领域、重点环节,进一步做大规模和实力、做出特色和亮点。积极实施数字经济、总部经济、枢纽经济发展意见,制定专项行动、专项政策,加快推动工业互联网、大数据、云计算、区块链、人工智能等新一代信息技术与制造业深度融合,积极布局5G产业发展,吸引一批跨国公司和国内知名企业在锡设立区域总部和销售中心、研发中心、结算中心等功能性总部,建设一批高效优质的临港、临空、临站枢纽经济服务平台,使新经济成为新增长点。同时加大传统产业转型升级力度,深入推进"千企技改",大力实施"千企上云",构建以"工业大脑"为核心的新型制造组织体系,推动制造业向更多依靠数据、信息、知识等新型生产要素的增长模式转变,2020年新增省级重点工业互联网平台2个、省级示范智能车间20个、省星级上云企业50家。要全面提升整体产出水平。加强对工业企业资源利用绩效评价结果的使用,全面落实差别化的税收政策、工业用地政策、水电气政策、排污政策、信贷政策、产业扶持和政府采购政策,特别是在化工产业安全环保整治提升、安全生产专项整治、"散乱污"企业专项整治和"去产能"等工作中要用好经济杠杆,倒逼低端低效企业为高效益企业、高产出企业、高技术企业、高成长性企业"腾位让路",促进产出效率的提升。深入实施标准、质量、品牌"三位一体"工程,打造质量标杆企业,推动各类国家级产品质量监督检验中心建设,提高"无锡造"的质量和附加值。

三要打好长三角一体化主动仗 融入和服务长三角一体化,是无锡的重大政治责任,也是推进高质量发展的重大机遇。要把握"一体化"和"高质量"两个关键,坚持以无锡为主、扬无锡所长,细化落实《长江三角洲区域一体化发展规划纲要》无锡行动方案,努力在推进国家战略中担当重要职责、发挥独特作用、作出无锡贡献。在功能定位上要有大格局。无锡是长三角区域中心城市,综合经济实力较强,产业发展水平较高,在推进一体化中要注重巩固提升无锡的优势,鲜明确立"长三角先进制造核心区、技术创新先导区、绿色生态标杆区、综合交通枢纽区"定位,围绕打造"四个区"谋划规划、整合资源、布局项目,系统推进各项工作,抓好一批关联性、带动性强的重点项目建设,加快在"四个区"建设上取得更大突破,形成更显著的特色优势,整体提升无锡在长三角中的城市地位。在融入服务上要有大手笔。融入服务一体化要系统做好"东向接轨融入、北向引领辐射、南向协同联动、西向湖湾一体"四篇文章,东向重点是融入上海大都市圈建设,主动对接上海"五个中心"和"四大品牌"建设,更好接受上海辐射,承接上海溢出效应;北向重点是推动锡常泰跨江协同发展,打通向北发展通道，扩大向北发展腹地；南向重点是参与宁杭生态经济带建设，对接南京、杭州都市圈建设，增强无锡在浙西北、皖东南的影响力，拓展向南发展空间；西向重点是促进西太湖湾区一体化，积极打造环太湖创新走廊，推动沿湖旅游休闲资源深度利用，成为建设长三角地区著名旅游目的地、自主原创技术重点策源地的重要依托。各板块都要立足实际、发挥优势，找准着力点、明确主攻点，积极主动发挥好各自的作用，形成全市"一盘棋"。在推进落实上要有大力度。现在各地都在加强对接、争取主动，我们要全面对接国家规划、全面落实全省规划，按照无锡市的行动方案，迅速制定具体的重大任务清单、重大项目清单、重大改革清单，明确责任领导和部门，明确各地工作要求、目标任务，加快推进实施；要加大争取力度，不局限于现有规划内容，特别是对于一些还没有最后定型的规划，要主动反映、积极争取，努力获得更大的支持。

四要打好重大风险防控攻坚仗 当前我们面临的风险挑战前所未有，要全面落实"稳定大局、统筹协调、分类施策、精准拆弹"的基本政策，强化风险意识、加大攻坚力度，确保全市安全稳定、和谐有序。要防控经济领域风险。突出债务风险防控，积极健全市级指导、县区统筹、乡镇推动、平台实施的四级联动债务管控机制，充分发挥应急偿债资金作用，加快推进政府融资平台整合重组和市场化转型，以更大力度开展债券置换和结构优化，加快把政府性债务规模压降到合理区间。突出金融风险防控，深入推进防范化解非法金融活动风险专项行动，做实信用风险管理工作，加快形成风险排查和风险处置相结合、化解存量和遏制增量同发力的协同防控机制，确保不良贷款率稳定下降、不发生系统性金融风险。要防控安全生产领域风险。安全生产风险并不随着经济发展水平提高而自然降低，2019年发生的几起安全事故再次警醒我们，安全生产思想之弦必须始终绷紧，安全生产工作必须抓实抓牢。要全面落实国务院江苏安全生产督导组各项要求，坚持治标与治本相结合、专项整治与长效治理相促进、整体推进与重点突破相统一，深入实施《全面深入开展安全生产专项整治行动工作方案》，按照"四严四实"要求扎实开展32个行业领域的专项整治，进一步明确工作任务、压实安全责任，加强检查督办、推进巡查考核，一级抓一级、层层抓落实，确保不发生有影响的安全事故，促进安全生产形势稳定向好，全面提升安全生产治理体系和治理能力现代化水平。要防控社会领域风险。加强和创新社会治理，强化基层基础工作，加快重大风险监测预警平台和主动干预防控机制建设，健全矛盾纠纷有效预防和多元化解机制，注重信访矛盾源头治理工作，努力把各类矛盾风险化解在萌芽状态。深入推进平安无锡建设，构建立体化信息化社会治安防控体系，推动扫黑除恶专项斗争向纵深发展，积极创建平安中国示范区。加强法治无锡建设，提高立法质量，推进依法行政，加快司法体制改革，不断提高依法治市水平。

重点抓好以下六个方面工作：

1. 全力稳定经济增长 2020年经济保持稳定增长的难度更大，我们要有足够的准备。要切实稳住有效投资，采取有力措施稳住实体经济投资特别是符合高质量发展需求的战略性新兴产业、先进制造业、现代服务业投资，扩大重大交通基础设施、生态环境治理、民生公共服务等领域项目投资，扎实推进228个市级重大产业项目和137个市级政府投资项目建设，确保当年完成重大产业项目投资超1000亿元。消费保持较快增长仍有空间和潜力，要深化国家电子商务示范城市建设，推动线上线下消费融合发展，促进文化、商业、旅游、体育、康养等产业跨界融合，培育更多体验经济、共享经济、夜间经济等消费新业态新模式，全面优化消费环境，充分释放消费潜力，努力打造多点支撑的消费增长格局。要积极应对外贸风险挑战，重点抓好九大出口产业、双百家重点企业的跟踪监测服务，加强分析研判，落实省、市贸易促进计划，加大配套扶持政策，帮助企业在国际市场中发展新业务、寻找新伙伴。前不久，中央制定出台了关于推进对外贸易高质量发展的指导意见，国家商务部也将出台相应的行动方案，要积极对接、抓好贯彻落实，加快转变外贸发展方式，注重优化出口结构，增强自主品牌引领作用，高标准推进国家跨境电商综合试验区、国家服务外包示范城市和国家文化出口基地建设，推动对外贸易稳中提质。稳定经济增长，关键要稳企业、稳实体。要坚持把发展的着力点放在实体经济上，对已经出台的各类政策措施一以贯之地抓好贯彻落实，并根据形势变化和企业发展需求作出相应调整完善，及时研究解决企业反映的突出问题，营造良好发展环境，打造更多千亿级、百亿级大企业大集团，培育更多创新型、成长型企业，不断夯实经济增长的基础。

2. 全面深化改革开放 坚持问题导向，在重点领域求突破，推动改革动真碰硬见实效。要深化"放管服"改革，抓好优化营商环境实施方案中明确的17个方面、80项工作，持续提高"宽放"的含金量、"善管"的有效性、"优服"的满意度，努力打造更具吸引力、影响力、竞争力的一流营商环境。要全面完成基层整合审批服务执法力量改革任务，做好市县机构改革的"后半篇文章"。要扎实推进国资国企改革，组建无锡智慧城市发展集团、重组整合国联金融和金投公司，做好国联信托、国联人寿等混合所有制改革，推进交建集团、水务集团等股份制改革，提高国有资产证券化水平，促进国有企业健康发展。要抓好财税金融体制改革，落实市对区财政体制优化调整方案，推动政府融资平台整合重组和市场化转型，加快民营锡商银行、上海商业储蓄银行无锡分行开业和无锡金融租赁公司设立申报等工作。要深化投融资体制改革,形成合理的民间资本投入回报机制,激发民间投资活力,提振民间投资信心。开放型经济是我们的特色和优势,无论宏观形势如何变化都要牢牢抓在手上,主动融入国家新一轮对外开放战略,在国际竞争合作中增创新优势。要加大产业招商力度,拓宽利用外资渠道,创新利用外资形式,强化外资项目跟踪服务,鼓励引导外资投向现代产业,不断提升利用外资的质量效益。要加强开放动能培育,深化国际产能合作,支持企业整合国际资源,推进西港特区升级版2.0建设,在"一带一路"沿线打造更多无锡样板。要推动开发区转型升级、创新发展,高标准建设药品进口口岸、国际邮件互换局、航空口岸等各类平台,提升开发区的贡献度和支撑力。积极融入江苏自贸区建设,加快复制推广自贸区改革试点经验,促进跨境贸易便利化和管理体制高效化。

3.加快推进一体发展 围绕"一轴一环三带"和"一体两翼两区"的总体空间布局,加快推进国土空间总体规划编制,明年形成总规成果。要按照空间共构、功能共生、产业共谋、设施共建、环境共治的要求,加快锡澄锡宜一体化进程,当前要把市域内基础设施互联互通作为重中之重,有力有序推进南沿江铁路、苏锡常南部高速、常宜高速、宜长高速、宜马快速通道、锡澄S1线、丁蜀通用机场、锡澄运河航道整治等项目,开工建设锡宜高速扩建、沿江高速扩建、江阴第二过江通道等项目,积极推动盐泰锡常宜铁路、锡宜S2线、锡太高速等项目前期工作,不断增强全市发展的整体性和协调性。要进一步优化市内交通体系,在地铁3号、4号线建设的基础上,加快第三轮轨道交通建设规划报批,推进苏南硕放国际机场集疏运体系建设,强化无锡(江阴)港综合功能,积极打造无锡西站多式联运集群,不断提升城市交通枢纽功能。要推动快速路网建设和市区道路提质扩容,积极推进凤翔路、高浪路等快速化改造,进一步打通"断头路"。要加快老城区更新改造,统筹抓好海绵城市、新型智慧城市、宜居住区建设,深入推进优美环境合格区建设,提升城市精细化管理水平。要大力实施乡村振兴战略,深入开展产业提质、创新驱动、主体培育、载体建设、绿色引领五大行动,扎实推进"百企建百园"工程,提升农业品质品牌,促进产业融合联合,在推动农业高质量发展走在前列上取得更大进展;深化农村人居环境整治三年行动计划和"一推三治五化"专项行动,在加快特色田园乡村、美丽乡村示范建设以及农村住房更新改造上取得更大成效;深化农村集体产权和土地制度改革,在促进先进资源向农业农村集聚、创新城乡融合发展体制机制上取得更大突破。

4.持续改善环境质量 近年来无锡市生态环境明显改善,但污染防治攻坚战仍是无锡市最艰巨的攻坚战,生态环境指标仍是无锡市高水平全面小康社会建设最难全面达标的指标。要咬定目标、加强攻坚,对已经出台的行动计划和系列措施要坚决落实到位,对中央环保督察"回头看"等各类督察反馈意见要坚决整改到位,以解决问题的新成效促进环境治理的新提升。要持续推进太湖治理和河道综合整治,狠抓工业、生活、农业、船舶等重点领域污染防治,严格落实总磷总氮减量替代措施,加快推进水污染治理年度重点工程,打好碧水保卫战、河湖保护战,促进太湖无锡水域水质持续改善,国省考断面优Ⅲ比例达到71.4%以上,连续13年实现"两个确保"目标。要加大大气污染防治力度,着力推动$PM_{2.5}$和臭氧浓度"双控双减",加强燃煤、工业、移动源、扬尘和VOCs污染防治,强化联防联控,做好应急管控,确保$PM_{2.5}$平均浓度比2015年下降30%以上、空气质量优良天数比率达到71.1%以上。要扎实推进固危废处置设施建设三年计划,推进垃圾分类投放收集处理,加强污水收集处理、环境监测监控、应急处置等环境能力建设,强化信息化技术和设施应用,推出一批生态环境物联网应用示范项目,有效防范化解生态风险。要加强生态环境监管,深入推进"绿刃"环保专项行动,加大对环境违法行为的处罚、曝光力度。要扎实推进化工产业安全环保整治提升,巩固提升"散乱污"企业(作坊)整治成果,进一步压降低端低效产能、污染落后产能,从源头上减少污染排放、提升环境质量。

5.着力保障改善民生 扎实推进民生共建共享战略,实施年度为民办实事项目,多为群众办实事解难事,让改革发展成果更多更公平惠及全体人民。要坚持就业优先,落实积极就业政策,重点做好高校毕业生、就业困难人员等重点群体就业工作,加强重点外贸企业用工监测,实施失业保险援企稳岗"护航行动",举办"创响无锡"等系列赛事,全力稳就业促创业。要扎实推进全民参保计划,做好企业职工基本养老省级统筹相关工作,稳步提高各类人群社会保障水平。要切实关心困难群众生活,提高社会救助精准性,升级完善阳光扶贫制度,发挥"慈福"民生保险作用,2020年低保标准、特困供养标准实现大市和城乡统一,村(社区)医疗互助制度实现全覆盖,确保2020年低收入人员年收入达到1.2万元的市定"十三五"脱困转化目标。要加快推进教育现代化建设,积极创建国家和省义务教育优质均衡发展市(县)区,建成五所左右省职业教育领航学校,抓好东南大学无锡国际校区、南京理工大学江阴校区、江南大学江阴校区和宜兴研究生院等建设,支持江南大学建设世界一流学科、太湖学院建立硕士点,推动南信大滨江学院转设为公办本科高校。要加快江南大学附属医院、儿童医院、妇幼保健院等市属医疗卫生机构建设,深化医药卫生体制和公立医院现代医院管理制度改革,实施"三名"战略,推进紧密型医联体建设,不断提高“健康无锡”建设水平。要稳步实施基本医保和生育保险市级统筹,深化医保支付方式和医药招标采购制度改革。要持续深化食品安全示范城市建设,保障人民群众食品安全。要高水平办好无锡国际马拉松等大型国际赛事,争创全域旅游示范区和全民运动健身模范市。要推进共有产权住房建设,开展公租房运营管理政府购买服务,构建多层次住房保障体系。

6.提高社会文明程度。高质量发展不仅体现在经济硬实力的提升上,也体现在社会文明程度的提升上。要适应人民群众对精神文化生活的需求,着力强化价值引导、扩大文化供给、建好精神家园,着力提高人民的思想觉悟、道德水准、文明素养和全社会文明程度。要加强思想引领,持续抓好习近平新时代中国特色社会主义思想“七进”工作,统筹各类媒体媒介开展高水平全面建成小康社会主题宣传,针对不同群体特点找准理论教育、理论宣讲与群众关注问题的结合点共鸣点,不断提升新思想传播的亲和力穿透力。要深化社会主义核心价值观教育实践,深入开展理想信念、爱国主义教育,加强公民道德建设,打造一批社会主义核心价值观建设示范点,广泛开展先进典型选树和学习宣传活动,建好用好新时代文明实践中心,营造讲道德、尊道德、守道德的良好氛围。要深化精神文明创建,全面实施《无锡市文明行为促进条例》,建立健全“智慧创建”体系,不断培育社会文明新风。要加强文化基础设施建设,编制全市文化场馆发展规划,启动建设市级公共文化艺术中心,进一步织密基层公共文化服务网络;积极推动文艺创新,建设文艺人才梯队,重点围绕高水平全面建成小康社会、建党100周年等重大主题创作生产,推出更多同新时代相匹配的文化精品;推动文化产业发展,全面落实文化产业政策,推进影视传媒、数字创意等产业提档升级,推动大运河文化带无锡段建设。要加强党管武装工作,做好拥军优属、部队转业干部安置工作,确保实现全国双拥模范城“八连冠”。

全面从严治党是推动各项事业高质量发展的根本保障。要深入贯彻新时代党的建设总要求,强化落实管党治党政治责任,把全面从严治党不断引向深入。一要突出“两个维护”加强政治建设。坚持把政治建设贯穿党的建设全领域各方面,切实把讲政治落实到具体行动上,坚决贯彻习近平总书记重要指示批示精神和党中央重大决策部署,加强和规范党内政治生活,坚决落实政治巡视要求,认真抓好省委巡视反馈问题整改,实施“543”政治素质把关工程,进一步增强“四个意识”、坚定“四个自信”、做到“两个维护”。二要突出“凝心聚魂”强化理论武装。构建不忘初心、牢记使命的长效机制,坚持不懈用习近平新时代中国特色社会主义思想武装头脑,持续巩固扩大主题教育成果。完善意识形态工作情况通报、述职考评、追责问责等制度,加强网络、高校、民族宗教等重要阵地和领域管理,健全重大舆情和突发事件舆论引导机制,巩固壮大主流思想舆论。三要突出“提质增效”夯实基层基础。建立科学严密的组织制度,完善国有企业、农村、机关、高校、科研院所、街道、社区等各领域党组织的工作制度。纵深推进基层党建“三项工程”,落实村书记县乡共管“1+N”制度体系,推进社区工作者“星级+薪级”职业体系建设,切实提升基层党组织带头人工作热情和履职能力。全面推进各领域党建,构建区域统筹、条块协同、上下联动、共建共享的城市基层党建工作新体系,加强和改进非公有制组织、社会组织和互联网等党建工作,推动农村基层党组织在乡村振兴、基层治理中发挥领导核心作用。要坚持一致性和多样性的统一,建立大统战工作格局。四要突出“严管厚爱”推进队伍建设。抓好“关键少数”,全面落实党政领导班子建设规划纲要,加强干部监督管理,提高各级领导班子建设质量。细化完善“三项机制”配套措施,旗帜鲜明地选用干部,真心实意地关爱干部,理直气壮地保护干部,进一步激发党员干部干事创业的精气神。加大优秀年轻干部培养选拔力度,加快优秀年轻干部成长成才。深入实施“太湖人才计划”升级版2.0,建立科学开放的人才制度,持续加大人才引育力度。五要突出“标本兼治”深化正风反腐。一体推进不敢腐、不能腐、不想腐体制机制。通过强震慑推进不敢腐,精准有力削减存量、零容忍遏制增量,对中共十八大以来不收敛不收手、严重阻碍党的路线方针政策贯彻执行、成为全面从严治党障碍的腐败问题优先查处。通过强监督推进不能腐,织密制度笼子,抓实抓牢日常监督、长期监督,增强监督严肃性、协同性、有效性,切实强化对权力运行全过程的制约和监督。通过强治本推进不想腐,充分发挥重大典型案件的教育警示作用,加强分类分层次警示教育,推进全社会廉洁文化建设,筑牢廉洁自律的思想堤坝。

让我们高举习近平新时代中国特色社会主义思想伟大旗帜,开拓创新、锐意进取,团结拼搏、攻坚克难,高水平全面建成小康社会,实现“十三五”圆满收官,以高质量发展的过硬成果书写新时代“强富美高”新无锡建设的崭新篇章!

政府工作报告（摘要）

——在无锡市第十六届人民代表大会第四次会议上

（2020 年 1 月 8 日）

代市长　杜小刚

2020 年 1 月 8 日，代市长杜小刚作政府工作报告

（市政府办　供）

一、2019 年工作回顾

2019 年，市政府以习近平新时代中国特色社会主义思想为指导，深入贯彻中共十九大和十九届二中、三中、四中全会精神，在省委、省政府和市委的坚强领导下，在市人大、市政协的监督支持下，紧紧依靠全市广大人民，深入开展“不忘初心、牢记使命”主题教育，按照当好全省高质量发展领跑者的目标定位，坚持稳中求进工作总基调，自觉践行新发展理念，坚定实施六大发展战略，较好完成了市十六届人大三次会议确定的目标任务，为实现“十三五”规划圆满收官、高水平全面建成小康社会打下了坚实基础。

（一）经济运行稳中有进　预计全市地区生产总值增长 7%，提前实现比 2010 年翻一番目标。一般公共预算收入增长 2.4%，其中税收收入占比达 84%。规上工业增加值增长 7.8%，保持全省前列。固定资产投资增长 6.1%，其中工业投入增长 10%。社会消费品零售总额增长 8.8%，位居全省第一。新增社会融资规模 2200 亿元，其中新增贷款 1437 亿元、创十年来最好水平。进出口总额增幅高于全国、全省 1.5 和 4.5 个百分点。全市净增规上工业企业 444 家、服务业企业 168 家。入围中国企业 500 强 14 家、制造业企业 500 强 30 家、服务业企业 500 强 15 家，均居全省第一。

（二）转型升级成效明显　科技进步贡献率提高到 64.8%，保持全省第一。预计全社会研发投入占地区生产总值比重提高到 2.9%。无锡大力培育发展战略性新兴产业成效明显，获国务院通报激励。预计物联网产业营业收入增长 16% 以上，获批建设全国首个国家级车联网先导区；集成电路产业产值和软件产业销售收入分别增长 8% 和 15%；大数据和云计算产业业务收入增长 30% 左右。成功举办 2019 世界物联网博览会。高新技术企业数量增加到 2794 家，高新技术产业产值占规上工业产值比重提高到 45.4%。新增省级企业工程技术研究中心 54 家和省级众创空间 8 家、众创社区 4 家。引进创新创业领军团队 6 个、各类人才 7.2 万人，新增院士工作站 22 家。节约集约用地综合考核得分连续三年位居全省第一。

（三）改革开放亮点纷呈　政务服务事项网上可办率达 95.8%。企业设立登记 2 个工作日内完成。电子营业执照在 205 个涉企事项办理中实现“一次验证、全网通用”。锡商银行获批筹建，上海商业储蓄银行内地首家分行落户无锡。新增境内外上市公司 8 家，其中科创板 2 家。复制推广自贸区改革试点经验 88 项。无锡跻身全国社会信用体系建设示范城市，江阴县级集成改革试点经验在全市范围复制推广。完成政府机构改革任务，无锡经济开发区正式挂牌。无锡在 2019 中国城市营商环境指数评价报告中位列全国第九。战略性新兴产业实际使用外资占比全省第一。国际邮件互换局（交换站）设立工作正式获得国家批复。

（四）城乡区域协调发展　国土空间总体规划编制全面启动，锡澄、锡宜协同发展区规划编制完成。南沿江铁路和苏锡常南部高速、宜长高速、常宜高速等重大交通基础设施建设有序推进。锡澄城际轨道交通工程、宜马快速通道、宜兴丁蜀通用机场和高浪路快速化改造一期工程开工建设。地铁 1 号线南延线开通试运营,3号线一期工程全线“轨通”。城市大数据中心二期正式上线。建成5G基站2600座。完成88万平方米宜居住区建设和132.2万平方米棚户区改造。市区完成28条主要道路包装出新、26条背街小巷整治,新增机动车泊位7.7万个。全市种植业绿色优质农产品比重超过60%。70个村庄获批成为全省首批农村人居环境整治综合示范村,累计建成市级美丽乡村示范村85个。

(五)生态环境稳定向好 关停燃煤热电机组5台,整治燃煤锅炉76台、工业窑炉41台。关停取缔“散乱污”企业(作坊)2485家。预计单位地区生产总值能耗下降4%以上。PM2.5平均浓度下降4.9%,绝对值降至全省第2低。国、省考断面优Ⅲ比例达到81.4%。主要入湖河道和入江支流水质首次全面达到Ⅲ类标准及以上。市区41条黑臭水体基本消除黑臭。太湖无锡水域水质主要指标好于全太湖,连续十二年实现安全度夏和“两个确保”。锡东、惠联垃圾焚烧发电厂提标扩容项目开工建设,惠联餐厨废弃物和蓝藻藻泥市政污泥处置项目建成投运。完成造林绿化1.2万亩。

(六)民生福祉日益增进 民生支出占一般公共预算支出比例达78.9%。预计全体居民人均可支配收入增长9%,增幅位居全省前列。10件55项为民办实事项目全面完成。无锡获评“全国居家和社区养老改革优秀试点地区”,入选“全国首批城企联动普惠养老试点城市”。一批教育、卫生、民政等重点项目稳步推进。新增省优质幼儿园12所。江南大学宜兴校区开工建设,东南大学国家示范性微电子学院揭牌,南京信息工程大学滨江学院无锡校区二期工程建成投用。瑞金医院无锡分院开业。新增3处国保单位,完成40处文物修缮工程。行政村(社区)综合性文化服务中心实现全覆盖。无锡马拉松晋级世界田径银标赛事。全面启动城市公共安全和企业安全生产专项整治行动。无锡在全国公共服务质量监测中获得总体满意度第一名的好成绩。连续三年获评“中国内地宜居城市第一名”。

二、2020年主要工作

根据中共无锡市委十三届九次全会的部署,2020年政府工作的总体要求是:以习近平新时代中国特色社会主义思想为指导,全面贯彻中共十九大和十九届二中、三中、四中全会精神,坚决贯彻党的基本理论、基本路线、基本方略,切实增强“四个意识”、坚定“四个自信”、做到“两个维护”,按照中央经济工作会议和省委十三届七次全会、市委十三届九次全会部署,牢牢把握高水平全面建成小康社会的任务要求,紧紧围绕当好全省高质量发展领跑者的目标定位,坚持稳中求进工作总基调,坚持新发展理念,坚决打赢三大攻坚战,全面做好“六稳”工作,保持经济持续健康发展和社会大局安全稳定,确保高水平全面建成小康社会和“十三五”规划圆满收官,开创高质量发展新局面,开辟“强富美高”新无锡建设新境界,开启基本实现现代化建设新征程。

综合各方面因素,2020年全市经济社会发展的主要预期目标是:地区生产总值增长6.5%~7%,一般公共预算收入增长4.5%以上,规上工业增加值增长7.5%以上,规上固定资产投资增长6%左右,社会消费品零售总额增长8%~8.5%,外贸进出口稳中提质,实际使用外资36亿美元左右,全社会研发经费支出占地区生产总值比重达到2.95%以上,居民消费价格涨幅控制在3.5%以内,城乡居民人均可支配收入与经济增长同步,城镇登记失业率控制在4%以内,单位地区生产总值能耗降低3%左右,节能减排和大气、水环境质量等约束性指标确保完成省下达的目标任务。

2020年,重点做好以下九个方面的工作:

(一)坚持迎难而上稳增长,夯实高质量发展新支撑

发挥投资关键作用 加大重大产业项目招引力度和基础设施、社会事业领域补短板力度,组织实施总投资4365亿元的228个市级重大产业项目和总投资1755亿元的137个市级政府投资项目。推出一批对社会资本有吸引力的优质项目,促进民间投资稳定增长。落实“一城一策”方案,保持房地产市场平稳健康发展。

发挥消费基础作用 深化国家电子商务示范城市、全国城乡高效配送试点城市和梁溪区省级商贸流通创新发展示范区建设。促进实物消费提质升级,推进商贸流通新业态、新模式健康发展。建立健全产品服务标准和消费信用体系,线上线下一体化推进放心消费创建。落实“菜篮子”市(县)区长负责制,持续做好猪肉等重要民生商品的保供稳价工作。

发挥开放带动作用 实施贸易促进计划,高标准推进国家跨境电商综合试验区、国家服务外包示范城市和国家文化出口基地建设,支持企业开拓多元化市场。复制推广自贸区创新举措,加快“智慧海关”建设,深化综合保税区创新发展,推进开发区高质量发展。引导外资更多投向产业强市重点领域,战略性新兴产业实际使用外资占比65%左右。深度参与“一带一路”交汇点建设,促进柬埔寨西港特区产业集聚和产城融合发展。

发挥金融保障作用 加强企业债务、互联网金融和地方各类交易场所风险的综合防控,积极稳妥化解企业大额信贷风险,确保不良贷款率继续保持在全省平均水平以下,确保不发生系统性金融风险。推进防范化解非法金融活动风险攻坚战专项行动,严厉打击套路贷、非法集资等行为。巩固政府性债务风险管控成果,推动债务规模、债务率、债务成本持续合理下降。

(二)坚持纵深推进强产业,培育高质量发展新动能

着力提升“产业素质” 深化“造链、补链、强链、延链”工程,实施千企技改装备升级行动,规上工业投资增长7.5%左右。推动大数据、云计算、区块链、人工智能与传统产业深度融

合，建设100个智能化重点项目，创建省级示范智能车间20个。深化工业企业资源利用绩效评价。促进先进制造业与现代服务业深度融合，打造全国服务经济转型发展示范区。大力推动文旅、文创融合发展，加快大拈花湾、江阴梦东方文化创意基地、宜兴雅达健康生态产业园等项目建设，提升江南古运河、翠屏山、鸿山等旅游度假区发展水平。实施"增品种、提品质、创品牌"战略，支持更多企业争创中国质量奖、全国质量奖和全国质量标杆。深化军民融合发展，打造"两机"、深远海装备等特色产业集群。

着力发展"三大经济" 聚焦发展数字经济，编制国家传感网创新示范区第二个十年发展规划，推动集成电路产业链向设计、装备等高附加值环节发展，扎实推进车联网先导区、海力士集成电路产业园、易华录数据湖产业园等项目建设，更大力度建设新型智慧城市，打造全国数字经济示范城市。聚焦发展总部经济，积极培育本土总部企业，加大国内外总部企业招引力度，推动现有外资企业总部化、基地化发展，加快推进博世中国氢燃料电池中心、中国创新与软件开发中心等项目建设，打造在长三角乃至全国具有重要影响力的总部基地城市。聚焦发展枢纽经济，加大空港、海港、高铁、陆港等有形枢纽设施建设力度，提高信息服务、运营调度、供应链管理等无形枢纽平台发展水平，打造全国性综合交通枢纽和长三角枢纽经济创新高地。

着力提高"创新浓度" 推进苏南国家自主创新示范区建设，打造一批有影响力的重大创新平台。深化政产学研合作，支持企业加大研发投入、建设高水平研发机构。实施创新型企业培育计划，高新技术企业总数达到3200家以上，高新技术产业产值占规上工业产值比重提高到46%以上。加大科技型企业招引力度，扎实推进雏鹰企业、瞪羚企业、准独角兽企业培育计划，打造一批"隐形冠军"和"科技小巨人"企业。深入实施"太湖人才计划"升级版2.0，引进更多高层次领军人才和创新团队。

（三）坚持对标先进优环境，激发高质量发展新活力

多领域优化政务服务 深化四级政务服务体系建设，加快"一件事"改革步伐，提高"一窗受理、集成服务"改革成效。深化"证照分离"改革，丰富电子营业执照"一城通用"场景。开展工程建设项目审批制度全流程、全覆盖改革，审批时间压缩至80个工作日内。推进一体化在线政务服务平台和"互联网＋监管"系统建设，提升"一网通办""一网通管"水平。打造全市统一的数据开放平台。完成基层整合审批服务执法力量改革任务。

多渠道兑现惠企政策 落实国家、省各项减税降费和降本减负政策。加快推行水电气外线工程"一门通审"，提升报装便利化水平。健全服务企业常态化工作机制，完善"锡商e家"、智慧工商联、"惠企通"等平台服务功能。合理调配用地计划，确保重大项目和重点企业用地应保尽保。优化提升无锡综合金融服务平台功能，发挥政府融资担保、信保基金等作用。支持企业利用多层次资本市场开展股权、债权融资，新增境内外上市公司10家。

多举措助力企业发展 健全支持民营经济、外商投资企业发展的政策措施，完善支持中小企业发展制度和服务体系。深化国资国企改革，推进国有经济布局优化和结构调整，分类实施国有企业混合所有制改革。清理废除地方保护、指定交易、市场壁垒等政策规定，保障各种所有制主体依法平等使用资源要素、公开公平公正参与竞争、同等受到法律保护，打造全国最优营商环境示范城市。

（四）坚持全面融入增能级，拓展高质量发展新空间

下好长三角一体化发展"先手棋"。围绕"长三角先进制造核心区、技术创新先导区、绿色生态标杆区、综合交通枢纽区"定位，加快实施长三角区域一体化发展规划纲要无锡行动方案。落实"东向接轨融入、北向引领辐射、南向协同联动、西向湖湾一体"重点任务，积极引进和承接上海等地优质资源输出，推动苏锡常一体化发展和锡常泰跨江联动，参与宁杭生态经济带建设，促进西太湖湾一体化发展。支持惠山古镇参与江南水乡古镇联合申遗。

按下基础设施互联互通"快进键"。加快苏锡常南部高速、宜长高速建设。建成常宜高速一期。配合省做好江阴第二过江通道、盐泰锡常宜铁路前期工作。加快苏南硕放机场系列规划编制和空域优化方案落地，客货吞吐量分别达到860万人次和14万吨，打造长三角区域性枢纽机场。加快无锡（江阴）港集疏运体系建设，争取集装箱吞吐量达到55万标箱。落实锡澄锡宜一体化年度建设任务，争取建成凤翔路快速化改造项目，启动锡宜城际轨道交通工程。

跑出重点功能区域建设"加速度"。加大老城区有机更新力度，打造文商旅融合发展的品质城区。突出太湖新城"四区"定位，加快国际会议中心、雪浪小镇未来中心项目建设。强化锡东新城、惠山新城"门户"枢纽功能，推动与虹桥商务区的联动发展。谋划启动蠡湖湾、运河湾建设。提高太科园"产城融合"发展水平。推动锡西新城"教城一体"转型发展。

（五）坚持多点支撑促统筹，厚植高质量发展新优势

高起点实施规划建设。推进国土空间总体规划编制工作。地铁3号线一期建成通车，4号线一期实现"轨通"。开工建设312国道快速化改造工程，启动江海东路改造、新锡路北延等工程，建成华谊路、稻香路等重点道桥项目。推进重大电网项目建设，打造经开区高可靠性电网先行样板。完善城市大数据中心安全和能力体系，基本实现5G信号重点区域室外连续覆盖，启动建设覆盖全域的城市网络安全防护体系。组织开展房屋征收"拔点清障攻坚年"行动。

高标准加强城市管理。加快智

慧城管建设，深化环境卫生、市容市貌、街景出新、城市亮化等专项行动，推进66条背街小巷整治工作，努力选树一批无锡标杆、形成一批无锡规矩、打造一批无锡精品，建设“美丽无锡”。完成190万平方米宜居住区（旧住宅区）建设、50万平方米棚户区（危旧房、城中村）改造。新增8000个地下机动车泊位。加快生活垃圾分类收运、处置体系建设，确保居住区、公共场所设施覆盖率达90%以上。完善建筑垃圾管理体系，基本实现市区装修垃圾全量无害化处理。

高水平推进乡村振兴。深入实施现代农业高质量发展行动计划，进一步提高绿色优质农产品比重和农业劳动生产率、土地产出率、市场竞争力。加快推进“百企建百园”工程。持续推进农村人居环境整治提升三年行动计划，新增美丽乡村示范村25个，建成市级以上特色田园乡村30个，美丽宜居乡村建设达标率100%。完成107个试点村农房改造任务。积极稳妥实施农村土地制度改革。健全农村集体“三资”规范管理长效机制。完善乡村振兴投融资政策体系。深化供销合作社综合改革。

（六）坚持一着不让抓生态，绘就高质量发展新底色

狠抓污染防治促“拐点” 严格落实“共抓大保护、不搞大开发”要求，打造江阴沿江生态安全示范区，加大沿江生态环境问题整改力度。深化太湖生态保护圈和宜兴生态保护引领区建设，做好监测预警、蓝藻打捞、调水引流等工作，完成太湖安全度夏和“两个确保”目标。加强挥发性有机物治理、工业窑炉整治和移动源污染、扬尘污染防治，推进$PM_{2.5}$和臭氧浓度“双控双减”。完成全市重点行业企业用地土壤污染状况调查，强化土壤污染风险管控。

狠抓生态修复塑“颜值” 加强沿江、沿湖、沿河、沿路生态防护林建设，培育珍贵用材树种117万株，新建和完善农田林网5万亩，全市林木覆盖率保持在27.7%以上。创建宜兴西太湖省级湿地公园，全市自然湿地保护率达到55%以上。提升城市道路绿化和游园景观品质，新建社区公园5个、10公顷以上综合公园2个，市区新增绿地面积150万平方米，争创国家生态园林城市。加大惠山、青龙山等山体保护力度和十八湾、贡湖湾等湿地管护力度。

狠抓基层基础补“短板” 完成48座污水处理厂提标改造工程，新建、改造污水管网30千米。推进锡东、惠联垃圾焚烧发电厂提标扩容等固废处置设施建设。巩固提升“散乱污”企业（作坊）整治成果，加强重点行业、重点领域环境安全隐患排查整治。纵深推进“绿刃”环保专项行动，强化“2+N”司法联动，切实防止各级各类督察、检查整改问题反弹回潮。

（七）坚持标本兼治固安全，筑牢高质量发展新防线

拧紧安全生产“责任链” 牢固树立“生命至上、安全第一”理念，扎实开展安全生产专项整治行动，健全安全风险管控和隐患排查整改机制，压紧压实党政领导责任、部门监管责任、属地管理责任、企业主体责任和岗位行为责任，确保安全生产事故起数和死亡人数大幅下降，为创建国家安全发展示范城市打下坚实基础。

织密安全发展“防护网” 落实城市安全发展实施方案，市本级安排资金30.5亿元用于公共安全体系建设，完成全市独柱墩桥梁安全检测和加固，启动建设路面动态称重系统，安装老旧电梯智能监测装置1000台，推进市消防设施联网监测系统建设。严格督促企业强化安全投入、安全培训、基础管理和应急救援，深入实施科技兴安战略，加大高危落后产能淘汰力度。

创新安全治理“路线图” 健全安全生产地方性法规。加强重点领域安全规程和安全标准的制定修订。加快推进市县两级安委办实体化运行。构建市县乡三级安全生产巡查网络，配强镇（街道）安全监管力量。加强应急救援队伍建设，推进江阴危化品应急救援基地建设。深化安全生产责任保险工作，实现重点行业领域全覆盖。

（八）坚持优质均衡惠民生，共享高质量发展新成果

巩固提高脱困转化成果 全市城乡居民最低生活保障标准提高至每人每月不低于1000元，实现大市统一、城乡一体。特困人员供养标准提高至每人每月不低于1500元。对市级重点帮扶经济薄弱村开展“回头看”，进一步增强自我“造血”功能。落实完善社会保险贴息续保政策，深化实施中低收入居民疾病医疗自费支出救助责任保险制度。提高廉租房、经适房、保障房小区公共服务水平。认真做好对口支援帮扶工作。

积极做好就业保障工作 开展职业技能提升行动和失业保险援企稳岗“护航行动”，城镇新增就业12万人以上。实施全民创业行动计划。实施全民参保计划，完善城乡居民大病保险制度。完成儿童福利院易地新建主体工程，市残疾人综合服务基地一期竣工。稳步实施基本医保和生育保险市级统筹制度。

着力解决“一老一小”问题 深化养老服务“双试”改革，加快社区居家养老标准化社会化建设，扩大居家养老援助服务对象范围。落实“全面两孩”及配套支撑政策，实现全市常住人口免费产前筛查、新生儿疾病筛查全覆盖，积极推动3岁以下儿童照护服务健康规范发展。继续深化城镇小区配套幼儿园治理工作，开工建设8所幼儿园基建项目，进一步规范公办幼儿园机构设置、创新公办幼儿园编制管理，提高优质幼儿园比例。

扎实办好人民满意教育 加快义务教育学校标准化建设，创建国家义务教育优质均衡发展县（市、区）。推进高品质示范高中建设，建成5所左右省职业教育“领航学校”。调整提高公办学校生均公用经费标准。推动落实全市教师编制统筹，切实保障义务教育教师工资待遇。支持江南大学

建设高水平研究型大学。支持太湖学院建设高水平应用型大学。建成东南大学国际校区一、二期工程和南京理工大学江阴校区。推动南信大滨江学院转设为公办本科高校。建立覆盖城乡的家庭教育指导服务体系。

深入推进“健康无锡”建设　全面实施名院、名科、名医“三名”战略，加快推进市属医疗卫生机构布局调整优化重大项目建设。深化“三医联动”，完善分级诊疗制度，启动24家基层医疗卫生机构提档升级。严格落实国家基本药物制度，扎实推进国家集中带量采购试点扩围药品和医保谈判药品的落地执行工作。开展中小学健康促进行动、职业健康保护行动、癌症防治行动，强化慢病防控，促进中医药传承创新。做好第七次全国人口普查工作。

大力繁荣文化体育事业　深化大运河文化带建设，加快大遗址保护、国家文化公园示范点段和无锡美术馆建设，实施无锡博物院改造提升工程，打造“环大运河文化场馆群”。促进宜兴紫砂行业高质量发展，加大锡绣、惠山泥人等“非遗”保护传承。实施文艺精品创作工程，举办市属文艺院团公益演出150场。积极创建全国全民运动健身模范市，继续办好无锡马拉松、环太湖国际公路自行车赛等大型品牌赛事。

建设更高水平的“平安无锡”　启动市域社会治理现代化试点，探索“三社联动”社区治理服务模式。完善社会矛盾纠纷多元预防调处化解综合机制，加快信访工作专业化法治化信息化建设。深化扫黑除恶专项斗争，推动“雪亮工程”和公安大数据融合发展。推进“双随机、一公开”监管常态化，开展校园食品安全守护、保健食品行业清理整治等专项行动，对食品、药品、疫苗等重点领域实行全主体、全品种、全链条监管。巩固和发展全国双拥模范城（县）创建成果，继续做好退役军人服务管理工作。

（九）坚持求真务实转作风，展现高质量发展新作为

锤炼干事创业硬本领　深入学习贯彻习近平新时代中国特色社会主义思想，筑牢信仰之基、补足精神之钙、把稳思想之舵。大兴学习调研之风，涵养综合素质，提高斗争能力，以高素质干部队伍保障高质量发展。突出前瞻性、战略性、导向性，高起点、高标准绘好无锡“十四五”规划发展蓝图。

狠抓政府系统执行力　围绕中央和省、市委决策部署，确保各项任务不折不扣落到实处。坚持“板块围绕发展转、部门围绕板块转”，倡导“切口小、实战性、闭环化、重创新”工作方法，大力提高政府部门的研发能力，积极向上争取具有含金量的政策支持和制度供给。认真执行市人大及其常委会决议决定，主动加强同市政协的民主协商，高质量办理人大代表议案建议和政协建议案提案。

焕发攻坚克难精气神　坚持一切为了人民、一切依靠人民，切实做到真心融入知民情、真抓实干顺民意、真情实意解民忧。用准用实“三项机制”，推动“有强度”的激励手段和“有底线”的包容举措相结合，为改革创新者撑腰鼓劲，为担当作为者保驾护航，全方位、深层次点燃政府系统干部职工的激情和干劲。

筑牢廉洁自律防火墙　落实全面从严治党主体责任，扎实做好省委巡视整改落实的“后半篇文章”。严格执行中央八项规定实施细则精神和省、市委具体办法，加强预算绩效管理，严控“三公”经费支出，市本级一般性支出压减15%，以政府的“紧日子”换取百姓的“好日子”。严肃查处侵害群众利益的不正之风和腐败问题，营造政府系统风清气正的政治生态。

先进名录

2019年全国工人先锋号和全国五一劳动奖状名单

全国工人先锋号

江苏宜兴农村商业银行股份有限公司和桥支行

无锡天资乳业有限公司乳品生产车间

中国航空工业集团公司雷华电子技术研究所机械制造部数控加工中心

全国五一劳动奖状（1个）

海澜集团有限公司

2019年江苏省五一劳动奖状（12个）

江苏华宏实业集团有限公司
江苏宜翔陶瓷科技有限公司
展鹏科技股份有限公司
江苏新日电动车股份有限公司
无锡华顺民生食品有限公司
工装自控工程（无锡）有限公司
纽迪希亚制药（无锡）有限公司
无锡王兴幕墙装饰工程有限公司
无锡市中医医院
无锡市财政局
江苏信息职业技术学院
中国航发控制系统研究所

2019年江苏省五一劳动奖章（21名）

张国忠　江阴兴澄特种钢铁有限公司花山钢厂事业部部长
任伟平　法尔胜泓昇集团有限公司灌锚工段长
张宏文　江苏国信协联能源有限公司专业电气工程师
彭　叶（女）　江苏宏泰高分子材料有限公司华东区技术负责人
王龙成　无锡市穆桂英美食广场有限责任公司面点车间主任
胡　斌　江苏南方机电股份有限公司技术开发部部长
陆慧兰（女）　无锡市锡山三建实业有限公司设备协调员
魏　忠　江苏中捷精工科技股份有限公司董事长、总经理
陈天云　无锡欧瑞京机电有限公司技术中心低压组组长
钱朝晖　江苏省锡山高级中学副校长
杜晓晟　软通动力信息系统服务有限公司实施总监
丁　晗（女）　无锡灵山文化旅游集团有限公司工会副主席
刘　钰（女）　无锡力芯微电子股份有限公司版图设计工程师
秦　霞（女）　无锡太湖国际科技园投资开发有限公司党委书记、董事长
张　珉　无锡市江南中学通扬分校德育处副主任
虞俊杰　无锡市第三人民医院烧伤科主任
张　明　无锡太湖水务有限公司供水运营服务信息中心副主任
王　懿　无锡市机关事务管理局设备管理员
黄　成　一汽解放汽车有限公司无锡柴油机厂值班总长
许正宏　江南大学生物工程学院院长
魏敬和　中国电子科技集团公司第五十八研究所预研中心主任、集团首席专家

2019 年江苏省五一劳动荣誉奖章（6 名）

盐本弘一	信越（江苏）光棒有限公司总经理	板谷贞范	无锡村田电子有限公司总经理
李盛泉	微密科技（宜兴）有限公司总经理	丹尼斯	耐帆包装工程（无锡）有限公司总经理
安德鲁·库贝	美乐科斯电子制造（无锡）有限公司总经理	木下茂一	电装天电子（无锡）有限公司总经理

2019 年江苏省工人先锋号（43 个）

威茨曼金属制品（江阴）有限公司组装班组
江阴澄星实业集团有限公司磷酸车间生产乙班
江苏雪豹日化有限公司洗涤配料组
江阴市公共交通有限公司公交 88 路车组
江苏华西都市农业科技发展有限公司“臻米”种植技术组
国网江苏省电力有限公司宜兴市供电分公司变电二次检修班
江苏宏远药业有限公司二氧化钛生产班组
灵谷化工有限公司大化肥生产系统
江苏亨鑫科技有限公司生产部器件装配乙班
无锡二橡胶股份有限公司技术工程部汽车橡胶软管项目开发组
无锡医博中医肛肠医院有限公司赵德美名医工作室
无锡市商业大厦大东方股份有限公司陆群技能大师工作室
无锡利博科技有限公司钣焊车间
无锡德龙金属制品有限公司穿孔车间备料组
无锡恩福油封有限公司生产一部制造三科
高佳太阳能股份有限公司动力车间
无锡戴卡轮毂制造有限公司二厂机加车间
无锡斯达新能源科技股份有限公司机械装配车间
无锡嘉仕恒信医院一病区
雄宇重工集团股份有限公司工程项目部
研光电子（无锡）有限公司总务部总务班
无锡市电子仪表工业有限公司第二工场液晶工程后道一班组
无锡万博涂料化工有限公司光固化车间
无锡阿尔卑斯电子有限公司放电工程班组
锦汇建设集团有限公司冯金贵瓦工班组
无锡凤凰画材有限公司涂层车间打浆班组
中铁二十四局集团上海铁建工程有限公司京沪铁路无锡北至无锡段改造工程项目部
无锡市慈善总会慈善义工励志小分队
无锡市实验幼儿园教科室
无锡市疾病预防控制中心突发公共卫生事件应急检测组
苏南硕放国际机场有限公司安全检查部
无锡市劳动就业管理中心
无锡市体育彩票管理中心
海鹰企业集团有限责任公司水声设备与系统总装分厂工程技术保障部
中船澄西船舶修造有限公司船体车间搭载定位班
一汽解放汽车有限公司无锡柴油机厂装配车间 6DL 工段部装组
国网江苏省电力有限公司无锡供电分公司新吴区供电服务中心
中国邮政集团公司无锡市分公司数据服务咨询中心
中国电信股份有限公司无锡分公司网络建设部
中国移动通信集团江苏有限公司无锡分公司新吴营销中心
无锡广播电视集团（台）梁溪之声频率
无锡太湖学院物联网工程学院
中国船舶重工集团公司第七〇二研究所二〇工厂机加工钣金车间

（市总工会）

市辖区地名变动

【地名命名、更名】 2019年，无锡市区命名、更名地名149条。其中，命名居民区42个，建筑物4座（含大厦1座、广场1座、中心2座），道路65条，桥梁36座；地名更名2条。另外，地名属性调整19条。

（韩科峰）

表81　　2019年无锡市地名命名、更名一览表

序号	类别	标准地名	隶属辖区	地理位置
居民地				
1	居民区	兴宸嘉苑	梁溪区	位于通江街道管理区域内，东至通江大道，南至无锡通江实验小学（新址），西至惠勤路，北至广益路
2	居民区	大运华府	梁溪区	位于金匮街道管理区域内，东至兴源中路，南为晨光路（规划名称），西沿通泊路，北为规划道路
3	居民区	滨河雅园	梁溪区	位于扬名街道管理区域内，东北至运河西路，东南至芦村河，西南至芦中路，西北至芦村路
4	居民区	大塘臻园A区	梁溪区	位于黄巷街道管理区域内，东至凤宾路，南为北滨路（规划名称），西沿规划道路，北为广石西路
5	居民区	大塘臻园B区	梁溪区	位于黄巷街道管理区域内，东至规划地块，南为江海西路，西沿全丰路，北为北滨路（规划名称）
6	居民区	锡亭诚园	锡山区	位于东亭街道管理区域内，东至小东亭港，南至明泉河，西至新光路（规划名称），北至新明东路
7	居民区	翡翠文华西苑	锡山区	位于安镇街道管理区域内，东南至迎安路，西南至兴越路，西北至芙蓉塘，东北至安平路
8	居民区	翡翠文华东苑	锡山区	位于安镇街道管理区域内，东南至新华路，西南至兴越路，西北至迎平路，东北至安平路
9	居民区	玖里映月苑	锡山区	位于安镇街道管理区域内，东北至万泰路，东南至先锋东路，西南至东翔路，西北至弘业东路
10	居民区	铂悦名邸	锡山区	位于羊尖镇管辖区域内，东至规划道路，南至规划道路，西至新羊大道，北至育才西路
11	居民区	都荟名邸一区	惠山区	位于堰桥街道管理区域内，东至凤宾路，南至林新路，西至林陆巷浜，北至天翔路
12	居民区	都荟名邸二区	惠山区	位于堰桥街道管理区域内，东至地铁一号线刘潭站，南至天河路，西至凤宾路，北至林新路
13	居民区	云溪名筑	惠山区	位于堰桥街道管理区域内，东至寺头港，南至天丰路，西至汇竹华府，北至规划道路
14	居民区	学府上院一区	惠山区	位于长安街道管理区域内，东至惠景路，南至利市路，西至惠宁路，北至创泽路
15	居民区	学府上院二区	惠山区	位于长安街道管理区域内，东至惠学路，南至利市路，西至惠景路，北至融泽路
16	居民区	洋溪华庭	惠山区	位于钱桥街道管理区域内，东为惠山区金桥实验小学，南至上伟路，西沿藕中路，北为S342省道
17	居民区	晨光晓园	惠山区	位于洛社镇管辖区域内，东至永辉路，南至洛南路，西至新长铁路，北至洛龙花苑
18	居民区	洛兰義园	惠山区	位于洛社镇管辖区域内，东至惠洲大道，南至后沈河，西至张三坝河，北至新兴东路

续表 81

序号	类别	标准地名	隶属辖区	地理位置
19	居民区	铂雅澜庭东区	惠山区	位于洛社镇管辖区域内，东至洛城东路，南至新顺路，西至铂雅澜庭西区，北至星河路
20	居民区	铂雅澜庭西区	惠山区	位于洛社镇管辖区域内，东至铂雅澜庭东区，南至新顺路，西至规划道路，北至星河路
21	居民区	上源名筑	惠山区	位于阳山镇管辖区域内，东至规划道路，南至新渎河，西隔新渎河与新渎苑相望，北沿规划道路与拾房桃溪山庄相邻
22	居民区	水榭天成雅园	滨湖区	位于河埒街道管理区域内，东至月秀东园，南至建筑路，西沿规划道路与钱家桥河相邻，北至梁溪河
23	居民区	西郊佳苑	滨湖区	位于荣巷街道管理区域内，东至规划道路，南至梁溪河景观带，西至永康浜（青山西路延伸段），北至梁清路
24	居民区	蠡湖湾铭邸	滨湖区	位于蠡湖街道管理区域内，东至蠡溪河，南至湖滨街，西至蠡溪路，北至望山路
25	居民区	山水澜园	滨湖区	位于太湖街道管理区域内，东至万顺道，南至新桥港，西至河道，北至吴都路
26	居民区	和喜瑞园A区	滨湖区	位于太湖街道管理区域内，东至和悦道（规划名称），南至和风路，西至信成道，北至和瑞路（规划名称）
27	居民区	和喜瑞园B区	滨湖区	位于太湖街道管理区域内，东至和悦道（规划名称），南至和瑞路（规划名称），西至信成道，北至雪丰路
28	居民区	和喜瑞园C区	滨湖区	位于太湖街道管理区域内，东至观顺道，南至和瑞路（规划名称），西至和悦道（规划名称），北至雪丰路
29	居民区	和喜瑞园D区	滨湖区	位于太湖街道管理区域内，东至观顺道，南至和风路，西至和悦道（规划名称），北至和瑞路（规划名称）
30	居民区	熙华雅苑	滨湖区	位于雪浪街道管理区域内，东至山水东路，南至规划道路，西至规划道路，北至许舍路
31	居民区	方泉雅苑	滨湖区	位于雪浪街道管理区域内，东至兴隆路，南至缘溪道，西至方泉路，北至永福路（规划名称）
32	居民区	湖湾意境花园	滨湖区	位于马山街道管理区域内，东至陆马公路，南为常乐路，西沿湖山路，北为常青路
33	居民区	雁栖园	滨湖区	位于胡埭镇管辖区域内，东沿胡安路，南至胡埭人民东路，西为胡埭路，北至安泰路
34	居民区	翡翠湾雅园	滨湖区	位于胡埭镇管辖区域内，东至振胡路，南至环镇北路，西至规划道路，北至钱胡路
35	居民区	新安佳苑	新吴区	位于新安街道管理区域内，东至新湖路和新睦园，南至新湖中路，西至宁乐路，北至清晏路
36	居民区	红蕾佳苑	新吴区	位于旺庄街道管理区域内，东至湘江路，南至泰山路，西至珠江路，北至香山路
37	居民区	天樾雅苑	新吴区	位于硕放街道管理区域内，东至薛典路，南沿规划道路与硕放工业园区相邻，西至通祥路，北隔规划绿地与通锡高速相望
38	居民区	江南九里雅园	新吴区	位于江溪街道管理区域内，东至兴源中路，南至太湖东大道，西至塘南北路，北至永乐东路
39	居民区	新溪雅园	新吴区	位于江溪街道管理区域内，东至利源汽车城，南至空地（与伯渎港相邻），西至长江国际臻园，北至江溪路（规划延伸段）
40	居民区	梅里名都苑	新吴区	位于梅村街道管理区域内，东至梅村实验小学，南至公共景观公园，西至新华路，北至梅育路
41	居民区	金悦福庭	新吴区	位于鸿山街道管理区域内，东至鸿山路，南至鸿声南路（规划名称），西至规划道路，北至规划道路
42	居民区	和鸿嘉苑	新吴区	位于鸿山街道管理区域内，东至鸿庆路，南至至宾路，西至锡东大道，北至至礼路

续表 81

序号	类别	标准地名	隶属辖区	地理位置
建筑物				
1	大厦	交银大厦	梁溪区	位于崇安寺街道管理区域内，东至沈果巷，南至人民中路，西至健康大厦，北至石皮巷
2	广场	丰汇欢乐广场	锡山区	位于东亭街道管理区域内，东至馨和园，南至学前东路，西至华夏路，北至锡山区城管局
3	中心	毛岸睦邻中心	梁溪区	位于广益街道管理区域内，东至毛岸河，南至九里河，西至柏庄北路，北至桐华路
4	中心	九里仓商业中心	锡山区	位于安镇街道管理区域内，东北至和祥路，东南至翠山路，西南至山河路，西北至先锋东路
道 路				
1	道路	时和路	梁溪区	位于广瑞路街道管理区域内，在广丰一村和广丰二村之间，东西走向，东起江海东路，西至广瑞路，长 200 米，宽 4 米
2	道路	广新路	梁溪区	位于广瑞路街道和广益街道管理区域内，南北走向，南起江海东路，北至通沙路，长 800 米，宽 7 米
3	道路	岁丰路	梁溪区	位于广瑞路街道管理区域内，在广丰二村和东城花园之间，南北走向，南起广融路，北至时和路，长 536 米，宽 4~7 米
4	道路	东亭春新路	梁溪区 锡山区	位于广益街道和东亭街道管理区域内，在春合路南面，东西走向，东起友谊南路，西至江海东路，长 3000 米，宽 30 米
5	道路	融景路	梁溪区	位于广益街道丁村居委会，在融耀悦府西侧，南北走向，南至广益路，北至管巷，长 254 米，宽 20 米
6	道路	管巷	梁溪区	位于广益街道丁村居委会，在融耀悦府北侧，东西走向，东至江海东路，西至融景路，长 358 米，宽 12 米
7	道路	彩旸路	梁溪区 新吴区	位于南禅寺街道和江溪街道管理区域内，在彩旸生活中心北侧，东西走向，东起光明路（规划名称），西至羊腰湾路，长 265 米，宽 14 米
8	道路	光明路	梁溪区 新吴区	位于南禅寺街道和江溪街道管理区域内，南起永乐东路，向北折向西至羊腰湾路，长 597 米，宽 6 米
9	道路	芦雅路	梁溪区	位于扬名街道管理区域内，在芦祥路北面，东西走向，东起南湖大道，西至芦庄小区东侧门，长 182 米，宽 6.4 米
10	道路	芦祥路	梁溪区	位于扬名街道管理区域内，在芦雅路南面，东西走向，东起南湖大道，西至芦庄第一居委会办公楼，长 88 米，宽 4.9 米
11	道路	江阴巷	梁溪区	位于北大街街道管理区域内，在荷花里居委会，南北走向，南起北塘大街，沿河向东下穿莲蓉桥后折向北，至北闸街，长 450 米，宽 5 米
12	道路	小三里桥街	梁溪区	位于北大街街道管理区域内，西南起北塘大街，东北至沪宁铁路，长 1010 米，宽 12 米
13	道路	惠石路	梁溪区	位于山北街道管理区域内，在洋溪河南面，东西走向，东起广惠路（规划名称），西至石门路，长 550 米，宽 18 米
14	道路	姚巷浜路	梁溪区	位于山北街道管理区域内，在姚巷浜东面，南北走向，南起新惠路，北至惠石路，长 174 米，宽 12 米
15	道路	全丰路	梁溪区	位于黄巷街道管理区域内，南北走向，南起民丰路，北至锡龙路，长 1680 米，宽 10 米
16	道路	北滨路	梁溪区	位于黄巷街道管理区域内，在苏scene河北侧，东西走向，东起锡澄路，西至凤宾路，长 800 米，宽 6 米
17	道路	锦锡路	梁溪区	位于黄巷街道管理区域内，连接高泾村与瓦屑坝自然村，东南起江海西路，西北至锡澄运河，长 1600 米，宽 6 米

续表 81

序号	类别	标准地名	隶属辖区	地理位置
18	道路	书礼路	锡山区	位于东亭街道管理区域内，在柏庄街西面，南北走向，南起锡沪路东亭西段，北至锡州路（规划延伸段），长500米，宽20米
19	道路	恒畅路	锡山区	位于安镇街道管理区域内，在先锋中路北侧，东西走向，东起查桥人民南路，西至春风南路，长913米，宽24米
20	道路	恒羊路	锡山区	位于羊尖镇机械装备产业园内，东西走向，东起羊尖变电所地块，西至潘墅塘河，长300米，宽12米
21	道路	富途路	锡山区	位于鹅湖镇青荡村委会，在青虹路西面，南北走向，南至锡甘路，北至张塘河，长600米，宽15米
22	道路	堰联路	惠山区	位于堰桥街道管理区域内，在堰玉东路北面，东西走向，东至锡澄路，西至惠暨大道，长2400米，宽18米
23	道路	堰康路	惠山区	位于堰桥街道管理区域内，在惠联热电厂东面，南北走向，南至堰联路，北至堰盛路，长530米，宽14米
24	道路	汇新路	惠山区	位于前洲街道和玉祁街道管理区域内，东西走向，东起惠洲大道，西至武玉路，长3882米，宽30米
25	道路	锦舟路	惠山区	位于前洲街道管理区域内，南北走向，南起北惠路，北至北塘河，长1190米，宽12米
26	道路	振亚路	惠山区	位于洛社镇管辖区域内，在原东安庄自然村，东西走向，东起无锡振华开祥科技有限公司东侧，西至直湖港，长2170米，宽14米
27	道路	洛泉路	惠山区	位于洛社镇管辖区域内，在原张镇桥自然村，为张镇家园内部道路，南北走向，南起洛竹路，北至洛兰路，长200米，宽9米
28	道路	中兴东路	惠山区	位于洛社镇管辖区域内，东西走向，东起新长铁路，西至洛社人民路（与中兴西路对接），长1650米，宽25米
29	道路	中兴西路	惠山区	位于洛社镇管辖区域内，东西走向，东起洛社人民路（与中兴东路对接），西至G312国道，长1100米，宽25米
30	道路	梅秦路	惠山区	位于洛社镇管辖区域内，由梅泾村通往秦巷村，南北走向，南起广石西路，北至石达路，长2700米，宽10米
31	道路	福邸路	惠山区	位于洛社镇管辖区域内，南北走向，南起福邸花园南侧，北至石狮路，长200米，宽20米
32	道路	洛兰路	惠山区	位于洛社镇管辖区域内，在洛竹路北面，东西走向，东起惠洲大道，西至钱洛路，长880米，宽15米
33	道路	新兴西路	惠山区	位于洛社镇管辖区域内，东西走向，东起洛社人民路（与新兴东路对接），西至G312国道，长830米，宽32米
34	道路	戴杭路	惠山区	位于洛社镇管辖区域内，南北走向，南起杭家旦自然村，北至中兴东路，长680米，宽8米
35	道路	钱沈路	惠山区	位于洛社镇管辖区域内，在钱巷与前沈自然村之间，南北走向，南起新兴东路，北至中兴东路，长360米，宽15米
36	道路	文体路	惠山区	位于洛社镇管辖区域内，在洛社高级中学东侧，南北走向，南起G312国道，北至中兴东路，长790米，宽9米
37	道路	保阳路	惠山区	位于洛社镇管辖区域内，由保健村通往常州市洛阳镇，东西走向，东起阳杨路，西至保健桥，长1100米，宽5米
38	道路	杨市园大街	惠山区	位于洛社镇管辖区域内，在杨市自然镇，南北走向，南起洛南路，北至杨市胜利路，长1700米，宽30米
39	道路	洛神路	惠山区	位于洛社镇管辖区域内，南北走向，南起天港路，北至红明村，长1800米，宽24米
40	道路	蠡广路	滨湖区	位于河埒街道蠡桥居委会，南北走向，南起仙蠡路，北至广电路，长150米，宽7米

续表 81

序号	类别	标准地名	隶属辖区	地理位置
41	道路	查青路	滨湖区	位于荣巷街道管理区域内，在青龙山社区北面，东西走向，东至青龙山路，西至31604部队后门，长360米，宽10米
42	道路	青龙山支路	滨湖区	位于荣巷街道管理区域内，在青龙山路西面，南北走向，南起环太湖公路，北至青龙山公墓，长1700米，宽6米
43	道路	华巷路	滨湖区	位于滨湖区蠡湖街道管理区域内，南北走向，南起中南西路，北至太湖西大道，长387米，宽7米
44	道路	树德路	滨湖区	位于滨湖区蠡湖街道管理区域内，在东顾巷家园C区北面，东西走向，东起蠡太路，西至华巷路，长310米，宽5米
45	道路	石塘路	滨湖区	位于雪浪街道管理区域内，在无锡职业技术学院西侧，南北走向，南至高浪西路，北至金石西路，长1200米，宽15米
46	道路	昌顺路	滨湖区	位于胡埭镇管辖区域内，在芙蓉北路东面永昌汽车城内，南北走向，南至钱胡路，北至龙柏路，长510米，宽30米
47	道路	宁雅路	新吴区	位于新安街道清华紫光软件创意园区内，东北起浪新路，西南至菱湖大道，长500米，宽10米
48	道路	宁韵路	新吴区	位于新安街道清华紫光软件创意园区内，东西走向，东起浪新路，西至宁雅路，长370米，宽10米
49	道路	运泾路	新吴区	位于旺庄街道周泾村委会，在吴都路（向东延伸段）南面，东西走向，东起高油路，西至京杭大运河，长580米，宽8米
50	道路	浪泾路	新吴区	位于旺庄街道周泾村委会，在宅基浜北面，东西走向，东起沪宁铁路，西至城南路，长300米，宽8米
51	道路	运群路	新吴区	位于旺庄街道群星工业园附近，在新华路（向西延伸段）南面，东西走向，东起沪宁铁路，西至京杭大运河，长670米，宽8米
52	道路	运宅路	新吴区	位于旺庄街道宅基村委会，在新梅路北面，东西走向，东起沪宁铁路，西至京杭大运河，长650米，宽8米
53	道路	运洲路	新吴区	位于旺庄街道管理区域内，在新梅路南面，东西走向，东起华锦路，西至京杭大运河，长500米，宽8米
54	道路	运城路	新吴区	位于旺庄街道管理区域内，在白家浜南面，东西走向，东起城南路，西至京杭大运河，长200米，宽8米
55	道路	高油路	新吴区	位于旺庄街道高浪村委会，在城南路东面，南北走向，南起运泾路，北至吴都路（向东延伸段），长700米，宽8米
56	道路	宅新路	新吴区	位于旺庄街道宅基村委会，在城南路东面，南北走向，南起新梅路，北至运群路，长760米，宽8米
57	道路	华锦路	新吴区	位于旺庄街道华光村委会，在城南路东面，南北走向，南起白家浜，北至新梅路，长640米，宽8米
58	道路	硕梅路	新吴区	位于硕放街道管理区域内，东西走向，东起锡锦路，西至锡钦路，长553米，宽24米
59	道路	环普路	新吴区	位于硕放街道管理区域内，东西走向，东起至德大道，西至普洛斯物流园，长516米，宽30米
60	道路	硕梅西路	新吴区	位于硕放街道管理区域内，为硕梅路向西延伸段，东西走向，东起机场路，西至长江南路，长804米，宽24米
61	道路	坊广路	新吴区	位于江溪街道管理区域内，南北走向，南起锡义路，北至锡泰路，长1342米，宽12~22米
62	道路	坊明路	新吴区	位于江溪街道管理区域内，在新芳路东面，南北走向，南起泰伯大道，北至金城东路，长1500米，宽30米
63	道路	春海路	新吴区	位于江溪街道管理区域内，在春华路和春阳路之间，南北走向，南起金城东路，北至春暖路，长320米，宽18米

续表 81

序号	类别	标准地名	隶属辖区	地理位置
64	道路	春吉路	新吴区	位于江溪街道管理区域内，在机场路东面，南北走向，南起江华路，北至江溪港，长 142 米，宽 18.5 米
65	道路	振鸿路	新吴区	位于鸿山街道管理区域内，东西走向，东起占桥路，西至鸿山路，长 2200 米，宽 12 米
桥 梁				
1	桥梁	莫家庄桥	梁溪区	位于广益街道管理区域内，在锡沪东路北面，坐落在广桐路上，跨塔影河，长 39.04 米，宽 30 米，最大跨径 33 米
2	桥梁	杜巷桥	梁溪区	位于广益街道管理区域内，在莫家庄桥北面，坐落在广桐路上，跨杜巷浜，长 23.54 米，宽 30 米，最大跨径 20 米
3	桥梁	融景桥	梁溪区	位于广益街道管理区域内，在丁村居委会，坐落在融景路上，跨大寨河，长 30 米，宽 21 米，最大跨径 8 米
4	桥梁	金城大桥	梁溪区	位于清名桥、金星、金匮和扬名四个街道之间，坐落在金城路（南内环快速路）上，跨京杭大运河，为三跨预应力混凝土连续梁结构，长 540 米，宽 40 米，最大跨径 105 米
5	桥梁	新北桥	梁溪区 滨湖区	位于金星街道和河埒街道之间，坐落在稻香东路上，跨马蠡港，长 40 米，宽 24 米，最大跨径 20 米
6	桥梁	凤翔大桥	梁溪区	位于惠山街道和黄巷街道之间，坐落在凤翔南路（西内环快速路）上，跨京杭大运河，为双幅预应力混凝土连续梁结构，长 237 米，宽 44 米，最大跨径 106 米
7	桥梁	二闸桥	梁溪区	位于山北街道会西居委会二闸自然村，坐落在金山北路上，跨大庄河，长 11.29 米，宽 23 米，最大跨径 10 米
8	桥梁	会星桥	梁溪区	位于山北街道会西居委会会星自然村，坐落在会北路上，跨大庄河，长 11.2 米，宽 36.5 米，最大跨径 10 米
9	桥梁	后张巷桥	梁溪区	位于山北街道会西居委会后张巷自然村，坐落在会北路上，跨会西河，长 27.854 米，宽 18 米，最大跨径 20 米
10	桥梁	前张巷桥	梁溪区	位于山北街道会西居委会前张巷自然村，坐落在金山二支路上，跨会西河，长 22.85 米，宽 13 米，最大跨径 13 米
11	桥梁	双会桥	梁溪区	位于山北街道会西居委会双会自然村，坐落在会岸路上，跨杨岸河，长 23.844 米，宽 32.5 米，最大跨径 13 米
12	桥梁	孙巷桥	梁溪区	位于山北街道会西居委会孙巷自然村，坐落在杨岸路上，跨会西河，长 26.84 米，宽 18 米，最大跨径 16 米
13	桥梁	金山北桥	梁溪区	位于山北街道会西居委会管理区域内，坐落在会岸路上，跨大庄河，长 11.2 米，宽 41 米，最大跨径 10 米
14	桥梁	陈巷桥	梁溪区	位于山北街道会北居委会陈巷自然村，坐落在金山二支路上，跨北庄河，长 30.84 米，宽 25 米，最大跨径 20 米
15	桥梁	会北桥	梁溪区	位于山北街道会北居委会管理区域内，坐落在会北路上，跨北庄河，长 30.854 米，宽 24 米，最大跨径 20 米
16	桥梁	会岸桥	梁溪区	位于山北街道会北居委会管理区域内，坐落在会岸路上，跨会北河，长 20.84 米，宽 32.5 米，最大跨径 13 米
17	桥梁	东大岸桥	梁溪区	位于黄巷街道管理区域内，坐落在凤翔北路（江海西路—北环路段）上，跨刘潭河，长 28.5 米，宽 53.3 米，最大跨径 20.6 米
18	桥梁	潘夹里桥	锡山区	位于东亭街道管理区域内，在原潘夹里自然村，坐落在春湖路上，跨张周桥港，长 35 米，宽 20 米
19	桥梁	星港桥	锡山区	位于东亭街道管理区域内，坐落在春新路（规划名称）上，跨张周桥港，长 35 米，宽 20 米
20	桥梁	包家桥	锡山区	位于安镇街道管理区域内，坐落在查桥人民北路上，跨包家桥河，长 20 米，宽 65.5 米，跨径 20 米
21	桥梁	马家庄桥	锡山区	位于安镇街道管理区域内，坐落在查桥人民北路上，跨吼山浜，长 20 米，宽 54.5 米，跨径 20 米

续表 81

序号	类别	标准地名	隶属辖区	地理位置
22	桥梁	通云大桥	锡山区	位于云林街道管理区域内，坐落在通云南路上，跨北兴塘河，长 610 米，宽 41 米，最大跨径 100 米
23	桥梁	窑墩桥	锡山区	位于云林街道管理区域内，坐落在万全路上，跨板桥港，长 38.8 米，宽 21 米，最大跨径 20 米
24	桥梁	任家塘桥	锡山区	位于羊尖镇管辖区域内，在任家塘自然村，坐落在大成路（向东延伸段）上，跨任家塘浜，长 20 米，宽 30 米，最大跨径 20 米
25	桥梁	奚家塘桥	锡山区	位于羊尖镇管辖区域内，在奚家塘自然村，坐落在大成路（向东延伸段）上，跨任家塘浜，长 13 米，宽 30 米，最大跨径 13 米
26	桥梁	三泾河桥	锡山区	位于羊尖镇管辖区域内，坐落在新羊大道上，跨三泾河，长 30 米，宽 30 米，最大跨径 30 米
27	桥梁	濮家湾桥	锡山区	位于鹅湖镇新桥村委会濮家湾自然村，坐落在新杨路上，在月溪路南面，跨黄塘河，长 44.04 米，宽 31 米，最大跨径 16 米
28	桥梁	徐家浜桥	锡山区	位于鹅湖镇群联村委会徐家浜自然村，坐落在新杨路上，在金城东路南面，跨新开河，长 31.48 米，宽 31 米，最大跨径 6 米
29	桥梁	秀水桥	滨湖区	位于雪浪街道管理区域内，坐落在万顺道（吴都路—和风路）上，跨秀水河（原板桥港），长 70.95 米，宽 36.5 米，单跨跨径 16 米
30	桥梁	陆庄桥	新吴区	位于新安街道管理区域内，在清源路南面，坐落在思贤路上，跨大溪港，长 41.78 米，宽 17 米，最大跨径 32.5 米
31	桥梁	南沿港桥	新吴区	位于硕放街道管理区域内，坐落在硕梅路上，跨南沿港河，长 25.04 米，宽 20 米，最大跨径 8 米
32	桥梁	盛家湾桥	新吴区	位于硕放街道管理区域内，坐落在环普路上，跨走马塘河，长 58.88 米，宽 26 米
33	桥梁	鸿丰大桥	新吴区	位于鸿山街道管理区域内，坐落在泰伯大道上，跨走马塘和张塘河，长 350 米，宽 46.8 米
34	桥梁	至宾桥	新吴区	位于鸿山街道管理区域内，坐落在至宾路上，跨走马塘，长 58.89 米，宽 25 米
35	桥梁	先吴桥	新吴区	位于鸿山街道管理区域内，坐落在至宾路上，在至宾桥东面，跨至德河，长 27.98 米，宽 25 米
36	桥梁	鸿隐桥	新吴区	位于鸿山街道管理区域内，为箱涵，在泰伯大道和至德大道交叉路口西侧，坐落在泰伯大道上，跨至德河，长 15 米，宽 84.43~112.6 米
地名更名				
1	大厦	古运传奇大厦	梁溪区	原名“双达时代大厦”。位于金星街道管理区域内，东至阳光直街（与金桂尚苑相邻），南至太湖西大道，西至金星睦邻中心，北至金星路
2	地铁站	蒠埭桥站	滨湖区	原名“蒠埭万达城站”。位于雪浪街道管理区域内，位于缘溪道与万锡路交叉路口
地名属性调整				
1	居民区（范围）	凌云峰阁	梁溪区	位于黄巷街道管理区域内，东至锡澄路，南至广益路（规划延伸段），西至河道，北至江海西路
2	居民区（范围）	月秀东园	滨湖区	位于河埒街道管理区域内，东至湖滨路，南至建筑路，西至原湖滨农贸市场围墙，北至月秀东园 55~59 号北侧围墙
3	居民区（范围）	蠡湖华庭	滨湖区	位于蠡湖街道管理区域内，东至蠡溪河，南至望山路，西至蠡溪路，北至丁昌桥浜

续表 81

序号	类别	标准地名	隶属辖区	地理位置
4	道路（起止点）	育才西路	锡山区	位于羊尖镇管辖区域内，东西走向，东起育才南路和育才北路连接点，西至双庙桥路，长 1750 米，宽 35 米
5	道路（起止点）	鹅湖南路	锡山区	位于鹅湖镇管辖区域内，东西走向，东起新梁路，西至夏莲桥，长 3580 米，宽 40 米
6	道路（起止点）	柏桥路	锡山区	位于鹅湖镇管辖区域内，东西走向，东起甘虞路，西至庆安路，长 2195 米，宽 20 米
7	道路（起止点）	吴韵路	惠山区	位于长安街道管理区域内，南起金惠路，向北过堰新路后转向东至惠源路（与启航路对接），全长 2613 米，宽 34 米
8	道路（起止点）	笠泽路	滨湖区	位于雪浪街道管理区域内，南起缘溪道，向北并折向西北至塘绛路，长 2910 米，宽 28~30 米
9	道路（起止点）	宁乐路	新吴区	位于新安街道管理区域内，南北走向，南起具区路，北至宁和路，长 1900 米，宽 10 米
10	道路（起止点）	龙山路	新吴区	位于旺庄街道管理区域内，东西走向，东起机场路，西至珠江路，长 1638 米，宽 9~14 米
11	道路（起止点）	振发路	新吴区	位于硕放街道和鸿山街道管理区域内，东西走向，东起空港路，西至墙宅路，长 3585 米，宽 40 米
12	道路（起止点）	后宅中路	新吴区	位于硕放街道和鸿山街道管理区域内，东西走向，东起月台桥，西至东环路，长 3175 米，宽 15 米
13	道路（起止点）	硕梅路	新吴区	位于硕放街道管理区域内，东西走向，东起锡锦路，西至机场路（与硕梅西路对接），长 2400 米，宽 24 米
14	道路（起止点）	坊育路	新吴区	位于江溪街道管理区域内，南北走向，南起泰山路，北至坊前路，长 1720 米，宽 18~24 米
15	道路（起止点）	江溪路	新吴区	位于江溪街道管理区域内，东西走向，东起锡兴路，西至前卫路，长 1815 米，宽 16~24 米
16	道路（起止点）	鸿盛路	新吴区	位于梅村街道和鸿山街道管理区域内，南北走向，南起长浜路，北至锡梅路，长 5162 米，宽 20 米
17	道路（起止点）	欣鸿路	新吴区	位于鸿山街道管理区域内，东西走向，东起飞凤路，西至至德大道，长 4700 米，宽 20 米
18	道路（分段命名）	运河西路东段	梁溪区 滨湖区 新吴区	位于惠山、河埒、金星、扬名、华庄和新安六个街道管理区域内，东南起具区路，西北至蓉湖大桥，长 11.5 千米，宽 35 米
19	道路（分段命名）	运河西路西段	梁溪区 惠山区	位于惠山、山北和钱桥三个街道管理区域内，东南起蓉湖大桥，西北至惠澄大道，长 10 千米，宽 35 米

（市民政局）

编辑 郭 鹏

索引

说　明

该索引为综合性主题索引，包括正文部分38个类目和附录的内容。索引标目按汉语拼音字母顺序排列，同音字按声调顺序，同音同声者按第二字拼音字母顺序排列。标目后数字为页码，字母a为左栏，b为中栏，c为右栏。

A

B

C

D

E

F

G

H

J

K

L

M

N

O

P

Q

R

S

T

Y

Z